CARTA'S NEW CENTURY HANDBOOK AND ATLAS OF THE BIBLE

포이에마 성서지도

First published in 2007 by
CARTA Jerusalem

This volume is the concise version of
The Sacred Bridge : Carta's Atlas of the Biblical World
Carta, Jerusalem 2006

Academic Editor and Art Adviser : Shmuel Ahituv, Ph.D., Professor Emeritus of The Bible and Ancient Near Eastern Studies,
Ben-Gurion University of the Negev, B'er Sheva
Text and Art Editor : Barbara Laurel Ball
Map Editor : Lorraine Kessel
Map Art : Prof. Pinchas Yoeli, Vladimir Shestakovsky

Originally published in English under the title

Carta's New Century Handbook and Atlas of the Bible by Carta, Jerusalem 18 Ha'uman Street, P.O.Box 2500,
Jerusalem 91024, Israel.

포이에마 성서지도

앤손 F. 레이니, R. 스티븐 나틀리 지음 | 이미숙 옮김

1판 1쇄 발행 2012. 6. 15. | **1판 5쇄 발행** 2024. 4. 1. | **발행처** 포이에마 | **발행인** 박강휘 | **등록번호** 제300-2006-190호 | **등록일자** 2006. 10. 16.
서울특별시 종로구 북촌로 63-3 우편번호 03052 | **마케팅부** 02)3668-3260, **편집부** 02)730-8648, **팩스** 02)745-4827
본문 디자인 이가상상(이재구, 최소영) | **사진** 홍순화 | **일러스트** 임정숙 | **편집** 강선규, 김명희, 박은경, 옥명호, 이나경, 이진경, 정모세 | **성구 대조** 서유경, 심혜인 | **색인** 곽효정, 백상진

값은 뒤표지에 있습니다.
ISBN 978-89-93474-97-8 03230

독자의견 전화 02)730-8648 | **이메일** masterpiece@poiema.co.kr | 좋은 독자가 좋은 책을 만듭니다.
포이에마는 독자 여러분의 의견에 항상 귀를 기울이고 있습니다.

성서의 역사적, 지리적

고 고 학 적 배 경 을

집 대 성 한

금세기 최고의 아틀라스

포이에마 성서지도

CARTA'S NEW CENTURY HANDBOOK AND ATLAS OF THE BIBLE

앤손 레이니·스티븐 나틀리

이미숙 옮김

포이에마
POIEMA

일러두기

1. 지명과 인명의 음역은 가능한 한 개정역을 따르되 자주 등장하며 현대의 음역이 더 익숙한 지명과 인명은 예외로 한다. 단 개정역을 직접 인용할 경우에는 필요한 경우를 제외하고는 그대로 두었다.

나바테아 ← 나바태아
다리우스 ← 다리오 개정역 직접 인용시 그대로 둠
리비아 ← 룹
메소포타미아 ← 메소보다미아
샤론 ← 사론 개정역 직접 인용시 예외
시리아 ← 수리아
아카드 ← 악갓
아테네 ← 아덴
엑바타나 ← 악메다
이집트 ← 애굽 성서의 제목인 출애굽기 및 개정역 직접 인용시 예외
이탈리아 ← 이달리야
클라우디우스 ← 글라우디오
키프로스 ← 구브로
파르티아 ← 바대
페르시아 ← 바사
네게브 ← 네겝
람세스 ← 라암셋
마케도니아 ← 마게도냐
사르디스 ← 사데
세펠라 ← 평지
아우구스투스 ← 아구스도
아타르크세르크세스 ← 아닥사스다
안티파트리스 ← 안디바드리
유프라테스 ← 유브라데
크세르크세스 ← 아하수에로
키루스 ← 고레스 개정역 직접 인용시 예외
파라오 ← 바로 개정역 직접 인용시 예외
페니키아 ← 베니게 신약 개정역 직접 인용시 예외

2. 개정역에서 같은 지명이지만 음역이 다를 경우 히브리어 원어에 더 가까운 것을 사용했다.

드합느헤스(겔 30:17) ← 다바네스(렘 2:16 등)
달시스(창 10:4) ← 다시스(대하 9:21 등)
믹므닷(수 17:7) ← 믹므다(수 16:6)
브누엘(삿 8:8) ← 부느엘(왕상 12:25)
수르(출 15:22) ← 술(창 16:7)
호르마(민 21:3) ← 홀마(수 15:30)

* 단 '벧산'과 '벧스안'은 철자법이 다른 경우에 해당하여 현대어 발음에 가까운 '벧산'을 사용했다.

3. 본문에 인용된 성서 본문은 개정역을 기본으로 하되, 중간시대 지명과 인명은《가톨릭 새성경》(2005년)을 따랐다.

4. 그 외에는 국립국어원의 외래어 표기법을 따르되 현지 발음을 최대한 존중했다.

5. 지명과 관련해 지형을 표기하는 히브리어 혹은 아랍어의 뜻은 따로 표기하지 않았다.

나할 Naḥal : 마른 시내 히브리어
나하르 Nahr : 강 히브리어
와디 Wâdi : 건조 하천 또는 골짜기 아랍어
텔 Tell, Tel : 폐허의 인공 산 혹은 언덕 히브리어, 아랍어
키르벳 Khirbet(Kh.) : 폐허의 인공 산 혹은 언덕 아랍어
예벨 Jebel : 산 아랍어
아인 ʿAin : 샘 히브리어
호르밧 Ḥorbat(Ḥ) : 폐허의 인공 산 혹은 언덕 히브리어

6. 지명과 인명 음역은 대부분 생략하되 색인에 병기했다.

7. 성서 구절 표시는 개정역에 따른 것이므로 히브리어 성서와 차이가 날 수도 있다.

8. 자음 두 개가 연이어 나오는 경우 하나만 음역하는 것을 원칙으로 했다. 단 성서에 나오는 지명은 그대로 두었다.

Aleppo : 알렙포 → 알레포
Issus : 잇수스 → 이수스
Sippar : 십파르 → 시파르
Borsippa : 보르십파 → 보르시파

SOLOMON'S PRAYER

솔 로 몬 의 기 도

또 주의 백성 이스라엘에 속하지 아니한 자 곧 주의 이름을 위하여 먼 지방에서 온 이방인이라도
그들이 주의 크신 이름과 주의 능한 손과 주의 펴신 팔의 소문을 듣고 와서 이 성전을 향하여 기도하거든
주는 계신 곳 하늘에서 들으시고 이방인이 주께 부르짖는 대로 이루사
땅의 만민이 주의 이름을 알고 주의 백성 이스라엘처럼 경외하게 하시오며
또 내가 건축한 이 성전을 주의 이름으로 일컫는 줄을 알게 하옵소서(왕상 8:41~43).

들어가는 말

《포이에마 성서지도 *Carta's New Century Handbook and Atlas of the Bible*》는 완본《성경 역사, 지리학, 고고학 아틀라스 *The Sacred Bridge: Carta's Atlas of the Biblical World*》의 요약판으로, 성서의 역사를 사랑하는 모든 사람들을 위해 썼다. 이 책은 역사 지리적 내용을 더욱 보충하였기에, 대학 교수들은 이 책이 *Carta Bible Atlas*와 함께 학부생들에게 유익하게 활용될 수 있는 책이라는 것을 잘 알고 있을 것이다.

이 책은 좀 더 학문적인 완본《성경 역사, 지리학, 고고학 아틀라스》로 나아가기 위한 디딤돌 역할을 할 것이다.《성경 역사, 지리학, 고고학 아틀라스》가 성서의 역사 및 지리와 직접 관계되지 않은 많은 자료들을 상세하게 다루고, 원래의 언어/본문으로 이용 가능한 모든 역사적 자료들을 인용하는 데 특별한 주의를 기울였다면, 요약판인《포이에마 성서지도》의 목적은 성서의 역사를 올바르게 이해하려는 사람들의 공부를 증진하려는 데 있다. 독자들은 이 책에서 거룩한 역사는 실제 세계에서 일어났다는 것을 깨닫게 될 것이며, 과거 200년 동안의 많은 발견과 연구에 의해 조명된 영역을 살펴보게 될 것이다. 더욱이 이 책은 성서 기사의 지리적인 차원을 철저하고 완전하게 제공할 것이다. 성서를 공부하는 모든 이들은 이 책을 통해 자신을 고대의 현실 속에 놓고 볼 수 있을 것이며, 고대 이스라엘 사람들과 그들의 이웃이 경험했던 사건들을 생생하게 느낄 수 있을 것이다.

전체적으로 이 책은 성지에 대한 현대 역사 지리학을 세운 조지 아담 스미스, 알브레히트 알트, 그리고 아하로니와 아비 요나의 학문적인 성과들을 보충하는 차원에서 고대의 문헌자료들을 원어로 읽고 번역하는 일에 초점을 맞추었다. 우리는 이 책에서 지중해 동부의 해안지역, 즉 레반트 지역을 포함시키기로 결정하고 이 지역의 역사, 고고학, 지리학을 연구하는 새로운 방법을 도입했다. 이 지역은 육교와도 같은 역할을 해서 많은 인종과 민족들이 드나든 역동적인 지역이었다. 그러나 불행히도 레반트 지역에 살았던 대부분의 민족들은 자기의 서사시 전통이나 역사 기록을 갖지 못했다. 페니키아 사람들은 주변 나라들의 문헌을 통해서 알려지고 있을 뿐이다. 아디니 왕조나 아구시 왕조와 같은 중요한 아람 부족들은 연대기가 없으며, 하맛이나 다메섹 왕조도 자신의 기록을 남기지 않았다. 동요르단 땅의 암몬, 모압, 에돔 등의 국가들도 상황은 마찬가지였다. 블레셋은 그들의 대적자였던 앗수르와 바벨론의 눈에 비친 모습으로만 그들의 문헌에 기록되었다. 이들에게도 놀랄 만한 극적인 서사시가 있었을지 모른다. 그나마 성서가 이러한 민족들의 역사를 일부 간직하고 있는 것은 다행스러운 일이다. 레반트 지역에 대해 말하고 있는 성서의 증언은 고대 근동 문헌의 자료와 함께 진지하게 고려되어야 한다.

성서는 지리적인 정보로 가득 차 있다. 그러나 성서는 여행객을 위한 가이드북이나 지리학 교재가 아니다. 오히려 메시지를 자주 던져준다. 지리적 정보가 없다면 그 메시지는 아무런 정보가 없는 독자에게 종종 모호하게 이해되거나 약화될 수밖에 없다. 이 책은 이스라엘 백성이 사회적, 역사적, 영적으로 경험한 것을 실제의 것으로 만들도록 도와주는 지리적인 요소들을 소개할 예정이다. 따라서 이 책은 일반 지리에 관한 교재가 아니며, 그렇다고 성서 지리교재로 만들어진 것도 아니다. 다만 고대인들의 눈으로 지리적인 배경을 살펴보려는 시도이다. 고대인들이 관심을 둔 용어와 지역에 집중할 것이며, 그들이 이해했던 용어들을 가지고 정의를 내려 볼 것이다. 다른 한편으로 이스라엘의 이웃 민족들도 성서의 역사에 기여했다는 것을 알기에 지리적인 세부 설명과 관점을 제공할 수 있는 사용 가능한 모든 고대 근동 문헌에 관심을 둘 것이다. 이스라엘 주변 민족들의 경험은 똑같이 주목받을 만한 가치가 있으며, 당시의 상황을 묘사하기 위해 사용 가능한 모든 자료를 살펴보아야 할 것이다.

이 책에서는 성서 본문들을 주로 그 지리적인 내용에 근거해서 평가했다. 고대 근동의 다른 자료들, 곧 이집트와 아카드, 그리고 서부 셈 족 및 그리스 등의 자료들에 대해서도 똑같은 원리를 적용했다. 이 책의 혁신적인 특징 중 하나는 팔레스타인 역사뿐만 아니라 레반트 전체, 즉 시리아 북부의 역사를 다루려고 시도했다는 점이다. 독자들은 항상 이집트와 같이 북부 지역에서 일어난 사건들이 '성서의' 역사에 결정적으로 영향을 미쳤다는 것을 유의해야 한다.

이 새로운 역사 지도책이, 성서를 삶의 특별한 의미로 받아들이는 많은 사람들에게 성서 읽기의 경험을 더욱 풍요롭게 하도록 돕는 것이 저자인 우리와 이 책을 출판한 이들의 진실한 바람이다.

앤슨 F. 레이니
R. 스티븐 나틀리

옮긴이의 글

역자는 이스라엘에서 '고대 근동의 언어학과 역사 지리학, 고고학에 통달한 지구상에서 유일한 학자'였던 앤손 레이니 교수에게 배울 수 있었던 행운을 누렸다. 그는 수업 때면 인자한 얼굴로 늘 손때 묻은 히브리어 성서와 헬라어 성서를 들고 나타났다. 하나님의 구원 역사가 펼쳐진 이스라엘 땅에 대한 경외심과 호기심으로 성서지리학을 공부하러 갔던 역자는 레이니 교수에게 배우던 중 뜻밖의 제안을 받았다. 당시 그는 세계적으로 권위 있는 성서지도《맥밀란 바이블 아틀라스The Macmilan Bible Atlas》를 개정해 2판을 출간한 무렵으로, 레이니 교수는 한국에 돌아가면 그 책을 번역해보라고 용기를 주었다. 아쉽게도 그 제안은 이루어지지 못했지만 또 다른 그의 20년 연구의 결실인 역작《포이에마 성서지도》를 번역하였으니 마침내 그때의 소원을 이룬 셈이다.

성서는 오랜 세월 동안 하나님에 대해 증언하는 사람들의 이야기 그 자체만으로도 우리에게 구원과 생명력과 영감을 주기에 부족함이 없지만, 이스라엘과 고대 근동의 역사와 관계를 다 알려주는 것은 아니다. 고대 우리나라의 역사와 문화를 이해하기 위해서는 당시 주변 나라들의 역사와 문화를 알아야 한다. 그러므로 이스라엘 땅에서 일어난 하나님과 그의 백성들의 역사를 바로 알고 교훈을 얻기 위해서는 고대 근동의 역사적 맥락을 이해하는 일이 필수적이다. 그동안 고대 근동의 언어와 역사, 문화에 대한 연구는 발전을 거듭했고, 성서와의 상관관계도 지대한 관심 속에서 꾸준히 연구되어왔으며, 이미 수많은 안내서들이 출간되었다. 그러나 역사는 물론이고 지리적인 관점에서 고대 근동과 성서의 관계를 조명한 책은《포이에마 성서지도》가 처음이자 마지막이라고 할 만큼 완성도가 높아 세계적으로 극찬과 인정을 받고 있다.

첫째로 이 책은 지중해 연안의 다양한 민족들이 살았던 레반트 지역을 역사 지리적 관점에서 연구하는 방법을 채택한 최초의 아틀라스이다. 그동안 고대근동학에서는 이집트와 메소포타미아 지역이 주류를 차지해 상대적으로 레반트 지역은 소외되었다. 그러나 레반트의 민족들이 이스라엘과 지리적으로 더 가까이 있어 서로 영향을 주고받았을 것이므로 이들에 대한 연구는 매우 중요하다. 둘째로 이 책은 고대 문헌의 자료를 가지고 성서의 역사와 지리를 기술한 가장 최신의 정보를 제공한다. 저자들은 역사 지리적 설명과 관점을 찾기 위해 이집트, 아카드, 모압, 페니키아, 그리스, 라틴, 아람어 등으로 기록된 자료들을 모두 살펴보았다. 또한 이스라엘과 중요한 영향을 주고받았으나 자기들의 역사 기록을 남기지 않아 많은 의문을 남긴 가나안, 암몬, 모압, 에돔, 나바테아 민족의 역사를 다룬 점은 주목할 만하다. 셋째로 성경에서 사용된 지리적인 용어를 설명함으로써 독자에게 새로운 통찰력을 제공한다. 마지막으로 이 책은 구약과 신약, 제2성전시대의 지명들에 대한 위치를 확증하거나 새롭게 고증하는 설득력 있는 제안을 한다. 저자들의 견해는 앞으로 많은 학문적인 논쟁을 이끌어낼 것이며 성서학 발전에 기여할 것이다.

《포이에마 성서지도》는 2005년도에 출판된 *The Sacred Bridge: Carta's Atlas of the Biblical World*의 요약판이다. 다행스럽게도 완본完本은《성경 역사, 지리학, 고고학 아틀라스》라는 제목으로 이미 번역되었다(강성열 역, 이레서원: 2010). 완본이 출간된 후 성경과 고대 근동의 자료들을 원문으로 인용하다 보니 방대한 자료를 포함하게 되어 일반인들이 보기에는 너무 어렵고 전문적으로 느껴지는 단점이 제기되었다. 따라서 완본의 원문 자료를 과감하게 생략하고, 성경과 관련이 깊은 고대 근동의 역사에 집중하며 핵심적인 내용으로 간추려 역사 지리적인 내용을 더 보강해 2007년에 요약판을 내게 된 것이다. 대중성을 담보한 요약판은 다시 포이에마판을 통해 우리나라의 독자를 고려해 새롭게 편집되었다. 오래된 사진 자료는 성지 사진 전문가의 최신 사진들로 교체하고 지도의 크기를 확대해 독자들의 편의를 도모했다. 또한 필요한 경우에는 원본에 없는 그림 자료와 성경구절을 삽입하고, 전문적인 용어의 설명이나 저자들의 견해를 이해하기 쉽도록 보충 설명을 각주로 달았다.

이 책의 두 저자는 이스라엘 땅에서 오랫동안 살면서 답사와 현장 경험을 많이 쌓은 노련한 학자들이며, 수많은 고대 근동 문헌의 1차 자료를 원어로 직접 읽고 얻어낸 정보들을 통해 생동감 있고 독창적인 통찰력을 제공한다. 비록 이 책이 직접적으로 신앙을 격려하거나 고취하지 않아도 역사 지리적인 맥락을 따라가다 보면 성경 이야기들의 진실성을 인정하게 될 것이다. 성서에서 하나님의 구속 역사를 탐험하려는 진지한 신앙인들이라면 주저함 없이 이 책을 들고 여행하기를 바란다. 이 책을 만나게 하고 번역의 기회를 주신 김도완 대표와 서툴고 거친 원고를 교정하고 원본보다 더 멋지게 편집해주신 출판사 직원들의 수고에 깊은 감사를 드린다. 이 책은 성경의 고대 본문과 현대의 독자를 연결해주는 '거룩한 가교'의 역할을 충분히 해낼 것이라 믿어 의심치 않는다.

2012년 3월
이미숙

목차

약어표

General

BCE	before the common (or Christian) era
c.	circa
CE	common (or Christian) era
cent.	century
cf.	compare
chap(s).	chapter(s)
cm	centimeter(s)
col(s).	column(s)
EB	Early Bronze
e.g.	*exempli gratia,* for example
Eng.	English
et al.	*et alii,* and others
etc.	*et cetera,* and so forth
et passim	and throughout
ff.	and following
fig(s).	figure(s)
frg(s).	fragment(s)
ft.	foot, feet
Gk	Greek
GN	geographical name
HB	Hebrew Bible
Heb.	Hebrew
ibid.	*ibidem,* in the same place
idem	*idem,* the same
i.e.	*id est,* that is (to say)
in.	inch(es)
infra	below
Iron	Iron Age
km	kilometer(s)
LB	Late Bronze
l(l)	line(s)
lit.	literally
LXX	Septuagint
m	meter(s)
mm	millimeter(s)
MB	Middle Bronze
mi.	mile(s)
MS(S)	manuscript(s)
MT	Masoretic Text
No(s).	Number(s)
NT	New Testament
OT	Old Testament
p(p).	page(s)
pl(s).	plate(s)
PN	personal name
r.	reigned; ruled
rev.	revised
sq.	square
supra	above
Tg.	Targum
v(v).	verse(s)
yd (s).	yard(s)

Books of the Bible

Old Testament

Gen	Genesis
Ex	Exodus
Lev	Leviticus
Num	Numbers
Deut	Deuteronomy
Josh	Joshua
Judg	Judges
Ruth	Ruth
1 Sam	1 Samuel
2 Sam	2 Samuel
1 Kgs	1 Kings
2 Kgs	2 Kings
1 Chr	1 Chronicles
2 Chr	2 Chronicles
Ezra	Ezra
Neh	Nehemiah
Esth	Esther
Job	Job
Ps	Psalms
Prov	Proverbs
Eccl	Ecclesiastes
Song	Song of Solomon
Isa	Isaiah
Jer	Jeremiah
Lam	Lamentations
Ezek	Ezekiel
Dan	Daniel
Hos	Hosea
Joel	Joel
Amos	Amos
Obad	Obadiah
Jonah	Jonah
Mic	Micah
Nah	Nahum
Hab	Habakkuk
Zeph	Zephaniah
Hag	Haggai
Zech	Zechariah
Mal	Malachi

New Testament

Mt	Matthew
Mk	Mark
Lk	Luke
Jn	John
Acts	Acts(or Acts of the Apostles)
Rom	Romans
1 Cor	1 Corinthians
2 Cor	2 Corinthians
Gal	Galatians
Eph	Ephesians
Phil	Philippians
Col	Colossians
1 Thes	1 Thessalonians
2 Thes	2 Thessalonians
1 Tim	1 Timothy
2 Tim	2 Timothy
Tit	Titus
Phlm	Philemon
Heb	Hebrews
Jas	James
1 Pet	1 Peter
2 Pet	2 Peter
1 Jn	1 John
2 Jn	2 John
3 Jn	3 John
Jude	Jude
Rev	Revelations

Intertestamental Works

As. Mos.	Assumption of Moses
1 Esdr	1 Esdras
2 Esdr	2 Esdras
Jdt	Judith
Let. Aris.	Letter of Aristeas
1 Macc	1 Maccabees
2 Macc	2 Maccabees
3 Macc	3 Maccabees
4 Macc	4 Maccabees
Pss. Sol.	Psalms of Solomon
TMos	Testament of Moses
Tob	Tobit

Rabbinic Works

ʿAbad.	*ʿAbadim, Avadim*
ʿAbod. Zar.	*ʿAbodah Zarah, Avodah Zarah*
ʾAbot	*ʾAbot, Avot*
ʾAbot R. Nat.	*Abot de Rabbi Nathan, Avot of Rabbi Nathan*
ʿArak.	*ʿArakin, Arakhin*
b.	Babylonian Talmud
B. Bat.	*Baba Batra, Bava Batra*
Bek.	*Bekorot, Bekhorot*
Ber.	*Berakot, Berakhot*
Bik.	*Bikkurim*
Dem.	*Demai*
ʿErub.	*ʿErubin, Eruvin*
ʿEd.	*ʿEduyyot*
Gen. Rab.	*Genesis Rabbah*
Gerim	*Gerim*
Git.	*Gittin, Gittin*

Hag.	*Hagiga, Hagigah*
Hul.	*Hullin, Hullin*
j.	Jerusalem Talmud
Kelim	*Kelim*
Ker.	*Kerithot, Keritot*
Ketub.	*Ketubbot*
Kil.	*Kilʾayim*
Lam. Rab.	*Lamentations Rabbah*
m.	Mishnah
Maʿaś.	*Maʿaśerot*
Maʿaś. Š.	*Maʿaśer Šeni, Maʿaser Sheni*
Makš.	*Makširin, Makhshirin*
Meg.	*Megillah*
Meʿil.	*Meʿilah*
Mek. on Ex.	*Mekhilta on Exodus*
Menah.	*Menahot*
Mid.	*Middot*
Midr.	*Midrash*
Miqw.	*Miqwaʾot*
Moʿed.	*Moʿed*
Moʿed Qat.	*Moʿed Qatan*
Naš.	*Našim, Nashim*
Naz.	*Nazir*
Ned.	*Nedarim*
Neg.	*Negaʿim*
Nez.	*Neziqin*
Nid.	*Niddah*
Ohal.	*Oholot*
ʿOr.	*ʿOrlah*
Parah	*Parah*
Peʾah	*Peʾah*
Pesah.	*Pesahim*
Pesiq. Rab Kah.	*Pesiqta de Rab Kahana*
Qidd.	*Qiddušin, Qiddushin*
Qod.	*Qodašin, Qodashin*
Roš. Haš.	*Roš Haššanah, Rosh HaShanah*
Sanh.	*Sanhedrin*
Šabb.	*Šabbat, Shabbat*
Šeb.	*Šebiʿit, Sheviʿit*
Šebu.	*Šebuʿot, Shevuʿot*
Šeqal.	*Šeqalim, Sheqalim*
Sotah	*Sotah*
Sukk.	*Sukkah*
t.	Talmud
Taʿan.	*Taʿanit*
Tamid	*Tamid*
Tem.	*Temurah*
Ter.	*Terumot*
Yad.	*Yadayim*
Yebam.	*Yebamot*
Yoma	Yoma
Zabim	*Zabim, Zavim*
Zebah.	*Zebahim, Zevahim*
Zer.	*Zeraʿim*

Church Fathers

Did.	Didache
Epiph. *Adv. haer.*	Epiphanius, *Adversus haereses*
Eus. *Hist. eccl.*	Eusebius, *Historia ecclesiastica*
Eus. *Onom.*	Eusebius, *Onomasticon*
Ign. *Eph.*	Ignatius, *Letter to the Ephesians*
Ign. *Magn.*	Ignatius, *Letter to the Magnesians*
Ign. *Phld.*	Ignatius, *Letter to the Philadelphians*
Ign. *Trall.*	Ignatius, *Letter to the Trallians*
Just. *Apol.*	Justin, *Apology*
Just. *Dial.*	Justin, *Dialogue with Trypho*
Pap.	Papias

Classical Sources

App. *Bell. Civ.*	Appian, *Civil Wars*
App. *Syr.*	Appian, *Syrian Wars*
Aratus *Phaen.*	Aratus, *Phaenomena*
Arist. *Mete*	Aristotle, *Meteorology*
Arr. *Anab.*	Arrian, *Anabasis*
Cic. *Pis.*	Cicero, *In Pisonem*
Cic. *Flac.*	Cicero, *Pro Flacco*
Curt.	Q. Curtius Rufus
Dio Cass.	Dio Cassius
Diod. Sic.	Diodorus Siculus
Herodotus	
Hist.	*Histories*
Homer *Od.*	Homer, *Odyssey*
Iso. *Evag.*	Isocrates, *Evagorus*
Iso. *Paneg.*	Isocrates, *Panegyric*
Josephus	
Ant.	*Jewish Antiquities (=Antiquitates judaicae)*
Apion	*Against Apion (=Contra Apionem)*
Life	*The Life (=Vita)*
War	*The Jewish War (=Bellum judaicum)*
Justin. *Epit.*	Justinus, *Epitome*
Juvenal *Sat.*	Juvenal, *Satirae*
Livy, *Epit.*	Livy, *Epitomae*
Livy, *Per.*	Livy, *Periochae*
Or.	Aelius Aristides, *Orationes*
Orig. *Comm.*	Origen, *Commentary on John on John*
Oros. *Historiae*	Orosius, *Historiae*
Polyaenus	Polyaenus, *Strategica*
Paus. *Descr.*	Pausinius, *Description of Greece*
Philo, *Flac.*	Philo, *In Flaccum*
Philo *Legat.*	Philo, *Legatio ad Gaium*
Philo *Spec.*	Philo, *De specialibus legibus*
Pliny *Nat. Hist.*	Pliny, *Naturalis historia*
Plut. *Alex.*	Plutarch, *Alexander*
Plut. *Ant.*	Plutarch, *Antony*
Plut. *Galb.*	Plutarch, *Galba*
Plut. *Mor.*	Plutarch, *Moralia*
Plut. *Pomp.*	Plutarch, *Pompey*
Polyb.	Polybius
Ptol. *Geog.*	Ptolemy, *Geography*
Thuc.	Thucydides
Suet. *Aug.*	Suetonius, *Augustus*
Suet. *Calig.*	Suetonius, *Gaius Caligula*
Suet. *Claud.*	Suetonius, *Claudius*
Suet. *Jul.*	Suetonius, *Divus Julius*
Suet. *Tib.*	Suetonius, *Tiberius*
Suet. *Tit.*	Suetonius, *Divus Titus*
Suet. *Vesp.*	Suetonius, *Vespasianus*
Strabo *Geog.*	Strabo, *Geography*
Tac. *Agr.*	Tacitus, *Agricola*
Tac. *Ann.*	Tacitus, *Annales*
Tac. *Hist.*	Tacitus, *Historiae*
Vit. *Apoll.*	Philostratus, *Life of Apollonius of Tyana*
Vitr. *De Arch*	Vitruvius, *Scriptor de Architectura Latinus*
Xenophon	
Anab.	*Anabasis*
Cyr.	*Cyropaedia*
Hell.	*Hellenica*

INTRODUCTION

서 론

세계의 종교들이 신성시하는 많은 책 중에서 유일하게 성서만이 지리와 관련된 메시지를 담고 있다. 성서 지리는 단지 종교 중심지들의 위치를 언급하는 데서 끝나지 않고 그 땅에 살았던 한 민족의 경험과, 세대와 세대를 거쳐 자신의 정체성이 하나님이 주신 권리에 근거한다고 고집하며 성서를 부정하려는 모든 힘에 맞선 한 민족에 대해 이야기하고 있다. 이 지도책은 이스라엘 백성이 사회적, 역사적, 영적으로 경험한 것을 실제의 것으로 만들도록 도와주는 지리적인 요소들을 독자에게 소개할 예정이다.

THE CENTER OF THE WORLD
세계의 중심(세 대륙의 축으로서 예루살렘. 왼쪽 아래 구석은 아메리카 대륙)

21세기는 인종과 민족의 충돌이 세계적인 추세가 되어 역사의 무대에 갑자기 등장했다. 20세기의 지식인들은 자신과 집단의 정체성을 찾으려는 본능을 제거하려고 했다. 이는 본능을 크게 오용한 결과로 제2차 세계대전이 발발한 일에 대한 반동에 일부 원인이 있다고 할 수 있다. 반면에, 냉전 종식은 다양한 문화를 지닌 민족들 사이에서 이웃과 더 이상 작은 땅 조각도 나누어 가지기 힘든 지역 갈등을 일으켰다. 이런 위기가 닥치면 어디서나 현명한 사람들은 곤경 극복의 일환으로 고대의 거룩한 책들로 눈을 돌려 지혜를 얻는다. 세계화 경향으로 인해 유대-기독교 성서에서 지침을 얻으려는 사람들이 크게 늘어났다. 모든 대륙에 퍼져 있던 유대 디아스포라와 복음화를 통한 기독교 전파가 그 동력이었다.

세계의 종교들이 신성시하는 많은 책 중에서 유일하게 성서만이 지리와 관련된 메시지를 담고 있다. 성서 지리는 단지 종교 중심지들의 위치를 언급하는 데서 끝나지 않고, 그 땅에 살았던 한 민족의 경험과, 세대와 세대를 거쳐 자신의 정체성이 하나님이 주신 권리에 근거한다고 고집하며 성서를 부정하려는 모든 힘에 맞선 한 민족에 대해 이야기하고 있다. 성서에서 신앙의 근원을 찾는다고 고백하는 모든 유대인들과 기독교인들은 하나님의 뜻을 따르고 도덕적인 행동을 실천한 역할 모델과 예로 성서에 나오는 사람들의 경험에 의지하고 있다. 그 고대 민족의 종교적인 경험들은 지리적인 배경과의 관계에서 일어난 것이다. 그 땅은 지구의地球儀 표면에서 본다면 겨우 우표 한 장 크기로, 지중해 동부 해안선의 남쪽에 있는 땅 한 조각에 불과하다.

성서는 지리적인 정보로 가득 차 있다. 그러나 성서는 여행객을 위한 가이드북이나 지리학 교재가 아니다. 오히려 메시지를 자주 던져준다. 지리적 정보가 없다면, 그 메시지는 아무런 정보가 없는 독자에게 종종 모호하게 되거나 약화될 수밖에 없다. 이 지도책은 이스라엘 백성이 사회적, 역사적, 영적으로 경험한 것을 실제의 것으로 만들도록 도와주는 지리적인 요소들을 독자에게 소개할 예정이다.

따라서 이 책은 일반 지리에 관한 교재가 아니며, 그렇다고 성서 지리 교재로 만든 것도 아니다. 다만 고대 거주민들의 눈으로 지리적인 배경을 살펴보려는 시도이다. 고대인이 관심을 둔 용어와 지역에 관심을 집중할 것이며, 그들이 이해했던 용어로 그것들을 정의해보려 한다. 다른 한편으로, 성서 지리가 완전하지 않다는 사실과 다른 많은 민족들도 성서의 역사에 기여했다는 것을 알고 있기에, 지리적인 세부 설명과 관점을 제공할 수 있는 이집트, 아카드, 모압, 페니키아, 그리스, 라틴, 아랍 등지의 사용 가능한 모든 문헌에 관심을 둘 것이다. 많은 고대 도시들이 성서에서 누락되기도 했지만 후기 청동기 시대의 문헌에는 나오며, 다시 헬레니즘 시대에도 등장한다. 고대 유적지는 가끔 증언하는 반면, 문헌들은 거기에 내내 있었다. 가나안, 아모리, 모압, 에돔, 암몬, 나바테아와 다른 민족들은 의문에 잠겨 있는 그 땅과 역사적인 흥망성쇠를 함께했다. 이 민족들의 경험은 똑같이 주목받을 만한 가치가 있으며, 당시 상황을 묘사하기 위해 사용 가능한 모든 자료를 활용해야 한다. 성서에 덧붙여 가능한 모든 자료를 활용하는 포괄적인 접근은 성지에서 현대 역사 지리학을 세운 조지 아담 스미스, 알브레히트 알트, 그리고 필자의 개인적인 멘토들인 벤야민 마자르와 요하난 아하로니의 학문적 전통을 이어가려는 의도가 있다.

경건한 유대인, 혹은 기독교인만이 성서의 이러한 역사적이고 지리적인 이야기로부터 통찰과 영감을 얻는 것은 아니다. 예전에는 '서구' 문화의 토대 중 하나로 성서의 전통을 꼽기도 했다. 하지만 세계화는 서구의 이러한 자부심을 진부한 것으로 만들고 있다. 서방 세계의 이데올로기와 기술은 이제 전 세계 사람들의 소유물이 되어가고 있다. 이처럼 유서 깊고 오래된 문화 전통을 갖고 있는 서구인들조차도 고대 근동과 레반트, 지중해 동부의 민족들로부터 깨달음과 영감을 얻을 수 있을 것이다.

역사 지리학의 다양한 차원과 분야

공간적 차원 _ 역사 지리학에서 공간적 차원은 당연히 중요한 역할을 맡는다. 초점은 '동부'와 '고대 근동'으로 알려진 지리적인 실체에 맞추어질 것이다.

시간적 차원 _ 여기에는 시대를 거치면서 각 나라와 민족이 경험한 것들에 대한 설명이 필요하다. 이것은 '역사적' 측면이기도 하다. 앞으로 이 책에서 역사는 '과거에 대한 인간의 성찰'이라는 의미로 사용될 것이다. 인간이라는 동물은 역사적 성찰이 주는 축복과 저주를 모두 받아왔다. 사람은 과거, 현재, 미래의 사건들을 생각할 수 있으며 동시에 평가할 수도 있다. 우리가 살펴보려는 문헌 자료들은 모두 파라오의 업적을 알리는 선전이나 종교적인 권고들처럼 일정한 의도와 목적을 가지고 있지만, 지리적인 세부 내용과 설명에는 거의 허구가 없다.

고대의 저술가들은 종종 그들의 메시지를 지리적인 틀 안에 맞춰 넣으려 했다. 그 틀은 의식적이든 무의식적이든 그들이 원래 의도하려 했던 것보다 더 객관적인 상황을 우리에게 보여준다. 고문서학, 금석학, 문법, 문장, 담화 분석 같은 동원 가능한 모든 도구를 사용해 고대 자료를 과학적으로, 학문적으로 설명하는 것은 귀하고 가치 있는 일이다.

문화적 차원 _ 이는 성서와 동시대의 자료들을 반드시 고대 근동의 문화

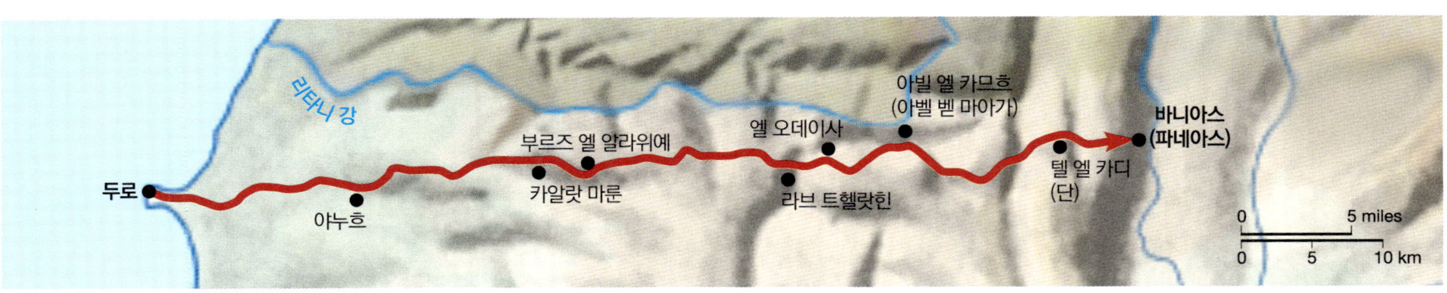

▲ '해변길'은 후에 파네아스(바니아스)부터 두로에 이르는 도로로 알려졌다. 헤롯 시대에 '페레아'로 불렸던 '요단 저편'은 길르앗이며, 앗수르가 행정 중심지로 만든 '이방(외국인/민족들)의 갈릴리'는 이스르엘 골짜기(= 하로셋 학고임 삿 4장)이다.

북방의 왕들 \ 창 14장

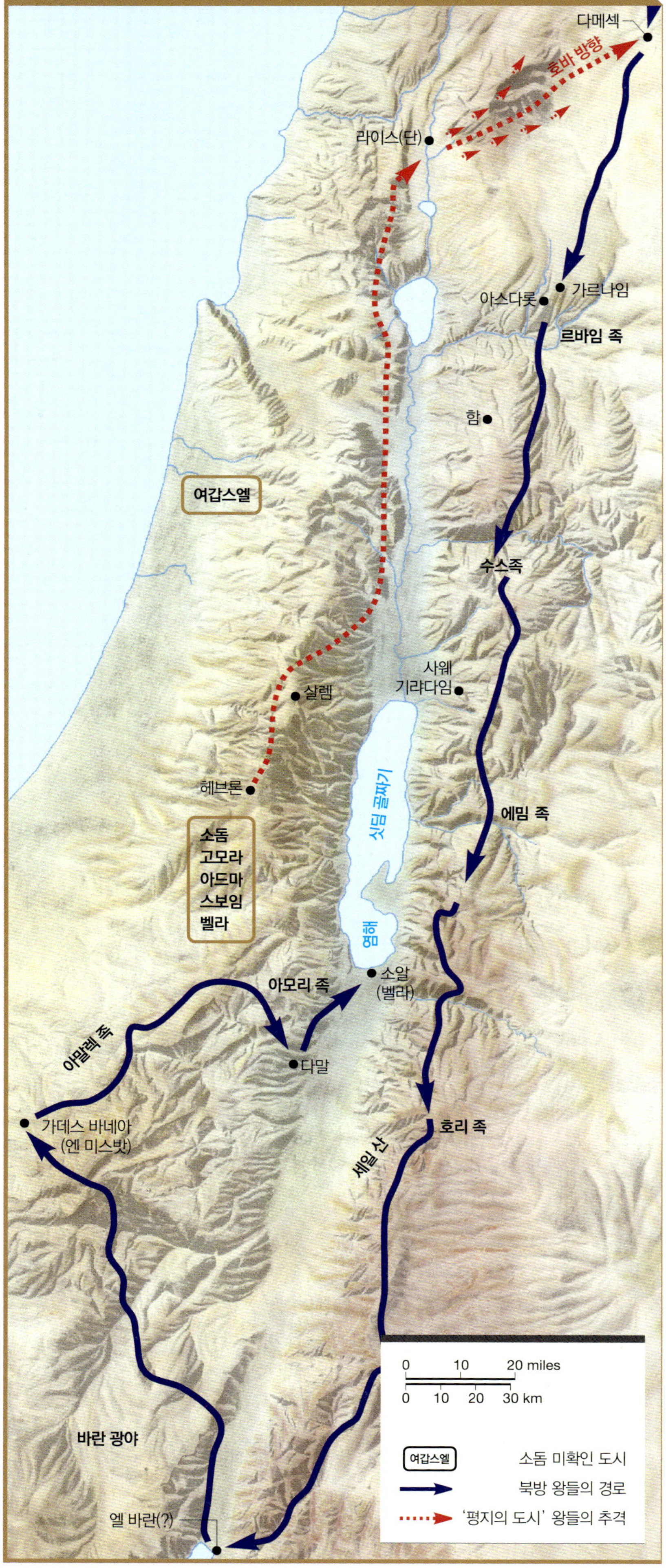

라는 측면에서 해석할 것을 요구한다. 중세와 르네상스 미술처럼, 각 세대는 성서의 역사를 각자 자신의 문화 언어로 보여준다. 과거 250년간의 고고학 연구는 건물, 문화 유물, 얼굴, 머리 모양 등과 같이 실생활과 밀접한 회화 작품들과 실제적인 유물들을 우리에게 제공해주었다. 오늘날의 역사적 연구는 반드시 고대 문화라는 토대에서 사건을 해석해야 한다.

영적 차원 _ 이것은 고대 사회에서 종교가 인간의 삶과 분리되지 않았다는 사실에서 비롯된다. 종교는 모든 일상생활에서 통합적인 요소였다. 더욱이 '거룩한 땅'과 '거룩한 장소'라는 표현은 많은 고대 저술가들의 종교적인 동기를 반영하는 말이며, 나아가 성서 역사를 공부하는 무수한 연구자들의 특정한 동기와 관계가 있다. 본서가 접근하는 방식은 학문적 입장에서 볼 때 완전히 세속적이지만, 종교적인 다수의 견해를 존중하되 이 입장에서 의도된 해명은 없을 것이다. 모든 종파에 관심이 있는 사람은 본서가 기울인 노력의 결실을 공유할 수 있어야 하며, 자신이 찾고 싶어 하는 종교적인 유익을 이끌어낼 수 있어야 한다.
역사 지리학은 그 자체의 어떤 연구 분야를 갖고 있지 않다. 오히려 여러 연구 분야로부터 얻은 자료의 종합이라고 보는 것이 낫다.

자연 지리학 본서는 자연 지리학 교재가 아니지만, 우리가 관심을 가지고 있는 지리적인 영역의 자연적인 형성에 대한 연구는 이 책에서 매우 중요한 역할을 하고 있다. 오늘날 우주 공학을 포함해 모든 과학적인 탐구의 현대 기술은 지구의 자연과 그 위에서 살고 있는 생물을 이해하는 데 매우 효과적이다. 모든 과학적인 방법론은 역사 지리학을 공부하기 위해 충분히 환영 받을 만하다. 반드시 고려해야 할 중요한 요소들은 다음과 같다.

1. 지질학과 산악학 : 지형학
2. 생태학 : 토양과 암석 및 이것들의 잠재성, 식물군과 동물군 및 이것들의 역할
3. 수문학 : 수자원과 그 활용 수단
4. 기상학 : 다양한 시기의 삶의 양식에 영향을 미친 기후 유형의 변화
5. 지도학 : 자료 기록과 지도 표기

고대의 지리적인 용어들을 확실하게 규정하는 것은 현재 이용 가능한 자료들을 가지고서는 불가능하다. 하지만 어떤 진지한 역사적 연구에서건 그러한 노력을 다해야 한다. 오늘날의 지리학자들은 고대 자료를 언급하지 않은

▼ **시내 반도 탐험단**(1868–69년)
왼쪽에서부터 현지 안내인 하산, E. H. 살렘, H. S. 팔머, C. W. 팔머, F. W. 윌슨, C. 홀란드, 위앗

채 자신이 상상한 것에 짜 맞추는 식으로 성서의 용어들을 적용해서는 안 된다. 더욱이 성서지도책에 나오는 지도는 현대의 지형적인 자료 중 가장 좋은 것 즉, 가장 최근의 과학적인 지도를 토대로 해야 한다. 본서에서는 고대 지명들을 그 지명들이 당시에 표시하고자 했던 지역들에 한정하여 적절하게 사용할 것이다. 이제 여러 지역들을 가리키는 고대 용어들을 사용하여 그 지역을 설명하고자 한다.

역사 언어학 고대 문헌을 연구하는 역사 언어학은 오늘날 학계에서 매우 중요한 분야로 자리를 잡았다. 역사 지리학은 성서 자체와 더불어 시작하는데, 창세기 14장에 나오는 이야기가 그 좋은 예다. 창세기 저자는 자신의 시대보다 더 오래된 지리 전승을 소개한다. 이는 고대 지명들 속에 잘 반영되어 있다. 저자는 종종 '벨라, 곧 소알'(창 14:2)[1], 또는 '엔미스밧, 곧 가데스'(창 14:7)[2]라는 설명을 덧붙이고 있는데, 이것은 창세기 14장에 나오는 다른 이중 지명들 또한 동일하게 이해되어야 함을 보여준다. 창세기 저자는 오래된 전승을 존중하면서도, 동시에 독자에게 그들이 살고 있는 시대와 관계된 지리적인 정보를 주기 위해 옛 지역에 대한 보다 최신의 지명들을 표시한 것이다. 저자는 올바른 지리적 정보가 없다면 해당 이야기를 충분히 설명할 수 없다고 말하고 있는 것이다.

지명 연구 역사 지리학의 세 번째 주요 분야는 지명을 연구하는 것이다. 어떤 고대 문화든 간에, 거기에는 상당히 많은 지명들이 포함되어 있다. 그리고 그 지명들은 그 지역의 심리, 사회, 종교 등의 다양한 측면을 담고 있다. 어떤 종교에서건, 그 종교의 지명들은 언어학적, 민족적, 역사적, 민속학적 정보를 풍부하게 가지고 있다. 팔레스타인의 경우는 특별히 더 그렇다.

고고학

고고학은 과거 인간의 생활, 특별히 고대로부터 살아남은 유물들을 통해 드러난 삶을 학문적으로 탐구하는 분야다.

일상생활을 고고학의 정당한 연구 대상으로 강조한 것은 기록된 문헌들을 바탕으로 성서 유물들과 유대인의 유물을 연구하던 19세기 저서들에서 찾아볼 수 있다. 거기에는 건물, 용기, 제구祭具, 식품, 농업 등에 대한 성서와 탈무드의 언급들이 체계적으로 수집되었으며, 이것은 다른 모든 문화적인 주제나 역사적인 주제처럼 언어학적으로 연구되었다.

오늘날 근동 고고학은 특별한 전문성을 확보하고 있다. 여기에 많은 사람들이 '성서 고고학'이라 부르는 분야가 있다. 성서의 많은 부분이 이집트, 메소포타미아, 이란 등 기타 인접 국가들을 다루고 있기 때문에 고대 근동과 팔레스타인을 나누는 일은 쉽지 않다. 학문적인 입장에서 보면, 팔레스타인/이스라엘 고고학이 성서 고고학과 많이 겹치면서도 일치하지는 않는 특별한 연구 분야이다. 최근에는 성서 고고학이라는 용어가 과연 적합한가에 대한 논란이 일고 있다. 지금으로선 고대 근동 세계에서 가장 광범위한 기록 문서인 성서가 이스라엘과 이웃 국가들의 삶을 다루고 있다는 사실을 인정하는 것이 최선의 길이다. 그러므로 고고학적 연구를 통해 이스라엘과 당대 문화의 물질적인 측면을 명료하게 밝히는 것이 합리적이고 바람직한 일이다.

고고학적인 정보를 해석하는 일은, 그 정보가 연구소의 많은 보고서와 매우 자세하고 객관적인 기록을 포함하고 있다 하더라도 여전히 주관적인 측면이 있다. 유물이 객관적인 실재를 담보하고 있다 할지라도 그 지역에서의 삶을 증언하는 일은 인간의 판단에 따라 파악되기 때문이다. 예를 들면 과거에 일어난 일들 중 번영의 시대에 공공건물이 세워지고, 전쟁이 일어나 건물이 심하게 파괴되면 대개 고대 유적지에 그 흔적이 남는다. 그러나 건설과 파괴 정도에 따른 특징을 가지고 연대를 추정하는 일은 이미 알려진 역사적 사건들과의 관련성에 의존할 수밖에 없다. 최상의 경우라 하더라도 발굴된 유물들과 역사적 또는 민족적 요소들 사이의 필연적인 연결은 팔레스타인 고고학에서는 미약하기 그지없다. 이는 각 지층에서 발견된 문헌 자료가 거의 없기 때문이다. 최근에는 '성서' 고고학자들이 자신의 철학적, 역사적 연구에 지나치게 속박되어 고고학 분야에서 객관적인 작업을 놓치고 있다는 비판이 일고 있다. 어쨌든 '성서' 고고학자들은 발굴된 유물의 객관성을 지나치게 신뢰하여 고고학적 증거와는 별개로, 건전한 역사적 분석을 희생시키고 있다. 두 가지 분야는 우선은 분리해서 연구하고, 나중에 그 둘을 연결시키려 할 때는 최대한 주의를 기울여야 한다. 대부분 고고학자들의 역사적인 종합은 아무리 잘해도 시험적인 수준에 불과하기 때문이다.

1_"소돔 왕 베라와 고모라 왕 비르사와 아드마 왕 시납과 스보임 왕 세메벨과 벨라 곧 소알 왕과 싸우니라" (창 14:2).

2_"그들이 돌이켜 엔미스밧 곧 가데스에 이르러 아말렉 족속의 온 땅과 하사손다말에 사는 아모리 족속을 친지라" (창 14:7).

3_**나투피안(Natufian)** 갈멜 산 지역에서 형성된 중석기 시대(주전 1만–8천 년) 문화를 일컫는 말이다.

▼ 여러 지층을 통해 시대를 가늠할 수 있는 텔

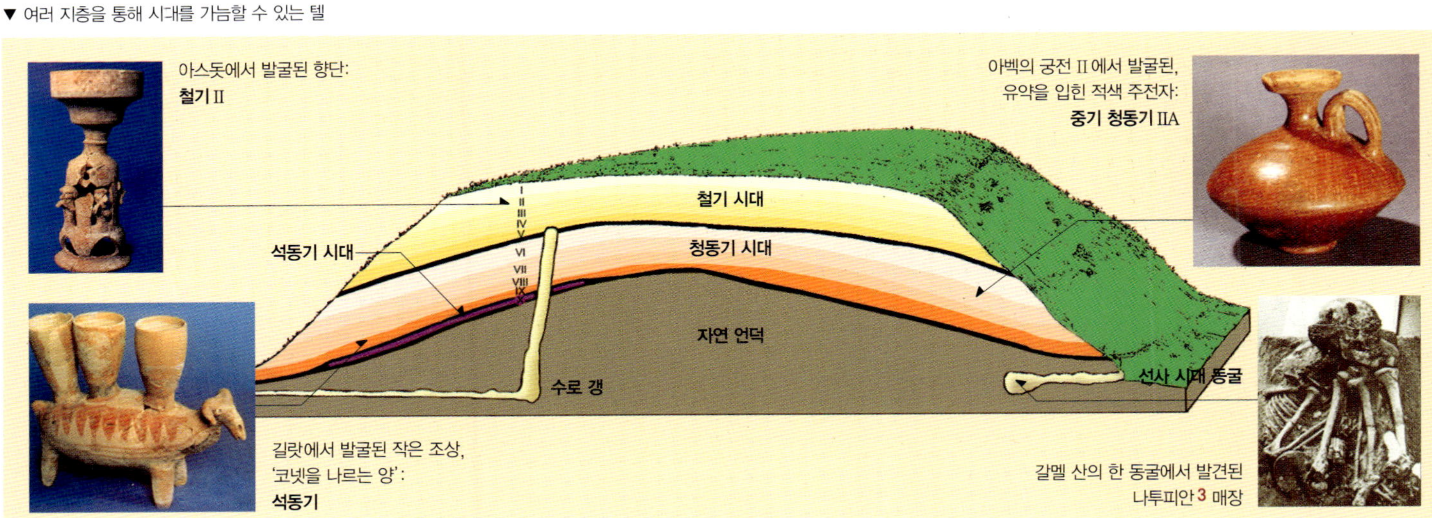

01

|CHAPTER|

THE BIBLICAL VIEW OF THE WORLD

성 서 의 세 계 관

세계 인류를 바라보는 성서의 관점을 알기 위해서는 창세기 10장, 그리고 그와 평행 기사인 역대상 1장 4-23절의 '민족 계보'를 봐야 한다. 여기에는 당시에 알려진 세상의 민족들을 가나안/이스라엘 땅의 관점에서 세 갈래로 나누고 있음을 보여준다. '노아의 홍수' 이후에 태어난 모든 전설적인 조상들에 대한 이야기는 노아의 세 아들(셈, 함, 야벳) 표제 아래 요약되고 있다. 아마 창세기 목록의 목적은 지중해 동부 해안 지역이 어떻게 인류의 주요 민족들의 다리 역할을 하고 있는지 보여주는 데 있는 것 같다.

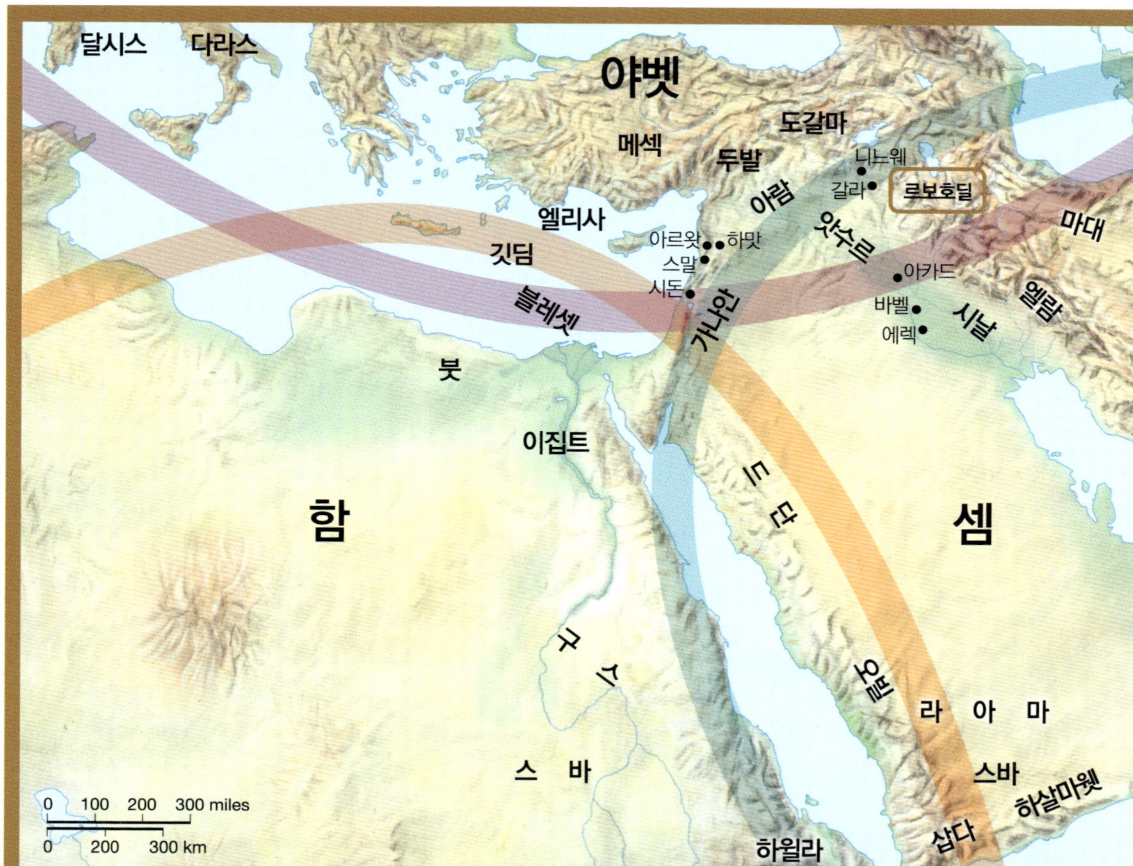

THE FAMILY OF NATIONS
세계의 민족 분포(창세기 10장)

고대 민족들의 비문 자료들과 예술 작품들은 지중해 동부와 고대 중동에 살았던 여러 민족에 대한 암시로 가득 차 있다. 대부분의 전통들, 특히 이집트 예술가들의 전통에는 그들이 만난 민족들을 암시하는 얼굴과 의상의 표준 모델이 있었다. 이와 같은 관습은 메소포타미아와 특히 고대 페르시아에서 두드러진다. 페르세폴리스의 벽화가 그 대표적인 예이다. 세계 인류를 바라보는 성서의 관점을 알기 위해서는 창세기 10장, 그리고 그와 평행 기사인 역대상 1장 4-23절의 '민족 계보'를 봐야 한다. 이 두 본문과 이를 번역한 칠십인역은 모호한 일부 민족들의 명칭을 밝히는 데 도움이 되지만, 대부분은 여전히 알려지지 않은 채 남아 있다. 이 본문 내용을 자세히 알기 위해서는 비평적이며 언어학적인 주석서들을 참고해야 할 것이다. 여기서는 단지 약간의 정보만 제공하지만 본문 전체의 의미를 파악하는 데 도움을 주는 요소들과 민족들만 다룰 예정이다.

창세기 10장과 역대상 1장에 나오는 '민족 계보'는 당시에 알려진 세상의 민족들을 가나안/이스라엘 땅의 관점에서 세 갈래로 나누고 있음을 보여준다. '노아의 홍수' 이후에 태어난 모든 전설적인 조상들에 대한 이야기는 노아의 세 아들(셈, 함, 야벳)의 이름을 딴 표제 아래 요약되고 있다. 일부 집단의 관계는 언어 계보나 속적屬的 연대를 따져 관계를 밝히려는 현대적인 연구와는 비교할 수가 없다. 그러나 일반적인 설명은 고대의 정신세계를 이해하는 데 도움이 된다.

야벳의 자손들(창 10:1-5; 대상 1:5-7)

1. **고멜과 마곡 :** 고대 문헌에서 킴메르 족으로 나오는 이 민족은 카프카스 산맥을 기반으로 하며, 주전 7세기와 그 이후 문명 국가들을 위협했다. 마곡은 친족 집단으로 보인다.

2. **마대 :** 이란 북서쪽에 위치한 인도-유럽 민족. 이란 남동부에 살았던 페르시아 사람들에 대한 언급은 나오지 않는다.

3. **야완 :** 이오니아.

4. **두발, 메섹, 디라스 :** 아나톨리아에 있었던 세 민족. 처음의 두 민족은 앗수르 비문碑文에서 갑바도기아의 브루기아 왕국에 속한 타발과 무쉬키로 알려진 민족과 같다. 디라스는 헬라어 자료들에서 티르세노이, 즉 주전 8세기에 최초로 리디아로부터 이주해온 에트루리아 족이다.

5. **고멜의 아들들 :** 아스그나스는 스키타이 족이며, 리밧은 알려진 바가 없다. 도갈마는 앗수르 문헌에서 틸 가림무로 알려져 있다.

6. **야완의 아들들 :** 엘리사는 구브로 키프로스의 남쪽 해안에 있는 고대 알라쉬아로 추정되며, 달시스는 길리기아에 거주한 민족으로, 깃딤은 확실하지는 않지만 키티온 왕국으로 알려져 있다. 도다님은 칠십인역에서는 로데스Rhodes로 나오는 것으로 보아 로다님Rodanim이 맞다. 역대상 1장 7절에서도 '로다님'으로 나온다.

함의 자손들(창 10:6-20; 대상 1:8-16)

함의 자손은 이상하게도 우리가 다른 계통에 배열할 수 있는 민족들을 포함하고 있다.

7. **구스, 미스라임, 붓, 가나안 :** 이 중 세 집단은 아프리카에 거주한다. 구스는 누비아에 있는 이집트인 구스, 즉 오늘날 수단과 동일한 민족으로 추정된다. 미스라임은 셈어로 이집트를 가리키며, '경계, 구역'을 뜻하는 아카드어 '미츠루'에서 유래했다. 쌍수형[1]인 이 단어는 이집트 땅을 지리적으로 두 지역, 즉 나일 강 계곡(이집트 상부)과 삼각주 지대(이집트 하부)로 구분하였음을 보여준다. 붓은 리비아 해안에 거주했던 민족이다.

가나안이 함의 자손에 포함되어 있다는 것은 현대 학자들에게 당혹스러운 일이다. 언어학에서는 오래전부터 가나안의 방언을 현대 학자들이 '셈어'라고 부르는 언어군으로 분류해왔다. 그런데 '셈 족'이라는 용어가 적합한가는 그 자체가 의문이다. 왜냐하면 성서의 민족 구분은 현대 언어학 입장에서 보면 '셈어'라고 할 수 없는 민족들을 포함시킬 뿐만 아니라 셈의 아들들에 엘람도 포함시키고 있기 때문이다(창 10:22).

창세기 10장과 역대상 1장의 목록에 나오는 구스 족은 아프리카 북동부나 아라비아 반도의 '뒤꿈치'에 해당하는 남부, 즉 스바, 하윌라, 삽다, 라아마, 삽드가를 모두 포함하고 있다. 라아마의 자손은 스바와 드단으로, 이들은 아라비아의 남부와 북부에 각각 분포한다.

더욱이 구스 족과 용감한 사냥꾼 니므롯을 연결시키는 것도 이상해 보인다. 니므롯은 메소포타미아에 무리지어 있는 성읍들, 즉 시날(메소포타미아 용어로는 수메르) 땅에 있는 바벨, 에렉, 악갓아카드, 갈레이며, 앗수르아시리아와 그 수도인 니느웨와 관련이 있다. 뿐만 아니라 '성읍 부근의 넓은 장소'라는 뜻을 지닌 르호봇 이르와 그 밖에 갈라 및 니느웨와 갈라 사이에 세워진 성읍으로 잘 알려져 있지 않은 레센도 관련이 있다. 역대기는 니므롯과 구스가 연관이 있다고 말하면서도 메소포타미아의 성읍들

1_쌍수형
눈, 귀, 손, 발과 같이 두 개가 있어야 완전한 하나가 되는 복수로 히브리어의 독특한 수 개념이다. 쌍수형의 접미어는 '아임(ים_)'이다.

각 민족의 얼굴과 의상의 표준 모델을 보여 주는 페르시아의 수도 페르세폴리스의 부조 ▼

은 생략했다. 미스라임은 놀랍게도 터키 남서부에 있는 리디아인 루딤과, 성서 저자가 블레셋의 기원으로 보고 있는 가슬루힘이라는 모호한 집단과 연관이 있을 뿐만 아니라 아모스 9장 7절에서 블레셋의 기원으로 나오는 갑도림 곧 크레타 사람들과도 연관이 있다.

여호와의 말씀이니라. 이스라엘 자손들아 너희는 내게 구스 족속 같지 아니하냐. 내가 이스라엘을 애굽 땅에서, 블레셋 사람을 갑돌에서, 아람 사람을 기르에서 올라오게 하지 아니하였느냐(암 9:7).

함의 후손인 가나안은 이름이 널리 알려진 많은 민족들의 조상으로 나온다. 가나안의 장자 시돈은 성서에서 페니키아를 총칭하는 이름이다. 헷은 히타이트 제국의 붕괴 후에도 명맥을 유지해 시리아 북부에 잔존했던 신히타이트 국가이다. 여부스는 다윗이 예루살렘을 정복하기 이전에 이곳에 거주하던 민족이다. 아모리는 원래 중기 청동기에 시리아 북부에 거주했던 민족이다. 기르가스와 히위는 성서에 여러 번 언급된 종족이지만, 알려진 것이 거의 없는 족속이다. 그리고 고대 문헌에도 등장하는 잘 알려진 도시국가의 이름도 등장한다. 아르캇의 알가 족, 시야누의 신 족, 아르왓의 아르왓 족, 스말 족[1], 신히타이트/아람의 도시국가 하맛 족 등이 그렇다. 일반적으로 이 그룹에 속하는 민족들은 오늘날의 용어로 말하자면 북서 셈어 방언, 즉 가나안어나 아람어를 말하는 사람들이라고 할 수 있다. 이들 중 요단 동편에 거주한 족속은 하나도 없다.

1_전통적으로는 치미라로 나오지만, 종종 추무르, 치미르루로 언급되기도 한다.

2_저자는 이 부분을 '하나님의 아들들(sons of God)'로 고쳐 읽고 있다.

셈의 자손들(창 10:21-32; 대상 1:23)

셈의 후손들은 더 모호해서 추리에 의존할 수밖에 없다. 창세기 10장과 역대상 1장의 목록은 아브람을 '이브리'(히브리 사람)로 부르게 된 이유와 관련 있는 것으로 보이는 에벨의 후손을 강조하고 있다.

전체 목록을 살펴보면 중복된 부분이나 겹치는 경우가 있다. 매우 이상한 점은 후르리인과 우라르투 족처럼 고대 초기의 매우 중요한 민족 일부가 빠져 있다는 것이다. 창세기 10장의 목록이 에스겔 27장에 나오는 민족들 이름과 유사하다는 사실은 창세기 본문이 상당히 먼 후대의 관점을 반영하고 있다는 것을 암시한다. 혹자는 페르시아 시대를 반영하는 것이라고 말하지만, 이는 페르시아 제국의 많은 나라와 인근 지역들에 대해 알려져 있던 사실과 잘 들어맞지 않는 것처럼 보인다. 예를 들면, 헤로도토스가 묘사한 모습과 말이다. 일반적으로 노아의 세 아들과 그들의 후손은 대략 레반트의 북부, 남부, 동부 등 세 지역에 자리했다고 볼 수 있다. 아마 창세기 목록의 목적은 지중해 동부 해안 지역이 어떻게 인류의 주요 민족들의 육교 역할을 하고 있는지 보여주는 데 있는 것 같다.

세상의 민족들이 거대한 봉건 사회를 이루고 있으며 각 나라가 특정한 신적 존재의 보살핌을 받고 있다는 고대의 관점은 신명기 32장 8-9절에 잘 나타나 있다.

지극히 높으신 자가 민족들에게 기업을 주실 때에,

창세기 10장에 나오는 민족 계보

1 노아의 아들 **셈**과 **함**과 **야벳**의 족보는 이러하니라. 홍수 후에 그들이 아들들을 낳았으니

2-5 **야벳**의 아들은 고멜과 마곡과 마대와 야완과 두발과 메섹과 디라스요 고멜의 아들은 아스그나스와 리밧과 도갈마요 야완의 아들은 엘리사와 달시스와 깃딤과 도다님이라. 이들로부터 여러 나라 백성으로 나뉘어서 각기 언어와 종족과 나라대로 바닷가의 땅에 머물렀더라.

6-20 **함**의 아들은 구스와 미스라임과 붓과 가나안이요 구스의 아들은 스바와 하윌라와 삽다와 라아마와 삽드가요 라아마의 아들은 스바와 드단이며 구스가 또 니므롯을 낳았으니 그는 세상에 첫 용사라. … 미스라임은 루딤과 아나밈과 르하빔과 납두힘과 바드루심과 가슬루힘과 갑도림을 낳았더라. (가슬루힘에게서 블레셋이 나왔더라.) 가나안은 장자 시돈과 헷을 낳고 또 여부스 족속과 아모리 족속과 기르가스 족속과 히위 족속과 알가 족속과 신 족속과 아르왓 족속과 스말 족속과 하맛 족속을 낳았더니 이 후로 가나안 자손의 족속이 흩어져 나아갔더라. 가나안의 경계는 시돈에서부터 그랄을 지나 가사까지와 소돔과 고모라와 아드마와 스보임을 지나 라사까지였더라. 이들은 함의 자손이라 각기 족속과 언어와 지방과 나라대로였더라.

21-30 **셈**은 에벨 온 자손의 조상이요 야벳의 형이라 그에게도 자녀가 출생하였으니 셈의 아들은 엘람과 앗수르와 아르박삿과 룻과 아람이요 아람의 아들은 우스와 훌과 게델과 마스며 아르박삿은 셀라를 낳고 셀라는 에벨을 낳았으며 에벨은 두 아들을 낳고 하나의 이름을 벨렉이라 하였으니 그때에 세상이 나뉘었음이요 벨렉의 아우의 이름은 욕단이며 욕단은 알모닷과 셀렙과 하살마웻과 예라와 하도람과 우살과 디글라와 오발과 아비마엘과 스바와 오빌과 하윌라와 요밥을 낳았으니 이들은 다 욕단의 아들이며 그들이 거주하는 곳은 메사에서부터 스발로 가는 길의 동쪽 산이었더라.

창세기 10장과 역대상 1장에 나타난 민족 계보 : 셈, 야벳

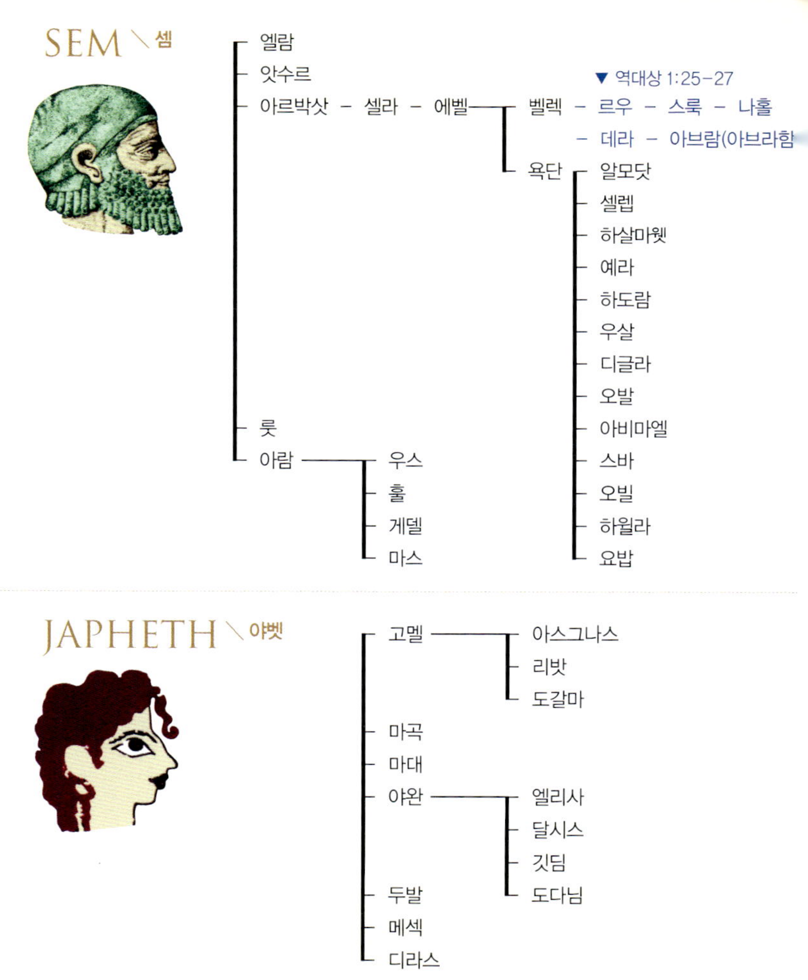

> 인종을 나누실 때에
> 이스라엘 자손[2]의 수효대로 백성들의 경계를 정하셨도다.
> 여호와의 분깃은 자기 백성이라. 야곱은 그가 택하신 기업이로다.

마소라 본문은 8절 마지막 구절을 '이스라엘 자손의 수효대로'라고 읽는다. 그런데 칠십인역은 '하나님의 천사들의 수에 따라'로, 쿰란에서 발견된 사해 사본은 '하나님의 아들들의 수에 따라'로 저마다 다르게 읽고 있다. 그러므로 이 본문을 적절히 고쳐 읽는다면 세상 모든 민족은 지극히 높으신 하나님이 각 민족에게 주신 자기 나라에 위치했다는 의미가 된다. 그 하나님은 하늘에 있는 그의 종들/사자들의 수에 따라 경계를 정해주고 각 민족에게 나라를 이루도록 하셨다. 그러나 하나님은 땅을 분배하실 때 자신을 위해 한 민족을 구별하셨는데, 그가 바로 야곱 이스라엘이다. 헬레니즘-로마 시대의 비정경적인 유대 문헌들은 창세기 6장에서 사람의 딸들과 결혼해 용사들을 낳은 '하나님의 아들들'이라는 표현을 많이 사용했는데, 이와 같은 경향에 대한 반동으로 더 보수적인 랍비들(바리새인?)은 원문에서 '천사들'을 의도적으로 제거하고 이 시를 손질하여 다른 말로 고쳤을 가능성이 많다.

포로기 이전의 유다에서는 남자들의 공동체Society of men가 여러 민족들의 회합으로 여겨졌으며, 그들은 봉토로 민족/땅을 받은 '하나님의 아들'의 감독 아래 각자 일정한 영토를 분배받은 것으로 여겨졌다. 그러나 이스라엘/야곱은 야훼라는 이름을 가진 지극히 높으신 하나님의 특별한 기업봉토으로 여겨졌다.

창세기 10장과 역대상 1장에 나타난 민족 계보 : 함

HAM 함

- 구스
  - 스바
  - 하윌라
  - 삽다
  - 라아마
    - 스바
    - 드단
  - 삽드가
  - 니므롯(세상의 첫 용사)
- 미스라임
  - 루딤
  - 아나밈
  - 르하빔
  - 납두힘
  - 바드루심
  - 가슬루힘 ········· 블레셋
  - 갑도림
- 붓
- 가나안
  - 시돈
  - 헷
  - 여부스 족속
  - 아모리 족속
  - 기르가스 족속
  - 히위 족속
  - 알가 족속
  - 신 족속
  - 아르왓 족속
  - 스말 족속
  - 하맛 족속

* 창세기 10장과 역대상 1장에 나오는 민족 계보가 조금 다른 부분이 있는데, 여기서는 창세기 10장을 기준으로 정리했다.

OTHER ANCIENT VIEWS OF THE WORLD

고대인들의 다른 세계관

바벨론 세계 지도

1 산, 2 도시, 3 우라르투, 4 앗수르, 5 데르, 6 유프라테스, 7 늪, 8 수사, 9 수로, 10 비트 야킨, 11 도시, 12 합반, 13 바벨론, 14 대양(염해), 15 [대양], 16 [대]양, 17 대[양], 18 대성벽, 19 에워싼 여섯 연맹 지역, 20 [지]역[…], 21 [지]역[…], 22 에워싼 여덟 연맹 지역, 23–25 글자가 없음(글자에 [ ] 표시가 있는 것은 훼손된 원문을 필자가 복원해서 읽은 부분이다.)

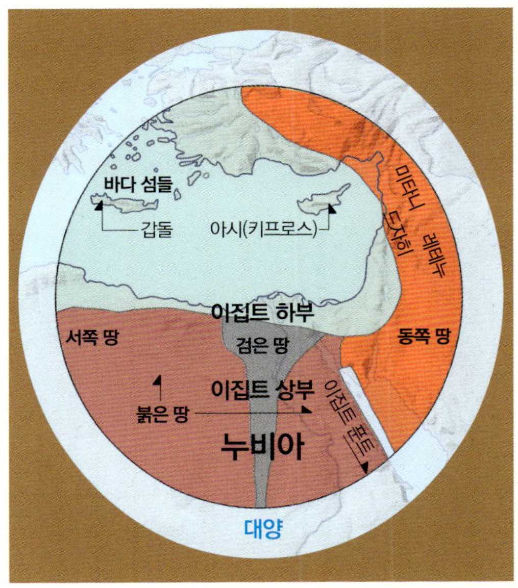

이집트인들의 세계관

파라오 투트모세 3세의 시문 석비에 나타난 이집트인들의 세계관. 여기에 아몬 신이 왕의 발 아래 굴복시킨 많은 나라들과 백성들이 열거되어 있다. 메소포타미아인들과 헬라인들처럼 이집트인들도 강이 지구를 둘러싸고 있다고 믿었다. 석비에 열거된 나라들은 투트모세가 행한 수많은 원정과 상업적인 거래와 관계 있다.

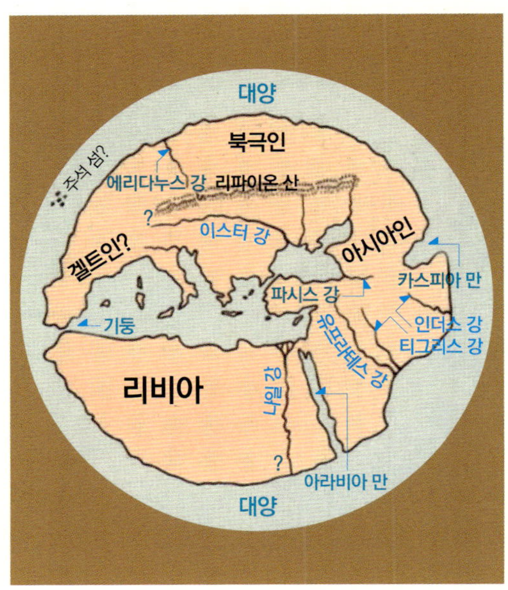

헤카테우스의 세계 지도 (주전 500년)

초창기 지리학자 헤카테우스는 헬라인들의 세계관을 보여주는 지도를 제작했다. 지도의 사본은 남아 있지 않지만 다른 헬라 작가들은 이 지도를 자주 언급했다. 이 세계 지도 역시 바벨론과 이집트의 개념과 매우 유사하다.

02

|CHAPTER|

THE LAND BRIDGE

가 교 의 　땅

레반트라는 지리적 실체는 성서의 주제였으며 메소포타미아와 이집트 저술가들이 사용한 용어이기도 하다. 한 지역 단위로서 레반트는 페르시아 시대에 지리적으로 확실한 위치를 차지했으며, 마침내 '시리아' 또는 오늘날 '대시리아'로 알려지게 되었다. 역사적인 문제에 초점을 맞추고 있는 이 책에서는 메소포타미아와 이집트 사이에서 가교의 위치에 있었던 이 땅을 고대 자료는 어떻게 말하고 있는지 세밀하게 검토한다. 아브라함에게 약속된 땅의 경계에서 솔로몬의 통치 영역에 이르기까지 이스라엘 땅의 경계를 정밀하게 추적한다.

THE LEVANT SPACE. NOTE THE GREAT DESERT AREAS
우주에서 바라본 레반트와 대사막 지역

성서에는 지중해 동부 해안의 남부에 대한 개념이 매우 분명하게 드러나 있다. 그것은 지리에 대한 고대 이스라엘 사람들의 생각을 반영하는 것이라고 볼 수 있다. 해안 평야는 터키 남서부에 있는 아다나 평야, 즉 길리기아의 경계에서 대략 수에즈 운하까지 뻗어 있다. 동쪽 경계선은 산악 지대, 즉 시리아 북부에 있는 예벨 노차이라안차리예, 레바논 산맥, 레바논 산맥의 연장선상인 갈릴리, 에브라임, 유다 산지와 접해 있다. 브엘세바의 남부 고원지대는 시내 반도의 경계선까지 계속 이어진다. 서쪽 산지 너머에는 오론테스 계곡에서 보이는 대지구대大地溝帶, Great Rift가 레바논의 베카, 훌레, 요단 계곡, 아라바까지 이어져 엘랏 만아카바만에 이르고 있다. 대 지구대 동쪽에는 유프라테스 중부 지역을 향해 동쪽으로 비스듬하게 형성된 안티 레바논 산맥이 있으며, 그 끝에는 시룐으로도 불렸던 가장 높은 헤르몬 산이 있다. 골란, 길르앗, 모압, 에돔, 미디안 고원지대는 지구대와 동쪽, 즉 헤르몬 산 남쪽과 경계를 이루고 있다. 이 산맥들과 고원지대 동쪽으로는 시리아, 요르단, 아라비아 사막이 시작된다. 이 지역은 해안선의 동쪽 끝과 맞닿아 있다. 해안선의 각 지역에 대한 더 자세한 내용과 고대 지명들은 이어서 언급할 예정이다.

지중해 동부 해안선은 오늘날 고고학적인 논의에서 대개 레반트Levant로 알려져 있다. 레반트라는 말은 이 지역의 경계 범위를 정하는 19세기식 용어이다. 지리적인 단위의 하나이지만, 지중해 동부 해안선은 다양한 언어로 표현됨으로써 다른 지역과는 확실히 구분되었다.

지중해 동부 해안선의 역사는 운명적으로 인근 지역인 메소포타미아, 이집트와 연결될 수밖에 없다. 두 지역에서 고대 문명이 시작되었으며, 특히 문자를 포함한 인류의 기술적인 진보가 이루어졌기 때문이다. 두 지역은 서쪽 지역에 해당하는 레반트의 '비옥한 초승달' 지대를 포함하고 있다.

레반트

레반트라는 지리적 실체는 성서의 주제였으며 메소포타미아와 이집트 저술가들이 사용한 용어이기도 하다. 한 지역 단위로서 레반트는 페르시아 시대에 지리적으로 확실한 위치를 차지했으며, 마침내 '시리아' 또는 오늘날 '대시리아'(아람어로는 에쉬 샴)로 알려지게 되었다. 역사적인 문제에 초점을 맞추고 있는 이 책에서는 메소포타미아와 이집트 사이에서 가교의 위치에 있었던 이 땅을 고대 자료는 어떻게 말하고 있는지 검토해볼 것이다. 문제의 이 지역에 대한 역사, 그리고 자연에 대한 기록을 보면 레반트 북부와 남부가 각기 독립된 역사를 갖고 있다는 사실을 보여준다. 두 지역은 서로 영향을 주고받았으며 일부는 겹치기도 하지만, 둘이 구분된다는 것만큼은 분명하다.

약속의 땅 '약속의 땅'이라는 말은 종교 집단에서 널리 사용되지만, 성서에 나오는 말은 아니다. 성서에 이 말의 토대가 되는 단락이 있기는 하다. 창세기 15장 18-21절에 기록된 아브람에게 주어진 약속이 그것이다.

> 그날에 여호와께서 아브람과 더불어 언약을 세워 이르시되
> 내가 이 땅을 애굽 강에서부터 그 큰 강 유브라데까지
> 네 자손에게 주노니(창 15:18).

본문이 말하는 약속의 땅은 '애굽이집트 강' 남쪽 경계에서 시작한다. 이곳은 나일 강 동쪽 지류인 펠루시악 강을 가리키는 것으로, 헬라 시대 때부터 수세기 동안 이집트의 국경선으로 알려진 곳이다.

> 그는 펠루시움에 진을 쳤다. 왜냐하면 이곳은 입구(이집트로 가는)이기 때문이다(헤로도토스 2.141).

'애굽 강'은 다음에 설명할 '이집트 시내'인 와디 엘 아리쉬와는 완전히 다른 곳이다. '큰 강, 유브라데유프라테스 강'이 어디를 말하는 지는 분명하다. 성경의 한 본문은 딥사를 특별히 언급하는데(왕상 4:24), 딥사는 헬라 문헌에 탑사코스로 알려져 있으며, 고대 당시에는 유프라테스 강이 굽어 흐르는 곳에 자리한, 제법 건너기 수월한 개울이 있던 도시였다. 고대의 에마르 지역인 텔 메스케네도 이 지역에 있다. 창세기의 약속에 언급된 지리적인 실제 이름은 신명기 서두에 다시 나오며(참고. 신 1:7[1]), 여호수아서 서두에도 등장한다(참고. 수 1:1-4).

앞에서 언급한 지리적 범위에는 가나안 땅이 포함되지만 '가나안 땅'과 정확히 일치하는 것은 아니다. 널리 알려진 '대 가나안'이라는 표현은 적합하지 않다. 이 점은 다음 기회에 더 자세히 언급할 예정이다.

1_"방향을 돌려 행진하여 아모리 족속의 산지로 가고 그 근방 곳곳으로 가고 아라바와 산지와 평지와 네겝과 해변과 가나안 족속의 땅과 레바논과 큰 강 유브라데까지 가라"(신 1:7).

솔로몬의 통치 영역 주전 561년 이후에 열왕기를 쓴 성서 역사가는 당대에 흔히 쓰였던 지리 용어를 사용해 이스라엘 왕 솔로몬이 통치한 땅의 경계가 어디인지 독자에게 알려준다.

> 솔로몬이 그 강 건너편을 딥사에서부터 가사까지 모두, 그 강 건너편의 왕을 모두 다스리므로 그가 사방에 둘린 민족과 평화를 누렸으니

강 건너편 지방: 페르시아의 레반트 행정 구역

1_"솔로몬이 그 강에서부터 블레셋 사람의 땅에 이르기까지와 애굽 지경에 미치기까지의 모든 나라를 다스리므로 솔로몬이 사는 동안에 그 나라들이 조공을 바쳐 섬겼더라" (왕상 4:21).

2_광야
저자는 '스텝(Steppe)'이라고 했는데, 이는 '평평하고 건조한 땅'이라는 의미의 러시아어에서 유래한 지리학 전문 용어이다. 스텝 지역은 반(半)사막 지대나 나무 없이 풀과 관목만 자라는 땅이다. 여기서는 성서의 이해를 돕기 위해 현대 지리적 용어인 '스텝'을 '광야'로 옮겼다.

(왕상 4:24).

'강 건너편'이라는 별칭이 처음 언급된 곳은 주전 7세기경 앗수르 왕 에살핫돈의 비문이다.

> 나는 핫티의 땅과 '하수 이편'의 왕들을 소환했다(Prism B=Nin. A, V, 54-76).

솔로몬이 지배하던 지역의 정치적인 경계는 그 앞 구절에도 나오지만(왕상 4:21[1]), 이 구절은 역대기 역사가의 기록처럼(대하 9:26) 솔로몬에 대한 이야기가 마무리될 즈음에 지리적 결론으로 나와야 맞다. 즉 열왕기상 4장 21절은 한참 뒤인 10장 26절 다음에 배치되는 것이 더 자연스럽다.

'하수'는 유프라테스 강을 뜻하는 것이 분명하다. 강의 다른 쪽 최남단 경계는 '블레셋의 땅'과 '이집트 지경'까지 뻗어 있다. 이는 블레셋 땅이 와디 엘 아리쉬까지라는 의미를 암시하고 있는 것이 분명하다. 페르시아 시대에는 이 경계와 관련된 성읍을 예니수스라고 불렀다. 반면 '이집트 지경'은 블레셋 땅부터 나일 강 지류인 펠루시악 강까지다. 헤로도토스는 이 경계 지역에 대해 다음과 같이 분명히 말하고 있다.

> 이 지역(아라비아 사막)을 통해서만 이집트로 들어갈 수 있다. 페니키아에서부터 카디티스(성서에 나오는 가사와 동일한 지역)의 경계까지는 '팔레스타인'이라고 알려진 시리아에 속한다. 카디티스는 사르디스보다 별로 작지 않은 도시로, 이곳과 항구도시들부터 예니수스까지가 아라비아에 속한다. 예니수스부터 세르보니스 호수까지는 시리아에 속하며, 근처에 있는 카시우스 산은 바다까지 이어져 있다. 트리폰이 묻혀 있을 것으로 추정되는 세르보니스 호수부터는 이미 이집트이다. 한편으로 예니수스, 다른 한편으로는 카시우스 산과 세르보니스 호수 사이의 전 지역은 매우 넓은 곳으로 도보로 사흘 이상 걸리는 여정이다. 이곳은 사막지대라 물이 전혀 없다(헤로도토스 3.5).

헤로도토스 당시 카디티스라고 불렸던 가사는 아라비아 왕에게 속한 지역이라 팔레스타인에 속하지는 않았다. 열왕기상 4장 24절은 아라비아 족그달 족이 가사를 정복하기 이전의 상황을 반영한 것이다.

강 건너편 지방 '강 건너편'(스 4:20)이라는 뜻의 아카드어와 동일한 아람어는 페르시아 시대에 지중해 동부 해안선을 둘러싸고 있는 행정 구역의 이름이 되었다. 에스라서는 예루살렘에 있는 왕들이 이 지방을 통치하던 시절에 대한 전승을 담고 있다.

> 옛적에는 예루살렘을 다스리는 큰 군왕들이 있어서 강 건너편 모든 땅이 그들에게 조공과 관세와 통행세를 다 바쳤도다(스 4:20; 참고. 신 1:7).

레반트 남부

다음은 지중해 동부 해안의 남부 지역, 즉 레반트에 관한 내용이다. 지리에 관한 고대 문헌들은 지금의 시리아에 해당하는 북부보다 레반트 남부를 훨씬 더 많이 언급하고 있다.

가나안 지방 후기 청동기 시대에 기록된 이집트 문헌은 파라오를 가나안의 군주라고 말한다. 그리고 종종 쿠루, 드자히, 레테누와 함께 '가나안'이라는 말이 나온다. 그럼에도 불구하고 가나안의 관리, 혹은 총독과

▲ '가나안의 성읍' 요새. 카르낙 신전의 북쪽 벽에 새겨진 세티 1세의 부조

같은 특정한 공식 명칭은 나오지 않는다. '가나안/쿠루/드자히 지방'이라는 구체적인 말도 없다. 그러나 일반적인 주변적 전승과 달리 정통 중부 바벨론 전승으로 훈련받은 한 알라쉬아 출신 서기관은 이집트가 관할하는 지역을 '가나안 지방'이라고 기록하고 있다.

이집트의 관료 조직 안에 가나안 지방 전체를 총괄하는 특정 개인에 대한 기록도 없는 것으로 보인다. 또 후기 청동기 시대의 이집트어나 아카드어 문헌에는 가나안의 지리적인 범위에 대한 기록이 전혀 없다. 그럼에도 불구하고 히브리 성서에 나오는 가나안의 북쪽 경계는 지리적인 실제 위치를 반영하는 암시들이 일부 있다.

문제의 단락인 민수기 34장 1-12절은 에스겔 47장 15-20절과 평행을 이룬다. 남쪽 경계는 여호수아 15장 2-4절에서 이상적으로 그려진 유다 지파의 기업과 같다. 이런 이유 때문에 민수기에서 가나안 지방이 첫 번째 경계로 다루어진 것으로 보인다. 이것은 신왕조(18-19 왕조) 때 이집트 문헌에 나오는 지리적 구분과 일치하지 않는다. 가사는 가나안에 속하는 해안가의 첫 번째 도시로 등장하곤 했다. 예를 들어 투트모세 3세가 시내 반도를 건너 행진했을 때, 또 세티 1세의 여정 목록과 아나스타시 1세 파피루스에도 가사가 나온다. 성서의 문자적 개념을 규정하기 위해서는 여기서 남쪽 경계를 더 다룰 필요가 있다(참고. 민 34:3b-5).

성서에 나오는 남쪽 경계의 여러 지역들의 위치는 확실히 알 수 없다. '아그랍빔전갈 비탈'은 그 위치를 확인할 수 없으며, 오늘날 여러 지도에 표시되어 있는 것처럼 이 지역을 나크브 에츠 차파와 동일한 지역으로 볼 만한 근거는 없다. 신Zin 광야는 가데스 바네아까지 뻗어 있는 광야[2] 지대를 가리키는 일반적인 이름이라고 보지 않는 한, 그곳의 정확한 위치는 알 수 없다. 여기서 에스겔은 아라바 북부 지역에서 가장 중요한 장소로 다말을 언급한다. 다말은 아마도 사해 남서쪽에 있는 아인 후츠브

와 동일한 지역일 것이다. 다음에 언급된 경계 지역은 '가데스 바네아 남쪽'이다. 이 지역은 남쪽 경계의 중간 지점에 해당하기 때문에 가데스 바네아는 아인 케데이스라고 불리는 샘이나 그 근처에 있을 가능성이 높다. 그러나 철기 시대의 가데스 바네아는 조금 더 북쪽에 있는 요새, 아인 엘 쿠데이랏 옆일 가능성이 더 높다. 여기서 말하는 아인 엘 쿠데이랏은 광야의 남쪽 지대에 있는 여러 샘들 중에서 수량이 가장 풍부한 곳에 있다. 이 일대를 가데스 바네아라고 불렀을 가능성이 제기되지만, 이 지명은 최남단의 샘에서만 유지되었다. 민수기 34장은 가데스 바네아 이후에 두 지명(하살 아달과 아스몬)만 언급한 반면, 여호수아 15장은 4곳(헤스론, 아달, 갈가, 아스몬)을 언급한다.

가나안 땅으로 알려진 전체 범위의 남쪽 경계에서 가장 주목해야 할 것은 이집트 시내는 와디 엘 아리쉬이며, '약속의 땅강 건너편' 남쪽 경계는 나일 강 지류인 펠루시악 강과 동일한 곳인 '이집트 강'이었다는 사실이다. 이 남쪽 경계가 언제까지 유효했는지는 또 다른 문제이다. 가나안 땅의 서쪽 경계는 물론 지중해이다(민 34:6[3]).

북쪽 경계 범위는 가장 중요한 문제이다. 여러 학자들이 확신을 가지고 추정하는 근거에는 몇 가지 핵심이 있다(참고. 민 34:7). 북쪽 경계선은 해안선에서부터 시작해 호르 산(남방 네게브에 있는 호르 산과 이름이 같다)이라고 불리는 유명한 산으로 향하고 있다. 이 산은 해안에서 가까운 레바논 산맥 북쪽 산 중 하나를 가리키는 것이 분명하다. 호르 산이라고 추정할 수 있는 후보 산들은 트리폴리 동쪽에 있는 예벨 아카르, 또는 더 남쪽에 있는 예벨 막멜이지만, 이 산들은 해안에서 너무 멀리 떨어져 있어 가능성이 낮다. '남은 땅'(수 13:2)의 북쪽 경계는 비블로스를 포함해 아모리 족, 즉 후기 청동기 시대의 아무루 왕국의 영토에 속한 아벡까지 뻗어 있다(참고. 수 13:4). 호르 산의 가장 유력한 후보지는 비블로스 북쪽인 레바논 산맥의 북서쪽 봉우리들 중 하나일 가능성이 높다. 비블로스와 트리폴리스 사이에 위치한 신성한 '테우프로소폰'인 라스 샤카 같은 곳이 그렇다.

북쪽 경계를 정할 때 중요한 지역은 르보 하맛과 스닷이다. 르보 하맛은 대부분의 성서 번역본에서 '르보'를 부사로 번역해 도시 이름이 아닌 '하맛 어귀'로 나오는 경향이 있다. 따라서 성서 번역본에서 르보 하맛은 오론테스 강 유역에 있는 하맛을 가리킨다. 그러나 르보는 하맛 왕국의 국경 도시로 중요한 곳이었으며 바알벡 북쪽, 즉 오론테스 강의 수원지 중 하나인 레브웨와 동일한 지역이다.

다음 장소인 스닷은 위치를 쉽게 확인할 수 있다. 그 이름이 북동쪽의 레브웨 다메섹다마스커스 홈스 고속도로 가까이에 있는 안티 레바논 산맥 동쪽의 차닷 마을에 지금도 보존되고 있기 때문이다. 스닷은 사막 가장자리에 위치하고 있다. 그러므로 다음에 나오는 두 곳, 시브론과 하살 에난은 스닷 동쪽에 있는 사막의 두 오아시스, 하우와린과 카리아테인과 같은 지역일 것이다.

동쪽 경계선은 여러 장소와 연결되어 있지만 이들 중 위치가 확인된 곳은 어느 곳도 없다. 민수기 34장 10-12절에 나오는 지명들이 그것이다. "너희의 동쪽 경계는 하살에난에서 그어 스밤에 이르고 그 경계가 또 스밤에서 리블라로 내려가서 아인 동쪽에 이르고 또 내려가서 긴네렛 동쪽 해변에 이르고 그 경계가 또 요단으로 내려가서 염해에 이르나니 너희 땅의 사방 경계가 이러하니라." 다만 아인은 긴네렛

3_"서쪽 경계는 대해가 경계가 되나니 이는 너희의 서쪽 경계니라. 북쪽 경계는 이러하니 대해에서부터 호르 산까지 그어라. 호르 산에서 그어 하맛 어귀에 이르러 스닷에 이르고 그 경계가 또 시브론을 지나 하살에난에 이르나니 이는 너희의 북쪽 경계니라. 너희의 동쪽 경계는 하살에난에서 그어 스밤에 이르고 그 경계가 또 스밤에서 리블라로 내려가서 아인 동쪽에 이르고 또 내려가서 긴네렛 동쪽 해변에 이르고 그 경계가 또 요단으로 내려가서 염해에 이르나니 너희 땅의 사방 경계가 이러하니라"(민 34:6-12).

정탐꾼의 여정과 가나안 땅 경계 \ 민 13장

호수/갈릴리 호수에서 멀지 않은 키르벳 아윤으로 추정할 수 있다.

에스겔의 이상(참고. 겔 47:18[1])과 비교해보면, 예언자 에스겔은 동쪽 경계를 앗수르가 주전 732년에 세운 행정 구역 구분을 따르고 있다. 민수기에서 '긴네렛 동쪽 해변'이 언급되고, 요단 강을 따라 남쪽 경계선이 이어지고 있는 것은 하살 에난에서부터 시작된 경계선이 아마도 에벨 드루즈에 이르기까지 다메섹 일대의 거대한 지역을 포함한 것으로 볼 수 있다. 어쨌든 사해염해는 남쪽 경계선을 규정하는 '동쪽 바다'이다.

긴네렛 아래 요단 강이 가나안 땅의 경계로 여겨지는 것은 여호수아 22장에 기록된 사건에서 찾아볼 수 있다. 요단 서편 지역의 대표단이 요단 동편의 지파와의 협의를 위해 파견되었을 때, 그들은 가나안 땅에서 길르앗 땅으로 갔다(비교. 수 22:9; 32).

성서의 민족지학적인 전승에 따르면 가나안 족은 평지에, 그리고 여부스 족, 아모리 족, 헷 족은 산지에서 살았다는 언급이 있다(참고. 민 13:29; 비교. 신 1:7). 이와 같은 가나안의 북쪽 경계에 대한 개념은 베이루트에서 만들어진 헬레니즘-로마 시대의 동전에서도 확인된다. 동전에 새겨진 '가나안에 있는 라오디게아Laodicea'라는 문구나 헬라식 모노그램은 베이루트의 이름과 관련된 화폐상의 결정적인 증거이다. 다른 동전들에는 Ibyrt, 즉 '베이루트의'라는 단어와 함께 똑같은 헬라식 모노그램이 새겨져 있다. 사실 이 문구는 '페니키아에 있는 라오디게아'라고 해야 옳을 것이다. 페니키아를 가나안과 동일시했는가의 문제는 별개의 문제라 해도, 가장 중요한 점은 베이루트의 라오디게아가 가나안에 속한다는 것이다. 이렇게 되면 그곳은 '해변에 있는 라오디게아'와는 구분된다(스트라보 《지리》 XVI, 2:9). 이 라오디게아는 가나안/페니키아에 있지 않다. 해변의 라오디게아는 오늘날의 라타키아라디키예로, 라스 샤므라의 남쪽으로 11킬로미터 떨어진 곳이다. 따라서 가나안=페니키안의 북쪽 경계를 페니키아로 보는 헬라시대의 지리적 개념은 후기 청동기 시대의 자료들에서 발견되는 개념과 동일해 보인다.

1_"동쪽은 하우란과 다메섹과 및 길르앗과 이스라엘 땅 사이에 있는 요단 강이니 북쪽 경계선에서부터 동쪽 바다까지 측량하라. 이는 그 동쪽이요"(겔 47:18).

2_"모세가 모압 평지에서 느보 산에 올라가 여리고 맞은편 비스가 산꼭대기에 이르매 여호와께서 길르앗 온 땅을 단까지 보이시고 또 온 납달리와 에브라임과 므낫세의 땅과 서해까지의 유다 온 땅과 네겝과 종려나무의 성읍 여리고 골짜기 평지를 소알까지 보이시고"(신 34:1-3).

3_"그후에 유다 자손이 내려가서 산지와 남방과 평지에 거주하는 가나안 족속과 싸웠고"(삿 1:9).

이스라엘의 땅

앞에서도 말했지만 열왕기의 저자는 솔로몬의 통치 영역을 북쪽으로 유프라테스 강이 굽어지는 북쪽까지 이르는 '강 건너편'으로 설명하고 있다. 그러나 그는 이상적인 지리 경계geographic entity와 이스라엘(유다와 이스라엘)의 자손들이 실제로 거주했던 땅 사이를 분명하게 구분했다.

> 솔로몬이 사는 동안에 유다와 이스라엘이 단에서부터 브엘세바에 이르기까지 각기 포도나무 아래와 무화과나무 아래에서 평안히 살았더라(왕상 4:25).

이와 동일한 개념이 모세가 느보 산에서 바라본 땅의 범위 안에 구체적으로 그려져 있다(참고. 신 34:1-3[2]). 여호수아서에도 똑같은 내용이 요약되어 나온다(참고. 수 11:17). 더욱이 다윗이 행한 인구조사는 본질적으로 같은 지역을 토대로 하고 있다(참고. 삼하 14:2).

이는 각 경계선이 단과 브엘세바라는 두 도시의 실제 텔Tel들과 가까이 있었다는 뜻은 아니다. 단지 두 도시는 이스라엘 지파들이 점유한 지역의 국경 지대에 있는 주요한 성읍들이라는 의미이다. 적어도 국가의 힘이 강성했던 동안에는 유다 왕국의 실제 남쪽 경계는 가데스 바네아 남쪽 지역을 통과했음에 틀림없고, 이스라엘 왕국의 북쪽 경계는 분명 르보 하맛까지 뻗어나갔다(비교. 왕하 14:25).

요단 동편 지파들과의 오해로 빚어진 여호수아 22장 사건은 이 지파들이 '요단 저편 해 돋는 쪽 곧 아르논 골짜기에서 헤르몬 산까지의 동쪽 온 아라바'(수 12:1b)에 거주하는 이스라엘에 진정으로 속해 있다는 것을 강조한다. 주전 8세기의 요단 서편에 있던 유다와 이스라엘의 행정부들은 종종 요단 동편에 대한 인구조사를 실시하곤 했다(대상 5:17).

성서에는 동쪽에서 서쪽으로 또는 서쪽에서 동쪽으로 가로지르는 땅 묘사가 많은데, 이와 같은 설명은 유다 왕국의 시각을 반영하고 있는 것이다. 왜냐하면 그러한 묘사들은 유다 산지의 서편 경계를 이루며 중간 고도의 산지인 세펠라Shephelah를 포함하고 있기 때문이다(신 1:7a; 수 10:40; 참고. 삿 1:9[3]). 여기에는 북쪽에 있는 사론 평야가 언급되지는 않는

모세가 느보 산에서 바라본 땅 \ 신 34:1-3

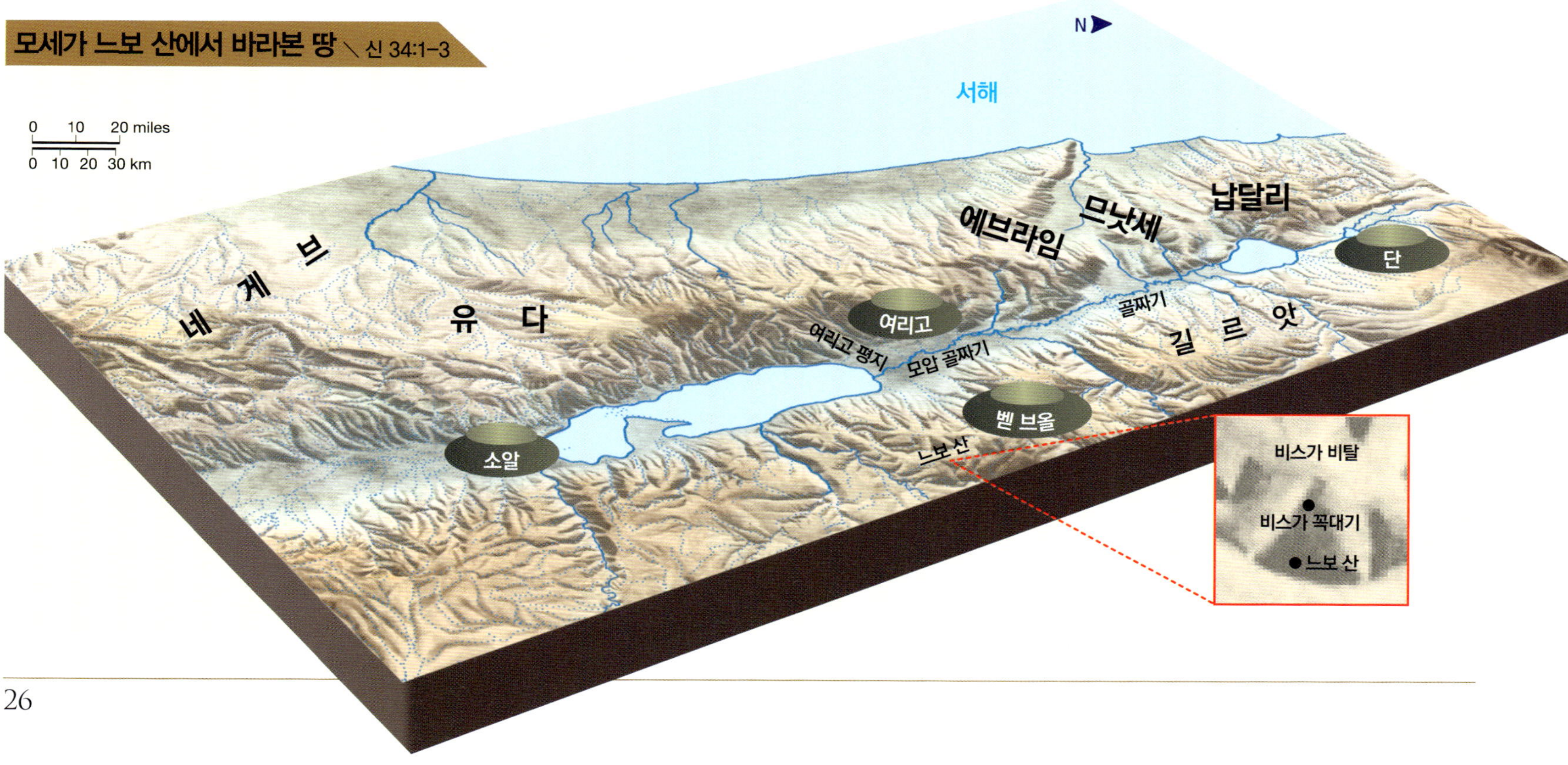

THE BORDERS OF THE TRIBAL TERRITORIES

지파들의 땅 경계

＼ 수 13–19장

0 5 10 miles
0 5 10 15 km

이스라엘

지파 경계

다윗 시대의 정치 경계

"이것은 이스라엘 자손이 가나안 땅에서 받은 기업 곧 제사장 엘르아살과 눈의 아들 여호수아와 이스라엘 자손 지파의 족장들이 분배한 것이니라" (수 14:1).

THE GEOGRAPHICAL REGIONS OF THE SOUTHERN LEVANT

레반트 남부의 지형과 지역

0 5 10 miles
0 5 10 km

▲2814 고도(m)

"그 땅을 여호수아가 이스라엘의 지파들에게 구분에 따라 소유로 주었으니 곧 산지와 평지와 아라바와 경사지와 광야와 네겝 곧 헷 족속과 아모리 족속과 가나안 족속과 브리스 족속과 히위 족속과 여부스 족속의 땅이라" (수 12:7–8).

다. 이 본문들과 비교할 수 있는 곳은 웃시야 왕 시대 유다 지역에 대한 설명에서 찾아볼 수 있다(참고. 대하 26:10[1]). 마지막으로 이와 비슷한 본문은 이스라엘의 북쪽 세펠라, 즉 갈릴리 서부 산지를 포함하고 있다(참고. 수 11:16-17).

지형 신명기 8장 7-8절은 가나안 땅의 전체적인 특징을 간결하게 설명하고 있다. 땅의 농산물은 산지에 따라 나뉘어져 있으며, 산에서 나는 것들과 평야에서 나는 것들로 구분되어 있다.

> 네 하나님 여호와께서 너를 아름다운 땅에 이르게 하시나니 그곳은 골짜기든지 산지든지 시내와 분천과 샘이 흐르고 밀과 보리의 소산지요 포도와 무화과와 석류와 감람나무와 꿀의 소산지라(신 8:7-8).

설명과 전문용어 _ 앞으로 지형 설명은 북쪽에서 남쪽으로, 그리고 서쪽에서 동쪽 방향으로 간략하게 묘사하고자 한다. 이를 위해 후대에 사용된 용어들, 특별히 그리스-로마 시대, 심지어는 오늘날의 용어들을 피할 수 없겠지만 구약 시대에 사용된 성서의 용어를 강조할 것이다. 많은 지형 용어들이 성서 히브리어에 남아 있지만 지방색과 지역적인 이름들은 많이 소실되었다. 랍비 문헌이나 오늘날 아랍어 지명 속에 약간 살아남아 있기는 하다.

| 해안 평야 |

페니키아 오늘날의 레바논인 북부 해안 지방은 산지가 해안에 인접해 있는 것이 특징이다. 지중해 동부 해안의 주요 항구들은 여기에 다 몰려 있다. 페니키아의 항구도시로는 비블로스, 베이루트, 시돈이 있으며, 특별히 두 섬 두로와 아르왓이 있다. 경작할 수 있는 평야가 거의 없는 대신, 배후지인 산지에서 고대 세계에 유명했던 목재와 다른 생산품들을 제공해주었다.

북부 해안지대는 그리스-로마 시대에 페니키아베니게라고 불렸지만(행 21:2) 구약에서는 가나안(사 23:11) 또는 시돈이라고만 나온다(삿 18:28). 사람들은 주로 해상 활동에 종사했으며(겔 27:8-9), 나머지는 육지에서 농사를 지었다(삿 1:32-33). 라스 엔 나쿠라로쉬 하 니크라 곶은 십자군 시대에는 '두로의 사닥다리'라고 불렸다. 이 곶으로 인해 남쪽 평야지대는 페니키아의 나머지 땅과 구분되었다. 남쪽 지역은 갈멜 산이 그 경계를 이루었다. 해안은 매우 높은 절벽에 맞닿아 있고, 광범위한 침식작용으로 해안선과 나란히 발달한 암초들은 1.5킬로미터까지 뻗어 있다. 어떤 모래 언덕도 동쪽 지역이 갈릴리 상부의 산맥에 의해 경계선을 이루고 있는, 최대 7킬로미터에 걸친 비옥한 평야 지대를 침식하지는 못한다. 토양은 주로 갈릴리 상부의 산맥으로부터 흘러내리는 강줄기가 운반한 부양물이 쌓인 충적토이다. 남부 해안의 대부분은 모래가 막고 있었기 때문에 당시의 주요 항구는 악고돌레마이[2] 근처에 있었다. 악고의 북쪽 해안에도 암석이 많았다. 따라서 악고는 육지에 접근할 수 있는 유일하고도 가장 편리한 장소였다. 나아만벨루스 은 악고와 갈멜 산 사이에 있는 평야를 가로지르며 북쪽으로 출구를 잡아 악고의 남쪽 바다까지 흘러들어간다.

남쪽에는 절벽이 없는 대신 1.6킬로미터 너비의 넓은 모래사장과 모래 언덕들이 펼쳐져 있다. 동쪽에는 한때 넓은 늪이 있었지만 현재는 비옥한 충적토로 되어 있다. 이 평야지대의 가장자리에는 중요한 고대 유적지들이 자리잡고 있다. 북쪽에는 악고가 있고 동쪽 주변에도 다른 유적지들이 있다. 가운데에는 두 개의 큰 텔이 있다. 북쪽에는 성서의 악삽(수 11:1; 12:20; 19:25) 또는 미살(수 19:26)로 추정되는 텔 케이산텔 키손이 있다. 다른 하나는 아벡(수 19:30)일 가능성이 높은 텔 쿠르다네가 있으며, 이곳에서 나아만/벨루스 강의 상류가 시작된다.

갈멜 산은 라스 엔 나쿠라 곶으로부터 와디 밀흐나할 욕느암에 이르기까지 북서쪽에서 남동쪽으로 펼쳐진 백악기 시대의 석회암 덩어리로 이루어져 있다. 그것은 쐐기 모양의 장벽을 형성해 해안 평야를 가른다. 갈멜 산 준령은 과수원과 포도원이 많아 풍요의 상징이었다(사 33:9; 암 1:2; 나 1:4). 갈멜 산의 물줄기는 북동 방향의 산맥을 따라 형성되었으며, 그 중심 자락은 가파른 산골짜기를 따라 서쪽으로 흐른다. 그 골짜기에는 선사 시대의 사람들에게 피난처가 되어준 여러 동굴들이 있다.

갈멜 곶으로부터 남쪽으로 악어강나할 탄니님에 이르기까지의 해안지대는 나봇 돌[3]이라고 불렸다(수 11:2; 12:23; 17:11; 왕상 4:11). 사암층 산등성이는 갈멜 산 기슭에 있는 비옥한 땅을 보호하며 해안을 따라 경계를 이룬다. 돌은 주요 항구도시였지만 텔 에스 사마크텔 쉬크모나 같은 소수의 작은 유적지들도 있었다.

1_웃시야 왕이 가축을 기른 장소로 나오는 '고원과 평지'는 요단 서편의 세펠라(평지)와 요단 동편 땅(고원)을 말한다.

2_악고 (돌레마이, Acco/Ptolemais) 구약에는 '악고'(삿 1:31)로, 신약에는 '돌레마이'(행 21:7)로 알려진 지역이다. 이 책의 구약시대에는 '악고'로, 신약 시대에는 '프톨레마이스'로 표기했다. '돌레마이'는 신약성서에서 단 한 번 나오지만 외경에는 자주 등장한다.

3_나봇 돌(Naphoth-Dor) 저자가 고유명사로 부른 '나포트 돌'을 개역개정판은 '돌의 높은 곳'이라고 옮겼다.

돌에서부터 욥바까지 펼쳐진 샤론 평야 ▼

1_ 야르콘(Yarkon)
개역개정판에 '메얄곤'으로 번역된 지명은 '야르콘의 물(강)'이라고도 번역할 수 있다.

2_ 뢰스(loess)
비옥한 토양이 되기 위한 주재료이며, '황토'라 부르기도 한다. 주로 지름이 0.002~0.005밀리미터인 입자로 이루어진 퇴적물을 말한다.

3_ "그는 그 홰에 불을 붙여 블레셋 사람의 곡식 밭으로 여우를 내몰아서, 이미 베어 쌓아 놓은 곡식가리에 불을 놓았다. 불은 곡식가리뿐 아니라 아직 베지 않은 곡식과 포도원과 올리브 농원까지 다 태워 버렸다"(삿 15:5, 새번역).

샤론 평야 나봇 돌에서부터 욥바에 이르는 샤론 평야(유세비우스 《지명록》 162:5-6)는 동쪽에 있는 사마리아 산지에서 내려온 충적토로 이루어져 있다. 그 중심부에는 구석기 시대의 붉은 모래 띠가 있었고, 해안에는 '쿠르카르Kurkar'라고 불리는 사암 산등성이가 있어 동쪽에서 서쪽으로 흘러들어가는 일부 시내의 흐름을 막았다. 그로 인해서 늪이 생겼고 사암 산등성이 뒤쪽 숲은 없어졌다. 오늘날 야르콘 강이라고 부르는 나하르 엘 아유자는 샤론 평야 남쪽의 세 번째 지대를 가르며 또 다른 장벽을 만들었다. 그렇기 때문에 고대 성읍들은 샤론 동쪽을 따라 지대가 높고 물이 많으며 비옥한 땅에 세워졌다. 구약에 나오는 "샤론 사람 시드래는 샤론에서 먹이는 소 떼를 맡았고"(대상 27:29)라든가 "샤론은 양 떼의 우리가 되겠고"(사 65:10)라는 언급에서 알 수 있듯이 샤론 평야 대부분은 목초지였다. 하지만 요즘은 거름을 준 덕분에 적색 사암지대가 훌륭한 감귤 재배지로 바뀌었다. 아벡에서부터 가드 파달라까지는 이집트를 시리아와 메소포타미아에 연결해주는 거대한 해안 간선도로의 핵심 구간이었다.

나하르 엘 아유자(오늘날의 야르콘 강)는 아벡에서 시작해 구불구불한 길을 따라 욥바의 북쪽 바다까지 흐른다(수 19:46). 이 강 때문에 고대의 남북 도로는 아벡 부근에서 동쪽으로 향하게 되었다. 나하르 엘 아유자 입구 근처에는 아직 정체가 확인되지 않은 텔 카실레라 불리는 마을과 텔 쿠다디라는 작은 항구 마을이 있었다.

에쉬무나제르의 페니키아어 비문에 따르면(19행) 욥바의 후배지는 '샤론의 거대한 곡물 재배지'에 포함되어 있다. 유세비우스는(《지명록》 162:5-6) 이 견해를 확증해준다. 그러므로 샤론의 남부 경계는 소렉 골짜기(와디 차라르: 나할 소렉)에 두어야 한다(삿 16:4). 소렉 골짜기는 단 지파가 받은 기업의 남쪽 경계이기도 했다. 또 다른 와디와디 무스라라는 아얄론 골짜기로부터 대각선 방향으로 욥바를 향해 있다. 고대의 지질에서 이 와디는 바다까지 뻗어 있어서 욥바 항구가 형성될 수 있었다. 그러나 사람이 정착하기 이전에 모래가 밀려들어와 와디는 북쪽 방향으로 빗겨나갔고, 나하르 엘 아유자에 합류할 때까지 사암 산등성이 뒤쪽으로 흘렀다.

▼ 아스글론의 고대 폐허

그래서 와디는 욥바에서 텔 카실레에 이르는 해안 구간의 경계가 되었다. 와디는 인근의 사암 산등성이와 더불어 '욥바 구역'까지 경계를 이루고 '바다 쪽', 즉 단 지파 기업의 '서쪽'(수 19:46, 칠십인역)이 되었다. 단 지파 기업은 욥바를 포함하지 않는다. 그러므로 이 와디의 고대 이름은 나하르 엘 아유자라기보다는 오늘날의 야르콘[1]과 동일한 것으로 여겨진다. 오늘날의 나할 아얄론의 남쪽은 넓은 구석기 시대의 적색 모래(아랍어로 '하므라') 지대라서 고대에는 목초지로만 사용되었다(비교. 대상 7:21).

블레셋 욥바의 경계(수 19:46)로부터 남쪽으로는 가나안 족속이 거주하는 해안지대가 있었다(신 1:7). 그 해안지대는 사암 산등성이를 침식해간 직선의 긴 모래사장이 특징이다. 욥바와 아스글론은 해변에 바로 세워진 반면, 두 도시 아스돗과 가사는 야브네 얌을 따라 모래 언덕 뒤쪽의 내륙에 위치했다. 와디 입구에 위치한 작은 항구 도시들은 바다에 접근하기가 수월했다.

블레셋 평야는 남쪽으로는 훨씬 넓어 25킬로미터에 이르며 북쪽으로 갈수록 좁아져 약 17킬로미터에 달한다. 사구 뒤쪽의 토양 남쪽은 풍화토인 뢰스[2]이며 북쪽은 붉은 모래이다. 모래 바로 뒤쪽에는 V자형의 자연 통로가 세펠라 산지를 향해 동쪽으로 나 있다.

사구를 따라 가사 근처에는 넓은 포도원이 있었다. 내륙의 토양은 곡물과 올리브를 재배하는 데 아주 적격이었다(삿 15:5[3]). 따라서 이 지역은 일찍부터 인구 밀집 지역이었다.

이집트에서 시작해 시내 반도를 건너 북쪽의 다메섹과 페니키아 해안을 잇는 거대한 중심도로는 사구 능선 동쪽에 있는 V자형 통로를 따라간다. 도로는 얍느엘 다음부터는 아벡을 향해 북동쪽으로 굽어진다.

이 지역 주요 도시들은 후대에 블레셋의 주요 다섯 성읍으로 알려지게 된다. 해안에 위치한 가사, 아스글론, 아스돗과 내륙에 떨어져 있는 가드와 에그론이 있다(수 13:3 등). 이들보다 중요하지는 않지만, 각기 고유한 역사를 자랑하는 야브네/얍느엘/얌니아(수 15:5,11; 대하 26:6; 마카베오상 4:15; 5:58; 마카베오하 12:8-9)와 소렉 입구 근처에는 마호스 항구가 있었다(아마르나 서신과 성서 이후 문헌).

블레셋 평야를 가로지르는 몇 개의 와디들은 유다 산지로부터 충적토를 운반한다. 와디들 대부분은 해변의 모래 언덕을 관통하는 길을 찾기 위해 북쪽으로 방향을 돌릴 수밖에 없었다. 이것이 바로 해안선이 서쪽으로 밀리게 된 지형적 과정이다.

이집트로부터 메소포타미아에 이르는 교역로가 대상 무역의 유일한 통로는 아니었다. 블레셋의 항구들은 아라비아에서 네게브를 거쳐 지중해로 오는 대상들의 종착지였다. 이 상업적 교통의 중요성 때문에 블레셋 도시들과 에돔 족, 아랍 족은 자주 동맹을 맺었다(비교. 대하 17:10-13과 26:7-8).

여호와께서 블레셋 사람들과 구스에서 가까운 아라비아 사람들의 마음을 격동시키사 여호람을 치게 하셨으므로 그들이 올라와서 유다를 침략하여 왕궁의 모든 재물과 그의 아들들과 아내들을 탈취하였으므로 막내 아들 여호아하스 외에는 한 아들도 남지 아니하였더라(대하 21:16-17).

| 중앙 산지 |

레바논 레바논 산지의 약 160킬로미터에 이르는 긴 산맥은 레반트의

이스르엘 골짜기에 있는 다볼 산 ▲

가장 특징적인 산악 지형이다(렘 18:14). 레바논 산맥은 이집트와 메소포타미아를 위한 목재의 공급원이었다(왕상 5:6-10; 왕하 19:23; 사 60:13; 슥 11:1). 산맥의 남쪽은 리타니 강을 넘어 팔레스타인의 서쪽 고원지대를 이루고 있는데, 이는 몇 개의 지역으로 나눌 수 있다. 두로와 악고의 해안 평야 너머에 있는 작은 언덕은 '세펠라'라고 불렀다(즉 '저지대', 수 11:2).

갈릴리 가장 북쪽은 상부와 하부로 나뉘는 갈릴리이다. 이러한 구분은 로마 시대의 문헌에만 나오지만(요세푸스 《전쟁》 3.3.1) 여호수아 19장 35-38절에 나오는 성읍들의 순서도 이와 같은 구분을 따르고 있다. 북부에 있는 고원은 북서쪽으로 갈수록 낮아지며 남쪽으로 갈수록 경사가 높아진다. 이곳은 가나안 성읍들이 있던 지역으로 알려져 있다(삿 1:33; 수 11:2). 고대의 메론 마론 은 예벨 마룬 에르 라스 근처에 있었다. 상부 갈릴리의 남단은 메론 산이라고 잘못 알려진 예벨 야르마크라는 단층지괴이며, 이스라엘이 정착하기 이전에는 사람이 살지 않는 곳이었다. 이 산에서는 하부 갈릴리가 시작되는 벧 하케렘 골짜기가 내려다보인다.

하부 갈릴리는 고원이나 평야가 아닌 동서로 달리는 준령들로 이루어져 있다. 가장 중요한 산은 아츠몬 산으로 이름이 잘못 붙여진 산마루와 나사렛 산지이다. 이 산마루들 사이에는 위도 방향의 골짜기들이 몇 개 있다. 특히 벧 네토파 살 엘 바토프 골짜기가 있는데, 이것은 그리스-로마 문헌에 아소키스 평야로 나온다. 동쪽과 서쪽 사이에 있는 분수령은 갈릴리 중앙선 동쪽에 있다. 산지는 동쪽으로 훌라 골짜기와 긴네렛 호수 방향으로 비탈져 있으며, 서쪽으로는 해안 평야를 향해 길고 가느다란 손가락처럼 뻗어 있다. 동쪽은 현무암이 넓게 분포해 있으며 서쪽은 석회암 지대이다. 갈릴리 상부와 하부는 성서 시대에는 납달리 동쪽 와 아셀 서쪽 지파로 나뉘어졌지만, 그 경계는 정확하지 않다(수 19:34). 주전 10세기 말, 두로가 아셀 지파의 땅 전부를 물려받게 되면서 갈릴리는 동쪽으로 제한되었다.

이스르엘 골짜기 요세푸스 같은 후대의 역사가는 이스르엘 골짜기를 갈릴리에 포함시켰다. 갈릴리 하부와 사마리아의 산지 사이에 있는 삼각형 모양의 침하 지대는 해안과 요단 계곡을 잇는 통로였다. 골짜기의 동쪽 가장자리에는 다볼 산과 모레 산이 서 있으며, 두 산의 동쪽은 잇사갈 지파의 기업에 속하는 현무암 고원지대이다. 골짜기 이름은 이 지역에서 가장 오래된 성읍인 이스르엘에서 따온 것이다. 헬라와 라틴 문헌에는 에스드랠론Esdraelon으로 나온다. 헤롯 골짜기는 이스르엘에서 벧산으로 내려가는 통로이다. 이스르엘 골짜기는 곡물 생산으로 유명했다. 므깃도는 이스르엘 골짜기로 들어가는 관문으로, 이집트에서 출발하는 주요 통행로 입구 근처에 있다. 가나안의 유명한 성읍들은 이 골짜기의 남서쪽 가장자리를 따라 줄지어 서 있었다(수 17:16; 삿 1:27). '이스르엘 골짜기'는 거대한 평원 지대뿐만 아니라 헤롯 골짜기와 오늘날의 벧산 골짜기를 포함하는 용어였다는 사실은 분명해 보인다.

므깃도 빌랏 에르 루하 와 욕느암 라맛 므나셰 뒤로 낮게 펼쳐진 고원은 이스르엘 골짜기를 샤론 평야와 분리시키며, 사마리아 산지와 갈멜 산맥을 연결해준다. 이스르엘 남동부 지역은 부분적으로 길보아 산자락이 에워싸고 있으며(삼상 28:4), 이 지역은 또한 도단 골짜기로 올라가는 낮은 산들과 접해 있다. 도단 골짜기(창 37:17-28)에는 샤론 평야로 들어가기 편한 통로가 있다.

사마리아 사마리아 산지는 가나안 시대에 속한 이집트 문헌에 세겜 산으로 나온다(아나스타시스 1세 파피루스). 사마리아 산지를 에브라임 산으로 부를 수 있는가에 대한 의견은 분분하다. 이 지역은 므낫세 지파가 점령한 북쪽 지역의 일부이다(수 17:7-13). 세겜 골짜기는 남쪽에 있는 그리심 산과 북쪽에 있는 에발 산 사이에 있다. 사마리아에는 산지로 올라가기 편리한 서쪽 통로가 되는 몇 개의 골짜기가 있다. 북쪽에 있는 도단 골짜기와 서쪽에 있는 세겜 골짜기는 각각 와디 엘 파라와 조화를 이룬다. 와디 엘 파라는 아담아다마 부근의 요단 계곡으로 내려가는 산지들 사이에 깊이 패여 있는 틈이다(수 3:16; 왕상 7:46).

▼ 그리심 산과 에발 산 사이에 있는 세겜 골짜기

세겜 골짜기의 남서쪽은 믹므닷 골짜기(수 16:6; 17:7)를 경유해 므낫세와 에브라임 지파 사이의 주요 경계를 이루는 가나 골짜기(수 16:8; 17:9)로 이어진다. 그러나 가나 골짜기 북쪽으로는 에브라임 성읍들이 있고, 남쪽으로는 므낫세 성읍들이 있다. 이는 시내와 와디가 그 사회 집단을 구분하는 자연 경계가 되지 않는다는 사실을 증명해준다. 가나를 경계로 삼았던 사람은 누구든지 행정적 구분을 염두에 둔 것이지, 사회적 쟁점을 염두에 둔 것은 아니었다.

사마리아 산지는 중간 지대가 있어 사론 평야와 구분할 수가 없는데, 이는 사마리아 산지의 경사면이 자연스럽게 서쪽으로 내려가 이어지기 때문이다. 동쪽 지역은 주로 광야지대인 반면 서쪽 지역, 특히 서쪽 골짜기 지역은 포도원이나 과수원 또는 곡물 재배에 적합한 곳이다.

에브라임 산지는 베냐민의 기업에 속한 북부 지역을 포함한다(삼상 1:1). 에브라임 산지와 베냐민 기업은 하나로 이어져 있는 땅이지만 기브온 주민들이 차지했던 구역은 별도로 구분해야 한다(수 9:3). 기브온은 에브라임 산지와 유다 산지 사이에 있는 말안장 모양의 지형이다. 네 개의 기브온 성읍들은 베냐민 남부 지역의 절반에 해당하는 지역이었다(수 18:25-28). 베냐민 남부 지역은 느비 사므윌과 벧 호론으로 가는 통행로가 있는 평야지대를 포함한다. 벧 호론 길은 '큰 길'과 한 곳에서 만난다

▶ **유다 광야** _ 이 지역에는 마을이 거의 없었다(수 15:61). 유다의 분수령 동쪽으로는 비그늘(Rain Shadow) 지대(강수량이 적은 지역)로 백악암의 황무지이기 때문이다. 불모의 땅에다 물이 부족해 이 지역은 물을 저장하기 위한 특별한 시설 외에는 문명의 흔적을 찾아보기 어렵다. 그나마 광야지대는 가축 떼를 기르기 위한 목초지가 있어 산지에 마을이 들어섰다. 실제로 몇 성읍들은 지명에 '광야'를 붙였다. 드고아 광야(대하 20:20), 십 광야(삼상 23:14-15; 26:2), 마온 광야(삼상 23:24-25) 같은 이름이 그 예다. 사해와 인접한 절벽 위의 지역들은 더 황폐해서 '황무지'라고 부르는 것이 정확하다.

(삿 21:19). 이 '큰 길'은 세겜에서 르보나를 지나 베냐민에 있는 라마까지 이어지며, 예루살렘의 서쪽에서 베들레헴, 할훌, 헤브론을 거쳐 마침내 브엘세바에 이르게 된다.

예루살렘 예루살렘 부근에는 두 골짜기, 즉 와디 베이트 하니나와 르바임 골짜기가 있다. 두 골짜기는 서쪽에서 산맥을 양분한다. 골짜기는 가파르고 위험하여, 서쪽으로부터 접근하는 자는 숨어 있는 복병에게 공격을 당하기 쉬웠다(대상 14:9-16). 따라서 기브온을 통과해 벧 호론에 이르는 길은 예루살렘과 해안을 잇는 인기 통행로였다. 이렇듯 예루살렘은 중앙 산지와 해안을 연결하는 세 개의 주요 접근로가 만나는 지점에 있었다. 동쪽에 있는 여리고 길(눅 10:30)은 요단 계곡과 그 너머 지역까지 갈 수 있는 편리한 도로였다. 힌놈 골짜기를 넘어 만나는 예루살렘 서부의 산마루(수 15:8)는 북쪽 에브라임 산지와 남쪽 유다 산지를 연결해주는 곳이었다.

유다 산지 요단 서편 땅의 중심은 유다 산, 또는 '유다의 산지'(수 15:48; 또한 비교, 수 10:40; 11:16; 12:8; 삿 1:9 등)로 알려진 높은 분수령 지대이다. 유다 산지는 석회암과 백운암, 이회토 층으로 이루어져 있으며, 서쪽으로는 깊은 골짜기들이 파여 있고 백악기 이회토 층이 만든 V자형 통로를 경계로 삼는다. 동쪽으로는 유다 광야가 놓여 있다.

유다 산지에서 가장 높은 지점은 할훌로, 약 1,000미터에 이른다. 중앙고원지대는 헤브론을 중심으로 펼쳐져 있다. 헤브론은 침하지대에 있으며, 깊은 골짜기는 서쪽으로 내려가기 시작하는 분기점이다. 베들레헴과 이 지역 일대는 유다 지파에 속한 홀 가문의 땅이었다. 이 지역의 남쪽, 예를 들면 드고아 부근은 갈렙과 유다 가문이 섞여 살았고, 헤브론은 갈렙의 주요 성읍이었다. 남쪽 구역은 갈렙의 네게브에 속했으나 친척 관계인 그나스에게 준 땅이다(수 15:15-17; 삿 1:11-12). 그나스 가문의 주요 성읍은 드빌이었다. 이곳의 토양은 덜 비옥했으며 중앙 산지보다 더 건조했다. 산지 성읍들은 여섯 개 구역으로 나누어져 있으며(수 15:48-60), 그 가운데 한 구역은 칠십인역에만 나온다[1](수 15:59).

[1] 칠십인역은 여섯 번째 구역으로 "드고아와 에브라다 곧 베들레헴과 브올과 에담과 굴론과 다담과 소렛과 게렘과 갈림과 벧데르와 마노호이니 모두 십일 성읍이요. 또 그 촌락이었으며"라는 한 구절을 덧붙이고 있다.

세펠라 '낮은 산지' 또는 세펠라는 유다 산지의 서쪽 측면에 별도로 만들어진 훨씬 후대의 석회암 지층이다. 세펠라 지역은 북남 방향으로 이어진 연성 백악암의 U자형 골짜기여서 유다 산지와는 다르다. 세펠라의 둥근 산들은 평균 고도가 약 200미터 정도이다. 지역 범위는 북쪽으로는 게셀 부근의 산에서 시작해 끝은 남쪽으로 브엘세바를 향해 뻗쳐 있다. 몇 개의 와디는 세펠라를 동서 방향으로 나눈다. 가장 유명한 골

예루살렘을 통과하는 이스라엘의 동서 단면도

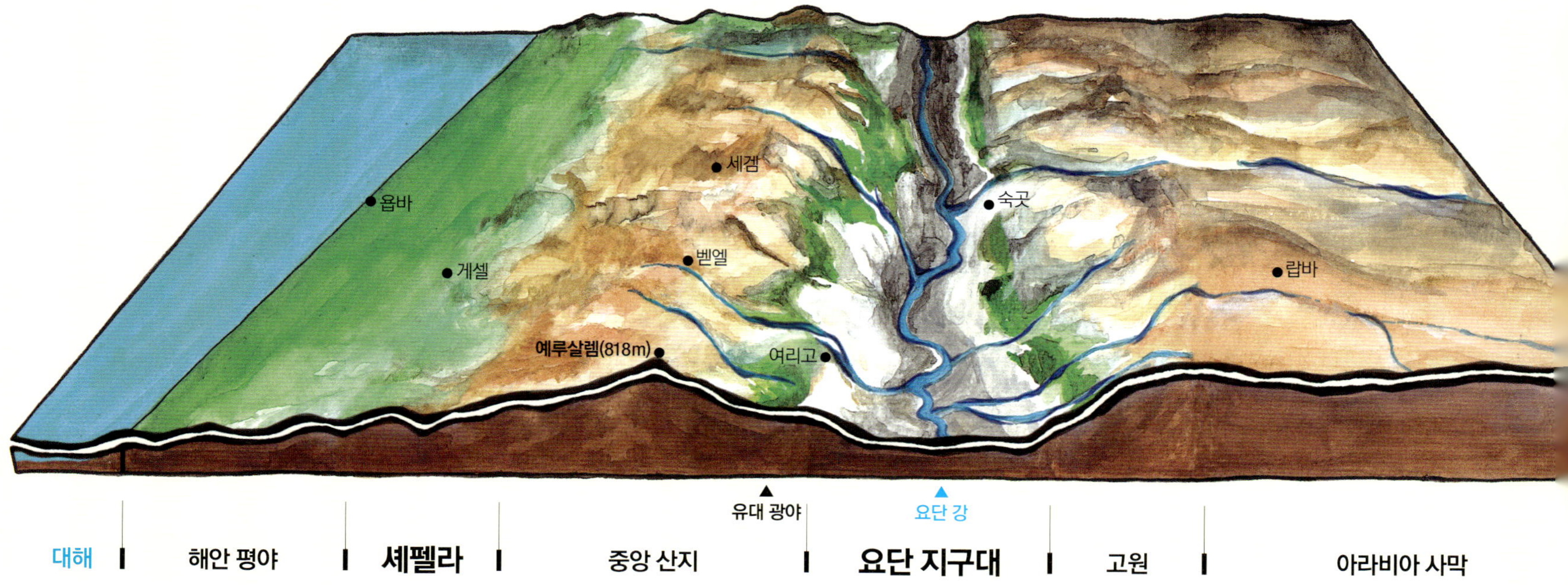

1_ "그들은 또 두루 요새에 들렀다가, 히위 사람과 가나안 사람의 모든 성읍을 거쳐서, 유다의 남쪽 브엘세바에까지 이르렀다"(삼하 24:7, 새번역).

2_ **훌레(Huleh) 호수** 길이가 4.8킬로미터, 폭이 3.2킬로미터 정도인데, 갈릴리 호수까지는 약 16킬로미터 떨어져 있다.

짜기들이 이곳에 몰려 있는데, 아얄론, 소렉, 엘라, 스바다 와디 베이트 지브린 골짜기가 그것이며, 성서에는 이름이 나오지 않는 라기스와 아도라임 골짜기가 있다.

셰펠라는 와디의 분포에 따라 북쪽에서 남쪽으로 세 구역으로 나뉜다(수 15:33-42). 유다 산지의 산기슭에 자리한 그일라와 느십 같은 성읍들은 셰펠라 구역 안에 통합되었다. 가장 북쪽 구역에는 소렉과 엘라 골짜기 사이에 있는 성읍들이 속해 있으며, 라기스와 아직 위치가 확인되지 않은 여러 성읍들은 남쪽 구역에 포함되어 있다. 가운데 구역은 마레사와 레위 성읍, 립나 같은 중요한 도시들이 속해 있다.

네게브 유다 산지 남쪽에는 네게브라 부르는 지역이 있다(수 15:21-32). 네게브는 종종 영어 성경에서 '남쪽south' 또는 '남쪽 끝extreme south'으로 번역될 때가 많았다. 성서는 정탐꾼들이 가데스 바네아에서 네게브로 올라갔다고 기록하고 있다(민 13:17, 22). 따라서 성서의 네게브는 브엘세바의 동쪽 골짜기와 서쪽으로 브솔 시내가 에워싸고 있는, 기복이 있는 평야 지대를 말한다. 유다 지파의 네게브는 실제로는 인근의 부족들/민족들, 즉 시므온 자손(수 19:1-9), 겐 사람(삿 1:16; 삼상 15:6), 여라므엘 사람(삼상 27:10), 그렛 사람(삼상 30:14; 비교. 신명기)이 거주한 곳이었다. 통일 왕국 시대 네게브의 행정 중심지는 브엘세바였다(삼하 24:7[1]). 브엘세바는 유다 산지에 속한 헤브론 와디와 동쪽에 있는 브엘세바 와디가 합쳐지는 지점에 자리잡고 있다. 두 와디가 합쳐진 후 생긴 브솔 시내(삼상 30:10)는 서쪽으로 구부러져 가사 남쪽의 바다로 흘러들어 간다.

네게브는 강우량이 매우 적은 지역임에도 불구하고 광야는 아니다. 네게브는 아라바에서 블레셋 해안지대를 오가는 대상 무역로를 연계해주는 중요한 역할을 담당했다. 이스라엘 왕국의 이스르엘 골짜기 같은 곳이 바로 유다 왕국에는 네게브였다. 그러므로 네게브를 장악하는 것은 곧 유다의 힘과 번영의 표식이었다. 블레셋과 에돔과 아랍이 네게브 지역을 공격해 빼앗으면 유다의 정치력이 약화되거나 상실되었다는 의미이다. 주전 4-5세기경 페르시아 시대에 네게브는 느헤미아에서 게셈으로 알려진(느 2:19) 게달의 아랍 왕이 지배했다.

네게브의 남쪽 바로 아래는 광야 지대로 '브엘세바 광야'라는 이름으로 불리었다(창 21:14; 비교. 16:7). 이 광야에는 이집트로 가는 '수르 길'이 통과한다. 위치가 알려져 있지 않은 베렛과 가데스가데스 바네아 사이에는 수량이 풍부한 브엘라해로이가 있었다(창 16:14). 가데스는 '신 광야'라고도 불렸는데(민 33:36), 이 광야는 시내 반도의 연장이라고 할 수 있는 바란 광야와 접해 있다(민 13:26).

역대기 저자는 네게브의 남쪽 고원지대를 세일 산으로 보았다(대상 4:42. 대하 20:10도 네게브 지역으로 추정된다). 고대에는 이 지역을 네게브Negeb라고 부르지 않았다. 오늘날의 네게브Negev라는 용어는 브엘세바에서 엘랏에 이르는 전 지역을 포함하지만, 이것은 성서의 네게브Negeb라는 말을 잘못 이해한 데서 비롯된 것이다.

| 지구대 골짜기 |

북쪽에서 남쪽으로 이어지는 가나안 땅 전체의 자연 지형을 결정하는 지리적인 특징은 레반트 전역을 거쳐 아프리카까지 연장되는 소위 대지구대大地溝帶라는 것이다.

베카 골짜기 북쪽에 있는 지구대는 베카 골짜기로 알려져 있으며, 성서에는 '레바논 골짜기'로 나온다(수 11:17; 12:7). 베카 골짜기는 레바논 산맥과 헤르몬시룐 산이 있는 안티 레바논 산맥 사이에 놓여 있다. 베카 골짜기의 분수령은 르보 하맛이었으며(민 34:8 등), 이곳에서 북쪽 방향으로 오론테스 강이 흐르고, 남쪽으로는 리타니 강이 흐른다. 골짜기의 남부 지역은 아마르나 문서에서 '암키의 땅'으로 알려져 있다. 헤르몬 산 기슭의 골짜기는 미스바 골짜기 또는 미스바 땅이라 불리었다(수 11:3, 8).

헤르몬 산 헤르몬 산은 2,814미터로 이스라엘에서 가장 높은 산이다. 산 위의 눈은 요단 강의 물을 대부분 공급한다. 요단 강은 네 개의 수원지를 가지고 있는데, 두 개는 아윤이욘 골짜기에 있고 나머지는 헤르몬 산에 있다.

훌레 골짜기 요단 지구대의 주요 수원지는 텔 엘 카디텔 단와 바니아스파네아스에 있는 샘이다. 두 샘은 훌레 골짜기에서 하나가 되어 수심이 얕은 훌레 호수[2]를 만들었다. 훌레 호수는 보통 메롬 물가와 동일한 지역이라고도 말하지만, 메롬은 고원지대에 있는 마룬 에르 라스와 훨씬 가까웠다. 훌레 호수는 늪지대로 둘러싸여 있었지만 1950년대 이후에는 물이 빠졌다. 이 호수는 갈릴리 호수로 들어가기 전에 요단 강물을 정화시키는 여과기와 같은 역할을 했다.
북쪽 지역 사람들은 아벨 벧 마아가 옆을 지나거나 단으로 내려가는 길을 경유해 훌레로 들어갔다. 훌레 골짜기에 있는 주요 도시는 가나안 시대를 통틀어 가장 큰 성읍인 하솔이었다.
훌레 골짜기 북쪽에 있는 이전의 늪지대와 갈릴리 바다 사이에는 거대한 고대의 현무암 지층이 있다. 요단 지구대는 골짜기 동쪽에 위치한 깊은 협곡의 호산암 퇴적층을 관통한다. 훌레 골짜기와 서쪽 산맥은 납달리 지파에 속했다(왕상 15:2; 왕하 15:29; 사 9:1).

갈릴리 호수 요단 강은 협곡에서 빠져나와 작은 충적 평야를 가로질러 긴네렛 호수, 또는 갈릴리 호수로 들어간다. 심장 모양을 하고 있는 갈릴리 호수는 해발 200미터에 위치해 있다. 크기는 길이 18킬로미터, 폭은 12킬로미터에 달하며 주변은 거의 산으로 둘러싸여 있다. 연안가는 대개 현무암이며, 거의 평평해서 도로를 낼 만한 공간이 충분히 있었다. 북서쪽 해안가에 있는 샘들은 광물질 함량이 높은데도 불구하고 대개 민물이다. 서쪽 연안을 따라서는 온천이 솟아나 동쪽에 분리된 작은 땅덩어리를 만들어내고 있지만, 지난 100년 동안 그 물길이 중간 틈새의 남쪽을 가로질러 갔으며, 현재는 서쪽 방향으로 흐르고 있다.

요단 강 요단 강은 구불구불한 유로를 따라서 깊은 지구대를 거쳐 사해로 흘러들어간다. 강의 직선 길이는 105킬로미터에 달하며, 해수면 아래 200미터에서 시작하여 400미터 지점까지 흘러내려간다. 요단 강의 첫 유로는 경사가 가파른 진흙 제방을 통과해 동쪽에 있는 얍복 강나하르 에즈 제르카과 서쪽에 있는 와디 엘 파라가 만나는 지점에 이른다. 이 합류 지점에는 오늘날의 에드 다미에로 알려진 아담 성읍이 있으며(수 3:16), 이곳에서 강은 한층 넓게 펼쳐진 평야 지대를 가로질러 흐른다.
요단 계곡은 성서에 나오는 아라바의 일부이다(신 1:7; 삼하 2:29; 4:7 등). 요단 계곡은 가나안 땅의 경계를 이룬다(민 34:12; 겔 47:18). 요단 계곡의 동쪽 가장자리를 따라 수자원이 풍부해 가나안 시대에는 페헬펠라, 숙곳 같은 큰 성읍들이 세워졌다. 반면, 계곡의 서편은 벧산 골짜기와 아열대 낙원(《전쟁》 4.8.3)이었던 여리고 지역을 제외하고는 훨씬 건조한 지대였다.

▼ 위 | 갈릴리 바다와 겐네사렛 평야 _ 고대 이름은 북서쪽에 있는 연안가 도시의 이름을 따서 '긴네렛 바다'(민 34:11; 수 13:27)라고 불렀고 이 일대를 '긴네렛 땅'이라고 했다(왕상 15:20). 그리스-로마 시대에는 긴네렛 뒤편에 있는 비옥한 평야를 '겐네사르'(긴노사르)라고 불렀다. 호수는 게네사렛(눅 5:4) 혹은 디베랴(요 21:1)라고 나온다. 그리스-로마 시대의 성읍으로는 북쪽에 가버나움과 서쪽의 디베랴, 동쪽에 히퍼스가 있었다. 요단 계곡의 하구에는 벧 예라 혹은 센나브리스가 자리하고 있었다.

▼ 아래 | 사해 _ 요단 강이 흘러들어간 대호수를 성서는 염해(창 14:3; 민 34:12 등) 또는 아라바 바다(신 3:17; 수 3:16; 왕하 14:25)라고 불렀다. 요세푸스는 이 호수를 아스팔티티스(《고대사》 1.9.1)라고 명명했다. 주후 2세기 후반에서야 그리스-로마 작가들은 사해라고 불렀다. 과거에는 요단 강으로부터 하루에 6백만 톤의 물이 유입되었다고 한다. 동쪽으로는 경사가 급한 모압 절벽으로 경계가 지어져 있으며, '혀', 즉 아랍어로는 리산이라고 부르는 장화 모양의 반도가 있어 바다 쪽으로 돌출되어 있다. 리산 남쪽으로는 수심이 얕지만 북쪽은 수심이 40미터에 달한다. 때때로 수심이 낮아지면 리산에서 서쪽 연안으로 신발을 적시지 않고 건널 수 있었다. 서쪽 연안에서 가장 유명한 지역은 물이 풍부한 엔게디 오아시스였다. 남서쪽 구석에는 얕은 분지를 따라 예벨 우스둠, 소돔 산이 있다. 사해의 물에는 일반 생물체에게는 독성이 될 수 있는 광물질이 포함되어 있다. 사해 남부의 건조한 계곡은 소금 골짜기라고 부른다(왕하 14:7).

▲ 2003년 1월에 촬영한 위성 사진 _ 이 사진은 홍해에서부터 레바논의 베카 골짜기까지 이어지는 '대 지구대'를 보여준다.

아라바 남부 아라바라는 이름은 사해 남부의 골짜기를 가리키는 아랍어에만 남아 있다. 성서에 나오는 아라바도 같은 지역을 가리킨다(신 1:1; 2:9). 골짜기의 하상河床은 점차 남쪽을 향해 해발 200미터까지 상승하다가 엘랏 만아카바에서 다시 내려가기 시작한다. 중간 지역은 두터운 충적의 모래땅인 사막지대이며, 사해 남쪽 바로 아래에는 염분이 강한 토양이다. 골짜기의 동쪽에는 세일 산의 붉은 절벽이 치솟아 있으며, 서쪽에는 요단 서편 사막의 황색 석회암 산이 서 있다. 성읍은 주요 오아시스이며, 북쪽에는 아인 후츠브와 남쪽에는 아인 가드얀이 있다. 특히 아인 가드얀은 엘랏 옆의 전진기지인 에시온에시온 게벨의 아랍어일 가능성이 있다. 아라바는 이스라엘과 에돔 사이의 자연 경계였지만, 육로와 해로를 통해 아라비아 남부와 연결하는 교통로이기도 했다. 따라서 이스라엘은 이곳을 차지하기 위해 이웃 나라들과 경쟁해야 했다. 아라바의 주요 교통로는 동쪽에서 서쪽으로 나가는 것이었으며, 이 도로는 북쪽에서 남쪽으로 가는 도로보다 훨씬 더 왕래가 빈번했다.

| 요단 동편 |

갈대 바다 홍해의 동쪽 팔에 해당하는 엘랏 만은 성서에서 '갈대 바다'[1]로 등장한다. 그러나 헬라어의 영향으로 '홍해'라는 이름으로 번역될 때가 많다(헤로도토스 《역사》 2.8).

> 솔로몬 왕이 에돔 땅 홍해 물 가의 엘롯 근처 에시온 게벨에서 배들을 지은지라(왕상 9:26).

요단 동편에 관한 성서의 역사는 주로 깊은 지구대에 접해 있는 지역들을 다루고 있다. 요단 동편 지역들은 아라비아 사막의 황무지로 둘러싸여 있다. 요단 동편의 지정학적 중요성은 '왕의 대로King's Highway'에 힘입은 바 크다(민 20:17). 이 대로는 다메섹에서 엘랏을 이으며 미디안과 아라비아 남부까지 닿아 있다.

> 이스라엘이 아모리 왕 시혼에게 사신을 보내어 이르되 우리에게 당신의 땅을 지나가게 하소서. 우리가 밭에든지 포도원에든지 들어가지 아니하며 우물물도 마시지 아니하고 당신의 지경에서 다 나가기까지 왕의 큰길로만 지나가리이다(민 21:20-21).

바산 이스라엘이 아람-다메섹과 빈번하게 충돌했던 지역인 북부는 가나안 시대에는 아품/우페의 땅에 속한 지역이었다. 성서는 이 지역 전체를 바산이라고 말하고 있으며(신 3:13 등), 거기에는 60개의 성읍을 지닌 '아르곱 온 지방'도 포함된다(신 3:4-5; 왕상 4:13). 그리스-로마 시대에 바산은 몇 개의 지역으로 분할되었다. 첫째, 고원의 서쪽 가장자리와 나하르 알란의 동쪽을 따라 골라나(구약성서에는 골란으로 표기됨, 신 4:43; 수 20:8 등)라는 도시의 이름을 딴 골라니티스가 있다. 둘째는 바산의 아람어 이름인 바타네아, 즉 동일한 알란 골짜기나하르 알란의 동쪽 지대이다. 마지막으로 성서에서 하우란이라고 알려져 있으면서(겔 47:16, 18) 주로 산지였던 아우라니티스는 예벨 드루즈라고 부르며, 가장 높은 봉은 예벨 하우란이라고 불렸다. 넷째로 하우란 산지의 북서쪽 화산암 지대는 헬라어로 '거친 지역'이라는 뜻의 트라코니티스(드라고닛, 눅 3:1) 구역이 있으며, 오늘날에는 레자라고 부른다. 이 지역 전체는 가나안에 포함되었으며, 긴네렛 바로 동쪽에 있는 그술의 아람 구역도 포함되었다. 바산의 남쪽 경계는 야르묵 골짜기였다. 야르묵 골짜기는 성서에 나오지 않지만, 랍비 문헌에는 고대 이름이 언급되어 있다. 야르묵 강은 요단 동편에서 가장 큰 강이며, 경사가 급한 골짜기를 지나 갈릴리 호수 아래에 있는 요단 강과 합쳐진다. 야르묵 강의 수원은 특별히 하우란 지역에 있는 강바닥이다. 따라서 바산/골란 고원을 길르앗 산지와 분리시키는 것은 바로 야르묵 골짜기였다. 이집트 문헌들은 가나안 땅에 있는 도로들이 이스르엘 골짜기와 '왕의 대로'를 연결하는 고대 무역로 역할을 했다고 밝히고 있는데, 20세기 초에 놓인 이 지역의 철도들은 마치 그 언급을 재현한 것처럼 보인다.

성서 전통은 하봇야일(민 32:41 등)과 므낫세 반 지파가 이 지역을 차지했다고 말한다. 이전에는 르바임이라고 불리는 사람들이 살았다(창 14:5).

길르앗 요단 동편의 중부 지대는 에브라임과 유다 산지처럼 세노마니아 석회암 지층으로 형성된 산지이다. 성서 역사에서 이 지역은 길르앗, 또는 길르앗 땅으로 알려졌다(수 22:9 등). 이 지역은 가나안에 속한 것으로 간주되지는 않았지만(수 22장), 바산뿐만 아니라 갓 지파도 이곳을 차지했다(수 13:29-31). 따라서 길르앗 산지의 반은 얍복 강을 경계로 이스라엘 땅에 속한 것으로 인식되었다. 산지의 고도는 900미터에 달하며, 가장 높은 곳은 아즐룬이다. 서쪽의 산 사면과 산지들이 이 지역의 대부분을 차지했으며, 동쪽은 사막에 접해 있는 좁은 고원지대다. 높은 산맥은 다른 곳보다도 더 많은 강수량을 보인다. 서쪽에 있는 분수령은 경사가 가파른 골짜기를 통해 요단 계곡으로 흐른다. 동쪽으로 흐르는 시내는 얍복 강 근처에서 모인다. 얍복 강은 마하나임과 숙곳에 이르는 융기된 구릉지를 나누며, 서쪽으로 방향을 틀기 전까지는 동부 고원을 따라 북쪽으로 흐른다.

암몬 암몬 족속의 중심지는 랍바 암몬으로, 이 성읍은 모압 고원으로부터 길르앗 산지를 분리시키는 몇 개의 골짜기들이 시작되는 곳에 위치한다. 암몬은 지형적으로 가로와 세로가 각각 32킬로미터, 16킬로미터인 분지이며 북동에서 남서쪽으로 정렬되어 있다.

모압 모압 족이 이스라엘과의 분쟁을 통해 자신의 영토라고 주장한 북부 고원지대는 아름다운 평야지대이며, 산지는 사해로 내려가는 비탈이다(느보 산=비스가, 신 32:49; 34:1). 사해 동쪽의 고원지대는 아르논 골짜기와디 엘 모지브에 의해 둘로 나뉘며, 모압과 이스라엘 사이의 경계를 이루고 있다. 아르논 골짜기의 북쪽에 있는 디본은 주전 9세기경 모압 국가의 수도였다. '미쇼르*mishor*'라는 말은 '고원'이라는 뜻으로 북부의 평야 지대를 말한다(신 3:10 등). 반면에 아르논 골짜기와 세렛 골짜기와디 하사 사이의 고원지대는 아모리 족에 속했던 땅으로 그 이후에는 모압의 고향으로 여겨졌다(삿 11:18). 아르논 골짜기의 남쪽에는 사해로 내려가는 길들을 막는 다른 와디들이 있으며, 이곳을 '루힛 비탈길, 호로나임 길'이라고 불렀다(사 15:5).

에돔 요단 동편 남쪽에 있는 마지막 지역은 세일 산, 또는 에돔이다(창 36:21; 겔 35:15). 에돔/세일은 네게브의 남쪽 산지에 대한 총칭이라는 증거가 있기는 하지만(예를 들어 대상 4:42-43), 왕정 시대에는 세렛 남쪽에 있는 적색 사암 산지를 의미했다. 이곳의 산은 고도가 1,736미터에 달하는 곳도 있다. 에돔 지역은 길이가 120킬로미터에 달하지만 폭은 20킬로미터에 불과하다. 산지에는 성읍들이 일렬로 줄지어 들어설 수 있는 공간이 있다. 성서에 페이난Feinan은 부논Punon으로 나오는데(민 33:42),

1_ **갈대 바다(yam sup)**
개역개정판은 '홍해'로 번역하고 있다. 그러나 원래 히브리어는 '얌 수프'로 '갈대 바다'라는 뜻이다.

현대의 중동(위)과 고대의 중동(아래)

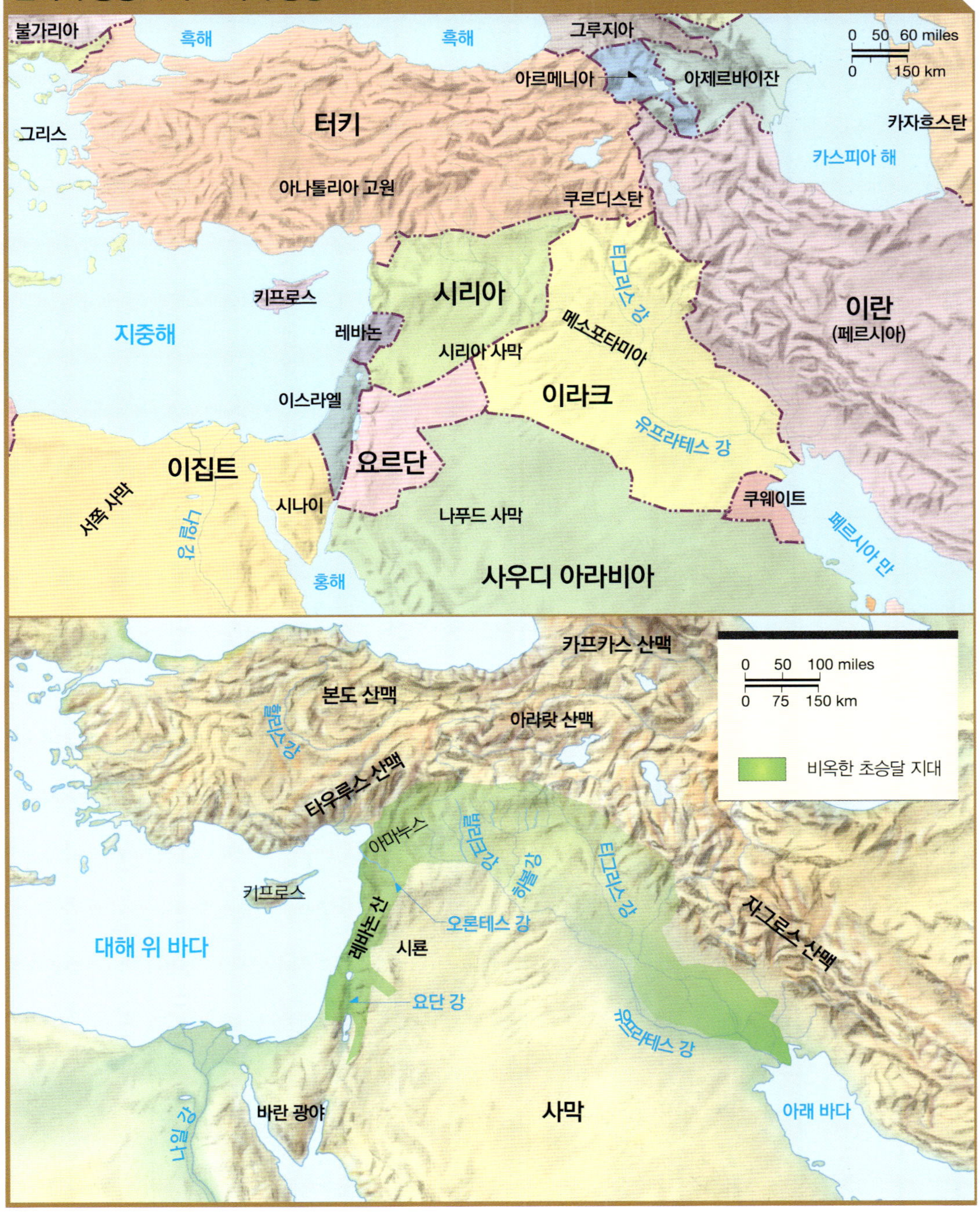

▲ 석회암 지층으로 형성된 길르앗 산지

이곳 뒤에 있는 만灣은 이 지역을 둘로 나누고 있다. 구약 시대의 수도는 셀라(아랍어로는 실라)였다. 나바테아(현대 음역은 '나바트')와 로마의 수도는 헬라어 문헌에 '페트라'라고 알려진 레겜으로 옮겨갔다. 페트라는 셀라 또는 가데스 바네아와 동일한 지역이 아니다. 에돔 족은 유다와 사해의 아라비아 남부 지역의 지배권을 놓고 끊임없이 경쟁했다. 엘랏/에시온 게벨은 몇 차례 주인이 바뀌었다. 에돔의 남쪽은 미디안 영토였고 동쪽은 게달의 영토였다. 게달 왕은 페르시아 시대에는 가사를 넘어 이집트 지경까지 세력을 넓혔다.

기후

계절 랍비 전승은 4계절, 즉 가을, 겨울, 봄, 여름을 말하고 있지만, 구약은 오직 두 계절만 말한다. 창세기 8장 22절은 '심음과 거둠', '추위와 더위', '여름과 겨울'을 동일한 것으로 말하고 있다.

> 땅이 있을 동안에는 심음과 거둠과 추위와 더위와 여름과 겨울과 낮과 밤이 쉬지 아니하리라(창 8:22).

유럽과 북미 지역에 사는 서양인들은 이러한 정황에 대해서, 그리고 계절이 고대 이스라엘의 생활에 어떤 역할을 하는지 잘 이해하지 못했다. 1년은 둘로 나뉘는데, 한 분기는 첫 번째 달인 니산 월로 시작하며, 다른 한 분기는 일곱 번째 달인 티쉬리 월로 시작한다. 이것은 바벨론 달력 체계에 속한 이름으로, 포로기 이전의 이스라엘 시대에는 널리 유행하지 않았다. 바벨론 월력은 후대에 채택된 것이다. 구약의 종교 절기는 유월절 니산 월과 장막절 티쉬리 월이 포함된 일곱 달 주기 안에 들어 있다. 겨울철 농사의 주된 활동은 봄과 여름에 거둘 작물을 재배하는 일이다. 여름에는 포도원과 과수원에서 여름 과일을 재배한다(암 8:1-2; 렘 40:10; 미 7:1; 삼하 16:1). 즉 매달 무슨 일이든 해야 했다. 레반트에는 비옥하지 않은 계절이 없다. '여호와의 눈'은 연초부터 연말까지 땅 위에 있었다(신 11:12).

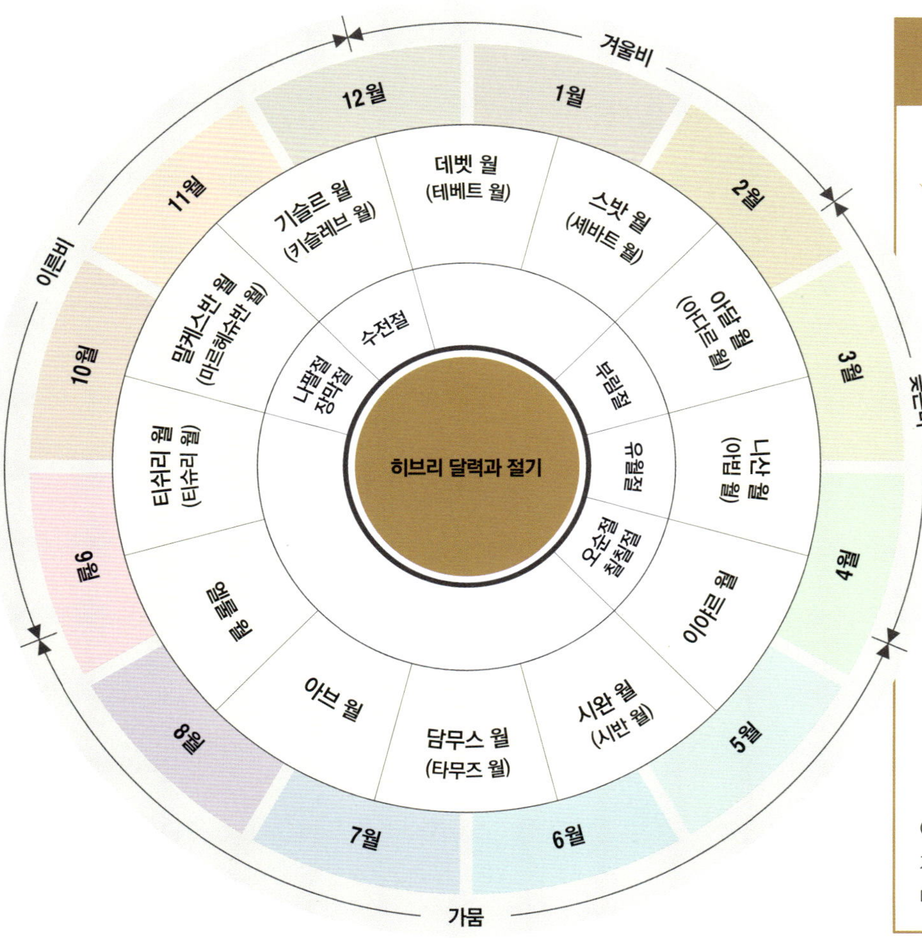

THE GEZER CALENDAR
게셀 달력

\ 사진 설명

농업의 주기를 설명하는 내용을 학교에서 수업할 때 쓴 것으로 보이는 토판으로 주전 10세기 경의 것으로 추정된다.

\ 달력 번역

(1) 그의 두 달은 수확,
그의 두 달은 씨 뿌리기
(2) 그의 두 달은 늦은 씨 뿌리기
(3) 그의 달은 아마 솎아내기
(4) 그의 달은 보리 수확
(5) 그의 달은 수확과 측량
(6) 그의 두 달은 포도 수확
(7) 그의 달은 여름 과일
하부의 가장자리에는 '아비야(Abiya)'라고 쓰여 있다.

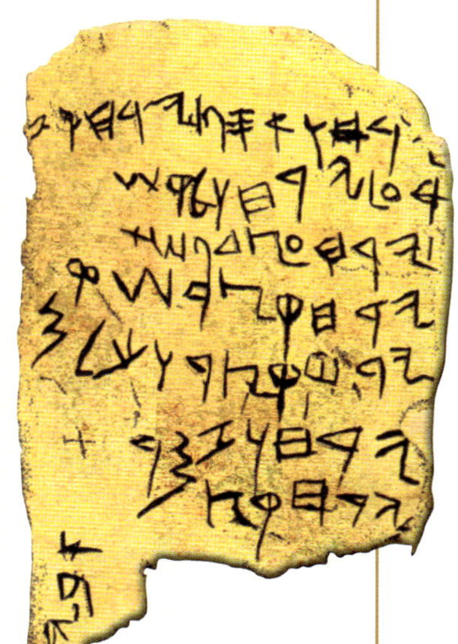

이 달력은 12개월, 즉 두 달로 기록된 네 주기(8개월)와 한 달로 기록된 네 주기(4개월)를 다루고 있는 것이 분명하다. 히브리어 문법은 의심의 여지를 두지 않는다. 더욱이 이 주기는 이스라엘 땅에서 행해지는 농업의 실제 주기와 잘 어울린다.

너희가 건너가서 차지할 땅은 산과 골짜기가 있어서 하늘에서 내리는 비를 흡수하는 땅이요
네 하나님 여호와께서 돌보아 주시는 땅이라. 연초부터 연말까지 네 하나님 여호와의 눈이 항상 그 위에 있느니라(신 11:11-12).

매년 '죽고 부활하는' 주기와 관련된 풍요 신은 우가릿 신화와 헬라 시대의 풍요 제의에 대한 오해에서 비롯된 것이며, 실제로 레반트의 삶과는 관계가 없다. 농부들은 수확이 나쁜 해를 맞는 것을 두려워했으며, 그것은 바알/하닷이 죽음의 신에게 패배한 것이라고 여겼다. 그러나 농부들은 언젠가 부활한 신이 하늘에서 명령을 내려 땅의 풍요를 회복할 것이라고 믿었다.

겨울 날씨는 서쪽과 북서쪽에서 오는 저기압의 영향권 아래 놓이곤 했다. 저기압은 아드리아 해를 따라 이탈리아 북부를 지나 그리스와 에게 해로 오고 마침내 시리아에 이른다. 다른 저기압권은 이탈리아 남부에서 시작해 지중해를 넘어 팔레스타인까지 넘어온다. 1년 동안 비는 보통 세 차례에 걸쳐 내린다. '이른 비'와 '비'와 '늦은 비'로 내리는데(신 11:13-17; 렘 5 24 등), '이른 비'는 장막절 직후에 내린다. 이때의 비는 가볍게 흩뿌리는 정도로 내려 굳은 땅을 부드럽게 해주며 고대의 조악한 농기구로도 땅을 쉽게 경작할 수 있도록 만들어준다. 이른 비는 9월에 올 수도 있지만 종종 10월에 내리기도 한다. 강우량의 75%는 12월과 2월 사이에 내린다. 11월부터 12월까지는 씨를 뿌리는 기간이며, 늦은 시기의 파종 작업은 보통 1월에 비가 잠시 멈춘 시기에 이루어진다. 3월이 되면 풀은 사료로 쓰일 만큼 자라며 4월에는 '늦은 비'가 내려 곡식을 자라게 한다. 그러나 만일 4/5월에 비가 너무 많이 내릴 경우 재앙이 올 수도 있다(삼상 12:17).

비는 유다, 에브라임, 갈릴리 산지에 집중적으로 내린다. 겨울에는 이 비로 예루살렘과 해안 사이에 온도 차가 생긴다. 해안 쪽이 온도가 좀 더 높다. 에브라임과 유다 산지의 분수령을 넘어서면 비 그늘 지대가 된다. 대부분의 비는 산지에 내리므로 유다 광야의 건조한 백악암 황무지는 젖을 기회가 거의 없다. 그러나 서쪽에서 비를 몰고 온 바람이 요단 계곡의 습지와 사해에 불게 되면 길르앗 산지와 모압 땅을 적시기도 한다. 요단 서편에 가뭄이 들면 건조한 바람과 고온으로 지구대 골짜기의 수분은 더 빨리 사라지게 되고, 그래서 요단 동편은 실제로 약간 더 많은 강우량을 기록할 가능성이 있다(룻 1:1).

헤르몬 산의 눈은 요단 지구대의 물 공급원이다. 겨울 강우량의 대부분은 요단 서편의 석회암 지층이 흡수해 고대에는 활용되지 않았던 지하수로 흘러들어간다. 그러나 빗물의 일부는 샘이나 우물의 형태로 지표면 위로 뚫고 나오지 않았다. 샘과 우물은 산지의 기슭에 있는 평야지대의 가장자리를 따라 나 있었다.

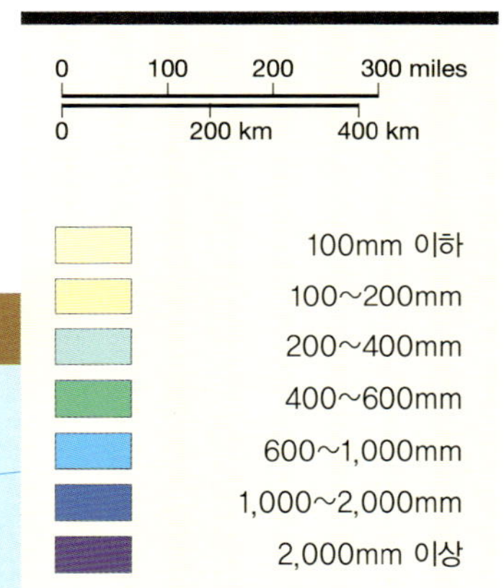

중동의 평균 강우량

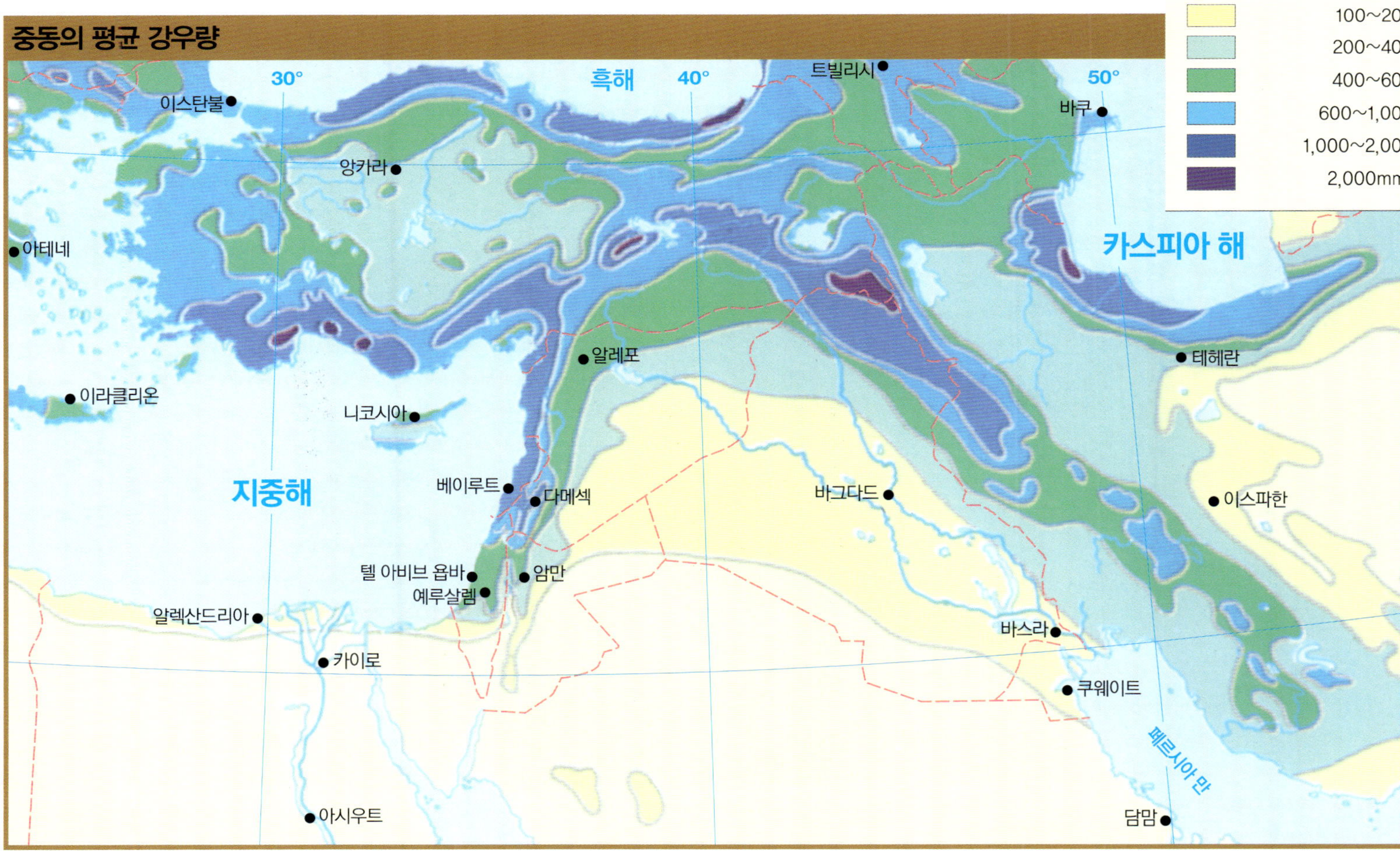

03
|CHAPTER|

THE BRONZE AGE

청동기 시대

(주전 3000-1100년)

주전 3000년대 말 메소포타미아와 이집트에서 일어난 활동들로 인하여 나일 강과 티그리스. 유프라테스 강의 계곡들에서 사회적·경제적 기반이 마련되었고, 이것은 그후에 이루어진 모든 문화적 발전의 토대가 되었다. 이 무렵, 변두리 지역에서 석동기 문화가 사라지며 거주지가 좀 더 중심이 되는 지역의 계곡, 산지 지역, 해안을 따라 형성되면서 초기 청동기 시대가 도래한다. 이때부터 레반트 남부는 청동기 시대를 맞이하는데, 이 시대는 초기, 중기, 후기로 나뉘며, 각각의 시대도 I기, II기, III기 등으로 세분화된다.

CLAY BOX IN THE SHAPE OF A BROADROOM WITH A FLAT ROOF, FROM ARAD, EARLY BRONZE II
초기 청동기 II기에 속하는 아랏의 유물(점토 상자는 평평한 지붕과 넓은 방의 구조를 잘 보여준다)

초기 청동기 시대 (주전 3000-2000년)

주전 3000년대 말, 메소포타미아와 이집트에서는 중요한 활동들이 이루어져 나일 강과 티그리스·유프라테스 강의 계곡들에 사회적·경제적 기반이 마련되었고, 그 후 이어진 모든 문화적 발전의 토대가 되었다. 최근에 시리아 북부의 텔 하무카르의 발굴 작업 결과를 보면, 주전 3000년대 중엽 그곳에 인상적인 도시 중심지가 생겨났다는 것을 알 수 있다. 도시의 발전은 수메르에만 해당하는 것은 아니었다. 이 시기에 일어난 수메르의 문화적 진보는 문자 기록 체계의 발명이었다. 문자는 메소포타미아 남부에서 처음 발전하기 시작했지만 이집트에서도 새로운 문자 기록 방식을 토대로 이에 도전하려는 시도가 있었다. 그래서인지 주전 2000년대에는 일상적인 필요 및 폭넓은 종교적·정치적 목적의 문자 기록들이 이루어졌다.

강을 중심으로 하는 두 개의 거대한 문화권 사이에 있던 레반트는 주전 2000년대 중엽까지는 적어도 장기 보존이 가능한 소재에다 문자를 기록하는 것의 유익을 누린 것 같지는 않다. 그후에도 시리아 북부에서는 사용되었지만 레반트 남부는 그렇지 않았다. 그러므로 소위 초기 청동기 시대 I기라고 부르는 시기에 팔레스타인, 레바논, 요르단에 조직적인 정착이 이루어지는 과정을 고고학 역사상 중요한 많은 지역들에서 확인할 수 있음에도 불구하고, 사회적 변천을 보여주는 과정이나 사람들을 조명해주는 문헌 증거가 없다.

고고학적으로 초기 청동기 시대를 이야기하는 것은 가능하다. 지금은 50년 전보다 더 상세하고 풍부한 자료가 있다. 그러나 객관적으로 역사지리를 말하기 위해서는 인접한 문화와 그 문화의 비문에 나타난 기록을 연계해 초기 청동기 시대를 논의해야 한다. 시리아 북부는 '에블라에서 나온 토판들'[1]을 통해 밝힐 수 있지만 레반트 남부에는 그와 같은 기록물이 없다. 이집트와의 관계는 연대기적 배열에 어느 정도 도움을 준다. 이러한 초기 관계에 대해 우선 살펴보자.

초기 청동기 I기 주전 3000년대 말과 2000년대 초 무렵, 레반트 남부에는 거주 유형에 큰 변화가 생겼다. 남부의 광야 지대네게브 같은 변두리 지역에서는 석동기石銅器[2] 문화가 사라졌다. 그 대신 거주지는 좀 더 중심이 되는 지역의 계곡, 산지 지역, 해안을 따라 형성되었다. 이 시기에 풍부한 수자원, 비옥한 경작지, 목초지 등이 가까운 곳을 중심으로 하여 정착이 이루어졌으며, 방어하기 쉬운 고지대가 정착지로 널리 사용되었다. 새롭게 세워진 거주지의 상당수가 초기 청동기 IB기(즉, 아마도 텔 에라니=텔 셰이크 엘 아레이니) 동안 요새화되었다. 그러나 대부분은 아랏의 경우처럼, 성벽이 없는 촌락으로 보인다.

고고학적인 발굴과 조사를 통한 증거는 다소 질서정연하지 않고 불완전하다. 그러나 초기 청동기 IA기가 주로 촌락 수준에서 시작되었다면, 초기 청동기 IB기는 전체적으로 요새화된 도시들이 많이 나타나기 시작한 때임을 실제로 보여주는 자료가 많다. 뿐만 아니라 일부 유적지들의 상대적

1_에블라(Ebla) 토판
아주 양호한 상태로 보존된 토판이 약 1,800여 개, 파편으로 발견된 토판이 약 4,700여 개에 달한다. 이탈리아 고고학자 파올로 마티에는 '에블라'가 텔 마르디크(Mardikh)라는 것을 처음으로 밝혔다. 이 토판들은 주전 2400년에서 2250년 사이의 것으로 추정하는데, 성경에 나오는 인명과 지명으로 인해 주목받고 있다.

2_석동기(Chalcolithic)
석기 시대에서 청동기 시대로의 과도기를 말한다.

청동기 연대표

		메소포타미아	팔레스타인	성경	이집트
초기 청동기	Ⅰ기(주전 3200-3000)	수메르 문명의 시작	물과 경작지, 목초지, 고지대에 취락 형성, 성벽이 없		상부와 하부로 나뉜 이집트 통일
주전 3000-2000년		쐐기문자 발명, 도시화	는 촌락이 대부분. 이집트와 포도주, 기름 등의 무역		상형문자 발명. 1-2왕조
	Ⅱ기(주전 3000-2800)	도시국가(우르, 라가쉬, 니푸르 등) 발	거래		3-6왕조
	Ⅲ기(주전 2800-2400)	달	주요 도시 요새화, 궁전과 신전 같은 공공건물 등장		피라미드 시대
		지구라트 신전. 길가메쉬 신화	'키르벳 케락 도기' 출현. 아르메니아와 카프카스 산		무역, 광업 발달
	Ⅳ기(주전 2400-2200)		맥 등 북쪽 지역에서 레반트 남부로의 인구 이동		주전 2400년 이후 쇠퇴
		아카드 제국의 사르곤 1세와 나람 신은	가나안 도시들(므깃도, 벧산, 단)의 쇠퇴와 파괴		
		아나톨리아와 페르시아 만까지 확장			
	침체기	에블라 서신			9-11왕조, 중앙 정부 붕괴
	(주전 2200-2000)	아카드 왕조 말기와 신수메르 부흥기	이집트 철수, 가나안에는 새로운 문화를 가진 인구가		
중기 청동기	Ⅰ기(주전 2000-1800)	(우르 제3왕조)	유입됨. 공동묘지 발견, 빈약한 거주지	족장 시대	12왕조. 레반트와 해상 무역
주전 2000-1550년		아무르 족의 세력 확장	새로운 인구가 해안선과 안쪽의 해안 평야에 재정착	(아브라함, 이삭,	저주 문서, 시누헤 이야기
	Ⅱ기(주전 1800-1650)	도시국가 간의 경쟁	악고, 하솔 같은 북부 지역의 도시 발달	야곱, 요셉)	이집트 왕조 붕괴
		바벨론 제국	대규모와 중간 크기의 거주지 확장		힉소스 족의 침입과 하부 이집트 점령
		함무라비 법전	레반트 무역의 가교 역할 감당		
	Ⅲ기 / 침체기	마리 문서	하솔은 가나안의 가장 큰 도시		
	(주전 1650-1550)		이집트 제15왕조 시대 풍뎅이상(像)이 많이 발견됨		
후기 청동기	Ⅰ기(주전 1550-1400)		거주지가 더 많은 지역으로 확산		18왕조. 이방인 통치자들(힉소스) 축
주전 1550-1200년		미타니 왕국	이집트의 강력한 지배, 이집트의 제재로 주요 도시들		출과 세력 회복, 무역. 투트모세 3세
		누지 문서	의 요새화 미약	출애굽	와 아멘호텝 2세 가나안 출정
	Ⅱ기(주전 1400-1300)		가나안은 작은 도시국가들로 분열. 창고 없는 신전	(주전 15세기설)	엘 아마르나 문서
	Ⅲ기(주전 1300-1200)	우가릿 문헌	평화의 황금기. 아피루들의 활약	출애굽	19-20왕조(람세스 왕조). 히타이트
			이집트 양식의 건물 구조와 유물 발견	(주전 13세기설)	왕국과 경쟁. 해양 민족들의 침입

▲ **왼쪽** | 초기 청동기 II기에 속한 아랏에서 발견된 저장 항아리, **오른쪽** | 초기 청동기 III기에 속한 아풀라에서 발견된 전형적인 '키르벳 케락 도기'

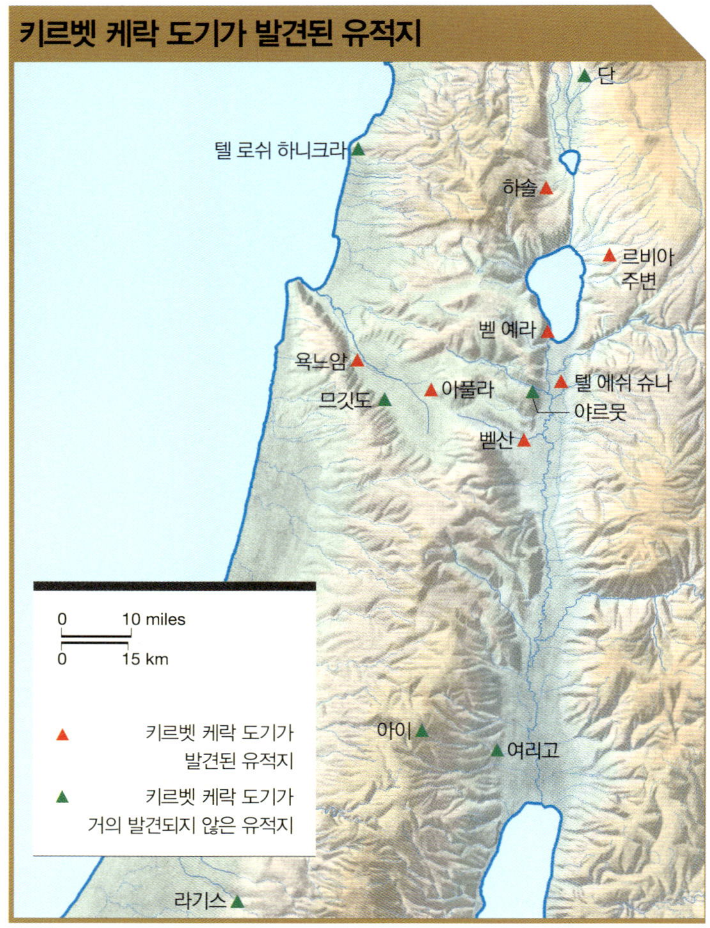

인 크기들을 보면, 극히 소수의 커다란 요새 성읍들과 중간 크기의 일부 성읍들, 그리고 요새화되지 않은 많은 작은 유적지 등으로 계층별 정착지들이 있었음을 보여준다. 이와 같이 거주지가 발전해가면서 이집트와 폭넓게 교류한 흔적이 남아 있다. 이집트인은 포도주와 기름 같은 소산물에 관심이 많았다. 초기 청동기 IB기 거주지들은 산지로 확장되었고, 덕분에 그러한 필수품 생산 증대에 기여하였다.

초기 청동기 II기 초기 청동기 II기의 특징은 주요 도시 중심지들에 인상적인 요새 시설이 건설되었다는 것이다. 궁전과 신전 같은 공공건물도 발견되었다. 초기 청동기 I기 유적지 대부분은 대규모의 요새화된 성읍으로 발전해갔다. 그러나 이와 같은 도시 유형은 메소포타미아에서 크게 발달했던 형태를 미약하게 반영한 수준이었다.

고대 성읍 에블라로 알려진 텔 마르디크에서 1974년과 1976년 사이에 발굴된 방대한 쐐기문자 문서들은 지금까지 알려져 있지 않았던 초기 청동기 시대의 셈 족 사회 세계를 알려준다. 왕조들의 목록을 통해 당시의 왕국이 적어도 주전 2700년까지 거슬러 올라감을 알 수 있으며, 텔 마르디크의 역사가 메소포타미아의 초기 제2왕조(주전 2700–2500년경) 및 초기 제3왕조(주전 2500–2300년경)와 평행을 이루고 있었음을 볼 수 있다. 행정 건물의 마룻바닥에서는 제4왕조의 네 번째 파라오인 카프레의 두 가지 호칭들을 포함하는 짤막한 비문들이 기록되어 있는 섬록암과 설화석고 그릇들의 조각들이 발견되었다. 에블라의 이 유적지에서는 제6왕조의 유명한 파라오인 페피 1세의 이름을 가진 뚜껑도 발견되었다. 이로써 우리는 에블라의 마지막 왕과 이집트의 제6왕조가 연대적으로 서로 일치하고 있음을 알 수 있다.

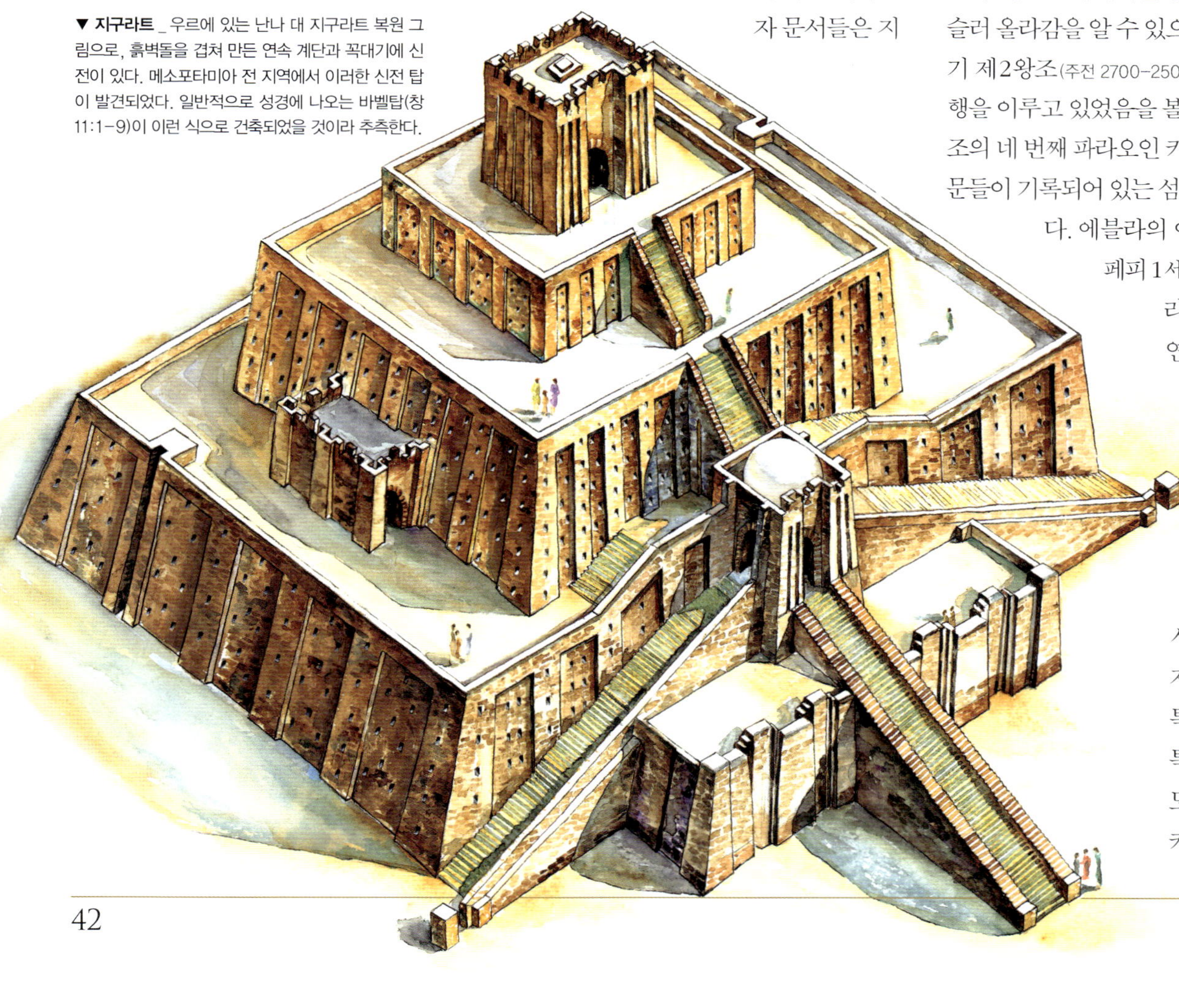

▼ **지구라트** _ 우르에 있는 난나 대 지구라트 복원 그림으로, 흙벽돌을 겹쳐 만든 연속 계단과 꼭대기에 신전이 있다. 메소포타미아 전 지역에서 이러한 신전 탑이 발견되었다. 일반적으로 성경에 나오는 바벨탑(창 11:1–9)이 이런 식으로 건축되었을 것이라 추측한다.

초기 청동기 III기 레반트 남부는 초기 청동기 II기와 III기 기간에 대한 아무 정보도 전해주지 않는다. 요새화된 도시, 궁전, 신전들은 그곳에 세련된 사회 및 경제 조직이 있었음을 증명해주지만, 그곳 사람들의 인종적 정체성은 여전히 베일에 가려져 있다. 초기 청동기 III기로 전환되는 시기의 특징은 고고학적으로 '키르벳 케락 도기'라는 특별한 형태의 도기가 출현한 때라는 것이다. 이 도기의 모양과 제작 방식은 아르메니아와 카프카스코카서스 산맥 지역에서 유래했다.

모양은 이국적이지만, 많은 그릇들을 살펴보면 그것들이 발굴된 레반트 남부 지역에서 만들어졌음을 분명하게 알 수 있다. 결론적으로 이 도기들은 도기 제작 방식을 가지고서 북쪽에서 내려온 사람들, 즉 최소한 도공들이 있었다는 사실을 알려준다. 어떻게 그들이 이곳에 왔으며 어떤 일이 있었는지는 알려지지 않았다. 아마도 터키 동부의 아무크 평야와 시리아 서부의 몇몇 지역을 거쳐 팔레스타인에 도착했는지도 모른다. 시리아 북부에 대해 알려주는 에블라 서신에는 이 같은 인구 이동에 대해 아무 언급이 없다.

초기 청동기 Ⅳ기(EB ⅢC) 이스라엘 고고학자들은 주전 2000년대에 이루어진 도시화의 가장 최근 단계를 초기 독립된 시기, 즉 청동기 Ⅳ기로 보려는 경향이 강하다. 이 시대는 대략 이집트의 제6왕조와 동일한 시기에 속한다. 초기 청동기 Ⅳ기는 비이스라엘권 학자들이 말하는 '초기 청동기 Ⅳ기'와는 다르므로 혼동해서는 안 된다. 그들이 말하는 초기 청동기 Ⅳ기는 곧 다루게 될 이스라엘의 청동기 침체기에 해당된다.

이때 메소포타미아에는 아카드 왕조가 일어나, 유프라테스 중부와 티그리스 계곡에 있는 수메르[1]와 아카드 지역을 지배하게 된다. 아카드 왕조의 창시자, 사르곤 1세는 서쪽 지역에 있는 마리를 정복하고, 그의 후계자들은 이곳에 총독을 파견하여 마리를 가신 국가로 만들었다. 사르곤의 손자, 나람 신Naram-Sin은 아나톨리아와 페르시아 만까지 제국을 확장했다.

초기 청동기 Ⅳ기는 가나안 도시들이 경제적·문화적으로 확실히 쇠퇴하고 파괴된 때였다. 북쪽 유적지에서는 이 시기에 대한 증거가 매우 희박하다. 므깃도, 벧산, 단 같은 지역들은 초기 청동기 Ⅲ기 말까지는 '도시'의 면모를 계속 유지한 것으로 보이지만 남쪽 유적지, 특히 야르뭇 같은 곳은 이 마지막 시기의 증거들을 매우 분명하게 보여주고 있다. 그러나 역사적인 문헌이 부족하므로 초기 청동기 시대의 성읍들이 파괴된 이유는 알 수 없다.

청동기 침치기(주전 2000년대 말엽) 주전 2000년대의 마지막 2세기 동안, 이집트 사회는 세력을 거의 잃어서 본래의 모습으로 축소되고 레반트와의 관계는 완전히 중단된 것으로 보인다. 이 시기는 이집트의 첫 침체기였던 제9왕조에서 제11왕조 중반까지의 기간에 해당되는데, 이때 이집트 땅에서의 중앙 권력은 붕괴된 상태였다.

그러나 레반트 남부, 즉 가나안의 초기 청동기 Ⅲ기와 Ⅳ기 성읍들은 모두 심하게 파괴되었고, 이 지역에는 새로운 문화를 가진 인구가 유입되었다. 이들은 원래 유목민이었으나 생태학적이며 사회적인 환경으로 말미암아 촌락의 문화를 발전시키는 데 힘을 기울였다. 이스라엘 학자들은 이 시기를 초기 청동기 Ⅳ기라기보다는 '청동기 침체기'로 표현한다. 침체기에 해당하는 이 시기는 상당 기간, 아마도 1세기 이상은 지속된 것으로 보인다. 이 시기는 아카드 왕조 말기와 우르 제3왕조 치하의 신수메르 시대와 일치한다.

이 새로운 문화의 가장 보편적인 특징들 중 하나는 대단히 많은 수의 공동묘지이다. 매장지는 개인용이었으며, 유골들은 해체된 채 발견되었다. 유골과 함께 많은 구리 도구와 무기들이 발견되었다. 일부 도기들은 옛 전통을 보여주기도 하지만 대부분 초기 청동기 도기와는 구분된다. 거주지는 대체로 조라하다.

중기 청동기 시대 (주전 2200-1550년)

주전 1000년대 초, 보통 레반트 고고학에서는 이때를 중기 청동기 시대라고 부른다. 지난 20세기 중반에 사용했던 구분과 달리, 요즘은 이때를 주로 세 시기로 나눈다. 새로운 구분법에 따라 세 시기는 중기 청동기 I, II, III기로 나뉘며, 이는 옛 용어로 말하자면 중기 청동기 IIA, IIB, IIC기에 해당한다.

레반트 남부의 중기 청동기 I기 청동기 침체기의 사람들이 남긴 문화는 사라진 것으로 보인다. 사람들은 새로운 중기 청동기 I기 사람들에게 흡수되었는지, 아니면 단순히 사막의 광야 지대로 돌아가 살았는지는 확실하지 않다. 중기 청동기 시대의 첫 번째 거주지 유형은 이전의 청동기 침체기와는 확연히 구분된다. 계곡과 해안 평야 지대에 조성되었던 초기 청동기 II-III기 성읍들은 중기 청동기 I기(=중기 청동기 IIA기) 시대에 다시 세워졌다. 가장 이른 재정착지는 해안선과 내륙 해안 평야 지대를 따라 만들어졌다.

중기 청동기 I기에 이집트와의 관계를 살펴보면, 이집트 양식의 유물은

1_수메르 문명과 아카드 왕조 (Sumer civilization & Akkad civilization) 수메르는 주전 3200년부터 2400년경 메소포타미아 남부 지역을 중심으로 가장 오래된 도시 문명을 이룩했지만, 초기 청동기 Ⅳ기 때 중부와 북부에 거주했던 아카드 왕조에 의해 메소포타미아가 통일되었다. 수메르는 쐐기 문자를, 아카드 제국은 아카드어를 발명했다.

이집트 12-15왕조 \ 주전 1000년대 중엽

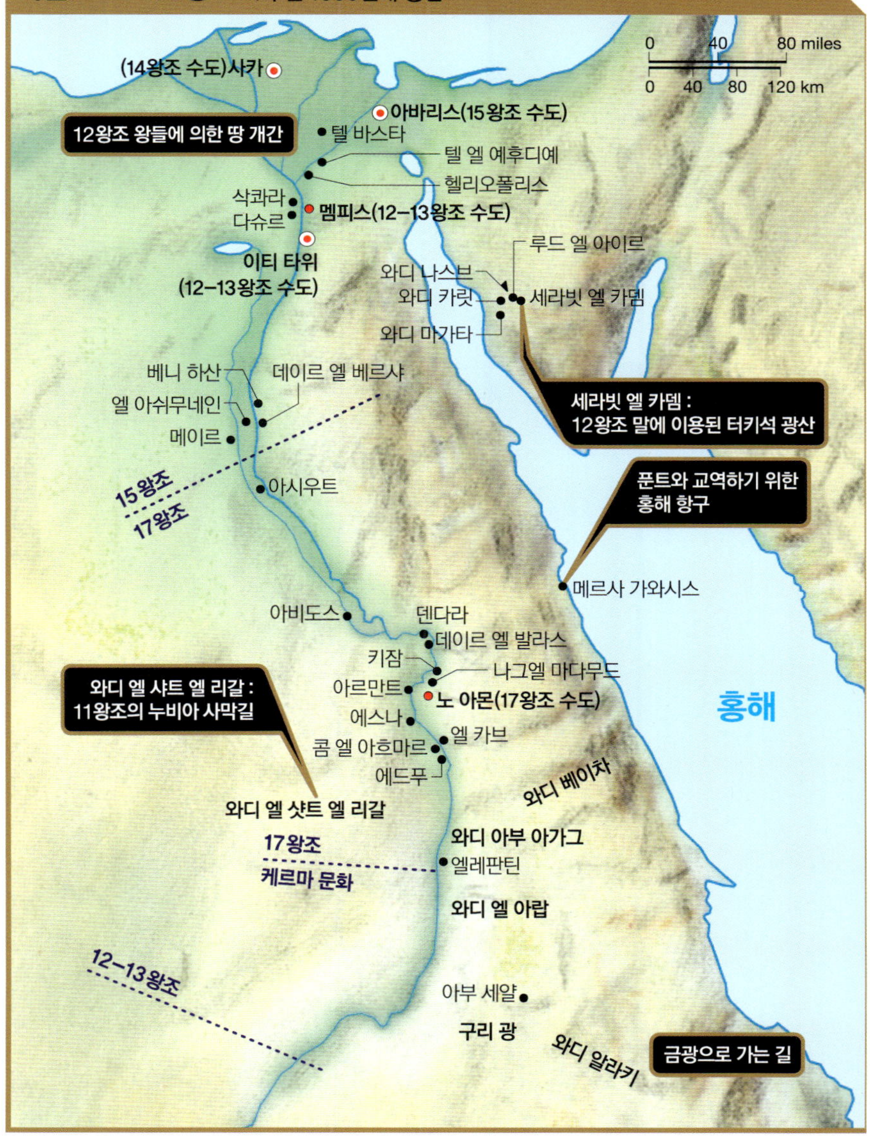

▶ **리쉬트에서 발견된 센오세렛 1세의 목상** _ 시누헤 이야기는 소설에 속하지만 실제로는 무덤 비문에 가깝다. 이야기 내용이 매우 탁월해 서기관 학교들은 수 세대 동안 이것을 교재로 사용했다. 아메넴헷 1세가 죽었을 때, 뚜렷하지 않은 이유로 이집트에서 도망간 한 이집트 귀족에 대한 이야기로, 문헌은 (레)테누 즉 시리아-가나안 통치자의 무덤에서 발견되었다. 이 문헌은 무덤 비문이라는 형식을 갖추고 있지만, 이야기, 시, 드라마의 다양한 문학 양식으로 구성되었다. 센오세렛 1세를 칭송하고, 관대한 군주로 왕을 묘사한 것으로 보아 저작 연대를 12왕조 때로 추정할 수 있다. 시누헤가 이집트로 돌아와 센오세렛 1세의 환대를 받는 부분에서 이야기는 절정을 이룬다. 그는 모든 이집트인의 마지막 꿈, 즉 '이집트에서 영예롭게 묻히는' 꿈을 이룬다.

레반트 남부와 내륙가나안 보다는 해안 지역, 그리고 특히 레바논과 멀리 시리아에서 더 많이 발견되었다. 이집트 제12왕조는 레반트와 폭넓은 무역 거래를 발전시켰다. 이집트는 상대 무역국인 레바논 북부와 시리아처럼 해상 무역로를 더 선호했다. 중기 청동기 I기에 가나안 내륙에 사는 사람들은 분명히 육로를 사용했다. 이집트는 목재와 시리아 북부의 다른 생산품들이 필요할 때 가나안 사람들에게 주로 비블로스를 경유하는 레바논 해안선 쪽으로 돌아오도록 했다.

중기 청동기 I기 지역들이 해안을 따라 조성된 것은 아마 이집트에서 비블로스까지 해안선 항로를 왕복하는 배들을 위해 필요했던 것으로 보인다. 레바논에 있는 항구들과 같은 진정한 항구의 의미를 갖지는 못했지만, 이와 같은 해안 정박지들은 서쪽으로 흐르는 와디와 시내를 통해 해안 평야 지대를 거쳐 더 큰 내륙의 성읍들, 좀 더 작은 규모의 중간 도시들, 또한 요새화된 지역들과 연결되었다.

가나안 땅 북쪽에 있는 해안 평야와 훌레 골짜기에는 갈멜 산 남쪽보다도 훨씬 더 큰 성읍들, 즉 악고와 하솔 같은 도시들이 있다. 이는 북쪽 지역의 도시들이, 큰 도시들이 많았던 시리아와 메소포타미아에 더 가까웠기 때문이다.

북부 지역에 뿌리를 둔 몇몇 고고학적인 특징들이 주목된다. 첫째, 가나안 북부 지역에서는 메소포타미아의 건축 양식을 따라 벽돌로 만든 아치형 성문을 일찍부터 사용했다. 그러나 이는 곧 단, 악고, 아스글론과 같이 남쪽의 환경에 더 적합한 나무와 돌의 구조물로 바뀌었다. 둘째, 새로운 매장 관습이 생기긴 했지만 이전 양식을 완전히 버리지는 않았다. 셋째, 골상학적으로 볼 때 지역민들의 체형이 뚜렷이 변한 점은 단순히 이 지역만의 특징이라고 설명할 수는 없다.

매장 관습을 보면, 무수한 남자 성인들의 무덤에는 무기들이 함께 묻혔는데, 그것들은 대개 개인 전투용 도구들이었다. 그러므로 중기 청동기 I기 사람들 중 적어도 지도층 인사들은 전사 계층이었을 가능성이 높다.

레반트 남부의 중기 청동기 II기 중기 청동기의 후기 시대인 II기(중기 청동기 IIB기)와 III기(중기 청동기 IIC기)는 함께 다루는 경우가 많다. 중기 청동기 II기에서 III기로의 이동이 매우 점진적으로 이루어졌기 때문이다.

대규모 및 중간 크기의 중심지들이 병존하고 지방 정착 역시 늘어난 것은 중기 청동기 II기가 주전 1000년대 레반트 남부에서 문화적·정치적 발전의 절정에 이르렀음을 보여준다. 도기, 금속 제품 및 기타 품목들을 포함한 물질문화는 매우 높은 수준의 것이었다. 발굴지와 무덤에서 발견된 다양한 수입품들은 중기 청동기 II기의 레반트 지역이 무역을 위한 가교로서 능동적인 역할을 해냈다는 것을 반증한다. 당시 레반트는 시리아 북부와 메소포타미아에서 번성하고 있던 아무르 족 국가들과 이집트 사이의 교역을 이어주었고, 이에 더하여 에게 해 지역, 특히 크레

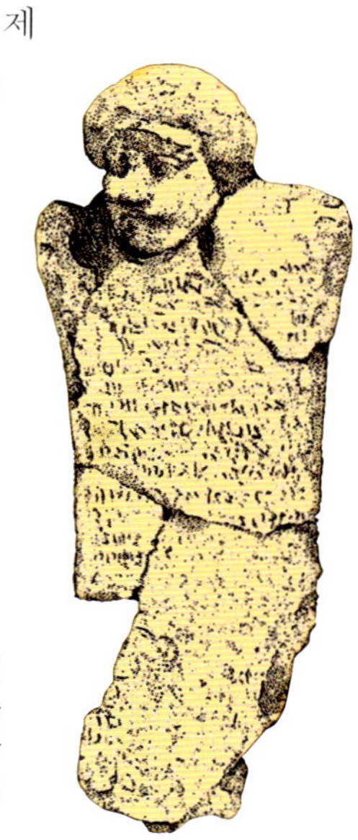

▶ **사카라에서 발견된 점토 인형 위에 쓴 저주 문서** _ 이러한 유형의 인형 혹은 도기들에는 이집트 중왕조 시대에 파라오의 적들을 저주하는 내용이 적혀 있다. 비문이 적힌 인형들은 곧장 박살을 냈는데, 이렇게 하면 적들의 힘을 부술 수 있다는 믿음이 있었기 때문이다. 저주받은 적에는 아시아 왕들, 적대적인 이집트인들, 모든 악한 것이 포함되어 있다.

MIDDLE BRONZE AGE SITES IN THE SOUTHERN LEVANT

레반트 남부의 중기 청동기 유적지

주전 1000년대 초, 보통 레반트 고고학에서는 이때를 중기 청동기 시대라고 부른다. 지난 20세기 중반에 사용했던 구분과 달리, 요즘은 이때를 보통 중기 청동기 I, II, III기로 나눈다. 중기 청동기 I기 지역들이 해안을 따라 조성된 것은 아마 이집트에서 비블로스까지 해안선 항로를 왕복하는 배들을 위해 필요했던 것으로 보인다. 해안 정박지들은 서쪽으로 흐르는 와디와 시내를 통해 해안 평야 지대를 거쳐 더 큰 내륙의 성읍들, 좀 더 작은 규모의 중간 도시들, 또한 요새화된 지역들과 연결되었다.

▲ 중기 청동기 II기에 속한 텔 라마다에서 발견된 아카드어 쐐기문자 토판. 토판 앞, 옆, 뒷면에는 동물의 목록이 적혀 있다.

타 섬까지 교류하였다. 이 무역망의 남단 정박지는 이집트의 삼각주 동부 지대 나일 강의 펠루시아 지류에 있는 아바리스텔 에드 다바였음이 분명하다. 상업적인 식민지인 이 지역들은 당연히 이집트인들이 개발해 이미 번성하고 있었다.

강력한 도시 중심지에 대한 고고학적 증거로 본다면, 활발한 농업 자원의 활용 및 육로와 해로를 통한 국제 무역이 이루어졌다는 것을 알 수 있지만, 유감스럽게도 이 시대를 보여줄 문헌은 거의 없다.

주전 1000년대에 가나안에서 가장 큰 도시는 하솔이었다. 중기 청동기 II기 시대에 하솔은 아무르 족의 왕국 마리와 교류한 사실이 마리에서 발견된 쐐기문자 문헌에 남아 있다.

레반트 남부의 중기 청동기 III기이집트의 제2침체기 중기 청동기 II기와 III기 지층을 구분할 만한 뚜렷한 변천 과정이 있는 것은 아니지만 물질문화를 연구하는 사람들은 각종 유물들, 특히 도기 분야에서 많은 발전이 있었다는 점을 주목한다. 그중 두드러진 특징 가운데 하나는 이집트 제15 왕조의 것으로 추정되는 풍뎅이 장신구가 급증했다는 것이다. 중기 청동기 II기의 모든 주요 지역에는 지금도 사람들이 거주하고 있으며, 많은 거주지들이 더욱 확장되었다.

후기 청동기 시대 (주전 1550-1200년)

주전 1000년대 중엽은 위기의 시대였다. 정치적·사회적인 기틀은 붕괴되고 새로운 형태가 모양을 갖추어가는 중이었다. 불행하게도 주전 17세기와 16세기에 대한 문헌 자료는 부족하다. 그러나 이른바 '암흑 시대'는 기회의 시대이기도 하다. 미타니 왕국[1]의 수도 와쉬슈카니가 어디인지는 아직 밝혀지지 않았는데, 아마도 이 시기에 속한 문서들을 가진 쐐기문자 고문서 보관소를 분명 가지고 있었을 것이다. 히타이트의 '고왕국'에 대한 기록은 하투실리 1세와 그의 후계자들의 원정을 자세히 다루고 있다.

주전 1000년대 후반기(주전 1150년경까지)는 물질문화의 발전 양상과 잘 들어맞는 몇 가지 역사적 단계들이 있다. 후기 청동기 시대는 I, II, III기의 세 시기로 나눌 수 있다.

1_미타니(Mitanni) 왕국
주전 16세기 말 메소포타미아 서북부 지역에서 시작되었으며, 베다신을 숭배했다. 미타니 왕국의 영토는 동부 티그리스 지역(Nuzi)으로부터 서쪽으로는 북부 수리아까지 혹은 지중해 연안까지였다.

후기 청동기 I기 후기 청동기 시대에 속한 가나안 지역의 물질문화는 중기 청동기 시대에 비해 현저하게 쇠퇴한 모습을 보인다. 중기 청동기 시대의 도시 대부분은 전국에 걸쳐 파괴되었는데, 후기 청동기 시대에 모든 도시가 회복된 것은 아니었다. 54개의 발굴지 중 22개 지역만이 후기 청동기 I기 동안에 재건된 도시들이다. 후기 청동기 II기 동안 거주 도시들은 두 배로 늘어났지만, 중기 청동기 시대에 속한 큰 성읍들은 전혀 회복되지 못했다. 산지에 넓게 분포했던 중기 청동기 시대의 소규모 거주지들은 모두 자취를 감추었다. 중기 청동기 시대의 일부 사람들은 요단 동편의 광야 지대로 물러났는지도 모른다. 다른 인구는 도시 중심지에 유입되었을 가능성이 있다.

▲ 중기 청동기 II기에 속한 텔 단의 성문

대부분의 산지 지역과 대조적으로, 해안가는 상대적으로 작은 항구 도시나 정박지들, 예를 들면 텔 아부 하왐, 텔 메가딤, 텔 미칼이 세워졌다. 후기 청동기 시대의 하솔에는 상부 텔뿐만 아니라 거대한 하부 텔에 거주한 흔적이 남아 있는데, 이 시기에는 흔치 않은 현상이었다. 요단 서편 지역 유적지들의 표면적은 후기 청동기 I기에서 II기로 옮겨가는 동안 약간 늘어났다.

후기 청동기 시대에 요단 동편에 괄목할 만한 정착이 없었다는 오랜 견해는 지난 수십 년의 연구 결과에 비추어 볼 때 폐기되어야 한다. 특별히 헬레니즘-로마 시대에는 펠라라고 불리게 된 타바카드 파힐과 그밖에 텔 에스 사이디예, 텔 데이르 알라와 같이 중요한 유적지들이 요단 계곡 동부에서 속속 발견되었으며, 다른 유적지들은 요단 동편 고원 지대를 지나는 북-남 대로를 따라 발견되었다. 그곳에는 무덤들과 정착민들의 마을 및 유목민들의 마을 등도 있었다.

중기 청동기 시대의 성읍들은 보통 다양한 기술적인 방법을 동원해 튼튼한 흙 성벽으로 둘러싸인 반면, 후기 청동기 시대 성읍들에서는 요새 시설이 보이지 않는다. 이는 이집트가 자신의 신민臣民들에게 가한 제약 때문이었을 것이다. 지역 성읍들은 인구 밀도가 낮았으며, 아마도 주요 방어 시설에 필요한 자원들을 충분히 가지고 있지도 못했을 것이다. 예외적으로 하솔은 여전히 중기 청동기 시대의 방어 시설인 토루(土壘, 흙으로 만든 보루)로 도시를 지킬 수 있었다.

지역의 '도시국가' 사회 구조는 건물에 반영되어 있다. 더 탄탄한 건물들로는, 지역 통치자들과 상급 관리들을 위한 '궁전' 같은 것들이 있었다. 투트모세 3세의 지명 목록과 아마르나 문서 같은 기록 문헌들이 등장하기 시작할 때, 가나안은 작은 도시국가들로 나뉘어 있었음이 분명하다. 이 도시국가들은 각 군주가 제한된 지역 내에서 직접 통치하는 체제였다. 또한 신전도 있었으며 때로는 한 도시 안에 하나 이상의 신전이 세워지기도 했다. 신전의 가장 큰 특징은 창고 같은 저장용 시설이 없다는 것이다. 이 사실은 신전이 지방 정부와 긴밀하게 연결되어 있어서 행정 용도의 창고를 공동으로 사용했다는 추정을 가능하게 한다.

지역 도시들에서 발견된 비문 자료가 상대적으로 빈약하다는 것은 이 당시 가나안의 역사가 전적으로 이집트의 기록에 의존하고 있었다는 의미이다. 이는 시리아 북부의 상황과는 확연하게 다르다. 거대한 지역의 수도 역할을 했던 이 지역의 큰 도시들은 대개 쐐기문자 문서와 다른 문헌들을 많이 만들어냈다.

후기 청동기 II기 주전 14세기에는 평화로운 황금기로 시작되어 전쟁과 긴장의 시기로 종식되었다. 상대적으로 풍부한 비문 자료, 특히 메소포타미아와 아나톨리아하투사 = 보아즈쾨이 및 이집트에서 온 쐐기문자 문서들이 이 시대를 반영하고 있다. 시리아 북부의 역사적인 시기 역시 우가릿에서 발견된 특별히 중요한 쐐기문자 서신들로 그 전모가 드러나게 되었다. 주로 이집트에서 발견된 쐐기문자 문헌들(아마르나 문서)은 시리아 중부와 가나안에 대한 다양한 정보를 제공한다.

주전 14세기 동안 레반트 문헌에 나타난 사건들은 이집트에서 일어난 사건들과 밀접하게 연관되어 있다. 이 사건들에 대한 증언은 주로 아마르나라는 유적지에서 발굴된 쐐기문자 서신들에서 나온 것이다.

아마르나 문서는 100년 넘게 연구되어온 결과, 고대 중동 지역들 사이에서 제한적으로 이루어졌던 국제적인 교류뿐만 아니라 레반트 남부의 가나안 정부와 시리아 중부의 도시국가 및 기타 요소와 관련된 몇 가지 '역사적 사건들'을 적실하게 종합할 수 있게 되었다.

텔 엘 아마르나와 아마르나 토판 _ 후기 청동기 시대의 고대 중동에 관한 문화적·정치적 삶을 알 수 있는 핵심 자료는 아마르나 토판이라고 알려진 쐐기문자 문서들의 모음집이다.

120년 전에 아마르나 문서를 발견한 이야기는 거의 전설에 가깝다. 당시 학계에서는 꽤 유명한 이야기였지만 오늘날 일반인들에게 널리 알려져 있지는 않다. 아마르나 유적지는 노 아몬(테베, 현대의 룩소르)과 놉(멤피스, 현대의 미트라히나와 그 주변) 사이의 중간 지점에 위치한다. 현대의 지명은 현지의 지명들을 잘못 이해한 학자들로 인해 생긴 것인데, 그곳은 에트 털과 엘 아마리아라는 마을 이름과 바니 암란(아마르나의 복수형)이라는 부족이 정착해서 사는 지역으로 알려졌다. 텔 엘 아마르나라는 용어는 1830년 존 가드너 윌킨슨이 그린 지도에서 처음 사용되었다. 오늘날에는 이 지역 맞은편에 있는 나일 강 서쪽의 기차역 앞 우체국은 '텔 엘 아마르나'라는 공식 명칭을 사용하고 있다.

▶ **투트모세 3세의 도시 목록** _ 18왕조의 파라오들은 정복한 도시들의 목록으로 자신들의 승리를 뽐냈다.

이 도시는 아멘호텝 4세아케나텐가 세운 고대 수도였다. 그는 수도 이름을 아케타텐이라 지었는데, '태양 원반의 수평선'이란 뜻이다. 그의 통치 제4년에 수도 건설이 시작되었고, 2년 후 그는 그의 가족과 측근들을 이곳으로 이주시켰다. 도시 계획 전체가 완전히 실현되지는 못했지만, 19세기 말과 20세기 초의 발굴 작업 결과, 태양 원반의 신, 아텐에게 헌정된 많은 유명한 신전들과 웅장한 건물들이 건설되었음이 밝혀졌다.

사회 현상, 아피루 _ 아마르나 연구의 첫 10년 동안 학자들은 예루살렘 서신에서 언급된 사회적·인종적인 요소인 '하-비-루ḫa-bi-ru' 또는 '하-비-리ḫa-bi-ri'라는 이름에 주목했다. 이 말은 곧 '히브리인들'을 뜻하는

레반트 남부의 후기 청동기 유적지

THE KINGS OF CANAAN IN THE AMARNA AGE

아마르나 시대의 가나안 왕들

＼ 주전 14세기 중엽

0 100 200 miles
0 100 200 300 km

- ● 엘 아마르나 문서에 나오지 않는 도시
- ★ 엘 아마르나 문서에 나오는 도시
- ✪ 엘 아마르나 문서에 따른 도시 국가
- ▭ 이집트 기지

주전 14세기 동안 레반트 문헌에 나타난 사건들은 이집트에서 일어난 사건들과 밀접하게 연관되어 있다. 이 사건들에 대한 증언은 주로 아마르나라는 유적지에서 발굴된 쐐기문자 서신들에서 나온 것이다.

'이브림 ibrîm'과 동일시되었다.

'아피루 apîru'는 서부 셈어에 속하며 표의문자인 수메르어로는 SA.GAZ로 표기되며, 아마르나 문서에서는 때때로 GAZ라고만 나온다. 이 말은 관련 문헌에서 우르 제3왕조에서부터 이집트의 제20왕조까지 800년 동안 등장한다. 이들은 유목민들로 언급된 적은 전혀 없으며, 이 집단에 속한 개인 이름들은 한 언어 집단에 속하지 않는다. 그 이름들은 셈 족, 후리안, 기타 민족에 속한다. 아피루는 결코 부족이 아니었다. 그들은 다양한 신을 섬겼을지도 모른다. 아피루는 지리적으로 티그리스, 아나톨리아, 이집트, 즉 간단히 말해서 고대 중동 전 지역에서 나타났다. 이들이 성서의 히브리인들과 동일한 집단이라고 할 만한 증거는 전혀 없다!

아피루를, 족장들과 침략하는 부족들이라는 특징을 가진 히브리인과 연결시켜 설명하는 이론들이 거의 100년 이상 지속되었다. 이 이론들 중 어떤 것도 적합하지 않지만 성서 외 자료에서 족장들과 여호수아 정복의 증거를 찾으려는 강한 열망 때문에 그 이론들은 여전히 호소력을 갖고 있다. 실제로 원原 이스라엘 사람은 아마 다른 집단, 즉 쐐기문자로는 '수투 Sutû', 이집트에서는 '샤수Shâsu/쇼수Shôsu'라고 불리는 부족 유목민들로부터 유래했을지 모른다. 특히 샤수/쇼수라는 집단은 아피루와 혼동된 적이 한 번도 없다. 아피루가 반란을 일으킨 농부들이었다는 인기 있는 이론도 성서, 혹은 성서 외 자료, 고고학적인 기록에 문헌 증거로 나타난 경우가 전혀 없다.

후기 청동기 III기 고고학자들과 역사학자들은 후기 청동기 시대의 마지막 단계를 주전 13세기로 본다. 이집트 역사와 비교한다면 이 시기는 제19왕조와 평행을 이룬다. 제19왕조에서 제20왕조로 넘어갈 무렵, 이집트는 심각한 위기 상태였던 반면, 제20왕조는 람세스 2세의 위대한 업적을 계승한 후계자로 자처하며, 왕들의 이름을 동일한 이름으로 람세스 3세에서 11세까지 이어갔다. 생활 수준과 레반트에서 수입되고 생산된 사치품들의 특징들을 보면, 물질문화적인 면에서는 그들이 내리막길을 걷고 있었음에 틀림없다. 이집트가 가까이서 레반트 남부를 지배했다는 증거는 이집트식 건물 구조와 이집트 유물, 비문을 간직하고 있는 가나안의 수많은 성읍들의 건축물에서 찾아볼 수 있다. 이러한 건축물은 소위 '총독의 관저'라고 불리었다.

◀ **네페르티티(Nefertiti) 왕비** _ 아헤타텐(엘 아마르나)의 건설자, 최고 실권자 아케나텐의 부인(조상은 부분적으로 복원한 것이다)

전통적인 방식에 따라 주전 13세기 말을 후기 청동기 III기로 구분하는 것이 편리하기는 하지만, 실제로 앞 시대인 후기 청동기 II기와의 차이가 분명한 것은 아니며, 최소한 해안 평야 지대에서는 차이가 보이지 않는다. 람세스 3세와 4세의 통치와 관련된 사건들은 후기 청동기 III기의 연속으로 보아도 무방하다. 이때는 엄청난 분쟁의 시기이기도 했지만, 한편 집약적인 무역과 문화적 교류의 시기이기도 했다. 지중해 동부는 이집트, 레반트 및 에게해 지역 사이에서 여러 주요 산물뿐만 아니라 사치품들을 운반하는 상인들의 배가 왕래했던 지역이다. 이때 지정학적인 주요 집단들은 하티, 이집트, 바벨론, 앗수르였다. 이들은 중동을 넘나드는 해상 운송과 대상 무역권을 나누어 갖기 위해 서로 겨루었다.

샤수 유목민들 이집트 신왕조의 문헌은 레반트에서 일어난 일들을 언급하면서 샤수Shâsu라고 불리는 사회 인종적인 집단을 많이 언급하고 있다. 샤수 유목민들은 제18왕조에 나타나기 시작해서 제19왕조의 이집트 문헌에 더 자주 등장한다. 이들에 대한 최초의 언급은 주전 15세기 초엽 아흐모세-페네크벳 비문에 나온다.

이 무렵 샤수 유목민들은 여러 가지 압박을 받고 있었는데, 특히 가뭄과 기근으로 인해 피난처를 구하는 것이 가장 큰 문제였다. 티그리스와 유프라테스 계곡, 레바논의 베카, 이스르엘 계곡, 이집트의 삼각주 지대[1]는 유목민들이 문제가 생길 때마다 가곤 했던 피난 지대로 잘 알려져 있었다.

1_삼각주 지대
성서에는 족장들이 기근을 피해 갔던 고센 땅(창 47:1)으로 알려져 있다.

레반트 남부의 후기 청동기 시대 III기 유적지

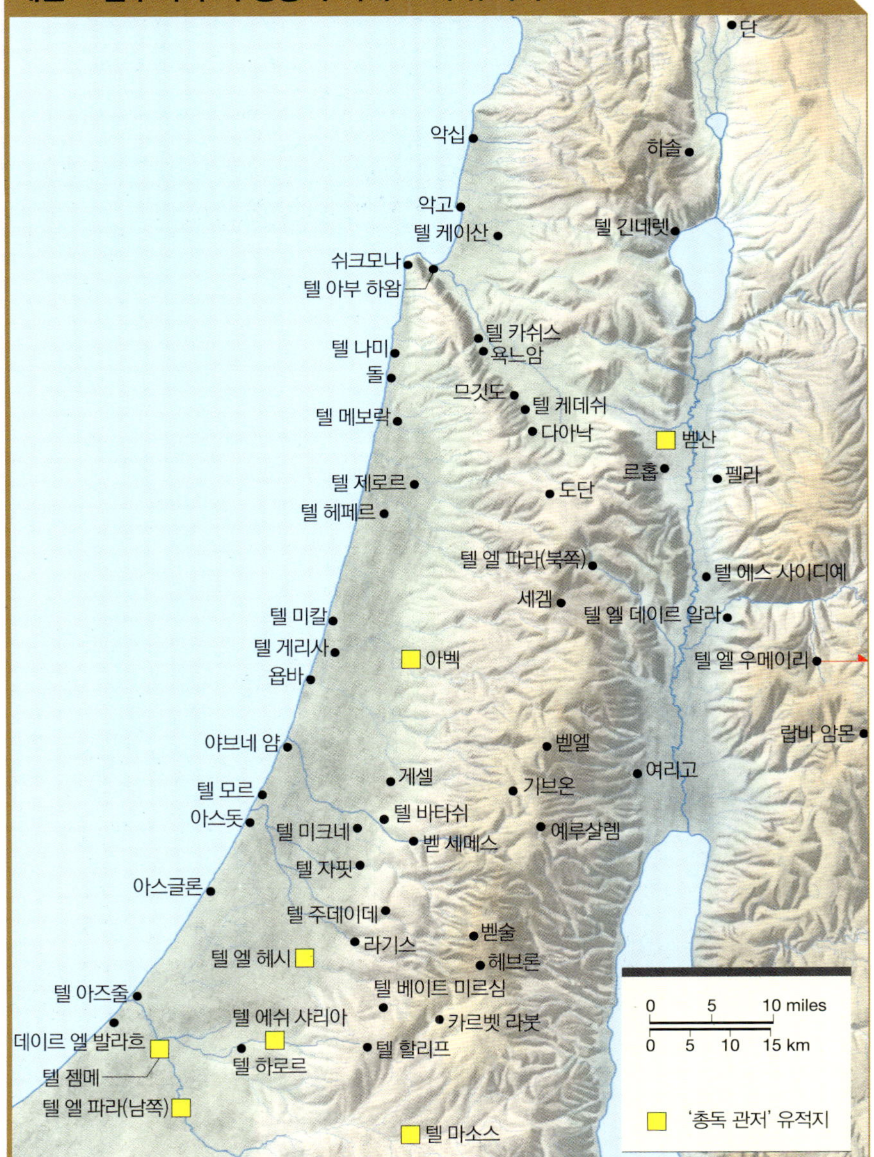

04

|CHAPTER|

CRISIS AND TRANSITION

위기와 변화

(주전 12세기)

지중해 동부 지역의 후기 청동기 시대 중심지 대부분은 주전 12세기 초의 어느 한 시점에 심각하게 파괴되었다. 이와 같은 파괴의 흔적은 전 지역에 걸쳐 유례없는 폭력적인 공격이 발생했다는 사실을 보여주는데, 이로 인해 새로운 사회 · 정치적 조직의 기틀이 생겨났다. 주전 12세기를 거쳐 10세기에 이르기까지 이러한 과정은 지속되었다. 고대 이스라엘 사람들은 조상들에 대한 전승을 간직하고 있었는데, 전승의 본질적인 특징은 그것의 지리적인 개관과 내용에 있다. 이것에 대한 연구는 성서 기록자들의 관점을 이해할 수 있게 해준다.

PRISONERS FROM AMONG THE SEA PEOPLES

메디넷 하부에 있는 람세스 3세의 부조에 새겨져 있는 해양 민족 포로들 지중해 동부 지역의 후기 청동기 시대 중심지 대부분은 주전 12세기 초의 어느 한 시점에 심각하게 파괴되었다. 파괴에 대한 고고학적인 증거는 뚜렷하며 분포 지역 또한 매우 넓다. 미케네 세계의 주요 궁전들, 히타이트 제국의 수도와 아나톨리아의 다른 중심지들, 시리아 해안에 있는 알라라크, 우가릿, 레반트 남부, 즉 가나안 남부의 아스글론과 아스돗 같은 몇몇 해안 성읍들, 하솔과 아벡 같은 내륙 도시들이 바로 그 유적지들이다. 이와 같은 파괴의 흔적은 전 지역에 걸쳐 유례없는 폭력적인 공격이 발생했다는 사실을 보여주므로, 이 견해를 부인할 사람은 아무도 없다. 각 지역에 대한 설명과 가해자로 의심될 만한 정체를 확인하는 가설은 매우 많고 다양하다. 이 모든 폭력으로 인하여 새로운 사회·정치적 조직의 기틀이 생겨났다. 주전 12세기를 거쳐 10세기에 이르기까지 이러한 과정은 지속되었다. 이 과도기는 평가하기에 가장 어려운 시대 중 하나이다. 그 까닭은 당시에 발생한 사건들의 과정을 뒷받침할 기록 자료가 없기 때문이다. 단지 비옥한 초승달 지역의 양쪽 끝인 메소포타미아와 이집트에서만 비문상의 증거가 발견되었을 뿐이다. 우리는 대부분 고고학적인 자료들, 특히 20세기 후반에 이루어진 발굴과 탐사의 결과들에 의존할 수밖에 없다.

레반트 남부 지역

이 지역에 대한 가장 중요한 문제는 위기와 전환의 시기에 일어났던 급격한 변화에 있다. 레바논 해안 지대에 있는 가나안의 주요 성읍들은 뱃사람들이 주도한 전쟁으로 해를 입은 것 같지는 않다. 람세스 3세는 비블로스 북쪽인 아무르루와 드자히의 경계 지역에서 침입자들을 물리친 것으로 보인다. 한편, 남부의 해안을 따라 세워진 후기 청동기 시대 성읍들과 항구들은 매우 크게 파괴되었다. 뒤따라 사람들이 다시 정착하기 시작하면서 물질문화는 복잡한 양상을 보이기는 하지만, 새로운 민족이 들어와 정착하기 시작했다는 사실만큼은 분명하다.

가장 뚜렷한 특징은 새로운 도기 양식이다. 도기들은 지역마다 다르게 제작되긴 했지만 에게 해 지역의 전통을 반영하고 있는 것만은 분명하다. 이 양식은 미케네 IIIC1b기에 해당한다. 이 도기 양식은 후기 헬라딕 궁전이 파괴되면서, 그리스 본토와 그 관련 지역에서 유행했다. 엄밀히 말한다면 그리스에서 중간 단계라 볼 수 있는 후기 헬라딕 IIIC기를 반영하고 있다. 이 도기는 청동기 시대 말쯤 그리스에서 유행했던 것으로, 지중해 동부 해안 지대에 세워진 주요 도시 중심지들에서 수입했던 미케네 IIIB기(후기 헬라딕 IIIB기) 양식을 대신한 것들이다.

가나안 남부에 나타난 새로운 미케네 IIIC1b기 양식은 지역별로 제작되었다. 새로 이주해 들어온 이들은 자신들이 사용하던 미케네 도기들을 그대로 가지고 왔다. 가사, 아스글론, 아스돗, 가드, 에그론 같은 남부 해안 평야 지대의 도시들은 후기 청동기 시대의 중요한 성읍들이었다. 그 도시들이 파괴된 후, 이어서 새로 그 도시에 들어와 정착한 이들에게는 새로운 도기 양식의 특징이 나타난다.

이 물질문화를 분석하는 근거로, 성서와 후대의 성서 외 자료에 나오는 다섯 성읍들과 다른 몇몇 도시들이 블레셋 도시들로 알려져 있다. 블레셋 사람들은 람세스 3세가 북쪽에서 치른 전쟁에서 '푸-르-사-타 Pu-l-śa-tá'

블레셋의 도시들

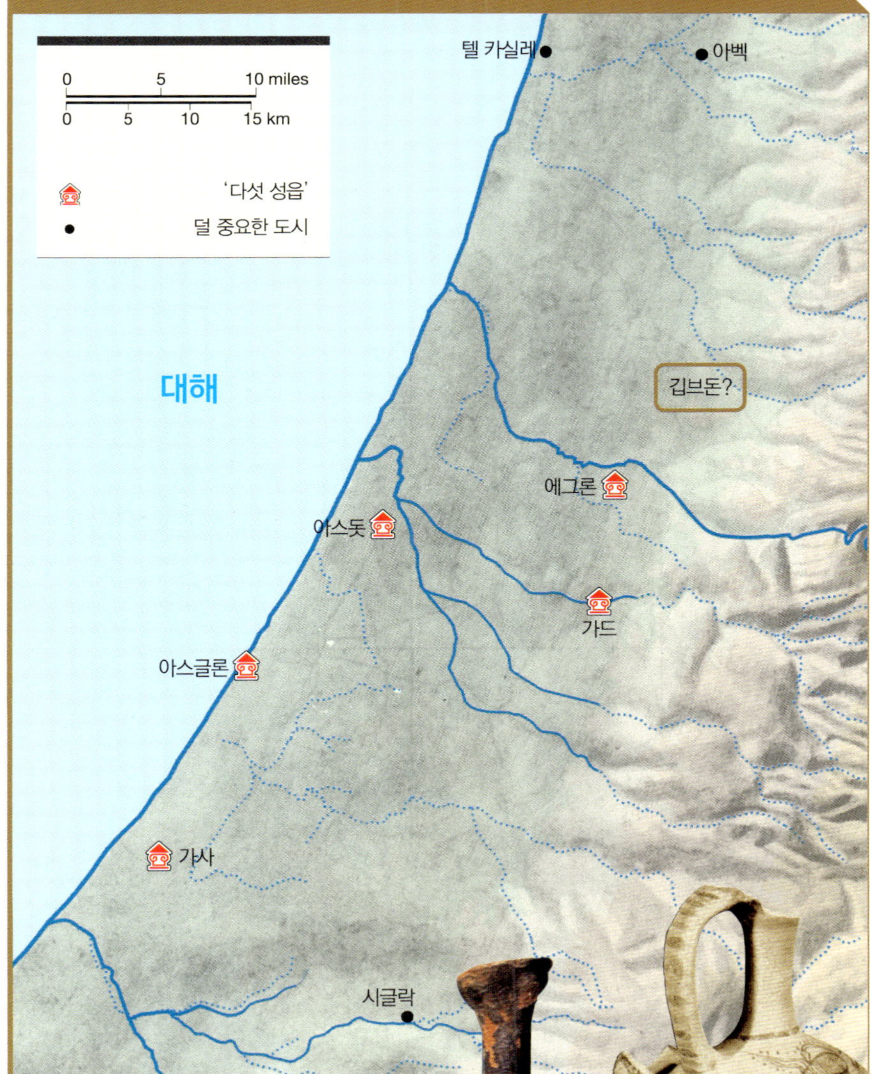

▶ **레반트 남부 지역에서 출토된 신상과 도기** _ 철기 시대 I은 블레셋이 남부의 해안 평야지대에 사는 외국인들이었다는 사실을 확실하게 보여준다. 그들은 다른 도기 제작, 건축술, 정착 유형을 포함한 에게 해 전통 문화를 가져왔다. 블레셋은 가사, 아스글론, 아스돗, 에그론, 가드 등 이 다섯 성읍에 거주했지만 때로 멀리 동쪽, 남쪽, 북쪽까지 작은 마을들을 세웠다. 블레셋 도시들은 아스돗과 에그론에서 보여주는 것처럼 강력하게 요새화했다. 블레셋의 가장 특징적인 공공 건물은 신전이다. 텔 카실레(Qasile)에서 발견된 신전은 가나안의 지역적인 요소들을 보여주고 있지만, 신전 중에는 블레셋 고유의 특징이 나타나기도 한다. 키프로스와 에게 해에서 흔히 나타나는 것처럼, 화덕이 홀의 중앙에 놓여 있다는 점이 그것이다. 블레셋에 관한 다른 이국적인 요소로는 아스돗과 에그론에서 발견된 앉아 있는 여신(왼쪽 사진), '아쉬도다(Ashdoda)'라고 부르는 종교다. 도기는 블레셋 물질문화의 다양한 특징을 보여준다. 도기를 식별할 수 있는 여러 단계가 있지만 가장 특징적인 모습은 채색이 되어 있으며 종 모양 같은 특정한 형태를 띠고 있다는 점이다. 블레셋에 들어온 도기는 지역적으로 제작된 미케네 IIIC1b 도기 양식으로 특징지어지며, 이 형태는 블레셋 이색(二色) 도기로 발전했다(오른쪽 사진). 도기는 손으로 만들었고 연한 담황색 위에 적색 또는 검은색으로 그린 물 소용돌이, 새, 물고기를 그려 장식한 것이 일반적이다. 도기는 이집트와 가나안의 영향으로 점차 통합되어 일부는 개성을 잃어버리기도 했다. 블레셋 도기류가 지방의 도기도 포함하고 있다는 사실은 중요하다.

라고 불린 사람들과 분명 같아 보인다.《아멘오페의 지명록 Onomasticon of Amenope》을 제외한다면 블레셋 사람들은 이 시대 이전이나 이후의 이집트 문헌에는 언급되지 않는다. 갈멜 산 근처에 있는 해안 도시 돌은 또 다른 람세스의 대적인 시켈인Sicels 들이 차지했다.

요단 서편 산지와 요단 동편 주전 13세기 말과 12세기 초, 레반트 남부의 산지 지역에는 새로운 현상이 나타났다. 취락지 같은 소규모의 야영지들이 굉장히 많이 세워졌다는 것이다. 이 야영지들은 상부 갈릴리의 고지대들, 하부 갈릴리, 므낫세와 에브라임 산지, 유다 산지, 성서에 나오는 네게브 지역 일대에 나타났다. 유다의 세펠라와 벧산 골짜기 같은 인근 지역에도 추가 탐사가 이루어졌다. 요단 계곡의 동편에 대한 조사는 이 시대를 전체적으로 설명해주는 데 도움이 된다.

초기 철기 시대 유적지[3]

에브라임 산지의 탐사 분석은 전형적인 역사적 사례로서, 전체 과정을 설명하는 데 필요한 기초적인 틀을 제공해준다. 가장 초기의 유적지들은 분명 광야 지대의 가장자리인 분수령의 동쪽 측면, 즉 요단 계곡으로 내려가는 산등성이에 자리잡고 있었음이 분명하다. 거주자들은 건기에는 농사를 짓기 위해 인근 들판 일부를 사용하고, 가축의 목초지로 인근 광야 지대를 활용하는 계절 유목업을 시작했을 가능성이 있다. 인구가 늘어나면서 정착지들이 분수령의 서쪽에도 개발되었고, 이들 중 일부는 이어지는 철기 시대의 주요 텔들로 발전했다. 분수령에서 서쪽 방향으로 이주하는 과정에서 정착민들은 거칠고 암석이 많은 산지와 경사면들을 계단식으로 개발해 경작하기 더 좋은 땅으로 만들었다.

이 시대에 해당하는 새로운 도시들의 일부는 샤론 평야와 이스르엘 평원 같은 저지대의 평야 지대에도 세워졌다. 고고학적인 사실들은 점점 더 분명해지고 있다. 이 시대에 속한 정착지의 물질문화는 주전 13세기의 후기 청동기 시대 문화를 보여주는 큰 도시들과 어느 정도 비슷하다. 그러나 도기 같은 경우를 보면 차이점은 유사점보다 훨씬 뚜렷하다. 역사 지리적 관점에서 볼 때 이들의 사회 인종적 요소를 확인하다 보면 그리스 본토의 도리아인 및 시리아와 메소포타미아에 살던 아람 유목민들의 새로운 사회 인종적 요소들을 확인할 때와 같은 문제에 봉착하게 된다. 이들이 누구인가 하는 문제는 메르넵타 석비[1]에 나오는 샤수Shâsu와 '이스라엘'처럼 이집트 문헌이 이야기하고 있는 것을 제외한다면 오직 성서 전승들만 사용 가능하다. 성서의 전승은 이제 민족 서사시와 후대의 저자들이 편집하고 배열한 자료들로 구성되어 있다. 그러나 도리아인/헤라클레이인의 후대 전승은 기본적인 주전 12세기의 현실을 반영하고 있다. 이것의 문학적인 특성에 대해서는 아래에서 논의하도록 하겠다.

이 시대의 고고학 유적지들과 그 발전을 둘러싼 전체적인 논쟁은 이스라엘의 기원 문제와 관련되어 있다. 성서의 전승은 이스라엘의 조상들이 유목민들이요 족장이었고(창 46:34; 47:3-4[2]), 한결같이 후대의 지파들(민 20:19; 32:1)이라고 말한다. 그러나 현대 학자들은 성서 전승의 타당성을 인정하지 않으려는 경향이 있다. 후기 청동기 비문 자료에 근거한 역사적인 혹은 역사에 가까운 언어학적 논쟁은 다른 곳에서 다루어져왔다. 그러나 요단 동편에서 서편으로 유목 이주민들이 도착했다는 설명과는 다른 견해가 이 분야에서는 더 지배적이다. 고고학자들은 야영지에 정착한 새 거주자들을 다른 인종이라고 따로 구별하지 않았다. 그들은 아마도 생존 전략을 정착 생활에서 유목 생활로 전환한 가나안 사람들이었을 것이다. 지중해 동부 세계의 다른 지역들에 관한 논의의 상당 부분 역시 이와 같은 생각에 기초하고 있다.

에브라임 산지의 유적지들 중 성서의 아이에 해당하는 에트 텔과 키르벳 랏다나에서 발굴한 유물들을 분석해본 결과, 그곳의 거주민들은 서쪽 해안 지역에서 산지로 이주한 '히위 족'이라는 결론을 이끌어냈다. 몇 년 후, 이전과는 다른 주장이 제기되었는데, 그것은 이 두 지역과 다른 철기 시대 I기 유적지들의 거주민들이 남쪽과 동쪽이 아닌, 북쪽과 서쪽에서 이주한 것이 틀림없다는 주장이었다. 달리 말하면, 후기 청동기 시대 말엽 발생한 수많은 산지 유적지들의 물질문화는 정착민들이 해안 지역이나 저지대에 그 뿌리를 두고 있다는 사실을 가리키고 있음에 틀림없다.

1 메르넵타 석비
람세스 2세의 아들인 메르넵타를 기리는 비석으로, 카이로 박물관에 보관되어 있다. 이 석비는 고대 이집트의 타민족에 대한 전승비로, 주 내용은 서쪽의 외적 리비아에 대한 메르넵타의 승리를 기리는 것이고, 뒷부분에는 동쪽 민족도 정복했다는 기록이 있는데, 여기에 이스라엘 민족도 언급되었다.

2 "바로가 요셉의 형들에게 묻되 너희 생업이 무엇이냐. 그들이 바로에게 대답하되 종들은 목자이온데 우리와 선조가 다 그러하니이다 하고"(창 47:3).

3 최근 조사는 특별히 산지에 세워진 수십 곳의 작은 유적지들을 밝혀냈다. 여기서는 히브리어 지명과 아랍어 지명을 모두 사용했다.

이 시기의 산지에 소규모 촌락들이 놀라울 정도로 증가했다는 것은 누구나 인정하는 사실이다. 또한 당시 가나안 인구는 대폭 감소되어 새로운 철기 시대 I기의 유적지들을 채우기에는 충분하지 않았다는 사실도 인정되고 있다.

후기 청동기 시대와 그에 앞선 중기 청동기 시대 동안, 정착 생활을 하는 농업 인구와 광야 지대에 살았던 유목민들은 항상 공생 관계였음을 유의해야 한다.

오늘날 요단 동편과 요단 계곡의 동편 지역은 에브라임 산지사마리아 산지 고원에 소규모 촌락들을 세운 새로운 이주민들을 밝혀줄 가장 중요한 근거지가 된다는 사실을 간과해서는 안 된다. 이 지역의 도기와 다른 유물들은 후기 청동기 물질문화와 어느 정도 연속성을 보인다는 추론은 억지가 아니다. 요단 동편에 있는 후기 청동기 물질문화에 대한 최근의 탐사는 이 지역이 후기 청동기 물질문화가 얼마나 광범위하게 퍼져 있는지 보여준다. 오늘날 텔 엘 우메이리 발굴 작업은 후기 청동기 시대와 주전 12세기로 넘어가는 시기 동안 요단 동편 지역에 후기 청동기 시대의 물질문화가 번성하고 있었다는 주장에 한층 힘을 실어주고 있다. 그곳에서 발굴된 기둥이 있는 가옥에는 목깃이 달린 저장 항아리[4] 다수가 발견되었다.

그러나 요단 계곡에 대한 인종학적인 탐사 결과에 힘입어 한 걸음 더 나아가 보면, 19세기 베두인들 가운데 이루어진 발전과 후기 청동기와 철기 시대 I기에 속한 텔 데이르 알라 지역 발굴 및 탐사 결과는 상호 관계가 있다고 말할 수 있다. 미흐다위 족의 사례가 가장 도움이 된다. 이 부족은 좀 더 강한 부족들에게 압박을 받자 요단 계곡으로 이주할 수밖에 없었고, 다시 더 큰 압박을 받은 후 결국 요단 서편 산지로 옮겨야 했다. 지금까지 학자들이 고려하지 않은 다른 요인으로는, 고대 히브리어와 모압의 동편 방언들과 남부 고대 아람어 사이에 언어학적 유사성이 있다는 것이다. 히브리어는 사실 해안 지역의 가나안어로부터 발전한 것이 아니다. 히브리어는 요단 동편과 관련이 있는 것이지, 페니키아와 연관이 있는 것이 아니다. 초기 이스라엘인의 언어와 종교는 분명 요단 동편에 기원을 두고 있으며, 유목민들은 주전 12세기에 요단 서편으로 이주했다.

이스라엘의 기원

지중해 동부의 민족 집단과 마찬가지로 고대 이스라엘 사람은 민족의 선조였던 인물들, 시조들의 이름, 조상들에 대한 전승을 간직하고 있다. 자신의 기원에 대한 이스라엘의 개념은 다양한 성서 본문에 구체적으로 표현되어 있다. 이 가운데 많은 본문들이 현재의 형식에서 확인할 수 있듯 상당한 문학적 장점을 가지고 있다. 최종적으로 남겨진 이 전승 형식은 강한 신학적·민족 중심적인 관점을 공유한 지식인들이 "우리는 누구인가? 그리고 우리는 어떻게 이곳에 이르게 되었는가?"와 같은 근본적인 질문들에 대해 설명하려 한 시기에 이루어진 것이다. 그 내러티브들은 '민족 서사시'라 부를 수 있는 범주로 모아졌다. 민족 전체 그리고 각 지파 단위의 조상들이 된 남성과 여성들은 인간 본성의 약점을 가진 보통 사람들이자 영웅적인 면모를 가진 인물들로 그려졌다. 이 내러티브들과 구전·문헌 역사의 기원은 수세대를 거쳐 학자들의 관심의 대상이 되어 온 복잡한 주제이다. 전승의 본질적인 특징은 그것의 지리적인 개관과 내용에 있다. 이스라엘 조상에 대한 내러티브들의 이 측면을 연구하는 것은 이스라엘 저자들이 자기 백성의 시간적·공간적 위치에 대해 어떤 관점을 가지고 있었는지 이해할 수 있게 해준다.

▲ 티그리스 강을 만나기 직전의 유프라테스 강

메소포타미아의 기원과 이집트 포로 이스라엘 백성들이 아시아와 아프리카 대륙의 거대한 가교 역할을 하는 땅에 자리하고 있다는 인식은 그들 조상의 역사에서 기본적인 것이다. 정복 내러티브에서 영웅적인 인물의 '신명기사가적' 연설이 이러한 인식을 표현하고 있는데, 이는 여호수아 24장 2-4절에 잘 나타나 있다.

> 여호수아가 모든 백성에게 이르되 이스라엘의 하나님 여호와께서 이같이 말씀하시기를 옛적에 너희의 조상들 곧 아브라함의 아버지, 나홀의 아버지 데라가 강 저쪽에 거주하여 다른 신들을 섬겼으나 내가 너희의 조상 아브라함을 강 저쪽에서 이끌어내어 가나안 온 땅에 두루 행하게 하고 그의 씨를 번성하게 하려고 그에게 이삭을 주었으며 이삭에게는 야곱과 에서를 주었고 에서에게는 세일 산을 소유로 주었으나 야곱과 그의 자손들은 애굽으로 내려갔으므로.

여호수아가 전하는 이야기는 메소포타미아를 가리키는 '강 저쪽'에서부터 시작된다. '강 저쪽'이 유프라테스 강의 동쪽 지역을 가리키는 것은 이 본문이 유일한 사례이다. 후대에 이르러 '강 저쪽'은 메소포타미아 쪽에서 보았을 때 레반트 지역 일대를 일컫는 행정 용어로 사용되었다. 이스라엘 조상들은 야훼가 그들을 불러내 가나안에 올 때까지는 다른 신들을 섬긴 것으로 묘사되어 있다. 창세기는 이를 더 자세하게 설명하고 있다(참고. 창 11:27-32).

홍수 이후 시대에 속한 조상들의 정점에 있는 데라는 상대적으로 '적당한' 205년을 살았다고 한다. 데라는 메소포타미아 남부 지역, 즉 '갈대아 우르'에서 온 사람이었다. '갈대아'라는 별칭은 당시 사람들, 곧 후대의 이스라엘인 또는 페르시아 시대에 살던 독자들로 하여금 그가 어디에 뿌리를 둔 사람인지 이해하도록 돕기 위해 붙여진 것이다. 갈대아인들은 주전 10세기 이전 어느 시점에 두 강을 끼고 있는 땅으로 들어갔을 수 있다. 그러나 갈대인을 언급한 가장 초기의 문헌은 주전 9세기, 즉 주전 878년의 아슈르나시르팔 2세[5]의 비문이다. 어쨌든 갈대아인들은 청동기 시대에는 메소포타미아 남부 지방에 존재하지 않았었다.

4_목깃이 달린 저장 항아리(Collared rim jar)
도기에 관한 전문용어로, 도기의 목(입구)이 다른 지역이나 시대에 비해 길고 목에 테두리를 둘러서 깃과 같은 모양을 하고 있다. 이 항아리는 기둥이 있는 집과 함께 이스라엘에서 만들어진 것이라 할 수 있는 유물 중 하나이다. 5장 106쪽에 있는 사진을 참조하라.

5_아슈르나시르팔 2세(Ashurnasirpal II)
앗수르의 왕으로 주전 883-859년까지 재위했다. 시리아 팔레스타인 지역을 평정했다.

아브라함의 전통적인 이동 경로

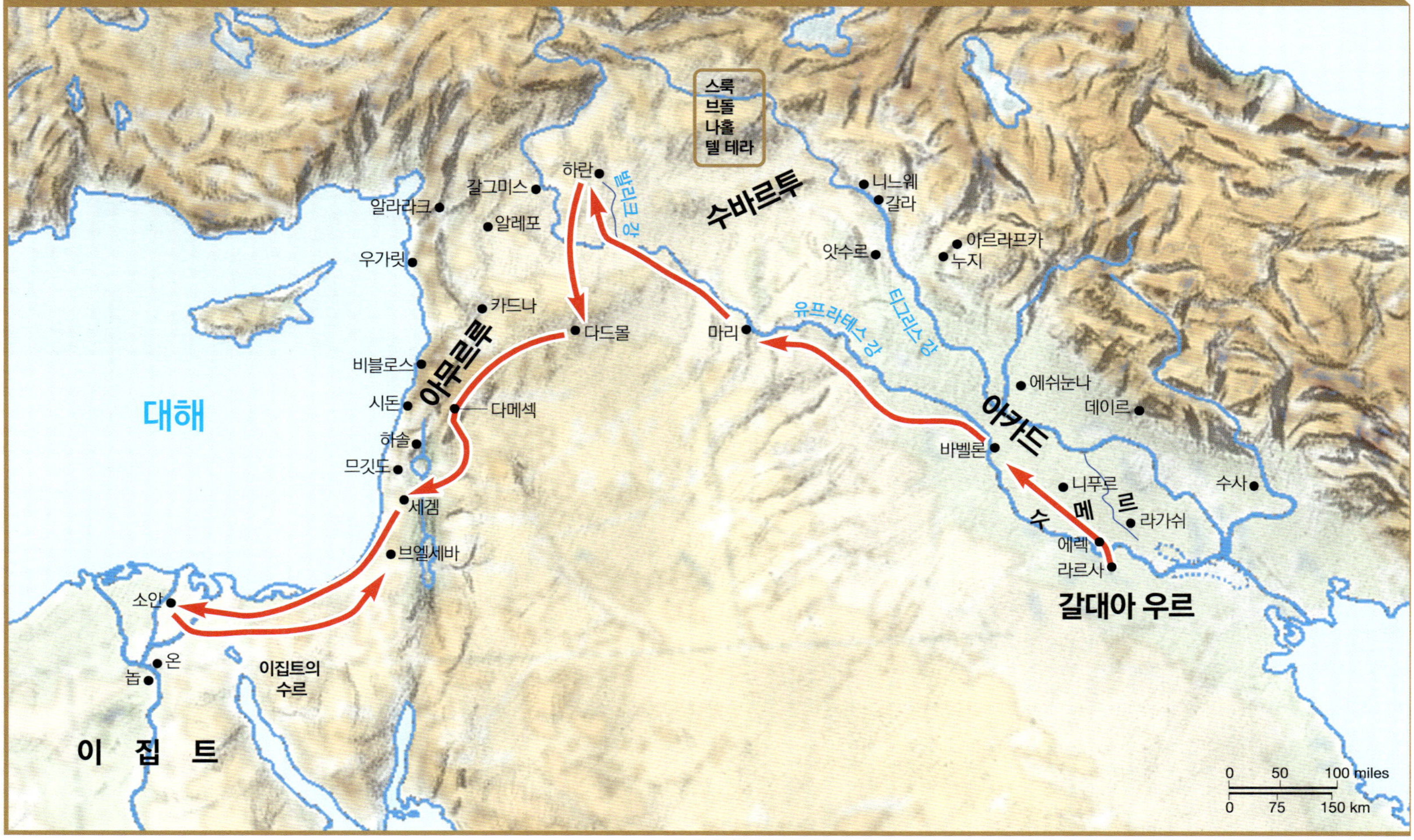

조상들의 두 번째 정착지는 하란이었다. 아카드어로 '길' 또는 '대상'을 의미하듯이 하란은 메소포타미아 북부에 자리한 큰 교차로가 있는 도시였다. 데라의 아들 하란을 도시 지명인 하란과 연결시킬 생각은 아예 그만두어야 한다. 그렇지만 주요 이름들 중 일부, 예를 들어 나홀은 중기 청동기 시대의 마리 서신에 지명으로 등장하기도 한다. 우르와 하란의 공통점은 달의 신인 신Sin을 숭배하는 곳이라는 사실이다. 달의 신 숭배는 하란에 있는 신Sin의 신전을 실질적으로 지원했던 나부 나이드 나보니두스[1] 통치 시기인 주전 6세기 중엽에 크게 번성했다.

족장들이 밧단 아람 땅에서 리브가(창 25:20)와 레아 및 라헬 등을 여족장(본부인)으로 맞이하고, 빌하와 실바(창 28:2)를 두 번째 아내로 맞이하였으며, 또 그곳에서 아람 사람들, 곧 라반 및 그의 친족 집단과 더불어 친족 관계를 맺은 후대의 이야기들은, 이스라엘 백성들이 스스로 아람 사람들과 관계가 있음을 의식하고 있다는 것을 분명하게 보여준다(참고. 신 26:5[2]). 아람 부족 출신의 여족장들은 나중에 '헷 사람Hittites'으로 불리는데(겔 16:3, 45), 이는 앗수르아시리아인과 바빌로니아인들이 '하티Hatti의 땅'이라 부르던 신히타이트 요소에 대한 후대의 용어를 사용한 것으로 보인다. 이들 '헷 사람'은 에스겔의 시대에는 완전히 아람인들이었다.

쐐기문자로 쓰인 비문에 비추어 볼 때 아람인들은 주전 12세기 말엽이나 11세기 초엽, 곧 디글랏 빌레셀 1세 때의 비문에만 등장한다. 아람 부족과 마리 시대의 아무르루인[3] 사이에서 모종의 상관관계를 찾으려는 시도는 정당하지 않다. 그러므로 정교하게 다듬어진 족보를 가진 성서 전승조차도 이스라엘 지파들의 기원을, 주전 11세기 초 역사의 무대에 나타난 유프라테스 상부와 중부 지역에 출현한 유목 부족들과 연결시키고 있다. 아람인들과 인척 관계임을 강조하는 것은 이스라엘 지파들이 레반트 남부의 원주민인 가나안과 관련이 없다는 인식과 같은 맥락이다.

1_ **나부 나이드(Nabu-naid)**
주전 556–539년까지 바벨론을 다스렸던 왕

2_ "너는 또 네 하나님 여호와 앞에 아뢰기를 내 조상은 방랑하는 아람 사람으로서 애굽에 내려가 거기에서 소수로 거류하였더니 거기에서 크고 강하고 번성한 민족이 되었는데"(신 26:5).

3_ **아무르루인(Amurrites)**
아카드어 아무르루와 성서의 아모리의 동일 여부는 여전히 논쟁 중이다. 대체로 고대 메소포타미아인들이 지중해 해변 쪽, 서쪽에 사는 사람들을 가리켜 이렇게 불렀는데, 워낙 이 인종의 범위가 다양하여 그 정체가 불분명하다. 아마도 성서에 언급된 아모리인들은 크게는 아무르인들의 한 갈래라고 보는 것이 무방하다.

가나안 땅 이스라엘이 가나안 땅, 즉 레반트 남부와 관계가 있는 것은 신의 섭리 아래 이루어진 집단 이주의 결과인 것으로 간주된다(참고. 창 12:1–5).

중앙 산지와 남부의 광야 지대 _ 야곱의 밧단 아람 체류와 요셉 이야기를 제외한다면, 다음에 이어지는 이야기들은 주로 가나안 땅이라는 지리적인 틀 안에서 일어난다. 족장들의 여정에 언급되는 주요 장소들은 분수령 길을 따라 이어져 있는 중앙 산지에 위치하고 있다. 후에 이 중앙 산지는 에브라임 산지와 유다 산지로 불리게 되었다. 오래 전부터 학자들은 주장하기를, 제단과 희생 제사, 그리고 때때로 이루어지는 신의 출현 등에 대한 빈번한 논의는 각 지역에서 사용되던 성소들의 지역 제의 전승들에 근거를 두어야 한다고 했다. 이 동일한 장소들은 일반적으로 왕정 기간 동안 사용된 제의 장소들로 알려져 있다.

아브람이 그 땅을 지나 세겜 '땅' 모레 상수리나무에 이르니 그때에

가나안 땅의 아브라함과 이삭

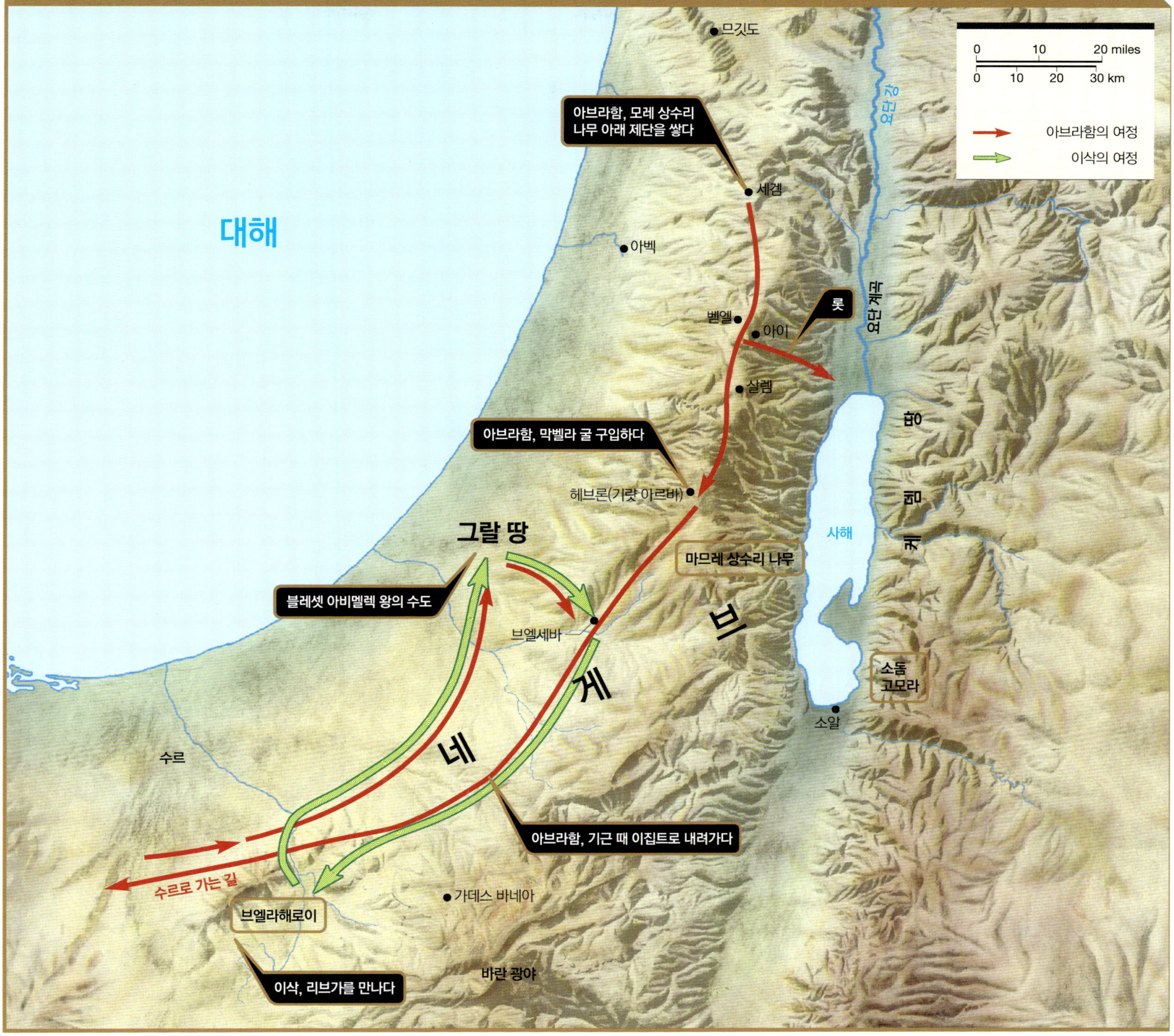

가나안 사람이 그 땅에 거주하였더라. 여호와께서 아브람에게 나타나 이르시되 내가 이 땅을 네 자손에게 주리라 하신지라. 자기에게 나타나신 여호와께 그가 그곳에서 제단을 쌓고(창 12:6-7).

본문에 나오는 '땅'[4]은 분명히 거룩한 장소를 뜻한다. 상수리나무는 아마도 그곳에서 행해지던 제의의 중심 성상聖像인 거룩한 나무였을 것이다. 거룩한 장소를 뜻하는 '땅'이라는 이름의 기원은 분명히 족장 아브람에게 허락된 신의 출현과 관계된 일에서 유래했다. 그 이름은 분명 어떤 원인으로 말미암은 결과일 텐데, 족장 아브람에게 허락된 신의 출현과 관계된 것이다.

창세기 12장 8절에 벧엘에 대한 언급이 처음 나온다. 후에 벧엘은 이스라엘 북왕국의 남쪽 경계에 있는 제의 장소로 유명해진다. 이스라엘 조상에 대한 내러티브는 이 성읍과 관련해 몇 가지 중요한 언급을 하면서, 민족 창건 서사시와 확고하게 연결 짓는다. 아브람은 이집트 체류 이후, 자신이 첫 제단을 쌓고 신현神現을 경험했던 장소로 되돌아온다(창 13:1-4). 벧엘의 지리적 위치를 베이틴 성읍과 동일한 곳으로 보는 데는 아무 문제가 없다.

브엘세바를 중심으로 한 남부 지대를 가로지르는 광야 지대 네게브 역시 민족 조상들의 경험에서 중요한 장소이다(참고. 창 12:9). 그러나 아브람의 중요한 경험은 그곳에서 나중에야 이루어진다. 그것은 그랄과 관련된 경험이다. 그 사이에 아

4_세겜 '땅'
세겜 땅은 히브리어로 므콤 세켐, 즉 문자적으로는 '세겜의 장소'라는 뜻이다. 여기서 세겜 땅은 도시 전체를 의미하는 것이 아니라 모레 상수리나무가 포함된 한정된 장소를 뜻한다.

브람이 이집트로 내려간 일은 다른 인물들이 삼각주 지대로 이주한 사건과 평행을 이룬다. 이 모든 사건들은 공교롭게도, 기근과 가뭄을 피해 피난처를 찾아 움직이던 사수(참고. 3장)의 이야기를 다룬 제19왕조의 자료와 잘 맞아떨어진다. '아내-누이'라는 대중적인 주제와 여족장의 미모 때문에 초래된 위기에 대해서는 창세기의 세 번째 이야기, 즉 그랄에서의 이삭과 리브가에 관한 이야기에서 좀 더 상세하게 다루고자 한다(창 26장).

조상 이야기에 포함된 또 다른 근거지는 '요단 계곡'이다. 이곳은 분명 '지구대'의 동쪽에 있다. 사실 이곳은 가나안 땅에 속하지는 않는다(창 13:10-12). 창세기 19장에 나오는 '대재앙'뿐만 아니라 14장의 침략 이야기의 배경이 되는 곳도 바로 이곳이다.

마침내 남부 산지에 있는 헤브론은 여족장인 사래/사라를 비롯해 시조始祖 가문에 속한 다른 구성원의 매장지가 되었다. 여기서 다시, 제단은 장소와 연관된다(참고. 창 13:18).

여기서 전승은 조상의 가문에 적절한 호칭, '히브리 사람 아브람'을 소개한다. 이 용어는 족보에 나오는 인물의 이름인 에벨에서 유래한 것이다(창 10:21, 24-25; 11:16-17 외 다수). 따라서 후에 이스라엘이 된 민족 집단은 '에벨의 자손'의 후손이요 노아의 아들 셈의 혈통인 셈이다. 히브리 사람 아브람은 헤브론 지역에 있는 세 명의 아모리 족 시조들, 곧 '마므레, 에스골, 아넬'(창 14:13)과 나란히 언급된다. 아브람은 가나안인도, 아모리인도 아니다. '이브리'=히브리가 도처에 나타나는 후기 청동기 시대의 용어 '아피루'와 하등의 관계가 없다는 것은 위에서 논의한 바 있다.

'평지 성읍들'의 다섯 왕을 공격하기 위해 모인 네 왕에 관해 언급하는 창세기 14장의 이야기는 성서가 보존하고 있는 가장 오래된 전쟁 전승이다. 본문은 대부분 성읍들의 두 가지 이름을 예시한 이스라엘 이전 시대의 지리적 자료들을 가지고 있다. 예를 들어 '벨라, 곧 소알' 같은 식으로 표기한 것이다. 이것은 오래된 전승을 존중하는 것일 뿐 아니라 독자들로 하여금 자신의 위치를 지리적으로 파악할 수 있게 하려는 의도도 담고 있다. 그러므로 오래된 이름들이 당시의 이스라엘 사람들의 이름으로 새롭게 바뀐 것이다. 본문에 나오는 왕 중 역사적인 인물로 확인되는 인물은 아무도 없다. 아므라벨은 결코 바빌로니아의 아무르루 족 왕인 암무라피함무라비와 동일한 인물일 수 없다. 그돌라오멜은 엘람 사람인 것처럼 들리지만 이미 알려진 엘람어 이름들 중에는 이와 정확하게 동일한 이름이 없다. 티달은 우리가 알고 있는 히타이트 족속 왕들의 이름, 곧 전통적으로 투드칼리야라고 쓰인 알파벳 철자와 잘 맞아떨어진다. 지명 중 두 곳, 즉 시날과 엘람은 잘 알려져 있는 곳이다. 원래 상하르인 시날은 메소포타미아 남부에 위치하며, 이 땅은 수메르인들의 고향인 수메르로 알려진 곳이기도 하다. 엘람은 이란 서부에 위치한 티그리스 계곡 하부의 동쪽 산지에 있는 이스라엘 민족의 고향이다. 엘라살은 어느 곳을 가리키는지 알려진 바가 없으며, 에블라 토판은 물론이거니와 소돔과 고모라와 다른 성읍들은 고대 중동 문헌에 나오지 않는다.

▼ 족장들의 매장지가 있는 헤브론

네 왕들이 요단 동편 고원 지대의 분수령을 따라 침입했다는 사실은 주목할 만한 가치가 있다. 북쪽에서 남쪽으로 침입한 이 전쟁은 토착민들을 대상으로 한 전쟁이었는데, 이 토착민들 대부분은 이스라엘 민족이 전혀 알지 못했던 민족들이다(창 14:5-7).

르바르바임 족은 바산 지역에 살던 초기 거주민들로 여겨지며, 이들은 다수의 거인 전사들이었거나 그러한 사람들을 포함했던 것으로 보인다. 이들의 도시는 현대의 텔 아쉬타라인 아스다롯이었다. 아스다롯은 철기 시대에는 가르나임셰이크 사드의 이름에 가려진 것 같다. 따라서 이야기를 편집한 사람은 독자를 위해 최신 지명을 선택했다. 함(현대의 함)의 수스 족속[1]에 대해서는 알려진 바가 없다. 에밈엠 족은 모압 족의 땅에 살던 원주민들이었다. 후에 모압 족은 에밈 족을 몰아냈다. 그들은 아낙 사람들처럼 거인족이었던 것으로 알려져 있지만, 실제로는 르바 족과 동일한 민족으로 간주되었다(신 2:10-11[2]). 호리 족은 세일 산의 토착민들이었으나, 후에 에서의 후손이 이 세일 산을 차지하였다. 호리 족은 메소포타미아 북부나 시리아에 살았던 후르인들과 관련이 있다고 보기 어렵다. 이름이 유사한 것은 엄밀히 말해서 우연의 일치일 뿐이다.

아스다롯 가르나임, 사웨 기랴다임, 엔 미스밧=가데스(바네아), 벨라=소알은 당시로서는 모두 최신 지명들이었다. 이 지명들은 본문에 기록되어 있는 이야기가 매우 오래되었다는 것을 입증한다. 그러므로 편집자/교정자는 동시대 사람들이 원정의 지리적인 배경을 이해할 수 있도록 분명하게 설명할 필요가 있었다. 그러나 이 새로운 지명들은 당시에 알려진 고대 근동 자료들과 연결시킬 만한 것들이 거의 없어서, 멜기세덱과 마찬가지로 사람들의 기억에서 잊혀졌다. 이것은 요단 동편 지역에 뿌리를 둔 전승이지만, 모압과 암몬의 시조로서 요단 계곡에 살고 있던 롯과 헤브론 산지에 살았던 아브람을 연결시킴으로써 조상들의 역사와 연결되기에 이르렀다. 신비로운 인물인 살렘 왕 멜기세덱은 가장 오래된 예루살렘과의 연관성을 확증하는 자로 소개되고 있다(시 110:4).

브엘세바 근처의 남부 광야 지대 네게브에서 추가로 체류한 아브라함의 이야기는 창세기 20장에 자세히 나온다. 20장의 첫 구절에는 약간의 지리적인 설명이 필요하다(참고. 창 20:1[3]).

여기 쓰인 동사의 형태를 보면 일련의 이동 과정을 짐작할 수 있다. 우

1_수스 족속
암몬 사람들이 살던 땅에 살았던 원주민들. 개역개정역에는 '삼숨밈'으로 나온다. 그들도 아낙 자손처럼 키가 커서 르바임으로도 불렸는데 암몬인들은 삼숨밈이라고 불렀다.

2_"이전에는 에밈 사람이 거기 거주하였는데 아낙 족속같이 강하고 많고 키가 크므로 그들을 아낙 족속과 같이 르바임이라 불렀으나 모압 사람은 그들을 에밈이라 불렀으며"(신 2:10-11).

3_"아브라함이 거기서 네게브 땅으로 옮겨가 가데스와 술 사이 그랄에 거류하며"(창 20:1).

4_에게 해 지역에 기원을 둔 블레셋은 가나안 땅에 주전 12세기경에 정착했다고 이집트 문헌에 나타나기 때문이다.

5_"아사와 그와 함께한 백성이 구스 사람들을 추격하여 그랄까지 이르매 이에 구스 사람들이 엎드러지고 살아 남은 자가 없었으니 이는 여호와 앞에서와 그의 군대 앞에서 패망하였음이라. 노략한 물건이 매우 많았더라. 여호와께서 그랄 사면 모든 성읍 백성을 두렵게 하시니 무리가 그의 모든 성읍을 치고 그 가운데에 있는 많은 물건을 노략하고"(대하 14:13-14).

6_메드바 지도
주후 6세기경 메드바 교회 바닥에 모자이크로 그려진 이스라엘 지도를 말한다.

7_살투스 그라리티쿠스(Saltus Gerariticus)
'생산을 하지 못하는 땅 그랄'

선 아브라함은 네게브로 알려진 남부 지역으로 이동하였다. 이어서 그는 가데스와 수르 광야 사이에 있는 시내 반도 내에서도 한층 멀리 떨어져 있는 곳, 즉 이집트 삼각주 지대(출 15:22)의 경계선상에 있는 시내 반도 서부로 옮겨갔음이 분명하다. 그 후 그는 그랄로 이동하였다. 그랄은 거의 살렘과 멜기세덱만큼이나 신비에 싸여 있다. 아브라함이 그랄에서 경험한 것은 그의 이집트 체류 기간 동안 일어난 통상적인 주제를 반복한다(창 12:10-20). 이 주제는 이삭의 삶 속에서 한층 더 중요한 의미를 지니고서 다시금 반복된다(창 26장).

이스라엘 조상이 예루살렘의 거룩한 산(대하 3:1)과 연관되어 있다는 것은 이삭을 희생 제물로 바치는 이야기에서 한 번 더 다루어진다(참고. 창 22:2).

그랄 _ 위에서 언급한 바와 같이, 아브람/아브라함과 사라가 그랄로 불리는 장소에 머문 이야기가 창세기에 등장한다. 이와 매우 비슷한 이야기가 이삭과 리브가의 이야기에서도 나타난다(창 26장). 이 두 이야기는 여족장의 뛰어난 미모로 인해 생겨난 위험과 이 여족장을 취하기 위해 누군가가 그녀의 남편을 살해하려는 위협의 내용이 담겨 있다. 그러나 이삭/리브가 이야기의 경우에는 다른 사회학적인 특징들이 포함되어 있다.

무엇보다도, 이 두 이야기에서 그랄의 거주민들은 블레셋 사람들로 나타난다. 따라서 두 이야기의 시대 배경은 주전 11세기보다 더 이전이 될 수 없음이 분명하다.[4] 주전 12세기 이전, 곧 중기 또는 후기 청동기 시대에 네게브 서쪽 지역에서 에게 해 민족의 출현을 찾으려는 것은 무의미한 일이다. 이상한 점은 그곳의 통치자가 아비멜렉이라는 셈 족 이름을 가지고 있다는 점이다. 이 이름은 후대에 가드 전승에서도 나온다(참고. 시 34편의 제목).

학자들은 그랄 도시의 후보지로 텔 감마텔 젬메를 주장하다가 텔 하로르텔 아부 후레이라로 견해를 수정하였다. 그랄은 성서 외에 어떤 자료에도 언급된 적이 없다. 그랄이 '족장 시대'에 네게브 서부 지역의 주요 도시였다는 주장을 받아들이기에는 어려운 점이 많다. 물론 그랄의 거주민들을 블레셋으로 여긴 것은 단순히 후대의 이야기꾼이나 편집자들의 시대착오적인 기술일 수 있다. 텔 엘 파라, 텔 젬메텔 감마, 텔 아부 후레이라텔 하로르, 텔 에쉬 샤리아텔 세라 같이 관심을 끄는 텔들이 네게브 서부 지역의 와디 경로들을 따라 세워졌지만 후기 청동기에도 가사는 네게브의 서부 끝 지역에 있는 가장 강력한 도시 중심지였다(참고. 창 10:19). 이후 그랄은 주전 9세기경에 일어난 일과 관련해서 역대하에 단 한 번 언급된 것이 전부이다(대하 14:13-14[5]). 그랄은 한 도시가 아니라 어느 지역 일대를 말하는 지명으로 보인다. 메드바 지도[6]에서도 하나의 도시가 아닌 살투스 그라리티쿠스[7]라는 지명으로 나온다. 그럼에도 불구하고 이삭이 한 성읍 안에 산 것으로 묘사되고 있는 것은 의심의 여지가 없다.

북쪽의 왕들

야곱과 그의 아들들

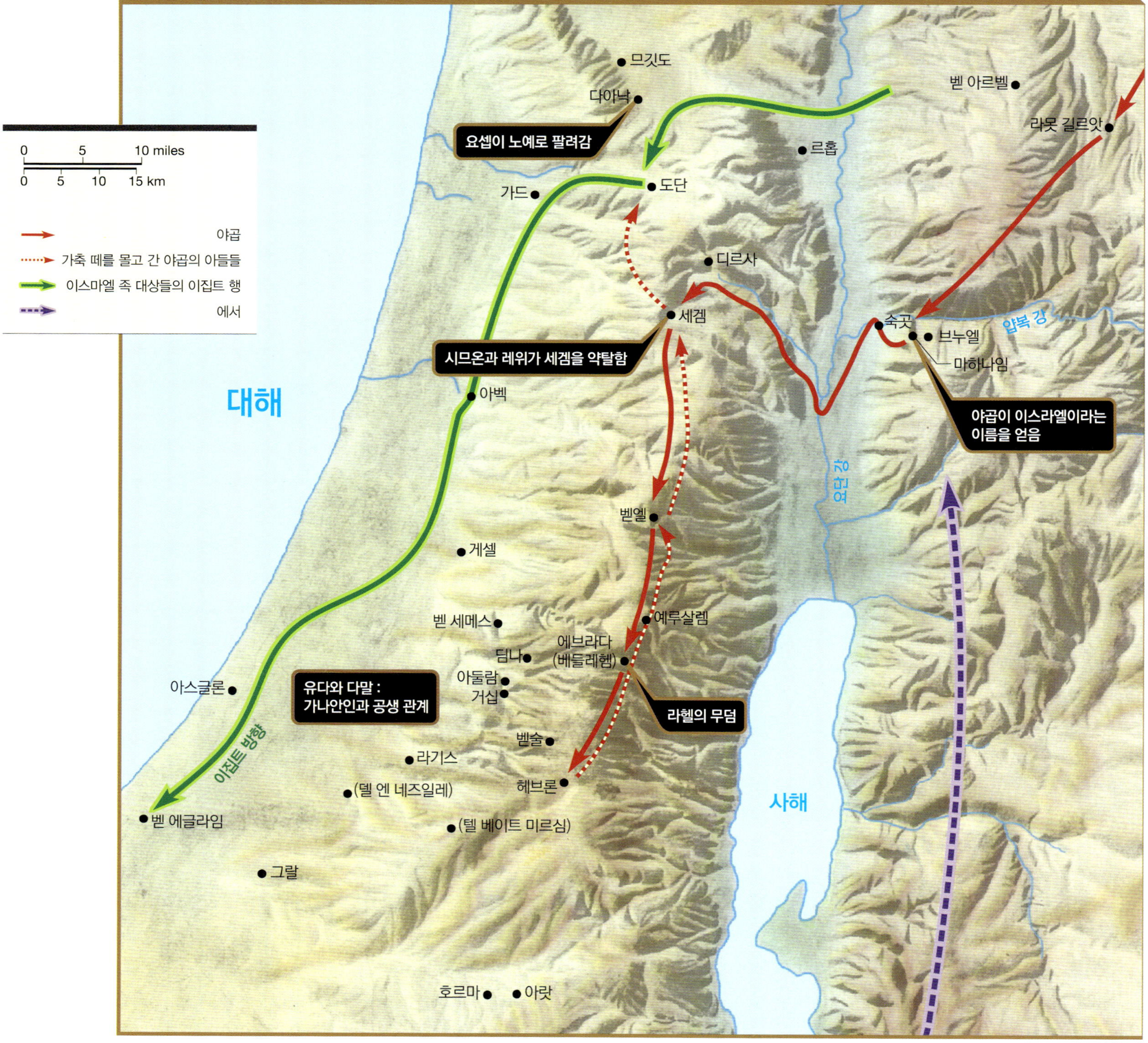

아비멜렉은 이삭과 리브가를 보았는데, 그들은 아마도 자신들의 집 지붕 위에 있었을 것이다(참고. 창 26:8). 더 중요한 것은 이삭이 그 지역에서 직접 농사를 지었다는 것이다(창 26:12).

다른 부분에서 창세기는 족장들이 제단을 세우거나 부동산을 취득했다고 말한다. 이런 언급들은 확실히 다양한 성소들과 제의 중심지들에 남아 있던 지역 전승들을 뒷받침해준다. 그런데 이삭이 밭이나 집을 샀다는 언급은 없다. 이것은 이삭이 부유한 체류자로서 그 지역의 농사 활동에 투자하도록 허락받았음을 의미한다. 그는 지역 농민들이 수확할 수 있도록 자금을 대주고, 이로써 많은 이득을 얻었을지 모른다. 그가 이 사업에 성공함으로써 그곳의 농민들에게 질투심을 불러일으켰고, 그로 인해 그랄에서 추방당하게 된 것이다.

이 두 이야기는 족장이삭과 그에게 속한 사람들이 그랄을 떠나 브엘세바로 돌아올 때까지 이동했음을 보여준다. 그들은 브엘세바에 정착하여 아비멜렉과 조약을 맺는다. 이것은 아비멜렉이 자신의 영토 주변에 히브리인들이 사는 것을 허용한 것처럼 보인다. 그러나 아비멜렉은 미래에 일어날지 모르는 충돌을 피하기 위해 이 거대한 유목 집단과 계약 관계를 세우고자 한 것이다. 이 두 이야기에서 브엘세바라는 이름은 맹세 의식과 관련이 있다. 조약을 체결할 때 쓰는 '맹세하다'라는 동사는 '일곱'이라는 숫자에서 파생되었다. '~에게 일곱 번' 한다는 뜻은 자신의 말을 맹세로 확증하는 행위이다. 이런 의미론적 발전 배후에 있는 관습에 대해서는 알려져 있지 않지만, 창세기 이야기는 일곱 번의 희생 제사나 일곱 개의 제단을 강조한다. 그러나 이 전승들에는 일곱 개의 우물에 대한 내용은 없다.

브엘세바 바로 남쪽에 있는 광야 지대는 북쪽에 있는 셰펠라처럼 에오세[1] 암석으로 이루어져 있으며, '브엘세바 광야'로 알려져 있다(창 21:14).

야곱과 그의 아들들 _ 아브람 이야기와는 달리 야곱이 밧단 아람에서 고향으로 돌아오는 내용은 매우 분명하게 그려지고 있다. 사실 야곱의 이야기는 아마도 전환기에 이루어지는 집단 이주의 전형을 보여주는 예일 것이다(창 31:20-23을 보라).

이 본문에서 드러나는 시간이 옳을 수도 있고 그렇지 않을 수도 있지만, 목적지와 방향만큼은 분명하다. 기원론적 이야기는 신성한 돌기둥과 원형 돌 제단에 대해 확실하게 이야기해준다(참고. 창 31:44-49).

또 다른 기원론적 이야기는 얍복 계곡에 있는 한 중요한 성읍인 마하나임의 이름을 설명해준다(참고. 창 32:1-2). 아마도 텔 에드 다합 엘 가르비와 동일한 지역으로 보이는 마하나임은 얍복 계곡에 있는 두 개의 큰 텔들 중 하나이다. 지명에 들어 있는 접미어 '아임-*aim*'은 쌍수 형태에 해당하는 것으로서, 야곱이 자신의 식솔들을 두 떼로 나눈 것을 암시하는 것으로 보인다(창 32:7). 레위 성읍으로 알려진 마하나임은 후기 왕정기에 요단 동편 지역의 행정 체계에서 중요한 역할을 수행하였다(예. 왕상 4:14; 또한 수 21:38; 대상 6:65).

이어지는 야곱의 이야기는 쌍둥이 성읍 브누엘의 이름에 대해 설명해준다(창 32:24-31을 보라). 브누엘은 새롭게 세워진 북왕국 이스라엘의 요단 동편 행정 중심지였다(왕상 12:25).

그 다음으로 설명이 이어지는 것은 얍복 강이 요단 계곡의 평야 지대로 흘러들어오는 지점에 있는 숙곳이다. 숙곳(창 33:17을 보라)의 가장 유력한 후보지는 텔 데이르 알라이다. 이곳이 고대 제의 장소였음을 알 수 있는 증거는 이곳에 후기 청동기에 속한 신전이 있었으며, 훨씬 후대에 지어진 구조물의 석고 벽에는 바알람과 관련된 예언의 성격을 갖는 서부 셈족어 비문이 있었다는 것이다. 숙곳의 초기 철기 시대 거주자들은 호전적인 특징을 가졌던 것으로 알려져 있다(삿 8:5-6). 통일 왕국 시대의 산업 활동에 대해 기록되어 있는 본문들도 있다(왕상 7:46; 대하 4:17[2]).

야곱과 그의 식솔들은 가나안 땅으로 들어가기 위해 요단 강을 건너 서쪽으로 향했다(창 33:18-20을 보라). 야곱이 땅을 구입하고 제단을 세우는 일은 고대 제의 전승을 분명하게 반영하고 있다. 세겜 지역의 정착 상황은 영구 정착민과 부족 유목민들 간에 이루어질 수 있는 공생 관계를 보여준다(창 34:9-10을 보라).

세겜의 중심지는 새로운 종족이 유입됨으로써 많은 이득을 보았다. 야곱의 가축 떼가 여전히 숙곳에 남아 있었다는 점으로 보아, 요단 동편 지역과의 유대 관계가 아직 깨지지 않았음을 알 수 있다. 따라서 그가 세겜과 교류한 것도 유목민들이 행하던 일반적인 행상으로 이득을 볼 수 있었기 때문이다. 이것은 19세기 요단 동편에서 나블러스(Nablus, 세겜의 현대 지명) 산지로 이동하던 베두인의 활동과 매우 비슷하다. 그러나 야곱의 아들들과 세겜 거주민들 사이에서 벌어진 폭력 사태는 관계가 중단되었을 때 일어난 것임을 암시한다(창 34:25-31, 또한 35:5).

야곱과 그의 아들들을 다루는 조상 이야기의 후반부의 배경은 거의 전적으로 중앙 산지에 국한되어 있다. 에서는 세일 산에 살고 있었으며, 이곳은 아라바 계곡의 동편 또는 서편에 위치한 곳이었다. 야곱과 그의 식솔들은 중앙 산지의 분수령 길을 따라 남쪽으로 이주했다. 그는 밧단 아람으로 체류하러 가기 전에 맨 처음 하나님을 만난 장소였던 벧엘로 돌아왔다. 야곱은 이곳에서 다시 하나님을 만나는 경험을 하고 돌기둥으로 제단을 쌓았다(창 35:6-14).

야곱의 다음 여정 구간은 후대에 에브라임 산지와 유다 산지라고 부르는 두 지역을 연결해주는 말안장 같은 지형의 지역이다. 중간 지대인 이 지역은 베냐민 지파의 기업으로 알려져 있으며, 라헬이 아들 베냐민을 낳은 곳이기도 하다(창 35:16-18). 마지막으로 야곱이 도달한 곳은 헤브론으로 알려진 기럇아르바의 마므레이다(창 35:27). 이 지역은 야곱과 그의 아들들의 주요 거주지였지만, 요셉 이야기는 그들이 방목 시기에 멀리 북쪽으로 도단 골짜기에 이르기까지 이주할 수도 있었다는 사실을 말해준다(창 37:14-17을 보라). 흥미로운 것은 오늘날까지 헤브론 북쪽 지역에 사는 주민들은 여름이 되면 추수 이후의 방목을 위해 가축을 몰고 도단 골짜기까지 이동한다는 사실이다!

요셉은 도단 골짜기에서 이곳을 지나가던 한 대상에게 팔렸다. 투트모세 3세의 기록에 따르면, 도단 골짜기는 이스르엘 골짜기에서 샤론 평야까지 가는 남쪽 길에 있다. 이 사실은 이 길이 후기 청동기 시대에 알려진 국제 무역 도로와 관련되어 있다는 증거와 잘 맞아떨어진다(창 37:25를 보라).

유다와 다말의 이야기는 양떼를 키우던 가나안 사람들과의 평화로운 공생 관계를 보여주는 또 하나의 증거이다. 이들의 이야기는, 셰펠라 지역을 유다 산지로부터 분리시키는 'U자형' 계곡과 엘라 골짜기가 연결되는 교차 지점 근처인 셰펠라 북부 지역에서 일어난 일이다(창 38장). 야곱은 아둘람 출신의 가나안 사람 히라와 교분을 맺었다(창 38:1). 아둘람은 현재 키르벳 에쉬 쉐이크 마드쿠르, 또는 호르밧 아둘람으로 알려져 있다. 그들은 양털을 깎는 시기에 딤나 주변에서 양떼를 기르며 살고 있었다(창 38:12). 이 이야기에 나오는 다른 지명들은 딤나가 엘라 골짜기 동쪽 산지에 있는 키르벳 에트 탑바네(히브리어 지명은 호르밧 티브나)라는 것을 분명히 보여준다. 딤나는 소렉 골짜기의 딤나일 리가 없다(수 15:10; 삿 14:1). 유다는 거십에 살았던 한 여자를 아내로 맞아들였는데(창 38:5), 거십은 다른 곳에서 그일라와 마레사 사이에 위치한 악십으로 나온다(수 15:44). 거십은 키르셋 텔 엘 베이다와 동일한 곳으로 추정되나 유감스럽게도 현재는 히브리어로 호르밧 라브닌으로 불린다. 따라서 거십 악십은 엘라 골짜기에서 약간 남쪽으로 내려간 곳에 위치하게 된다. 다말은 변장하여 창기인 척했다.

> 그가 그 과부의 의복을 벗고 너울로 얼굴을 가리고 몸을 휩싸고 딤나 길 곁 에나임 문에 앉으니(창 38:14).

에나임은 분명히 셰펠라 북부 지역에 있던 '에남'(수 15:34)과 동일한 곳이다. 에나임은 자노아 남쪽과 야르뭇 근처

▶ **파양스 도자기 병** _ 텔 데이르 알라(숙곳)에서 발견된 후기 청동기 시대에 속한 파양스(faience, 유약을 바른 채색 도자기) 도자기 병. 이집트 여왕 타웨스렛(Tawesret)의 이름이 새겨져 있다.

1 _ 에오세(Eocene)
약 5400만 년 전에 시작되어 약 1600만 년 동안 지속된 제3기 암석과 시대의 전 세계적인 주요 구분 단위를 말한다.

2 _ "왕이 요단 평지에서 숙곳과 스레다 사이의 진흙에 그것들을 부어 내었더라"(대하 4:17).

에 있음에 틀림없는데, 따라서 에나임은 야르뭇 근처의 U자형 계곡 안이나 근처에 있고, 추측컨대 아둘람에서 멀지 않은 곳에 있을 것이다. 즉 엘라 골짜기를 건너자마자 있거나, U자형 계곡에서부터 시작하는 엘라 시내의 서쪽 만곡부에 의해 형성된 분지 지역에 위치했을 것이다. 이 이야기는 세펠라 지역에서 몇몇 유다 친족의 위치를 설명하고 있다(창 46:12; 민 26:21-22). 이것은 또한 세펠라 지역에 사는 가나안 사람과 산지의 유목민들이 공생 관계였을 가능성을 말해준다. 유다와 다말 사건이 일어난 지역인 세펠라 북부 지역과 관련해서는 후대의 정복 전승이 없다는 사실은 중요하다.

일정한 의도를 지닌 신명기 역사와는 완전히 독립적이기에 진정성 있는 지파 전승을 대표하고 있는 또 다른 전승에 에브라임의 자손 이야기가 있다. 이것은 유다와 다말 이야기의 동전의 뒷면을 보여주는 것과 같다. 즉 산지의 유목민들과 그 아래 평지에 사는 민족들 간에 때때로 있었던 적대 관계를 보여주는 것이다(대상 7:20-24을 보라).

여기서 가드의 원주민들은 블레셋 사람들이 아니며, 가드는 블레셋의 가드가 아니라 현대의 라믈레 또는 그 근처에 있는 가드/깃다임/가드림몬이다(수 19:45; 삼하 4:3; 느 11:33; 대하 18:10). 가드 원주민들은, 단 지파가 산지에서 내려와 후에 오노 평지로 알려진 평야 지역에 정착하는 것을 방해한 아모리 족속과 동일한 사람들이다(삿 1:34-35; 참고. 삼상 7:14). 오노 평지(느 6:2[1])는 현대의 '구쉬 단', 또는 더 큰 텔 아비브 지역 일대를 가리킨다.

위에 언급된 조상 에브라임은 평야 지대 위쪽 산지에 살면서 그곳에서 두 세대 후손들을 볼 때까지 오래 살았다. 이것은 이집트에서 태어난 므낫세와 에브라임이 이집트에서 탈출하기 이전이나 최소한 광야 유랑 시절에 죽었을 것으로 보는 창세기 이야기와는 매우 다르다. 역대기 기자는 벧 호론에 정착한 부족들의 실재를 인증하기 위해 이들의 죽음에 대한 이야기를 포함시켰다. 그러나 이 이야기는 또한 여호수아가 이 지역을 정복했다는 신명기 역사가의 전승과 다른 자기의 견해를 표현하기 위한 것이기도 했다.

1_"산발랏과 게셈이 내게 사람을 보내어 이르기를 오라. 우리가 오노 평지 한 촌에서 서로 만나자 하니 실상은 나를 해하고자 함이었더라"(느 6:2).

2_"요셉이 바로의 명령대로 그의 아버지와 그의 형들에게 거주할 곳을 주되 애굽의 좋은 땅 라암셋을 그들에게 주어 소유로 삼게 하고"(창 47:11).

3_초석/십계명
성경에는 십계명이 두 가지 버전이 있다. 시기적으로 이른 출애굽기에 나온 것과 나중에 나온 신명기 십계명이 그것이다.

4_야훼(*YHWH*)
신성사문자 יהוה는 하나님의 이름을 가리키는 것으로, 예부터 발음하지 않고 자음으로만 전해 내려왔다. *YHWH*는 히브리어 자음에 대한 영어 음역이다. 개정역에서는 '여호와'라고 번역되어 있지만, 이 책에서는 히브리어 음역을 살려 '야훼'라고 하기로 한다.

5_"이는 엿새 동안에 나 여호와가 하늘과 땅과 바다와 그 가운데 모든 것을 만들고 일곱째 날에 쉬었음이라. 그러므로 나 여호와가 안식일을 복되게 하여 그 날을 거룩하게 하였느니라"(출 20:11).

6_"옛적에 하나님이 애굽 땅 소안 들에서 기이한 일을 그들의 조상들의 목전에서 행하셨으되 그가 바다를 갈라 물을 무더기 같이 서게 하시고 그들을 지나가게 하셨으며"(시 78:12-13).

연대기적 고찰 _ 마지막으로 조상 이야기의 민족적 관점을 검토할 차례이다. 창세기 14장에 묘사된 원정에서는 연대기적인 자료를 이끌어낼 만한 것이 없다. 청동기 시대나 철기 시대의 자료들과 연결될 만한 확정적인 증거도 발견된 적이 없다. 그랄 지역의 블레셋에 대해서는 앞에서 이미 다루었다. 가나안적인 환경에 상당히 잘 적응한 그랄 사회는 분명 주전 12세기 중엽 이후 블레셋이 처음 도착한 시기 이후의 한 시점일 것이다. 메소포타미아 상부에 살던 아람인들과의 연대를 강력하게 주장하는 전승은 주전 12세기 후반 또는 주전 11세기를 가리키는 것이 더 가능성이 높다. 라반과 그의 일가도 이 무렵에 정착했다.

이스마엘 족속과 미디안 족속(예. 창 37:28) 같은 다른 집단들도 철기 시대 인구에 속한다. 이들도 에돔 족처럼 청동기 시대의 샤수 집단의 한 분파에 기원을 두었을지 모른다. 그러나 그들이 요단 동편과 이집트 사이를 오가며 대상 무역에 종사하면서 낙타를 이용한 것을 보면 철기 시대에 속한 것이 분명하다. 요컨대 창세기에서 인용한 이와 같은 내용들은 후기 청동기 시대 말기의 삶을 피폐하게 한 위기에서 벗어나 전환기 동안 남부 레반트 지역의 삶에 대해 알려주는 역할을 한다. '람세스=라암셋의 땅'이라는 말도(창 47:11[2]) 제20왕조 말, 또는 그 이후와 일맥상통한다.

이집트 탈출과 광야 유랑 서사시

이스라엘의 신앙에는 두 가지 초석[3]이 있다. 이 둘은 안식일을 지키라는 계명에 잘 반영되어 있다. 초기 자료는 안식일 준수가 야훼 *YHWH*[4]를 창조주로 고백하는 신앙에 근거하고 있다고 본다(출 20:11[5]을 보라). 신명기 역사가는 안식일 준수가 야훼를 구원자로 믿는 신앙에 근거하고 있다고 본다(신 5:13-15을 보라).

민족 서사시를 만든 사람들은 자신들의 민족적 정체성이 이집트의 속박으로부터 구원받은 경험에 뿌리내리고 있다고 보았다. 이 사건에 대한 집단적 기억들을 진술한 이야기들과 전설처럼 잘 다듬어진 설명(출 1-15장)은 성전 제의와 관련된 많은 노래들에 잘 반영되어 있다(예. 시 78:12-13[6]을 보라).

엄청난 영향을 미치는 이 강력한 집단 기억이 완전히 창작된 것이라고 보기는 어렵다. 위기의 시대에 가나안 산지에 정착했던 철기 시대 사람들 중 다수가 이 전승을 가지고 들어왔음에 틀림없다. 그들의 경험은 실재에 근거하고 있으며, 삼각주 지대에 피난처를 구하던 샤수 부족들에 대한 이집트의 기록은 이것을 뒷받침할 만한 합리적인 배경을 보여준다. 이집트에서 그러한 사건을 경험한 고대 이스라엘의 실제 구성원들이 어떤 사람들인지 현재로서는 확인할 길이 없다. 그들이 메르넵타 석비에 기록된 '이스라엘'이라 불리는 사회인종 집단에 흡수된 것인지, 그렇다면 어떻게 그렇게 되었는지 밝히는 것은 어렵다. 에브라임과 므낫세, 그리고 아마도 베냐민까지 포함되는 '요셉의 집 지파', 곧 야곱의 총애를 받은 아내 라헬이 낳은 후손들이 가장 가능성 있는 후보들이다. 그들이 '에브라임 산지'에 거주했다는 점은, 분명 실로에서 발전했을 그들의 전승에 영향을 줄 만한 장소에서 살고 있었다는 것으로 볼 수 있다. 므낫세와 에브라임의 이집트 탄생(창 46:20; 48:1-20)을 다른 전승(대상 7:20-24)이 부인하고 있음에도 불구하고 말이다. 후대에 유다 지파와 예루살렘이 지배적인 위치에 섰을 때, 그들의 조상은 요셉 이야기에서 호의적인 역할을 했다.

성서 전승의 문학적인 특징에도 불구하고 이 서사시는 상당히 많은 지리적 정보를 담고 있다. 삼각주 동부 지대에 대한 오스트리아 탐사단의 조사는 이 지역의 생태와 지리를 밝혀주고, 성서 이야기의 지리적 배경에 대한 새로운 통찰력을 제공해준다. 성서의 관련 장들에 등장하는 다양한 장소와 용어는 이어지는 내용에서 다룰 예정이다.

성서 전승은 야곱과 그의 아들들이 '람세스의 땅'의 가장 좋은 지역, 곧 '고센 땅'이라 불리는 지역에 정착하는 것이 허용되었다는 점을 강조하고 있다(창 47:3-6, 11을 보라).

'람세스의 땅'과 후대의 라암셋 도시 건축에 대한 언급은 제19왕조, 특별히 람세스 2세 통치 때를 가리키는 것으로 볼 수도 있지만, 반드시 그런 것은 아니다. 제20왕조의 파라오들 역시 람세스라는 이름을 가지고 있었고, 람세스 2세를 숭배하는 제의는 이후 수세대 동안 타니스소안와 부바스티스에서 번성했다. 더욱이 가나안 땅을 정탐하도록 남쪽으로부

▲ 아부 심벨 신전에 있는 람세스 2세와 그의 왕비, 네페르타리 조상

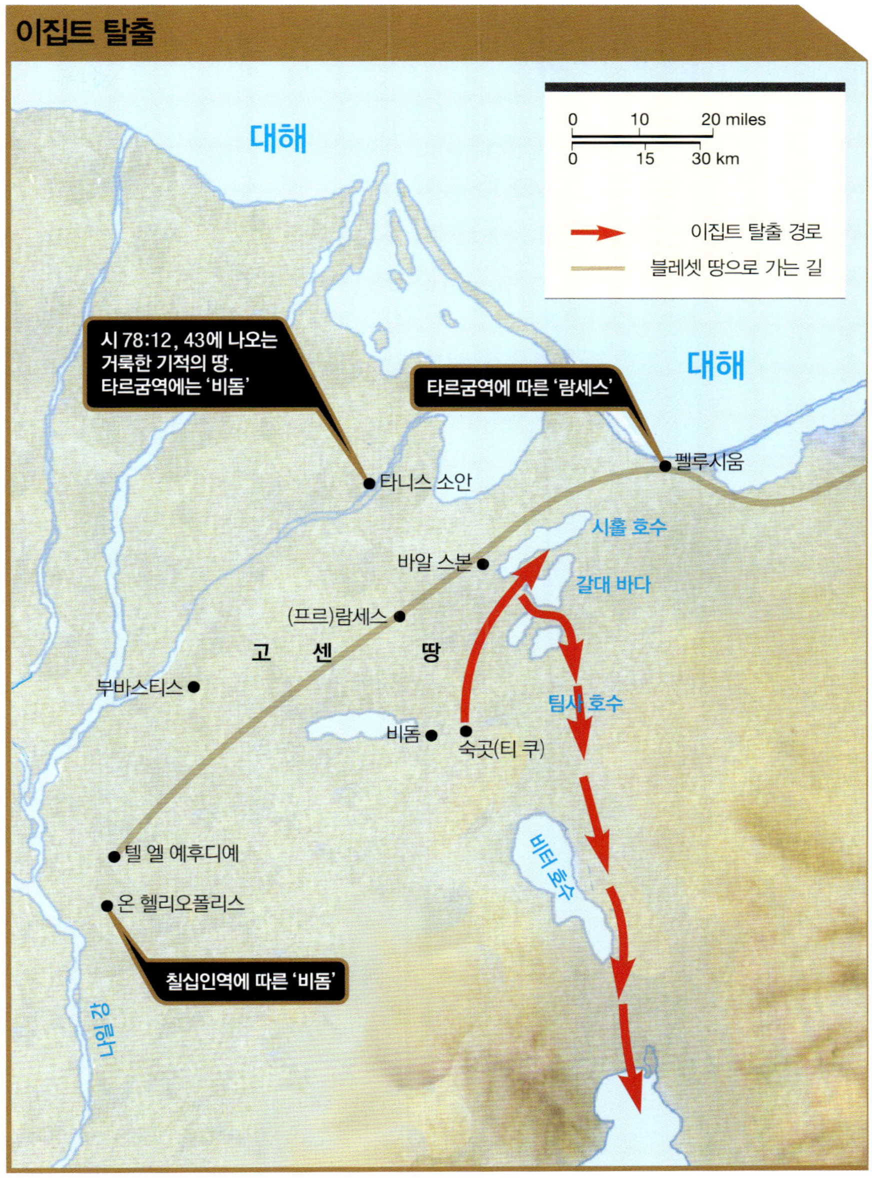

터 파견된 정탐꾼들 이야기(민 13장)는 그들이 헤브론에 도착했다는 말과 함께 "헤브론은 애굽 소안보다 칠 년 전에 세운 곳이라"(민 13:22)는 연대기적인 주석도 언급하고 있다. 이 말은 화자 또는 주석가의 입장에서 볼 때 이스라엘 자손들이 가데스에 머문 시기가 제20왕조 말엽이었다는 의미이다.

이집트어로 '람세스의 집'이라는 뜻을 지닌 람세스 도시=라암셋는 이전에 힉소스 족이 수도로 삼았던 아바리스 자리에 세워졌다. 람세스 도시는 제19왕조와 제20왕조 파라오 시절, 북부의 수도 역할을 맡았다. 성서에 나오는 이 도시의 이름인 '라암셋람세스'은 후대, 아마도 주전 8세기나 7세기의 철자 관습을 반영하고 있는 것으로 보인다. 주전 12세기 말, 람세스 옆 나일 강 지류가 막혀 제21왕조의 파라오들은 하는 수 없이 소안타니스에 새로운 수도를 건설해야 했다. 파라오들은 람세스의 폐허에서 많은 조상彫像, 석비, 건물 장식품 조각을 가져와 새 수도를 꾸몄다. 제22왕조 파라오들은 삼각주 지대에 세운 두 번째 수도 부바스티스를 건설했다. 이때도 그들은 라암셋의 폐허에서 조상들과 건물 장식품들을 가져왔다. 주전 4세기에 타니스소안와 부바스티스에서는 신격화된 람세스를 숭배하는 의식이 행해지고, 펠루시움은 이집트로 들어가는 관문이 되었다. 그래서 후대의 유대인 저술가들은 소안을 이스라엘이 이집트에서 체류하였던 곳이라고 보았다(시 78:12, 43). 아람어 성서인 타르굼역 역시 유사하게 연관을 시켰는데 비돔을 소안으로, 그리고 펠루시움을 람세스로 보았다. 이는 요세푸스의 견해를 그대로 따른 것이다. 헬라어 성서인 칠십인역의 번역자들은 이 세 도시에 대해 다음과 같이 언급한다. "비돔과 람세스 및 온, 즉 헬리오폴리스"(출 1:11). 칠십인역은 고센을 프톨레마이오스 시대에 와디 투메일랏을 에워싼 북동부 지역의 이름인 '게셈 아라비아스'와 동일한 지역으로 보았다.

이스라엘은 이집트에서 살 때 강제 노역에 동원되었다고 한다(출 1:11을 보라). 이집트 비문은 비돔(이집트어로는 '프르 아툼')을 텔 에르 라타바로 칭하는데, 이곳은 와디 투메일랏에 있는 고대의 범람 호수의 서쪽 끝자락에 있다.

모세오경은 유랑 생활을 하던 이스라엘의 광야 여정을 두 가지 방식으로 기록하고 있다. 이야기 구조를 보면, 첫째, 윤리적이며 도덕적인 교훈을 목적으로 하는 단락들, 광야 경험에서 얻은 종교적 교훈들을 분명히 해주는 이야기식 비유들이 강조되고 있다. 둘째로, 한층 간결하게 요약된 여정지 목록이 등장한다(민 33장). 여정지의 순서로 첫 번째로 나오는 지명 그룹은 이집트 탈출 사건과 관련이 있다. 여정지 목록은 기본적으로 공식 문서 또는 공식 문서 편찬집의 특징을 보여준다. 이 목록을 시내 산으로 가는 성지 순례 안내서로 보기는 어렵다. 오히려 군사적이거나 상업적인 목적을 가진 대상隊商, 또는 더 정확히 말하자면 군사적인 호위를 반드시 필요로 하는 상업적인 성격의 대상이 사용할 수 있게끔 편집한 여행 안내서일 가능성이 더 높다(민 33:1-3을 보라).

이집트에서 떠남 이집트를 떠나는 첫 여정에 대한 설명(출 13:19-14:9)은 최근 북동부 삼각주 지대에 대한 고고학적인 조사와 일치하는 몇 가지 지리적인 정보를 포함하고 있다. 고센 땅은 람세스와 비돔 사이에 있는 평야였다. 시홀은 분명히 가늘고 긴 모양의 호수이거나, 바알 스본다프네과 펠루시움 사이에 있는 나일 강의 옛 동부 지류 수로를 따라 펼쳐진 연못이었을 것이다. '갈대 바다'는 한때 바알 스본의 남동쪽에 존재했던 광대한 습지대였다. 이 두 물길 사이로 '호루스의 길', 곧 호루스 신이 부활한 것으로 여겨지던 신왕국 파라오들이 가나안과 시리아로 군사 원정을 떠날 때 사용하던 길이 지나간다. 성서는 이를 '블레셋 사람의 땅의 길'이라고 불렀다(출 13:17).

가나안을 향한 파라오의 원정은 시내 반도 북부의 해변길을 지나가기 위해 20-25킬로미터마다 병참 기지가 필요했다. 세티 1세는 카르낙에 있는 다주식多柱式 홀의 북쪽 벽에다, 이 길을 따라 나 있는 요새와 수원지들을 부조로 새겨놓았다. 이 길에는 매우 강력한 요새들이 포진하고 있어 이스라엘 백성들이 탈출로로 선택할 수 없었다(출 13:17). 대신, 이스라엘은 '블레셋 사람의 땅의 길'을 피해 대신 '광야 길'로 갔던 것으로 그려지고 있다(출 13:18을 보라).

히브리어로 '갈대'라는 말은, 실은 이집트에서 차용한 말로 파피루스 갈대를 뜻한다. 이집트 자료에 의하면 파피루스 습지는 라암셋 지역에 있었던 것으로 알려져 있다. 이스라엘 왕정기에는 갈대 바다가 엘랏 만을 가리키는 데 사용되었다(왕상 9:26 외 다수).

이 무렵 라암셋 또는 람세스 땅은 이스라엘 백성에게는 새로운 모험의 출발지였다. 이곳은 람세스 왕조의 이집트와 결별하는 곳이었다(민 33:3-4을 보라).

람세스의 영토를 떠난 직후 이스라엘 백성은 와디 투메일랏 동쪽 끝의 중심 지점인 숙곳으로 이동하였다(민 33:5).

그들은 제19왕조 시기에 샤수 베두인들의 목초지로 알려진 숙곳(이집트어로는 '트즈 쿠')을 떠나 다시 이동하였다(출 13:20; 민 33:6을 보라). 성서에 나오는 숙곳은 비돔의 서쪽, 곧 텔 엘 마쉬쿠타에 있는 오늘날의 팀사 호수 쪽으로 떨어져 있는 수원지와 관련된 이름이다. 그 후, 이스라엘 자손은 광야 지대(수르 광야)의 가장자리에 있는 에담으로 이동한 것으로 묘사되고 있다. 에담을 흐트므로 알려진 라암셋 요새와 동일한 지역으로 보기에는 음성학적으로 볼 때 문제가 있다.

이스라엘은 에담을 떠나 '믹돌과 바알 스본 사이에 있는'(출 14:2, 9; 참고. 민 33:7) 비 하히롯 동편 앞으로 되돌아갔다. 비 하히롯은 실루/실로근처에 있는 지역일 가능성이 있다. 사카라에서 발견된 페니키아어 비문은 바알 스본이 텔 데페네, 곧 옛날의 다프네, 성서의 다바네스[1]와 동일한 지역이라는 것을 입증한다.

믹돌은 텔 엘 케이르와 동일한 지역으로 추정되었으나 의문의 여지가 남아 있다. 시내 반도의 북서부 지역을 탐사한 결과 주로 세티 왕조 시대[2]의 유물들이 발굴되었다. 그곳의 대략적인 위치는 텔 엘 케이르에서 별로 멀리 떨어져 있지 않은데, 이것은 세티 1세의 부조물들에서 확인된다. 그런데 가장 중요한 요새인 실루/실로셀레, 곧 삼각주의 동쪽 경계를 지키는 이집트 군대 사령부들이 있는 곳에 대해서는 아무런 언급도 없다는 것은 주목할 만하다. 실루/실로는 '블레셋 사람의 땅의 길'인 '호루스의 길'에서 중요한 전

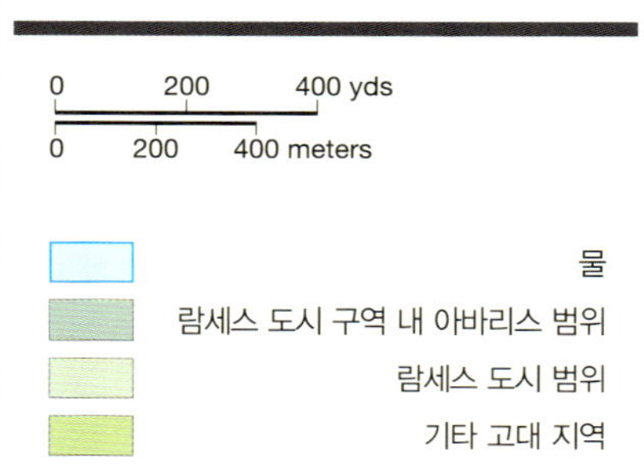

▼ 카르낙에 있는 다주식 홀의 북쪽 벽에 새겨진 세티 1세의 원정 장면

략지이므로 이스라엘은 이곳을 피해갔을 것이다.

이집트의 추격을 당한 이스라엘은 바알 스본의 동쪽 습지대, 즉 '갈대 바다'(이집트어로 '그 트주피')를 가로질러 피신하였다. 그곳에서 그들은 수르 광야(출 15:22을 보라)로 들어간 후 분명 남쪽으로 이동하였다(출 15:23; 민 33:8을 보라).

시내 반도로 가는 길 이스라엘이 수르 광야에 들어선 이후의 여정지들이 어디였는지 확인하기는 매우 어렵다. 시내 반도에 고대 지명이 거의 남아 있지 않기 때문이다. 많은 의견들이 제시되었지만 객관적인 증거를 가진 지역들은 전혀 없다. 비잔틴 전승은 예벨 무사를 시내 산(출 15:27; 민 33:9을 보라)으로 보는데, 현재 우리의 지식 역시 그 가능성을 배제하지 않는다. 여기서 민수기 33장은 설명하기 어려운 또 다른 지점을 추가하고 있다.

> 엘림을 떠나 홍해[3] 가에 진을 치고 홍해 가를 떠나 신 광야에 진을 치고(민 33:10-11).
>
> 이스라엘 자손의 온 회중이 엘림에서 떠나 엘림과 시내 산 사이에 있는 신 광야에 이르니 애굽에서 나온 후 둘째 달 십오일이라(출 16:1).

다른 한편으로 민수기 33장에 나오는 여정지는 출애굽기에 나오지 않는 여정지 두 곳을 추가했다(민 33:12-14과 출 17:1을 보라). 그 두 곳, 즉 돕가와 알루스의 위치는 알 수 없지만 그 여정은 몇몇 중간 체류지들을 포함했을 것이다.

출애굽기에 나오는 여정 이야기는 교훈을 주려는 목적이 있으며, 날짜가 언급되어 있다(출 19:1을 보라). 이러한 연대기 정보들은 민수기의 여정 목록에서는 찾아볼 수 없다(민 33:15).

시내 산 = 호렙 = 바란 산 광야 여정지 목록(민 33:1-49)은 시내 산이 시내 반도 남부에 있는 것으로 가리키는 듯하다. 시내 산은 출애굽기, 레위기, 민수기 등에서 이스라엘 백성이 토라의 계시를 받은 곳으로 열다섯 번 언급된다. 시문체의 본문들은 시내 산을 야훼의 거주지로 그리고 있다(예. 삿 5:5; 시 68:8). 또한 성서의 두 본문은 시내 산을 바란 산으로 부르고 있다(신 33:2; 합 3:3). 바란의 광야 지대(예. 민 10:12; 12:16; 13:3)는 다양한 하부 지역으로 나뉘는 시내 반도 전체를 총칭하는 것으로 보인다. 바란 광야라는 이름은 비잔틴 시대에 파란으로 알려진 페이란 오아시스라는 지명으로 보존되었을 가능성이 있다. 민수기 10장 33절에서 시내는 '야훼의 산'으로 불린다. 히브리 성서, 특히 신명기 전체에서 열일곱 번, 출애굽기에서 세 번(3:1; 17:6; 33:6), 그리고 다

1_다바네스(Tahpanhes)
개정역에 따르면 예레미야에서는 '다바네스'로 나오지만(렘 2:16 외 다수), 드합느헤스가 히브리어 음역에 더 가깝다.

2_세티 왕조
주전 7세기에 앗수르가 세운 이집트 제26왕조를 가리킨다.

3_홍해
이 책의 저자는 홍해를 '갈대 바다'로 표기하고 있다.

이집트 탈출과 광야 유랑

▲ 시내 산으로 추정되고 있는 예벨 무사

1_"둘째 해 둘째 달 스무날에 구름이 증거의 성막에서 떠오르매 이스라엘 자손이 시내 광야에서 출발하여 자기 길을 가더니 바란 광야에 구름이 머무니라"(민 10:11-12).

2_"그들이 여호와의 산에서 떠나 삼 일 길을 갈 때에 여호와의 언약궤가 그 삼 일 길에 앞서 가며 그들의 쉴 곳을 찾았고"(민 10:33).

3_"또 네겝으로 올라가서 헤브론에 이르렀으니 헤브론은 애굽 소안보다 칠 년 전에 세운 곳이라. 그 곳에 아낙 자손 아히만과 세새와 달매가 있었더라"(민 13:22).

른 곳(왕상 8:9; 19:8; 대하 5:10; 시 106:19; 말 4:4)에서도 여러 번 등장하는 호렙이라는 이름은 분명 시내 산과 같은 장소를 의미한다. 일부 본문은 시내 산을 '하나님의 산'이라고 말하기도 한다(예, 출 4:27; 18:5; 24:13). 출애굽기 3장 1절은 하나님의 산과 호렙을 동일시한다. 호렙과 시내를 각기 다른 산으로 보는 견해는 타당하지 않음이 밝혀졌다. 이와 관련된 가장 중요한 암시는 다음의 신명기 구절이다.

> 호렙 산에서 세일 산을 지나 가데스 바네아까지 열하룻길이었더라(신 1:2).

가데스 바네아의 위치는 아래에서 언급할 예정이다. 가데스 바네아로부터 열하룻길의 여정은 시내 반도 남부의 한 지역일 수밖에 없는데, 그렇다면 대부분의 후보지, 특히 헤야즈는 제외된다. 또한 위 본문은 아라바 서쪽에 있는 세일 산의 위치에 대해 추가적인 증거를 제공하고 있으므로 그 이후에 이어지는 이야기를 이해하는 데 도움이 될 것이다.

시내 산의 위치가 시내 반도의 다른 지역들 또는 사우디아라비아 반도에 자리하고 있다는 주장들은 적어도 십여 개가 넘지만, 여기서는 이를 다루지 않을 것이다.

민수기에 나오는 광야 여정 이야기는 33장 16-36절에 언급된 똑같은 광야 여정지 목록 부분과 비교해보아야 한다. 첫 번째 부분에서, 광야 여정 이야기 단락은 구체적인 날짜를 제시한다(민 10:11-12[1]을 보라). 반면 광야 여정지 목록 단락은 사흘간의 여정 기간을 언급한다(민 10:33[2]을 보라). 이야기 단락에는, 두 장소의 이름이 만들어지게 된 배경이 나오는데, 다베라('불에 탐')와 기브롯 핫다아와('탐욕의 무덤들')가 그것이다(민 11:3, 34을 보라). 이 장소의 지명들은 이스라엘이 배역하여 벌을 받은 두 사건으로 인해 이름지어졌다. 그런데 여정지 기록 단락에서는 두 번째 지명, 곧 기브롯 핫다아와만을 언급하고 있다(민 33:16을 보라).

신명기에서는 다베라와 기브롯 핫다아와, 이 두 지명이 모두 언급된다(9:22). 다음 체류지인 하세롯은 예벨 무사로부터 북동쪽으로 약 35킬로미터 떨어진 아인 엘 쿠드라와 동일한 지역으로 보인다. 이야기 전승과 여정지 기록 전승 모두 하세롯을 언급하고 있다(민 11:35; 33:17을 보라).

여정지 기록 단락은 이어서 더 많은 중간 체류지를 소개하고 있지만, 위치를 확인할 수 있는 곳은 전혀 없다(민 33:18-32을 보라).

다음 체류지 욧바다는 타베일 가능성이 있다. 그러나 고고학적인 조사는 예지랏 파룬 섬을 후보지로 꼽는다. 아브로나는 위치를 확인할 수 없으며(참고, 신 2:8; 10:6-7), 에시온 게벨의 위치 역시 논란이 많다. 어원이 같은 아인 가디안이라는 지명에 그 이름이 남아 있음에도 말이다(민 33:33-35을 보라).

신명기(1:1)는 이러한 여정 안에 다른 몇몇 지명들을 소개하고 있다. 민수기의 광야 여정 이야기 단락은 위의 모든 체류지 지명들을 생략하고 하나의 일반적 진술을 언급한다(민 12:16을 보라).

이 이야기 이후에는 '광야 체험', 곧 가데스 바네아 주변에서 경험한 일들을 다루는 장들이 이어진다. 민수기 32장 8절에서 가데스 바네아라는 완전한 이름이 사용될 때까지 민수기에서는 그곳을 단순히 가데스(예, 민 20:1; 33:36)라고 부른다. 신명기의 몇몇 구절들(즉 1:2, 19; 2:14; 9:23)은 완전한 이름을 사용하며, 그곳이 한 장소를 염두에 둔 것임을 분명히 한다.

가데스 바네아는, 열두 명의 정탐꾼과 관련된 유명한 사건들(민 13장), 남쪽으로부터 가나안 땅을 공격하려다가 실패한 불행한 사건, 미리암의 죽음(민 20:1), '므리바의 물'에서의 배역 사건은 후대 본문에도 나온다(민 20:13; 신 33:8; 시 81:7; 95:8; 106:32). 이중 마지막 사건은 교훈적인 시문 전승의 전형이다.

정탐꾼들의 이야기에서는 흥미로운 연대기적 전승이 거의 우연적으로 등장한다(민 13:22[3]을 보라). 이 설명을 통해 헤브론의 설립 연대를 이집트 제20왕조, 즉 소안을 세운 주전 12세기 말이나 11세기 초로 볼 수 있다. 소안 성은 제20왕조(주전 1083년경)에 속하는 람세스 11세의 통치 23년에 쓰인 문헌 자료에 처음 등장한다. 소안은 이집트 하부의 행정을 책임진 관료 스멘데스의 거주지였다. 람세스가 죽은 후 스멘데스는 왕위를 승

왼쪽/오른쪽 | 가나안 땅의 남쪽 국경선으로 여겨지는 가데스 바네아 ▲

계하고 제21왕조(주전 1176-931년경)를 세웠다. 따라서 소안은, 남쪽으로 30킬로미터 정도 떨어져 있는 옛 람세스 왕가의 수도인 피 람세스를 대체하는 공식 수도가 된다. 피 람세스는 쇠락하게 되고, 나일 강의 지류가 바뀌어 강의 항구 역할마저 빼앗겼다. 피 람세스의 웅장한 건축물들과 시설들은 제거되었고, 건축물들의 많은 부분들이 소안으로 옮겨졌다. 피 람세스에 우뚝 서 있던 조상과 석비들은 새로운 수도에 통합되었다. 초기 발굴자들은 소안을 피 람세스와 아바리스로 오해했는데, 현재는 그것이 잘못된 것으로 밝혀졌다.

소안을 작은 지방 성읍에서 웅장한 도시로 바꾼 첫 번째 위대한 건축자는 스멘데스의 아들 프수센네스 1세로, 제21왕조의 두 번째 왕이었다. 그는 소안 성의 경내를 구획했고 아몬 신전을 세웠다. 시아몬(주전 984-965년)은 후에 이 신전을 크게 확장했다. 민수기 13장 22절에 나타나 있는 동시대적 기술들은 이스라엘 민족의 탄생에 관한 오경 이야기들의 다른 연대기적 지표들과 잘 맞아떨어진다. 여기서 갖게 되는 질문은 "어떻게 성서 기자는 그와 같은 정보를 얻었는가?" 하는 것이다. 웬아몬의 이야기가 밝혀주듯이, 주전 11세기 초는 가나안 해안을 따라 상업적인 활동이 활발하게 이루어지던 때였다. 이러한 활발한 해상 무역 활동에는 필연적으로 잘 개발된 농업 후배지가 필요했다.

가데스 바네아의 위치를 확인하려면 증거가 되는 세 구절을 종합해보면 된다. 성서 본문에 나타난 그 결정적인 증거는, 그곳을 이스라엘이 약속의 땅에 들어가기 전 가나안의 남쪽 경계에 있는 지점으로 묘사한 것에서(민 34:4), 또 그곳을 유다에 속한 땅으로 묘사한 것에서(수 15:3), 그리고 그곳을 이상화된 종말론적 땅으로 여긴 것(겔 47:19; 48:28)에서 찾아볼 수 있다. 가데스 바네아는 대략 동쪽에 있는 사해의 최남단과 '이집트 시내' 와디 엘 아리쉬 사이의 중간 지점에 있는 것이 분명하다. 그러므로 남쪽 경계에 있는 지점들 사이에 어느 정도 일정한 거리가 있다고 추측한 본문에서 말하는 바로 그 자리에 아인 케데이스라 불리는 샘이 발견된 것은 놀랄 일이 아니다. 19세기 초에 학자들은 가데스 바네아를 아라바의 어딘가에 있다고 생각했다. 민수기 20장 16절을 보면 가데스 바네아가 에돔의 국경선 지역에 있는 곳으로 여겨지기 때문이다. 그러나 그들은 본문을 잘못 이해한 것이다. 학자들의 오류는 아래에서 별도로 설명할 것이다.

나중에 학자들의 연구는 서쪽 지역으로 옮겨졌다. 다른 성서 본문들이 가데스 바네아가 가나안/유다의 남쪽 국경선 지역에 있다고 여겼기 때문이다. 시내 반도 북부에 있는 오아시스인 아인 케데이스는 성서에 나온 지명을 그대로 간직하고 있으며, 국경 지대에 있다는 설명과도 맞아떨어지는 곳에 있다. 1905년에 N. 슈미트는, 아인 케데이스로 좀 더 적절한 고고학 유적지는, 아인 엘 쿠데이랏이라는 수원지가 있는 와디 엘 아인 근처라는 점을 깨달았다. C. L. 울리와 T. E. 로렌스는 고고학적인 탐사를 통해 슈미트의 결론을 확증했다. 이어진 고고학 발굴 작업은 아인 엘 쿠데이랏에서 철기 시대의 요새를 찾아냈다. 이 요새는 수에즈에서 브엘세바/헤브론으로 가는 '수르 길'(창 16:7)과 엘 아리쉬 근처에 있는 '블레셋 사람의 땅의 길'(출 13:17)인 해안 도로서 갈라져 나와 아카바로 이어지는 도로의 교차로 근처에 있다. 이 지역은 현재 시내 반도 북부 지역에서 가장 큰 오아시스이며, 시간당 약 40입방미터의 물을 분출하는 샘을 가지고 있다. 발굴 작업을 통해 얻은 유물에 대해서는, 이후의 적절한 역사적 맥락에서 다시 논의할 예정이다. 분명한 점은, 이스라엘 사람들이 '광야 유랑 기간' 동안 이 지역에 살았다는 고고학적인 증거를 기대하기는 어렵다는 것이다.

이들 여정의 다음 단계는 '에돔 왕'과의 만남에 관련된 것이다(민 20:14). 에돔 왕이 이스라엘 백성들이 그 땅을 통과하는 것을 거절한 사건 이후, 본문은 이스라엘 백성들이 '아랏 왕'과 폭력적으로 만난 사건을 보고한다(민 21:1; 33:40).

여기서 지리를 이해하는 핵심은 이스라

▶ **프수센네스 1세** _ 이집트 21왕조 프수센네스 1세는 작은 성읍 소안을 대도시로 변모시킨 첫 번째 왕이었다.

▲ 주전 11세기경 벧산에서 발굴된 새와 뱀 조각이 부착된 제구

1_"네겝에 거주하는 가나안 사람 곧 아랏의 왕이 이스라엘이 아다림 길로 온다 함을 듣고 이스라엘을 쳐서 그중 몇 사람을 사로잡은지라"(민 21:1).

엘이 에돔과 마주친 일은 아라바의 서쪽 지역이었다는 사실에 있다. 이것은 아마도 주전 7-6세기의 관점일지도 모른다. 이 시기에 에돔이 서쪽으로 진출했다는 문서 자료가 있기 때문이다. 그러나 그것은 초기 철기 시대 때도 가능한 상황이었다. 에돔은 제19왕조 때 시내 반도 부근을 떠돌아다니며 살던 샤수 집단의 다른 모습일 수 있다. 에돔인들이 서쪽 지역에 거주하고 있었다는 사실을 받아들이면, 그들 주변을 배회하던 그 이후의 이스라엘의 여정이 제대로 이해가 된다. 이 사실은 또한 가데스 바네아가 페트라 또는 그 근처에 있었다고 생각하는 후대의 유대인들(타르굼역)과 기독교인들(《유세비우스의 지명록》 112:8-12)의 오해를 풀어주는 실마리가 된다.

다음 장소인 호르 산에서 아론이 죽었다고 알려져 있는데, 이 산의 위치는 아직 확인되지 않은 채로 있다(민 20:22-23; 33:37). 위에서 말한 것처럼, 가데스를 페트라와 동일한 지역으로 잘못 생각했기 때문에, 그동안은 아론의 매장지를 페트라 지역이라고 믿었다. 호르 산을 나바테아인의 페트라 근처에 있는 '아론의 산', 즉 예벨 네비 하룬과 동일한 지역으로 보는 전승은 최소한 헤롯 시대(《고대사》 4:7)로 거슬러 올라간다. 그러나 두 개의 산봉우리를 가진 해발 1,460미터의 사암 산지는 에돔 영토 동부 지역의 중간 지점에 자리하고 있다. 울퉁불퉁한 이 산의 정상에 전통적으로 아론의 무덤이라 여겨지는 한 개의 무덤이 있으며, 그 윗부분에는 회교 사원이 있다. 이곳은 유스티니아누스 1세(주후 527-565년) 때 재건된 기독 교회일 가능성이 더 높다. 에돔과의 충돌에 대해 지리적으로 같은 방식으로 보면 나할 진와디 푸크라에 있는 예벨 마드라를 가데스 바네아로 보는 견해도 맞지 않다는 것을 알 수 있다. 다른 한편으로 가데스 바네아에서 북쪽으로 약 12킬로미터 떨어진 곳에 있는 중요한 교차로 위로 높이 솟아 있는 이마렛 엘 쿠레이세 고원도 고려해볼 만하다.

출애굽 여정지 목록(민 33장)

람세스 → 숙곳 → 광야 끝 에담 → 바알스본 앞 비하히롯 → 믹돌 → 홍해 → 마라(에담 광야로 사흘 길) → 엘림(열두 개의 샘물과 70그루의 종려나무) → 신 광야 → 돕가 → 알루스 → 르비딤 → 시내 광야 → 기브롯 핫다아와 → 하세롯 → 릿마 → 림몬 베레스 → 립나 → 릿사 → 그헬라다 → 세벨 산 → 하라다 → 막헬롯 → 다핫 → 데라 → 밋가 → 하스모나 → 모세롯 → 브네야아간 → 홀하깃갓 → 욧바다 → 아브로나 → 에시온게벨 → 가데스(신 광야) → 호르 산(에돔 땅 변경) → 살모나 → 부논 → 오봇 → 이예 아바림(모압 변경) → 이임-디본갓 → 알몬 디블라다임 → 느보 앞 아바림 산 → 여리고 맞은편 요단 강 가 모압 평지

가데스 바네아 \ 민 20:13; 신 1:19-46

가데스에서 모압까지 에돔인들이 적대적으로 대응하자 이스라엘 백성은 에돔 영토를 우회했다고 알려져 있다. 광야 여정 이야기와 광야 여정지 목록이 나와 있는 두 전승 모두, 이스라엘 백성이 아랏 왕과 충돌한 사건을 기록하고 있다(민 21:1[1]과 33:40을 보라).

네게브와 시내 반도 부근 지역은 여러 부족 집단, 곧 샤수라고 불리는 이들이 거주하면서 각자의 영토권을 주장했다는 것이 일반적인 상황이다. 성서 본문에 나오는 에돔 '왕'은 그런 집단의 우두머리였다. 아랏 '왕'은 요단 서편에 기원을 둔 '가나안인'이라고 기술되어 있다. 아랏 지역은 초기 청동기 유적지를 제외하면 아마도 존재하지 않은 지역이었을 것이다. 그러나 '야생 나귀'라는 뜻의 아랏이라는 이름은, '하이에나'를 뜻하는 '세마'에서 파생한 시므온 지파와 같이 토템의 이름으로 보인다. 그래서 이 특정한 '왕'은 아마도 자신의 영토, 즉 네게브를 차지할 수도 있는 이스라엘 같은 새 집단을 원하지 않는 한 부족의 족장이었을 것이다. 요단 서편의 에돔인들은 가데스 바네아에서 브엘세바에 이르는 길(민 21:4을 보라)의 동쪽에 있는 오늘날의 '네게브 고원 지대'에 살았던 것으로 보인다.

어떻게 그리고 왜 '갈대 바다'라는 지명이 이집트 국경 지대에서 엘랏/아카바 만으로 옮겨갔는지 알 수는 없다. 민수기에 나오는 광야 여정지 목록 전승은 호르 산 다음의 중간 체류지 두 곳을 언급하고 있지만, 광야 여정 이야기 전승에서는 이를 언급하지 않는다. 첫 번째 체류지는 살모나(민 33:41)로, 이곳은 아라바에 있는 로마의 칼라몬 요새와 비교해봐야 한다. 그러나 두 번째 체류지였던 부논(민 33:42)은 분명 와디 페이난에 있는 페이난과 동일한 지역으로 볼 수 있다.

이 두 체류지 다음에는 도덕적인 교훈을 목적으로 하는 또 다른 이야기 전승 자료가 이어진다(민 21:6-9을 보라). 이야기는 주전 8세기 예루살렘 성전에서 숭배되던 제의 물품의 기원이 된 배경을 설명하고 있다. 히스기야 왕이 성전을 정화한 후 제의 물품과 도구들은 더 이상 성전 안에 발을 들여놓을 수 없게 되었다.

그가 여러 산당들을 제거하며 주상을 깨뜨리며 아세라 목상을 찍으

TABERNACLE AND HIGH PRIEST
성막과 제사장

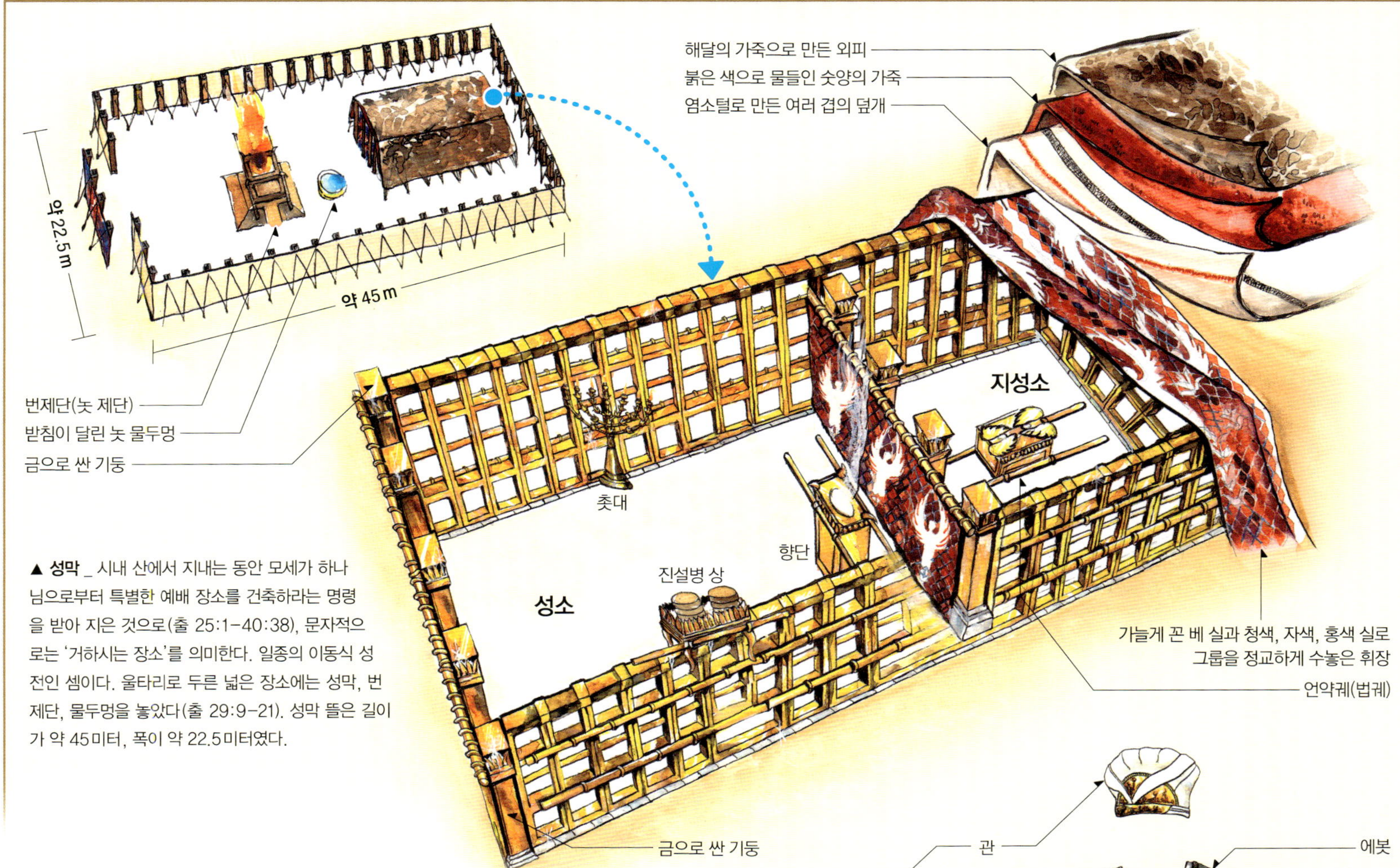

▲ **성막** _ 시내 산에서 지내는 동안 모세가 하나님으로부터 특별한 예배 장소를 건축하라는 명령을 받아 지은 것으로(출 25:1-40:38), 문자적으로는 '거하시는 장소'를 의미한다. 일종의 이동식 성전인 셈이다. 울타리로 두른 넓은 장소에는 성막, 번제단, 물두멍을 놓았다(출 29:9-21). 성막 뜰은 길이가 약 45미터, 폭이 약 22.5미터였다.

며 모세가 만들었던 놋뱀을 이스라엘 자손이 이때까지 향하여 분향하므로 그것을 부수고 느후스단이라 일컬었더라(왕하 18:4).

불뱀 사건이 일어난 장소는 본문에 나와 있지 않지만, 광야 여정지 목록을 따져보면 부논이었을 가능성이 높다. 이곳은 석동기 시대부터 철기 시대를 거쳐 로마 시대에 이르기까지 구리 채굴의 고대 중심지로 널리 알려져 있었다. 페이난 지역에 있는 유적지들 가운데 키르벳 엔 나하스가 있는데, 이 지명은 '뱀'이라는 뜻의 히브리어, '나하쉬'와 같은 어근을 갖고 있다.

다음 체류지인 오봇(민 21:10; 33:43을 보라)은 페이난의 북쪽에 있되, 세렛 강와디 엘 하사에 들어가기 전에 있는 것이 분명하다. 후보지로, 이름은 알 수 없지만 페이난 북쪽에 있는 한 유적지가 거론되어왔다.

다음 체류지는 이예 아바림이라 불리는 곳으로, '개울의 폐허지', '하천 기슭의 폐허지'라는 뜻을 가지고 있다. 이예 아바림은 '폐허지'라는 뜻의 이임이라는 축약된 이름으로 나오기도 한다(민 21:11; 33:44-45을 보라). 적어도 이 지역에 있는 두 유적지들이 이예 아바림의 후보지로 거론되었다. 하나는 무하이로, 와디 엘 하사의 북쪽에 자리하고 있으며 마자르로부터 남동쪽으로 약 11킬로미터 떨어진 곳에 있다. 다른 하나는 메데이이네로, 와디 엘 하사의 협곡으로부터 솟아오른 언덕 꼭대기에 있다. 메데이이네는 이예 아바림에 뒤이어 언급되는 '세렛 골짜기'의 야영지로 더 적합하다.

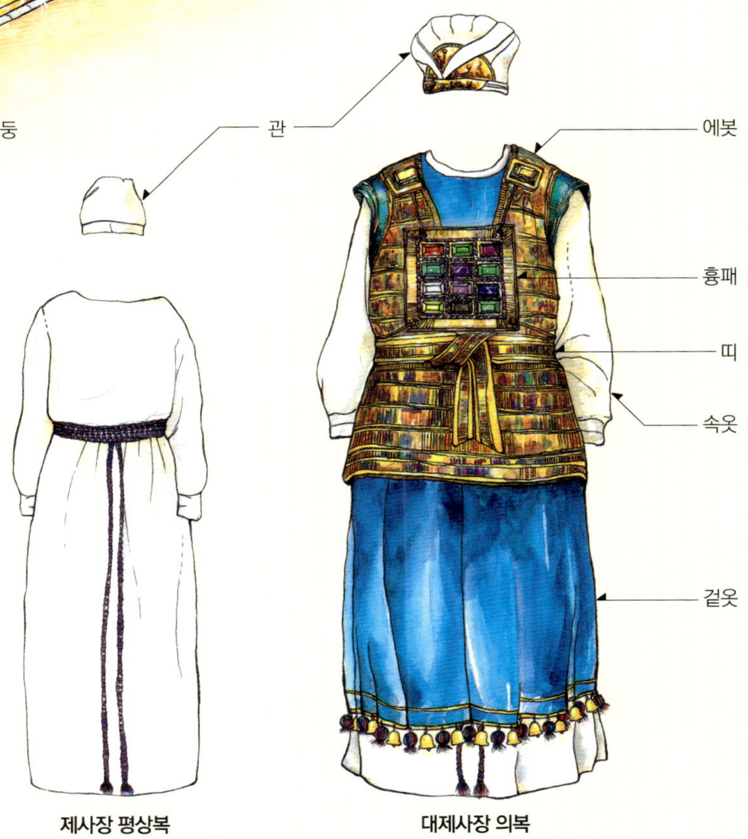

▲ **제사장** _ 이곳에서 성소나 제단을 관리하고 제사를 담당하는 사람을 말하는데, 오직 아론 지파에 속한 사람만이 될 수 있었다(출 28:1; 레 1:5, 7-8). 이들은 날마다 희생 제사를 주관했고(민 28:3-8), 하나님의 뜻을 물었으며(출 28:30), 문둥병자를 가려내기도 했다(레 14:2). 제사장의 위임식은 7일간 진행된다. 그 중에서 제사에 관한 제반 사항을 총괄 지휘하는 사람이 대제사장이다. 일 년에 한 번 지성소에 들어가는 '대속죄일'은 대제사장에게 가장 중요한 날이었다.

민수기 33장에 나오는 광야 여정지 목록(66쪽의 《출애굽 여정지 목록》 참조)에서 세렛은 언급되지 않는다. 다른 한편으로 광야 여정 이야기 단락은 이 임 다음에 체류한 장소로 세렛을 분명하게 기록하고 있다(민 21:12). 이곳은 신명기 이야기에서는 하나의 전환점이 되는 장소였다(신 2:13-14을 보라). 이제 모압 고원과 모압 평지에서 벌어진 일들을 다루어보겠다.

정복 전승들

민수기와 신명기의 요약속에 있는 평행 구절, 그리고 여호수아서는 이스라엘의 정복에 관한 일련의 전승들을 소개하고 있으며, 그 이야기들의 역사성은 논쟁의 대상이 되고 있다.

남쪽으로부터의 공격 왕정 시대 동안 나타난 제의와 종교 전승 안에서 볼 때 다음에서 다루게 될 가데스 바네아 지역에서 있었던 배신은 전형적인 민족적 배교 행위였다(민 20:13; 신 33:8; 시 81:7; 95:8; 106:32). 열 명의 정탐꾼들이 말한 부정적인 보고에 마음이 더 기울었던 이스라엘 백성은 갈렙과 여호수아의 의견을 거부했지만, 다음 날 마음을 바꿔 원정대를 보내 문제를 해결하려고 했다. 그러나 이스라엘의 지도자 모세는 백성들이 이미 야훼께 범죄했으므로 야훼께서 인도하지 않을 것이라며 원정을 만류했다.

민수기 13장 29절은 창세기의 전승을 간단하게 요약한다. 아브라함은 헤브론에서 '헷의 자손'과 아모리인을 만났다. 다윗의 예루살렘 원정을 포함하는 정복 이야기에서 여부스인은 예루살렘에서 살고 있었고, 가나안인은 저지대에 거주하는 것으로 나온다. 그러나 이 이야기는 이스라엘이 어떤 정복을 시도했던 상황을 보도하는 민수기 본문에서는 다르게 나타난다.[1] 이스라엘의 실패한 공격은 두 단락에 기록되어 있다. 당시 네게브에 살고 있었던 아말렉인과 본문에서 산지 거주민들로 나오는 가나안인은 이스라엘의 공격을 물리쳤다(민 14:40-45을 보라).

다른 한편, 신명기의 평행 본문(신 1:41-46을 보라)은 민수기 13장 29절에 나오는 상황과 일치한다. 이 본문은 가나안인과 아말렉인에 대해서는 언급하지 않는다. 이스라엘에 승리한 적군은 아모리인이었는데, 이는 아모리인은 산지 거주민인 데 반해 가나안인은 아래쪽의 평지 거주민들이라는 통념에 부합된다.[2] 이 이야기들의 핵심은 호르마이다. 호르마는 '신을 위해 따로 떼어놓다'[3]라는 뜻으로 해석될 수도 있는 지명이다(참고. 레 27:28). 이어지는 이야기에서 호르마는 '파괴하기로 작정된'이라는 뜻으로 나와(참고. 삿 1:17) 이중적인 의미를 담고 있기도 하다. 마침내 호르마를 정복한 사건은 또한 '아랏 왕'과의 불운한 대전 이후에 이스라엘이 서원한 것과 연관되어 있었다(민 21:2-3을 보라).

이 서원은 시므온 지파가 유다 지파의 도움을 받아 스밧이라는 이름으로 알려진 호르마를 정복함으로써 성취된다(삿 1:17을 보라). 호르마 성읍은 실제 존재하는 장소로 언급되어 있으므로(수 12:14, 15:30, 19:4) 위치 확인이 필요하다. 호르마는 분명 네게브에 있으며, 유다 산지의 남부로부터 퇴각할 만한 장소에 있어야 한다는 사실 외에 다른 암시를 제공하는 본문은 없다.

호르마의 후보지로는, 브엘세바로부터 북동쪽으로 약 11킬로미터 떨어진 텔 엘 밀흐텔 말하타, 브엘세바로부터 북서쪽으로 약 20킬로미터 떨

남쪽에서의 불운한 공격

어진 텔 에쉬 샤리아텔 세라, 키르벳 엘 메샤쉬텔 마소스, 스밧으로 추정되기도 하는 키르벳 가라텔 이라 등이 있다. 또한 호르마는 이스라엘 시대 이전에 이미 정착지였으며, 요새화된 지역이었을 가능성이 매우 높다. 이를 뒷받침하는 한 가지 결정적인 요인은 네게브에 있는 유다 성읍 목록의 배열 순서이다(수 15:21-32).

이미 주목한 바대로 이 목록은, 완전히는 아니지만 어느 정도 동쪽에서 서쪽 방향으로 기술되어 있다. 호르마는 브엘세바 뒤에 오고(수 15:30), 시글락 바로 앞에 나온다(수 15:31). 브엘세바는 목록에서 중심에 있는 성읍이었음에 틀림없는 반면, 시글락은 서쪽 지역에 자리하고 있었을 것이다. 따라서 호르마가 텔 엘 쿠웨일페텔 할리프에 자리하고 있었을 것이라는 주장은 논리적으로 타당하다. 이 지역은 네게브에서 남쪽 산지로 가는 교역로를 보호하는 데 유리했을 것이며, 따라서 산지에서 전쟁에 패배하여 도망하는 자들에게 적합한 퇴각 장소였을 수도 있다. 이곳은 실제로 제1차 세계대전 때 터키군이 브엘세바로부터 진격해온 영국군을 며칠 동안 막아내어 터키의 주력 부대가 가사로부터 북쪽으로 퇴각할 수 있도록 도왔던 중요한 장소이기도 했다.

동쪽으로부터의 원정 이스라엘의 정복 활동에 대한 이야기는 가나안 땅의 경계 너머에 있는 요단 동편에서 시작된다. 요단 동편은 정착민이 많지 않았지만 목축을 위한 땅은 넓게 펼쳐져 있었다(민 32:16). 에돔과 모압은 요단 동편 남부 지역에 정착한 민족으로 그려져 있다. 헤스본의 아모리 왕국은 모압과 암몬 사이에 있었다. 시혼 왕은 모압의 첫 번째 왕과 싸워 아르논 강에 이르기까지 모압 고원 지대 전체를 정복한 것으로 알려져 있다(민 21:26). 정복 전승에서 모압 족 관련 부분을 보면 광야 여정 이야기 단락과 광야 여정지 목록 단락에 나오는 지명들 순서가 다르다. 또 신명기에도 다르게 나온다. 이것을 통해 '원정'과 이주로 인한 '이동'이라는 두 가지 다른 상황이 이 자료들에 반영되어 있음을 추정할 수 있다. 민수기 33장은 가데스 바네아에서 에돔과 모압을 거쳐 모압 평지에 이르기까지의 주요 도로에 연해 있는 체류지들과 정착지들의 목록을 보여주고 있다. 이 주요 도로는 왕의 대로에 속한 주요 지선 도로들 중 하나이다.

디본디반은 아르논 북쪽 도로에 연해 있는 첫 번째 중요한 성읍이다(민 33:45을 보라). 여호수아서 저자는 디본이 르우벤 지파에 속한 성읍(수 13:17)이라고 밝히고 있는 데 반해, 민수기 32장 34절은 갓 지파에 속해 있다고 말한다. 메사 비문에 나타난 증거로 본다면 갓 지파에 속한 성읍이라는 언급이 좀 더 신뢰할 만하다. 민수기에 언급되는 디본 갓이라는 명칭은 '갓 지파의 디본'으로 해석할 수 있기 때문에 시대착오적인 기록으로 보인다. 마지막 두 체류지인 알몬 디블라다임과 아바림 산(민 33:46-47)은 디본에서 여리고 부근 요단 강가의 모압 평지까지 뻗어 있는 도로에 연해 있는 느보 산 근처에 있다(민 33:48-49을 보라).

이 광야 여정 이야기 단락은 두 체류지가 아르논 강 상류에 있으며, 그곳을 가로질러 비스가 산, 곧 여정지 목록에서의 느보 산[4]에 이르고 있다고 말한다(민 21:13-20을 보라). 《야훼의 전쟁기》의 인용구는 민수기의 이야기 구성에 따라 이런 이야기들이 개작改作되는 데 기여한 원原 자료가 어떤 것이었는지를 보여준다. 민수기 21장 20-21절은 헤스본 왕 시혼과 협상을 시작한 장소가 비스가/느보 산 근처, 곧 사해가 내려다보이는 메드바 서쪽임을 암시하고 있다. 한편, 신명기는 시혼 왕에게 이르는 지역들과 그데못 광야에서 그가 이스라엘의 통과를 거절한 이야기를 설명한다(신 2:26[5]을 보라).

▶ **점토 여인상** _ 텔 할리프에서 발굴된 철기 시대 I 기에 속한 점토 여인상 앞면과 뒷면

그데못의 위치를 정확히 알 수는 없지만, 후보지가 될 만한 곳은 몇 군데 있다. 그데못은 모압 고원 지대의 남동쪽 주변에 있을 가능성이 높다. 그데못이 '광야 지대'를 가지고 있었다는 것은 그곳이 동쪽의 광활한 지역을 마주하고 있었음을 암시하며, '레위 성읍'(수 21:37; 대상 6:79)의 기능을 수행했다는 것은 그곳이 국경 지역을 지키는 성읍이었음을 암시하고 있다. 따라서 가능한 후보지로는 알레이얀, 또는 에스 살리예를 들 수 있다. 시혼과 그의 군대와의 전쟁이 벌어진 장소가 야하스 부근이었다는 기술을 통해 신명기 기록의 진정성을 미루어 짐작할 수 있다(민 21:21-31을 보라).

모압 왕국의 조직과 관련해서는, 헤스본 왕은 그 첫 번째 왕으로부터 모압 사람들이 역사적으로 줄곧 소유권을 주장해오던 지역, 곧 헤스본과 아르논 사이의 고원 지대를 취하였다. 그 이후로 아르논은 요단 동편에 있는 이스라엘 지파의 전통적인 국경 지대가 되었다. 모압 사람들은 이스라엘이 아르논에 온 것을 자기네 땅을 침입한 것으로 간주했다. 모압 사람들은 언제나 북쪽으로 영토를 확장하기 위해 노력했는데, 후대에 그들은 헤스본 국경 지대에 있는 메드바까지 영토를 수복하는 데 성공했다. 종종 이들은 성서 전승에 '모압 평지'로 알려져 있는 동부 요단 계곡의 남쪽 끝까지 진출했다.

본질적으로 신명기 기록은 민수기와 동일한 이야기를 담고 있으면서도 한층 더 논리적인 지리 정보에 기초하고 있다(신 2:32-34을 보라). 야하스(신 2:32)는 모압 고원 지대의 동쪽에 위치한 곳일 가능성이 아주 높다. 그래서 신명기는 이스라엘 백성이 남동쪽으로부터 아르논 동쪽의 그데못 근처로 들어왔고(신 2:26), 여기서 그들이 헤스본의 아모리 왕 시혼의 땅을 공격했다고 본다. 텔 히스반 지역에서는 광범위한 고고학 발굴 작업이 이루어졌다. 후기 청동기 시대의 유물은 전혀 남아 있지 않았으며, 철기 시대 지층은 심하게 훼손되어 있었다. 그러나 이곳이 성서에 나타난 고대 도시 헤스본이며, 유세비우스가 성서의 엣세본(헤스본에 대한 헬라어 음역, 《지명록》 84:1-6)과 동일시한 에스부스(《지명록》 46:1; 76:12; 84:4, 13; 132:2; 136:8, 13)라는 점에는 의심의 여지가 없다. 발굴 결과를 통해 다시금 이 정복 전승의 연대가 주전 12세기에서 11세기임을 추정할 수 있다.

이어지는 이야기는 암몬 영토(민 21:24, 칠십인역)의 국경으로 간주되는 야셀(민 21:32을 보라)과 관련이 있다. 야셀의 가장 강력한 후보지로는 철기 시대와 헬라 시대에 속한 도기들이 발견된 키르벳 야지르를 들 수 있다. 키르벳 야지르는 에스 살트로부터 남쪽으로 4킬로미터 떨어진 곳, 곧 요단 강으로 흘러들어가는 와디 슈에이브의 상류 지역에 자리하고 있다. 자지르로부터 1킬로미터도 안 되는 곳에 아인 하제르가 있다.

1_산지에 사는 아모리인과 저지대에 사는 가나안이라는 공식이 민수기 14장에서는 가나안인이 산지에 사는 거주민들로 나온다.

2_가나안인과 아말렉인이 신명기에서 나오지 않고 아모리인들로만 나오므로 산지에 사는 아모리인들, 평지에 사는 가나안이라는 일반적인 구분에 맞는다는 의미이다.

3_**호르마(Hormah)**
헤렘(חרם) 또한 '신을 위해 구별되다'라는 뜻으로 호르마와 어근이 같다.

4_"알몬디블라다임을 떠나 느보 앞 아바림 산에 진을 치고"(민 33:47).

5_"내가 그데못 광야에서 헤스본 왕 시혼에게 사자를 보내어 평화의 말로 이르기를"(신 2:26).

THE PENETRATION INTO THE TRANS-JORDAN

요단 동편으로 침입

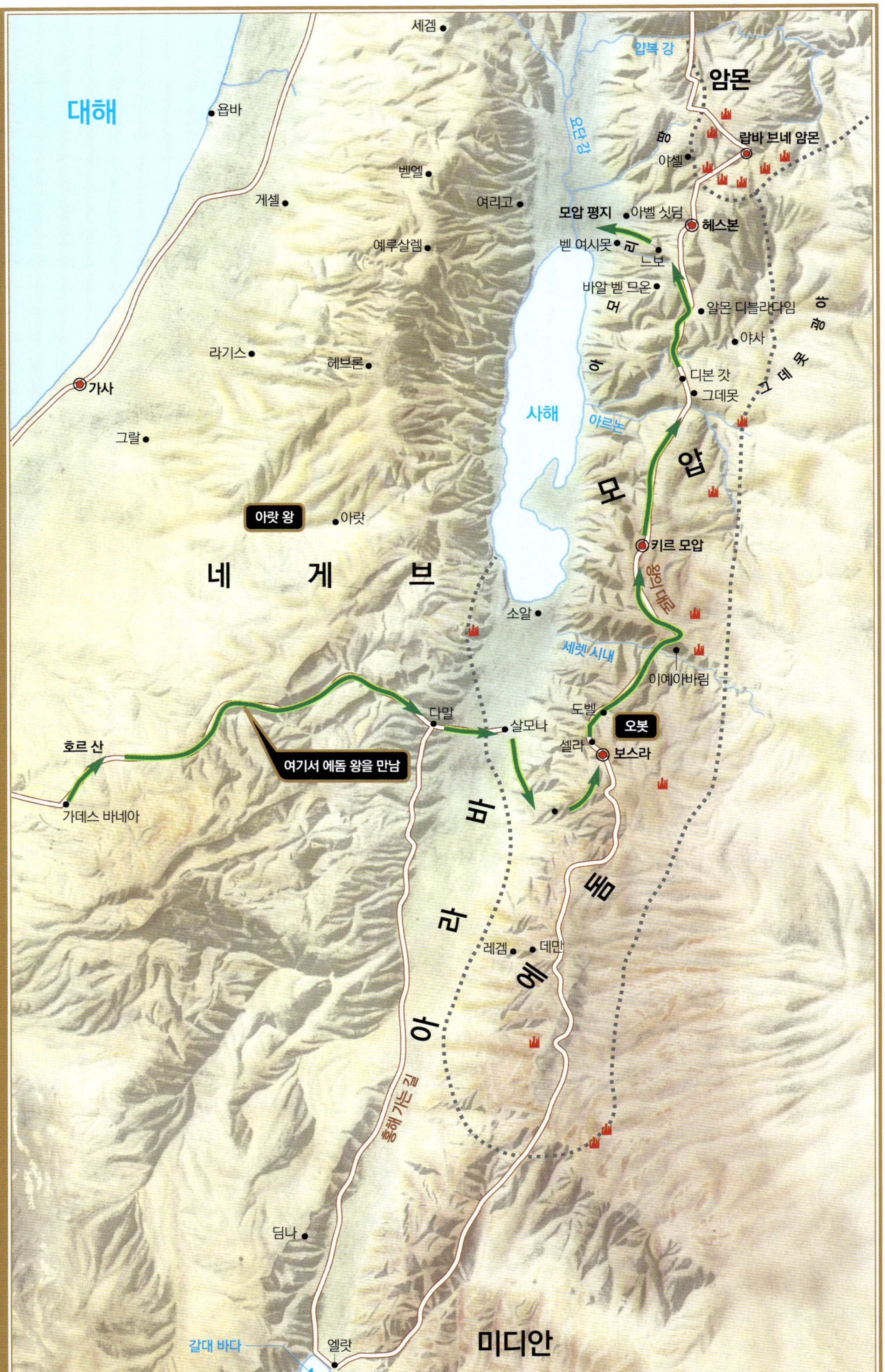

0 5 10 miles
0 5 10 15 km

국경 요새
수도
도로
영토 경계

"이스라엘이 이같이 그 모든 성읍을 빼앗고 그 아모리인의 모든 성읍 헤스본과 그 모든 촌락에 거주하였으니"(민 21:25).

요단 동편의 정복 전승 마지막 부분은 길르앗 북부 그리고 옥 왕국 바산과 관계된 것이다(민 21:33-35을 보라). 옥은 아마르나 시대에 중요한 도시였던 아스다롯과 관련된 인물이었다(수 13:12을 보라).

이스라엘은 요단 동편을 북쪽에서 남쪽까지 세 구역으로 이루어진 것으로 보고 있다. 이 구역들(신 3:10)을 정복한 일은 민수기 21장에서도 다루고 있다.

'모압 평지'에 머무는 동안 발생한 도덕적·종교적 의미를 지닌 두 가지 다른 사건들이 성서에 기록되어 있다. 하나는 발람의 예언(민 23-24장)이며, 다른 하나는 바알 브올에서 일어난 배교 사건이다(민 25장). 이스라엘 백성은 '벳브올벧 브올의 맞은편 골짜기'에 있는 싯딤에 진을 쳤다(신 3:29). 발람이 신탁을 선포한 세 장소는 남쪽에서 북쪽으로 이어지고 있다. 첫 번째 신탁은 메사 비문에도 언급된 바못 바알[1](민 22:41)에서 선포되었다. 바못 바알은 아마도 벧 바알 므온마인 위의 산마루에 자리하고 있었을 것이다.

키르벳 엘 쿠웨이키예는 메드바로부터 북서쪽으로 5킬로미터 정도 떨어져 있고, 느보 성읍으로 추정되는 키르벳 엘 메카이옛으로부터 남쪽으로 2.5킬로미터 떨어져 있다. 키르벳 엘 쿠웨이키예의 위치는 고고학적인 자료가 남아 있지는 않지만 성서에 기록되어 있는 지리적 조건들을 충족한다. 두 번째 신탁 장소는 '소빔 들'을 거쳐 '비스가 꼭대기'(민 23:14)에 이르는 곳이었으며, 마지막 신탁 장소는 '광야가 내려다보이는 브올 산 꼭대기'(민 23:28)였다. 각 장소는 희생 제사를 드리던 신성한 제의의 중심지였다. 발람 예언자는 모압 평지를 한눈에 바라볼 수 있는 유리한 위치를 선택하고자 했을 것이다.

두 번째 이야기(민 25장)는 바알 브올에 있는 제의 중심지와의 관련성을 다루고 있다. 제의 중심지인 바알 브올 또는 벧 브올[2]에서 일어난 일이다. 유세비우스는 바알 브올을 벧 브올에 위치한 곳으로, 포고르 산과 함께 리비아스벧 하람=텔 익타누?로부터 동쪽으로 약 9킬로미터 떨어진 곳에 있으며, 에스부스헤스본=텔 히스반로 가는 길에 있다고 묘사했다(《지명록》 48:3-5). 이스라엘은 그 당시 이곳에 진을 쳤다.

> 요단 강 가 모압 평지의 진영이 벧여시못에서부터 아벨싯딤에 이르렀더라(민 33:49).

비록 고고학적 탐사 결과로 보면 인근의 텔 아제이메가 여시못의 실제 자리인 것이 맞지만, 여시못이라는 고대 이름은 키르벳 에스 수웨이메라는 이름에 반영되어 있는 것으로 보인다. 아벨 싯딤은 싯딤과 같은 지역이다(민 25:1). 이곳은 요단 동쪽 및 사해 북쪽에 자리하고 있다. 싯딤 후보지로는 두 곳을 생각해볼 수 있다. 한 곳은 모압 평지가 내려다보이는 언덕 위의 텔 엘 케프레인으로, 이곳은 사해 북쪽과 요단 동편으로부터 10킬로미터 떨어져 있는 곳이다. 그보다 좀 더 유력한 장소는 동쪽으로 3킬로미터 떨어진 곳에 있는 와디 엘 케프레인에 위치한 텔 엘 함맘이다. 이곳에서 1.2미터 두께의 외벽을 갖춘 철기 시대 요새가 발견되었다. 외벽의 각 끝이 세워진 대규모 망대들의 바닥과 성벽을 지탱해주는 인상적인 제방으로 보아 텔 엘 함맘이 전략적으로 중요한 요새지였음을 알 수 있다. 아벨 싯딤의 위치를 확인하는 작업이 이렇게 힘든 이유는, 성서 지명 아빌 싯딤과 로마식 지명 아빌라가 이 지역에 더 이상 존재하지 않기 때문이다. 다른 비슷한 지명들이 남아 있긴 하지만 아벨 싯딤이란 지명은 잊혔다. '싯딤'은 '아카시아'라는 뜻이며 아벨 싯딤은 '아카시아 숲'이라는 뜻을 지니고 있어, 이 장소가 한때 숲이 우거진 모압 산지였다는 사실을 짐작케 한다.

광야 유랑과 요단 동편 지역 정복 이야기는 두 개의 이주 전승이 하나로 합쳐졌음을 나타내는 증거로 해석되어 왔다. 미디안의 역할이 그 적절한 예이다. 이집트에서 도망쳐 나온 모세는 미디안에서 피난처를 찾았고, 그곳에서 명성 있는 제사장 집안의 딸과 결혼했다. 그는 장인 이드로를 위해 일하던 중 시내 산에서 처음으로 하나님을 만났다. 후에 이드로는 예배에 관하여, 그리고 광야에서의 재판권 행사를 위한 조직을 만들 수 있도록 모세를 가르치는 일에 신임을 받았다(출 2:15과 18장 외 다수). 전승의 또 다른 가닥은 이스라엘과 미디안의 관계가 극단적으로 적대적이었음을 보여준다(민 25, 31장). 이 두 집단의 만남은 모압 평지와 그 부근의 바알 브올, 곧 에돔 지역을 관통하여 직진할 경우에 이르게 되는 지역과 관계가 있다. 발람 이야기에서 미디안의 장로들은 대개 모압의 장로들과 나란히 등장한다(민 22장 외 다수).

갓 지파와 르우벤 지파의 역할 역시 초기의 이주와 후기의 이주 상황을 반영한 것일 수 있다. 요단 동편, 특히 길르앗 지역에서의 정착 과정은 초기인지 후기인지는 명확하지 않다. 야셀 지역과 길르앗 땅은 여전히 목축하기 좋은 지역으로 주목받고 있었는데(민 32장 외 다수), 왕정 시대에도 그 본질적 특성은 변하지 않았다(대상 5:9). 갓 지파는 일찍이 광활한 길르앗 지역을 차지했던 것이 분명하다. 그래서 갓과 길르앗의 이름은 서로 바꿔 쓰일 수 있었고, 후대의 성서 본문들은 이 둘을 거의 동의어로 취급하고 있다. 갓 지파의 정착은 멀리 아르논까지 퍼져나갔는데, 디본과 아로엘도 이에 포함된다(민 32:34). 디본은 디본 갓으로 불렸으며(민 33:45-46), 모압 왕 메사는 자신의 비문에 "갓 사람들이 옛날부터 아다롯 땅에 거주하고 있었다"고 밝히고 있다(비문의 10행). 북쪽 지역의 경우 갓 지파의 기업은 얍복 강까지 이르렀다. 요단 계곡의 동부는 남쪽의 벧 하란과 벧 니므라에서부터 숙곳 평지와 사본 성읍을 거쳐 갈릴리 호수 연안에 이르기까지 거의 모든 지역이 갓 지파에 속한 것으로 여겨졌다(수 13:27). 갓 지파는 아직 가나안 사람들이 거주하고 있던 이 지역으로 침투해 들어간 것으로 보인다. 후에 이 가나안 성읍들은 갓 지파의 기업에 더해졌다. 입다 이야기에서 전승은 이스라엘이 300년이라는 상당한 기간 동안 길르앗에 뿌리를 내리고 정착했다(삿 11:26)고 하지만, 이 숫자에 근거해서 정확한 연대를 추정하는 것은 불가능하다. 갓이 아셀의 형제요, 이 둘이 레아의 여종인 실바의 소생이라는 점은 주목할 만하다. 아셀 지파는 초기 이주에 속했던 것이 확실하며, 이 점은 족보 체계에 분명하게 나와 있다.

이와 대조적으로 르우벤은 분명 후기 이주에 속한다. 전승 자료에 의

디본에서 발견된 메사 석비 ▲

1_바알
개정역에는 '바알의 산당'으로 번역했는데, 그것은 '바못'이 산당의 뜻을 지니고 있기 때문이다.

2_신명기 3:29과 34:6 그리고 여호수아 13:20을 참고하라.

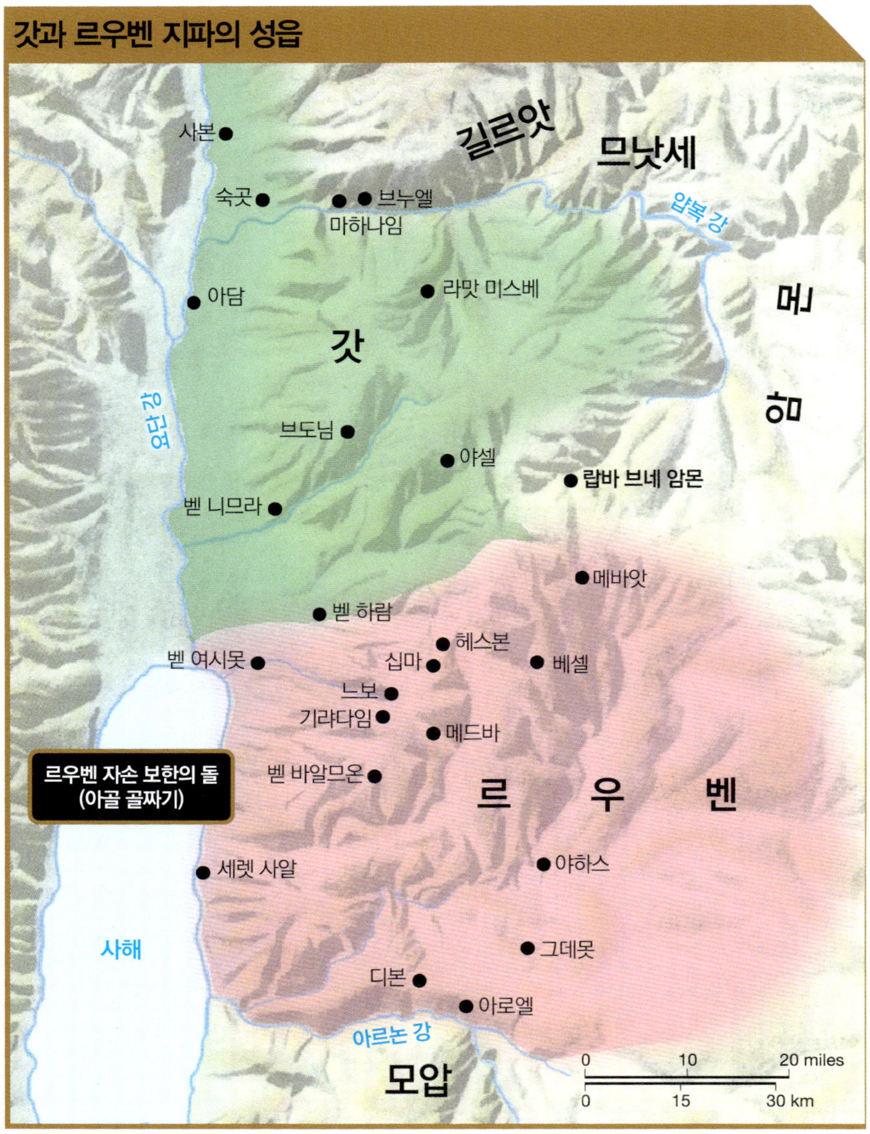

하면, 르우벤은 이스라엘 지파의 장자였으나 그의 지위는 시간이 흐르면서 점점 약화된다. 민수기 32장 37-38절에 따르면, 르우벤 지파는 헤스본과 그 주변 지역에 정착했으며, 그들이 이 지역을 정복한 일은 분명히 후기의 이주 전승과 연결되어 있다. 따라서 갓 지파는 다른 지파들이 선점하고 있던 땅에 정착하는 과정에서 매우 심각한 난관에 부딪치게 되었다. 그들 중 일부는 광야 주변의 유목민으로 남았으며(대상 5:8-10), 또 다른 일부는 요단 서편으로 건너갔다. 성서 본문에는 르우벤 지파, 유다 지파, 그리고 베냐민 지파가 서로 연결되어 있음을 나타내는 분명한 증거들이 있다. 유다 지파와 베냐민 지파 사이의 경계 지역인 여리고 서쪽에는 '르우벤 자손 보한의 돌'이 있었다(수 15:6; 18:17). 또 유다 지파와 베냐민 지파 사이의 경계 지역에는 아골 골짜기가 자리했는데(수 15:7), 이곳에서 유다 지파 출신 갈미의 아들 아간이 돌에 맞아 죽임을 당했다(수 7:26). 갈미는 르우벤 지파의 주요 일가 중 하나였다(창 46:9; 민 26:5-6; 대상 5:3). 헤스론 일가는 르우벤 지파(민 26:6)와 유다 지파(민 26:21) 양쪽에 모두 속한 것으로, 벨라 일가는 르우벤 지파(대상 5:8-10)와 베냐민 지파(창 46:21; 대상 8:1)에 모두 속한 것으로 알려져 있다.

르우벤이 아버지의 첩 빌하와 동침한 사건(창 35:22)이 유다 지파의 영토인 믹달 에델[1]에서 일어난 것으로 묘사되는 것은 주목할 만하다. 이 사건으로 인해 지파들 사이에 우위를 점했던 르우벤의 위치가 내리막에 접어들었다고 한다.

이스라엘 백성이 바산 왕 옥을 에드레이에서 패배시키고서 그의 땅을 정복했다고 기록한 성서 전승은 므낫세 반 지파가 그곳에 정착한 것과 관계가 있다. 이 지역에 므낫세 반 지파가 정착했다는 것은, 사사 시대 후기, 곧 마길이 드보라의 전쟁(삿 5:14) 당시만 해도 여전히 머물고 있던 에브라임 산지로부터 나와 이곳으로 이주한 이후의 시기와 연관이 있다. 바산 왕 옥에 대한 전승의 기원이 무엇이든지 간에, 그것은 주변에 거주하고 있던 암몬 사람들과 연관이 있다(신 3:11). 60개나 되는 옥의 성읍들이 '높은 성벽으로 둘려 있고 문과 빗장이 있어 견고'(신 3:5; 왕상 4:13)하다는 점은, 아마르나 서신과 투트모세 3세, 세티 1세 같은 파라오들의 비문에서 입증된 것처럼 후기 청동기 시대에는 그 같은 도시들이 이 지역 일대에서 잘 알려져 있었다는 점을 상기시켜준다. 이 성읍들이 실제로 높은 성벽으로 둘려 요새화되어 있었는지는 증명할 길이 없다. 그러나 요단 서편의 후기 청동기 시대 성읍들은 요새화되지 않았던 것이 확실하다.

종종 므낫세 반 지파라는 명칭은 기원을 알 수 없는 다른 부족들을 포함하기도 한다. 그런 이들 가운데 유명한 사람이 므낫세의 후손으로 여겨지는 야일이다(민 32:41; 신 3:14; 왕상 4:13). 야일이 정착한 곳, 하봇 야일은 '야일의 야영지'라는 뜻이다. 하봇 야일은 길르앗 북부(왕상 4:13; 대상 2:23)에 위치하며 바산의 국경 지대(신 3:14; 수 13:30)에 자리하고 있었다. 한 지방의 사사로 알려진 야일은 길르앗 사람이며 23개 성읍을 다스리고 있었다. 그래서 이 지역을 하봇 야일이라 불렀다(삿 10:3-5).

바산 동편에 정착한 또 다른 부족은 노바였다. 그는 "그낫과 그 마을들을 빼앗고 자기 이름을 따라서 노바라 불렀다"(민 32:42). 그낫은 아마도 바산 동편에 있는 카나왓이겠지만 노바에 대해서는 그 이상의 정보가 없다. 노바가 므낫세와 연관이 있는지조차도 확실하지 않다.

이러한 전승들로부터, 초기 이주의 몇몇 지파들이 남쪽의 아르논 강에서부터 북쪽의 얍복 강에 이르기까지 요단 동편의 남부 지역에 정착했다는 결론을 내릴 수 있을 것이다. 이들과 관련된 다른 여러 지파들은 길르앗 북부와 바산으로 거의 같은 시기에 침투해 들어갔다. 후에 마길의 동쪽 이주가 이루어지고 나서야, 이 지역은 이스라엘 땅으로 바뀌었으며, 다양한 지파 집단들은 '마길과 므낫세의 자손들'로 통합되었다.

요단 서편 중부 지역 요단 서편으로의 진입은 여호수아서의 주제이다. 여호수아서의 저자는 에브라임 지파 출신인 눈의 아들 여호수아 장군의 지휘 아래 열두 지파 연맹체가 단결하여 가나안 땅을 정복한 이야기를 그리고자 하였다. 그런데 그들의 시조가 되는 조상 에브라임이 이집트에서 태어났다기보다는 매우 일찍부터 가나안 땅에 거주하고 있었다는 대조적인 전승이 존재한다(대상 7:20-28). 같은 본문에 나오는 족보는 눈의 아들 여호수아까지 언급한다(대상 7:27). 여호수아가 태어나고 묻힌 곳은 딤낫 세라(수 19:50; 24:30) 또는 딤낫 헤레스(삿 2:9)인데, 이곳은 에브라임 지파 영토의 남쪽 산사면에 있는 키르벳 티브나와 동일한 곳이다. 여호수아는 가나안 원주민들과 맞서 싸울 때 가장 돋보였던 에브라임 지파의 군사령관이었을 가능성이 가장 높다. 이 전투와 관련된 지역

1_믹달 에델(Migdal Eder) 개정역은 믹달 에델을 '에델 망대'로 옮겼다. 히브리어 '믹달'은 '망대'라는 뜻이다.

2_"여호수아가 여리고에서 사람을 벧엘 동쪽 벧 아웬 곁에 있는 아이로 보내며 그들에게 말하여 이르되 올라가서 그 땅을 정탐하라 하매 그 사람들이 올라가서 아이를 정탐하고"(수 7:2).

은 벧 호론 지역과 베냐민 지파에 속한 고원 지대이다. 이 전투에서 얻은 평판 덕분에 여호수아는 신명기 역사의 정복 전승에서 총사령관에 임명되는 영예를 안았다.

첫 번째 공격 _ 요단 강을 건너 여리고를 정복한 기적 이야기는 널리 알려져 있는 동시에, 가장 열띤 논쟁과 강렬한 감동을 불러일으킨다. 요단 강물은, 전통적으로 텔 에드 다미에로 알려진 사르단 근처의 아담에서 축적되는 것으로 묘사되고 있다(수 3:15b-16). 이러한 현상은 매우 논리적인 것인데, 그 이유는 동쪽의 얍복 강과 서쪽의 와디 파라가 만나는 교차지 북쪽에 있는 아담 지역의 진흙 제방이 일정 기간 강의 흐름을 쉽게 막을 수 있기 때문이다. 요단 서편의 새로운 작전 기지는 제의 중심지로 중요한 지역인 길갈에 세워졌다(수 4:19을 보라).

여리고 정복 이후의 본문은 아이 성을 공격하기 위해 산지로 침투한 사건을 다루고 있다(수 7-8장). 여호수아 7장 2절[2]에 언급된 동일한 지리적 묘사는 아브라함의 이야기에도 등장한다(창 12:8을 보라). 벧엘은 의심의 여지 없이 베이틴이므로, 아이의 가장 유력한 후보지로는 거대한 초기 청동기 시대의 도시 유적층인 에트 텔을 꼽을 수 있다. 그곳은 언덕 윗부분이 초기 철기 시대의 마을들로 조성되어 있다. 적군을 유도한 후에 뒤에서 급습하는 매복이라는 주제는 매우 잘 알려져 있다(참고. 삿 20:29-46의 비슷한 이야기). 매복은 실제로 치열한 전투에서 사용된 작전이었을 것이다(수 8:10-15을 보라).

본문은 이스라엘이 아이를 정복했다고 언급하지는 않지만, 아이가 왜 폐허가 되었는지 기원론적인 설명을 하고 있다는 인상은 강하게 준다. 여호수아서의 이야기에 의하면, 이스라엘은 길갈에 있는 자신들의 기지로 돌아왔다.

그 다음에 이어지는 단락은 기브온 사람들의 책략을 다루고 있고, 또 그 결과로 인하여 예루살렘의 통치자 및 그의 동맹국들과 전쟁을 치른 일을 다루고 있다. 이야기(수 9:3-10:15)는 여호수아와 이스라엘이 어떻게 속임수에 넘어가 예루살렘 북쪽의 고원 지대 중심지에서 히위 사람들과 정식으로 평화 조약을 맺게 되었는지를 설명한다. 히위 사람들은 자신들을 멀리서 온 여행자들로 위장하고 이스라엘의 보호를 요청했다. 기브온 사람들은 속임수를 써서 성공한 대가로 이스라엘을 위해 '나무를 패며 물을 긷는 자들'(수 9:27)이 되었다고 한다. 계약으로 말미암아 이스라엘 사람들은 기브온의 이전 군주인 예루살렘 왕의 보복성 공격으로부터 기브온을 구해주어야 한다는 의무감을 갖게 되었다. 그 후에 이어진 전투에서 하나님이 태양과 달을 전쟁터 위에 머물러 있게 하시며 '하늘에서 큰 우박 덩이를 내리'(참고. 수 10:11)시는 동안 여호수아의 군대는 가나안 사람들을 기브온으로부터 벧 호론 비탈로 몰아냈다. 이 유명한 이야기는 아마 히위 사람 기브온이 이스라엘에 복종하게 된 관계를 기원론적으로 설명하는 전승에 토대를 둔 것으로 보인다.

기브온 사람히위 사람은 네 성읍에 흩어져 살았다. 비록 '기브온 땅'이라는 표현이 나타나지는 않았지만 기브온이라는 말이 나올 때 어떤 경우에는 네 성읍들로 둘러싸인 그 땅을 가리키려는 의도로 사용되었다. 그러나 '기브온 골짜기'라는 표현은 등장한다(사 28:21). 네 성읍은 아래와 같다.

> 그들의 성읍들은 기브온과 그비라와 브에롯과 기럇여아림이라(수 9:17).

기브온 사람들은 예루살렘 왕의 신민臣民들이었다고 전해진다. 그들이 이스라엘에 투항한 일은 예루살렘에는 경종이 되는 계기가 되었다. 기브온의 영토는 해안 평야로 가는 가장 중요한 도로에 연해 있었기 때문이다. 아마르나 시대에 예루살렘과 그 주변의 해안 지대 사이에 있었던 갈등도 바로 이런 이유와 관련되어 있었다. 이제 예루살렘 왕은 정도正道에서 벗어난 자신의 신민들을 벌할 수 있도록 자신의 동맹국인 아모리 사람들에게 도움을 청했다(수 10:4-5을 보라).

바로 이때 여호수아와 이스라엘의 용사들이 길갈에서부터 올라와 아모리 동맹군을 급습했다(수 10:10-11을 보라). 위 벧 호론과 아래 벧 호론은 쌍

가나안 땅의 첫 침투

▲ **에트 텔의 전경** _ 공중 촬영 사진은 초기 청동기 시대에 속한 신전, 궁전, 성벽의 구조를 잘 보여준다. 에트 텔과 부근에 대한 지형 조사는 여호수아 이야기의 묘사가 이 지역의 지형적 구조, 주변과 놀라울 정도로 잘 들어맞는다는 것을 입증해주었다. 텔을 인근의 산지와 골짜기에 연결해주는 산등성이는 이야기의 세부 묘사에 적절한 답이 되었다. 이것은 틀림없이 철기 시대 정착지의 실제 정복에 대한 전설이다.

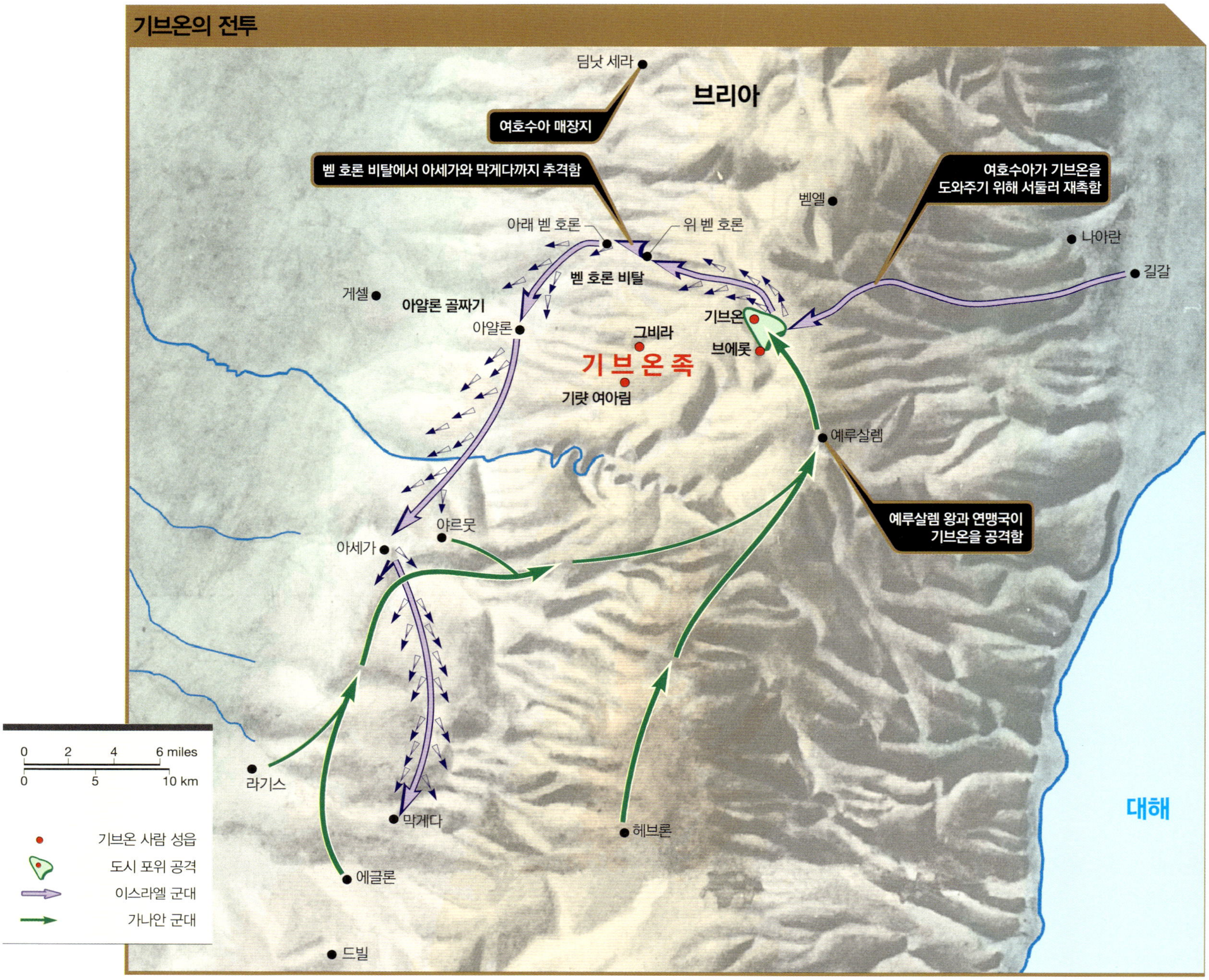

둥이 마을인 베이트 우르 엘 포카와 베이트 우르 에트 타흐타와 각각 동일한 지역으로 여겨진다. 그런데 이 두 지역들은 해안 평야 지대에서 예루살렘 북쪽 산지로 가는 가장 쉬운 길에 있었다. 아세가는 유다 지파에 속한 세펠라의 최북단 지역에 위치한 성읍이다(수 15:35). 이곳이 텔 자카리예라는 사실을 처음 확인한 사람은 1840년 랍비 예호세프 슈바르츠였다.

이 길 때문에 학자들은 흔히 막게다를 아세가 근처, 곧 세펠라 북쪽에서 찾으려 했다. 그러나 세펠라 목록에서 막게다는 라기스 지역에 속한 것으로 나타나는데(수 15:41), 행정 문서가 전쟁 설화보다 더 우선순위를 차지하고 있음이 틀림없다. 산지로부터 세펠라를 분리시키는 'U자형 골짜기'를 고려할 때, 벧 호론에서 아세가까지의 거리는 아세가에서 키르벳 엘 콤까지의 거리와 거의 같다. 유세비우스는 막게다의 위치에 관해 이렇게 말했다.

그곳은 지금 여덟 번째 이정표로부터 엘류세로폴리스[1]의 동쪽에 있다《지명록》126:24–25).

1_엘류세로폴리스
벧 구브린의 헬라식 지명. 율세로폴리스는 헬라 시대 세펠라 지역의 행정 중심지였다.

키르벳 엘 콤으로부터 약 1킬로미터 떨어진 곳에는 키르벳 베이트 마크둠이라 불리는 로마 비잔틴 시대의 폐허지가 있다. 키르벳 엘 콤은 U자형 골짜기의 동편에 있는 인상적인 텔이지만 산지에 있는 것은 분명히 아니다. 키르벳 엘 콤은 U자형 골짜기에 있는 모든 텔처럼 세펠라 지역에 속한다. 따라서 여호수아 10장 11절에서 여호수아가 아세가와 막게다에 이르기까지 아모리 왕들을 추격한 사건은 두 구간의 노정으로 나타난다. 첫 번째는 아세가에 이르는 여정이며, 두 번째는 엘라 골짜기에서 U자형 골짜기를 따라 남쪽으로 내려가다가 키르벳 엘 콤에 있는 막게다에 이르는 여정을 일컫는다. 유세비우스에 따르면 키르벳 엘 콤에서 철기 시대의 막게다를 찾을 수 있을 것이다! 최근에 키르벳 엘 콤을 막게다와 동일한 지역으로 확증할 수 있었던 것은 주전 4세기경의 아람 지역 오스트라카도편가 대량으로 이곳 유물 시장에서 발견되었기 때문이다. 일부는 군 초소에서 일상적인 검문을 하는 동안 키르벳 엘 콤에서 온 마을 주민들의 소유물에서 발견되기도 했다. 이 본문들 중 다수는 막게다에 대하여 아람어로 언급하고 있다.
물론 '막게다까지'라는 구절이 다음 이야기를 잇기 위한 문학적인 장치일 수도 있다. 그러나 지리적인 면에서 볼 때는 타당하다. 여호수아와 그의 군대가 요단 골짜기에 있는 길갈로 돌아왔다고 말하는 여호수아 10장 15절을 보면, 서로 다른 설화들이 한데 합쳐진 것이 분명하다. 그러나 이 구절은 칠십인역에는 없는 것으로 보아, 아마도 주전 3세기 이후에 히브리어 사본에 추가된 것일 수 있다. 헬라어 번역자가 편집 때 덧붙여진 어색한 구절을 제거한 것으로 보기는 어렵다. 이후에 여호수아는 다섯 왕이 숨어 있는 막게다의 동굴로 찾아간다. 그리고 그 다음으로 세펠라 중부와 남부에 있는 성읍의 정복에 관한 이야기로 넘어간다.

남부 원정 여호수아 15장 33-36절에 세펠라 북부 지역에 관한 별도의 정복 이야기가 없다는 것은 매우 흥미로운 일이다. 이스라엘과 가나안/아모리 거주자들의 관계는 유다와 다말 이야기에 정확하게 반영되어 있다(창 38장).
여호수아 10장 21절에서 여호수아는 헤브론 산지의 산자락에 있는 U자형 골짜기의 동쪽 가장자리에 위치한 막게다 키르벳 엘 콤에 진을 쳤다. 이것이 세펠라의 중부와 남부 지역에 대한 일련의 정복 이야기의 첫 부분이다(수 10:28을 보라).
다음 이야기의 표적은 립나였다(수 10:29-30을 보라). 립나의 위치는 여전히 확실하지 않지만 텔 보르낫을 가리키는 충분한 증거가 있다. 립나의 후보지로는 여러 장소가 거명되었지만, 가장 빈번하게 언급되는 후보지는 텔 에츠 차피이다. 이곳의 아랍어 지명은 '밝은, 빛나는'이라는 뜻이지, '흰'(립나는 '흰' 색이라는 뜻)이라는 뜻은 아니다. 산헤립 원정 때 앗수르인들이 에그론(텔 미크네=키르벳 엘 무카나)을 빼앗은 다음, 라기스를 공격하기 위해 텔 에츠 차피 부근으로 갔는데, 결국은 후에 텔 에츠 차피로 돌아왔을 것이라는 추측은 의미가 통하지 않는다. 더욱이 마레사에서 텔 에츠 차피에 이르는 행정 구역을 명시하는 것은 불가능하다. 여호람의 시대에 일어난 립나 사람들의 배반(왕하 8:22)은 이곳이 블레셋 지역에 가까웠음을 암시한다. 동쪽에 립나를 두게 되면 라기스 전 구역이 길을 막는 셈이 되므로 의미가 통하지 않는다. 더욱이 립나가 레위 지파 성읍이라는 사실(수 21:13) 역시 서쪽에 면한 국경 지역의 요새 역할을 했음을 암시한다. 그러므로 립나를 텔 보르낫 텔 부르나 으로 볼 수밖에 없다.
유세비우스는 다음과 같이 말했다.

> 지금 그 도시는 엘류세로폴리스 지역의 **로바나**라고 불리는 마을이다 (《지명록》 120:23-25).

그가 립나에 대해 방향이나 이정표를 주지 않는 것은 립나가 벧 구브린 베이트 지브린 에서 매우 가깝기 때문일 수 있다. 또 다른 힌트는 '립나와 에델'이 유다 성읍 목록에서 함께 나온 데서 얻을 수 있다(수 15:42). 에델은 벧 구브린의 서쪽으로 1.5킬로미터 떨어져 있는 키르벳 아타르와 떼어 놓을 수가 없다. 텔 보르낫도 유사한 거리에 있다.
텔 보르낫의 규모와 특징은 와디 에즈-자에이타 나할 구브린 의 침하 지역에 위치하기 때문에 두드러져 보이지 않는다. 세펠라의 서쪽 국경에 위치한 립나는 블레셋 지역과 마주하고 있어서 유다 왕에게 반란을 일으킨 사건의 배경으로 적합하다(왕하 8:22; 대하 21:10).
정복 이야기는 립나에서 라기스로 이어진다(수 10:31-32를 보라). 텔 엘 헤시 텔 하시 가 라기스의 후보지가 아니라는 점이 분명하다면, 가장 유력한 곳은 텔 에드 두웨이르가 된다. 텔 에드 두웨이르가 라기스라는 견해는 '라기스 서신'이 발견되었기 때문이다. 이 서신들 중 4번 서신이 라기스를 언급하고 있는데, 이 서신은 라기스라고 불린 텔 에드 두웨이르를 바라볼 수 있는 거리에 있는 누군가가 라기스에 보낸 것으로 보는 데 의심의 여지가 없다.
여기서 이스라엘의 정복 과정은 라기스를 도우러 온 게셀 왕의 개입으로 인해 방해를 받았다(수 10:33을 보라).
이스라엘의 정복 활동은 에글론을 향한 행군과 더불어 다시 진행된다(수 10:34-35을 보라). 에글론은 헤브론 그리고 위치가 확증된 라기스 사이 어딘가에 있는 것이 분명하다. 본문의 내용에 가장 부합하는 장소는 텔 아이툰(지금의 텔 에톤)이다. 이곳은 라기스에서 와디 엘 지자이르 나할 아도라임 를 경유해 헤브론으로 가는 자연 도로상에 있다. 오늘날 텔 아이툰은 분명 성서의 에글론을 가리키는 고고학적인 특징과 지형적 조건을 모두 갖추고 있다.
그러므로 립나 텔 보르낫 에서 라기스 텔 에드 두웨이르, 에글론 텔 아이툰 까지 이르는 길은 지리적으로 볼 때 타당하다는 것이 입증되었다. 이는 중앙 산지의 정복을 다루는 다음 단계의 내용 서술에 적합한 서곡에 해당한다.

▲ **북동쪽에서 바라본 라기스(텔 에드 두웨이르) 전경** _ 텔 에드 두웨이르에서 발굴된 철기 시대의 요새화된 도시는 산헤립의 궁전 벽에 새겨진 라기스 부조와 매우 흡사하다. 또한 이곳에서 발견된 오스트라카 중 하나는 라기스를 언급하고 있어서 저자가 텔 에드 두웨이르에 있었던 성읍을 가리키고 있다는 가장 타당성 있는 추정을 지지해준다.

중앙 산지 여기서 우리는 여호수아 10장이 여러 본문들이 합쳐진 것임을 나타내는 가장 뚜렷한 문학적인 증거를 발견할 수 있다. 히브리 성서는 이 부분에 대해 세 가지 이본異本들을 가지고 있다. 원본은 헤브론과 드빌을 정복한 것이 그니스 족속이라고 말한다. 이 정복을 이끈 사람은 갈렙이다. 이 이야기는 그 일이 여호수아가 땅을 분배하는 동안 이루어진 일이라고 봄으로써 여호수아서 저자의 생각과 일치하는 모습을 보인다(수 15:13-19을 보라).
두 번째 판본은 갈렙을 유다 지파와 연관시킨다(삿 1:19-20을 보라).
마지막으로 헤브론과 드빌 정복은 여호수아의 지휘 아래 온 이스라엘이 남부 원정에 나선 것으로 여겨지고 있다(수 10:36-39을 보라). 드빌의 위치를 확인하는 일은 매우 오랜 기간 동안 지루하게 진행되어왔다. 드

1_유령 지명
오기 내지는 잘못 인식하여 생긴 지명들로 실제로는 존재하지 않는 지명들을 말한다.

2_쉬므온(Shimon)
시므온. 시므온이라는 지명은 역대기하 16:9과 34:6에 바른 형태로 남아 있다.

빌은 헤브론 남쪽에 있는, 이스라엘 이전 시대의 주요 성읍이었다가 후에 제사장 성읍으로 바뀌었다. 성서 본문은 드빌이 유다 산지 남부에 위치하고 있다(수 15:49)는 것을 전혀 의심하지 않는다. 따라서 19세기에 이르러 학자들이 유다 산지 최남단에 있는 아랍 성읍 에드 다헤리예에 관심을 기울이게 된 것은 놀라운 일이 아니다.

키르벳 라붓에 대한 탐사와 발굴은 이곳이 후기 청동기 시대 거주지 흔적을 지니고 있고, 철기 시대 II기에는 그곳이 라기스보다 더 큰 지역을 포함하는 육중한 돌 성벽으로 둘러싸여 있었음을 밝혀냈다. 키르벳 라붓과 그 주변 지역은 문서 자료에 나타난 자연 조건과도 완전히 일치한다. 이곳은 인근 계곡에 있는 두 개의 수원지, 곧 비르 엘 알라카 엘 포카니(일상 구어로는 엘 알리예)와 비르 엘 알라카 에트 타흐타니니(일상 구어로는 에트 타흐타)를 포함하고 있는데, 이 두 샘은 갈렙의 딸 악사 이야기에 나오는 윗샘 및 아랫샘과 일치한다. 그 위치도 본문에 언급된 이야기와 잘 맞는다. 키르벳 라붓은 바로 옆에 중요한 자연 수자원을 가지고 있는 것은 아니다. 이 두 샘을 가진 계곡은 그 지역의 관할권 아래 있었을 수도 있다. 그 위치에 비추어볼 때 반드시 그런 것은 아니지만 말이다.

상부 갈릴리 여호수아서의 저자가 정복 이야기에서 이스라엘 백성이 아직 정복하지 못한 것으로 설명하는 듯한 지역들은 아직 많이 남아 있었다. 저자는 상부 갈릴리에 대한 원정을 다루면서 여호수아서의 결말을 맺는다. 여기서 다시 여호수아는 지휘관으로 등장한다.

소위 메롬 물가에서 발생한 분쟁을 다루는 이야기에서는 네 개의 가나안 성읍만이 언급되고 있다. 히브리어 사본에 언급되는 마돈과 시므론 및 메롬은 일종의 유령 지명[1]들이다. 좀 더 우수한 히브리어 사본에 토대를 둔 헬라어 칠십인역은 원래의 지명이 마론과 쉬므온[2]이었음을 증거한다.

이 이야기의 지리를 적절히 이해하기 위해서는 올바로 고친 지명을 보여주고 있는 칠십인역이 필요하다(수 11:1-3을 보라; 참고. 칠십인역). 마론(칠십인역)의 실제 위치는 아마도 마룬 에르 라스로부터 남쪽으로 3킬로미터 이상 떨어진 텔 엘 쿠레이베일 것으로 추정된다. 쉬므온시므온은 오늘날의 텔 쉬므론인 키르벳 삼무니예이다. 악삽은 악고 평야의 주요 유적지들 중 하나이다. 이 위치는 확실하지 않지만 악고로부터 남동쪽으로 10킬로미터 떨어진 텔케이산텔 키손이거나 악고 평야의 남단에 있는 키르벳 엘 하르바즈텔 레게브일 가능성이 있다. 가나안 동맹국들에 대한 묘사는 갈릴리 북부 산지에 정착한 비이스라엘인들의 주요 중심지들의 모습을 보여준다. 이 동맹국들은 모두 하솔 왕에게 종속된 것으로 보인다. 원래는 성읍의 목록이 더 길었지만 의도적으로 축소되고 포괄적인 지역으로 요약되었다.

북부에 있는 '세펠라'에 대한 언급은 좁은 해안 지대와 중앙 산지 사이에 낮게 누워 있는 산지라는 것을 암시한다. 그곳은 북에서 남으로 뻗어 있고 또 레바논 남부에 있는 두로의 해안 평야 지대까지 이어지는 갈릴리 서쪽의 작은 언덕들을 가리킨다. 여기서 세펠라 같은 지형은 산지와 해안 평야 사이에 놓여 있다. 이 지역은 전 역사에 걸쳐 특이한 장소로 인식되어 있으므로, 그 결과 십자군 시대와 특히 19세기에는 행정 계약서들에서 이곳에 대한 언급을 찾아볼 수 있다. 탈무드 시대에 '갈릴리의

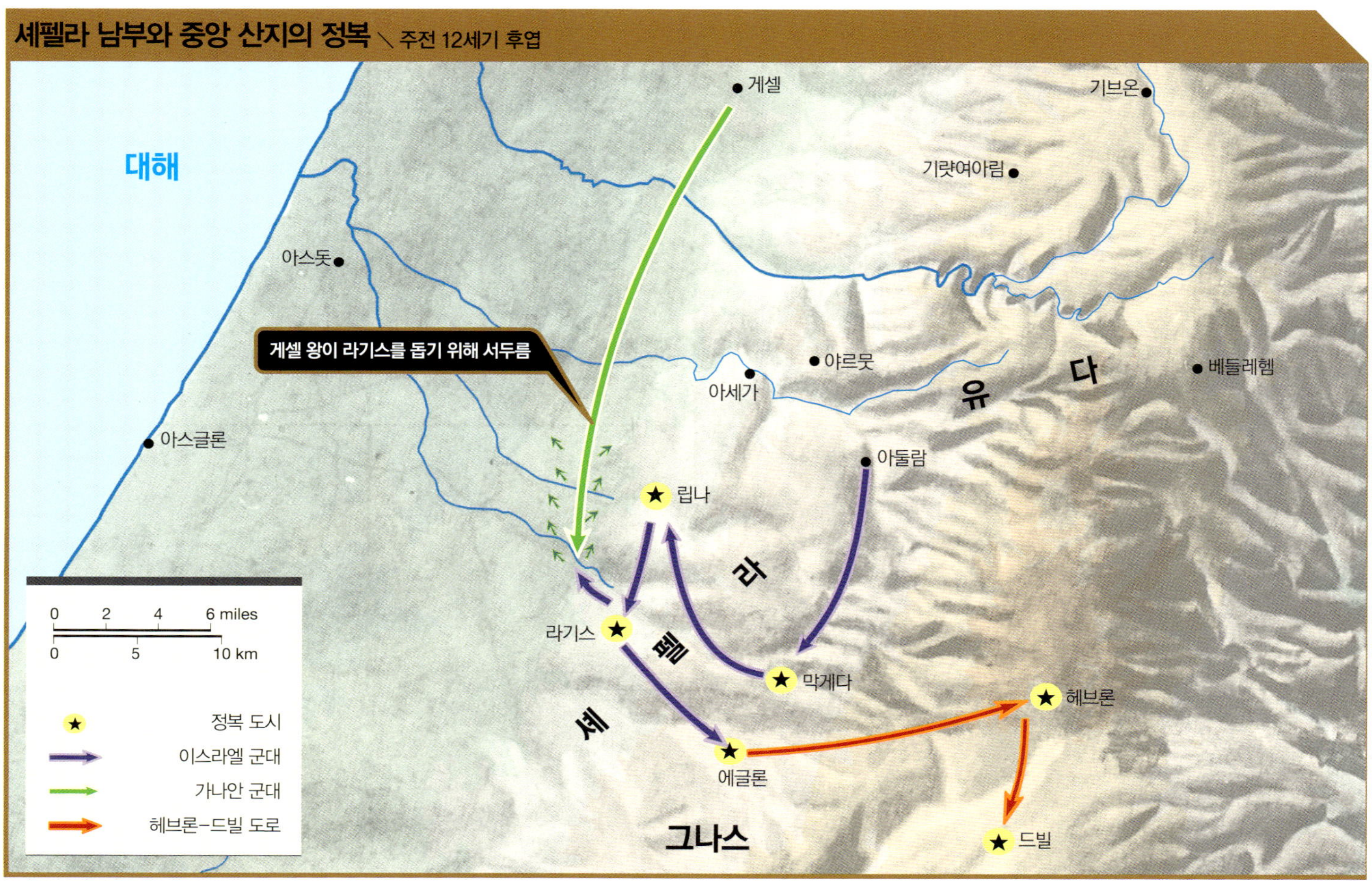

세펠라'는 '이방인의 땅'으로 구별된 반면, 동쪽으로 이어지는 산악 지대는 '이스라엘 땅'에 포함되었다.

가나안 사람들은 상부 갈릴리의 중심 위치에 있는 마룬 에르 라스 근처의 한 유명한 수원지에 모였다. 전쟁터가 된 곳은 바로 이곳이었다. 이곳은 상부 갈릴리 남쪽의 융기된 산지 북쪽에 위치한 상대적으로 평평한 지역, 곧 예벨 야르마크였다. 오늘날 메이론 산으로 불리는 이곳은 고대의 지명을 거의 반영하지 않은 현대식 지명이다.

메롬(수 11:5을 보라)은 예벨 야르마크의 동쪽 사면에 있는 메이론 마을과 동일한 지역으로 여겨져왔다. 그러나 이것은 칠십인역에 나와 있는 교정된 사본을 무시한 견해이다. 메이론의 발굴 작업은 이곳이 훨씬 후대의 마을임을 분명히 보여준다.

가나안 사람들의 퇴각로는 전투가 상부 갈릴리에서 일어난 것이지, 하틴 곳과 같은 다른 어떤 지역에서 일어난 것은 아니라는 사실을 분명하게 보여준다(수 11:8[3]을 보라). 분명히 이스라엘은 상부 갈릴리로부터 남쪽으로 이어지는 도주로를 차단했다. 왜냐하면, 여호수아 11장 6-9절에 묘사된 바와 같이, 패배한 가나안 사람들이 탈출할 수 있는 유일한 길은 서쪽으로 키르벳 무세이레페 근처에 있는 미스르봇까지 이른다. 이 길은 이크릿호르밧 요크랏과 압돈키르벳 압다=텔 아브돈을 경유한다. 그리고 길은 계속해서 얏티르와 카나를 경유해 시돈을 향해 북쪽으로 가며, 타프닛과 벧 아낫차페드 엘 밧티크을 경유하여 북동쪽의 미스베 골짜기까지 이른다. 이어서 여호수아는 하솔을 멸한 것으로 묘사되어 있다.

이와 관련된 본래의 지파는 아마도 납달리와 아셀일 것이다. 이들의 초기 정착은 고고학 탐사 결과가 보여주듯이, 상부 갈릴리의 남쪽 고산 지대에서 이루어졌다. 여호수아와 이스라엘의 모든 백성은 여호수아서 저자가 규정한 기본 개념에 맞추어 소개되고 있지만, 역대기 저자는 여호수아와 다른 생각을 보여준다.

3_"여호와께서 그들을 이스라엘의 손에 넘겨 주셨기 때문에 그들을 격파하고 큰 시돈과 미스르봇 마임까지 추격하고 동쪽으로는 미스바 골짜기까지 추격하여 한 사람도 남기지 아니하고 쳐죽이고"(수 11:8).

THE LIST OF CONQUERED KINGS

정복된 왕들의 목록

여호수아의 정복 이야기 다음에 정복된 왕들의 목록이 나온다. 요단 동편 지역의 정복을 위해 시혼과 옥에 대한 전승을 회고하는 것은 민수기와는 별도의 전승임을 보여준다. 요단 서편 정복에 대해서는 왕의 목록이 대신한다. 불행히도 목록의 마소라 전승은 다소 훼손되었다. 그러나 칠십인역의 설명은 사본학상으로 볼 때, 여호수아와 사무엘에 관한 한 우수한 것으로 알려져 있다. 따라서 칠십인역에 따라 잘 이해할 수 있는 목록으로 재구성할 수 있다. 앞의 내용에서 명시적으로 언급되지 않은 몇 지명들을 위해 원래 정복 전승이 존재했을지 모른다. 부분적으로 재구성한 본문은 다음과 같다.

부분적으로 재구성한 여호수아 12장 9-24절의 교정 목록

09	하나는 여리고 왕이요 하나는 벧엘 곁에 있는 아이 왕이요
10	하나는 예루살렘 왕이요 하나는 헤브론 왕이요
11	하나는 야르뭇 왕이요 하나는 라기스 왕이요
12	하나는 에글론 왕이요 하나는 게셀 왕이요
13	하나는 드빌 왕이요 하나는 게델 왕이요
14	하나는 호르마 왕이요 하나는 아랏 왕이요
15	하나는 립나 왕이요 하나는 아둘람 왕이요
16	하나는 막게다 왕이요 하나는 벧엘 왕이요
17	하나는 답부아 왕이요 하나는 헤벨 왕이요
18	하나는 샤론[1]의 아벡 왕이요
19	하나는 하솔 왕이요
20	하나는 쉬므온[2] 왕이요 하나는 마론[3] 왕이요 하나는 악삽 왕이요
21	하나는 게데스 왕이요 하나는 다아낙 왕이요
22	하나는 므깃도 왕이요 하나는 갈멜의 욕느암 왕이요
23	하나는 돌의 고지에 있는 돌 왕이요 하나는 갈릴리[4]의 고임 왕이요
24	하나는 디르사 왕이요

이들은 모두 31명의 왕들이다.

1_샤론 마소라 전승에는 나오지 않는다.
2_쉬므온 마소라 전승에는 '시므론므론 왕'으로 나온다.
3_마론 마소라 전승게는 나오지 않는다.
4_갈릴리 마소라 전승에는 '길갈'로 나온다.

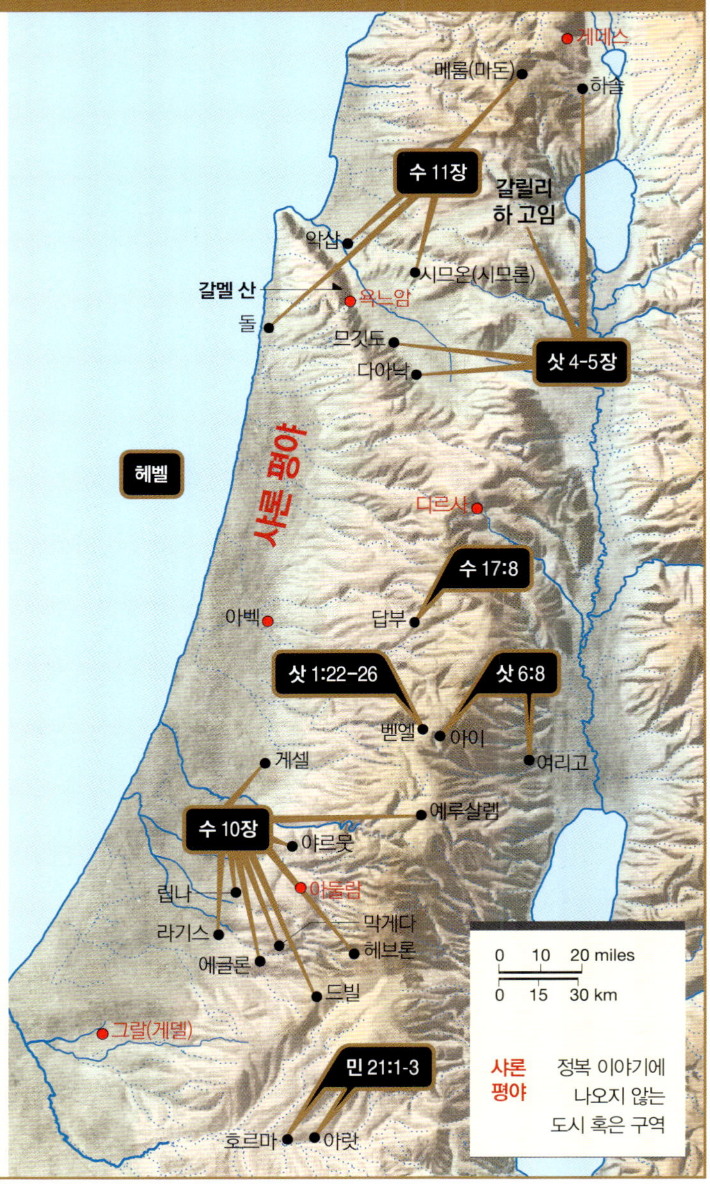

05

|CHAPTER|

SURVIVAL AND RENEWAL

생존과 회복

(주전 11세기)

가나안 사람들은 북부의 골짜기와 평야 지대에, 블레셋은 남부 해안 지대에, 그리고 이스라엘 지파들은 산지에 거주했다. 이스라엘의 열두 지파가 각각 할당된 기업에 정착하는 과정은 복잡했으며, 모든 경우에 균일하게 성공을 거둔 것은 아니었다. 지파 사회는 늘 구조와 조직에 유동성이 있었으며, 사사들은 개인적인 약점에도 불구하고 백성과 야훼의 진정한 종이라는 영예를 안았다. 하지만 사사기의 결론적인 구절에서 요약하고 있듯이, 개인적인 영웅보다 왕정 아래서의 삶이 한결 낫고 질서가 잡혔다는 시각이 전제되어 있다.

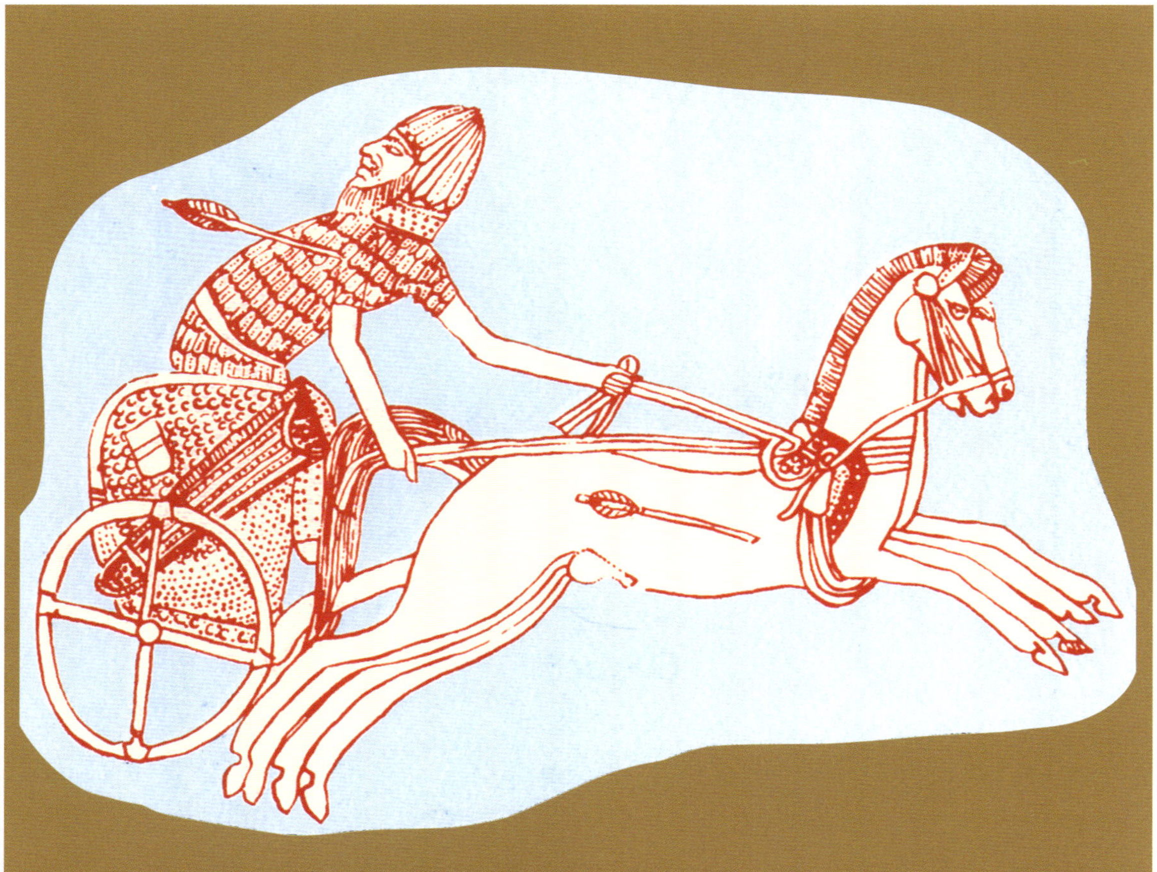

CANAANITE CHARIOTEER WOUNDED BY ARROW
화살을 맞아 부상당한 가나안 병거 전사(투트모세 4세의 병거 부조에 함께 새겨져 있다)

주전 11세기의 고대 중동에 대한 문헌 자료는 풍부하지 않다. 그럼에도 불구하고 후대에 덧붙여진 설명과 여기저기서 실마리를 찾게 해주는 비문 자료들 덕분에 레반트의 삶을 파악하는 일은 어느 정도 가능하다.

레반트 남부 지역

주전 12세기까지 팔레스타인의 주요 경쟁 국가들은 각자의 영토에 잘 정착해가고 있었다. 가나안 사람들은 북부의 골짜기와 평야 지대에, 블레셋다른 '해양 민족'들과 함께은 남부의 해안 지대에, 이스라엘 지파들은 산지에 계속 거주했다. 성서 전승은 저지대에 살고 있던 가나안 사람들과 아모리인이 '철병거'를 가지고 있어(수 17:18[1]) 이스라엘이 이들을 몰아낼 수 없었음을 확인해준다. 이스라엘 백성이 아닌 이들이 계속 거주했던 지역은 사사기 1장에서 그 목록을 찾아볼 수 있다. 또 이와 유사한 암시가 여호수아서 여기저기에도 나온다(수 15:63; 17:11-13).

사사기는 여호수아서에 나오는 정복 내러티브 이후의 이야기를 다루며 민족의 서사시를 이어간다. 다음에서 다루게 될 사사기 1장 27-35절에는 각 지파별로 정복하지 못한 지역들이 언급되어 있다. 세겜 정복에 대한 전승은 없지만, 세겜의 상황은 이스라엘과 가나안 사람들이 공생했던 게셀(삿 1:19)과 비슷했을 것 같다. 여부스 예루살렘과 게셀, 단 지파에게 저항했던 아모리 성읍들은 산지 중앙에 있었다. 매우 오래된 전승은 에브라임 지파가 단 지파의 정착을 방해했던 지역 원주민과 일찍부터 접촉했다고 말한다(대상 7:20-24; 삿 1:35). 베냐민 지파에 속한 일부 사람들도 같은 지역으로 이주했다(대상 8:12-13; 삼하 4:3-4).

산지 지역에서 이루어진 최근의 고고학 탐사는 분수령 동쪽에 있는 광야 주변을 따라 유목민들이 들어와 정착을 시작했음을 확증해준다. 그들은 점점 지역을 넓혀가면서 혼합 농업 지역에 정착했다. 그리고 결국은 서부 산지로 이주해 이곳에서 계단식 경작법을 발전시켜 과수나무들과 포도나무를 심었다. 이렇게 원래 유목민이었던 이들 집단은 다양한 생존 전략으로 완전히 정착 사회로 변해갔다. 상부 갈릴리에 정착한 지파들도 유사한 과정을 겪었다. 그들의 물질문화는 해안에 사는 페니키아와 어느 정도 유사한 부분이 있었다.

우리는 이 시대의 모든 자료들을 통해 주전 12세기와 11세기에 새로운 인구 혁명이 일어났음을 확인할 수 있다. 후기 청동기 시대에 인구가 집중되었던 주요 지역은 평야 지대였다. 산지 지역은 상대적으로 인구 밀도가 희박해 아피루 같은 부랑자들과 사수 유목민들의 피난처일 뿐이었다. 샤수 유목민들은 점점 수가 많아져 정착 생활을 택했는데, 이는 전체적으로 가나안의 농업 생산성이 쇠퇴했기 때문으로 보인다. 산지 지역의 농업 인구가 의미 있는 성장을 했다는 것은 고고학적 조사를 통해 알 수 있음에도 불구하고, 이어지는 성서 이야기에 대한 논의에서는 전투에 참가한 전사들의 숫자는 무시할 예정이다. 그 숫자는 순수한 역사 기록이나 구전되는 영웅담의 소재로 보아서이다. 이것은 사사기와 사무엘서 이야기 모두에 적용될 것이다.

평지에 사는 가나안 사람들과 산지에 사는 이스라엘 사람들로 구분 짓는 이분법은 사사기와 사무엘서에 나오는 이야기의 특징이다. 이 시기에 대한 성서 자료를 다루기에 앞서 사사기에 대해 몇 가지 말해두고 싶은 것이 있다. 사사기는 종교적 어투가 강한 정치 보고서이다. 책의 마지막에는 이렇게 기록되어 있다.

> 그때에 이스라엘에 왕이 없으므로 사람이 각기 자기의 소견에 옳은 대로 행하였더라(삿 21:25).

저자가 이 구절을 쓴 당시에는 이미 이스라엘에 왕이 있었던 것이 분명해 보인다. 이 마지막 구절 바로 앞에는 당시의 사회적 도덕적 혼란을 보여주는 두 가지 이야기가 나온다. 이에 대해서는 차후에 다룰 예정이다.

일반적으로 사사기를 살펴볼 때에는 이 책의 몸통 부분, 즉 이스라엘 지파 중에서 선택된 일련의 영웅 이야기들에 더욱 초점을 맞춘다. 이 이야기들은 신명기 역사가가 설명하고 있는 특정한 연대기적 구조로 배열되어 있다(삿 2:11-19을 보라).

이웃 민족의 압제를 받는 동안 백성을 승리로 이끈 '사사/지도자' 영웅이 일어난다. 그리고 그 나라는 다음 위기가 오기까지 40년 동안 평안을 누렸다고 한다. 전체적인 이야기의 배열에는 신명기 역사가적 논조가 강하게 깔려 있다. 백성들이 고난의 시대를 보낸 이유는 그 지역의 가나안 신을 섬긴 배교 행위 때문이라는 것이다. 사사들의 활약은 백성을 돌이켜 다시금 야훼께 충성하도록 했을 것이다. 그러나 이와 같은 반복적인 틀[2]은 아주 부자연스러운 데다가, 상상력을 총동원하더라도 이야기에 해당하는 확실한 연대를 알아내는 것 역시 불가능하다. 심지어 외부 자료나 연대기와의 문학적인 연관성도 찾아볼 수 없다.

이러한 영웅 이야기들을 다룰 때 눈에 띄는 특징은 그것들을 정당하게 평가하려 한다는 것이다. 새로운 땅에 정착하여 기틀을 마련해야 했던 왕정 이전 시대의 영웅들은 개인적인 약점에도 불구하고 백성과 야훼의 진정한 종이라는 영예를 안았다. 하지만 최종적인 분석으로는 결론적인 구절에서 요약하고 있듯이 왕정 아래서의 삶이 한결 낫고 질서가 잡혔다는 것이다.

사사기 첫 장의 내용이 왕정 통치에 대해 우호적인 경향을 보이고 있는 것 또한 큰 주목을 받지 못했다. '지파들의 실패 이야기들'(삿 1:27-35)은 그 땅에 처음 들어간 이후의 지리 사회적 상황들과 왕정 아래서의 상황을 대조적으로 그리고 있다. 이는 어떻게 표현되어 있을까? 저자/편집자는 정복된 백성들에게 부과한 노역을 언급함으로써, 중앙집권화되어 통합된 왕정 체제 아래서의 새로운 사회적 결속을 강조하고 있다. 또한 미정복된 지역의 민족 목록과 왕정 아래의 행정 구역 목록 사이에 뚜렷한 상관관계가 있음을 확인할 수 있다(왕상 4장). 사사기 1장의 어떤 의도적인 성향 외에도, 상세한 지리적 묘사는 놀랄 만한 이야기를 전해준다.

남부의 지파들 사사기 1장 1-8절에는, 계속되는 정복 과정에서 지도자 역할을 했던 유다 지파에 대한 생소한 이야기가 등장한다. 베섹이라 부르는 곳에서 벌어진 희한한 전투에 대한 설명이 그것이다. 이 베섹이 사마리아의 북동부에 있는 같은 이름의 작은 성읍(키르벳 이브지크)일 가능성은 거의 없어 보인다. 왕 아도니 베섹은 포로가 되어 예루살렘까지 끌려갔고, 예루살렘은 정복되어 불에 탔다. 이곳 예루살렘 지역의 정복 과정에 대해서는 드러나지 않은 어떤 부분이 있다는 인상을 지울 수가 없다. 아도니 베섹은 예루살렘 지역의 통치자였을 듯하다.

사사기 1장 9-15절은 헤브론과 드빌을 함께 정복한 이야기이다. 이 이야기에서 정복에 주도적으로 참여한 것은 유다 지파였던 반면, 최종적으로 그곳을 정복한 이들은 그니스 족속인 갈렙과 그의 조카 옷니엘이었다.

1_"그 산지도 네 것이 되리니 비록 삼림이라도 네가 개척하라. 그 끝까지 네 것이 되리라. 가나안 족속이 비록 철 병거를 가졌고 강할지라도 네가 능히 그를 쫓아내리라 하였더라"(수 17:18).

2_틀
이스라엘의 배교-고난-야훼의 구원이라는 구조의 도식을 말한다.

1_칠십인역이 마소라와 다르게 말한 부분을 표기한 것이다.

2_모샤브
이스라엘의 집단 공동체를 말하며 개인의 사유가 인정된다는 점에서 키부츠와는 다르다.

또 다른 특별한 민족 집단인 겐 사람은 16절에 나온다.

> 모세의 장인은 겐 사람이라. 그의(호밥의-칠십인역[1]) 자손이 유다 자손과 함께(유다 자손에게로-칠십인역) 종려나무 성읍에서 올라가서 아랏(아랏의 비탈에 있는-칠십인역) 남방의 유다 황무지에 이르러 그 백성(아말렉인-칠십인역) 중에 거주하니라(삿 1:16).

겐 사람 다음에는 시므온 지파의 스밧/호르마 정복(삿 1:17)이 등장하며, 그 뒤에는 유다 지파의 활동을 요약한 내용이 나온다(삿 1:18-19).

> 유다가 또 가사 및 그 지역과 아스글론 및 그 지역과 에그론 및 그 지역을 점령하였고(점령하지 못했고-칠십인역) 여호와께서 유다와 함께 계셨으므로 그가 산지 주민을 쫓아내었으나 골짜기의 주민들은 철 병거가 있으므로 그들을 쫓아내지 못하였으며 그들이 모세가 명령한 대로 헤브론을 갈렙에게 주었더니 그가 거기서 아낙의 세 아들을 쫓아내었고(삿 1:18-20).

마소라 본문에 따르면 18절은 칠십인역과 모순된다. 이 경우는 히브리어 사본이 고의적으로 내용을 수정해 유다가 다른 지파들에 비해 성공적이었음을 부각시키려 한 것으로 보인다. 본문을 고친 교정자는 19절과의 분명한 모순을 간과했다. 유다와 이웃 블레셋 민족 사이의 충돌에 대한 다음 이야기는 칠십인역의 설명, 즉 유다는 블레셋 성읍들을 정복하지 못했다는 사실을 확증해준다.

그러므로 사사기 1장 18-19절(칠십인역)은 유다가 블레셋을 정복하지 못했음을 확인시켜준다. 블레셋이 주전 11세기에 북쪽으로 세력을 팽창했다는 것에 대해서는 증거가 남아 있다. 이 에게 해 민족이 레반트 남부 지역에 출현한 것은, 미케네 IIIC1b기 양식의 도기를 발견함으로써 확인되었다. 이 도기는 주로 남부 지역의 유적지, 즉 에그론에까지 나타난다. 후대에 발전한 블레셋 도기는 가나안 지역의 양식과 밀접한 관련이 있음을 보여주는데, 이를 '정통' 블레셋 도기라고 부른다. 이 도기는 욥바와 그 후배지後背地에서도 발견되었다. 블레셋이 이후 군사 전진 기지로 사용한 아벡의 영토까지 장악하고 있었다는 것은 이후의 성서 이야기에서도 찾아볼 수 있을 것이다.

유다의 바로 북쪽에 위치한 지파인 베냐민은 다음에 다루기로 하고, 여기서는 예루살렘의 원주민 여부스 사람을 다루기로 한다. 여부스 족속을 예루살렘에서 쫓아내지 못했다는 구절(삿 1:21을 보라)과 앞에서 유다가 예루살렘을 정복한 것으로 추정되는 구절(삿 1:8) 사이에 있는 명백한 모순은 성서에서 무시되고 있다.

다음에는 요셉 가문(에브라임)과 벧엘 성읍이 등장한다(삿 1:22-26을 보라).

이 이야기는 성공한 정복에 대한 기록이다. 산지 중앙에 있는 중요한 가나안 성읍 벧엘은 무력으로 정복되었다. 이는 다음에 나오는 정복하지 못한 성읍들과 뚜렷한 대조를 이룬다. 남쪽에 있는 헤브론과 중앙에 위치한 벧엘 같은 산지의 성읍들은 정복되었다. 그러나 아래 평지에 위치한 가나안의 중심지들은 정복되지 않았다. 곧 살펴보겠지만, 평지에 위치한 게셀의 경우도 마찬가지였다. 이곳은 에브라임이 처음에 정복하지 못한 곳이다.

◀ 블레셋 성읍 가드로 추정되는 텔 에츠-차피에서 발굴된 칠을 한 블레셋 주전자

북부의 지파들 목록의 나머지는 주로 북쪽과 요단 동편에 있었던 지파들, 특히 저지대에 가까이 있던 지파들을 다룬다.

이 부분에 나오는 첫 이야기는 이어질 이야기들의 논조와 의도를 확실히 보여준다(삿 1:27-28을 보라). 이 목록에 나오는 성읍들은 모두 평지와 저지대에 있다. 사실 그 성읍들은 해안 지대에서 요단 계곡까지, 즉 돌 구역, 므깃도 평원, 벧산 골짜기를 포함한 이스르엘 골짜기까지 이르는 인구 밀집 지역에 있었다. 본문은 이 성읍들을 '아셀과 잇사갈에 있는' 성읍들로 말하는 여호수아 17장 11-13절과 평행을 이룬다. 이스라엘이 평지에 거주하는 민족들을 강제 노역자로 삼을 정도로 강해진 것은 언제였을까? '사사 시대'나 사무엘이 다스리던 때는 확실히 아니었다. 사사 시대에는 어떤 정책을 운영하고 부과할 정도의 중앙 정부나 행정 기구가 없었다. 실험적인 왕이었던 사울조차 이스르엘 골짜기를 장악하지 못했다. 사울은 바로 이곳에 침투하려다가 목숨을 잃었다. 본문을 읽던 고대의 모든 독자들은, 그 상황이 다윗이 왕정 체제를 확립하고 그의 아들 솔로몬이 왕정을 발전시킨 때를 가리킨다는 것을 분명히 알았을 것이다. 따라서 사사기 첫 장의 이 부분은 사사기 마지막 구절의 선포와 조화를 이룬다. 사사기의 마지막 구절은, 오직 왕정 아래에서만 이 나라가 지리적, 행정적, 사회적으로 응집력 있는 조직이었음을 선포하고 있다. 또 왕정 이전 시대에 팽배했던 도덕적, 사회적인 혼란 역시 왕실 제도에 의해 질서가 잡혔다.

다음 이야기에서도 같은 분위기가 이어진다. 요셉 가문이 산지에 있는 벧엘을 점령했음에도 불구하고 에브라임은 게셀에 있는 가나안 사람들을 쫓아내지 못했다.

> 에브라임이 게셀에 거주하는 가나안 족속을 쫓아내지 못하매 가나안 족속이 게셀에서 그들 중에 거주하였더라(그리고 그들은 노역을 하게 되었다-삿 1:29, 칠십인역).

칠십인역에 나와 있는 "그리고 그들은 노역을 하게 되었다"라고 자주 반복되는 구절이 히브리어 사본에는 없다.

이 구절은 좀 더 넓은 게셀 구역에 살고 있는 이들에 대해 흥미로운 질문을 하게 만든다. 에브라임의 아들들은 이 지역의 어떤 가드 원주민들에 의해 살해되었다(대상 7:21-23). 이곳 가드는 현대의 라믈라 근처에 있는 가드 림몬/깃다임이 분명하다. 그런데 이 이야기에서 그 원주민들을 가나안 사람들이라고 부르지는 않는다. 이어지는 단 지파에 대한 구절에서는(삿 1:34-36) 게셀에 거주한 이들을 아모리인들이라고 언급한다. 이는 가드 사람과 아모리인들이 그 땅에서 더 오랜 뿌리를 갖고 있었음을 말하는 성서의 기술 방식으로 보인다. 에브라임은 단 지파와 관련된 부분에서 다시 나올 것이다.

관심은 다시 스불론이 기반을 얻지 못한 땅, 대평원의 북쪽에 있는 이스르엘 골짜기로 옮겨진다(삿 1:30을 보라). 기드론은 여호수아 19장 15절에 나오는 갓닷과 동일한 지역으로 보이지만 확인된 것은 아니다. 나할랄/나할롤은 하나나의 아들 랍비 요시가 예루살렘 탈무드에서(메길라 I, 77a) 마할룰과 동일한 지역으로 올바르게 확인하였다. 마할룰은 아랍어 지

THE LIMITS OF ISRAELITE PRESENCE

이스라엘의 거주 경계
＼ 주전 12–11세기

0 5 10 miles
0 5 10 15 km

수도
초기 철기 시대 정착지
게셀 가나안의 미정복 도시(삿 1장)

"에브라임이 게셀에 거주하는 가나안 족속을 쫓아내지 못하매 가나안 족속이 게셀에서 그들 중에 거주하였더라"(삿 1:29).

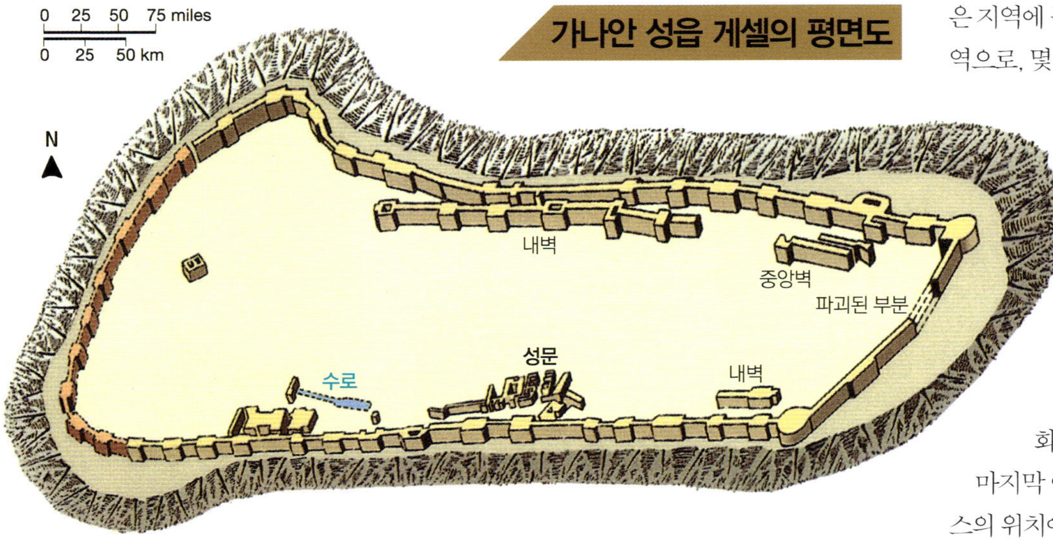

가나안 성읍 게셀의 평면도

명 마알룰로 남아 있다(이후 현재의 모샤브[2]나할랄이 세워졌다). 이곳이 텔 세이무니아와 베이트 라흠(랍비 요시가 '두로의 베들레헴'이라고 부른) 부근이라는 사실은, 이곳을 이스르엘 골짜기의 북서쪽 사분면에 두려는 의도가 분명해 보인다. 나할랄의 고대 텔은 텔 엘 베이다 가까이에 있는 것으로 추정된다. 텔 엘 베이다는 마알룰 남쪽으로 1킬로미터 떨어진 곳으로 풍부한 물 공급지이다. 텔의 남쪽 기슭에는 샘이 있으며, 텔 엘 베이다 부근에는 기손 강의 지류가 흐른다. 또 하나, 히브리어 동사의 시제가 바뀐 것을 보면 강제 노역이 후대에 전개된 일임이 분명하다.

아셀 지파에 대한 기술은 정반대의 과정을 기록한다는 점에서 독특하다(삿 1:31-32을 보라). 아셀 지파의 이차적인 지위는 그들이 하녀 실바의 후손이라는 것을 통해 알 수 있다. 아셀의 '기업'은 하부 갈릴리의 서부 산지와 갈멜 산 북쪽에서부터 두로의 후배지까지 이어지는 악고 평야를 포함하고 있다. 그러나 아셀은 이 지역에 거하는 어떤 가나안 사람들도 쫓아내지 못했다고 한다. 이유는 이곳 해안 지대의 특성 때문이다. 가나안 사람들은 태곳적부터 해상 활동 즉 어업, 해상 운송, 배를 건조하는 일에 종사해왔다. 그렇게 산업화된 인구도 여전히 양식을 먹고 살아야 했다. 비블로스에서 온 아마르나 서신에는 한 불운한 통치자가 자작농들로 인해 염려가 끊이지 않는다는 내용이 나온다. 농민들이 통치자에게 계속 충성을 다할지, 아니면 반역을 하거나 근무 여건이 더 나은 다른 지역을 찾아 이곳을 버릴 것인지 알 수 없기 때문이다.

이런 점에서 볼 때 아셀 지파는 산업화된 가나안 사람들 가운데 정착한 것이 분명해 보인다. 그들은 농업 노동자들로 환영받았기 때문이다. 이렇게 그들은 해안 사업을 통해 얻은 이익을 북부의 단 지파와 함께 나눠가질 수 있었다(삿 5:17[1]).

납달리 지파의 이야기 역시 비슷하지만 지리적인 기반은 다소 다르다(삿 1:33을 보라). 사사기 1장 33절에 나오는 두 성읍은 아래쪽 평지가 아닌, 오히려 상부 갈릴리 산지에 위치한다. 그러나 상부 갈릴리는 두 개의 지형 구조를 갖고 있다. 현대의 이스라엘에서 메이론 산이라 불리는 예벨 야르마크는 상부 갈릴리와 하부 갈릴리를 나누는 벧 학게렘 골짜기 위로 솟아 있는 대산괴로 해발 1,208미터에 달한다. 고고학 조사에 따르면, 매우 높고 고립된 이 지역에 철기 시대 초기의 것으로 보이는 초라한 새 정착지들이 아주 많이 있었다고 한다. 북쪽 경사면의 기슭에는 산마루 지역과 고도가 낮은 지역에 농사를 짓기에 좋은 땅이 있었다. 이곳은 상대적으로 낮은 지역으로, 몇 개의 가나안 성읍이 있었다. 이 성읍들 중 두 개가 벧 세메스 키르벳 텔 에르 루웨이시와 벧 아낫 차페드 엘 바티크이다. 이 두 성읍의 이름은 이곳이 두 가나안 신인 태양 신과 사냥의 여신에게 봉헌된 제의의 중심지였음을 알려준다.

납달리 지파가 예벨 야르마크의 높은 산 정상을 차지하고 있는 동안, 가나안 민족들은 주전 11세기 동안 본래의 모습을 그대로 유지하고 있었다. 고고학적인 발굴을 통해 알 수 있는 바는, 철기 시대 초기에 가나안 성읍 하솔이 심하게 파괴되어 이후에는 새롭고 덜 도시화된 문화가 자리 잡았다는 것이다.

마지막 이야기는 단 지파와 관련이 있다(삿 1:34-35을 보라). 하르 헤레스의 위치에 대해서는 의견이 크게 엇갈린다. 이 구절로 보아서는 아얄론 골짜기 동쪽 사면이 가장 가능성이 높다. 아얄론과 사알빔 정착지는 각각 아얄론 골짜기의 서쪽과 동쪽 가장자리에 위치한다. 그래서 이곳 원주민은 아모리인이라 불리지만 다른 데서는 가나안 사람이라 불리기도 한다. 에브라임의 아들들이 살해된 이야기에서(대상 7:21[2]) 그들은 '가드 원주민'이라 불리고 있다. 현대의 라믈라와 라트룬 사이에 있는 전략적 축으로서 이 지역은 중요한 의미가 있다. 여기서 '요셉 가문'은 게셀과 연관되는 것으로 보아(삿 1:29) 에브라임 지파임에 틀림없다. 베냐민 일가 중 일부 역시 이 지역으로 이주했다(대상 8:12-13; 삼하 4:3-4).

사사기 1장의 마지막 부분은 '노역' 제도를 강조하고 있다.[3] 사사 시대 전체와 사울 시대까지도 이스라엘은 미정복 성읍들에 있는 가나안 사람들을 장악하지 못했던 것이 분명하다. 이때 이스라엘에는 강제 노동이나 부역 같은 행정 제도를 수립할 만한 정치적 기반이 없었다. 가나안

▼ 아얄론 골짜기

1_"길르앗은 요단 강 저쪽에 거주하며 단은 배에 머무름이 어찌 됨이냐. 아셀은 해변에 앉으며 자기 항만에 거주하도다"(삿 5:17).

2_"그의 아들은 사밧이요 그의 아들은 수델라며 그가 또 에셀과 엘르앗을 낳았으나 그들이 가드 원주민에게 죽임을 당하였으니 이는 그들이 내려가서 가드 사람의 짐승을 빼앗고자 하였음이라"(대상 7:21).

3_"결심하고 헤레스 산과 아얄론과 사알빔에 거주하였더니 요셉의 가문의 힘이 강성하매 아모리 족속이 마침내는 노역을 하였으며"(삿 1:35).

민족들은 주로 이스르엘 골짜기와 페니키아 해안을 따라 남아 있었다. 아셀 지파는 페니키아인시돈인들 사이에서 살 수 있도록 그들의 승인을 얻었다. 그들은 분명 대부분이 해상 활동에 종사하는 사회에서 예속 농민들이 되었을 것이다(삿 1:31-32). 세겜 정복에 대한 전승은 없지만, 세겜의 상황은 이스라엘과 가나안 사람들이 공생했던 게셀(삿 1:19)과 비슷했을 것 같다. 여부스 예루살렘과 게셀, 단 지파에게 저항했던 아모리 성읍들은 산지 중앙에 있었다. 매우 오래된 전승은, 에브라임 지파가 단 지파의 정착을 방해했던 지역 원주민과 일찍부터 접촉했다고 말한다(대상 7:20-24; 삿 1:35).

평지에 사는 가나안 사람들과 산지에 사는 이스라엘 백성을 구분하는 이분법은 사사기와 사무엘서 전체에 나타나는 특징이다. 여기에는 고고학적으로 산지에 있는 마을들이 평지에 있는 성읍들을 마주보고 있는 정착 유형이 반영되어 있다.

이스라엘의 사사들

지파 영웅들에 대한 다음 이야기들은 훨씬 더 많은 지리적인 자료를 포함하고 있다. 일부 세부 사항들은 모호하기도 하지만, 어디로 인식되든지 그 장소들은 당시의 사고방식과 사회의 중요한 측면들을 보여준다. 여기에는 신과 만나는 장면 같은 '기적적인' 요소들은 상대적으로 거의 없다. 기드온의 '쿠르심'과 삼손의 탄생 이야기는 예외에 속하며, 이것은 매우 특별한 장르에 속한다. 수집가/편집자는 이 이야기들을 자신이 생각하는 연대기적 순서로 엮었다. 이야기의 연대를 정하는 데 도움을 줄 수 있는 성서 외의 자료를 찾아본 흔적은 없어 보인다. 이야기의 순서는 남쪽에서 시작해 중앙 지역으로, 그리고 북쪽으로 옮겨간다. 이에는 저자/편집자의 유다 편향성이 반영되어 있다.

옷니엘 첫 번째로 나오는 사사 옷니엘(삿 3:8-11)은 그나스의 아들이자 갈렙의 조카이기도 하다(대상 4:13). 옷니엘은 드빌 성읍을 정복함으로써 갈렙의 딸 악사를 얻었다(수 15:15-19; 삿 1:11-15). 또한 그는 한 일가의 시조로 나오기도 한다(대상 27:15).

그나스 사람인 옷니엘은 유다에 통합된 남부 부족 중 하나로 나온다. 그러므로 옷니엘이 싸워 이긴 적이 남쪽으로부터 왔다는 사실도 납득할 만하다. '아람 나하라임 왕'[4]이라는 정식 칭호는 분명 시리아 북부/메소포타미아 지역, 즉 조상 전승에 나오는 라반의 땅을 가리킨다. 이와 같은 언급은 이 왕이 유프라테스 강을 따라 살았던 아람 부족과 연결되어 있다는 사실을 강화시켜준다. 다른 한편으로 구산이라는 이름은 미디안 족과 연결되어 있음을 암시하기도 한다(합 3:7[5]을 보라).

이 적이 남부 지역에 사는 지파들에게 위협을 주었다면 이것은 더 개연성 있는 이야기일 수도 있다. 구산의 별칭 '리사다임'은 문자적으로는 '두 배나 악한'이라는 뜻으로 서사 전승에서 유래한 것이다. 그의 칭호 '아람 나하라임 왕'은 여전히 수수께끼로 남아 있다.

에훗 이야기의 초점은 이제 베냐민 지파가 있는 북쪽으로 옮겨진다. 거기에는 게라의 아들로 에훗(삿 3:12-30)이라는 이름을 가진 영웅이 있었다. 그는 요단 동편의 공격으로부터 이스라엘을 구한다. 이야기에 담긴 다양한 지리적인 설명들(삿 3:12-15을 보라), 예를 들어 길갈과 에브라임 산지는 종려나무 성읍이 실제로는 여리고라는 사실을 강력하게 암시한다(예를 들면, 신 34:3; 대하 28:15을 보라). 신명기 34장 3절을 잘못 이해한 탈무드

4_아람 나하라임 왕 히브리어 음역인데 개정역은 '메소보다미아 왕'으로 번역했다.

5_"내가 본즉 구산의 장막이 환난을 당하고 미디안 땅의 휘장이 흔들리는도다"(합 3:7).

에훗의 전투 \ 주전 12-11세기

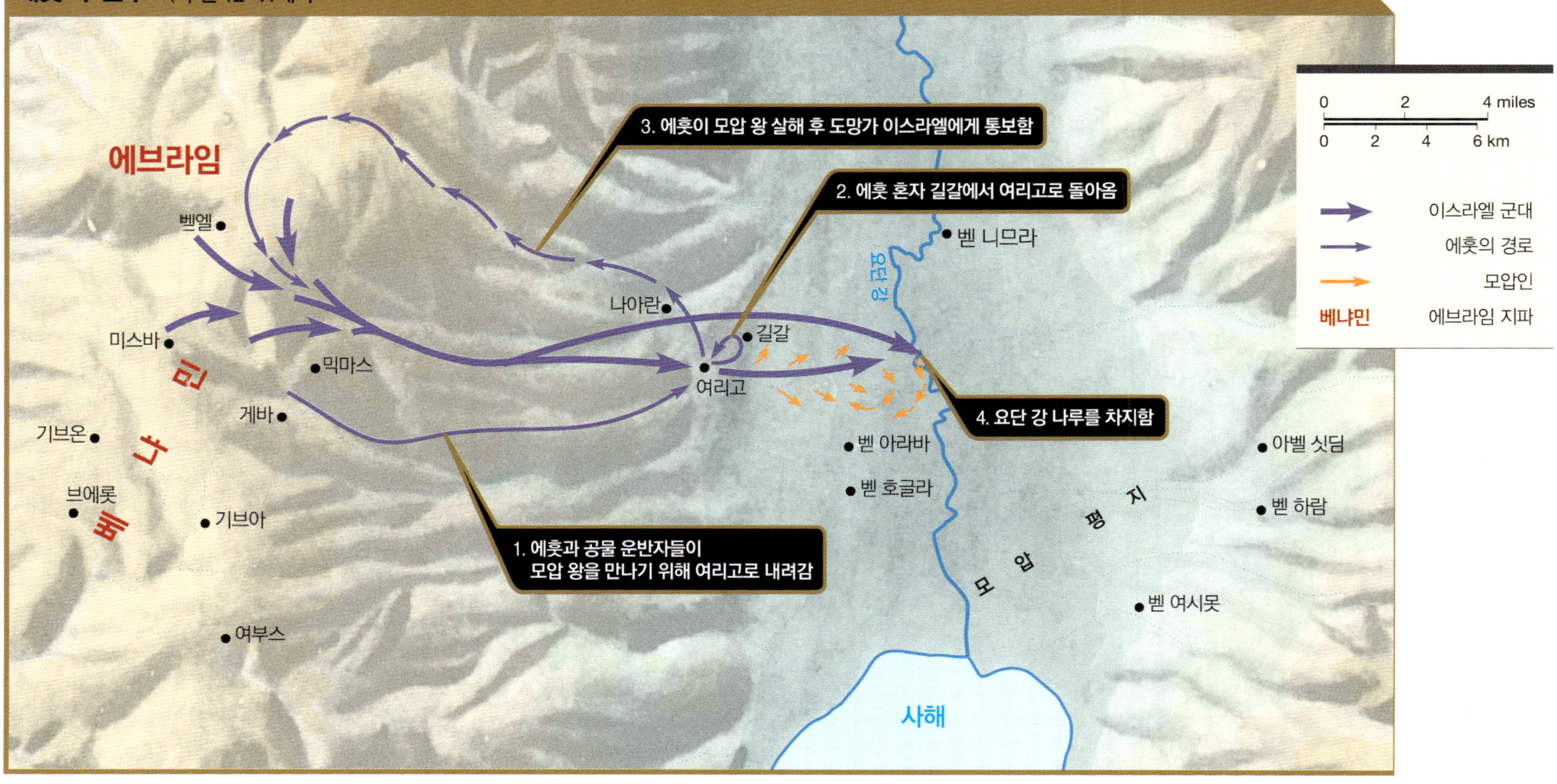

THE JUDGES ACCORDING TO THEIR TRIBES

지파별 사사들
\ 주전 12–11세기

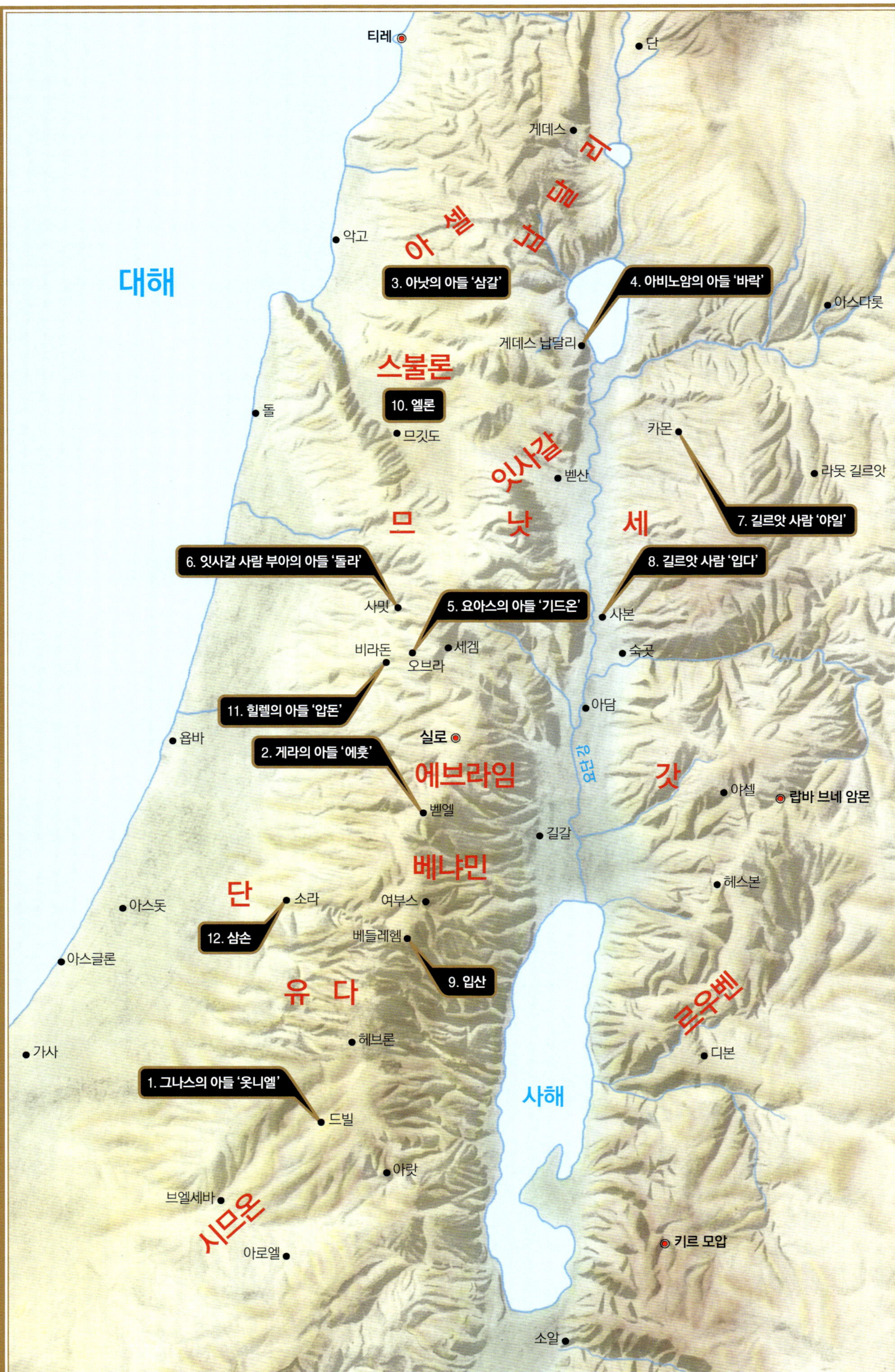

0 5 10 miles
0 5 10 15 km

◉ 주요 도시
단 단 지파

"여호와께서 그들을 위하여 사사들을 세우실 때에는 그 사사와 함께 하셨고 그 사사가 사는 날 동안에는 여호와께서 그들을 대적의 손에서 구원하셨으니 이는 그들이 대적에게 압박과 괴롭게 함을 받아 슬피 부르짖으므로 여호와께서 뜻을 돌이키셨음이거늘" (삿 2:18).

▲ **메소포타미아에서 출토된 검** _ 에훗이 오른쪽 허벅지에 숨긴 무기(삿 3:16)도 이러한 형태였을 것으로 추정하는데, 검의 양쪽으로 날이 서 있다.

는 '종려나무 성읍'을 소알로 해석했다(미슈나《예바못트》16:7).

여기서 본문은 요단을 가로질러 온 부족 연합군들의 강탈 행위가 분명히 있었다고 묘사한다. 그들은 중앙 산지 그리고 아마도 중앙 서편 요단 계곡에 사는 거주민들에게 농산물로 '보호세'를 지불하도록 강요했다. 요단 서편은 연 평균강수량이 높은 편이고 보통 요단 동편보다는 수확량이 더 많아 동쪽에 있는 거친 부족들은 서쪽 마을 사람들을 억압했다.

암살 이야기를 소재로 한 드라마는 에훗의 지파(베냐민, '오른손의 아들')에 대한 언어유희와 오른쪽 허벅지에 무기를 숨기는 그의 양손잡이 능력을 기초로 시작된다. 여기에 에글론이 화장실에 있었다는 암시[1]로 유머를 더하고 있다. 모압 땅에서 빠져나온 에훗은 길갈의 제의 장소를 지나 핫스이라타(개정역에는 '스이라'로 번역)로 도망쳤다. 핫스이라타는 지명으로 확인되지는 않았지만, '나무가 많은 산'이라는 뜻의 지형적인 특징으로 이해하는 것이 가장 적절할 것이다. 에훗은 자신이 속한 지파 지역에서 원군을 모았다(삿 3 27을 보라).

'에브라임 산지'는 베냐민, 에브라임, 므낫세의 영토를 포함하는 전체 산지를 가리키는 지리적인 총칭이다. 그러나 에훗의 소환에 응한 참여자들은 에훗의 지파에서 온 이들이었을 것 같다. 이스라엘 군대는 요단을 건너는 여울목을 막아 다수의 적들을 함정에 몰아넣었다. 이 전투로 인해 요단 서편에 대한 모압의 간섭은 종지부를 찍었다.

삼갈 아낫의 아들 삼갈(삿 3:31)이라는 인물은 영웅 이야기에 끼워 넣어진 것으로 보인다. 활동 근거지에 대한 언급은 나오지 않는다. 후르리족에 기원한 듯한 그의 이름과 '아낫의 아들'이라는 별칭은, 삼갈이 북서 셈어 전승에 나오는 전쟁/사냥 여신의 이름을 가진 가문 출신이거나 전사 계급에 속한 사람일 가능성을 암시한다(삿 3:31; 5:6을 보라).

삼갈은 야엘과 함께 언급되고[2] 있으므로, 삼갈의 활동은 북쪽에서 '해양 민족들'과 싸운 것으로 설명할 수도 있다. 그러나 블레셋과 소 모는 막대기(삼손 이야기에 비슷한 주제가 나온다)가 언급되었다는 사실과 옷니엘 이후 사사들에 대한 이야기 중간에 그가 나온다는 것은 그의 활동 근거지를 남쪽에서 찾아야 한다는 것을 암시한다. 사사기 편집자 편에서 보자면, 그는 전해 내려오는 상세한 이야기를 입수할 수 없었거나, 그의 이야기에 '이단적인' 것이 너무 많아 그냥 지나치는 것이 낫다고 여긴 듯하다. 그렇지만 너무 유명한 영웅이라 완전히 무시할 수도 없었을 것이다. 이런 갖가지 추론들을 입증할 만한 증거가 전무해 삼갈의 역할은 미스터리로 남을 수밖에 없다.

드보라와 바락 다음 이야기는 여선지자 드보라(수 12:19-23; 삿 4-5장)가 활동한 지역으로 이어진다(삿 4:4-5을 보라). 드보라의 영향력은 매우 커서 갈릴리에 사는 지파들에게 닥친 위기(삿 4:2-3을 보라)에 관여할 수 있을 정도였다고 한다.

하솔 왕 야빈은 상부 갈릴리 '메롬 물가'(수 11:5, 7, 칠십인역)와 관련된 정복 내러티브에 이미 나온 바 있다. 이때 하솔은 불에 탔고, 그곳의 왕은 살해되었다고 여호수아서 본문은 말한다(수 11:10-11). 그런데 여기서 야빈이 다시 등장한다. 이러한 변칙을 설명하기 위해 다양한 이론이 제기되었다. 현재의 본문에서 야빈을 제외시켜야 한다든지, 사사기 4-5장이 먼저 나오고 여호수아 11장이 다음에 나오는 식으로 이야기의 순서가 바뀌었다고 주장하기도 한다. 어떤 경우이든 두 본문은 북부에서 일어난 전쟁 이야기이다. 여호수아 본문은 상부 갈릴리에서 일어난 일이고, 사사기 본문은 하부 갈릴리에서 발생한 일이다.

하솔이 '모든 나라의 머리'로 우위를 차지하고 있었다는 전승이 중기 청동기 시대에서 비롯되었다는 것은 믿을 만한 것이 못 된다. 또한 후기 청동기 시대의 하솔은 주전 12세기까지 살아남지 못했다는 것을 발굴을 통해 알 수 있다. 하솔이 중심적인 역할을 했다는 것은, 아마 지파들이 들어온 초기 시절에 생겨난 전승에 뿌리를 두고 있을 것이다. 이 지파는 후에 납달리(레바논의 베카 지역이나 시리아 사막으로부터 온 사람들)로 알려진 지파로서, 예벨 야르마크의 산괴 지대에 정착했다. 이들은 중앙 산지와 남부 산지로 침투한 지파들보다 훨씬 전에 정착했던 것으로 보인다.

이 전투는 산문으로 기술되었을 뿐만 아니라(삿 4장) 가장 오래된 언어를

1_저자는 에글론이 발을 가리우고 있을 것(삿 3:24)으로 짐작했다는 말을 왕이 '용변을 보고 있었다'는 말의 완곡어법으로 본다.

2_"아낫의 아들 삼갈의 날에 또는 야엘의 날에는 대로가 비었고 길의 행인들은 오솔길로 다녔도다"(삿 5:6).

이스라엘의 사사들

사사	출신	통치연수	업적	성경
1. 옷니엘	유다 지파	40년?	8년 동안 이스라엘을 압제했던 메소포타미아 왕 구산 리사다임(아람나하라임 왕)을 물리침	삿 3:8-11
2. 에훗	베냐민 지파	?	18년 동안 이스라엘을 압제했던 모압 왕 에글론을 죽임으로 이후 80년간 평화를 이룸	삿 3:12-30
3. 삼갈	?	?	소 모는 막대기로 블레셋 사람 600명을 죽임	삿 3:31
4. 드보라	에브라임 ?	?	20년 동안 이스라엘을 압제했던 가나안의 하솔 왕 야빈과 군대장관 시스라와 싸워 승리함	삿 4-5장
5. 기드온	므낫세 지파	40년	7년 동안 이스라엘을 압제했던 미디안 족과 싸워 이김	삿 6-8장
아비멜렉		3년	기드온의 아들로 70형제를 죽이고 스스로 왕위에 오름	삿 8:30-9:57
6. 돌라	잇사갈 지파	23년	?	삿 10:1-2
7. 야일	길르앗 사람	22년	아들 30명에게 나귀 30마리를 태워주고 30성읍을 소유함	삿 10:3-5
8. 입다	길르앗 사람	6년	암몬의 압제로부터 이스라엘을 구함	삿 10:6-12:7
9. 입산	베들레헴 사람	7년	아들 30명과 딸 30명을 두어 딸들을 타국으로 시집보내고 며느리 30명을 타국에서 데려와 결혼시킴	삿 12:8-10
10. 엘론	스불론 지파	10년	?	삿 12:11-12
11. 압돈	비라돈 사람	8년	아들 40명과 손자 30명을 두어 나귀 70마리를 타게 함	삿 12:13-15
12. 삼손	단 지파	40년?	홀로 블레셋 사람 수천 명을 죽임	삿 13-16장

드보라의 전투와 군대 배치

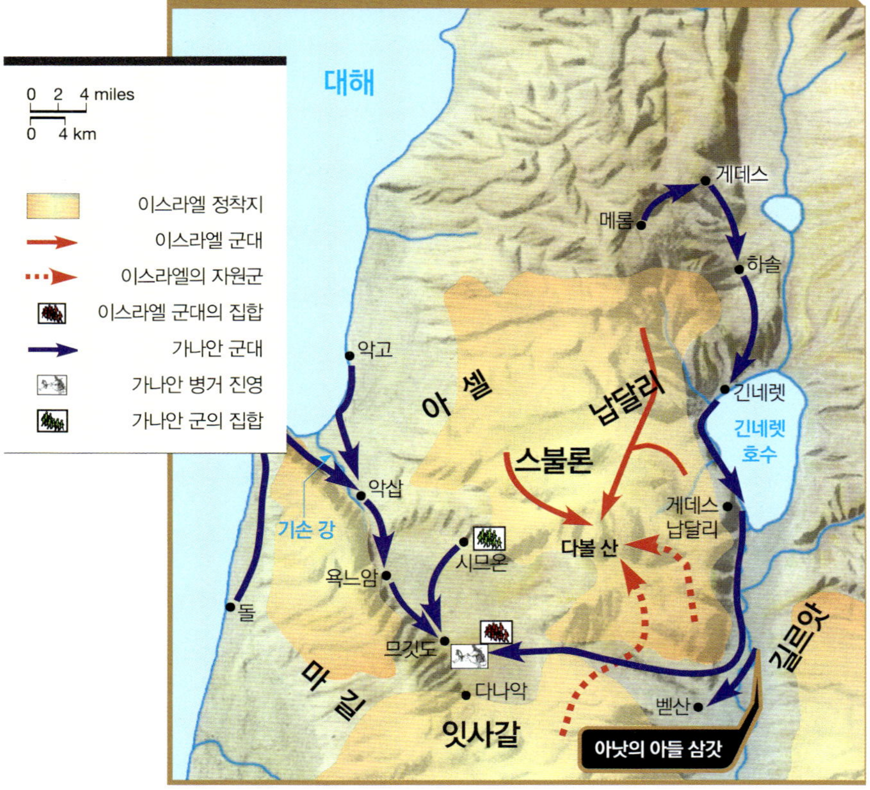

사용한 시문으로 기술되기도 했다(삿 5장). 산문은 어떻게 전투가 수행되었는지 자세하게 묘사한다. 여기에는 해설이 필요한 많은 주요한 지명들이 있다. 시문으로 되어 있는 부분은 각 지파 간의 대결, 또 열의나 무관심을 초래한 악화된 사회적 상황들을 다루고 있다. 그러면서도 지리 정보와 전투 과정에 대해서도 보충 설명을 하고 있다.

먼저, 사사기 4장에 있는 산문 이야기를 따라가 보자. 압제자는 하솔의 왕과 그의 군대장관 시스라였다. 사사기 4장 2-8절에 따르면 시스라는 하로셋 학고임에 거주하고 있었다. 그곳은 므깃도의 동쪽에 있는 넓은 평야 지대로 수세대를 거쳐 군대 집결 장소로 알려져 있었다.

시스라에 맞선 선제 공격은 여선지자 드보라로부터 시작되었다(삿 4:6-7을 보라). 지리적인 문제 중의 하나는 바락의 고향인 게데스 납달리(납달리 게데스-개정역)의 위치이다(삿 4:6). 전투가 므깃도와 다아낙 근처의 골짜기에서 벌어졌다고 추정하는 이들은, 게데스 납달리를 텔 아부 쿠데이스 텔 케데쉬와 동일한 지역으로 본다. 이곳은 평야에 있는 다아낙에서 북쪽으로 4킬로미터 떨어진 곳에 있는 작은 언덕이다. 그러나 산문 이야기에 따르면 사사기 4장 11절의 게데스는 다볼 산의 동쪽에 있어야 한다. 그곳이 사아난님의 상수리나무와 관련이 있기 때문이다. 사아난님의 상수리나무는 납달리와 잇사갈의 경계선, 즉 다볼 산과 요단 계곡 사이(수 19:33[1]). 하부 갈릴리에 있는 아다미 네겝 키르벳 에트 텔 에드 다미예과 얍느엘 텔 엔 나아암=텔 인암 근처에 있다. 따라서 고고학적이고 지리적인 면에서 적절한 게데스 납달리의 후보지는, 긴네렛 바다의 서쪽 산사면에 위치하는 키르벳 케디쉬 케데쉬이다(삿 4:9b-11을 보라).

1_"그들의 지역은 헬렙과 사아난님의 상수리나무에서부터 아다미 네겝과 얍느엘을 지나 락굼까지요 그 끝은 요단이며"(수 19:33).

2_"여호와여 주께서 세일에서부터 나오시고 에돔 들에서부터 진행하실 때에 땅이 진동하고 하늘이 물을 내리고 구름도 물을 내렸나이다. 산들이 여호와 앞에서 진동하니 저 시내 산도 이스라엘의 하나님 여호와 앞에서 진동하였도다"(삿 5:4-5).

전투 자체는 사사기 4장 12-16절에 간단하게 묘사되어 있다. 드보라가 명령을 내리자 이스라엘 군은 산사면 아래로 전력 질주했다. 가나안의 철 병거와 보병들에게 무슨 일인가가 일어났다. 그들은 흩어져 하로셋 학고임에 있는 기지로 미친 듯이 후퇴했다. 무엇이 그들로 하여금 대열을 깨고 도망치게 만들었을까? 답은 시문 단락에 나와 있다(삿 5:4-5[2]을 보라).

사사기 5장 4절에 나오는 에돔은 출애굽기 전승에서 그렇듯이 아라바의 서편 지역을 의미하는 것이 거의 확실하다. 시내 산과 병행구를 이루고 있는 이 구절이 그것을 뒷받침한다. 야훼가 다가오고 있다는 것은 하늘에서 내리기 시작한 비로 표현되었다. 호우가 쏟아질 때 기손 강을 본 사람이라면 시스라의 병거에 무슨 일이 일어났는지 이해할 수 있을 것이다. 평야 지대는 거대한 진흙탕으로 뒤덮였다. 병거는 진창에 빠지고 군사들은 병거에서 내려 도망쳤다. 이스라엘 보병은 여세를 몰아 도망가는 가나안 군을 추격했다. 그 길은 아마도 현대의 텔 아다쉼에서부터 오늘날의 므깃도 교차로를 향해 나 있는 제방 길이었을 것이다. 드보라는 날씨를 제대로 읽었던 것이다.

이러한 배경에서 시문의 핵심 구절은 매우 명료하게 이해가 된다(삿 5:19-21a을 보라). 마소라 본문의 절 구분에서는 '므깃도 물가 다아낙에서'가 가나안 왕들이 벌인 싸움과 연결되어 있고, 전리품 획득은 지리적인 영역과 연관되어 있다. 이는 그 장소에 진영을 구축하는 오래된 전승과 잘 맞아떨어진다. '므깃도 물가 다아낙'은 시문 속에 나타난 지명으로, 산문에 나오는 하로셋 학고임과 동의어이다. 시는 비꼬는 말로 마무리되고 있다. 완전히 패배한 전쟁이라 전리품이 있을 리 없는데, 예정에 따라 전리품을 분배하는 것처럼 이야기하고 있는 것이다(삿 5:30).

헤벨과 야엘이 지키던 성소를 피난처로 삼고자 했던 시스라가 죽임을 당하는 장면은 고전에서 흔히 들을 수 있는 영웅적인 여인에 대한 이야기이다. 그 여인은 압제자를 죽이는 일이 성소와 환대에 대한 일반적인 원칙보다 우선한다는 것을 잘 알고 있었다(삿 4:17-22).

이야기는 하솔 왕 야빈의 점진적인 패배를 묘사하며 끝이 난다(삿 4:23-24). 따라서 적어도 이 전쟁이 '메롬 물가의 전투'(수 11:1-15)와는 별개의 것임을 보여준다.

전투에 참가한 지파와 참가하지 않은 지파들에 대한 시문에서의 칭찬 및 비난에 대해서는 좀 더 살펴볼 필요가 있다. 산문에서는 오직 스불론과 납달리만 참여했다고 말한다. 반면, 시문에서는 에브라임, 베냐민, 마길 자손(므낫세로 통합되기 이전의 사람들)이 참여했다고 말한다(삿 5:14-15a). 전투에 참가하지 않은 나머지 지파는 르우벤, 길르앗(그때는 아직 갓 지파에 포함되지 않았다), 단, 아셀이다. 르우벤과 길르앗 중 특히 르우벤은 가축떼를 내버려두고 전투에 참여해야 하는데 그렇게 하지 않는다는 이유로 비난을 받았다. 단과 아셀은 페니키아 해상 무역 사회와 관련되어 있음으로 인해 조롱을 받았다. 사사기 1장 31-32절에 따르면 아셀은 해안의 사회 구조 안에서 자기 영역을 찾았다. 그러나 단에 대한 암시는 많은 추측을 불러일으켰다. 단 지파는 원래 욥바 지역에 정착했던 해양 민족인 다누니안이었다는 이론은 앞 장에서 간단하게 다루었다. 여기 본문은 단에 대해 이렇게 말한다. "단은 배에 머무름이 어찌 됨이냐"(삿 5:17). 이 수수께끼 같은 구절은 이전에 라이스에 거주했던 단 지파의 정착지를 따져서 이해해야 한다. 단 지파가 그곳을 정탐하러 갔을 때 그들이 발견한 것은 다음과 같다.

… 거기 있는 백성을 본즉 염려 없이 거주하며 시돈 사람들이 사는 것처럼 평온하며 안전하니 그 땅에는 부족한 것이 없으며 부를 누리며

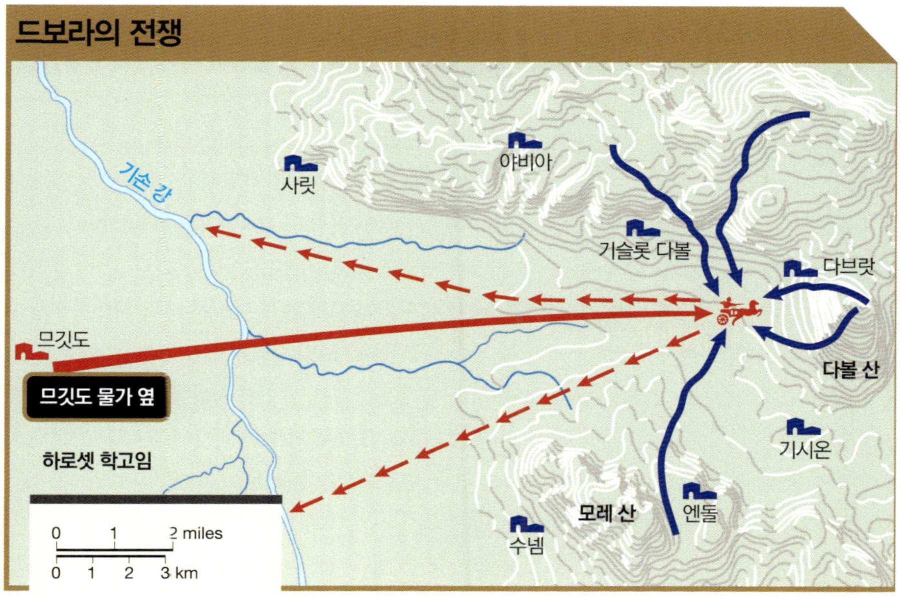

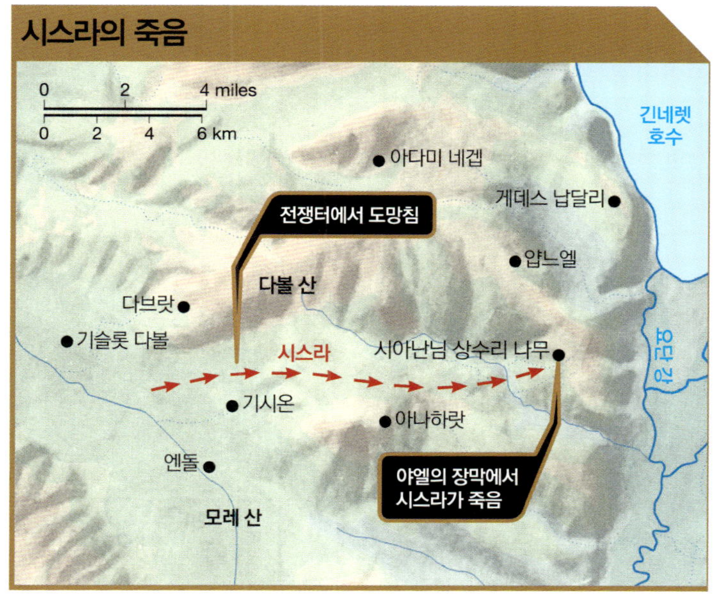

시돈 사람들과 거리가 멀고 어떤 사람과도 상종하지 아니함이라(삿 18:7).

칠십인역은 이 구절의 마지막 부분을 "그들이 시리아와 상종하지 않았다"라고 하여 '아람' 지역으로 읽었다. 그러나 단 지파 전체가 이주했을 때를 말하는 나중의 본문(삿 18:27b–28을 보라)에는 그런 언급이 없다. 단 지파는 이렇게 고립된 백성을 공격해 그들의 성읍을 차지했다. 그리고 후에 그곳을 재건했다. 이제 이 민족은 시돈 사람페니키아인과 가까이 지내며 독립적으로 살았지만, 찬사를 받은 바 있는(삿 18:10) 이 지역의 풍부한 농산물을 해안 지역에 사는 시돈 사람에게 팔 수 있었다. 지금은 잘 알려진 것처럼 헤르몬 산자락에 있는 바니아스와 두로를 연결하는 산지 도로가 있었다. 이것이 진정한 '바닷길'[3]이었다.

단 지파가 단이라는 새로운 성읍을 건설했을 때, 그들은 생산한 것을 내다 팔기 위해 시돈으로 가는 도로를 사용했던 것이 분명하다. 이를 통해 젊은이들은 자신들이 발견한 해상 무역 사회의 매력에 빠져들었고, 그들에게 생산품을 공급하는 공급자가 되었다. 단 지파는 수익성이 좋은 페니키아와의 상업 활동을 위태롭게 하고 싶지 않았기에 바락을 도우러 오지 않았다. 이런 점을 생각해보면 드보라의 노래에서 단 지파를 비난하는 풍자적 표현은 현실적인 문제와 관련되어 있음을 알 수 있다.

메로스(삿 5:23)는 정착지가 분명하지만, 그 정체는 수수께끼로 남아 있다. 메로스는 가나안 성읍이거나 표면적으로만 이스라엘과 동맹을 맺은 가나안과 관련된 민족일 수 있다.

3_바닷길
저자는 이스라엘을 경유해 이집트와 메소포타미아를 연결하는 국제해안도로를 '해변 길(Via Maris)'로 부르는 데 반대한다. 실제 바다로 나아가는 길은 북부에서 바니아스–두로 구간을 연결하는 산지 도로가 더 타당하며, 구약에서 '해변 길'로 언급된(사 9:1; 마 4:15) 도로는 이집트–이스라엘–메소포타미아를 잇는 육로이지 바다로 나가는 도로가 아니기 때문이다.

기드온 므낫세 지파의 일가인 아비에셀 자손이자 에브라임의 중앙 산지에 살고 있던 한 영웅의 이야기(삿 6–8장; 시 83:9–10)를 위해, 사사기는 세 장을 할애하고 있다. 이야기의 핵심은 낙타를 타고 다니는 사막의 유목민이 농촌 주민들을 압제하는 잘 알려진 현상과 관련이 있다. 약탈자들은 수확기 때마다 쳐들어와서 수확한 곡물들을 앗아갔다. 시스라의 패배라는 큰 불행을 겪으면서 이 지역에 있는 가나안 군대가 크게 약해졌기 때문에, 사막 사람들의 침공이 가능했다. 이와 똑같은 현상이 다메섹의 오토만 통치가 크게 무력해졌던 19세기에 일어난 적이 있다. 이때 공격적인 베두인 부족들이 하부 갈릴리와 요단 계곡을 차지한 일에 대해서는 많은 증언들이 있다(삿 6:1–5을 보라).

가사 지역에 대한 언급은 남쪽에서 네게브를 침략한 것이 분명한 아멜렉인들과 연결되어 있다. '동방 사람들'이라는 언급은, 사막 주변에 미디안 족뿐 아니라 다른 유목민들이 있었다는 것을 암시한다.

구원의 임무는 아비에셀 가문에 속한 젊은이 기드온에게 맡겨진다. 그의 다른 이름은 여룹바알이었다. 아마 원래 전쟁 이야기에 들어 있던 이름이었을 것이다(참고. 삿 7:1). 이스라엘이 유목민으로부터 구원받아야 한다는 사실은, 다른 장르, 즉 야훼 종교와 바알 종교의 전투에 관한 이야기와 밀접하게 연결되어 있다. 이것은 신명기 역사가에게 매우 중요한 관점이다. 기드온 이야기 전체의 문학적 구성은 아주 복잡하므로 여기서 다룰 수는 없다. 기드온의 고향 오브라는 제의 중심지였으며, 이곳에서는 왕정 이전에 야훼 종교와 바알적 요소가 뒤섞여 있었다는 정도만 언급하는 것으로 충분할 것이다. 왕정 시대의 시각을 가진 사사기 본문은 야훼가 바알 종교에서 돌아서는 대가로 구원해주는 것임을 보여주려 애쓰고 있다. 오브라는 에브라임 산지 어딘가에 위치해 있음이 분명하다. 이에 대해서는 아래에서 요담과 관련해서 다룰 것이다.

이스라엘 군대를 모으는 일에 대한 아주 많이 각색된 이야기는 '하롯 샘'이라는 곳에서 일어난 것이다. 전통적으로 이 샘은 적군의 진영이 있는 골짜기의 맞은편에 있는 오늘날의 아인 얄룻에서 흐르는 샘이다(삿 7:1을 보라). 전투에 관한 시문은 미디안 족이 주로 엔돌 근처에 있는 모레 산 북쪽에 있었다는 것을 암시한다(시 83:9-10을 보라).

다볼에서 기드온의 형제들이 살해되었다는 언급(삿 8:18-19)은 모레 산의 북쪽에 있던 미디안 족 진영의 위치와 잘 들어맞는다. 따라서 유목민들은 샘에서 마을 농부들이 모이는 광경을 보지는 못했을 것이다. 밤에 기습을 당한 후 유목민들은 도망쳤다.

… 적군이 도망하여 스레라의 벧 싯다에 이르고 또 답밧에 가까운 아벨므홀라의 경계에 이르렀으며(삿 7:22b).

납달리, 아셀, 므낫세 지파에서 온 군사들은 추격전에 합류했고(삿 7:23), 에브라임 지파는 요단 강에 이르는 수로를 점령하라는 명령을 받았다(삿 7:24). 그들은 미디안 장군 오렙과 스엡을 사로잡았다(삿 7:25). 기드온은, 브누엘 남동쪽으로 24킬로미터 떨어져 있는 욕브하유베이핫와 노바(위치가 알려지지 않음)를 넘어 동쪽을 향해 적군의 주력 부대를 추격했다. 갈골(삿 8:10)은 욕브하로부터 93킬로미터, 아즈라크 남동쪽으로 31킬로미터 떨어진 헤야즈 북쪽에 있는 와디 시르한에 있었을 것이다.

숙곳데이르 알라과 브누엘(텔 에드 다합 에쉬 샤르키)의 장로들이 벌을 받은 사건은 그 시대에 폭력과 증오가 만연했음을 설명해준다(삿 8:5-9, 13-16). 기드온은 고향 오브라에 있는 제의 장소에 에봇을 기증했다고 전해진다(삿 8:27). 기드온 이야기의 상당 부분은 아마 그 성소와 관련한 구두 전승에서 유래했을 것이다.

아비멜렉 다음에는 기드온이 세겜 여인에게서 낳은 아들 아비멜렉(삿 8:30-9:57)의 이야기가 이어진다. 세겜 주변과 세겜의 후배지가 이야기의 중심 공간이다. 아비멜렉은 세겜의 장로들에게 가나안 성읍의 통치자들처럼 자신을 그들의 왕으로 추대해달라고 설득했다. 그러고 나서 그는 기드온의 아들들인 자기 형제 70명을 살육했다. 아비멜렉은 자신의 근거지를 여전히 아루마키르벳 엘 우르마에 두었다.

아비멜렉은 건달과 불량배 무리의 도움을 받으며 힘으로 자리를 지켰

미디안 족 추격 \ 주전 12-11세기

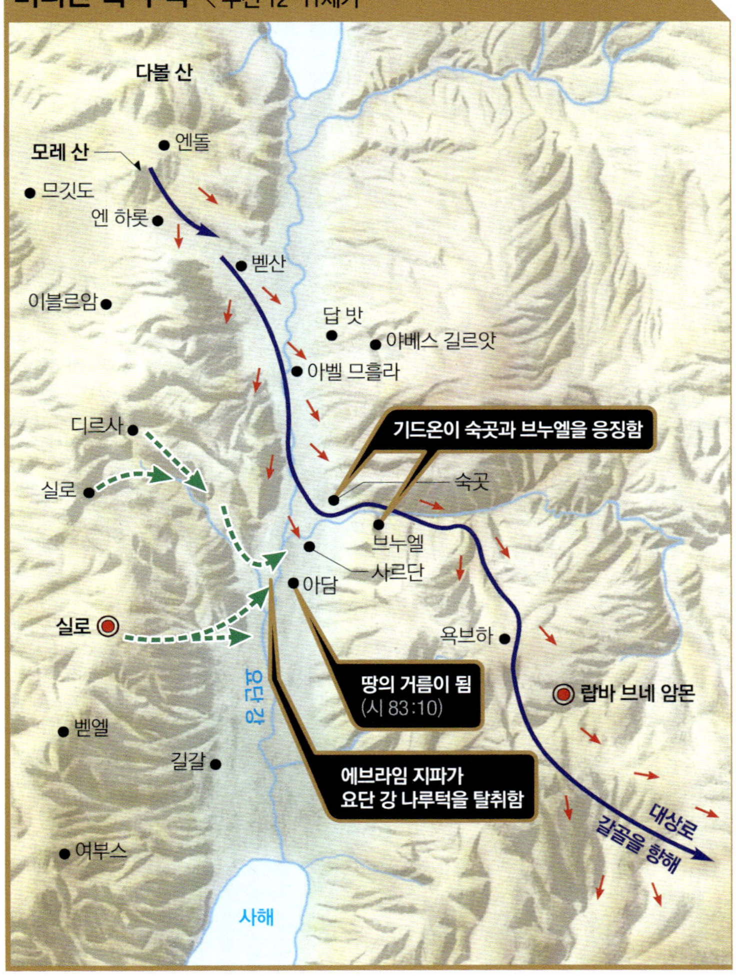

아비멜렉의 왕국 \ 주전 12-11세기

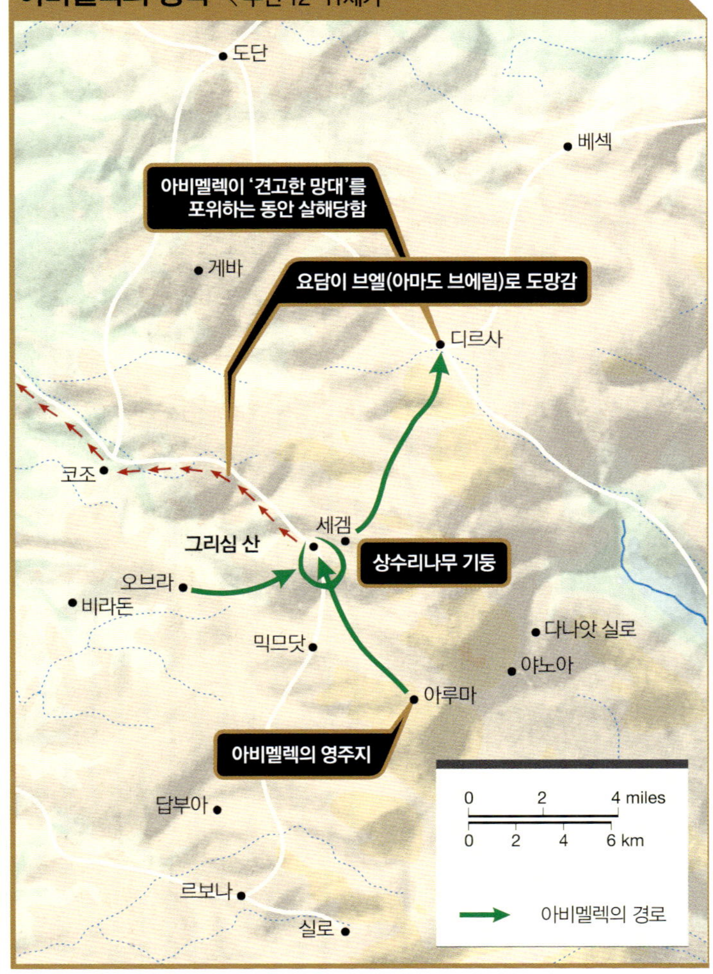

다. 그는 경쟁자인 다른 패의 수장과 싸워야 했다(삿 9:23-49). 결국 아비멜렉은 세겜 성을 파괴하고 그곳의 우두머리들을 죽였다. 그러나 그는 다른 성읍 데베스를 포위 공격했을 때 죽임을 당했다. 투바스를 데베스와 동일한 지역으로 보는 견해는 음성학적으로 볼 때 선뜻 마음이 움직이지는 않는다. 아마도 데베스는 일찍이 디르사가 변조된 지명으로 보인다.

살아남은 기드온의 아들 요담의 이야기(삿 9:7-21)는, 오브라가 그리심 산 남서쪽 어딘가에 있는 므낫세에 속한 사마리아 산지에 있어야 한다는 인상을 더해준다. 세겜에서 남서쪽으로 6킬로미터 떨어진 곳에 있는 키르벳 아우파르가 오브라와 동일한 지역으로 여겨진다.

▲ 아비멜렉 이야기의 중심 공간이었던 세겜

기타 영웅 이야기 다음으로는 특별한 관심을 끄는 두 명의 영웅 이야기가 이어진다(삿 10:1-5). 그러나 불행하게도 사사기의 편집자/저자는 그들을 포함시키는 것이 적당하지 않다고 생각한 모양이다. 물론 편집자가 자기가 하고 싶은 대로 다 하지는 않은 것 같다(삿 10:1을 보라).

돌라는 잇사갈 지파 출신이었다. 한때 정체성을 잃었던 잇사갈 지파는 왕정 초기에 재조직되었다. 그러나 돌라는 에브라임 산지의 한 지역에서 살고 있었던 것으로 묘사된다. 그 지명[1]은 므낫세의 주요 시조 중 한 사람인 세멜(왕상 16:24)과 관계 있는 것으로 보인다.

길르앗에서 상당한 지역을 차지했던 므낫세 지파의 시조로 유명한 야일(민 32:41)은 바산 아르곱에 있는 '30'개 정착지에 자기 이름을 붙였다(신 3:14[2]). 별다른 공적이 없는데도 그의 이름은 영웅들의 목록에 등장한다(삿 10:3-5을 보라). 그는 어떤 특별한 군사적 업적을 남긴 사람으로는 생각되지 않는다. 그가 묻힌 곳이 어디인지는 확실하지 않다.

입다 야일 이후에도 초점은 여전히 요단 동편 지역에 맞추어져 입다(삿 10:6-12:7)의 전설에 대한 이야기로 이어진다. 영웅 입다의 생애 이야기는 레반트뿐만 아니라 지중해 동부에서 일반적으로 볼 수 있는 이러한 문학 양식으로부터 많은 주제를 가져왔다. 그는 부계로 봐서는 고귀한 신분이지만 어머니가 창기여서 버림을 받았다. 형제들에게서 쫓겨난 그는 돕에서 버림받은 사람들을 군대로 모으고 자신은 우두머리가 되었다. 돕은 에드레이 데라의 남동쪽에 있는 에트 타이베로 알려져 있다. 이곳은 투트모세 3세의 도시 목록과 아마르나 서신에도 나온다. 사회학적으로 볼 때 입다와 그의 군대는 후기 청동기 시대의 아피루 집단처럼 되었다고 말할 수 있다.

입다 이야기의 서두에는 백성의 배교에 대한 꾸지람이 야훼와의 긴 대화 형태로 나와 있다(삿 10:6-16). 일곱 명의 이방 신이 이스라엘 민족의 신 야훼로부터 그들을 떨어뜨려놓았다. 그 결과, 이스라엘은 그들의 구원을 위해 야훼께 부르짖기까지 이웃의 일곱 민족에게 차례로 복속되었다. 새로 등장한 압제자들은 요단 동편에 있는 암몬 족속이었다. 이때 블레셋도 나오는데, 이것은 다음에 이어지는 삼손 이야기를 겨냥한 것이기도 하다(삿 10:7-9을 보라).

입다와 삼손 이야기에 드러나는 지중해 동부의 문학적 특징이 블레셋의 영향력이 기록된 시기에 나타난다는 것은 결코 우연의 일치가 아니다. 여기 나오는 이야기는 고귀한 신분(길르앗의 후손)에도 불구하고 버림받은 자로 살다가, 백성을 이끌어 승리했지만, 성급하고 잘못된 서원의 결과로 자기 딸을 제물로 바친 비극적인 이야기이다. 그는 또한 지파간의 내분으로 인해 에브라임 지파 사람들을 살육했다(삿 12:1-6을 보라).

사건이 일어난 미스바(삿 10:17)의 위치는 불확실하지만, 예벨 엘라드와 키르벳 엘라드 근처에 있는 얍복 강 남쪽에서 찾아야 하는 것이 거의 맞다. 미스바는 아마도 라맛 미스베(수 13:26)와 같은 곳인 듯하다. 길르앗의 지도자들은 암몬 족속과의 전쟁을 시작해줄 누군가가 필요했다. 이스라엘을 '길르앗 백성'이라 칭한 것으로 봐서는 얍복 강 북쪽은 므낫세 지역으로, 남쪽은 갓 지역으로 재편성되기 이전의 상황을 암시한다고 볼 수 있다.

전쟁 이야기는 입다와 암몬 족속 사이의 긴 대화로 인해 잠시 중단된다. 이 대화에는 이스라엘이 요단 동편 땅의 소유권을 주장할 수 있도록 해준 역사적 사건들에 대한 그들의 일반적인 관점이 나타나 있다(삿 11:12-28).

전투는 광범위하게 확장되어 암몬 족속 영토의 서부에서도 벌어졌다(삿 11:32-33을 보라). 아로엘(삿 11:33)은 아르논 강에 있는 아로엘과는 다른 지역인 것이 분명하다. 이는 여호수아 13장 25절에 나와 있는 갓 지파의 영토에 있는 곳으로 추정된다.

그렇다면 이 아로엘은 라밧(현대의 암만) '앞에' 있으며, 이스라엘 지파인 갓의 영토와 암몬 족속 영토 사이에 있는 경계선의 일부인 것으로 보인다. 아벨 그라밈은 아마도 유세비우스의 《지명록》(32:14-16)에 언급된 아빌라일 것이다. 그에 따르면 아벨 그라밈은 필라델피아(랍바 브네 암몬, 현대의 암만)로부터 여섯 번째 로마 시대 이정표에 자리한다. 아벨 그라밈으로 생각되는 후보지들은 여럿 있다. 나우르, 키르벳 에스 수크, 콤 야주즈, 사합 등으로 사합은 '아빌, 지자, 카스탈' 사이에서 싸웠다는 주후 634년의 한 전투에 대한 초기 이슬람 전승에서 끌어낸 것이다. 사합은 후기 청동기 시대에 성벽으로 둘러싸인 도시였으며 철기 시대에도 광범위하게 사용되었다. 민닛은, 유세비우스에 의하면(《지명록》 132:1-2) 에스부스 헤스본에서 필라델피아

▲ 랍바 브네 암몬의 암몬 족 무덤에서 발굴된 기수 점토 인형

1_사밀(삿 10:1)과 세멜(왕상 16:24)은 히브리어 자음이 같다.

2_"므낫세의 아들 야일이 그술 족속과 마아갓 족속의 경계까지의 아르곱 온 지방을 점령하고 자기의 이름으로 이 바산을 오늘날까지 하봇야일이라 불러오느니라"(신 3:14).

1_ 길르앗에 있는 성읍들
개정역은 '길르앗의 한 성읍'이라고 옮겼다.

2_ "소라 땅에 단 지파의 가족 중에 마노아라 이름하는 자가 있더라" (삿 13:2a).

3_ 마하네단
히브리어 '마하네 단(מחנה דן)'은 '단의 진영지'라는 뜻을 내포하기 때문이다.

암만 방향으로 네 번째 로마 시대 이정표에 위치하는 마아닛과 동일한 지역이다. 움 엘 바사틴도 유력한 후보지이다.

에브라임 지파와의 분쟁은 요단 계곡에 있는 성읍인 사본에서 일어났다(수 13:27a를 보라). 사본의 유력한 후보지로는 텔 메자르와 텔 에스 사이디예 두 곳을 들 수 있다. 에브라임 지파는 너무 늦게 와서 암몬 족속과의 전투를 도울 수 없었던 것으로 보인다. 그러나 전리품을 나누어 갖지 못하게 되자 그들은 이를 시기했다.

히브리어 사본은 입다가 '길르앗에 있는 성읍들[1]'에 묻혔다고 말한다(삿 12:7). 그러나 칠십인역은 '그의 성, 길르앗'에 묻혔다고 기록하고 있으며, 그곳이 사본이라는 본문상의 증거들도 있다.

세 명의 '소' 사사 세 영웅의 이야기는 길게 언급되어 있는 다른 영웅들의 이야기만큼이나 흥미로웠을 것이다. 사사기의 저자/편집자는 이 세 영웅에 대한 자료를 가지고 있지 않았거나, 거기에는 종교적인 이유로 받아들이기 어려운 왕정 이전의 자료들도 포함되어 있었기 때문에 일부를 삭제했을 것이다. 문학적이며 지리적인 관점에서 본다면 우리는 손해를 본 것이다(삿 12:8-10을 보라).

첫 번째 이야기는 스불론 지파에 속한 갈릴리의 베들레헴(수 19:15, 베이트 라흠) 출신이 분명한 사사 입산의 이야기이다. 그는 이웃 페니키아와 매우 친밀한 관계를 유지한 것 같다. 그래서 그의 다른 일화들은 삭제된 것으로 보인다.

두 번째 영웅 역시 스불론 지파 출신인 엘론이다(삿 12:11-12). 그의 매장지 외에는 그에 대해 기록된 것이 아무것도 없다. 히브리어 사본에는 그곳이 '아얄론'으로 나오지만 칠십인역은 '아일림'으로 밝히고 있다. 그러나 원래는 스불론 지파의 주요 일가인 '엘론'(민 26:26)에 더 가까웠을 것으로 보인다.

세 번째는, 에브라임 영토에 속한 비라돈파라타 출신의 압돈이다. 그에 대해서는 큰 지파의 족장이라는 지위만 언급되어 있을 뿐이며, 곧이어 그의 매장지가 언급된다. 사사기는 그곳을 '에브라임 땅 아멜렉 사람의 산지 비라돈'이라고 말한다(삿 12:15). 왜 에브라임 땅에 있는 산지를 '아멜렉 족속'의 것이라 불렀는지는 알 수 없다.

삼손 영웅들의 전설에서 삼손(삿 13-16장)의 위치는, 왕정 이전 시기의 권능 있는 지도자들 이야기의 결론에 해당한다. 이 이야기는 하늘의 선택을 받은 구원자들이 지닌 특징을 모두 보여준다. 신비에 가까운 탄생 예고, 불임이었던 여인의 임신, 임신 기간 중에는 어머니에게 그리고 탄생 이후에는 아이에게 주어진 나실인 제약, 위기의 순간에 신의 영감으로 충만해지는 내용 등이 그 예이다. 무엇보다도 놀라운 것은 전투에서 혼자 힘으로 승리를 거둔 일이다. '나귀의 턱뼈'를 가지고 싸운 삼손을 보면, 소를 몰 때 쓰는 막대기를 사용했던 아낫의 아들 삼갈의 놀라운 업적이 떠오른다(삿 3:31).

주인공은 삼손과 블레셋 사람들이다. 이때는 블레셋이 남부 해안 지대를 지배하는 세력으로 완전히 자리를 잡은 이후였다(삿 14:4b를 보라). 블레셋은 이러한 패권에 의지하여 유다 마을, 특히 셰펠라와 서부 산지에서 생산한 농산물을 강탈했다. 영웅과 그의 가족은 단 지파임에도 불구하고 북쪽으로 이주하지 않고 남아 있던 일가였던 것이 분명하다(삿 13:2a[2]를 보라). 소라다키르벳 차라아=텔 조라는 북쪽의 소렉 시내와 접하고 있는 산등성이에 자리 잡고 있다. 이곳은 와디의 남쪽에 있는 벧 세메스의 맞은편이다.

여호와의 영을 받은 삼손의 젊은 시절의 무대는 다음과 같다.

소라와 에스다올 사이 마하네단에서(삿 13:25).

마하네단은 사사기 18장 12절에도 나오는데, 거기에서는 이곳이 단 지파가 북쪽으로 이주할 때 진영으로 사용되었다. 마하네단은 기랏여아림의 서쪽에 있다. 마하네단은 유다 영토 안에 있는 단 지파와 관계된 장소들을 통칭하는 지명[3]으로 보인다. 에스다올은 현재의 이쉬와 마을 옆에 있는 키르벳 데이르 슈베이브와 동일한 지역이다. 이쉬와는 소라의 동쪽 산지에 있는 에스다올의 고대 지명이 변조된 형태일 수 있다. 한편 에스다올은 재귀동사의 부정사형을 기본으로 한 고어 지명으로, 성서 히브리어에서는 더 이상 사용되지 않는다.

전투에 대한 첫 번째 설명(삿 14장)은 지리적인 지형을 매우 분명하게 보여준다. 전투는 소렉 골짜기와디 에츠 차라르에서 발생했다. 셰펠라에 있는 비교적 광대한 편인 이 골짜기는 예루살렘에서 21킬로미터 정도 떨어져 있다. 사실 소렉 골짜기는 사사기 16장 4절에서 삼손의 정부情婦로 유명한 들릴라와 관련되어 유일하게 등장한다. 유세비우스의 기록(《지명록》 160:2-4)이 아니었더라면 소렉 골짜기가 삼손이 출생한 소라 근처에 있다는 것을 알 수 없었을 것이다. 소렉은 와디 베이트 한니나에서 출발하여 르바임 골짜기와 그살론 골짜기를 포함하는 구역의 서쪽 확장 지역에 있다. 이 두 골짜기는 소렉과 합쳐져 라마에서 베들레헴까지 분수령의 16킬로미터 구간에 물을 흘려보낸다. 이 와디들은 유다 산지를 통과하면서 약 610미터까지 낙하하며, 동쪽에서 서쪽으로 흐를 때 딱딱한 석

삼손 시절의 유다와 블레셋 ＼ 주전 11세기 초엽

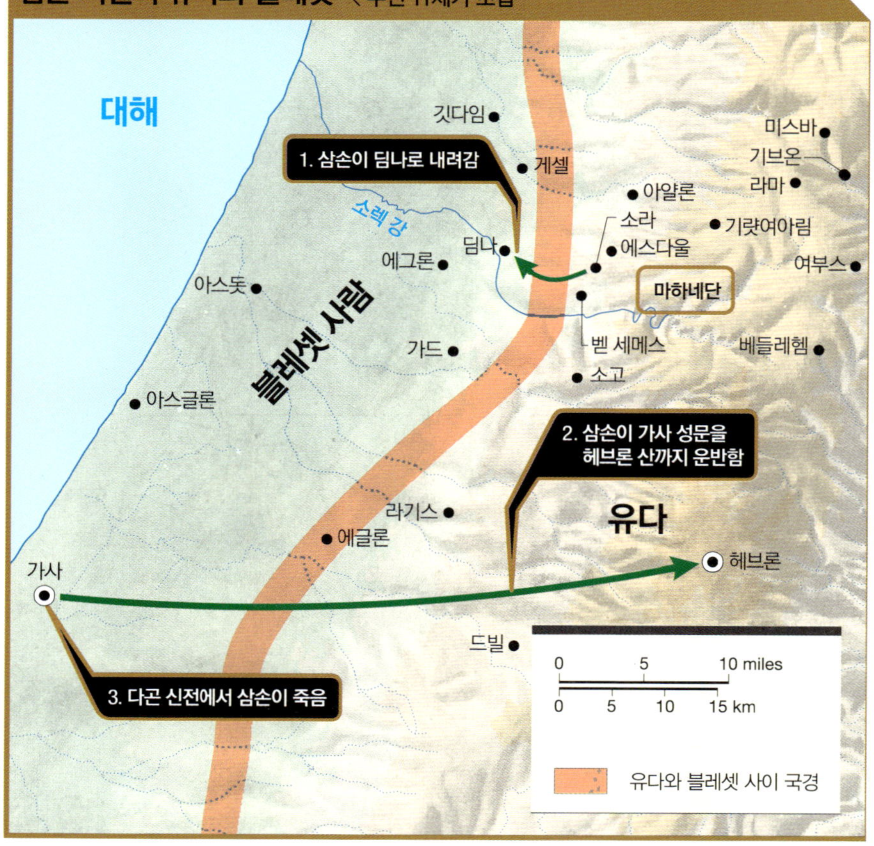

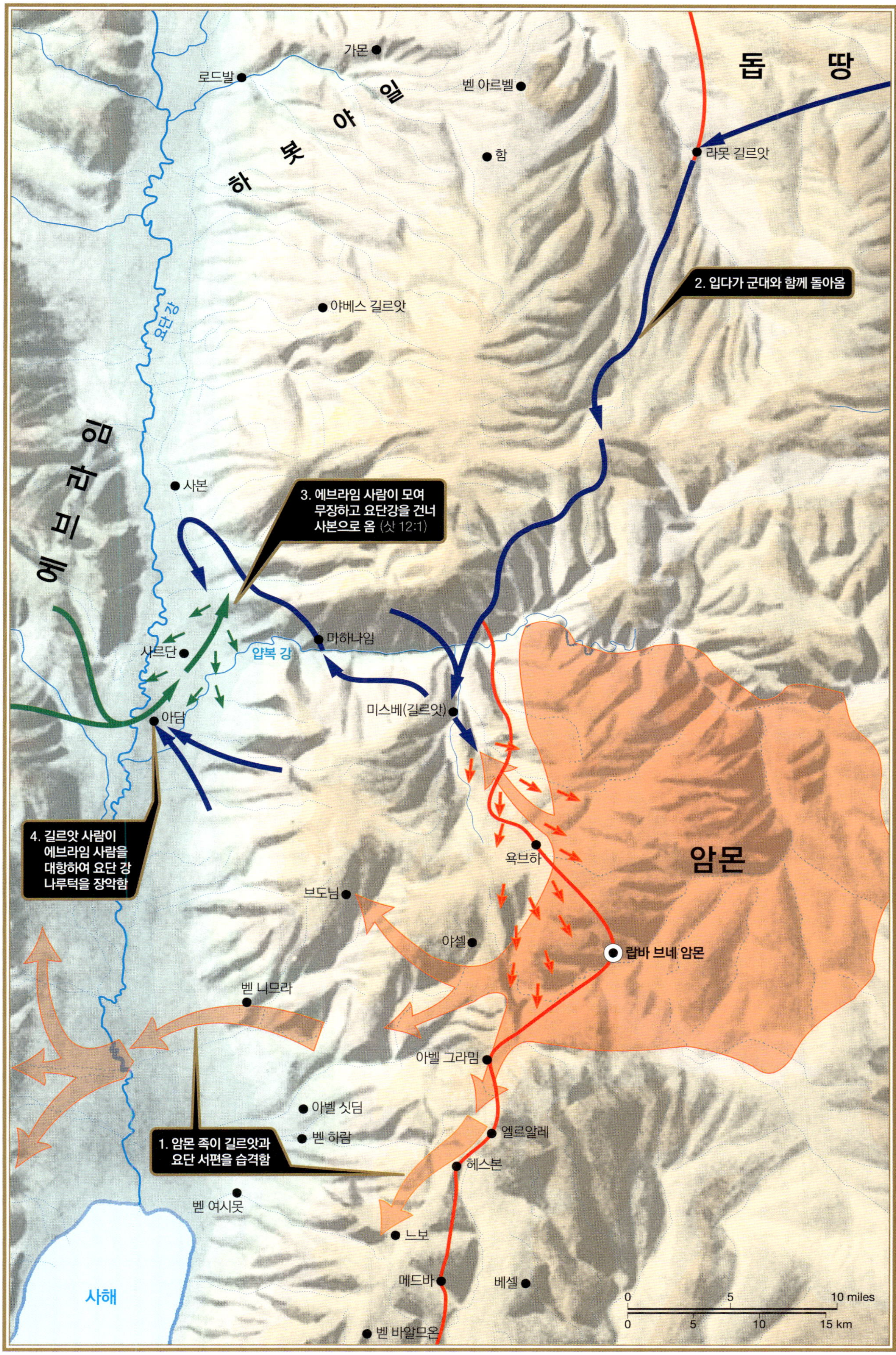

THE WAR OF JEPH-THAH

입다의 전쟁

＼ 주전 12세기 말 – 11세기

입다와 길르앗 사람

암몬 족

에브라임 사람

"이에 입다가 암몬 자손에게 이르러 그들과 싸우더니 여호와께서 그들을 그의 손에 넘겨주시매 아로엘에서부터 민닛에 이르기까지 이십 성읍을 치고 또 아벨 그라밈까지 매우 크게 무찌르니 이에 암몬 자손이 이스라엘 자손 앞에 항복하였더라" (삿 11:32–33).

▲ 소렉 골짜기

◀ 블레셋은 그리스 전 지역과 에게 해 지방에서 정착할 새로운 땅을 찾아 바다와 육지로 건너간 '해양 민족'의 한 지류로 알려져 있다. 그림은 블레셋 군인의 모습으로, 테베의 메디네트 하부(Medinet Habu)에서 발견된 부조를 본떠 그린 것이다.

회암을 파고들어 V자 모양의 깊은 협곡을 만든다. 소렉 계곡이 세펠라 지역의 더 부드러운 석회암과 백악암 지대에 이르면 골짜기는 더 넓어지고 충적토가 쌓여 매우 비옥한 골짜기를 형성한다(삿 14:1을 보라). 소라는 산등성이 정상에 있었고, 딤나는 골짜기 아래쪽에 있었다. 따라서 삼손이 '내려갔다'고 표현한 것은 맞는 말이다. 딤나의 위치는 여호수아 15장 10-11절에 따르면 유다의 북쪽 국경에 있는 것으로 추정된다.

이 국경을 따라 이어지는 여러 지역 사이의 적당한 거리를 고려해본다면, 딤나의 위치는 동쪽의 그살론케슬라=케살론과 벧 세메스텔 에르 루메일레=텔 벧 세메쉬, 서쪽으로는 에그론키르벳 엘 무칸나=텔 미크네으로 이어지는 곳에서 찾아야 하므로, 텔 엘 바타쉬이텔 바타쉬가 후보지로 유력하다. 이곳은 벧 세메스와 에그론과 거의 등거리에 있으며, 고고학적으로도 모든 필요한 유적을 갖추고 있다.

삼손이 여호와의 영을 받아 행한 복수는 멀리 아스글론까지 미쳤다(삿 14:19). 그러한 그가 '에담 바위 틈'(삿 15:8)으로 물러난 것은 모호한 면이 있다. 그곳은 베들레헴 남쪽에 있는 분수령 동쪽의 에담키르벳 엘 코크 근처를 가리키는가(수 15:59a[1]의 칠십인역; 대하 11:6), 아니면 세펠라 남부 지역이나 네게브의 바로 북쪽 지역에 있어야 하는 시므온 지파에 속하는(대상 4:32) 에담을 가리키는가?

레히는 블레셋이 삼손을 사로잡으려고 전투 준비를 한 장소로 언급된다(삿 15:9). 이 장소의 위치에 대해서는 여러 의견들이 있지만, 확신 있는 견해는 거의 없다. 삼손이 나귀 턱뼈로 블레셋 군대를 무찌른 이야기는 몇몇 민간전승과 관련이 있다(삿 15:15-16).

슈퍼맨 같은 삼손의 또 다른 놀라운 행적은 가사에서 헤브론을 잇는 도로에 대해 모호하게 암시하고 있다(삿 16:3을 보라). 삼손은 자신에게 맞게 "소라와 에스다올 사이 그의 아버지 마노아의 장지"에 묻혔다(삿 16:31).

결말 이야기 사사기라 부르는 이 모음집은, 연대기적으로 볼 때 좀 이른 시기에 일어난 사건에 대한 두 가지 이야기로 마무리를 하고 있다(삿 17-21장). 두 사건은 모두 '에브라임 산지'에서 일어났다. 이 경우 이곳은 베냐민 영토를 가리키는 것이다. 최소한 두 번째 이야기는 확실하며, 첫 번째 이야기의 장소도 이곳일 가능성이 매우 높다. 두 이야기는 다 레위 지파와 관련이 있으며, 레위인 두 사람 모두 베들레헴과 관련이 있다. 레위인과 다윗의 고향 사이의 이러한 초기의 연관성은, 후대에 세워진 새로운 왕정 시대 동안 레위인의 특별한 지위 및 기능과 어떤 관계가 있는 듯하다.

단 지파의 이주 이야기는 에브라임 산지에 사는 한 가족으로 시작된다. 그 가족에게는 값비싼 제의 물건 즉 '새긴 신상과 부어 만든 신상'(삿 17:4)을 만들 수 있는 은이 있었다. 이름이 나오지 않는 그 집의 여자 가장이 가족의 의사 결정권자였던 것으로 보인다. 미가는 그 여자의 맏아들이었다(삿 17:7-8을 보라). 미가와 그의 모친은 제의를 집행할 수 있는 자격을 가진 젊은 레위인을 고용해 가족 성소에서 직무를 집행하도록 했다.

그 무렵, 적합한 거주지를 찾기 위해 단 지파가 파견한 정탐꾼들은 같은 레위인에게 신탁을 구했고, 그 결과 그들은 헤르몬 산자락에 있는 라이스를 정찰했다(삿 18:2-10). 단 지파 군사들은 북쪽으로 가던 중에 이 산지로 왔다. 그들이 해안 도로로 여행할 수 없었다는 사실은 중요한 의미가 있는 듯하다. 도로 주변은 그 같은 한 지파의 이동을 위협할 가나안 성읍들이 장악하고 있었던 것임에 틀림없기 때문이다(삿 18:12[2]을 보라; 참고. 삿 5:6). 단 지파의 정찰대는 그 레위인의 호의적인 신탁을 기억하고는 자기 지파를 위해 그를 '고용하고' 미가의 성소에 있던 제의 용구들을 몰수했다(삿 18:15-20). 이 일화는 단에 있던 북부 제의 중심지의 기원을 설명해주려는 것 같다. 어떤 사람은, 이 제사장의 가문을 모세와 연결시키는 칠십인역 본문을 받아들이려 하기도 한다. 모세를 므낫세로 바꾼 것[3]은, 다른 후대의 헬라 시대 사본 혹은 헤롯 시대의 사본이 민감한 바리새인들을 고려해 수정한 것으로 보인다(삿 18:30-31을 보라).

기브아에서 벌어진 베냐민의 악행 사사기의 마지막 이야기는 베냐민 지파에 속한 기브아에 대한 이야기이다. 이 지역의 이름은 다양하게 묘사되어 있다. '기브아'(삿 19:13), '베냐민에 속한 기브아'(삿 19:14), '베냐민 기브아'(삼상 13:2), '베냐민 자손에 속한 기브아'(삼하 23:29), '사울의 기브아'(삼상 11:4; 15:34; 사 10:29), '하나님엘로힘의 기브앗'[4](삼상 10:5; 칠십인역에서는 '하나님의 산당/산') 등이다.

성서에 나오는 베냐민 지파의 공식적인 기업으로는(예를 들면, 수 18:11-28) 비슷한 이름을 가진 세 성읍, 즉 기브온엘 집, 게바제바, 기브아가 알려져 있다. 성서 여러 곳에서 이 세 지명 간에 혼란이 있었던 것으로 보인다. 특별히 칠십인역을 염두에 둘 때 그렇다. 어쨌든, 본문의 사건이 벌어진 장소가 예루살렘 북쪽으로 나 있는 분수령 도로상에 있는 성읍이어야 하므로, 기브아를 텔 엘 풀과 동일한 지역으로 보는 것이 아직까지는 가장 좋은 해결책이다.

1_칠십인역은 마소라 전승에는 없는 베들레헴과 에담 등 11개의 성읍이 덧붙여져 있다.

2_"올라가서 유다에 있는 기랏여아림에 진 치니 그러므로 그 곳 이름이 오늘까지 마하네 단이며 그 곳은 기랏여아림 뒤에 있더라"(삿 18:12).

3_칠십인역과 마소라 전승은 모두 그 레위인을 '므낫세'의 자손으로 읽고 있다. 원래의 본문은 '모세'였으나 히브리어 자음 '눈(נ)'을 첨가해 '므낫세'로 수정했다는 것이 일반적인 견해이다. 구약에서 '게르솜'이 므낫세의 후손으로 나오는 경우는 본문 외에는 없으며 항상 모세의 후손으로만 언급되기 때문이다(출 18:3; 대상 23:15 등). 개정역은 '모세'로 고쳐 읽고 있다.

4_**하나님의 기브앗**
히브리어 본문은 '하나님의 기브아' 또는 기브아가 '산, 언덕'이라는 뜻이 있으므로 '하나님의 산'으로도 번역 가능하다. 칠십인역처럼 개정역은 후자를 따르고 있다.

베들레헴과 연결되어 있는 것은 마지막 두 이야기가 모두 이곳에서 유래한 것이라는 추정을 뒷받침해준다(삿 19:1을 보라). 에브라임 산지의 '구석'이라는 표현이 의도하는 것이 무엇인지는 분명하지 않다. 에브라임 산지가 베냐민 지역부터 므낫세 지역(적어도 세겜까지, 왕상 12:25)에 이르는 산지 모두를 포함한다는 면에서 볼 때, 레위인의 활동 범위가 멀리 북쪽까지 미쳤을 수 있다. 어쨌든 어떤 이가 분수령 도로상에 있는 여부스예루살렘 의 맞은편에 있었다면, 그 레위인이 관할했던 지역은 해지기 전에 닿기에는 너무 먼 거리이다.

레위인은 마침내 그의 첩과 종, 짐을 지운 나귀 두 마리와 함께 베들레헴을 떠난 후 여부스 맞은편에 있는 분수령 도로에 늦게 도착했다(삿 19:10-13을 보라). 당시 여부스 예루살렘[5]은 분수령으로부터 남동쪽으로 나 있는 준령의 남쪽 구역에 위치해 있었으며, 동쪽으로는 기드론 골짜기와 서쪽으로는 또 다른 골짜기(헤롯 시대에 메워진 티로포에온 골짜기)로 경계를 이루고 있었다. 인근의 골짜기(오늘날의 마밀라)는 여부스 준령(힌놈의 아들 골짜기, 수 15:8)의 남쪽 끝 근방에서 구부러졌다. 그 레위인과 일행은, 베들레헴에서부터 라맛 라헬(아마도 벧 학게렘) 아래쪽을 지나, 오늘날의 몬테피오레 풍차와 킹 데이빗 호텔이 위치해 있는 산등성이를 따라 이어지는 분수령 도로 위에 있었다.

그들은 이스라엘의 거주지를 향해 북쪽으로 더 가기로 운명적인 결정을 내린 탓에, 해지기 전에 도착할 만한 한 장소에 이르게 되었다. 엘 집과 제바[6]는 너무 멀리 떨어져 있었으며 라마에르람는 가장 멀었다. 따라서 텔 엘 풀이 기브아의 후보지로 가장 적합할 것 같다.

이야기의 첫 번째 주요 내용은 전설적인 소돔과 고모라와 같은 기브아 사람의 악명 높은 행동이다. 범죄자들은 남성 방문객을 성폭행하려 했지만 결국에는 레위인의 첩을 강간하는 것으로 만족했다(삿 19:22-25). 비열한 레위인은 이스라엘 군대를 모으기 위해 첩의 토막 낸 시신을 이용했다.

현재 남아 있는 이야기의 최종 본문은, '단에서 브엘세바까지'(삿 20:1) 열두 토막 난 시신을 받고 미스바에 모인 하나 된 이스라엘을 보여준다. 텔 엔 나츠베는 아직까지 미스바의 유력한 후보지이다. 특히 열왕기상 15장 22절에 비추어볼 때 더욱 그러하다. 이 이야기에서 처음에는 미스바가, 그 다음에는 벧엘(삿 20:18; 20:26; 21:2-4)이 맹세를 할 수 있고 신탁을 구할 수 있는 제의 중심지로 나타난다. 당시의 공식적인 제사장은 아론의 손자이며 엘르아살의 아들인 비느하스였다고 한다(삿 20:28). 그래서 표면적으로는 이야기의 연대를 정복의 첫 세대로 본다.

전쟁 행위와 위장 후퇴와 매복 전술(삿 20:18-44)은 흔한 주제가 분명하

5_여부스 예루살렘
당시 여부스 예루살렘은 다윗과 솔로몬에 의해 북쪽으로 확장하기 이전의 동부 구릉 지역에 한정된 성읍을 뜻한다.

6_엘 집과 제바
'엘 집'은 성서의 기브온이며, '제바'는 게바와 동일한 지역이다.

기브아에서 일어난 레위인의 첩 이야기 \ 주전 12-11세기

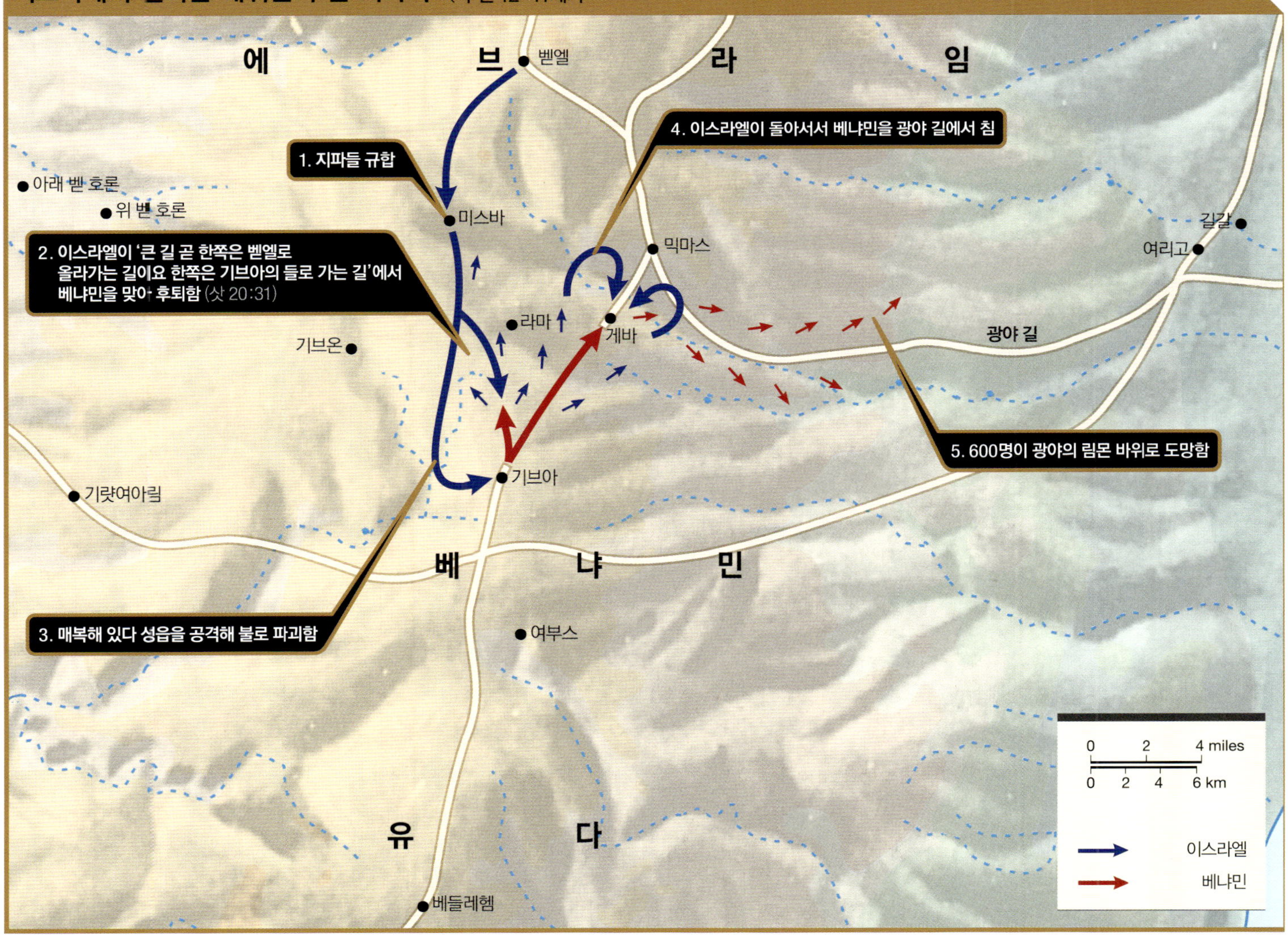

며, 당시의 지역 분쟁에서 흔히 일어날 수 있는 일이었다. '림몬 바위'(삿 20:45-47; 참고. 삼상 14:2)는 기브아의 동쪽(황무지/광야 방향)에서 유명한 지역임에 틀림없다. 이곳이 제바 북동쪽으로 9킬로미터 떨어져 있는 람문 마을일 가능성은 거의 없다. 한때 제바의 동쪽으로 2킬로미터 떨어진 와디 에츠 추웨이닛에 있는 엘 자이아 동굴 근처에 '석류=림몬 나무'가 있었을 것이라는 의견이 제기된 바 있다. 동굴 자체는 약 30미터 높이이며, 동굴 내부에는 곰보 자국처럼 파인 수백 개의 작은 동굴들과 쪼개진 석류를 닮은 구멍들이 있었다. 따라서 이곳이 림몬 바위의 유력한 후보지일 가능성이 있다. 이곳은 최소한 포위 공격을 받은 군사들에게 이상적인 피난처로 보인다.

한 지파가 멸절되는 것을 막는다는 주제는, 생존한 베냐민 군사들에게 아내를 구해주는 잔인한 방책에 드러나 있다. 야베스 길르앗은 총회 소집에 불응한 결과, 복수를 당하고 그곳의 처녀들을 살려 베냐민 지파에게 주었다(삿 21:8-15). 이렇게 해서 요단 동편 성읍과, 베냐민과 사울의 기브아 사이에 연대가 형성되어 후에 열매를 맺는다(삼상 11:1-11; 31:11-13). 두 번째 취한 행위는 실로의 여자들을 납치하는 것이었다. 이 일에 대한 구체적인 지리 묘사는 드문 예 중의 하나이다.

실로(키르벳 세일룬)는 주 도로에서 동쪽으로 멀지 않은 거리에 있다. 텔의 기슭에서 대로로 이어지는 완만한 골짜기를 지나면 바로 르보나(엘 룹반 또는 룹반 에쉬 셰르키예)로 가는 비탈에 도착한다.

이 이야기에는 새로 정착한 지파들과 일가의 삶이 도덕적으로 혼란스럽고 저급했다는 사실이 잘 응축되어 있다. 왕정의 시각에서 글을 쓰고 있는 저자는 열두 지파로 구성된 하나의 이스라엘에 대한 이상을 갖고 있다. 피비린내 나는 전투와 환대의 원칙을 깨뜨린 타락한 범죄에도 불구하고, 이스라엘은 제의 중심지들, 제사장직, 맹세와 언약의 '윤리', 지파들 사이의 '형제애'를 받아들여야 한다는 것이었다.

왕정 이전 사회에 대한 사사기 21장 25절의 관점은 후대의 선입관에 의해 과장된 점이 있기는 하지만, 여러 면에서 신뢰할 만하다.

1. 지파의 정착지들은 거의 대부분 산지에 있었고 적대 세력들은 평지에 거주했다.
2. 각 이야기를 잇는 편집적인 요약에 나타난 일반화된 설명에도 불구하고 당시에는 핵심이 되는 지도자가 없었다. 각 영웅은 실제로 어떤 특정한 지파와 관련 있는 제한된 영역에서만 활약했다. 바락과 기드온은 그 중에서 가장 폭넓은 신임을 받았다.
3. 적대 행위는 각 마을에서 온, 싸울 수 있는 군사들에 의해 자행되었다. 상비군은 없었다.
4. 비록 이스라엘 백성 대부분이 산지에 거했지만, 그들은 이제 유목 생활뿐만 아니라 농업에도 종사하게 되었다. 그들에게는 포도원뿐만 아니라 곡식을 재배하는 밭도 있었다.
5. 이러한 영웅들의 시대는 폭력과 증오의 시대였다. 한 명의 전사가 적군을 대량 살상하도록 '야훼의 영'이 임하셨다. 이 모든 요소와 전체적으로 편향적인 저술 성격은, 지명과 지형이 정확하게 묘사되는 정도만큼 분명하게 이해할 수 있을 것이다.

◀ 철기 시대 I기에 속한 실로의 제구 파편과 그림

▼ 성서의 딤나와 동일한 지역인 텔 바타쉬의 남쪽에서 바라본 항공 사진

마지막 사사 사무엘

현재 상, 하로 나뉘진 사무엘서는 다윗 왕조가 어떻게 세워졌는지 설명해주는 일종의 소설 같은 것이다. 사무엘서 히브리어 사본이 크게 훼손되어 있다는 것은 오늘날 널리 알려진 사실이다. 그래서 역대기 기자의 자료나 종종 요세푸스의 자료가 그렇듯이, 때때로 칠십인역이 히브리어 원본을 더 잘 보여줄 때도 있다. 쿰란 4번 동굴에서 발굴된 사무엘서 단편은 이러한 사본의 상황을 확증해주며, 헤롯 시대에 유통된 몇 개의 사본이 존재했다는 암시를 준다.

현재 사무엘상이라고 부르는 책은, 주로 베냐민 지파의 영토 안에서 직무를 수행한 레위계 선지자이자 마지막 '사사'였던 사무엘의 지도력에 대해 이야기해준다(삼상 1:1-3을 보라). 사무엘의 아버지 엘가나는 레위계의 고핫 종족에 속한 숩의 후손이다(대상 6:22-28).

라마다임은 베냐민에 있는 라마 성읍이다. 이곳은 숩 가문의 라마다임을 뜻한다. '에브라임 산지'는 지파를 나타내는 용어가 아니라 지리적인 용어로, 에브라임 영토뿐 아니라 베냐민과 므낫세 영토를 포함하고 있다. 엘가나의 종족 명칭은 에브라임 지파의 구성원이라는 종족 명칭과 동음어(참고. 삿 12:5; 왕상 11:26)이지만, 여기서는 에브라다 사람이라는 의미로 해석하는 것이 더 낫다. 이것을 인정한다면 엘가나-사무엘 가문은 베냐민 지파 지역에 자리 잡고 있던 레위 계열로서, 베들레헴이나 그 주변에 살았던 레위인과 관련이 있다. 그러므로 이들은 사사기의 마지막에 나오는 두 이야기에서 결정적인 역할을 했던 레위인들과 연결된다. 이렇듯 에브라임 산지와 유다 산지 사이의 지역에서 활약하던 레위인들은 여전히 세간의 주목을 받고 있다. 이것은 사무엘서와 사사기 사

에벤에셀 전투와 법궤의 이동 경로 \ 주전 11세기 중엽

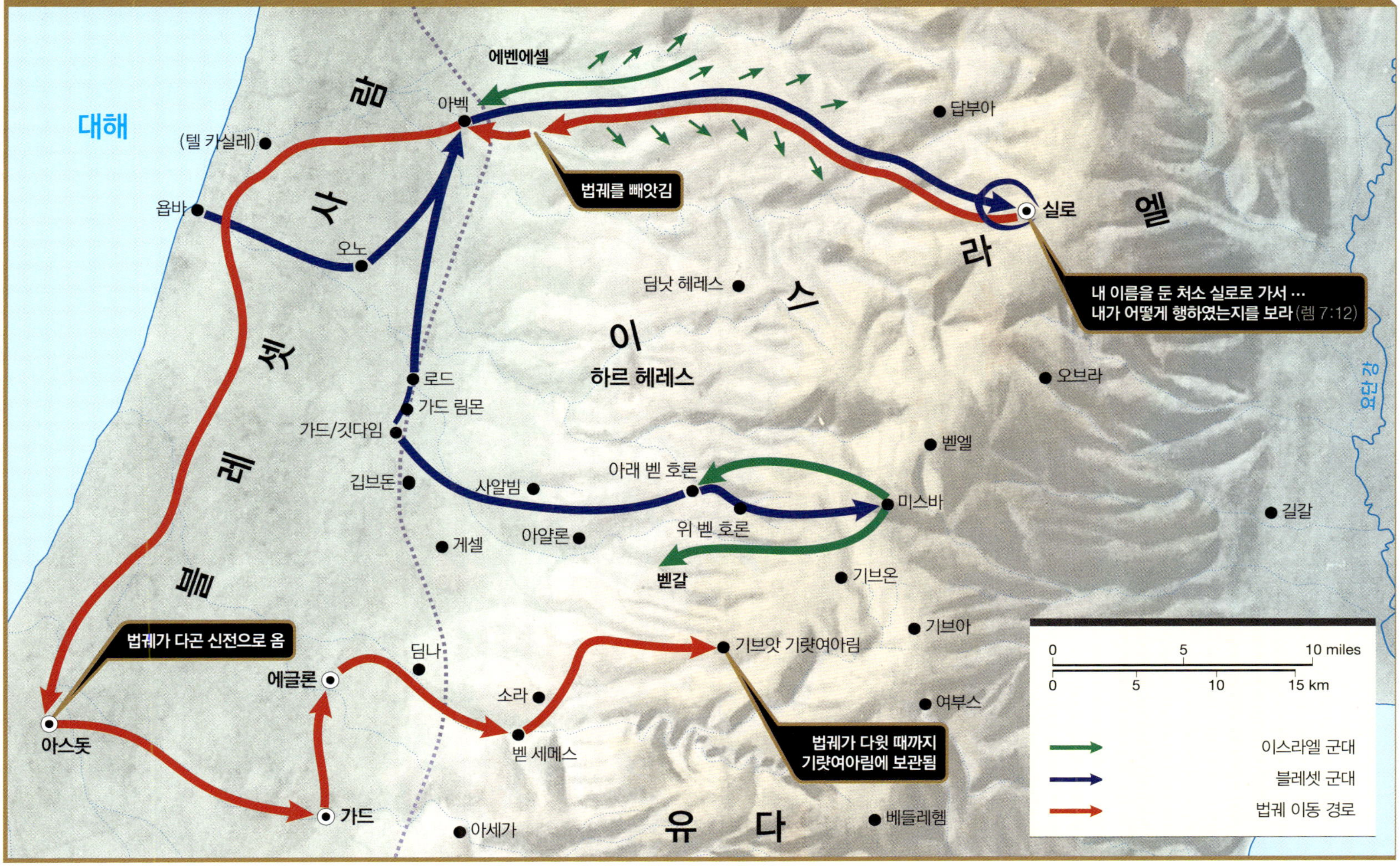

이의 또 다른 논리적인 고리를 제공한다.

사무엘 탄생 이야기에서 중심이 되는 것은 실로라는 제의 장소이다. 대제사장과 '회막'장막, 언약궤가 모두 그곳에 있었다고 한다. 키르벳 세일룬 지역의 발굴을 통해 '셔츠의 깃처럼 세운 테두리가 있는' 저장 항아리가 가득 차 있는 창고가 발견되었다. 이는 요단 동편과 요단 서편 지역에서 나타나는 초기 철기 시대의 고고학적인 상황의 전형으로, 그 창고는 제의 장소 자체의 창고일 수 있다. 이것이 아니면 아마도 후대의 거주 지층 때문에 그 같은 제의 시설의 흔적을 찾아볼 수 없었을 것이다.

경쟁 민족 블레셋과 심각하게 대치한 일은 '구원의 돌'이라는 뜻을 지닌 에벤에셀 근처에서 일어났다고 한다(삼상 4:1을 보라).

칠십인역은 블레셋을 그 사건의 발단으로 지목한다.

> 그리고 그때 할례 받지 않은 자들이 이스라엘과 싸우려고 모였다. 이스라엘은 그들과 대면하여 싸우기 위해 나갔다. 그들은 에벤에셀 옆에 진을 치고 할례 받지 않은 자들은 아벡에 진영을 갖추었다(삼상 4:1, 칠십인역).

싸움에서 패한 이스라엘은 실로에서 법궤를 가져와 진영에 두었다(삼상 4:3-9). 그러나 이어지는 전투에서 이스라엘은 다시 패배해 법궤를 빼앗겼다(삼상 4:10-11). 전쟁터에서 간신히 도망쳐 나온 한 사람은 법궤를 빼앗기고 담당 제사장들이 죽었다는 소식을 실로에 전해주었다(삼상 4:12을 보라).

이와 같은 설명은 에벤에셀의 위치를, 소위 야르콘 강이라고 부르는 나하르 엘 아유자의 상류에 있는 아벡라스 엘 아인=텔 아페크 맞은편으로 보는 듯하다. 그러나 그 도망자가 실로로 가는 데 하루도 채 걸리지 않은 것을 미루어볼 때 가로질러 가는 도로상에 있을 수도 있다.

여기에는 전투 이후의 이야기가 나와 있지 않지만, 후대의 본문은 블레셋에 의해 파괴된 실로를 회상하고 있다. 이 무렵 실로의 고고학적인 유적지들이 파괴된 것은 이러한 주장을 뒷받침해준다. 회막이 파괴된 일은 시편 78편 60절[1]에 나와 있다.

이 같은 전승은 예루살렘 성전의 존재가 패망을 막아주는 보증수표가 될 수 없다는 예레미야의 경고의 근거가 되었다(렘 7:12-14; 26:6-9을 보라).

제사장들이 언제 그 중심지를 놉(삼상 21:2 이하)으로, 즉 동쪽에서 여부스 예루살렘을 내려다보는 그곳으로 옮겼는지는 알려지지 않았다. 그러나 그렇게 옮긴 것은 아마도 더 안전한 장소를 찾으려는 의도였을 것이다. 놉은 분수령 도로에서 더 가까웠던, 미스바나 벧엘 같은 다른 제의 장소들처럼 노출되어 있지는 않았던 것이다.

법궤가 블레셋의 수중에 있을 때 그 이동 경로(삼상 5-6장)를 보면, 거기에 민간전승의 요소가 있음에도 불구하고 지리적으로 타당하다(삼상 5:1-10을 보라). 아스돗에스둣과 에그론키르벳 엘 무칸나=텔 미크네은 확실하게 위치

1_"사람 가운데 세우신 장막 곧 실로의 성막을 떠나시고"(시 78:60).

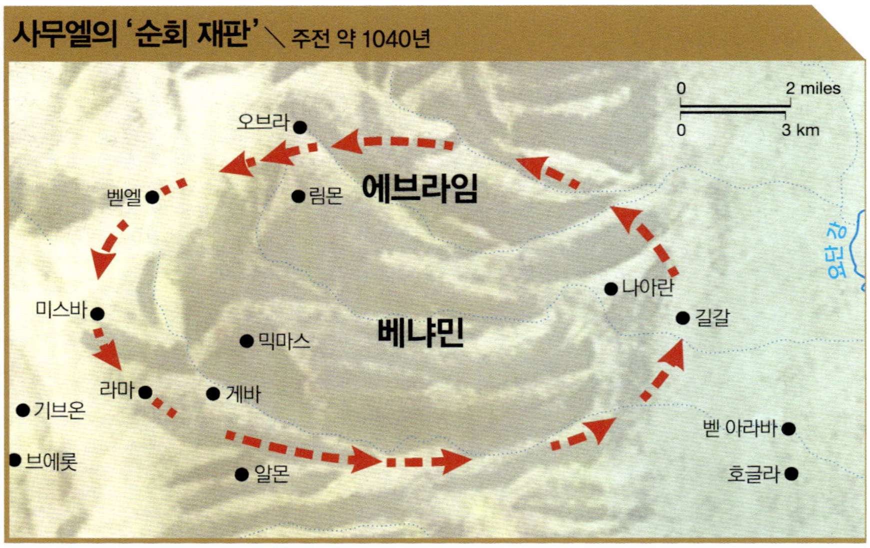

사무엘의 '순회 재판' \ 주전 약 1040년

를 알 수 있다. 이 단락에 따르면 가드는 두 지역 사이 어딘가에 있는 것이 확실하며, 블레셋 북부에서 찾을 수 있다는 강한 인상을 받는다.

법궤를 이스라엘 영토로 돌려보내기 위해 블레셋이 행한 점술 테스트에도 실제적인 지리적 설명이 일부 포함되어 있다(삼상 6:12-14을 보라).

에그론과 벧 세메스는 소렉 골짜기의 동서 구간 맞은편 끝에 있다. 이는 소렉 골짜기가 북서쪽으로 구부러지기 전의 구간이다. 소들은 송아지들과 떨어져 있는 불행에도 불구하고 벧 세메스를 향해 똑바로 갔다고 한다. 블레셋 방백들은 벧 세메스 밭들의 경계선까지 따라갔다. 삼손 이야기와 여호수아 15장 10-11절에 나오는 경계 묘사를 보면, 벧 세메스와 에그론 사이에는 성읍 딤나가 있었다. 이곳은 그때 블레셋의 수중에 있었으며, 하상의 북쪽텔 엘 바타쉬이=텔 바타쉬 편에 있었음이 틀림없다. 그러나 소들은 벧 세메스를 향해 똑바로 갔다. 이것이 '대로로 가며'의 의미이다. 딤나와 벧 세메스에는 골짜기에 각각의 밭이 있었으며(참고. 삿 15:5), 각 지역의 농부들은 그 밭들이 접하는 지점을 잘 알고 있었다. 그러한 까닭에 블레셋 방백들은 두 성읍의 농업 지대 사이에 분명한 경계선으로 인식되던 곳에서 현명하게 걸음을 멈추었다.

마침내 기랏여아림에 도착한 법궤는 다윗 왕이 예루살렘으로 이송할 때까지 그곳에서 대기하게 된다(삼상 7:1을 보라). 지형적으로, 벧 세메스와 기랏여아림이 여호수아 15장 9-10절에 묘사된 경계 지점에 해당하는 성읍들이라는 것은 우연의 일치일 수 없다.

골짜기 한쪽 끝벧 세메스에는 유다 사람이 살았고 다른 한쪽 끝에그론에는 블레셋이 살았다는 사회 인종적인 상황에 대해서는, 에그론에서는 돼지를 친 증거가 있고 벧 세메스에는 그러한 증거가 없다는 것이 귀중한 증거이자 인종적 차이를 식별하는 신뢰할 만한 표지라고 하겠다.

산지 지파들에게서 농산물을 강탈하려는 블레셋의 전략은 종종 베들레헴과 벧엘 사이, 지형적으로 두 산지 사이의 움푹 들어간 평지 지대에 집중되었다. 이 지형적 가교의 북부 지역은 베냐민 땅이다. 사무엘의 지도 아래 블레셋과 벌인 전쟁의 마지막 이야기는, 블레셋이 바로 그 지역으로 공격해오지 못하게 하는 데 초점이 있다(삼상 7:5-11을 보라).

이스라엘은 베냐민 영토에서 블레셋을 쫓아내는 데 성공한 후 이렇게 말한다.

▲ 이즈벳 차르타에 있는 작은 고대 유적지가 에벤에셀의 위치로 추정된다. 도기 조각에 함께 쓰여진 원 가나안 문자와 철자들의 여러 가지 조합으로 보아 페니키아 문자임을 알 수 있다. 이 도기 조각은 초기 철기 시대 유적지에 살고 있던 누군가가 페니키아 글자 쓰기를 연습하던 것이다.

> 이에 블레셋 사람들이 굴복하여 다시는 이스라엘 지역 안에 들어오지 못하였으며 여호와의 손이 사무엘이 사는 날 동안에 블레셋 사람을 막으시매 블레셋 사람들이 이스라엘에게서 빼앗았던 성읍이 **에그론**부터 **가드**까지 이스라엘에게 회복되니 이스라엘이 그 사방 지역을 블레셋 사람들의 손에서 도로 찾았고 또 이스라엘과 아모리 사람 사이에 평화가 있었더라(삼상 7:13-14).

이 구절을 보면 여기의 가드가 어디인지에 대한 질문이 바로 생겨난다. 에그론과 연결된 것으로 보아 블레셋의 가드임을 암시하는 것이 분명한 것 같다. 이 본문은 블레셋 북부에 있는 에그론에서 멀리 떨어진, 블레셋 남부에 있는 가드에 대한 증거로 사용된다. 그러나 히브리어 관용어구 '한 끝에서 다른 한 끝까지'라는 말은 멀리 있는 두 지역을 가리키기보다는 서로 가까이 있는 두 지역을 가리키는 것 같다(참고. 삼상 27:8). 다른 한편으로, 같은 본문이 에그론 가까운 북쪽에 다른 가드가 있다는 증거로 사용되었다. 이 가드는 깃다임과 동일한 지역이다. 이 문맥에서 가드는 단 지파 영토에 있는 깃다임/가드 림몬일 가능성이 더 높다.

아모리 사람이 이스라엘과 평화를 누렸다는 것은 '하르 헤레스[1], 아얄론, 사알빔'(삿 1:35) 부근에 정착한 이들이 이제 이스라엘과 좋은 관계였다는 뜻이다. 이 아모리 사람은 '가드 원주민'으로 묘사된(대상 7:21) 이들로 초기 단계에는 에브라임 사람과 적대 관계였다. 그동안에 블레셋은 소렉 골짜기의 북쪽 영토를 습격해, 아모리 원주민들과 이스라엘 백성 공동의 적이 되었다. 이제 블레셋은 일시적으로나마 그 지역에서 쫓겨났고, 아모리 사람과 이스라엘 백성 간에는 새로운 화해 무드가 조성되어 브리아 일가가 아얄론을 차지하는 것이 수월해졌다(대상 8:13).

한 가지 사실은 분명하다. 투트모세 3세(63번)의 지형 목록에서부터 메드바 지도에 이르기까지, 관련된 모든 자료는 가드/깃다임/가드 림몬이 로드의 남쪽 또는 남서쪽에 있다고 말한다는 것이다. 이 지역은 현재의 라믈라라믈레 또는 라스 아부 후메이드일 가능성이 있다.

선지자/사사/레위인인 사무엘이 '순회' 사역을 한 지역은 중앙 산지에 있는 전략적으로 중요한 '안부鞍部'지대이다(삼상 7:15-17을 보라). 언급된 모든 지역은 중앙 지대에 있었고, 신탁을 구하고 희생제사가 행해진 곳으로서 제의와 관련된 지역이었다. 다른 제단이 라마에 있었다는 사실은 이상한 일이 아니다. 어떠한 재판 절차에서도 증인의 증언을 유효하게 하기 위해, 맹세를 이행하기 위해, 또는 법적인 소송을 해결하기 위해서조차 신의 뜻을 찾아야 했다.

몇 가지 이유로, 아마도 사무엘의 영향력 때문에 다른 지역보다도 베냐민 지파의 영토에 보존된 이야기가 더 많다. 그러나 이와는 별도로, 유다 산지와 에브라임 산지를 다 지배하기 위한 결정적인 요소로 두 산지 사이에 있는 안부 지대를 장악하려고 했다는 것에는 지리적인 타당성이 있다.

노년에 사무엘은 두 아들을 사사로 세워 브엘세바에 배치시켰다고 전해진다(삼상 8:1-2). 이 일은 사무엘상 15장에 나오는 네게브에 대한 원정 이후인 사울 시대에 일어난 것으로 보는 것이 더 타당하다. 그 일은 남부 지역을 더 넓은 이스라엘의 지배권 안으로 편입시키려는 노력의 일환일 것이다.

이스라엘 초대 왕 사울

신탁의 제비뽑기로 왕으로 선택된 사울의 고향은 기브아였다(삼상 10:26). 이곳은 베냐민의 기브아(예를 들면 삼상 13:2)로 알려져 있지만 사울의 기브아라고도 한다(삼상 11:4). 이렇듯 사울은 '안부' 지대의 북쪽 지역 출신의 지도자 전승을 이어가고 있다. 이 나라의 공식적인 제도에 대한 기록은 없다. 왕이 신하들을 위해 무슨 일을 할 것이라는 암시가 나오는 경우가 한 번 있지만, 그 풍자적인 본문의 성격으로 볼 때 현실적인 표현이라기보다는 후대에 덧붙여진 주석일 가능성이 더 높다.

> 사울이 곁에 선 신하들에게 이르되 너희 베냐민 사람들아 들으라. 이새의 아들이 너희에게 각기 밭과 포도원을 주며 너희를 천부장, 백부장을 삼겠느냐(삼상 22:7).

이 구절은 사울이 자신의 일을 돕는 사람들에게 농토를 하사하는 일을 이미 시작했음을 암시하는 듯하다. 그러나 이 구절은 이론적인 것으로 남아 있을 뿐 사실로 받아들여지지는 않는다.

사울 이야기의 어느 한 지점에는 사울의 '승리'를 요약하는 삽입구가 들어 있다(삼상 14:47-48을 보라). 우리는 성경에 보존되어 있는 전쟁 이야기들을 곧 다룰 텐데, 이는 그 삽입구에 나오는 전쟁의 일부만을 설명할 뿐 전부를 설명해주지는 않는다. 모압과 에돔이 암몬 왕 나하스를 지지하지 않았더라면 두 나라에 대한 원정 이야기는 전혀 남아 있지 않았을 것이다. 그러나 사울의 통치 아래 르우벤 지파의 일부 지역에서 벌어진 사막 전쟁에 대한 전승은 남아 있다(대상 5:10[2]을 보라).

다른 한편으로, 이스르엘 골짜기에 어떤 발판조차 마련하지 못한 사울 같은 인물이 소바의 아람인을 대항해 싸운 적이 있다는 이야기는 거의 믿을 수가 없다. 물론 어떤 이야기는 그냥 건너뛰거나 사무엘서의 저자가 이용할 수 없었는지 모르지만, 그 전쟁이 있었다면 그것은 정말 놀랄 만한 일이다. 벧 르홉은 자연스럽게 소바와 연결된 것으로 보인다(참고. 삼하 10:6). 어떤 경우이든 다윗에게 맞는 요약문이 사울의 이야기에 삽입되었을 가능성을 염두에 두어야 한다.

사울의 실제 전쟁 이야기를 검토해 보면, 사울은 주로 에브라임 산지, 후에는 유다 산지와 네게브, 세펠라에 있는 이스라엘 정착지의 핵심 지역들을 보호하는 데 주력한 것으로 보인다.

1_개정역은 '헤레스 산'으로 번역했다.

2_"사울 왕 때에 그들이 하갈 사람과 더불어 싸워 손으로 쳐죽이고 길르앗 동쪽 온 땅에서 장막에 거주하였더라"(대상 5:10).

야베스 길르앗을 구출함 군대 지휘자로서 사울의 첫 시험은 포위 공격을 당하고 있는 야베스 길르앗 거주민들을 구출하는 일이었다(삼상 11:1-11). 암몬 사람의 왕 나하스는 그들의 마을을 포위하고, 잔인하고 모욕적인 말로 항복을 종용했다. 사울은 에브라임 산지의 북동쪽에 있는 베섹 키르벳 이브지크에서 군대를 소집했다. 사울과 그의 군대는 새벽에 암몬 진영을 공격하기 위해 베섹에서부터 요단 계곡을 건너 기습적으로 돌진했다. 이 일을 보면, 예전에 기브아 백성과 야베스 길르앗 백성이 가족으로 묶인 사이였다는 사실이 기억날 것이다(삿 21:14). 이제 사울과 그 성읍의 백성 간에는 더욱 특별한 유대감이 생겨났다. 그들은 사울이 구원해준 일을 잊지 않았을 것이다.

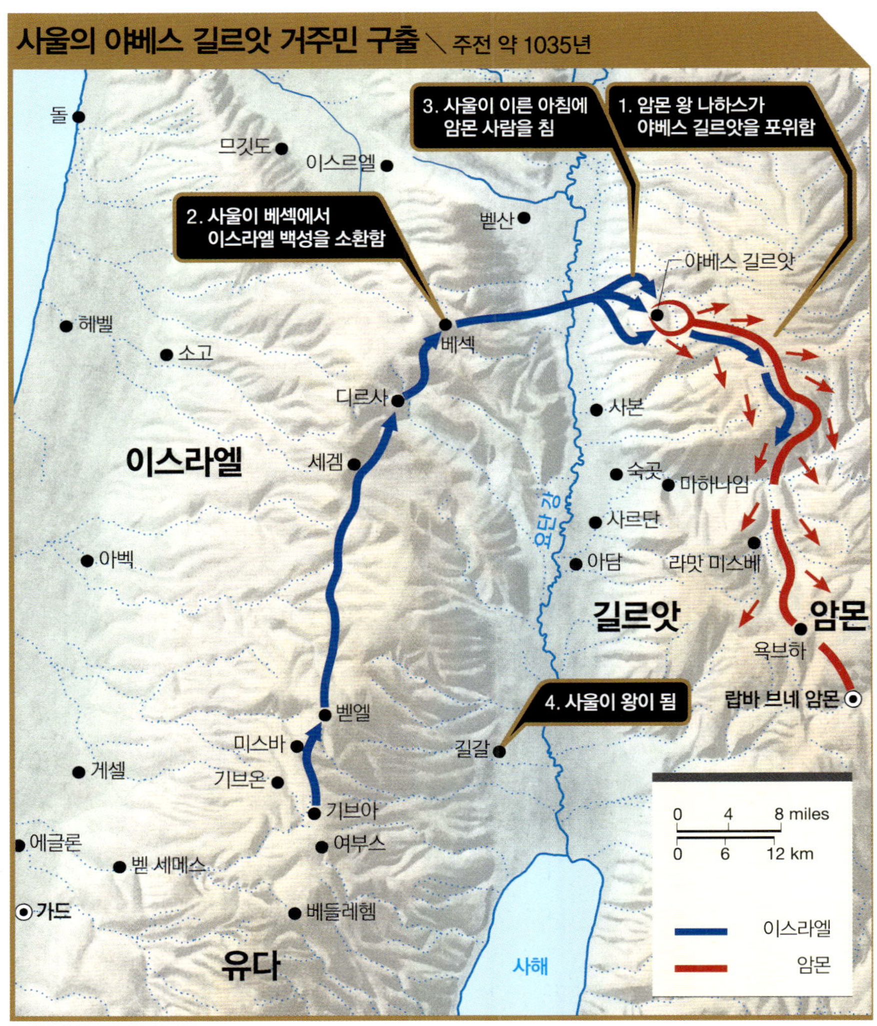

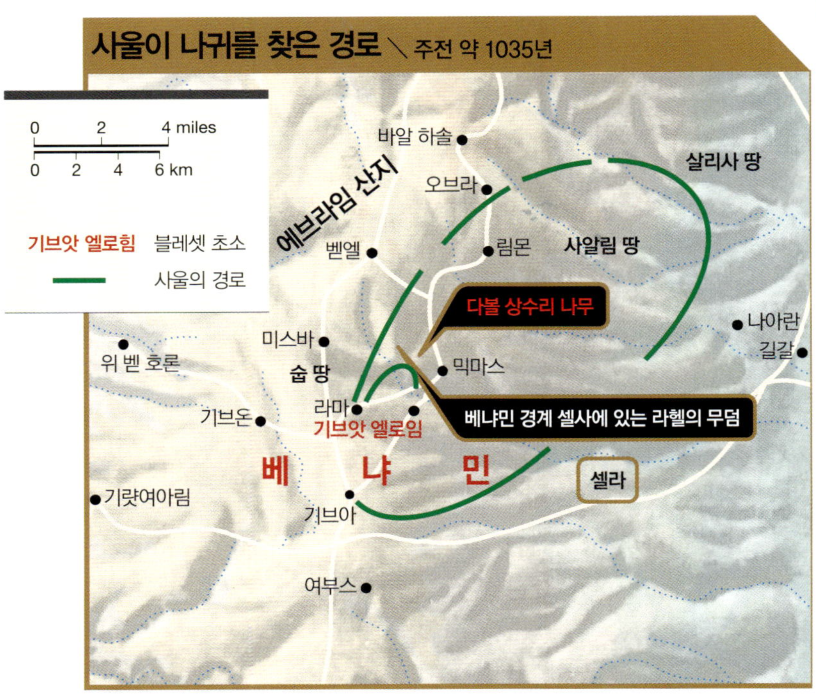

블레셋에 저항한 사울의 반란 : 믹마스 전투

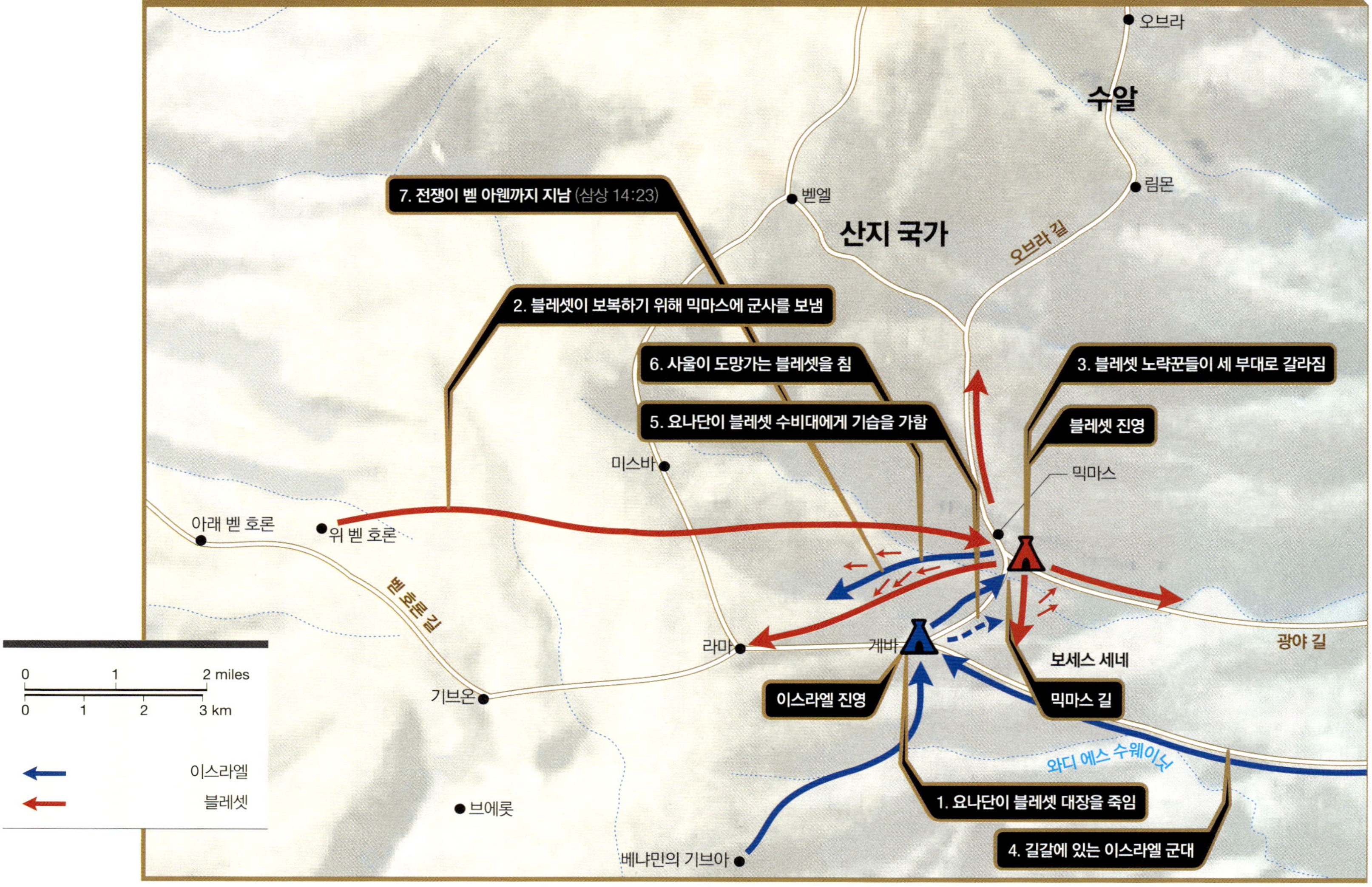

1_하이에나들
지명 '스보임(צבעים)'은 히브리어 '자보아(צבוע)'의 복수형으로 '하이에나들'로 번역할 수 있다.

중앙 산지 사울이 그의 가장 강력한 적 블레셋과 벌인 첫 번째이자 결정적인 전쟁은 중앙 산지에 있는 블레셋 수비대를 추방한 일이었다. 실제로 사울은 시민군을 세 부대로 나누어 이 민감한 지역의 핵심 위치에 배치시킨 지휘관이었다(삼상 13:2을 보라).

첫 번째 공격은 요나단이 주도해 게바 근처에 있는 블레셋의 대표자(대장 혹은 수비대)를 쳤다(삼상 13:3을 보라). 본문은 기브아와 게바가 별개의 지역임을 보여주는 좋은 문맥이다. 요나단은 기브아텔 엘 풀에 있었던 반면, 블레셋의 장교수비대 지휘관는 게바제바 근처에 있었다.

블레셋의 대응은 사울이 머물고 있었던 믹마스에 원정군을 보내는 것이었다(삼상 13:5을 보라). 블레셋의 보복이 두려웠던 이스라엘 백성은 사울과 대책을 세우기 위해 길갈에 모였다. 사무엘도 그곳에 오기로 되어 있었다. 사울의 성급함, 그리고 이어 권위 문제를 놓고 사무엘과 벌인 말다툼은 책 전체에서 중요한 주제가 된다. 이로 인해 사무엘서는 사울을 궁극적으로 왕정 지도자로는 적당하지 않은 비극적인 인물로 그리고 있다(삼상 13:6-16).

이 전쟁 이야기에서 중요한 점은, 사울의 군대가 희생 제사를 드리고 신탁을 구하기 위해 안전한 지대에 모였지만 군대의 규모는 크게 줄어 있었다는 것이다. 많은 백성들이 이미 요단 동편으로 도망을 갔기 때문이다. 사울은 적군이 진을 치고 있는 믹마스로 돌아갈 수가 없었다. 또 화가 난 사무엘이 기브아로 갔기 때문에(아마 라마로 돌아가기에는 너무 위험했을 것이다) 사울은 그곳으로도 갈 수 없었다. 그래서 사울과 허약한 전력의 군대는 믹마스에서 깊은 골짜기를 지나 맞은편 지역 게바로 갔다.

블레셋이 보인 반응은 질서를 회복하고 반란을 일으키려는 모든 시도를 꺾기 위해 원군을 보내는 것이었다(삼상 13:16-18을 보라). 한 군대는 요단 계곡에서 주 도로로 올라가는 교차 지역을 막기 위해 오브라에트 타이이베를 향해 북쪽으로 갔다. 두 번째 군대는 해안 평야에서 벧 호론을 경유해 올라오는 주 도로의 서쪽을 향해 갔다. 세 번째 군대는 광야 길로 올라오는 이스라엘 사람은 누구나 볼 수 있는 스보임'하이에나' 골짜기를 감시하기 위해 광야로 나갔다. 남동쪽을 향한 그들의 행진은 광야를 향해 나 있는 와디 에츠 추웨이닛 북쪽 가장자리를 따라 이어졌다. 묵마스믹마스에서 남동쪽으로 약 9킬로미터 떨어진 지점, 곧 와디 엘 켈트와 와디 에츠 추웨이닛이 만나는 지점에는 와디 아부 디바(아랍어로 '하이에나들[1]의 아비 골짜기'라는 뜻이다)가 있다. 이곳은 고대 히브리어 지명을 그대로 유지하고 있다.

그 사이에 사울은 기브아 변두리인 미그론으로 물러나 있었다. 미그론은 아마도 '타작마당'을 뜻하는 히브리어 '고렌'과 동의어이거나 관련 용어일 것으로 보인다. 따라서 믹마스 근처로 이사야 10장 28절에 있는

▲ **람세스 3세의 부조** _ 해양 민족의 소가 끄는 짐마차 모습. 메디넷 하부에 있는 람세스 3세의 부조에 새겨져 있다.

성읍 미그론과는 다를 것이다.

> 사울이 **기브아 변두리 미그론**에 있는 석류나무 아래에 머물렀고 함께한 백성은 육백 명 가량이며(삼상 14:2).

요나단은 게바에 군대를 남겨두고 블레셋의 전진 기지를 기습할 계획을 세워 이를 감행했다. 그는 두 절벽 보세스와 세네 사이에 있는 협곡을 건너 이 작전을 수행했다(삼상 14:4–5을 보라). 요나단의 기습 공격으로 블레셋은 혼란에 빠졌고, 그때까지 블레셋을 섬기고 있던 히브리인들도 이에 가담해 반란을 일으킨 결과, 블레셋의 상황은 더욱 악화되어 결국 참패하고 말았다(삼상 14:6–46).

> 그날에 백성이 **믹마스**에서부터 **아얄론**에 이르기까지 블레셋 사람들을 쳤으므로(삼상 14:31a).

그 결과, 중앙 산지에서 아얄론 골짜기로 가는 도로 전체에서 적이 제거되었다. 그러나 더 이상의 추격은 없었다. 싸움은 평야 지대에 있는 블레셋 영토에까지 더 진전되지 못했다.

네게브 사울의 다음 전쟁은 네게브에 있는 아말렉을 상대로 한 것이었다. 목표는 유다 종족이 새롭게 정착한 그곳의 거주지들을 안전하게 보호하려는 것이었다(삼상 15:4을 보라). 들라임에서 소집이 이루어졌다면 이는 여호수아 15장 24절에 언급된 델렘과 동일한 지역일 수 있다.

> 사울이 **아말렉 성**에 이르러 골짜기에 복병시키니라. 사울이 **겐 사람**에게 이르되 **아말렉 사람** 중에서 떠나가라. 그들과 함께 너희를 멸하게 될까 하노라. 이스라엘 모든 자손이 애굽에서 올라올 때에 너희가 그들을 선대하였느니라. 이에 **겐 사람**이 **아말렉 사람** 중에서 떠나니라. 사울이 **하윌라**에서부터 **애굽** 앞 **술**에 이르기까지 **아말렉 사람**을 치고(삼상 15:5–7).

아말렉은 '에돔 땅에 있는 엘리바스의 족장들'로 보인다(창 36:15–16). 엘리바스의 후손인 그들은 에서처럼 에돔 땅과 관련이 있다. 이 구절은 에돔과 세일이 아라바의 서쪽 지역을 포함하고 있음을 암시하는 분명한 예이다. 에서의 후손인 유목민 아말렉 사람은 네게브에 정

사울이 확보한 것으로 보이는 영토 \ 주전 약 1035년

착한 사람들을 끊임없이 위협했다. 겐 사람에 대해서는 사사기 1장 16절을 참고하라(이는 위에서 언급한 바 있다).

'아말렉 성'은 여전히 수수께끼이지만, 이에 대한 흥미로운 의견이 하나 있다. 그곳이 브엘세바 분지 한가운데 있는 초기 철기 시대의 인상적인 정착지 텔 마소스키르벳 엘 메샤쉬라는 것이다. 그러나 마소스는 고대의 바알랏 브엘로 보는 것이 더 낫다(수 19:8).

사울이 온전한 헤렘[1]을 이행하는 데 실패한 일은 선지자 사무엘과의 골을 더 깊게 만드는 또 다른 계기가 되었다. 이 일은 사울 전승 전체에서 기본이 되는 주제이다.

셰펠라 사울이 유다 지파의 신의를 얻기 위해 쏟은 가열찬 노력은, 그의 군대와 엘라 골짜기에 있던 블레셋의 충돌 사건에 잘 나타나 있다(삼상 17장). '챔피언들끼리 경합을 벌이는 일'은 호머 전승과 고대 근동에서도 전형적인 문학의 주제로, 아마 이 이야기는 성서의 모든 군인 전승 중 가장 널리 알려진 이야기일 것이다. 그런데 베들레헴 사람 야레오르김의 아들 엘하난이 이스라엘 편의 실제 챔피언(삼하 21:19)이었다는 대조적인 전승이 하나 있다.[2] 역대기에 나오는 평행 구절은 엘하난이 골리앗의 아우를 죽였다고 말하지만 말이다(대상 20:5). 두 본문에 나타난 서로 다른 이야기는 여전히 의문의 여지가 있다. 엘하난에 관한(삼하 21:19; 대상 20:5; 삼상 21:10; 22:10. 참고. 시 151편의 칠십인역) 부분은 더 유명한 다윗이라는 인물에게 적합한 영웅 이야기일 수도 있다.

그럼에도 불구하고 이야기에 담긴 지리적인 설명은 특히 칠십인역의 경우, 지형에 대한 직접적인 지식을 담고 있다. 두 군대는 골짜기를 사이에 두고 남쪽 산등성이는 블레셋이, 북쪽 산등성이는 이스라엘이 차지한 채 서로 대치했다(삼상 17:1-3을 보라).

이 전쟁이 일어난 장소와 지리적인 요소들을 확인하기 위한 방위점은 소고에 대한 언급으로 알 수 있다. 율세로폴리스베이트 지브릴/지브린=벧 구브린에서 알리야예루살렘에 이르는 로마 도로의 유적은 셰펠라에 선명하게 남아 있으며, 이는 의심의 여지없이 와디 에스 순트(아카시아의 골짜기)를 통과한다. 그 와디의 가장 분명한 동서 구간 남쪽 편에는 키르벳 에쉬-슈웨이케(로마 비잔틴 시대와 그 이후)라 불리는 폐허지가 있다. 이곳은 철기 시대 텔키르벳 아바드이 있는 낮은 산지의 남쪽 끝에 위치해 있다. 슈웨이케는 '수풀'이라는 뜻을 가진 히브리어 소고에 상응하는 아랍어이다. 이렇듯 고대 유적지는 아랍어 형태로 성서의 지명을 보존하고 있으며, 한 나무의 이름을 딴 골짜기 옆에 위치하고 있다. 엘라 골짜기는 '테레빈 나무의 골짜기'라는 뜻으로, 비록 나무 이름은 바뀌었지만 이러한 상세한 내용의 겹침은 우연의 일치로 볼 수 없다.

소고와 엘라 골짜기의 위치를 정하면 소고 서쪽에 있는 텔 자카리예가 성서의 아세가가 된다는 사실을 쉽게 알 수 있다.

키르벳 아바드와 키르벳 에쉬 슈웨이케가 위치한 산지로부터 보면 사무엘상 17장 1-3절에 묘사된 상황은 매우 분명해진다. 마주보는 군대들은 각각 골짜기의 북쪽과 남쪽 산등성이를 따라 전열을 정비했다. 이 구역은 셰펠라와 산지 사이에 있는 U자형 골짜기를 따라 북쪽으로 나아감으로 시작되는 골짜기가 서쪽으로 방향을 튼 지점이다. 오늘날에는 위성 안테나가 있어서 이 지점을 '위성 접시 골짜기'라고 부른다. 골짜기는 진행 방향으로 2-3킬로미터 정도 더 나아가다가 다시 북쪽으로 짧은 구간 방향을 틀고(텔 자카리예가 서 있는 산등성이로 인해 방향이 틀어짐), 다시 한 번 서쪽으로 향해 이어진다. 슈웨이케를 지나는 동서 구간은 서로 대치한 두 챔피언이 경합을 벌인 곳이며, 이어진 전투에서 패주가 생겨난 장소였을 것이다(삼상 17:52을 보라).

영웅적인 인물의 패배 이후 블레셋은 서쪽으로 후퇴하기 시작했고, 북쪽으로 방향을 틀었을 때(아세가=텔 자카리예 부근으로 가기 위해) '사아라임 가는 길'에 들어섰다. 이스라엘 백성은 거기서 블레셋을 기다리고 있었고, 결국 블레셋에는 많은 사상자가 생겼다. 사아라임은 위치가 확인되지 않았지만, 셰펠라의 북부 구역 성읍 목록에 따르면(수 15:33-36) 시계 방향으로 아세가 다음에 나와야 하므로, 아세가와 벧 세메스 사이 어딘가에 있는 것이 맞다. 다시 말해, '사아라임 가는 길'은 엘라 골짜기에서 서쪽으로 이어지는 도로의 남북 구간과 연결되어 있을 것이라는 말이다. 북쪽으로 이어지는 사아라임 길과 엘라 도로가 서쪽으로 갈라지는 곳이 만나는 교차 지역에서 사울의 군사들은 도망가는 블레셋 사람들을 치기 위해 매복했음에 틀림없다.

그 다음 추격은 가드와 에그론의 성문을 향해 아세가를 넘어서 서쪽 방향으로 골짜기 유역을 따라 이어졌다. 에그론은 물론 최근에 키르벳 엘 무칸나텔 미크네로 입증되었다. 텔 에츠 차피는 그곳의 바로 남쪽에 있으며, 실제로는 엘라 골짜기의 남쪽 둑에 있다. 이 단락은 블레셋 가드가 블레셋 북쪽에 있다는 견해를 뒷받침해주는 핵심 본문이며, 텔 에츠 차피가 블레셋의 가드라는 견해를 분명하게 해준다.

도망자 다윗의 삶 사울 왕과 그의 부하 다윗 사이의 개인적 갈등은 사무엘서 몇몇 장에 나타나는 중요한 주제이다. 이 이야기들은 다윗 왕조가 통일된 이스라엘을 다스릴 권력을 쟁취한 것을 정당화하려는 왕권 선전의 기능을 담당하고 있다. 이야기들은 다윗이 찬탈자도 반역자도 아니라는 것을 보여주는 데 모든 노력을 쏟고 있다. 다음 논의에서는 다윗의 도피 생활로부터 찾아낼 수 있는 지리적인 정보를 다룰 것이다. 지리

엘라 골짜기 전투 : 다윗과 골리앗의 경합 \ 주전 약 1020년

1_온전한 헤렘
완전히 적을 진멸하라는 야훼의 명령을 말한다(신 7:2, 16).

2_개정역은 히브리어 원문에 없는 '아우 라흐미'를 작은 글씨로 삽입해 역대상 본문과 일치시키고 있다. 사무엘하 21:19은 골리앗을 죽인 사람을 엘하난으로 기록하고 있는데, 이는 다윗이 골리앗을 죽였다는 유명한 전승과 배치되기 때문이다.

3_"다윗이 도피하여 라마로 가서 사무엘에게로 나아가서 사울이 자기에게 행한 일을 다 전하였고 다윗과 사무엘이 나욧으로 가서 살았더라"(삼상 19:18).

적인 정보의 대부분은 왕실 이야기에서는 별로 중요하지 않은 촌락과 유목지로부터 나온 것이다.

마침내 사울과 다윗 사이의 불화가 현실화되자 다윗은 라마에 있는 사무엘에게로 가 피신처와 충고를 구하려 했다. 둘은 '라마의 나욧'에 있는 안전한 지대로 간 것 같다(삼상 19:18[3]). 이곳은 선지자 무리가 살면서 직무를 수행한 라마 구역 안에 있는 진영이었을 것으로 추정된다. 다윗은 후에 요나단과 언약을 맺은 후 '에셀 바위' 뒤에서 기다렸다고 한다(삼상 20:19). 그러나 칠십인역은 '그 에르갑 옆에'라고 옮기고 있어 히브리어 본문이 훼손되었음을 암시한다. 원래는 하아르갑 할라아즈혹은 할라아제, 즉 '이 돌비'였다는 것이다.

요나단을 통해 사울이 자신을 죽일 것이라는 말을 들은 후 다윗과 일부 추종자들은 놉에 있는 성소로 갔다(삼상 21:1). 놉은 실로가 파괴된 이후 엘리의 손자인 아히멜렉이 관리하는 주요 성소가 되었다. 이사야 10장 32절에서 침략자가 이곳 놉에서 예루살렘을 향해 움켜쥔 주먹을 흔들었다고 한 것을 볼 때, 이곳은 성전 산을 맨눈으로 볼 수 있는 스코푸스 산의 사면에 있는 라스 엘 메샤리프에 위치한 곳으로 추정된다. 다른 대안들도 있지만 그곳이 가장 적합한 장소로 보인다. 다윗은 놉에서 식량으로 거룩한 빵과, 전승 기념품으로 보관되어 있던 골리앗의 큰 칼도 얻었다. 사울은 다윗에게 도망간 아비아달을 제외하고 놉에 있던 모든 제사장을 살해했다(삼상 22:6-19).

절망 가운데 있던 다윗은 히브리 성서에서 아기스라 불리는 가드의 왕에게 은신처를 구했다(삼상 21:10-15). 이 무렵은 블레셋인들이 다윗을 받아들이지 않았던 때였다(삼상 22:1-2을 보라).

아둘람은 세펠라 북부 구역에 속한다(수 15:35). 아둘람이라는 이름은 아랍어 원래 이름으로는 보존되지 않았지만, 이드 엘마, '물의 절기' 또는 이드 엘미아, '100명의 절기'로 불리는 수원지가 있었다. 이 이름은 성서의 지명을 떠올리게 하는 것이어서 주목하게 된다. 그러나 이드 엘마는 철기 시대 유적지로서의 조건을 갖추고 있는 텔 에쉬 셰이크 맛흐쿠르라 불리는 고대 유적지의 기슭 부근에 위치한다. 한 기독교 전승은 베들레헴 근처에 있는 큰 동굴을 다윗이 숨었던 장소로 보지만, 이 견해를 지지해주는 근거는 전혀 없다.

이 시점에서 다윗은 그의 추종자들과 부모를 모압의 미스베로 데리고 갔다(삼상 22:3-4). 미스베의 위치는 순전히 추측할 뿐이다. 케락 그리고 메드바 남서쪽에 있는 루즘 엘 메세레페, 두 지역이라는 의견이 있다. 다윗은 곧 유다 땅으로 돌아와서 헤렛 숲으로 들어갔다(삼상 22:5). 이 숲의 위치를 확인할 만한 자료도 없고 지명을 유추하게 만들어주는 유효

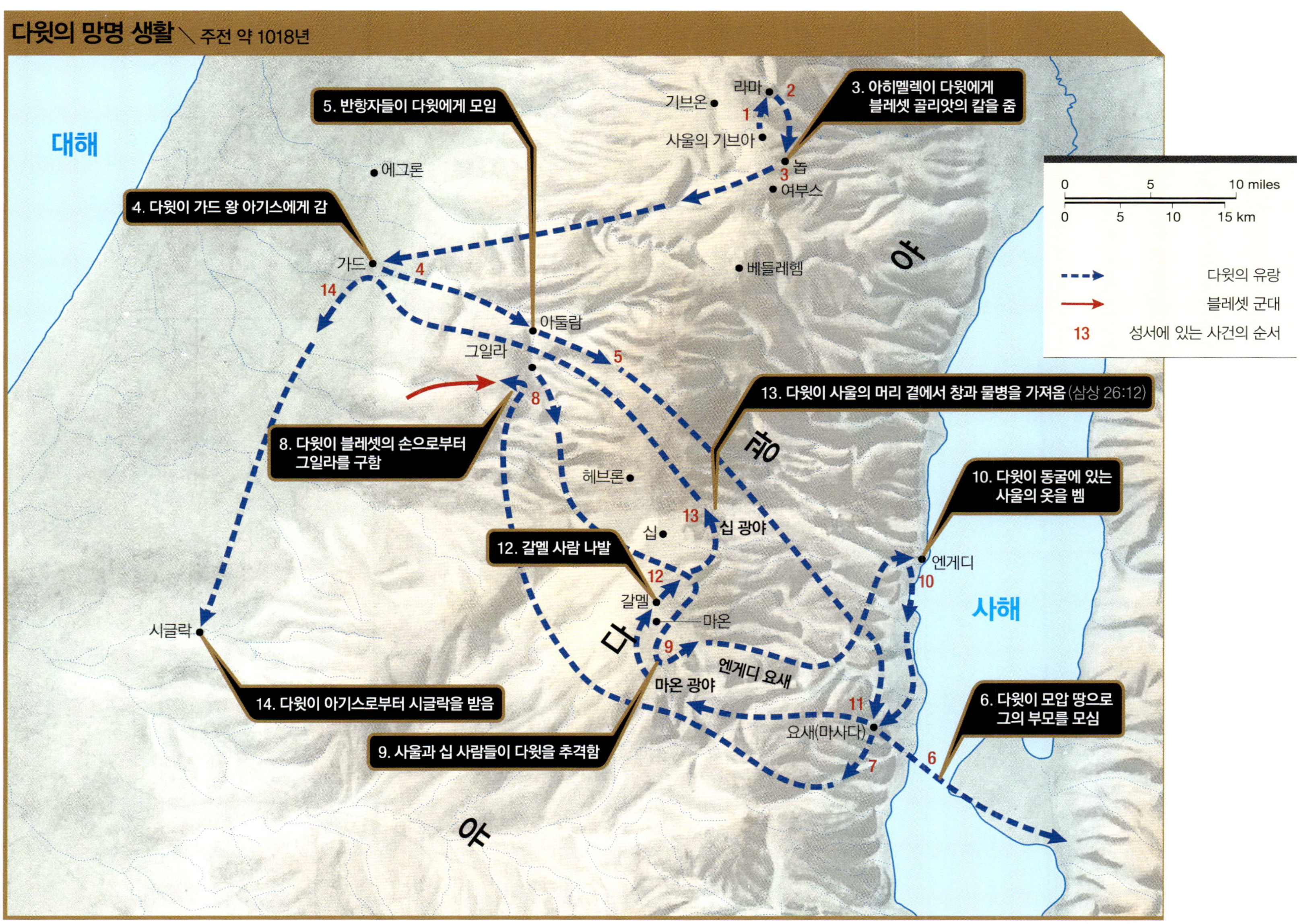

시글락에서의 다윗: 다윗의 용맹한 부하들의 출신지

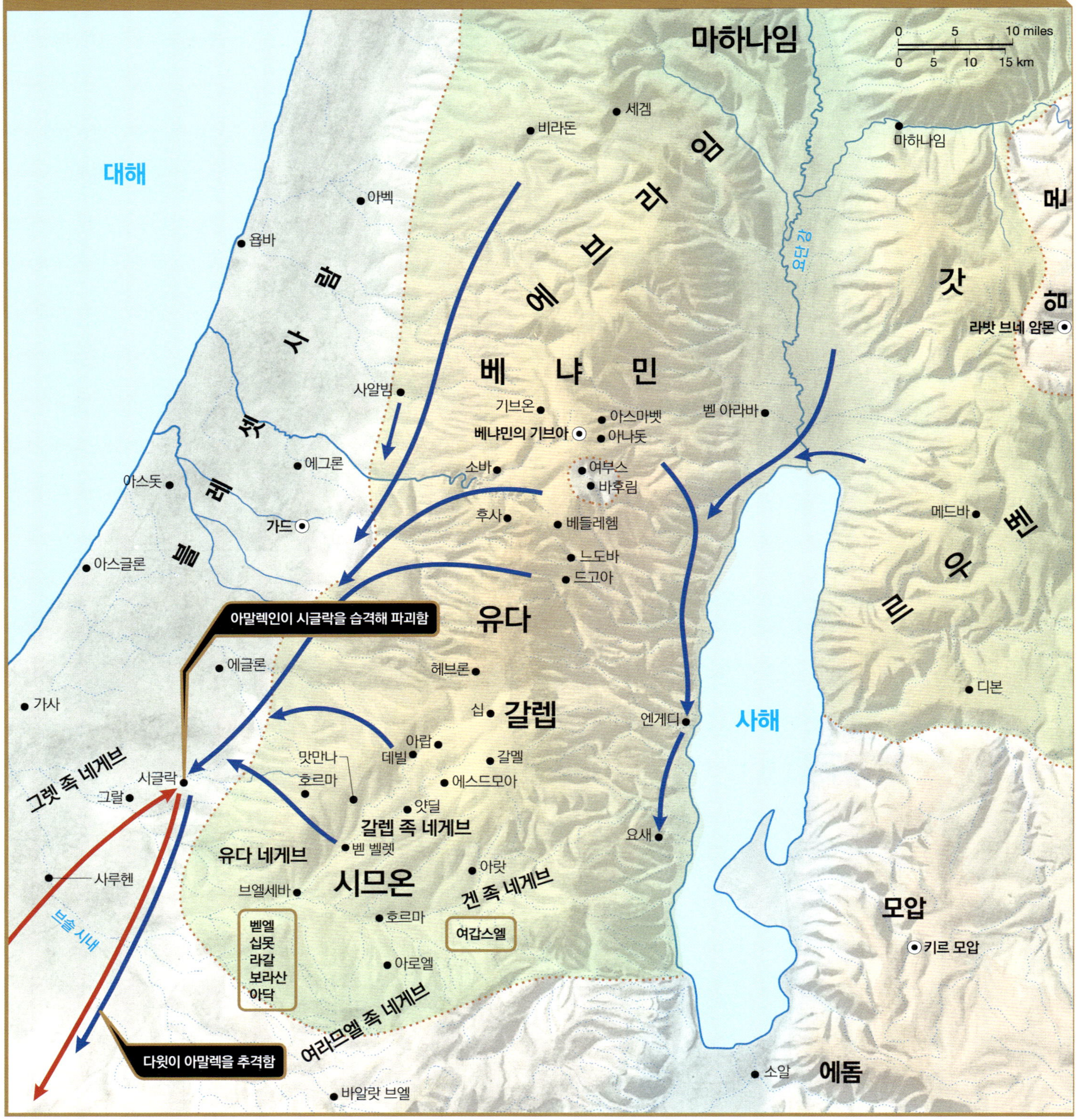

한 정보도 없다. 이어지는 사건들은 근처에 있던 그일라를 중심으로 일어났다. 다윗과 그의 부하들은 그일라 주민의 타작 마당을 침범했던 블레셋에 맞서 승리를 거두었다. 그러나 그일라 사람은 다윗의 출현을 사울에게 보고하는 것으로 감사를 대신했다(삼상 23:1-13). 그일라는 현대의 키르벳 킬라와 동일한 지역이며, U자형 골짜기의 동편에 있는 중요한 텔이다. U자형 골짜기에 있는 모든 지역처럼 그일라는 셰펠라 성읍으로 여겨진다(수 15:44). 셰펠라에 있는 그일라로 갈지 말지 논의한 내용과 다윗의 부하들이 보인 유보적인 태도는, 헤렛 숲이 그일라로부터 먼 거리에 있음을 암시한다.

그일라 사람의 배신 이후 다윗과 그의 무리는 '십 광야'에 있는(삼상 23:14) 산지, '고지의 숲'(삼상 23:15[1])으로 물러났다. 이 지역에 대해 십 사람들은 '**여시몬**광야 남쪽 하길라 산 수풀 요새'라고 자세하게 설명한다(삼상 23:19). 십(수 15:55)은 헤브론에서 남-남동쪽으로 약 7킬로미터 떨어진 텔 지프로 보는 것이 타당하며, 지명 자료는 정확하다. 광야 지역을 마주보고 있는 헤브론 산지의 동쪽 경계선상에 있는 십의 위치는 현재의 이야기와 잘 들어맞는다. 유다 산지 가까이에는 분수령 동쪽의 비그늘

◀ 블레셋의 귀족. 메디넷 하부의 람세스 3세 시대에 속한 파양스 도자기 장식판

지대에 세노니안 백악암 지층이 분포한다. 십 광야 구역들은 관습적으로 가장 가까운 산지 성읍에 따라 이름이 정해졌다. 따라서 십 광야는 십 성읍에 가까운 유다 '광야' 지역이다. 이 지역은 가축 떼를 방목하기에는 너무 거칠고 암석이 많은 지역이라서 '황무지'라 불렀다.

십 주민들이 다윗을 사울에게 넘기려 한다는 소식이 다윗에게 전해지자, 다윗과 그의 무리는 '황무지의 남쪽 사막 평야에 있는 마온 광야'[2]로 이동했다(삼상 23:24-28). 마온은 헤브론의 남-남동쪽으로 약 13킬로미터 떨어진 키르벳 엘 마인과 같은 지역이다. 이 이야기의 모범적인 주제는, 다윗이 사울을 암살할 수 있는 기회가 있었지만 그는 '야훼의 기름부음 받은 자'에게 손대는 일을 지속적으로 거부했다는 것이다.

블레셋 전선에서 일어난 분쟁으로 인해 사울이 다윗을 추격하는 일에서 돌이키자, 다윗은 여정을 바꾸어 이번에는 '엔게디 요새'로 갔다(삼상 23:29). 그래서 다윗은 '엔게디 광야'에 거처하게 되었다(삼상 24:1). 엔게디아인 지디는 사해의 서쪽 연안 중간 지점에 있으며, 사해로 흘러들어가는 풍부한 샘이 만든 오아시스이다. 이곳은 다윗이 동굴 안에 있던 사울을 죽일 수 있었던 기회에 대한 이야기의 배경이 되는 곳이다.

다윗은 엔게디에서 마온 광야로 돌아왔다(삼상 25:1, 칠십인역; 마소라 사본은 '바란 광야'로 되어 있다). 이 구절로부터 그 지방의 땅 소유주이자 갈렙 사람인 나발과의 충돌에 대한 이야기가 시작된다. 나발은 다윗의 부하들에게 식량을 제공하기를 거부하고 다윗을 모욕했다. 다윗은 그 모욕에 대해 보복하려고 했지만, 아름답고 머리 좋은 나발의 아내 아비가일은 다윗을 가로막았다. 여자는 식량을 가져와 야비한 남편의 이름으로 용서를 구했다. 아비가일이 집으로 돌아왔을 때 남편은 병이 생겨 죽었다. 그러자 다윗은 아비가일과 결혼해 나발의 땅과 재산, 특히 갈멜에 있는 재산을 차지했다. 이 갈멜(수 15:55)은 마온에서 멀지 않은 헤브론 남동쪽으로 약 13킬로미터 떨어진 곳에 있는 키르벳 엘 키르밀이다. 이 일은 다윗이 이스르엘의 아히노암과 결혼한 일과 함께 언급되었다(삼상 25:43). 이렇게 해서 그들 둘 다 다윗의 아내가 되었다. 이 이스르엘(수 15:56) 역시 헤브론 남쪽이나 남서쪽 어딘가에 있을 것이다. 이스르엘이라는 이름은 지역의 지명으로 남지 못했다.

다윗의 마지막 도망 이야기(삼상 26장)는 '광야 앞 하길라암흑 산' 근처에 있는 십 광야를 배경으로 하고 있다(삼상 26:1). 다윗은 사울을 암살할 의도가 없었다는 사실을 다시 한 번 보여준 후, 다시 가드의 아기스에게 피난처를 구하기로 결정했다. 이때는 다윗의 도망자 신분이 널리 알려져 있었고 블레셋은 그를 믿을 수 있겠다고 생각했다(삼상 27:1-2을 보라). 다윗은 자신의 새 주군에게 제안하기를, 가드에 머무르는 것 대신 가신으로 아기스를 섬길 수 있도록 블레셋의 한 영지를 달라고 했다(삼상 27:5-6을 보라). 본문의 묘사에 잘 들어맞는 산지 하나가, 와디 에쉬 샤리아나할 그랄에 있는 텔 에쉬 샤리아텔 세라이다. 이곳은 가사의 남동쪽으로 약 25킬로미터 떨어진 곳에 있다. 이후 시글락에 있는 동안 다윗의 활동과 행동이 일어난 곳으로 알맞은 지역이 이곳 텔 에쉬 샤리아이다. 시글락에 대한 성서의 언급에 들어맞는 시대의 고고학 지층은 최근의 발굴 작업으로 인해 밝혀졌다. 이와 함께 철기 시대 I기의 후반부에 실제로 블레셋 사람들이 거주했다는 증거도 드러났다.

1_개정역은 '수풀'로 옮겼다.

2_개정역은 '광야 남쪽 마온 광야'로 옮겼다.

3_개정역은 '네게브'를 '남방'으로 옮겼다.

따라서 다윗은 가드 왕의 가신으로 그려지고 있다. 시글락 같은 곳에 다윗을 배치한 것은, 아마 후대에 유다에 속하게 되는 여러 지파 거주지들과 접해 있는 블레셋의 남동쪽 측면을 관할하기 위한 것으로 보인다. 아기스는 새로 얻은 충성스러운 가신에게, 블레셋에 지극히 중요한 구역을 위탁했다고 생각했다. 다윗이 시글락에 있는 동안, 사울의 지파인 베냐민(대상 12:1)과 므낫세(대상 12:21) 지파에서 불만을 품은 군사들이 그에게로 더 많이 모여들었다. 곧 보게 되겠지만, 아기스가 직접 정보를 수집하지 못한 채 자신의 군사적 행동에 대해 다윗이 하는 말을 그대로 받아들여야 할 만큼 다윗이 아기스에게서 멀리 떨어져 있었다면, 이야기 내용은 더욱 수긍할 만하다(삼상 27:8-12을 보라).

실제로는 다윗은 주군 아기스를 속이고 있었다. 다윗은 유다와 그들에게 병합한 지파들의 정착지를 공격하는 대신, 네게브에 새로이 정착한 거주민들을 위협했던 유목민들을 공격하기 위해 자신의 군대를 사막의 정찰대로 사용했다. 그 결과, 다윗은 존경을 받았고 아기스는 사실과는 정반대로 생각하도록 유도했다. 만일 시글락이 가드에 가까웠더라면 그와 같은 다윗의 전략은 매우 어려울 뿐더러 불가능하기까지 했을 것이다.

위의 본문은 최근의 침략에 대해 아멜렉 사람에게 속한 구원받은 이집트 종이 한 말과 비교해봐야 한다.

> 우리가 그렛 사람의 남방과 유다에 속한 지방과 갈렙 남방을 침노하고 시글락을 불살랐나이다(삼상 30:14).

네게브는 다양한 지파와 인종적 요소(예를 들면 "… 의 네게브"[3])로 묘사되어 있다.

사무엘서에 나오는 집단은 세 종류이다.

유다 지파. 두 단락 모두에서 이 지파의 몇 가문이 그 지역에 정착했다

▼ 다윗이 사울의 추격을 피해 숨었던 엔게디

는 사실이 드러나 있다.

여라므엘 사람. 여라므엘은 유다가 다말에게서 낳은 아들 베레스의 아들 헤스론의 장자로 불리었으며, 람과 글루배=갈렙?의 형제이다(대상 2:4-5, 9, 18, 25, 42). 여라므엘은 두 아내와 여섯 아들이 있었으며, 이들을 통해 많은 후손을 낳았다. 그중 그의 먼 후손인 세산은 딸을 이집트 종 야르하에게 주어 이들을 통해 열세 명의 후손을 생산했다(대상 2:25-41). 여라므엘이 유다와 별개의 '네게브'를 소유했다는 것은, 이 종족은 원래 외부인이었으나 후에 통혼 또는 입양에 의해 유다에 합병되었다는 사실을 암시한다.

겐 사람. 이들은 아랏 근처에 있는 동부 지역에 정착했다(삿 1:16). 이들은 원래부터 이스라엘 지파의 일부는 아니었던 것이 분명하다(참고. 삼상 15:6). 그렛 사람은 블레셋 사람과 동의어이거나 혹은 더 정확히 말해 블레셋과 관계가 있다(겔 25:16; 습 2:5). 그렛이라는 이름은 아마도 크레타섬에서 유래했을 것이다. 고대 자료에서 크레타의 다른 이름은 갑돌이며, 성서 전승은 갑돌을 블레셋인의 본고장으로 말한다(암 9:7). 그렛 사람의 '네게브'는 가사에 가까운 네게브 서부 지역에 두는 것이 타당하며, 그럴 경우 시글락 자체는 그렛 사람의 네게브에 속했다는 결론이 나온다. 따라서 후에 다윗은 자신의 개인적인 경호를 위해 그들을 고용했다. 그러나 나중에 그들은 그 이상이었다. 갈렙 사람과 옷니엘 사람은 실제로 그나스 사람의 후손이거나 그나스의 친척들이다(민 32:12; 수 14:6, 14). 그나스는 에돔 종족의 족장으로도 나오는(창 36:15, 42; 대상 1:53) 에서와 아다의 장자(창 36:11; 대상 1:36)인 엘리바스의 아들로 목록에 나온다. 갈렙의 네게브는 사실 드빌 키르벳 라붓이 위치한 남부 산지일 수 있다. 갈렙의 딸 악사는 드빌의 위치에 대해 "아버지는 내게 네게브 땅을 주었다"라고 불평하는 것으로 인용되어 있다(수 15:19; 삿 1:15).

그러므로 겐 사람은 아랏 근처 네게브 동부 지역에 살았다. 그렛 사람은 서쪽에, 여라므엘 사람은 겐 사람과 가까운 브엘세바 분지에 살았던 것이 틀림없다. 유다 사람은 주요 성읍 중 하나이며 후에 시므온 지파에게 넘겨준 브엘세바가 있는 중앙을 차지했던 것 같다. 다섯 개의 네게브는 동쪽에서 서쪽으로 이어져 있었으며, 갈렙의 네게브는 북쪽에 있었다. 시므온 지파가 왕정 이전의 문맥에서 언급되지 않는다는 것, 특히 후에 시므온 지파에게 할당된 시글락이 빠져 있다는 사실은 주목할 만하다.

이제 다윗이 아멜렉을 상대로 한 구출 작전으로 얻은 전리품을 나눠주는 이야기를 검토하는 일이 남았다. 다윗의 선물을 받은 성읍 목록은 네게브와 유다의 남부 산지에 대한 역사 지리를 이해하는 데 많은 도움이 된다(삼상 30:26-31).

◀ 이스라엘의 초대 왕 사울의 조각상

▲ 벧산에서 발굴된 기괴한 양식으로 유인원 모습을 새긴 관 뚜껑, 주전 약 12세기 말엽

사울의 마지막 모습 사울이 블레셋과 마지막으로 교전하기 이전의 배경을 이해하기 위해서 사무엘서 저자의 목적을 인식하는 것이 좋겠다. 사무엘서 저자는 다윗이 자신의 백성이나 사울을 겨냥하여 군사 행동을 한 것에 대해 그에게 책임이 없음을 밝히려고 했다. 이러한 목적을 강조하기 위해 저자가 선택한 자료 배치는 역사 지리적으로 혼란을 야기했지만, 이렇게 이해하면 간단하다. 28장은 전투를 앞두고 이스르엘 지역에 군대를 배치한 일을 소개하고 있다. 29장은 블레셋이 이전에 에벤에셀 전투(삼상 4:1; 5:1)를 위해 군대를 소집했던 장소인 아벡라스 엘 아인에서의 일에 대한 '회상 장면'을 소개한다. 이 지역은 당시 블레셋이 직접 지배하던 영토의 북쪽 경계선에 있었다(삼상 29:1을 보라).

군대의 사열 모습을 보면, 아기스와 그의 부대는 가신 다윗을 동반하고 맨 뒤에 섰다. 블레셋 지도자들은 다윗이 전쟁에 참여하는 것을 반대해, 다윗과 그의 부하들을 시글락으로 돌려보냈다. 이렇게 다윗은 자신의 백성 이스라엘과 싸우는 전투에서 제외되었고, 블레셋 주군에 대한 배신 행위의 책임을 지지 않아도 되었다. 이어지는 이야기에서 다윗과 그의 부하들은 아말렉인의 습격에서 가족과 재산을 구해낸다. 이것은 다윗이 이스라엘의 남부에 살고 있는 모든 지파와 종족들에게 호의를 얻으려 한 시도를 강조하려는 것이다.

'이스르엘에 있는 샘'은 하롯 샘을 가리킬 수도 있다(삿 7:1). 그러나 고대의 이스르엘 성읍 아래 골짜기에는 다른 샘이 있기도 하다.

블레셋이 마침내 이스르엘 골짜기에 도착했을 때 그들은 수넴솔렘 근처에 자리를 잡았다(삼상 28:4). 수넴은 모레 산예벨 에드-다히, 느비 다히 남쪽 사면에 있는 성읍이다. 사울은 골짜기에서 철수해 골짜기 남쪽에 있는 길보아예벨 푸쿠아 산사면으로 군대를 옮겼다. 28장은 인두르 근처에 있는 키르벳 차프차페 또는 후보지로 텔 엘 아즈줄도 가능한 엔돌의 무당에 대해 이야기하고 있다. 전쟁 이야기는 다윗 이야기를 건너뛰어 31장에서 계속된다.

블레셋은 승리를 얻었고 사울과 그의 아들들은 전쟁터에서 살해되었다(삼상 31:8-13을 보라). 벧산에 나타난 블레셋 사람들이 영웅들의 시체를 벽에 매단 일에 대해서는 자세한 설명이 나오지 않는다. 어떤 경우이든 야베스 길르앗 사람들은 사울과 맺은 가족적, 정치적 유대에 맞게 행동하였다. 호머의 영웅들에게나 맞는 매장 방식은, 이스르엘과 요단 골짜기 지역에 미친 에게 해의 영향으로 볼 수 있다.

지파와 종족의 유동성, 그리고 안정

여호수아서에 그려진 상황은 이상적인 열두 지파 연맹체이다. 저자는 시조 조상의 열두 아들의 후손들로 구성된 열두 지파가 각각 할당된 기업을 차지하고 사는 이상적인 나라를 세우려는 목표가 있었다. 지파들의 땅은 여호수아와 제사장이 하나님의 감동을 받아 제비뽑기로 분배되었다고 전해진다. 실제로 각 지파들이 '분배된' 땅에 정착하는 일은 복잡한 과정을 겪은 것이지, 모든 경우에 균일하게 성공을 거둔 것은 아

길보아 전투를 위한 군 배치와 사울의 죽음과 매장

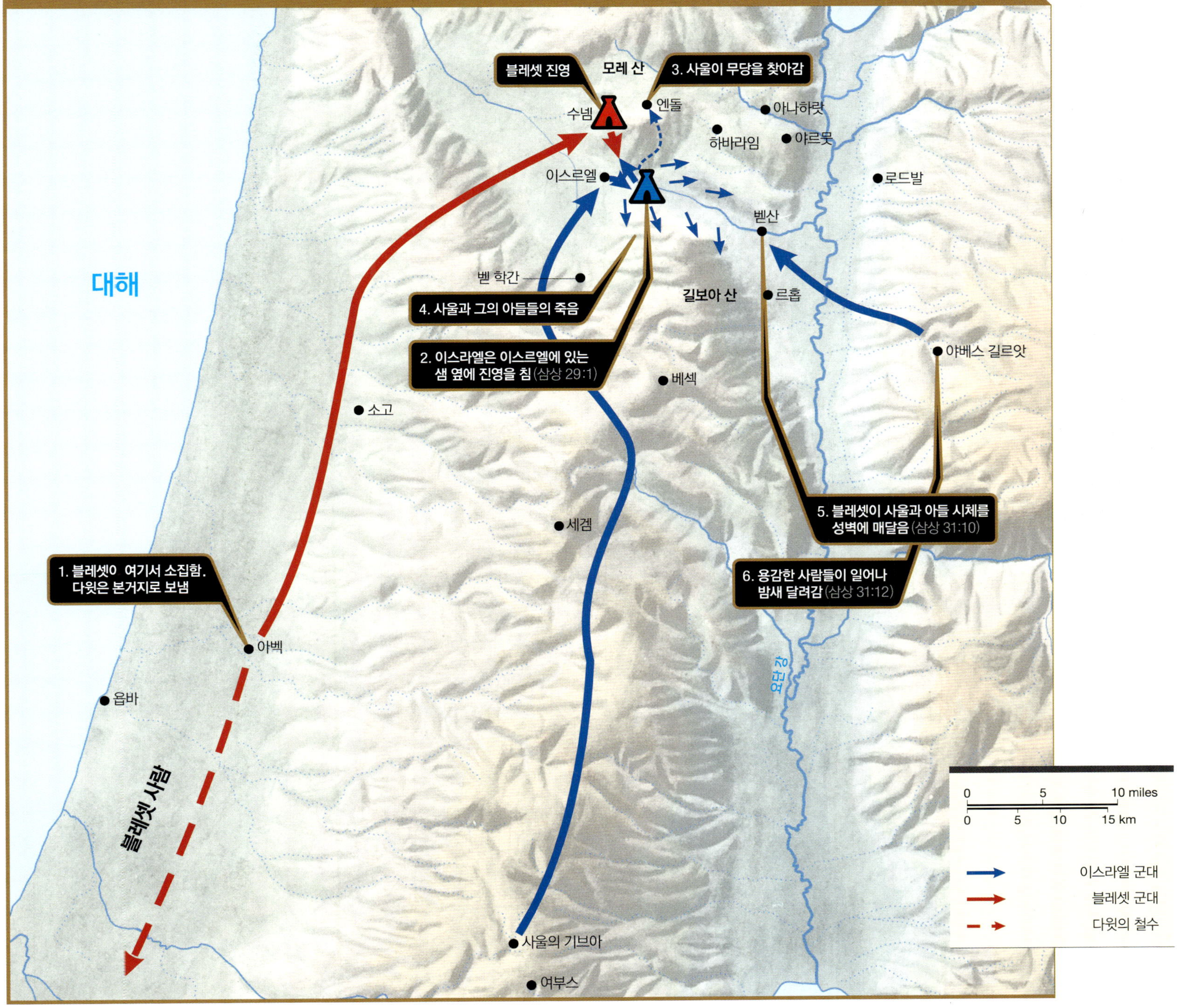

니다. 지파 사회는 늘 구조와 조직에 유동성이 있었다. 생태 환경, 경쟁, 공간적 압박 등의 압력으로 인해, 다양한 민족 또는 더 작은 지파들은 때때로 더 큰 연합체에 속하거나 거기서 떨어져 나와 다른 구조 안으로 옮겨가기도 했다. 그러고 나니 이들은 이 과정에서 생겨난 족보들과 시조 조상들 사이의 전설적인 관계를 새롭게 세워볼 필요를 느꼈다. 결국에는 지파로 형성된 종족 연합체는 보통 영토와 연관성이 있다.

지파들 사이에서 영토를 두고 벌이는 권력 투쟁들도 있었지만, 새로운 중앙 권력은 특정 영토에 대한 지파의 소유권을 확인해주고 영토를 할당해줌으로써 자신의 지배권을 안정시키려 했을 수도 있다. 그것은 살라 에드 딘과 후더의 오토만 제국이 그렇게 했던 것과 마찬가지이다. 바로 그와 같은 지파의 땅 분배가 여호수아서 저자의 마음속에 그려져 있던 것이었다. 그 결과로 나온 문학적 산물은 이상화된 그림의 실상을 감추고 있는 성서의 다른 자료들에 비추어 평가되어야 할 것이다. 보완해 줄 정보들은 다른 이야기들에서 얻을 수 있으며, 족보들을 검토해보면 지파 영토들이 재편되었다는 사실을 알 수 있다. 이 기록들은 세 단계 과정을 거쳤다는 증거를 제공한다.

1. 어떤 지파는 첫 번째 시도에서 원래 선택했던 땅을 얻는 데 성공하지 못한 후, 다른 지역으로 이동했다.
2. 특정 종족은 지역 상황이 위급해져 한 지파에서 다른 지파로 옮겨갔다. 관계를 맺은 지파가 한 지파 이상인 일가들도 있어서, 그 일가가 속한 종족의 이름이나 시조의 이름이 두 개 이상의 지파 족보에서 발견되는 경우도 있었다.

3. 서로 다른 지파의 구성원들 간에 통혼이 있었고(예를 들면 대상 2:21), 그 결과 후손이 생겨났다는 명백한 기록이 남아 있다.

이 모든 과정에서 지형의 역할을 간과해서는 안 된다.

단 지파의 이동 한 지파가 땅을 분배받은 후에 그것을 차지하지 못해 다른 곳으로 이주한 이야기로 가장 잘 알려진 것이 단 지파의 경우이다(삿 17-18장). 그러나 단 지파만이 그와 같은 이동을 했다고 생각해서는 안 된다. 단 지파 이야기는 사사기 시대의 혼란스러운 상황을 보여주는 예로 보존되어 있는 것이다. 이것은 또한 모세의 손자가 단에 성소를 세웠다는 사실을 지지해준다(삿 18:30의 칠십인역의 몇몇 사본, 불가타, 탈무드《바바 바스라》 109에 나타남).

그러나 마소라 사본은 철자를 수정해 이를 므낫세의 자손으로 기록하고 있다. 이것은 북부의 제사장직이 모세와 관련이 있다는 모든 주장을 부인하려는 속이 빤히 들여다보이는 시도이다. 이곳에서 제사장들은 '그 땅 백성이 사로잡히는 날까지', 즉 디글랏 빌레셀 3세(주전 733년)의 침략 때까지 자기 역할을 계속했다. 모세의 증손으로 추정되는 인물은 유다의 베들레헴으로부터 에브라임 산지를 경유해 단으로 왔다고 한다(삿 17:7-8). 이러한 단 지파의 전승을 중상할 이유는 없다. 세펠라 북부 지역을 차지하려는 시도는 그곳에 거주하고 있던 아모리인들로부터 거센 저항을 받았다(삿 1:34-35). 블레셋은 아직 나타나지 않은 때였다.

일부 단 지파 일가는 삼손 이야기에 나오는 것처럼 남부 지역에 남아 있었다(위의 글을 참고하라). 단 지파의 후심Hushim 종족(창 46:23; 민 26:42에 따르면 '수함')은 베냐민 지파의 목록에서도 나온다(대상 8:8). 삼손은 단 지파의 소라 출신이었지만(삿 13:2), 가장 이른 시대라 해도 그 이야기는 주전 11세기에 속한다. 왜냐하면 블레셋이 당시에 이미 존재했고 유다인들보다 우세한 지위를 누리고 있었기 때문이다.

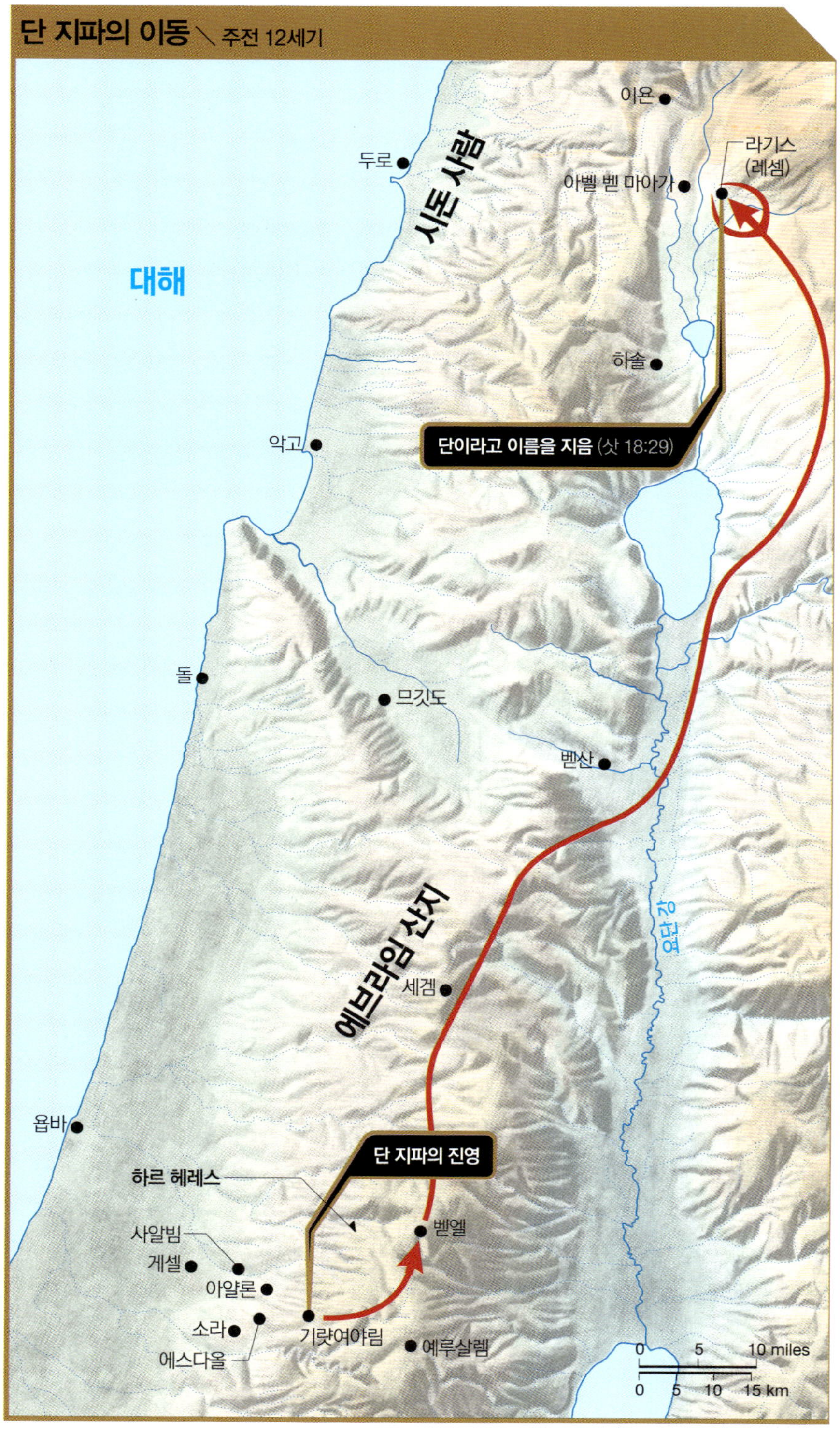

마길의 요단 동쪽 이주 각 지파의 전승들이 소실되긴 했지만, 다른 지파들 사이에서도 유사한 이주가 발생했을 가능성을 암시하는 여러 본문이 있다. 그것은 주로 족보에서 나타난다. 예를 들면 길르앗의 아버지로 나오는 마길은 드보라의 노래에서는 아직 에브라임 산지의 지파들 속에서 발견된다(삿 5:14). 마길이 에브라임 산지로부터 동쪽으로 이주한 이후 서부 지역의 지파는 그곳의 시조 조상이 된 므낫세 지파로 불리었다. 요단 동쪽에 거주했던 '므낫세 반 지파'라는 개념은 이러한 사사기 시대 이후의 상황과 관계 있다. 이렇게 므낫세 지파의 복잡한 족보는, 마길이 길르앗의 아비로 가계도의 중심 계통에 자리를 잡으며 새롭게 세워졌다(민 26:29-33을 보라).

이 족보의 형성 과정은 다른 이야기 속에도 나타나 있다. 마길은 므낫세의 장자이자 길르앗의 아버지로 불리며, 서부 지역의 종족들, 즉 아비에셀, 헬렉, 아스리엘, 세겜, 헤벨, 스미다는 '므낫세의 남은 자손'으로 불

▲ **저장 항아리들** _ 텔 엘 카디(텔 단) 발굴은 초기 철기 시대 지층이 위쪽에 있는 사진에 모아놓은 것과 같은 저장 항아리들을 드러내었다. 이 항아리들은 중앙 산지에서 사용된 전형적인 '목깃이 있는' 양식과 나란히 갈릴리, 페니키아 지역과 유사한 형태의 항아리도 다 포함하고 있음을 보여준다. 고고학적으로 특이한 이 증거는 단 지파의 이주 이야기를 신뢰할 수 있게 한다.

므낫세의 족보

민 26:28-34; 27:1-4(5-11); 36:10-12(1-8비교); 수 17:1-6; 대상 7:14-19

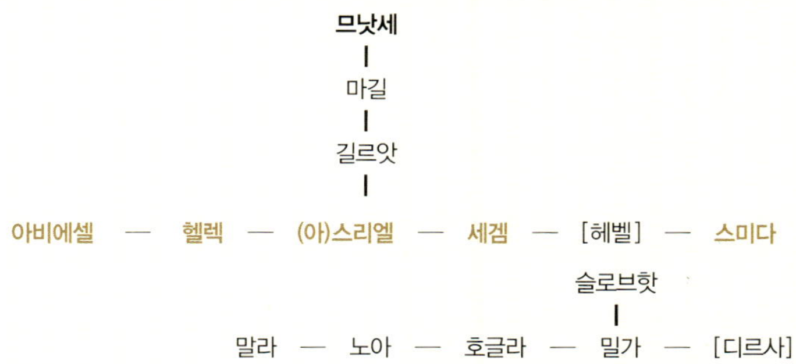

별색 : 사마리아 오스트라카에 나타난 종족들

므낫세의 아들 마길 \ 주전 12세기

리었다(수 17:1-2). 그러므로 그들은 므낫세의 아들들이며 마길의 형제들이다. 그러나 다음 구절에서는 '헤벨의 아들 길르앗의 손자 마길의 증손 므낫세의 현손 슬로브핫'이라고 나와 뒤섞인 가계도를 보여준다(수 17:3b, 1-6절을 보라).

역대상 7장 14-17절에 있는 족보는 이러한 가계의 진행 과정을 기술하려는 의도였지만, 이 본문은 오류가 있는 것이 분명하다. 이는 위에서 인용한 다른 본문들에 맞추어 교정할 수 있다. 아래에서 〈 〉 안의 내용은 교정을 한 부분이다.

> 므낫세의 아들들은 〈아비에셀, 헬렉〉, **아스리엘**, 〈세겜, 헤벨, 스미다니 이들은 그들의 가족대로 요셉의 아들 므낫세의 남자 자손들이라.〉 〈그리고〉[1] 그의 소실 아람 여인이 낳아 준 **길르앗**의 아버지 마길이니 **마길**은 **훕빔**과 **숩빔**의 누이 마아가라 하는 이에게 장가 들었더라. 므낫세의[2] 둘째 아들의 이름은 슬로브핫이니 **슬로브핫**은 딸들만 낳았으며 마길의 아내 마아가는 아들을 낳아 그의 이름을 **베레스**라 하였으며 그의 아우의 이름은 **세레스**이며 세레스의 아들들은 **울람**과 **라겜**이요 울람의 아들들은 **브단**이니 이는 다 **길르앗**의 자손이라 길르앗은 **마길**의 아들이요 **므낫세**의 손자이며(대상 7:14-17).

실제로 사마리아 오스트라카에 독자적인 기록이 남아 있는 서부 지역의 종족들은 원래 마길의 후손들이었지만, 지파의 주요 구성원들이 동쪽으로 이동했을 때 그 즉시 므낫세의 후손으로 옮겨졌고 므낫세의 첫 번째 아내 소생들로 불릴 수 있었다. 반면, 요단 동편에 거주한 후손들은 마길의 아람인 첩의 후손들이 된 것이다. 마아가 역시 헤르몬 산과 골란 지역 부근의 북쪽에 살았던 아람인 집단의 이름이었다(신 3:14; 수 13:11; 삼하 10:6-8). 따라서 길르앗 종족은 강한 아람인적 요소와는 다른 구성요소로 형성되었음이 인정된다. 므낫세 지파의 통일된 족보를 형성하려는 시도에 따라, 요단 강을 사이에 둔 양쪽 지역의 두 족보를 합치고 섞게 되었다.

잇사갈 지파의 분산 잇사갈 지파 출신의 일부 종족은 에브라임 산지와 관련되어 있었다. 사사들 가운데 '에브라임 산지 사밀에 살았던 잇사갈 지파 도도의 손자 부아의 아들 돌라'가 있었다(삿 10:1). 부아 또한 잇사갈 지파의 주요 종족 중 하나로 나온다(대상 7:1; 또한 창 46:13; 민 26:23). 잇사갈 지파의 서로 다른 두 종족의 이름은 에브라임 산지의 지명들과 비슷하다. 하나는 사마리아 산지의 주인 세멜[3](왕상 16:24, 위에서는 사밀로 언급되었다)과 시므론의 경우이며, 다른 하나는 야숩(또는 야십, 대상 7:1)과 사마리아 오스트라카에서 나오는 지명 야슈브이다. 잇사갈이 초기에 정착했다는 사실은 잇사갈이 가나안의 강제 노역에 복속되어 있었다는 암시에서 엿볼 수 있다(창 49:14-15을 보라).

이스르엘 성읍과 관계된(수 19:18) 잇사갈 지파는 일찍부터 대평원에, 또는 그 근처에 정착할 수 있었다. 그러나 그렇게 하기 위해 이 지파는 가나안 도시의 거주민을 위해 노역자로 복종해야만 했다.

아셀 지파 아셀 지파의 족보는 이 지파가 에브라임 산지의 남부와 연관되어 있음을 분명히 보여준다(창 46:17-18; 대상 7:30-40). 아셀 지파의 세 종족은 베냐민과 에브라임 사이의 경계를 따라 나 있는 구역과 관계가 있다. 야블렛(대상 7:33)은 야블렛 족속(수 16:3)과, 수알(대상 7:36)은 수알 땅(삼상 13:17), 사알림 땅(삼상 9:4)과, 셀레스(대상 7:35)와 실사(대상 7:37)는 살리사 땅(삼상 9:4)과 연관성이 있다. 말기엘은 '비르사잇의 아버지'였다(대상 7:31). 즉 이들은 비르사잇에 정착한 종족이었다. 비르사잇은 베이틴벧엘 북쪽에 있는 키르벳 비르 자이트와 동일한 지역으로 볼 수 있다. 아셀 지파의 두 종족, 즉 에브라임과 베냐민 지파 지역에 있는 브리아(대상 7:30; 8:13)와 베냐민 지파 지역에 있는 세멜[4](대상 8:12)은 요셉 가문으로 인식되기도 한다. 세라(대상 7:30)와 에브라임 산지에 있는 여호수아의 성읍 딤낫 세라(수 19:50; 24:30; 또한 삿 2:9에서 딤낫 헤레스라 불리는 성읍)는 모종의 관련이 있는 듯하다. 이 이름들은 일부 아셀 지파 종족과 일가가 아주 일찍 에브라임 산지에 정착했으며, 이들이 결국은 에브라임 남부와 베냐민 지역에 통합되었다는 사실을 암시하는 듯하다.

르우벤 정복 내러티브에서 르우벤 지파는 헤스본과 그 부

1_저자는 여호수아 17:2을 근거로 본문을 교정했다. 원래 역대상 7:14은 '므낫세의 아들들은 그의 아내가 낳아준 아스리엘과'(개정역)이다.

2_ 역대상 7:15의 히브리어 원문에는 '므낫세'가 없으므로 저자도 '둘째의 이름'이라고만 했다. 그러나 개정역은 '므낫세의 둘째 아들의 이름'이라고 옮겼다.

3_**세멜(Shemer)**
잇사갈의 넷째 아들 '시므론'과 지명 사마리아(히브리어 원어는 '쇼므론')는 히브리어 자음이 같다. 또한 사마리아 산지의 주인인 '세멜'과 사사 돌라가 살았던 '사밀'은 히브리어 자음이 같다. 따라서 저자는 잇사갈 지파의 한 갈래가 사마리아 산지에서 살았을 가능성을 제기하는 것이다.

4_**세멜(Shemer)**
히브리어 원어는 '세멧'이지만 저자는 '세멜'로 읽고 있다. 히브리어 달렛(ㄱ)과 레쉬(ㄱ) 글자는 매우 유사해 잘못 쓰는 경우가 많으므로 저자는 '세멜'이었을 가능성을 제기하는 것이다.

CLANS AND TOWNS/ VILLAGES OF THE TRIBE OF "GREATER" JUDAH

'대'유다 지파의 종족과 성읍/마을들

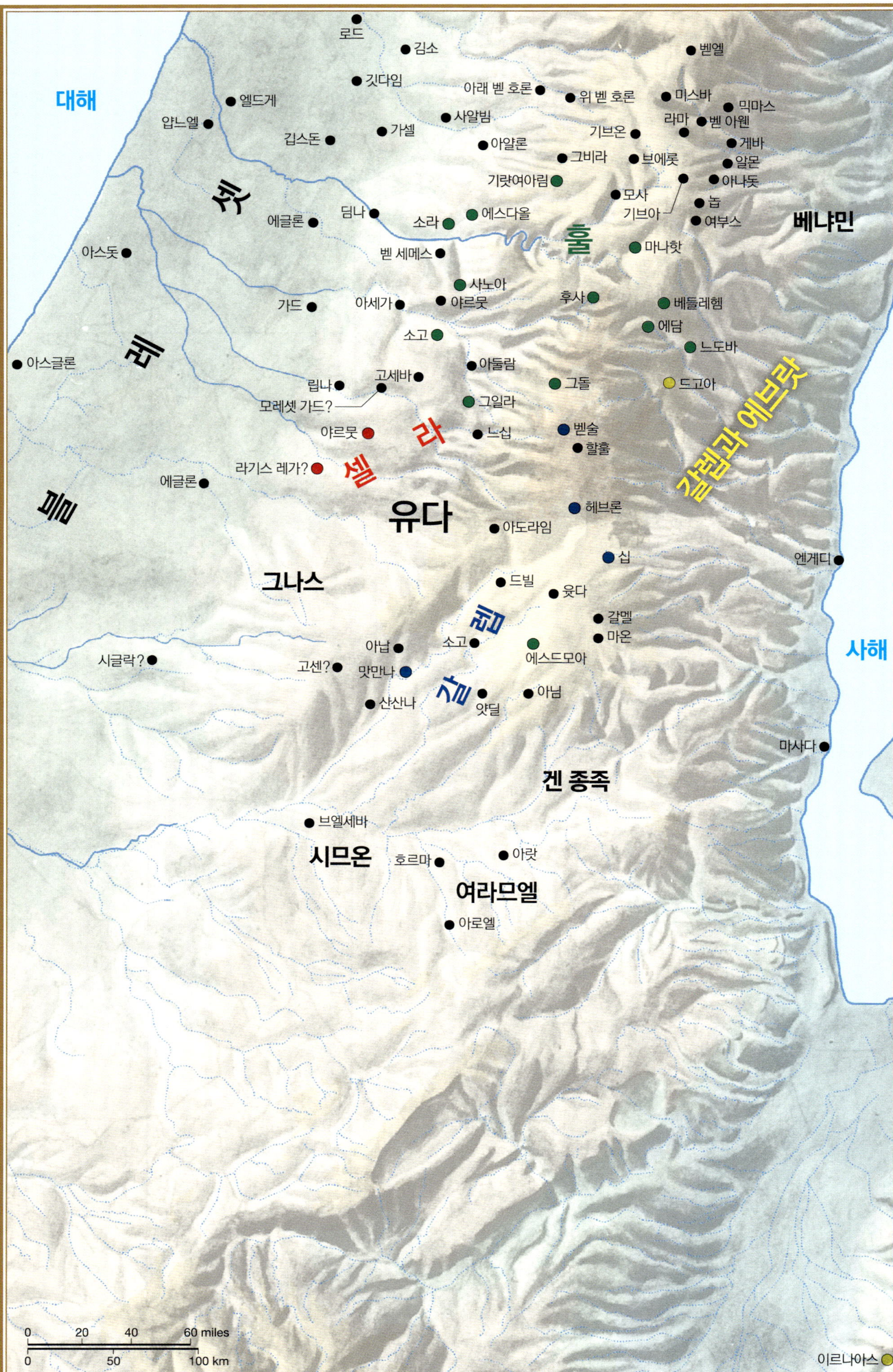

유다 족보의 미확인 성읍들

- 셀라: 벧 아스베야, 느다임, 그데라
- 훌: 벧 가델, 아다롯 벧 요압, 야베스, 벧 레갑, 이스르엘, 십(네게브)
- 갈렙과 에브랏: 수하, 벧 라바
- 갈렙의 다른 자손: 요르그암, 막베나, 기브아

유다 지파의 족보를 알려주는 역대상 2장과 4장 전체는 지명이 종족들 이름과 뒤섞여 있다. 이는 사람과 영토 사이에 밀접한 관계가 있다는 뜻이다.

근에 정착했다(민 32:37-38). 그럼에도 불구하고 그들은 부분적으로 사막 지역에 유목민으로 남았으며(대상 5:8-10), 일부는 요단 서쪽으로 넘어간 것이 분명하다. 르우벤 지파가 유다와 베냐민과 관련이 있다는 증거는 족보에 남아 있다. 여리고 서쪽, 유다와 베냐민 지파 사이의 경계에는 '르우벤 자손 보한의 돌'이 있다(수 15:6; 18:17). 아골 골짜기는 유다와 베냐민 지파의 경계선상에 있다(수 15:7). 그곳에서 유다 지파 출신 갈미의 아들 아간이 돌에 맞아 죽었는데(수 7:26), 갈미 또한 르우벤의 주도적인 종족의 하나였다(창 46:9; 민 26:5-6; 대상 5:3). 헤스론 종족은 르우벤(민 26:6)과 유다 지파(민 26:21) 목록에서 나타나며, 벨라 종족은 르우벤(대상 5:8-10)과 베냐민(창 46:21; 대상 8:1) 지파에서 같이 나타난다. 예루살렘 근처(미 4:8)에 있었던 믹달 에델(창 35:21)에서 르우벤이 아버지의 첩 빌하와 관계해 장자권을 잃어버렸다고 말한 전승도 흥미롭다.

유다 유다 족보를 보면, 합병된 남부 지파는 아라바 지역 그리고 최소한 부분적으로는 아라바의 서쪽 지역을 가리키는 세일 산 지역과 분명하게 연관되어 있다. 헤브론의 네 갈렙 종족 가운데(대상 2:43) 둘은 남부에 기원을 두고 있다. 하나는 에돔 족장으로 알려진 고라(창 36:16)이며, 다른 이는 페트라의 고대 이름(《고대사》6.1.161)뿐만 아니라 미디안 왕으로도 나오는 레겜(민 31:8; 수 13:21)이다. 세마 역시 이 지역과 관련된다. 시므앗 종족은 겐 종족이었으며(대상 2:55), 시므온 지파 가운데서는 시므이라는 이름을 가진 한 종족을 찾을 수 있다(대상 4:26-27). 이 이름을 따라 네게브 정착지 세마라는 이름이 붙여진 것 같다(수 15:26). 그나스 또한 에돔의 족장으로 나온다(창 36:15). 강하고 넓게 유대 지파와 연관되어 있는 헤스론 종족은 르우벤(민 26:6, 21)뿐만 아니라 마길, 길르앗과 연합 관계를 세웠다(대상 2:21[1]을 보라). 헤스론은 원래 독립적인 두 종족인 갈렙(대상 2:18-24)과 여라므엘(대상 2:25-33)을 흡수한 혹은 양자로 삼은 종족이기도 하다. 다윗 가문은 헤스론의 아들 람의 후손이다(대상 2:10-15; 룻 4:18-19).

유다에 속하는 이 부수적인 지파들은 세일 산의 고대 호리 족과 연결되어 있다. 예를 들면 세일의 후손들 가운데 소발 종족이 있었고(창 36:23, 29; 대상 1:38), 같은 이름의 종족이 '에브라다의 맏아들 훌'과 연관되는 기랏여아림에서 발견되었다(대상 2:50b-52). 호리 족의 흔적은 특히 여라므엘의 후손들 중에서 두드러진다(대상 2:25-28). 예델(대상 2:17)과 오남(대상 2:26, 28)은 세일의 호리 자손들 안에 포함되어 있다(창 36:23; 대상 1:40). 유다 지파의 오난(창 38:4-10; 46:12)은 여라므엘 사람과 호리 사람 오남과 어느 정도 연관성이 있을 수도 있다.

겐 족속의 '레갑 가문'(대상 2:55)은 한편으로는 갈렙과 그나스 종족과 연관되어 있고, 다른 한편으로는 에돔 사람 이르나하스['뱀 도시'(아마 '구리의 도시'로부터 수정된 이름인 듯함)]와 게하라심['장인(匠人)들의 골짜기']과도 연결되어 있다(대상 4:12-14).

유다 지파의 세라 역시 시므온 지파(민 26:13; 대상 4:24)와 에돔 사람 목록에서도 등장한다(창 36:13, 17; 대상 1:37).

족보와 지리 여러 지파들의 족보 목록은 세 가지로 분류할 수 있는 중요한 지리적인 정보를 포함하고 있다.

1. 역대상 초반부에 나오는 지파들과 종족의 족보 기록에 언급된 정착지들은 서로 다른 시대에서 이끌어낸 것이다. 여기에 포함된 기록으로는, 시므온 지파의 성읍 목록(대상 4:28-33)과 그돌(그랄, 칠십인역), 세일 산(대상 4:39-43)으로 영토를 확장한 시므온 지파에 대한 자료, '아로엘에 살면서 느보와 바알 므온까지' 그리고 동쪽을 향해서는 '유브라데 강에서부터 광야 지경까지'(대상 5:8-10) 팽창한 르우벤 지파의 정착지에 대한 자료가 있다. 또한 에브라임과 므낫세의 경계 성읍(대상 7:28-29)도 이 경우에 해당하며, 가드, 아얄론, 벧 호론과 관련된 브리아 종족의 역사(대상 7:21-24; 8:13), 베냐민 지파가 세운 오노와 로드도 포함된다(대상 8:12).
2. 족보의 틀 안으로 통합된 지명들(정착지와 같은 지역)은 위에서 지파들의 이주와 관련하여 논의한 바 있다. 이러한 족보 구조는 족장 제도적인 관점, 즉 한 지파의 모든 구성원은 지파의 기업 안에 있는 성읍과 마을을 포함하는 유서 깊은 시조의 후손들이라는 생각을 표현한 것이다. 지명 중 일부는 지파에 속한 사람들이 세운 성읍일 가능성이 있다. 예를 들면 아나돗, 알레멧, 아스마웻, 모사가 있는데, 이들은 베냐민의 후손으로 나온다(대상 7:8; 8:36). 그러나 다른 지명들은 이스라엘 이전의 고대 성읍들로 지파의 구조에 흡수되었다. 예를 들면 므낫세 지파의 기업으로 나오는 세겜, 헤벨, 디르사 등이 그것이다(수 17:2-3).
3. 유다 지파의 족보에서(대상 2-4장) 다양한 종족의 후손들은 각각의 정착지 이름과 나란히 등장한다. 한 종족에 속한 누군가가 차지한 지역의 조상이 되었다는 식이다. '마레사의 아버지 라아다'(대상 4:21), '후사의 아버지 에셀'(대상 4:4) 등이 그 예에 속한다.

역대상 2장과 4장에 언급된 여러 구절들을 합하면 족보 목록에 가깝게 재구성할 수 있다. 유다 족보는 네 갈래로 구성된 것으로 보인다.

1. 레가, 마레사, 벧 아스베야[2], 고세바(그십), 느다임, 그데라에 정착한 셀라 후손. 이 지역들 중 세펠라에 있는 마레사만이 확실하게 위치를 알 수 있을 뿐이다. 그러나 셀라가 세펠라 지역을 차지했다는 것은 유다와 다말 전승이 암시하고 있다(창 38:5).
2. 헤스론-에브랏(에브라다)이 연합함으로 나온 훌 후손. 이들이 거주한 곳은 기랏여아림, 베들레헴, 벧 가델, 마나핫, 소라, 에스다올, 느도바, 아다롯, 야베스, 벧 레갑[3], 에담, 그돌, 후사, 에스드모아, 소고, 사노아, 그일라이다. 이 성읍들은 베들레헴의 주변 지역과 엘라 골짜기 근처에 있는 세펠라의 북동부 지역에 있다.
3. 드고아, 수하, 벧 라바[4], 이르나하스를 차지한 갈렙과 에브라다의 후손. 이 지역 중 유일하게 위치가 알려진 곳은 드고아로, 대략 베들레헴과 헤브론 사이의 지역을 가리키는 것 같다.
4. 벧술과 헤브론 일대로부터 그 남쪽에 이르기까지 중앙 산지에 거주한 갈렙의 다른 후손. 이들이 거주한 지역은 십, 헤브론, 요르그암, 벧술, 맛만나, 막베나, 기브아이다.

본문의 정확성과 관계없이 한 가지 중요한 특징을 찾을 수 있다. 유다 지파의 족보를 알려주는 두 장 전체는 지명이 종족들 이름과 뒤섞여 있다는 것이다. 이는 사람과 영토 사이에 밀접한 관계가 있다는 뜻이다. 고대 사회 연구는 지리와 분리될 수 없다. 추측의 문제와 관계없이 지도는 여전히 이와 같은 관계를 반영하고 있기 때문이다.

1_"그 후에 헤스론이 육십 세에 길르앗의 아버지 마길의 딸에게 장가 들어 동침하였더니 그가 스굽을 헤스론에게 낳아 주었으며"(대상 2:21).

2_벧 아스베야(Beth-ashbea) 개정역은 '아스베야의 집'으로 옮겼다(대상 4:21). 히브리어 '벧'은 '집'이라는 뜻이지만 저자는 지명으로 보았다.

3_벧 레갑 개정역은 '레갑의 집'으로 옮겼다(대상 2:55).

4_벧 라바 개정역은 '베드라바'로 옮겼다(대상 4:12).

06

|CHAPTER|

TERRITORIAL STATES

영토 국가들

(주전 10세기)

주전 10세기를 지나는 동안 레반트에서는 여러 영토 국가들이 생겨났다. 시리아 북부 지역에서는 신히타이트 도시국가들이 주전 13세기 말에 발생한 위기를 간신히 넘긴 상황이었고, 아람인 조상들이 세운 영토 국가들은 그들과 공존했으나 앗수르는 아람인들과 생존을 위한 싸움을 벌여야 했다. 아람인들은 티그리스의 동쪽 연안을 따라 정착했고, 앗수르 영토의 일부를 침략하여 그들을 쫓아내는 데 성공했다. 한편, 이 시기에 이스라엘 지파들은 다윗 왕조 아래 통합되기 시작했으며, 솔로몬 때에 전성기를 맞았다.

JERUSALEM PARANOMIC VIEW FROM THE MOUNT OF OLIVES

감람 산에서 바라본 예루살렘 전경

주전 10세기를 지나는 동안 레반트에서는 여러 영토 국가들이 생겨난 것이 분명하다. 시리아 북부 지역에서는 신히타이트 도시국가들이 주전 13세기 말에 발생한 위기를 간신히 넘긴 상황이었다. 주전 10세기 말과 9세기 초에 나온 앗수르(아시리아) 자료들에 따르면, 아람인 조상들이 세운 영토 국가들이 신히타이트 도시국가들과 함께 존재했음을 알 수 있다. 유감스럽게도 이 새로운 아람인 국가들은 건국 과정에서 생기는 정착, 동화 및 합병 같은 일련의 과정을 말해줄 문헌 전승을 남겨놓지 않았다. 그러한 구전 전승과 문헌 전승이 남아 있었다면 분명 문화적·사회적인 정보들을 풍부하게 제공해주었을 텐데 말이다. 신히타이트의 비문 자료는 전문적으로 연구되는 한 분야이지만, 거기서 아람인에 대한 것을 구별해내는 것은 쉽지 않다. 반면, 레반트 남부의 경우 문헌 전승과 역사 편찬 전승은 존재하는 대신 비문 자료는 없다. 주전 10세기의 건축 유적에 대해서도 일각에서 많은 논쟁이 오가고 있다.

앗수르인은 아람인들과 생존을 위한 싸움을 벌여야 했다. 그들은 바빌로니아를 향해 남쪽으로 이동하던 아람 족속들의 공격을 피하려고 애썼지만, 아람인들은 티그리스의 동쪽 연안을 따라 정착하게 되었다. 더 중요한 것은 아람인들이 예지라 북부와 유프라테스 강 연안 지역을 차지하고 앗수르 영토의 일부를 침략하여 앗수르인들을 쫓아내는 데 성공했다는 사실이다. 주전 11세기 중엽 살만에셀 2세 치하와 주전 11세기 말과 10세기 초 아슈르라비 2세 때 그런 일이 일어났다. 이러한 상황은 주전 10세기 말에 이르러서야 정리가 되었다.

아람인들은 메소포타미아 북부를 침략하여 거대한 부족 국가들을 세웠다. 디야르바키르 지역의 비트 자마니, 구자누(=고산, 텔 할라프)와 나시비나(=니시빈)에 세워진 비트 바크히아니, 카부르/유프라테스 삼각지대에 세워진 비트 칼루페, 그리고 틸 바르시프(=텔 아흐마르)에 세워진 가장 오래된 국가로 추정되는 비트 아디니가 그런 국가들이다. 그 후 이 지역의 인구는 아람화되었다. 유프라테스 강의 서쪽 지역은 비트 아구시가 차지했으며, 할랍(알레포)과 특히 수도인 아르밧(텔 리팟)이 이곳에 속해 있다. 또 사말(신지를리)에는 비트 가바리로 추정되는 나라도 있었다.

주전 11세기 말과 10세기 초에 이루어진 침투, 점령, 문화적인 동화 과정에 대해서는 문헌 자료로 남아 있지 않다. 그 과정은 결과를 가지고 추정할 뿐이다. 그러나 앗수르의 기록에서 한 가지는 확실히 알 수 있다. 아람인들은 청동기 시대에 메소포타미아에서 시리아에 이르는 대상 무역로를 끊임없이 공격했던 아글라무와 수투의 후손들로, 그곳의 원주민들로 여겨졌다는 것이다. 그들의 조상들처럼 그들은 두 강 사이의 땅을 침략하여 앗수르인과 바빌로니아인을 위협해 조상의 이름을 딴 영토 국가를 세웠다. 그들의 조상들은 분명 유명한 부족장들이었다. 따라서 이들을 둘러싼 아주 흥미로운 전승 자료들이 존재했을 수도 있지만 안타깝게도 지금은 남아 있는 것이 없다.

레반트 남부

주전 10세기에 속한 블레셋의 비문 자료는 없다. 성서는 블레셋과 이스라엘 지파 간에 벌어진 일 때문에 그 지역 역사에서 블레셋의 역할을 부정적인 관점에서 기록하고 있다. 이스라엘 지파들이 다윗 왕조 아래 통합된 이야기는 주전 10세기에 해당한다.

다윗과 에스바알의 왕국

다윗의 부상 유다 왕조의 시조이자 설립자이며 이새의 아들인 다윗은 사무엘서의 뒷부분을 채운 이야기로 불후의 명성을 얻었다.

사울이 죽은 이후 다윗은 자신의 권력 기반을 시글락에서 헤브론으로 옮겼다(삼하 2:1-4을 보라). 이렇게 해서 다윗은 유다와 주변 지파들, 즉 갈렙, 그나스, 겐 족속, 여라므엘 족속, 또 아마도 시글락 근처 네게브 서부 지역에 거주한 그렛 족속까지 통합했다. 헤브론을 선택한 것은 현명한 일이었다. 헤브론은 북부에 있는 다윗의 지파인 유다 지파와 남부의 다른 족속들 중심에 자리 잡고 있었다. 뿐만 아니라 헤브론은 아브라함의 전승이 강하게 남아 있는, 혹은 그 전승을 발전시킨 곳이었다.

시므온 다윗의 영향권 아래 있던 또 다른 지파가 있었다. 이 시므온 지파의 기업이 헤브론에서 다윗이 집권하는 동안 확장되었는지, 혹은 그 후 다윗이 예루살렘에 새로운 수도를 세웠을 때 확장되었는지는 확실하지 않다. 시므온 지파의 성읍들에 대해서는 세 개의 평행 본문에 두 개의 목록으로 기록되어 있는데, 이 중 하나는 길고 다른 하나는 짧다. 역대상 4장 24-31a절에 그 목록이 가장 잘 나와 있다.

여기서 우리가 주의를 기울여야 할 것은, 28-31a[1]절의 성읍 목록은 다윗의 통치가 시작된 이후의 것인 반면, 32절의 성읍 목록은 다윗 통치 이전의 목록이라는 것이다. 절 구분이 잘못된 탓에, 짧은 목록의 서두였던 '다윗 왕 때까지'라는 말이 떨어져 나가 시므온 지파가 마치 다윗 왕 때까지 긴

1_"시므온 자손이 거주한 곳은 브엘세바와 몰라다와 하살수알과 빌하와 에셈과 돌랏과 브두엘과 호르마와 시글락과 벧말가봇과 하살수심과 벧비리와 사아라임이니 …"(대상 4:28-31a).

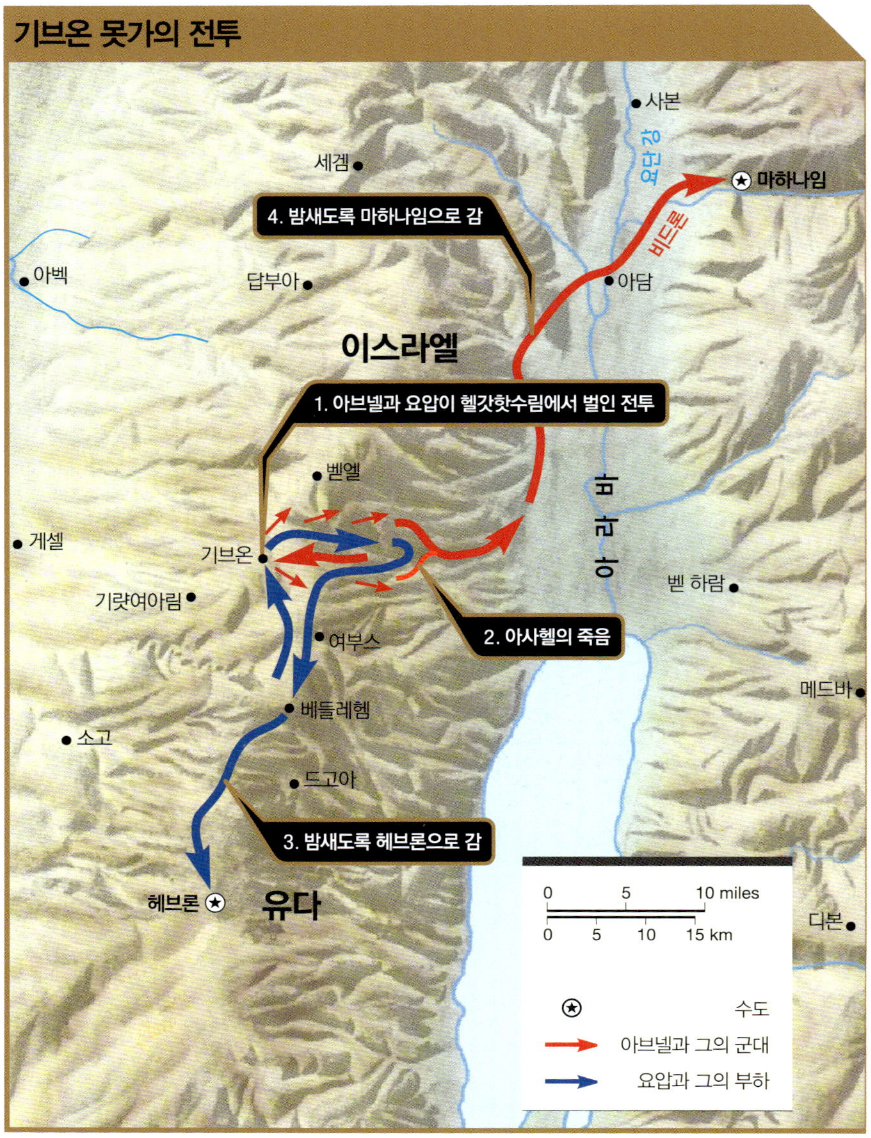

기브온의 수갱, 후기 철기시대 ▲

목록에 나열된 성읍들에서 살았다는 인상을 준다. 짧은 목록은 역대상 4장 31b-33절[1]에 기록되어 있는 것이다.

우리는 다윗과 그의 군대가 시글락에 거주하는 동안 시므온 지파를 언급하지 않았다는 사실을 기억해야 한다. 더욱이 '시므온의 네게브'도 없었다. 문제가 되는 도시는 호르마가 유일하다. 사사기 1장 17절에서 호르마는 시므온 지파가 초기에 정복한 것으로 묘사되어 있기 때문이다. 유다 지파와 연합하여 이룬 것이긴 하지만 말이다.

다윗은 남부 지역의 국경을 지키기 위해 시므온 지파를 활용할 수 있다는 사실을 알았던 것으로 보인다. 그러나 다윗이 헤브론에서 그렇게 했는지, 예루살렘으로 옮긴 이후에 그렇게 했는지 여부는 논쟁거리로 남아 있다. 그가 네게브에 레위 성읍을 하나도 세우지 않았다는 사실은 곧 살펴볼 예정이다. 고대 조상들의 전승에 의하면 시므온과 레위는 형제였고 폭력적인 행동(창 34장) 때문에 그들은 자신들의 기업을 받지 못했다(창 49:5-7).

시므온 지파의 성읍 목록은 약간의 사본 조정 작업이 필요하지만, 최종적인 결정을 내리기 어려운 부분들도 있다. 여호수아서에 나타난 시므온 지파의 성읍 목록(수 19:1-8; 또한 수 15:21-32에도 포함되어 있다)으로 역대기 목록의 몇몇 명백한 오류를 바로잡을 수도 있고, 그 반대도 가능하다. 두말할 것도 없이 칠십인역도 도움이 될 것이다. 다음의 본문에서는 차이가 나는 부분들만 표시했다. 붉은 강조체가 원래 본문에 가까운 것이고 그렇지 못한 부분은 같은 색깔의 강조체로 표기했다.

> 둘째로 시므온 곧 시므온 자손의 지파를 위하여 그들의 가족대로 제비를 뽑았으니 그들의 기업은 유다 자손의 기업 중에서라. 그들이 받은 기업은 브엘세바 곧 **세바**(수 15:26에 나오는 세마로 교정할 수 있다) 와 몰라다와 하살 수알과 **발라**와 에셈과 **엘돌랏**과 **브둘**과 호르마와 시글락과 벧 말가봇과 하살수사와 **벧 르바옷**과 **사루헨**이니 열세 성읍이요 또 그 마을들이며 또 아인과 림몬과 에델과 아산이니 **네** 성읍이요 또 그 마을들이며 또 **바알랏 브엘**키르벳 엘 메샤쉬=텔 마소스, **라맛 네겝**키르벳 가르라=텔 이라[2]까지 이 성읍들을 둘러 있는 모든 마을들이니 이는 시므온 자손의 지파가 그들의 가족대로 받은 기업이라(수 19:1-8).

지파들 간의 전쟁 전해지는 바로는, 남부 지역의 다윗계 연합과 북부의 사울계 연합 사이에 7년 동안 전쟁이 휘몰아쳤다고 한다. 이것은 두 지역과 두 지파 '연합' 사이의 불화가 오랫동안 지속되었다는 점을 보여준다(삼하 2:8-9; 4:2, 7을 보라).

1_ "… 다윗 왕 때까지 이 모든 성읍이 그들에게 속하였으며 그들이 사는 곳은 에담과 아인과 림몬과 도겐과 아산 다섯 성읍이요 또 모든 성읍 주위에 살던 주민들의 경계가 바알까지 다다랐으니 시므온 자손의 거주지가 이러하고 각기 계보가 있더라"(대상 4:31b-33).

2_ 개정역에는 '또 네겝의 라마 곧 바알랏 브엘까지'라고 옮기고 있다. 저자는 '네겝의 라마'를 '라맛 네겝'이라는 지명으로 읽었다.

에스바알의 암살, 예루살렘의 정복과 이어진 블레셋과의 전쟁들

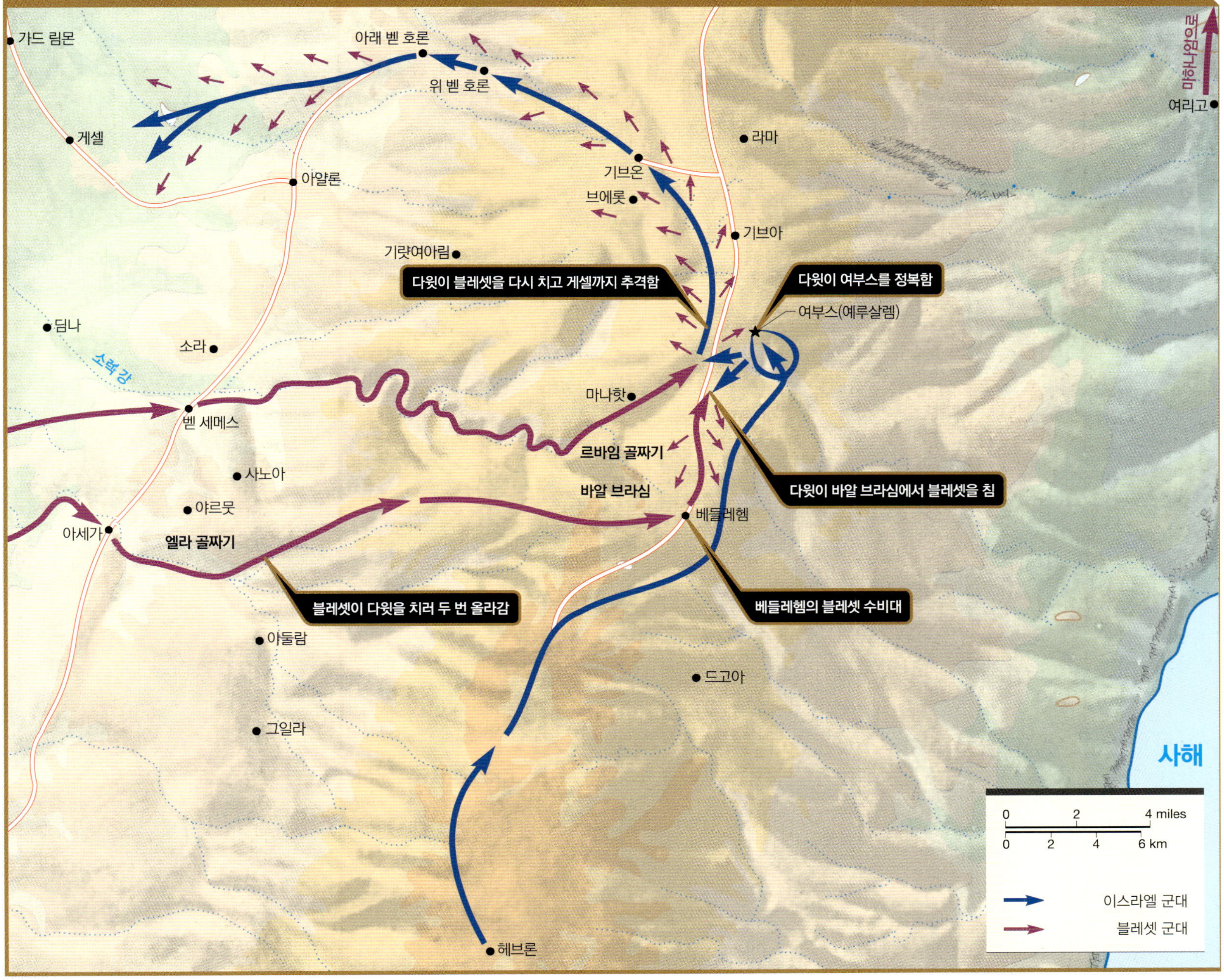

사무엘하 본문 내용이 당시의 정치적 현실을 얼마만큼 반영했는지를 평가하는 것은 불가능하다. 갈릴리 지파들은 사울계 연합에 포함되지 않은 것으로 나오는데, 이는 사울이 북부에서 발판을 마련하려다가 죽을 무렵 그의 죽음이 몰고 온 상황과 잘 들어맞는다. 기브온 근처에서 일어난 전쟁 이야기는 그 갈등이 어느 정도였는지 잘 보여준다(삼하 2:12–32을 보라).

'기브온 못'이 엘 집에서 발굴된 수갱인지 확인할 길은 없다. 기브온 못은 성읍의 경계 밖에 있던 저수조였던 것이 분명하다. 아마 그곳은 물이 흘러나오는 수원지와 가까운 들판에 있었을 것이다. 그런 곳은 전투를 앞둔 군대가 전열을 가다듬는 데 적절한 장소였다. 각 편에서 스물네 명의 장수가 나와 싸움을 시작하는 것 또한 지중해 지역에서는 잘 알려진 전쟁 방식이다.

기브온 전투를 시작으로 사건은 연쇄적으로 일어났다. 아브넬의 손에 요압의 동생 아사헬이 죽고 아브넬도 곧 요압에 의해 죽임을 당한다. 이 일은 이스보셋/에스바알을 암살하는 데까지 치달았고, 그 결과 다윗 휘하로 두 연합이 통합된 것으로 보인다.

이스보셋을 죽인 두 명의 암살자는 베냐민 지파에 속하는 기브온 족속 출신이었다. 그러나 그 족속은 가드림몬으로도 알려져 있던 깃다임으로 도망쳤다. 왕을 시해한 것은 기브온 족속을 잔인하게 대우한 사울에 대한 복수였을 것이다.

아브넬과 에스바알의 비극적인 죽음은 북부 지파 연합을 다윗의 왕권 아래로 오게 했다(삼하 5:1–3). 다윗은 남부 지역에서 유다와 인근 지파들을 연합시키기 위해 헤브론을 수도로 정했던 것처럼, 이제는 여부스 사람의 관할 지역인 예루살렘을 정복하고 그곳을 왕실 소유로('다윗 성') 삼았다. 그때쯤 블레셋은, 다윗 휘하로 모든 지파가 연합한 것이 산지를 장악하고 있던 자신들의 패권을 위협하리란 것을 알아챘다. 그들은 두

▶ **다윗 시대의 예루살렘** _ 원래 여부스 족이 살고 있던 이곳을(대상 11:4) 다윗이 점령한 후 수도를 헤브론에서 이곳으로 옮기고 이름을 '다윗 성'으로 바꾸었다(삼하 5:7). 해발 약 800미터의 구릉지에 자리잡고 있어 천혜의 요새이자 이스라엘의 정치, 경제, 종교의 중심지가 되었다.

번이나 르바임 골짜기로 들어와 다윗과 싸움을 벌였다(참고. 수 15:8). 첫 번째 공격에서 그들은 다윗이 남쪽으로부터 지원군을 받지 못하도록 하기 위해 베들레헴에 수비대를 주둔시켰다(삼하 23:14). 그러나 다윗은 그들을 치고 그 승리를 기념해 그곳을 바알브라심이라고 불렀다(삼하 5:20).

블레셋이 두 번째 공격을 해오자 다윗은 르바임 골짜기의 서쪽 끝에서 블레셋의 퇴로를 막고 매복했다. 다윗은 "블레셋을 치고 게바에서 게셀까지 쳤다"(삼하 5:25).

중앙 산지에서 블레셋을 쫓아낸 다윗은 기랴여아림에서 새 수도 예루살렘까지 언약궤를 여유 있게 운반했다(삼하 6장; 대상 13, 15장). 그러고 나서 다윗은 해안 평야에 거주하던 블레셋 사람들을 자기 휘하에 둘 수 있었다(대상 18:1을 보라).

지리적으로 볼 때 역대상 18장 1절[1]은 사무엘하 8장 1절에 나오는 '메덱암마'(모성의 굴레[2])보다 더 정확한 듯하다. 역대상 본문은 블레셋의 5대 도시 중 하나인 '블레셋의 가드'(암 6:2; 텔 에츠 차피=텔 자핏)를 가리키는 것이 아니라 게셀의 북서쪽에 있는 가드/깃다임/가드림몬을 가리키는 것 같다. 이 승리 덕분에 다윗은 게셀부터 욥바 항구까지의 일대를 장악하게 되었다. 게셀은 다윗이 이전에 가나안 토착민들을 그대로 잘 살게 남겨두었던 곳이다.

다윗의 요단 동편과 시리아 정복 다윗의 요단 동편 정복 과정은 사무엘하 8장 2–11절(=대상 18:2–11)에 있는 정보와 10장 1–19절, 11장 1절과 26–31절(=대상 19:1–9; 20:1–3)에 있는 정보를 연결시켜 연대기적으로 재구성해볼 수 있다. 그 과정은 다음과 같다.

모압 _ 다윗은 모압을 정복하여 속국으로 만들었다. 그 결과, 모압은 다윗에게 아르논 강 북쪽의 고원 지대 통치권을 넘겨주게 되었다(삼하 8:2 ‖[3] 대상 18:2).

암몬 _ 이 시점에서 우리는 사무엘하 10장 1절–11장 1절, 12장 26–31절과 평행 본문인 역대상 19장 1절–20장 3절의 사건을 다음 단계의 사건으로 보고자 한다. 사무엘서의 저자는 늘 그렇듯이 다윗의 생애에서 어떤 결정적인 사건들을 강조하고 있다. 여기서는 다윗과 밧세바, 히타이트 사람 우리아가 관계된 사건에 관심을 두고 있다. 따라서 저자는 우리아가 적에게 노출되어 죽게 된 장소인 랍바 브네 암몬의 성벽으로 이스라엘 군대를 파견한 사건의 과정과 그 정치적·지리적 배경을 설명하려 한다. 이를 위해 저자는 암몬 자손들과의 첫 전투에 대한 묘사부터 시작해야 했다.

암몬의 새로운 통치자 하눈은 다윗이 보낸 사절단을 모욕함으로써 자신들의 국경 접경 지역까지 온 새로운 이스라엘 군대에 대한 불쾌감을 표시했다(삼하 10:1–5=대상 19:1–5). 다윗이 모압을 정복하자, 하눈과 그의 신하들은 이스라엘 왕이 요단 동편에 다른 의도를 갖고 있는 것은 아닌지 의심하기 시작한 것이다. 그래서 하눈은 요단 동편의 북쪽과 레바논의 베카 계곡에 자리 잡은 아람 왕국들, 즉 아람 벧 르홉과 아람 소바, 마아가, 돕 사람들에게 도움을 청했다(삼하 10:6–14 ‖ 대상 19:6–8을 보라).

다윗은 요압의 지휘 아래 자기 군대를 파병했다. 요압은 적군이 양쪽에 진을 친 것을 보고 군대를 나누어 일부는 동생 아비새의 수하에 두었다. 아람 사람들은 요압에게 참패했고, 암몬 자손은 요새화된 자신들의 도시로 퇴각했다.

아람 소바 왕 하닷에셀 _ 아람 군대의 패배에 자극을 받은 하닷에셀은 유프라테스 강 지역까지 이르는 아람 왕국과 부족들 가운데 자신들의 모든 속국과 연합국들에게 도움을 청했다(삼하 10:15–16 ‖ 대상 19:16을 보라).

그들은 헬람으로 모였다. 다윗은 이스라엘 군대를 이끌고 이곳에서 그들과 맞섰다(삼하 10:17–19 ‖ 대상 19:17–19을 보라). 이 싸움에서 다윗이 승리하자, 하닷에셀의 속국들은 마음을 바꾸어 다윗에게 충성했다(삼하 10:15–19 ‖ 대상 19:16–19). 이곳 헬람은 오늘날의 알마에 해당하는 알레마 성읍으로, 요단 동편의 북쪽 즉 시리아의 남쪽 국경에 있는 하우란 평야에 위치한 데라아의 북동쪽에 있다. 이곳은 마카베오기 상 5장 26절과 36절에서 보소라 보소라 에스키 샴[4] 및 긴네렛에서 동쪽으로 72킬로미터 떨어진 보스르 부르츠 엘 하리리와 함께 언급되어 있다. 헬람은 칠십인역 에스겔 47장 16절과 48장 1절에서도 나타나지만 히브리 성서에는 나오지 않는다. 하지만 헬람은 접전이 벌어지기에 적합한 곳이다. 이 구절에서 헬람은 다메섹과 하맛 사이에 있으며, 하닷에셀의 주요 성읍인 베다와 베로대에서 멀지 않은 곳이다(삼하 8:8).

1_"그 후에 다윗이 블레셋 사람들을 쳐서 항복을 받고 블레셋 사람들의 손에서 가드와 그 동네를 빼앗고"(대상 18:1).

2_모성의 굴레
개정역에서는 '메덱암마'라는 지명으로 옮겼다.

3_‖
이후 '‖' 표시는 두 구절이 평행 본문이라는 의미를 나타낸다.

4_보소라
저자는 칠십인역의 '보소라(*βοσορρα*)'를 '베셀(Bezer)'로 음역했지만, 르우벤 지파의 기업으로 나오는 베셀(신 4:43; 수 20:8) 등과는 다른 지역으로 보인다.

랍바 브네 암몬[5] _ 이제 랍바 브네 암몬과의 관계를 청산할 길은 분명해 보였다. 다음 추수 이후 다윗은 그 도시를 공격하기 위해 요압의 지휘 아래 군대를 보냈다. 오랜 포위 끝에 요압은 다윗에게 적의 항복을 받았다고 전했다(삼하 11:1; 12:26-31; 대상 20:1-3). 이 전쟁에서 우리아는 다윗의 명령을 받은 요압의 묵인 아래 죽음으로 내몰렸다.

하닷에셀의 패배 _ 요단 동편의 확실한 주인으로 등극한 다윗은 북쪽에 있는 경쟁자 아람인들에게 관심을 돌린다. 하닷에셀이 유프라테스 강 유역에 사는 이전의 속국들에 대한 자신의 지배권을 되찾으려고 하자, 다윗은 하닷에셀의 본거지를 공격해 그의 군대 대부분을 사로잡았다. 이 일은 아람 연맹의 명실상부한 지도자가 다윗임을 보여주는 계기가 되었다. 다윗은 다메섹에서 아람 연맹을 다스리는 총독들을 임명하기도 했다. 두 평행 본문은 서로의 오류들을 바로잡으며 당시의 상황을 이해할 수 있게 해준다(삼하 8:3-8 ‖ 대상 18:3-8을 보라).

예기치 않은 사건들이 계속되어 다윗은 동부와 북부에 있던 아람인들과 교전하게 되었다. 이러한 상황은 아람 족속들과 그들의 이동으로 그 지역 전역에서 전투와 폭력이 난무했다고 기록한 앗수르 자료의 내용과 완벽하게 맞아떨어진다. 주전 10세기에 이르러 여러 아람 종족들은 좀 더 안정적인 정치 체제를 형성하기 시작했고, 앗수르인들은 그런 아람인들을 상대해야 했다. 다윗과 여러 아람 종족들과의 많은 전투와 상호 관계에 대한 성서의 묘사는, 이 기간의 아람인들에 대한 정보와 완벽한 조화를 이룬다. 다윗과 하닷에셀 같은 지도자들은 당시 여러 아람 부족과 부족 연합들 사이에서 생겨난 전형적인 리더십을 보여주었다. 이들은 유프라테스 강 연안을 지배했으며, 메소포타미아 하부 지역을 침공해 티그리스 강을 넘어 정착했고 시리아 북부에 새로운 영토 국가들을 세웠다.

하맛과의 조약 _ 그 결과로, 하닷에셀의 오랜 숙적이었던 오론테스 강 유역의 하맛 왕 도이는 다윗과 동맹을 맺으려 했다(삼하 8:9-11; 대상 18:9-11). 그래서 도이는 아들 요람(하도람, 대상 18:10)을 보내 조약을 맺게 했다. 이

5_랍바 브네 암몬(Rabbath-bene-ammon) 개정역은 '암몬 자손의 랍바'로 옮겼다(삼하 12:26; 17:27 등). 저자는 '암몬 자손'이란 뜻의 '브네 암몬'을 지명으로 보고 있다.

다윗의 요단 동편 첫 원정 \ 주전 약 1000년

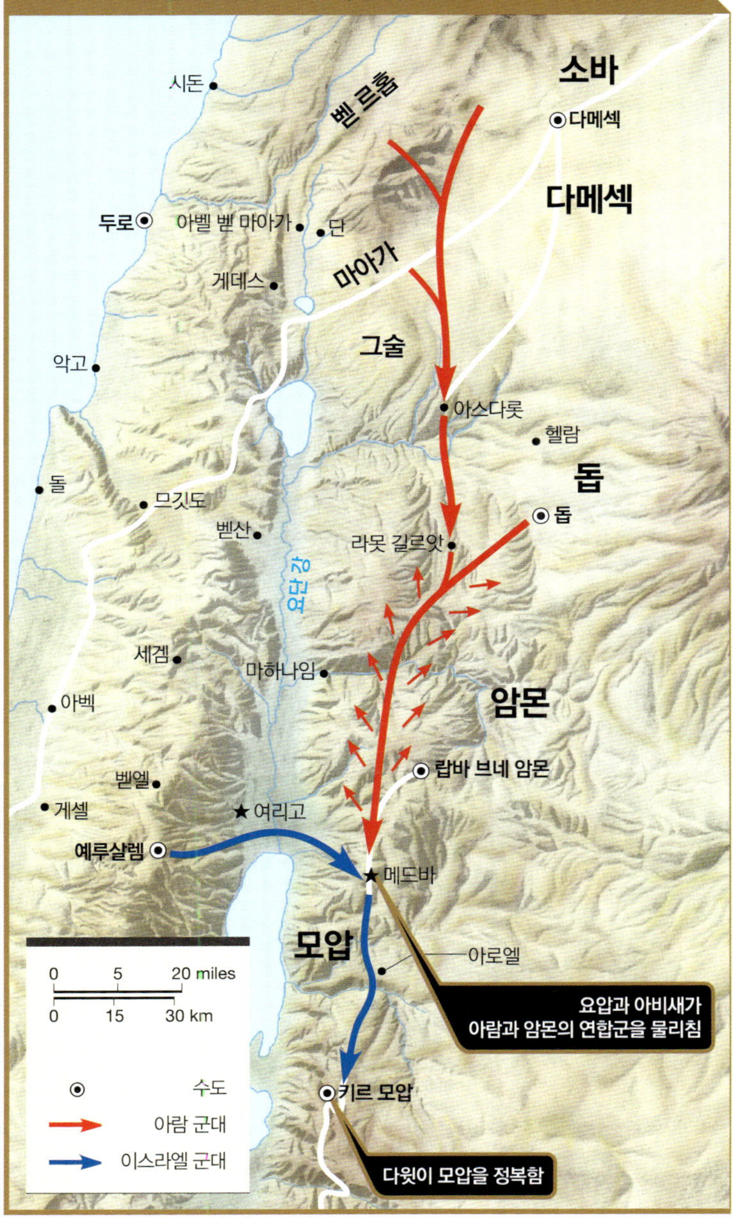

아람 동맹국의 패배와 랍바 브네 암몬의 정복

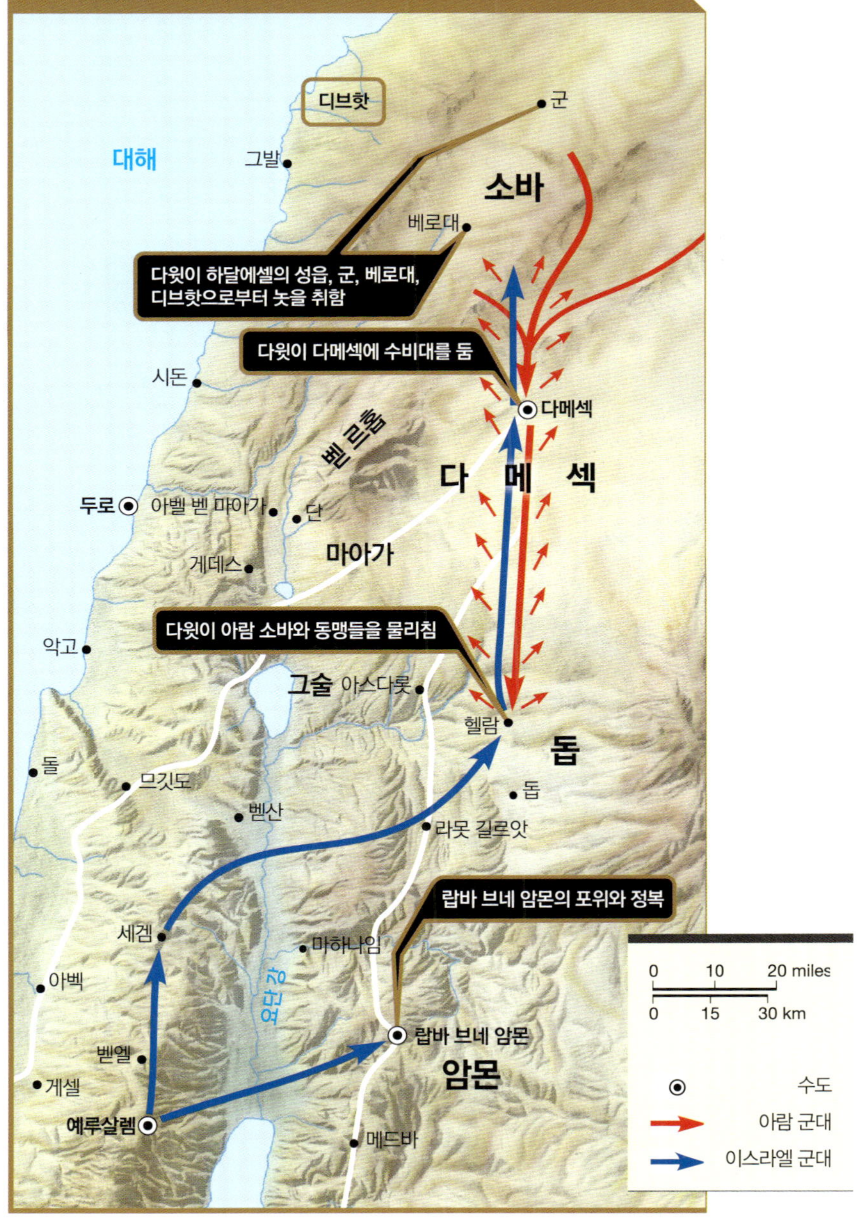

THE KING-DOM OF DAVID

다윗 왕국

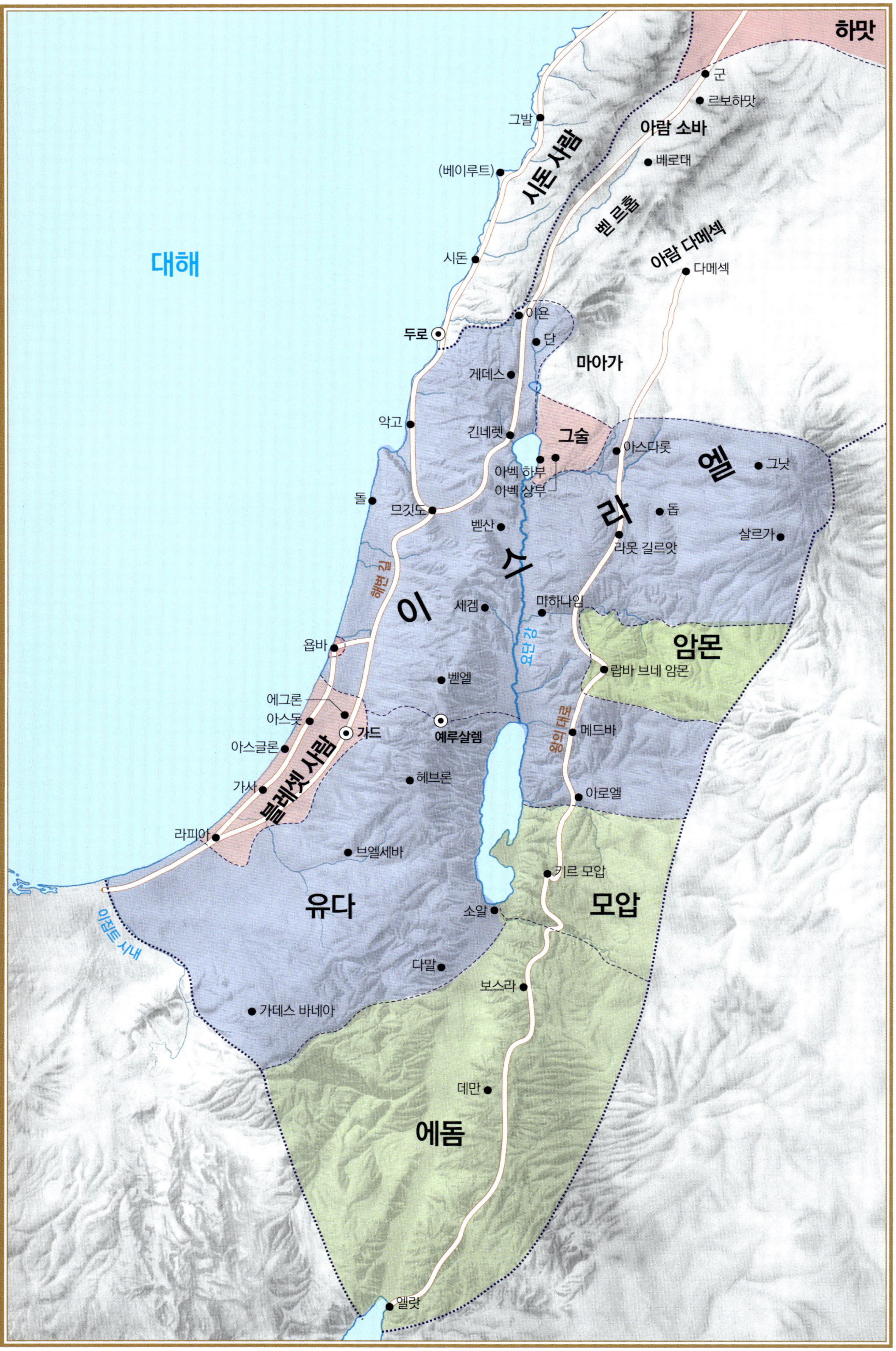

0 10 20 miles
0 10 20 30 km

- 유다와 이스라엘
- 정복한 왕국
- 세력권
- 다윗 제국의 국경
- 국내 경계

"요압과 사령관들이 이스라엘 인구를 조사하려고 왕 앞에서 물러나 요단을 건너 갓 골짜기 가운데 성읍 아로엘 오른쪽 곧 야셀 맞은쪽에 이르러 장막을 치고 길르앗에 이르고 닷딤홋시 땅에 이르고 또 다나안에 이르러서는 시돈으로 돌아 두로 견고한 성에 이르고 히위 사람과 가나안 사람의 모든 성읍에 이르고 유다 남쪽으로 나와 브엘세바에 이르니라"(삼하 24:4b–7).

조약으로 두 나라는 우호적인 관계를 유지하기 시작했고, 그 관계는 오래 지속되었다. 또 이 조약으로 인해 이스라엘 왕은 시리아 북부 세계로 진출하는 기회를 얻었다. 주전 10세기, 잠깐 동안의 기회였지만 이스라엘은 시리아 중부에 있는 동맹국 및 연합국들과 함께 레반트 남부에서 강한 군사력을 지닌 나라로 드러나게 되었다.

에돔 정복 _ 마지막으로 이제 이스라엘은 남부 에돔까지 장악할 길이 열렸다. 군사적인 승리는 아마도 요압의 지휘 아래 아비새가 이루어냈고(참고. 시 60편의 표제), 에돔 관할 지역을 다스리도록 행정 관리들이 임명되었다(대상 18:12-13; 참고. 삼하 8:13b-15). 이때 에돔 왕실의 후손이었던 하닷은 이집트로 도망쳐 정치적 망명지를 얻었다(왕상 11:15-20).

다윗의 인구조사 다윗의 통치는 인구조사라는 행정 업무에서 절정에 달한다. 이 일은 선견자들과 예언자들의 비난을 받긴 했지만, 여부스 사람의 아라우나 타작 마당을 구입한 일과도 연결되어 있다. 바위가 많은 이곳은 나중에 예루살렘 성전의 제단이 놓인 곳이 되었다(삼하 24:18-25). 인구조사에 대한 설명(삼하 24:4-7)은 사본상의 오류가 없는 것은 아니지만 새로 통합한 왕국에 대한 소중한 지리 정보를 제공해준다.

여기에 예루살렘 왕정의 직접적인 통치를 받던 지역들이 모두 나와 있다. 요압의 여정(삼하 24:5-7)이 기록된 사본은 보존 상태가 좋지 않긴 하지만 인구조사의 대략적인 과정을 알 수는 있다. 요압이 인구조사를 시작한 아로엘은 이스라엘이 고원 지대를 차지했을 때마다 전통적으로 모압의 경계로 나오는 성읍이다. 그러고 나서 인구조사단은 갓 지파의 영토를 통과해 진행한다. 이 서부의 고원 지대는 메사 비문에도 언급되어 있다. 르우벤 지파 지역이 언급되지 않은 것은 주목할 만하다. 인구조사는 다시 암몬 왕국을 대면하고 있는 거점 야셀/아아제르(키르벳 에츠 차르; 민 21:24)에서 계속되며, 길르앗을 거친다. 다음 단계는 사본이 훼손되어 정확히 알 수 없다. 그러나 보존 상태가 가장 좋은 헬라어 번역은, 여전히 불분명하긴 하지만 요압이 바산을 방문했다고 전한다. 이는 요압이 바산에서 헤르몬 산자락에 있는 단까지 이르렀고, 이어서 이욘의 음위전환[1]으로 보이는 야안까지 갔다는 여정으로 보아 납득할 만하다. 이욘은 현재 마르즈 아이윤에 있는 텔 에드 딥빈이다. 칠십인역은 닷딤홋시를 '히타이트의 땅 카데쉬'로 해석한다. 이는 베카 계곡 남쪽에 있는 이욘 다음에 온 곳이라면 받아들일 만하다. 그러나 이 지역에 대한 일반적인 지리적 표지는 르보 하맛[2]이다. 그 다음 인구조사단은 시돈의 경계를 따라 상부 갈릴리 지역을 건너 이동했다. 그리고 '두로 견고한 성'을 지났는데, 이곳은 아마 이집트와 앗수르비문에서 '우수'로 알려진 곳과 같은 지역일 것이다. 헬라어 '팔라이오티루스 Palaeotyrus로 알려졌는데, 이는 '옛 두로'라는 뜻이다.

다음 장소는 '히위 사람과 가나안 사람의 모든 성읍'으로 가장 관심을 끄는 지역이다. 불행하게도 성읍들의 이름은 나와 있지 않다. 그러나 이는 그 성읍들이 처음에 정복하지 못했던 성읍들(삿 1:27-35)이었음을 나타내려 하는 듯하다. 여기에는 그때까지 사회적·정치적 순결성을 유지했던 이스라엘 이전 사람들의 중심 성읍들이 마침내 새롭게 연합된 이스라엘에 굴복했음을 암시하고 있다. 다윗이 히위 사람과 가나안 사람의 성읍들을 어떻게 굴복시켰는지에 대한 상세한 기록이 나와 있는 고대 자료는 전혀 없다. 무력으로 한 것일까? 아니면 외교적인 전술로? 이스라엘이 왕정 치하에서 그 땅 전체를 차지할 때까지의 시기 동안 있었던 '영토 확장'은 정복 전승을 이해하는 열쇠로 적절해 보인다. 그 과정이 베일에 가려진 것은 실로 안타까운 일이다. 그러나 그 결말은 레위 지파 정착지들의 분산 모습과 솔로몬의 행정 구역에서 볼 수 있다. 가나안 성읍들의 주요 밀집 지역은 악고 평야, 이스르엘 골짜기, 샤론 평야이다. 돌 구역과 게셀과 욥바 사이의 내륙 지역도 포함되어 있다.

인구조사단이 마지막으로 방문했던 지역은 남쪽 국경 지역인 유다의 네게브로, 다윗이 복속시켜 최근에 그곳에 정착한 겐 족속과 여라므엘 족속, 시므온 족속 들이 거주하던 곳이었다. 요압은 유다 네게브의 중심에 위치한 그 지역의 새로운 수도 브엘세바로 갔다. 그곳은 오늘날 브에르 쉐바와 베숄 골짜기에 해당한다.

이렇듯 인구조사 이야기는 새로운 왕조인 '다윗 가문'의 설립자가 지배한 영토를 묘사해주고 있다.

요압의 인구조사 \ 주전 약 980년

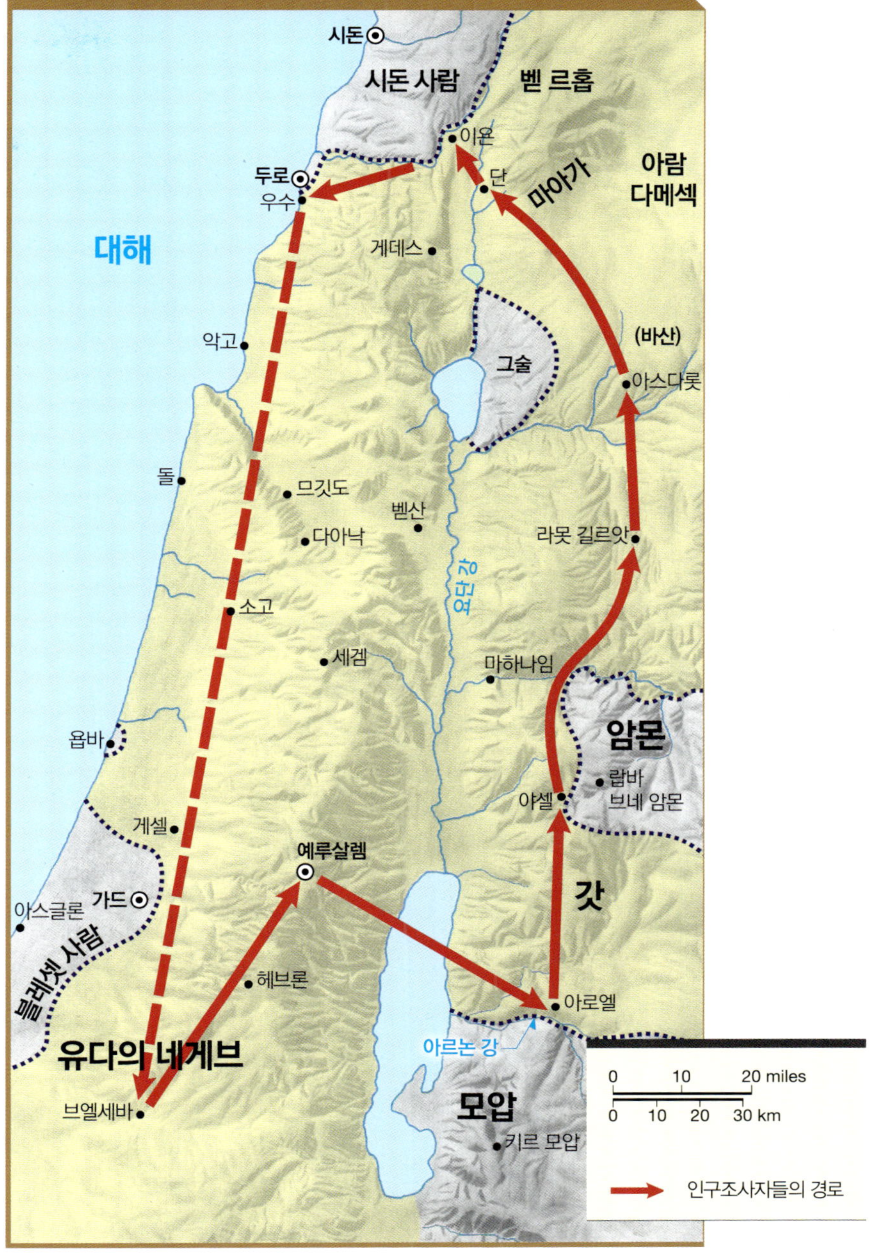

1_음위전환(metathesis) 단어 내의 음이나 철자 순서가 바뀌는 것을 뜻한다.

2_르보 하맛(Lebo-hamath) '하맛으로 가는 길목' 또는 '하맛 입구'라고 옮길 수 있다.

다윗과 솔로몬이 통치하던 때의 이스라엘 추정 영토

솔로몬의 통치

솔로몬의 영향력이 미치는 지역 후대의 전승은 다윗의 아들 솔로몬을 영광의 분위기로 물들였다. 이는 성서 이후 시대를 넘어 이슬람 경전 코란과 다른 우화 전승에도 이어졌다. 이와 같은 경향은 솔로몬의 통치 시절을 예언자적 시각[1]에서 요약한 해설 부분에서 시작되었다(왕상 10:23-24 ‖ 대하 9:22-23을 보라).

솔로몬의 재위 기간에 대해 좀 더 현실적으로 평가하기 위해서는 그의 통치를 다룬 부분에 설명되어 있는 지리 자료를 평가해야 한다. 이스라엘 왕국의 구조는 두 가지 영역, 즉 이스라엘을 넘어서는 대지배권과 이스라엘에 한정된 지배권으로 나타난다. 칠십인역의 배열과 역대기의 내용은 원래 솔로몬에 대한 이야기에 지리적 '구조'를 명확히 하는 '요약문'이 포함되어 있었음을 암시한다. 그러나 칠십인역에는 열왕기상 4장 20-21절의 내용이 없고,[2] 열왕기상 4장 21절에 해당하는 역대기 구절은 훨씬 이후에 마지막 요약에 들어가 있다(대하 9:26). 그래서 여기서 우리는 그 두 영역을 보여주는 다른 구절을 먼저 다룰 것이다. 앞의 구절은, 짝이 되는 구절과 나란히 배치해보면 레반트-이스라엘 ‖ 이스라엘-레반트 구도를 보여준다. 어쨌든 이는, 자료에 반영되어 있는 정치·군사·경제·사회적인 상황을 설명하는 데 적합한 지리적인 접근 방식이다(왕상 4:24을 보라).

1_예언자적 시각
역사서의 일부는 예언서에서 볼 수 있는 관점이나 요소들이 반영되어 있다는 의미다. 유대인 정경 분류에 따르면 열왕기는 전기 예언서에 포함된다.

2_칠십인역에는 지리적 묘사에 해당하는 열왕기상 4:20-21, 25-26이 빠져 있다.

솔로몬의 지배권은 메소포타미아식의 표현 '강 건너편'이 가리키는 레반트로 확장되었다. 성서 편집자는 이 사실을 독자들에게 분명히 알리기 위해 괄호 안에 주석을 덧붙였다. 편집자는 '강 건너편'이라는 지리적인 용어가 널리 사용되었던 주전 7세기에서 4세기 사이에 살았던 인물임에 틀림없다. 열왕기 이야기가 에윌 므로닥 통치 때로 끝나기 때문에 주전 6세기 중반쯤이 마지막 편집이 이루어진 시기로 추정된다. 그럼에도 불구하고 편집자는 요시야 통치 시절의 사람일 가능성도 있다. 북부의 지리적 요충지인 딥사(헬라어로 탑사코스, 현대의 딥세)는 유프라테스 강 굴곡부에 있었으며, 쉽게 강을 건널 수 있는 곳으로 후대 역사에서도 자주 거론되던 곳이었다(크세노폰《아나바시스》1.4.11). 그러나 딥사는 주전 9세기 혹은 7세기의 무수한 앗수르 기록에는 한 번도 나타난 적이 없다.

소바의 하맛에 대항한 이스라엘의 군사 행동에 대한 암시가 역사적인 근거에 따른 것이라면, 이것은 두 국가 사이의 관계가 잠시 소원한 상태였다는 것을 암시한다(대하 8:3-4을 보라). 난해한 지명인 하맛 소바는 하맛이 이전의 소바 왕국을 합병했을 가능성을 시사한다. 하맛은 또한 소바의 북부 구역, 즉 루갓과 하드락에 대한 패권을 얻었을지도 모른다. 솔로몬이 그곳에서 일부 지배권을 행사했다면 그의 지배는 실제로 유프라테스까지 확대된 것이다.

다른 한편으로 솔로몬이 이 넓은 지역을 직접 통치했다는 암시는 없다. 그는 레반트의 왕들을 다스렸다. 이 상황은 북쪽에서부터 남쪽까지 많은 소왕국들이 지중해의 동부 연안을 차지하고 있던 때에 속한다. 가사는 분명 남부 해안 지대의 상위 도시국가였으며, 시내 반도를 건너 이집트로 가는 도로를 확실히 장악하고 있었다.

솔로몬의 대지배권과 대조적으로 이스라엘이 실제로 차지했던 지역은 한정적이었다(왕상 4:25을 보라).

첫 번째 구절, 즉 칠십인역에는 빠져 있고 역대하 9장 26절처럼 솔로몬 이야기에 후대에 부분적으로 삽입된 부분은 반대 순서로 대조적인 두 지명을 제시한다(왕상 4:20을 보라).

설명의 두 번째 부분인 그 다음 절 열왕기상 4장 21절은 훼손되었지만 쉽게 교정할 수 있다. 신명기 1장 7절, 11장 24절, 여호수아 1장 4절 같은 구절들과 비교해보면 분명히 알 수 있듯이 그 강은 유프라테스 강일 수밖에 없다. 첫 번째 한계선은 남쪽 '블레셋 사람의 땅'이지만 후에 이는 '애굽이집트 지경에 미치기까지' 이른다. 이 구절을 복원시키면 아래와 같다.

> 솔로몬이 그 큰 **강**유프라테스 강에서부터 **블레셋 사람의 땅**에 이르기까지와 **애굽 지경**에 미치기까지의 모든 나라를 다스리므로 솔로몬이 사는 동안에 그 나라들이 조공을 바쳐 섬겼더라(왕상 4:21).

이렇듯, 이스라엘 국가 자체는 북쪽과 남쪽 끝에 위치한 두 개의 종교 중심지이자 행정 중심지 단에서 브엘세바까지로 규정되었다. 그리고 유프라테스 강 굴곡부로부터 이집트 지경에 이르기까지 대지배권을 누리던 지역이 있었다. 이 애굽 지경은 창세기 15장 18절에 나오는 '애굽 강'과 동일한 곳이 틀림없다.

군주에게 조공을 나르는 모습. 갈라에서 발견된 아슈르나시르팔의 오벨리스크 부조 ▲

이 상황은 과연 믿을 만한 것일까? 분명히 레반트에 대한 패권은 단명했을 것이다. 주전 925년 유다와 이스라엘 양쪽을 겨냥해 시작된 시삭의 원정으로 패권에 대한 이스라엘의 열망은 종식되었을 것이다. 거의 동시대에 아슈르단 2세 치하에서 앗수르가 다시 발흥하기 시작했지만 그 힘은 시리아 중부에 이르지 못했다. 따라서 앗수르의 쐐기문자 문헌이 '솔로몬 세력권'을 언급했을 가능성을 기대하는 것은 무리이다. 다음에 살펴보겠지만 솔로몬은 아마도 당시 연합하고 있던 아람 왕조 국가들을 포함해 신히타이트 국가들과 외교 관계를 맺었다고 전해진다. 이렇게 기회가 열려 있는 시대에 이스라엘이 그런 세력을 가지는 것이 불가능했다고 말할 수는 없다. 솔로몬 제국이 고대인이나 현대인들이 흔히 말하는 만큼 그다지 영광스러운 제국은 아니었던 것만큼은 분명하다. 그러나 레반트에서 이스라엘이 우위를 차지했던 시대는 주전 10세기에 대해 알려진 상황과 모순되지 않는다.

강력한 군사 시설 솔로몬은 최신식 장비인 말과 병거를 갖춘 강력한 군대를 보유하고 있었던 것으로 보인다(대하 1:14 ‖ 왕상 10:26 또한 왕상 4:26과 대하 9:25을 보라; 또한 왕상 9:17-19을 보라).

'병거성' 또는 '마병의 성'이 의미하는 바는 여전히 분명하지 않다. 대로를 관리하고 무역하는 대상들이 이동할 수 있도록 영토를 지키기 위해서는 군사 조직이 필요했다. 도로와 주요 교차 지점들에 세워둔 전진 기지와 보급소들에는 대상들에게 팔 식량과 거기에 주둔하는 군대의 병사들을 위한 보급 물자가 비축되어 있었다.

외교 성서는 솔로몬과 이웃 국가들 사이의 관계에 대해 상당 부분을 할애하여 묘사하고 있다. 가장 특이한 일은 솔로몬이 이집트 왕과 제휴했다는 것이다(왕상 3:1[3]; 9:16을 보라).

그 파라오는 종종 시아몬(주전 978-959년)으로 거론되지만 성서에는 이름이 언급되지 않는다. 게셀 정복에 대한 수수께끼 같은 언급에서도 다른 설명은 없다. 먼저 공격에 준하는 행동이 있었을까? 결혼이 언급된 것을 보면 이집트는 이스라엘을 대등한 세력으로 간주했다는 것인가? 성서 외적인 증거가 없는 이 외교 관계는 자주 의심을 받아왔다. 그러나 공공건물의 건축 계획과 완공에 대해 언급하는 중요한 구절에 바로의 딸이 나온다는 점을 기억해야 한다. 21왕조 시기에는 이집트의 정치·군사적인 영향력이 거의 바닥을 치고 있었기 때문에, 이집트가 이스라엘 왕을 높이고자 했다는 사실이 허구였을 것 같지는 않다. 앞으로도 위와 같은 의문들에 답하기는 쉽지 않을 것이다.

이웃 국가와의 결혼 동맹은 솔로몬의 아내들 목록에서 추론할 수 있다(왕상 11:1[4]을 보라). 모압과 암몬, 에돔은 다윗 왕 때 정복을 당해 조공을 바치는 지위로 약화되었다. 시돈인은 페니키아인을 가리키는 히브리어의 일반적인 용어이므로, 레바논의 해안 국가 중 하나일 수 있다. 두로와의 외교 관계는 아래에서 다룰 것이다.

헷 히타이트 의 경우는 시리아 북부 지역에 있는 신히타이트 국가들의 일부, 특히 하맛과 그 주변 국가들을 가리키는 것 같다. 성서에 암시되어 있는 바에 따르면, 솔로몬은 시리아 중부와 메소포타미아로 가는 도로상에 있는 다드몰에 전진 기지를 두기 위해 강력한 전투 전략을 사용했다(대하 8:3). 시리아 북부에서 등장하기 시작한 아람 국가들과의 연계는 어떤 자료에도 언급되어 있지 않다.

두로 왕 히람/히롬과의 외교 관계는 더 복잡하다. 인구조사 본문에 따르면, 다윗은 자신의 새로운 정치 체제 내에 두로의 해안 복속 국가들을 포함시킨 것으로 보인다(삼하 24:7). 당시에 두로인들과 주변 도시들은 활발한 해상 활동에 종사하고 있었으므로, 두 상대국은 서로에게서 많은 이득을 얻게 되었다(삼하 5:11).

요세푸스에 따르면(《아피온 반박문》 1:106-111) 두로에는 정치와 외교에 대한 매우 자세한 연대기가 있었다고 한다. 그러나 그는 두 개의 헬라/로마 자료에 의존하고 있었는데, 특히 에베소 출신 역사가 메난더Menander의 자료에 의존했다(《아피온 반박문》 1:112-115; 《고대사》 8:147-149). 메난더는 히람의 아버지 이름을 아비발로스아비바알로 기록하고 있으며, 히람은 43년간 살았고 34년 동안 통치했다고 적고 있다. 요세푸스가 참고한 다른 자료는 역사가 디우스(Dius, 《아피온 반박문》 1:112-115; 《고대사》 8:147-149)의 것으로, 요세푸스는 그를 '정확한 페니키아의 역사가'라고 불렀다. 그럼에도 불구하고 그 '역사 자료'에는 솔로몬과 지혜를 겨루는 일 같은 민간 전승이 포함되어 있다.

히람은 다윗의 왕궁 건축을 위해 일꾼과 원자재를 제공했다고 한다(삼하 5:11). 그러나 그 내용이 나오는 사무엘하 5장 9-12절은 교훈을 주기 위해 요약, 편집한 것이므로 연대기적인 본문과 연관시킬 수 없다. 다윗은 블레셋의

3_"솔로몬이 애굽의 왕 바로와 더불어 혼인 관계를 맺어 그의 딸을 맞이하고 다윗 성에 데려다가 두고 자기의 왕궁과 여호와의 성전과 예루살렘 주위의 성의 공사가 끝나기를 기다리니라"(왕상 3:1).

4_"솔로몬 왕이 바로의 딸 외에 이방의 많은 여인을 사랑하였으니 곧 모압과 암몬과 에돔과 시돈과 헷 여인이라"(왕상 11:1).

▶ 두로 왕 히람의 전통적인 무덤

솔로몬의 건축 사업

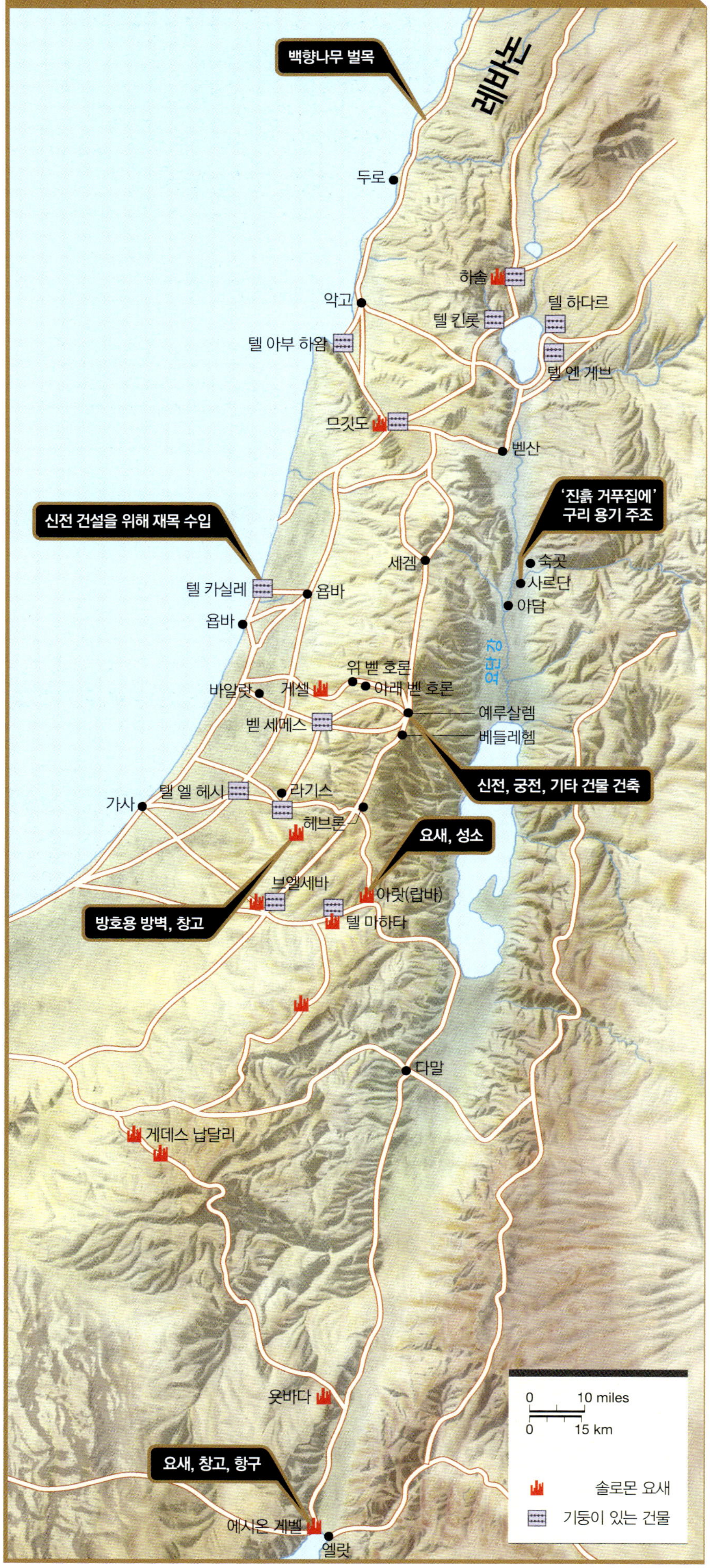

위협을 제거하고 북쪽에 있는 아람 동맹국들을 물리친 후에도 오랫동안 예루살렘에 아무것도 건축하지 못했던 것이 분명하다. 히람의 원조는 다윗이 성을 건설하고 요새화할 수 있는 시간을 낼 수 있었던 다윗 통치 말기쯤에 가능했을 것이다.

히람과 솔로몬의 관계를 언급한 성서의 본문은 두 곳인데, 세부적인 내용에는 다소 차이가 있다(왕상 5:1–18; 대하 2:1–16). 신명기 역사가[1]의 이야기(왕상 5:1)를 보면 히람은 솔로몬이 왕위에 오르는 부분에서 처음 등장한다. 매년 상당한 양의 농산물을 주고, 그 대가로 재목과 일꾼을 교환하는 거래가 성사되었다. 이 일은 페니키아인이 내륙 지역에서 식량을 공급받는 일반적인 관행과 잘 맞아떨어진다. 이렇게 함으로써 그들은 해상 활동에 종사할 수 있었다.

역대기 저자(대하 2:3)는 거래 내용 전체를 고쳐서, 솔로몬이 주도권을 쥐고 건축 사업에 필요한 일꾼을 얻기 위해 식량을 공급하는 것으로 기록했다.

열왕기와 역대기는 둘 다, 홍해 근처 에시온 게벨에서 진수된 상선의 선원들과 배들을 포함하는 공동 해상 사업을 묘사하고 있다(왕상 9:26–28; 10:11, 22; 대하 8:17–18; 9:10, 21). 홍해에서 활동한 상선은 아마 이집트인들이 푼트Punt라 부른 땅을 향해 항해했을 것이다. 배에는 은, 상아, 이국적인 동물 등 사치품들이 실렸다. 오빌과 다시스의 위치는 확실하지 않다. 오빌의 위치에 대해 많은 후보지들이 나왔지만 입증할 수 있는 것은 없다. 다시스에 대해서는 다양한 방식으로 설명된다. 지중해 지역에는 다시스라는 지명이 여러 곳 있었다. 길리기아에 있는 다소, 사르디니아의 다시스, 스페인의 타르텟소스 등이다. 역대기 저자는 다시스로 항해한 상선이 있었다고 기록한다(대하 9:21). 그러나 이 구절은 페르시아 시대의 지중해 해상 무역에 대한 저자의 지식에 토대를 둔 시대착오적인 기술일 수 있다. '다시스의 배'(왕상 10:22)라는 말은 아마도, 주전 6세기 때 아프리카를 항해한 페니키아에 대해 알고 있었을 역대기 저자가 잘못 해석한 것으로 여겨진다.

솔로몬은 통치 말엽에 히람에게 '갈릴리 땅에 있는' 20개의 성읍을 넘겨주어야 했다(왕상 9:10–14을 보라). '가불카불 땅'이라는 말은 이 성읍들이 악고 평야에 있었다는 사실을 암시한다(수 19:27).

역대기 기자는 솔로몬이 왕국의 일부를 히람에게 양도했을 수 있다는 사실을 인정할 수 없었다(대하 8:1–2). 대신 그는 다른 상황으로 묘사했다. 히람이 솔로몬에게 성읍을 되돌려 주자 솔로몬은 그곳을 새롭게 재건한 다음 이스라엘이 재정착하도록 했다는 것이다.

상업 정책과 경제 정책　솔로몬 집권 당시의 엄청난 부는 분명 과장된 부분이 있지만 어느 정도 사실을 근거로 했을 것이다(대하 1:15 ‖ 왕상 10:27; 대하 9:27; 또한 왕상 10:14 ‖ 대하 9:13을 보라).

성서는 가교 역할을 한 남부 지역이 상업과 무역의 중심이 되었음을 인식하고 있다(왕상 10:15b ‖ 대하 9:14을 보라). 역사 편찬가가 다소 과장한 면이 있다 해도 이 모든 부의 근원은 다윗의 정복으로 상업의 대동맥을 장악한 데서 비롯되었다. 아라비아에서 다메섹까지 이르는 요단 동편 대로(왕의 대로를 가리킨다, 민 20:17; 21:22)는 다메섹 자체를 포함하여, 다윗이 속국으로 삼은 이웃 나라들을 관통하고 있다.

최근에 와디 파이난 입구 근처 키르벳 엔 나하스에서 발견된 요새는 주전 10세기 때 체계화된 구리 생산이 있었음을 암시한다.

이집트를 시리아, 메소포타미아와 연결시키는 일반적으로 '해변 길 *Via Maris*'로 잘못 알려진 해안 간선 도로는, 블레셋을 경유해 게셀, 아벡, 샤론 평야 동부 지역을 지나 므깃도 근처의 이스르엘 골짜기로 진입한다. 주요 지선은 벧산 근처에서 동쪽으로 요단 강을 건너 요단 동편 페헬펠라 혹은 피흘을 통과해 다메섹, 다드몰, 바벨론까지 이른다. 솔로몬이 이 도로를 장악한 사실은, 이 도로상에 있는 핵심 교차 지점에 강력한 성읍을 건설했다는 것에서 알 수 있다.

> 솔로몬 왕이 역군을 일으킨 까닭은 이러하니 여호와의 성전과 자기 왕궁과 밀로와 예루살렘 성과 **하솔**과 **므깃도**와 **게셀**을 건축하려 하였음이라. … 솔로몬이 **게셀**과 <**위 벧 호론**>과 **아래 벧 호론**을 건축하고 또 **바알랏**과 그 땅의 들에 있는 **다드몰**과 자기에게 있는 모든 국고성과 <성벽, 성문, 장벽을 (갖춘) 요새 성읍들>과, 병거성들과 마병의 성들을 건축하고 솔로몬이 또 예루살렘과 **레바논**과 그가 다스리는 온 땅에 건축하고자 하던 것을 다 건축하였는데(왕상 9:15-19; 그리고 대하 8:5에 따라 보충).

하솔, 므깃도, 게셀은 북-남으로 이어지는 대로의 주요 교차 지점들을 보호하는 역할을 했다. 한때 학자들은 주전 10세기경 이 세 지역의 요새 시설 체계에 관한 고고학 유적이 앞서 언급된 성서 구절을 확증해준다고 생각했다. 오늘날에는 이에 대한 논쟁이 많지만, 실제로 그 증거는 매우 주관적인 방식으로 해석되었으며, 확실하게 결론내릴 수 있는 것은 아무것도 없다. 사실 자료 문서 증언의 가치는 고고학적 평가를 넘어선다. 아무리 역사 편찬자가 자신의 영웅을 위대하게 그리고 싶어 했다 하더라도 그 정도까지 자세하게 꾸며냈을 거라고는 생각할 수 없다.

역대기의 평행 구절에는 위 벧 호론 건축 이야기가 보존되어 있으며, 이 구절의 내용은 믿을 만한 것으로 보인다. 위 벧 호론과 아래 벧 호론 두 지역은, 유다 산지와 에브라임 산지를 연결시켜 주는 도로 즉 평야 지대에서 산지의 산등성이로 이어지는 가장 좋은 도로에서 매우 유리한 위치를 차지하고 있었기 때문이다.

바알랏은 보통 단 지파의 기업으로 불리는 지역의 남서쪽에 있는 성읍이 틀림없다(수 19:44). 바알랏은 통일 왕국 시대에 이르러서야 이스라엘의 지배 아래로 들어온 듯하다. 바알랏은 유다의 서쪽 경계로 여겨지는 바알라 산(수 15:11)과 동일한 곳으로 보는 것이 가장 가능성이 있는 듯하다. 이곳은 또한 청동기와 철기 시대의 유적지 엘 묵하르와 동일한 지역으로 추정되기도 한다. 이곳에서부터 게셀과 벧 호론을 경유해 예루살렘까지 가는 도로를 추적할 수 있다.

병거성과 마병의 성이 어떤 것인가 하는 문제는 위에서 언급한 바 있다. '그가 다스리는 온 땅에' 기둥이 있는 건물들[2]을 둔 성읍을 분포시킨 모습은 주전 10세기의 지정학적인 상황을 잘 보여준다. 솔로몬은 해안 간선 도로와 왕의 대로 같은 도로들을 장악함으로써 수입원을 늘였다. 대상들은 길을 따라 옮겨다니는 동안 안전하게 보호를 받는 대신, 솔로몬에게 분명 그 대가를 지불했을 것이다. 또한 대상들은 요새화된 성읍에서 제공받은 물, 가축의 사료, 음식에 대해 일체의 비용을 지불했다. 이스라엘과 유다 같은 나라는 광물 자원이나 값비싼 삼림 자원이 거의 없어 산업의 주요 수단은 농업이었다. 이들은 대상들에게 농산물을 공급하기 위해 창고를 갖춘 요새들의 연결망을 구축하고 있었으며, 이는 농산물을 판매하기에 편리하고 좋은 시장이었다. 다양한 과일, 야채와 함께 곡식, 포도주, 기름은 '화폐'로 통용할 수 있는 은과 금 또는 다른 사치품과 바꿀 수 있었다. 군사 거점 지역에 대상이 온다는 것은 곧 물물교환과 수익을 얻을 수 있는 기회를 뜻했다. 당시 몇몇 대상들은 '시장'을 만들어내기도 했다.

솔로몬이 요새화한 성읍 중 하나인 하솔. 사진은 기둥이 있는 창고의 유적지 ▲

말과 병거의 수입과 수출에 대한 언급에 대해 주석가들은 비판을 하지만, 그 언급을 액면 그대로 받아들일 수 없다는 그들의 주장에는 무리가 있다. 구에 산産 말은 아나톨리아 동부 지역에서 사육되어 아다나길리기아 해안 평야로 옮겨진 것이 확실하다. 이집트의 신왕조 파라오들은 전차병거 병력을 발전시킨 이래로 말을 사육한 오랜 역사를 갖고 있다. 특히 누비아의 말들은 인기가 있었다. 이집트는 또한 전차 제조업으로도 유명했다. 전차 제조술은 크게 발달했으므로 21왕조와 특별히 22왕조 시기에 군수 산업이 살아나지 못했다고 말하는 것은 무리이다(왕상 10:28-29을 보라). 시리아 북부의 히타이트 왕과 아람 왕들이 언급된 것은 주전 10세기에 형성되었던 영토 국가들의 발흥과 다시 연결된다.

1_신명기 역사가(Deuteronomist)
여호수아, 사무엘, 열왕기를 저술한 저자나 학파를 가리키는 말로, 신명기에 나타난 율법과 역사적 관점을 가지고 저술했다는 가설에서 비롯되었다.

2_하솔, 므깃도, 게셀 같은 큰 성읍에서 발견된 공공 건축물로 큰 기둥이 두 줄로 열을 지어 서 있는 건축양식을 말한다. 이 건물이 창고였는지, 외양간이었는지는 의견이 분분하다.

국내 행정 다윗과 솔로몬 시대의 국내 행정을 설명하는 많은 본문들은 원자료로서의 성격을 지닌 것으로 손꼽힌다. 다음이 그 본문들이다. 다윗의 아내와 아들의 목록(삼하 3:2-5; 5:14-16), 다윗의 각료 목록(삼하 23:8-39), 솔로몬의 상급 관리 목록(왕상 4:2-6), 솔로몬의 12 행정 구역 목록(왕상 4:7-19), 솔로몬의 건축 활동 목록(왕상 9:15, 17-18).

여기에 솔로몬의 건축 사업에 동원된 공공 사업부 일꾼들에 대한 상세한 묘사, 즉 '역군'(왕상 5:13-14)과 '짐꾼과 돌을 뜨는 자'(왕상 5:15-17)에 대한 내용도 추가할 수 있다. 공공 사업에 대해서는 아래에서 다룰 것이다. 솔로몬의 '각료'신하들은 열왕기상 4장 2-6절에 나온다.

솔로몬은 왕국의 여러 건축 사업들을 진행하고 중앙 정부의 행정에 드는 비용을 충당하기

▶ 페니키아 귀족의 두상을 그린 석회암 부조. 돌의 철기 시대 지층

레위 지파의 성읍들 \ 주전 약 975–940년

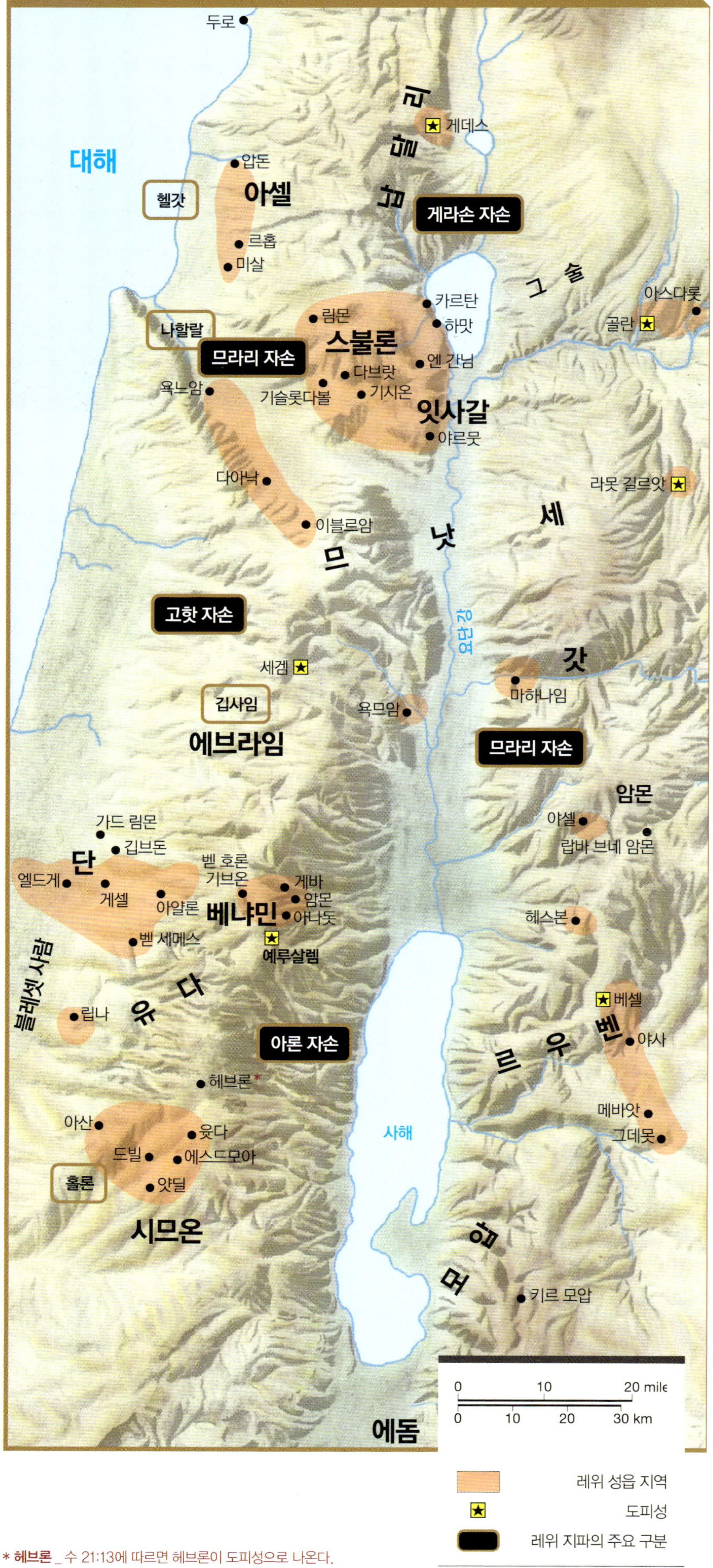

* 헤브론 _ 수 21:13에 따르면 헤브론이 도피성으로 나온다.

위해 북부의 지파들을 12구역으로 조직했고 각 구역에는 관장을 두었다(왕상 4:7[1]을 보라).

지리적으로 구분된 구역들에 대해서는 아래에서 다룰 것이다. 여기서는 관장들이 책임을 맡은 주요 활동들 중의 하나에 대해서만 설명하려 한다. 사실 그것은 일반적으로 간과되는 관장들의 주요 직무로서, 공공 노동자를 모집하는 일이었다.

고대 이스라엘의 공공사업 _ 고대 이스라엘의 행정에서 중요한 한 측면은 오늘날에는 일반적으로 무시되고 있는 사회 인종적인 요소와 관련이 있다. 그러나 오늘날의 구약 연구는 '사회학적'인 접근에 지나치게 열중하고 있는 형편이다.

주전 12세기까지 레반트 남부에서 경합을 벌였던 민족들은 각 지역에 잘 정착했다. 가나안 사람들은 북부의 골짜기와 평야 지대에서 계속 거주했으며, 블레셋 사람들은 다른 '해양 민족'과 함께 남부 해안 평야 지대에, 이스라엘 지파들은 산지에 살았다. 성서 전승에 따르면, 이스라엘 사람들은 저지대에 거주하던 가나안인과 아모리인을 쫓아내지 못했다고 한다. 그들에게는 '철병거'가 있었기 때문이다(수 17:18). 비이스라엘계가 계속 거주했던 지역 목록은 사사기 1장에 나와 있으며, 여호수아서 여기저기에도 그와 비슷한 암시가 나와 있다(수 15:63; 17:11–13). 사사기 1장 18–19절(칠십인역)은 유다가 블레셋을 정복하지 못했다고 분명히 못을 박고 있다.

이스라엘이 세겜을 정복했다는 전승은 존재하지 않는다. 이 상황은 가나안 사람들과 이스라엘 사람들이 함께 살아갔을 게셀과 비슷한 듯하다. 여부스 예루살렘, 게셀, 그리고 단 지파에 저항한 아모리인의 성읍들은 나라의 중심부에 자리하고 있었다. 매우 초기의 전승은, 단 지파가 정착할 때 그 일을 방해한 지역 원주민들과 에브라임 사람이 일찍이 접촉한 사실이 있다고 말한다(대상 7:20–24; 삿 1:35). 베냐민 지파 출신의 일부 종족도 같은 지역으로 이주했다(대상 8:12–13; 삼하 4:3–4).

평야 지역에 거주한 가나안 사람들과 산지에 거주한 이스라엘 사람을 구분하는 것은 사사기와 사무엘서 전체 이야기의 한 특징이다. 사사기 1장 27–35절은 지파들이 정복하지 못한 지역을 나열한다. 가나안 사람이 남아 있던 지역은 주로 이스르엘 골짜기와 페니키아 연안을 따라 분포되어 있다. 아셀 지파는 페니키아인시돈인들 사이에서 거주하는 것이 허용되었다. 이 지파는 주로 해상 활동에 종사했던 페니키아인들을 위해 일하는 예속 농민들이 되었던 것으로 보인다(삿 1:31–32).

성서는 평야 지대의 거주민들을 쫓아내지 못한 지파의 실패를 언급하면서 '부역' 제도를 강조한다. 사사기 시대와 사울의 통치 말엽까지 이스라엘은 미정복 지역의 가나안 사람들을 장악하지 못했던 것이 분명하다. 이스라엘에는 강제 노역이나 부역 같은 행정 제도를 수립하는 데 박차를 가할 만한 정치적 기반이 없었다.

다른 한편으로, 새로 수립된 이스라엘 왕국에 대해서는 다윗이 행한 인구조사에 잘 나타나 있다. 언급되어 있는 영토는 예루살렘 왕정 아래 편입된 지역을 보여준다. 요압의 여정을 다룬 본문(삼하 24:5–7)은 몇몇 부분이 크게 훼손되었지만, 인구조사의 대략적인 경로는 알아볼 수 있다. 가장 큰 관심을 끄는 지역은 '히위 사람과 가나안 사람의 모든 성읍'(삼하 24:7)이다. 이곳은 처음에는 이스라엘이 정복하지 못했던 성읍들이다(삿 1:27–35). 여기서는 그때까지 자신들만의 사회 정치적 순결성을 유지했

던 이스라엘 이전의 다양한 종족들이 마침내 새롭게 연합한 이스라엘에 굴복했음을 암시하고 있다. 다윗이 히위 사람과 가나안 사람을 어떻게 굴복시켰는지에 대한 상세한 기록이 나와 있는 고대 자료는 전혀 없다. 단지 우리는 레위인들의 정착 모습에서 그 결과를 볼 수 있다. 레위인들은 이스라엘 이전 종족들의 거주지와 솔로몬의 관장들이 관할하는 구역 가운데서 주권과 신전을 대표하는 곳들에 분산되어 정착했다. 통일 왕국은 솔로몬이 국제 무역로를 장악함으로써 얻게 된 꾸준한 수입을 확보한 후 절정에 이르렀다. 군사 시설의 지원을 받는 잘 조직된 관료 정치와 경제적 안정으로 인해 솔로몬은 인력을 마음대로 활용할 수 있게 되었다. 성전과 왕궁 외에도 솔로몬은 국토 전체에 걸쳐 핵심 지역에 강력한 요새를 건설했다(왕상 9:15[2]).

오늘날에는 열왕기상에 기록된 구역들이 두 그룹으로 나뉜다고 본다. 하나는 지파들을 중심으로 정리된 것이고, 다른 하나는 그 안에 포함된 성읍들을 중심으로 정리된 것이다. 앞의 구역들은 주로 산지 지역에, 뒤의 구역은 일반적으로 평야 지대에 분포되어 있다.

강제 노역 징발단 _ 열왕기상에 대한 주석에서 흔히 무시되는 것이 있다. 솔로몬의 인력 조직에 대한 뒤이은 언급에는, 구역 관장들의 목록에 나온 두 가지 구역에 따라 두 종류의 공공 노동자를 모집했다는 사실이 시사되어 있다는 것이다. 사사기 1장은 '이스라엘이 강성했을 때' 가나안 사람들을 강제 노역에 동원했다고 반복해서 강조한다. 이들은 대개 평야 지대의 거주민들이었다. 이 공공 사업 제도와 활동 내역은 열왕기상 5장 13-14절에 잘 나와 있다.

이 문맥의 분명한 의도는, 새로 복속된 가나안 사람들과 히위 사람들은 레바논에서 석 달에 한 번씩 솔로몬에게 공급할 목재를 자르고 옮기는 일에 동원되었음을 보여주려는 것이다. 평야 지대에 있는 구역, 즉 성읍들로 정리되어 있는(사사기 1장에 언급된 정복하지 못한 성읍들이 대부분인 지역) 구역의 관장들은 그러한 임무를 수행하는 책임을 맡았다.

부역 _ 두번째 유형의 구역은 열왕기상 5장 15-17절에 나온다. 역군은 분명 이스라엘 지파들 가운데서 징발되었다. 이들은 이스라엘의 산지에서 돌을 떠 건축할 지역으로 옮기는 일을 했다. 이들은 또한 실제 건설 현장의 노동자들이었다(왕상 5:15-17; 11:28). 채석장은 당연히 산지에서 가장 좋은 석재를 얻는 지역에 있었다. 옛 지파 사람들은 멀리 레바논까지 일하러 갈 필요가 없었다. 그들에게 부과된 부역이 부담스러웠던 것은 사실이지만, 가나안 사람과 히위 사람에게 부여된 것만큼 굴욕적인 것은 아니었다. 그러나 역대기 기자는 그러한 상황도 받아들일 수 없어서 짐을 나르고 채석하는 일은 외국인에게만 시켰다고 말한다(대하 2:17-18). 각 조직은 관장들과 감독들의 간부단을 갖추고 있었다. 참여자들의 수를 유효한 지표로 사용할 수는 없지만 두 조직이 나란히 운영되었다는 사실은 인정할 만하다. 산지 구역에 거주하는 옛 지파를 맡은 관장들은 숙련된 이스라엘 사람으로 구성된 석공, 마부, 건설 노동자 들을 감독했다. 역군을 관리한 감독자들 가운데 가장 존경받고 총명한 사람은 느밧의 아들 여로보암이었다(왕상 11:28[3]을 보라).

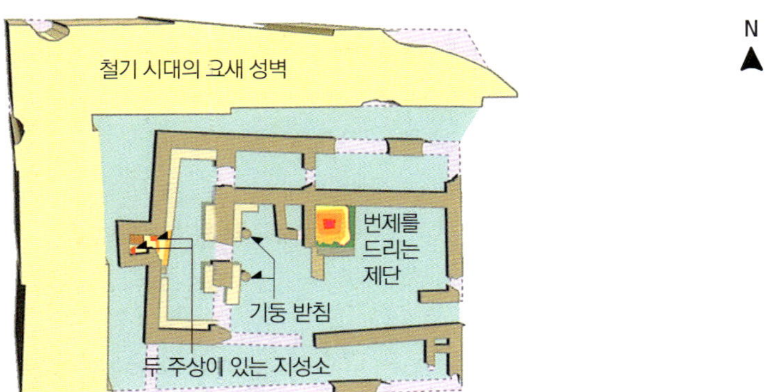

▲ X지층에서 발굴된 주전 9세기의 아랏 신전

▲ 솔로몬 시대의 성곽 구조를 보여 주는 므깃도 유적지

1_"솔로몬이 또 온 이스라엘에 열두 지방 관장을 두매 그 사람들이 왕과 왕실을 위하여 양식을 공급하되 각기 일 년에 한 달씩 양식을 공급하였으니"(왕상 4:7).

2_"솔로몬 왕이 역군을 일으킨 까닭은 이러하니 여호와의 성전과 자기 왕궁과 밀로와 예루살렘 성과 하솔과 므깃도와 게셀을 건축하려 하였음이라"(왕상 9:15).

3_"이 사람 여로보암은 큰 용사라. 솔로몬이 이 청년의 부지런함을 보고 세워 요셉 족속의 일을 감독하게 하였더니"(왕상 11:28).

솔로몬은 거주민들에게 미치는 여로보암의 영향력이 확대되는 것을 보고 그를 제거하려고 했다. 그러자 여로보암은 정치적 망명을 허용해준 이집트로 도망을 쳤다(왕상 11:40). 르호보암과 북이스라엘이 대결할 때 북쪽에서 온 사람들은 왕실 건축 사업으로 인해 부과된 짐들을 가볍게 해달라고 요구했다. 그러나 새로운 젊은 왕은 이스라엘 지파의 숙련된 노동자들을 위협하여 복종시키기 위해 아도니람을 보내는 실책을 범했다. 그는 새로이 복속된 국민에게 부과된 무거운 강제 노역을 관리하고 있던 사람이었다. 북이스라엘 사람들은 매우 격앙되어 아도니람을 돌로 쳐서 죽였다(왕상 12:18). 그리고 나서 그들은 인기가 많았던 관료 여로보암에게로 돌아섰고, 그들의 감독자였던 그를 왕으로 삼았다.

미정복 성읍들의 목록(삿 1장), 다윗의 인구조사(삼하 24장), 솔로몬의 행정구역(왕상 4장)을 지리적으로 분석해 보면, 연합된 이스라엘 왕정의 인구 구성이 양분되어 있음을 알 수 있다. 노동력으로 활용된 인구 외에, 이스라엘 이전 시대의 종족들 중 읽고 쓸 줄 알았던 교육받은 사람들이 새로 수립된 이스라엘 행정 체제에 기용되었을 것이라는 추측은 타당하다. 그들이 지배 계층의 읽고 쓰는 능력을 키우는 일과 문서 전승을 보관하는 일에 얼마나 기여했는지 확인하기는 불가능하지만, 고대 이스라엘 문화를 다룰 때는 그들을 기억해야 한다.

건축 사업 솔로몬 이야기의 초점은 예루살렘 성전 건축에 있다. 성전과 왕궁 건설을 위한 병참 조직에 대해서는 앞에서 다루었다. 위에서 언급한 대로 레반트 남부, 시리아 중부, 멀리 메소포타미아로 가는 도로상의 다드몰까지 주요 대로상에 있는 교차 지점에 요새화된 중심지들을 건설하는 것은 경제 정책과 연관이 있다. 이러한 요새들은 앞에서 기술한 강제 노역에 의해 지어졌다고 성서는 분명히 말한다.

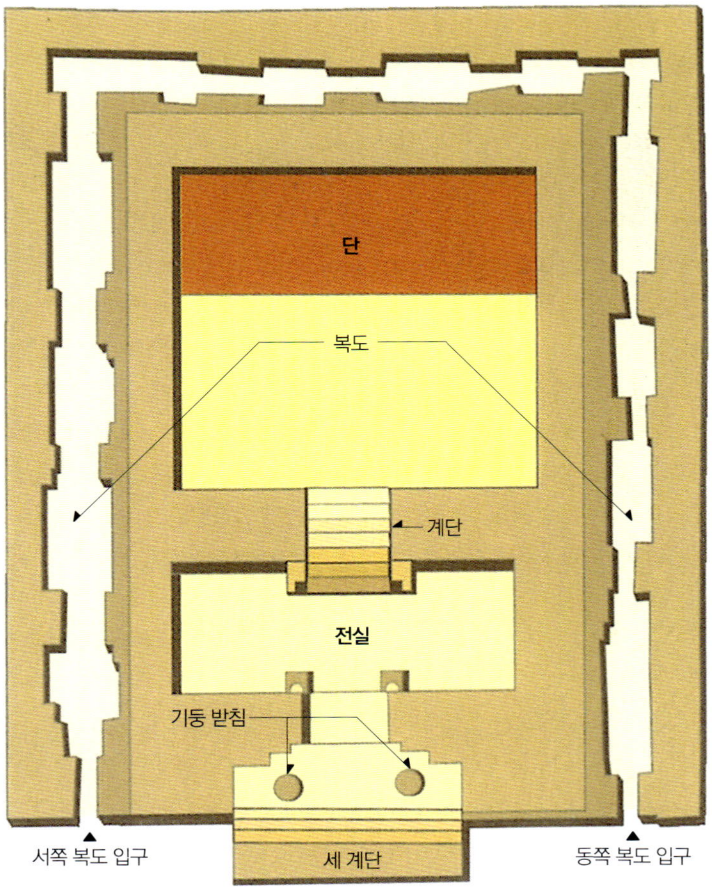

▶ 시리아의 아인 다라 철기 시대 신전. 솔로몬 성전과 유사하다.

1_"예루살렘 앞 멸망의 산 오른쪽에 세운 산당들을 왕이 더럽게 하였으니 이는 옛적에 이스라엘 왕 솔로몬이 시돈 사람의 가증한 아스다롯과 모압 사람의 가증한 그모스와 암몬 자손의 가증한 밀곰을 위하여 세웠던 것이며"(왕하 23:13).

성전 건축(왕상 6:1-38 ‖ 대하 3:1-5:1)과 왕궁 건축(왕상 7:1-12)에 대한 내용은 이념적인 내용을 다루는 부분(왕상 8:12-53 ‖ 대하 6:12-42)과 더불어 솔로몬 이야기의 중심을 이룬다. 이념적인 내용을 다루는 부분에서는, 성전이 야훼와 백성 사이를 연결해줄 것이고 또 멀리서 올지 모르는 이방인들과도 연결해줄 것이라고 강조한다(왕상 8:41-43 ‖ 대하 6:32-33).

성전 구조는 북부와 남부의 전통을 절충하거나 배합한 것으로 보인다. 성전 건물 안에는 내부의 주 통로를 위한 '긴 방'이 있고, 서쪽 끝에 지성소가 있었다. 철기 시대의 아랏, 헬라 시대의 라기스, 브엘세바 같은 유다 지역의 몇몇 신전들에서도 같은 양식을 찾아볼 수 있다. 모든 신전들에 본당 같은 넓은 방이 있고 그 방의 서쪽 끝에는 지성소가 있다. 이 지성소는 보통 서쪽 벽을 따라 중간 정도에 위치한다. 다른 한편으로 북쪽에 있던 많은 철기 시대 신전들 그리고 일부 청동기 시대의 신전들은 건물 북쪽 끝에 지성소가 있었던 것으로 보인다. 따라서 예루살렘 성전이 해가 뜨는 쪽을 향해 지어진 것은 유다의 전승을 반영한 것일 수 있다.

▲ 므깃도에서 발견된 시삭의 석비 파편

성전 봉헌식은 전문가들로 훈련받은 관료들이 집전하는 제의 체제가 존재했다는 것을 암시한다. 우가릿의 후기 청동기 시대에 속하는 제의 본문은, 주전 10세기 훨씬 이전 레반트 지역에 정교한 제의가 널리 알려져 있었다는 사실

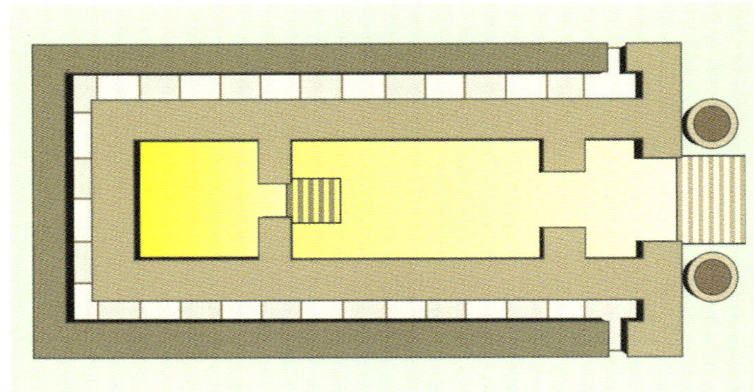

▲ 예루살렘 성전. 긴 방 유형의 북쪽 양식과 동쪽 지향인 남쪽 양식의 배합을 보여준다. 일직선의 축을 따라 뜰부터 성소와 지성소를 향해 행렬하는 구조는 레반트 지역의 신전 양식과 공통점을 보여준다.

을 증명한다. 관련된 성서 본문들이(주로 출애굽기, 레위기, 민수기) 후대(주전 7세기, 또는 심지어 5세기)의 것이라 하더라도 그 본문이 더 오래된 관습을 반영하고 있다는 사실을 의심할 이유는 없다. 더욱이 '제의' 본문들은 왕정 시대의 비문에서 입증된 장부帳簿상에 나오는 전문 용어를 사용하고 있다.

솔로몬의 적대 세력 예언자적인 시각을 지닌 역사가는 이방인 아내들에 관한 솔로몬의 정책을 강하게 비판했다(왕상 11:4-8; 왕하 23:13[1]을 보라). 이방 여인과의 결혼은 일종의 외교 협정이었다. 각국의 공주들은 의례적으로 외교 대신과 다른 고문들(경제 및 군사 수행원), 시종을 거느린 제사장을 포함한 수행단을 동반했다. 그들은 예루살렘 반대편 산에 있는 땅을 배정받았고, 그렇게 받은 땅에서는 치외법권의 지위를 누렸을 것이다. 그리고 각 민족의 신이 자기 구역을 다스리고 있었다. 각 수행단 일행이 예배할 때 서 있을 곳을 위해 흙을 가져왔는지(참고. 왕하 5:17)에 대해서는 논의의 여지가 있지만, 이방의 제의를 위해 예배당을 지은 것은 사실이다. 역사 편찬가는 솔로몬에 대항하는 적대자들이 일어난 것을 하나님의 진노로 설명한다. 그 이유는 솔로몬이 이방 제의를 들여와 숭상했기 때문이다.

두로 _ 기술과 농산물을 주고받은 지 20년이 지난 후(왕상 9:11; 그러나 역대하 2장에는 없다!) 두 나라의 관계는 조정이 필요했다. 솔로몬은 갈릴리 지역에 있는 20개 성읍을 두로 관할로 양도할 필요가 있음을 깨달았다.

이집트 _ 쇼셍크 1세(성서에서는 시삭으로 나옴, 주전 945-924년)가 이끄는 22왕조(주전 946-712년)가 발흥하면서 페니키아와의 외교 관계는 갱신되었다. 므깃도에서 발견된 쇼셍크 비문의 파편은 원정에 대한 전승비의 일부일 수도 있다. 이스라엘/유다에 대한 군사적 침략이 이루어지기 전에, 쇼셍크는 솔로몬의 가장 중요한 대적 중 한 사람에게 정치적 망명을 허용하는 한편, 블레셋과의 강한 연대를 갱신했을 수 있다.

에돔 _ 솔로몬이 에돔을 잔인하게 정복하는 동안, 왕실의 한 어린 왕자는 도망쳐 시내 반도를 거쳐 이집트로 갔다(왕상 11:14-18을 보라). 바로 이어지는 이야기는 헤야즈 북부, 미디안에서 시작해 바란 광야를 경유하여 이집트로 건너가는 길을 상세하게 기록하고 있다. 바벨론에서 시내 반도까지 가는 길이 개발되었을 때 이 길은 그 후 수백 년간 중요한 도로가 되었을 것이다.

이집트는 그 망명자를 환영했다. 하닷에게 망명지를 하사하고 처제를 그와 결혼시킨 파라오가 누구였는지는 알 수 없다. 그가 누구였든 간에, 다윗이 죽고 요압이 솔로몬에게 처형되었던 그때 이집트를 다스리고 있었던 건 그 파라오였다. 하닷이 언제, 어떻게 에돔에 영향을 미쳤는지, 또는 어떻게 그 일이 솔로몬의 수입에 영향을 주기 시작했는지는 분명하지 않다(왕상 11:21-22을 보라).

다메섹 _ 더욱 강하게 솔로몬의 패권에 도전한 또 다른 사람은 다메섹에서 나왔다. 그는 엘리아다의 아들 르손이다. 르손은 다윗이 끝내 패배시킨 소바 왕 하닷에셀에게서 도망쳤던 사람이다. 르손은 다윗의 잔인한 다메섹 원정에서 도망친 불평분자 무리를 모았다. 르손이 언제부터 다메섹의 통치권을 얻었는지는 확실하게 전해지지 않지만, 그는 통치 기간 내내 솔로몬에게 대적한 것으로 보인다(왕상 11:23-25). 르손은 이스라엘에 대한 적대감을 통일 이념으로 사용하여, 아람보다 우위의 자리를 차지하는 데 성공했다.

느밧의 아들, 여로보암 _ 여로보암은 위에서 역군을 감독하는 관리로 이미 언급된 바 있다(왕상 11:28을 보라). 우리는 그가 솔로몬과 격돌한 이야기를 통해, 이미 북부 지파의 예언자 집단 내에서는 반란의 음모가 있었던 것을 알 수 있다. 이들은 예루살렘과 결별하기 위해 중심을 실로 주변에 두었다(왕상 11:26-40). 여로보암이 열 지파를 얻게 될 것이라는 실로 사람 아히야에 대한 이야기에 그 음모가 포함되어 있다. 그러나 솔로몬이 낌새를 알아채자 여로보암은 시삭이 그에게 준 정치적 망명지가 있는 이집트로 도망을 가야 했다(왕상 11:40). 솔로몬이 죽고 나서야 여로보암은 고향 땅으로 돌아왔다.

왕국의 분열 (주전 933/930년)

솔로몬이 죽자 그의 아들 르호보암이 왕이 되었다. 그는 북쪽 지파들 연합을 상대로 왕권을 확증받기 위해 세겜으로 갔다(왕상 12:1). 르호보암이 북쪽 지도자들과 대결한 이야기는, 역군들을 관할했던 여로보암과 강제 노역의 상급 관리자였던 아도니람이 어떻게 달랐는지를 알아야 좀 더 온전하게 이해할 수 있다. 북쪽 지파의 대변자는 새로 흡수된 가나안 사람들에게 부과된 무거운 짐을 덜어달라고 주장한 것이 아니라, 자신들에게 부과된 노역의 짐, 즉 돌을 뜨고 운반하는 일을 감해주기를 원했다. 르호보암은 이를 거절했을 뿐만 아니라, 다루기 어렵고 고분고분하지 않은 북쪽 사람들을 협박하기 위해 아도니람을 파견했다. 당시 아도니람은 불운했던 이전 가나안 사람들과 히위 사람들에게 부과된 강제 노역을 관할하던 사람이었다. 북쪽 사람들이 아도니람을 돌로 쳐 죽이자 르호보암은 그 사건의 의미를 간파하고 뒤로 물러났다. 르호보암은 그들을 응징하기 위해 원정대를 조직했다가 예언자의 중재로 그만두기도 했다(왕상 12:24).

북왕국 이렇게 느밧의 아들 여로보암이 북쪽 지파들을 중심으로 새로운 왕조의 왕이 되었다. 이후에 이 나라는 '이스라엘'이라 불리었다. 여로보암은 주전 931-930년부터 주전 910-909년까지 23년간(비즉위년 계산 방식) 통치했다. 이 기간은 솔로몬의 마지막 해를 여로보암의 즉위년으로 계산한 것이다. 유다의 연대 대조표에서는 여로보암의 통치 연수를 계산할 때 즉위년을 통치 연수에 포함하는 방식도 사용했다.

정치 중심지 _ 두 행정 중심지는 초반부부터 언급되었다(왕상 12:25을 보라).

에브라임 산지의 중심에 있는 세겜은 수도로 적합한 장소였다. 그러나 이 성읍이 므낫세의 소유라는 사실은 주목할 만하다. 세겜은 중기 청동기 시대와 후기 청동기 시대에 선도적인 도시였다. 여로보암이 얍복 강나하르 에즈 제르카의 협곡에 위치한 브누엘텔 에드 다합 에쉬 샤르키로 수도를 옮긴 일은 이상하기는 하지만, 이곳을 요단 동편의 행정 중심지로 볼 때 이해할 만하다. 여로보암은 아마 이집트의 침공을 당해 동쪽으로 물러갔을 것이다.

종교 중심지 _ 여로보암이 종교 중심지를 세웠다는 전승은 훨씬 더 인상적이다. 사실 종교 중심지는 새롭게 건설된 왕국에서 최북단과 최남단에 자리 잡은 행정 중심지였다(왕상 12:28-31을 보라).

두 지역, 즉 벧엘과 단은 오랜 제의 역사를 지닌 곳이었다. 벧엘은 족장과 깊은 관련이 있었고, 단은 모세까지 거슬러 올라가는 제사장 전승을 지닌 제의 장소였다. 송아지는 제의를 위한 중심 형상이 되었고, 레위 지파와 별도로 새로운 제사장 집단이 세워졌다. 제의를 위한 건물은 '산당들'로 불리었다. 산당은 제단과 성소, 다른 제의 시설이 세워진 연단이었을 가능성이 높다. 단텔 엘 카디=텔 단에서 발견된 연단과 관련된 구조물은 여로보암 1세가 처음으로 세운 제의 건축물이 확실하다.

그러므로 북쪽에 하나, 남쪽에 또 다른 성소를 둔 것은 새로운 왕국의 영토 경계를 규정한 것이었다. 그러나 이것은 실제 경계가 각 텔의 기슭을 따라 형성되었다는 뜻은 아니었다. 북쪽과 남쪽 구역은 이 두 성읍을 행정 중심지로 두고 있었다는 것이다.

북왕국의 통치에 중요한 다른 성읍들로는 실로(왕상 14:1-2을 보라)와 북쪽에 있는 텔 엘 파라아로 추정되는 디르사(왕상 14:17을 보라)가 있었다.

문헌상의 증거가 의심스럽기는 하지만, 시삭의 원정으로 세겜은 심하게 손상된 것 같다. 이후로 여로보암은 요단 동편의 브누엘로부터 돌아와 자신의 통치 본부를 둘 다른 지역을 선택해야 했다. 어쨌든 디르사는 이후 세대에도 계속 왕실 권력의 장소로 남았다(왕상 15:21[1]을 보라).

남왕국 이렇게 되자 솔로몬의 아들 르호보암은 예루살렘으로 돌아와 유다와 베냐민 지역을 계속 통치했다. 당연히 여기에는 유다 지역에 정착했던 시므온 지파도 포함되었다. 또한 오래 전부터 유다로 흡수되었던 겐 족속, 그나스 족속, 여라므엘 족속 같은 다른 족속들도 포함되었다. 르호보암은 주전 931/930년부터 주전 913년까지 17년간 통치한 것으로 나온다(왕상 14:21; 대하 12:13[2]). 역대기 기자는 열왕기에는 빠진 자료를 제공하고 있다. 역대기의 추가 자료는 진위를 의심받긴 하지만, 일관된 그림과 정연한 연대기를 제공해준다. 그 중 첫 번째가 르호보암이 요새화했다고 전해지는 성읍 목록이다.

르호보암의 요새 목록 _ 이 목록(대하 11:5-12)은 여러 면에서 문제가 있다. 가장 눈에 띄는 점은 이 건축 활동에 대한 고고학적 증거가 없다는 것이다. 언급된 장소 중의 일부, 예를 들어 아세가 같은 곳에는 주전 10세기경 요새 시설의 흔적이 보이지 않는다. 그러나 실제로 20세기 초반의 영국 발굴단들은 산 정상 부근까지 모든 가능성을 조사하지는 않았다. 하지만 더욱 심각한 문제가 있는 곳은 벧술키르벳 에트 투베이케로, 현대에 이곳에서 철저히 발굴 작업을 했으나 르호보암의 활동과 관련된 요새 시설을 찾지 못했다.

다른 한편으로 라기스는 이 무렵에 요새화되었을 가능성이 충분하다. 물론 라기스는 핵심 지역이다. 지층 IV에서 발굴된 대규모의 벽돌 요새 성벽과 세 개의 방을 갖춘 성문, 또 언덕 중심부에 자리 잡은 '궁전 A'는 르호보암, 아사, 또는 여호사밧의 건축 활동으로 볼 수 있다.

목록에 나오는 성읍과 관련된 고고학적인 문제 때문에 원래 목록은 히스기야나 요시야 통치 시대에 속한다는 견해도 있었다. 이 목록은 유다의 요새화된 성읍들을 모두 포함하고 있는 것은 아니다. 예를 들면 벧 세메스와 립나는 빠져 있다. 둘 다 유다 산지 남부 지역에 있는 다른 성읍 목록뿐만 아니라 레위 성읍 목록에도 나온다. 아마 이 지역들은 이미 요새화가 되었을 것이며 르호보암 목록을 보충하는 데 사용되었을 것이다. 역대기 기자는 일부 건축 활동을 알고 있었기 때문에 일부 성읍 목록을 발견하고 이것을 르호보암의 것으로 돌렸는지도 모른다. 아니면 이 건축 사업은 르호보암의 통치 기간 중에는 완성되지 못했을 수도 있다.

또 다른 주목할 점은, 역대기 기자는 시삭의 원정에 앞서 이 성읍 목록을 배치하고 있다는 사실이다. 이 부분은 인정하지 않으려는 경우가 많지만, 역대기 기자가 그리고 있는 일반적인 구도를 보면 이해할 수도 있다. 또한 이는 시삭의 비문이 아얄론을 제외하고는 셰펠라 지역이나 유다 산지에 있는 정복 도시들을 기록하지 않았다는 사실과도 부합한다. 다른 한편으로, 이미 일부 성읍이 요새화되었던 네게브 지역도 르호보

르호보암의 요새화 작업 \ 주전 약 931-926년

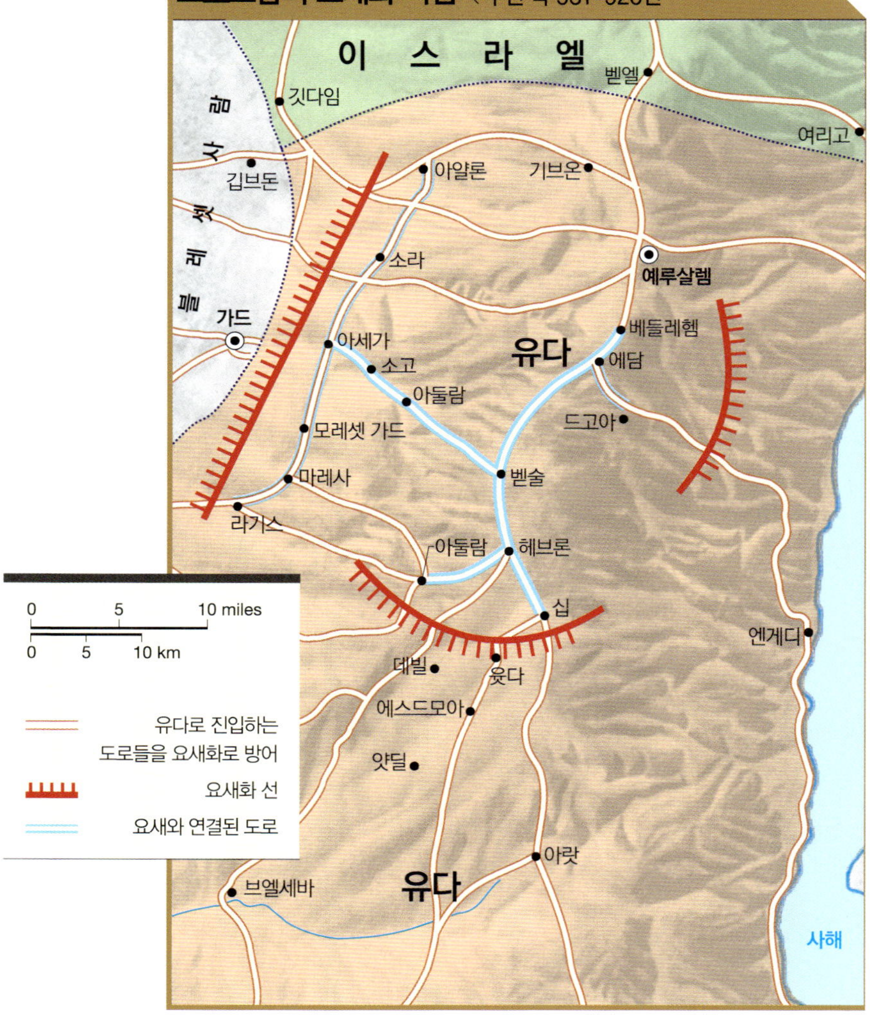

1_"바아사가 듣고 라마를 건축하는 일을 중단하고 디르사에 거주하니라"(왕상 15:21).

2_"르호보암 왕은 예루살렘에서 스스로 세력을 굳게 하여 다스리니라. 르호보암이 왕위에 오를 때에 나이가 사십일 세라. 예루살렘 곧 여호와께서 이스라엘의 모든 지파 중에서 택하여 그의 이름을 두신 성에서 십칠 년 동안 다스리니라. 르호보암의 어머니의 이름은 나아마요 암몬 여인이더라"(대하 12:13).

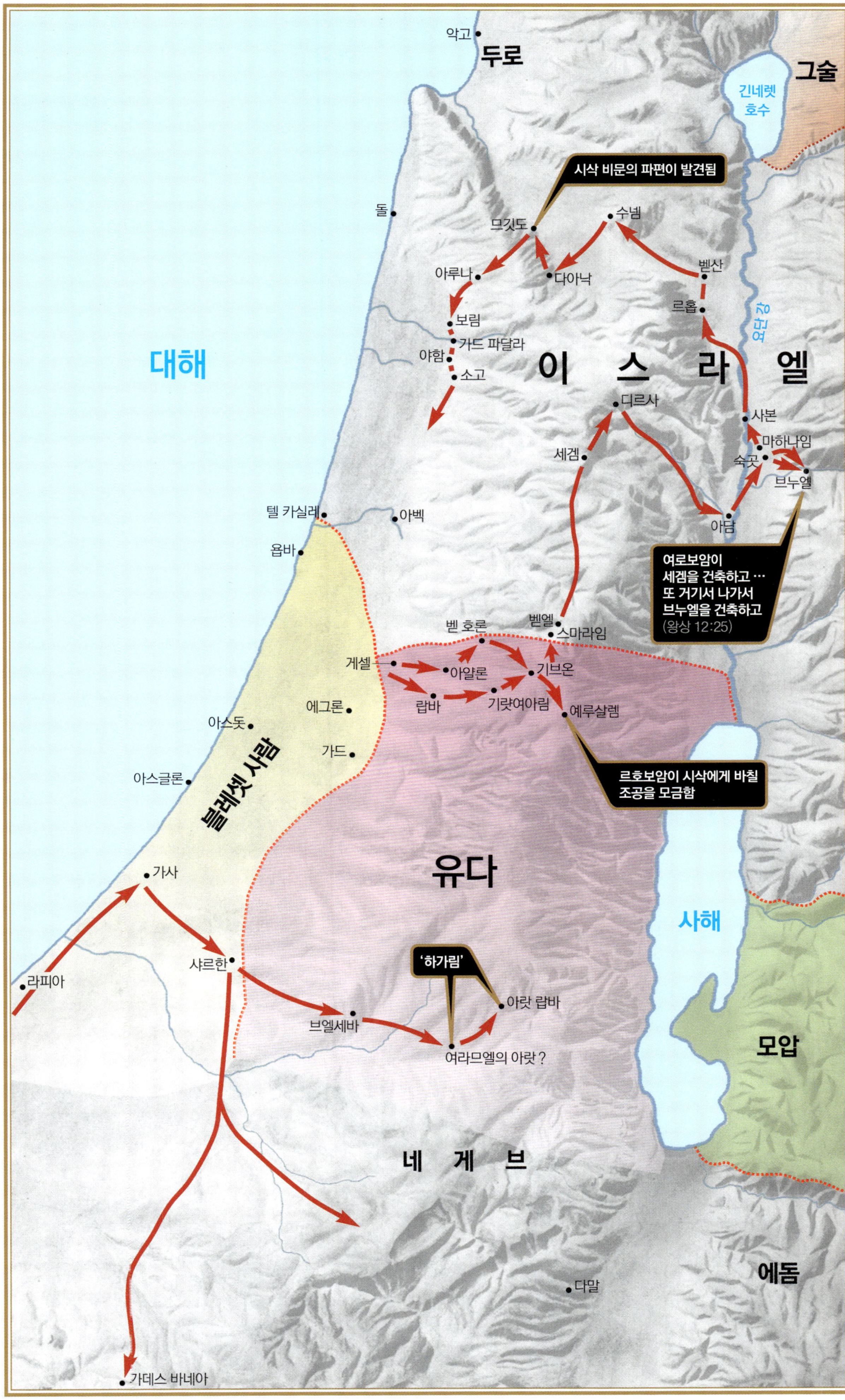

A HIGHLY SPECULATIVE RECONSTRUCTION OF THE POSSIBLE COURSE OF SHISHAK'S CAMPAIGN

매우 추정적으로 재구성해본 '시삭 원정'의 경로

＼주전 925년

0 5 10 miles
0 5 10 15 km

"르호보암 왕 제오년에 애굽의 왕 시삭이 올라와서 예루살렘을 치고 여호와의 성전의 보물과 왕궁의 보물을 모두 빼앗고 또 솔로몬이 만든 금 방패를 다 빼앗은지라"(왕상 14:25-26).

◀ 파라오 쇼셍크 1세(시삭) 부조에 나타난 주전 925년 원정 때의 포로들(1954년 비문 조사 이후 자료)

암의 목록에 포함되지 않았다.

목록은 역대하 11장 5-12절에 기록되어 있다. 어떤 면에서 이 목록에 나타난 지명들은 거의 무작위로 모아진 것 같지만 논리적으로 적절하게 분류된 것들도 일부 있다. 목록은 유다 산지 북부 지역의 동쪽 경계를 따라, 북쪽에서 남쪽으로 이어지는 중앙 분수령 도로를 따라 시작된다.

베들레헴, 에담키르벳 엘 코크, 드고아키르벳 테쿠, 벧술키르벳 에트 투베이케

벧술 다음에는 엘라 골짜기에 있는 두 성읍이 나온다. 이 두 성읍은 벧술까지 이어져 유다 산지로 이를 수 있도록 하는 옆길에 위치해 있다.

소고키르벳 에쉬 슈웨이케, 아둘람키르벳 에쉬 셰이크 마드쿠르

그러고 나서 세펠라의 서쪽 경계상에 있는 두 성읍이 나온다.

모레셋? -가드, 마레사

이 두 성읍은 세펠라를 통과하는 또 다른 동서 방향의 옆길을 나타내는 것으로 보인다. 이 길은 아도라임에 있는 중앙 산지로도 이어진다. 목록에 가드가 포함된 것은 문제가 있다. 블레셋의 가드로 생각되는 지역들 중 어느 것도 목록에 나오는 이곳에 적합하지 않다. 가드가 미가 선지자의 고향, 모레셋 가드[1]를 가리킨다는 의견은 지리적인 측면에서 본다면 타당해 보이기도 한다. 미가서 1장 14절만이 모레셋 가드라는 온전한 이름을 언급하고 있다. 우리는 그 위치를 율세로폴리스의 동쪽에 있는 '모라스티'라고 증언한 유세비우스의 《지명록》(134:10-11 ‖ 135:14-15)을 토대로 추측할 뿐이다. 메드바 지도 또한 이 의견을 지지한다. 가드를 율세로폴리스의 북쪽에 있는 텔 유데이데텔 고뎃로 제시하는 견해는 다소 흥미를 일으키기도 하지만 불가능한 이야기는 아니다. 그러나 이는 마레사와 쌍을 이룰 때 잘 들어맞는다. 원문상의 문제는 여전히 남아 있으며, 현재 본문에서 모레셋을 생략한 것에 대한 분명한 설명은 아직 주어지지 않았다.

다음에는 특별히 성서에서 유일하게 이곳에서만 나타나는 지명인 아도라임을 포함하여 헤브론의 남쪽에 있는 두 성읍이 나온다.

십텔 지프, 아도라임두라

마지막은 세펠라의 서쪽에 한 줄로 배치된 요새화된 성읍들의 목록이다. 순서는 남쪽에서 북쪽 순이다.

라기스텔 에드 두웨이르=텔 라키쉬, 아세가키르벳 텔 자카리예=텔 아제카, 소라키르벳 차라, 아얄론얄로

목록 끝에 헤브론이 이어지는데 추가로 덧붙여진 것일 수도 있고, 유다 산지의 행정 중심지라서 포함되었을 가능성도 있다.

아비야의 정복 전쟁 \ 주전 약 911년

이스라엘 군대
유다 군대

왕실의 아들들은 행정 기반을 확고히 하기 위해 요새화된 성읍들의 책임자로 임명되었다(대하 11:23을 보라).

제사장과 레위인 _ 역대기 저자에 따르면, 르호보암의 통치 기간 중에 일어난 그 다음 중요한 사건은 북쪽 성읍에 살았던 제사장과 레위인이 유다 왕국의 영토로 대거 이주한 일이었다(대하 11:13-15을 보라). 역대기 저자는 또한 북쪽 사람들 중에서 예루살렘 제의를 충실하게 지키려는 사람들이 유입되었다는 사실도 기록한다(대하 11:16-17을 보라).

그는 북쪽에서 온 무리가 3년간(주전 930-927년) 예루살렘의 야훼께 충성을 다했다는 사실을 말함으로써, 시삭의 원정 때까지 왕국의 분열 기간 동안 일어났던 일을 언급하고자 했다. 이것은 제4년(주전 926년)에 르호보암 행정부의 종교 정책에 변화가 있었음을 암시한다(대하 12:1을 보라). 신명기 역사가의 이야기는 더 엄격하다. 열왕기는 그 배교를 매우 상세하게 다루고 있다(왕상 14:22-24을 보라). 열왕기상의 구절이 제의의 변화에 대해 연대기적으로 나열하고 있지는 않지만, 르호보암 제5년, 즉 그의 배교 직후에 시삭의 원정이 일어났다고 말한다.

시삭의 원정 신명기 역사가의 이야기에서는 시삭의 원정에 대한 설명이 매우 짧고 간결하다(왕상 14:25-26을 보라). 그와 대조적으로 역대기 저자는 예언자가 왕과 지도자들에게 종교적인 태도와 정책을 바꾸라고 설득하고 중재한 사건까지 포함하여 이를 길게 기록했다(대하 12:2-12을 보라). 시삭의 원정 경로는 어느 본문에도 상세하게 나와 있지 않다. 역대기는 최소한 "시삭이 유다의 견고한 성읍(요새화된 성읍)들을 빼앗았다"(대하 12:4)고 말하지만, 어떤 성읍들인지는 언급하지 않았다. 역대기 기자는 또 적군들에 대한 상세한 정보를 덧붙였다. 이집트 외에도 리비아인 '루빔', 카르가와 다클라 오아시스에서 온 '숙', 누비아인 '구스'가 있었다.

북쪽과 남쪽 사이의 전쟁 유다와 이스라엘 사이의 교전 상태는 유다 왕

르호보암, 아비야, 아사 재위 기간 동안, 이스라엘에서는 단명한 여로보암 왕조와 바아사 재위 기간 동안 계속되었다. 시삭의 원정 이후 두 왕국이 황폐해졌음은 의심의 여지가 없다. 이전에 무역로를 장악함으로써 외국으로부터 벌어들인 수입은 시삭의 원정 동안에 입은 손해로 인해 줄어들었다.

본문 자료에 나오는 첫 번째 전쟁은 아비야 통치 동안 3년간(주전 913–911/910년) 짧게 일어났다(왕상 15:7a; 대하 13:2b–4을 보라). 유다 왕 아비야는 이스라엘 왕 여로보암 1세 제18년(즉위년 포함 방식; 왕상 15:1–2; 대하 13:1–2; 주전 931년에서 18년을 빼면 주전 913년)에 즉위한 왕이었다.

스마라임(대하 13:4)이 어느 곳을 가리키는지 확실하지는 않지만, 라스 에트 타후네로 추정하는 의견이 있다. 스마라임에서의 치열한 접전 후 이스라엘은 패배해 벧엘, 여사나, 에브론오브라을 유다에게 넘겨주었다(대하 13:16–20을 보라).

이렇게 해서 아비야는 두 나라의 경계를 벧엘의 북쪽까지 밀어붙였다. 아마 여기에는 지파의 성읍 목록(수 18:22–24)에 나온 '공식적'인 지파 경계인 베냐민 북쪽 구역이 포함되었을 것이다.

여로보암 1세는 이 결정적인 패배 후 얼마 지나지 않아 죽었고(주전 909년; 대하 13:20; 왕상 14:20), 그의 아들 나답(주전 909–908년)이 왕위를 계승했다. 그러나 나답은 곧 블레셋과 싸워야 했다. 그 결과로 유다는 욥바로 가는 길과 이른바 단 지파 영토를 장악하는 일이 위태로워졌다. 블레셋은 그 지역과 항구를 되찾고자 했던 것이다. 이스라엘 왕국은 유다와의 대결로 약화된 상황에도 불구하고 블레셋의 위협을 대면해야 했다. 나답은 이스라엘 군대와 함께 깁브돈에서 블레셋을 포위 공격하던 중 아히야의 아들 바아사에게 암살되었다(주전 908년, 왕상 15:27). 그동안 유다 왕 아비야도 죽어 그의 아들 아사가 즉위했다(주전 910년). 이스라엘 왕 바아사는 블레셋을 향한 군사적 행동을 일시적으로 중지했을 수 있다. 그러나 그는 유다를 향한 적대적인 자세는 그대로 유지했을 것이다. 후에 블레셋과의 교전은 재개되었겠지만 언제 전쟁이 재발했는지는 분명하지 않다. 블레셋과의 싸움은 바아사에게 계속 골칫거리로 남았을 것이다(주전 886년, 왕상 16:15). 덕분에 유다 왕 아사는 10년간(주전 약 909–899년) 평화를 누렸다. 이때 그는 유다의 세력을 다시금 키울 수 있었다(대하 14:1–7).

1_모레셋 가드
개정역은 '가드모레셋'으로 옮겼다.

2_"솔로몬이 또 온 이스라엘에 열두 지방 관장을 두매 그 사람들이 왕과 왕실을 위하여 양식을 공급하되 각기 일 년에 한 달씩 양식을 공급하였으니 그들의 이름은 이러하니라 … "(왕상 4:7–8).

솔로몬의 행정 구역

주전 10세기 이스라엘 왕국의 발전을 이해하는 데 중요한 본문 중 하나는 솔로몬이 임명한 지방 관장 명부이다(왕상 4:7–19). 이 명부는 오랫동안 이스라엘의 국내 조직과 사회-인종학적인 인구 분포에 대한 정확한 그림을 담고 있는 것으로 인식되었다(왕상 4:7–8[2]을 보라).

명부의 진위를 보여주는 특징 중 하나는 두 명의 관장이 솔로몬의 딸들과 결혼했다는 언급이다. 민간 전승이 그런 설명을 꾸며내지는 않았을 것이다. 이 명부에는 두 가지 기본적인 지리적 원칙이 있다. 첫째, 이것은 북쪽 지파와만 관련이 있다. 끝에 유다에 대한 구절이 나오긴 하지만 명부 자체 내에 포함되어 있는 것은 아니다. 둘째, 목록에는 두 가지 유형의 구역이 있다. 하나는 지파를 중심으로 한 구역이고, 다른 하나는 그 안에 있는 성읍을 중심으로 한 구역이다. 이 중 몇 개는 겹치기도 한다. 여섯 개 구역(1, 8, 9, 10, 11, 12)은 지파 이름을 따라 지어졌으며, 철기 시대 초기에 정착한 이스라엘 지역과 일치한다. 베냐민 지파(수 18:21–28)와 갈릴리 지파인 아셀, 납달리, 잇사갈(수 19:17–39) 지파의 성읍 목록과 경계 묘사는 솔로몬의 행정 기록에서 비롯된 것으로 보인다.

▲ 사슴뿔이 새겨진 인장 날인. 주전 10세기 것으로 텔 돌에서 발굴

'단 지파'의 구역과 동일한 솔로몬의 제2구역 재건

솔로몬의 주요 건축물이 세워졌던 게셀 ▼

THE SOLOMONIC COMMISSIONER'S DISTRICTS

솔로몬의 12 관장 구역

0 5 10 miles
0 5 10 15 km

솔로몬의 지방 경계
1 지파 구역
2 이전 가나안 지역

"솔로몬이 또 온 이스라엘에 열두 지방 관장을 두매 그 사람들이 왕과 왕실을 위하여 양식을 공급하되 각기 일 년에 한 달씩 양식을 공급하였으니 그들의 이름은 이러하니라"(왕상 4:7-8a).

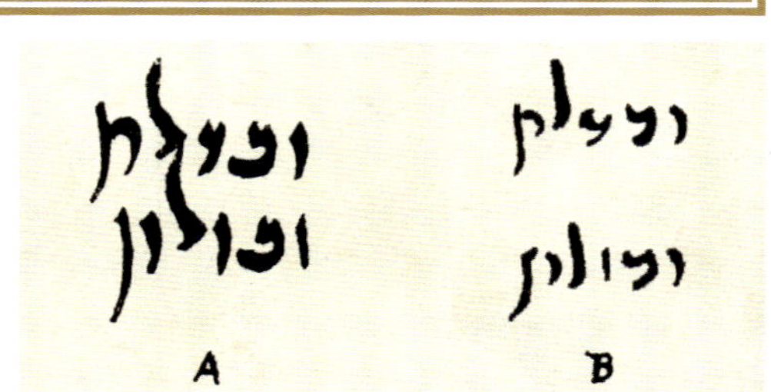

▶ **두 고서체 비교** _ 스불론이 베아롯으로 잘못 옮겨졌을 가능성을 보여주는 두 고서체 흔적. (A)주전 335년 사마리아 파피루스, (B)주전 약 250년의 쿰란에서 발견된 출애굽기 사본의 고서체

다른 여섯 개 구역(2, 3, 4, 5, 6, 7)은 지파 지역 내의 성읍들로만 나온다. 이 성읍들은 가나안인, 아모리인 등의 비이스라엘계 족속들이 거주하던 곳이다. 두 가지 경우, 즉 2구역과 12구역에서 솔로몬 명부는 문제가 있다. 두 지역의 원래 명부는 여호수아서에 단 지파(수 19:40-46), 르우벤 지파(수 13:15-23), 갓 지파(수 13:25-27)의 기업으로 되어 있었을 가능성이 매우 높다. 두 가지 유형의 구역으로 명부를 작성한 의의에 대해서는 아래에서 상술할 것이다. 한편, 다음에 오는 명부는 각 구역의 지리적인 특징을 강조하고 있다. 구역의 유형, 즉 지파 중심인지 도시 중심인지에 대해서는 제목 부분에 표시했다. 지파 이름으로 표시된 행정구역은 아래에서 자주색으로 표시하고(1, 8, 9, 10, 11, 12, 13 구역) 도시 이름으로 표시된 나머지 행정구역은 그렇게 하지 않았다(2, 3, 4, 5, 6, 7 구역). 그러나 이 명부는 이 이분법을 철저히 따른 것이 아님을 알 수 있을 것이다. 이는 인간의 사회적인 행동이 나타나는 어떠한 상황에도 그럴 것이다. 그럼에도 불구하고 명부를 잘 분석해보면, 이것이 공공 건축 공사를 추진하기 위한 왕실 조직의 행정 구조였음이 분명해진다.

제1구역 : 에브라임 산지

에브라임 산지에는 벤훌이요(왕상 4:8).

첫 구역은 에브라임 산지로 불리는 모든 산지 권역을 포함한다. 이 구역은 에브라임 지파의 기업과 므낫세의 요단 서편 산지를 아우르고 있지만, 도단 골짜기는 포함되지 않은 것 같다(아래 제3구역에 대한 설명 참고). 더욱이, 최소한 베냐민의 북부 지역은 에브라임 산지의 일부로 간주되었지만, 베냐민 지파의 지역은 빠져 있다.

또한 이 구역은 에브라임 지파의 거주지였던 게셀 부근 해안 평야 지역의 일부는 포함하지 않는다.

이 구역의 또 다른 이름은 분명 '요셉 족속'이다. 이는 솔로몬이 젊은 여로보암으로 하여금 '요셉 족속의 일을 감독'(왕상 11:28)하도록 임명한 데서 볼 수 있다.

제2구역 : '단 지파의 영토'

마가스와 사알빔과 벧 세메스와 엘론벧하난에는 벤데겔이요(왕상 4:9).

두 번째 구역은 서너 개의 성읍 이름만 언급되는데, 이들 중 두 곳만 위치를 정확하게 확인할 수 있다. 하나는 소렉 골짜기에 있는 벧 세메스이고, 다른 하나는 아얄론 골짜기에 있는 사알빔셀빗이다. 벧 세메스는 유다의 레위 지파 성읍 중 하나로 보이지만, 두 개의 행정 개념이 중첩되는 현상은 놀랄 일이 아니다. 엘론벧하난은 사알빔 근처에 있는 아얄론을 가리키거나 하난 가문에 속하는 엘론 가문 소유의 또 다른 성읍을 가리킬 수도 있다. 마가스가 어느 곳인지는 전혀 알 수 없다.

네 성읍만 언급된 이 짧은 목록과 샤론 평야 북쪽에 있는 제3구역 사이에는 어떤 공백이 있는 것 같다. 그러므로 이 지점에서 이 목록은 불완전하다고 추정하는 것이 옳다. 그러나 여호수아서의 저자가 솔로몬의 구역 목록 사본을 마음대로 사용할 수 있었던 것으로 보이므로, 그가 인위적으로 만든 '단 지파의 기업'이 사실상 솔로몬의 제2구역 목록으로 더 온전한 것이라 추정하는 것이 옳다.

제3구역 : 샤론 평야 북부와 도단 골짜기

아룹봇에는 벤헤셋이니 소고와 헤벨 온 땅을 그가 주관하였으며(왕상 4:10).

제3구역에 나오는 세 지명 중 오직 소고키르벳 슈웨이케 에르 라스만이 샤론의 중심부에 있는 곳으로 확인할 수 있다. 따라서 제3구역은 야르콘 강으로 잘못 불리었던 와디 엘 아유자에서부터, 마찬가지로 명백하게 규정할 수 없는 제4구역 경계까지 뻗어 있다. 샤론 평야의 가장자리에 위치한 소고에 대한 언급은, 이집트 18왕조 시대에 중요한 역할을 했던 이웃 성읍 야흐마와 가드파달라를 떠오르게 한다. 이 성읍들은 이후 주전 10세기 쇼셍크 1세(성서의 시삭)의 비문에도 등장한다. 이렇게 큰 간선 도로와 연결된 모습은 제3구역의 특징 중 하나였던 것 같다. 아룹봇에 대해서는 훨씬 의견이 분분하며 여러 지역들이 후보로 거론되었다. 가장 최근에는 아룹봇을 샤론 평야와 도단 골짜기 사이의 통로에 있는 키르벳 엘 함맘으로 보는 견해가 있다. 고고학 발굴은 헬레니즘-로마 시대 나르바타를 후보지로 보기도 한다. 이곳에도 10세기 것으로 보이는 요새 성벽이 있었기 때문이다. '헤벨 온 땅' 또한 문제가 많다. 시조 헤벨은 므낫세의 아들이며 슬로브핫의 아버지이다(민 26:33-34; 27:1; 참고. 수 17:2-3). 그렇다면 헤벨은 다른 시조들, 즉 므낫세의 다른 아들들과 똑같은 몫을 나눠 가져야 했다(수 17:2). 슬로브핫의 딸들 즉 헤벨의 손녀들은, 사마리아 오스트라카가 입증해준 것처럼 세겜 너머에 있는 북부 산지의 기업을 차지했다. 그래서 제3구역이 사마리아 산지의 북부를 포함한다는 견해가 나왔다. 도단 골짜기에 있는 텔 무하파르가 헤벨의 성읍이라는 의견도 있다(수 12:17). 그러므로 제3구역은 샤론 평야 북부와 도단 골짜기로 가는 길 및 인근 산지를 포함하는 구역이었던 것 같다.

제3구역의 경우는 구역의 성격을 규정하는 작업의 예외가 될 수 있다. 이 구역은 일부분은 성읍들로 규정되고, 또 다른 한 부분은 '헤벨 땅'이라는 종족의 영토로 규정되기 때문이다. 헤벨 땅은 분명 이스라엘 종족이 정착 과정에 차지한 살기에 적당한 산지였다.

제4구역 : 나봇 돌

나밧[1] 돌 높은 땅 온 지방에는 아비나답이니 그는 솔로몬의 딸 다밧을 아내로 삼았으며(왕상 4:11).

[1] 나밧 저자는 나밧을 나밧의 복수형 '나봇'으로 읽는다.

제4구역으로는 갈멜 산 해안가에 위치한 중요한 항구 도시 돌만 언급되어 있다. 나밧과 이것의 복수형 나봇은 오직 이 도시를 이야기할 때만 나오는 단어이다(예외. 수 17:11). 단어의 어원은 분명하지 않다. 대략 돌 구역은 나할 탄니님부터 갈멜 산 사면까지라고 볼 수 있다. 그러나 남쪽 경계는 욥바에 훨씬 가까우며 와디 엘 아유자까지 넓힐 수도 있다.

제5구역 : 이스르엘과 벧산 골짜기

다아낙과 므깃도와 이스르엘 아래 사르단 가에 있는 벧스안벧산 온 땅은 아힐룻의 아들 바아나가 맡았으니 벧스안에서부터 아벨므홀라에 이르고 욕느암 바깥까지 미쳤으며 (왕상 4:12).

제5구역은 지중해로부터 요단 계곡에 이르는 통로가 되는 북부의 대계곡을 포함하고 있다. 이곳은 이전에 가나안 사람들의 성읍이었던 다아낙, 므깃도, 벧산을 포함한다. 지형 특징으로 보면 두 지역 단위로 나눌 수 있다. (1) 대평원. 아마도 '므깃도 골짜기'와 동일한 곳으로 보이며(참고. 슥 12:11) 이스르엘 성읍까지 뻗어 있다. (2) 성서에는 이름이 나오지 않는 하롯 골짜기와 역시 성서에 나오는 지명이 아닌 벧산 골짜기 지역. 이스르엘 성읍은 턱진 곳 가장자리에 위치하며, 성읍의 동쪽은 하롯

▲ 압복 강 근처에 위치한 마하나임

샘아인 잘룻 평지까지 가파른 비탈이다. 하롯 샘에서 나온 물은 와디 잘룻나할 하롯을 따라 벧산을 경유해 요단 강까지 흐른다. 벧산에서 이 여울을 건너면 고대에 유명했던 다메섹, 다드몰, 메소포타미아까지 가는 가장 중요한 도로로 이어진다. 청동기 시대의 벧산은 더 남쪽에 있는 텔 에츠 차렘텔 르호브, 텔 엘 함메 같은 지역과 더불어 이스라엘 시대 이전 대규모 성읍에 속했다. '벧산 온 땅'이라는 말은 단지 한 도시가 아니라 골짜기 전체 지역을 가리키기 위해 사용된 것이다. 현재의 본문에서 볼 때 벧산 골짜기의 최남단 지점은 아벨므홀라텔 아부 수스와 욕므암(텔 엘 마자르?; 욕느암과 혼동하지 말아야 한다)이다. 욕므암은 사르단의 맞은편에 있다. 따라서 본문을 수정할 필요는 없다. 열왕기 기자는 '사르단 가에 있는 벧산 온 땅'이라는 더 큰 지역 단위를 언급한 후에, 더 잘 알려진 지명들을 덧붙여 이 구역을 규정한다. 이스르엘 아래로 아벨므홀라와 욕므암을 언급하는 것이 바로 그것이다. 욕므암은 므낫세 지파 내 레위 성읍으로 분배된 곳이다(대상 6:68). 텔 움 함맛으로 추정되는 사르단은 요단 강 건너편 아담 여울 근처에 있는 잘 알려진 성읍이며, 숙곳 근처에 있는 요단 계곡 동편의 중심 평야에 있다.

이 구역은 그 기능적 역할로 유명하다. 이 지역 일대는 하로셋 학고임을 포함하여 왕국의 대곡창 지대일 뿐만 아니라 레반트 남부를 관통하는 대도로의 중추 지역이기도 했다. 청동기 시대에 이 지역은 이집트에서 온 파라오들이 가나안을 다시 장악하기 위해 군사 원정을 벌였던 곳이다. 또 바벨론에서 상업과 외교를 목적으로 온 대상들이 악고를 거쳐 이집트까지 가기 위해 지나치는 곳이기도 했다. 철기 시대에는 대상들이 길르앗으로부터 도단 골짜기를 경유해 이집트까지 비싸고 귀한 약초를 날랐다(창 37:25[1]). 뿐만 아니라 이 지역은 이스라엘(므낫세 지파)이 이 땅에 들어왔을 때 정복하지 못한 가나안 성읍들의 주요 지역으로 지목되었다(삿 1:27-28을 보라).

이는 솔로몬 시대 성읍들을 중심으로 규정된 구역을 다스리던 관장들의 기능을 이해하는 데 핵심이 되는 요소이다. 제5구역은 지방 주민들이 강제 노역에 참여해야 했던 지역이었다.

1_"그들이 앉아 음식을 먹다가 눈을 들어 본즉 한 무리의 이스마엘 사람들이 길르앗에서 오는데 그 낙타들에 향품과 유향과 몰약을 싣고 애굽으로 내려가는지라"(창 37:25).

2_"그때에 우리가 그들에게서 빼앗지 아니한 성읍이 하나도 없이 다 빼앗았는데 그 성읍이 육십이니 곧 아르곱 온 지방이요 바산에 있는 옥의 나라이니라"(신 3:4).

3_수 19:34. 칠십인역에는 '유다에 이르고'(ביהודה)라는 말은 없다.

4_"예수께서 이 말씀을 마치시고 갈릴리를 떠나 요단 강 건너 유대 지경에 이르시니"(마 19:1).

제6구역 : 길르앗 북부와 바산

길르앗 라못에는 벤게벨이니 그는 길르앗에 있는 므낫세의 아들 야일의 모든 마을을 주관하였고 또 바산 아르곱 땅의 성벽과 놋빗장 있는 육십 개의 큰 성읍을 주관하였으며(왕상 4:13).

제6구역은, 편집자가 '성벽과 놋빗장 있는 60개의 성읍'이라는 구절을 삽입해 설명을 보충했다. 이 보충 설명은 바산 성읍에 대한 전통적인 성서 구절로부터 가져온 것이다(신 3:4[2]). 따라서 이 구역은 길르앗 북부에 있는 라못 길르앗텔 에르 루메잇, 길르앗 북부에 있는 야일의 마을, 바산에 있는 아르곱 지역, 즉 야르묵 강의 북쪽에 있는 비옥한 농업 지역으로 구성되어 있다. 문학적인 해설을 덧붙였다고 해서 전체 목록이 민간 전승의 창작에 지나지 않는 것은 아니다. 학자들은 이 목록의 형식을 다른 고대 근동의 문헌들과 비교해 본 결과 정통성이 있음을 보여주었다.

제7구역 : 요단 계곡의 동편

마하나임에는 잇도의 아들 아히나답이요(왕상 4:14).

이 구역은 오직 한 도시 마하나임텔 에드 다합 엘 가르비만 해당된다. 이곳은 구역의 수도로서는 적합하다. 마하나임은 사울의 아들 이스보셋에스바알 시절에 이스라엘의 수도였으며(삼하 2:8), 압살롬의 반란 때는 다윗이 지내던 곳이었기 때문이다(삼하 17:24). 이 구역은 아마 요단 계곡의 동편 북부와 남부까지 이르렀을 것으로 추정된다. 이 신명기 역사가의 목록이 불완전하기는 하지만, 여호수아서의 저자는 열두 지파 체제를 재구성하는 데 사용했던 더 나은 사본을 가지고 있었을 가능성이 높다. 마하나임은 여호수아서에서 갓 지파의 성읍으로 나온다(수 13:26). 그러므로 여호수아서에 있는 갓 지파 목록은 약간 변형된 솔로몬의 제7구역 목록의 원본으로 보는 것이 타당하다.

갓 지파의 지역은 헤스본 영토의 경계로부터 야셀을 포함하여 마하나임 근처까지 미친다. 요단 계곡의 동편 지역은 벧 하람과 벧 니므라부터 숙곳 골짜기까지, 곧 '요단과 그 강 가에서부터 요단 동쪽 긴네렛 바다의 끝까지' 모두 갓 지파에 속해 있었다(수 13:25-27을 보라).

제8구역 : 납달리

납달리에는 아히마아스이니 그는 솔로몬의 딸 바스맛을 아내로 삼았으며(왕상 4:15).

납달리는 상부 갈릴리와 하부 갈릴리의 동편 지역에 자리 잡고 있으며, 남쪽의 다볼과 이스르엘 골짜기부터 상부 갈릴리 지역을 경유해 북쪽에 있는 리타니 강까지 뻗어 있다. 이는 예벨 야르마크메이론 산의 산악 지형, 요단 계곡의 북부, 즉 훌레를 포함한다. 또한 긴네렛 호수의 서안에 있는 몇몇 성읍들과 하솔 영토까지 미친다. 다볼부터 북쪽에 이르는 서편 경계는 나와 있지 않다. 납달리와 그 서편의 아셀 사이에 경계가 있었다는 것만 분명할 뿐이다(수 19:33-38을 보라).

칠십인역이 납달리의 남쪽 경계로 유다를 언급하지 않았음은 주목할 만하다.[3] 이것은 아마도 마소라 사본의 몇몇 해설처럼 헬라 시대에 바리새인들이 마소라 사본에 덧붙였을 것이다. 당시는 '요단 건너편'이라는 말이 유대인의 구역으로 간주되었을 때이다.[4] 그러나 이는 요담이 이곳에 유다 군대를 주둔시킨 이후인 주전 8세기 중반의 상황에서 나온 말일 수도 있다(대하 27:4). 그렇다면 왜 이 구절이 칠십인역에는 빠졌을까?

제8구역은 하부 갈릴리와 상부 갈릴리의 산지에 있는 대부분의 마을과 성읍들로 채워진 지파 구역임에도 불구하고 여전히 가나안 사람의 지역을 포함하고 있었다. 사사기 1장 33절에 따르면 거기에는 납달리 지파가 원주민을 쫓아내지 못한 상부 갈릴리의 가나안의 주요 두 성읍, 즉 벧 세메스와 벧 아낫이 있었다. 대신 이 원주민들은 후에 강제 노역에 내몰렸다. 소고/헤벨 구역처럼 이곳에는 과도기 내내 이스라엘 이전의 인구가 살던 성읍들도 있었다. 또한 처음 도착한 지파 사람들이 새롭게 개척한 산지 정착지들도 있었다.

제9구역 : 아셀과 스불론?

아셀과 아롯스불론(?)에는 후새의 아들 바아나요(왕상 4:16).

이 구절 역시 불완전하다. 아셀 앞에 히브리어 전치사가 사용된 것으로 보아, 그 다음에 나오는 지명에서도 그 부분을 전치사로 봐야지, 흔히 가정하듯(즉 '베아롯'처럼) 지명에 포함된 것으로 보아서는 안 된다. 그럼에도 불구하고 여기 스불론 지파가 언급되었을 수 있다고 하며, 고서체 증거에 따라 '베아롯'을 '스불론'으로 수정해서 읽어야 한다는 의견도 있다. 또 다른 의문은 아셀 지파의 상황이 두로의 히람에게 성읍을 넘겨주기 이전인가 이후인가 하는 문제이다. 여호수아서는 아셀 지파의 성읍 목록을 기록하고 있지만(수 19:24-31), 이것은 스불론의 완전한 경계선 설명(수 19:10-14)에다 몇 성읍을 더한 것이다(수 19:15). 여호수아서의 정보는 솔로몬의 행정 구역 목록에서 가져왔을 가능성이 높다. 반면 이 지점에서도 열왕기상 4장에 사용된 목록의 사본은 훼손되고 불완전한 상태로 보인다. 스불론의 경계는 다른 분명한 경계선을 설명하는 부분에서 더 다룰 것이다.

제10구역 : 잇사갈

잇사갈에는 바루아의 아들 여호사밧이요(왕상 4:17).

잇사갈 지파의 구역(수 19:17-23)은 대계곡이스르엘 골짜기에 위치하며 이스르엘 성읍을 포함한다. 이 구역은 동쪽으로는 벧산과 긴네렛 사이에 있는 요단 계곡까지 미치며 북쪽으로는 얍느엘 골짜기, 서쪽으로는 다볼산까지 미친다(수 19:18-22을 보라).

북쪽 경계는 납달리의 남쪽 경계처럼 자세하게 묘사되어 있다(수 19:32-39). 이는 아래에서 곧 다룰 예정이다. 그러나 남쪽 경계는 나와 있지 않다. 주전 10세기경이라면 잇사갈의 남쪽 경계는 하롯 골짜기 가장자리를 따라 나 있을 것이다. 초기에 잇사갈 지파는 므낫세의 북쪽 산지와, 하로셋 학고임으로 알려진 이스르엘 평원의 일부에 정착했을 것이다. 창세기 49장 15절에 따르면 잇사갈 지파는 이 땅에 일찍 도착했다.

이런 창세기의 언급은 아마르나 서신 365번에 나오는 사건과 연관된다고 하는 의견이 있다. 아마르나 서신에서 므깃도 왕은 수넴 들판을 경작하기 위해 어떤 무리들에게 강제 노역을 시키는 중이라고 이집트 왕에게 보고한다. 이 문헌은 강제 노역자들이 잇사갈 지파였다고 말하지는 않지만, 일찍이 잇사갈 지파가 이곳에 정착했을 가능성과 이들이 살기 어려울 때면 하로셋 학고임 농업 지역의 역군으로 자청했을 가능성을 보여준다. 위에서 언급된 잇사갈의 많은 성읍들은 오늘날 라맛 잇사갈이라 불리는 고원 지대에 집중되어 있다. 최근의 고고학 발굴에 따르면 이 고원 지대는 주전 10세기경에만 집중적으로 사람들이 정착했던 것처럼 보인다. 북부 지역을 행정 구역으로 개편할 때 왕정은 잇사갈 지파를 이스르엘 골짜기에 있는 본래의 거주지에서 고원 지대로 이주하도록 하여 아래 지역 가나안 사람들에게 부과된 심한 강제 노역으로부터 해방시켜주었을 것이다. 또한 이 일은 왕정이 개발하지 못했던 고원 지대를 활용하려는 육성 정책의 하나였을 것이다.

제11구역 : 베냐민

베냐민에는 엘라의 아들 시므이요(왕상 4:18).

이 구역은 '유다 자손과 요셉 자손의 중간'(수 18:11), 즉 유다 산지와 에브라임 산지가 만나는 산등성이 지대의 북쪽에 위치한 중요한 지파의 이름을 따라 붙여졌다. 해안 평야에서부터 중앙 산지까지의 주요 도로가 이 영토, 즉 분수령 도로의 서쪽 고원 지대를 통과한다. 베냐민 지파의 모든 경계는 분명하게 기술되어 있다. 성읍들은 두 개의 하부 단위로 나뉘어 각각의 소계가 언급되어 있다. 이는 결국 이 지파가 이스라엘과 유다로 나뉘었기 때문이며, 두 왕국 사이의 경계 각 지역에 정착했다는 것을 의미한다. 북쪽 성읍들은 남쪽보다 위치가 확인되지 않은 곳이 더 많다(수 18:25-28을 보라).

남쪽 그룹에는 기브온의 네 성읍이 포함되어 있지만 다른 데에는 나오지 않는 성읍들도 언급되어 있다(수 18:25-28을 보라). 여부스는 여기에 포함되지만 확실히 이방인 지역이었으며, 그 도시가 정복되어 제거되었다고 전해진다. 베냐민 지역에는 강제 노역에 종사한 인구가 전혀 없었다.

제12구역 : 길르앗 (칠십인역-갓)

아모리 사람의 왕 시혼과 바산 왕 옥의 나라 길르앗 땅에는 우리의 아들 게벨이니(왕상 4:19a).

'아모리 왕 시혼과 바산 왕 옥의 나라'라는 기술이 제12구역에 대한 역

솔로몬의 대(臺) ▼

사적인 전승의 전부이다. 이 구절은 모호한 데다가 도움이 되지 못한다. 바산은 이미 제6구역에 포함되었기 때문이다. 이 명부의 편집자가 활용할 수 있었던 불완전한 목록에는 헤스본이 있었을지 모르지만, 헤스본은 문학적인 해설만 남겨놓은 채 떨어져나갔다. 다시 말해, 그는 요단 동편의 남쪽 구역에서 중심 도시 헤스본만 언급했을 것이다. 헤스본은 미쇼르라고도 부르는 모압 고원의 북쪽 경계선에 위치한 성읍이다. '길르앗 땅에는'이라는 말은 당시 이스라엘의 요단 동편을 가리키는 일반적인 용어이다. 이를 '갓 땅에는'이라고 하는 칠십인역의 해석은 있을 수 없는 일이다. 어떻게 이렇게 심한 탈문脫文이 생겨날 수 있을까? 여호수아서의 지파 상속 이야기가 다시 한 번 그 문제를 푸는 데 도움이 될 수 있을 것이다. 여호수아서의 저자는 열두 지파 체제를 구성하기 위해 더 나은 솔로몬 행정 구역의 목록을 갖고 있었을 것이라고 위에서 언급했다. 저자는 르우벤 지파의 기업이 필요했다. 그래서 그는 원래 솔로몬의 제12구역에 속했던 이름들의 완전한 명부를 사용했다. 소위 르우벤 지파 목록을 포함시킴으로써 빠진 구역을 훌륭하게 마무리한 것으로 보일 것이다(수 13:16-23을 보라).

이론적으로 볼 때 르우벤의 기업은 아르논에서 헤스본까지, 즉 메드바 주변의 모든 평야와 북쪽으로 더 나아가 헤스본 자체를 포함하는 땅이었다. 지리적으로 요단 동편을 세 구역으로 나누는 것은 다음과 같이 재구성할 수 있다. 첫째는 아르논에서부터 헤스본까지 미쇼르고원 지대 지역 전체를 망라하는 남쪽 구역이며, 둘째는 요단 계곡의 동편 전체를 포함해 야셀에서 마하나임까지 이르는 중앙 구역이다. 마지막으로 라못길르앗부터 바산의 아르곱까지 이르는 북부 지역이 있다.

제13구역 : 유다[1]

그[유다] 땅에서는 그 한 사람만 지방 관장이 되었더라(왕상 4:19b).

유다 땅을 관할하는 제13구역 관장은 유다 지파도 포함한다는 인상을 주기 위해 문학적으로 손을 좀 본 것 같다. 명부의 표제는 특별히 12관장만 언급하고 있으므로, 유다 지파는 원래 12지파 구역에는 들어갈 수 없다.

지파에 기원을 둔 이스라엘 사람과 도시 중심의 가나안 사람이라는 이분법은 통일 왕국의 사회적·지리적인 현실을 반영한 것이다. 강제 노역에 징발된 비이스라엘계는 주로 해안 평야와 이스르엘 골짜기 같은 저지대에 살았다. 상부 갈릴리의 벧 아낫과 벧 세메스는 주목할 만한 예외 지역이다(삿 1:32). 솔로몬의 관장들은 이와 같은 현실에 맞게 영토에 배치되었다. 오래 전에 확립된 지파의 '기업'은 인정받고 존중되었다. 관장들은 각 지파의 권리를 침해할 의도는 없었다.

다른 한편으로 다윗의 시대까지 이스라엘 지파별 거주지 밖에 있었던 다른 지역들은 새로운 구역으로 조직되었다. 솔로몬의 12관장과 각 구역의 목록(왕상 4:7-19)은 성서에서 가장 오래된 행정 문헌이지만, 여러 면에서 불완전한 본문임을 위에서 언급했다. 그러나 약간의 탈문에도 불구하고 여호수아서의 자료를 활용하여 어느 정도 확실하게 지리적인 기본 틀을 재구성할 수 있다. 또한 이러한 비이스라엘계 사람들이 거주하는 국경 지역과 저지대에 레위 성읍들이 집중적으로 분포되어 있다는 사실도 주목해야만 한다.

관장들은 경제적 잠재력을 갖춘 구역을 개발하려고 시도하지는 않았다. 옛 지파 구역의 관장들은 솔로몬의 궁전으로 매달 식량을 보내는 일 외에 주로 '짐을 나르고 운반하는 일'을 책임지고 있었다. 가장 좋은 석재가 바로 그 산지 지역에서 나왔기 때문이다. 반면 저지대 구역의 관장들은 강제 노역을 관할하고 있었다. 그들이 부리는 사람들은 주로 가나안 사람들과 이스라엘 이전 시대에 속한 이들이었다. 납달리 지역의 관장은 가나안 사람과 이스라엘 사람 양쪽 모두를 다스린 것이 확실하다. 12구역에 포함되지 않은 유다 지파에도 관장이 배치되었다. 유다 지파의 구역 구분(수 15:21-62)은 관장 구역과 짝을 이루었을지 모르지만, 유다 지파는 통일 왕국 아래서 상당한 특혜를 받았음이 분명하다.

1_유다
저자는 열왕기상 4:20에서 첫 번째 나오는 '유다'를 4:19 끝에 붙여 '유다의 땅'으로 읽으라고 말한다.

초기에 정복하지 못한 성읍을 기록한 사사기 1장의 목록은 아마도 솔로몬 구역의 목록을 근거로 했을 것이다. 여호수아서의 지리적인 기업 분배 또한 솔로몬 명부를 기반으로 했다는 사실도 주목해야 한다. 여호수아의 저자는 다른 그림, 즉 지파 분배에 빈틈이 없는 지파 체제를 구현하려고 한 것이지만 말이다. 실제로 여호수아서의 저자가 설명한 지파 경계선 일부는 솔로몬 목록에 있는 일부 '지파' 구역의 경계를 정하는 역할을 해주고 있다.

학자들은 다양한 항목이 담긴 본문이 고대 중동에서 나온 실제 쐐기 문헌의 지리 목록, 개인 목록의 표준 양식과 조화를 이루고 있음으로 증명함으로써, 구역 명부를 해체하려는 시도들을 철저하게 논박하였다.

지파별 경계에 대한 설명

여호수아서는 지리적으로 12지파의 영토를 설명했다고 말한다. 이는 여호수아와 제사장이 제비를 뽑아 땅을 분배한 것으로 나온다. 일부 지파들의 경우는 경계선상에 있는 지표와 구역 이름으로 경계선을 표시한다. 이러한 경계선 설명의 연대와 기원, 기능을 두고 20세기 내내 열띤 논쟁이 벌어졌다. 진위를 가리기 위해서는 어떤 논의든 기본적인 관찰이 먼저 이루어져야 한다.

1. 모든 지파들에 경계선 설명이 있는 것은 아니다. 실제로 경계선을 알 수 있는 지파들은 조금밖에 없다.
2. 여호수아서의 저자는 분명 제한된 사본만을 활용할 수 있었다. 이 자료들은 대개 솔로몬의 행정 구역 명부에 반영된 지리적인 상황과 일치했다. 때때로 지파 구역은 열왕기상 4장 7-19절에 있는 관장들의 영토 목록 중 불완전한 부분을 보충하거나 최종 마무리를 하는 데 도움을 주었을 것이다.
3. 지파들의 경계선을 사실로 받아들이는 데 주저할 필요는 없다. 그러나 이 자료가 이른 시대에 각 지파의 침투와 정착 과정에서 비롯된 것이라고 설명할 수는 없다.
4. 각 지역의 마을 주민과 땅 소유자는 자신들의 밭, 과수원, 수자원 등의 경계를 잘 알고 있었다. 여기서 살펴본 본문들이 일관성 있게 지역의 지표들을 제시해주는 것은 아니라 하더라도, 이곳에 살고 있는 사람들은 그러한 지표들이 무엇인지 알고 있었다.

경계선 설명은 왕정 이전의 북부 지파 연맹을 나타낸다는 의견이 있다. 여호수아서의 경계 표시에 따르면 각 지파의 위치는 왕정 이전 시대의 다양한 내러티브들, 예를 들어 사사기의 영웅 이야기에 나오는 지리적인 상황과 일치하는 것이 사실이다. 그러나 그러한 연맹의 존재를 증명하는 것은 불가능하다. 그것이 불합리한 추론은 아니지만 왕정 이전 시

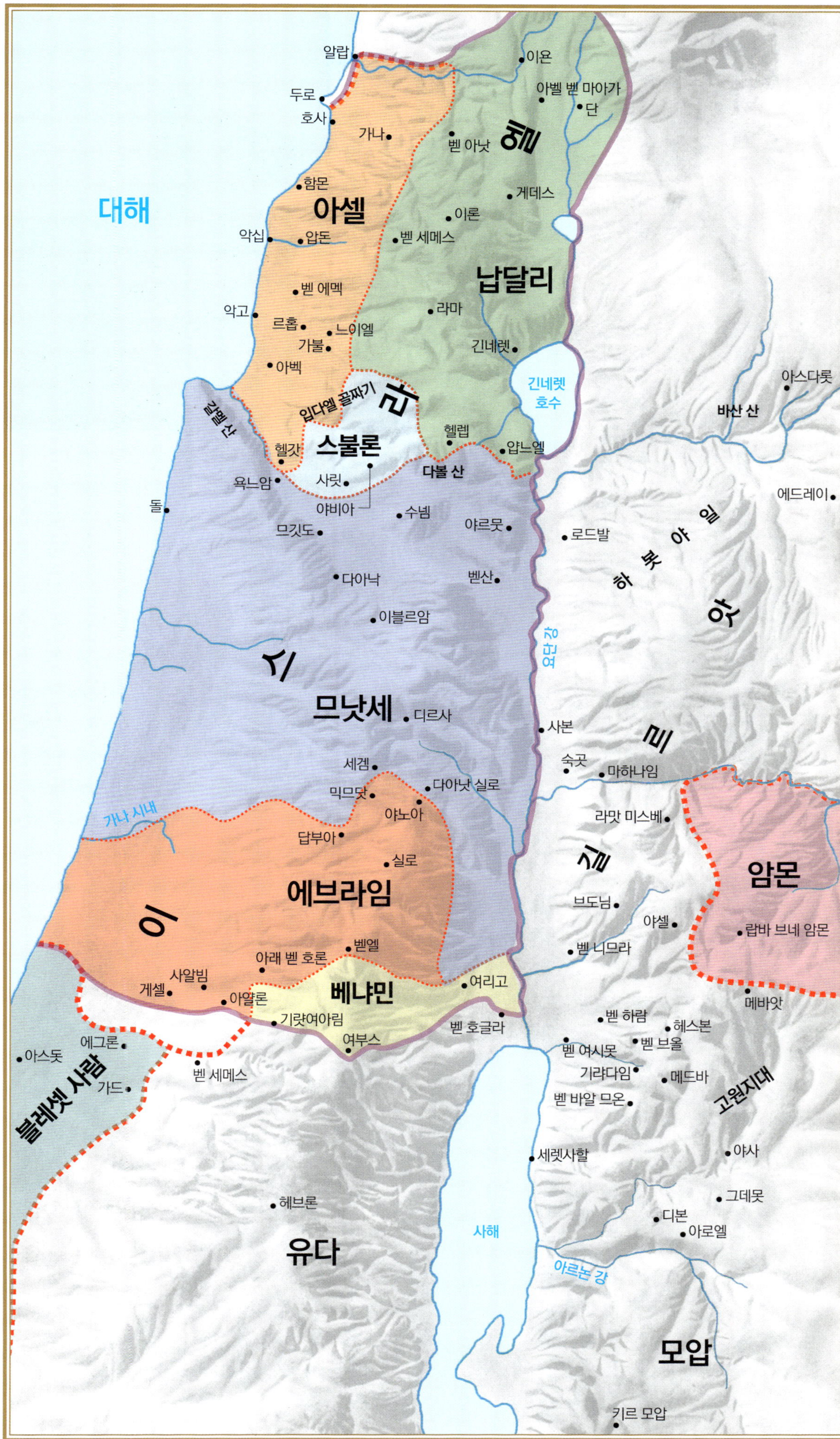

THE BORDERS OF THE TRIBAL TERRITO-RIES

지파별 영토의 경계선

0 5 10 miles
0 5 10 15 km

지파 경계선

다윗 시대의 정치 경계선

지파별 경계선에 대한 설명 대부분은 그것이 속한 지파의 이름을 들지 않고 바로 성읍을 언급한다. 경계선은 성읍 자체가 아닌 성읍이 속한 영토를 염두에 둔 것이었다. 그러나 경계선 설명은 경계선이 지나는 곳이 성읍의 영토 어느 부분인지에 대해서는 종종 빠뜨렸다. 그러므로 원래 목록은 샘, 산, 시내 같은 정확한 특징을 기록했지만, 저자/편집자가 일반적으로 성읍에 대한 언급만을 사용한 것에 만족했다고 추정할 수 있다.

대에 극심했던 사회 혼란을 생각해볼 때, 땅에 경계를 세우고 영토간의 분쟁을 해결할 수 있는 중앙 연맹이 있었다는 상황과 잘 맞지 않는다. 땅을 사이에 둔 갈등이 있었더라도 자료에 기록되지는 않았을 것이다.

새로운 통일 국가 아래 관장들의 구역이 세워졌을 때, 일부 구역은 주로 산지 지역에 있었던 지파 영토와 일치했다. 따라서 새로운 행정 체제의 토대가 된 지파 체제가 있었음에 틀림없다. 논리적으로 볼 때, 이 구역들과 관련해 중앙 정부는 당시 지역들의 상황을 인식했을 것이고, 그것들을 새로운 행정 구조 안으로 편입했을 것이다. 여호수아서의 관련 본문을 꼼꼼히 읽어보면, 전체적으로 저자/편집자는 관장들의 목록에서 지파 체제로 규정된 지역들에 대해서만 경계선을 배치했다는 사실을 알 수 있다. 이 일반적인 원칙의 분명한 예외로 꼽을 수 있는 것이 스불론 지파의 경계선이다. 실제로 이 지파 경계를 통해서는 구역 목록에서 확실히 훼손된 부분을 수정한 것 같다(왕상 4:16).

경계선 설명은 여러 '지파의 기업'들 가운데 분포되어 있다(수 15:1-2; 16:1-8; 17:7-10; 18:12-20; 19:10-14, 25-29, 33-34). 목록에 나오는 성읍들은 원자료에서 추출하여 동사로 서로 연결했다는 학자들의 주장은 옳은 것 같다. 이 견해는 실제로 지명이 똑같은데도 연결 동사들이 다르게 나타나는 평행 본문들을 비교해보면 그 가능성이 매우 높다. 이 현상이 아주 두드러진 경우는 유다와 베냐민 지파의 경계선이며, 다른 한편으로는 베냐민과 에브라임 지파 사이의 경계선에 나타난다.[1] 유다와 베냐민 지파의 공동 경계선에 대한 두 개의 설명 순서도 반대로 되어 있다. 유다 지파의 경계 설명은 동쪽에서 서쪽으로 이어진 반면, 베냐민 지파의 경우는 서쪽에서 동쪽 순서로 나온다. 지명들은 원래의 자료이나 동사 형태는 이차적이다.

그럼에도 불구하고 연결 동사들의 주요한 특징은 주목할 만하다. 그것은 함께 나오는 성읍 목록들[2]과 지파 경계[3]를 구분시켜준다는 점이다. 사용된 동사들은 경계 묘사를 위해 특별히 가져온 전문 용어들로 보인다. 고대 이스라엘에서는 쐐기 문헌에서 흔히 볼 수 있는 것 같은 토지 문서의 계약서를 찾아볼 수 없다. 접속사로 연결된 성읍 목록이, 편집자들이 잘 알지 못했던 먼 거리에 있는 지파들의 경계 묘사이기도 하다는 의견에는 동의할 수 없다. 이 견해를 반박하는 가장 결정적인 증거는 이 목록 안에 있는 성읍들, 예를 들면 잇사갈 지파의 성읍들의 순서는 실제 경계선 묘사에서 볼 수 있는 논리적이고 연속적인 경계선을 따르고 있지 않다는 점이다.

경계 지역의 묘사에 포함된 성읍 수는 크게 다르다. 일부는 짧은 거리 안에 많은 성읍들을 포함하고 있지만 다른 것은 매우 짧고 간략하다. 원래 목록은 훨씬 더 상세하지만 여호수아서의 저자/편집자가 자신의 필요에 따라 줄였을 가능성이 높다. 이 과정은 특별히 북부 지파들의 영토에 대한 부분에서 아주 분명하게 드러난다. 이 지파들의 영토 묘사에서는 한 지파 이상이 공유하는 경계선을 반복해서 묘사하지 않았다. 때로는 반복을 피하기 위하여 성읍 목록에 포함된 도시들이 경계 설명에서 빠지기도 했고, 그 반대로 되기도 했다. 그러므로 경계선 묘사 전체는 원래 매우 상세했지만 다양하게 단순화되었고 현재의 목록 형태로 축소되었다고 추정할 수 있다. 이러한 추정은 공동 경계를 서술한 본문들의 차이를 설명해줄 것이다. 그것은 다음 세 가지 어려움들도 해결해준다.

1_베냐민 지파의 경계선은 북쪽으로는 에브라임 지파와, 남쪽으로는 유다 지파의 경계선이 맞닿아 있다. 따라서 베냐민 지파의 경계선은 에브라임의 남쪽 경계선과 유다의 북쪽 경계선 설명과 일치해야 한다.

2_함께 나오는 성읍 목록들
예를 들면, "유다 자손의 지파가 그들의 가족대로 받은 기업은 이러하니라"(수 15:20).

3_지파 경계
예를 들면, "벧엘에서부터 루스로 나아가 아렉 족속의 경계를 지나 아다롯에 이르고 서쪽으로 내려가서 야블렛 족속의 경계와 아래 벧 호론과 게셀에까지 이르고 그 끝은 바다라"(수 16:2-3).

▲ 제의의 오랜 역사를 가진 벧엘

첫째, 똑같은 경계를 기술하는 평행 본문들에서 지리적인 특징을 추가로 파악할 수 있으며, 연결 동사 또한 다르다는 사실을 알 수 있다. 예를 들면, 유다 지파의 경계선에 나오는(수 15:7, 9) '아골 골짜기에서 드빌까지'와 '에브론 산'은 베냐민 지파 경계를 묘사하는 본문에는 빠져 있다(수 18:15, 17). 다른 한편으로 '여리고의 북쪽', '벧 아웬 황무지', '아래 벧 호론의 남쪽 산'이라는 경계는 베냐민 지역의 경계 묘사에만 나타나며(수 18:12-14), 요셉 자손의 경계에는 나오지 않는다(수 16:1-3). 한편 요셉 자손의 경계에는 베냐민 지역에는 없는 아렉 족속과 야블렛 족속이 포함되어 있다. 에브라임의 남쪽 경계를 묘사하는 또 다른 평행 본문은 다른 두 목록 중 어디에도 없는 위 벧 호론을 포함한다(수 16:5). 이와 같은 차이는 저자/편집자가 원래 상세한 목록을 사용했지만, 특별한 경우를 위해 다양한 방식으로 그 목록을 줄였다고 추정함으로써 쉽게 설명할 수 있다. 그러므로 이 지명들 전체는 원래의 것으로 간주할 수 있다.

둘째, 예루살렘 지역에 있는 베냐민-유다 지파 경계선에 대한 상세한 설명은 특별한 고찰이 필요하다. 예루살렘은 다윗 시대에만 부상하였다. 그래서 많은 이들은 이 사실을 목록의 연대를 그 시대 것으로 보는 증거로 여긴다. 그러나 유다 지파 출신의 왕이 베냐민 지파에게 속한 수도를 강조하는 것이 정말 가능했을까? 이 어려움은 위에서 언급한 바 있는 결론을 받아들인다면 해소될 수 있다. 유다 지파의 경계선에 대한 상세한 설명을 예외적인 것으로 간주할 필요는 없다. 그것은 단지 축약하지 않은 경계선 묘사의 좋은 예일 뿐이다. 모든 경계선이 원래 그런 식으로 되어 있었지만, 저자/편집자는 유다 지파에 대해서만큼은 훨씬 자세하게 기록할 필요가 있다고 생각했다. 그러므로 예루살렘 부근에 대한 상세한 묘사는 목록의 연대를 위한 논거가 될 수 없으며, 단지 여호수아서에 최종 편집과 삽입이 있었다는 논거가 될 뿐이다.

셋째, 경계선에 대한 설명 대부분은 그것이 속한 지파의 이름을 들지 않고 바로 성읍을 언급한다. 경계선은 성읍 자체가 아닌 성읍이 속한 영토를 염두에 둔 것이었다. 그러나 경계선 설명은 경계선이 지나는 곳이 성읍의 영토 어느 부분인지에 대해서는 종종 빠뜨렸다. 그러므로 원래 목록은 샘, 산, 시내 같은 정확한 특징을 기록했지만, 저자/편집자가 일반

베냐민 지파와 에브라임 지파 경계를 통과하는 아래 벧 호론 ▲

적으로 성읍에 대한 언급만을 사용한 것에 만족했다고 추정할 수 있다. 지역 거주민은 구체적인 지표를 알 수 있었을 것이지만, 일반 독자는 그것이 필요하지 않다. 다른 한편으로 목록에서 본문이 고대의 것임을 알려주기 위해 여부스라고 언급된 예루살렘 주변의 경계선이 중요하게 여겨졌다는 것은 이해할 만하다. 왜냐하면 예루살렘이 수도 역할을 했고 사람들은 도시 환경에 대해 일반적으로 친숙함을 갖기 때문이다.

그러한 상세한 지리 목록의 원래 본문이 실제 지리-역사적인 상황을 근거로 했다는 사실을 부정하기는 매우 어렵다. 그 본문들은 지파의 영토를 정확하게 설명하려는 성서의 목적 외에 다른 목적은 없었을 것이다. 이 목록의 성격을 이해하기 위해서는 중요한 요소들을 요약해보는 것이 좋겠다.

첫째, 경계선 묘사는 일반적으로 사사기와 사무엘서의 내러티브들에 전제된 지파의 기업과 일치한다.

둘째, 이는 또한 민수기 34장에 나오는 가나안 땅의 경계와 일치한다. 지파의 외부 경계는 가나안 땅의 경계와 맞아떨어진다. 유다 남부와 가나안의 경계는 동일하다. 경계선으로 서쪽에 지중해가, 동쪽에는 요단강이 똑같이 언급되었다. 북쪽 지역만 일관성이 떨어진다. 납달리와 아셀 지파의 거주 한계선이 가나안의 북부 경계선에 훨씬 못 미치는 것이다. 이 때문에 납달리의 북쪽 경계가 언급되지 않은 것 같고, 인구조사 목록에 나와 있는 것처럼 북쪽에 있는 아셀 지파 경계선은 다윗 시대에 완성된 것 같다.

여호수아 13장에 언급된 요단 동편 지파들에 대한 이야기에는 경계선 설명이 없다는 사실은 특히 주목할 만하다. 실제로 여호수아서의 저자/편집자는 이 지역에 대해 두 가지 유형의 자료만 확보하고 있었던 것으로 보인다. 즉 그것은 'X로부터 Y까지'라는 틀에 따라 경계선상의 지점을 보여주는 성읍 목록과 영토 묘사로서, 여기서 우리가 다루고 있는 요단 서편 지역의 목록과는 완전히 다른 양식을 가진 것이다. 르우벤 지파의 경우(수 13:16-17a[4]를 보라)와 갓 지파의 경우(수 13:25-26[5]을 보라)를 주목해서 보라. 이 두 지파의 경우, 주요 인구 밀집 지역만을 묘사하고 있다.

셋째, 경계선 설명에 따르면 가나안 땅 전체는 지파 기업들 사이에 빈 공간이 전혀 없이 분할된다. 심지어 이방인의 지역도 각 지파의 관할구역 안에 포함되었다. 그러나 사사기 1장의 가나안 성읍 목록은 동일한 관점을 부정적인 시각으로 표현하고 있다. 여호수아서 저자/편집자가 그린 지파들의 상황은 순전히 가설적이기 때문이다. 그는 미정복 성읍 때문에 틈이 생긴 것을 보여주고 싶지 않았다. 그러나 사사기 1장은 여호수아서의 상황이 잘못되었다는 것을 보여준다.

넷째, 경계선 목록은 요단 서편 지역의 지파를 모두 포함하고 있지는 않다. 잇사갈, 단, 시므온 세 지파는 확실하게 빠져 있다. 이 지파들의 기업에 대한 설명은 성읍 목록만으로 이루어져 있다. 그러나 이 지파들의 경계선에 대한 묘사가 없다고 해서 빈 공간이 생기는 것은 아니다. 왜냐하면 그들의 영토는 이웃 지파들의 기업 안에 포함되었기 때문이며, 이는 역사적 현실을 그대로 보여준다. 원래 단 지파의 영토는 실제로는 유다, 에브라임, 베냐민 지파 사이에 나뉘어 있었다. 유다의 경계선은 기럇여아림부터 그살론과 벧 세메스를 지나며 소렉 골짜기를 따라 바다까지 뻗어 있다.[6] 에브라임의 경계는 벧 호론부터 게셀을 지나 해안까지 미친다(수 16:3[7]). 이 두 경계선은 분명히 베냐민의 남쪽과 북쪽 각 경계이기도 했다. 사실상 베냐민 지파의 서쪽 경계는 나와 있지 않기 때문이다. 벧 호론과 기럇여아림 사이에는 어떤 경계 지역에 대한 언급도 없다(수 18:14). 잇사갈은 므낫세 영토의 경계 목록 안에 포함된 것처럼 보인다. 므낫세의 북쪽 경계선은 나와 있지 않으며 "북쪽은 아셀에 이르고 동쪽은 잇사갈에 이르렀으며"(수 17:10)라는 구절이 그 경계를 대신한다. 본문은 계속해서 '잇사갈과 아셀에 속한'(수 17:11) 성읍임에도 불구하고 이스르엘 평원의 여러 도시들이 므낫세에 속한다고 말하고 있다.

그러나 유다 지파의 경계선 역시 논의 중인 명부에서 실제로는 누락되어 있다. 시므온, 갈렙, 그나스같이 유다에 종속된 지파들을 위한 내부 경계도 없고, 유다 지파를 위한 외부 경계도 없다. 유다의 남쪽, 동쪽, 서쪽 경계선은 가나안 땅의 경계와 동일하며, 북쪽 경계선은 베냐민의 남쪽 경계선과 일치한다. 유다 기업과 관련된 부분 외에 어디에도 나타나지 않았던 유일한 부분은 기럇여아림부터 바다까지라는 북서 구

4_"그들의 지역은 아르논 골짜기 가에 있는 아로엘에서부터 골짜기 가운데 있는 성읍과 메드바 곁에 있는 온 평지와 헤스본과 그 평지에 있는 모든 성읍 곧 디본과 바못 바알과 벧 바알 므온과"(수 13:16-17).

5_"그들의 지역은 야셀과 길르앗 모든 성읍과 암몬 자손의 땅 절반 곧 랍바 앞의 아로엘까지와 헤스본에서 라맛 미스베와 브도님까지와 마하나임에서 드빌 지역까지와"(수 13:25-26).

6_"또 에그론 비탈 북쪽으로 나아가 식그론으로 접어들어 바알라 산을 지나고 얍느엘에 이르나니 그 끝은 바다며"(수 15:11).

7_"그 사람들이 일어나 떠나니 여호수아가 그 땅을 그리러 가는 사람들에게 명령하여 이르되 가서 그 땅으로 두루 다니며 그것을 그려 가지고 내게로 돌아오라 내가 여기 실로의 여호와 앞에서 너희를 위하여 제비를 뽑으리라 하니"(수 18:8).

간이다. 이 부분은 원래 경계선 목록보다 후대의 것일 것 같다. 원래 경계선 목록은 서쪽에 있는 비이스라엘계 영토를 지나는 부분을 상세하게 밝히지 않았다. 어떤 경우든, 경계선을 설명할 때 경계선에 유다도 포함되어 있다는 증거로 이 부분을 사용할 수 없음은 분명하다.

경계선 목록을 엄밀하게 분석해보면, 이는 일반적인 틀을 제공한 가나안 경계선을 제외하면 여섯 지파, 즉 에브라임, 므낫세, 베냐민, 스불론, 아셀, 납달리만 포함하고 있음을 알 수 있다. 사사기 1장에 있는 미정복 가나안 성읍들의 목록도 정확하게 이 여섯 지파들과만 관련이 있으며, 이는 우연의 일치라고는 볼 수 없다. 이는 이 목록이 북쪽의 여섯 지파들의 연합, 즉 제한된 의미의 이스라엘(북쪽 지파 중심의 이스라엘을 의미한다)에서 기원한 것임을 암시한다. 그러한 연맹의 존재, 그 연맹의 경계선과 하부 지역 구분이 여호수아서의 경계선 설명에 그대로 나올 수 있다는 사실은 역사적으로 가능한 일이다.

이스라엘과 유다 왕정 시대에는 별개의 두 단위로 분리된 조직 체계가 있었는데, 이러한 형태는 통일 왕국 이전에도 존재했던 것 같다. 심지어 중앙집권화된 정부도 이러한 구분을 해체하지 못했다. 왕정 시대 이전에 에브라임 산지의 지파와 갈릴리 지파들은 협정을 맺고 함께 일했다. 그러나 요단 동편의 지파들과 남쪽 지파들이 그들에게 합류했다는 증거는 없다. 이것이 드보라 전쟁이 벌어진 당시의 현실이었다. 기드온은 므낫세, 아셀, 스불론, 납달리에 사자를 보냈고(삿 6:35), 에브라임 온 산지로 사자를 보내기도 했다(삿 7:24). 이것이 여호수아서에 경계선들이 묘사된 지파와 동일하다는 것은 우연의 일치일까? 잇사갈 지파의 영토 내에서 벌어진 전쟁이었지만 이 목록에서 잇사갈은 빠져 있다. 이는 요단 동편 지파들이 세운 제단 때문에 일어난 분쟁 이야기에서도 마찬가지이다(수 22장). 요단 동편 지역의 지파들은 가나안 땅 밖에 살았으며, 기념 제단을 "가나안 땅의 맨 앞쪽 요단 언덕 가 이스라엘 자손에게 속한" 곳에 세웠다(수 22:11). 그리고 그 결과 '이스라엘 백성'과 협상을 하게 된다. 그 '이스라엘 자손'들은 에브라임 산지에 있는 실로에 제단을 두고 있었고, 그곳 출신의 제사장과 지파 우두머리들이 제의를 주도했다. 그러므로 이론적으로 볼 때 여호수아서의 경계선 목록이 그러한 지파 동맹으로부터 유래했다는 견해는 가능한 것이다.

여호수아서의 저자/편집자는 남쪽에서 유다 지파가 독립적인 실체임을 인정했다. 유다 지파는 두 개의 경계선을 두고 있었으며, 그중 남쪽 경계선은 가나안 땅의 남쪽 경계로 사용되었다. 베냐민에 속했던 여부스 예루살렘를 포함한 것은 이 경계선 설명이 오래된 것임을 덧붙이고, 이것이 유다 지파가 아닌 이스라엘[1] 지파의 경계선임을 강조하려 한 것이다. 이렇게 해서 여호수아서의 저자/편집자는 경계 묘사가 '실로에 있는 야훼 앞에서' 쓰였고 확증되었다는 전승을 지지했다(수 18:8). 이것이 실제 상황인지 증명할 길은 없다. 그러나 이 목록을 처음으로 기록한 때가 새 왕정 시대의 초기, 이를테면 다윗의 인구조사 기간이었다면, 각 지파의 주민들과 이웃들 사이의 실제 상황을 매우 잘 반영한다고 할 수 있다. 그들은 어느 주변 들판이 자신들의 것이며 어느 것이 인근 마을과 성읍에 속했는지 확실하게 알고 있었다.

다른 한편으로 여호수아서의 저자/편집자는 솔로몬 관장 구역 명부의 근거가 된 자료만 가지고 있었던 것이 분명해 보인다. 세부 설명이 빠진 곳마다 저자/편집자는 그 틈을 채우기 위해 문학적 장치에 의지해야 했다(예. 수 16:3, 8[2]).

원래의 정착 과정에 포함되지 않은 지역(삿 1:26-36에 예시되어 있듯이)에 대한 세부 묘사로는 두 개의 경계선을 주목할 만하다. 하나는 아셀의 북쪽 한계선(수 19:28-29)이고, 다른 하나는 유다 경계의 서쪽 한계선(수 15:10-12)이다. 둘 다 실제로는 외부 경계선이었다. 첫 번째는 북쪽의 페니키아이고, 두 번째는 남쪽의 블레셋이다. 아셀 지파의 경계와 요압의 인구조사(삼하 24:6-7), 그리고 유다 지파의 경계와 단 지파 성읍의 이론적인 목록(수 19:43-44)을 비교해보면, 이 경계선들은 다윗의 인구조사 기간에 확립되었을 가능성이 높다. 두 경계선은 확실히 원래의 어떤 지파 경계선에도 속하지 않았다. 이 자료는 저자/편집자가 만들고 싶었던 균형 잡힌 상황, 즉 가나안과 요단 동편 모든 지역에 거주하는 12지파의 그

1_이스라엘
저자는 북쪽 지파 중심의 이스라엘이라는 제한된 의미로 사용하고 있다.

2_"서쪽으로 내려가서 야블렛 족속의 경계와 아래 벧 호론과 게셀에까지 이르고 그 끝은 바다라. … 또 답부아에서부터 서쪽으로 지나서 가나 시내에 이르나니 그 끝은 바다라 에브라임 자손의 지파가 그들의 가족대로 받은 기업이 이러하였고"(수 16:3, 8).

베냐민 지파의 경계와 주변 지역들

림을 위해 사용되었다.

▲ 예루살렘의 서쪽에서 남쪽으로 걸쳐 있는 힌놈의 골짜기

베냐민 베냐민 지파(수 15:5-11; 18:11-20)의 영토는 솔로몬의 관장 구역 중 하나로 나와 있다(왕상 4:18). 이 구역은 수도 예루살렘에 가까운 곳이다. 그러므로 통일 왕정 동안 의문시 되는 지역을 이해하는 데는 베냐민 지파의 경계 설명이 가장 유용하다. 이 지파의 경계는 가장 잘 기록되어 있기 때문이다. 첫 번째 단락은 유다의 북쪽 경계를 나타내고, 동쪽에서 서쪽으로 이동하며 벧 세메스에서 바다까지의 구간을 추가로 포함하고 있다. 이는 소위 단 지파 기업의 남쪽 경계에 해당하는 곳이었다. 실제로 솔로몬의 제2구역이었을 것이다(수 15:5-11을 보라).
그리고 평행 본문은 베냐민의 북쪽과 남쪽 경계를 묘사하는데, 북쪽 경계는 동쪽에서 서쪽으로 옮겨가며, 그리고 남쪽 경계는 서쪽 방향에서 동쪽으로 기술하고 있다(수 18:11-19을 보라).
경계선으로 언급된 일부 성읍들의 위치는 다음과 같이 추정할 수 있다. 예를 들어, 벧 호글라는 아인 하즐라 근처로, 벧 아라바는 아인 엘 가라베 근처로 추정된다. 또 글릴롯(수 15:7의 길갈 대신 수 18:17을 따른 것)이 '아둠밈 비탈 맞은편'에 있다고 설명하는데, 여호수아 15장 7절에서 '그 골짜기'[3]로 나오는 와디 켈트의 남쪽에 있는 탈라앗 에드 담므라고 불리는 지역 근처로 추정된다. 엔 세메스는 아마도 아인 엘 홋과, 엔 로겔은 비르 아이윱과 동일한 지역으로 여겨진다.
'힌놈의 아들 골짜기'는 오늘날 '다윗 성'이라 불리는 산등성이의 남쪽 비탈 아래에 있는 깊은 골짜기다. '힌놈의 골짜기 앞 서쪽에 있는 산꼭대기, 르바임 골짜기 북쪽 끝'은 예루살렘 구 도시 반대편 산등성이로, 대략 남서쪽으로 르바임 골짜기를 한눈에 조망할 수 있는 몬테피오레 방앗간 앞 광장과 일치한다. 넵도아 물이라는 이름은 리프타라는 마을 이름에 그대로 남아 있다. 에브론 산은 현대의 라다르 산을 포함한 산지일 수 있다. 기럇여아림과 동일한 지역으로 언급되는 바알라는 현대의 아부 고쉬 내의 데이르 엘 아자르에 위치한 철기 시대 텔이다. 데이르 엘 아자르에서 남서쪽으로 보면, 세일 산이 현대의 쇼레쉬 산꼭대기가 분명하다는 것을 알아차릴 수 있다. '여아림 산 북쪽'에 있는 그살론은 케슬라라는 현대 지명에 그대로 남아 있다. 경계선의 나머지는 베냐민에 속하지 않는다. 따라서 경계는 사해 연안에서부터 북서쪽으로 향하다가, 여리고 남쪽을 지나 와디 켈트의 남쪽 산등성이를 따라 예루살렘 남쪽에 있는 가장자리와 접한다. 이렇듯 예루살렘을 베냐민 지파에 속한 곳으로 두었지만, 남쪽에 있는 주변들은 유다에 속한 곳으로 남아 있었다. 기럇여아림 너머는 베냐민과 아무 상관이 없었다.
베냐민의 북쪽은 요셉 자손의 지파와 접해 있으며, 이 경계선 역시 에브라임의 남쪽 경계로 표시된다(수 16:1-3, 5; 18:11-13). 평행 본문은 아마도 같은 목록을 간소하게 만든 세 가지 변형판일 것이다(수 16:1-5을 보라).
경계선은 매우 분명하다. 이는 요단 강부터 아인 에스 슐탄으로 보이는 여리고의 동쪽 샘을 지나 여리고의 북쪽 산비탈에 이른다. 또 벧엘베이틴을 향해 북서쪽으로 가다 벧 아웬텔 마르얌?까지 미치며 벧엘루스 남쪽 산등성이를 따라 서쪽 방향으로 위 벧 호론베이트 우르 엘 포카과 아래 벧 호론베이트 우르 에트 타흐타의 남쪽 산까지 내려간다. 이 마지막 두 성읍 사이에는 야렉 족속의 땅과 함께 아다롯 앗달키르벳 랏다나이 언급되어 있다. 베냐민과 관련한 경계선 묘사는 벧 호론에서 멈추지만 요셉 자손에 관한 평행 본문은 그곳과 바다 사이에 있는 한 지역, 즉 게셀을 포함하고 있다.

요셉 자손=에브라임과 므낫세 이 지역(수 16:1-8; 17:7-9)에 대해서는 두 가지로 접근한다. '요셉 자손'이라는 말에는 에브라임과 므낫세가 요셉 족장의 후손이라는 옛 전승이 반영되어 있다(창 50:22-23). 이 지역은 일반적으로 솔로몬 관장의 제1구역과 일치하며 '에브라임 산지'(왕상 4:8)라는 총칭과 '요셉 족속'(왕상 11:28)이라는 이름으로 불린다. 요셉 자손의 경계는 남쪽이(수 16:1-5) 첫 번째로 나오며, 이 단락의 나머지 부분은 므낫세와 에브라임을 나누어 주는 북쪽 경계를 기술하고 있다(수 1:6-9을 보라).
경계 묘사는 세겜 근처에 있는 고정 지점, 믹므닷키르벳 마크네에서 시작된다. 이 묘사는 마치 저자/편집자가 서쪽 구간에서 시작했다가, 마음을 바꿔서 동쪽으로 방향을 돌린 것처럼 보인다. 그 결과, 경계는 두 구간으로 나누어 기술되었다. 첫째는 동쪽, 그리고 나서 서쪽 구간을 언급한다. 동쪽 구간에는 다아낫 실로타나 엘 포카, 야노아키르벳 엘 야눈, 아다롯, 나아라(아인 두크 옆에 있는 텔 엘 이스르), 여리고, 요단 강이 언급된다. 서쪽 경계선은 답부아쉐이크 아부 자라드를 따라 가나 시내와디 카나까지 이어진다. 따라서 에브라임과 므낫세 사이의 경계는, 세겜 남쪽에서 시작되어 남동쪽으로 여리고까지, 서쪽으로는 나하르 엘 아유자(현대의 야르콘 강)로 흘러 들어가는 와디 카나를 따라 대각선으로 꺾여 내려간다. 여호수아서의 저자/편집자가 나하르 엘 아유자에 대해 무엇을 생각했던 것일까? 그 열쇠는 므낫세에 관한 부분에 나와 있다(수 17:8-10을 보라).
잘 알려진 것처럼 와디 카나는 사마리아 산지에서 시작해 나하르 엘 아유자와 합쳐지는 사론 평야까지 이어진다. 엘 아유자는 텔 아페크라스 엘 아인=성서의 아벡/안티파트리스 옆에 있는 수원지에서 시작되고 있지만, 여호수아 16장 8절과 17장 9-10절의 저자는 엘 아유자를 지류인 나할 카나('와디 카

3_그 골짜기
히브리어 원문은 '라나할(לנחל)'로 '그 골짜기의' 또는 '그 강의'라고 해석할 수 있다. 아랍어로는 '와디'라고 하는 '나할(נחל)'은 중동지방에서 우기에 일시적으로 하천을 형성하지만 건기에는 마른 땅이 되어 골짜기를 이루는 지형을 말한다. 개정역 여호수아 15:7은 '그 강'으로 옮겼다.

1_시홀립낫
개정역은 '시홀림낫'으로 옮겼지만 히브리어 원문에 따르면 '시홀립낫'이 더 타당하다.

2_가불
오늘날 카불이라 불리는 마을로 사홀 엘 밧토프의 북서쪽에 위치한다.

나'와 동일한 지명이다)에서 이어진 것으로 본 것이다. 저자는 '그 끝은 바다이며'라고 말하고 있기 때문이다(수 17:9b). 이 구절은 여호수아서 저자/편집자가 지리적인 그림을 잘 마무리하기 위해 옛 경계선을 개략적으로 편집한 것이라고 의심할 수밖에 없지만, 저자/편집자가 나하르 엘 아유자를 단지파의 경계로도 보았다면 거의 신빙성 없는 설명이다.

여리고와 요단 강 사이의 경계선은 요셉 자손의 남쪽 경계선, 즉 베냐민의 북쪽 경계선과 일치한다. 따라서 에브라임 지파의 기업은 산지에 국한되어 있었다. 요단 계곡의 각 부분과 샤론 평야에 속한 지역들은 므낫세 지파에 속했다. 남은 요셉 자손의 경계선, 즉 므낫세의 경계선은, 서쪽으로는 바다, 북서쪽에는 아셀 지파, 북동쪽에는 잇사갈 지파로 일반적인 방식으로만 언급되었다. 정확한 경계선이 규정되지 않은 이유는 저자/편집자가 활용할 자료가 없었기 때문이다. 그는 열왕기상 4장의 목록보다 좀 더 손질을 하긴 했지만, 결국은 솔로몬의 관장 구역 자료에 의존해야 했다.

스불론 지파 경계(수 19:10-14)가 열왕기상 4장에 있는 관장 구역의 일부였다는 추정은 스불론의 경계 설명에 중요한 의미가 있다. 열왕기상 4장 16절은 분명 훼손된 본문이다. '베아롯' 또는 그보다 더 정확하게 '아롯에는'이라는 구절은 문맥상 이해하기 어려워 원래는 '스불론'이었을 것이라는 견해가 있다. 그 견해는 열왕기상 4장 16-17절에서 수수께끼 같은 '아롯에는'이라는 구절 뒤에 곧바로 잇사갈 구역이 나오는 것을 볼 때 더 설득력이 있다. 여호수아 19장 16-17절에서도 스불론 지파 영토 다음에 곧바로 잇사갈이 나온다. 그러므로 여호수아서에 스불론 경계 설명이 간직되어 있다는 것은 뜻밖의 일일 수 있다. 그 구절이 열왕기상 4장 16절의 훼손으로 인해 모호했던 원래 스불론 구역을 가리킬 수도 있기 때문이다(수 19:10-14을 보라).

스불론 경계에 대한 히브리어 사본의 설명은 사릿에서 시작하고 있지만, 칠십인역의 증언은 그 철자법을 지지하지 않는다. 칠십인역의 일부 사본은 세돗으로 되어 있다. 이는 히브리어 '스듯 사듯'으로 표기할 수 있으며, 아랍어 텔 샤둣과 어근이 같다. 텔 샤둣은 위 본문에서 지리적으로 가장 적합한 장소이다. 문제가 되고 있는 텔은 지파 경계의 남동쪽 끝이라서 경계는 이곳에서부터 서쪽을 향해 '욕느암 텔 케이문 동쪽에 있는 시내'까지 이어질 수 있다. 그 시내는 와디 무츠라라가 분명하며, 이는 욕느암 반대편에 있는 기손 강과 합쳐진다. 따라서 경계선의 일부는 기손 강을 따라 더 나아가며, 이 경계선상에 있는 두 지역, 즉 마랄라와 답베셋은 각각 텔 토라 텔 쇼르와 텔 에쉬 샴맘 텔 셈과 동일한 지역으로 추정된다. 그리고 경계 설명은 북동쪽으로 방향을 바꾸어 사릿에서 시작해 다볼 산 쪽 나사렛 산지 기슭으로 가서, 산지를 넘어 하부 갈릴리 지역의 중심지인 사홀 엘 밧토프 벳 느토파 골짜기에 미친다. 이 경계선에 기슬롯다볼 이크살, 다브랏 다부리에, 야비아 야파, 갓헤벨 키르벳 에즈 주르라=메쉬헷 옆에 있는 텔 갓 헤페르, 그리고 엣가신(위치가 확인되지 못함)과 림몬 룸마네이 언급되었다. 경계선은 다시 여기서부터 서쪽을 향해 돌아서 사홀 엘 밧토프 서쪽 주변을 아우르고 한나돗 텔 엘 베데이위예의 북쪽을 지나 '입다엘 골짜기에 이르러 끝'을 이룬다. 입다엘 골짜기는 와디 칼레디예/와디 엘 말릭=나할 집포리과 동일한 지역으로 여겨지며, 사홀 엘 밧토프에서 빠져나간 물은 깊고 웅장한 골짜기에 있는 해안 평야로 흘러든다. 최근 이 지역에 대한 고고학적인 조사에 따르면, 철기 시대 취락지의 분포 모습은 악고에서 사홀 엘 밧토프까지 잇는 옛 도로가 와디 압벨린 나할 에블라임을 경유했다는 사실을 보여준다고 한다. 그러므로 북서쪽 구석이 사홀 엘 밧토프로 가는 길과 연결되어 있던 와디 압벨린이 입다엘 골짜기여야 한다는 의견이 제시되었다. 그럼에도 불구하고 이스르엘 골짜기의 서쪽과 사홀 엘 밧토프의 서쪽은 둘 다 스불론이 아닌 아셀의 영토 내에 있다. 따라서 와디 엘 말릭이 입다엘 골짜기라는 예전의 의견이 더 적합하다. 베들레헴의 서쪽 삼림 지대에서는 경계선이 입다엘 골짜기와 욕느암 맞은편 시내를 둘러싼다. 이 경계선은 모든 지파 경계선 중에 가장 분명한 경계선임은 주목할 만하다. 아셀 구역 내(수 19:15)에 있는 다른 성읍 목록도 있지만 여기서는 중요하지 않다.

아셀 아셀 지파(수 19:24-30)의 경계선 묘사는 간단하며, 성읍 목록과 섞여 있다(수 19:25-26을 보라). 따라서 남쪽 경계선은 이스르엘 골짜기 서쪽에 있는 헬갓 텔 엘 카시스에서 시작해 갈멜 산 산기슭을 따라 시홀립낫[1]에서 끝난다. 시홀은 강을 뜻하는 이집트 외래어이며, 립낫은 아마도 텔 아부 후왐일 가능성이 높다. 이 경계 지역의 설명에는 아셀 영토의 남부 쪽 성읍들의 목록이 들어 있다. 그것은 추정된 성읍 목록에서 가져온 것으로, 할리 키르벳 라스 알리=텔 알릴, 베덴 텔 엘 파르=입틴 근처의 텔 파르, 악삽 키르벳 엘 하르바이즈=텔 레게브, 알람멜렉 아마도 텔 엔 나흘=텔 나할, 아맛 아마도 텔 엘 이드함, 미살 텔 케이산=텔 키손 등이다. 이 성읍들의 위치는 특히 투트모세 3세의 지형 목록의 도움을 받아 적어도 대략적으로는 확인할 수 있다(수 19:27-30을 보라).

경계 설명에 나오는 '돌아'라는 표현은 이전 출발점으로 되돌아간다는 뜻이며, 이 경계선과 관련 있는 스불론, 입다엘 골짜기 와디 엘 말릭와 접하는 동쪽 경계선을 다룬다(수 19:14). 맨 처음 나온 벧 다곤은 헬갓과 입다엘 골짜기 사이 어딘가에 있는 듯하다. 후보지 중에는 텔 타분 브에르 티브온이 가장 가능성이 높다.

추정상의 지명 셉다(수 19:27c)와 뒤이은 벧 에멕은 가불 앞에 나오기 때문에 가불의 남쪽에서 찾아야 한다. 그러나 여기에는 동사가 전혀 사용되지 않아, 두 장소는 아마 경계선 설명과 뒤섞여 나오는 성읍 목록의 일부였을 것이다. 셉다로 추정 가능한 후보지는 십자군 시대 문헌에 나

▼ 아셀의 동쪽 경계를 보여주는 가불 지역

갈릴리에 있는 지파들의 경계

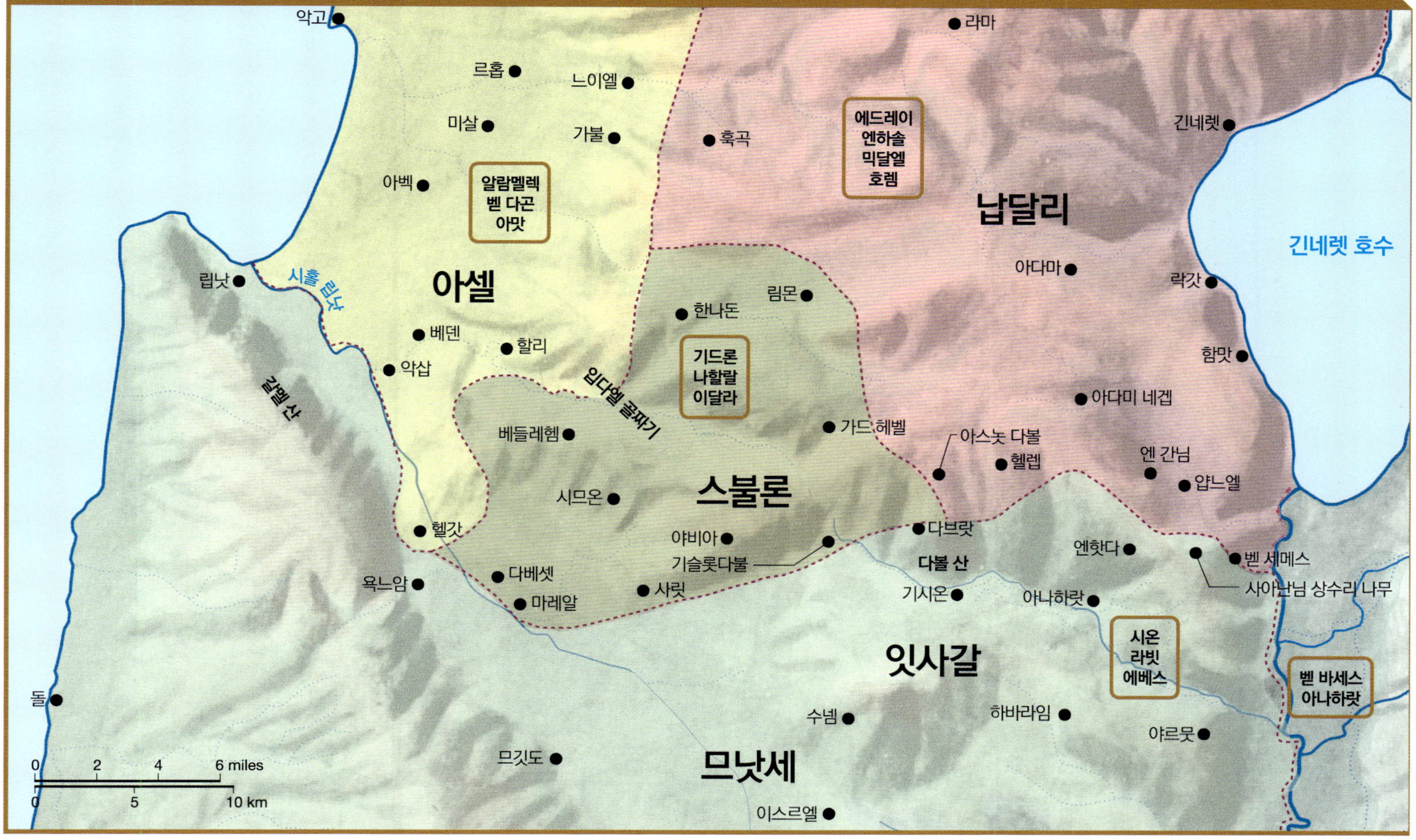

오는 삽뎃을 들 수 있다. 이곳은 현대의 이르카와 야누흐 사이 산꼭대기에 위치한 라스 칼반으로 추정된다. 벧에멕은 아므카 근처에 위치한 텔 미마스텔 에멕 와 동일한 지역이다. 느이엘은 현대의 키르벳 야닌호르밧 야아닌 으로 여겨진다.

그 다음에 언급된 곳은 가불[2]이다. 가불이 특별히 중요한 이유는, 아셀의 동쪽 경계에 속하는 현재 지명에 그 이름이 분명하게 살아 있는 유일한 장소이기 때문이다. '그리고'라는 접속사로 연결되는 여호수아 19장 27-28절에 언급된 다른 장소들은, 일반적으로 경계 설명에는 속하지 않지만 후대에 성읍 목록의 일부로 덧붙여졌다고 여겨진다. 여호수아 19장 27절은 문자적으로는 '경계선이 가불 왼쪽으로 나아간다'고 해석할 수 있다. '왼쪽'은 마리의 아카드어 문헌과 아랍어로 '북쪽'과 그 의미가 동일하므로 '북쪽'으로 해석할 수도 있다.

가불이라는 이름은 악고의 남동쪽으로 14킬로미터 떨어진 카불이라는 마을 이름에 남아 있다. 이곳은 갈릴리 산지의 낮은 서쪽 돌출부에 위치한다. 가불은 탈무드 문헌에 자주 언급된다(《탈무드 샵밧》 7:17; 《탈무드 모에드 카탄》 2:5; 《Y. 메길라》 4:78b 등). 그러나 카불에서는 철기 시대 취락의 증거가 발견되지 않아, 성서의 가불은 카불의 북동쪽으로 1.5킬로미터 떨어진 키르벳 라스 에즈 제이툰호르밧 로쉬 자이트 지역이라는 견해가 있다. 키르벳 라스 에즈 제이툰을 발굴하는 작업에서는 초기 철기 시대 22만 356평방미터 규모의 마을이 주전 9세기에 요새로 달라진 모습을 드러냈다. 갈릴리 산지와 해안 평야 사이에 있는 가불의 위치는 이곳이 아셀의 동쪽 경계의 지표임을 보여준다. 가불의 동쪽에 있는 아셀 영토는 지파 영토의 산지를 포함하고 있는 반면에, 하부 갈릴리의 경계선은 아마 산자락에 있는 가불의 서쪽이었을 것이다.

입다엘 골짜기에 대해서는 스불론 지파 영토에 대한 설명을 참고하라.

이어지는 네 성읍의 목록은 북쪽 그룹의 일부이다. 맨 처음 나오는 에브론은 여호수아 21장 30절과 역대상 6장 74절을 토대로 압돈(!)으로 교정할 수 있다. 이는 이곳을 현재의 키르벳 압다텔 아브돈 와 동일한 지역으로 보기 때문이다. 두 번째는 르홉(아래서 다룰 것이다) 이고, 그 다음은 함몬으로 이곳은 아인 하물 근처에 있는 키르벳 움므 엘 아뭇과 동일한 곳이다. 마지막 가나는 두로의 남동쪽에 있는 카나와 동일한 지역으로 확인되었다.

그러나 오늘날 레바논 남부에 있는 성읍들은 납달리와 접하는 동쪽 경계(수 19:34) 의 북부 구간을 밝히는 데 별 도움이 안 된다. 종착 지점, 즉 '큰 시돈까지'라는 구절만 남아 있다. 이는 리타니 강 근처 어딘가에 있는 시돈 경계선을 말한다. 마지막으로 북쪽 구간이 언급되어 있다. 라마의 후보지로 꼽을 만한 현대 지역은 없지만, 반 드 벨데의 지도는 라마를 두로의 남동쪽으로부터 5킬로미터 떨어진 곳으로 표시했다. 반 드 벨데는 꼼꼼한 지도 작업으로 유명하지만, 이상하게도 이후에 나온 지도들은 이 지역을 표시하지 않고 있다. 아마도 라마는 라스 엔 나쿠라로쉬 하 니크라 의 동쪽으로 17킬로미터

▲ 무화과와 동물의 머리로 장식된 봉헌(kernos) 도기. 성서의 가불로 알려진 호르밧 로쉬 자이트 요새 유적지에서 발견되었다.

▲ 아셀을 북부와 남부로 구분할 때 중심축이 되는 악고

떨어진 곳에 위치한 라미예인 듯하다. 이 지명은 서부 팔레스타인 지도에 나오는 것이다. 마지막 두 장소는 북부의 해안에 위치한 '두로 요새 성읍'[1]과 호사이다. 칠십인역은 두로 요새 성읍을 '두로 요새의 샘'으로 해석하고, 요압의 인구조사에서는 그저 '두로 요새'라고만 나온다(삼하 24:7). 문제가 되는 샘은 섬에 있는 두로 요새의 주요 물 공급원이 분명하다.

29절에는 '돌아서'라는 표현이 두 번이나 나온다. 아마 두 번째 것은 필사자의 실수로 보인다. 두 번째 것을 생략하면 아래와 같은 의미를 갖게 된다.

> 그리고 경계선이 라마를 향해 돌아서 두로 요새의 샘, 호사에 이르고(수 19:29a).

호사는 주전 1000년대의 이집트 문헌, 아마르나 서신, 산헤립과 아슈르바니팔의 앗수르 자료에 나오는 우수와 동일한 지역으로 여겨졌다. '하팍스*Hapax*'라는 히브리어 지명은 여기에만 나오지만, 인명으로는 레위인 성문지기 중에도 있다(대상 16:38; 26:10-11, 16). 아마도 어떤 서기관이 낯선 지명을 자신이 알고 있는 이름으로 바꾸었을 것이다. 어쨌든 일부 헬라 시대 문헌에서 팔라이티로스라 불렸던 두로 맞은편 해안의 요새 성읍은, 두로의 주요 해안 수로 옆에 있는 텔 라쉬디예일 가능성이 높다.

'메헤벨'로 시작하는 성읍 목록(수 19:29b-30)은 '악십 지역으로부터'라고 해석할 수 있으며, 아셀 지파가 정복하지 못한 성읍 목록(삿 1:31을 보라)과 동일한 기원을 갖고 있는 본문에 추가된 것이 분명하다.

여호수아 19장 29b-30a절에 나온 지명의 순서는 사사기 본문에 나오는 순서, 즉 마할렙(!),[2] 악십, 악고(!)(칠십인역 C와 삿 1:31), 아벡, 르홉과 꼭 일치하지는 않는다. 실제로 이것은 다른 북쪽 성읍 목록이다. 마할렙은 두로에서 북동쪽으로 6킬로미터 떨어진 리타니 강 근처에 있는 키르벳 엘 마할립과 동일한 지역으로 볼 수 있다. 따라서 다윗이 실제로 이 북부 지역을 지배했으며, 두로의 해안 영토는 다윗 시대에 일정 기간 제약을 받았다는 사실을 피하기는 어렵다. 악십은 에즈 집=텔 아크집이며, 칠십인역 C를 토대로 수정한 악고는 텔 엘 푹카르=텔 악코와 동일한 곳이다. 아벡은 아셀 영토 남쪽에 있는 텔 쿠르다네로 볼 수는 없다. 아벡/아빅을 텔 카브리와 동일한 지역으로 보는 견해가 가장 설득력 있다. 이곳은 갈멜 산맥과 현대의 레바논 국경 사이에 있는 풍부한 수원지 옆에 있기 때문이다. 28절과 30절에 있는 르홉은 문제가 있다. 두 르홉은 서로 다른 장소인가? 아니면 여호수아 19장 29b-30a절이 원래 본문에 추가된 것이 분명하기 때문에 두 르홉은 한 장소를 말하는 것인가? 어떤 경우든, 이 부분에 르홉이 나오는 것을 보아 아셀의 북부에 있는 장소라는 견해가 있다. 악고는 아셀을 북부와 남부 둘로 구분할 대 중심축에 해당한다. 르홉은 자주 제기되는 것처럼 텔 엘 비르 엘 가르비로 볼 수 있을까? 르홉은 악고와 함께 동서 경계선 상에 있었을 것이므로 북쪽 집단에 속한 것으로 간주된다. 아마도 이 문제는 확정하지 않고 남겨두는 것이 좋을 것으로 보인다.

아셀 영토는 처음에 통일 왕정 행정에서 중요한 구역이었다. 후에 두로 왕 히람에게 20개 성읍을 양도하여 아셀 영토는 축소되었다(참고. 왕상 9:11).

납달리 실제로 납달리 지파의 경계선(수 19:32-34) 설명은 오직 하나뿐으로, 잇사갈 지파와 만나는 남쪽 경계만 자세하게 나와 있다. 관장 구역을 다룰 때 납달리에 이어 잇사갈이 언급되었으며(왕상 4:17), 그 경계선은 잇사갈 지파의 영토를 정하는 데도 도움이 되는 유일한 자료이다. 납달리의 남쪽 경계선 설명 다음에는 일반적인 설명에 그친 서쪽과 동쪽 경계선이 나오지만, 북쪽 경계선에 대해서는 아무 설명이 없다. 그리고 성읍 목록이 덧붙여져 있다. 남쪽 경계 설명은 다음과 같다.

> 그 경계는 **헬렙**과 **사아난님의 상수리나무**에서부터 **아다미 네겝**과 얍느엘을 지나 **락굼**까지요 그 끝은 **요단**이며(수 19:33).

경계선 설명은 키르벳 이르바데=호르밧 아르팟이 분명한 헬렙에서 시작된다. 이곳은 다볼 산에서 북서쪽으로 4킬로미터 떨어진 곳에 있다. 다음에는 사아난님의 상수리 나무가 나오는데, 이곳은 겐 사람 헤벨이 세운 제의 장소로도 알려졌다(삿 4:11). 위치는 알 수 없지만, 키르벳 셰이크 에쉬 샴사위=호르밧 셰메쉬에 위치한 것으로 추정되는 잇사갈의 벧 세메스와 멀지 않을 것으로 보인다. 이곳은 시스라가 다볼 근처에 있었던 전쟁터에서 도망을 간 이야기와 맞아떨어진다. 그리고 여기에 실제 경계선보다 다소 북쪽에 있는 것이 분명한 두 성읍이 들어가 있다. 즉 이 둘은 납달리의 남쪽 구역에 있는 성읍이다. 아다미 네겝키르벳 에트 텔=텔 아다미은 지명의 의미가 그대로 살아 있는 인상적인 유적지로서, 키르벳 에드다미예 위에 툭 튀어나온 언덕이다. 얍느엘은 예루살렘 탈무드에 따르면(《메길라》 1:1, 70a) 크파르 얌마와 동일한 지역이며, 오늘날 모샤브 야브느엘 내에 있는 키르벳 얌마로 확인된다. 그런데 이보다 더 적합한 고고학적인 유적이 텔 엔 나암=텔 인암 근처에서 발견되었다.

마지막으로 언급된 락굼은 디베랴에서 북서쪽으로 18킬로미터 정도 떨어진 키르벳 엘 만수라와 동일한 지역으로 추정된다. 만일 그 위치를 인정한다면 락굼은 경계선 지표가 될 수 없다. 실제 경계선은 아마 와디 파야스를 따라갔을 것이며, 그 와디의 남쪽이 더 정확할 것이다. 겐 사람 헤벨이 세운 신성한 장소인(삿 4:11) 사아난님의 상수리 나무 사이에는 실제의 경계 기준점들이 빠져 있다는 사실은 주목할 만하다.

서쪽 경계는 대략적으로 기록되어 있다. 설명은 이전의 시작점으로 돌아간다는 것을 나타내기 위해 공통 동사를 사용하고 있다. 헬렙은 다볼 산의 남동쪽에 있는 반면, 아스놋 다볼은 다볼 산의 북쪽이다. 따라서 다볼 산은 스불론, 잇사갈, 납달리의 지파 경계선에 모두 접하고 있다(수 19:34a를 보라).

서쪽 경계선으로는 두 기준점만 언급된다. 첫째는 아스놋 다볼로, 다볼 산에서 북쪽으로 4킬로미터 떨어진 키르벳 움므 예베일= 텔 아즈놋 타볼과 동일한 지역이다. 이곳은 작은 산이라 경계 설명을 시작하기에 이상적이다. 둘째는 훅곡이다. 가불에서 동쪽으로 5킬로미터 떨어진 키르벳 엘 에메이즈메=흐르밧 가뭄를 훅곡의 후보지로 본다면 본문과 잘 들어맞는다. 아스놋 다볼에서 훅곡까지의 경계선은 남쪽으로는 스불론을 그리고 서쪽으로는 아셀을 남겨두게 된다.

남쪽 경계는 요단 강에서 끝나지만 동쪽 경계선은 시대착오적인 듯한 내용으로 언급되고 있다.

> 해 돋는 편은 유다에 달한 요단이며(수 19:34b).

유다에 대한 언급은 특히 부적절한 자리에 있는 것처럼 보인다. 그러나 여호수아서 경계 설명의 연대를 요담이 요단 동편에서 권력을 행사한 이후로 보는 견해가 있다. 이때는 유다인이 정착했을 때였고(특히 토비앗의 집이 세워진 때), 이러한 상황은 헬라 시대와 헤롯 대왕 시절에도 계속되었다.

납달리의 북쪽 경계는 나와 있지 않다. 그러나 지리적인 순서로 볼 때 남쪽에서 북쪽으로 이어지는 듯한 성읍 목록이 있다. 여기서 이 문제를 다루는 것은 이 지파 영토의 북쪽 범위를 정하는 데 도움이 되기 때문이다.

> 그 견고한 성읍들은 **싯딤**과 **세르**와 **함맛**과 **락갓**과 **긴네렛**과 **아다마** …(수 19:35–36a).

여호수아 19장 35절은 훼손된 것처럼 보인다(참고, 칠십인역은 '두로의 요새 성읍들'이라는 말로 시작한다). 싯딤과 세르는 실제로 성읍일 수 없으며, 나머지 세 지명은 긴네렛 호수 연안가에 위치한다. 함맛(함맘 타바리예, 온천이 나오는 지역이라 이런 이름이 붙여졌다), 락갓(아마 디베랴의 북쪽으로 24킬로미터 떨어진 키르벳 엘 쿠네이티레=텔 락캇과 동일한 지역일 것이다), 긴네렛키르벳 엘 오레이메=텔 킨롯이 그것이다. 아다마는 아마도 아다미 네겝에 가까운 대규모 유적지 중 하나인 듯하며, 호수 지역에서부터 다르브 엘 하와르네까지 구간, 즉 하부 갈릴리 지역을 횡단하는 고대 도로의 중간에 자리 잡고 있다.

나머지 구간은 상부 갈릴리와 관계가 있다(수 19:36b–38을 보라). 라마는 키르벳 자이툰 에르 라메가 확실하다. 이곳은 탈무드의 벧 학게렘 골짜기에서 샤그후르 위의 예벨 야르마크 지괴, 소위 메이론 산으로 불리는 산기슭에 있는 현대의 에르 라메 마을 옆에 있는 철기 시대 유적지이다. 따라서 라마는 하부 갈릴리에서 상부 갈릴리로 가는 길목에 있는 것으로 보인다. 하솔텔 엘 케다흐=텔 하조르은 훌레 골짜기에 있지만, 납달리 영토의 북쪽에 위치한다. 게데스텔 카데쉬=텔 케데스는 상부 갈릴리 산지에 위치해 있다('갈릴리의 게데스', 수 20:7; 납달리의 게데스와 혼동해서는 안 된다, 삿 4:6). 에드레이는 위치를 알 수 없지만, 엔하솔은 현대의 레바논 남부 빈트 즈베일 근처에 있는 아이닛하를 후보지로 꼽을 수 있다. 이론은 레바논 남부에 있는 야룬이 확실하다. 믹달 엘은 보통 그냥 지나치기 일쑤지만, 두로의 동–남동쪽으로 26킬로미터 정도 떨어진 메델 이슬림과 같은 지역이라는 의견이 있다. 호렘에 대해서는 아직 별다른 의견이 없다.

벧 아낫은 세티 1세 왕의 지리 목록에 언급된다. 이 지역은 또한 람세스 2세의 비문에도 나온다. 벧 아낫은 산지에 있었을 것으로 추정되며, 그 지역을 벧 아낫이라는 이름으로 불렀다. 유세비우스는(《지명록》 52:24–26) 납달리 지파의 벧 아나타를, 온천장이 있는 가이사랴[빌립보]로부터 15번째 로마 이정표가 있는 바타나이아와 동일한 지역으로 기록했다. 이 기록에 따르면 온수와 못이 발견된 차펫 엘 밧티크를 가리키는 것처럼 보인다. 벧 아낫은 초기에 납달리 지파가 정복하지 못한 가나안 성읍 중 하나였다(삿 1:33[3]).

사사기 1장 33절에 언급된 다른 성읍 벧 세메스는, 상부 갈릴리의 훨씬 북쪽에 있는 키르벳 텔 에르 루웨이시=텔 로쉬와 동일한 지역으로 추정할 수 있다.

결론 여호수아서 구성에 대한 이론들은 매우 광범위하고 복잡하지만, 자료에 대한 지리적 분석은 왕정 시대의 인구 분포와 사회 조직을 파악하는 데 많은 도움을 준다. 위에서 언급한 내용들은 솔로몬의 관장 구역 목록을 보존하고 있는 동일한 고대 자료에서 가져왔을 가능성이 매우 높다.

◀ 성서의 긴네롯으로 추정된 텔 킨롯(키르벳 엘 오레이메)에서 철기 시대 II기의 청동신상이 발견되었다.

1_개정역은 '견고한 성읍 두로'라고 옮겼다.

2_개정역은 '알랍'으로 옮겼다. 저자는 '알랍'이 원래는 '마할렙'이었다고 보고 있다.

3_"납달리는 벧 세메스 주민과 벧 아낫 주민을 쫓아내지 못하고 그 땅의 주민 가나안 족속 가운데 거주하였으나 벧 세메스와 벧 아낫 주민들이 그들에게 노역을 하였더라"(삿 1:33).

07

CHAPTER

REGIONAL CONFLICTS

지역 갈등

(주전 9세기)

주전 9세기는 아슈르나시르팔 2세로부터 시작된 앗수르의 확장기였다. 탐욕스런 앗수르 왕들은 새로운 도시와 신전을 짓는 데 필요한 인력과 물자를 조달하기 위해 끊임없이 정복전쟁에 나섰으며, 레반트 지역에서는 북쪽의 아람과 신히타이트 국가들이 먼저 희생을 당했다. 중부와 남부 지역에서는 앗수르의 원정 공격을 저지하기 위한 연합전선이 구축되었으나 그것만으로는 역부족이었다. 당시 북이스라엘은 오므리 왕조에서 중흥기를 맞았지만 성서에서는 고작 여섯 구절(왕상 16:23-28)로 오므리의 업적을 요약했다.

CALAH NIMROD WHERE THE MOST EVIDENCE FOR THE REIGN OF ASHURNASIRPAL II WERE FOUND
아슈르나시르팔 2세의 통치 증거 대부분이 나온 갈라 니므롯

주전 9세기의 레반트는 언제나 앗수르로부터 공격당할 위험에 놓여 있었다. 앗수르라는 괴물의 뜨거운 입김에 맨 처음 덴 것은 아람과 신히타이트 국가였다. 탐욕스러운 앗수르 왕들은 새로운 도시와 신전을 짓는 데 필요한 인력과 물자를 조달하기 위해 종종 과도한 조공을 강요했고, 일부 지역 국가들은 거기에 저항하며 무장 봉기를 일으키기도 했다. 그러나 아나톨리아 남동부에 있는 국가들이 그랬던 것처럼, 북쪽 지역의 왕국들 역시 끝내 정복당하고 말았다. 반면에, 레반트 중부와 남부 지역에서는 약탈과 착취를 일삼는 앗수르의 원정 공격을 저지하기 위해 집단적인 저항이 어느 정도 효과적이라는 사실을 깨달았다. 하지만 앗수르를 방어하기 위해 마지못해 연합한 세력으로는 레반트 남부의 작은 국가들 사이에서 벌어진 치열한 지역 분쟁을 막아내기에는 역부족이었다.

메소포타미아

아슈르나시르팔 2세(주전 853–859년) 학자들은 투쿨티 닌우르타의 아들인 아슈르나시르팔 2세가 초기 앗수르 제국을 창설했다고 말한다. 그의 통치를 말해주는 대부분의 증거는 그가 수도로 정한 도시이자 성서에도 등장하는 갈라 니므룻, 칼후 의 폐허에서 나왔다. 후대의 성서 전승에 따르면 영웅 니므롯은 '위대한 사냥꾼'이었으며, 바벨론에서 통치를 시작해 앗수르로 가서 니느웨, 갈라 같은 도시들을 세웠다. 실제로 칼후의 옛 산지는 중세와 현대의 아랍어로 니므룻 Nimrud 이라는 이름을 보존하고 있다. 이것은 이 지역이 아랍 정복 시대 이전까지는 성서와 연관성이 있었음을 보여준다.

도시 칼후가 가진 상당한 부와 인상적인 공공건물은, 아슈르나시르팔 2세가 매년 군대를 동원해 정복한 지역에서 약탈과 착취로 획득한 자금으로 형성된 것들이다. 그는 최소한 매년 한 번씩은 원정을 나간다는 원칙을 세우고 이를 실행에 옮긴 왕이었다. 그는 동쪽 자그로스 산맥에 있는 디얄라 강 상류 지역으로 세 번에 걸쳐 원정을 나갔다. 그는 이 지역에서 누르 아닷이 이끄는 부족 연맹체와 싸웠다. 앗수르인은 아주 다양한 전리품과 새 수도 건설에 필요한 인적 자원으로 수많은 포로들을 이끌고 돌아왔다. 자그로스 산맥 깊은 곳에는 수비대와 물자 보급소가 세워졌다.

북쪽 경계로는 아람 고지에 있는 나이리 지역 쪽으로 몇 차례 원정이 있었다. 마침내 아슈르나시르팔 2세는 이 구역에 총독을 임명했다. 그 후에도 이 지역 주민들은 순종적인 자세로 앗수르 공공 사업에 필요한 물자와 일꾼들을 조달하는 데 협조했다.

다른 원정은 카부르[1]와 유프라테스 강 중부를 따라 남쪽으로 이루어졌다. 아슈르나시르팔 2세는 주전 875년과 867년 사이, 그리고 주전 약 870년에 유프라테스 강을 건너 서쪽으로 다양한 약탈을 감행했다. 원정의 첫 단계는 시리아 북부에 있는 아람 국가들, 특히 비트 아디니(벧에덴, 암 1:5)를 위협한 일이었다.

두 번째 단계는 갈그미스를 앞세운 신히타이트 국가들을 겨냥한 것이었다. 히타이트 왕들은 가신이 되어 조공을 바쳤다. 그러자 아슈르나시르팔은 파티나 왕국으로 진격했다. 운키 Unqi 라고도 불린 파티나 왕국은 청동기 시대에는 무기쉬, 즉 아무크 평야에 위치했다. 원정대는 하자지에서 처음 멈추었고 곧 아프레 아프린 강을 건너 파티나의 수도 쿠눌루아, 즉 오늘날의 텔 타이나트로 나아갔다. 파티나 통치자 루바르나는 앗수르의 공격을 두려워한 나머지 아슈르나시르팔 앞에 자청해서 굴복했다.

고대 갈라의 성채(칼후 : 니므룻)

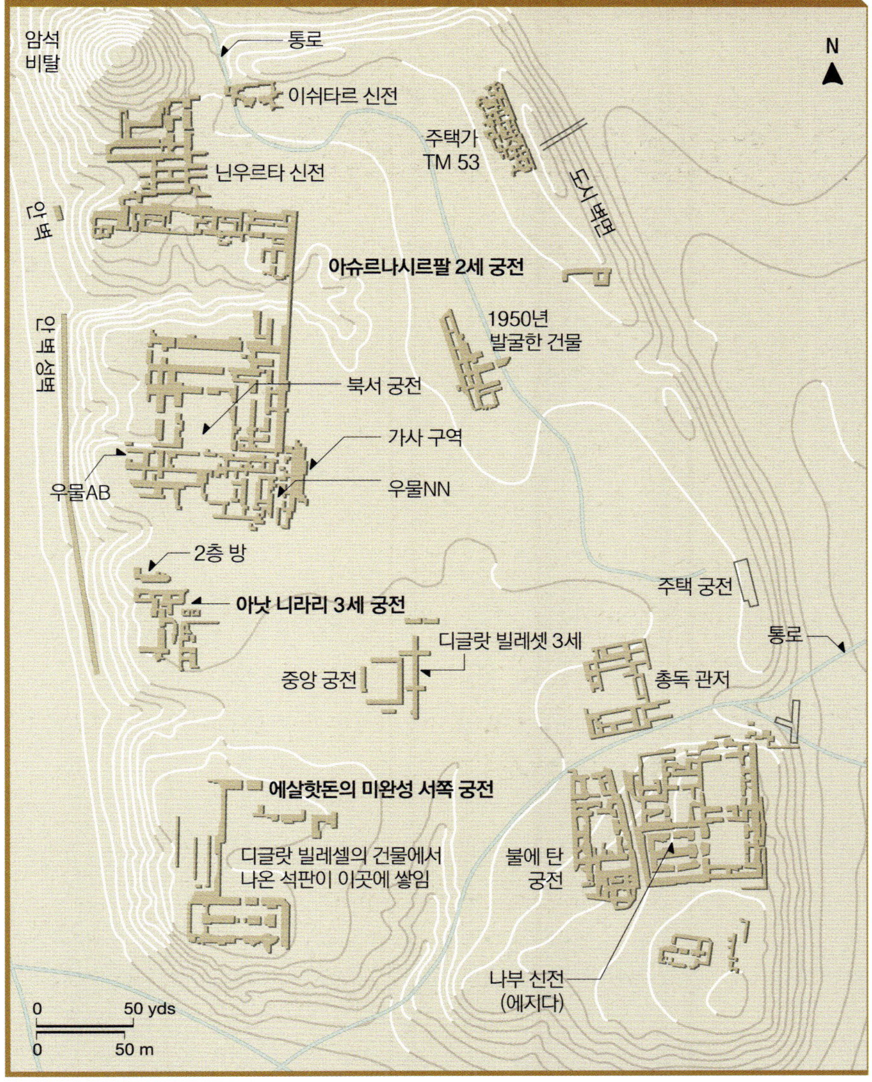

▲ 아슈르나시르팔 2세의 원정로 가운데 하나였던 하볼 강
◀ 초기 앗수르 제국의 창설자 아슈르나시르팔 2세

북쪽 지역은 아직 안전했으므로 그는 오론테스 강을 경유해 계속 남쪽을 향해 시리아 중부로 밀고 내려갈 수 있었다. 그는 안타키아 남동쪽에 있는 예벨 큐세이르 산맥을 넘는 오늘날의 교통로를 따라간 것이 분명하다. 산구루 강은 지스르 에쉬 슈구르 근처에 있는 현대의 나하르 엘 아비얏과 동일한 강일 가능성이 높다. 사라티니 산과 칼파니 산은 예벨 큐세이르의 일부로 추정된다. 파티나 왕국의 최남단 전진 기지는 아리부아였다. 아리부아는 한

1_카부르
성서에 나오는 하볼 강을 말한다. 열왕기하 17:6과 18:11 그리고 역대상 5:26을 참고하라.

1_"느밧의 아들 여로보암의 죄를 따라 행하는 것을 오히려 가볍게 여기며 시돈 사람의 왕 엣바알의 딸 이세벨을 아내로 삼고 가서 바알을 섬겨 예배하고"(왕상 16:31).

2_고대 중동에서 왕의 통치 연수 합산 방식은 두 가지였다. 왕이 즉위한 해를 '즉위년'이라 부르고, 새해 첫날부터 통치 원년으로 삼는 방식을 '즉위년 방식'이라고 한다. 이 방식에 따르면 통치 연수가 1년 늦어질 수도 있으므로 '후기 합산 방식'이라고도 부른다. 또 하나의 방식은 왕위에 오른 해를 통치 첫 해로 포함시키는 '비즉위년 방식'이 있다. 이는 비즉위년 방식에 비해 통치 원년이 빠르게 되므로 '조기 합산 방식'이라고도 한다. 따라서 이스라엘 역사에서도 왕의 통치 연대 문제는 어떤 방식을 택하는가, 또한 새해가 어느 달에 시작하는가에 따라 몇 년 차이가 생길 수 있다.

나라의 국경 도시로서 수비대와 다른 상징들을 갖추고 있었을 것으로 짐작된다. 그곳은 지스르 에쉬 슈구르 근처였을 가능성이 매우 높다. 이곳은 오론테스 강을 건널 수 있는 편리한 여울이 있으며, 동쪽으로는 루구투로 직행할 수 있다. 또 서쪽으로는 브다마를 경유해 예벨 노사이라안사리예를 통과해 지중해에 접근할 수 있다.

아슈르나시르팔은 친히 아리부아를 빼앗아 앗수르의 기지로 만들었다. 그 다음에 그는 루구티 영토로 전진해 그곳을 잔인하게 정복했다. 이곳은 주전 2천년대에는 누그핫세의 땅이었다. 루구티 지역의 정치적 상황은 분명하지 않다. 살만에셀 3세 통치 때 루구티가 하맛 왕국의 북부 지방을 이루었던 것으로 보아 매우 이른 시대에 이미 복속되었을 수도 있다.

왕은 루구티의 땅을 약탈해 짓밟은 후에 서쪽으로 관심을 돌렸다. 아마누스 산맥으로 가는 여정에서 원정은 절정에 달했다. 이곳에서 왕은 앗수르의 왕실 건물 건축에 사용할 엄청난 양의 목재를 확보했다.

주전 866년 이어진 쿠지리나 원정에서 아슈르나시르팔은 쿰무크 왕 카타질루에게 조공을 받았다. 이 원정은 대규모 군사 공격이라기보다는 평화로운 전진이 특징이었다. 따라서 원정대의 군사적 정치력이 미치는 파장은 크지 않았다. 다른 한편으로 페니키아의 해안 도시들은 이 시기를 서쪽으로 항해하던 상단으로부터 들여온 물품들을 동쪽에 팔 수 있는 시장이 열린 기회로 여겼다.

살만에셀 3세(주전 859-824년) 아슈르나시르팔 2세가 시행한 정책은 왕위를 계승한 아들 살만에셀 3세에 의해 계속되었다. 살만에셀 3세의 서부 원정은 앗수르 침략자들에게 저항하려는 지역 국가들을 공격하기 위한 것이었다. 그의 비문은 사전 조사를 통해 앗수르인이 레반트의 사회·정치적인 실체들에 대한 정보를 완전히 파악하고 있었다는 것을 보여준다. 북부에 있는 정치 국가들과 시리아 중앙 지역에 있는 정치 국가들은 앗수르 침략자들을 물리치기 위해 연합을 도모했다. 북쪽 국가들은 결국 정복되었지만, 중앙 지역 국가들은 그의 재위 말엽까지 살만에셀에 끊임없이 저항했다. 중앙 지역 국가들과 레반트 남부 지역은 앗수르의 압력이라는 위협에 공동으로 저항했다. 그럼에도 불구하고 그들의 지역 갈등과 경쟁은 주전 9세기 동안 수그러들지 않았다.

깁브돈에서 이스라엘과 블레셋의 충돌 \ 주전 909년

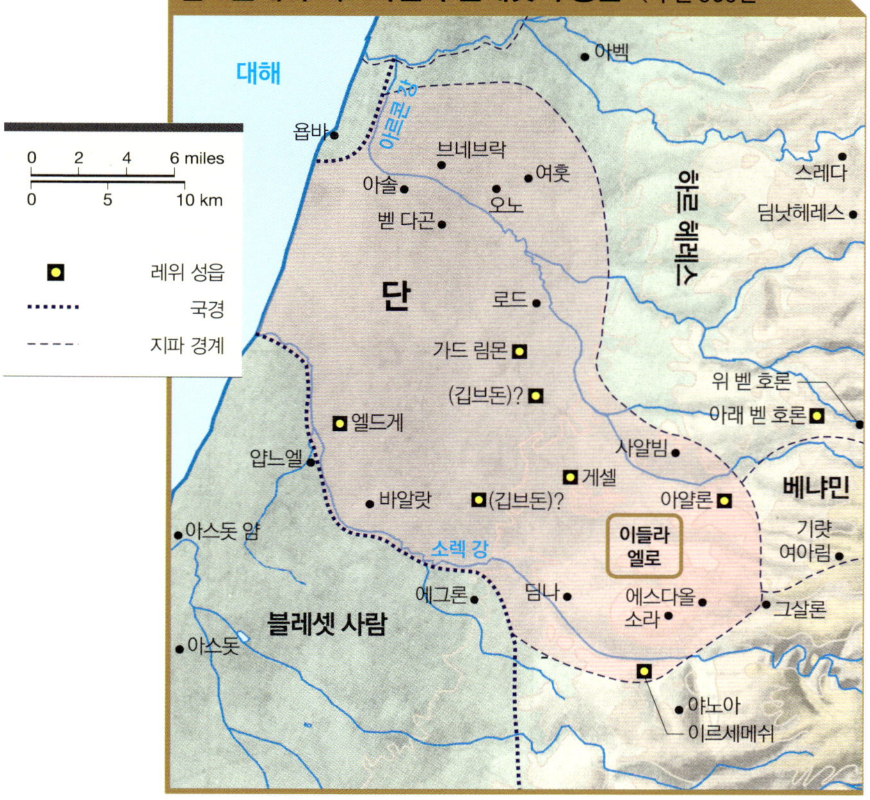

페니키아 해안 페니키아의 자료를 활용할 수 있었던 에베소 출신인 역사가 메난더Menander는 왕의 목록에서 주전 9세기에 속한 여러 두로 왕들을 소개하고 있다(《아피온 반박문》 1.121-125).

아쉬타르트람	주전 890년	바알 아조르 2세	주전 850년
필레스	주전 880년	마탄 1세	주전 840년
이토바알(엣바알) 1세	주전 880년	피그말리온	주전 830년

두로가 페니키아 도시들의 선두자리를 지키는 동안, 도시들의 왕은 '시돈인=페니키아인의 왕'이라는 호칭을 사용할 수 있었다(왕상 16:31[1]).

헬라의 고대 자료는 두로가 '신도시' 카르타고를 세웠다고 전한다. 그 연대는 첫 번째 올림픽이 열리기 전, 즉 주전 814/813년으로 기록되어 있다. 이때는 아마 피그말리온 통치 때로 보인다. 엣바알잇토바알 1세 통치 기간에 일어난 두로와 이스라엘의 연합은 다음에 다룰 예정이다.

일반적으로 페니키아 도시들은 앗수르가 요구할 때는 언제든 조공을 바치겠다고 결정했다. 카르카르 전투에서 남부의 연합군이 살만에셀 3세에 대항했을 때 비블로스도 이 연합군에 가담해서 싸웠다고는 하지만 확실한 것은 아니다. 두로와 시돈은 내륙의 서부 아시아와 지중해 사이에서 어떻게든 자신들의 상업적 이익을 보호하는 데 총력을 기울였다. 그들만의 군사력으로는 한계가 있었기 때문이다.

레반트 남부

이스라엘과 유다 왕국은 각기 왕조를 이어갔다. 북쪽은 왕조가 바뀌었지만 남쪽에서는 다윗 왕조가 계속 통치했다.

이스라엘 북왕국 여로보암의 아들 나답은 주전 910/909년에 왕위를 물려받았는데, 이때는 실제 공식적인 통치를 시작한 첫 해를 원년으로 계산하는 방식[2](이후 비즉위년 방식)에 의하면 유다 왕 아사가 왕이 된 지 2년째 되는 해이다. 나답은 자신의 군대장관 바아사에 의해 살해당한 주전 909/908년까지 실제로 1년을 다스렸다. 그러나 공식적인 기록은 나답이 2년 동안 다스린 것으로 나와 있는데, 이것은 비즉위년 방식에 따른 것이다(왕상 15:25). 나답이 살해될 때 이스라엘 군대는 깁브돈을 포위하고 있었다(왕상 15:27). 잇사갈 지파 아히야의 아들인 바아사는 평민 출신이었다(왕상 16:2). 이스라엘이 깁브돈에서 블레셋과 싸운 일은 두 적대국이 욥바와 벧 호론 사이에 있는 '통로'를 지배하려고 서로 경쟁했다는 사실을 암시한다. 이 땅은 여호수아서에서 원래 '단 지파의 기업'으로 배정된 성읍이었다. 이 문제는 그 당시에 해결되지 않아 바아사 통치 말

구스인 세라의 원정 \ 주전 896/895년경

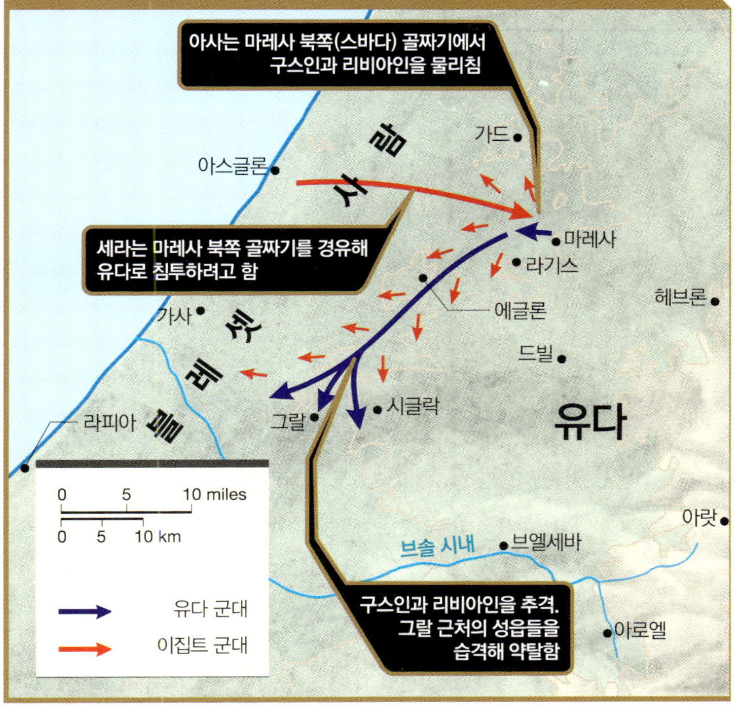

바아사의 아사 공격 \ 주전 895년경

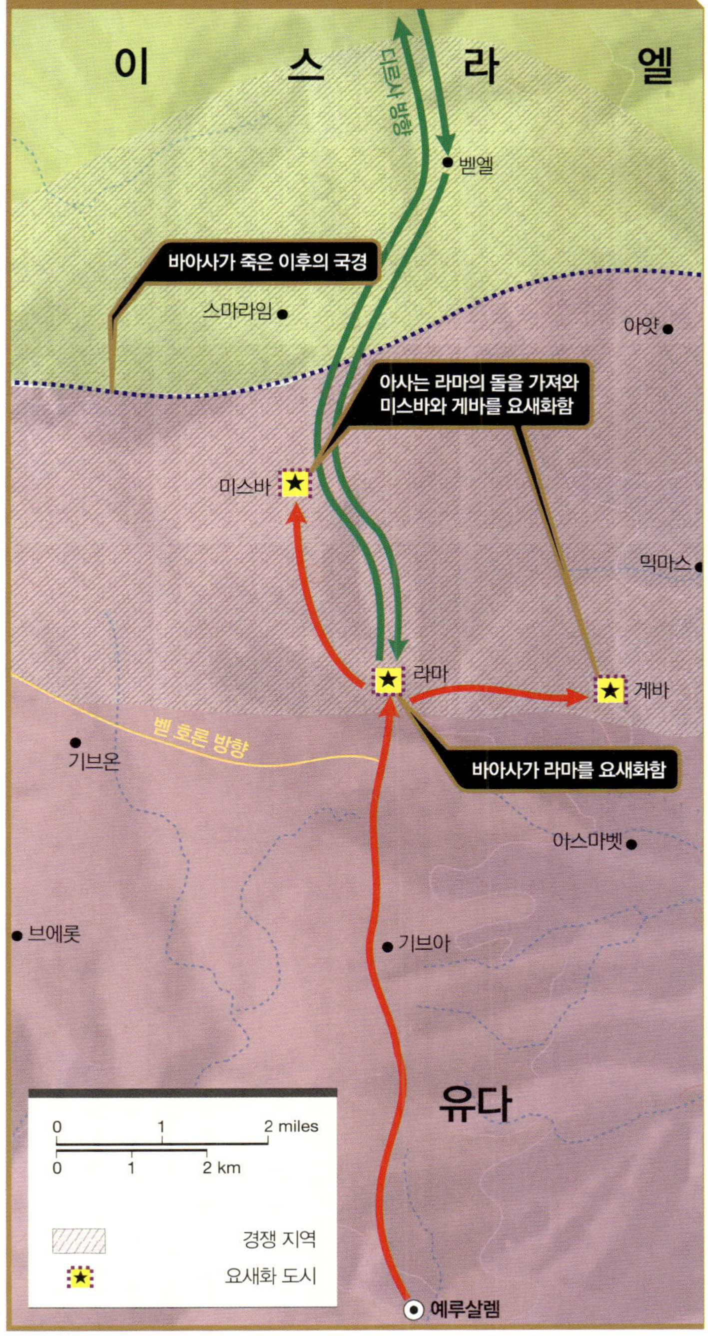

엽에 전투가 재발한 것이다(왕상 16:15).

깁브돈의 후보지로는 두 곳을 생각할 수 있다. 첫째는 텔 멜랏텔 말롯이다. 텔 멜랏은 지중해에서 20킬로미터밖에 떨어져 있지 않은 내부 해안 평야의 동쪽 경계선에 있으며, 현대의 라믈라 남쪽으로 7킬로미터 지점에 있다. 텔 멜랏 동쪽으로는 텔 게셀이 뚜렷하게 지평선상에 솟아 있다. 텔 멜랏의 발굴 조사와 시험 탐사를 통해 초기, 중기, 후기 청동기, 철기 I기, II기, 페르시아, 로마, 비잔틴, 아랍 시대의 흔적이 발견되었다. 주전 9세기와 8세기 유적도 드러났다.

깁브돈의 후보지로 거론되는 두 번째 장소는 라스 아부 후메이드하미드이다. 이곳은 라믈라의 남동쪽으로 3킬로미터 떨어져 있고, 게셀의 북서쪽으로 6킬로미터 거리에 있다. 블레셋과 이스라엘 사이의 전투를 언급한 두 구절로 보면 깁브돈은 에그론을 마주한 곳에 있어야 맞다. 초기에는 에그론이 아키르로 생각되었지만, 최근에 에그론의 새로운 유력한 후보지로 떠오른 키르벳 무카나텔 미크네를 고려한다면, 모든 요구를 충족시키는 가장 적합한 깁브돈의 후보지는 텔 멜랏이다. 바아사는 왕위를 주장할 만한 경쟁자를 모조리 제거하기 위해 여로보암의 가계를 전부 몰살했다(왕상 15:29). 비즉위년 방식에 의하면 바아사는 24년을 통치했지만, 실제로는 23년(즉위년 방식)을 다스렸다. 아사 제25년(즉위년 방식), 즉 주전 894년에 바아사의 아들 엘라가 그의 뒤를 이어 왕위에 올랐다(왕상 16:8). 바아사의 통치에 대한 또 다른 언급은 아사와의 갈등을 언급할 때만 등장한다. 이때 바아사가 잃은 북쪽 영토에 대해서는 아래에서 다룰 것이다.

유다 이스라엘 왕 여로보암 1세 제20년(유다의 즉위년 방식)에 아사는 그의 아버지 아비야/아비얌을 이어 왕이 되었고(왕상 15:9), 실제로 통치한 기간은 주전 869년까지 41년이다. 아사는 역사 기록 중 특히 역대기에서 특별한 관심을 받고 있다(대하 14:1-4). 그가 '이방의 제단과 산당' 숭배를 중지시켰기 때문이다. 물론 이 사실은 아사가 예루살렘 성전 체제를 강력하게 지지했다는 것을 의미한다. 예루살렘 성전은 신명기 역사가와 역대기 기자에게 중요한 관심사였다. 다른 한편으로 아사는 지방의 제의 장소를 폐쇄했다. 대신 제의 장소를 없앤 성읍들에 요새화라는 공공시설 사업의 명목으로 왕실 기관들을 세웠다. 그리고 농사를 짓지 않는 계절에는 새로 임용한 왕실 행정 관료의 감독 아래 지역 주민들에게 일자리를 만들어주었다(대하 14:6-7).

아사의 통치 기간 중 가장 중요한 사건은 유다를 침략하려는 외국 군대를 물리친 일이다. 구스인 세라의 침입 사건은 역대기에만 기록되어 있다(대하 14:9-15). 중요한 문제는 그 침략자의 정체와 출신이다. 역대하 16장 8절에 나오는 예언자의 말에서 구스 사람과 리비아 사람이 언급되어 있는 것으로 보아 여기서 구스 사람은 누비아 사람으로 추정된다. 실제 전투 기록에는 리비아 사람이 언급되어 있지 않으며 오직 '구스 사람'만 나온다(대하 14:12).
침략자들은 완전히 패배해 도주했다(대하 14:12-15을 보라). 침략자들의 지휘자인 세라는 전형적인 셈 족 이름이다. 세라는 구산(합 3:7)이라고도 불리는 헤야즈 북부에서 온 구스 부족의 한 사람일 가능성이 높다(대하 21:16; 민 12:1). 구스는 유다에 맞서 블레셋을 지원하는 일에 특별한 관심을 두었을 것이다. 구스는 아라비아에서부터 해안까지 대상 무역을 간섭하려는 의도를 가지고 있었던 유다를 방해하고 싶었기 때문이다.
다음에 이어지는 사건들에서도 이런 일들은 반복적으로 나타나고 있다. 아사는 많은 요새 성읍들을 건설해 남부에 있는 성읍들을 거쳐 이 지역

유다와 이스라엘 왕들의 연대

에드윈 딜레				밀러&헤이스(개정판)				시대 특징 및 국제 정세
유다		이스라엘		유다		이스라엘		
르호보암	930-913	여로보암 1세	930-909	르호보암	926-910	여로보암 1세	927-906	**40년간의 적대관계(주전 927-879)** 솔로몬의 죽음과 르호보암에 대한 이스라엘의 반란으로 두 개의 소왕국 탄생. 두 왕국 사이의 적대감은 힘을 소진시킴. 두 왕국의 영토는 요단 서편 산지 그 이상은 아니었다. 애굽의 22왕조 설립자 시삭/쇼생크가 르호보암 초기에 군사 원정을 행함. 페니키아 선원-상인들은 지중해 해안을 개발하고 있었다.
아비야	913-910	나답	909-908	아비얌/아비야	909-907	나답	905-904	
아사	910-869	바아사	908-886	아사	906-878[866]	바아사	903-883[880]	
		엘라	886-885			엘라	881-880	
		시므리	885			시므리	7일	
		디브니	885-880					
여호사밧 섭정/통치	872-869-848	오므리	885-874	여호사밧	877-853	오므리	879-869	**오므리 왕조(주전 879-840)** 오므리 왕조 시대에 이스라엘은 강대국으로 부상해서 솔로몬을 능가하는 국제적인 명성과 번영을 누림. 페니키아와의 활발한 상업 관계는 시돈 왕의 딸 이세벨과의 결혼으로써 증진. 여호사밧 아래의 유다는 이스라엘의 가까운 맹방이지만 속국 이상은 아니었다. 앗수르는 아슈르나시르팔 2세와 살만에셀 3세 때 서쪽으로 확장하기 시작했다.
		아합	874-853			아합	868-854	
여호람 섭정/통치	853-848-841	아하시야	853-852	여호람	852-841	아하시야	853-852	
아하시야	841	요람	852-841	아하시야	840	요람	852-840	
아달랴	841-835	예후	841-814	아달랴	839-833	예후	839-822	**예후 왕조(주전 839-748)** 궁전 쿠데타는 이스라엘과 유다 왕좌에 새로운 통치자들을 세우고 상호 약화 시기로 들어섰다. 우라르투 왕국은 시리아 북부까지 침투해 확장하고 앗수르까지 위협. 앗수르의 곤경으로 다메섹 왕들 하사엘과 벤하닷이 자유로와져 이스라엘과 유다 영토를 침략. 9세기 말에 다시 아다드니라리 3세 통치 하의 샴쉬일루 장군 원정 시작. 여로보암 2세 통치 때 이스라엘과 유다 회복. 이집트 구스 25왕조가 세워짐
요아스	835-796	여호아하스	814-798	요아스/여호아스	832-803[793]	여호아하스	821-805	
아마샤	796-767	여호아스	798-782	아마샤	802-786[774]	여호아스	804-789	
아사랴(웃시야) 공위	792-767-740	여로보암 2세 섭정/통치	793-782-753	웃시야/아사랴	785-760[734]	여로보암 2세	788-748	
요담 섭정/통치	750-735-732			요담	759-744			
아하스 공위	735-732-715	스가랴	753	여호아하스 1세/아하스	743-728	스가랴	6개월	**앗수르 지배(주전 745-627)** 디글랏 빌레셀(주전 744-727) 아래 앗수르는 정복과 통합의 시대로 들어섬. 제국의 새로운 단계. 그의 통치 말기에 이스라엘과 유다를 포함해 시리아-팔레스틴의 모든 민족들이 멍에를 멤. 그의 후계자들도 이집트의 구스 왕조 제압. 이스라엘의 앗수르 반란은 전멸과 영토 합병을 초래했다.
		살룸	752			살룸	1개월	
		므나헴	752-742			므나헴	746-737	
		베가	752-732			브가히야	736-735	
		브가히야	742-740			베가	734-731	
		호세아	732-723			호세아	730-722	
히스기야	715-686	사마리아 멸망	723	히스기야	727-699	사마리아 멸망	722	
므낫세 섭정/통치	696-686-642	* 딜레가 주장하는 통치연대 중에는 세 개의 연대가 나오는 경우도 있다. 첫 번째 연대는 섭정(공동통치) 시작 연대를, 두 번째 연대는 단독통치 연대를 말한다.		므낫세	698-644			유다는 아슈르바니팔(주전 668-627) 통치 때 앗수르의 가신으로서 생존하기 위해 필사적으로 노력함. 그 당시 애굽과 앗수르는 동맹 관계. 이집트는 점차 시리아-팔레스틴의 행정적 지배를 획득. 아슈르바니팔의 사후 짧은 기간 동안 이집트가 시리아-팔레스틴을 지배함
아몬	642-640			아몬	643-642			
요시야	640-609			요시야	640-610			
여호아하스	609	** 통치연대 표기시 '주전' 생략		여호아하스 2세	3개월			**바벨론 지배(주전 605-586)** 아슈르나시팔의 사후 앗수르 제국은 급속하게 쇠퇴. 반면 바벨론은 열정적인 통치자 나보폴랏사르의 지배 아래 강해짐. 바벨론과 메대가 연합해 주전 612년 니느웨 함락. 앗수르는 주전 605년 갈그미스 전투에서 마지막으로 저항했으나 실패. 곧 시리아-팔레스틴의 새로운 주인은 바벨론이 됨. 주전 586년 유다의 저항이 결국 예루살렘 파괴와 시드기야 왕의 추방을 야기했다.
여호야김	609-598			여호야김	608-598			
여호야긴	598-597			여호야긴	3개월			
시드기야	597-586			시드기야	596-586			
예루살렘의 멸망	586			예루살렘의 멸망	586			

* Edwin R. Thiele, *The Mysterious Numbers of the Hebrew Kings* (Kregel Academic & Professional, 1994). 《히브리 왕들의 연대기》(기독교문서선교회)
* James M. Miller & John H. Hayes, *A History of ancient Israel and Judah* (Westminster John Knox Press, 2006). 《고대 이스라엘 역사》(크리스찬다이제스트)

을 통과하는 대상들에게 물자를 공급했을 것이다. 그러나 수비대들은 통행 권리를 주장하며 과도한 값을 요구했을 것이다. 아사가 침략자들을 쫓아 아라바를 건너 그들의 고국까지 추격한다는 것은 비현실적인 일이다. 그러나 그는 분명 침략자들에게 군수 물자를 지원했을, 함 족의 자손이요 네게브 서쪽의 거주민들을 가혹하게 벌할 수 있었을 것이다(대상 4:39-40). 구스가 마레사 길을 통해 유다를 침략한 것은 유다의 방어력에 타격을 입히고 살인과 약탈을 하기 위해 내륙으로 들어가는 길을 확보하려는 의도가 있었다.

아사 제15년, 즉 주전 895년에 이 위대한 승리를 기념하는 축하 행사가 이어졌다(대하 15:10). 승리 후에 제의와 종교 개혁이 단행된 것을 고려하면 전투는 주전 896년에 일어난 것이 분명하다. 아사 통치 제35년과 제36년이라고 말한(대하 15:19-16:1) 것은 분열 왕국 시대임을 고려한 계산 방식에 의한 것이다. 이 언급이 문제가 되는 것은, 바아사는 아사 제36년에 아사를 공격할 수 없었기 때문이다. 왜냐하면 바아사는 아사 제26년에 죽었기 때문이다(왕상 16:8). 이스라엘은 비즉위년 방식이고 유다는 즉위년 방식이므로 바아사가 죽은 해는 실제로는 아사 제25년이다. 남왕조의 연대를 기준으로 하는 방식은 곧 폐기되고, 역대기 기자는 두 연대를 통합했다. 이로써 역대기 기자는 아사의 질병이 제39년에 시작되었다는 말에 사실성을 부여할 수 있었다(대하 16:12). 아사 제15년인 유다 왕국 35년까지는 어떠한 적대 행위도 없었다(대하 15:10). 그동안 아사는 왕국의 방어 체계를 구축했기 때문이다.

구스 사람 세라를 물리친 군사적인 성공으로 이름을 떨친 아사는 북왕국 이스라엘로부터 많은 백성을 끌어들였다(대하 15:8-10을 보라). 여기에 나오는 시므온은 유다 남부에 정착한 지파가 아닌 것으로 보인다. 그보다는 이스르엘 대평원 북서쪽에 있는 시므온[1] 성읍일 수 있다(수 11:1; 12:20; 19:15). 주전 925년에 시삭Shishak에 의해 파괴된 므깃도는 즉시 복구되지 못했다. 따라서 쉬므온/시므온(별칭 '쇼메론')은 므깃도를 대신해 원주민들 사이에서 주요 중심지가 된 것은 확실하다. 요시야 시대에 시므온은 비슷한 문맥에 다시 등장한다(대하 34:6). 이때 므깃도는 앗수르의 행정 중심지였다.

아사는 유다와 베냐민 양쪽 지역과 이스라엘의 이웃 지역으로부터 모두 신망을 얻었다. 높아진 아사의 위상은 백성과 왕이 하나님과, 그리고 서로간에 맺은 새로운 계약 내용에서 알 수 있다(대하 15:1-15). 이 일을 바탕으로 그는 왕국 전역과 왕실 가족으로부터 예루살렘 종교 체제를 옹호하는 제의 개혁을 단행하는 데 필요한 강력한 정치적 힘을 얻었다(대하 15:16-18). 또한 이 일은 상당한 재정이 왕정에서 성전으로 이동하는 계기가 되었다.

아사의 높아진 위상은 북왕국에게 위협으로 느껴졌다. 이웃나라 왕 바아사는 대중에게 신임을 얻었던

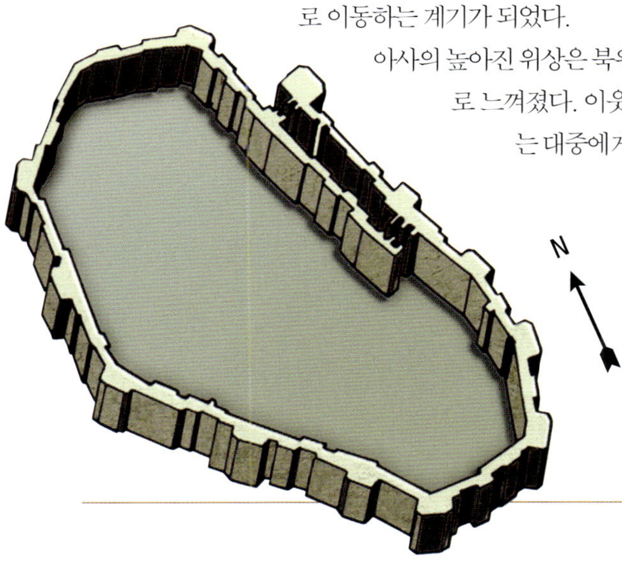

◀ 아사 시대의 미스바 성벽 도면

벤 하닷 1세의 원정 \ 주전 895/894년경

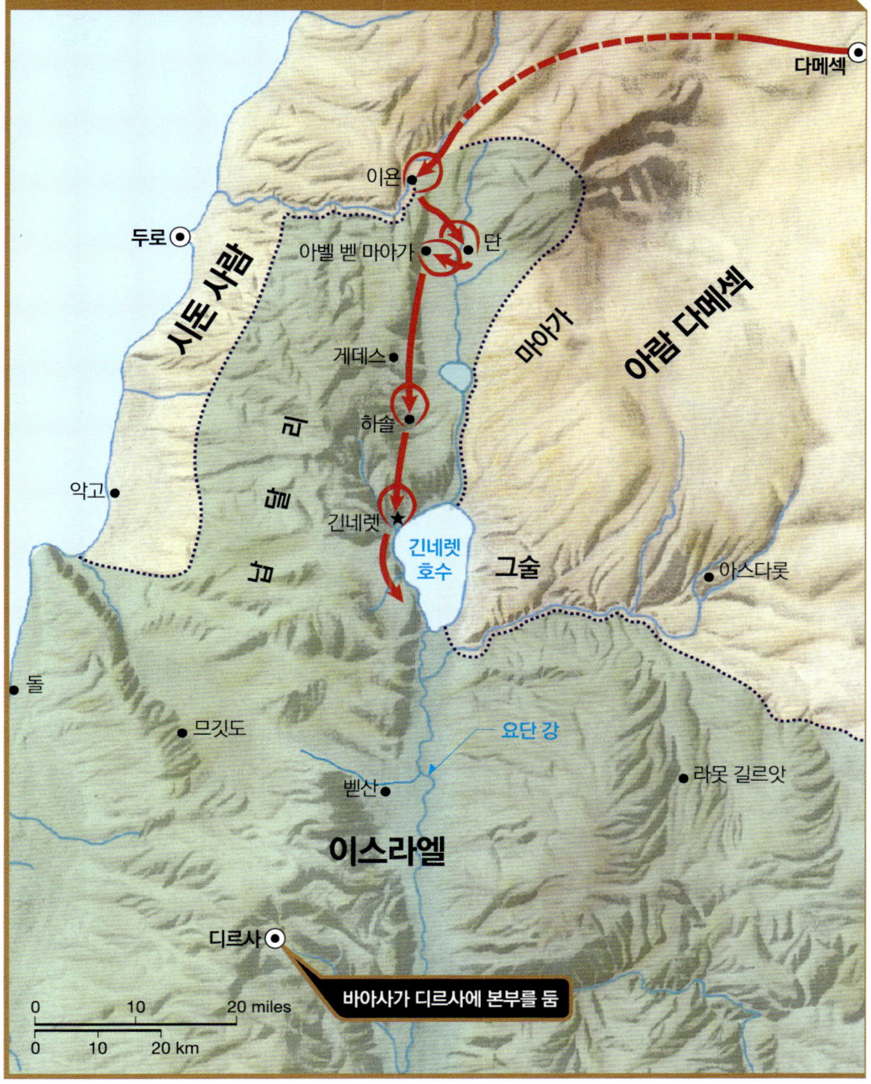

왕실 가족의 후손을 암살하고 정권을 잡았기 때문에 이스라엘에서 예루살렘으로 가는 통로를 막을 수밖에 없었다.

이어서 곧 바아사가 아사에 대항해 군사 행동을 했다는 내용이 이어진다(대하 15:19-16:1 ‖ 왕상 15:17). 역대하 15장 19절은 사실 "아사 통치 제35년까지 전쟁이 없었다"[2]고 기록되어야 한다. 이 구절은 실제로는 아사 제15년에 세라의 공격이 있었다고 강조하고 있다. 다른 한편으로 역대기의 이 구절은 바아사와 아사 사이에 일생 동안 전쟁이 있었다는 신명기 역사가의 기록과 모순되는 것처럼 보인다(왕상 15:16). 아사가 에브라임 산지의 성읍들을 차지했다는 암시가 있기 때문이다(대하 15:8). 그래서 역대하 15장 19절을 믿는다면 외부에서 유다를 침략하려는 시도는 그 전까지 한 번도 없었다는 것을 말하려는 의도로 해석해야 한다.

바아사가 군대를 베냐민 영토 중심지로 이동시켰다는 열왕기상의 기록은(왕상 15:17) 신명기 역사가의 이야기에서는 뚜렷한 이유가 없는, 마른 하늘에 날벼락 같은 일로 비친다. 그러나 역대하 15장 8-9절을 배경으로 한다면 그 사건은 상당한 이유가 있음을 알 수 있다. 바아사가 모반을 통해 이스라엘에 등위한(주전 909/908년) 일과 여로보암 1세의 남은 왕

1_시므온
여호수아 11:1과 12:20에서 '시므론 왕'이 나오는데, 이 책의 저자는 이 시므론은 훼손된 본문이므로 '쉬므온'으로 고쳐 읽기를 제안한 바 있다. 저자는 북쪽 갈릴리 지역에 위치한 쉬므온 성읍과 역대하 15:8-10에 나온 시므온이 같다고 본다.

2_개정역은 "이때부터 아사 왕 제삼십오 년까지 다시는 전쟁이 없으니라"로 아사 제15년부터 20년 동안 전쟁이 없었다는 뜻으로 옮겼다.

실 가족을 체계적으로 몰살한 일은 북왕국에 상당한 사회적 불안을 조성했을 것이다. 더욱이 바아사가 힘을 갖게 되었을 때 깁브돈에서 벌어진 블레셋과의 군사적 충돌은 여전히 해결되지 못했던 것 같고, 바닥난 재정은 바아사 통치 말엽 주전 885년까지 계속되었을 것이다(왕상 16:15). 그러므로 아사가 이스라엘과의 접경 지대에서의 전투와 구스 사람 세라로부터 승리해 얻은 성공으로 북쪽의 많은 인구가 그에게 몰려들었다는 이야기는 이상한 일이 아니다. 아사는 승자같이 보이고 바아사는 패자처럼 보였던 것이다.

역대기는 이 단락에서 왕들의 이야기를 요약하기는 했지만 기본적으로는 같은 내용이다. 왕들의 연대는 제36년으로 주어지고 있는데, 실제로는 아사 제16년으로 주전 895년이다. 따라서 역대기 기자는 이 구절을 덧붙인 것이 분명하다(왕상 15:16-17을 보라).

이 시점에서 아사는 이스라엘의 위협을 제거하기 위해 외교 정책으로 눈을 돌렸다.

> 아사가 여호와의 성전 곳간과 왕궁 곳간에 남은 은금을 모두 가져다가 그 신하의 손에 넘겨 다메섹에 거주하고 있는 아람의 왕 헤시온의 손자 다브림몬의 아들 벤하닷에게 보내며 이르되 나와 당신 사이에 약조가 있고 내 아버지와 당신의 아버지 사이에도 있었느니라. 내가 당신에게 은금 예물을 보냈으니 와서 이스라엘의 왕 바아사와 세운 약조를 깨뜨려서 그가 나를 떠나게 하라 하매(왕상 15:18-19).

아사가 궁전뿐만 아니라 성전의 보물 창고를 비운 일은 예루살렘 종교 체제에 속한 제사장과 예언자를 분노하게 만들었다. 역대기에 기록된 것처럼 아사의 정책은 예언자의 비난을 초래하고 왕권과 제사장권 사이가 소원해지는 결과를 낳았다(대하 16:9-10[1]).

아사가 전략적으로 벤하닷과 조약을 맺은 결과, 아람은 이스라엘 북부를 공격했다(왕상 15:20 ‖ 대하 16:4을 보라). 이 작전으로 인해 바아사는 라마로부터 군대를 철수시킬 수밖에 없었다. 이후 바아사는 와디 파라 상부에 위치한 디르사(아마도 텔 엘 파라 북쪽)에서 통치했다(왕상 15:22 ‖ 대하 16:5을 보라).

이로써 아사는 노역자를 모아 라마의 요새 시설을 해체할 수 있었다(왕상 15:22 ‖ 대하 16:1-6을 보라). 그는 라마를 대체할 만한 유력한 두 곳의 방어 거점을 건축했다. 게바(현대의 제바)는 광야 가장자리를 따라 난 동부의 도로가 교차하는 중요한 통로를 감시했고, 미스바(분명히 텔 엔 나스베)는 벧엘로 가는 북쪽을 향한 분수령 도로(삿 21:19)상에 있다. 이후 두 왕국은 벧엘과 미스바 사이, 즉 오늘날의 라말라와 엘 비라가 있는 산등성이를 경계로 삼았다.

| 오므리 왕조 |

국내 정치 투쟁 _ 주전 886/885년, 이스라엘은 여전히 깁브돈에서 블레셋과 교전 중이었다. 이 전투에 대한 부담감과, 바아사와 왕실이 백성과 소원해진 일은 반란의 씨앗이 되었다. 바아사의 아들 엘라가 아버지의 뒤를 이어 아사 제26년에 왕위에 올랐다. 이 연대는 이스라엘에서 사용하던 비즉위년 방식에 따른 것이다(왕상 16:8-14). 따라서 엘라의 공식적인 2년 통치 기간은 실제로는 1년밖에 되지 않는다. 엘라는 자신의 장군들이 깁브돈에서 전쟁을 수행하는 동안 왕궁에 머무르기를 더 좋아했던 것으로 보이며, 연회를 좋아한 사람이었다는 인상을 준다. 그가 완전히 취해 있을 때 병거 군대의 절반을 맡았던 지휘자 시므리는 암살 음모를 거행해 왕좌를 빼앗았다. 그러나 시므리의 반란은 고작 8개월밖에 가지 못했다. 그가 반란을 일으켰다는 소식이 깁브돈에서 진을 치고 있던 군대에 전해지자, 사람들은 그들의 상관인 오므리를 왕으로 추대했다. 오므리는 신속하게 충분한 병력을 갖추고 수도로 돌진해 수도를 포위했다. 시므리는 파국을 직감하고 궁전에 불을 지르고 자살했다.

> 유다의 아사 왕 제 이십칠 년에 시므리가 디르사에서 칠 일 동안 왕이 되니라(왕상 16:15).

오므리의 발흥 \ 주전 885/884년경

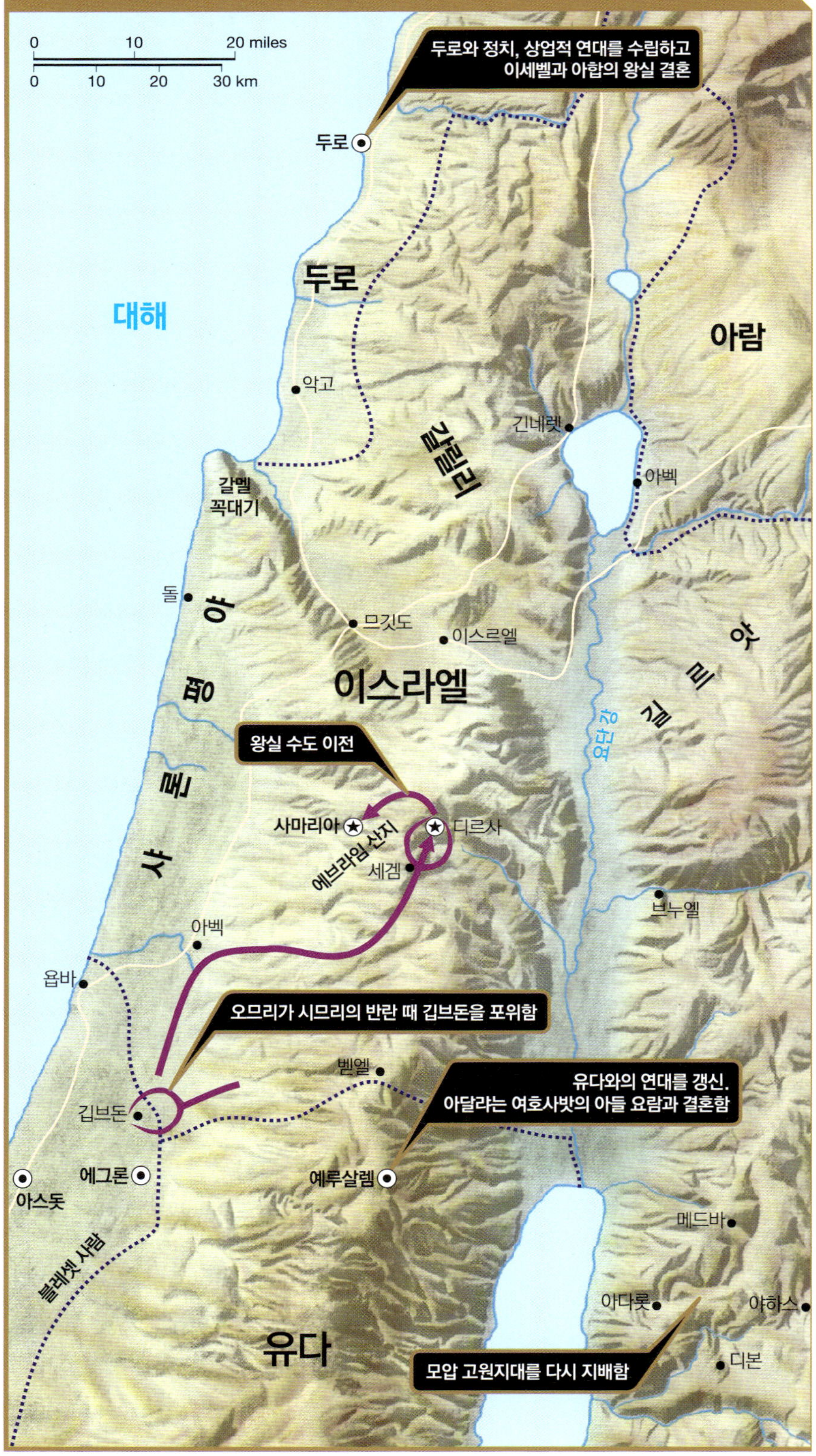

오므리가 새 수도를 세우고 사마리아라고 부른 **세멜의 산**

사마리아 산은 동쪽의 산들을 연결하는 산등성이 산지들에 의해 둘러싸여 있다.
"너희는 사마리아 산들에 모여 그 성 중에서 얼마나 큰 요란함과 학대함이 있나 보라 하라"(암 3:9).

아사 제27년은 비즉위년 방식이므로 실제 연대(즉위년 방식)는 제26년으로 주전 885년이다.

이어서 두 파벌 간에 내전이 일어났다. 백성의 반은 오므리의 경쟁자인 기낫의 아들 디브니를 지지했다(왕상 16:21-22을 보라). 오므리 아버지의 이름은 알려져 있지 않다.

오므리의 임관식을 다룬 단락은 실제로 5년(비즉위년 방식은 6년)간 내전이 계속되었다고 말한다(왕상 16:23[2]을 보라).

아사 제25년(즉위년 방식), 즉 주전 885년에 시작된 오므리의 전쟁은 아사 제30년, 즉 주전 880년에 끝났다. 그러나 이스라엘의 비즉위년 방식으로 말한다면 각각 아사의 제26년과 제31년이다. 실제로 거의 5년간이다. 아사 제31년(실제로는 제30년)은 오므리가 단독 통치자가 된 때였다. 오므리의 총 통치 연수는 비즉위년 방식으로는 12년이지만 즉위년 방식으로는 11년간, 즉 주전 885년부터 874년까지다. 아합은 아사 제38년(실제 37년)에 왕이 되었다(왕상 16:29). 오므리는 첫 6년간(실제로는 5년간)은 디브니와 경쟁하며 디르사에서 다스렸다.

그동안 갈릴리와 긴네렛에서 아람에게 정복된 땅의 운명에 대해 알려진 것은 없다. 이 성읍들은 벤하닷이 아합에게 항복할 때 언급되었던 그 성읍들인가? 아니면 이스라엘에서 일어난 내전 때 다메섹이 요단 동편 땅으로 진군해 빼앗은 성읍들인가? 답이 어떤 것이든 오므리에 대항한 다메섹의 공격은 오므리가 단독 통치를 이루기 전에 발생했다는 것이다.

정치/군사 계획 _ 내전의 짐을 벗은 오므리는 대외적인 문제에 관심을 돌릴 수 있었다. 오므리는 갈릴리 영토를 회복하는 일 외에도 경제력과 잠재적인 군사력을 확보하기 위해 요단 동편 땅을 차지해야 했다. 그러나 이미 요단 동편 땅은 다메섹이 주요 경쟁자로 부상하고 있었다. 다메섹 역시 요단 동편의 대로와 와디 시르한과 헤야즈를 경유하는 아라바를 지배하면 저절로 생길 수 있는 부를 욕심냈다. 그래서 오므리는 아람-다메섹과의 대결을 준비하기 위해 정치·외교·군사적인 전략을 세웠다. 그의 통치는 고작 다섯 구절로 요약되어 있음에도 불구하고(왕상 16:23-28), 성서 외 자료들에서는 이스라엘 왕국의 새 시조가 된 군주 오므리의 훌륭한 업적을 찾아볼 수 있다. 앗수르 기록에서 100년 뒤인 디글랏 빌레셀 3세와 사르곤 2세 통치 때에도 이스라엘이 '오므리 집의 땅'이라고 불린다는 사실에서 그의 명성이 어떠했는지 짐작할 수 있다.

새 수도의 선택 _ 오므리가 취한 첫 단계는 새로운 수도를 정하는 것이었다. 새 왕가와 연결할 수 있는 내부적인 새로운 수도가 필요했기 때문이다.

> 그가 은 두 달란트로 세멜에게서 사마리아 산을 사고 그 산 위에 성읍을 건축하고 그 건축한 성읍 이름을 그 산 주인이었던 세멜의 이름을 따라 사마리아라 일컬었더라(왕상 16:24).

세멜과 오므리 모두 잇사갈 지파와 관계가 있을 수 있으며, 오므리는 부족의 기업을 무르는 사람으로 여겨졌을지 모른다. 어쨌든 신도시는 왕실의 재산으로 매입되었다. 이 지역을 차지했던 가문의 수장 이름을 따서 사마리아라고 부른 것은 오므리가 구입하기 이전에 산지에 정착한 사람들이 있었음을 증명한다. 오므리가 땅을 구입한 주전 9세기 이전인 주전 10세기 무렵, 이곳에는 이미 기름을 생산해내는 마을이 있었을 뿐만 아니라, 성벽으로 둘러싸인 지역과 중요한 공공건물이 존재했던 것이 밝혀졌다. 실제로 세멜 같은 시조의 이름을 딴 성읍은 계획도시의 흔적이 남아 있을 것으로 기대되었다. 1930년대의 발굴은 열왕기상 16장 24절을 잘못 해석해 치명적인 오류를 남겼다. 발굴자들은 가장 이른 시대의 유적지가 주전 9세기 것이라고 생각했기 때문에 그보다 더 이른 시대는 고려하지 않았다. 20세기 후반 이루어진 발굴에서는 북부의 철기 시대 유적지 대부분을 고고학적으로 잘못 해석해 불필요한 오해를 낳았다. 지금은 사마리아에 남아 있는 유적이 오므리 왕조 이전의 것이라고 올바르게 인식되고 있다.

정치 동맹 _ 오므리는 이어서 두로 왕국과 조약에 기초한 동맹을 맺는 단

▲ **왼쪽** | 사마리아는 오므리가 디르사에서 6년간 다스린 후 새로운 수도로 정한 곳이다. 그가 땅을 구입하기 이전인 주전 10세기에 이미 이곳에는 산지에 정착한 사람들이 있었으며, 심지어 성벽으로 둘러싸인 지역과 공공건물이 있었다.

1_"여호와의 눈은 온 땅을 두루 감찰하사 전심으로 자기에게 향하는 자들을 위하여 능력을 베푸시나니 이 일은 왕이 망령되이 행하였은즉 이 후부터는 왕에게 전쟁이 있으리이다 하매 아사가 노하여 선견자를 옥에 가두었으니 이는 그의 말에 크게 노하였음이며 그때에 아사가 또 백성 중에서 몇 사람을 학대하였더라"(대하 16:9-10).

2_"유다의 아사 왕 제삼십일년에 오므리가 이스라엘의 왕이 되어 십이 년 동안 왕위에 있으며 디르사에서 육 년 동안 다스리니라"(왕상 16:23).

▲ 사마리아에서 발견된 아합 시대의 상아 상

계를 밟았다. 당시 두로는 지중해 동부 해안의 해상 상업권을 주도하고 있었다. 조약을 확인하는 차원에서 두로 왕 엣바알의 딸 이세벨과 오므리의 아들 아합은 결혼했다. 후에 왕비가 된 공주의 영향력은 오므리 왕조에 대한 역사 서술, 특히 예언자 전승인 '엘리야 이야기'에서 중요한 핵심을 이룬다. 그러나 공주가 만들어낸 종교적 긴장이 고조되면서 오므리 왕조가 동맹을 위해 벌였던 중요한 정치·경제적 요인들은 제자리를 찾지 못했다. 내륙 국가의 통치자인 오므리는 아라비아 생산품의 주요 판로로 페니키아 해안을 겨냥했다.

그는 또한 이스라엘의 잉여 농산물 시장으로 페니키아를 꼽고 그들에게 식량을 제공하려는 계획도 있었다. 이 목표를 달성하기 위해 오므리는 요단 동편에 있는 중요한 간선 도로를 확보하기 위해 아람과 경쟁을 벌여야 했다. 요단 동편 땅에는 페니키아의 직물 산업에 필요한 털과 양모를 얻을 수 있는 중요한 자원도 있었다. 페니키아는 염색 산업의 주요 중심지였다. 그 결과 이스라엘은 도시와 공공건물 건설에 필요한 페니키아 장인들과 기술자를 들여와 상아 장식품 같은 사치품뿐만 아니라 건축 사업으로도 이득을 보았다. 두로는 지중해 세계의 다른 많은 수입품을 구비할 수 있었다.

오므리는 두 번째 단계로 유다 왕국과 조약 맺는 일을 추진했다. 아람을 칠 계획이 있었다면 남쪽 이웃을 적대적으로 만들지 않아야 한다는 것은 자명하다. 그리고 새로운 정치 동맹은 다시 왕가의 결혼으로 확증해야 한다. 그 결과, 아사의 아들인 여호사밧의 장자 요람과 아달랴가 결혼했다. 아달랴가 '아합의 딸'이라고 모호하게 나와 있기 때문에(왕하 8:18=대하 21:6) '오므리의 딸'[1]이라는 호칭이 더 보편적인 명칭이라고 생각할 수 있다(왕하 8:26=대하 22:2). 그러나 '아합의 딸'이라는 명칭은 신명기 역사가가 편집한 것으로 보인다. 아달랴는 아버지가 죽은 이후에 '아합 가문'의 가족이 되었다.

1_오므리의 딸
개정역은 오므리의 아들인 아합을 고려해 '오므리의 손녀'라고 옮겼다. 그러나 히브리어 원문에 따르면 '오므리의 딸'이라는 해석도 가능하다.

2_[ ] 표시
[ ] 표시는 모압 비문이 훼손된 부분을 저자가 추정해 넣은 단어를 말하며, 윗첨자 (5)-(7)은 비문의 행을 표시한다.

여호사밧의 아들 여호람/요람은 오므리가 죽을 때 불과 11세였으나, 아달랴의 나이는 알려진 바가 없다. 그러한 왕실 결혼은 종종 결혼 후보자들이 어릴 때 성사되었다. 오므리가 여전히 왕위에 있을 때 이 결혼을 성사시키기 위해 주도권을 쥐고 추진했을 것은 뻔한 일이다. 만일 그렇지 않다면, 아합 제4년에 그러한 결혼을 제안했을 가능성도 높다. 이때는 여호사밧이 유다에서 단독 통치를 할 때였고 요람은 15세였다. 늙은 왕 아사가 죽자, 아들은 아버지가 만든 이스라엘과의 적대적인 관계를 버리고 현실 정치에 부합되는 새로운 정책을 선택했다.

군사 전략 _ 성서는 오므리가 어떤 군사 작전을 수행했는지 전혀 언급하지 않는다. 여기 오므리의 전략을 조명해주는 믿을 만한 중요한 성서 외 자료가 있다. 자료는 모압 왕 메사의 비문이다.

> 오므[5]리는 이스라엘 왕이었고 그는 모압을 여러 날 동안 억압했다. 그 모스가 그의 땅[6]에 진노했기 때문이다. 그리고 그의 아들이 그를 대신했고 그도 "나는 모압을 다스릴 것이다"라고 말했다. 나의 시대에 그는 [그렇게][2] 말했지[7]만 나는 그와 그의 집을 이겼고 이스라엘은 영원한 파괴로 괴로워했다(메샤 비문 Ⅱ. 4b-7a).

오므리가 취한 첫 번째 군사 행동은 메드바(현대의 마다바)와 그 근처 땅을 빼앗는 것이었다. 이로써 오므리는 북남 대로에 위치한 중심지들을 차지하고 그 지역에서 생산된 다양한 농산물 자원을 빼앗을 수 있었다. 이 일은 주전 880년 이후에 발생했다. 이때 오므리는 마침내 내전에서 벗어나 요단 동쪽 땅 원정에 필요한 재정을 마련할 수 있었다.

> 그러나 오므리는 메하데바메드바[8] 땅을 정복하고, 자신의 통치 기간 및 자신의 아들의 통치 기간의 절반에 해당하는 40년 동안 그 땅에서 거주했다. 그러나 그모스가 나의 시대에 그것을[9] 되돌려주셨다(메사 비문 Ⅱ. 7b-9a).

이스라엘은 모압 북부의 중앙 고원 지대 서쪽 가장자리의 특정한 지역에 거주했던 고대 갓 지파와 새롭게 접촉을 시도했다. 갓 지파의 주요 성읍은 아다롯이었다. 실제로 이 이름을 가진 성읍은 두 개가 있다. 아다롯과 아다롯 소반(민 32:35)으로, 실제로 두 유적지는 고대 이름을 간직하고 있다. 키르벳 아타루즈아다롯 와 루즘 아타루즈아다롯 소반 는 약 4킬로미터 떨어져 있으며, 두 곳 모두 립브에서 사해가 있는 서쪽으로 가는 산등성이 도로상에 자리하고 있다. 모압이 이스라엘에 복속된 동안 갓 지파는 아다롯을 짓는 데 약 30년이 걸렸다. 성서에서처럼 메사 문헌 역시 한 세대는 대략 '40년'이라 기록되어 있다.

> 갓 사람이 옛날부터 아타롯아다롯에 거주했었다. 이스라엘 왕이 그를 위해 아타롯아다롯을 세웠다(메샤 비문 Ⅱ. 10-11a).

이 일로 오므리는 요단 동쪽의 남부에 기반을 잡았고 길르앗 지역에 있던 다른 이스라엘 지파의 지원을 늘릴 수 있었다. 이렇게 해서 그는 아라비아 대상으로 하여금 다메섹에서 벧산을 경유해 이스라엘과 페니키아로 방향을 돌이키게 할 수 있었다. 그는 페니키아인들에게 모압과 길르앗의 풍부한 양떼에서 얻을 수 있는 모와 염소 털을 제공했다. 페니키아는 풍부한 직물 산업에 필요한 채색 염료를 대량으로 생산했기 때문이다.

아합의 왕위 계승 _ 오므리가 죽고 아들 아합이 아사 제38년 왕위에 올랐다(왕상 16:29). 비즉위년 방식에 따른 이 연대는 실제로는 제37년, 즉 주전 874/873년이다. 22년간이란 아합의 공식적인 통치는 실제로는 21년이다.

국내 정책 _ 고대 이스라엘의 역사 기술가들은 역사상 왕정의 폐해를 보여주는 최악의 기간 중 하나로 아합의 통치 기간을 든다(예. 왕하 21:3). 그러나 이것은 유다 출신인 신명기 역사가의 관점이다. 이스라엘에서 아합은 엘리야에게 분노를 샀으며, '엘리야 이야기'에 나오는 부정적인 내용은 신명기 역사열왕기상 안에 포함된 본문 자료에서 많은 부분을 차지한다. 모든 부정적인 과장에도 불구하고 이스라엘 왕 역대지략에는 아합이 특별한 건물, 즉 '상아 궁'을 지은 이야기가 기록되어 있다(왕상 22:39[3]). 상아 궁은 아합이 사마리아와 다른 도시들에 세운 궁전 중 하나임이 분명하다. 그가 주도한 요새화 사업 중 일부는 메사 비문에 기록된 것처럼 모압 북부에서도 이루어졌을 것이다.

바알 숭배의 도입 _ 아합은 공식적으로 수도에 바알 숭배를 들여와 사마리아에 '바알 신전'의 희생 제단을 세웠다(왕상 16:31-33). 그럼에도 불구하고 아합은 이세벨에게서 얻은 두 아들의 이름에 야훼라는 신명을 넣어 지었고, 단과 벧엘에 야훼 성소를 유지했다. 사마리아 수도에 있는 바알과 아세라 신전은 종교 기관일 뿐만 아니라 재정 기관이었으며, 두로와 이스라엘 두 왕국 사이에 밀접한 상업적 유대 관계를 보여주는 상징이기도 했다.

아합 통치 초기 3년 동안 가뭄이 있었다(왕상 17:1-19:21). 가뭄에 대한 보고는 예언자 자료인 '엘리야 이야기'에서 나온 것이다. 여기에도 액면 그대로 받아들일 수 있는 지리적인 설명, 즉 갈멜 산에 제사를 드리는 성소가 있었다는 사실이 나온다. 그 이야기에 따르면 바알 제단이 세워지기 전, 그 장소에 야훼 제단이 있었다고 한다(왕상 18:30[4]). 똑같은 제의 장소에 대한 언급은 아마도 살만에셀 3세(주전 841년)의 후대 기록에서도 찾아볼 수 있다.

▼ 사마리아 왕궁에서 출토된 상아 장식품

사회적 불의 _ 아합의 국내 행정은 이웃 국가들보다 더 좋지도 더 나쁘지도 않다. 그러나 엘리야 이야기는 총체적인 인권 파괴의 사례로 나봇과 그의 포도원 이야기를 담고 있다(왕상 21장). 땅 분쟁은 이세벨과 그녀의 아들인 요람이 이스르엘에서 암살당한 것과 관계가 있다. 이 사건에도 포도원이 등장한다(왕하 9:21, 25). 이야기는 백성들이 자신의 세습 재산을 지킬 권리가 있음을 강조한다. 율법에 따르면, 아합이 나봇을 고발한 일이 옳다면 왕은 포도원을 몰수할 권리가 있었다. 그러나 예언자의 초점은 이세벨이 조상들이 대대로 지켜온 율법을 파기한 불법적인 음모에 있었다.

3_"아합의 남은 행적과 그가 행한 모든 일과 그가 건축한 상아궁과 그가 건축한 모든 성읍은 이스라엘 왕 역대지략에 기록되지 아니하였느냐"(왕상 22:39).

4_"엘리야가 모든 백성을 향하여 이르되 내게로 가까이 오라. 백성이 다 그에게 가까이 가매 그가 무너진 여호와의 제단을 수축하되"(왕상 18:30).

아람과의 전쟁 _ 메사 비문(6행)에 따르면 오므리의 아들 아합은 모압의 북부 고원 지대를 계속 지배하고 있었다. 다른 한편으로 이스라엘은 다

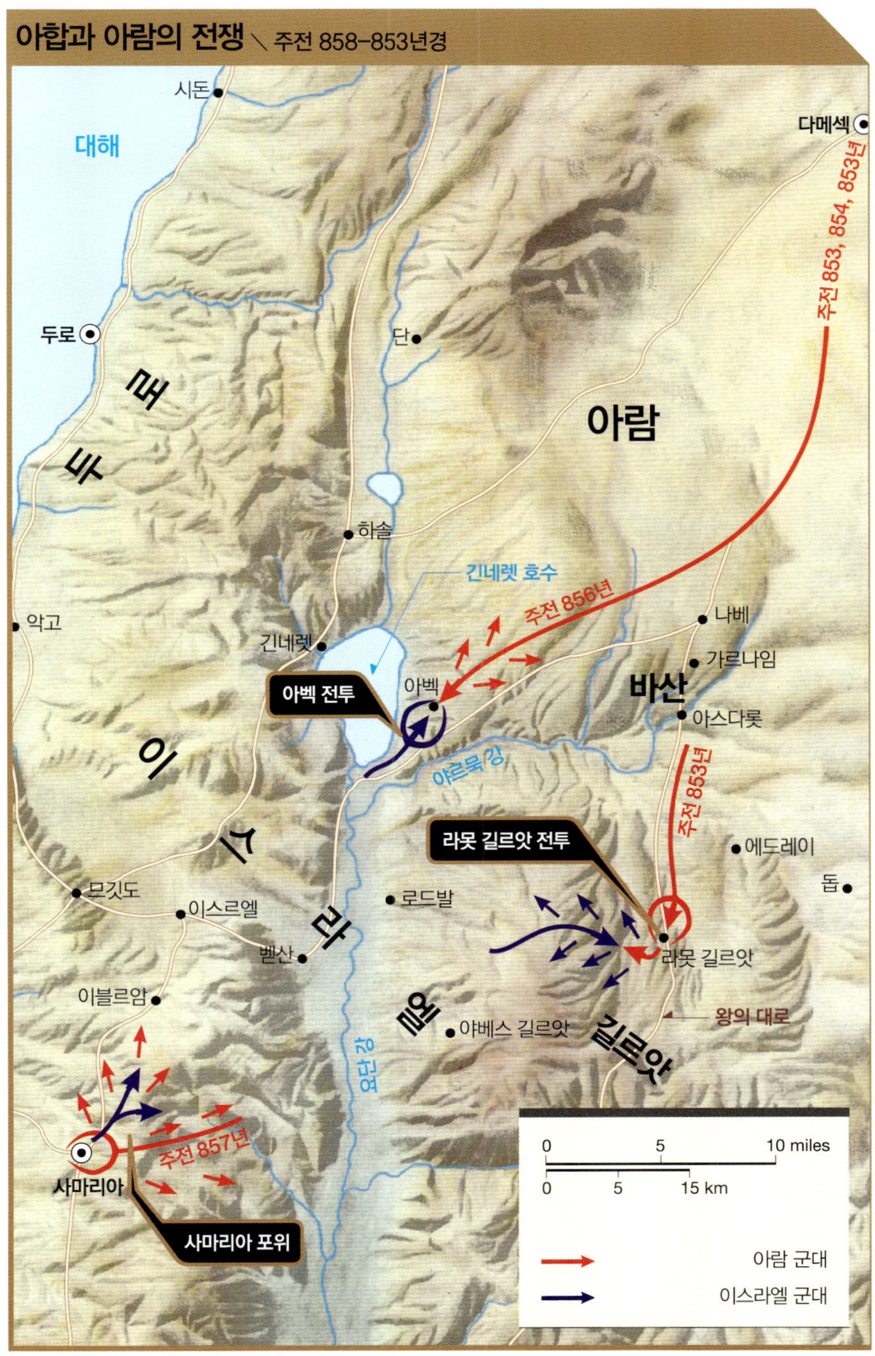

카르카르 전투 ＼ 주전 약 853년

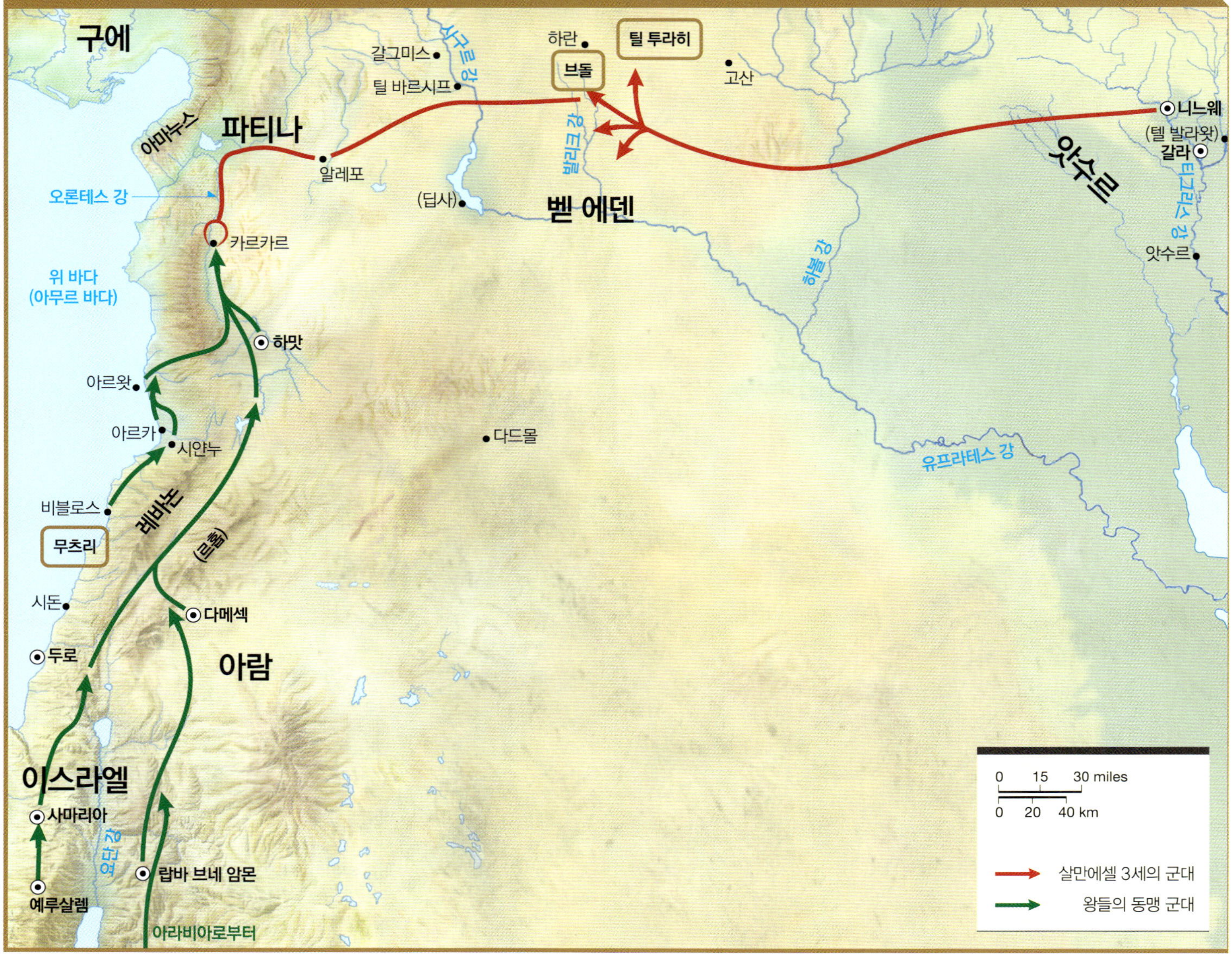

메섹과 관련해서는 여전히 불리한 위치였다. 아람 왕은 사마리아에서 상업권에 대해 확고한 권리를 얻었을 것으로 보인다(왕상 20:34).

주전 853년 카르카르 전투가 발생하기 4년 전, 다메섹과 이스라엘 사이에 공공연한 전투가 있었다. 다른 한편으로 이스라엘은 다메섹에 대해 여전히 불리했다. 아람 군대는 사마리아 산지를 침략하고 사마리아를 포위했다(왕상 20:1-22). 고대의 군대는 전투에 앞서 예언자에게 늘 자문을 구하곤 했는데, 이번에 이스라엘이 펼친 작전은 도시 성문에서 대담하게 돌격해 군대를 포위하라는 기습 공격의 지시였다. 다메섹 왕과 그의 가신들이 오후에 연회와 낮잠을 즐기는 동안, 이스라엘은 이스라엘 소수 정예 부대의 잠입을 눈치 채지 못한 포위자들을 공격했다. 참패한 아람 군은 와디 파라를 경유해 에브라임 산지에서 급히 후퇴해야 했다. 당시에 아람 왕과 그의 귀족들은 그 인근 지역에 장막을 치고 편히 쉬고 있었던 것으로 보인다.

이 패배로 인해 다메섹 왕이 아람 정치 연맹을 재편성하고 가신들 대신 총독들을 세웠다(왕상 20:23-25). 새로운 군대가 세워졌고 전쟁에 더 용이한 장소가 선택되었다. 아람인은 산지로 침투하는 대신 긴네렛 호수 동편 아벡에 모였다(왕상 20:23-43). 이 아벡이 호수 위 고원 지대의 피크 성읍과 와디 피크의 상부에 위치한 칼랏 엘 후슨 수시타/히푸스 동부 근처에 있는 지역이든 아니든, 두 지역 어느 쪽에도 철기 시대 흔적은 보이지 않는다. 그래서 아벡을 호숫가에 있는 와디 입구 근처 키르벳 아셱 엔 게브과 동일한 지역으로 보는 견해가 있다. 그러나 그리 큰 도시로 보이지는 않지만 피크의 북서부에 있는 또 다른 철기 시대 유적지 텔 소렉은 주전 9-8세기 철기 시대 요새 시설을 갖추고 있으며 제1침체기, 중기, 청동기 시대 유물이 있어 아벡의 후보지일 가능성이 있다. 대규모의 전쟁은 위쪽 고원 지대에서 치러졌을 가능성이 높다.

결과는 아합의 승리였다. 그러나 아합은 패배한 다메섹 왕에게 관용을 베푼 일로 예언자로부터 책망을 들어야 했다. 이 전투는 주전 856년쯤 일어난 것이 분명하며, 다음 기록으로 그것을 유추할 수 있다.

아람과 이스라엘 사이에 전쟁이 없이 삼 년을 지냈더라(왕상 22:1).

3년간의 휴전에 대한 이유는 살만에셀 3세의 비문에서 찾아볼 수 있다.

살만에셀 3세에 대항한 남부 동맹 앗수르 왕은 다시 한 번 서쪽으로 관심을 돌렸다. 레반트 지역이 그의 정복 욕구를 자극했던 것이다. 앗수르 왕은 알레포에서부터 남쪽으로 이동해 시리아 중부의 하맛 왕 이르훌레니를 공격해 복속시켰다.

> 나는 하맛 사람 이르훌레니의 도시들 근처에 갔다. 나는 왕실 도시인 아데누, 파르가, 아르가나를 정복했다. 나는 그의 전리품인 물품과 궁전 보물을 가져왔다. 나는 그의 궁전을 불태웠다. 나는 아르가나를 떠나 카르카르 근처로 접근했다. 나는 그의 왕실 도시 카르카르를 파괴하고 그곳을 불태웠다(쿠르크 석비 II, 87b-90a).

텔 카르카르는 지스르 에쉬 슈구르 남쪽에서 7킬로미터 떨어진 거리에 있는 오론테스 강 동쪽 둑에 위치하며, 이를 입증할 만한 모든 고고학적인 조건들은 잘 들어맞는다. 이곳은 주전 9-8세기 유적지를 간직하고 있다.

'이르훌레니의 카르카르' 정복은 발라왓 성문에 잘 그려져 있다. 카르카르보다 먼저 파괴된 세 성읍들은 알레포와 지스르 에쉬 슈구르 사이의 도로에 있었던 것이 분명하지만, 이 세 지역의 정확한 위치는 알 수 없다. 파르가와 아데누(아다라는 형태로 표기됨)는 발라왓 성문에 묘사되어 있다. 두 성읍은 수역水域 옆에 있다. 살만에셀의 여정은 서쪽에 있는 오론테스 강이나 쿠웨이크 강을 따라 직접 내려갔을 수 있다. 기록에는 나오지 않지만 아슈르나시르팔 2세의 아리부아 식민 도시는 카르카르의 북쪽으로 10킬로미터 떨어진 오론테스 강에 위치하며, 여전히 앗수르의 수중에 있었을 것이다.

쿠르크 석비에 나오는 서부 동맹의 구성은 레반트 중부와 남부에 있었던 주요 정치 실체들을 잘 반영하고 있다. 이 목록의 서두에 다메섹의 하닷 이드리가 등장한다. 앗수르인은 그를 언제나 레반트 남부에 있는 주요 적으로 여겼다. 하닷 이드리는 아합에게 항복할 때 그럴듯한 말로 화평을 제안했던 벤하닷(아람어로 바르 하닷)의 왕위를 승계했다. 아람 다메섹의 새로운 왕이 된 그는 동맹 결성을 확실히 주도했으며 정세 지도를 제대로 읽을 줄 아는 인물이었다. 하닷 이드리는 앗수르가 시리아 북부와 아나톨리아 남부 지역을 공격해 강탈할 것을 잘 알고 있었다. 그는 오직 동맹만이 앗수르 군대의 전진을 멈추게 할 수 있다는 점을 잘 인식하고 있었다.

하맛 사람 이르훌레니는 가장 직접적인 위험에 빠진 인물이었다. 아슈르나시르팔 2세 때 그의 영토는 이미 앗수르의 공격을 받았으며, 영토 확장의 야욕을 가진 살만에셀의 표적이 되었다.

2년 전 다메섹과 유리한 조약을 맺었음에도 불구하고, 이스라엘의 아합은 하닷 이드리의 동맹국이었을 것이다. 다른 한편으로 아합은 주전 10세기로 거슬러 올라가는 하맛과 이스라엘 사이의 전통적인 우호 관계 때문에 북쪽 이웃을 돕기로 결정했다. 이스라엘이 전투에 배치시킨 병거의 실제 수를 증명할 만한 자료는 없다.

석비 머리말에는 12개의 적국이라고 했지만 실제로는 11개국이었을 것이다. 그 해답은 마지막 목록에서 찾을 수 있다. 르호브의 아들 바아사는 베카 계곡에 있는 작은 왕자국의 통치자였을 가능성이 있으며, 일부 군대는 이름을 알 수 없는 '암몬 사람 X'의 지휘 아래 있었다. 하지만 둘 다 아람 다메섹과 밀접한 관계를 맺고 있던 정치 실체들이었다.

> 그들은 나에 대항해 싸움을 [하려고] 공격했다. 나의 주 앗수르가 내게 주신 압도적인 군사력과 내 앞서 행하시는 신께서 내게 허락하신 강력한 무기들을 가지고 나는 그들과 싸웠다. 나는 진실로, 카르카르에서 길자우에 이르는 지역을 그들의 시체로 뒤덮었고 칼로 그들의 군사 14,000명을 칼로 쳤다. 나는 폭풍의 신처럼 그들에게 폭포가 임하게 하여 그들을 침몰시켰다. 나는 넓은 들을 그들의 시체로 가득 채웠고, 칼로 거대한 무리의 피를 강물처럼 흐르게 했다. 바깥의 초원 지대는 그들의 시체를 묻기에도 부족했다. 바깥의 땅은 그들의 매장지로 쓰였다. 나는 그들의 시체들을 다리로 삼아 오론테스 강을 막았다. 그 전쟁에서 나는 그들의 병거, 기병, 말, 즉 그 모든 무리를 빼앗았다(다쿠르쿠 석비 II, 95B-102).

이와 같은 과장된 주장들은 앗수르의 행군이 멈추었다는 사실을 은폐하기 위한 수단이었다. 이어진 사건들은 동맹국이 직접적인 목적을 달성했다는 사실을 여실히 보여준다. 이후 3년(주전 852-850년) 동안 살만에셀은 유프라테스를 건너지 않았기 때문이다. 재위 10년째 드디어 시리아로 관심을 돌렸을 때(주전 849년) 살만에셀은 갈그미스와 비트 아구시의 성읍들을 먼저 공격해야 했다. 두 번째로는 다메섹과 하맛이 이끄는 중부 및 남부의 동맹국들과 격돌했다. 앗수르가 카르카르[1]에서 철저히 패배함으로 인해 북쪽 국가들은 독자적으로 행동할 수 있었다. 살만에셀 제11년(주전 848년), 제14년(주전 845년), 제18년(주전 841년)에, 그는 동일한 동맹국의 저항에 맞닥뜨려야 했다.

▲ 제구의 장식 조각. 철기시대 예루살렘의 다윗 성 G지역에서 발굴되었다.

1_카르카르(Qarqar) 전투
시리아 북서쪽에 위치한 이곳에서 앗수르의 살만에셀 3세와 이에 대항하는 다메섹과 하맛이 이끄는 중부 및 남부의 11개 동맹국들이 격돌한 전투를 말한다. 주전 853년에 일어난 이 전투는 고대 역사에서 가장 중요한 전투 중 하나로, 이스라엘 왕 아합도 이 전투에 참여했다.

유다 위에서 언급한 것처럼 여호사밧은 주전 872년 병중에 있던 아버지 아사와 함께 섭정왕이 되었다. 열왕기상은 그의 통치 시작기에 이중 연대 방식을 적용하고 있다. 즉위년 방식에 따르면 그의 단독 통치는 아사가 죽은 후부터 시작되어 아합 제4년과 일치한다(주전 869년). 여호사밧의 통치 연수는 공식적으로는 25년이지만, 아버지 통치 연수와 겹치므로 즉위년이라 할 수 없다. 따라서 실제 통치 연수는 24년이다(왕상 22:41-42). 북왕국 이스라엘에 매우 적대적이었던 유다 왕 아사가 죽자 여호사밧은 순조롭게 아합과 평화를 맺을 수 있게 되었고, 두 왕실 사이의 결혼 동맹은 이때 시작되었다.

▼ 군대 선두에 선 앗수르 왕. 텔 발라왓의 살만에셀 3세의 청동 부조

역대기 기자는 여호사밧에 대해 상당히 많은 자료를 제공하고 있다. 대부분의 자료들은 자세한 정보를 토대로 하고 있는데, 관리의 명단 같은 것들이 그런 예다. 따라서 이 구절들을 역대기 기자가 창안한 것이라고 추정하는 것은 무리가 있다. 특정한 개인, 관리, 가족 이름 등은 매우 진정성 있어 보인다.

여호사밧은 아버지와 예루살렘 종교 체제 사이에 존재했던 거리감을 극복해야 했다. 그래서 지방의 제의 중심지들을 희생시키는 대신 야훼의 성소(대하 17:3-4)를 중앙 집권화하는 데 힘을 쏟았다. 재위 3년에 그는 왕국 전역을 돌아다니며 가르치는 성직자를 포함해 여러 관리를 임명했다(대하 17:7-9을 보라).

이 일이 그의 통치 기간 중 3년째 되는 해였다면 그것은 아사와 함께 섭정 정치를 한 마지막 해에 해당한다. 그때는 아마 아사가 죽은 이후였을 것이다. 그러나 그 이전 2년은 아사가 질병으로 무기력해진 기간이므로 여호사밧은 틀림없이 통치자로서 자신의 위치를 강화하는 단계를 밟았을 것이다. 그는 유다 도시들과 아사가 이스라엘에서 빼앗은 북부 경계 지대의 도시에 군대와 왕실 관리들을 배치했다(대하 17:2[1]). 유다의 요새 성읍에 자신의 여섯 아들을 보내 임명한(대하 21:2-3) 일은 매우 진정성 있어 보인다. 주전 869년, 첫 부인에게서 난 장자 여호람은 불과 16세였다. 따라서 여섯 아들들은 매우 어렸거나 아마도 다른 부인의 소생일 가능성도 있다. 이 아들들은 여호람이 섭정 정치를 하던 주전 853년 여섯 성읍의 책임을 맡아 배치되었을 것이다. 그들은 특히 다가오는 아람과의 전쟁에서 여호사밧에게 일이 생길 경우 형을 지원해야 했다. 여호사밧 왕국의 범위는 '브엘세바에서 에브라임 산지까지'였다(대하 19:4). 브엘세바는 남부 구역의 행정 중심지이며, 북쪽으로는 베냐민의 모든 영토를 포함해 아사가 빼앗은 에브라임의 남부 성읍들이 포함되었다.

여호사밧이 법적인 문제들과 관련해 백성들을 가르치기 위해 교사들을 파견한 것은 그의 사법 개혁과 연결되어 있었던 것이 분명하다(대하 19:4-11). 그는 왕실 도시들에 재판관을 임명했다. 예루살렘에는 시민들의 송사를 위해 레위인과 제사장, 유력한 가문의 수장들을 임명했다. 그들은 전국에 걸쳐 다른 도시들로부터 온 심각한 송사들, 예를 들면 혈연간의 반목 같은 송사들을 다루기도 했다(대하 19:8). 대제사장 아마랴는 야훼의 제단에 관한 모든 문제의 책임을 맡았다(대하 19:11). 왕실 행정의 문제는 이스마엘의 아들 스바댜가 다루었다. 그는 '유다 집의 어른'이었다. 그 명칭은 '왕의 집을 관할하는 행정 관리'와 동일한 의미이다(사 36:3).

군대의 재편성(대하 17:14-19) 부분에는 개인의 이름이 나오는데, 군대의 수는 인위적임에도 불구하고 분명히 역사적인 사실을 반영하고 있다. 아버지 아사 왕이 이전에 거둔 군사적 성공을 이용해 여호사밧이 왕국을 더 강하게 만들 수 있었다는 것은 별로 이상한 일이 아니다(대하 17:12-13을 보라).

역대기 기자는 항상 유다 왕국의 지정학적·군사적 지위에 민감했다. 그는 유다의 경제적 지배를 특별히 언급하고 있다.

> 블레셋 사람들 중에서는 여호사밧에게 예물을 드리며 은으로 조공을 바쳤고 아라비아 사람들도 짐승 떼 곧 숫양 칠천칠백 마리와 숫염소 칠천칠백 마리를 드렸더라. 여호사밧이 점점 강대하여 유다에 견고한 요새와 국고성을 건축하고(대하 17:11-12).

서쪽에 있는 블레셋인과 동쪽에 있는 아라비아인은 여호사밧에게 많은 조공을 바칠 필요가 있었고, 또 그렇게 하는 것이 자신들에게 유리하다는 것을 잘 알고 있었다. 이러한 상황과 아울러, 광범위한 요새화 및 군대의 수비대에 대한 정보들은 상황을 더 분명하게 보여준다. 유다 왕국은 아라바와 네게브 고원 지대를 지중해 해안에 연결하는 대상 도로를 지배하고 있었다. 블레셋인과 아라비아인은 상업적으로는 협력자 관계였지만, 여호사밧은 영향력 있는 중간 상인이었다. 그들은 대상 무역로를 통과하기 위해 유다 왕국에 세금과 조공을 바쳐야 했다. 이 단락에 나오는 아라비아인은 분명히 마온 사람이다. 이 종족은 아마도 마인부터 시내 반도를 넘어 엘 아리쉬까지 요단 동쪽의 남부를 차지하고 있었을 것이다. 그들은 차후에 여호사밧에게 대항하는 군사적 모험을 확실하게 감행한다.

다른 한편으로 에돔은 유다의 지배를 받았다. 에돔에는 독립적인 왕이 없었으며, 대신 유다에서 파견된 통치자가 있었다. 그는 여호사밧의 임명을 받아 직무를 수행했다(왕상 22:47[2]을 보라).

이는 그 통치자가 에돔인이 아니었다는 의미는 아니다. 실제로 그는 자기 민족에게 존경받는 통치자였을 수 있다. 그 통치자는 에돔이 반反유다 원정에 참여하는 일을 막았을지 모른다.

이쯤에서 역대기 기자는 이스라엘 왕의 역대지략으로부터 나온 이야기들을 통합시키려고 했다(대하 18:2-34 ∥ 왕상 22:3-25). 이 부분은 여호사밧이 라못 길르앗을 재탈환하기 위해 동맹하자는 아합의 초대를 받아들였을 때의 상황을 묘사하고 있다.

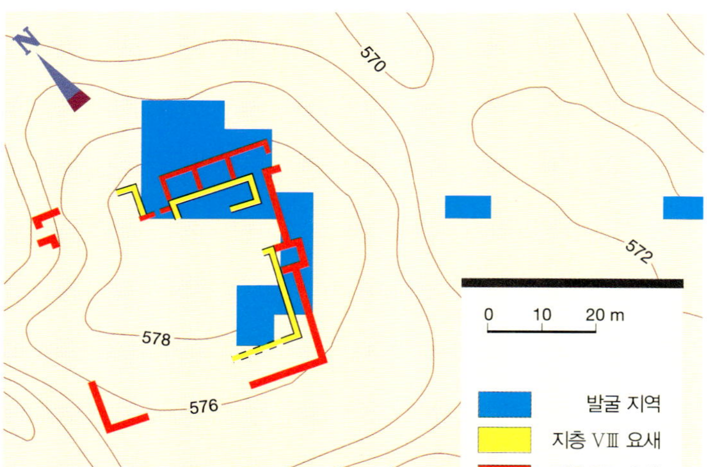

▲ 요단 동편에 있는 라못 길르앗의 후보지 텔 에르 루메잇에 남아 있는 철기 시대 Ⅱ기의 요새 유적

라못 길르앗 전투 반앗수르 동맹국이 카르카르에서 앗수르 군대의 진군을 가로막은 후, 아람 다메섹 왕 하닷 이드리는 안도감을 느낀 동시에 한껏 사기가 올랐을 것이다. 전前 왕인 벤하닷이 아합에게 굴욕적인 조건으로 굴복했기 때문에 하닷 이드리는 그 패배를 설욕하기 위해 아합을 향해 군대를 움직일 수 있었고, 그 결과 동부 지역의 무역로에 대한 다메섹의 지배권을 거듭 주장할 수 있었다. 하닷 이드리는 그 도로에 있는 중요한 기지인 라못 길르앗을 빼앗았다.

이스라엘과 아람 다메섹 사이에 3년 동안 휴전이 있었다(왕상 22:1). 그러나 유다 왕 여호사밧은 그의 재위 '3년에' 이스라엘 왕 아합을 방문했다. 이때는 아합이 카르카르 대전투에서 돌아온 이후인 주전 853년이었다. 아합은 라못 길르앗의 지배권을 되찾기 위해 여호사밧에게 힘을 합치자고 제

1_"유다 모든 견고한 성읍에 군대를 주둔시키고 또 유다 땅과 그의 아버지 아사가 정복한 에브라임 성읍들에 영문을 두었더라"(대하 17:2).

2_"그때에 에돔에는 왕이 없고 섭정 왕이 있었더라"(왕상 22:47).

3_그 후에
개정역의 역대하 20:35은 '나중에'라고 옮겼다. 그러나 히브리어 원문에는 역대하 20:1과 똑같이 '그 후에'라는 말이 나온다.

안했고, 여호사밧은 이를 수락했다(왕상 22:2 ‖ 대하 18:2). 이 이야기에는 미가야의 긴박한 예언이 포함되어 있으며, 오므리 왕조를 비판하는 예언자적 요소로 가득 차 있다(왕상 22:5-28 ‖ 대하 18:4-27). 이어진 아합의 죽음 이야기는 같은 단락에 속해 있음이 분명하다(왕상 22:29-35 ‖ 대하 18:28-34).

이 단락은 여전히 어느 정도 진정성이 엿보인다. 전쟁 전에 아합은 꾀를 내어 여호사밧에게 왕복을 입도록 했고 자신은 평범한 병사의 복장을 했다. 아람 군사들은 싸우는 동안 아합을 찾다가 우연히 왕복을 입은 여호사밧을 발견했지만 그를 죽이지는 않았다. 반면 아합은 우연히 아람 궁수가 쏜 화살에 맞아 치명적인 부상을 입었다. 아합은 전차를 모는 병사에게 전차를 전쟁터 방향으로 틀게 해 죽는 순간까지 전투를 지켜보았다(왕상 22:33-35 ‖ 대하 18:32-34).

> 아합이 그의 조상들과 함께 자매 그의 아들 아하시야가 대신하여 왕이 되니라(왕상 22:40).

"그의 조상들과 함께 자매"라는 표현은 아합의 상속자가 적합한 장례를 치렀다는 의미이다. 이 말은 아합이 전투에서 갑자기 죽지 않았다는 것을 뜻하는 언급은 아니다. 아합이 아람 다메섹과의 전투에 참여했다는 사실을 부정하는 증거는 없다. 열왕기상 20장, 22장의 전쟁 이야기는 전투가 아합이 통치한 기간에 일어난 일임을 보여준다.

유다 역대기 기자에 따르면 여호사밧은 라못 길르앗 전투 후 안전하게 예루살렘으로 돌아왔다(대하 19:1-4). 그는 아합을 지원한 일로 예언자에게 책망을 들었다(대하 19:3). 재판 제도를 재정비하려는 계획(대하 19장)은 그 비난을 상쇄하려는 의도에서 취한 조치일 수 있다. 그것은 백성들에게 올바른 율법을 가르치려 했던 초기 계획에 기초한 것일 것이다(대하 17장). 종교와 재판 개혁으로 통일된 힘은 새로운 위협들에 직면해서 중요한 의미를 가지고 있다.

공격 시도 _ 다메섹 왕은 이스라엘에 있는 대적 아합의 죽음을 듣고 기분이 좋았을 것이다. 그러나 그 당시 여호사밧에게 복수하려고 원정을 벌이는 일은 비현실적이었을 것이다. 그러므로 그는 요단 동편의 남부에 있는 동맹국들에게 그 일을 수행하도록 촉구했다. 그래서 다메섹의 동맹국들은 여호사밧이 라못 길르앗 전투에서 돌아오자 유다를 공격하는 일에 착수했다(대하 20:1-30).

여기서 역대기의 배열이 중요하다. '그 후에'라는 그의 말(대하 20:1)은 문학적인 장치 그 이상의 의미를 함축하고 있다. 더욱이 이야기의 상세한 설명은 이 특정한 시기와 잘 맞아떨어진다. 공격은 아합이 죽은 직후인 주전 853년에 일어났다. 역대기 기자는 여호사밧이 해상 무역을 위해 아하시야와 연합한 일을 언급했는데, 이 언급은 상당히 중요하다(대하 20:35-37). 이 구절에서 다시 '그 후에'[3]라는 말이 나오는 것은 다분히 의도적이다(대하 20:35). 그 말은 사건들의 순서를 확인한다는 의미이다. 아하시야의 통치는 비즉위년 방식에 의하면 2년간이지만 실제로는 1년, 즉 주전 853/852년이다. 아합의 죽음과 아하시야의 통치 사이에 모압-암몬의 공격이 있었다고 기록함으로써, 역대기 기자는 원정 연대가 주전 853/852년에 있었음을 알려준다.

이 이야기와 관련해 다양한 견해가 있다. 일부에서는 지리적인 설명은 잘 알려지지 않았을 수도 있는 나바테아의 공격에 대한 어떤 지역의 전승에서 비롯된 것이라고 주장한다. 적어도 이야기의 배경에 어떤 고대

유다 공격을 시도한 모압과 그들의 동맹국

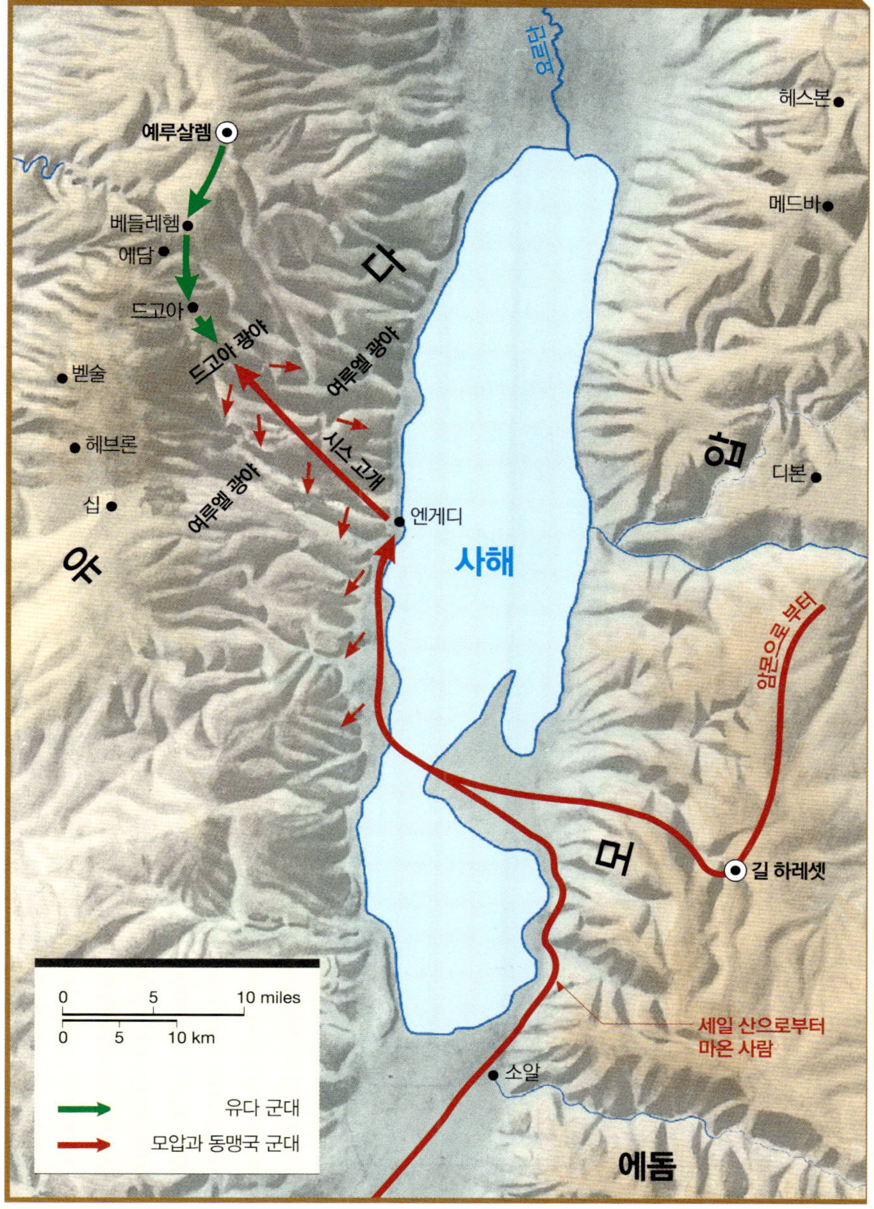

자료가 존재했다는 견해에는 어느 정도 합의가 이루어져 있다. 역대기 기자가 비록 자신의 신학적인 목적에 맞추기 위해 자료를 손질했다 하더라도 그가 유다 왕의 역대지략에 들어 있는 원래 이야기를 알았다고 보는 견해는 타당하다(대하 20:1-2, 10-11[4]).

이 단락의 올바른 해석이 무엇인지 판단하는 데에는 세 가지 요소가 있다.

1. 칠십인역의 '마온 사람들'이 더 타당하다. 이미 언급된 마소라 본문의 '암몬 사람들로부터'[5] 대신 '마온 사람들로부터'가 원래의 히브리어일 수 있다.[6]
2. 다른 한편으로 2절의 '아람으로부터'라는 본문은 '에돔으로부터'라고 수정할 수 없다. 칠십인역은 '시리아로부터'라고 번역해 아람인들이 암몬과 모압 사람을 사주해 공격을 시작하도록 했음을 암시하고 있다. 이 일은 아합과 더불어 아람에 대항한 여호사밧에게 복수하기 위한 공격으로 보일 수 있다.

4_"옛적에 이스라엘이 애굽 땅에서 나올 때에 암몬 자손과 모압 자손과 세일 산 사람들을 침노하기를 주께서 용납하지 아니하시므로 이에 돌이켜 그들을 떠나고 멸하지 아니하였거늘 이제 그들이 우리에게 갚는 것을 보옵소서. 그들이 와서 주께서 우리에게 주신 주의 기업에서 우리를 쫓아내고자 하나이다"(대하 20:10-11).

5_암몬 사람들로부터
마소라 본문의 문제점은 '모압과 암몬 자손' 다음에 다시 '암몬 사람들로부터'라는 말이 중복된다는 점이다.

6_마온 사람들로부터
개정역 역대하 20:1은 '마온 사람들과 함께'로 옮겼다.

모압 왕 메사의 원정

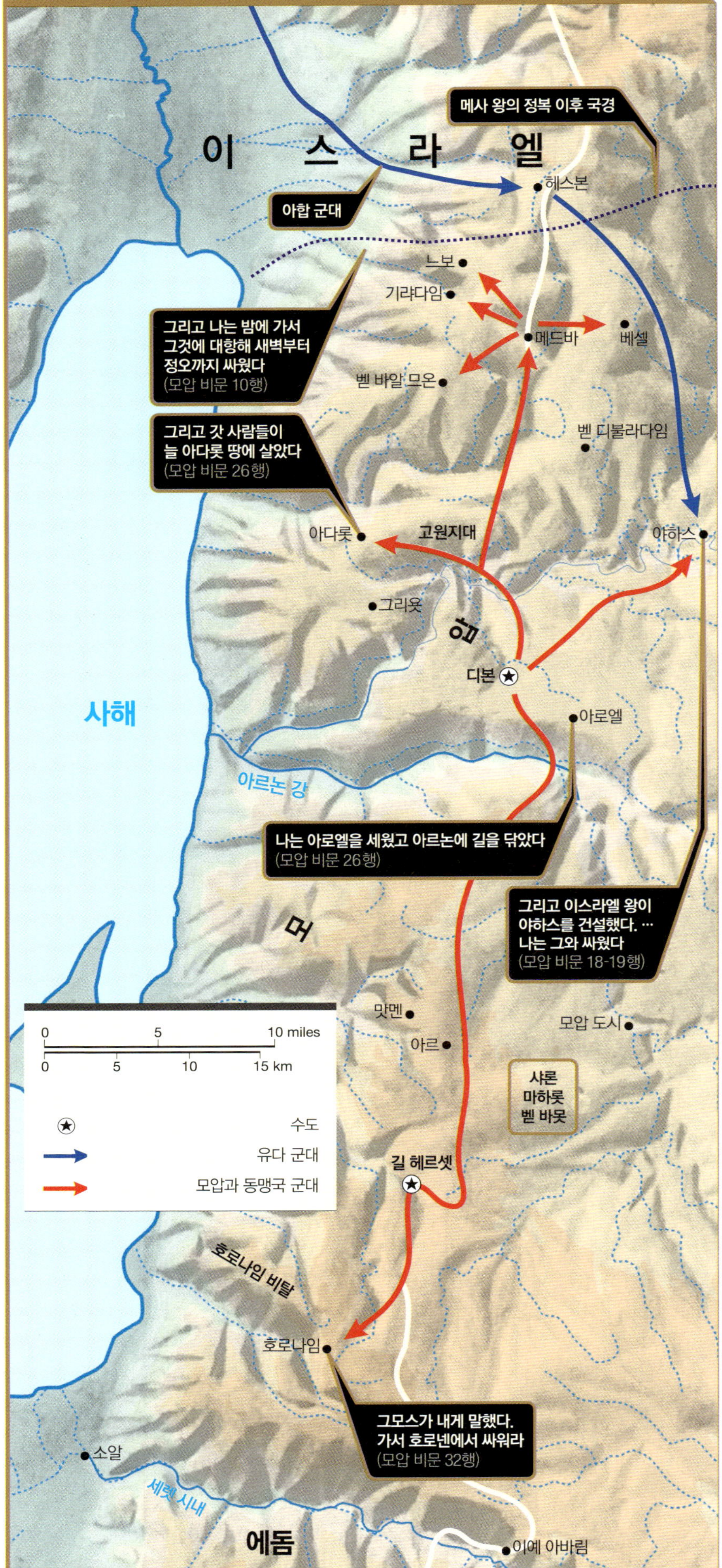

3. 10절과 22절의 세일 산은 동쪽에서 찾을 수 없으며, 오히려 아라바 골짜기의 서쪽에서 찾아야 한다(참고. 대상 4:42). 칠십인역 역대하 20장 1절에 따르면 이 단락에서 세일 산 사람은 마온 사람이다. 그들은 요단 동편의 남부에 살고 있던 유목민들이었고, 시내 반도를 횡단하는 대상 도로를 지배했다. 그들은 웃시아에게 조공을 바쳤고(대하 26:7-8; 참고. 또한 대상 4:41), 후에 디글랏 빌레셀 3세에게 조공을 바쳤다.
그러나 이들의 원정 공격이 실패하자 참전국들 간에는 다툼이 일어났다(대하 20:22-23을 보라). 엔게디를 경유한 침략 위협이 있었다는 것은, 당시에 사해의 얕은 지역인 남부 쪽이 메말라 있었음을 의미한다. 침략자들은 엔게디로부터 '드고아 땅의 광야'를 지나 유다로 침투하려 했을 것이다. 여호사밧과 그의 군대는 바로 그곳에서 침략자들에 대항해 진을 치고 있었다(대하 20:20).

신명기 역사가는 여호사밧의 일생에 대한 여러 흥미로운 내용뿐만 아니라 이 사건도 생략했다. 그럼에도 불구하고 그는 여호사밧이 군사 활동을 벌인 사실은 암시하고 있다(왕하 3:7-27). 역대기 기자가 역대하 20장 이야기를 포함시키고 있는 것은 이스라엘 왕 역대지략으로부터 나온 열왕기하 3장과 균형을 맞추기 위해서이다. 열왕기하 3장에 나오는 원정은 이스라엘 왕 아하시야가 죽고 나서, 요람이 형을 대신해 왕위를 계승한 후에 이루어졌다(주전 852년). 메사 비문에 나와 있는 것처럼, 이스라엘은 메사가 반란을 일으켜 아르논 북쪽에 있는 모압 고원 지대 성읍들을 정복한 일에 대해 보복하려는 의도가 있었다. 반면에 여호사밧이 이스라엘과 연합한 일은 엔게디를 경유해 공격한 일을 복수하려는 의도에서 비롯된 것이었다.

에시온 게벨의 불행한 선박 _ 신명기 역사가와 역대기 기자 모두 여호사밧이 에시온 게벨에서 선단을 출항시키려 했다고 언급한다. 그러나 두 기록은 중요한 부분에서 약간 차이가 있다. 둘 다 해상 협력은 아합의 아들이자 이스라엘 왕 아하시야 시대에 이루어진 것이라고 확증한다. 그 사건은 분명히 주전 853/852년에 일어났으며, 역대기 기자에 따르면 모압/암몬/마온 사람의 공격이 실패한 후 시작된 사업이다. 전쟁에서 승리한 여호사밧은 브엘세바에서 에시온 게벨까지 남부 지역의 도로를 지배했다. 따라서 그는 안전에 즉각적인 위협이 없다는 것을 알고 그와 같은 사업을 계획했던 것으로 볼 수 있다. 역대기는 아하시야를 실제 협력자로 등장시킨다(대하 20:35-37을 보라).
주전 4세기에 역사를 편찬한 역대기 기자는 파라오 느고 2세 통치 때 페니키아인들이 한 것처럼 여호사밧이 아프리카의 최남단 케이프 혼을 일주하기 위해 선박을 건조했다고 생각했을 수 있다. 그러나 열왕기상은 그 배는 '다시스 행 선박'이었다고 분명히 설명한다. 배들은 오빌로 가서 아라비아 남부나 소말리아 어딘가, 또는 아프리카 동부 해안의 다른 곳을 항해할 예정이었을 것이다(왕상 22:48-49을 보라).
신명기 역사가는 아하시야와 동역한 일에 대해 예언자적인 비난을 하지 않고, 그 대신 여호사밧이 북왕국 이스라엘 선원들의 동승을 거부했던 일을 긍정적으로 평가하고 있다. 원래의 계약은 북왕국 이스라엘 사람들은 오직 배를 건조하는 일에만 참여하는 것이었을지 모른다. 아하시야의 제안은 남왕국 유다의 선원들이 배를 올바로 조종하지 못해 파선하게 되었다는 것을 암시한다.

이스라엘을 향한 메사의 반란 아합이 죽은 후, 아르논 강 이북의 모압 고원 지대는 다시 분쟁의 씨앗이 되었다. 오므리가 모압 북부를 정복한 이래, 모압 왕은 10만 마리의 어린 양과 10만의 양털을 조공으로 바쳐왔다(왕하 3:4). 이 숫자는 과장되었을 수 있지만 경제적인 파급 효과는 명백하다. 아합이 라못 길르앗 전투에서 죽자 모압 왕 메사는 매년 바치던 조공을 중단했다(왕하 1:1; 3:5). 메사는 승리를 거둔 아람 다메섹 왕의 동맹이었다. 역대하 20장에 묘사된 유다를 향한 모압의 공격은 아람 왕 하닷 이드리의 명령이었다. 재앙에 가까운 결과 때문에 모압의 역사 기록에서 이 원정은 무시되었다. 다른 한편으로 메사는 레반트 남부에서 왕실 비문을 봉헌한 유일한 사례이기도 하다. 메사 비문의 시작은 다음과 같다(1-2행).

> 1 나는 그모스[-얏?]의 아들이요, 모압의 왕인 메사이다. 나는 디2 이본 사람이다. 나의 아버지는 30년 동안 모압을 다스렸으며, 나는 나의 아버지를 이어 다스렸3다.

메사는 지금의 드히반 옆에 있는 디본 출신의 왕실 후손이었다. 성읍은 아르논 와디 무집 강의 북쪽 편에 위치한다. 현재 마을의 북쪽 산에 우뚝 솟아 있는 고대 도시는 서쪽과 북쪽으로는 깊은 와디 왈라가 차단하고 있고, 동쪽에는 와디 에스 테멧이 있으며, 마을은 고원 지대로 둘러싸여 있다. 비문을 통해 우리는 오므리가 고원 지대의 북부를 정복했음에도 불구하고 디본과 인근 지역이 모압의 수중에 있었다는 사실을 알 수 있다. 요단 동편의 여정 기록에서는 그 성읍을 디본 갓으로 부르고 있지만(민 33:45), 갓 지파가 그곳을 차지했었는지는 분명하지 않다.

메드바가 모압에 있는 오므리의 첫 발판이었던 것처럼 메사의 반란은 메드바를 탈환하기 위해 북쪽을 공격했던 것으로 보인다(메사 비문 Ⅱ. 8b-9). 그 공격은 바알 므온 마인과 기랴다임 키리아텐을 재건할 수 있도록 길을 열어주었다. 바알 므온은 메드바에서 남동쪽으로 8킬로미터 떨어졌으며 키리아텐, 즉 엘 쿠레이예는 와디 우윤 에드 드힙의 둑이 있는 메드바 서쪽으로 10킬로미터 떨어진 곳에 있다.

만일 비문의 내용이 연대기적으로 배열된 것이라면 여전히 고대 이스라엘의 갓 지파가 차지하고 있는 지역은 디본에서부터 립브를 경유해 메드바에 이르는 주요 도로로부터 완전히 단절되었음을 뜻한다. 이 단락에는 약간 잘못 이해한 부분이 있다. 이스라엘 왕이 '자신을 위해' 아다롯을 건설했다고 추정하는 것은 무리이다. 이스라엘 왕은 그때까지 이웃 민족들로부터 공격을 받을 위험에 놓여 있던 갓 지파를 위해 그 성읍을 요새화했다.

> 갓 사람들이 옛날부터 아타롯 아다롯에 거주했었다. 이스라엘 왕이 그를 위해 아타롯 아다롯 을 세웠다(메사 비문 Ⅱ. 10b-11).

메사는 성읍을 정복하고 모든 원주민을 죽인 다음 그 땅을 모압 영토에 합병시켰다. 아다롯은 모압 신, 그모스 앗타르의 영지로 여겨졌다. 또한 중요한 물건이 몰수되었는데, 그것은 '다윗의 제단 화로'였다. 갓 지파는 다윗 왕에게 받았거나 예루살렘 왕조를 세운 다윗 왕을 존경하는 의미로 만들었던 중요한 제의 물건을 확실히 가지고 있었다. 메사는 제단 화로를 그리욧으로 끌고 갔다. 그리욧은 아다롯이 있는 같은 산등성이 끝자락에 있는 마을로 오늘날 엘 케레이얏이다. 그리욧에는 디본 구역의 북서부 경계를 나타내는 그모스 신전이 있었음에 틀림없다. 그리욧은 아다롯을 마주보고 있었으며, 아다롯에는 북쪽으로 이스라엘 영토의 남서부 국경을 표시하는 이스라엘 성소가 있었다. 여기에는 국경 성소의 원칙이 반영되어 있다. 원래는 야훼의 성소가 그모스 성소를 마주보고 있다는 의미이다. 메사는 성서에 나오지 않는 다른 두 지역 샤론과 마하롯으로부터 백성을 이주시켜 아다롯에 정착시켰다.

또 다른 고립된 이스라엘 지역은 느보이다. 느보는 예벨 네바의 봉우리 근처가 틀림없다. 느보에 대한 후보지로는 몇 군데가 거론되었다. 메드바의 북서쪽에 있는 키르벳 엘 무카잇에서는 철기 시대의 무덤이 발굴되었다. 다른 지역으로는 예벨 네바 서쪽 정방향에 높은 고지인 라스 치야가와 키르벳 아윤 무사가 있다. 아윤 무사는 예벨 느바 또는 치야가의 북쪽에서 바로 볼 수 있는 골짜기에 위치한다. 또 다른 후보지로 키르벳 엘 무핫타가 있는데, 아윤 무사는 라스 치야가의 북쪽 융기 부분에 있는 무카얏의 북쪽으로 3.5킬로미터 떨어진 곳에 있다. 무핫타는 아윤 무사와 라스 치가야 양쪽에서 모두 잘 보인다. 아윤 무사와 무핫타의 지표 조사에서 철기 시대 도자기들이 발견되었다. 메사가 느보에서 야훼의 제의 물건을 몰수해 자기 신의 성소에 전승 기념품으로 갖다놓을 수 있었던 것은 이상한 일이 아니다(메사 비문 Ⅱ 14-18).

북부 원정의 마지막 전투는 야하스에서 일어났다(메사 비문 Ⅱ 18b-21). 야하스는 디본의 북동쪽에 있는 것이 분명하며, 그 후보지로는 키르벳 레메일의 북동쪽에서 2.5킬로미터 떨어진 와디 테멧에 위치한 키르벳 엘 무데이이네가 가장 유력하다. 유적지의 크기는 고원 지대에 정착한 동부 주위에서 가장 큰 철기 시대 정착지임을 보여준다.

이후 몇 년 동안 메사가 얼마나 많은 도시를 다시 축성하고 신전들을 재정비하기 위해 대규모 건축 사업을 착수했는지 알 방법은 없다. 메사의 활동 대부분은 비문 3행 앞부분에 언급된 성채가 있는 수도에 초점이 맞추어져 있다.

> 나 자신 는 성채를 위해 '숲 벽'과 '누22 벽'을 세웠다. 나는 그것의 성문과 망대를 세웠다. 그리고 23 나는 왕궁을 세웠고 도시 한가운데 있는 저수[지] 물을 위해 수로를 팠다. 그러나 도시 가운24 데에는 우물이 없었다. 그래서 내가 모든 백성에게 말했다. "여러분 모두 25 자신을

▲ **요새** _ 아로엘 발굴로 다른 시대들 가운데 후기 청동기와 철기 시대의 흔적이 드러났다. 가장 중요한 발굴 건물은 50평방미터 크기의 요새. 건물은 큰 돌로 지어졌는데, 한 돌은 벽면에 평행이 되도록 길이(stretcher)로 놓고 다음 돌은 수직(header)이 되도록 놓아 성벽을 쌓는 양식을 보여준다. 요새의 성벽은 메사가 세운 것으로 추정된다.

▲ 주전 10세기부터 8세기까지 아람의 수도였던 다마스커스(다메섹)의 시내 전경

1_하사엘(Hazael)
아람 왕 벤하닷 2세의 신하로 자신의 왕을 암살하고 왕위에 올랐다(왕하 8:15). 엘리사로부터 아람의 왕이 될 것이라는 예언을 들었다. 앗수르 왕 살만에셀에 관한 비문에는 살만에셀 3세가 다메섹을 공격하였을 때 끝까지 앗수르와 대항하여 싸워 다메섹을 지켜냈다는 내용이 기록되어 있다.

〔위하여〕 자기 집에 수조를 만드십시오." 그리고 나는 이스라엘 포로[26]들에게 성채를 위한 수갱을 파도록 했다(메사 비문 Ⅱ, 21b-26a).

모압 왕국 전역에 걸친 다른 성읍들과 신전들도 혜택을 입었다.

나는 아로엘을 건설했고 아르논 안에 대로들를 만들었다. [27]나는 벧바못을 건축했다. 왜냐하면 그곳이 폐허가 된 채로 방치되어 있었기 때문이다. 나는 베셀을 건축했다. 왜냐하면 그곳이 [28]폐허가 된 채로 방치되어 있었기 때문이다. 디본 사람들은 무장했다. 왜냐하면 디본의 모든 사람들은 왕의 명령을 받는 자리에 있었기 때문이다. 나는 [29]모압 땅에 합병시킨 100개의 성읍들〔을〕 통치하였다. 이어서 나는 [30]〔메드〕바〔의 신전〕과 디블라텐의 신전 및 바알-마온의 신전 등을 건축하였으며, 그곳에 [31]모압 땅의 소규모 가축 떼를 〔돌볼 목동들〕을 두었다(메사 비문 Ⅱ, 26-31).

아로엘아라이르은 드히반에서 남동쪽으로 5킬로미터 떨어져 있으며, 성서에서 국경 도시로 잘 알려져 있다(신 4:48; 수 12:2; 참고. 삿 11:22). 아로엘은 와디 모집 옆에 형성된 협곡의 북쪽 가장자리 근처에 있어, 모압 고원 지대 남부 말단에 위치한다(신 2:36; 4:48; 수 12:2; 13:16). 아로엘은 다른 곳에서는 르우벤 지파의 상속으로 여겨졌지만(수 13:16), 갓 지파에게 분배된 곳이었다(민 32:34).

다윗이 인구조사를 할 당시에 아로엘은 요단 동편 땅을 조사하는 데 시작점이 되었다. 아로엘이 국경 도시로서 전략적 중요성을 갖고 있었다는 것은 하사엘[1]이 이스라엘 영토에 미친 정치력을 설명하는 곳에서 다시 강조되고 있다(왕하 10:33).

'대로들'라는 말은 단수 또는 복수일 수 있다. 대로가 아로엘과 연관되어 언급될 때 그것은 주요 대로를 말한다. 그 도로는 로마 시대의 '비아 노바 티라나 *Via Nova Tirana*'를 말하며, 바로 가까이 있는 모집 강의 협곡을 횡단하는 길이다. 다른 대안 도로는 최근에 아로엘의 동쪽에서 발견되었다. 아마도 이 도로는 메사 비문에서 언급된 도로에 포함될 수 있을 것이다. 그 도로는 유일한 대로임을 의도했을 수 있으며, '비아 노바 티라나' 길이 아닌 동쪽의 다른 길을 가리킬 수도 있다. 도로는 발루에서 시작되어 와디 언힐드와 수웨드를 건너 아로엘 또는 라구나에 이르렀을 것이다.

성서에서 레위 성읍으로 나오는(수 21:36; 대상 6:63, 78) 베셀은 요단 동쪽의 최남단에 있는 도피성(수 20:8)이기도 하며 '고원 지대의 광야'에 있다(신 4:43). 지금까지 베셀에 대한 가장 유력한 후보지는 메드바에서 동쪽으로 8킬로미터 떨어진 텔 엘 얄룰이다. 이곳은 대규모 텔로, 동쪽에는 신명기 4장 43절에 언급된 광야가 펼쳐져 있다. 베셀은 메사 비문에 느보, 기랴다임, 메드바 같은 다른 지명들과 함께 나온다. 베셀이 폐허였다는 언급은 오므리와 아합이 모압 땅을 차지했을 때 그곳을 재건하지 않았다는 의미이다.

디블라텐은 성서의 벧 디블라다임과 지명이 같다(렘 48:22). 벧 디블라다임은 메드바와 벧 바알므온 사이에 있으므로, 이 성읍은 다른 두 지역 근처 어딘가에 있다는 사실을 가리킨다. 또한 디블라텐은 디본과 아바림 산 사이에 있는 알몬디블라다임과 지명이 같다(민 33:46-47). 이곳은 디본과 느보 사이 거의 중간에 있으므로 고대에 림보로 알려진 립브일 수는 없다. 움므 라차츠에 있는 교회 모자이크가 '벧 디블라타인'과 '림본'이라고 기록하고 있기 때문이다. 가장 유력한 후보지는 키르벳 델레일랏 에쉬 쉐르키에로, 립브에서 북동쪽으로 4킬로미터 떨어진 곳에 있는 곳, 또는 같은 지역에서 약 1.5킬로미터 떨어진 키르벳 델레일랏 엘 가르비예를 들 수 있다. 서로 연관성이 있는 두 폐허지는 모압어와 히브리어 지명 모두에서 쌍수형 어미를 갖고 있다는 점에서 유리하다.

이러한 도시들의 목록은 모압 고원 지대 전역의 성읍들에 성소가 있었음을 보여준다.

▲ 바울이 성벽에서 광주리를 내려 피신한 것을 기념해 세운 다메섹 성문

메사 비문은 다음 단락에서 남왕국과의 전쟁으로 초점이 바뀌고 있다. 훼손된 부분은 남아 있는 흔적과 철자들을 조화시키고 해당 공간에 잘 맞는 내용으로 추측해 완성했다.

> 그리고 호로넨을 말하자면, [다]윗의 [집]이 그 곳에 있었다.[32] [그곳에서 내가 싸우는] [동]안에. 그리고 그모스가 내게 [말]씀하셨다. "내려 가라. 호로넨에 대항해 싸워라." 그래서 나는 내려 가서 [그리고 나는] 그 도시와 [싸]33[웠다. 그리고 나는 그곳을 빼앗았고] 그모스는 내 시대에 그곳을 [돌]려주셨다(메사 비문Ⅱ. 32-33[2]).

호로넨호로나임 은 모압에 대항한 예언자의 신탁에도 나온다(사 15:5; 렘 48[칠십인역 31]:3, 5, 34; 요세푸스《고대사》13.15.1, 14.1.4). 호로나임은 루힛과 함께 나오는데(사 15:5), 사해의 남부 가장자리에 있는 소알에서 모압 고원 지대로 올라가는 비탈길로 언급되어 있다. 또 다른 지리적인 언급은 '니므림 물'과 관계가 있다(사 15:6; 렘 48:34). 지금의 세일 엔 누메이라인 니므림은 모압 고원 지대의 남서부 가장자리에 있는 절벽을 가로질러 사해로 흘러내리는 시내이다. 메드바에서 나온 나바테아 비문과 바르 코크바 시대의 히브리어 계약서는 루힛을 모압 고원 지대의 남서쪽 사분면四分面에 둔다. 아마도 루힛은 로마 시대 도로를 따라 고원 지대로 내려가 사해의 남단 지역을 연결했을 것이다.

로마/나바테아 시대의 고대 도로는 모압 고원의 가장자리에 있는 케락 남서쪽에 있는 카스라바에서 사해에 이르는 옛길이다. 아마 그 도로는 철기 시대의 고대 도로의 노선을 따랐을 것이다. 따라서 호로나임과 루힛은 이 도로의 노선을 따라 있었던 성읍일 가능성이 높다. 카스라바 바로 동쪽에 위치한 아이는 지표면에 청동기, 철기, 로마 시대의 도기 파편들이 있다. 따라서 아이와 카스라바는 루힛과 호로나임의 후보지로 좋은 입지 조건을 갖추고 있다. 더욱이 두 성읍 주변에는 철기 시대와 나바테아 유적지가 있어서 이 지역의 중요성을 입증해준다. 철기 시대와 나바테아 시대의 흔적을 가진 쌍둥이 지역인 키르벳 메단은 카스라바의 서쪽의 전략적인 산지에 있어서 사해를 바라볼 수 있으며, 사해로부터 모압 고원 지대로 올라갈 수 있다. 카스라바의 바로 남동쪽에 있는 높은 산 위의 전진 기지, 또는 작은 요새였던 텔 엘 미세에서는 철기 시대와 나바테아 도기가 발견되었다. 이 지역은 모압 고원 지대의 이 근방에서 전략적으로 매우 중요한 전망대를 가지고 있다.

호로나임의 다른 후보지는 세일 엔 누메리아 상류에 있는 카스라바에서 남쪽으로 7킬로미터 떨어진 엘 이라크이다. 다른 곳으로는 와디 하사 근처 모압 고원의 남서쪽 구석에 있는 메디넷 에르 라스, 또는 키르벳 드후바브가 있다. 와디 하사의 북쪽 둑에 있는 텔인 드후바브의 표면 도기 파편들은 초기 청동기 시대부터 계속해서 이곳에 사람이 거주했음을 보여준다.

어쨌거나 메사 비문의 이야기는 모압의 남동부 지역에서 벌어진 군사 행동을 다루고 있다. '다윗 집'과 전쟁을 벌였던 호로넨에 대한 최근의 발굴은 메사가 남서쪽에서 온 침입자들과 전투를 벌였을 가능성을 보여준다. 메사는 자신이 호로넨을 정복했다고 자랑했지만 문맥이 많이 끊어져 있어서 그 이상을 추측하기는 어렵다. 메사는 당연히 자신과 그의 신을 영화롭게 하기 위한 내용만 기술했기 때문에, 그가 유다와 이스라엘, 에돔에게 공격받은 부분을 말하지 않았다 해도 이상할 것은 없다(왕하 3장). 그러나 호로넨은 다윗 왕조, 유다 군대에 의해 정복당했을 가능성이 높다. 이 지역은 모압 고원 지대 원정을 지원하는 목적을 가진 병참 기지로 사용되었기 때문이다.

연합군의 모압 공격(왕하 3장) 아합의 아들 아하시야가 요절한 이후 그의 아우 요람이 왕이 되었다(주전 852년). 그는 여호사밧에게 접근해 힘을 합쳐 모압을 공격하자고 제안했다. 각자의 동기는 달랐다. 요람은 고원 지대 북부를 탈환하고 싶었고, 여호사밧은 과거 모압과 그 동맹군의 공격(대하 20장)에 복수하기를 원했다. 연합 원정 이야기는 북왕국에서 나온 '엘리사 이야기'(왕하 3장)에 보존되어 있는 까닭에 역대기 기자는 평행 본문을 제공하지 않았다. 유다의 가신인 에돔 통치자는 이 이야기에서 '왕'이라 불린다. 그러나 유다 왕 역대지략에서 나온 명단에서 그는 '지방 행정관'[3]으로 불린다(왕상 22:47). 어떻든 에돔 사람은 유다에 복속된 상태이기 때문에 원정에 동참했다.

연합군은 아람 혹은 암몬의 반격을 피하기 위해 남쪽에서 모압을 공격하기로 했다. 그들은 사해 남단 부근에 있는 '에돔 길'로 전진했다(왕하 3:8). 광야의 도로에서 그들은 극한 열기와 갈증으로 고통 받았다. 아라바의 협곡에서 물을 얻기란 극히 힘든 일이지만 마침내 그들은 신선한 물을 얻어 살 수 있었다. 고원 지대 위에 비가 내리면 물이 아래쪽으로 갑자기 흘러내릴 수 있기 때문이다.

에돔 길은 사해에서 고원 지대로 올라가는 '루힛의 비탈길 … 호로나임으로 가는 도로'(사 15:5; 렘 38:3)로 짐작된다. 메사가 비문에서 언급한 길도 이것일 것이다. 침략자들은 모압의 남부 지방을 파괴했다(왕하 3:25을 보라).

메사는 남부의 수도 길하레셋에서 포위 공격에 저항해야 했다. 타르굼역은 이 지역의 이름을 '요새화된 도시'로 표현하며 케락으로 보고 있다. 길하레셋은 길헤레셋으로 불리기도 하지만(렘 48:31, 36) 칠십인역은 '키라다스'(렘 48:31, 36)라고 읽고 있어 원래는 '신도시'[1]였을 가능성을 제시한다. 이

2_메사 비문의 일부 중 원문에는 없으나 저자가 추측하여 복원한 부분을 표시하는 [ ] 부분은 한 철자, 혹은 한 단어, 한 문장일 수 있다. 최대한 저자의 의도를 살리되, 특별히 저자가 한두 개의 철자를 복원했을 경우 한글로 옮기는 과정에서 그대로 표기하는 것이 어렵다. 비문의 행간이 달라짐을 의미하는 윗첨자로 표시된 숫자도 한글의 어순상 영어 원문과 다를 수 있다.

3_지방 행정관
개정역은 '섭정왕'으로 옮겼다.

이스라엘과 유다의 모압 공격 : 여호람의 손실 \ 주전 825년과 848년

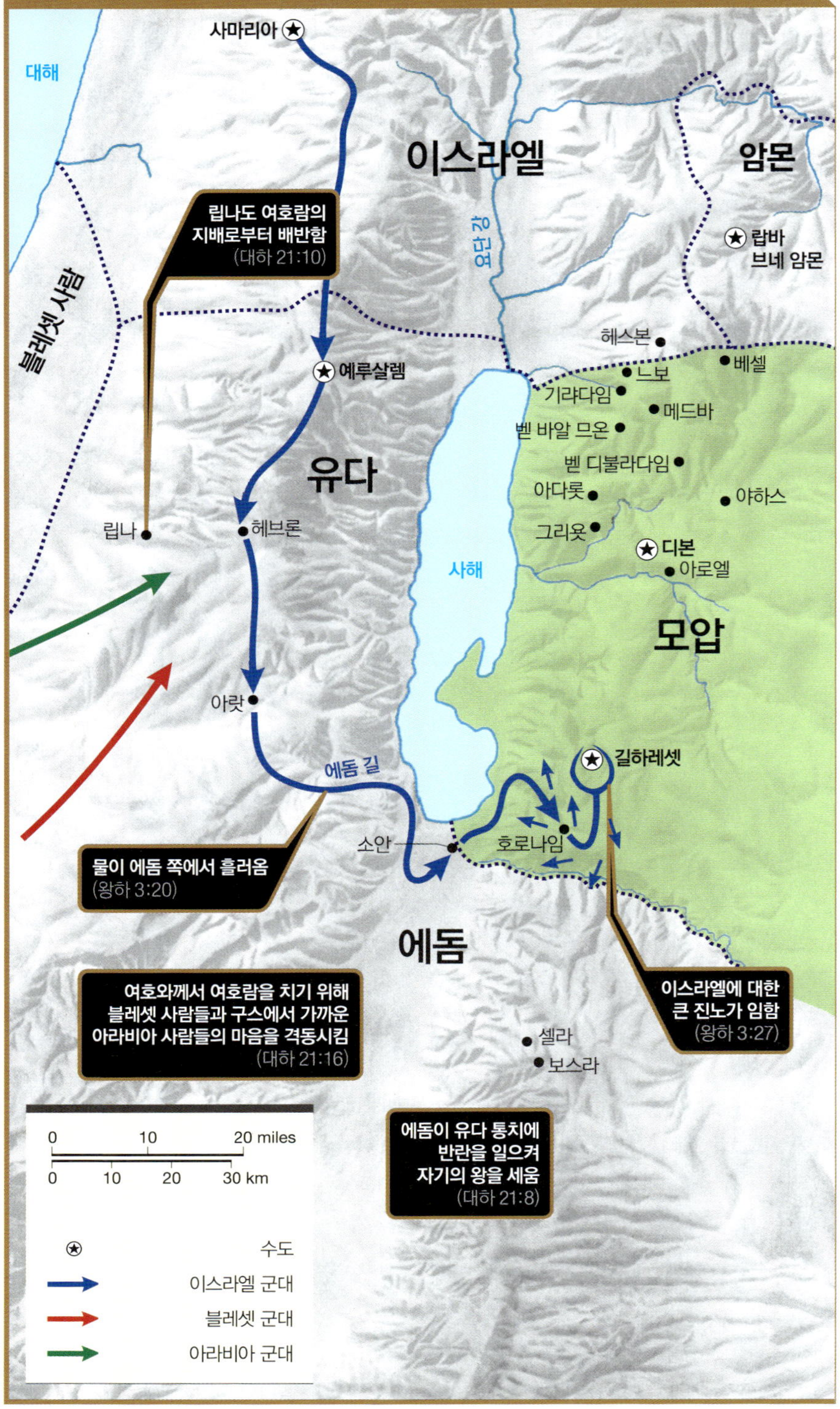

호칭이야말로 그 도시의 실제 이름이었음에 틀림없다. 마소라의 다른 사본들이 제시하는 '진흙, 질그릇의 도시'는 별 가치가 없다. 그 지명들을 디본에 적용하는 것도 무리이다.

이후에 이어지는 단락(왕하 3:26-27을 보라)은 많은 오해를 불러일으켰다.

수세대 동안 주석가들은 메사가 자신의 아들을 희생 제사로 드렸다고 해석했다. 칠십인역조차 같은 생각이었던 것으로 보인다. 마치 이스라엘이 충격을 받고 자신들의 행동을 뉘우치고 철수한 것인 양, 이스라엘에 임한 '큰 진노'로 번역하는 대신, 그들이 '회개한 것'으로 번역했기 때문이다. 그러나 최소한 신명기 역사가의 관점에서 본다면 고대 이스라엘이 적군의 인신 제사를 보고 양심의 가책을 느꼈다는 해석은 매우 이상하므로 이 견해를 받아들이기는 어렵다. 이 간결한 단락의 적합한 의미는 라닥(Radak, 라브 데이빗 킴히)이 제시하고 있다.

라브 킴히의 아버지는 의문의 아들이 모압에서 이미 포로로 잡혀 있었다는 견해를 내놓은 바 있지만, 그의 견해는 본문의 지지를 받지 못하고 있음이 분명하다. 다른 한편으로 그의 형제 라브 모세의 해석은 의심의 여지가 없을 정도로 본문의 의미를 완벽하게 전달한다. 메사가 포위망을 뚫고 북쪽, 아마도 디본에 가려고 적진 돌파를 시도했을 때 그는 에돔을 손쉬운 대상으로 보고 에돔이 진을 치고 있던 적지를 선택했다. 그러나 그는 적을 오판했다. 에돔은 쉽게 무너지지 않았다. 대신 메사는 이미 섭정왕이었던 에돔 왕의 아들이자 그의 상속자를 중요한 포로로 사로잡았다. 섭정왕이 모압을 공격하려고 최전선에 나선 것은 계획적인 것이 아니었다. 섭정왕은 그 군대에 속해 있었고, 모압의 돌격대는 후방 부대까지 가서 그를 사로잡아 왔다. 돌격대는 메사를 빠져나가게 하지 못하게 하면서 완벽하게 자신들의 임무를 수행했다. 에돔 왕자는 후방 부대의 수장으로 맨 앞에 있었던 것이 분명해 보이며, 그래서 모압의 돌격에 그대로 노출될 수밖에 없었다. 그는 사로잡혀 길하레셋으로 끌려왔다. 메사는 그 에돔 왕자를 성벽 위로 데려가 그를 인신 제물로 바쳤던 것이다.

유다와 이스라엘을 지원하러 갔던 에돔은 동맹군에게 가축과 식량을 지원하는 보급을 맡았을 것이다. 그러나 왕자의 죽음으로 에돔의 사기는 완전히 땅에 떨어졌다. 이스라엘에 대한 분노가 너무 커서 에돔은 원정에서 철수한다. 그 결과, 유다와 이스라엘 군대는 고국에서 너무 멀리 떨어져 있는 상태에서 모압의 공격을 그대로 당할 수밖에 없었던 것이다. 결국 두 연합군은 치욕스럽게도 철수할 수밖에 없었다. 모압이 저지른 에돔 섭정왕의 인신 제사 사건은 선지자 아모스에 의해 후대에 공공연한 비난을 받았다(암 2:1[2]).

유다의 쇠퇴 불행으로 끝난 모압 원정 후에 여호사밧은 약 3년을 더 살았다. 주전 848년 그가 죽자 여호람이 섭정왕으로 그 뒤를 이었다(왕하 8:16을 보라).

여호람요람은 유다에서 단독 통치자가 되었다. 그의 아내가 아합의 집에서 온 아달랴였다는 사실은 매우 중요하다(왕하 8:18 ‖ 대하 21:6; 왕하 8:26 ‖ 대하 22:2[3]). 이 사실은 여호람의 악한 행동을 설명하기 위해 강조된다. 유다에서 일어난 미묘한 변화 중 하나는 연대기가 이스라엘에서 유행하던 비즉위년 방식으로 바뀐 것이다. 그러나 가장 극적인 변화는 여호사밧이 왕국 전역에 걸쳐 도시들을 다스리도록 임명한 왕의 형제들이 모두 살해된 일이다(대하 21:2-4). 여호람은 형제들 중 하나가 단독 통치자인 자신의 자리를 넘볼 수도 있다는 점을 두려워했다. 아울러 그는 종교적이며 행정적인 부분에서 자신만의 계획을 가지고 있었으며, 나라 전역에 걸쳐 자신의 사람들을 임명해 배치해야 할 필요가 있었다.

에돔 사람은 섭정왕이 당한 비극에도 불구하고 여호사밧이 살아 있는 동안은 그에게 책무를 다했던 것 같다. 그러나 여호사밧이 죽고 여호람이 단독 통치자가 되자 유다에 대한 의무를 거부하고 공공연히 반란을 일으켰다(왕하 8:20-22a ‖ 대하 21:8-10을 보라).

1_신도시
칠십인역의 히브리어 대본은 '새로운 도시'라는 뜻의 '키르하다쉬'로 나타난다. 실제로 키르하다쉬는 '길하레스'와 철자가 흡사하다.

2_"여호와께서 이와 같이 말씀하시되 모압의 서너 가지 죄로 말미암아 내가 그 벌을 돌이키지 아니하리니 이는 그가 에돔 왕의 뼈를 불살라 재를 만들었음이라"(암 2:1).

사일은 요단 골짜기의 남단에 있는 성읍 소알의 다른 이름일 수 있다(창 13:10; 14:2, 8; 신 34:3). 소알은 모압 산지의 국경에 있다(창 19:31-38; 사 15:5; 렘 48:34). 이 성읍은 사해 남동부에 있는 것이 분명하다(《전쟁》4.8; 4[482]). 여호람은 고르 에츠 차피예 근처 어딘가에서 에돔과 교전한 것이 확실하다. 에돔의 배반으로 유다는 남쪽으로부터 공격받을 위험에 놓이게 되었다. 유다 왕국은 서쪽으로부터도 더 심한 타격을 받았다. 셰펠라에 있는 주요 제사장 도시인 립나가 왕실에 바쳤던 충성을 거부했던 것이다. 열왕기하 8장 22절은 립나가 그때에 반란을 일으켰다고 말한다. 역대기 기자는 반란의 이유를 역대하 21장 10-11절[4]에서 설명하고 있다.

여호람의 악한 행위는 그가 아합의 집과 관련된 것에서 비롯되었다(대하 21:13). 새로운 제의 중심지들이 산지의 성읍들에 세워졌고, 립나는 셰펠라에 큰 영향력을 가진 성읍이었다. 여호람은 숙청된 형제들과 여호사밧의 정책에 충성하는 다른 관리들 대신에 자기의 행정 관료들을 임명했다. 지방 성소들은 예루살렘 성전에서 나온 상당한 수입을 빼돌렸다. 그 결과, 종교적인 헌물과 십일조는 지역 재정에 그대로 남아 있게 되었다. 여호람은 유다의 제사장직을 희생시키는 대가로 예루살렘 중앙 제의에 이방 요소를 도입했다.

결국 여호사밧에게 오랫동안 조공과 선물을 바쳐야 했던(대하 17:10-11; 대하 21:16-17을 보라) 이웃 국가들은 유다가 힘을 잃자 복수를 목적으로 원정을 감행했다.

헤야즈 지방(아라비아 구스) 근처에 살던, 아마도 마온 사람을 포함한 아라비아와 블레셋은 상업적으로 관심사가 같았다. 요단 동쪽에서부터 고지의 도로를 건너 네게브를 경유해 지중해 해안에 이르는 대상 무역으로 그들은 상당한 수입을 올리고 있었다. 지금까지 유다는 에돔과 서쪽 아라비아의 도움으로 무역로를 지키며 대상들로부터 통행료를 거두어왔다. 여호람 통치 동안 일어난 그들의 공격은 중간 상인 역할을 한 여호람을 제거하는 것이 목표였다.

신명기 역사가는 이 일에 대해 아무 설명도 하지 않았으며, 여호람이 아마도 암으로 짐작되는 창자에 든 치명적인 병으로 죽었다는 언급도 하지 않았다. 또 에돔과 립나의 반란, 블레셋과 아랍의 침략에 대한 자세한 연대는 밝히지 않았다. 반란은 여호람이 형제들을 살해한 후에 있어났을 것이다. 그의 새로운 종교적인 기반 제도는 최소한 1년 또는 그 이상 걸린 것이 분명하다. 또한 반란을 일으킨 에돔을 향한 아라바의 군사 원정은 실패로 끝나기도 했다. 따라서 에돔과 립나가 반란을 일으키고 왕의 단독 통치가 시작된 직후 1년 또는 2년, 즉 주전 846년에 적의 침략이 시작되었다. 왕의 치명적인 병도 이때 발병했다. 질병이 거의 2년 동안 지속되었다고 기록한 것을 보면, 여호람이 죽고 상속자 아하시야가 예후의 손에 죽기 2년 전인 주전 844년, 또는 843년에 병이 든 것으로 보인다.

역대기 본문은 블레셋과 아라비아의 원정이 벌어지는 동안 유다 도시들이 정복되거나 약탈된 사실을 전혀 언급하지 않는다. 원정의 목적은 아사 통치 때 구스 사람 세라가 침략을 시도한 일과 비슷하다(대하 14:8-14; 15:1-19; 16:8). 왕의 아들들이 살해된 것은 여호람이 형제를 살해한 일에 대한 벌로 해석되었다. 분명히 여호람의 아내들이 모두 포로로 잡힌 것은 아니었다. 왜냐하면 아달랴가 살아 있었고 아하시야의 짧은 통치 기간 동안 모후로 있었기 때문이다. 적의 원정 자체는 이유 있는 것으로 보이지만, 역대기 기자는 예언의 성취라는 낭만적 정의에 대한 믿음을 강조하기 위해 자료를 재편집했다는 인상을 준다(엘리사의 편지 참조).

아하시야(여호아하스)는 여호람에 이어 주전 841년 왕이 되었으나 1년을 채우지 못하고 예후에게 살해되었다(왕하 8:25-29; 대하 22:2-6). 이 사건과 그 이후에 일어나는 사건들은 아래에서 다룰 것이다.

정치적 발전

다메섹 하닷 이드리는 주전 845년 전투 이후 사라졌다. 살만에셀 3세가 서부로 돌아왔을 때 새로운 다메섹의 통치자는 '아무의 아들도 아닌' 하사엘이었다. 성서의 '엘리사 이야기'는 새 통치자가 일으킨 쿠데타에 예언자가 관련되어 있다는 이야기를 담고 있다(왕하 8:7-15을 보라).

이야기의 진실이 무엇이건 아람 다메섹에 정권 교체가 있었다는 것은 사실이다. 이는 살만에셀의 비문이 확증해준다. 하사엘의 가계는 성서나 앗수르 자료에 나오지 않는다. 그는 분명히 왕과 가까운 인물이거나 군대 장관이었을 것이다. 왕은 벤하닷(바르 하닷-아람어)으로 불린다. 일반적으로 이것은 하닷 이드리를 잘못 기록했거나 아니면 '벤하닷'이 이집트의 '레의 아들'과 같은 왕실 칭호의 유형으로 추정된다.

그러나 하닷 이드리는 주전 845년 직후에 죽었고 아들 벤하닷이 왕위를 승계했을 가능성도 있다. 벤하닷의 병은 하사엘에게 군사적 반란을 일으킬 기회를 주었는지도 모른다. 새 왕이 하닷 이드리처럼 거대 제국 앗수르에 저항해 많은 맹렬한 전투를 치른 존경할 만한 군주라기보다는 미숙한 군주였기 때문에 하사엘이 그를 살해했을 가능성이 더 높다. 살만에셀 3세의 비문에는 하닷 이드리의 죽음을 암시하는 요약 문헌이 남아 있다. 그곳에는 "하닷 이드리는 죽었다. 아무의 아들도 아닌 하사엘이 왕위를 차지했다"라고 하여 하사엘이 하닷 이드리의 뒤를 이은 어떤 벤하닷을 암살하고 왕이 되었을 가능성을 배제하지 않는다. 많이 축약된 본문이 하닷 이드리의 살해자로 하사엘을 지목하지 않았다는 사실은 하사엘이 다른 방법으로 왕좌에 올랐다는 의미일 수도 있다.

이스라엘과 유다 하닷 이드리가 죽자 예전의 협력자였던 하맛의 이르훌레니는 동맹을 깨고 살만에셀 3세에 복종했다. 그 후로 하맛은 조공을 바치는 앗수르의 가신이 되었다. 후에 하사엘의 아들 벤하닷은 군대를 이끌고 하맛 왕국을 무력으로 정복하려고 시도했다.

다른 한편으로 아람 다메섹과 이스라엘 사이의 부글부글 끓어오르던 적대감은 하사엘이 권세를 잡으면서 최악으로 치달았다. 이스라엘 왕 요람은 요단 동쪽에서 전쟁을 재개하기 위해(왕하 8:28) 유다 왕 아하시야에게 도움을 청했다.

이 설명을 의심하거나 본문에서 아하시야의 이름을 삭제할 필요는 없다. 전쟁은 라못 길르앗

▶ **창가의 여인** _ 칼라(니므룻)에서 발견된 상아 장식판. "예후가 이스르엘에 오니 이세벨이 듣고 눈을 그리고 머리를 꾸미고 창에서 바라보다가 예후가 문에 들어오매 이르되 주인을 죽인 너 시므리여 평안하냐 하니"(왕하 9:30-31).

3 "아하시야가 왕이 될 때에 나이가 사십이 세라. 예루살렘에서 일 년 동안 다스리니라. 그의 어머니의 이름은 아달랴요 오므리의 손녀더라"(대하 22:2).

4 "이와 같이 에돔이 배반하여 유다의 지배하에서 벗어났더니 오늘까지 그러하였으며 그때에 립나도 배반하여 여호람의 지배하에서 벗어났으니 이는 그가 그의 조상들의 하나님 여호와를 버렸음이더라. 여호람이 또 유다 여러 산에 산당을 세워 예루살렘 주민으로 음행하게 하고 또 유다를 미혹하게 하였으므로"(대하 21:10-11).

예후의 반란 \ 주전 841년

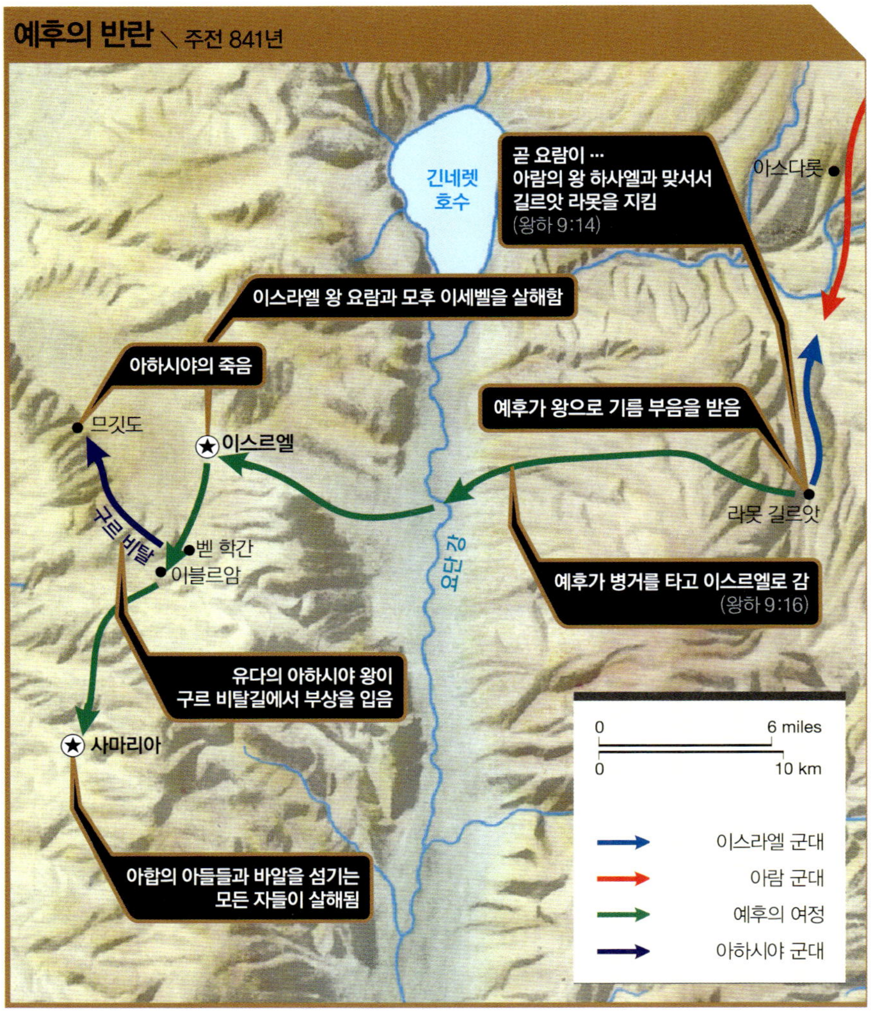

▲ **오므리의 아들 예후** _ 이스라엘 왕 예후가 살만에셀 3세 앞에 무릎을 꿇은 모습. 살만에셀 3세의 '검은 오벨리스크'의 한 장면

텔 에르 루메잇 지역에서 일어났고 요람은 부상을 입었다. 그는 라못 길르앗에 군대를 남겨두고 부상을 치료하기 위해 이스르엘로 돌아왔다. 이때 그는 아하시야의 도움을 받았다(왕하 8:28-29).

이 시점에서 엘리사 이야기에 다른 이야기가 삽입되었다. 예언자가 자신의 예언자들 중 한 사람을 라못 길르앗에 있는 이스라엘 군대 장관 예후에게 보내 반란을 일으키도록 자극해, 예후가 오므리 왕조의 후손에게 일격을 가할 계획을 세운 것이다(왕하 9:1-26). 이것은 사람들에게 널리 알려진 이야기이다. 군대 장교들의 지지를 얻은 예후는 측근과 함께 이스르엘로 돌아와 들에서 요람을 쳤다. 왕후 이세벨도 뒤따라 살해되었다(왕하 9:30-37). 유다 왕도 동일한 운명에 처해졌다(왕하 9:27-29을 보라. 참고. 대하 22:5-9).

1_"요단 동쪽 길르앗 온 땅 곧 갓 사람과 르우벤 사람과 므낫세 사람의 땅 아르논 골짜기에 있는 아로엘에서부터 길르앗과 바산까지 하였더라"(왕하 10:33).

2_"이는 그 악한 여인 아달랴의 아들들이 하나님의 전을 파괴하고 또 여호와의 전의 모든 성물들을 바알들을 위하여 사용하였음이었더라"(대하 24:7).

| 이후 사건들 |

이스라엘 왕 요람과 유다 왕 아하시야가 동시에 암살된 일은 각 왕국을 격렬한 소용돌이로 몰아넣었다. 예후의 반란은 다메섹을 다스리던 하사엘과 새로운 갈등과 긴장을 촉발시켰다. 그 결과, 이스라엘의 비열한 정권이 제거되었지만, 유다에는 이전보다 더욱 악화된 정권이 들어서게 되었다.

예후 왕조 왕국의 탁월한 예언자의 지지를 받은 예후는 오므리/아합 가문을 향해 쿠데타(왕하 9-10장)를 일으켜 새로운 왕조 수립의 길을 열었다. 이세벨의 아버지인 두로와 시돈 왕 엣바알은 그 무렵 죽었음에 틀림없다. 왜냐하면 살만에셀 3세가 주전 841년 새 왕으로부터 조공을 받았기 때문이다.

예후가 이세벨을 살해한 일은 자연히 이스라엘과 페니키아의 가까운 유대 관계를 종식시키는 신호탄이 되었다. 그러나 두 나라가 똑같이 침략자 앗수르에게 굴복함으로써, 최소한 그들은 하사엘에 대해서는 공동 전선을 구축할 수밖에 없었다.

예후는 28년 동안 통치했지만 비즉위년 방식에 따르면 27년이다(주전 841-814년). 그가 맨 처음 취한 정치적 조치는 유다에서 온 아하시야의 혈육 42명뿐만 아니라 나라 안에 있는 아합의 전 가족을 제거한 일이었다(왕하 10:1-14, 17). 그러고 나서 예후는 이전 왕권에서 들여온 바알의 제사장들과 선지자들을 몰살시켰다(왕하 10:18-28).

몇 년 동안 앗수르에 바친 조공 덕분에 예후는 앗수르의 보호를 받았다. 그러나 그것도 오래가지는 못했다. 하사엘의 영토를 침입한 앗수르의 마지막 원정이 주전 838-837년에 있었기 때문이다. 다음 20년 동안 앗수르는 다른 지역에 온통 관심을 쏟았다. 샴쉬아닷 5세의 통치 동안 반란이 일어났다는 것은 유프라테스 서쪽에 대해 앗수르의 영향력이 실제로는 없었다는 뜻이다.

이제 하사엘은 자신의 위력을 나타날 때가 되었다. 레반트 남부와 중부 지역에 유일한 권력자였던 그는 앗수르에게 무릎을 꿇지 않았다. 그는 이웃 국가들에게 자신의 뜻을 관철시킬 위치에 있었으므로, 이전에 지배했던 길르앗을 경유한 아라비아 대로를 차지했다(왕하 10:32-33을 보라).

아람의 길르앗 정복은 이스라엘에서 오래 기억되었다. 후에 주전 8세기의 선지자 아모스도 이것을 기록할 정도였다(암 1:3-5을 보라). 길르앗 공격은 다메섹의 동맹국이었던 암몬의 지원으로 이루어졌을 가능성이 높다. 아모스의 신탁이 이를 증거한다(암 1:13-15을 보라). 여기서 아르논 강 옆에 위치한 아로엘이 언급된 것은 모압 또한 다메섹 편에 선 협력자로 활약했다는 의미다(왕하 10:33[1]). 메사는 오므리 왕조의 수중에 있던 모든 모압 고지를 회복했다.

그러나 이스라엘에 대한 다메섹의 약탈은 요단 동편 지역을 훨씬 넘어서까지 이루어졌다. 예후의 아들 여호아하스는 주전 814년 아버지를 이어 왕위에 올라 주전 798년까지 비즉위년 방식으로는 17년, 실제로는 16년간 통치했다. 그의 통치 동안 다메섹의 압박은 더 심화되었다(왕하 13:22). 불행히도 신명기 역사가는 자세한 기록을 남기지 않았다. 그러나 최근에 발견된 텔 단 비문은 하사엘 통치 동안 이스라엘 북쪽 성읍이 아람의 수중에 있었다는 사실을 보여준다. 비문은 비록 깨져 있었지만 이스라엘과 유다의 두 왕이 암살당한 사건에 대해 언급하고 있다.

> 7[그리하여 그들은 아합]의 아들 [요]람을 [죽였다.] 8이스라엘의 왕
> 인 그를 말이다. 그리고 [그들은 요람]의 아들 [아하시]야후를 죽였
> 다. 9다윗 가문의 [왕]인 그를 말이다(텔 단 비문 Ⅱ, 7–9).

동사 '죽이다'는 3인칭 남성 복수 형태를 나타내며, 이스라엘 왕의 이름은 깨져 있다. 이름이 '–람RM'으로 끝나는 인물과 이름이 '–야YHW'로 끝나는 인물은 오직 요람과 아하시야뿐이다. 더욱이 '이스라엘 왕'과 평행을 이루는 '다윗의 집'은 다름 아닌 유다 왕국임이 분명하다. 이 단어는 '다윗 집'이 언급된 메사 비문의 명단과 일치한다. 단 비문에 나오는 동사들을 분석해보면 비문의 저자인 하사엘이 두 왕을 살해했다고 주장하지 않는다는 것이 분명해진다. 그러나 그들의 죽음은 많은 적국의 왕들을 물리친 승리의 결과였다. 아람인 저자는 자기 아버지가 자기보다 앞서 전쟁에 참여했다고 주장한다. 하사엘은 살만에셀 3세로부터 '아무의 아들도 아닌 자'라 불렸다. 이것은 그가 왕위 찬탈자임을 의미한다. 그러나 하사엘은 자신의 아버지가 자신의 선임자였거나 자신이 하닷 이드리의 첩에서 얻은 아들이거나, 자신이 죽인 벤하닷의 이복 형제였을 수 있다고 주장하는 것일 수도 있다. 이 질문에 분명하게 대답하기는 어려울 것이다. 어쨌든 텔 단의 깨어진 비문은 이스라엘이 당시에 북쪽 영토를 잃어버렸다는 것을 보여준다.

유다에서 일어난 변화들 모후로서 아달랴는 공공 제의와 관련해 특별한 지위를 누린 것이 분명하며, 정치적인 영향력도 발휘했을 것으로 짐작된다. 그녀의 아들 아하시야가 라못 길르앗에서 하사엘에 대항하기 위해 이스라엘 왕 요람이 벌인 원정에 참여한 것도(왕하 8:28) 아달랴가 22세 된 왕에게 영향력을 행사했기 때문이다. 아하시야가 부상을 당한 사촌 요람을 방문하기 위해 이스르엘에 갔을 때 그 역시 예후의 명령으로 암살되었다(왕하 9:21–29). 유다의 왕실에 속한 42명도 예후의 지시로 살해되었다(왕하 10:12–14).

오므리 왕실 가족, 즉 아달랴의 모든 친척들을 살해한 일은 유다와 이스라엘의 이전 동맹 관계에 종지부를 찍었다. 이 일로 아달랴는 예루살렘에서 권력을 잡을 수 있었다. 그녀는 다윗 왕조에 속한 남아 있는 모든 남자들을 제거하였다(왕하 11:1=대하 22:10). 그 살육에서 살아남은 이는 아하시야의 아들 요아스가 유일했다(왕하 11:1–3 ‖ 대하 22:10–12을 보라).

아달랴는 이후 6년(비즉위년 방식) 동안 절대 군주로 통치했으며, 북왕국 이스라엘의 이세벨과 아합을 모델로 삼아 국내 정책을 펼쳤다. 아달랴는 남편과 아들에게 종교적으로 강한 영향력을 행사했다(왕하 8:18; 8:26–27; 대하 22:3). 그 결과 그녀는 예루살렘과 인근 지역에 바알을 위한 신전을 세우도록 책동했으며, 자기 남편이 나라 전체에 허용한 바알의 지방 제의 장소들을 육성했다(대하 21:11). 또한 자신을 추종하는 사람들('그 여자의 아들들')이 야훼 성전을 수탈하고 성전의 기구들을 사용하도록 허용했다(대하 24:7[2]을 보라).

바알 제의의 임무는 아달랴를 따라 사마리아에서 왔던 사람들이나 그녀의 남편 여호람의 통치 시기에 그녀 주변으로 몰려들었던 제사장들에게 맡겨진 것이 분명하다. 예루살렘 성전에 있는 제사장 집단과 주요 군사 집단은 그녀의 통치에 저항했으며, 이는 결과적으로 아달랴의 멸망을 초래했다. 이들 가운데에는 가리 사람으로 구성된 궁전 호위대가 포함되어 있었으며, 자기 몫을 다한 유다 시민들로 이루어진 정치 집단의 지원을 받았다. 야훼 성전의 수비를 맡았던 레위 군대 역시 이 쿠데타에 징발되었다(대하 23:2).

아달랴는 통치 제7년(비즉위년 방식)에 폐위되었다(왕하 11:4–20 ‖ 대하 23:1–21). 유다 왕조의 합법적인 후계자는 예루살렘에 올라와 임무를 수행할 때 사용하던 성전 수비대 숙소에 숨어 있었다. 반란은 제사장 여호야다의 주도로 시작되었으며, 사전에 짜인 계획대로 치밀하게 진행되었다. 여호야다의 아내는 아마도 아달랴에게서 나지 않은 여호람의 다른 딸이었을 것이다.

반란이 일어난 때는 성전에서 수비대가 교체되는 시간이라 군대가 이

아람의 패권 \ 주전 약 841–798년

NINTH-CENTURY PROPHETIC LEGENDS

주전 9세기 예언자 전승

0 5 10 miles
0 5 10 15 km

엘리야의 행적
엘리사의 행적

"길르앗에 우거하는 자 중에 디셉 사람 엘리야가 아합에게 말하되 내가 섬기는 이스라엘의 하나님 여호와께서 살아 계심을 두고 맹세하노니 내 말이 없으면 수 년 동안 비도 이슬도 있지 아니하리라 하니라"(왕상 17:1).

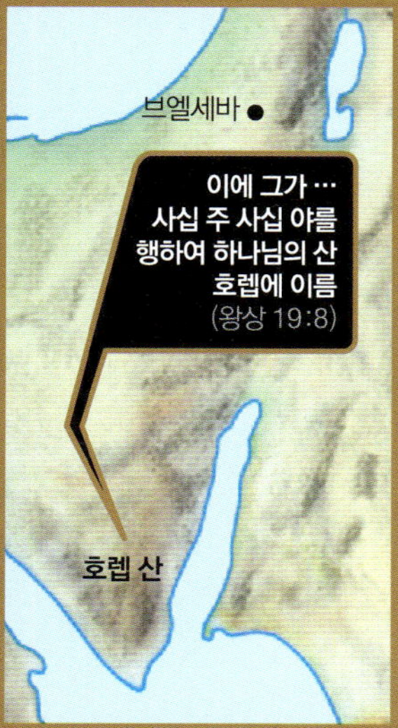

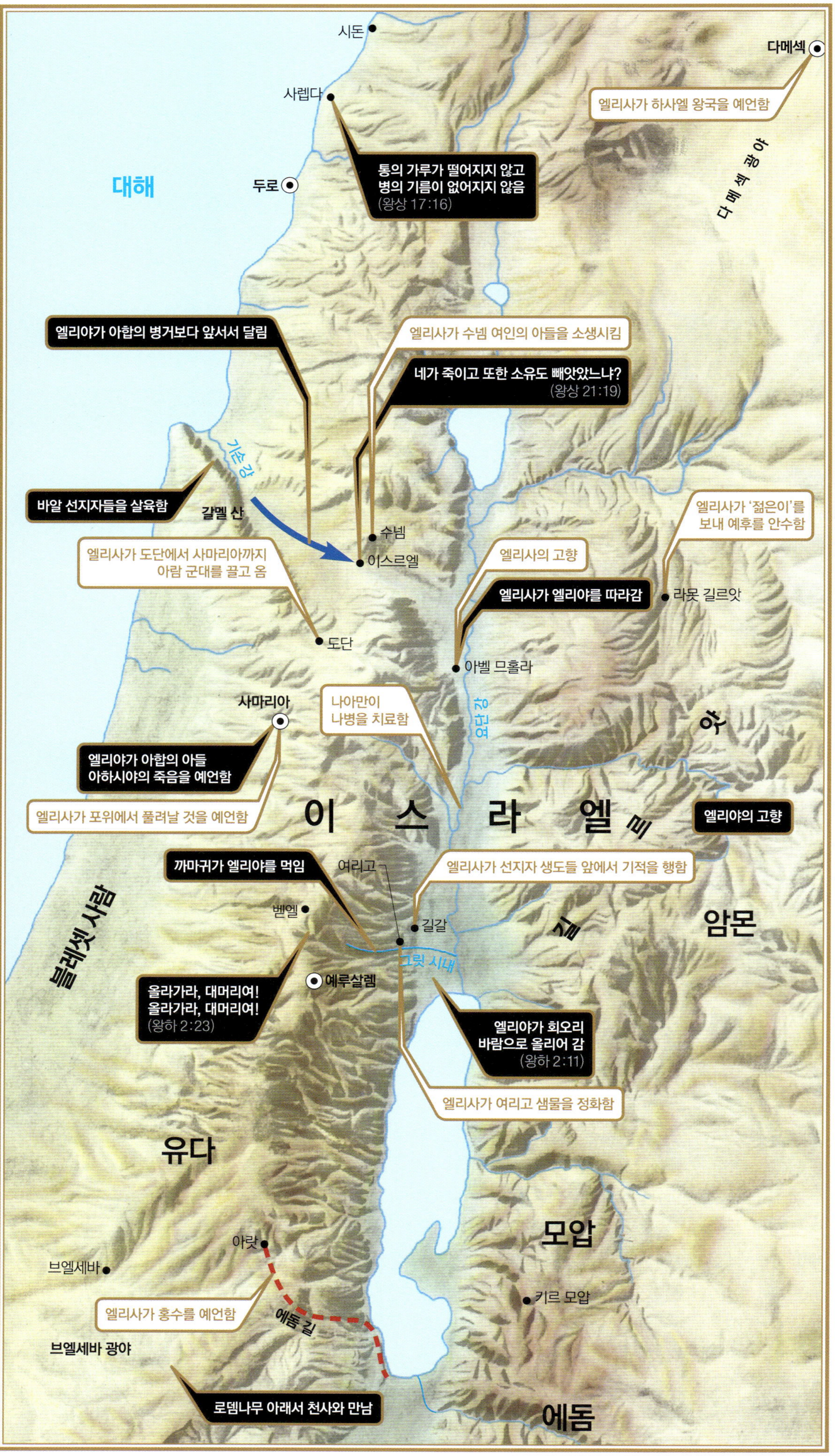

중으로 있었을 것이다. 역대기 기자에 따르면 이들은 '레위인'들이었다(대하 23:7-8). 일곱 살 된 요아스는 무장한 지지자들로 둘러싸인 성전 경내에서 왕으로 선포되었다. 크게 놀란 아달랴는 자신의 지지자들을 불러 대책을 세울 기회조차 갖지 못했다. 그녀는 사로잡혔고, 성전 경내에서 끌어내려져 궁전 성문에서 즉시 죽임을 당했다(왕하 11:16, 20). 예루살렘에 있는 바알 신전은 '그 땅의 백성'에 의해 파괴되었다(왕하 11:18).
아하시야와 브엘세바 출신 시비아의 아들 요아스/여호아스는 일곱 살의 나이에 왕위에 올랐다. 때는 이스라엘 왕 예후 제7년이었다(왕하 11:21; 대하 24:1). 요아스의 통치 연수는 비즉위년 방식에 따르면 40년이지만, 실제로는 39년이다(주전 835-796년). 요아스의 스승인 여호야다 대제사장이 살아 있는 동안 그는 안정적으로 통치했지만 영토를 확장하거나 지방으로부터 유다의 지위를 개선시킬 만한 재정을 확보하지는 못했다. 그는 조부 여호람이 블레셋과 에돔에게 빼앗긴 손실을 회복하지 못한 것이 분명하다. 제사장 도시 립나는 왕에게 충성을 다시 약속했을 가능성이 많다.
성서의 기록이 관심을 보이고 있는 사건은 오직 성전의 재건이다(왕하 12:4-16; 대하 24:4-14). 왕이 그 계획을 시작한 때는 기록되지 않았지만 아마도 제23년(주전 813년)이었을 것이다. 그러나 그 사업은 이루어지지 못했다(왕하 12:6[1]).

예언자적 전통

오므리 왕조와 예후 왕조, 즉 주전 9세기 북왕국 이스라엘의 주요 두 왕조에 대한 신명기 역사가의 이야기 속에는 두 선지자 엘리야와 엘리사의 활동과 관련된 민간 전승이 있다. 이 예언자의 이야기들이 이미 이스라엘 왕 역대지략에 포함되었던 것인지, 또는 신명기 역사가가 자신의 이야기 안에 섞어 넣을 때까지 독립적인 자료로 남아 있었는지는 알 수가 없다. 이 이야기의 일부는 예언자들이 당시의 정치·사회적 갈등에 적극적으로 개입했음을 보여준다. 다른 이야기들은 주로 '예언자 무리'에 속한 사람들에 대한 이야기로, 그들이 행한 기적들을 주로 다루고 있다. 이스라엘 왕 역대지략에서 오므리 왕조 또는 예후 왕조와 관계있는 장들에 예언자들이 포함되었다는 암시는 없다. 달리 말해서 엘리야와 엘리사는 역사 편찬물 어디에도 속하지 않는다는 이야기이다.
엘리야 이야기의 주요 비판은, 야훼주의와 이세벨 여왕이 가져온 바알 제의의 도입 사이에서 벌어졌던 갈등과 나봇 살해에 대한 도덕적인 저항에 초점을 두고 있다. 엘리사 이야기는 엘리사가 정치적인 음모들, 곧 예후와 하사엘로 하여금 국왕을 시해하도록 선동하는 것과 같은 음모들과 왕들을 대상으로 하는 정치적인 자문 역할, 예를 들면 사마리아의 포위 공격, 모압 원정, 요아스의 아람 다메섹에 대한 원정 공격 시의 조언을 하는 역할에 적극 개입하였음을 보여준다.
기적 이야기와 정치적인 행동 사이의 이분법은 모든 '엘리야/엘리사 이야기'를 규정짓는 특징을 이룬다. 예언자들이 정치적·군사적 결정에서 맡은 역할은 고대 지중해/중동 세계, 즉 앗수르에서 그리스까지 널리 퍼져 있었기 때문에 이스라엘 예언자들이 군대 포위와 원정, 정권 퇴진 같은 일들에 연루되었다는 역사성을 의심할 필요는 없다.
주전 8세기와 그 후의 시대에 이스라엘(호세아)과 유다(아모스, 이사야, 미가, 예레미야, 하박국 등)에 선지자들이 있었고 포로기에도 예언자 에스겔이 있었을 뿐더러 포로기 이후의 유다에도 여전히 예언자들이 존재했다(학개, 스가랴, 말라기). 기적 이야기들이 많이 등장하지만 이것이 예언자들의 일상적인 활동은 아니다. 또한 예언자들이 예언서를 저술했으며 대부분이 믿을 만한 저작이라고 설정되어 있다. 이 가운데 일부는 유다 왕들의 역대지략 저자들 중에 예언자가 있다는 사실을 암시한다. 예를 들면 웃시야와 히스기야 시대에 활약한 이사야가 있다. 많은 예언서에는 지정학적이며 지리적으로 중요한 자료들이 있다. 예언자들이 자기 시대에 일어난 역사적 사건들에 관여한 일은 다음 장의 역사적·지리적인 논의에서 다시 다룰 것이다.

1_"요아스 왕 제이십삼 년에 이르도록 제사장들이 성전의 파손한 데를 수리하지 아니하였는지라"(왕하 12:6).

▶ 바알 선지자들과 대결했던 엘리야 동상

08

|CHAPTER|

WINDOW OF OPPORTUNITY

기회의 시대

(주전 8세기 초엽)

앗수르가 북쪽의 새로운 적, 우라르투 왕국과 갈등을 빚고 내부 갈등과 중앙 정부의 약화로 쇠퇴기를 맞고 있을 무렵 레반트의 강자로 아람이 전면 부상했다. 하지만 주전 796년 만추아테를 향한 아닷 니라리 3세의 후반기 원정은 레반트 남부와 중부 지역 정세에 일대 전환을 가져왔다. 이스라엘에게 허락된 '구원자'는 바로 이때 다메섹을 복종시킨 앗수르 왕 아닷 니라리 3세를 가리키는 말일 것이다. 레반트 남부 국가들의 행위에 대한 종교적 규탄과 정치적 비판은 아모스의 예언서 1장과 2장에 보존되어 있다.

UPSTREAM OF ORONTES RIVER RISING IN THE BEQA VALLEY IN LEBANON FLOWING TO THE NORTH
레바논의 베카 계곡에서 발원하여 북쪽으로 흐르는 오론테스 강의 상류

주전 796년 '만추아테를 향한' 아닷 니라리 3세의 후반기 원정은 레반트 남부와 중부 지역 정세에 일대 전환을 가져왔다. 이 원정에 앞서 주전 8세기 초 몇 가지 격동의 사건이 있었다.

아람 다메섹의 패권 시대

이스라엘과 전쟁 주전 8세기 초 이스라엘은 여전히 예후의 아들 여호아하스(주전 814-798년)가 통치하고 있었다. 그의 왕국은 시리아 중부에서 우위를 점하던 다메섹 왕 하사엘에게 굴복하고 만다. 앗수르 왕 살만에셀 3세는 메소포타미아에 이르는 다드몰 길로 접근해오는 하사엘을 막아내려고 애썼다. 주전 9세기 마지막 수십 년간 앗수르는 내정 문제로 인해 서쪽 지역에서 세력이 크게 약화되었다. 주전 9세기 마지막 몇 년을 남겨두고 시작된 앗수르 왕 아닷 니라리의 새로운 원정은 시리아 북부를 겨냥한 것이었다. 따라서 하사엘은 수익성이 좋은 무역로와 레반트 남부를 차지하려는 계획을 자유로이 실행에 옮겼다. 성서는 이 일을 지리적인 용어보다는 신학적인 말로 설명한다.

> 여호와께서 이스라엘에게 노하사 늘 아람 왕 하사엘의 손과 그의 아들 벤하닷의 손에 넘기셨더니 아람 왕이 이스라엘을 학대하므로 여호아하스가 여호와께 간구하매 여호와께서 들으셨으니 이는 그들이 학대받음을 보셨음이라. 여호와께서 이에 구원자를 이스라엘에게 주시매 이스라엘 자손이 아람 사람의 손에서 벗어나 전과 같이 자기 장막에 거하였으나(왕하 13:3-5).

단에서 발견된 석비가 입증하듯, 이스라엘에 대한 하사엘과 벤하닷(아람어로 바르 하닷)의 압제는 단 같은 이스라엘 북부 성읍들의 점령이 당연히 포함된다. 모압이 다메섹 동맹국과 연합한 일과 길르앗을 정복한 사건은 앞서 언급한 바 있다(왕하 10:32). 유감스럽게도 열왕기 편집자는 자세한 지리 정보를 덧붙이는 것이 적절치 않다고 여겼다. 그러나 블레셋 땅 가드를 향한 추후의 원정은 하사엘이 하부 갈릴리와 이스르엘 골짜기, 샤론 평야를 가로지르는 통제력을 자유로이 행사했음을 보여준다. 이스라엘에게 허락된 '구원자'는 주전 796년에 다메섹을 복종시킨 앗수르 왕 아닷 니라리 3세를 가리키는 말일 것이다.

블레셋, 유다와의 전쟁 비즉위년 방식에 따르면, 요아스(주전 835-796년; 왕하 12:1-21; 대하 24:1-27)는 유다를 39년간 통치했다. 그의 조언자 여호야다 제사장이 죽은 후(아마도 주전 800/799년; 대하 24:17-18을 보라), 그는 예루살렘 제사장들을 무시하기 시작했다.

그는 지방관들의 지지를 얻기 위해 왕국 전역에 흩어져 있던 지역 성소를 우대하는 새 정책을 폈고, 그 결과 예루살렘의 종교 지도자들은 왕을 맹비난했다(대하 24:19-22을 보라).

역대기 기자는 하사엘의 침공을 왕과 신하들의 배교가 불러온 벌로 보았다(대하 24:23-25을 보라). 열왕기의 평행 본문은 하사엘이 직접 원정을 이끌었음을 암시한다(왕하 12:17-18을 보라).

이와 관련해 역대기 기자는 유다 왕 연대기 원본에서 더 믿을 만한 사실을 제공한다. 아람 사람들이 벌인 서쪽 원정은 하사엘의 마지막 원정이었는데, 이 원정은 아마 이미 몇 년째 공동 섭정을 맡아온 그의 아들 벤하닷이 이끌었을 것이다. 다른 한편으로 열왕기 본문은 요아스가 도시의 파괴를 막기 위해 벤하닷에게 상당한 배상금을 지불했다는 사실을 강조하는데, 역대기 기자가 이 사실을 무시한 것은 의아한 일이다. 예루살렘 지도부는 몹시 격분했다. 요아스가 무고한 대변인인 여호야다의 아들 스가랴를 살해했을 뿐 아니라 자신들의 재산까지 몰수했기 때문이다. 왕을 배신한 관리들, 즉 성주들의 군사 지도력은 한심할 정도로 무능했고, 따라서 아람 군대의 소규모 공격에도 패배하고 말았다. 그러자 예루살렘 수뇌부는 요아스에 대항해 반란을 공모한 뒤 병상에 있는 그를 살해했다(왕하 12:19-21 ‖ 대하 24:23-26을 보라). 하사엘의 원정은 주전 797년 말에 일어난 일이 확실하다. 다메섹을 향한 아닷 니라리 3세의 공격은 주전 796년에 있었고, 그 사이에 하맛 왕국의 통치자를 겨냥한 아람의 음모가 성공적으로 끝났기 때문이다.

1_사마리아 오스트라카
주전 8세기 경의 것으로 추정되는 사마리아 오스트라카에는 물품 수령자와 물품을 보낸 지명들이 기록되어 있다. 이 오스트라카의 용도를 두고 왕에게 보낸 세금 영수증이라는 견해와 세습 영지뿐만 아니라 왕에게 하사받은 여러 토지로부터 개인이 받은 물품 목록이라는 주장이 맞선다. 저자는 후자의 견해에 속한다. 이 사마리아 오스트라카에 나타난 지명들 중 지도의 붉은 글씨 지명은 므낫세와 마길 후손의 이름들과 관련이 있어 므낫세 지파의 정착 과정을 설명할 수 있는 고고학적 유물이다(179쪽 참조).

하맛과의 전쟁 블레셋 가드와 유다에 대한 전면적인 원정 이후, 늙은 하사엘은 최후를 맞은 것으로 보인다(왕하 13:24). 이는 그의 아들 바르 하닷이 다메섹의 최대 라이벌인 오론테스 강 유역의 하맛 왕국에 대해 대규모 원정을 한 증거에서 유추할 수 있다. 이 일은 하맛과 루갓의 왕 자쿠르의 비문에 기록되어 있는데, 이 비문은 시리아 북부의 아피스아피쉬에서 발견되었다. 여기서 아닷 니라리가 무대에 등장함으로써 이스라엘의 구원이 이루어졌다는 견해가 나온다. 자쿠르 왕에 대한 포위 공격은 앗수르 군대가 도착하기 전인 주전 796년 초에 일어났을 것이다. 그래서 하사엘이 죽고 그의 아들 바르 하닷이 왕위를 이었다고 추정할 수 밖에 없다. 가드와 예루살렘을 상대로 남부 해안 지역에서 아람 군대가 승리하자 의기양양해진 바르 하닷은 승리한 자기 군대의 힘을 북쪽의 주변국들로 돌려야겠다고 생각했다. 전쟁터에서 보여준 다메섹 군대의 용맹은 시리아 북부의 신히타이트와 아람 국가들에게 깊은 인상을 남겼다. 그들은 자쿠르 왕에 대항하는 연맹국 결성에 동의했다. 하맛에서 신히타이트 이름을 가진 통치 왕조(아나톨리아)에서 아람어 이름을 가진 새로운 출신자로 바뀌었다는 점을 토대로 정권 교체 사실을 추정할 수 있을 뿐이다.

아닷 니라리 3세의 다메섹 원정

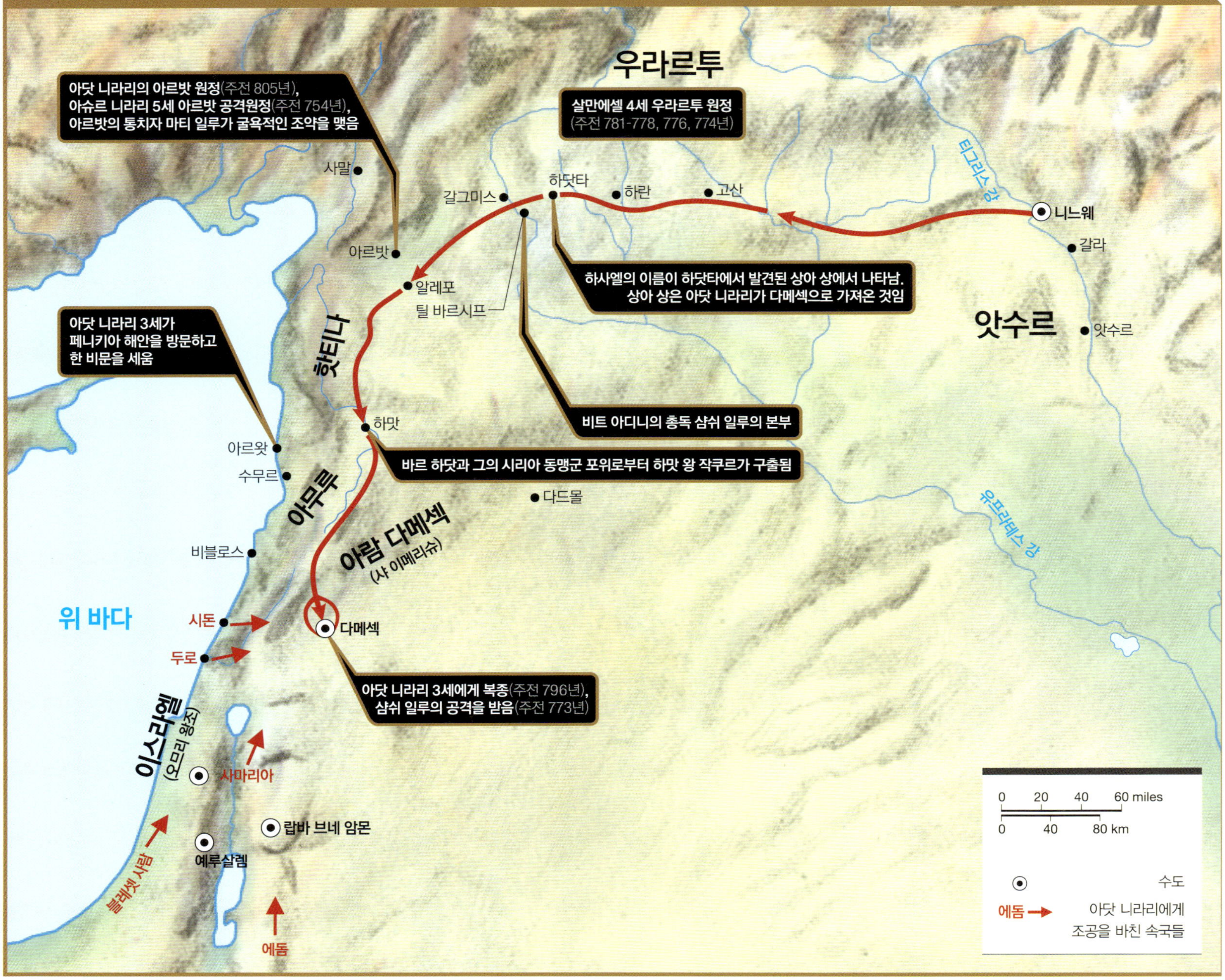

앗수르의 위협이 사라졌다고 생각하자 시리아 동맹국들은 일제히 하드락에 있는 자쿠르 왕을 공격했는데, 이는 자쿠르가 시리아 중부의 권력 장악을 위해 앗수르의 지원을 얻으려는 왕위 강탈자였기 때문이었을 것이다. 아직까지 하드락이 어디인지 확인되지는 않았지만, 오늘날의 홈즈와 동일한 곳으로 짐작된다. 특별히 자쿠르가 묘사한 토성과 해자[1]를 이용한 포위 작전은 아람 원정에서 블레셋 가드와의 전쟁 때 사용했던 작전과 유사하다.

1_토성과 해자
토성은 높은 곳에 위치한 성을 공격하기 위해 세운 흙으로 다진 토대를 말하고, 해자는 수비하는 측에서 적의 공격을 지연시키기 위해 성 주변에 깊은 두렁을 파고 물을 채우는 수비시설을 말한다.

아닷 니라리의 마지막 서쪽 원정

앗수르 시조 연대기는 주전 796년 아닷 니라리의 만추아테 원정을 기록하고 있다. 더 자세한 언급은 나와 있지 않지만, 기록은 원정의 중심이 되는 어느 한 지역에 집중되어 있다. 시리아 동맹군에게 포위당해 있는 자쿠르를 구출해내는 것도 이 원정에 필연적으로 수반된 결과였다. 안타키아 석비는 아닷 니라리와 야전 사령관 '투르타누' 샴쉬 일루가 하맛 땅의 자쿠르와 아르밧의 통치자 아타르슘키 사이에 경계선을 그었다고 전한다. 아타르슘키

▶ 자쿠르 비문으로 알려진 시리아 북부 아피스에서 발견된 비문 파편 _ 이 비문은 1907-8년에 출간되었다. 아람어 문헌은 다메섹 왕 하사엘의 아들인 바르 하닷의 주도로 공격했다고 말한다. 바르 하닷이 고용한 상대국의 동맹군은 하드락을 첫 번째로 포위했고, 하맛과 루갓의 왕 자쿠르가 예배한 신은 그를 구원했다고 한다. 하맛과 루갓은 시리아 중부의 영토이며, 청동기 시대에는 누그핫세로 알려졌다.

▲ 여로보암 2세 시대 때 하솔의 한 상인 M-k-b-r-m 집에서 발견된 상아로 만든 화장 도구

는 자쿠르 문서에 나오는 바르 구시와 동일한 인물이다. 비트 아구시는 아르밧이 주요 도시인 왕국의 앗수르식 이름이다. 이 비문은 비트 아구시/아르밧을 다메섹 동맹에서 떼어내려는 아닷 니라리 쪽의 정책을 반영하는 듯하다. 동시에 앗수르 군주는 자쿠르 왕의 안전을 지켜주고자 했다. 아닷 니라리와 샴쉬 일루가 함께 언급된다는 사실은, 이제는 비트 아디니의 수도 틸 바르시프의 강력한 통치자로서 샴쉬 일루가 주전 796년 원정의 실제적인 지휘관이었음을 보여준다. 아닷 니라리가 원정대에 동행했음에도 말이다.

이 원정의 상세 내용은 모술 서쪽에 있는 텔 에르 리마흐의 신전에서 발견된 석비에 나와 있는데, 아무루, 즉 하티 땅을 정복했다는 것은 자쿠르 왕을 위협하던 동맹군이 뿔뿔이 흩어졌음을 뜻한다. 후속 조처로, 앗수르인들은 만추아테를 작전 기지로 사용중인 다메섹으로 나아갔고 엄청난 조공을 강탈했음이 분명하다. 여호아하스의 아들이자 이스라엘의 새 왕인 여호아스/요아스는 앗수르 군대가 온다는 소식을 듣고 조공을 바쳤다. 의심할 바 없이 요아스는 바르 하닷에 맞서 아닷 니라리의 지원을 얻어내려 한 것이다. 바르 하닷은 앗수르의 공격으로 매우 약해졌고 곧 이웃 국가인 이스라엘에게 손쉬운 먹잇감이 되었다.

그 사이에 앗수르 왕은 자신이 페니키아로 성대한 여행을 떠났다고 진술한다. 이는 그의 사령관 샴쉬 일루의 탁월함에도 불구하고 왕이 원정에 직접 참여했음을 확증해준다.

앗수르의 약화 아닷 니라리 3세의 통치 기간 동안 이미 중앙 정부는 약화되어 정세가 제국 전역의 지방 군주들에게 유리하게 돌아가고 있었다. 이 경향은 아닷 니라리 이후의 통치 기간 동안에 더 분명해졌다. 북쪽의 새로운 적, 즉 아나톨리아 동부에 위치한 우라르투 왕국은 메소포타미아 북부와 시리아의 수익성 높은 교역로를 끼고 있는 비옥한 영토에 탐욕의 눈길을 던지고 있었다. 시조 연대기는 살만에셀 4세(주전 782-773년) 치세 동안 우라르투를 향한 일련의 원정(주전 781-778, 776, 774년)이 있었음을 기록한다. 마지막 원정은 나므리 땅을 포함하고 있는데, 이는 우라르투의 영향력이 이곳까지 미치고 있었음을 시사한다. 이 시기의 원정은 샴쉬 일루의 지휘 아래 이루어졌을 것이다. 그는 수도 중 하나였을 틸 바르시프와 서쪽 영토를 다스리던 강력한 장군이었다. 그의 개인적인 비문들이 도시 성문을 지키는 두 사자상에서 발견되었다. 그의 주요 직함은 '야전 사령관'이지만, '대사신'이자 신전 관리자이며, 거대한 군대의 지휘관이자 특히 하티, 구티, 나무르 땅의 군주라고 주장했다. 그는 또한 아나톨리아 고원의 무슈쿠뿐 아니라 우라르투를 물리쳤다고 주장했다. 그는 이미 아닷 니라리 3세의 치세 동안 관직에 있으면서 왕과 더불어 상당한 권세를 행사하고 있었다.

주전 775년에 살만에셀 4세가 세다르 산을 습격했고, 773년에는 샴쉬 일루가 다메섹을 공격했다. 다메섹 공격 연대는 시조 연대기와 터키 파자르시크 근처에서 발견된 한 비문에 따른 것이다.

여로보암 2세가 다메섹을 복종시킨 일은 앗수르의 다메섹 공격에 뒤이은 결과로 일어났다고 보는 게 타당할 것이다. 아마 재원이 고갈된 다메섹은 이스라엘의 위협에 저항할 수가 없었을 것이다.

아슈르 단 3세의 통치 기간에 이루어진 세 차례 원정은 모두 하다락에 집중되었지만(주전 772, 765, 755년), 그 기간에 아르라프카 같은 지역뿐 아니라 고잔(주전 763, 759-758년)에서 반란이 일어나 진압되었다.

아슈르 니라리 5세 치세에는 아르밧을 향한 원정이 있었다(주전 754년). 아르밧의 통치자 아타르슘키의 아들 마티 일루는 완전히 겁에 질렸고, 아슈르 니라리에게 굴욕적인 가신 조약을 강제로 맺어야 했다.

아닷 니라리 3세 이후에 왕과 군대가 '그 땅 안에' 머물렀다고 말하는 시조 연대기의 많은 사례는 앗수르 제국의 약화를 시사하며, 남쪽의 바벨론과 북쪽의 우라르투가 감히 앗수르 국경 지역을 잠식해 들어간 이유를 설명해준다. 서쪽에서 샴쉬 일루는 앗수르 왕에게 입에 발린 말을 하면서, 한편으로는 자신이 실제적인 군주로 행세한 듯하다. 그는 '벧 에덴에서 규 잡은 자'였음이 분명하다(암 1:5[2]).

이스라엘과 유다의 재기

이스라엘이 다메섹을 누르다 즉위년 방식에 따르면 이스라엘 왕 여호아하스의 아들 요아스(주전 798-782년; 왕하 13:10-25)는 16년간 통치했는데, 그는 이제 다메섹의 숙적에게 보복할 수 있었다. 예언자 전승은[3] 요아스가 아람 다메섹을 세 번 물리쳤다고 한다(왕하 13:18-19). 한번은 골란 지역 아벡에서 있었던 결정적인 승리였고(왕하 13:17), 다른 두 번(참고, 암 6:13)의 승리는 가르나임 세이크 사아드과 로드발(리드비르, 아마도 키르벳 에드 두웨이르=텔 도베르, 수 13:26[4])에서 있었던 게 분명하다. 과거 하사엘이 이스라엘의 희생을 대가로 얻은 영토 획득은 모두 무효화되었고, 성읍들은 이스라엘로 회복되었다(왕하 13:25). 다메섹은 아닷 니라리에 의해, 그리고 하맛과의 분쟁으로 인해 너무 많이 쇠약해진 탓에 요아스와 여로보암 2세가 요단 동편의 지배권을 재탈환하는 것을 막지 못했다(대상 5:17).

이스라엘이 다메섹을 세 차례나 이긴 시기가 언제인지는 나와 있지 않지만, 아마도 벧 세메스에서 유다와 벌인 전투와 주전 782/781년 요아스의 죽음 사이에 해당할 것이다. 이때는 요아스가 자기 아들 여로보암 2세와 공동 섭정을 하던 시기였다. 여로보암은 단독 통치자가 되자 공격을 계속하여 마침내 "하맛 어귀에서부터 아라바 바다까지 이스라엘 영토를 회복하였다"(왕하 14:25). 이러한 패권 장악은 아마도 주전 773년 샴쉬 일루가 다메섹을 공격한 이후에나 가능했을

2_"내가 다메섹의 빗장을 꺾으며 아웬 골짜기에서 그 주민들을 끊으며 벧 에덴에서 규 잡은 자를 끊으리니 아람 백성이 사로잡혀 기르에 이르리라. 여호와께서 말씀하셨느니라"(암 1:5).

3_**예언자 전승**
예언자들이 열왕기를 기록했다는 입장을 따른 것으로, 쉽게 말해 '열왕기 전승에 따르면'이라는 의미이다.

4_개정역은 '드빌…까지'로 번역했다. 히브리어 리드비르(לדבר)는 전치사 레(ל)와 지명 드비르(דבר)의 결합으로 볼 수도 있지만 지명 자체로 볼 수도 있다. 저자는 후자로 보아 로드발(삼하 9:4-5)과 동일한 지명으로 보았다.

것이다. 하맛은 다메섹과 함께 이스라엘에 복속되었을 수 있다(왕하 14:28). 갓 지파와 르우벤 지파는 이제 바산까지 진출했으며, 동부의 초원 지대를 가로질러 유프라테스 강까지 이르렀다(대상 5:9-11).

이 시기, 이스라엘과 유다 사이의 새로운 동맹 관계가 시작되었음이 확실하다. 이는 아마도 주전 796년 유다 왕 요아스가 죽고 그의 아들 아마샤가 즉위한 결과였을 것이다(왕하 14:9). 이 새로운 화해가 낳은 흥미로운 부작용 한 가지는, 양국이 왕의 통치 연수 계산법을 비즉위년에서 즉위년 방식으로 바꾸었다는 것이다.

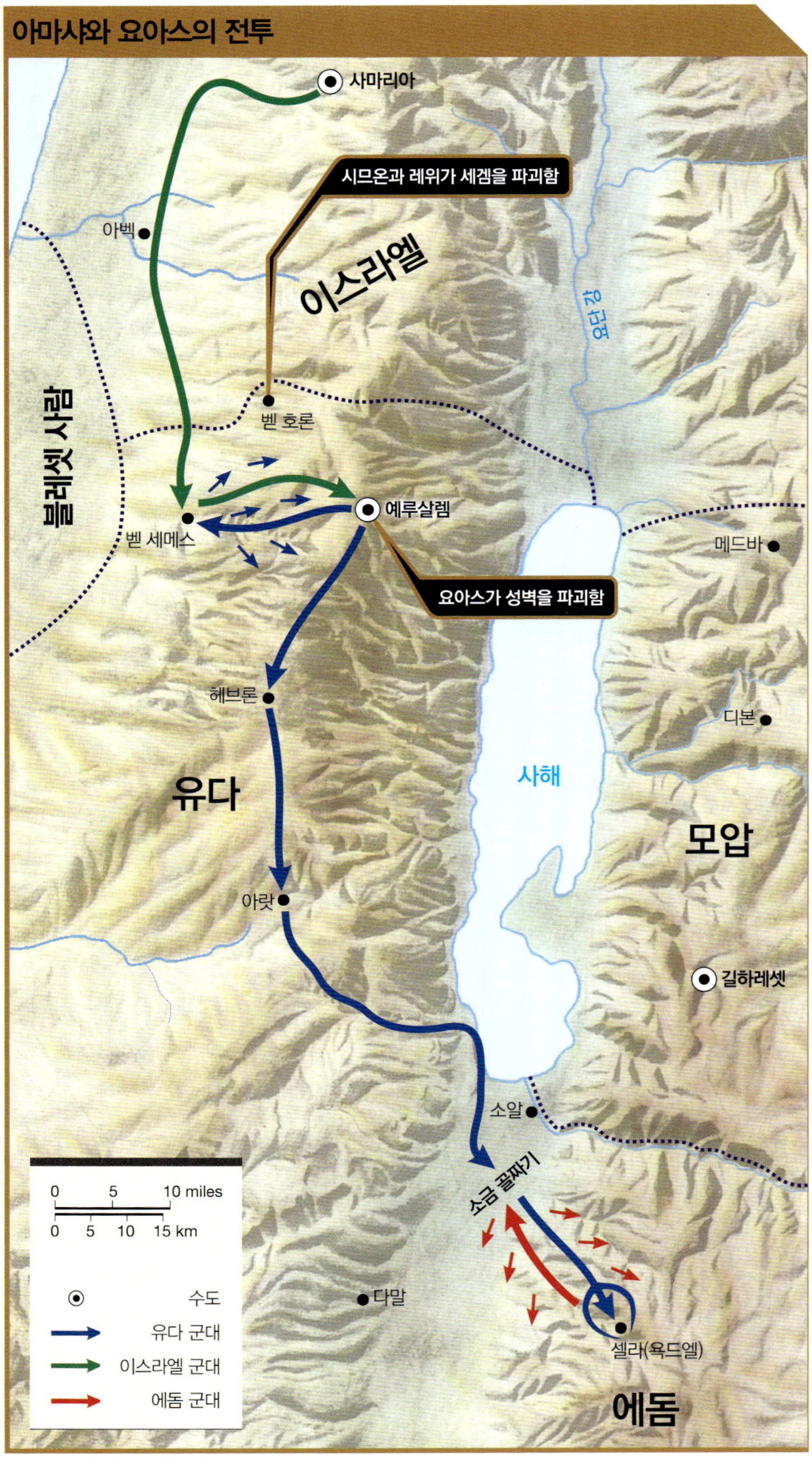

유다, 에돔을 재정복하나 이스라엘에 패하다 유다 왕 아마샤(주전 796-767년)는 다메섹의 급격한 쇠퇴에서 자신감을 얻었다. 그는 에돔에 대한 지배권 회복을 위해 원정을 결정했다. 전리품을 약속한 그의 공격 계획은 왕정 배후의 여러 다양한 세력을 하나로 규합하는 데 기여했을 것이다. 아울러 요아스의 치세 마지막 몇 달 동안 그들 사이에 있었던 관계 단절을 치유하는 데도 보탬이 되었을 것이다. 아마샤는 전리품 분배를 기대하던 이스라엘의 용병들을 고용하기로 결정했는데, 그의 군사 고문이었던 한 예언자가 이웃 나라의 용병을 활용하려는 결정을 극구 반대했다. 결국 아마샤는 용병들을 빈손으로 돌려보내기로 했다(대하 25:5-10).

아마샤와 그의 군대는 '소금 골짜기', 즉 사해염해의 남쪽 끝자락쯤에서 에돔을 물리쳤다(왕하 14:7; 참고. 삼하 8:13). 정확한 위치는 알기 어렵지만, 에돔 포로들이 내던져진 장소인 셀라는 부체이라에서 북서쪽으로 4킬로미터 떨어진 실라의 유적지가 분명하다. 나바테아 지역의 레켐, 라크무로 알려진 고대 페트라는 결코 셀라일 수 없다.

실망한 이스라엘 용병들은 두 나라 국경 지대의 민감한 지역에 위치한 성읍들을 약탈함으로써 유다에 대한 분노를 터뜨렸다(대하 25:13을 보라). 아마샤는 지휘관으로서 자기 능력과 자신의 군대에 대한 자신감으로 충천하여 에돔 정복에서 귀환했다. 그는 에돔에서 가져온 전리품을 자랑했고 에돔의 제의 우상들을 숭배하기 시작함으로써 예루살렘에 있는 예언자 집단의 분노를 샀다(대하 25:14-16). 이스라엘 용병들이 유다의 북쪽 국경을 약탈한 사건에 화가 난 아마샤는 이스라엘 왕 요아스에게 도전장을 던졌고, 요아스는 빈정거리며 경멸에 찬 투로 답했다(대하 25:17-20). 결국 두 왕은 벧 세메스 근처 소렉 골짜기에서 맞붙었고, 아마샤는 처참한 결과를 떠안았다(대하 25:23-25 ‖ 왕하 14:11b-14, 17을 보라).

여기서 역사가들이 흔히 간과하는 중요한 사실 하나는, 아마샤가 전장에서 사로잡혔을 뿐 아니라 이스라엘 왕 요아스가 그를 인질 삼아 사마리아로 끌고 갔다는 점이다(주전 792년). 아마샤가 자신을 사로잡은 요아스보다 15년을 더 생존했다는 말의 의미가 이것이다. 더 자세한 내용은 아래에서 다룰 것이다.

아마샤가 포로로 끌려간 사이, 유다의 지도자들은 아마샤의 아들 아사랴/웃시야를 아버지 대신 왕위에 앉혔다(왕하 14:21a ‖ 대하 26:1a). 신명기의 역사 편집자는 이 일을 모든 왕들의 연대기 순서에 따른 기록 관행에 맞게 아마샤의 죽음 이후에 배치했다. 역대기 기자도 선례를 따랐다. 그러나 앞의 두 본문은 아사랴/웃시야가 엘랏/엘롯에 군사 기지를 건설한 일을 언급하고 있는데, 이 일은 이스라엘 왕 여호아스/요아스가 죽은 지 15년에 일어난 것이다. 여기서 신명기 기자는 아사랴/웃시야가 실제로 16세 때, 곧 아버지 아마샤가 사마리아에 포로로 잡혀간 때부터 통치하기 시작했다는 사실을 모호하게 흐리고 있다. 이 부득이한 동시 통치는 관련된 왕들의 다양한 연대를 통해 확인된다.

이스라엘이 영토를 확장하다 여로보암 2세(주전 793-753년)는 벧 세메스에서 아마샤와 전투를 치르기 직전 아버지 요아스가 섭정 왕으로 임명했다. 그는 10년 동안 아버지와 함께 통치했으며, 아버지의 다메섹 원정 기간 동안 세 번의 중요한 승리를 거둔 전투에서 경험을 쌓았을 것이다. 단독 통치자가 된 뒤 여로보암은 공격을 계속했고, 레반트 중부에서 이스라엘의 지배적인 위치를 회복했다(왕하 14:25-28을 보라).

그는 이스라엘 영토를 레바논 르보 하맛=레브웨에 있는 베카 계곡의 분수령에서부터 요단 동쪽을 거쳐 사해아라바 바다에 이르기까지 확장했다. 남쪽의 모압 고원 지대는 여전히 그의 지배권에서 벗어나 있었다. 이 점은 후대의 이사야(사 15–16장)와 예레미야(렘 48장)의 예언에서 확인된다. 다메섹은 이제 이스라엘보다 열세였고, 하맛 또한 여로보암의 지배 아래 있었던 것으로 보인다. "하맛은 유다에 속한다"는 수수께끼 같은 언급은 아마도 디글랏 빌레셀 3세의 말로 설명할 수 있을 텐데, 아래에서 다룰 것이다. 그의 말은, 여로보암이 죽고 아사랴가 레반트 중부에서 지배권을 차지했던 시기를 들먹인다.

여로보암이 요단 동쪽을 지배한 사실은 그의 생전에 실시된 인구조사를 통해 입증된다(대상 5:17). 르우벤 지파가 유프라테스 강으로 이어지는 광야의 경계까지 지경을 성공리에 동쪽으로 확장한 시기가 이때였을 것이다(대상 5:9). 여로보암 2세의 치세 중 국내 행정과 사회 정책의 몇몇 문제점들은 아모스 선지자의 비판과 비교해보면 된다. 이 시기는 이스라엘이 요단 동쪽과 해안 평야, 심지어 레바논의 베카 계곡[1]까지 무역로를 지배한 결과, 사치품들이 유입되어 경제가 번성한 때였다.

유례없는 유다의 팽창 앞서 언급한 대로, 아마샤가 이스라엘 왕 요아스에게 사로잡혀 사마리아로 끌려갔을 때 유다 백성들은 아사랴/웃시야를 왕위에 앉혔다. 신명기 편집자는 이 일을 아마샤의 죽음 이후에 배치했지만, 그의 죽음은 사실 아사랴의 왕위 승계 25년 뒤의 일이었다. 아사랴가 주전 792년(즉위년 방식)에 왕위에 올랐다는 사실이 타당하게 받아들여질 때, 그의 통치에 관한 나중의 역사 연대표가 잘 맞아떨어진다(왕하 14:21 ‖ 대하 26:1을 보라).

열왕기에서는 아사랴로, 역대기에서는 웃시야로 일관되게 불리는 그는, 디글랏 빌레셀 3세의 한 비문에는 아사랴로 나온다. 그는 주전 792년 실제 왕위 계승자로 즉위년을 부여받았음에도, 아버지가 포로로 끌려갔기에 사실상 공동 섭정이 된다. 그의 통치는 즉위년인 주전 792/791년부터 주전 740/739년에 죽을 때까지 52년간 이어졌다. 부왕 아마샤의 통치 연대와 겹치는 기간은 주전 792년부터 주전 767년까지이며, 통치 마지막 10년간은 질병 때문에 그의 아들 요담이 공동 섭정이 된다.

젊은 왕 아사랴는 자신의 첫 통치 10년 동안 줄곧 직무를 배웠을 것이다. 그는 스가랴를 정치 고문으로 두었는데, 가능성이 없어 보이긴 하지만 이 스가랴가 히스기야의 외조부(왕하 18:2)가 아니라면 달리 알려진 사실은 없다. 아사랴/웃시야의 스승 역할을 했던 스가랴는 아마샤가 사마리아의 포로에서 풀려나기 전인 왕의 통치 첫 10년 동안 특히 큰 영향력을 끼친 인물이었다.

아사랴/웃시야가 자신의 통치 기간 중 북부의 해안 평야와 아스돗 땅을 향해 언제 원정을 감행했는지는 본문에 나오지 않는다. 그는 또한 아라비아 사람들, 특히 마온 부족들(칠십인역)에 대해 지배권을 행사했는데, 이로써 시내 반도를 가로질러 이집트까지 이르는 무역로를 독점하게 되었다(대하 26:5–8을 보라). 북부의 해안 평야 내륙을 가로지르는 군사 원정으로 아사랴/웃시야는 가드텔 에츠 차피와 야브네예브나, 아스돗에스둣에 대한 지배권을 확보했다. 하사엘의 파괴적인 정복 이후, 가드에는 소규모이기는 하지만 정착이 재개되었던 게 분명하다. 요새와 전진 기지들이 아스돗 영토에 세워졌고 농경지가 개간되었다.

남쪽으로 블레셋과 아라비아에 대한 지배권 확보는, 서쪽과 동쪽 지역에 거주하는 두 사회인종학적인 집단을 연결해주는 대상로를 유다가 다시 지배하게 되었다는 것을 의미한다.

◀ 므깃도에서 발견된 '여로보암의 종 셰마에게 (속한)'이라는 비문이 새겨진 인장

1_베카 계곡(Bekac Valley) 레바논의 수도 베이루트에서 동쪽으로 30킬로미터 정도 떨어진 곳에 위치하며, 서쪽에 있는 레바논 산맥과 동쪽에 있는 안티레바논 산맥 사이에 위치한다. 남북 길이가 약 120킬로미터, 동서 길이가 약 8–12킬로미터, 해발 1,000미터 정도이다. 레바논의 대표적인 농업 지대로 손꼽히는데, 북쪽에 있는 오론테스 강과 남쪽에 있는 리타니 강이 이곳을 거쳐 흐른다.

요아스와 여로보암 2세의 정복 ＼ 주전 790–782년경

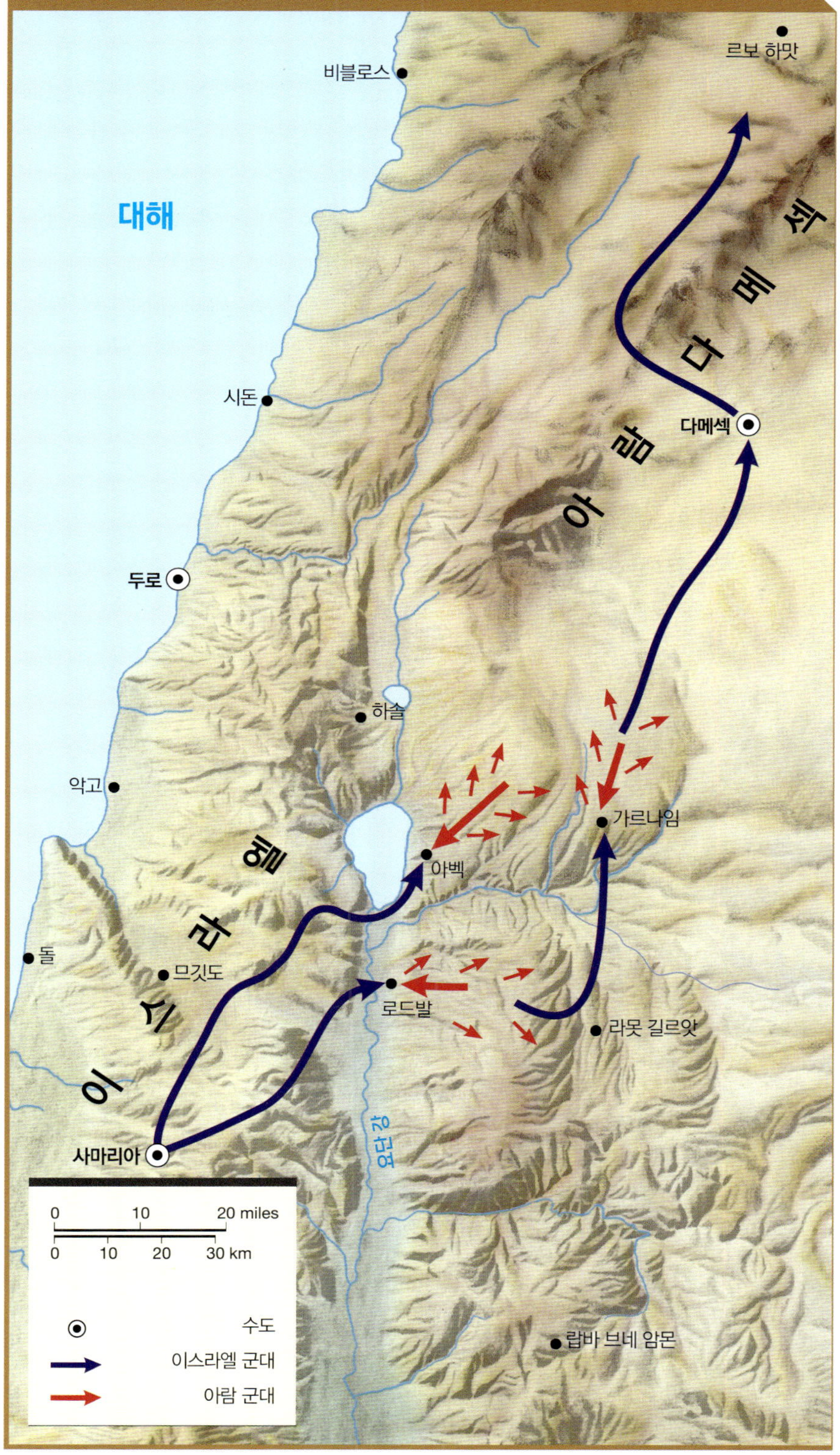

오늘날의 중간상인 격인 마온 사람들(칠십인역)은 대상로를 정기적으로 왕래하던 아라비아 부족으로, 광활한 시내 반도를 넘어 가축 떼를 방목했을 것이다. 유다가 대상로의 지배권을 탈환한 시기는 확실하지는 않지만, 아마샤가 죽은 주전 767년에는 아사랴/웃시야가 아카바 만에 엘

여로보암 2세와 웃시야 시대의 이스라엘과 유다 ∖ 주전 8세기 중엽

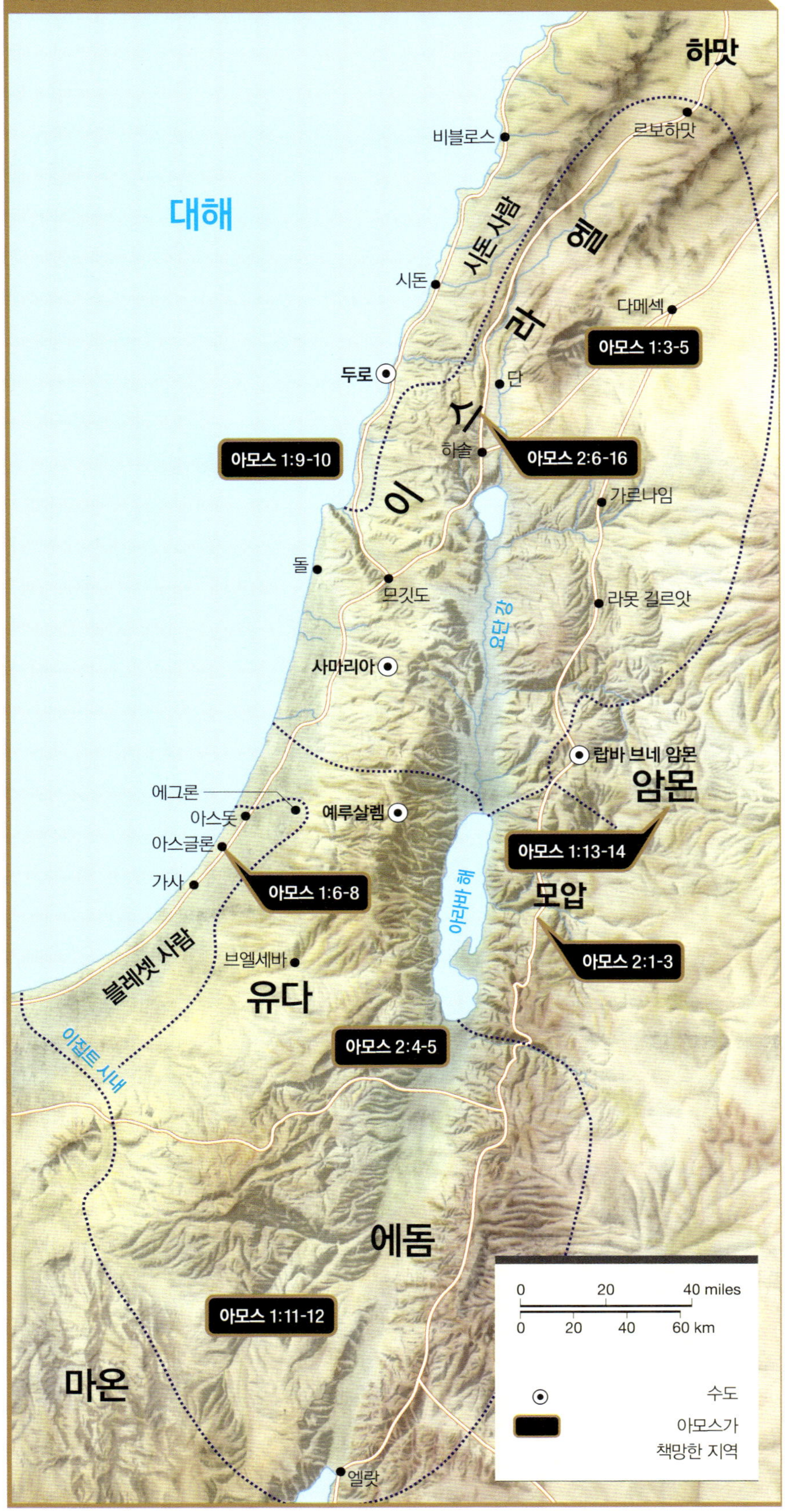

랏/엘롯을 다시 요새화할 수 있었다. 엘랏/엘롯은 아라비아로부터 오는 대상들의 이동을 감시하기 위한 주요 전진 기지였음이 분명하다.

아사랴의 선왕 아마샤가 이스라엘 왕 요아스보다 15년을 더 살았다는 사실은 요아스의 죽음 이후 그가 풀려나 고향으로 되돌아왔었음을 의미한다. 이것은 요아스의 아들 여로보암 2세 편에서 취한 일종의 제스처였다. 이 제스처는 유다와의 화해를 촉진하려 한 것이었을까, 아니면 아사랴/웃시야의 문제를 복잡하게 만들려는 속셈이었을까? 아마샤를 사마리아의 포로 생활에서 석방한 것은 선의로 보는 게 타당할 것이다. 그리하여 유다와 이스라엘은 새로운 협력 시대로 나아갈 수 있었는데, 두 왕국은 각각 주변 경쟁국들을 정복하고 복종시키는 확실한 성과를 거두고 있었다. 여로보암과 아사랴/웃시야의 결합은 레반트 남부에 역동적인 권력의 중심점을 창출했으며, 이집트 국경에서 오론테스 계곡 중부에 이르기까지 지배적인 영향력을 행사했다. 양국의 연합은 주전 8세기 전반기의 기회의 문이었다. 두 나라는 높은 수준의 경제적·정치적 발전을 이루었다. 그러나 안타깝게도 선지자 아모스와 그보다 약간 늦게 활동한 북부 지역 선지자 호세아의 비판에 따르면, 두 나라의 사회생활은 고대 전통이 간직한 이상에 훨씬 못 미쳤다. 부유한 엘리트 계층과 하층민 사이의 격차는 더 벌어졌고, 종교 의식은 진지한 도덕적 책무라기보다는 틀에 박힌 공허한 반복이 되었다.

유다의 은퇴한 '명예' 왕 아마샤는 성전의 지배층이 싫어하는 제의 관습들을 육성한 듯하다. 아마샤의 음모가 무엇이었든 간에 성전 지배층은 그에 맞서 반란을 일으켰다(대하 25:25-28 ‖ 왕하 14:17-21을 보라).

주전 767년 아마샤의 장례 이후, 곧 이스라엘 왕 요아스가 죽은 지 15년이 되는 해에, 아사랴/웃시야가 엘랏/엘롯을 세우고 이곳에 대한 지배를 공고히 했다는 사실은 중요하다(왕하 14:22 ‖ 대하 26:2을 보라). 이는 아사랴/웃시야가 시내 반도를 넘어 이집트 국경까지 이르는 무역로의 지배권을 확보했다는 앞의 설명과 상응한다. 특히 아라비아에서 지중해 연안에 이르는 대상로를 왕래하며 장사하던 마온 사람들에게 조공이 부과되었다는 것은 의미심장한 일이다.

특별히 흥미로운 점은, 웃시야 왕의 건축 계획과 농경 정책에 대한 역대기 기자의 서술이다. 웃시야는 자신의 막대한 수입의 일부를 예루살렘 요새화에 쏟아부었다(대하 26:9을 보라). 그의 왕실 농경 사업은 유다 왕국의 주요 지역에서 행해졌다(대하 26:10a을 보라).

동쪽으로 웃시야는 유다 광야(삿 1:16; 시 63:1), 더 정확히는 초원 지대에서 대규모 양떼와 소떼를 길렀다. 비록 역대하 26장 10절이 남쪽 지역과 관련하여 잘못 인용되기도 하지만, 그럼에도 망대와 물웅덩이가 남쪽의 네게브가 아니라 동쪽 지역의 유다 광야에 있었다는 점에 주목해야 한다(대하 26:10b을 보라).

서쪽으로는 지리적 독립체 두 곳이 나오는데, 바로 세펠라와 해안 평야인 평지(신 1:7)이다. 예상 가능한 대로, 이러한 지역에서 왕실의 농경 사업은 곡물 재배에 집중되었는데, 웃시야는 그곳에 자신의 경작인들을 두었다.

세펠라는 일반적으로 유다의 주요 영토로 알려져 있었지만, 해안 평야는 블레셋 땅이었다. 위에서 언급한 서쪽으로의 영토 확장(대하 26:6)으로 더 넓은 땅을 얻었고, 땅의 대부분은 왕실 재산으로 간주되었다. 그런데 이곳이 요단 동편에 있는 아르논 북쪽 '고원 지대'를 가리킨다고 보기는 어렵다.

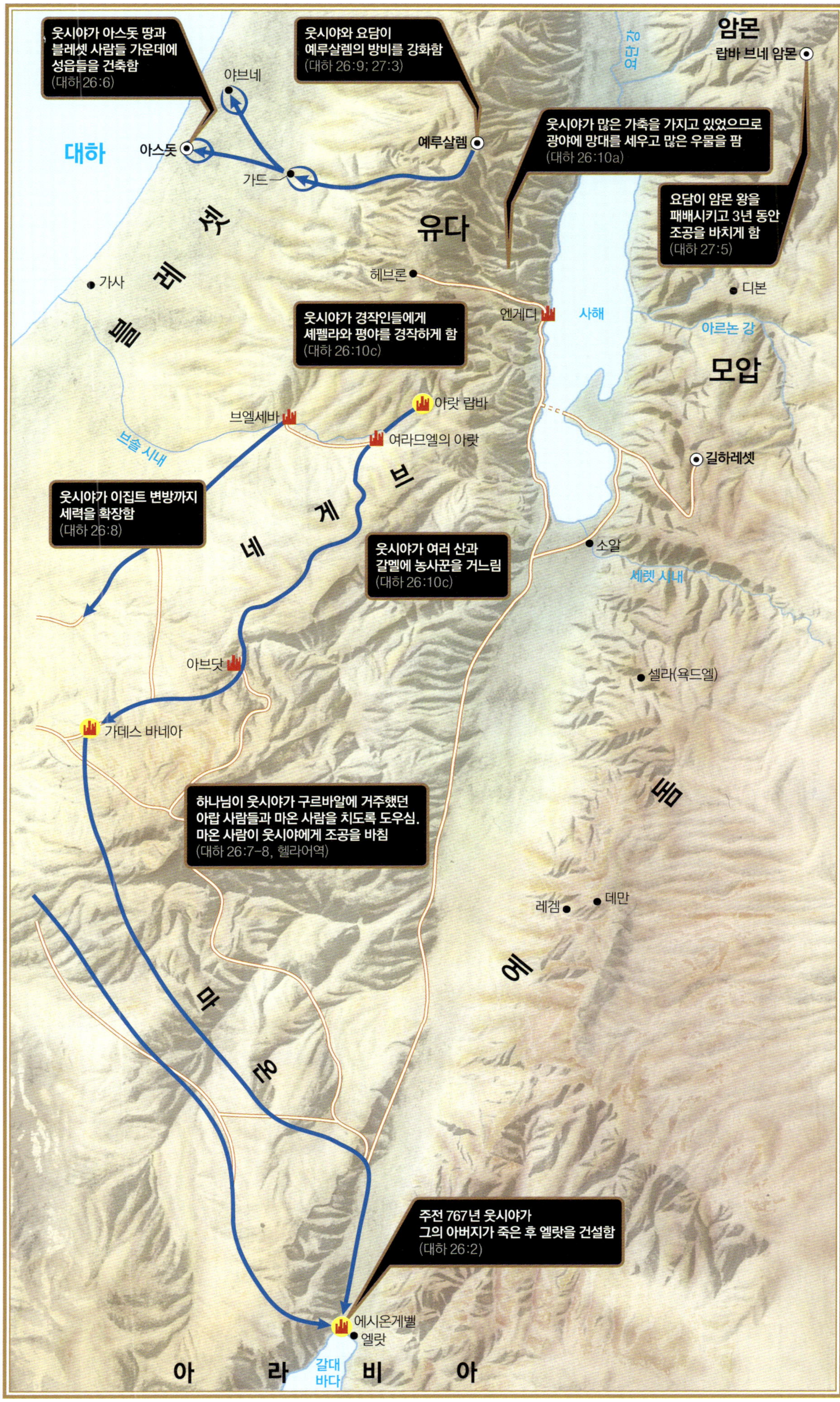

UZZIAH'S SUCCESSES

웃시야의 성공

\ 주전 782-750년

0 5 10 miles
0 5 10 15 km

주요 요새
요새
수도

"웃시야가 나가서 블레셋 사람들과 싸우고 가드 성벽과 야브네 성벽과 아스돗 성벽을 헐고 아스돗 땅과 블레셋 사람들 가운데에 성읍들을 건축하매 하나님이 그를 도우사 블레셋 사람들과 구르바알에 거주하는 아라비아 사람들과 마온 사람들을 치게 하신지라. 암몬 사람들이 웃시야에게 조공을 바치매 웃시야가 매우 강성하여 이름이 애굽 변방까지 퍼졌더라"(대하 26:6-8).

▲ 주전 8세기 웃시야 시대로 추정되는 아랏 요새 발굴지 IX 지층

왕실의 포도주 생산도 특별히 흥미로운 대목이다(대하 26:10c을 보라). '포도원 일꾼들과 농부들'은 '여러 산들과 그 갈멜'[1]에 배치되었다. 산지에 대한 이러한 독특한 묘사는 따로 설명이 필요하다. 이 저자가 역대기 기자 자신이든 더 그럴듯하게는 그가 인용한 고대 자료의 저자이든, 분명한 건 헤브론 남쪽 지역을 별도의 독립된 구역으로 보았다는 점이다. 정관사가 붙어 있는 '그 갈멜'은 갈멜 키르벳 엘 키르밀을 주요 성읍으로 거느린 큰 지역을 가리킨다. 이곳은 웃시야가 손도 대지 못한 갈멜 산도, '경작지, 비옥한 땅'도 아니다. '그 갈멜'이라 여겨진 지역은 여호수아 15장의 남부 산지에 있는 두 구역(48-52, 55-57절)에 해당할 것이다. 그 지역은 헤브론 북쪽의 주요 산간 지대와 뚜렷이 구별되는 특징을 지닌 곳으로, 땅은 덜 비옥하고 고도는 낮다. 이곳은 '네게브 땅'일 수 있으며(수 15:19; 삿 1:15) '갈렙의 네게브'와 동일한 지역일 수도 있다(삼상 30:14).

여호수아서 15장은 위에 언급한 두 구역을 '산지'(수 15:48)로 묘사한 반면, 역대기 본문은 그곳을 '여러 산들'과 구별하고 있다. 혹자는 이를 두고 웃시야의 영토가 베들레헴을 중심으로 한 유다의 산지와 베냐민 지파에게 할당된 에브라임 산지(삼상 1:1) 일부를 모두 아우른다는 의미로 볼지도 모른다. 그러나 이 점이 강조될 필요는 없다. 역대기 기자나 그의 자료는 당시 널리 사용되던 '산지'라는 공식 승인된 용어를 의도적으로 피하려 한 듯하다. 아무튼 유다의 산지를 두 지역 단위, 즉 그 갈멜과 여러 산들로 구성된 것으로 묘사한 설명은 독특하면서도 별로 모호하지도 않다. 그것은 두 지역의 물리적 특징에 부합한다.

포도원 일꾼들의 위치는 역대기 본문에서 중요한 의미를 지닌 세부 내용에 해당하는데, 이는 왕실 포도원들이 분명 같은 장소에 있었음을 의미한다. 왕실 포도원은 산지에 있었는데, 세펠라에 포도원이 있었음을 입증하는 분명한 증거가 있다. 예를 들면 소렉 골짜기(삿 16:4)의 딤나(삿 14:5)는 '붉은 포도주'라는 뜻이 있어 이름 자체가 포도 재배지를 암시한다. 그런데 이 지역에 있는 왕실 자산으로 유일하게 기록된 것은 올리브와 무화과 과수원이다(대상 27:28[2]). 왕의 포도원 일꾼들이 산지에 있어야 한다는 것은 놀라운 일이 아니다. 이 지역은 예나 지금이나 포도 재배로 유명한 곳으로 성읍의 이름들이 이를 입증하는데, 남부의 아납(키르벳 운납 에츠 차기르; 수 11:21; 15:50), 헤브론 근처 중부의 에스골(민 13:23-24; 신 1:24), 벧 학게렘(키르벳 찰리호=라맛 라헬; 수 15:59a의 칠십인역; 렘 6:1; 느 3:14), 그리고 북쪽 산지의 기럇 여아림(아랍어 지명으로 카르얏 엘 이납) 등이 그러하다.

왕실이 어떻게 이 포도원들을 얻었는지는 기록되어 있지 않다. 유다 산지와 헤브론 남쪽의 '네게브' 산지 지역은 초청에 의해 다윗의 통치 아래 들어온 곳이기에(삼하 2:3[3]), 정복으로 얻었을 가능성은 거의 없다. 아니면, 왕실 가족이 다윗의 부인들, 곧 이스르엘 사람 아히노암과 갈멜 출신 나발의 미망인 아비가일(삼하 3:2-5)과 그 외 다른 부인들을 통해 포도원을 상속했을 수 있다. 더욱이 그러한 재산 획득은 사울의 딸 미가를 통해 베냐민 지파 내에서 이루어졌을 수도 있다(삼상 18:20-25; 삼하 3:13-16). 어쨌거나 베들레헴은 다윗의 고향이었기에 그가 인근 지역의 사유지를 소유하고 있었음이 분명하다. 베들레헴에서 북서쪽으로 4킬로미터 떨어진 데이르 크레미산 포도주는 오늘날에도 아주 유명하다.

아사랴/웃시야는 또한 유다 군대를 강군으로 재편하기도 했는데(대하 26:11-15을 보라), 왕국의 영토를 넓히고 왕국의 부와 농산물을 증대시키는 데 모두 성공한 뒤 그는 나병에 걸렸다(왕하 15:5). 이에 대한 설명은 역대기 기자만이 제사장 관점에서 언급하는 바, 왕이 지나치게 교만해져서 대제사장의 종교 의례 특권을 강탈하려 들었기 때문이라는 것이다(대하 26:16-21을 보라).

사건은 주전 750년에 일어났다. 요담의 재위 첫 해는 부왕 아사랴의 특별한 해와 일치하기에 즉위년으로 계산하지 않는다. 요담의 통치 시작을 이스라엘 왕 베가 제2년과 동시에 소개하는 것은 베가의 반反앗수르 정책에서 말미암는다. 요담은 앗수르의 위협에 맞서 와병중인 아버지의 정책을 그대로 따랐다. 후에, 디글랏 빌레셀 3세는 아사랴가 레반트 중부의 연합군 안에서 주도적 위치에 있었음을 언급한 바 있다.

종종 회의를 표명하는 학자들도 있지만, 반앗수르 통치자로 언급된 아사랴가 유다 왕 아사랴 말고 다른 사람일 수는 없다. 앗수르는 레반트 연합군의 지도자로서 아사랴를 비난했는데, 이는 아닷 니라리 때 앗수르에 속해 있던 땅을 아사랴가 빼앗은 일을 들먹이는 게 분명하다. 여로보암 2세는 일생 동안 레반트 연합군의 지도자였지만 아들이 암살되고 주전 752년 왕위 찬탈자가 다른 찬탈자에게 제거당하는 혼란 가운데, 아사랴/웃시야가 주도권을 장악했음이 분명하다. 하맛과 예루살렘의 관계는 다윗 왕조 수립 때까지 거슬러 올라가는 오랜 역사를 지녔기에 레반트 중부에서 아사랴와 상대국 간의 유대 관계는 관례를 따랐을 것이다.

흥미로운 점은, 앗수르 왕 디글랏 빌레셀 3세가 역사 무대에 등장하기 전부터 앗수르인들이 시리아 북부의 정치 판도에 대한 정확한 정보를 가지고 있었다는 사실이다. 앗수르 왕은 레반트 남부를 급습했을 때 레반트 동맹에서 유다가 맡은 역할을 분명 잊지 않고 있었다. 따라서 여로보암 2세에 대한 요약 구절에 수수께끼처럼 유다가 언급된 것은 레반트 동맹에서 아사랴가 맡았던 역할과 관련이 있으리라는 의문을 품게 된다(왕하 14:28[4]을 보라).

주전 740년 아사랴/웃시야의 죽음으로, 유다와 이스라엘이 레반트 남부를 지배하고 레반트 중부에서 큰 명성을 누렸던 기회의 창은 닫히고 말았다. 이스라엘은 아래에서 다룰 사건들로 인해 분열되었고, 유다는 주변국과 분쟁에 휘말려 남쪽과 서쪽 지역에서 거둔 지정학적인 이점들을 모두 잃고 말았다.

1_여러 산들과 그 갈멜
개정역은 '여러 산과 좋은 밭에'라고 옮겼다. 히브리어의 문자적인 의미는 '여러 산들과 그 갈멜에'이다. '산들'에는 정관사가 없고 '갈멜'에는 정관사가 붙어 있다.

2_"야산 지대에 있는 올리브와 돌무화과 책임자는 게델 사람 바알하난이었다"(대상 27:28, 공동번역).

3_"또 자기와 함께 한 추종자들과 그들의 가족들을 다윗이 다 데리고 올라가서 헤브론 각 성읍에 살게 하니라"(삼하 2:3).

4_"여로보암의 남은 사적과 모든 행한 일과 싸운 업적과 다메섹을 회복한 일과 이전에 유다에 속하였던 하맛을 이스라엘에 돌린 일은 이스라엘 왕 역대지략에 기록되지 아니하였느냐"(왕하 14:28).

이스라엘의 혼란상 이스라엘에서는 여로보암의 뒤를 이어 그의 아들 스가랴가 왕위에 올랐는데(왕하 15:8-12), 때는 유다의 아사랴/웃시야 제38년, 곧 주전 753년이었다. 스가랴의 통치는 웃시야 제39년인 주전 752년으로 넘어가지만, 재위 6개월만에 살룸이라는 인물에게 암살당하고 만다(왕하 15:8, 10을 보라).

살룸을 '야베스의 아들'이라고 한 것은 아버지의 이름이 아니라 고향의 지명일 것이다. 이 경우, 사마리아의 국정에 요단 동편 지역이 개입했다는 의미가 된다. 암살이 이블르암에서 일어났는지 아닌지에 상관없이 살룸의 통치 또한 단명으로 끝난다. 한 달 후 다른 경쟁자가 그를 밀어내고 왕위 찬탈자를 살해했던 것이다(왕하 15:13-14을 보라).

가디의 아들 므나헴은 요단 동쪽 지역과 관련된 인물일 수 있으나, 왕좌를 장악하기 전에는 디르사에 있었다. 그는 고향의 지원을 받지 못했던 게 분명한데, 그로 인해 그들에게 가혹하게 보복했다. 고대 헬라어 칠십인 역본은 마소라 본문을 바로잡는 데 도움이 된다.

> 그때에 므나헴이 **디르사**마소라 본문에서는 딥사와 그 가운데에 있는 모든 사람과 **디르사** 그 사방을 쳤으니 이는 그들이 [그에게] 성문을 열지 않았기 때문이다. 그러므로 그가 [그곳을] 치고 아이를 가진 모든 여자들의 배를 갈랐다(왕하 15:16).

므나헴의 재위 10년간(주전 752-742년)은 그가 사마리아에서 통치한 중요한 시기였다(왕하 15:17을 보라). 반면, 그의 경쟁자 베가는 요단 동쪽에서 통치하고 있었다. 므나헴이 재위에 오른 주전 752년은 유다의 아사랴/웃시야 제39년이 되던 해였다. 자신의 통치 말기인 주전 743년에 므나헴은 앗수르의 지원을 얻기 위해 디글랏 빌레셀 3세에게 조공을 바쳤다(왕하 15:19[5]을 보라).

므나헴의 뒤를 이어 그의 아들 브가히야가 왕위를 물려받았는데(왕하 15:23을 보라), 주전 741년부터 740년까지 2년 동안 다스렸다. 이 젊은 왕은 다른 경쟁자인 르말리야의 아들 베가에게 살해당했는데, 그때 베가는 길르앗에서 다스리고 있었다(왕하 15:25을 보라).

베가가 어떻게 해서 브가히야의 신임을 받는 장관이 되었는지는 확실하지 않다. 아마도 므나헴이 죽은 뒤 양자 간의 관계 회복 노력이 있었을 터인데, 불운한 브가히야는 아버지의 경쟁자 편에서 계획한 배신에 희생되고 말았다. 베가의 반역은 아사랴/웃시야 제52년, 즉 노쇠한 유다 왕의 통치 마지막 해인 주전 740년에 일어났다(왕하 15:27을 보라).

베가는 앗수르가 이스라엘을 침략한 뒤인 주전 732년에 죽었다. 그보다 20년 전, 곧 주전 752년은 므나헴이 살룸을 암살한 해이다. 여기에 사용된 이중 연대 기록 방식은 베가의 단독 통치 시기에 대한 대조 연대표를 기록하고 있으되, 그가 므나헴과 동시에 통치를 시작한 때로부터의 총연수를 제공해준다. 더욱이 요담이 공동 섭정으로 통치를 시작한 것이 베가 제2년이라는 연대 표기는 이를 더욱 확증해준다(왕하 15:32[6]). 호세아 선지자는 베가가 길르앗과 갈릴리에서 통치한 기간과, 므나헴과 그의 아들이 사마리아에서 다스린 기간인 12년간을 각기 세 나라로 구분한 바 있다(호 5:5b[7]을 보라).

주전 740년 이스라엘은 한 명의 통치자인 르말리야의 아들 베가 아래 다시 통합을 이루었고, 유다는 아버지 아사랴/웃시야와 공동 섭정이었던 요담이 다스리고 있었다. 이때는 '웃시야 왕이 죽던 해'(사 6:1)로, 레반트 역사의 전환점이 되는 시기였다.

◀ 웃시야 왕의 재매장을 기념해 석판에 새긴 제2성전 시대의 아람어 비문

▶ 선지자 아모스의 예언 중에서 블레셋의 전통적인 다섯 도시 중 네 곳만 언급한 것(암 1:6-8)은 다섯 째 도시 가드가 하사엘에 의해 폐허가 되었을 뿐 아니라 남은 정착지마저 후일 유다 왕 웃시야에게 함락되었기 때문이다.

아모스 선지자의 정치 비판

레반트 남부 국가들의 행위에 대한 중요한 종교적 규탄과 정치적 비판은 아모스의 예언서 1장과 2장에 보존되어 있다. 이 본문을 살펴보면, 선지자와 그의 동시대인들이 주전 9세기 말엽에 이스라엘과 유다가 여로보암 2세와 웃시야의 지도력 아래 그 지역에서 주도적 위치를 차지하기 앞서 일어난 사건들을 잘 알고 있었다는 사실을 알 수 있다(암 1:1[8]을 보라).

여로보암 2세가 여전히 생존해 있으므로, 아모스 선지자의 공생애가 시작된 것은 주전 753년 또는 그 이전임이 분명하다. 아모스 1장 1절에 나오는 '지진'은 성서의 다른 곳이나 성서 외 어느 자료에도 나오지 않는다. 웃시야가 금 향단에 향을 피우기 위해 율법에 어긋나게 성전 안으로 들어갔을 때 지진이 일어났다면, 이는 드라마틱한 터치였을 것이다(대하 26:16-21). 그때 왕은 나병이 들었고 공적인 자리에서 물러나야 했다. 지진과 왕의 개인적 불경죄가 서로 연관성이 있다면, 왕의 병은 요담이 행정 지휘권을 넘겨받아야 했던 주전 750년에 발병했을 것이다. 만일 웃시야의 뻔뻔스러운 신성 모독죄가 일곱 번째 달티쉬리 초에 열리는 종교 행사 기간에 일어난 사건이라면, 여로보암 2세가 죽은 지 꼭 2년째 되는 주전 751년이었을 것이다. 물론 이는 추측에 불과하지만 상상력을 자극하기에는 충분하다.

선지자가 분노를 터뜨린 첫 번째 대상은 북동쪽에 있는 이스라엘의 숙적 아람 다메섹이었다(암 1:3-5을 보라). 이 구절은 주전 9세기 후반에 일어난 하사엘의 길르앗 정복을 상기시킨다. 레반트 지역 국가들의 통상적 관행에 따라 왕조 국가

5_"앗수르 왕 불이 와서 그 땅을 치려 하매 므나헴이 은 천 달란트를 불에게 주어서 그로 자기를 도와 주게 함으로 나라를 자기 손에 굳게 세우고자 하여"(왕하 15:19).

6_"이스라엘의 왕 르말랴의 아들 베가 제이년에 유다 왕 웃시야의 아들 요담이 왕이 되니"(왕하 15:32).

7_"이스라엘과 에브라임이 넘어지고 유다도 그들과 함께 넘어지리라"(호 5:5b).

8_"유다 왕 웃시야의 시대 곧 이스라엘 왕 요아스의 아들 여로보암의 시대 지진 전 이년에 드고아 목자 중 아모스가 이스라엘에 대하여 이상으로 받은 말씀이라"(암 1:1).

1_"여호와의 말씀이니라. 이스라엘 자손들아 너희는 내게 구스 족속 같지 아니하냐. 내가 이스라엘을 애굽 땅에서, 블레셋 사람을 갑돌에서, 아람 사람을 기르에서 올라오게 하지 아니하였느냐"(암 9:7).

2_"유다 자손이 또 만 명을 사로잡아 가지고 바위 꼭대기에 올라가서 거기서 밀쳐 내려뜨려서 그들의 온 몸이 부서지게 하였더라"(대하 25:12).

를 '하사엘의 집'이라 부르는 사실에 주목하라. '벧아웬 골짜기'는 경멸조의 이름인 '죄악의 골짜기'일 수 있으며, 레바논 베카 골짜기를 가리키는 것일 수 있다. '벧 에덴에서 규 잡은 자'는 앗수르 장군 샴쉬 일루가 분명한데, 그는 틸 바르시프를 자신의 중심 수도로 삼고 서쪽 지역을 거의 독자적으로 통치했다. 기르Kir는 더 난해한 지명인데, 이 이름을 두고 독창적이고 다양한 설명이 나왔지만 그 어느 것도 설득력을 갖지는 못했다. 기르는 아람 사람들의 본고장으로(암 9:7[1]), 디글랏 빌레셀 3세에게 추방당한 곳이기도 하다(왕하 16:9). 또한 이사야 22장 6절에는 기르가 엘람과 함께 언급된다. 아람인들의 역사와 그들의 기원이 예벨 비쉬리를 포함하는 유프라테스 계곡의 서쪽과 남쪽 초원 지대에서 유래한다는 사실은, 기르가 이 초원 지대를 부르는 이름이라는 점을 시사하고 있다.

위대한 문서 선지자들 \ 주전 8-7세기

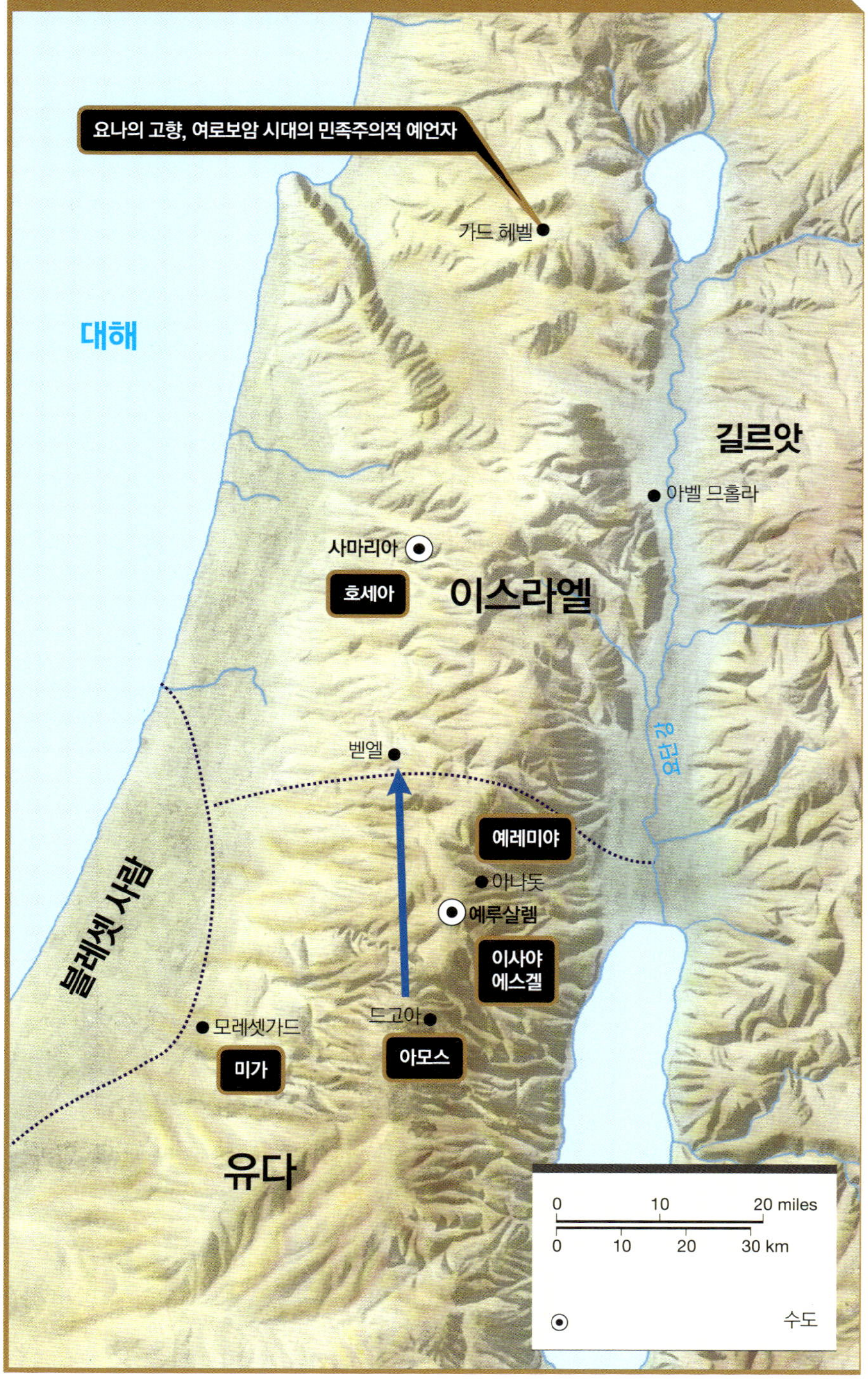

다음으로 선지자의 비판은 남서쪽을 향하는데(암 1:6-8을 보라), 이 구절은 블레셋이 여호사밧의 아들 여호람 치세 때의 유다를 침략한 기간 동안 포로들을 에돔에 팔아넘긴 일을 가리킨다(대하 21:16-17). 사실 선지자 아모스의 예언은 역대기 본문에 신빙성을 더해준다. 그가 블레셋의 전통적인 다섯 도시 중 네 곳만 언급한 사실은 오랫동안 주목받아 왔는데, 이는 다섯 째 도시 가드가 하사엘에 의해 폐허가 되었을 뿐 아니라(왕하 12:17; 대하 24:23) 크게 퇴락한 남은 정착지마저 후일 유다 왕 웃시야에게 함락되었기 때문이다(대하 26:6). 아모스는 블레셋의 가드에 닥친 운명을 잘 알고 있었으며, 그 사건을 들어 경고하고 있다(암 6:2을 보라). 그는 주전 9세기 후반부터 주전 8세기 초반의 정치적, 군사적인 사건들에 대해 충분한 정보를 갖고 있었던 것이다.

이제 아모스의 관심은 남서쪽에서 북서쪽으로, 이스라엘과 조약을 맺었고 예후가 주전 841년 이세벨을 살해할 때까지 그 조약이 유지된 이웃 국가로 향한다.

> 여호와께서 이와 같이 말씀하시되 두로의 서너 가지 죄로 말미암아 내가 그 벌을 돌이키지 아니하리니 이는 그들이 그 형제의 계약을 기억하지 아니하고 모든 사로잡은 자를 에돔에 넘겼음이라. 내가 두로 성에 불을 보내리니 그 궁궐들을 사르리라(암 1:9-10).

두로는 예후가 이스라엘의 왕위를 장악한 일을 복수하려고 자국 영토와 국경을 마주하고 있는 갈릴리 지역에서 이스라엘 사람들을 포로로 잡아갔다. 포로들 중 일부는 악고 평야의 주민들이었을 것이다.

어쨌든 에돔 편에서 노예들을 요구함으로써, 두로 사람들은 예전 동맹국인 이스라엘을 희생시켜 이익을 취하려는 유혹을 받았다. 노예 노동력이 거의 필요 없었던 에돔 사람들은 분명 외국 시장, 아마 아라비아 남부나 메소포타미아 남부 지역에다 그 불운한 포로들을 팔아넘겼을 것이다.

에돔을 슬쩍 언급한 데 이어 선지자는 이제 초점을 남동쪽으로 바꿔 에돔 땅 자체를 겨냥한다(암 1:11-12을 보라). 아마샤가 에돔을 침공하여 셀라에서 에돔 포로들을 잔인하게 학살한 일(대하 25:12[2])을 고려한다면, 에돔 사람들이 형제애의 연대를 깨뜨렸다는 이유로 아모스가 그들을 크게 책망하는 것은 모순으로 보인다. 물론 선지자는 에돔이 과거 여호사밧의 아들 여호람에게 반란을 일으킨 시기의 일들과, 그들이 접근할 수 있었던 노예 시장에 포로들을 팔아넘기도록 허용한 일을 주로 비난한다.

아모스 1장 12절의 '데만'은 분명 에돔과 동의어이다. 아마도 엄밀하게는 에돔보다 더 남쪽 지역을 가리키겠지만 말이다. 현재의 자료는 데만을 보스라 근처 북부 지역과 동일한 곳으로 보지 않는다. 보스라는 에돔의 오래된 수도로 오늘날의 부체이라이다. 페트라 북쪽으로 45킬로미터 떨어진 에돔 북부에 위치한 이곳에는 중요한 철기 시대 유적지가 있다. 보스라는 요단 동쪽을 가로지르는 남북 분수령 도로와, 서쪽으로 와디 아라바와 더 나아가 유다의 네게브와 지중해 연안으로 통하는 주요 도로를 지키는 곳이다.

동·서·북 삼면이 가파른 비탈로 이루어진 부체이라는 유일하게 접근이 쉬운 남쪽 돌출부의 주도로 서쪽에 위치해 있다. 이곳의 자연 방어 지세는 3,200제곱미터의 면적을 에워싼 튼튼한 성벽에 의해 더욱 견고해졌다. 요새화된 유적지 내에 천연 수원지는 없었다. 물은 주로 동쪽으

국제 무역과 상업의 중심지였던 두로 ▲

로 1킬로미터 떨어진 아인 예닌의 샘에서 얻었을 것이다. 이 샘은 최근까지도 마을의 수원지였다. 이사야 63장 1절 이하의 문맥을 보면 보스라가 '바차르'에서 유래했음을 암시하는데, 바차르는 '포도를 수확하다'라는 뜻의 동사이다. 부체이라 서쪽 터 아래의 고원 지대는 고대에는 포도원을 하기에 이상적인 장소였을 것이다. 물론 지명의 실제 의미는 '요새화된 장소'였을 수도 있으나, 단순히 언어 유희일 수도 있다.

아모스는 이제 동쪽으로 방향을 바꾸어 암몬 사람들에게 분노를 쏟아낸다(암 1:13-15을 보라). 암몬 족속은 하사엘의 길르앗 정복에 가담했으며 자기네 왕국에 인접한 영토를 잔인하게 점령했다.

마지막으로 선지자가 자세히 살펴본 이방 나라는 모압이다(암 2:1-3을 보라). 모압이 에돔 왕의 뼈를 불살라 신성 모독을 저질렀다는 언급은, 상속자이자 공동 섭정으로 결정된 에돔의 왕세자를 제물로 바친 메사의 제사를 가리키는 게 확실하다(왕하 3:26-27). 이 사건은 이스라엘 군대에 대한 에돔 사람들의 분노를 불러일으켰고, 그들은 철수하지 않을 수 없었다.

이제까지 아모스 선지자는 모압의 정치적·군사적인 공격과 신성 모독 행위를 비난했다. 이제는 자기 민족인 유다와 이스라엘로 관심을 돌린 뒤, 국내 정치와 사회적 행위들에 집중한다(암 2:4-5을 보라).

이 구절에서 토라율법와 율례의 본질을 규명하는 것은 불가능하다. 여기에는 학자들이 J자료라고 부른 것과 나중 P문서의 일부가 된 제사장 규정들이 분명 포함될 것이다. 아무튼 유다에는 그러한 규정들이 이미 있었던 것으로 여겨진다. 아모스의 비난은, 유다가 그러한 도덕적이며 종교적인 자료들을 제공받았지만 이방 율례에서 기원한 다양한 제의와 예배 형태들을 선호함으로써 그들 자신의 전통을 무시하거나 철저히 배척했다는 데 있다.

선지자의 예언은 사회 정의를 총체적으로 거스르는 이스라엘 왕국을 도덕적으로 비난하는 데서 절정에 이르렀다. 부유한 상류층은 가난한 자들과 사회적 약자들을 착취했다. 그들은 사법 절차들을 왜곡했으며, 경제적 약자들을 속여 갈취하였다(암 2:6-16을 보라).

이는 사마리아 도편에 반영된 상황을 추측하게 하는데, 그에 따르면 한 사람이 한 곳이 넘는 장소와 하나의 씨족 구역보다 많은 곳에서 온 수송품들을 받았다. 그들은 자신의 상속 재산을 넘어서는 소득과 생산품 공급처를 어떻게 얻었을까?[3] 사마리아 도편에 기록된 수송품 공급이 선지자 아모스가 묘사한 사회 부패를 반영하는 것일 수 있는가?

아모스는 당대에 활발했으나 자신이 반대했던 제의 중심지 세 곳을 언급하는데(암 5:5[4]을 보라), 유다 네게브에 있는 주요 중심지 브엘세바에 대해 그는 수수께끼 같은 표현을 쓴다(암 8:14을 보라).

아모스가 강조한 또 다른 요점은 이후에 있을 디글랏 빌레셀 3세의 침입과 명확히 맞아떨어진다(암 3:9-11을 보라). 주전 9세기는 앗수르 군대가 요새화와 비축물이 잘 갖춰진 도시들을 우선적으로 포위 공격하기로 결정한 많은 사례들이 있다. 그러나 주전 8세기 중반 디글랏 빌레셀 3세는 새로운 전략을 시행한다. 그의 군대는 새로 정복한 구역마다 행정 기지와 군사 기지를 세웠고, 이후에는 원정이 길어질 필요가 없었을 것이다. 심지어 가장 육중한 요새를 갖추고 식량 공급이 잘 이뤄지는 도시라 해도, 앗수르 군대는 그들이 항복하기까지 조직력과 군량 공급이 원활한 포위 공격 작전을 수립할 수 있었다.

3_저자의 견해에 따르면 한 개인이 세습지와 왕에게 하사받은 땅에서 나는 생산 자원과 수입을 독차지했다고 본다.

4_"벧엘을 찾지 말며 길갈로 들어가지 말며 브엘세바로도 나아가지 말라 길갈은 반드시 사로잡히겠고 벧엘은 비참하게 될 것임이라 하셨나니"(암 5:5).

▶ **사마리아 오스트라카**_1910년 고대 사마리아 발굴 때에 100여 개의 글씨가 새겨진 도기 파편(오스트라카)이 발견되었다. 이들 중 63개는 명료하게 읽을 수 있다. 이것들은 므낫세 산지에서 나와 여러 관리들에게 보내졌던 포도주, 기름 같은 화물을 기록한 행정 기호표였다. 파편 전부는 버려졌던 것으로 소위 '오스트라카 집'이라 불리는 마루 아래 흙더미에서 발견되었다. 자료의 문구는 똑같이 (왕의) 통치 연도로 시작하고 화물의 수령자 명단을 기록하는 일반적인 보고 양식을 갖추고 있다. 그러나 나머지 세부 묘사를 가진 2개의 비문 유형으로 나눌 수 있다. 첫째 유형은 '오랜 포도주' 또는 '순정 기름'을 담았던 필수품 항아리 같은 물품들의 목록이다. 둘째 유형은 화물을 보내는 사람의 이름만 기록했다. 양 부류는 물품을 보낸 성읍의 이름을 말하고 있지만, 물품을 생략한 비문들에는 성읍에 살고 있는 부족 구역의 지명이 추가되었다.

09

CHAPTER

IMPERIAL DOMINATION

제국의 지배

(주전 8세기 중엽-7세기 중엽)

주전 8세기 중엽 이후부터는 세력이 절정에 달한 앗수르 제국이 지배하던 시대였다. 레반트의 국가들은 조공을 바치는 속국이 되거나 정치·사회·경제적으로 파괴되는 쪽을 선택할 수밖에 없었다. 앗수르 제국의 원대한 목표는 비옥한 초승달 지역 전체와 인근 지역을 지배하는 것은 물론, 고대 근동을 지나는 모든 무역로를 장악하여 생산 자원을 경제적으로 이용하는 것이었다. 그 결과 고대 근동에서 가장 위대한 제국이 등장했고, 수많은 사람이 정든 지역을 떠나 해외로 이주해야 했다. 레반트 남부는 이 두 세력이 격돌하는 곳이 되었다.

TIGLATH-PILESER III AND A VASSAL KING KNEELING BEFORE HIM, ON RELIEF FROM THE KING'S PALACE AT CALAH
갈라에 있는 디글랏 빌레셀 3세의 궁전에서 발견된 왕과 그 앞에 엎드린 한 가신 왕의 부조

이어지는 세기는 세력이 절정에 달한 앗수르 제국이 지배하던 시대였다. 레반트의 국가들은 조공을 바치는 속국이 되거나 정치·사회·경제적으로 파괴되는 쪽을 선택할 수밖에 없었다. 앗수르 제국의 원대한 목표는 비옥한 초승달 지역 전체와 인근 지역을 지배하는 것은 물론, 고대 근동을 지나는 모든 무역로를 장악하여 생산 자원을 경제적으로 이용하는 것이었다. 그 결과, 고대 근동에서 가장 위대한 제국이 등장했고, 수많은 사람이 정든 지역을 떠나 해외로 이주하게 되었다.

주전 8세기 중엽 이후에는, 동쪽에서는 앗수르 제국이 발흥, 팽창하였으며, 이집트에서는 누비아 출신의 구스 통치자들이 등장해 마네토[1]가 말한 제25왕조가 세워졌다. 결국 레반트 남부는 이 두 세력이 격돌하는 곳이 되었다. 작은 국가들은 약탈과 폭력, 테러의 물결 위에 난파선 부스러기같이 표류하는 신세가 되었다.

디글랏 빌레셀 3세 통치 하의 앗수르

앗수르 왕정의 중심부가 약화된 시대는 주전 745년에 끝이 났다. 이 당시는 모호한 혈통에서 나온 새로운 통치자 디글랏 빌레셀 3세(주전 745-727년)가 주전 746년 갈라에서 일어난 반란의 결과로 권력을 잡았을 즈음이었다. 그것은 분명 상위 계층 중 일부가 권력 투쟁을 벌인 탓이었다. 디글랏 빌레셀 3세의 비문들은 에살핫돈이 그의 궁전에서 찾아냈다. 탈취당한 석판들은 대부분 에살핫돈을 위해 준비되었던 건물 부지(남서쪽의 궁전)에서 발견되었다. 일부 석판들은 디글랏 빌레셀의 원래 궁전이 있었던 곳으로 추정되는 다른 궁전터(중앙 궁전)의 잔해에서 모사된 것이다.

세 개의 판본이 있는 것으로 추정되는 연대기의 본문에 속하는 일부 비문들이 있는가 하면, 다른 비문은 연대기보다는 지리적·정치적 정보를 제공해주는 요약문들이다. 이란에서 발견된 디글랏 빌레셀의 한 석비는 주전 737년 마다이/메대를 향한 원정 말기에 세워진 것이 분명하다. 더 오래된 연대기 판본에서 발췌한 이때의 비문들은 종종 중요한 자료를 제공하기도 한다. 디글랏 빌레셀의 비문들에서 얻은 연대기 정보에는 빈 곳이 매우 많지만, 현존하는 자료들(일부는 박물관에 있고, 일부는 학자들의 복사본과 요약본이다)로 이름을 따른 앗수르 연대기에 맞게 잘 정리할 수 있다. 이 연대기에는 디글랏 빌레셀의 통치 기간에 대한 모든 것이 보존되어 있다.

디글랏 빌레셀 3세는 아이야루 달5월에 왕위에 올랐으며, 타쉬리투 달9월에는 유프라테스 강과 티그리스 강 사이, 즉 바벨로니아 북부 지역을 향해 4차 원정에 올랐다(주전 745년). 그는 중앙 군주 정치를 강화하기 위한 첫 번째 단계로, 그때까지 실제적으로 독립적인 통치자로 활동했던 유력한 장관들의 권력을 회수했다. 그 다음 해(주전 744년)에는 동쪽을 향해 나므리 땅으로 행군했다. 그는 일단 앗수르 본토에 인접한 지역을 평정한 후 서쪽으로 원정길에 올랐다. 목표는 도시국가 아르밧텔 리팟과 우라르투 왕국이 멜리드, 구르굼과 연합해 맺은 동맹을 부수는 것이었다. 이란의 비문에는 다음과 같이 기록되어 있다.

> 나의 통치 3년에 [아]타르숨키[의 아들], 마타 일루가 선동하여 반란을 조장해 〔그의 조약을〕 위반했다. 우라르투 땅의[…] 하티 땅의 […]한 왕들[에게] 앗수르 땅에 적의를 품도록 〔그가 부추기었다.〕 그는 모든 땅들이 〔적의를 품도록〕 만들었다.
>
> 우라르투 사람 사르두리와 멜[디 사람] 술루[말], 구르굼 사람 타르훌라루가 그를 돕기 위해 〔왔다.〕 키스탄 산과 할피 산 〔사이에 있는〕 쿰무의 지방에서 그들은 〔그들의 힘을〕 믿고 군대를 정렬했다. 7시간 동안 밤낮으로 나는 앞으로 행군해 앗수르의 군대가 휴식하는 것을 허락하지 않았다. 나는 〔그들에게〕 물을 주지 않았고 나의 지친 군대를 위해 진영을 베풀지도 않았다. 나는 〔그〕들을 전쟁터에서 마주했고, 그들을 패배시켰다. 그들의 군대가 머물던 야영지를 나는 점령하였고, 그들은 〔자신의〕 목숨을 구하기 위해 도망쳤다

(비문 IB, 21-32: 참고. 또한 요약 3:15-21).

연대기 본문은 너무 단편적이어서 이를 아르밧의 마티 일루Mati-ilu와 연결시킬 수는 없다. 그러나 이름을 따른 연대기[2]는 그해(주전 743년)에 이 일이 발생했다고 다음과 같이 말한다(합성 본문).

> 앗수르 땅의 왕 디글랏 빌레셀: 아르밧 성에서: 우라르투 땅을 패배시켰다.

디글랏 빌레셀 3세는 다음 3년 동안 아르밧을 약화시키는 일에 집중했기 때문에 분명 그 성 안에 머무르지 않았다. 이란 비문과 요약 본문은 모두 아르밧의 북쪽 영토인 쿰무크 지역에서 발생한 전쟁을 언급하고 있다. 아르밧에 대한 이 이상한 언급의 의미는 무엇인가? 쿰무크 전투 이후 디글랏 빌레셀은 시리아 북부를 공격할 기회를 놓치지 않았을 것이다. 연합군과 싸우기 위해 돌진했을 때 그는 포위에 필요한 장비를 가져오지 않아 앗수르 군대는 녹초가 되도록 힘들게 싸워야 했던 것 같다. 그럼에도 불구하고 아르밧의 마티 일루의 배신은 다음 해까지 무시할 수 없었다. 그때까지 종종 있었던 원정에서 왕은 견고하게 요새화된 성읍 아르밧을 정복하려고 시도하지는 않았다. 그러나 거대한 군대를 거느린 그는 이웃 국가들에게 앗수르에 지속적인 충성심을 보여주는 것이 좋을 것이라는 메시지를 전할 필요가 분명히 있었다. 이전에 그들은 폐위된? 샴쉬 일루Shamshi-ilu에게 조공을 바쳤다. 그러나 군주가 바뀌었다고 해서 조공을 바칠 의무가 면제되는 것은 아니었다.

이스라엘 왕국의 므나헴은 이 기간에 은 천 달란트를 바쳐야 했다. 이러한 조공은 새로 왕위에 오른 다른 통치자들의 경우도 마찬가지였다. 주로 왕위를 빼앗고 권좌에 올랐던 그들은 이스라엘의 호세아, 타발의 훌리, 두로의 메테나이다. 그들이 조공을 보낸 시기는 주전 743년 시리아 북부에 디글랏 빌레셀이 등장했을 때일 것이다. 그렇지 않으면 므나헴이 죽기 직전인 주전 742년일 수도 있다. 앗수르 비문 어느 것도 이러한 의견을 반박할 만한 것이 없다. 므나헴은 자신의 건강이 약해지는 것을 알아차리고 자신의 아들 브가히야가 왕위를 계승할 수 있도록 자신의 통치를 보장받고 싶었다. 브가히야가 왕위를 계승한 때는 742년이다(유다의 아사랴/웃시야 제15년, 왕하 15:23).

이름을 따른 연대기에 기입된 것을 제외하면 제4년과 제5년(주전 742년과 주전 741년)에 대한 기록은 없다. 연대기 기록은 다음과 같다(합성 본문).

> 이름 나부 다이아이나니, 야전 사령관 : 아르밧 성에.
>
> 이름 벨 하란 우추르, 궁전 특사: 같은 성에, 이곳은 3년 안에 정복당했다.

다음 해(주전 740년)에 대해서는 이렇게 기록되어 있다.

> 이름 나부 에티라니, 청지기 장: 아르밧에.

아르밧에서 조공을 받았다는 증명서는 주전 740년에 조공을 받았음을 강하게 증거하고 있다. 이어지는 내용은 운키Unqi의 통치자 투타무의 반역과 투타무를 향한 디글랏 빌레셀의 맹렬한 반격을 언급하였다. 이

1_마네토(Manethos)
이집트 왕조를 30개로 분류한 역사학자

2_이름을 따른 연대기
이 자료는 앗수르 왕이나 장관들의 인명에 따라 그들의 행적을 이름, 장소, 시간, 업적별로 간단하게 기록한 것이다.

서부를 향한 디글랏 빌레셀 3세의 원정 \ 주전 743-738년

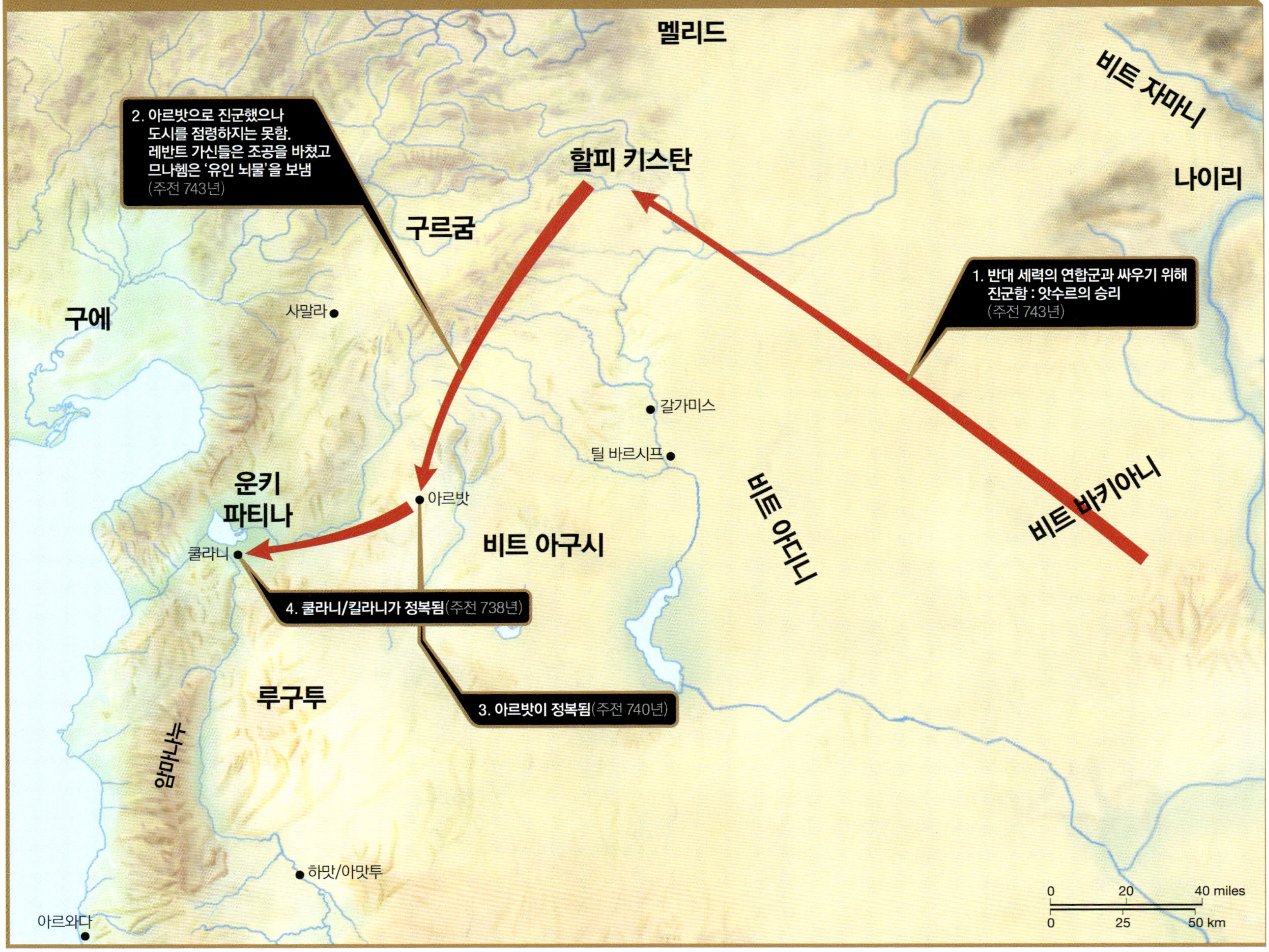

1_"이상은 유다 왕 요담 때와 이스라엘 왕 여로보암 때에 족보에 기록되었더라"(대상 5:17).

2_"암몬 자손의 왕과 더불어 싸워 그들을 이겼더니 그 해에 암몬 자손이 은 백 달란트와 밀 만 고르와 보리 만 고르를 바쳤고 제이년과 제삼년에도 암몬 자손이 그와 같이 바쳤더라"(대하 27:5).

사건은 앗수르 왕이 운키의 수도 쿨라니를 점령한 제8년(주전 738년)에 일어났음에 틀림없다. 이렇게 세 가지 별도의 구절이 있었다. 첫째는, 울루바(주전 739년)에 관련된 것이고, 둘째는, 아르밧에서 받은 조공(주전 740년)에 대한 것이며, 셋째는, 운키를 향한 맹렬한 군사적 대응(주전 738년)에 대한 것이다. 연대 순서가 혼란스러운 것을 감안할 때, 같은 비문에 있는 연대기 20과 21 본문, 연대기 21 마지막 한 줄과 중복되는 25는 요약 본문의 일부라고 보는 것이 더 타당하다. 이는 지금까지 연대기 C에 속한 것으로 규정되었으나 그것은 아니다. 아르밧에서 받은 서부 국가들의 조공은 디글랏 빌레셀에게 분노를 사고 싶지 않았던 지방 통치자들이 바친 것이다. 대신 그들은 디글랏 빌레셀의 정치적, 특히 경제적 지배를 인정하고자 했다. 연대기 21:4-10와 25:1-2에 있는 목록은, 행의 길이를 정확히 결정할 수 없기는 하지만 더 짧은 판본인 것은 분명하다. 그러므로 므나헴이 이 문맥에 등장하지 않는 것은 의미심장하다. 두로 통치자의 이름은 나와 있지 않으나, 히롬/히람일 가능성이 높다.

이 모든 점을 고려해볼 때 주전 738년은 서방 국가들에게 결정적인 해였다. 반면 주전 739년은 '수도가 함락된 울루바에 대항하여' 북부를 향해 원정을 떠난 해이다. 이름을 따른 연대기의 기록에 따르면 주전 738년 원정의 목표는 다음과 같다.

이름 아닷 벨루 카아인, 장관: 쿨라니가 정복되다.

주전 743년부터 737년까지의 디글랏 빌레셀 자료에 대한 비평적인 결론은, 아사랴/웃시야 혹은 므나헴이 주전 738년에 살아 있었다고 추정할 만한 강력한 이유는 없다는 것이다. 주전 8세기 중엽 동안의 이스라엘과 유다 왕들을 위해 여기서 채택한 연대는 그 정당성이 완전히 입증되고 있다.

레반트 남부의 갈등

아사랴/웃시야의 아들 요담은 선왕의 통치 마지막 10년 동안 유다 땅

을 다스렸다(왕하 15:5 ‖ 대하 26:21을 보라). 요담이 통치한 해를 합산하면 주전 750년부터 735년까지 16년이다(그는 공동 섭정을 했기 때문에 그의 첫해는 즉위년이 아니다; 왕하 15:32-33을 보라). 요담은 아들 아하스를 위해 물러난 후에도(아래의 설명을 참고하라) 즉위 제20년인 주전 732년까지 살아 있었다(왕하 15:30).

요담은 아사랴/웃시야와 함께 섭정할 당시 아버지가 시작한 건축 사업을 계속 추진했다(대하 27:3-4 ‖ 왕하 15:35을 보라). 주전 734년 디글랏 빌레셀 3세는 앗수르의 병력을 서방으로 되돌렸고, 그 지방의 국가들은 그와 평화조약을 맺거나 무장 저항을 준비하는 방법을 찾거나 둘 중 하나를 선택해야 했다. 먼저, 다메섹의 르신은 이스라엘의 므나헴과 함께 조공을 바쳤다. 길르앗에서 다스리고 있던 베가는 자신의 때를 기다렸다. 므나헴이 죽은 후 베가는 왕위를 이어받은 므나헴의 아들 브가히야와 한동안 화친 관계를 맺은 것으로 보인다. 그러나 2년 후 기회가 왔을 때 그는 경쟁자를 살해하고 사마리아에 자신의 본부를 두며 이스라엘의 단독 통치자가 되었다(주전 740년). 울루바 원정을 마치고 돌아온 디글랏 빌레셀은 파티나/운키 왕국에 분노를 쏟아냈다(주전 738년). 그가 하맛의 열아홉 구역들을 다시 장악하자 르신은 다시 조공을 보냈다. 그러나 베가는 앗수르 조공 명단에 한 번도 등장하지 않는다.

앗수르의 통치에 반감을 가지고 있었던 아버지와 행보를 같이 한 요담은 이 기간에 독자적인 행동을 하기도 했다. 사마리아로 이주한 베가 덕분에 그가 길르앗에서 유다를 위한 발판을 얻는 일이 유리해진 듯하다. 이러한 시도는 통일 왕국 이래 처음이었다. 그는 이곳에서 인구조사를 시행했다(대상 5:17[1]). 그는 그때 랍바 브네 암몬 왕국을 정복할 수 있었다(대하 27:5[2]을 보라).

그 3년 기간은 베가가 사마리아로 이주한 이후가 틀림없으므로 주전 740년 이후여야 한다. 그러므로 요담은 주전 739년에 요단 동쪽 땅으로 군사 원정을 일으켰다고 추정하는 것이 타당하다. 이때는 디글랏 빌레셀이 울루바에 집중하던 때였기 때문이다. 그때 무슨 일이 일어났든 그러고 나서 요담은 앗수르 군주에게 이러한 사실을 나타낼 수 있었다. 따라서 암몬이 요담에게 조공을 바친 해는 주전 739, 738, 737년일 것이다. 조공에 포함된 곡물(식사용 밀과 사료용 보리)은 요단 동쪽 땅에 새롭게 세워진 유다 수비대를 위한 것이 분명했다. 그 곡물은 수비대들이 소비하기도 했지만, 아라비아 지역과 아라비아 남쪽 도로를 지나다니는 대상들에게 공급할 식량으로도 필요했다. 요담은 이렇게 이전에 암몬 왕이 누렸던 이익을 가로채고 있었다.

주전 740년 다메섹의 르신은 디글랏 빌레셀 3세에게 조공을 바쳤다. 앗수르는 점점 가까이 왔고 아르밧은 그에 굴복했기 때문이다. 르신이 주전 738년에도 조공을 바쳤는지는 확실하지 않다. 주전 738년에 대한 앗수르 연대기의 통합된 목록은 주전 742년에 작성된 옛 문서와 매우 흡사하기 때문이다. 주전 738년에 운키가 멸망하고 하맛의 열아홉 구역이 합병됨으로써 앗수르의 지배권이 시리아 중부 지역으로 무섭게 팽창하자, 르신은 반앗수르 동맹을 맺기 위해 동맹국들을 찾아 나설 수밖에 없었다. 주전 737년까지 디글랏 빌레셀이 마다이/메대 원정에 나가 있었을 때, 르신은 두로 왕 히람과 당시 사마리아에서 단독 통치자가 된 베가를 끌어들였을 것이다. 요담은 아버지의 반앗수르 성향을 그대로 가지고 있었기 때문에 동맹에 참여하리라 여겨졌다. 그러나 요담은 베가의 정치적 영향력을 엄격하게 차단했고 다메섹이 외국에서 수입을

▶ '요담에게 (속한)'이라는 글자가 새겨진 반지 도장은 유다 왕 요담으로 여겨졌다. 이것은 텔 엘 켈레이페, 성서의 에시온 게벨에서 발견되었다.

아하스 시대에 이뤄진 블레셋의 정복 활동 \ 주전 735년

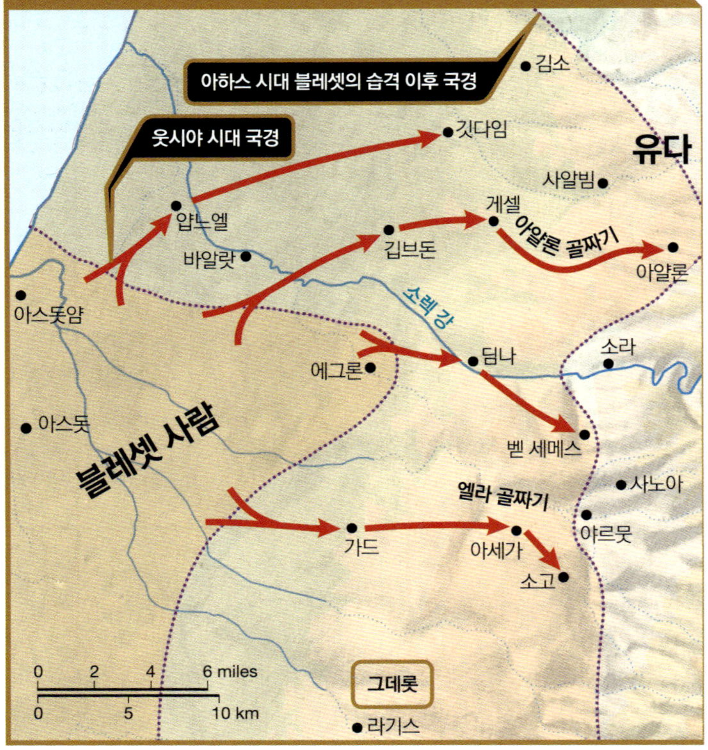

얻는 것을 위협했다. 르신과 베가가 군대를 합하여 요담에게 대항한 것은 아마 주전 736년일 것이다. 둘 다 유다가 길르앗을 점령한 일에 대해 화가 나 있었다(왕하 15:37[1]을 보라).

요담은 아마도 반앗수르 동맹과 운명을 함께하고 싶었을 것이다. 그러나 예루살렘의 지배 계층은 그에 동의하지 않았다. 결국 그들은 요담을 폐위시키고, 스무 살 된 그의 아들 아하스(주전 735-716년)를 왕으로 삼았다. 이것은 그들의 통치 연수를 각각 연대기적으로 고려해보면 알 수 있다. 요담은 아하스가 왕이 되고 3년 후인 제20년(주전 732년)까지 생존했다(왕하 16:1-2을 보라).

실제로 아하스의 통치 연수 16년은 요담이 죽은 해, 즉 주전 732년부터 산정되었다(왕하 15:38 ‖ 대하 27:9). 그리고 아하스의 첫 아들 히스기야(주전 715년 통치를 시작할 때 25세였다)는 주전 740년에 태어났다. 당시 아하스가 겨우 15세일 때였다. 그러나 이것은 유다 왕들에게 이상한 일이 아니다. 이 젊은 왕은 앗수르에 저항하는 북쪽의 이웃 국가들과 연대하기를 꺼리고 있었다(왕하 16:5[2]; 사 7:1-2을 보라).

동맹국들은 예루살렘을 정복할 수는 없었지만 그 와중에 많은 포로를 잡아갔다는 것은 확실하다(대하 28:5-8을 보라). 그러나 길르앗 출신의 왕위 찬탈자 베가는, 한 예언자의 말을 들은 에브라임 사람들의 반대로 결국 모든 포로를 돌려보내야 했다. 여리고는 포로들을 본국으로 송환하는 장소로 채택되었다(대하 28:9-15). 아하스 통치 이야기에 덧붙인 역대기 기자의 글에는 구체적인 인물들, 심지어 왕의 아들에 대한 언급도 있다. 그러므로 학살되고 포로로 잡혀 간 이들의 수는 분명 과장되었음에도 불구하고, 이 이야기는 진정성이 있다.

1_"그때에 여호와께서 비로소 아람 왕 르신과 르말랴의 아들 베가를 보내어 유다를 치게 하셨더라"(왕하 15:37).

2_"이때에 아람의 왕 르신과 이스라엘의 왕 르말랴의 아들 베가가 예루살렘에 올라와서 싸우려 하여 아하스를 에워쌌으나 능히 이기지 못하니라"(왕하 16:5).

3_에돔
개정역은 '아람'으로 옮겼다. 히브리어 원문에도 '아람'으로 나타나지만 이 책의 저자는 '에돔'으로 고쳐 읽었다.

4_"블레셋 사람들도 유다의 평지와 남방 성읍들을 침노하여 벧세메스와 아얄론과 그데롯과 소고 및 그 주변 마을들과 딤나 및 그 주변 마을들과 김소 및 그 주변 마을들을 점령하고 거기에 살았으니"(대하 28:18).

유다에 대항하는 다른 행적들도 있었는데, 그것은 아사랴/웃시야가 확장한 영토를 모두 빼앗은 것이다. 아람 다메섹의 르신은 에돔의 엘랏 점령을 돕기 위해 원정대를 보냈고, 이를 통해 유다가 가지고 있던 남부의 해상권과 아라비아 남부의 대상 무역로를 강탈해 갔다.

> 당시에 **아람**의 왕 **르신**이 엘랏을 회복하여 **에돔**(?)에 돌리고 유다 사람을 엘랏에서 쫓아내었고 **에돔**[3] 사람이 엘랏에 이르러 거기에 거주하여 오늘까지 이르렀더라(왕하 16:6).

르신은 에돔을 위해서 엘랏을 돌려준 것이 분명하므로, 본문은 그러한 관점에서 수정되어야 한다. 히브리어 알파벳 ר레쉬와 ד달렛은 흔히 혼동될 수 있기 때문이다.

에돔 사람은 용기를 얻어 자기들의 힘으로 유다 남부의 공격에 착수했다(대하 28:17을 보라).

서쪽 국경에서는 블레셋 사람이 네게브와 유다의 세펠라를 공격했다. 아마도 에돔 사람과 협력한 공격이었을 것이다(대하 28:18[4]을 보라).

네게브 성읍들의 이름은 나와 있지 않고 세펠라의 몇몇 성읍들의 이름만 주어져 있다. 그 성읍들은 모두 견고한 유다 영토 안에 위치해 있었으며, 각각 유다 산지로 가는 주요 접근로를 지켰던 곳이다. 순서는 다소 무작위로 나타난다. 아마도 원래는 두 줄로 기록되었던 것인데, 후대에 역대기 본문으로 모사된 것으로 보인다. 라투란 혹은 벧 호론 도로를 경유하는 북부의 도로들은 여기에서만 언급된 김소 짐주와 아얄론 얄로이 지켰다. 소렉 골짜기는 딤나텔 엘 바타쉬=텔 바타슈와 벧세메스텔 에르 루메일레=텔 벧 셰메쉬가 지켰다. 엘라 골짜기와디 에스 산트에는 소고(키르벳 에쉬 슈웨이케 옆에 있는 키르벳 아바드=호르밧 소코)가 있다. 유다와 다말 이야기에 나오는 딤나(키르벳 타바네=호르밧 티브나; 창 38:12)는, 세펠라에 있는 것이 아니라 산지 경사면에 위치한다는 사실만 고려하지 않으면 소고 안쪽에 위치할 수 있다. 그데롯은 세펠라 남부의 라기스 구역에 속한다(수 15:41). 이 구역 안에 있는 대부분의 성읍들처럼 위치는 확인하지 못한다. 막게다키르벳 엘 콤, 혹은 에글론텔 아이툰=텔 에톤을 경유해 헤브론으로 가는 길은 이 구역을 통과 한다.

공모한 르신과 베가는 유다를 심정적 동맹국으로 만들려는 계획을 갖고 있었다. 이에 이사야 선지자는 젊은 왕 아하스에게 메시지를 전했다(사 7:3-6을 보라). 이사야서에 나오는 다브엘(사 7:6)은 분명 유다 백성들이 받아들일 만한 인물이었지만 르신과 베가와 협력했을 것이다. 주전 8세기 말엽, 요단 동쪽 땅에서 일어나는 지역 문제들을 앗수르 본부에 보고하는 일을 맡은 관리가 쓴 편지에 '타브 엘의 땅'이 언급되어 있다는 것은 흥미로운 일이다. 이 편지가 쓰인 때는 디글랏 빌레셀 3세가 길르앗을 정복한 이후이다. 타브 엘은 후대 역사에 나오는 '도비야(가톨릭 새공용에서는 '토비야'로 나온다) 가문'의 창립자일 가능성이 높다. 도비야는 포로기 이후와 헬라 시대의 제사장직과 연관되지만, 유다의 왕실과도 연관이 있을지 모른다. 원래의 타브 엘Tāb-'el, 즉 이사야 7장 6절의 다브엘Tabeel은, 또는 그의 아들일지도 모르지만, 요담이 요단 동편 영토로 진출한 이후 새로이 점령한 영토를 감독하는 책임을 맡았던 것 같다. 다브엘의 아들은 요담의 반앗수르적 태도에 동조한 것이 확실해 보인다. 그래서 아하스의 왕좌를 빼앗는 일을 쉽게 받아들이려고 했을 것이다.

사방에서 오는 공격과 자신을 폐위하려는 시도에 직면한 아하스는 외교를 통해 도움을 찾으려고 결심했다(왕하 16:6-8을 보라; 참고. 대하 28:16, 20-21). 디글랏 빌레셀 3세는 아하스로부터의 유인 물품이 없었어도 레반

트 남부를 정복할 계획을 가지고 있었다고 추론하는 것은 타당해 보인다. 다메섹은 주요 타도 대상이었지만, 이집트와 아라비아로 가는 무역로 전체를 장악하는 기회는 앗수르의 야망과 완전히 일치했다.

디글랏 빌레셀 제10년(주전 736년)에 그는 날Nal 산의 기슭으로 나아갔고 제11년(주전 735년)에 우라르투를 향한 주요 원정에 착수했다. 서부를 향한 앗수르의 원정이 진행되는 동안, 르신과 베가는 에돔과 블레셋 사람의 지원을 받아 아하스와 전쟁을 하고 있었음에 틀림없다.

레반트 남부에 대한 앗수르의 간섭

블레셋과의 전쟁 주전 734년 결국 디글랏 빌레셀 3세는 지중해 동부 해안 지역으로 관심을 돌렸다. 당시 두로의 통치자 히롬히람은 라디안르신과 동맹을 맺은 상황이었다. 이 중요한 해안 중심지에서는 탈퇴가 허용될 수 없었다.

> 두로 사람 [히]롬에 관해서라면 라디안에게 맹세한 자였다. [⋯]. 나는 많은 성읍들과 더불어 그의 요새 성읍 마할랍을 정복했고, [그들의] 전리품을 [취했다]. 그는 나를 알현[하러] 와서 내 발에 입을 맞추었다. [나는] [금] 20달란트, 여러 색채의 [옷들], 아마포 의복들, 환관들, 남자와 여[자] 가수들, 이집[트]의 [말] X를 [받았다](요약 9:5-8).

아스글론의 미틴티 역시 앗수르를 향한 충성의 맹세를 깨뜨렸다. 그가 크게 두려움에 휩싸인 때는 기록되지 않았으나 주전 734년이었던 것 같다.

> 아스글론 사람 미틴티가 충성 맹세를 [위반하고] 나에게 반[란을 일으켰다]. 그는 [라]디안[의 공황 상태(!)를] 보았다. [격노(?)에 찬] 공격이 가해졌을 때 [그의 마음은] 두려웠고 자기의 공포가 [자신을 공격했다]. [⋯]의 아들 로킵투가 그를 대신에 [왕으로] 보좌에 앉았다(합성 본문: 연대기 18:8-10과 연대기 24:12-16).

이름을 따른 연대기는 주전 734년에 블레셋을 언급한다.

> 칼하의 벨 단: 블레셋 땅에.

블레셋에 대한 군사 행동의 주요 이야기가 담긴 요약 비문은 심하게 훼손되었다. 아래 본문은 약간의 추측으로 복구한 것이다.

> 가사의 하누누는 나의 강력한 무기에 떨며 이집트 [땅으]로 도망갔다. 가사 성, [나는 그의 왕실 성읍을 정복했다/들어갔다. X달란트]의 금, 800달란트의 은, 백성들과 그들의 재산, 그의 아내, [그의] 아들들, [그의 딸들 ⋯] 그의 재산(과) [그의] 신들을 [내가 약탈했다/사로잡았다.] 나는 위대한 신들의 조상彫像, 나의 주, 나의 (소유) 왕실 형상을 금으로 만들었다. [나는] 가[사] 궁전 안에 [그것을 세웠다.] 나는 (그것을) 그들의 땅 신들 가운데 포함시켰다. [그들]의 [규칙적인 제사를] 내가 정했다. 그에 관해서라면 [나의 주권에 대한 두]려움이 [그를] 압도했다. 새처럼 그는 이집트로부터 날아왔다. [⋯ 내가 그의 지위를 되돌려주었다. 그의 ⋯] 나는 앗수르 [땅의 관세청을] 지정하였다. 나는 [금,] 은, 채색 의복, 큰 [말들 ⋯]을 받았다. 나의 왕실 비문은 이집트 시내에 있는 도시, 강[바닥에] [세웠다 ⋯.] [X+100달란트]의 은을 내가 빼앗아 앗수르로 그것들을 [가져갔다.]

이 흥미로운 사건은 앗수르 정책의 특정한 면을 보여준다. 두로의 히롬의 경우처럼 하눈하누누도 두 번째 기회를 얻었다. 그는 이집트로 도망갔지만 '새처럼 날아왔다.' 이 시기 이집트에서 일어난 일과 관련시켜 보면, 하눈Hanun은 주전 734년 늦은 봄 즈음 사이스에 있는 테프나크트의 궁전으로 도망갔다고 추측할 수 있다. 그러나 하눈이 그곳에서 체류하는 동안, 삼각주 지대는 7월 말과 9월 사이에 멤피스를 정복한 구스의 피예피 앙키의 침공을 받았다. 하눈은 이집트에서 자신의 보호자이자 후원자가 되었던 이가 패배의 위협에 처하자 디글랏 빌레셀에게 운명을 걸기로 결심했다. 그래서 그는 돌아왔고 가사의 왕으로 복위하였다.

디글랏 빌레셀이 가사에서 앗수르의 신들과 왕의 조상을 세운 일은 제국의 범위를 알리는 상징을 만들려는 것이었다. 추가로, '이집트 시내의 도시'엘 아리쉬에 다른 조상을 세우기도 했다. 이렇게 앗수르 왕은 나할 무츠리이집트 시내 아래까지 지중해 동부 해안 전체에 자신의 패권을 확립하려 했다. 이집트와 레반트 사이에서 이루어지는 상업적인 모든 활동에서 이익을 얻으려는 것이 그의 의도였다. 엘 아리쉬를 장악하는 것 역시 요단 동쪽과 아라비아에서 시작되는 대상 무역로를 차지하는 데 용이했을 것이다. 주전 9세기와 8세기 동안 이 지역(세일 산; 대하 20:10)의 주요 인종 집단은 마온 사람이었다. 요단 동편의 남부 지역, 네게브 고원 지대, 시내 반도에 사는 유목민이었던 그들은 시내 사막을 가로질러 대상 무역로를 관리하고 있었다. 그들은 웃시야에게 조공을 바쳤고(대하 26:7-8[5]; 참고. 대상 4:41) 후에는 디글랏 빌레셀 3세에게 조공을 바쳤다.

5_"하나님이 그를 도우사 블레셋 사람들과 구르바알에 거주하는 아라비아 사람들과 마온 사람들을 치게 하신지라 암몬 사람들이 웃시야에게 조공을 바치매 웃시야가 매우 강성하여 이름이 애굽 변방까지 퍼졌더라"(대하 26:7-8).

아라비아가 바친 조공 시내 북부와 블레셋 남부에 앗수르의 지배권이 새롭게 출현함에 따라, 멀리 떨어져 있던 아라비아의 부족도 조공을 바쳤다. 아라비아 집단의 한 지도자는 감독자로 임명되어 이집트로 들어가거나 나오는 교역물의 책임을 맡았던 것이 분명하다. 그의 주둔지는 나할 무츠리엘 아리쉬에 있는 도시가 틀림없다.

디글랏 빌레셀의 목록에 있는 아라비아 부족 집단 대부분은 그두라와 이스마엘의 자손들 목록에서 찾아볼 수 있다(창 25장; 대상 1장).

지역 국가들의 조공 디글랏 빌레셀이 하눈을 복위시키고 그의 조상들을 세우는 등 가사에서 일을 보고 있는 동안 주변에 있는 몇몇 국가들이 그에게 조공을 바쳤다.

> 아르밧 사람 [맛]탄비일, 암몬 사람 사니푸, 모압 사람 살라마누, 아스글론 사람 [미]틴티, 유다 사람 예호아하즈아하스, 에돔 사람 카우스말라카, 무츠⋯가사 사람 [⋯하]누누(요약 7:10-12).

아하스는 디글랏 빌레셀에게 복종하는 데 자신의 희망을 걸었다. 그가 바친 조공은 일찍이 그가 보냈던 '유인 물품'과 동일한 것일 수도 있으

▶ 니므롯에서 발견된 궁전 부조의 게셀 점령. 이것은 레이야드의 복사 그림으로만 알려져 있다. 여기에 보이는 그림은 디글랏 빌레셀의 블레셋 정복을 묘사한 것으로 추정된다.

1_"블레셋 사람들도 유다의 평지와 남방 성읍들을 침노하여 벧세메스와 아얄론과 그데롯과 소고 및 그 주변 마을들과 딤나 및 그 주변 마을들과 김소 및 그 주변 마을들을 점령하고 거기에 살았으니"(대하 28:18).

2_"이스라엘 왕 베가 때에 앗수르 왕 디글랏 빌레셀이 와서 이욘과 아벨벳 마아가와 야노아와 게데스와 하솔과 길르앗과 갈릴리와 납달리 온 땅을 점령하고 그 백성을 사로잡아 앗수르로 옮겼더라"(왕하 15:29).

3_"전에 고통 받던 자들에게는 흑암이 없으리로다. 옛적에는 여호와께서 스불론 땅과 납달리 땅이 멸시를 당하게 하셨더니 후에는 해변 길과 요단 저쪽 이방의 갈릴리를 영화롭게 하셨느니라"(사 9:1).

며 아닐 수도 있다. 앗수르의 기록에 있는 조공은 이때 속국으로 인정받아 바친 새로운 조공물일 가능성이 더 크다(대하 28:20-22을 보라).

디글랏 빌레셀 3세는 아하스를 '포위 공격'하지 않았다. 그가 했던 일은 아하스를 '괴롭히는' 것이었다. 이는 그가 블레셋이 최근에 차지한 네게브와 셰펠라 성읍들로부터 그들을 철수시키지 않았다는 것을 의미한다(대하 28:18[1]). 게셀에 가까운 두 성읍, 즉 아얄론과 김소는 여전히 블레셋의 수중에 있었다. 아마 앗수르 군주는, 아하스의 조부 아사랴/웃시야가 한때 레반트 중부 연맹의 주권자로서, 레반트 남부 전체를 정복하려 한 앗수르에 맞서는 연합 전선을 구축했던 일을 기억하고 있었을 것이다. 따라서 디글랏 빌레셀은 많은 영토를 빼앗긴 아하스를 그냥 내버려두는 것이 상책이라고 생각했다. 남쪽 지역에서 앗수르의 대표적인 관심사는 가사의 하누누였을 것이다. 하누누의 충성심을 확보하기 위한 유인책으로 앗수르 왕은 바로 1년 전, 혹은 그 전에 차지했던 유다 성읍들을 하누누가 지키도록 허락했다.

다메섹 원정 이름을 따른 연대기의 주전 733년과 732년의 목록은 다메섹에 초점을 맞춘 원정을 보여 준다.

> 마자무아 성의 아슈르 다아이나니: 다메섹 땅에.
> 시메 성의 나부 벨루 우추르: 다메섹 땅에.

전반적인 상황을 고려해볼 때 '오므리 왕가의 땅'을 공격한 때는 다메섹에 대한 마지막 포위를 준비한 때인 주전 733년 동안일 가능성이 높다. 앗수르 비문들은 다메섹의 합병을 언급하지만, 진정성에 대한 표지를 모두 갖고 있는 성서의 여정을 먼저 언급할 필요가 있다(왕하 15:29[2]을 보라).

맨 처음의 원정 경로는 열왕기하 15장 29절에서 추론해낼 수 있다. 디글랏 빌레셀은 레바논의 베카 계곡을 공격하는 일에 착수해, 맨 먼저 이욘(마르즈 아이윤이라 불리는 평야에 위치한 텔 에드 딥빈)과 아벨벳 마아가아빌 엘 캄흐=텔 아벨 벳 마아카를 차지했다. 그러고 나서 방향을 바꾸어 상부 갈릴리를 건너 서쪽을 향해 두로 위의 산 기슭에 있는 야노아야누흐로 감으로써 두로와 소통할 수 있는 연락망을 확보했다. 그는 다시 갈릴리 상부를 건너 행진해 게데스를 정복했다. 메롬은 이 원정의 결과로 얻은 앗수르의 포로 명단 파편에 나오는 지역으로, 상부 갈릴리의 지명 목록에서 유일하게 위치가 확인된 곳이다. 이곳은, 마룬 에르 라스 산 근처에 있는 텔 엘 키르베로 추정되는 마론과 동일한 지역으로 보인다(수 11:1; 12:19의 칠십인역; 마소라 본문에서는 '마돈'). 그 다음 정복지는 게데스로, '납달리 산지 갈릴리 게데스'가 분명하다(수 20:7). 디글랏 빌레셀은 이제 상부 갈릴리에서 올 수 있는 골칫거리에 대한 걱정 없이 하솔 텔 엘 케다흐=텔 하조르 포위에 집중할 수 있었다.

▲ **앗수르 부조** _ 갈라에서 발견된 앗수르 부조는 바산의 주 도시 아스다롯으로부터 주민들을 추방하는 모습을 보여준다. 이 도시는 디글랏 빌레셀 3세의 군대가 주전 732년에 정복한 도시들 중 하나다.

군대는 길르앗과 '갈릴리와 납달리 온 땅'으로 파견되었다. 길르앗 공격에 대해서는 두 단락의 증거가 확증해준다. 첫째, 역대기상의 족보 목록에 요단 동편 지파 출신의 포로들에 대한 언급이 있다(대상 5:6을 보라).

주전 8세기부터 포로들은 앗수르에서 잘 알려진, 적합한 지역으로 보내졌으므로 이 기록은 의심의 여지가 없다. 앞의 구절에 나오는 할라는 니느웨 북동쪽에 있는 성읍과 주변 지역이었으며, 하볼은 유프라테스 강의 지류인 엘 카부르 강이다. 이 지명들에 대해서는 설명이 붙어 있다. 하라는 아람어로 '그 산'이라는 뜻이며, 할라를 가리킨다. '고산 강'(카부르 강에 있는 텔 할라프)은 하볼을 설명하는 것이다. 같은 구절의 '앗수르 왕 불'은 '앗수르 왕 디글랏 빌네세르'라는 설명이 붙어 있다.

디글랏 빌레셀 3세 비문들에는 하사엘 왕국의 일부인 '길르앗 성읍'을 언급한 세 구절이 있다. 의문의 도시는 라못 길르앗텔 에르 루메잇이 거의 확실하다.

갈릴리의 경우에는, 그곳의 일부 성읍들에서 강제 이송된 포로들의 명부가 매우 빈약하게 보존되어 있다. 상부 갈릴리의 마론은 이미 위에서 언급하였다. 그 명부를 추측한 합성 본문은 아래와 같다.

> 오므[리] 가문의 땅 열여섯 구역으로부터, 가?[바라 성의 전리품] 625명, [어떤 지명의 전리품 X명], 한나돈 [성의 전리품] 650명, 베[들레헴(?) 성의 전리품 X명], [야]트비테 [성의 전리품] 656명, 사[모나] 성의 전리품 X명, 아루마 성의 [전리품]…(연대기 18:3-7 ‖ 연대기 24:11).

보존 상태가 나쁜 목록은 문제가 많긴 하지만, 최소한 하부 갈릴리 일부 성읍에는 점령과 약탈이 있었음을 암시한다고 말할 수 있다. 그 지역은 열왕기하 15장 29절에 나오는 성서 여정에는 포함되지 않는다. 이스라엘 왕국의 북부 지역(오므리 왕가) 공격의 완전한 범위는 대부분 문서로 남겨지지 않은 것이 분명하다. 여기서 그 나라를, 사마리아가 아닌 '오므리 왕가'라고 호칭한 것은 주목할 만하다. 므나헴은, 주전 9세기에 아합이 그랬던 것처럼, 이스라엘 사람이 아닌 사마리아 사람으로 불렸다. 이를 통해 호세아 선지자가 분명히 말한(호 5:5b) '이스라엘'과 사마리아의 분열도 간접적이나마 확인할 수 있다.

이사야 역시 열왕기하 15장 29절에서 언급된 영토를, 정복자의 발 아래로 들어간 첫 번째 땅으로 언급한다(사 9:1[3]을 보라). 이사야서에 나타난 성서의 어의는 '해변 길'이 바다로 가는 도로를 가리키므로, 이것은 아벨벳 마아가에서 야노아로 가는 도로와 잘 들어맞는다. '요단 저쪽'은 물론 길르앗이며 '이방의 갈릴리'란 하로셋 학고임(삿 4:2)과 거의 일치하며 주로 이스르엘 골짜기를 가리킨다. 갈릴/겔릴라는 용어는 단순히 '지역'을 뜻한다. '블레셋 지역'이라는 의미의 겔릴로트 하플리쉬팀(수 13:2; 참고. 욜 3:4), '요단 지역'이라는 의미의 겔릴로트 하야르덴(수 22:10-11) 등이 그 예이다. 그러므로 겔릴 학고임을 학갈릴, 즉 전통적인 갈릴

THE CAMPAIGNS OF TIGLATH-PILESER III

디글랏 빌레셀
3세의 원정
＼ 주전 734-732년

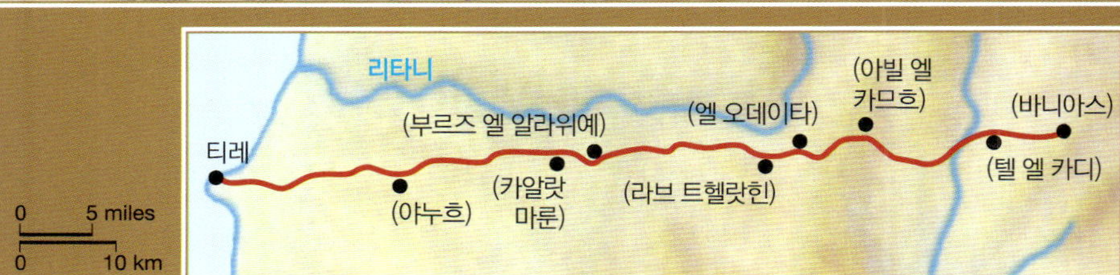

디글랏 빌레셀 3세의 포로 명단

도시 이름	포로 숫자
	–
···	625
한나돈	–
가나	650
(옷)바트	–
이론	650
아루마	–
메롬	–

〈···〉 혹은 〈–〉 표시는 원본이 훼손되어 알 수 없는 부분이다.

"이스라엘 왕 베가 때에 앗수르 왕 디글랏 빌레셀이 와서 이욘과 아벨벳 마아가와 야노아와 게데스와 하솔과 길르앗과 갈릴리와 납달리 온 땅을 점령하고 그 백성을 사로잡아 앗수르로 옮겼더라"(왕하 15:19).

앗수르 왕국의 발흥 \ 주전 9-7세기

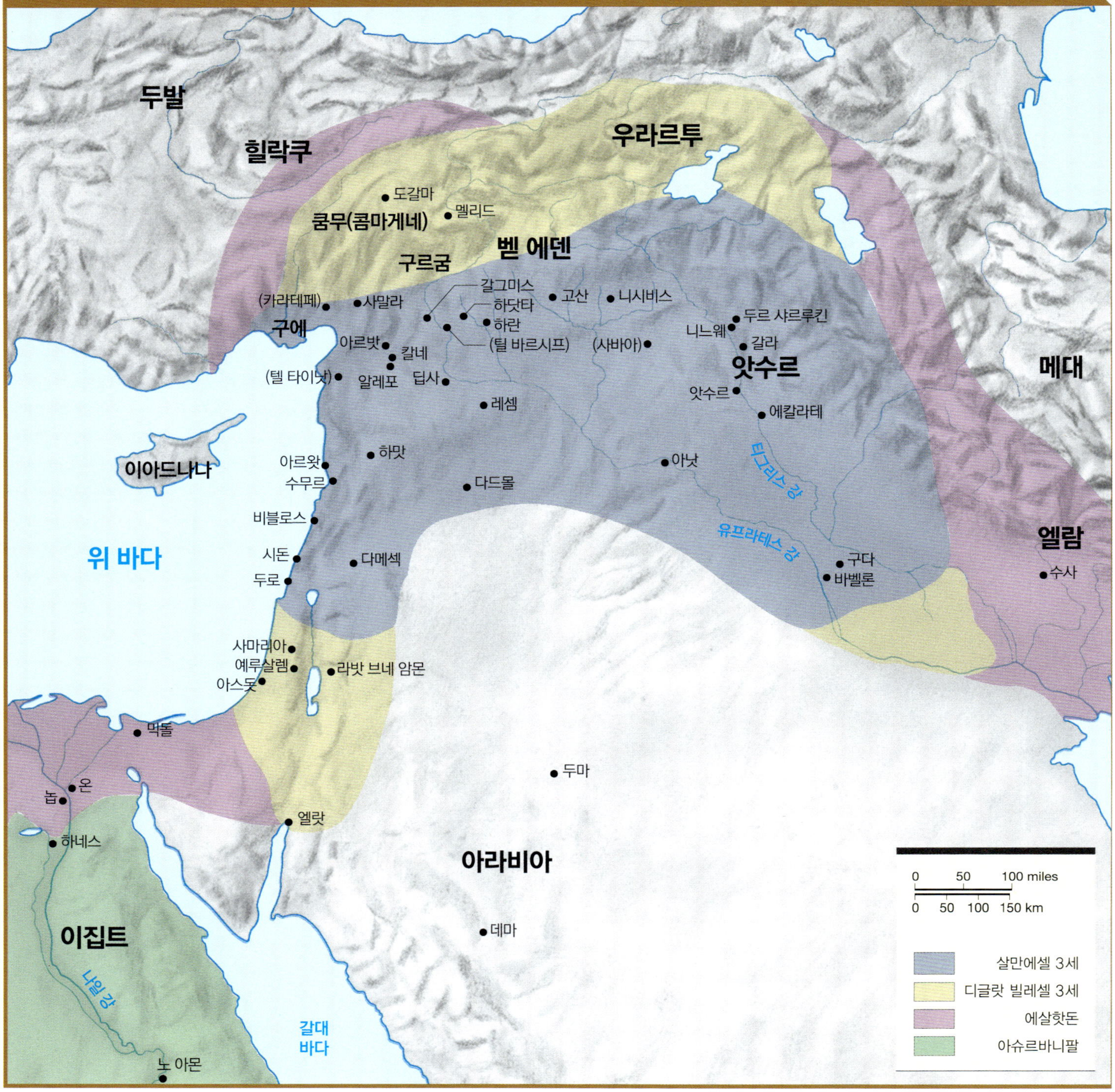

리 지역이라고 해석할 필요는 없다. 물론 칠십인역은 그 부분을 '이방의 갈릴리'(마 4:15에도 인용됨)라고 해석하지만 말이다. 문맥상 단순히 '외국인(비이스라엘계) 지역'으로 보는 것이 훨씬 더 적합한 해석이다.

다메섹은 이제 완전히 고립되었다. 그러나 동맹국 중 하나인 아라비아의 여왕 삼시가 개입함으로써 주전 733년의 공격을 가까스로 버틸 수 있었다.

> 라디야니[에 대해서] [나는 그를 패배시켰다:] [그의 엄]청난 [전리품을 내가 취했다]. 그의 참모진과 [그의 궁전대신들을 사로잡았다.] [그의] 전[사들의 피로] [급]류 [아바나(?)] 강을 [나는 선]홍색으로 붉게 물들였다. 그의 [조]신들, 그의 병거를 모는 전사들, 그들의 [모든] 무기를 내가 부수었고, 그들 말의 [X], 그의 돌격 군대의 [X2], 그의 궁수들, 그의 방패와 창을 [나]르는 자들을 내가 사로잡았다. 그들의 전열을 [내가 흩]어놓았다. 그 자신은 자기 생명을 구하기 위해 몽구스(족제비와 유사한 육식 짐승)[처럼] 혼자 도망가 자기의 성문으로 들어갔다. 나는 그의 최고 관리들을 말뚝에 산 채로 꽂았고 온 나라가 그것을 보도록 명령했다. 45일 동안 나는 그의 성 [주]위에 내 진영을 세웠고 새장에 갇힌 새처럼 그를 포위했다. 그의 셀 수 없는 [사치]스러운 작물과 과수원을 내가 찍어 내버렸다. 나는 하나도 남겨두지 않았다(연대기 23:1-17: 약간의 추측을 덧붙여 복원한 자료).

디글랏 빌레셀은 다메섹 근처에서의 자신의 행적을 길게 묘사했다. 이

◀ 앗수르 군대가 한 도시를 공격하는 모습. 갈라에 있는 디글랏 빌레셀 3세의 궁전 부조

것은 그 성읍 정복의 실패를 인정하지 않으려는 의도가 분명하다. '새장에 갇힌 새'라는 비유는 그런 경우에 사용하는 아주 일반적인 표현이다. 이것은 앗수르가 포위한 성읍을 점령하는 데 실패한 첫 번째 사례는 아니다. 그러나 다메섹 지역에 속한 다른 성들은 괴멸시켰다. 포위 성읍의 부조물에 새겨져 있듯이 여기에는 알 아스타르투아스다롯=텔 아쉬타라가 포함되어 있다. 1년이 지나지 않아 그들은 마침내 그 야망을 성취했고, 르신의 통치는 종식되었다. 그러나 그동안 아라비아 여왕 삼시의 부분적인 중재가 있었던 것 같다.

다음 해인 주전 732년에 대해, 이름을 따른 연대기는 다시 다메섹을 향한 원정이 있었음을 암시하지만 그 성읍을 오랫동안 포위하고 항복시켰다는 기록은 없다. 다메섹은 결국 디글랏 빌레셀 3세의 의기양양한 군대 앞에서 멸망하였다.

디글랏 빌레셀 제14년에 대한 연대기 본문은 소실되었다. 단지 성서만이 다메섹이 실제로 정복되었다는 사실을 명백히 언급하고 있을 뿐이다(왕하 16:8-10a을 보라). 유배지 기르에 대해서는 여전히 논란이 있다. 위치나 해석에 대한 많은 독창적인 의견들이 나왔지만 확실한 것은 아무것도 없다. 두 개의 요약 본문은 하사엘 왕가의 나라 전체가 합병된 것을 기록하고 있다. 둘의 합성 자료는 다음과 같다.

> 하사엘 [왕가의] 광대한 [땅은] [레바]논 산에서부터 길르[앗]의 중심부, 아벨싯딤까지로 오므리 왕가 땅의 국경까지이며 내가 앗수르 땅에 그 지역을 병합했다. 나는, 통치자로 나의 총독을 그들 위에 임명했다(요약 9:3-4; 요약 4:6-8).

이런 압도적인 패배의 결과로 베가는 엘라의 아들 호세아에게 암살되었다(주전 732년; 왕하 15:30을 보라). 디글랏 빌레셀 3세는 자신이 사마리아 성을 건드리지 않았다고 확언했다.

> [오므리 왕가 땅에 관해서라면] 나는 이전 원정[에서] [그 땅의] 모든 성을 [완전히] 무너뜨렸고 [그 땅의 백성들과] 가축을 빼앗았지만 사마리아 성만큼은 남겨놓았다. 그들의 왕 베가는 <그들이 살해했다>(요약 13:17-18).

다소 훼손된 다른 본문에서 디글랏 빌레셀은 '그들'(사마리아 백성)이 베가를 죽였고 자신이 호세아를 그곳의 왕으로 삼았다고 확언하는 듯하다.

> 오므리 왕가 땅에 관해서라면, [⋯] 그 땅의 [보]충 [군대⋯], 그 땅의 백성 전체를 앗수르 땅[으로⋯] 내가 옮겼다. 그들의 왕 베가에 대해서는 [그들이 그를] 살[해했다;] 나는 호세아를 그들 위에 왕으로 임명했다. 나는 [그들의 소유물과 더불어] 금 10달란트, 은 X달란트를 받았다(요약 4:15-18).

끝으로 디글랏 빌레셀은 호세아가 사마리아의 왕이라는 새로운 지위를 비준받기 위해 그에게 왔다고 말했다.

> [오므리 왕가의 땅], [그 땅의] 전[부를 나는 정복했다]. ⋯ 나는 그들의 [재]산을 [함께] [앗수르 땅으로 옮겼다. ⋯ 나는 호세아를] 그들 위에 왕으로 [임명했다. 그는 스스로] 사르라바니라는 도시로 나를 알현하러 [왔다] ⋯(요약 9:9-11).

여기서 사르라바니가 정확한 발음이며, 호세아는 디글랏 빌레셀 3세가 바벨론 원정 중이었을 때 그 앞에 나아온 것이 분명하다. 앗수르 왕이 주전 731년에 비트 아무카니 영토에 있는 사피아/샤피아에서 원정을 벌였다는 것은 이름을 따른 연대기의 내용과 일치한다. 바빌로니아 연대기는 이렇게 보고한다.

> 나부 무킨 제리 3년: 디글랏 빌레셀이 아카드 땅에 내려갔을 때 그는 비트 아무카니를 황폐화시켰으며 나부 무킨 제리를 사로잡았다(연대기 I, II, 19-21).

당시 사르라바니는 비트 쉴라니 영토에 속해 있었으며, 비트 쉴라니는 비트 아무카니와 관련이 있다. 따라서 호세아는 주전 731년 디글랏 빌레셀 3세를 만나기 위해 바빌로니아로 간 것이 틀림없다고 여겨진다. 그해는 호세아가 그의 선왕을 살해한 다음 해였다.

호세아는 요담 제20년, 즉 주전 732/731년에 왕좌에 올랐다(왕하 15:30). 그러므로 같은 해에 그는 앗수르의 충성스러운 속국으로 인정을 받기 위해 바빌로니아 남부에 위치한 디글랏 빌레셀 앞에 나타난 것이 분명하다.

| 이스라엘의 마지막 날들 |

이스라엘/사마리아 왕국의 마지막 시기는 명확한 문서 자료가 부족해서 다소 모호한 부분이 있다. 디글랏 빌레셀 3세의 계승자 살만에셀 5세의 5년 동안의 통치에 대한 기록이 남아 있지 않기 때문이다. 그러므로 사마리아에서 있었던 사건들을 설명하기 위해 많은 노력과 설명이 필요했다. 바빌로니아 연대기는 살만에셀의 통치를 단 네 행으로 설명했다.

> 테벳 월 25일에 살만에셀이 앗수르<와 아카드> 땅의 왕좌에 앉았다. 그는 사마리아 성을 폐허로 만들었다. 제5년에 살만에셀이 죽었다. 살만에셀은 5년간 통치했다(세로 단 I, 27-23).

한편, 열왕기는 호세아와 살만에셀의 관계, 이어진 포위, 사마리아 점령 등 호세아의 통치를 짧게 요약하고 있다. 신명기 역사가는 이스라엘 왕들과 유다 왕들을 연대기 순서로 배열하려고 했지만, 므나헴/브가히야와 베가 사이에 12년이 겹친다는 사실을 미처 깨닫지 못했다. 그래서 네 개의 동시 연대 비교(왕하 17:1; 18:1, 9-10)로 시작한 구절에서 12년의 차이가 난다. 이것은 학자들 사이에 무수한 혼란을 불러일으켰고, 사건의 과정을 적절하게 재구성하는 일을 사실상 불가능하게 만들었다(왕하 17:1-6을 보라).

성서의 이 구절과 아주 조금밖에 없는 앗수르 자료를 어떻게 조화시킬 것인가 하는 것은 도전적인 과제이다. 호세아에 대항하기 위해 올라갔다는 살만에셀의 언급을 앗수르 왕의 개인적인 방문으로 볼 필요는 없다. 사르곤 2세와 관련한 부분에서 살펴보겠지만, 이름을 따른 연대기는 그 왕이 앗수르 땅에 머물러 있었다고 말하지만(주전 712년) 사실 그때 앗수르 군대는 투르타누(사 20:1[1])의 명령을 따라 서부로 파병되어 있었다. 그러므로 여기서 열왕기의 설명은 앗수르 군주가 실제로 사마리아에 왔다는 의미가 아니다. 살만에셀은 왕좌에 오른 지 얼마 되지 않아 서부로 군대를 보내, 통치자가 바뀌었다 해도 충성을 맹세한 레반트 국가들에게 아무런 영향이 없다는 사실을 주지시켰다. 그러므로 주전 726년 호세아는 살만에셀 5세에

1_"앗수르의 사르곤 왕이 다르단을 아스돗으로 보내매 그가 와서 아스돗을 쳐서 취하던 해니라"(사 20:1).

1_"그가 애굽의 왕 소에게 사자들을 보내고 해마다 하던 대로 앗수르 왕에게 조공을 드리지 아니하매 앗수르 왕이 호세아가 배반함을 보고 그를 옥에 감금하여 두고" (왕하 17:4).

게 조공을 바쳤다. 호세아의 배신은 주전 725년에 발생한 것으로 보인다.

논란이 되는 또 다른 부분은, 호세아가 이집트에 보낸 두 사절의 메시지를 받은 인물이 누구인가 하는 것이다. '소'는 오소르콘의 단축형으로, 이 경우 오소르콘 4세라는 의견이 있다. 사르곤 2세의 쐐기 문헌에는 이것이 쉴카니로 나타나는데, 이는 오소르콘의 발음과 너무 차이가 난다. 유일하게 믿을 만한 제안은, '소'가 파라오 테프나크트가 세운 서부 수도 사이스를 가리킨다는 의견으로, 이것이 사실이라면 본문을 '이집트 왕에게 속한 소에'로 교정할 필요가 있다(왕하 17:4[1]). 본문에 대한 논리적이고 타당한 교정을 '정당성이 없다'고 할 수는 없기 때문이다. 문제가 되는 파라오는 테프나크트가 분명하다. 그는 주전 734년 피예/피 앙키가 물러난 이후 삼각주 지대에 대한 자신의 권리를 다시 언명한 인물이다. 그는 아마 주전 733년부터 726/725년까지 적어도 8년간 통치한 것이 분명하다. 또한 부바스티스의 북동쪽에 있는 땅을 증여하는 권한을 갖고 있었던 것으로 보아 삼각주 지대 전체를 지배한 것이 확실하다.

디글랏 빌레셀 3세 시대의 앗수르 행정 구역 \ 주전 732년

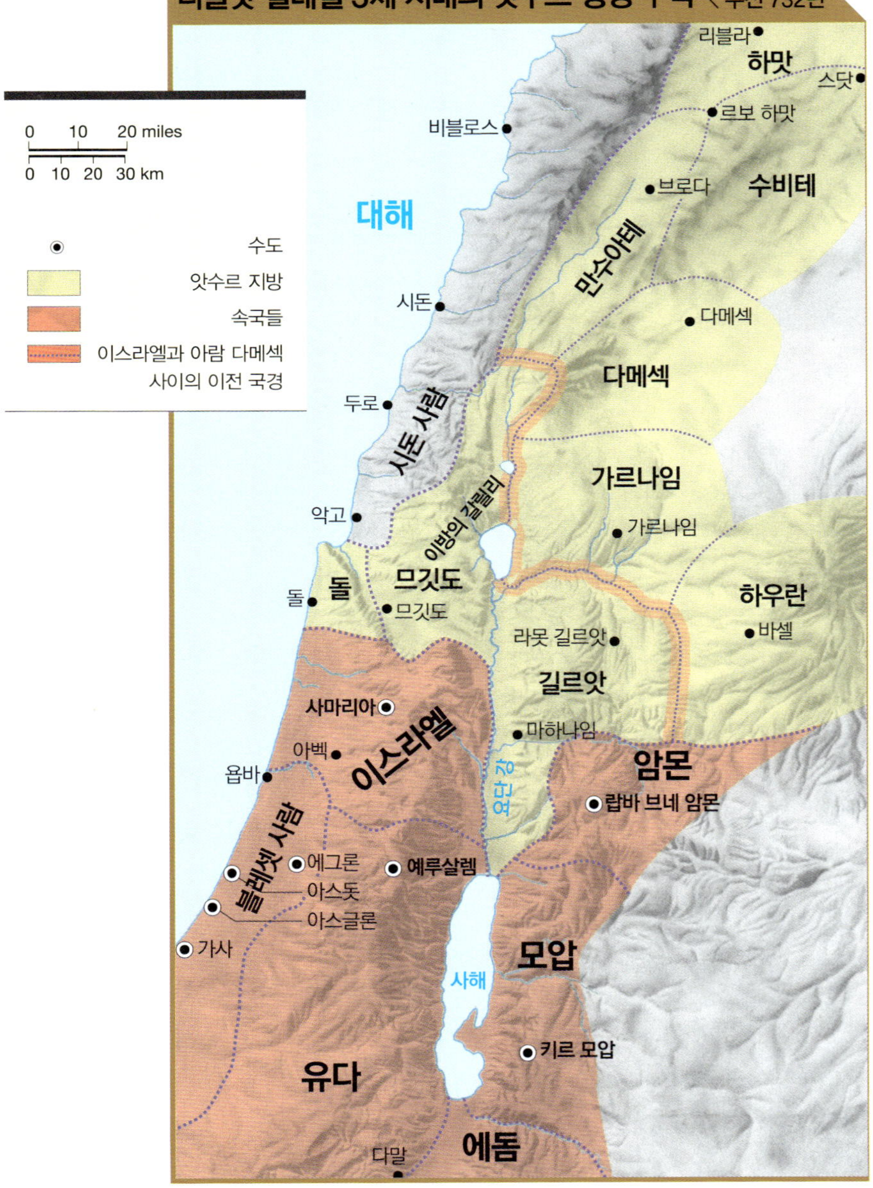

이름을 따른 연대기의 목록에 앗수르의 원정 대상이 훼손된 것을 두고, 그 3년간의 원정 대상은 사마리아를 가리키는 것이 맞다고 학자들은 합리적인 추론을 해왔다. 분명 이것은 추측에 불과하지만, 살만에셀 5세가 사마리아를 3년간 포위했다고 한 성서의 언급을 당연한 것으로 본다. 그렇지 않을 이유가 무엇인가? 명확한 증거가 나올 때까지는 이름을 따른 연대기가 실제로 사마리아를 언급한 것이라고 추정하는 것이 합리적이다. 따라서 이집트 왕과 관련된 배신 음모는 테프나크트의 보위 말기, 즉 주전 725년에 일어났을 것이다. 그때는 살만에셀 5세가 '[그 땅]에' 머물러 있었고, 포위한 3년간은 주전 725, 724, 723년이었을 것이다.

>히스기야 왕 제4년< 곧 이스라엘의 왕 엘라의 아들 호세아 제7년에 앗수르의 왕 살만에셀이 사마리아로 올라와서 에워쌌더라. 3년 후에 그 성읍이 함락되니 >곧 히스기야 왕의 제6년이요< 이스라엘 왕 호세아의 제9년에 사마리아가 함락되매(왕하 18:9-10).

히스기야의 통치 연도는 신명기 역사가가 삽입한 것으로 보이는데, 히스기야 통치와 동일 연대를 비교해보면 12년간의 오류가 생긴다. 그러나 사마리아를 3년간 포위했다는 것은 정확한 기록에 근거한 것이다. 그 자료는 피난처를 찾아온 이스라엘 출신 예언자가 예루살렘으로 가져왔거나 그곳에서 저술한 북부의 자료임에 틀림없다. 호세아가 주전 732/731년에 통치를 시작했으므로 호세아 제6년은 주전 726/725년이며, 그의 제9년은 주전 723/722년이 될 것이다. 이 연도는 이름의 자리가 떨어져나간 '이름을 따른 연대기' 명단과도 일치한다. 이것은 순전히 우연의 일치일까? 분명 그렇지 않다.

열왕기하 17장 4절에 따르면 호세아는 사로잡혔고 포위가 시작된 그때에 앗수르에 포로로 끌려간 것으로 보인다. 이 이스라엘 왕은 디글랏 빌레셀 3세가 가사의 하눈에게 했던 것과 똑같은 대우를 받기를 바라며 살만에셀에게 용서를 구하고자 나아갔을지도 모른다. 만약 그랬다면 불행하게도 그는 실수한 것이다.

이집트 제25구스왕조

주전 8세기의 마지막 4분기는 이집트의 극적인 발전이 이루어진 때이다. 구스 땅의 강력한 통치자들은 이집트 제24왕조의 내부 분열을 이용해 상부 이집트와 그 다음 하부 이집트까지 장악할 수 있었던 것이다. 처음으로 침략 내용이 기록된 구스 통치자는 피예피 앙키이다. 가장 최근의 자료 분석에 따르면 그의 원정은 주전 734년에 시작되었다. 이때는 디글랏 빌레셀 3세가 블레셋, 특별히 가사를 공격하고 있었을 때였다. 가사의 하눈이 이집트로 도망갔을 때 가사로 돌아가 디글랏 빌레셀 3세에게 자신의 운명을 걸겠다고 결정한 일은 이상할 것이 하나도 없다. 하눈은 테프나크트나 동부 삼각주 지대의 통치자 중 한 사람에게서 피난처를 찾았을 것이다. 그러나 그는 누비아 왕이 접근하는 것을 보고는 자신의 보호자가 위험에 처했다는 것을 깨달았다.

이후 레반트 남부와의 접촉은 주전 8세기 마지막 20년간 있었던 앗수르의 군사 행적과 관련하여 다음에 다룰 것이다.

사르곤 2세의 통치

살만에셀 5세가 자연사했음에도 불구하고 그의 서거로 앗수르는 심각

살만에셀 5세와 사르곤 2세의 원정 \ 주전 724–721년

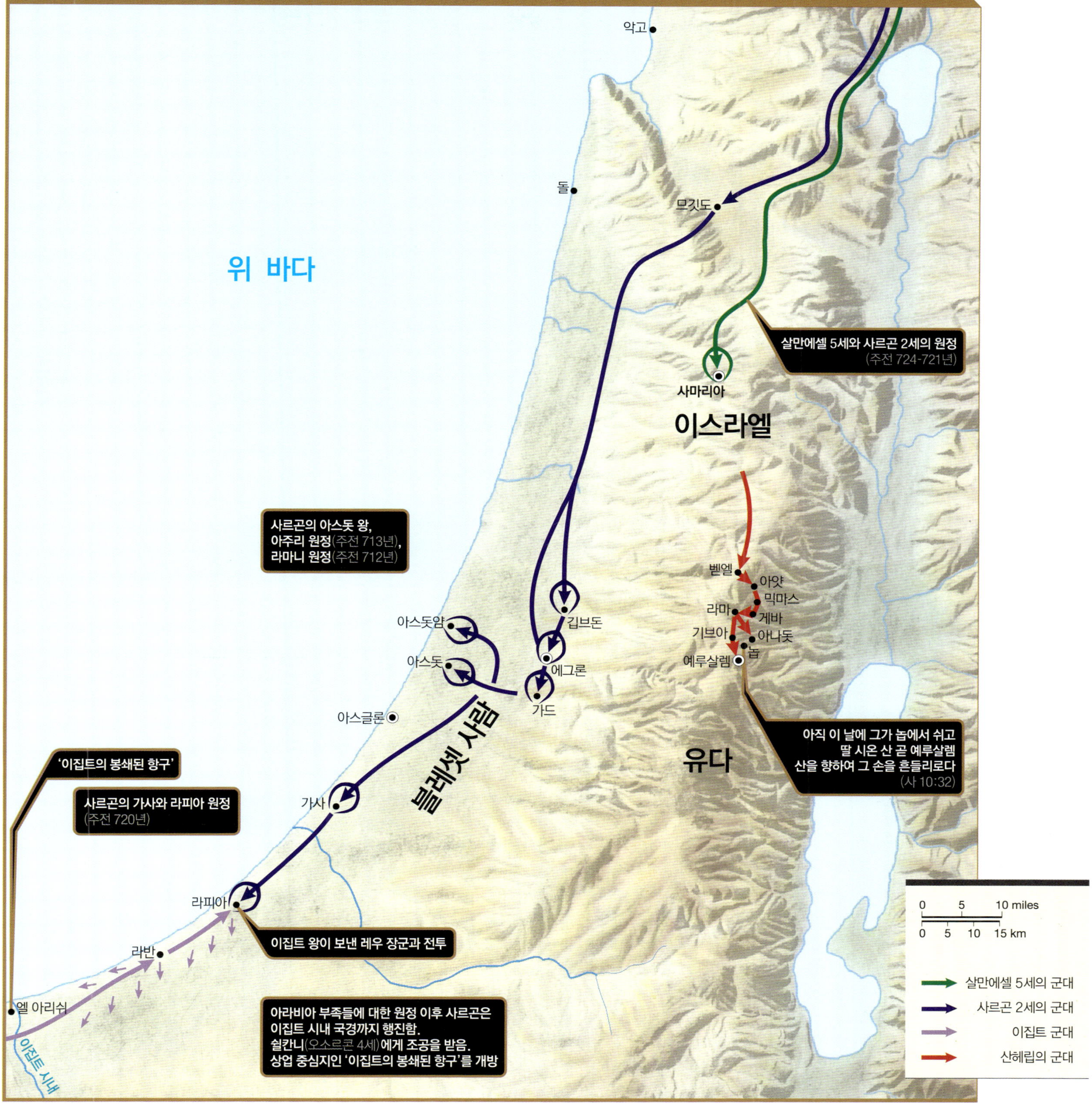

한 혼란에 빠졌다. 혼란의 와중에서 승리자는 사르곤 2세(주전 722–705년)였다. 그는 자신이 "… 6,300명의 앗수르 죄인을 사면해 그들에게 자비를 베풀고 하맛에 정착시켰다"라고 언급했다. 이들은 권력을 잡으려는 사르곤의 시도에 반대한 군인들이 분명했다. 그러나 과도기는 빨리 지나갔다. 살만에셀 5세는 테벳 월에 죽었다고 기록되어 있으며, 사르곤은 같은 달 12일에 왕좌에 올랐고, 3개월 후에 마르둑 아플라 잇디나므로닥발라단가 바벨론 왕으로 등위했다고 한다. 이렇게 해서 사르곤은 디글랏 빌레셀 3세의 진정한 승계자로서, 사실은 그렇지 않을지 모르지만 결과적으로는 일을 시작했다. 그는 자신의 고향에 새로운 수도 두르 샤루킨코르사밧을 건설하고, 제국의 모든 주요 국경 지대에서 역동적인 원

정에 착수했다. 그의 군사적 업적은 아주 많지만, 여기서는 레반트에 직접 영향을 준 행적에 초점을 둘 것이다.

사르곤의 첫 번째 교전으로 보이는 사건은 간과해서는 안 된다. 주전 720년 엘람 왕 쿰바니가쉬 1세는 티그리스의 동쪽 평야 지대에 있는 데르(텔 아카르) 지역에서 앗수르 군대를 크게 패배시키며 타격을 주었다. 바빌로니아의 자료에 따르면 그것은 앗수르의 굴욕적인 패배였다.

> 엘람 왕 쿰바니가쉬는 데르 지역에서 앗수르 땅의 사르곤과 싸웠다. 그는 앗수르를 격퇴하여 그들에게 큰 패배를 안겨주었다(연대기 I, 33-35).

그러나 사르곤은 자신의 비문 대부분에서 쿰바니가쉬를 패배시켰다고 주장한다. 전장에서의 패배 소식은 빠르게 전파되어 레반트에 있는 백성들로 하여금 반란을 일으키도록 부추겼다. 그에 대한 준비는 살만에셀 5세의 죽음과 그에 뒤이은 혼란을 틈타 일찍이 진행되고 있었던 것 같다. 사르곤 제2년 그는 하맛의 일루 비디(이아우 비디라고도 불림)가 연맹을 조직했다고 보고한다. 이는 다른 본문들에서 상세하게 설명되어 있으며, 그 본문들은 거기에 사마리아가 암시되어 있는 것이 분명함을 보여준다. 사마리아 지방의 재편성은 살만에셀 5세가 죽은 해에야 시작되었음이 분명하다.

> 왕좌의 합법적인 소유자도 아니며 궁전에 어울리지도(?) 않는 [하맛의 일]루 비디는 자기 백성의 목자 자리에서 [그들의] 운명을 [돌보지 않았다]. [그러나] 아슈르 신, 그의 땅(과) 그의 백성에 관해서 그는 선을 구하지 않고 악을 구했다. 그는 [그들을] 모욕적으로 대우했다. 그는 아르밧과 사마리아를 불렀고 그들을 그의 편에 끌어들였다…(아슈르 "선언서" 17-28).

일루 비디에게 합세한 나라들에 대한 더 상세한 목록은 그 반란이 어떻게 퍼져나갔는지를 보여 준다.

> 농부이며 왕위에 적합한 자가 아닌 비천한 히타이트 사람 **하맛의 이아우 비디**는 하맛의 왕이 되기 위해 음모를 꾸몄다. 아르밧, 치미루, 다메섹, 사마리아 성에게 나를 버리도록 설득하고 함께 힘을 합하여 나를 공격하게 했다. 나는 아슈르의 군대를 소집해 그가 사랑하는 도시 카르카르에서 그와 그의 전사들을 포위했다. 나는 그곳을 정복하여 불태웠고, 그의 몸에서 가죽을 벗겼다. 나는 그들의 성에서 반란자들을 살해했고 평화와 안정을 회복했다. 나는 200대의 병거, 그리고 하맛 백성 가운데 600명의 기병을 모아 나의 왕실 분대와 통합시켰다(전시용 대비문 II, 33-36a).

해안 지방과 다메섹, 사마리아 등이 이 목록에 포함되어 있다. 그들은 앗수르 제국의 지방에 병합되었지만 백성들은 여전히 앗수르의 지배로부터 벗어나려고 했다. 하맛의 일루 비디와 사마리아가 연결되어 있는 모습은, 사르곤이 사마리아를 정복한 것에 대해 언급한 모든 자료들이 주전 720년의 군사 원정과 관계 있다는 사실을 확증해준다. 사르곤 2세가 살만에셀 5세의 업적을 빼앗은 것은 아니다. 열왕기하 17장 3-6절을 두 앗수르 왕의 이문융합으로 볼 필요도 없다. 사르곤 자신의 주장에 대해서는 아래와 같은 단락이 중요한 의미를 갖는다고 하겠다.

▼ **사르곤 2세의 모습** _ 그의 코르사바드 궁전의 부조

사르곤 2세의 앗수르 행정 구역 _ 주전 733-716년

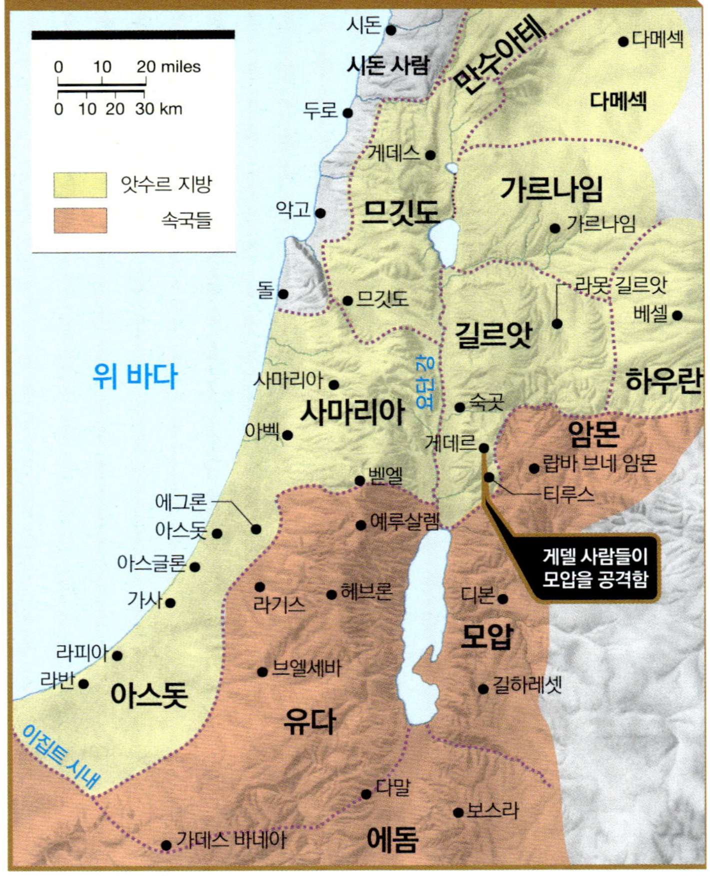

> 나는 사마리아 성을 포위해서 정복했다. 그리고 전리품으로 그 성 안에 거주하는 27,290명을 취했다. 나는 그들로부터 50대의 병거를 징발했고 나머지 사람들에게는 바른 행동을 가르쳤다. 나는 그들을 다스리도록 나의 총독을 임명했고 이전 왕처럼 그들에게 조공을 부과했다(전시용 대비문 II, 23-25).
>
> 한 [적대적인] 왕과 공모한 [그 사]마리아 사람들은 노역을 하지도 않았고 조공도 바치지 않으며 적대감을 드러냈다. 많은 신들, 나의 [주]님들의 힘으로 나는 그들을 속박했다. 그들의 병거와 신들, 하인들과 더불어 [2]7,280명의 백성을 내가 전리품으로 세었다. [나의] 왕[실] 분대를 위해 그들로부터 200대의 병[거]를 징발했다. 나머지는 앗수르 땅에 배치했다. 나는 사마리아 성에 재정착했고 이전보다 더 크게 만들었다. 나 자신의 손으로 정복한 그 땅의 백성을 내가 그곳에 정착시켰다. 나의 총독을 그들 위에 통치자로 임명했고 그들을 앗수르 백성으로 간주했다(니므룻 프리즘, 파편 D, 25-41).

사르곤은 또한 자신을 '멀리 있는 유다 땅의 정복자'라고 주장했다(니므룻 프리즘). 그 비문은 주전 720년에서 716년까지 이룬 다른 군사적 업적도 언급하지만, 유다에 대한 언급은 하맛 왕의 반란보다 앞서 있다. 그러므로 사르곤이 주전 720년 서부에서 행한 원정이 유다와 관련이 있다고 추측하는 것이 자연스러운 것처럼 보인다.

유다에 대항한 사르곤의 행적은 이사야 10장 27-32절에 반영되어 있다고 볼 수 있다. 이 단락은 북쪽, 즉 사마리아 영토로부터 접근한 적이 없에서 예루살렘을 위협하는 여정을 말하고 있다. 이 여정은 앗수르와 당시의 역사에서 앗수르의 역할을 겨냥한 발췌문의 일부이다(사 10:5-

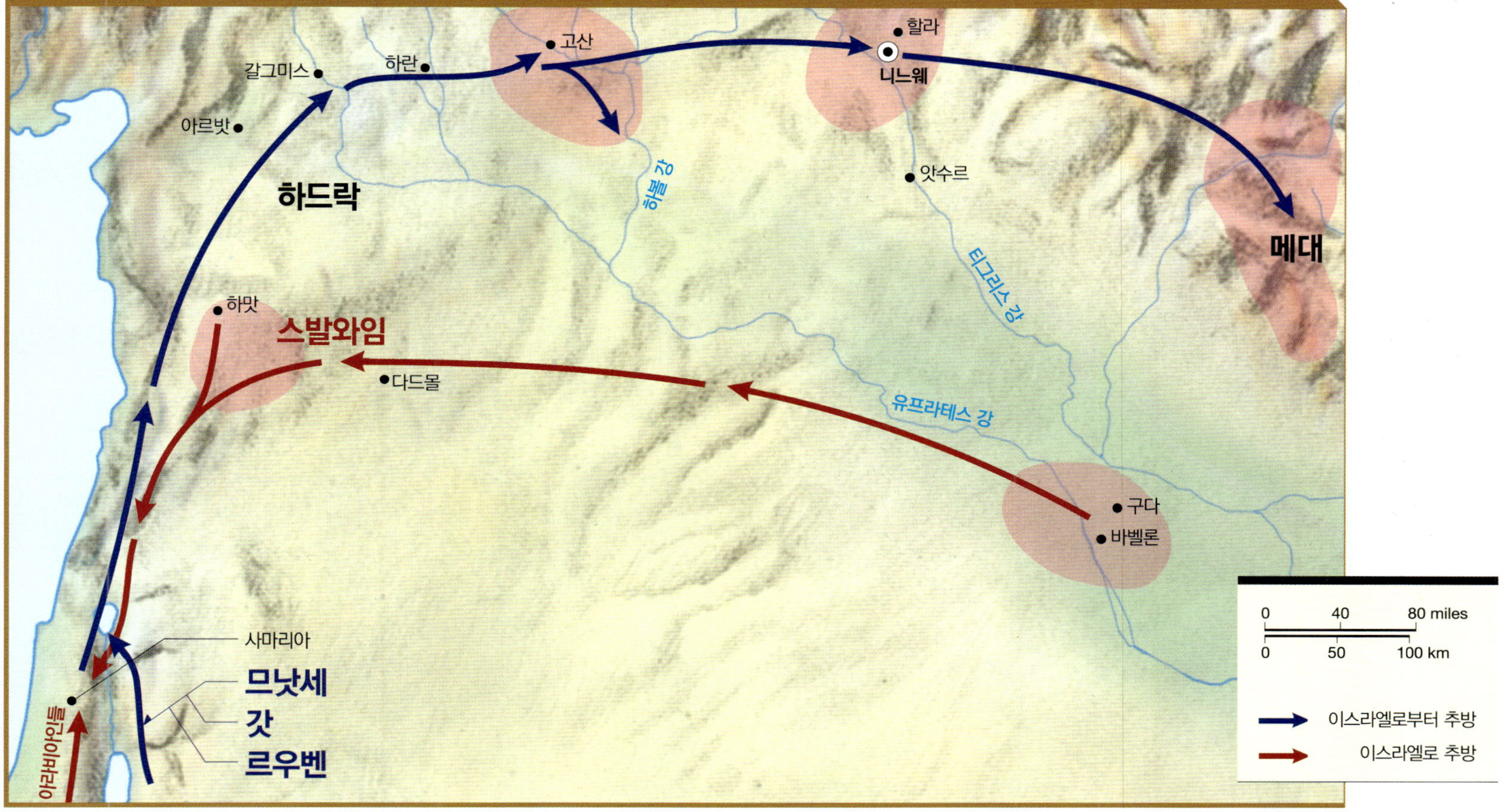

앗수르 지배 하에 이스라엘 안팎으로 강제 이주된 포로들 \ 주전 734-712년

11을 보라).

그 단락은 앗수르의 공격적인 원정을 정당화하는 그들 방식의 선전으로 가득 차 있다. 이사야 10장 13절과 14절[1]은 고대 근동의 모든 민족을 정복하고 약탈한 앗수르의 업적을 기술하고 있으며, 이어서 앗수르는 야훼의 손에 들린 도구일 뿐이라는 하나님의 말씀이 나온다. 자기 땅에서 추방되어 이제는 종이 된 야곱이스라엘의 남은 자에게도 여전히 미래가 있을 것이다. 예루살렘 백성은 앗수르의 위협으로부터의 구원을 약속받는다(사 10:24-27을 보라).

그 다음에는 적군이 동쪽 초원 지대 주변 도로를 따라 남쪽으로 행군했다고 묘사되어 있는데, 이는 아마도 요새화된 미스바 성텔 엔 나스베을 피하기 위함일 것이다. 그 군대는 아마 새롭게 자리 잡은 사마리아의 앗수르 주둔지에서 조성된 보충 부대일 것이다(사 10:28-32을 보라).

여정은 잘 알려진 철기 시대 도로의 틀 안에서 명료하게 설명된다. 여정에 나오는 지명들의 위치는 일부는 확실하고 일부는 그렇지 않지만, 확실한 지역들만으로도 이동 경로를 확인하기에 충분하다. 지명들은 다음과 같다. 아얏키르벳 하이얀?, 미그론(아마도 키르벳 텔 엘 아스카르), 믹마스묵마스, 라마에르 람, 게바제바, 사울의 기브아(아마도 텔 엘 풀), 라이사(프렌치 힐에 있는 철기 시대 요새?), 아나돗라스 엘 카르루베, 맛메나와 게빔(확인되지 않은 성읍들이지만, 둘 중 하나는 이사위예일 것이다), 그리고 놉(라스 엘 메샤리프 혹은 에트 투르로 추정된다).

이 여정을 사르곤 2세의 원정으로 보는 것은 추측이기는 하지만 전혀 불가능한 것은 아니다. 유다가 다른 사르곤 왕실 자료에서는 중요한 역할을 하지 않았다는 사실은, 유다가 즉시 복종했음을 보여주는 동시에 방대한 군대가 불필요했다는 뜻이다. 아마도 군대는 사마리아로부터 남쪽으로 파견되어 앗수르의 주권에 복종하도록 예루살렘을 위협했을 것이다. 아하스는 디글랏 빌레셀 3세에게 충성스럽게 조공을 바치던 사람이었다. 호세아가 시도한 반란에 아하스가 그것을 그만두었을 수도 있지만, 기록은 어디에도 남아 있지 않다.

주전 720년 이 원정의 마지막 전쟁은 라피아에서 있었다.

> 그의 〔지휘관〕 레에는 그의 지〔원〕을 받아 나에 대항하는 전쟁을 하기 위해 전진했다. 나의 주인이신 앗수르의 이름으로 나는 그들을 패배시켰다. 〔레〕에는 가축 떼를 강탈당한 목자처럼 홀로 도망갔고 그는 사라졌다. 나는 〔하〕누누를나 자신의 손으로 붙잡았다. 나는 그를 내 성, 앗수르에 포로로 잡아갔다. 나는 라피아 〔성〕을 무너뜨리고 멸망시켜 불로 태웠다. 나는 9,033명과 그들의 막대한 재산을 약탈했다(연대기 53-57).

하눈 역시 이집트와 함께 꾸민 음모에 깊이 연루되었던 것 같다. 그러나 이번에는 삼각주 지대를 보호하고 있었던 피에피 앙키와 함께했다. 이 구스 왕은 노 아몬(테베; 지금의 룩소)에서 이집트 북부 끝까지 자신의 세력을 넓혔으며, 이제 레반트 남부와의 유대 관계를 구축하여 자신의 새로운 지위를 이용할 기회를 발견했다. 연대기의 원래 명단은 한 진열 비문에 잘 보존되어 있다.

> 가사 왕 하누누는 이집트 땅의 지휘관 레에와 함께 라피아에서 나에 대항하는 전쟁을 하기 위해 전진했다. 나는 그들을 패배시켰다. 레에는 내 무기들의 소리를 듣고 두려워 도망갔다. 나는 그의 향방은 모른다. 나는 가사 왕 하누누를 나 자신의 손으로 붙잡았다(전시용 대大비문 Ⅱ,

1_"그의 말에 나는 내 손의 힘과 내 지혜로 이 일을 행하였나니 나는 총명한 자라 열국의 경계선을 걷어치웠고 그들의 재물을 약탈하였으며 또 용감한 자처럼 위에 거주한 자들을 낮추었으며 내 손으로 열국의 재물을 얻은 것은 새의 보금자리를 얻음 같고 온 세계를 얻은 것은 내버린 알을 주움 같았으나 날개를 치거나 입을 벌리거나 지저귀는 것이 하나도 없었다 하는도다"(사 10:13-14).

1_타르타누(Tartannu) 사르곤의 원정을 이끈 총사령관의 관직명으로 개정역은 '다르단'으로 옮겼다(사 20:1).

2_"히스기야 왕 제십사 년에 앗수르의 왕 산헤립이 올라와서 유다 모든 견고한 성읍들을 쳐서 점령하매"(왕하 18:13).

25-26).

이름을 따른 연대기는 사르곤 제10년(주전 712년)에 대한 내용에서, 사르곤이 '그 땅에 머물렀다'고 기록하고 있다. 다른 한편으로 연대기, 전시용 비문, 니므룻 프리즘(세로형의 앗수르 텍스트 자료를 가리킨다) 등은 모두 아스돗에 대항한 원정을 언급한다. 그러나 연대기 자료는 그것을 사르곤 제11년(주전 711년)이라고 말하는 반면, 니므룻 프리즘은 그 자체 연대 계산에 따르면 주전 712년을 뜻하는 사르곤 제9년으로 기록하고 있다. 이에 대해서는 주전 712년을 선호하는 논의가 더 합리적으로 보인다. 특별히 사르곤이 '그 땅에' 있었다고 말하는, 이름을 따른 연대기에 비추어볼 때 그렇다. 원정에 대한 성서의 구절도 이를 지지한다(사 20:1을 보라).

다른 한편으로 사르곤의 서기관/역사가들은 그의 업적을 타르타누[1]에게 돌리고 싶지 않았다. 가장 잘 보존된 자료는 전시용 대비문이다.

> 아스돗 왕 아주리는 조공을 바치고 싶지 않았다. 그는 주변에 있는 왕들에게 앗수르 땅에 대항하는 비방 편지를 써 보냈다. 그들이 악을 행하도록 하기 위해서였다. 나는 그의 주권을 폐해버렸다. 나는 그의 총애를 받는 형제 아히미티를 왕으로 임명했다. 그러나 타고난 거짓말쟁이들인 히타이트 사람들은 그의 주권을 증오했다. 그들은 왕좌에 앉을 자격이 없는 야마니, 그들처럼 주권을 존중할 줄 모르는 그를 추대했다. 나의 마음에 분노가 있었지만 나는 군대를 소집하지 않았고 진을 구축하지도 않았다. 나는 평화[로운 지역]에서조차 내 편에 서기를 한 번도 주저하지 않았던 나의 전사들과 더불어, 아스돗으로 갔다. 야마니, 그는 멀리서 나의 군대가 오는 소리를 듣고 멜루하 땅 국경에 접한 이집트 땅 경계선까지 도망을 갔다. 그리고 그가 어디 있는지는 찾을 수 없었다. 나는 아스돗 성, 가드 성, 아스돗 얌 성을 둘러싸고 점령했다. 그의 신들, 그의 아내들, 그의 아들들, 그의 딸들, 재산, 그의 궁전 보물들을, 그 땅의 백성과 더불어 나는 전리품으로 세었다. 나는 이 성들을 새롭게 재건했다. 해가 뜨는 [끝 쪽에서] 살던 내 손으로 정복한 땅의 백성을 내가 [그] 안에 [정착시켰다]. [통치자로서 나의 총독을 그들 위에 두었다.] 나는 그들을 앗수르 사람으로 간주했고 그들은 나의 마구를 끌었다.
>
> […] 가운데 사는 멜루하 땅의 왕-우릿추 땅, 접근하기 어려운 지역, 지금까지 며칠이 걸리는 [험난한] 길로, 그의 조상들은 그들의 안녕을 구하기 위해 그들의 파발마들을 나의 조상 왕들에게 한 번도 보낸 적이 없다. 그는 [멀]리서 아슈르 신, 나[부 신, 마르둑 신]의 힘을 들었고, 나의 위엄의 찬란한 영광이 그를 압도했다. 그를 야마니 차꼬와 수갑, 철 [족]쇄로 채웠다. 앗수르의 중심지로, [그들은] 먼 길을 지나 내 앞으로 그를 데[려왔다](전시용 대비문, Ⅱ. 90-111).

니므룻 프리즘에 있는 평행 본문은 특별히 중요한 설명을 덧붙였다.

> 블레셋 땅, 유다 땅, 에[돔] 땅, 모압 땅의 왕들, 바다 옆에 거주하는 자들, 나의 주 아슈르에게 조공을 바치고 선물을 보내는 자들에게 〈그들은〉 나에 대한 적의를 조장하기 위해 반역을 부추기는 글을 〈써 보냈다.〉
>
> 그들은 그들을 구할 수 없는 통치자, 이집트 왕 파라오에게 선물을 보냈고 그를 지원 부대로 대우했다(니므룻 프리즘 Ⅶ.b, Ⅱ. 5b-33a).

레반트 남부에 있는 다른 국가들에게 도움을 구한 일은 결실을 맺지 못한 것이 분명해 보인다. 그들 중 아무도 아스돗을 도우러 오지 않았다. 야마니는 홀로 앗수르에 대항해야 한다는 사실을 깨닫고는 도망쳐버렸다. 파라오에게 도움을 구했다는 것은, 그들이 삼각주 통치자들의 한 사람에게 도움을 구했다는 말이다. 그는 오소르콘 4세일 가능성이 제일 높지만 사이스에 있는 통치자일 수도 있다.

아주리를 제거하고 그의 형제 아히미티를 왕으로 세운 연대는 나와 있지 않다. 그것은 주전 720년과 712년 사이의 어떤 해에 일어난 행정적인 행위일 수 있다. 그러나 주전 712년 전에 일어난 일이라고 볼 수도 있다. 아스돗 사람들과 이웃 왕들 사이의 서신 왕래의 배후에는, 이사야가 히스기야에서 한 경고가 있다. 그는 앗수르가 구스와 이집트보다 우위에 있다는 경고를 했었다(사 20장).

야마니가 이집트로 도망친 것에 대한 설명 또한 의미가 있다. 그는 파라오에게서 피난처를 찾지 못했다. 대신 그는 '멜루하 땅의 국경에 접한 이집트 땅의 경계선', 즉 성서에서 수에네(겔 29:10; 30:6)로 나오는 아스완까지 도망쳐야 했다. 5년 동안 그는 구스 왕 샤바코에게서 정치적 망명지를 얻었다.

주전 705년은 사르곤의 재위 제17년이었다. 바빌로니아 연대기에 있는 훼손된 기록은 왕이 타발에 있었음을 보여주지만, 이름을 따른 연대기는 아래와 같이 말한다.

> 이름 나슈르 벨, 아메디 성의 총독: 왕이 쿨루마유의 쿠르디와 대치하러 [진친했다(?)].

이 운명적인 전투 장소는 타발 땅으로 언급되지만, 이 적군은 어디에도 알려진 바가 없다. 쿠르디는 키메르 족이라는 견해가 있다. 증거는 불충분하지만, 이전에 에쉬파이로 알려진 쿠르디는 그 종족 명칭인 쿨루마유를 제외하고는 달리 알려진 바가 없다. 사르곤은 그의 가신 또는 지방 총독 중의 한 사람이나 미다스의 호출을 받고 타발로 갔으리라고 추정된다. 따라서 이 강력한 통치자의 죽음은 비밀에 싸여 있다. 제국으로 그 소식이 전해지자 주변 민족들은 앗수르의 멍에에서 벗어날 기회가 왔다고 생각했다.

| 유다의 히스기야, 홀로 맞서다 |

앗수르 왕 사르곤 2세의 통치 동안 작은 유다 왕국은 속국으로서 계속해서 조공을 바쳤다. 주전 720년 사르곤은 힘을 과시할 필요가 있었을 것이다(사 10:28-32). 그렇지 않았다면 아하스에게 조공을 계속 바치라고 강요할 수 없었을 것이다. 주전 715년 아하스가 죽자 그의 아들 히스기야가 왕위를 계승해 29년(주전 715-686년, 즉위년 계산 방식) 동안 다스렸다. 신명기 역사가는 후대에 인위적인 동시 연대 세 개를 기록하고 있는데, 이로 인해 12년의 오류가 생긴다. 호세아 제3년에 일어난 히스기야의 등위(왕하 18:1), 호세아 제7년과 히스기야의 제4년(왕하 18:9), 호세아 제9년과 히스기야의 제6년(왕하 18:10)이 바로 그것이다. 그 역사의 최종 포로기 편집자는 이스라엘세겜?에서 예루살렘으로 가져온 이스라엘 왕들의 연대기에서 자료를 가져왔다. 그러나 그는 베가와 므나헴 사이에 12년이 중복된 사실을 몰랐다. 산헤립이 주전 701년 유다를 공격하러 왔을 때 히스기야 제14년이라고 한 분명한 언급(왕하 18:13[2])은 이 기간의 연대기적 지표에 해당한다.

역대기 기자는 신명기 역사가의 역사에는 나오지 않은 히스기야 통치의 시작에 대해 매우 자세히 언급하고 있다. 이 자료의 진정성에 대해서는 의문을 제기하는 경우가 자주 있으므로, 확증할 만한 외부의 증거를

히스기야의 항쟁 준비 ∖ 주전 707–701년

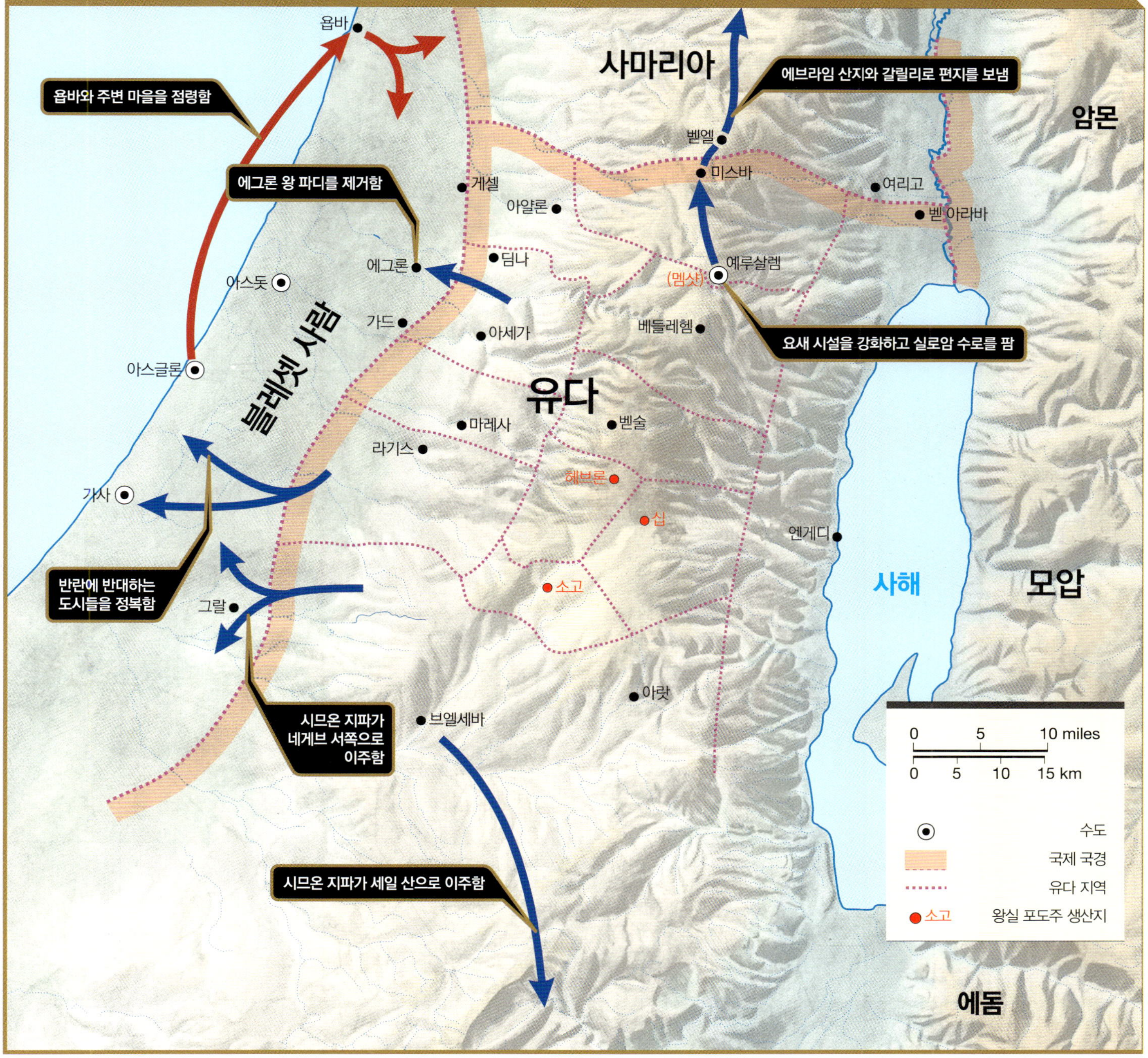

조사할 필요가 있다. 여기에는 예루살렘 성전에서 예배 드리는 일을 회복했다는 기사가 나온다(따라서 아하스가 만든 제도를 없애고; 대하 29:3–36). 그리고 민족의 절기인 유월절을 대대적으로 지키는 이야기가 이어진다(대하 30장). 역대기를 비판하는 학자들은 이 두 사건을 포로기 이후 시대에 창작한 것이라고 보고 그 가치를 인정하지 않는다.

유월절 이야기는 신빙성 있는 지리 정보를 포함하고 있다(대하 30:1[3]을 보라). 사절들은 '브엘세바에서부터 단까지' 파견되었으며(대하 30:5) 사람들로부터 다양한 반응을 얻었다고 한다(대하 30:10–11; 30:18을 보라).

납달리는 이곳에 나오지 않는다. 그 지역은 오랫동안 외세(아람과 앗수르)의 지배 아래 있었기 때문에, 이곳이 예루살렘과 연결되어 있다는 사실에 아무도 관심을 갖지 않았던 것 같다. 초대하는 편지를 보냈다는 본문은 그 자체가 허구일지라도, 그들을 포획한 이들로 앗수르 사람들을 언급함으로써 유대인들의 후대 적들과 혼동하지 않는다는 점에서 당시의 시대적 상황과 잘 들어맞는다.

사마리아, 므깃도 같은 북쪽 지역들이 경쟁국 이스라엘 왕국 아래 있지 않고 앗수르 총독 아래 있었다고만 한다면 이러한 행동은 이해할 수 있다. 앗수르 관리들은 조공을 받는 것에나 지방의 법과 질서에 영향을 주지 않는 한, 종교 절기에 관심이 없었을 것이다.

히스기야의 다음 단계는 전국에 걸쳐 지방의 제의 장소들을 폐쇄하는 개혁을 단행한 것이었다(대하 31:1을 보라). 이에 대한 역대기 기자의 보고(대하 31:1)는, 비록 자세하지는 않지만 이미 신명기 역사가가 기록한 역사에 기록되어 있던 것이다(왕하 18:4을 보라; 참고. 왕하 18:22).

디글랏 빌레셀 3세가 몰고 온 위기 동안, 유다는 블레셋에

3_"히스기야가 온 이스라엘과 유다에 사람을 보내고 또 에브라임과 므낫세에 편지를 보내어 예루살렘 여호와의 전에 와서 이스라엘 하나님 여호와를 위하여 유월절을 지키라 하니라"(대하 30:1).

▲ 예루살렘의 히스기야 터널

빼앗긴 성읍들(대하 28:18)을 전부는 아니더라도 대부분 되찾았을 가능성이 아주 높다. 이는 해안 평야의 안쪽에 있던 블레셋의 다른 성읍들, 즉 깁브돈, 에그론, 가드 등이 사르곤 2세의 징계를 받았다는 점에서 유추해볼 수 있다. 이는 이사야의 신탁 메시지에도 분명하게 암시되어 있다(사 14:28-29을 보라).

아하스는 '블레셋을 치던 막대기'로 분명하게 묘사되어 있다. 신명기 역사가의 역사나 역대기에는 아하스 편에서 군사적 행동을 했다는 어떠한 언급도 없음에도 불구하고 이렇게 기록되어 있다.

히스기야는 사르곤 2세에게 복종하는 정책을 폄으로써 대상 무역으로부터 막대한 수익을 얻을 수 있었다(대하 32:27-29을 보라). 주전 8세기 말엽 유다 왕국이 엄청나게 강성해졌다는 증거는 아주 많다. 이는 블레셋에 접한 셰펠라 지역에서 특히 분명하게 나타난다.

위에서 논의한 것처럼 이사야는 히스기야에게 주전 712년 아스돗이 요청한 지원에 응답하지 말라고 경고했다(사 20:1-6을 보라). 그러나 히스기야는 예상했던 대로 조공을 바쳤다. 사르곤이 살아서 활약하는 한 레반트의 민족들은 아슈르 신과 앗수르 왕에게 한 맹세를 어기는 것을 두려워했다. 구스의 새로운 왕 셰빗쿠조차도 야마니를 본국으로 송환해 사르곤을 회유하는 행동을 보였다. 그러한 행동은 레반트 국가들 사이에서, 특히 블레셋에서는 비밀이 아니었다. 이렇게 해서 지중해 동부 해안 지역은 앗수르의 정치·경제적 진영으로 자리를 굳혔다. 그러나 독재자 사르곤의 죽음과 명예로운 장례 없이 모독을 당한 그의 시신에 대한 소문이 퍼지자, 제국에 소속된 여러 민족들은 이것을 반란을 일으킬 신호로 받아들였다. 점쟁이들과 예언자들이 도처에서 사르곤의 서거는 앗수르의 멍에를 벗어 자유를 찾으라는 하늘로부터의 신호라고 선포했다. 그러나 그들은 사르곤의 강력한 후계자 산헤립을 전혀 생각하지 못했다.

1_"여호와께서 그와 함께 하시매 그가 어디로 가든지 형통하였더라. 저가 앗수르 왕을 배반하고 섬기지 아니하였고"(왕하 18:7).

앗수르에 대항한 전쟁(주전 705-701년) 성서는 히스기야의 항쟁을 용감하고 존경스러운 행동으로 묘사하는 듯하다(왕하 18:7[1]을 보라). 얼핏 보면 야훼가 히스기야의 반란에 함께한다는 인상을 줄 수도 있다. 앗수르 기록이 암시하는 바는, 히스기야가 단순히 한 무리가 아닌 이집트 제25왕조의 지원 약속을 포함해 레반트 남부의 지도자들이 모두 합세한 계획을 주도한 지도자였다는 것이다. 그러나 이와는 반대로 예언자들은 히스기야의 정치적인 모의를 대충 얼버무리고 있다. 히스기야가 에그론 왕 파디를 정치 포로로 삼은 것은 분명하다(아래를 참고하라). 그러나 히스기야의 통치를 다룬 성서 구절들은 격렬하고도 결과적으로 어리석었던 그 작전에 대해 절대적인 침묵으로 일관하고 있다. 사실 앗수르와의 전쟁을 묘사하는 모든 성서 이야기는 히스기야와 예루살렘을 찬미하는 데 집중하고 있다. 그에 대한 성서 이야기는 다른 유다 성읍 거주민들이 잔혹하게 살해된 일에 동정을 보이지 않는다. 그들 가운데 많은 이들이 앗수르 정복자들에 의해 산 채로 묶여 등가죽이 벗겨졌는데도 말이다. 그러나 이들에 대한 분명한 문제 제기가 있기도 하다(사 30:1-5을 보라; 또한 31:1-3).

이사야서의 구절이 산헤립과의 전쟁을 준비하는 상황을 말하는 것이라는 데 모두가 동의하지는 않지만, 그럴 가능성을 배제할 이유가 없다. 산헤립의 비문을 통해 명백하게 밝혀지겠지만, 제25왕조의 구스 지도자 셰빗쿠는 반란을 지원하기로 약속했다. 암몬, 모압, 에돔 같은 내륙 국가들뿐만 아니라 페니키아와 블레셋 같은 도시국가들도 반란에 참여해 조공 바치는 일을 중단했다. 이에 대해서도 어떻게 이 나라들이 페니키아를 재촉해 밀린 세금을 청산하도록 했는지에 대해 다룬 산헤립의 이야기에서 보게 될 것이다(아래를 참고하라).

동쪽과 서쪽의 속국들은 앗수르가 자신의 능력에 넘치게 일을 벌여놓았으므로 그들이 꾸미고 있는 반란을 더 이상 진압할 수 없으리라 생각했다. 이렇게 추정한 데에는 몇 가지 요인이 있다. 사르곤의 새 수도 두르 샤루킨의 완성 마지막 단계에 전염병이 발생했다. 앞뒤 글이 훼손되기는 했지만 일부 자료는 다메섹과 레바논 베카 계곡의 리블라에서 전

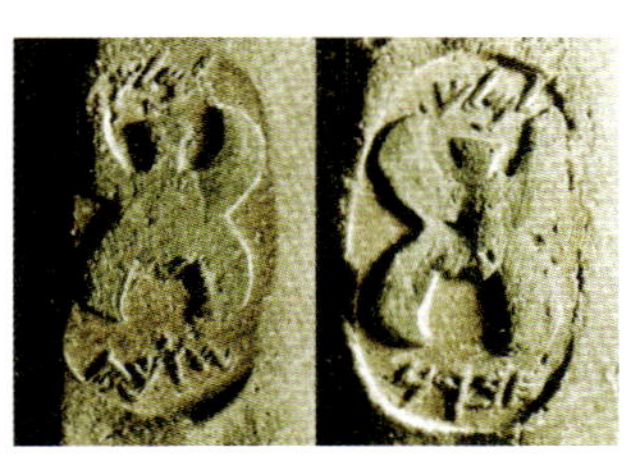

◀ **손잡이가 달린 포도주 항아리 파편** _ 히스기야가 왕국 전체에 걸쳐 저장한 식량 가운데 특별한 것은 왕실 포도주 양조장에서 제작된 4개의 손잡이가 달린 포도주 항아리다. 이 항아리는 유다의 북쪽과 서쪽 지역에서 군사적으로 중요한 지역에서 거의 모두 발견되었다. 왼쪽에서 오른쪽으로 네 개의 지명들, 즉 십, 맘쉬트, 헤브론, 소고가 항아리에 찍혀 있어서 포도주가 왕실 포도원에서 모아진 장소를 나타낸다. 4지역 모두 유다 산지에 위치하며 2개는 남쪽에, 하나는 중심에, 나머지 하나는 아마도 북쪽에 위치한 것으로 추정된다. 항아리는 정확한 양은 아니지만 다소 표준적인 크기에 속한다. 손잡이에 새겨진 글자는 라멜렉으로 단순히 '왕실 재산'임을 뜻한다.

염병이 발생했다고 기록하고 있다. 또한 사르곤의 방대한 군사 원정과 공공 사업이 추진되는 동안 경제 자원과 인력은 고갈되고 있었다.

히스기야는 성읍을 새롭게 요새화시키고 최신 무기로 무장한 진영을 구축하는 일에 자원을 쏟아부었다(대하 32:5). 왕국 전역에 있는 요새에 식량이 비축되었다(대하 32:27-30).

요새화된 성읍들 안으로 물을 공급하기 위한 토목 작업이 진행되었는데, 특히 기혼 샘을 끌어들일 수 있도록 실로암 터널이 건설되었다(대하 32:2-18, 30-31을 보라; 참고. 왕하 20:20[2]).

아스글론 왕은 욥바와 주변 농지를 장악했다. 에그론 백성은 반앗수르 음모를 지지했지만 그들의 지도자 파디는 그것을 거부했다. 그는 폐위되어 히스기야에게 넘겨져 예루살렘 감옥에 감금되었다. 가드와 게셀은 유다 요새가 되었다. 이 지역들에서 라멜렉 항아리 손잡이가 발견된 것이 이를 입증한다. 그러나 아세가는 별개였다. 라기스와 립나는 세펠라 남서부 지역의 주요 중심지였다.

가사 왕 칠 바알은 협력하기를 거부해, 히스기야가 군대를 보내 네게브 서쪽에 있는 블레셋 전략 지점을 점령했다(왕하 18:8을 보라). 그는 시므온 지파를 그곳에 정착하도록 했으며(대상 4:39-41), 아멜렉에게서 세일 산 서쪽을 빼앗기도 했다(대상 4:42-43).

히스기야는 에그론의 주요 대신들과 공모해 그들의 통치자 파디를 투옥하는 일에 참여했다. 파디는 산헤립에 대항하는 반란 참여에 반대했기 때문이다.

> **암카로나**=에그론의 대신들, 귀족들과 백성은 아슈르의 가신으로 맹세한 그들의 왕 파디에게 철 족쇄를 채워 유다 사람 히스기야에게 넘겨주었다. 히스기야는 그를 적으로 여겨 불법으로 감옥에 가두었다⋯
> (바빌로니아 연대기 ‖ 73[69]-77[72]).

필사적으로 전쟁 준비를 하는 동안 히스기야는 병이 들었다. 그러나 이사야는 그에게 몸이 회복되어 15년(왕하 20:1-11; 사 38:1-22), 즉 주전 701년부터 686년까지 더 살 것이라는 확신을 심어주었다(왕하 20:1-6을 보라). 므로닥발라단은 히스기야에게 사절단을 보냈다. 그는 망명자가 되어 엘람에 머물고 있었지만, 산헤립에 대항하는 음모를 꾸미고 있었다(사 39:1-2[3] ‖ 왕하 20:12-13을 보라).

산헤립의 3차 원정

사르곤의 후계자 산헤립은 첫 몇 년 동안은 동부에서의 전쟁, 특히 바빌로니아에서의 전쟁으로 바쁜 나날을 보냈다. 그의 군사 원정은 이름이나 통치 연도조차 없이 단지 '1차 원정', '2차 원정' 등으로 기록되어 있다.

사르곤 2세의 죽음이 알려지자, 사르곤이 바빌로니아에서 쫓아낸(주전 710년) 갈대아 족장 므로닥발라단이 망명지에서 돌아와 바빌로니아 왕좌의 권리를 주장했다. 그는 엘람에서 온 병거와 기병대를 포함한 큰 군대를 모았다. 자신을 지원해주면 약탈물을 취할 수 있다는 기대감을 갖게 하여 엘람 왕을 설득한 것이다.

따라서 산헤립의 1차 원정은 바벨론을 향한 것이었다. 이에 대한 기록은 나부 레이(주전 702년)라는 이름에 속한 상세한 연대기적 기사(벨리노 실린더)뿐 아니라, 후대의 요약본(라쌈, 테일러, 시카고 프리즘)에 보존되어 있다. 원정은 므로닥발라단이 갈대아, 아람, 엘람의 연합군을 모아 키쉬에 집결했던 주전 703년 말에 시작되었다. 산헤립은 키쉬에 모여 있는 적과 바로 교전할 수 있도록 그곳으로 먼저 파견대를 보냈다. 그 사이에 왕은 구다에 있는 다른 적군을 공격해 도시를 점령하고 키쉬 평야에서 싸우고 있는 그의 군대를 돕기 위해 돌진했다. 므로닥발라단은 전장에서 도망을 갔고 연합군은 패배했다. 산헤립은 계속 바벨론으로 전진해 부유한 궁전 창고를 약탈했지만 도시 자체는 파괴하지 않았다. 그는 남쪽으로 내려가 늪에 있는 므로닥발라단을 추격하며 그 길을 따라 서 있는 마을들을 불태웠다. 그럼에도 불구하고 므로닥발라단은 붙잡지 못했다. 그러고 나서 산헤립은 큰 도시 우룩, 니푸르, 키쉬, 쿠르삭칼라마, 구다, 시파르에서 반역한 분당을 제거하는 데 집중했다. 그는 앗수르 궁전에서 자란 바빌로니아 사람 벨 이브니를 바벨론 왕좌에 앉혔다. 그는 행군에서 돌아오며 이미 주전 702년에 수많은 아람 부족들을 사로잡고 약탈했으며, 히리무에게 강제로 조공을 바치게 했다. 끝으로 하라라테의 통치자 나부 벨 슈마티는 그에게 자발적으로 조공을 바쳤다.

그 후 얼마 되지 않아 그는 동쪽을 향해 자그로스 산맥으로 카씨 족 원정에 나섰다. 그는 또한 메대에서 보내온 조공을 받았다. 분명 산헤립의 이 원정은 그 구역에서 앗수르의 군사적·상업적 이익을 되찾기 위한 것이었다.

반역자들이 예상했던 것보다 훨씬 일찍 산헤립은 서부에 모습을 드러냈다. 그는 이제 3차 원정에 오른 것이었고, 주전 701년 군대가 그곳에 당도했다. 라쌈 실린더는 미투누라는 시조를 기념해 기록된 것으로(주전 700년), 3차 원정에 대한 가장 이른 공식적인 설명을 해주고 있다. 학자

산헤립의 페니키아 재정복 \ 주전 701년

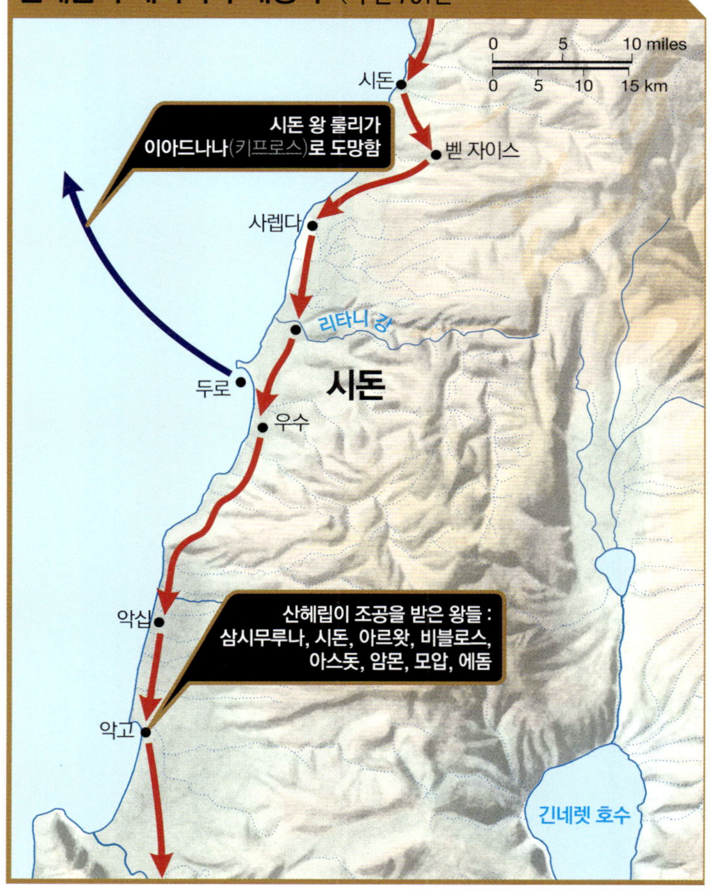

2_"히스기야의 남은 사적과 그의 모든 업적과 저수지와 수도를 만들어 물을 성 안으로 끌어들인 일은 유다 왕 역대지략에 기록되지 아니하였느냐"(왕하 20:20).

3_"그 때에 발라단의 아들 바벨론 왕 므로닥발라단이 히스기야가 병 들었다가 나았다 함을 듣고 히스기야에게 글과 예물을 보낸지라. 히스기야가 사자들로 말미암아 기뻐하여 그들에게 보물 창고 곧 은금과 향료와 보배로운 기름과 모든 무기고에 있는 것을 다 보여 주었으니 히스기야가 궁중의 소유와 전 국내의 소유를 보이지 아니한 것이 없는지라"(사 39:1-2).

▲ '치드카의 아들 미틴티의 종, 쉬바앗의 아들 에베드엘리아브(에게 속한)'라는 글귀가 새겨진 인장. 출처는 미상

들은 일반적으로 산헤립의 원정을 연구할 때 여덟 번에 걸친 모든 원정이 기록된 시카고와 테일러 프리즘Chicago and Taylor prisms 같은 좀 더 완전한 자료를 사용한다. 시카고 프리즘은 가힐루/기힐루(주전 689년)라는 시조를 기념해 새겨진 것이다. 테일러 프리즘은 2년 일찍 쓰인 것으로 벨 에무라니(주전 691년)라는 시조를 기념해 새겨졌다. 이후의 논의에서는 이 합성 본문을 인용할 것이다. 주요 인용문은 시카고 자료로, 괄호 안은 테일러 프리즘의 행 숫자이다. 원정은 주로 연대기적인 순서에 따라 잘 기록되어 있다. 때로 원정 직후에 기록을 남긴 기록자가 모르는 일부 후대의 사건이나 상세한 내용은 산헤립의 군사적 업적이 담긴 후대의 판본에 덧붙여 편집되었다. 지명과 개인 이름들을 음역할 때에는 다른 비문과 비교 셈어의 증거를 사용하였다. 번역과 논의 과정에서 가능한 한 성서의 발음을 사용하려 했다. 항상 일관성이 있지도 않고 그것이 바람직하지도 않긴 하지만 말이다.

원정 과정은 지리적·연대기적 순서에 따라 기록했다. 기준에서 벗어난 일부는 따로 언급할 것이다.

페니키아 정복 첫 목표는 페니키아 해안을 정복하는 것이었다. 반역의 주모자는 시돈의 〔엘〕룰리/엘룰라이오스로, 그는 이아드나나구브로; 키프로스로 도망쳐 거기서 죽음을 맞았다. 그의 자리에는 에토바알이 임명되었다.

> 3차 원정에서 나는 **하티 땅**으로 행군했다. **시돈** 왕 엘룰리에 관해서라면, 나의 주권의 탁월함으로 인해 그는 공포에 사로잡혔고 결국 바다 한가운데로 도망을 갔다. 그는 그곳에서 자기의 운명을 맞이하였다(Ⅱ 37[34]–40[37]).

구브로키프로스에서 일어난 엘룰리/엘룰라이오스의 서거는 주전 700년에 만들어진 라쌈 실린더에는 기록되어 있지 않다. 이는 나부 두루 우추르의 이름에 속한 실린더 C 자료(주전 697년)에 첫 번째로 등장한다. 이로써 반역한 페니키아 왕이 주전 700년과 697년 사이에 죽었다고 추정할 수 있다. 후대의 자료인 황소Bull 비문 4는 주전 694년 말엽 또는 693년 초엽의 것으로 엘룰리/엘룰라이오스의 도망과 죽음에 대한 흥미 있는 이문異文이다.

> 시돈 왕 엘룰리에 관해서라면, 나의 탁월함으로 인한 공포가 그를 압도했고 그는 두로 성으로부터 바다 한가운데 있는 야다나구브로; 키프로스 땅으로 도망가서 그의 운명을 맞이했다.

엘룰리/엘룰라이오스는 시돈의 왕이라 불리고 있지만, 그는 두로 왕 엘룰라이오스가 확실하다(《고대사》 9:283–287). 이 후대의 앗수르 자료에 대한 이유를 밝히기 위해 많은 추정이 쏟아져 나왔다. 그럴듯한 제안은, 엘룰리/엘룰라이오스는 두로의 왕이었지만 두로는 당시에 페니키아의 상급 도시였다는 것이다. 따라서 엘룰리/엘룰라이오스는 동시에 시돈 민족, 즉 모든 페니키아 사람들의 왕이었다. 시돈 사람들은 페니키아 사람들을 가리키는 성서의 총칭이었다.

산헤립이 거대한 군대와 함께 나타났지만 엘룰리/엘룰라이오스는 그의 섬 요새에 대한 포위 공격에 저항하려는 시도를 하지 않았다. 대신 그는 그의 동맹국 아니, 그의 속국이었을 가능성이 더 높은 키티온으로 도망갔다. 그러나 두로는 다른 페니키아 도시들처럼 항복하지 않았다. 결국 이 도시가 어떻게 앗수르의 대군주와 화해하게 되었는지는 아무도 모르지만 에토발루에토 바알에게 왕권을 임명한 사실로 미루어볼 때 만족할 만한 정리 작업이 있었음을 알 수 있다.

황소 비문에 지나치게 열심을 보인 또 다른 집필자는 엘룰리/엘룰라이오스의 운명에 대해 이렇게 덧칠을 했다.

> 그리고 시돈 성의 왕, 엘룰리는 바다 한가운데 있는 **이아드나나** 땅으로 도망갔다. 같은 해에 나의 주, 아슈르의 이글거리는 광채가 나는 무기로, 그는 그의 운명을 다했다(레이야드 59–62와 황소 비문 2와 3, Ⅱ. 17–19).

'같은 해에'라는 언급은 서기관들이 원정에 대한 좀 더 상세한 정보를 갖고 있었으며, 그들이 정보를 신중하게 사용했음을 암시하는 것으로 보인다.

다른 페니키아 도시들은 강력한 앗수르 군대가 도착하자 위협을 느껴 항복했다.

> 나의 주, 아슈르의 무기로 인한 공포가 **대大시돈** 성, **소小시돈** 성, **벧 자이스** 성, **차립투**자레파트 성, **마할리바** 성, **우수** 성, **악십** 성, **악고** 성, 그의 강한 요새 성읍들을 압도했다. 그곳의 요새들에는 사료가 있었고, 또 그 요새들을 위해서 물이 공급되었다. 그들은 나의 발 아래로 굴복했다. 나는 에토 바알을 그들 위에 왕으로 임명했다. 나는 그에게 매년 중단 없이 나의 주에게 조공을 바치도록 했다(Ⅱ 41[38]–49[46]; 라쌈 33–35).

페니키아에 속한 성읍들의 멸망으로 히스기야의 옛 동맹국들은 두려움에 떨었다. 그들은 우수로 달려가 조공을 바쳤고 산헤립에 대한 충성의 의무를 새롭게 다짐했다.

> 삼쉬 메론 사람 메나헴, 시돈 사람 에토 바알, 아르왓 사람 압디 리티, 구블 사람 우루밀키, 아스돗 사람 미틴티, 암몬 사람 보드 일루, 모압 사람 그모스 나드비, 에돔 사람 아야라무, 아무르루 땅의 모든 왕들이 호화로운 선물과 막대한 조공을 네 배로 내 앞에 가져왔고 나의 발에 입을 맞추었다(Ⅱ 50[47]–59[58]; 라쌈 36–38).

블레셋 정복 그 다음은 연대 순서에서 벗어난 듯한 목록이 나온다. 블레셋은 라쌈 실린더에 포함되어 있으므로 저술할 때 이미 그 자리가 결정된 것이지, 나중의 판본에서 이후의 내용이 덧붙여진 것은 아니었다. 그러나 블레셋이 여기에 삽입되어 있다는 것은 시사하는 바가 있다. 서둘러 충성을 서약하고 밀린 세금을 바치기로 한 사람들의 명단은, 굴복하지 않은 한 블레셋 왕에게 주의를 돌리게 한다. 산헤립이 우수(바다로 간 것이 아니라면?)에서 아스글론으로 대표단을 보내, 반항하는 아스글론의 통치자를 폐위시키고 다른 사람을 앉혔을 것 같지는 않다.

> 나의 지배에 굴복하지 않은 **아스글론** 왕 치드카에 관해서라면, 나는 그의 집의 신들, 그 자신, 그의 아내, 그의 아들들, 그의 딸들, 그의 형제들, 그의 집의 자손들을 추방했고 그를 앗수르로 데리고 왔다. 나는 이전 왕 로킵티의 아들, 샤루 루 다리로 하여금 아스글론 백성을 다스리게 하였고, 그에게 나의 주권을 인정하는 선물과 조공을 바치게 했다. 그는 나의 지배에 굴복했다(Ⅱ 60[58]–68[65]; 라쌈 39–40).

그러나 치드카 사건이 여기에 포함된 것은, 그에게 굴복한 다른 지역 왕들과 대조하기 위해서이기도 했고, 원정의 다음 단계로 산헤립이 선택한 곳이 완강한 아스글론이 자기 한계를 넘어 진출한 전략지, 곧 욥바와 그 배후지였기 때문이다. 산헤립의 군대가 앗수르 총독들이 통치하는 지역, 즉 므깃도와 사마리아를 지나는 데는 별 문제가 없었다. 그 도시들은 군대가 전진할 때 준비된 보급 물자를 제공했을 것이고, 도로들은 안전했을 것이다. 역사를 저술한 서기관들은 여정을 기록할 때 군대가 해안을 따라 이동했는지 이스르엘과 샤론 평야를 따라 이동했는지 크게 관심을 두지 않았다. 아마도 후자의 여정이 더 가능성 있다. 돌에서 욥바까지는 모래 언덕인 쿠르카르와 늪이 있어서 통과하기 어렵기 때문이다.

> 나는 원정 과정 중에 **벧 다간**, **야포**욥바, **브네브락**, **아조르**, 내 발 앞에 빨리 절하지 않은 치드카의 성읍들을 포위하고 정복했다. 그리고 그들에게서 전리품을 빼앗았다(Ⅱ 68[65]-72[68]; 라쌈 4).

이 성읍들, 즉 욥바와 욥바를 뒷받침하는 성읍들은 항구를 경유하는 효율적이고 합리적인 보급망을 확보하는 데 필수적이었다. 위 성읍들은 욥바에서 깁브돈에 이르는 길의 서쪽 끝을 대표한다. 깁브돈, 혹은 동쪽 지역은 사마리아 총독이 다스리고 있었으므로 이미 앗수르의 확실한 지배하에 있었을 것이다.

반란을 일으킨 주요 도시들 중 하나는 에그론이다. 에그론의 대신들은 반란을 일으키고 싶었지만 그들의 왕 파디는 그것을 거절했다. 그래서 그들은 그에게 쇠사슬을 채워 히스기야에게 넘겨주었다. 히스기야는 그를 감옥에 가두었지만 결국 산헤립의 위협으로 불운한 가신 파디 왕을 풀어주었다. 성서 이야기는 이 사건을 간과하고 있는데 이는 우연일 수 없다. 이 사건은 박해받는 성인이자 예루살렘 구원의 영웅인 히스기야 왕의 이미지에 큰 손상을 입혔을 것이다.

> **아카로나**=에그론의 대신들, 귀족들과 백성에 관해 말하자면, 그들은 아슈르의 가신이 될 것을 맹세한 그들의 왕 **파디**에게 철 족쇄를 채워 유다 사람 히스기야에게 넘겨주었다. 히스기야는 그를 적으로 여겨 불법으로 감옥에 가두었고, 그들의 마음은 두려움에 사로잡혔다(Ⅱ 73[69]-78[73]; 라쌈 42-43).

산헤립의 본문은 이집트와 구스 사람에게 도움을 청한 자들이 에그론의 지도자들이라고 밝힌다. 그러나 히스기야가 그 사건을 주도했다는 사실을 의심할 수는 없다.

블레셋과 유다에서의 산헤립 \ 주전 701년

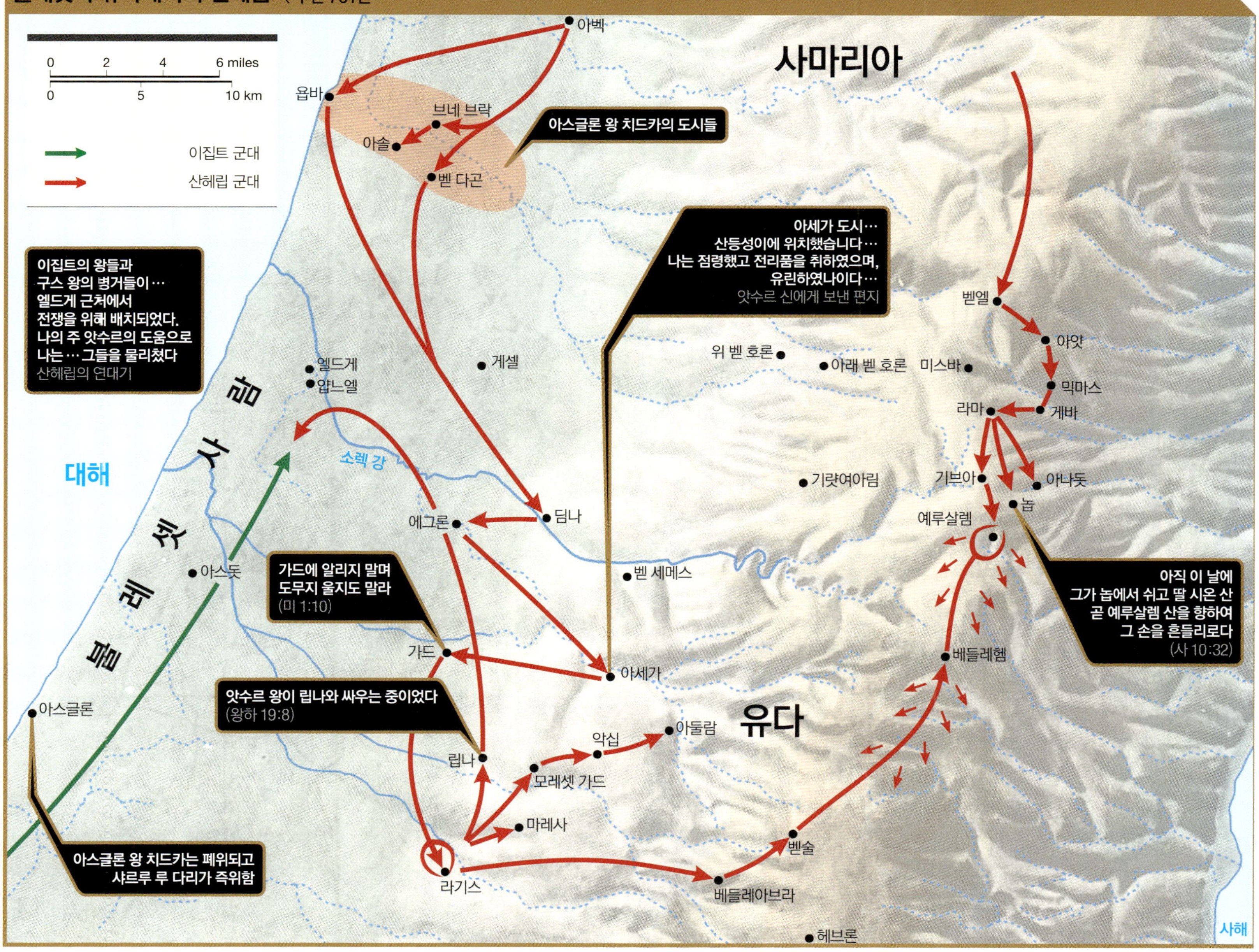

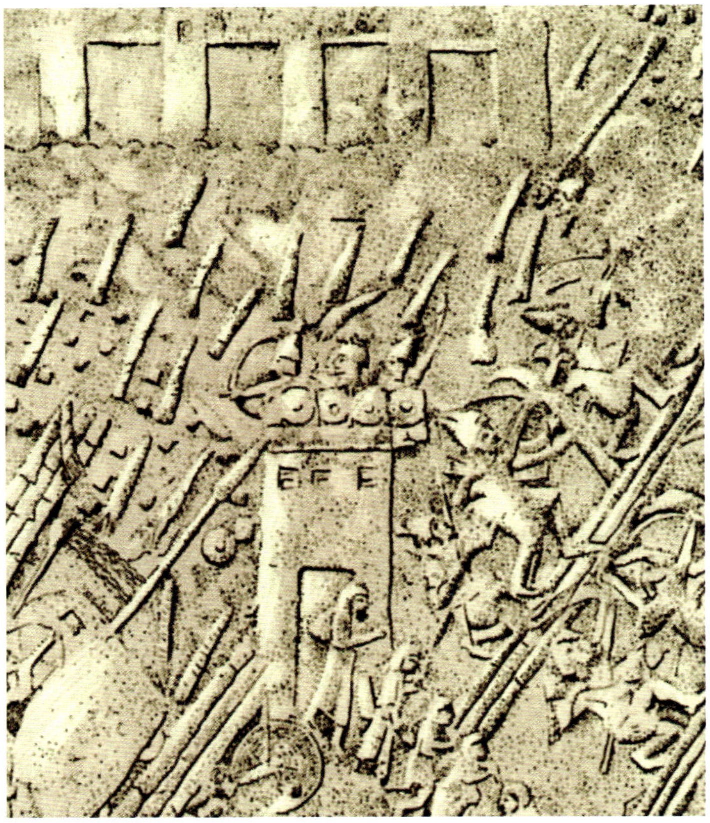

▲ **라기스 정복** _ 산헤립의 궁전 안에 새겨진, 주의를 끄는 라기스의 정복은 원정의 가장 장엄한 장면으로 간주할 만하다. 예루살렘은 정복되지 않았기 때문에 3차 원정 동안에 앗수르 군대의 영광을 위해 다른 장소를 택할 필요가 있었다. 그러므로 궁전 방문객들이 마주보는 중앙 궁전, 산헤립 궁전 접대실에다가 장인들은 유다와 전쟁(왼쪽) 동안에 가장 인상적인 정복 도시를 묘사하는 일련의 부조들을 새겨놓았다. 이 부조들의 묘사는 라기스의 발굴에 의해 훌륭하게 설명되었다. 무익한 두 세대에 걸친 논쟁 이후 이제는 라기스 3세 지층이 주전 701년 산헤립의 공격 결과인 파괴 지층이라는 사실을 보편적으로 인정하고 있다. 그 장면은 산헤립 자신의 주장이 새겨진 비문에 의해 확증된다.
산헤립, 세상의 왕, 앗수르 땅의 왕은 왕좌에 앉았다; 라기스의 전리품이 그 앞을 지나갔다. 라기스 포위 동안에 성서는 히스기야가 항복 사절을 보냈고 조공을 지불하기로 동의했다(왕하 18:14-16). 그 시점에 파디가 석방되어 에그론으로 송환되었을지 모른다.

그들은 **이집트 땅의 왕들**에게 외쳐 구했다. **구스 땅**의 왕의 궁수 부대, 병거들, 말들, 헤아릴 수 없는 군대가 그들을 도우려고 왔다. **알타코**엘드게 성읍 근처에서 그들은 나와 싸우려고 전열을 정비하고 무기를 날카롭게 했다. 나는 나의 주 아슈르를 신뢰하면서 그들과 교전했고 그들을 이겼다. 나는 구스 왕의 병거를 모는 전사들과 함께 이집트 왕의 아들들과 병거를 모는 전사들을 산 채로 사로잡았다(Ⅱ 78[73]-Ⅲ 6[82]; 라쌈 43-45).

여기서 이집트의 '왕들'을 말하는 판본들을 선택한 것은, 이 판본은 이집트 제25왕조의 상황을 염두에 두고 있기 때문이다. 삼각주 지대의 일부 지방 통치자들은 당시 구스 왕에게 종속되어 있었지만 여전히 자신의 위치를 견지하고 있었다. 구스 왕은 군대와 함께 전장에 나오지 않았거나, 간신히 생포를 면한 듯하다. 이집트 왕의 아들들은 구스에서 온 병거를 모는 전사들과 함께 사로잡혔다. 그러나 구스 통치자가 생포되었다는 말은 없다.

그 교전 장소는 '엘드게 도시 근처'였다고 하지만, 엘드게의 위치는 확인되지 않는다. 엘드게는 성서의 '단' 지파 성읍 목록(수 19:44[1])에 나오며, 단 '지파 기업'에 할당된 레위 성읍 중 하나이다(수 21:23[2]). 엘드게에 적합한 장소로 텔 에쉬 샬라프텔 샬라프를 드는 것은 국경 전초기지로서 기능한 레위 성읍에 잘 들어맞기 때문이다. 텔 에쉬 샬라프는 야브네에서 북쪽으로 4킬로미터 떨어진 곳에 있다. 이곳은 야브네에서 벧 다곤까지 북쪽으로 이어지는 한 길과 북동쪽으로 롯을 향해 갈 수 있는 다른 주요 도로의 분기점이다. 주변의 다른 곳에 비해 상대적으로 높은 곳에 있으며 북동쪽을 제외하고는 해안 평야, 지중해, 세펠라 지역으로 모든 방향을 관망할 수 있는 장소이다. 북동쪽에는 서너 개의 작은 언덕이 전망을 가로막고 있다. 지표 조사를 통해 이곳에 철기 시대의 도기들이 넓게 분포되어 있음이 드러났다. 엘드게가 그곳에 위치한 것이 맞다면 남쪽으로 블레셋과 마주보며(전형적인 레위 성읍의 기능) 소위 단 지파 영토라 불리는 솔로몬의 제2구역 접경 지대에 있었을 것이다. 또 텔 에쉬 샬라프에서는 산헤립이 묘사한 전쟁터로 적당한 평야를 내려다볼 수 있다.

1_"엘드게와 깁브돈과 바알랏과"(수 19:44).

2_"또 단 지파 중에서 준 것은 엘드게와 그 목초지와 깁브돈과 그 목초지와"(수 21:23).

엘드게 전투는 실제로 원정 말엽(라기스 정복 이후)에 일어난 것이지만 에그론 이야기와의 관련성 때문에 이곳에 삽입되었다는 것에 대해서는 논란이 있다. 그러나 그 장소가 훨씬 북쪽에 있으므로, 앗수르 원정의 그렇게 늦은 시기에 적군이 북쪽에 도달할 수 있었던 것 같지는 않다.

원정의 다음 단계는 두 성읍 엘드게와 딤나를 정복하는 것이었다.

나는 **알타코**엘드게 성읍, **탐나**딤나 성읍을 둘러싸고 정복했다. 그리고 그들의 전리품을 빼앗았다(Ⅲ 6[Ⅱ 82-83]; 라쌈 46).

산헤립은 엘드게 점령으로 남쪽에서 올라오는 주요 도로를 장악했다. 이로 인해 욥바와 그 배후지는 블레셋으로부터 떨어져 나가게 되었다. 그는 이렇게 해서 자신의 서쪽 경계를 지킬 수 있었다. 그리고 나서 딤나텔 엘 바타쉬=텔 바타쉬를 점령했다. 딤나가 벧 세메스와 에그론 사이에 있는 소렉 골짜기에 위치해 있다는 것은 이곳이 에그론과 유다 왕국을 연결하는 곳일 수도 있다는 의미이다. 산헤립은 딤나를 차지함으로써 동쪽 경계를 확보하였으므로 그의 군대가 에그론에서 공격하고 있는 동안 유다 산지로부터의 급습을 피할 수 있었다. 앗수르로서는 반란을 이끄는 중심지를 정복하는 것이 필수적인 일이었다. 반앗수르 정책의 지지자들과 후원자들은 레반트 남부에 있는 다른 국가와 백성들에게 하나의 본보기로 심한 징벌을 받았다.

나는 **암카로나**에그론 성으로 가까이 갔다. 나는 죄를 진 관리들과 귀족들을 살해했다. 그리고 성읍 사방으로 장대에 그들의 시체를 꿰어놓았다. 나는 악행과 죄악을 저지른 그 성의 주민들을 전리품으로 간주했다. 죄나 악행을 저지르지 않은, 죄가 없는 나머지 사람들에 대해서는, 석방토록 명령했다.

나는 예루살렘 성에서 그들의 왕 **파디**를 데려와 그를 그들 위에 왕으로 앉혔다. 나는 그에게 나의 주권에 합당한 조공을 바치도록 했다(Ⅲ 7[Ⅲ 1]-Ⅲ 17[Ⅲ 11]; 라쌈 46b-48).

파디를 석방하고 나서 유다에 대한 원정이 이어졌다. 공식적인 연대기로 논의하기 전에, 다른 쐐기문자 비문인 니느웨에서 발견된 두 개의 파편을 고려해볼 필요가 있다. 두 조각은 함께 연결된 것으로 학자들은 수년 전에 이를 판독했다. 후대의 학자들이 반대하기는 하지만, 이것은 여전히 산헤립의 서부 원정 결과를 보고하는 '신에게 보내는 편지'라는 추정이 가장 가능성 높은 이야기이다. 훼손된 부분에 히스기야의 이름을 복원시켜놓으면 심각한 약점이 되기는 하지만 완전히 말이 안 되는 이야기는 아니다. 훼손된 가장자리에 새겨진 글자를 복원하는 것은 매우 어려운 일이다. 따라서 어느 정도의 의구심이 있기는 하지만, 영국 박물관에 소장된 문제의 자료는 산헤립 원정에 속한 것으로 여겨진다. 우루아-자-카-아 알 아자카에 대한 언급은 셰펠라 성읍 아세가를 암시하는 듯하다(수 15:35). 아세가의 후보지 키르벳 텔 자카리예=텔 아제카로 제시되는 곳은, 엘라 골짜기 와디 에스 순트의 굽이치는 구간을 내려다볼 수 있는 고지에 있다. 이곳은 논의 중인 토판의 파편에 기술된 내용과 확실히 조화를 이루고 있다.

그의 요새인 아세가 성, 나의 국경과 유다 땅 사이에 위치한 곳 […] 무수한 철 칼처럼 산봉우리 꼭대기에 있으며 하늘만큼이나 높으며 […] … 마치 하늘에서 내려온 것처럼 시야에서 가장 높은 산지들과 겨루는 곳(K 6205+BM 82-3-23, 131:5-7).

아세가 점령 이야기 다음에는 다른 성에 대한 심하게 훼손된 언급이 나온다.

〔지명, 성읍〕, 블레셋 땅의 〔한〕 왕실 〔성읍〕, 그곳은 이전에 히스기야?가 차지해서 요새화했었다 〔…〕(K 6205+BM 82-3-23, 131:11).

중대한 비평들로 인해, 여기 히스기야의 이름은 다소 망설이면서 복구해본 것이다. 소실된 성읍의 이름 역시 논란의 여지가 있다. 이것을 에그론으로 보는 데는 무리가 있다. 아세가 정복을 고려하면 가장 합리적인 장소는 가드 텔 에츠 차피=텔 자핏이다. 산헤립은 아스돗 왕국의 일부로서 최소한 주전 712년 사르곤 2세의 원정 이후로 가드를 자기 영토로 인식했을 것이므로, 아세가를 '유다 땅과 **나의** 〔국〕경 사이'에 위치한 것으로 묘사할 수 있었다. 왕실 인장이 새겨진 여섯 개의 항아리 손잡이가 텔 에츠 차피에서 발견되었다는 사실은, 주전 8세기 말엽 그곳이 일종의 거주지로 사용되었음을 보여준다. 가드는, 히스기야가 앗수르의 공격에 대비할 때 전초 기지로 삼은 곳일 것이다. 가드가 더 이상 '왕실 성읍'이 아니라는 점이 그러한 추론을 뒷받침한다. 가드는 에그론의 남쪽, 아세가의 서쪽에 자리 잡은 곳이기도 하다. 아세가가 점령당함으로 가드는 동쪽으로부터의 공격에 무방비 상태가 되었을 것이다. 산헤립은 딤나를 점령한 다음, 에그론을 포위하기 전에 소렉 골짜기를 봉쇄했다. 만일 이 서판이 이 원정 때의 사건들을 설명한 것이라면, 산헤립은 아세가를 점령하고 가드 텔 에츠 차피에 있는 요새와 맞붙기 전에 엘라 골짜기를 효과적으로 봉쇄했다는 것을 의미한다. 아직 증명된 것은 아니지만, 유다의 전초 기지가 웬만한 크기였다 하더라도 가파르고 고립된 산지 꼭대기의 상황은 정복하는 데 상당한 수고를 필요로 했을 것이다. 서쪽에서 유다로 접근하기 위한 두 개의 접근로는 이제 강성한 앗수르 진영의 지배를 받게 되었다.

유다 왕국의 파괴 다시 연대기로부터 인용하면, 유다 왕국에 대한 공격은 다음과 같이 간략하게 묘사되어 있다.

유다 사람 히스기야에 관해서라면, 그는 나의 지배에 굴복하지 않았다. 나는 강력한 성벽으로 둘러싸인 그의 성읍 **46개**와 주변에 있는 수많은 작은 마을들을 에워쌌다. 경사로를 쌓고 공성퇴로 공격하고, 또 보병대의 습격, 터널, 화포, 포위 사닥다리로 나는 그들을 정복했다. 그들로부터 남녀노소 할 것 없이 백성 20만 150명, 말, 노새, 당나귀, 낙타, 소 들과 작은 가축 떼를 셀 수 없을 정도로 많이 가져왔고 나는 그것들을 전리품으로 세었다(Ⅲ 1[Ⅲ 12]-Ⅲ 30[Ⅲ 23]; 라쌈 49-51).

역사 지리학자에게는 불행한 일이지만, 이 단락에서 주장하는 46개 성읍에 대한 쐐기문자 목록은 존재하지 않는다. 그러나 숫자가 부정확하다고 생각하는 것은 무리이다. 간명한 성서의 진술(사 36:1[3] ‖ 왕하 18:13; 대하 32:1을 보라)은 유다 왕국에 닥친 대비극을 잘 묘사하고 있다. 그러나 이어지는 문맥은 예루살렘의 구원에 초점을 맞추고 있어서, 나라의 나머지 지역에 있는 무수한 희생자들의 운명에 대해서는 무관심한 충격적인 모습을 보여준다.

미가 선지자가 말한 한 단락(1:8-16)은 앗수르가 셰펠라와 인근 지역들을 정복한 일에 대해 마음 깊이 애통하는 노래로 보인다. 이 시는 각 지명들과 관계된 언어유희를 보여주고 있다. 애가에 나오는 성읍 대부분은 잘 알려져 있다.[4] 예를 들면 가드 텔 에츠 차피, 라기스 텔 에드 두웨이르=텔 라키쉬, 마레사 텔 찬다하나=텔 마레샤, 아둘람 키르벳 에쉬 셰이크 마드쿠르 등이다.

그러나 나머지 성읍들의 위치는 확실하지 않다. 그중 하나가 악십으로 마레사와 함께 셰펠라 구역에 포함되어 있는 것으로 보인다(수 15:44). 그 구역의 성읍들이 시계 반대 방향으로 기술된 듯한 점을 고려한다면, 악십은 키르벳 텔 엘 베이다 호르밧 라브닌일 것이다. 또 다말과 유다의 이야기에 나오는 거십(창 38:5)과 동일한 곳이라는 의견도 있으므로 아둘람과 엘라 골짜기와 가까운 성읍이라 추정된다.

미가 선지자의 고향 모레셋 가드는, 메드바 지도에서 율세로폴리스 벧 구브린 북쪽에 있는 곳으로 나온다. 여기에는 유세비우스에서 인용한(《지명록》 134:10) 윗첨자가 덧붙여 있다.

모라스티, 그곳에서 미가 선지자가 나왔다.

유세비우스 자신은 모라스티를 '율세로폴리스의 동쪽에' 둔다(《지명록》 134:1-2). 실제로 비잔틴 시대의 모라스티는 아마도 벧 구브린에서 북쪽으로 1.5킬로미터 떨어진 키르벳 움므 엘 바잘이었던 것 같다. 그러나 철기 시대에 그 성읍은 위쪽 텔 유데이데 텔 고데드에 있었다.

나머지 다섯 개 지역은 위치를 확인할 만한 확실한 근거가 없지만 종종 논쟁의 주제가 되곤 한다. 이 지역들 중 어느 곳도 여호수아 15장이나 다른 문맥에서 나오지 않기 때문에, 미가서 단락의 기술 순서와 현재 남아 있는 일부 지명으로 추측할 뿐이다. 베들레아브라는 유다의 남부 산지 서쪽 사면에 있는 키르벳 에트 타이이베 같은 지역들 가운데 하나일 것이다.

유세비우스에 의하면 사빌은 '산지에 있으며, 율세로폴리스와 아스글론 사이에 있는 마을'로 언급된다(《지명록》 156:23-24). 그러나 '산지'와 '율세로폴리스와 아스글론 사이에'라는 말은 모순되므로 조화를 이루기는 어렵다. 이곳이 에스 사와피르라 불리는 촌락군이라는 옛 견해도 있다. 유세비우스가 내건 두 가지 조건은 사빌을 텔 에쉬 셰이크 아흐메드 엘 아레이니(텔 에라니; 또한 텔 엘 멘쉬예)라고 한다면 충족될 수 있다. 이곳은 두 도시 사이에 있지만 동쪽으로 셰펠라 산지 가장자리에 위치해 있기도 하기 때문이다. 그러나 이 모든 의견은 추측일 따름이다.

사아난은 스난(수 15:37)과 동일한 곳으로 여길 수 있지만 확인할 수 있는 것은 아무것도 없다. 스난은 라기스와 막게다와 같은 구역 안에 있다.

벧 에셀의 위치 확인 또한 도움이 될 만한 자료는 없다. 의미가 모호할 뿐만 아니라 여러 판본들은 그 지명

▲ 성서의 디르하가, '구스 왕' 타하르카

3_"히스기야 왕 십사년에 앗수르 왕 산헤립이 올라와서 유다의 모든 견고한 성을 쳐서 취하니라"(사 36:1).

4_"이러므로 너는 가드모레셋에 작별하는 예물을 줄지어다 악십의 집들이 이스라엘 왕들을 속이리라. 마레사 주민아 내가 장차 너를 소유할 자로 네게 이르게 하리니 이스라엘의 영광이 아둘람까지 이를 것이라"(미 1:14-15).

1_"여호와께서 이와 같이 말씀하시되 모압의 서너 가지 죄로 말미암아 내가 그 벌을 돌이키지 아니하리니 이는 그가 에돔 왕의 뼈를 불살라 재를 만들었음이라"(암 2:1).

2_"이 밤에 여호와의 사자가 나와서 앗수르 진영에서 군사 십팔만 오천 명을 친지라 아침에 일찍이 일어나 보니 다 송장이 되었더라. 앗수르 왕 산헤립이 떠나 돌아가서 니느웨에 거주하더니"(왕하 19:35-36).

을 이해하지 못하는 것처럼 보인다.

마지막으로 마롯도 수수께끼이다. 마롯을 마아랏(수 15:59)과 동일한 곳으로 보는 것은 타당성이 없다. 마아랏은 산지에 있으며 미가의 관심 지역에서 멀리 떨어져 있는 곳이기 때문이다.

미가의 단락은 하나의 의견일 수는 있지만 그 이상의 의미는 없다. 선지자가 파멸이 예정된 지역으로 이 지명들을 선택한 이유는 확실하지 않다. 미가가 개인적으로 알고 있는 지역들을 언급했다고 추측할 수 있을 뿐이다.

예루살렘의 운명 산헤립과의 전쟁을 다룬 성서 이야기는 주로 예루살렘의 운명과 예루살렘이 물리적인 정복으로부터 확실히 '기적적으로' 구원을 받은 일과 관련되어 있다. 산헤립의 비문들은 예루살렘이 습격을 받지 않았고 정복당하지 않았다는 사실을 인정하고 있다.

> 그 즉, 히스기야에 관해서라면, 그의 왕실 성읍, 예루살렘에 있는 새장의 새같이 내가 그를 감금하였다. 나는 그에 맞서서 포위 보루를 합쳐 연결했다. 성문으로 나오는 자는 누구든지 내가 굴욕을 주어 되돌아가게 했다(Ⅲ 27[Ⅲ 20]-Ⅲ 30[Ⅲ 23]; 라쌈 52).

'새장의 새같이'라는 표현은 디글랏 빌레셀 3세가 쓴 표현으로, 다메섹을 정복하려 했으나 성공하지 못했던 그의 첫 원정 때 쓴 표현이다(위의 내용을 참고하라). 그러나 이번 경우에도 앗수르 왕은 그 일을 완수하기 위하여 돌아오지는 못했다. 다른 한편으로 이 단락은 도시 주변에 봉쇄선이 설치되어 있었음을 분명히 하고 있다. 예루살렘은 분수령 도로의 동쪽 산등성이에 고립되어 있는 위치이기 때문에 봉쇄선을 세우는 것은 어렵지 않았을 것이다. 그러나 이 본문에서 성벽을 에운 벽이나 해자가 건설되었다고 추정하는 것은 무리이다. 포위 보루가 없었던 것이 분명하기 때문이다.

> 그앗수르 왕가 이 성에 이르지 못하며 이리로 화살을 쏘지 못하며 방패를 성을 향하여 세우지 못하며 치려고 토성을 쌓지도 못하고(참고. 왕하 19:32 ‖ 사 37:33).

신명기 역사가의 역사서에 속한 산헤립 이야기를 기고한 그 선지자는, 이 싸움이 단지 유다와 앗수르 사이의 싸움이 아니라 야훼와 앗수르의 신 아슈르 사이의 싸움이라는 것을 설명하기 위해 앗수르 지도자들과의 대화를 포함시켰다. 이 사절단에 포함된 앗수르 신하들에 대해서는 많은 글들이 나왔다. 그들은 앗수르 계급 제도에서 최상위에 속하는 세 명의 군 관리들이었다. 각자는 자신의 분대를 맡고 있었고 그들 중 두 명은 메소포타미아 북서부에 있는 지방들을 담당한 총독들이었다. 그들의 임무는 잘 알려진 앗수르의 관행과 완전히 일치한다(왕하 18:17-20을 보라).

▼ 셰펠라 남서부 지역의 주요 중심지였던 립나

유다의 반응은 부정적이었지만, 파디를 감옥에서 풀어주고 조공을 제안한 것이 이때가 아니었을지도 모른다는 추측이 있다. 성서 기자는 히스기야 편에서 복종했다는 어떠한 표지도 인정하고 싶어 하지 않는다. 왜냐하면 그들은 이 단락에서 완전히 뚜렷하게 나타난 야훼주의자의 기본 신앙을 가지고 있었기 때문이다. 그 관리들은 이번에는 라기스 근처에 있던 산헤립에게 돌아간 후 새로운 요구 조건을 들고 다시 예루살렘으로 왔다. 성서 이야기에 따르면, 이번에는 이사야 선지자(이 기간의 주요 역사가였다)를 통해 신탁 형태로 하나님의 답변이 있었다. 그 신탁은 산헤립이 물러나고 연이어 암살당한다고 예언했다(왕하 19:20-34).

성서 이야기에서 마지막으로 언급된 장소는 립나이다. 앗수르 군대는 라기스가 멸망한 후 그곳에서 작전을 수행하기 위해 이동했다(왕하 19:8-10을 보라).

립나가 텔 보르낫텔 부르나과 동일한 지역이라는 견해는 앞에서 이미 말했다. 해안 평야의 중부에서 텔 보르낫과 마레사텔 찬다하나를 경유해 유다 산지로 진입하는 길은, 라기스나 아세가를 지나는 더 중요한 도로들에 비해 중요성이 떨어진다. 그럼에도 불구하고 동쪽을 향해 유다로 이어지는 주요 지역들을 점령하는 것은 산헤립의 계획의 일부였음이 분명하다. 기록된 것은 아니지만 립나가 점령당했다고 추정할 수는 있다.

이 시점에서 전쟁터에 새로운 구스 군대가 막 당도했다는 보고가 나온다. 구스의 통치자는 타하르카(성서의 디르하가)로서, 주전 690년부터 664년까지 이집트와 구스를 지배한 단독 통치자였다. 그는 피예피 앙키의 아들이었다. 그의 형 셰빗쿠는 그에게, 구스로부터 북쪽으로 이집트까지 군대를 데려오라고 명령했다. 그 군대는 레반트 남부에 보낼 의도가 있었던 것 같다. 타하르카는 누비아 성읍인 카와에 일련의 비문들을 남겼다. 그 비문들 중 하나는 그가 북쪽으로 가는 도중에 카와 신전을 파괴하고 통과했다고 기록하고 있다. 이 단락의 문장은 타하르카가 그 당시 스무 살이었음을 확실하게 보여준다. 그가 이렇게 중요한 시기에 군사를 일으켰다는 사실은 그가 태자였으며, 성서에서는 '구스 왕'으로 불릴 수도 있었다는 것을 암시한다. 메사에 의해 살해된 에돔의 태자가 아모스서에는 왕이라고 불리는 것처럼 말이다(암 2:1[1]). 그는 공식적으로는 섭정 왕이라고 할 필요가 없었을 것이다.

타하르카는 실제로 앗수르 군대와 교전하지 않았다고 볼 수도 있다. 다른 한편으로 헤로도토스는 이집트를 침략하려고 한 산헤립의 시도를 민담 자료에 보존하고 있다(헤로도토스 Ⅱ, 141). 앗수르 군대가 펠루시움에 도착했다는 소식이 전해졌다. 펠루시움은 헤로도토스가 그곳에 머물렀던 페르시아 시대에 이집트로 들어가는 관문이었다. 이집트 지도자의 승리를 확신하는 신탁이 있은 다음, 수천 마리의 들쥐 떼가 앗수르 진영에 침입하여 활시위, 병거의 마구와 같은 앗수르 군대의 장비를 먹어치웠다. 이로써 무장 해제된 앗수르 사람들은 철수했다고 한다. 쥐는 셈족과 그리스 전통에서 재난의 상징으로 유명했다는 사실은 잘 알려져 있다. 이러한 주전 5세기 무렵 이집트의 한 민담은 성서의 진술과 비교해보면 매우 흥미롭다(왕하 19:35-36[2]을 보라).

▲ 벧 세메스와 에그론 사이에 위치한 딤나

그러나 앗수르 기록에는 이러한 진술을 반영한 것이 전혀 없다. 산헤립이 강제로 예루살렘에 진입하지 못했음을 인정한다는 것은 실제로 무엇인가 예외적인 일이 일어났다는 점을 보여준다. 그러나 이집트 제25왕조의 비문에도 이 문제를 조명해줄 만한 것이 전혀 없다.

이 사건에 대한 성서의 언급은 주전 681년에 일어난 산헤립의 암살로 결론을 맺고 있다. 성서의 언급은 간접적이거나 제3자를 통한 것임이 분명하다. 일반적인 사실들은 올바로 교정했지만 암살자들의 이름을 잘못 전했기 때문이다. 성서에 나온 아드람멜렉은 실제로는 아랏물릿수였다. 만일 암살 보고가 히스기야/산헤립 이야기(자료 B)의 한 부분이었다면 이 이야기는 주전 681년 이전일 수 없다.

그럼에도 불구하고 산헤립은 원정의 주요한 목적을 실제로 달성했다. 반역은 진압되었으며, 가신들은 충성을 다짐했고 모든 주요 도시국가들에 임명되었다. 히스기야는 생포되지는 않았지만 완전히 굴복했다. 이는 앗수르에 지속적으로 조공을 바친 것으로 보아 알 수 있다.

유다 왕국은 폐허가 되었다. 최소한 46개의 성읍과 주변 마을들이 약탈당했으며, 엄청나게 많은 사람들이 포로로 잡혀가 강제 노역이나 군대 노역자로 끌려갔다. 성서는 예루살렘과 히스기야 왕의 구원을 강조하고 있어서 전체적으로 백성들의 고난은 드러내지 않았다. 이는 또한 반앗수르 연맹을 조직하고 이집트/구스의 도움을 요청한 히스기야의 정책 결정이 치명적인 오산이었다는 잔인한 현실을 모호하게 만들었다. 야훼는 자신의 성전과 자신의 성읍은 사랑했을지 모르지만, 나머지 유다 백성에게는 거의 긍휼을 보이지 않았다.

산헤립의 기록은 유다 영토가 현저하게 줄어들었다고 분명히 말한다. 많은 지역이 앗수르에 충성하는 블레셋 통치자들의 지배 아래 들어가게 된 것이다.

> 내가 약탈한 그(히스기야)의 성읍들에 관해서라면, 나는 그의 나라로부터 떼내어 아스돗 왕 미틴티, 에그론 왕 파디, 가사 왕 칠 바알에게 그것들을 넘겨주었다. 이렇게 해서 나는 그의 영토를 줄여놓았다. 그들이 매년 내는 세금에 더하여 조공과 나의 주권에 대한 선물을 추가하였다. 나는 그것을 그들 위에 부과하였다(시카고 프리즘 III, 30[23]-37[29]; 라쌈 53-54).

여기서 '그 위에'가 아닌 '그들 위에'라고 본문이 변형된 것은 늘어난 분담금이 그 지역 모든 가신들에게 부과되었음을 보여준다. 이 단락의 다른 판본들은 영토의 축소에도 불구하고 히스기야의 조공이 과대하게 증가했음을 암시하고 있는 것 같다. 그와 같은 일은 유례가 없는 것이다.

산헤립에 관한 후대의 앗수르 기록들에는 히스기야의 죽음에 대한 언급이 전혀 없다. 이는 시돈/두로 왕 엘룰리의 서거를 언급한 사실과 대조적이다. 앗수르가 히스기야의 죽음에 대해 침묵하는 것은 유다 왕이 주전 701년의 전쟁 직후에 죽은 것이 아니라는 강한 증거임이 올바른 관찰이다.

그 이후

유다의 왕위 계승 히스기야는 아마도 당시 가까스로 회복했던 질병 때문에(앞의 내용을 참고하라) 그의 아들이 열두 살이 되자마자 그를 후계자로 임명했다(왕하 21:1을 보라). 유다 왕들의 통치 연수를 산정해보면, 므낫세는 주전 642년에 죽었으므로 그의 55년 통치는 그의 아버지가 그를 공동 섭정 왕으로 임명한 주전 697년에 시작되었음을 알 수 있다.

유다 왕 므낫세는 열왕기에서 매우 악한 왕으로 나온다. 신명기 역사가들은 므낫세가 유다 왕국의 궁극적인 멸망을 초래했다고 비난했다(왕하 23:26-27). 아래에서 살펴보겠지만 역대기 기자는 므낫세가 체포되어 바벨론으로 사로잡혀간 일을 언급하고 있으며(대하 33:10-17), 이 기간에 회개한 그는 왕권을 회복하고 개혁과 재건 사업에 착수했다고 한다. 만일 역대기 단락을 진지하게 고려한다면, 열왕기에서 그렇게 비방을 받은 왕이 어떻게 역대기 기자에게서는 사면을 받을 수 있는지 설명할 필요가 있다. 학자들은 건축 사업과 군사 활동에 대한 역대기 기자의 진술이

므낫세 통치 기간 동안의 유다와 인근 국가들 \ 주전 701–643년

에살핫돈을 위해 노역을 제공한 왕들(주전 677년)	
두로 왕 발루	에그론 왕 이카수
유다 왕 므낫세	비블로스 왕 밀키아샤파
에돔 왕 카우스가브리	삼시무루나 왕 아비 바알
가사 왕 칠 바알	벧 암몬 왕 푸두일
아스글론 왕 미티티	아스돗 왕 아히밀키

진정성 있는 고대 자료에서 비롯된 것임을 오랫동안 인정해왔다. 20세기 학자들은 많은 비판적인 반대를 해왔지만, 그 평가를 받아들이지 않을 이유가 없다.

사실상 므낫세의 통치 기간 동안 일어난 세상의 여러 사건들은, 전통적인 관점에서 볼 때 '선행'과 '악행'이 공존하는 그의 행동양식을 이해하는 단초를 제공하기도 한다. 므낫세와 히스기야의 공동 통치는 이 점을 잘 보여주는 중요한 예이다. 이 점은 이 논의에서 중요한 역할을 할 것이다.

경제적으로 침체된 나라의 왕, 므낫세 므낫세의 통치 기간 초기에 유다의 전반적인 경제 상황은 그다지 상서롭지 못했다. 그의 아버지 히스기야는 앗수르 왕 산헤립에게 분별없이 대항함으로 끔찍한 손실을 감내해야 했다. 성서 자료는 예루살렘이 앗수르 군대에게 정복당하지 않았다는 사실을 강조한다(왕하 18–19장 ‖ 사 36–37장; 참고. 또한 대하 32:1–22). 그러나 전쟁의 결과로, 유다가 짊어져야 할 엄청난 짐에 대해서는 말하지 않고 있다. 성벽으로 둘러싸인 유다의 46개 성읍과 그에 딸린 마을들은 산헤립 군대에게 약탈당했으며, 이로 인해 왕국 전체의 경제 기반이 파괴되었다. 뿐만 아니라 경제적 군사적인 전략지의 상당 부분이 앗수르에 충성을 맹세한 지방 통치자들에게 넘겨졌다. 유다가 앗수르에 의해 재앙과도 같은 피해를 입었던 그해(주전 701년)에 히스기야 왕은 중병에 걸렸다. 다음 10년 동안 유다는 전쟁이 남긴 무거운 빚과 줄어든 경제 자원 때문에 분투해야 했다. 산헤립이 히스기야의 재정적 압박을 완화시켜주었다는 어떠한 암시도 찾아볼 수 없다. 서부 지역 반란을 이끈 이전 지도자들에게 재무장과 재요새화를 가능하게 해주는 추가 이익을 보장해준다는 것은 앗수르의 국익에 어긋나는 일이었을 것이다.

히스기야 제29년(주전 687/686년) 그가 죽자 므낫세는 유다의 경제를 회복시켜야 하는 책임을 떠맡았다. 이러한 목표를 달성하기 위해 그가 취한 조치들은 예루살렘 제사장들과 관련 종교 집단이 보기에는 마땅치 않은 것들이었다. 따라서 그 정책들은 예언자적 시각의 역사에서는 비난을 받았다(왕하 21:2–7을 보라). 분명 므낫세는 아버지가 생존해 있는 동안에는 그렇게 과감한 정책을 펼 수 없었을 것이다. 히스기야는 성전과 예언자들, 특별히 이사야와 돈독한 관계를 유지했기 때문이다. 예언자적 역사가가 므낫세의 새로운 정책과 9세기 이스라엘 왕 아합의 정책을 동일선상에서 비교한 사실은 그저 우연의 일치가 아니다. 역사가는 므낫세가 두로와 정치

적이며 상업적인 관계에 들어갔다는 분명한 암시를 놓치지 않았다. 이 새로운 정치적·경제적 유대는 예루살렘에 설치된 이방 제의라는 말로 표현되었다. 다양한 신을 위한 성소들 중 상당 부분이 예루살렘에 와서 외교 업무를 수행하는 사절단과 연관이 있다는 것은 의심의 여지가 없다(참고. 솔로몬 시대, 왕상 11:4-8; 므낫세 시대의 많은 성소들에 대해서는 왕하 23:13-14을 참고하라). 므낫세가 제국의 가신에게 부과된 앗수르 제의를 선택했다고 추정하는 것은 무리이다. 종속된 국가들에게 그와 같은 제의 관습을 요구하는 것은 앗수르의 정책이 아니었기 때문이다.

므낫세의 정책 배경에는 경제적인 논리가 분명히 있다. 유다에는 농업 생산물 외에는 수출할 만한 천연 자원이나 완제품들이 없었다는 것은 널리 알려진 사실이다(참고. 겔 27:17[1]). 다른 한편으로 페니키아 사람들은 주로 해상 활동에 종사했기 때문에(겔 27:8-9) 그들의 산업화된 사회를 유지하기 위한 식량 물자가 계속해서 필요했다(참고. 예를 들면 왕상 5:11[2]). 그러므로 므낫세는 농업 생산물을 위한 시장을 찾고 있었던 것이 거의 확실하다. 그는 요단 동쪽 국가들 같은 이웃 국가들과 관계를 맺으려고 했다. 이들은 산헤립과 전쟁을 하지 않았으므로 유다의 잠재적 시장이 될 수 있었다. 그 국가들의 경제는 의심할 바 없이 주로 목축업에 토대를 둔 것이었고, 아라비아에서 다메섹을 잇는 대로에 쉽게 접근할 수 있었으므로 지역의 대상 무역의 문을 두드릴 수 있었다.

앗수르의 활약과 서부 지역의 회복

서부 지역에 대한 앗수르의 주요 목적은 지중해 동부 유역에서 번성했던 부유한 상업권을 완전히 장악하는 것이었다. 목표를 달성하기 위해 그들은 페니키아와 블레셋 해안의 해상 국가들을 계속 지배해야 했고, 또 아라비아의 북쪽과 남쪽에서 해안과 이집트까지 오가는 대상 무역을 장악해야 했다. 이집트 제25왕조의 구스 파라오들은 앗수르의 야망을 꺾기 위해 주로 외교적인 음모와 유인책으로, 또한 군사적 지원을 약속하는 것으로 그들의 힘으로 할 수 있는 일은 모두 하고 있었다. 그러므로 이집트에서 구스 족을 축출하는 일은 앗수르에게는 정치적으로 최우선적인 목표였다.

에살핫돈(주전 681-669년) 산헤립 통치의 마지막 10년 동안, 그는 엘람과 사나운 갈대아인과의 전투에 깊이 빠져 있었다. 이 일은 구스의 타하르카(주전 690-664년)에게 레반트 국가들 사이에서 분란을 일으킬 기회를 주었다.

전쟁의 와중에 왕좌에 오른 산헤립의 아들 에살핫돈은 타하르카가 활약한 결과를 처리해야 했다. 아라비아 지역에서는 아랍 민족의 왕 하사엘이 에살핫돈에게 접근했다. 하사엘은 자신의 충성을 재확인하는 한편, 산헤립이 앗수르에게 충성을 보장하는 의미로 가져갔던 아랍의 제의 신상들을 돌려줄 것을 요청했다.

> 아랍 왕 하사엘이 나의 주권의 성읍 니느웨로 많은 선물을 들고 와 내 발에 입을 맞추었다. 그는 그의 신상들을 돌려줄 것을 애원했고 나는 그에게 자비를 베풀었다. … 하사엘이 죽었을 때 나는 그의 아들 야타를 왕좌에 앉혔다 …(Nin. A, Ⅳ, 6-14).

에살핫돈이 하사엘에게 관대했던 것은 바빌로니아를 향한 회유책과 관계가 있다. 하사엘은 아라비아 사막 북부를 넘어 서쪽에서 바벨론까지 이르는 상업권 확보에 중요한 인물이었다. 이는 서부 지역에 대한 에살핫돈의 정책에도 현명한 방안이었을 것이다. 그는 타하르카의 파괴적인 활약으로 제국의 권위가 침식당한 이후 앗수르의 패권을 회복하는 일을 시작하려는 중이었다.

산헤립이 살해당한 이후 권력 이동으로 인한 혼란을 주시하던 시돈 왕 압디 물쿠티는 앗수르 권력에 대항해 반란을 일으키기로 했다(주전 679년). 에살핫돈 연대기가 신뢰할 만하다면, 왕은 이집트의 개입에 대비해 남부 접근로를 확보하기 위해 블레셋 해안을 공격하는 선수를 쳤다. 에살핫돈 연대기는 그의 재위 2년째에 다음과 같은 일이 있었다고 기록하고 있다(주전 679년).

> 제2년: 그 감독관이 아카드 땅에서 군사를 징[집하였다]. 같은 [해] 아르차야 성읍을 점령하였으며 그곳의 [전]리품을 약[탈했다. 백]성은 포로가 되었고 왕과 [그의] 아들이 붙잡혔다(연대기 14:6-8).

그러나 아르차야에 대한 원정은 반역한 시돈 왕을 참수한 이후에도 연대기에 지속적으로 나타난다. 그러므로 이 사건의 연대기 기록은 문제가 있다. 이는 앗수르가 반역한 시돈과 싸우기 위해 이동하기 전에 이집트와 마주하고 있는 시내 반도 해안 북쪽에 앗수르의 지배권을 확고히 하기 위한 이른 원정이었다고 하기보다는, 674년 이전(아마도 주전 676년에) 즈음 이집트를 향한 첫 원정을 시작하려는 시도 단계를 가리키는 것인 듯하다.

에살핫돈 제4년(주전 677년)에 시돈 성이 점령되었다.

> 제4년: 시돈을 점령하고 전리품을 약탈했다(연대기 14:12).
>
> 시돈 왕 압디 물쿠티에 대해서 말하자면, 그는 나의 주권을 존중하지 않았고, 나의 입술의 선포에 귀를 기울이지 않았다. 사나운 바다를 신뢰하였으며 아슈르의 멍에를 던져버렸다. 나는 바다 한가운데 있던 그 성, 그가 신뢰하던 시돈 성을 홍수가 침몰시키듯 침몰시켰다. 나는 그 성벽과 성채를 무너뜨려 바다로 던져버렸다. 나는 그가 거주하는 궁전을 파괴했다(프리즘 B=Nin. A, Ⅱ, 65-70).

압디 물쿠티가 이집트의 타하르카의 조정으로 앗수르에 대항한 반란을 일으켰다는 사실은 분명 에살핫돈에게 가장 중요한 문제였다. 앗수르 왕이 지중해 동부권에서 제25왕조의 파라오들을 최종적으로 제거하려는 외교적이며 군사적인 준비를 시작한 것은 이때가 확실하다. 같은 해 에살핫돈은 레바논에서 자신의 새로운 궁전을 지을 목재와 돌을 운송할 노역자들을 제공하라고 강요함으로써 레반트 통치자들 위에 있는 자기의 권위를 드러내었다.

> 나는 하티 땅의 왕들과 강 건너편에 있

▶ **앗수르 왕, 에살핫돈의 석비** _ 그 앞에는 파라오 타하르카와 두로의 발루 왕

1_"유다와 이스라엘 땅 사람이 네 상인이 되었음이여 민닛 밀과 과자와 꿀과 기름과 유향을 네 물품과 바꾸어 갔도다"(겔 27:17).

2_"솔로몬이 히람에게 그의 궁정의 음식물로 밀 이만 고르와 맑은 기름 이십 고르를 주고 해마다 그와 같이 주었더라"(왕상 5:11).

3_sic
'sic'란 틀린 원문이지만 그대로 인용한 경우를 뜻하는 약어이다. 유다, 에돔, 모압은 모두 한 민족의 이름이라 여기에 '성'이라는 명칭을 붙이는 것은 어색하지만 원문 그대로 둔다는 의미이다.

> 는 왕들을 소환하였다. 두로 성의 왕 발루, 유다 **성**sic[3] 왕 므낫세, 에돔 **성**sic 의 왕 카우스가브리, 모압 **성**sic 의 왕 무추리, 가사 성의 왕 칠바알, 아스글론 성의 왕 미틴티, 에그론 성의 왕 이카우수 등 … 하티 땅과 해변가와 섬의 왕들 22명, 이 모두를 내가 보냈고 나는 그들에게 나의 주권의 성 니느웨로 내 궁전 자재를 운송하는 매우 어려운 일을 하도록 시켰다. 그것은 백향목과 소나무에서 잘라낸 큰 통나무들, 긴 대들보들과, 얇은 판자들, 오랜 기간 자라서 키가 크고 강한 목재가 된 시라라안티 레바논와 레바논 산지들 산품들이었다. 그리고 산지의 채석장에서 가져온 것들로는 아쉬난 돌로 만든 수호신상, 아프사스투로 만든 여신상, 아쉬난 돌, 크고 작은 회색의 각력암, 알랄루 돌과 기린힐리바 돌로 만든 석판, 문지방들이었다(프리즘 B=Nin. A, V, 54-76).

므낫세는 이들 중 하나였다. 목재와 돌이 앗수르의 수도 니느웨로 운송되었다는 사실은 주목할 만하다. 시돈 왕은 이 목록에 나오지 않는다. 그는 자신의 도시국가가 점령되어 분배되는 동안 체포되어 있었다. 그는 결국 다음 해(주전 676년)에 참수되었고, 그의 머리는 앗수르로 운반되었다(연대기 1:6-7). 엘 아리쉬에 있는 아르차야 점령은 아마 이때 일어났을 것이다.

> **이집트 시내**의 국경에 있는 **아르차** 성읍을 내가 약탈했다. 나는 그곳의 왕 아슐리를 족쇄로 채워 아슈르의 땅으로 데리고 왔다…(Nin. A, Ⅲ, 39-42).

죽은 아랍 왕 하사엘의 승계자인 야우타의 임명은 헤이델 프리즘이 쓰이기 얼마 전에 일어났을 것이다. 헤이델 프리즘Heidel Prism에 "하사엘이 죽었을 때, 나는 야우타, 그의 아들을 왕좌에 앉혔다…"라고 쓰여 있는 것으로 보아, 이는 에살핫돈 5년(주전 676/675년) 이야르 월에 쓰였다.
다음 해(주전 675년)에 앗수르 정부는 엘람과 갈대아 사람과의 분쟁으로 갈피를 못 잡고 있었다. 이때 야우타를 폐위하려는 시도가 있었다. 에살핫돈은 아라비아 북부의 부족 연맹의 일을 직접 간섭할 필요가 있음을 깨달았다. 이와 관련된 기록은 헤이델 프리즘에는 나타나지 않지만 주전 673년 아달 월에 쓰여진 톰슨 프리즘Thomson Prism에서는 발견된다. 그러므로 그 일은 주전 676년과 673년 사이에 일어났다고 보는 것이 올바른 관찰이다.

> 그 후 와흐브는 그 자신의 왕권을 세우기 위해 모든 아랍 민족들로 하여금 야우타에 대항해 반란을 일으키도록 꾀었다. 그러나 나, 앗수르의 왕, 에살핫돈은, … 야우타를 지원하기 위해 나의 전투 부대를 보냈다. 그리고 그들은 모든 아랍 민족들을 굴복시켰다. 와흐브는 그의 측근 군대와 함께 족쇄를 차고 내게로 보내졌다(프리즘 B=Nin. A, Ⅳ, 23-31).

에살핫돈이 그에게 충성하는 가신들을 지원한 데는 조공 지불에 대한 요구 외에도 많은 이유가 있었다. 그중에서도 특히 중요한 것은, 그 당시 앗수르의 최우선 정책은 레반트뿐만 아니라 이집트에서 골칫거리 구스의 파라오들을 축출하는 것이었다는 사실이다. 이를 위해 앗수르는 시내 반도를 넘어 대군대를 한꺼번에 이동해야 했을 것이고, 그렇게 하기 위해서는 아랍 민족들의 병참 지원이 필요했을 것이다.
마지막으로 에살핫돈 제7년(주전 674년)에 이집트와 싸우려는 시도가 있었다. 그 결과는 재앙이었다.

> 제7년: 아다르 월 5일에 앗수르 군대가 이집트 땅에서 패배했다(연대기 1: Ⅳ, 16).

연대기는 이 앗수르의 패배에 대해 더 이상 말하지 않는다.
에살핫돈의 첫 이집트 공격 시도가 실패한 것은 적어도 부분적으로는 병참 지원이 적절하지 못했기 때문일 수 있다. 그러나 실제로는 야우타에 대항한 와흐브의 쿠데타 시도가 원인일 수도 있다. 아랍 민족으로부터 앞으로의 원정 시 필요한 도움을 제공할 수 있는 안정적이며 충성스러운 지도자를 확보해야 한다는 사실은 앗수르 전쟁 전략가들에게는 분명히 결정적인 문제였다.
주전 671년 에살핫돈은 이집트의 삼각주 지대를 정복함으로써 첫 목표를 달성했다. 그러나 원정 도중에 그는 구스 왕 타하르카를 도왔던 두로 왕 발루를 징계해야 했다.

> 나의 10차 원정에서 아슈르 신은 나를 강하게 하셔서 일반적으로 구스 땅과 이집트 땅이라고 부르는 마간[과 멜루하]의 땅들로 나의 얼굴을 향하게 해주셨다. 나는 […]에 주둔하고 있는 아슈르의 수많은 군대를 소환했다. 첫째 달 니산 월에 나는 나의 도성 아슈르를 떠났다. 나는 홍수 때에 티그리스 강과 유프라테스 강을 건넜고, 거친 황소 같은 험난한 산들을 넘어갔다. 원정 도중 나는 두로 **땅**sic 의 왕 발루와 싸우기 위해 토루를 급조했다. 그는 그의 친구, 구스 땅의 왕 타하르카를 믿고

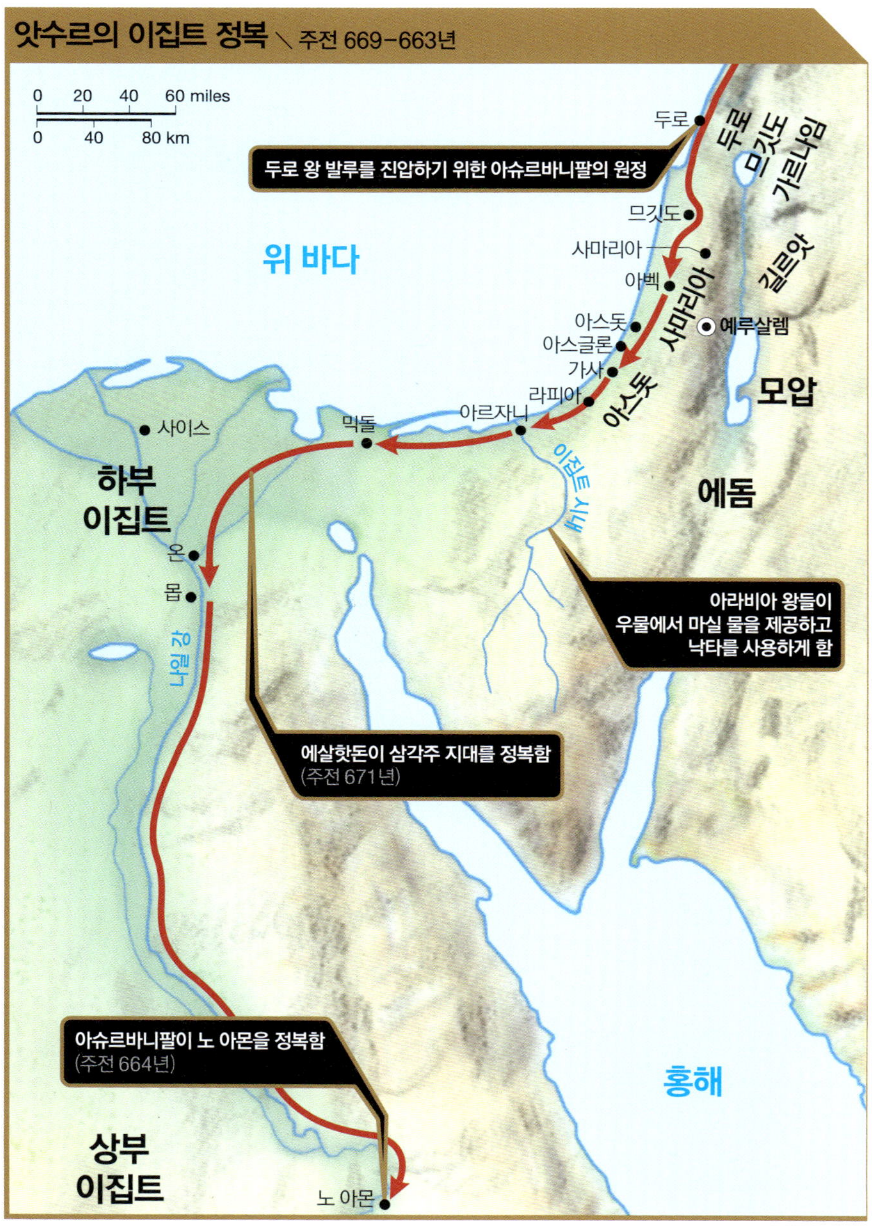

아슈르의 멍에를 벗어던졌고 내게 무례하게 답했다. 나는 그들의 생계를 위한 식량과 물, 〈들판의 수확물〉을 끊어버렸다. 이집트 땅으로부터sic 나는 군대를 소환했으며 누비아 땅으로 나의 여정을 정했다. 사마〈리〉아(?) 땅에 위치한 아벡에서 60시간 거리에 있는, 이집트 땅의 시내를 향해 있는 라피아 성까지는 강이 없어서 줄과 쇠사슬과 두레박으로 군대가 물을 잘 마실 수 있게 했다. 나의 주, 아슈르의 명령이 내 귀에 들리자 내 마음은 기뻤다. 나는 아라비아 모든 왕들의 낙타를 모[아서] [물병들을] 그 낙타 등에 실었다. 나는 40 혹은 60 시간 거리를 15일 동안 행군하여 갔다…(영국 박물관의 서판 K 3082+3068, Obv. 6-Rev. 18).

이집트에서의 승리는 바빌로니아 연대기에도 묘사되어 있다.

제10년 니산 월에 아슈르의 군대가 이집트로 행군했다. 담무스 월 3일과 16일, 18일, 세 번에 걸쳐, 이집트에서 대학살이 있었다. 22일에는 왕실 성읍 멤피스가 함락되었다(《바빌로니아 연대기》 IV, 23-28).

그 연대기는 아라비아 왕들이 그들의 낙타 부대로 도운 일을 특별히 강조한다. 그들의 지원이 앗수르 군대가 시내 반도를 건너는 데 중요한 기여를 했다는 것은 의심의 여지가 없다. 그들은 원정의 성공에 꼭 필요한 도움을 주었다. 그러나 자신의 고향에서 멀리 떨어진 곳에서 그러한 피의 전쟁에 참가했건만 아랍 사람들이 바라는 만큼의 보상은 없었던 것 같다. 그들의 불만족은 아랍 민족게달의 왕 야우타의 반란에서 찾아볼 수 있다. 그런데 그 사건은 앗수르의 연대기에서 그냥 지나갔으며 여러 연대기에서도 마찬가지이다. 그 일은 아슈르바니팔의 기록물들과 그의 연대기에서 회고조로 언급할 뿐이며, 아슈르 신에게 보내는 편지에 더 상세하게 나와 있다.

당신의 손으로 만드신 당신의 종, 앗수르 왕 에살핫돈의 통치 때 아라비아 왕 하사엘의 아들 야우타가 적대적이 되어 앗수르의 주권의 멍에를 벗어던지자, 나의 아버지요 나의 생부인 앗수르 왕 에살핫돈은 당신을 믿고, 당신의 위대하고 강한 힘을 의지해 군대를 소환하여 그와 싸우도록 보냈습니다. 전쟁이 시작되자 그는 패배했고 군대는 그의 신들을 휩쓸어버렸습니다. 야우타는 목숨을 건지려고 그의 진영을 버리고 홀로 도망을 가 먼 곳에 피신했습니다(《아슈르 신에게 보낸 아슈르바니팔의 서한》 VAT 5600:3-12).

에살핫돈은 주전 669년 타하르카와의 전쟁을 다시 준비해야 한다고 생각했다. 삼각주 지대에서 이룬 이전의 성공 덕분에 시내 반도의 길은 확고하게 그의 통제 아래 있게 되었다. 그러나 왕은 병에 걸렸고 도중에 죽고 말았다.

제12년에 앗수르 왕이 이집트로 행군했다. 도중에 그는 병에 걸렸고 10일 만에 죽었다(《바빌로니아 연대기》 IV, 30-31).

아슈르바니팔(주전 669-627년) 에살핫돈의 아들은 아버지의 계획을 그대로 이어갔다. 주전 667년 그는 이집트로 행진해, 에살핫돈이 임명한 삼각주 지대의 통치자들을 폐하려고 시도한 타하르카를 징벌했다. 레반트 지역에 있는 속국의 통치자들은 조공을 바치고 그 전쟁에 참여했다.

나의 첫 원정에서 나는 마간의 땅과 멜루하의 땅을 향해 행군했다. 이집트 땅과 구스 땅의 왕 타하르카는 나의 선조인 앗수르의 왕 에살핫돈에게 패배했던 자로 에살핫돈이 그의 나라를 차지했었다. 그러나 타하르카는 나의 주, 아슈르, 이쉬타르와 위대한 신들의 힘을 잊어버리고 그 자신의 힘을 믿었다. 그는 나의 아버지가 이집트 위에 임명했던 왕들 그리고 섭정 왕들을 죽이고 이집트 땅을 훔쳐 차지하기 위해 공격을 감행했다. 그는 멤피스에 입성하여 그 성에 거주하고 있었다. 그 성은 나의 아버지가 정복하여 앗수르 영토에 병합시킨 곳이었다. 발이 빠른 한 심부름꾼이 니느웨로 와서 내게 보고했다. 이 행위들 때문에 나의 마음은 분노했고 나의 영혼이 이글이글 타올랐다. 나는 나의 양손을 들어 아슈르 신과 앗수르의 이쉬타르에게 기도했다. 그리고 아슈르와 이쉬타르가 내게 맡기신 나의 위대한 군대를 소환해 이집트 땅과 구스 땅을 향해 곧장 여정을 차렸다. 내가 원정을 가는 동안 [두로 왕 발루, 유다 왕 므낫세, 에돔 왕 카우스가브리, 모압 왕 무추루, 가사 왕 칠 바알, 아스글론 왕 미틴티, 에그론 왕 이카우수…] 등 해안가, 바다 한가운데, 내륙으로부터 온 22명의 왕들, 나의 신하가 된 그들이 내게 막대한 조공을 가져와 내 발에 입을 맞추었다. 나는 그들의 군대와 그들의 배와 더불어 그 왕들로 하여금 해안과 바다에서 나를 수행하도록 했다(라쌈 실린더, I, 52-89).

▲ 에살핫돈이 점령했던 이집트의 왕실 성읍 멤피스

이집트와 벌인 전쟁은 주전 664/663년 절정에 달했다. 이때 아슈르바니팔의 군대는 노 아몬테베을 정복하고 마지막 구스 통치자인 탄웨타마니(주전 664-656년)를 축출했다(참고. 나 3:8[1]).

사이스의 통치자로는 프삼메티쿠스 1세가 아버지를 대신해 왕위에 올라 한동안 앗수르에게 충성을 유지한 것처럼 보인다.

그 후 얼마 되지 않아 두로의 발루를 향한 아슈르바니팔의 3차 원정이 일어났다.

나의 3차 원정에서 나는 결연히 두로 왕 발루를 향해 행군했다. 그는 바다 한가운데 거주하는 자로, 나의 칙령을 어기고 내 입술의 말들에 주의를 기울이지 않았다. 나는 그를 성채 안에 가두었으며 그의 연락망을 장악했다. 나는 그들의 생필품을 제한하여 그들을 궁핍하게 했다. 나는 그들이 나에게 굴복하도록 만들었다(라쌈 실린더, II, 49-55).

두로의 발루는 재빨리 항복하여 지중해 동부 국가들의 상업을 이끄는 지도자로서 자신의 지위는 가까스로 유지했다. 아

1_"네가 어찌 노 아몬보다 낫겠느냐. 그는 강들 사이에 있으므로 물이 둘렀으니 바다가 성루가 되었고 바다가 방어벽이 되었으며"(나 3:8).

▲ 아슈르바니팔이 죽은 사자들을 위해 헌주를 붓는 모습. 니느웨에 있는 그의 궁전의 부조

르왓의 통치자 야킨일루 또한 아슈르바니팔에게 복종하는 것이 낫다고 생각했고, 그와 그의 아들들은 앗수르 왕의 총애를 얻었다. 타발과 힐라쿠 길리기아 의 통치자들도 앗수르에 접근했다. 페니키아인들은 이집트의 구스 통치자들이 그들을 더 이상 지원할 수 없다는 사실을 분명히 깨달았다. 이 원정의 정확한 연대를 결정하는 것은 쉽지 않다. 노 아몬의 점령 이후 얼마 지나지 않아서일 것이다.

이제 사이스에서 프삼메티쿠스가 앗수르의 충성스러운 가신으로서 등위함으로써 아슈르바니팔은 지중해 연안에서 한동안 안정을 누릴 수 있었던 것 같다. 그러나 프삼메티쿠스는 카리아와 그리스 동부 출신의 청동 갑옷을 입은 용병들을 이용하면 유리하다는 점을 알아냈다. 그는 그 용병을 고용함으로써 삼각주 지대의 다른 왕자들보다 우월한 위치를 차지했고, 마침내 하부 이집트 전체의 통치자가 되었다(헤로도토스 Ⅱ, 147–152). 주전 656년 프삼메티쿠스는 이집트 전체를 장악하는 데 성공했고, 그의 딸을 노 아몬의 여사제로 임명했다.

그는 아슈르바니팔의 친구라고 공언한 기게스가 보낸 용병의 지원으로 앗수르 수비대를 축출하였다. 이 용병들은 이미 리디아의 통치자를 섬기고 있던 카리아 사람들과 그리스 동부 사람들이었을 가능성이 높다.

이집트 제26왕조는 이제 앗수르로부터 완전히 독립했다. 프삼메티쿠스가 새롭게 찾은 자유를 이용하여 레반트 통치자들로 하여금 앗수르가 아닌 이집트의 이익을 위해 일하도록 부추겼는지 그렇지 않은지는 알 수 없다. 레반트에 대해 알려진 것은, 아슈르바니팔이 게달 사람들이 새로이 적대감을 갖게 된 문제를 처리해야만 했다는 사실이다. 야우타는 원래 아슈르바니팔에게서 게달 족의 제의 신상을 돌려받았지만, 기회를 엿보며 아무르루 땅, 즉 앗수르 제국의 레반트 구역을 공격하기 시작했다.

> [후에] 그는 맹세를 파기하고, 나의 조약을 지키지 않았다. 그는 대군주인 나의 멍에를 벗어던졌다. 그는 나의 건강을 빌러 오는 일을 멈추었고 내게 선물을 주지 않았다. 그는 아라비아 백성으로 하여금 반란을 일으키도록 부추겼다. 그들은 아무르루를 거듭 약탈했다. 나는 그의 영토 [국경에] 주둔시켰던 나의 군대를 그와 싸우도록 급파했다. 그들은 아라비아 사람들을 패배시켰다. 그들은 자신들의 무기로 수많은 아랍 민족들을 물리쳤다 …(실린더 B, Ⅶ 93–Ⅷ 2).

또 다른 게달 지도자 암물랏딘도 아무르루 약탈에 참여했지만 패배했고, 앗수르의 충성스러운 가신 모압 왕이 그를 생포했다.

> 게달 왕, 암물랏〈딘〉에 관해서라면, 그 야우타 와 같이 적[대적]이 되어 지속적으로 아무르루 땅의 왕들을 약탈했다. 이에 나의 충성스러운 종 [모압] 왕, 카마쉬 칼티는 앗수르 신이 위대하게 하신 [나의] 이름을 빌려 나의 이름과 앗수르, 신, 샤마쉬, 벨, 나부, 니느웨의 이쉬타르, 아르벨라의 이쉬타르, 키드무리의 여왕들, 닌우르타, 네르갈과 게르루의 이름들에 호소하여, 정정당당하게 싸워 그를 패배시켰다(프리즘 B, Ⅷ 39–45).

이러한 행적들은 아슈르바니팔의 동생 샤마쉬 슘 우킨의 반란과 관계있을 수도 있고 아닐 수도 있다. 그 사건들이 주전 652년보다 늦게 발생하지 않았다는 것은 분명하다. 그러나 최소한 게달 사람과 관계된 불안은 그 땅에 반역의 기운이 무르익었다는 사실을 보여 주며, 이어서 야우타의 계승자 아비야테가 친바벨론의 자세를 취한 것은 이러한 맥락에서 이해할 수 있다.

주전 653년 엘람 족이 습격을 하긴 했지만, 앗수르 군대는 그들을 물리쳐 그들의 고향 땅까지 추격했다. 거기에서 그들은 확실하게 패배당했으며, 그들의 지도자 테우만은 사로잡혀 참수당했다. 이 사건이 바벨론 왕 샤마쉬 슘 우킨을 돕기 위한 연합 공격을 의미하는 것이었다면 그 노력은 수포로 돌아간 셈이다.

아슈르바니팔에 대항해 그의 동생인 바벨론 왕 샤마쉬 슘 우킨이 일으킨 반란은 주전 652/651년에 일어났다. 상당한 정치적 음모가 그보다 먼저 있었다는 것은 분명하다. 아슈르바니팔은 제국 전체, 특히 서부 지역의 속국 백성들의 불만을 강하게 압박했다.

> 그리고 충성스럽지 못한 동생인 샤마쉬 슘 우킨은 나의 조약을 지키지 않고, 나에게 굴복한 아카드, 갈대아, 아람 백성들로 하여금 반란

을 일으키게 했다. … 또한 그는 구티, 아무르루, 멜루후 왕들이 모두 함께 반란을 일으키도록 했다. … 그들은 모두 그와 함께 작당했다(라쌈 실린더, Ⅲ, 96-106).

게달 연맹은 샤마쉬 슘 우킨을 지원하기 위해 움직였다.

나의 주들인 아슈르, 이쉬타르와 위대한 신들의 명령에 따라 나는 나를 대적하는 동생 샤마쉬 슘 우킨을 도우러 온 테리의 아들들, 아비야테와 아이무를 정복하고 물리쳤다. 생존자들은 바벨론으로 들어갔지만 가난과 기아 때문에 그들은 서로의 살을 뜯어먹었다. 그들은 자신들의 생명을 구하기 위해 바벨론으로부터 나왔고, 샤마쉬 슘 우킨과 싸우려고 주둔한 나의 군대가 그들을 두 번째로 물리쳤다 … (라쌈 실린더, Ⅷ, 30-41).

므낫세의 복위 바벨론을 정복하고 자신에게 불복종한 동생을 제거한 이후 아슈르바니팔은 흔들리는 자신의 제국을 정비하기 시작했다(주전 648년). 그는 여전히 바벨론에 머물면서, 샤마쉬 슘 우킨을 지지했던 선동적인 도당들을 처리하기 위해 여러 조처를 취했다. 우리는 이 사실에 비추어, 역대기에만 보존되어 있는 므낫세에 대한 중요한 내용을 살펴보아야 한다. 이 단락의 진정성은 몇몇 학자들에 의해 오랫동안 지지를 받았다.

여호와께서 앗수르 왕의 군대 지휘관들이 와서 치게 하시매 그들이 므낫세를 사로잡고 쇠사슬로 결박하여 바벨론으로 끌고 간지라. 그가 환난을 당하여 그의 하나님 여호와께 간구하고 그의 조상들의 하나님 앞에 크게 겸손하여 기도하였으므로 하나님이 그의 기도를 받으시며 그의 간구를 들으시사 그가 예루살렘에 돌아와서 다시 왕위에 앉게 하시매 므낫세가 그제서야 여호와께서 하나님이신 줄을 알았더라.

그 후에 다윗 성 밖 기혼 서쪽 골짜기 안에 외성을 쌓되 어문 어귀까지 이르러 오벨을 둘러 매우 높이 쌓고 또 유다 모든 견고한 성읍에 군대 지휘관을 두며 이방 신들과 여호와의 전의 우상을 제거하며 여호와의 전을 건축한 산에와 예루살렘에 쌓은 모든 제단들을 다 성 밖에 던지고 여호와의 제단을 보수하고 화목제와 감사제를 그 제단 위에 드리고 유다를 명령하여 이스라엘 하나님 여호와를 섬기라 하매 백성이 그의 하나님 여호와께만 제사를 드렸으나 아직도 산당에서 제사를 드렸더라(대하 33:11-17).

이 단락은 결국 실물 교재의 여러 측면, 곧 예루살렘과 도처에서 있었던 건설 사업들과 관계가 있기 때문에 주의 깊게 다루어야 한다. 그러나 그 문맥의 진정성을 입증하는 지리적 묘사, 즉 바벨론에 대한 언급 역시 나와 있다. 왜 후대의 저자는 므낫세가 니느웨가 아닌 바벨론으로 끌려갔다고 말하는가? 니느웨는 페르시아 시대에도 여전히 앗수르의 옛 수도로 기억되었는데 말이다.

므낫세는 반역죄의 혐의가 있는 다른 서부 지역의 통치자들과 함께 분명히 체포되었다. 그는 아슈르바니팔 앞에서 심문을 받기 위해 바벨론으로 끌려갔다. 이 사건의 연대는 정확하게 추정할 수 있다. 아슈르바니팔이 동생을 패배시킨 후 주전 649년에 바벨론에 있었기 때문이다. 므낫세의 경우 아슈르바니팔에게 가까스로 자신의 무죄를 입증시켰다. 역대기 기자는 이 사건들에 대해 심오한 종교적 해석을 하고 있지만 한 구절 정도는 정치적 해석을 가할 수 있다.

그가 환난을 당하여 아슈르바니팔에게 간구하고 **앗수르의 왕** 앞에 크게 자신을 낮추어 간청하였으므로, 왕이 그의 간청을 받아들이고 그의 간구에 귀를 기울인 끝에 그를 다시금 그의 나라에 있는 예루살렘으로 돌아오게 하여 왕위에 앉게 하였다.

이어서 나오는 건축 사업과 유다 요새의 재건은 주전 648년 이후에 일어난 것이 확실하다. 므낫세는 이제 분명히 신뢰를 받는 가신이었으며 앗수르의 이익을 보호해줄 것으로 기대되었다. 그는 자신의 왕국을 방어하며 회복할 수 있도록 재정 지원을 약속 받았음에 틀림없다. 그는 자신의 정치적 방향성에 대한 표시로, 이웃 국가들, 특히 바벨론에서 반역한 동생을 지지했던 페니키아 사람들과의 외교 관계를 단절했다. 므낫세가 이방 제의를 제거한 배후에는 이러한 정치적 동기가 있었다. 그는 인접 국가들의 대사관과 영사관을 폐쇄시켰다. 특히 아슈르바니팔의 치하에서는 므낫세의 복위가 앗수르 정책에서 예외적인 것은 아니었다. 가장 좋은 예는 사이스에서 느고 1세에게 왕권을 복위시켜준 일과 두로 왕 발루의 복위가 있다.

두 번이나 전쟁에서 패배한 게달 족은 여전히 추가 징계를 받아야만 하는 처지에 놓여 있었다. 그들의 당시 지도부는 아라비아 북부를 건너 바벨론까지 이어지는 대상 무역을 더 이상 맡을 수 없었다. 그러나 산헤립과의 전쟁에서 히스기야 편에 섰던 마온 사람들(대하 4:41)조차 근절되었기 때문에 아라비아 북부의 게달 족 연맹은 실제로 경쟁자가 없었다. 그 후인 페르시아 시대에도 게달 족은 가사와 이집트로 이어지는 무역로를 계속 지배했다.

아슈르바니팔이 아랍 족에 대항해 벌인 유명한 전쟁은 주전 644-643년에 일어났다. 여기서 그것을 상세히 설명할 필요는 없다. 그러나 주목할 것은, 아슈르바니팔이 원정에서 돌아오는 길에 페니키아 해안 지대로 이동하여 두로의 내륙 지방 성읍들 중 둘을 공격함으로써 두로 왕국을 징벌할 필요가 있다고 본 것이다.

귀환 중에 나는 바닷가에 위치한 우수를 정복하였다. 우수 백성은 그들의 통치자에게 복종하지 않았다. 그리고 조공을 바치지도 않았고 그들에게 할당된 땅도 지불하지 않아서 내가 공격했다. 나는 불순종한 백성을 꾸짖었다. 나는 그들의 신들과 그들의 백성을 아슈르로 데리고 갔다. 나는 악고의 불순종한 백성을 죽였다. 그들의 시체를 장대에 꿰어 성읍 사방에 두고, 나머지 백성은 아슈르의 땅으로 데려갔다(라쌈 실린더 Ⅸ, 115-128).

이때 돌두루이 독립 총독의 구역으로 조직되었을 수 있다. 두로 왕은 앗수르의 총애를 잃었다. 아슈르바니팔이 그에게 더 이상 남부 해안 지대의 항구 도시들을 관할함으로써 얻는 이익을 허락하지 않았다고 추정하는 것은 타당한 일이다. 이것은 왜 돌이 주전 7세기 앗수르 총독들의 영지인 성읍 명부에 나오는지를 설명해준다.

그런데 유다 왕 므낫세는 언급되어 있지 않다! 이것은 그가 더 이상 혐의자 명단에 들어 있지 않음을 암시하는 것으로 받아들일 수 있다. 그는 주전 648년에 자신의 왕국으로 돌아와 행정, 군사, 재정, 종교 조직을 재정비했다. 주전 642년 죽음을 맞은 그는 이 사업을 완성하지 못한 것이 확실하다. 이 일은 그의 손자 요시야에게 남겨졌고, 요시야는 므낫세가 그 기반을 준비하기 시작한 광범위한 개혁을 단행했다.

10

|CHAPTER|

CRISIS AND TURMOIL

위기와 혼란

(주전 7세기 말-6세기 초)

레반트 지역에 위험한 그림자가 드리워지기 시작한 것은 아나톨리아 왕국 북부에 키메르 족과 스키타이 족 같은 새로운 적들이 나타나면서부터이다. 이 부족 집단은 아나톨리아와 이란 왕국들에 큰 위협이 되었고, 그 반향은 니느웨 궁전에까지 미쳤다. 앗수르의 급격한 쇠락은 유다에게 개혁과 독립의 기회가 되었으나 주전 7세기 들어 강성해진 바벨론에 의해 결정타를 맞게 된다. 주전 586년의 예루살렘 멸망은 유대 민족에게 전례 없는 위기를 초래했다. 또 한 편에서는 사방의 민족들과 나라들이 페르시아의 영향력을 감지하기 시작했다.

JUNCTION CITY HARRAN LOCATED BY THE EUPHRATES UPSTREAM
유프라테스 강 상류에 위치한 교차로 도시 하란

키메르 족의 침입

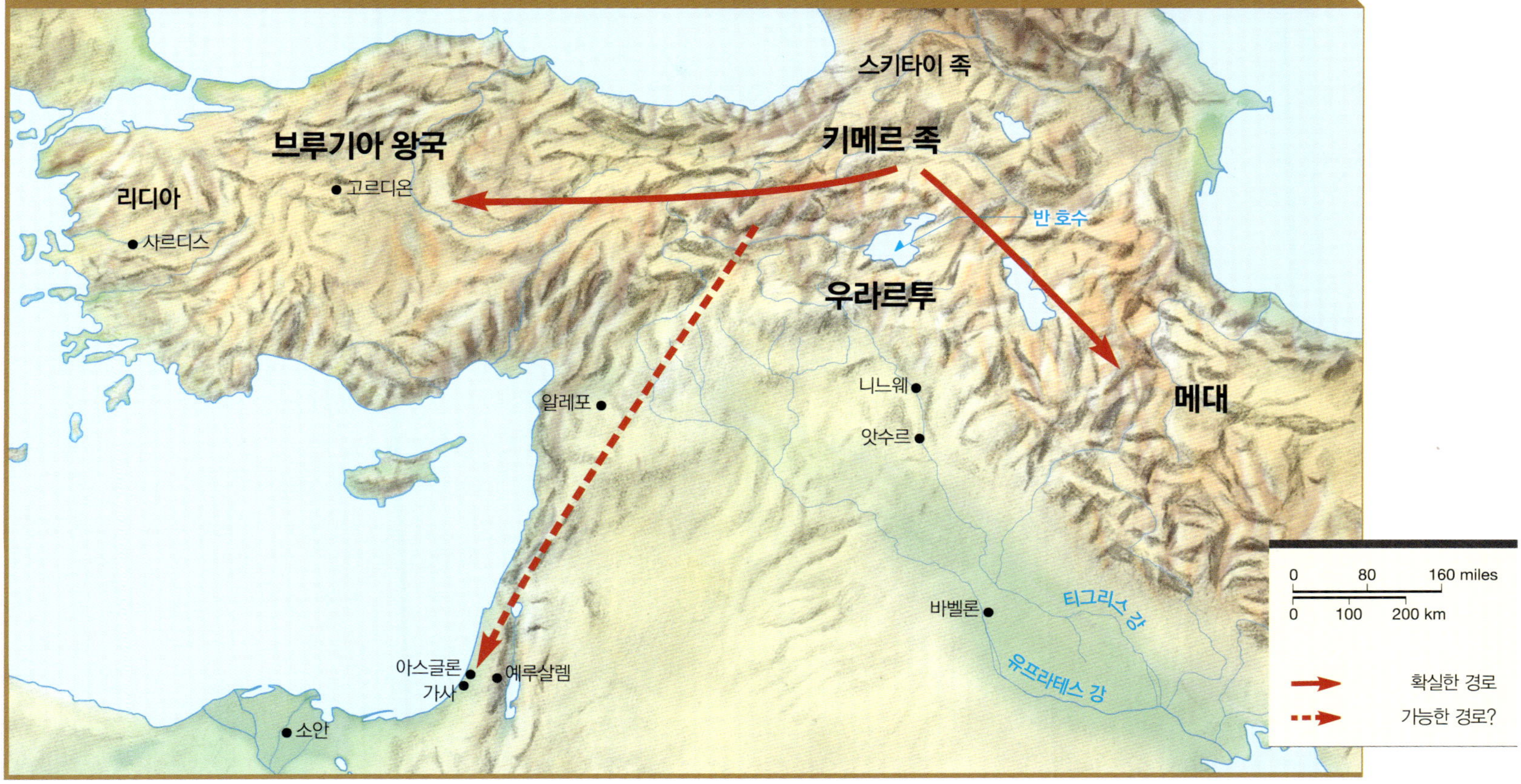

앗수르에 있었던 아슈르바니팔과 이집트에 있었던 프삼메티쿠스프삼티크 1세의 통치 후반기에 대해서는 비문 증거가 거의 없다. 이 무렵 고대 중동은 상업이 번창하고 대체로 평화를 누렸던 것으로 보인다. 이 기간 동안 레반트에 대한 프삼메티쿠스의 정책은 주로 상업적인 이익을 얻는데 관심이 있었다. 이 지역 전체에 뚜렷하게 나타난 문화적인 특징은 기원을 찾으려는 데 있었다. 그 과정은 주전 8세기 말부터 시작되었다. 구스 제25왕조는 가장 오래된 이집트 방언들을 모방하려는 시도가 있었음을 보여주는 비문을 남겼다. 앗수르는 특별히 메소포타미아의 문학 유산을 수집하려는 노력을 기울였으며, 특히 아슈르바니팔의 도서관에 집중적인 관심을 쏟았다. '고고학적 과거'에 대한 관심은 바벨론 왕조 때 크게 증가했다. 블레셋 통치자들과 신하들이 만든 셈어 이름들은 에게식 이름으로 대체되기 시작했다. 오경 중 최소한 두 자료, 즉 D와 P 자료[1]의 저술은 주전 7세기에 이루어졌을 것이다. 그러나 P 자료는 포로기 이후의 기간에 확대된 것이 분명하다. 이스라엘/유다 백성의 민족적이고 종교적인 본질을 설명하고자 하는 민족 서사시의 발전은 결실을 맺기 시작했다. 이러한 문화적 활동들은 아마도 페니키아, 블레셋, 유다, 이집트가 앗수르에게 정복된 사건같이, 지중해 동부 국가들에게 닥친 여러 위기들에 자극을 받아 이루어졌을 것이다. 에게 출신 용병들은 일자리를 찾아 이집트에 갔고, 결국에는 바벨론까지 갔다. 그리스 동부 지역의 상인들은 항구들을 방문하는 한편, 때때로 지중해 동부 해안가를 따라 작은 식민지들을 세웠던 것이 분명하다. 주전 7세기에 민족들 사이에서 상업이 번창하고 국제 교류가 많아진 일이 강한 촉매제가 되었을 것이다. 이 지역의 민족들은 확고한 앗수르의 지배로 안정을 누리면서 이득을 누렸던 것이다.

그럼에도 불구하고 이 지역에 위험한 그림자가 드리워졌다. 아나톨리아 왕국 북부 국경에 새로운 적들이 나타나기 시작한 것이다. 이 부족 집단은 아나톨리아[2]와 이란 왕국들에 위협을 가했고 그 반향은 니느웨 궁전에까지 미쳤다.

북부에서 온 소동

키메르 족 이집트에서 앗수르가 승리하고 두로와 싸워 이긴 일은 아나톨리아의 포위 공격을 당하던 나라들 즉 힐라쿠, 타발, 리디아가 앗수르에 지원을 요청하는 동기가 되었다. 그들은 끊임없이 키메르 족의 위협에 시달렸다. 키메르 족은 우크라이나에서 온 인도-유럽어족이었다. 이들은 스키타이 족에 의해 우크라이나에서 남쪽으로 밀려났다. 스키타이 족은 동쪽으로 멀리 있는 유라시아 초원 지대의 다른 민족들에 의해 압력을 받아 서쪽으로 이동한 이들이었다(헤로도토스 4.12.2). 키메르 족은 원래 러시아 남부의 초원지대에서 온 사람들이다. 호메로스는 그들이 크림 반도에 면한 흑해 북부의 해안가를 따라 있는 안개 낀 땅으로부터 왔을 것이라고 추정한다(《오딧세이아》 11.13–19; 참고. 스트라보 《지리》 7.4.3). 그들은 성서의 '민족들의 계보'에 고멜의 후손으로 나타난다(창 10:2–3; 대상 1:6). 고멜은 야벳의 아들이며 노아의 손자로 불린다. 고멜은 아스그나스(스키타이 족의 조상)와 리밧(아직 알려지지 않음; 요세푸스는 그를 파플라고니아에 속한 자로 봄), 그리고 도갈마(틸 가리무, 현대의 구룬)의 아버지로 언급된다. 주전 6세기에 에스겔은 고멜의 후손들이, 초기 족보에서 고멜의 형제들로 나오는 마곡과 메섹

1_D와 P 자료
D는 신명기를 뜻한다. P는 제의, 제사 등에 관심을 가진 자료로 주로 레위기 및 민수기 등이 들어 있다고 알려져 있다.

2_아나톨리아(Anatolia)
서남 아시아의 한 지역으로, 지금의 터키 영토의 대부분을 이루는 넓은 고원 지대를 말한다. 아나톨리아는 그리스어 '아나톨레(Anatole)'에서 유래했는데, 그 뜻은 '태양이 솟는 곳'이다. 북쪽과 동쪽 지형이 더 험준하며, 삼면이 흑해, 에게 해, 지중해와 접해 있다.

과 두발 등을 지원하기 위해 도갈마의 후손과 동맹을 맺었다고 기록하고 있다. 그들은 마곡의 왕 곡이 종말론적 심판의 때에 패배를 당하는 고통을 겪게 될 것이다(겔 38:2-6). 이 전설적인 자료는 키메르 족이 비옥한 초승달 지역의 주민들에게 미친 영향을 보여준다. 그들은 주전 8세기 말 반Van 호수 지역에 있는 우라르투 지역으로 내려왔다. 키메르 족의 위협은 앗수르에게 큰 근심거리여서, 나이 든 사르곤 2세(주전 722-705년)는 타발에서 원정대를 이끌다가 목숨을 잃고 말았다. 주전 679년 에살핫돈은 타발 근처에서 키메르 족을 물리쳤다.

앗수르와의 충돌로 키메르 족은 멀리 서쪽을 향해 아나톨리아 중부로 이동했다. 키메르 족은 흑해 해변에 위치한 한 그리스 식민지 시노페를 공격하였다. 주전 676년경 그들은 프리지아Phrygian 왕국의 수도이자 전설적인 미다스 왕의 고향이기도 한 고르디온을 파괴했다. 스트라보는 미다스가 소의 피를 마시고 자살했다고 기록하고 있다(스트라보 《지리》 1.61).

앗수르는 키메르 족에 대해 좋지 않은 인식을 가지고 있었다. "그들은 야만인들의 후손이다. 그들은 신의 [맹]세를 인정하지 않는다." 주전 657년 한 점성가는 아슈르바니팔에게, 키메르 족이 서부 지역으로 몰려오겠지만 앗수르는 성공적으로 그들을 물리칠 수 있을 것이라고 예언했다.

에살핫돈의 이전 대적이었던 무갈루는 이제 타발의 통치자가 되었고, 멜리드의 통치자이기도 했던 것이 분명해 보인다. 그는 혼인 지참금을 챙겨 딸을 니느웨로 보냈지만 그 후로 그는 투그다메(그리스어로 리그다미스)와 함께 음모를 꾸몄다. 우만만다의 지도자인 투그다메는 아카드어로 키메르 족과 스키타이 족을 포함해 보통은 '이방 집단'을 가리킬 때 쓰는 말이다. 또한 힐라쿠 통치자 역시 혼인 지참금과 함께 딸을 니느웨로 보냈다.

리디아 왕 기게스는 꿈속에서 신들로부터 키메르 족과 싸우려면 아슈르바니팔에게 원조를 요청하라는 말을 들었다. 아슈르바니팔의 이름에 의지하는 동안, 그는 성공을 거두었다. 그러나 기게스가 앗수르를 멀리하고 심지어 프삼메티쿠스에게 용병을 보내기까지 하자, 아슈르바니팔은 그와 그의 왕국을 저주했고 기게스는 키메르 족에게 괴멸당했다. 이 사건은 주전 7세기 현실 정치가 꿈, 신탁, 주술적인 저주, 신의 중재 등을 통해 표현될 수도 있었음을 잘 보여준다.

키메르 족은 리디아 왕 기게스를 세 번 공격했다. 첫 번째 공격은 주전 668년과 665년 사이의 어느 한 시점에 이루어졌다. 첫 번째 대치 후 기게스는 아슈르바니팔에게 군사 지원을 간청했다. 두 번째 키메르 족의 공격은 주전 657년에 일어났으며, 기게스는 앗수르의 모종의 지원을 받아(?) 잘 싸워냈다.

그러고 나서 기게스는 사방에 외교술을 펼쳐 앗수르를 무시했다. 아슈르바니팔은 기게스가 파견한 용병들의 도움을 받은 프삼메티쿠스 1세가 이집트에 있는 앗수르 수비대를 축출했다는 보고를 받게 된다. 이 용병들은 카리아 족과 이미 리디아 통치자를 섬기고 있던 그리스 동부 사람들이었을 가능성이 아주 높다. 헤로도토스는, '청동 갑옷을 입고' 이집트에 온 첫 전사들이 이오니아와 카리아 족 출신의 해적들이었다고 주장한다(헤로도토스 2.147-152; 참고. 디오도루스 시쿨루스 1.66.12).

아슈르바니팔은 신의 없는 기게스를 저주하는 것으로 대응했다. 몇 년 후에 리디아는 키메르 족에게 침략을 당했고 기게스는 살해되었다(주전 645년경). 기게스가 죽고 리디아 수도 사르디스사데가 함락된 후에 키메르 족은 이오니아로 진격했고, 서머나, 마그네시아, 에베소를 공격했다.

아슈르바니팔은 기게스를 승계한 그의 아들이 앗수르와 좋은 관계를 회복했다고 말했다. 이와 같은 일련의 사건을 보면, 앗수르는 키메르 족의 무리들로부터 곤경을 당한 나머지 키메르 족의 전진을 저지하려는 나라라면 아나톨리아의 어느 국가와도 동맹을 맺으면서, 여전히 아나톨리아 국경 지대를 방어하고 있었다는 것이 분명해진다.

스키타이 족 키메르 족에 이어 스키타이 족이 그 모습을 드러냈다. 이들은 아스그나스 족들로 예레미야 예언서에 의하면 파괴를 몰고 오는 자들이었다(렘 4:5-31; 5:15-17; 6:22-26). 후대의 유대 문헌에서 그들은 야만성의 상징이었다(마카베오2 4:47; 마카베오3 7:5; 마카베오4 10:7).

앗수르는 스키타이 족을 아쉬쿠자야/이쉬쿠자야라고 불렀다. 그들은 이란 북서부에서 교전(주전 676-674년)했던 에살핫돈의 연대기에서 처음으로 등장한다. 헤로도토스(4.1)에 따르면 스키타이 족은 메대를 제압해 28년 동안 그곳을 다스렸다. 사실상 이 일은 앗수르의 도움을 받아 이루어진 것이었다. 스키타이 족의 한 왕이었던 바르타투아프로토티에스는 에살핫돈의 딸을 받았으며, 다음 20년 동안(주전 653-652년까지) 메대와 싸우는 앗수르를 지원한 것으로 보인다. 아슈르바니팔은 메대를 물리치고 스키타이 족이 그곳을 지배하도록 남겨두었다. 헤로도토스가 말한 28년 기간은 아마도 앗수르 제국에서 있었던 대내전 이후인 주전 645년경에 시작된 것으로 보인다. 다음 통치자 마디에스는 키메르 족을 물리쳤으며(헤로도토스 1.103.3), 심지어는 이집트를 향하여 남부로 방향을 돌렸다고 한다(헤로도토스 1.104.2-1.105.4). 프삼메티쿠스는 시리아 팔레스타인에서 스키타이 족을 만나 엄청난 보상금을 지불하는 데 동의함으로써 그들을 피할 수 있었다고 한다(헤로도토스 1.105.1). 스키타이 족이 철수하는 동안 아스글론 신전은 약탈을 당했다(헤로도토스 1.105.2). 만일 북쪽에서 온 마병에 대한 예레미야의 예언이, 임박한 스키타이 족의 침략을 경고(렘 4:5-31; 5:15-17; 6:22-26)한 것이라면, 그 연대는 주전 627년보다 더 이전은 아닌 것이 확실하다. 예언자가 자신의 사역을 그때 시작했다고 주장하고 있기 때문이다.

블레셋

아슈르바니팔 통치의 마지막 기간 동안, 블레셋 지역에서 있었던 삶의 발전에 대한 비문 증거는 없다.

주전 7세기 중반, 블레셋 활동에 대한 가장 중요한 증거 자료는 에그론 텔 엘 무카나=텔 미크네 발굴에서 나왔다. 도시는 가장 크게 확장되었으며, 중요한 건물들이 가득 들어 차 있었다. 특기할 만한 것은 신전으로, 그곳은 산지의 맨 꼭대기에 세워져 아세라에게 바쳐졌다. 성 주변 지역은 기름을 생산하는 시설들을 모두 갖춘 거주지로 사용되고 있었다. 에그론 사람들은 기름 생산에 대한 지역 독점권을 확보하고 있었는데, 왜냐하면 우수한 올리브를 생산할 수 있었던 지역들이 산헤립의 명령으로 유다 왕국으로부터 그들에게 옮겨졌기 때문이다. 그들이 생산한 기름은 레반트 남부에 주둔하고 있던 앗수르 군대의 수요를 충당하기 위해 수출되었던 것이 분명하다.

산헤립에 의해 복위된 통치자 파디 왕조는 에그론에 있는 주요 신전에

▲ 에그론의 네 뿔 달린 제단(주전 7세기)

한 헌정 비문을 바쳤다.

> 아카론의 통치자, 야이르의 아들 아다의 아들 YSD의 아들 파디의 아들 이카야우스가 그의 여신 포트가야를 위해 세운 집. 그분이 그에게 복을 주시기를, 또한 그분이 그를 지켜주시기를, 그리고 그분이 그의 생명을 길게 해주시기를, 그분이 그의 [땅]에 복을 주시기를.

에그론 통치자의 이름이 에게식으로 되돌아간 것은 주전 7세기 동안에 비옥한 초승달 지역의 여러 민족들 사이에서 발견되는 복고적인 경향의 한 표현이라고 할 수 있다. 블레셋 사람들에게 나타난 그 과정은 처음에는 상인들로, 후대에는 용병으로 활동한 그리스 동부 사람들에 의해 촉진되었을 것이다.

아스글론에서 이루어진 발굴 작업을 통해 그 도시가 고전 시대[1]뿐만 아니라 철기 시대에도 포도주 생산으로 유명했음을 알 수 있다.

성서 기록들은 주전 7세기 말 레반트 남부 지역에 대한 약간의 정보를 제공하고 있다. 만일 역대기 기자의 이야기를 사실 그대로 받아들인다면, 므낫세는 앗수르에게 충성을 다하는 가신으로 자신의 통치를 마감했으며 요새화 작업을 통해 자신의 왕국을 강하게 만들기 시작했음이 분명하다.

유다 왕국

므낫세의 아들, 아몬 아몬 왕은 주전 642년에 22세였으며, 주전 640년에는 즉위년 계산 방식으로 재위 2년째였다. 그의 통치에 대한 두 개의 짧은 평행 기록이 열왕기에서 다르게 나타난다. 열왕기 기록은 므낫세의 '회개'를 인정하기를 거부하며 아몬은 단지 아버지의 정책을 순전히 답습하는 왕으로 그려지고 있다(왕하 21:19-24을 보라).

다른 한편으로 역대기 기자는 아몬이 바벨론에 포로로 끌려가기 전에 므낫세의 부정적인 관행으로 되돌아갔다고 비난한다(참고. 대하 33:21-25).

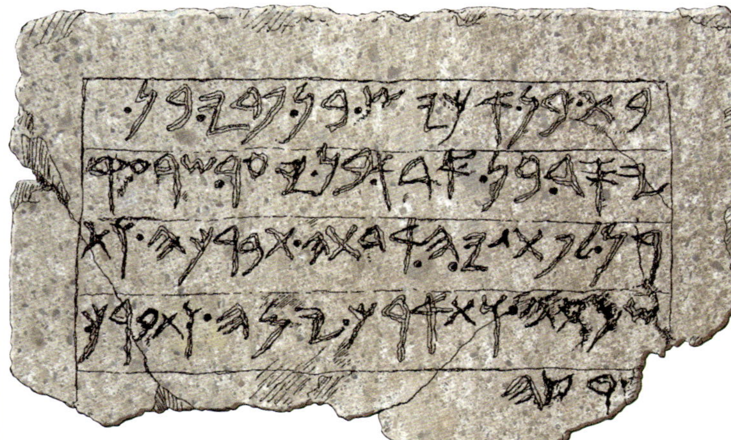

▲ 에그론 왕 아기스의 헌정 비문

아몬의 어머니 므술레멧은 욧바 출신 하루스의 딸이었다(왕하 21:19). 욧바는 요세푸스가 베스파시안 황제에게 포위 공격을 당했던 요새, 요타파타(《전쟁》 3:141-334)일 가능성이 높다. 현재 요타파타는 벳 네토파 골짜기의 북부 산등성이에 있는 키르벳 지팟과 동일한 지역으로 알려져 있다. 이곳의 유적과 유물들은 요세푸스의 설명과 일치하지만, 최근의 조사에서는 철기 시대의 유물들을 발견하지 못했다.

그럼에도 불구하고 욧바에 대한 후보지로 다른 확실한 대안이 있는 것은 아니다. 어떤 경우이든 주전 7세기 중반 유다 왕의 아내가 하부 갈릴리의 한 성읍 출신이라는 점은 의미심장하다.

아몬의 이름은 전통적으로 '충실한'이라는 뜻에서 유래했지만, 아몬이 주전 642년에 22세라는 의미는 그가 주전 664년에 태어났다는 것을 의미한다. 주전 664년은 아슈르바니팔이 노 아몬을 정복한 해라는 점을 주목해야 한다. 유다를 포함한 레반트 군대는 이 원정에 참여했다. 그해에 왕자가 태어났고, 그러한 광범위한 영향을 미친 위대한 군사적 사건을 기념하기 위해 그에게 그러한 이름을 지어주었다고 할 수 있지 않을까? 이집트 주요 신의 이름을 가진 왕자는 예루살렘 제사장들이 강조하는 전통적인 종교를 따르지 않았던 므낫세의 초기 정책과 잘 들어맞는다. 아몬이 이방 신들을 숭배하는 쪽으로 돌아선 일은 확실히 야훼께 충성을 지키는 행동이 아니었다. 더욱이 그것은 정부 측에서 반앗수르 정책으로 복귀한 것으로 해석할 수 있다.

왕을 암살한 사람들은 유다 정부에 속해 있던 왕의 측근들이었다. 왕국 전체에 흩어져 있던 지주들로 이루어진 지배 계층은 왕의 뒤를 이을 자가 그의 가문에서 나와야 한다고 생각했다. 그들은 아마도 어린 왕에게 적절한 조언과 인도가 필요하다는 점을 분명히 알고 있었을 것이다.

아몬의 아들, 요시야 이러한 위기 상황에서 왕위 계승자는 여덟 살짜리 소년이었다. 요시야는 갑작스러운 죽음을 맞이하기까지 31년 동안 나라를 통치했다(왕하 22:1-23:30; 대하 34-35장). 이때는 주전 641년 티쉬리 월이었으므로 그의 출생연도는 주전 649년이 분명하다. 이 해에 앗수르 제국을 괴롭혔던 큰 내전이 있었다. 그의 어머니는 보스갓 출신으로, 이 성읍은 유다의 세펠라 남부 지역에 있는 라기스와 에글론 사이에 있다(수 15:39). 보스갓의 위치는 확실하지 않다. 아몬과 그녀의 결혼이 갖는 정치적 의미 또한 확실하지 않다.

신명기 역사가의 기술에는 요시아 왕의 초년에 대한 상세한

1_고전 시대
주전 4세기 헬라 문화의 등장에서부터 주후 7세기 비잔틴 시대까지를 가리킨다.

자료는 거의 없지만 약간의 설명을 추론할 수는 있다. 요시야에게 네 아들이 있었던 것은 분명하다. 그들은 요하난, 여호야김, 시드기야, 살룸여호아하스이다(대상 3:15). 장남 요하난에 대해서는 알려진 것이 아무것도 없다. 다른 세 아들이 가장 어린 아들부터 차례대로 아버지의 왕위를 계승하였던 것으로 보아, 장남 요하난은 어린 나이에 죽었을 수도 있다. 원래 엘리야김이었던 둘째 아들 여호야김은 25세 때 통치를 시작했다(왕하 23:36; 대하 36:5). 이때는 주전 609년이었으므로 그의 출생연도는 주전 634년이었고, 이때 그의 아버지 요시야는 15세였을 것이다. 따라서 장자 요하난은 그보다 1-2년 앞서 요시야가 13-14세였을 때 태어났을 것이다. 아마도 요하난은 이름이 알려지지 않은 매우 어린 아내에게서 태어나, 조산이었거나 어떤 문제가 있어 일찍 죽었을 것이다. 당시 유아 사망률은 매우 높았다. 여호야김의 어머니는 루마 출신의 스비다였다(왕하 23:36[1] ‖ 대하 36:5). 두 명의 용감한 갈릴리 유대인들이 루마 출신이었던 것으로 보아(《전쟁》 3.7.21), 최소한 헤롯 시대에 루마는 갈릴리에 속했던 것으로 여겨진다. 이것은 루마가 세포리스 북부에 있는 벳 네토파 골짜기에 위치한 키르벳 에르 루마 호르밧 루마와 동일한 지역임을 가리킨다. 유다 지역에도 루마가 있지만(수 15:52), 이 지역에 키르벳 에르 데이르 도메라는 이름을 가진 실제 성읍인 유세비우스의 두마가 있었기 때문에(《지명록》 78:21) 이 성읍의 히브리어식 이름은 보통 두마로 교정하여 읽는다. 확실히 유다 산지에는 두마 도메 성읍이 과거에도 현재에도 여전히 존재한다. 다른 한편으로 루마 Rumah라는 지명에 대한 마소라 본문의 증거도 견고하다. 그러므로 여호야김의 어머니가 하부 갈릴리 출신인지, 아니면 유다 산지 남부 출신인지 결정하는 것은 어려운 문제이다. 이 문제는 여전히 미해결 문제로 남아 있다.

요시야의 마음에 드는 아들은 막내 여호아하스였다. 그는 주전 609년 여름에 23세의 나이로 석 달 동안 통치했으므로 주전 632년에 태어났을 것이다. 그는 립나 출신 예레미야의 딸 하무달의 아들이었다. 그는 주전 633년에 잉태되었다. 요시야가 주전 641년 티쉬리 월에 통치를 시작했으므로 이때는 요시야 재위 제8년째 되는 해였다. 요시야와 하무달의 결혼은 주전 633년에 이루어졌을 가능성이 아주 높다. 어린 왕 요시야가 제사장 도시 립나 출신 장인의 영향을 받았다는 것은 우연의 일치로 보기 어렵다(대하 34:3a[2]을 보라). 역대기 기자의 어조로 볼 때 이 일은 그가 예루살렘 성전의 종교 관습으로 복귀하였다는 의미일 것이다.

요시야의 정치적이며 종교적인 개혁에 대한 시각차는 열왕기와 역대기에서 분명하게 드러난다. 개혁의 전 과정이 요시야 제18년에 한꺼번에 에너지가 분출된 것이라는 신명기 역사가의 회상은 거의 신뢰하기 어렵다. 요시야 제8년에 시작해 제12년을 거쳐 제18년에 점차적으로 이루어진 과정으로 말하는 역대기 기자의 기록이 훨씬 더 납득할 만하다. 만일 신명기 역사가가 요시야를 그처럼 모범적인 통치자로 여겼다면, 어떻게 그는 개혁을 시작하기 전까지 18년이나 기다릴 수 있었을까?(대하 34:3b을 보라)

요시야 제12년은 주전 629/628년이었을 것이다. 이때는 예루살렘과 유다에 대한 정화 작업이 이루어지고 북쪽 영토로 개혁을 확장하는 정책이 이어졌다. 유다 왕은 앗수르 지방에서 여전히 위세를 부리던 경쟁적인 성직 제도와 조직들을 과감하게 제거하였다. 이 시기는 아슈르바니팔이 죽은 시기와 일치한다는 의견이 있다. 그동안의 연구 성과들은 앗수르 왕이 주전 627년에 죽었다고 말하지만, 그가 주전 630년에 이미 권력의 물줄기를 아슈르 에틸 일라니에게로 돌려놓았다는 암시가 있다. 그러한 경우에, 유다 같은 국가들이 그런 권력 이동이 앗수르 중앙 정부(특히 서부 지역)가 약화된 데서 비롯된 것임을 알아차리는 데에는 몇 달이 걸렸을 수 있다. 그러나 아슈르바니팔의 통치 말기에 대한 연대기 자료는 대단히 모호하다. 그럼에도 불구하고 그 즈음 중앙 정부가 약화되어갔다는 점은 분명해 보인다. 비록 바벨론이 미지의 인물인 칸달라누의 통치 아래서 누가 보아도 평온을 누리고 있는 듯이 보이긴

1_"여호야김이 왕이 될 때에 나이가 이십오 세라. 예루살렘에서 십일 년간 다스리니라. 그의 어머니의 이름은 스비다라. 루마 브다야의 딸이더라"(왕하 23:36).

2_"아직도 어렸을 때 곧 왕위에 있은 지 팔 년에 그의 조상 다윗의 하나님을 비로소 찾고 제 십이 년에 유다와 예루살렘을 비로소 정결하게 하여 그 산당들과 아세라 목상들과 아로새긴 우상들과 부어 만든 우상들을 제거하여 버리매"(대하 34:3).

했다.

요시야의 종교 개혁에 대한 신명기 역사가의 기술에는 항상 문제가 있었다. 예를 들면 어떻게 선한 왕으로 분류된 요시야가 18년이 지난 후에야 비로소 자신의 왕국에서 이방 제의를 제거했다는 것인가? 그리고 요시야 제12년에 북쪽으로 종교 개혁을 확장했다는 설명은 신명기 역사가가 제18년의 개혁 안에 모든 사건들을 일괄 통합시킨 것보다는 훨씬 설득력이 있어 보인다. 신명기 역사가는 개혁과 관련된 모든 일들을 성전 건물 안에서 두루마리를 발견한 결과로 분명하게 설명하고 싶어 했던 반면, 역대기 기자는 이미 진행 중이던 개혁의 결과로 책을 발견했다고 말했다. 역대기 기자가 말한 정확한 세 연대, 곧 요시야 제8년, 제12년, 제18년을 고려한다면, 그가 앞의 두 연대의 의미를 조작했다고 추정할 만한 이유는 전혀 없다. 따라서 역대기 기자는 그의 일차 자료인 유다 왕들의 역대지략에 근거했다고 추정하는 것이 더 이치에 맞는다. 지리적인 기술 역시 그와 같은 추정이 타당하다는 것을 뒷받침해준다. 그와 같이 상세한 지리 정보가 창작의 결과라고 보기는 어려운 일이다. 요시야의 개혁에 관한 역대기 기자의 내러티브에 "추가 자료가 있음을 암시하는 내용이 전혀 없다"는 말은 사실이 아니다. 신명기 역사가가 대정화 작업을 제18년에 일어난 것으로 잘못 배치하고 있음에도 불구하고 지리적인 자료는 가치가 있으며, 이에 대해서는 제12년을 다룰 때 논의할 것이다.

첫 단계는 예루살렘 성전으로부터 모든 이방 제의 도구들을 쓸어내는 일이었다(왕하 23:4을 보라). 다음 단계는 경쟁 관계에 있던 제의 중심지들을 유다 왕국으로부터 제거하는 것이었다(왕하 23:5[3]을 보라).

다음에는 성전 뜰을 정화하였다. 이 일은 예루살렘 밖으로 나가기 전에 성전 건물 자체를 정화한 이후에 이루어진 것으로 추정할 수 있다(왕하 23:6-7을 보라). 지방으로부터 올라온 합법적인 제사장 간부들은 수도(혹은 가장 가까운 제사장 도시?)로 보내졌다. 이곳에서 그들은 성전 일꾼들과 같이 사례를 받았지만 예루살렘의 제의를 수행하는 일은 허용되지 않았다(왕하 23:8을 보라).

유다 왕국을 '게바에서부터 브엘세바까지'라고 규정한 지리적 표현은 베냐민에 속한 게바제바가 유다 네게브 지역, 즉 브엘세바의 행정 중심지였음을 의미한다. 이 표현에서 북단 도시는 에브라임 산지에 있는 가상의 게바가 아니라 베냐민 지파의 잘 알려진 경계 안에 위치하고 있는 것이 확실하다. 예루살렘의 성문에는 제의 시설이 있었고, 행정 관리가 있는 도시의 성채 문에도 있었던 것이 분명하다(왕하 23:8b을 보라).

행정 관리의 성채 문에 있었던 제의 시설들은 여행자들이 안전한 도착에 감사하거나 안전한 출발을 위해 복을 비는 장소가 되었다. 성문에서 열리던 재판이 이곳에서 대신 열리기도 했으며, 특별히 도시 지도자의 대문 옆이 그와 같은 장소로 사용되었다(왕하 23:9을 보라).

요시야가 폐한 것 중에, 이전 군주들이 유아를 제사로 바치는 장소로 구별한 도벳이 특별하게 언급되어 있다(왕하 23:10을 보라). 태양 숭배를 위해 바쳐진 특별한 한 떼의 말들도 성전 구내에서 제거되었다(왕하 23:11을 보라). 또한 지붕 위나 성전 뜰에 이전 왕들이 왕실 용도로 사용하기 위해 설치한 몇 개의 제단들이 있었던 것이 확실한데, 이것들 또한 폐기되었다(왕하 23:12을 보라).

예루살렘 맞은편 산 위에 세운 제의 시설들을 제거한 일은 특별히 주목해보아야 한다. 이 제의 시설들은 외교 사절단이 머물던 장소였으며, 왕비의 수행원들에 합류했던 이방 공주들의 자택이었다(왕하 23:13-14을 보라; 참고. 왕상 11:1-8).

요시야의 이야기는 그가 자기 왕국의 북쪽에 있던 제의 중심지들에 대해 취했던 행적들로 끝맺는다. 그중 북왕국의 초대 왕이 세운 '왕실 산당'(암 7:13[4])인 벧엘이 먼저 나온다(왕하 23:15을 보라). 벧엘 이야기에는 선지자의 무덤에 대한 일화가 덧붙여져 있으며, 사마리아에 있는 예배 중심지들에 대한 일반적이며 포괄적인 언급이 뒤따른다(왕하 23:19-20을 보라).

3_"옛적에 유다 왕들이 세워서 유다 모든 성읍과 예루살렘 주위의 산당들에서 분향하며 우상을 섬기게 한 제사장들을 폐하며 또 바알과 해와 달과 별 떼와 하늘의 모든 별에게 분향하는 자들을 폐하고"(왕하 23:5).

4_"다시는 벧엘에서 예언하지 말라. 이는 왕의 성소요 나라의 궁궐임이니라"(암 7:13).

경쟁 관계에 있는 제의 간부들에 대한 요시야의 군사 행동은 실로 살벌했다. 유다 시골 지역에서 활동하던 제사장들은 예루살렘으로 소집되어 급료를 받았으나 직무 집행은 금지되었다. 다른 한편으로 경쟁 관계에 있던 북이스라엘에 위치한 성소의 제사장들은 새로운 종교 제도에 매우 위협적인 자들로 여겨졌다. 이들 중 일부는 앗수르 제국 도처에서 유입된 사람들이었을 것이다. 그들은 잔인하게 살해되었고 자기들이 세운 제단 위에서 불태워졌다.

신명기 역사가의 기술은 기본적인 논리적 순서를 따르지 않는 것처럼 보이며, 단지 부분적으로 지리적인 정보를 제공하고 있다. 이와 대조적으로 역대기의 평행 자료는 훨씬 간결하며 응집력 있다(대하 34:3-7을 보라). 여기서 시므온은(대하 34:6) 지파가 아니라 이스르엘 골짜기의 북서부에 있는 한 성읍을 가리킨다. 그곳은 오늘날에는 텔 쉬므론으로 불리는 키르벳 사무니예라는 마을이다. 시므온이 요시야의 문맥에서 등장하는 것은 므깃도가 그때 이후로 오랫동안 앗수르의 전진기지가 되었고, 이스르엘 골짜기에 사는 거주민들을 대표할 수 없다는 점에서 본다면 충분히 설명이 될 만한 일이다.

이 기간에 대해 역사가들이 종종 그렇게 추정함에도 불구하고, 요시야가 북부 지파들의 지역까지 정치적 영향력을 행사했다고는 언급하지 않는다. 열왕기나 역대기, 그리고 다른 동시대 예언서들의 내러티브에도 그와 같은 언급은 나오지 않는다. 앗수르 총독들이 자신이 장악하고 있는 지역에서 한 지방 봉신이 무장한 군대를 사용하는 것을 허용하지는 않았을 것이라는 점에 근거해서, 요시야의 종교적 정화 작업 이야기에 의심을 제기하기도 한다. 주둔군인 앗수르 군대 세력이 그렇게 약화되거나 감소되어서 작은 나라의 왕이 이웃 영토까지 자기 마음대로 좌지우지할 수 있었던 것일까? 역대기 기자의 말이 옳다면, 그와 같은 대량 학살은 아슈르바니팔의 죽음 이전에 일어난 일이고 그의 죽음 후에는 정치적으로 경쟁 관계에 있던 지역들이 앗수르와 바벨론의 평온을 산산이 깨뜨렸다고 할 수 있다. 지방 총독들 중 일부는 다가오는 충돌에서 영향력을 얻기 위해 본국에 있는 가족 소유지에서 더 많은 시간을 보냈을 수도 있다. 아마도 앗수르 군대는 휘청거리는 왕정을 지원하기 위해 본국으로 소환되었을 것이다. 이와 같은 성가신 질문들에 답을 구하기는 쉽지 않다.

주전 627년 아슈르바니팔이 죽었다. 그와 동시에 바벨론의 통치자 칸달라누Kandalanu도 죽었다. 주전 약 640년부터 627년까지, 메소포타미아 남동쪽에서 작은 반란이 일어나기는 했지만 앗수르와 바벨론 본토는 비교적 안정과

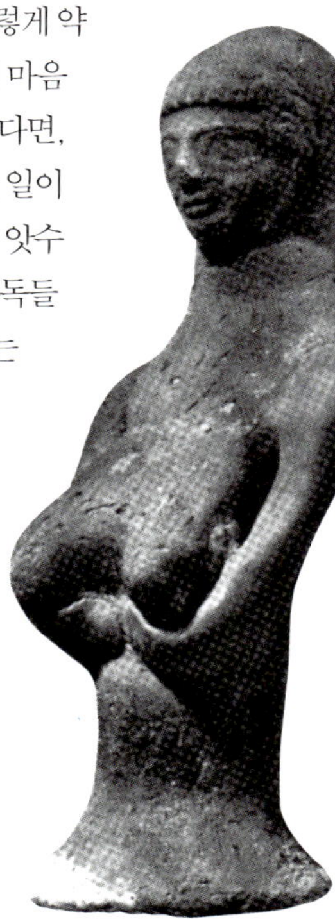

▶ 예루살렘의 유대인 구역에서 발견된 풍요의 작은 여신상(철기시대 II기)

1_"유다의 왕 아몬의 아들 요시야 왕 열셋째 해부터 오늘까지 이십삼 년 동안 여호와의 말씀이 내게 임하기로 내가 너희에게 꾸준히 일렀으나 너희가 순종하지 아니하였느니라"(렘 25:3).

번영, 평화의 시간을 누렸던 것으로 보인다. 요시야 시대에 대한 성서의 언급은 레반트 지역의 소규모 국가들 사이에서 있었던 행적들에 대한 유일하고도 중요한 증언이다.

아마 예레미야 선지자도 이와 동일한 해, 즉 주전 627년에 사역을 시작했을 것이다(렘 1:1-2, 25:3[1]을 보라).

칸달라누가 죽은 주전 627년부터 바벨론은 공개적인 반란의 시기를 맞았다. 한편으로는 앗수르와 바벨론의 지속적인 왕권 쟁탈전에 앗수르가 몰두하게 됨으로써 서부 지역 민족들은 독립을 쟁취할 기회를 얻었던 것이 분명하다. 적어도 아직 완전히 앗수르의 속국으로 전락하지 않은 봉신 국가들에게는 그러했다. 그럼에도 불구하고 시리아 북부와 중부에 앗수르 군대가 주둔하고 있음으로 인해, 페르시아 시대에 레반트는 아투라/앗수르(이후부터는 시리아)라고 불렸을 것이다.

요시야 통치의 후반기에 대해서는 알려진 바가 거의 없다. 이 기간 동안 그는 셰펠라에 있는 라기스와 네게브에 있는 주전 7세기 유적지 같은 주요 도시들을(네게브 지역의 요새화가 므낫세 치하에서 시작된 것이 아닌 한) 요새화하였을 것이다.

주전 623년 앗수르와 바벨론 지배권을 놓고 벌인 싸움에서 나보폴라사르Nabopolassar는 경쟁자들을 물리치고 바벨론의 무적의 통치자로 부상했고, 유다와 같은 서쪽 지역 국가들은 나름대로 자유를 누릴 수 있었던 것이 분명하다. 앗수르에 대한 유다의 종속은 확실하게 종결되었다. 우리는 이것을 배경으로 요시야 왕 제18년에 맺은 야훼와의 언약 대'갱신'을 이해할 수 있다. 만일 역대기 기자를 믿을 수 있다면, 이때 요시야는 경쟁 관계에 있던 성직자를 억누르는 데 성공했을 것이다. 왕실과 연합한 예루살렘 제사장들이 확실하게 지배권을 행사했다. 국가의 새로운 종교적 · 정치적 체제를 형성할 때가 온 것이다. 실제로 이 일은 앗수르에 종속된 봉신 관계를 청산하는 것과 다름이 없었다. 봉신 관계에 대한 문서 기록이 남아 있지는 않지만, 봉신들에게 부과된 조약이 어떠한 것이었는지는 우리가 잘 알고 있는 앗수르의 문헌들이 잘 보여주고 있다. 므낫세의 시대 이후로 유다는 확실히 그와 같은 봉신 관계에 종속되어 있었던 것이 분명하다. 요시야가 새 언약/조약을 맺은 이유는 성전을 새롭게 단장하는 동안 언약 두루마리를 발견한 것에 대해 기록하고 있는 이야기에 잘 표현되어 있다(왕하 22:3-10을 보라).

이 책을 발견한 것은 왕과 하나님, 또한 왕과 백성 사이에 새로운 계약 관계를 공식적으로 수립하는 계기가 되었다(왕하 23:1-3을 보라). 이때에 공포되었던 두루마리의 정체에 대한 해묵은 논쟁은 해결하기가 어렵다. 가장 가능성 있는 이야기는 그것이 현존하는 신명기 책이거나 그것과 매우 유사한 것이라는 견해이다. 오경 전체는 포로기와 포로기 이후의 특징을 너무나 많이 가지고 있어서, 주전 622년에 현재의 형태로 존재했었다고 볼 수는 없다.

위에서 언급한 것처럼 지방 종교를 억압한 정책이 실시된 이후에 새로운 언약을 맺었던 것으로 설명하고 있는 역대기 기자의 기록은 확실히 옳다(대하 34:8, 29-30을 보라). 요시야가 총애하는 아내 하무달은 요시야가 31세 때인 주전 618년에 시드기야를 낳은 것이 분명하다(왕하 24:18; 렘 52:1; 대하 36:11).

요시야가 지배한 영토의 범위를 확정하는 것은 불가능한 일이다. 남쪽에 있는 요새 가데스 바네아는 주전 7세기 말이나 주전 6세기 초의 일정 기간 동안 유다의 수중에 있었다. 이는 히브리어 오스트라카(도기 파편 조각)에 의해 입증되고 있는데, 그중에는 거의 전적으로 이집트식 기호를 사용해서 일용품들과 수량을 기록한 자료(6번)도 포함되어 있다. 한 오스트라카에 기록된 히브리어 '수천'(I. 12, Ⅲ단)이라는 단어는 그 자료를 남긴 서기관이 유다 사람임을 충분히 입증해주는 자료이다. 히브리 서기관들은 사마리아 오스트라카에서 입증되고 있는 것처럼 적어도 주전 8세기 초에는 그러한 기호들을 받아들이고 있었다. 이집트 신관 문자로 쓰인 그러한 오스트라카가 가데스 바네아와 아랏에서 발견되었다는 사실을 그곳에 이집트가 주둔하고 있었다는 증거로 보아야 할 이유는 없다.

앗수르의 멸망과 신바벨론 왕국의 발흥

주전 627년 아슈르바니팔이 죽은 이후 왕위에 오른 그의 아들 아슈르 에틸 일라니는 상당히 심각한 내부 갈등에 직면했지만, 그의 충성스러운 환관인 신 슈뮤 리쉬르는 그를 왕좌에 올려놓는 데 성공했다. 그 이후로 메소포타미아 남부, 특별히 페르시아 만으로 가는 도로를 장악하기 위한 싸움이 한동안 계속되었다. 경쟁자는 갈대아 지도자 나보폴라사르였는데, 그는 일찍이 주전 626년 바벨론의 왕권을 주장했었지만, 주전 623년까지도 확고한 지배권을 행사하지 못했다. 그러는 동안에 아슈르 에틸 일라니의 왕좌는 그의 환관 신 슈무 리쉬르로 대체되었고, 이어서 또 다른 왕자인 신 샤라 이쉬쿤이 왕위를 계승했다. 바벨론 연대기와 지방 조약들에 나오는 연대 자료, 그리고 그와 관련된 문헌들은 이 사건들을 재구성하는 틀을 제공해주고 있다. 일련의 서판들 가운데 분실된 부분이 있어 일부 틈새가 있긴 하지만, 바벨론 연대기는 이집트와 유다 왕국의 사건들과도 연결될 수 있는 풍부한 연대 정보를 제공해주고 있다.

주전 623년 나보폴라사르는 바벨론에서 확고하게 자리를 잡았다. 앗수르는 여전히 멀리 서쪽으로 하란, 고산, 쿰무크 등지에 이르기까지 충성스러운 지방 총독을 두었다. 다음 몇 년간은 문서상의 자료가 없는데, 연대기 시리즈 중 일부 서판이 분실되었기 때문이다. 이야기는 유프라테스 강을 따라 전쟁이 일어난 주전 616년에서 다시 시작된다. 그해에는 비옥한 초승달 지역에서 레반트에 중대한 영향을 끼친 몇 가지 중요한 지정학적 발전이 이루어졌다. 이집트 군대가 바벨론과 맞서 싸우는 앗수르를 지원하기 위해 메소포타미아에 모습을 드러낸 것이다.

나보폴라사르는 유프라테스 강변을 따라 북쪽 원정에 착수했다.

> 10년째 되던 해, 나보폴라사르는 이야르 월에 아카드 땅의 군대를 소집했다. 그는 유프라테스 강변을 따라 행군했다. 수후 땅과 힌다누 땅은 그에게 맞서 싸우지 않았다. 도리어 그들은 그의 앞에 조공을 바쳤다.
>
> 아빕 월에 앗수르 땅의 군대는 가블리니 도시에 집결하였다. 나보폴라사르는 그들을 향하여 올라갔다. 아빕 월12일에 그는 아슈르 땅의 군대와 전쟁을 했다. 아슈르 땅의 군대는 그의 앞에서 퇴각하였다. 그는 아슈르 땅에게 심각한 패배를 안겨주었다. 그는 그들의 전리품을 철저히 약탈했다. 그들을 도우러 왔던 만네아 사람들과 아슈르 땅의 지휘관들은 생포되었다. 같은 날에 그는 가블리니 도시를 정복했다.
>
> 아빕 월에 아카드 왕과 그의 군대는 마니에 도시, 사히리 도시, 발리후 도시로 올라갔다. 그는 그들의 전리품을 약탈했고, 엄청난 전리품들을 빼앗았다. 또한 그는 그들의 신들을 노략했다.

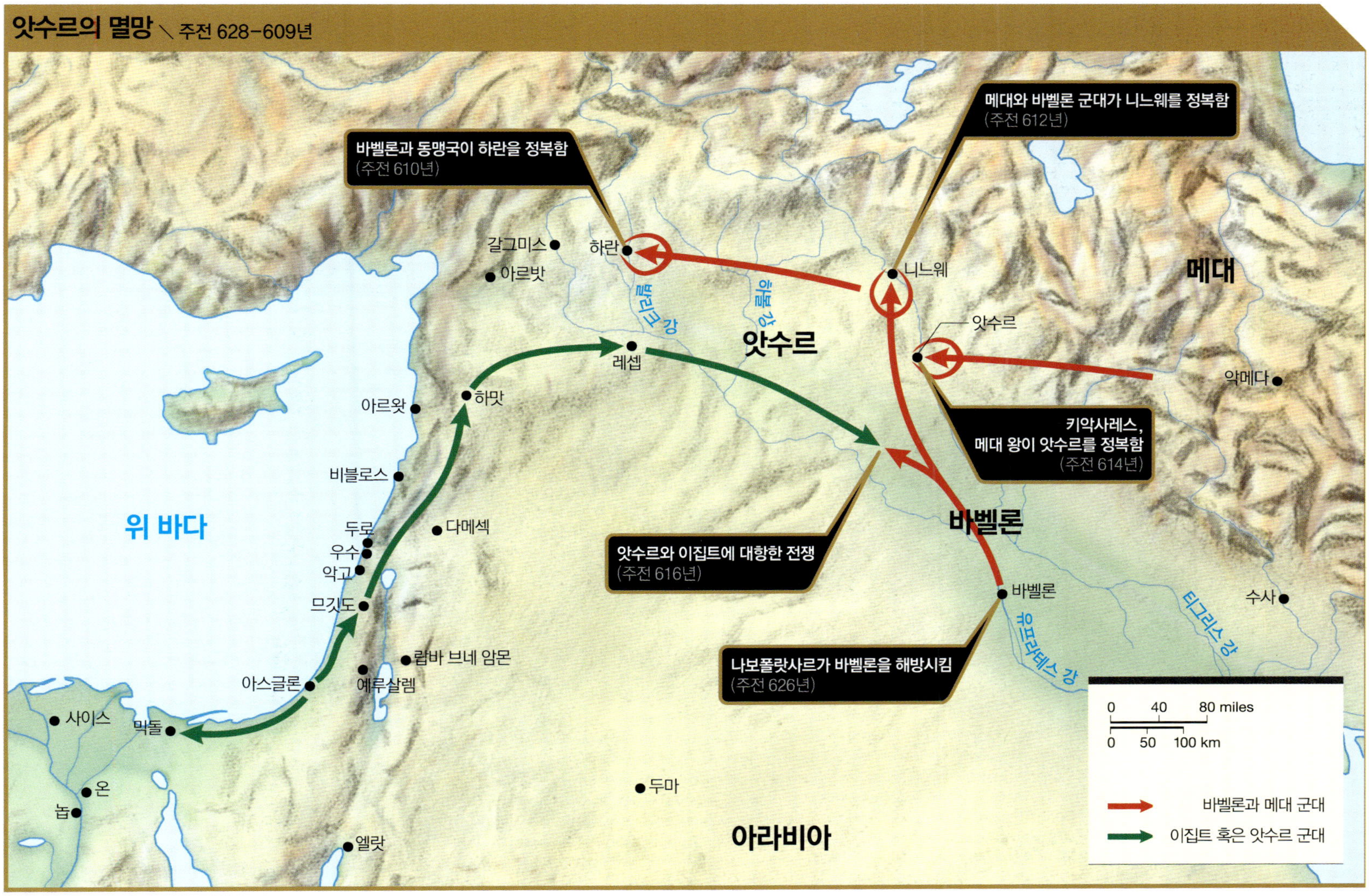

앗수르의 멸망 \ 주전 628–609년

엘룰 월에 아카드 왕과 그의 뒤를 따르는 군대는 귀환했다. 오는 도중에 그는 힌다누 도시를 점령했고 그곳의 신들을 바벨론으로 가져왔다.

티쉬리 월에 이집트 땅의 군대와 아슈르 땅의 군대는 멀리 가블리니 도시까지 아카드 왕을 뒤쫓아 왔다. 그들은 아카드 왕을 따라잡지 못하자 추격하는 일을 그만두고서 되돌아갔다(연대기 3:1–11).

이집트 군대가 유프라테스 상류 지역에 나타났다는 것은 프삼메티쿠스 1세가 앗수르를 돕기 위해 군대를 이끌고 레반트를 건너 행군할 수 있었다는 것을 의미한다. 그는 아마도 자신에게 도움을 간청했을 신 샤라 이쉬쿤이 직면한 전쟁에 대해서 충분한 정보를 입수했던 것이 분명하다. 문제는 프삼메티쿠스가 그를 돕는 대가로 무엇을 요구했을까 하는 것이다. 이 약삭빠른 파라오는 이 시기에 에게 출신 전사들로 구성된 용병 부대를 이끌고서 지중해 동부의 해안 지방을 끼고 있는 국가들 사이에 활발했던 상업 활동에 참여했음이 틀림없다. 그를 초대했던 사람이 신 샤라 이쉬쿤이었을 것이라고 추정해볼 때, 앗수르의 지방 총독들 역시 이집트 군대가 시리아를 건너 유프라테스로 행군할 때 군수 물자를 지원해달라는 요청을 받았을 것이다. 그렇다고 아직까지는 프삼메티쿠스가 레반트의 패권을 장악했다고 보아야 할 필요는 없다. 그러나 그것이 그의 목표였던 것만큼은 분명하다.

그해 말, 아달 월에 바벨론은 티그리스 땅을 따라 북쪽으로 원정을 나갔다. 그들은 다시 한 번 앗수르 군대를 압박하여 아라프카 근처에 있는 마다누에서 벌어졌던 맹렬한 전투 장소로부터 그들을 철수시켰다. 다음 해에 바벨론 군대는 티그리스를 따라 북쪽으로 행군하였다. 그들은 아슈르 근처에 진을 쳤지만, 앗수르 군대에 의해 격퇴를 당하였다. 그들은 타크리타인 티크리트 으로 후퇴하여 그곳에서 강력한 방어선을 구축하였다. 이어진 앗수르의 공격으로 북쪽 지역 나라들은 엄청난 손실을 입은 채 퇴각했다.

주전 614년에는 메대가 아슈르를 파괴했다. 그들은 먼저 니느웨로 접근해 근처의 마을들을 파괴했다. 그러고 나서 아슈르로 방향을 돌이켜 그곳을 점령했다. 바벨론 군대가 메대를 도우러 왔지만 이미 너무 늦은 때였다. 나보폴라사르와 메대의 지도자 키악사레스는 그곳에서 만나 동맹을 맺었다. 다음 해에는 유프라테스 중부의 수후 왕국에서 반란이 일어났다. 바벨론 왕은 그들을 공격하지 않을 수 없었지만, 앗수르 군대가 그곳에 나타나는 바람에 결국에는 철수하고 말았다.

이듬해인 주전 612년은 진정한 전환점이 되는 해였다. 메대 군대가 내려와 바벨론 군대와 연합한 것이다. 그들은 함께 니느웨로 행군해 시완 월부터 아빕 월까지 석 달 동안 그곳을 포위 공격했다. 그들은 큰 승리를 거두었고 신 샤라 이쉬쿤은 죽고 말았다. 메대가 그들의 본국으로 돌아간 후에 바벨론 군대는 앗수르를 제지라 북쪽의 주요 도시인 나시빈까지 추격했다. 앗수르 왕권은 하란에 있는 아슈르 우발릿 2세에게 넘

느고 2세의 원정 \ 주전 605-601년

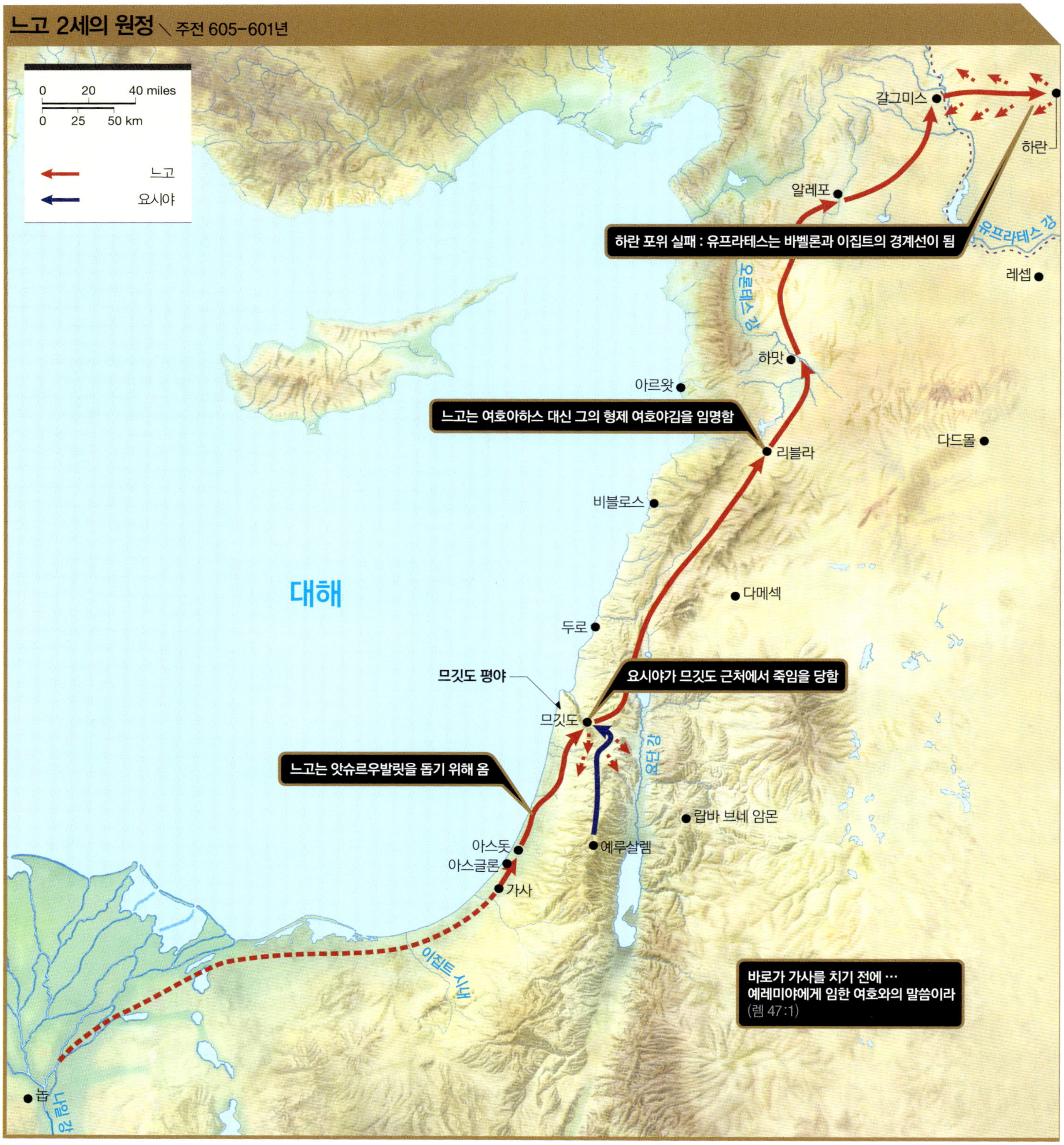

어갔다. 하란은 유프라테스 상류에 있는 교차로 도시로 발리크 강까지 닿아 있다.

이듬해의 원정에서 바벨론 군대는 앗수르에서 노략질을 감행했다. 이어서 주전 610년에는 바벨론과 메대 군대가 하란에서 합류하여, 서쪽 갈그미스로 후퇴했던 것으로 보이는 앗수르와 이집트 연합군을 몰아냈다. 하란을 차지한 바벨론은 철저하게 그곳을 약탈했다. 이로써 나보폴라사르는 이제 메소포타미아 전역을 실질적으로 지배하게 되었다. 같은 해, 느고 2세가 아버지 프삼메티쿠스의 죽음으로 이집트 왕이 되었다.

이집트의 간섭과 레반트 점령

앗수르의 잔당 정권을 지원하려고 간 것을 제외한다면 이집트 사람들이 이 시기까지 레반트에 주둔했었다는 확실한 증거는 없다. 헤로도토스는 프삼메티쿠스와 스키타이 족 사이의 충돌에 대해 언급할 뿐만 아니라 아스돗을 오랫동안 포위 공격했다는 기록도 남겼다.

◀ **파라오 머리 조상** _ 이집트 26왕조 파라오, 프삼메티쿠스(프삼티크) 2세의 머리 조상. 성서에서 언급된 이집트 왕들인 느고와 호브라가 이 왕조에 속한다.

> 프삼메티쿠스는 54년 동안 통치하였으며, 29년 동안이나 시리아의 큰 도시인 아스돗을 포위 공격하여 마침내 그곳을 취하였다(헤로도토스 2.157.1).

이집트나 앗수르의 비문이나 다른 비문 자료들에는 이러한 주장을 확증할 만한 내용이 전혀 없다. 54년간의 통치는 마네토와 쐐기문자 기록들이 증거하고 있다. 아슈르바니팔[1]은 주전 654년 사이스 격전 현장에 있었고 주전 610년에 죽었다. 그해에 느고 2세가 그의 왕위를 계승하였다. 29년 동안의 포위 공격은 늦어도 주전 640년에는 시작되었어야 했을 것이다. 그러나 예레미야의 경고가 그것과 관계가 있다면, 프삼메티쿠스는 스키타이 족의 침략을 예상해 주전 627년경 아스글론 남쪽 어딘가에 머물 수밖에 없었을 것이다. 그처럼 오랜 기간 동안 아스돗을 포위 공격하는 것이 가능할 수도 있지만, 29년 동안이나 계속되었을 것 같지는 않다. 혹자가 주장하는 것처럼 헤로도토스나 그의 자료가 오해를 하였고, 아스돗 포위 공격이 프삼메티쿠스 제29년에 있었던 일이라고 볼 때 그것은 주전 630년대 중반에 해당한다. 아슈르바니팔의 통치 말기에 본국이 불확실하고 불안정했을 것이라고 추정한다면, 프삼메티쿠스가 레반트를 장악하기 위해 아스돗을 향해 진격했다고 보는 것도 가능하다. 블레셋의 네 도시를 언급했던 스바냐 선지자의 예언에 이 포위 공격에 대한 암시가 있다고 생각할 수 있다(습 2:4-7[2]). 헤로도토스의 설명에서는 주전 7세기 말 이집트의 오랜 패권에 대한 언급을 거의 찾아볼 수 없다. 요시야가 항상 이집트의 봉신이었다고 생각하는 것은 무리가 있다. 그러나 프삼메티쿠스가 티그리스에 있는 앗수르 정권의 몰락으로부터 충분한 이득을 얻으려는 의도를 가지고 있었다는 것은 분명하다. 주전 609년, 그의 아들이자 상속자인 느고 2세는 군대를 이끌고 하란에 발판을 다시 마련한 아슈르 우발릿을 돕기 위해 나아갔다. 그러나 레반트 남부에 있는 소국들은 느고 2세가 그의 목적을 이루는 것을 원하지 않았던 것이 분명하다. 헤로도토스는 이를 분명히 밝히고 있다.

> 그리고 군대를 거느린 시리아 사람들과 교전한 느고는 막돌로에서 그들을 패배시켰다. 그 전투 이후에 그는 시리아의 큰 도시, 카디티스가사를 차지했다(헤로도토스 2.159.2).

막돌로를 므깃도로 고쳐 씀으로써 이 전투를 유다의 요시야와 관련시키려는 시도는 정당화될 수 없다. 막돌로(성서의 믹돌)에서 가사까지의 여정은 예레미야 선지자에 의해 확증된다(렘 47:1[3]을 보라).

위의 두 언급으로부터 '시리아 사람들', 즉 레반트 남부의 주민들은 시내 반도를 건너려는 이집트 군대를 방해하려고 노력했던 것이 분명하다. 그들은 군대를 징집해 느고와 그의 군대를 막돌로에서 만났다. 그러나 그들은 성공하지 못했고 파라오는 가사를 정복하기 위해 시내 반도를 건넜다. 여기서 혹자는 '시리아' 군대가 어떤 사람들로 구성되었는지 알고 싶을 것이다. 헤로도토스는 분명히 밝히고 있지 않지만 그들 가운데 블레셋 사람들이 있었음에 틀림없다. 그는 다른 곳에서 '블레셋 사람이라 불리는 시리아 사람들'이라고 말한다(헤로도토스 3.5.1).

이 문맥에서 유다 왕 요시야가 이집트의 진군을 막으려고 한 시도는 충분히 납득할 만하다. 그와 그의 이웃국가들은, 이집트 군대의 계획이 성공을 거둔다면 레반트의 주인은 앗수르에서 이집트로 주인이 바뀔 것이 확실하다는 것을 알았다. 그들은 그런 일이 일어나는 것을 전혀 원치 않았다.

유다 왕은 므깃도의 이스르엘 골짜기에서 느고의 군대에 대항해 이집트의 진격을 막으려 했다. 요시야가 얼마나 큰 군대를 소집할 수 있었는지는 여전히 의문이다. 이집트는 에게 용병들을 전면에 내세운 것이 확실하다. 그러나 요시야를 죽인 사람은 보병이 아니라 궁수였다. 전투는 요시야의 죽음으로 갑작스레 해결되었다(왕하 23:29을 보라).

역대기 기자는 그 비극에 대해 자세히 설명함으로써 자신의 해석을 곁들이고 있는 것이 분명하다. 그 일이 끝난 후, 그는 아주 쉽게 하나님의 뜻을 분별해냈다(대하 35:20-24을 보라).

하란을 재탈환하기 위한 느고의 원정은 결국 성공을 거두지 못했다. 그의 군대는 그곳에 주둔하고 있던 바벨론 수비대를 제압했지만, 그 지역을 오랫동안 포위 공격했음에도 불구하고 그곳을 차지하는 데는 실패했다. 그러는 동안 나보폴라사르는 포위된 자신의 군대를 구하기 위해 북쪽으로 진군했다. 이 부분에서 자료가 약간 훼손되긴 했지만 이집트와 앗수르는 결국 퇴각했음에 틀림없다. 바벨론 군대가 북쪽으로 가 이잘라 지역에 있는 많은 성읍들을 약탈할 수 있었기 때문이다. 다음 몇 년 동안 바벨론은 다른 국경선에 있는 적들을 상대할 필요로 인하여 집중력이 흩어졌다. 그래서 느고는 레반트에서 자신의 지배권을 공고히 할 수 있는 약간의 말미를 얻게 되었다.

석 달 후, 느고가 북쪽 지역 원정에서 돌아온 후, 그는 유다의 정치적인 문제들에 개입했다. 그는 이제 막 왕위에 오른 젊은 여호아하스를 폐위시켜 이집트로 끌고 갔다. 느고는 그의 형인 엘리야김을 왕위에 앉히고서는 그의 통치명을 여호야김으로 바꾸었다. 이로써 유다는 이제 이집트의 봉신 국가가 되었다. 유다는 무거운 조공을 바쳐야 했고, '독립을 위한 봄'은 끝나고 말았다.

| 이집트의 봉신, 유다 |

이후 4년 동안(주전 609-605년) 유다는 이집트의 지배 아래 있었다. 이때 바벨론 군대는 북쪽과 북동쪽 지역에 대한 원정을 하였다. 느고는 유다를 고분고분한 봉신 국가로 세우기 위한 조치를 취하였는데, 이 일은 아마도 (블레셋에 있는?) 다른 반항적인 국가들에 대한 정책적인 본보기였을 것이다. 레반트에 있던 앗수르 총독들의 운명에 대해서는 알려진 바가 없다.

여호아하스 요시야가 죽자 하무달에게서 태어나 그의 총애를 받았던 것으로 보이는 아들이 그의 자리를 대신했다. 아니면 하무달, 그리고

1_**아슈르바니팔(Ashurbanipal)** 아슈르바니팔 2세를 가리키는 것으로 보인다. 아슈르바니팔 1세는 주전 627년에 사망했다.

2_"가사는 버림을 당하며 아스글론은 폐허가 되며 아스돗은 대낮에 쫓겨나며 에그론은 뽑히리라. 해변 주민 그렛 족속에게 화 있을진저 블레셋 사람의 땅 가나안아 여호와의 말씀이 너희를 치나니 내가 너를 멸하여 주민이 없게 하리라. 해변은 풀밭이 되어 목자의 움막과 양 떼의 우리가 거기에 있을 것이며 그 지경은 유다 족속의 남은 자에게로 돌아갈지라. 그들이 거기에서 양 떼를 먹이고 저녁에는 아스글론 집들에 누우리니 이는 그들의 하나님 여호와가 그들을 보살피사 그들이 사로잡힘을 돌이킬 것임이라"(습 2:4-7).

3_"바로가 가사를 치기 전에 블레셋 사람에 대하여 선지자 예레미야에게 임한 여호와의 말씀이라"(렘 47:1).

느부갓네살의 원정 \ 주전 605-601년

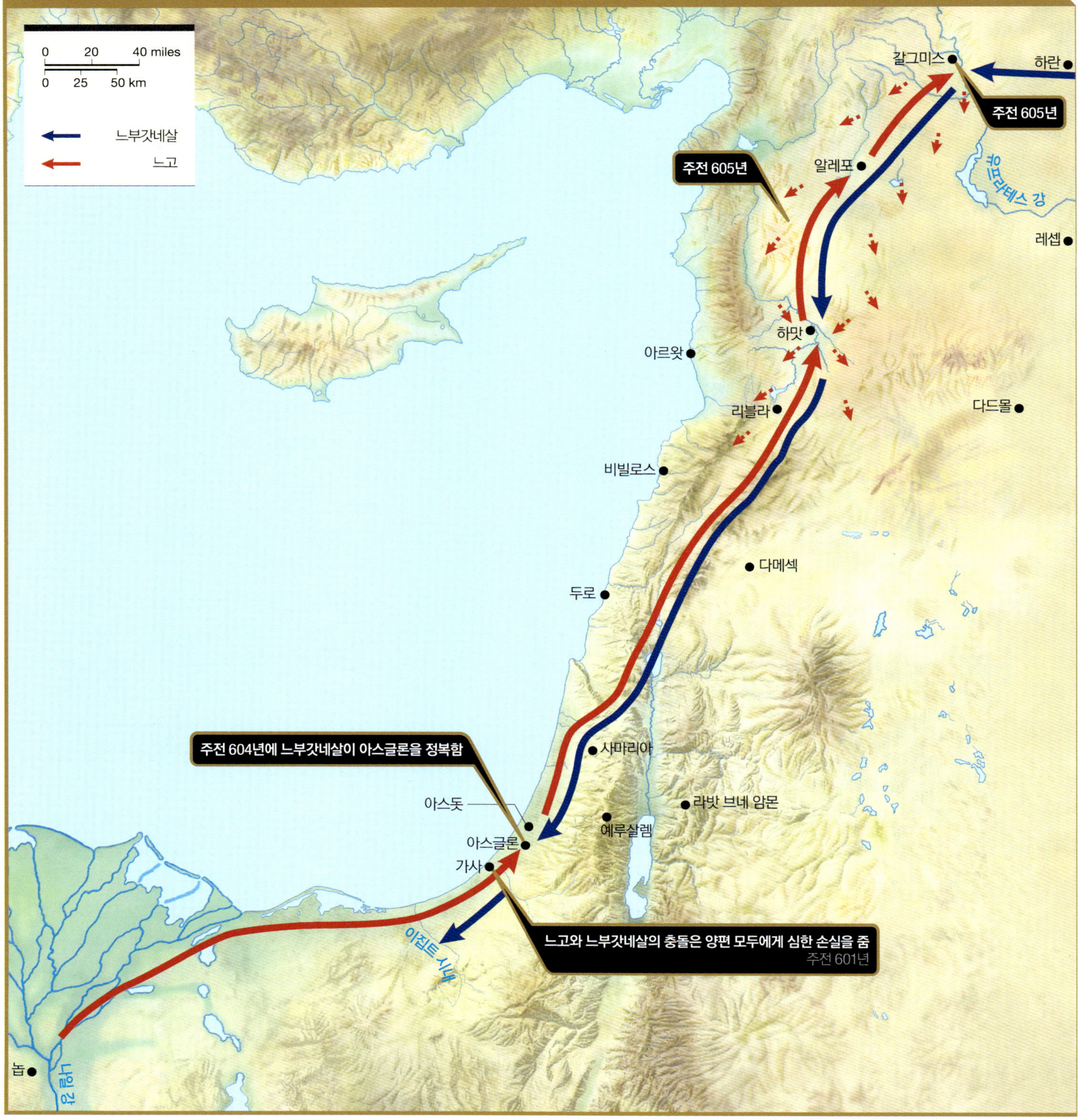

제사장 계층과 연결되어 있던 하무달의 아버지의 영향력 때문이었을까?(왕하 23:30b-33을 보라; 참고. 대하 36:1-3a)

'그 땅 백성'이 여호아하스를 택하였다는 것은 중요한 의미가 있을 것이다. 그는 역사가로부터 부정적인 평가를 받았다. 그가 자신의 후원자들을 편애하고 예루살렘 정파에 맞서 지방 도시 지도자들을 지지했기 때문에 이런 일이 가능했을까? 어떠한 경우이든 느고는 다른 생각을 가지고 있었다. 그는 큰 아들 엘리야김을 선택했으며, 엘리야김의 통치명을 여호야김으로 바꾸었다. 혹자는 반대당이 유다의 상황에 대한 정보를 느고에게 주어서 여호아하스의 형을 왕으로 삼게 하는 데 영향을 미쳤다고 추정하기도 한다.

여호야김 느고가 임명한 여호야김이 통치를 시작했을 때 그는 25세였다. 그의 즉위년은 주전 609/608년이었다. 유다 역사에서 이 기간의 문제점은 열왕기가 전통적인 티쉬리 월을 기준으로 통치 연도를 산정했다는 점이다. 심지어는 신년의 기준을 니산 월로 사용하는 바벨론 왕들의 연대기에도 이 계산법을 적용했다. 다른 한편으로 예레미야, 에스겔, 학개, 스가랴 등과 같은 예언자들은 유다와 바벨론 왕들의 연대를 니산 월 계산법을 사용하여 기록했다. 이 점을 이해한다면 다양한 연대기 언급들을 이해할 수 있다.

여호야김의 통치에 대해 언급하는 몇몇 단락은 마소라 사본과 칠십인역 사이에 상당한 본문상의 변화가 나타난다. 마소라 사본은 그의 통치를 단 몇 구절로 요약했다(왕하 24:1-6을 보라).

여호야김이 느고를 섬긴 기간은 실제로 4년이었다(주전 609-605년). 성서 기자들은 이 기간을 건너뛰어 곧바로 여호야김이 느부갓네살에게 굴복한 일에 대해 언급한다. 신명기 역사가 역시 므낫세를 유다의 멸망을 초래한 장본인으로 비난하며 그에게 죄를 돌렸다. 므낫세의 회개를 고의적으로 무시했던 예언자/역사가/편집자는 포로로 잡혀간 왕자 여호야긴보다 한참 먼저 나라를 다스렸던 사람므낫세에게서 유다 멸망의 죄를 찾으려고 노력했다.

여호야김의 이야기를 담은 역대기 칠십인역은 열왕기하 24장 1-4절의 단락을 보존하고 있다. 이 내용은 유다 멸망 전날에 유다를 벌하기 위해 보내진 군대에 관한 것이다. 그러나 이 본문 삽입은 역대기의 히브리어 원문에 근거한 것이라고 보기 어렵다. 왜냐하면 역대기 기자는 유다 왕국의 붕괴를 므낫세 탓으로 돌리지 않고 있는 것이 분명하기 때문이다. 다른 한편으로 전승 과정에서 역대기의 히브리어 본문에는 심각한 본문 훼손이 발생했다. 신명기 역사가는 여호야김이 예루살렘에서 죽었다고 분명히 밝히고 있으며, 바벨론 연대기는 여호야김이 바벨론에 포로로 잡혀간 것에 대해 아무런 언급도 하지 않는다. 이와 대조적으로 성서와 바벨론 기록들은 여호야긴이 바벨론에 포로로 끌려갔다고 분명하게 말한다. 따라서 역대기하 36장 6b-7절은 원래 유다 열왕기의 연대기에서 여호야긴에 대한 내용이었지만 사본이 전승되는 과정에서 잘못 배치된 것이 분명하다. 여호야긴 이야기를 필사하는 서기관이 원래 역대기하 36장 9b절에 있던 '바벨론 왕'이라는 단어를 적다가 현재의 역대기하 36장 10절 안에 있는 똑같은 구절로 건너뛴 것이다. 그리하여 역대기 36장 9b절(=6b-7절)이 빠진 것이다. 그래서 그 사본을 교정한 서기관은 빠진 단락을 가장자리에 써 넣었고 그 본문을 재필사할 때 서기관은 그 가장자리에 있는 내용을 삽입하였지만, 잘못된 자리, 즉 여호야김 이야기에 넣게 된 것이다. 왜냐하면 그 다음 구절 역시 바벨론 왕이 온 것에 대해 언급하고 있기 때문이다. 현재의 역대기 본문은 끊임없이 불필요한 논쟁을 불러일으켰다. 아래에 교정된 본문을 소개한다. 칠십인역의 교정을 덧붙이지 않고, 잘못 배치된 구절 없이 역대기의 여호야김 이야기를 복원하면 다음과 같다.

> 여호야김이 왕위에 오를 때에 나이가 이십오 세라. 예루살렘에서 십일 년 동안 다스리며 그의 하나님 여호와 보시기에 악을 행하였더라. 바벨론 왕 느부갓네살이 올라와서 그를 치고 >6b-7< 여호야김의 남은 사적과 그가 행한 모든 가증한 일들과 그에게 발견된 악행이 이스라엘과 유다 열왕기에 기록되니라. 그의 아들 여호야긴이 대신하여 왕이 되니라(대하 36:5-8).

6b-7절을 삽입시킴으로써 서기관은 바벨론 왕을 섬겼던 3년 기간을 생략할 수밖에 없었다. 칠십인역 번역자들은 열왕기하 24장 1b-4절에서 그 단락을 가져와 그 상황을 시정하려고 했다. 그들이 틀린 것은 아니지만, 므낫세를 비난하는 신명기 역사가의 편집 견해는 역대기 기자의 관점과 정반대라는 사실을 깨달았어야 했다.

▶ **메자드 하샤브야후에서 발견된 히브리어 오스트라콘** _ 추수기에 고용된 한 노동자의 편지로 그의 옷을 몰수당해 불평하였다. 그는 총독에게 그의 재산을 돌려달라고 간청했다. 이 오스트라콘의 본문은 이곳에서 가장 중요한 유물로 유다 언어의 훌륭한 문장으로 쓰여졌다.

이 모순되는 본문들은 여호야김이 느고에 의해 임명되었다는 것을 확실하게 해준다. 그는 주전 605년 느부갓네살이 도착할 때까지 충성스러운 봉신으로 행동해야 했다.

> 바로 느고가 그를 하맛 땅 립나에 가두어 예루살렘에서 왕이 되지 못하게 하고 또 그 나라로 은 백 달란트와 금 한 달란트를 벌금으로 내게 하고 바로 느고가 요시야의 아들 엘리아김을 그의 아버지 요시야를 대신하여 왕으로 삼고 그의 이름을 고쳐 여호야김이라 하고 여호아하스는 애굽으로 잡아갔더니 그가 거기서 죽으니라. 여호야김이 은과 금을 바로에게 주니라. 그가 바로 느고의 명령대로 그에게 그 돈을 주기 위하여 나라에 부과하되 백성들 각 사람의 힘대로 액수를 정하고 은금을 징수하였더라(왕하 23:33-35).

그가 3년간 바벨론에 대해 봉신 역할을 한 것은 바벨론 연대기의 연대에 잘 들어맞는다는 것을 아래에서 확인할 수 있다.

그동안에 파라오 느고가 레반트를 지배했다는 문헌 자료는 거의 없다. 바벨론의 침공에 직면해 쓴 에그론 통치자의 아람어 편지는 받는 이가 '왕들의 주, 파라오'로 되어 있다. 따라서 그 지방의 왕은 파라오를 자신의 대군주로 인식하고 있었던 것이다. 생각해볼 만한 또 다른 암시는 메자드 하샤브야후라는 작은 해안가 요새에서 발견된 고고학 유물들에서도 찾아볼 수 있다. 고유한 유다의 도기들과 함께, 그리스 양식이지만 그 지방에서 만들어진 가정용 그릇들을 포함하여 그리스 동부 양식의 도기들은 에게 출신 외국인들이 그곳에 존재했음을 증명한다. 아마도 그들은 느고를 위해 일한 용병들이었을 것이다. 그러나 높은 문학적 수준을 보여주는 히브리어예후딧 오스트라카는 요새의 지휘관과 그 지역에서 노역하는 노동자들을 감독하는 관리들이 모두 유다 사람이었으며, 그들의 이름에는 주로 야훼라는 신의 이름이 들어 있었다는 것을 보여준다. 고문서학의 관점에서 볼 때 그 오스트라카는 주전 7세기 말의 것으로 적합해 보이며, 처음에 생각했던 것보다 더 이른 연대의 것은 아니다. 그러나 유다의 도기들은 또한 그곳에 유다에서 온 사람들도 있었으며, 그들은 대개 군인들이었을 가능성이 높다는 것을 알려준다. 그들은 여호야김이 느고나 느부갓네살에게 종속되어 있던 기간 동안, 또는 그보다 늦은 시기인 시드기야 통치 기간 동안 그곳에 살았던 사람들일 수 있다. 유다 왕정 말에 아랏으로부터 물자를 공급받았던 에게 용병들에 대해서는 뒤에서 다룰 것이다. 이 마지막 몇 년간 유다의 운명은 레반트를 장악하기 위해 계속된 전쟁을 배경으로 할 때 제대로 이해할 수 있다.

느고는 이집트의 해군을 발전시키고 나일 강을 홍해와 연결하는 운하를 판 것으로 알려졌다(헤로도토스 2.158-159). 그는 또한 홍해에서 아프리카 대륙을 돌아 서방으로 항해하는 페니키아 해군 원정을 시작했다고도 전해진다. 그 일에는 3년 정도가 소요된 것으로 보이며, 항해할 때 태양이 뱃사람의 오른편에 있었다는 보고를 통해 확증되고 있는 것으로 보인다(헤로도토스 4.42.4). 이집트가 지중해와 홍해를 항해하는 함대를 위해 3단 노를 가진 군용선triremes을 지은 것은 바벨론이 해상을 장악하고 있었음에도 불구하고 지중해 동부에서 운항할 필요에 의해 자극을 받았던 것이 분명하다.

느부갓네살의 레반트 정복

한동안 서부 전선을 떠나 있던 바벨론 왕은 우라르투 지역, 즉 비트 하누니아에 관심을 돌렸다(주전 608년). 그는 산지에 있는 도시들을 약탈하고 방화를 저질렀다. 공식 기록에 의하면, 이듬해에 나보폴라사르의 아들이 처음으로 전쟁을 시작했다. 느부갓네살은 그 지명이 완전하게 남아 있지 않은 한 산지로 군대를 이끌고 가는 중에 그의 아버지와 동행했다. 왕은 담무스 월에 바벨론으로 돌아왔고 느부갓네살은 요새들을 공격해 약탈한 후 엘룰 월에 돌아왔다. 다음 달에 나보폴라사르는 다시 한 번 서쪽 원정에 나섰다.

> 티쉬리 월에 아카드 왕이 자신의 군대를 소집했다. 그러고는 유프라테스 강둑에 있는 키무후 도시로 갔다. 그는 〔강을〕 건넜고 그 도시를 포위 공격하였다. 기슬르 월에 그는 도시를 점령했다. 그는 그 도시의 〔전리품을〕 약탈했다. 그리고 자신의 수비대를 그곳에 주둔시켰다. 스밧 월에 그는 자기 땅으로 귀환했다(연대기 4:12–15).

아슈르바니팔의 연대기와 그의 다른 자료들을 참고해볼 때 키무후는 유프라테스를 따라 갈그미스의 남쪽 어디인가에 있었을 것이다. 다른 견해에 따르면, 그곳은 고전 시대에 이르러 콤마게네로 알려진 신히타이트 도시국가 쿰무크삼사트와 동일한 곳이라고 한다. 어떠한 경우이든 느고는 북쪽 혹은 남쪽으로부터 선제 공격을 당할 의사가 없었다는 것이 분명하다. 다음 해에 그의 군대는 전진해서 키무후에 있는 바벨론 수비대가 항복하고 학살될 때까지 4개월 동안 그들을 포위했다. 그러고 나서 가을에는 다음과 같은 일들이 진행되었다.

> 티쉬리 월에 아카드 왕이 그의 군대를 소집했고 유프라테스 강둑을 따라 갔다. 그는 유프라테스 강둑에 위치한 큐라마투 도시에 진영을 세웠다. 그는 자신의 군대가 유프라테스 강을 건너도록 했고 그들은 슈나디루 도시, 엘람무 도시, 다함무 도시 등, '강 건너편' 도시들을 점령했다. 그들은 그 도시들의 전리품을 약탈했다. 스밧 월에 아카드 왕이 자신의 땅으로 귀환했다(연대기 4:19–23).
>
> 갈그미스에 있던 이집트 땅의 군대가 유프라테스 강을 넘어 큐라마티 도시에 남겨졌던 아카드 군대와 싸우기 위해 왔다. 그들은 아카드 군대를 격퇴하고 돌아갔다(연대기 4:24–26).

주 구성원이 외국 용병들이었던 이집트 군대는 다시 한 번 바벨론의 공격을 막아낼 수 있었다. 그러나 얼마 안 가서 상황이 역전되었다. 그런데, 유프라테스의 서쪽 영토를 가리켜서 '강 건너편'이라는 표현을 사용한 것은 바벨론 기록에서 흔한 일이 아니다. 그 지역은 '하투의 땅the land of Ḫattu'이라는 이름으로 불리는 일이 더 많았다.

나보폴라사르는 21년간 통치했다. 확실히 그는 건강이 좋지 않자 왕세자 느부갓네살을 군대의 우두머리로 보냈다. 그 이야기는 연대기 4장 마지막 본문에서 시작하여 연대기 5장까지 계속된다. 다음 본문은 연대기 5장에 있는 약간의 공백을 채우기 위하여 4장 27–28절 부분을 사용한다.

> 제21년: 아카드 왕은 자기 땅에 있었다. 그의 장자이자 왕권을 계승할 아들인 느부갓네살이 아카드의 군대를 소집했다. 그는 군대를 이끌고 유프라테스 강둑에 있는 갈그미스로 갔다. 그는 갈그미스에 주둔하고 있던 〔이집트 군대를 공격하기 위해〕 그 강을 건넜다. 〔전쟁이 시작되자〕 그들은 서로 쳐 이집트 땅의 군대가 그 앞에서 무너졌다. 그는 그들을 〔패배〕시켰다. 그는 살아남는 사람이 없을 때까지 그들을 〔파〕멸시켰다. 아카드 군대는 그 패전에서 피하여 살아남았고 전쟁 무기에 사로잡히지 않은 이집트 땅의 나머지 군대를 하맛 지역에서 따라잡아 패퇴시켰다. 아무도 살아서 자기 땅으로 돌아가지 못했다.
>
> 그날에 느부갓네살은 하맛 지역 전체를 정복했다(연대기 4:27–28; 연대기 5:1–8).

바벨론이 갈그미스를 점령한 것과 하맛에서 이집트 군대를 참패시킨 사건은 레반트하티 땅의 민족들에게 깊은 충격을 주었다. 이 사실은 물론 작은 나라 유다에도 곧바로 알려졌다(렘 46:1–2[1]을 보라). 예레미야는 바벨론에서 유행하던 방식에 따라 니산 월을 기점으로 하는 연대 계산법을 사용했다. 이 기간의 예언서와 포로 후기의 예언서도 같은 방식을 사용했다. 티쉬리 연도법에 따르면 위 사건은 여호야김 제3년에 일어났다(예. 단 1:1[2]).

요세푸스는 이 사건들을 조망하면서 느부갓네살이 갈그미스에서 승리한 후에 펠루시움으로 내려가 레반트 전체를 정복하였다고 전한다(《고대사》 10:86). 요세푸스의 설명은 여호야김이 죽은 이후에야 실현된 열왕기하 24장 7절을 근거로 하고 있음이 분명하다. 다른 한편으로 유다와 같은 많은 지역 국가들은 느부갓네살이 주전 605년 가을에 과시한 무력에 반응하여 조공을 바쳤다.

바벨론 연대기는 이제 나보폴라사르의 서거와 느부갓네살의 왕위 계승에 대해 기록한다. 옛 왕이 아빕 월 8일(주전 605년 8월 15일)에 죽자, 느부갓네살은 엘룰 월 1일(주전 605년 9월 7일)에 왕위를 계승했다. 주전 605년은 그의 즉위년이었다. 하티 땅에는 여전히 신경을 써야 할 긴급한 문제들이 남아 있었기 때문에 그는 시리아 중부에 있는 자신의 군대로 돌아갔다.

> 즉위년에 느부갓네살은 하티 땅으로 돌아갔다. 스밧 월까지 그는 그곳에서 승리의 행군을 했다. 스밧 월에 그는 하티 땅의 무수한 조공물을 바벨론으로 가져왔다(연대기 5:12–13).

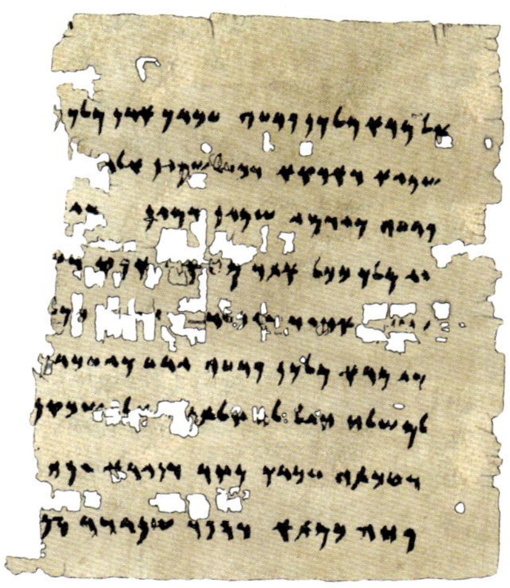

▶ 블레셋 왕의 아람어 편지

1_"이방 나라들에 대하여 선지자 예레미야에게 임한 여호와의 말씀이라. 애굽에 관한 것이라. 곧 유다의 요시야 왕의 아들 여호야김 넷째 해에 유브라데 강 가 갈그미스에서 바벨론의 느부갓네살 왕에게 패한 애굽의 왕 바로느고의 군대에 대한 말씀이라"(렘 46:1–2).

2_"유다 왕 여호야김이 다스린 지 삼 년이 되는 해에 바벨론 왕 느부갓네살이 예루살렘에 이르러 성을 에워쌌더니"(단 1:1).

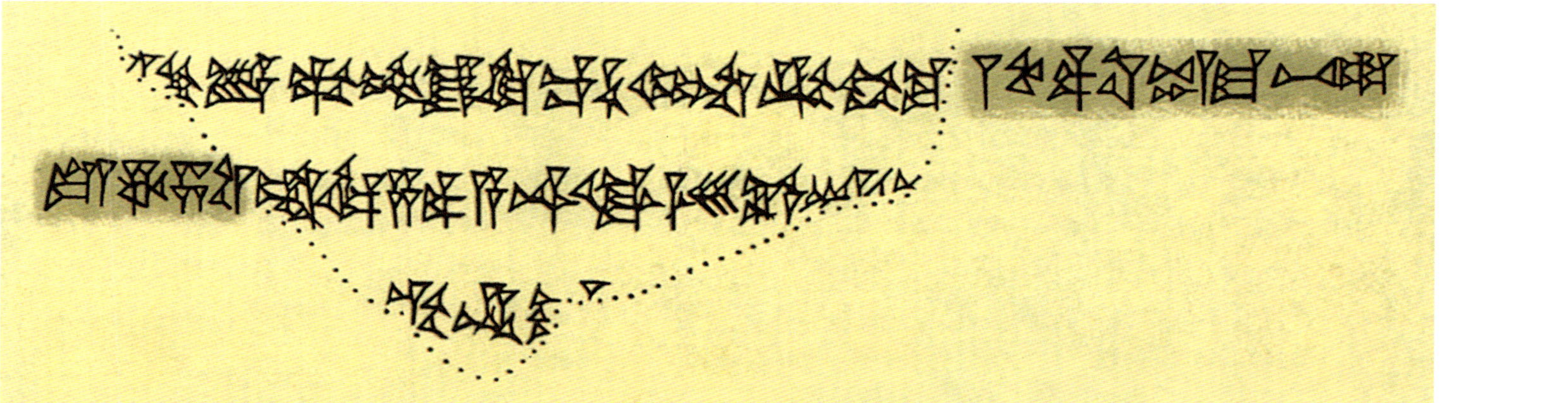

▲ 느부갓네살 연대기(5:21-23)는 가사라는 지명의 재구성을 가능하게 만든다.

즉위년에서 주전 604년 스밧 월까지 이루어진 느부갓네살의 이러한 군사 활동에는 여호야김에게 가한 위협과 여호야김의 복종 및 그가 조공을 바친 사건이 포함되어 있다(왕하 24:1a을 보라). 그리고 또한 느부갓네살의 즉위년이 여호야김 제4년에 해당한다는 점을 주목하라(렘 25:1-2을 보라). '원년에'(렘 25:1)라는 표현은 '[그의 통치] 첫째 해'(대하 29:3)라는 일반적인 표현과 다른 매우 드문 표현이다. 예레미야는 느부갓네살의 즉위년을 가리키고 있는 것이다. 그해, 주전 605년은 예레미야가 사용한 니산 연도법에 따르면 여호야김 제4년이다.

사카라에서 발견된 아람어 파피루스는 에그론의 아돈이 보낸 것으로, 이 해의 상황에 잘 맞아떨어진다. 본문의 주요 구절은 아래와 같다.

> 왕들의 주, 파라오에게, [에그론의 …] 왕이요 당신의 종 아돈은 … 바벨론 왕의 [… 군대들이] 왔습니다. 그들이 아벡에 도착했습니다 … 또한 나를 구하기 위해 군대를 보내어[…] … […] 나를 버리지 마시고 … .

파피루스의 접은 부분에 있는 옛 이집트 민용문자의 기호는 일단 지명을 읽는 데 문제가 있기는 하지만, 그 편지가 에그론에서 온 것임을 확증해주는 것으로 보인다. 발신자는 느고 2세임이 분명한 파라오를 자신의 대군주로 인식하고 있으며, 그에게서 군사적인 형식으로 지원을 받기를 바라고 있다. 이 외교 서신은 에그론 신전에서 발견된 가나안 남부 언어로 쓴 지방의 헌정 비문과는 달리 아람어로 기록되어 있다.

만일 이 편지가 느부갓네살의 즉위년에 자신의 무력을 과시하려던 원정과 관련이 있는 것이라면, 그의 군대는 적어도 블레셋 북부까지 멀리 진군했던 것이 분명하다. 이와 같은 침략이 이루어지는 동안 여호야김 또한 위협을 받아 봉신으로 굴복하지 않을 수 없었을 것이다.

느부갓네살의 즉위 1년째 되는 해(주전 604년)에 그는 다시 한 번 서부 원정에 나섰다. 이 원정에서 어떤 도시가 정복되었는지에 대해서는 논쟁의 여지가 있기는 하지만, 진압해야 할 지역이 있었다는 사실이 중요하다.

> 느부갓네살 첫 번째 해: 시완 월에 그는 군대를 소집해서 하투의 땅으로 갔다. 기슬르 월까지 그는 승리의 행군을 했다. 하투 땅의 모든 왕들이 그의 앞으로 나아왔다. 그는 그들로부터 엄청난 조공을 받았다.
>
> 그는 [아스글론] 도시로 갔다. 기슬르 월에 [그가] [그] 도시를 [취]했다. 그는 그 도시의 왕을 사로잡았다. 그리고 그 도시의 전리품을 약탈했다. 그는 그 약탈물들을 [훼손시켜버렸다.] 그는 그 도시를 작은 언덕과 흙무더기로 만들어버렸다. 스밧 월에 그는 돌아가서 바벨론으로 [귀환했다](연대기 5:15-20).

아스글론을 잔인하게 정복한 일은 레반트 남부의 모든 민족들을 공포에 몰아넣었음이 분명하다. 이 사건으로 유다는 국가적인 금식을 선포했을 가능성이 아주 높다(렘 36:9을 보라). 예레미야가 말한 아홉 번째 달은 물론 느부갓네살이 아스글론을 포위 공격하고 있었던 때와 같은 달인 기슬르 월이다. 주전 604년 9월은 여호야김 제5년과 같은 해일 것이다. 예레미야는 보통 니산 연도를 사용하지만 니산 연도를 사용하든 티쉬리 연도를 사용하든 여기서는 마찬가지이다.

느부갓네살 2년에 관한 자료는 모퉁이들이 부서진 서판의 밑바닥이어서 보존 상태가 좋지 않다. 다음은 그 내용을 시험적으로 재구성해본 것인데 다소 문제가 있긴 해도 아주 불가능한 것은 아니다.

> [두] 번째 [해](영어 표기로는 [Se]cond [year]이다): 이야르 월에 아카드 왕이 그의 큰 군대를 조직하여 [하티의 땅으로 갔다. 그는 가사 도시를 향하여] 진을 쳤다. 그는 거대한 포위 망대를 끌고 앞으로 나아갔다. 이야르 [월부터 …] …월까지 [그가 승리의 행군을 했다 …](연대기 5:21-23).

포위된 도시의 이름은 아마 앞으로도 절대 밝혀지지 않을 것이 분명하다. 그러나 위에서 재구성한 내용은 확실히 납득할 만하다. 주전 605년 말에 에그론을 정복한 후, 주전 604년 아스글론을 정복하기 위해서는 많은 노력이 필요했다. 이듬해는 이집트 국경에서 가장 가까운 블레셋 도시인 가사를 정복했다는 것이 논리에 맞을 것이다.

느부갓네살 3년(주전 602년)에 대한 기록은 심하게 부서져 있어서, 엄청난 전리품을 고향으로 가져왔다는 언급만 흔적으로 남아 있다. 리블라의 서쪽으로 레바논 산맥 높은 곳에 있는 와디 브리사에 세워진 느부갓네살의 비문은 바벨론에 있는 마르둑 신전을 건축하기 위해 삼목을 가져온 왕의 노력을 언급하고 있다. 그 사업은 이 기간에 수행되었던 것이 틀림없다.

만일 여호야김이 첫 조공을 바친 것이 주전 604년이었다면 두 번째 조공은 603년에, 그리고 마지막 조공은 602년에 바쳤을 것이다. 그 이듬해 바벨론 군대는 다른 전투를 하고 있어서 조공을 모을 만한 시간적 여유가 없었다.

> 네 번째 [해]: 아카드 왕이 군대를 소집하여 하투의 땅으로 갔다. 그는 하투의 땅에서 승리의 행군을 하였다. 기슬르 월에 그는 자신의 군대를 이끌고 이집트 땅으로 갔다. 이집트 왕은 그 소식을 듣고 자신의

1_"애굽 왕이 다시는 그 나라에서 나오지 못하였으니 이는 바벨론 왕이 애굽 강에서부터 유브라데 강까지 애굽 왕에게 속한 땅을 다 점령하였음이더라"(왕하 24:7).

2_칠십인역 역대하 36:5에 열왕기하 24:1b-4를 삽입한 것을 말한다.

3_"그러므로 여호와께서 유다의 왕 여호야김에 대하여 이와 같이 말씀하시니라. 그에게 다윗의 왕위에 앉을 자가 없게 될 것이요 그의 시체는 버림을 당하여 낮에는 더위, 밤에는 추위를 당하리라"(렘 36:30).

4_엘나단(Elnathan) 개역성경과 새번역은 '엘라단'이라고 옮겼으나 원어로는 '엘나단'이 맞다. 공동번역은 '엘나단'이라고 옮겼다.

5_저자는 6b라고 말하면서 사실상 6c까지 포함시키고 있다. 따라서 '바벨론 왕(느부갓네살)이 올라와서 그를 치고'라는 부분은 빠지는 것이 옳다. 위첨자 숫자는 성서 구절로 역자가 참고로 넣은 것이다.

군대를 소집했다. 넓은 전쟁터에서 그들이 서로를 죽였다. 그들은 서로에게 큰 피해를 입혔다. 바벨론 왕은 돌이켜 바벨론으로 돌아왔다(연대기 5:5-7).

그리하여 주전 601년 느부갓네살은 다시 한 번 이집트 군대와 마주했다. 이번 충돌은 이집트 국경 어딘가에 있는 광활한 영토, 아마도 시내반도 북부에서 일어났던 것으로 보인다. 바벨론의 간결한 보고에 의하면 양쪽 모두가 심각한 손실을 입었다고 한다. 바벨론 왕이 전쟁터를 버리고 고국으로 갔다는 사실은 또한 중요한 의미를 가질 것이다. 이집트는 확실히 바벨론 군대에 무시무시한 일격을 가했다. 에게 출신 용병 군대가 결정적인 요인이었을 것이다. 이 전쟁에 대해 이집트가 기록한 것은 없다. 놀랍게도 히브리어 자료는, 열왕기하 24장 7절[1]에서 수수께끼 같은 진술을 하고 있을 뿐, 그 전쟁에 대해 직접적인 언급은 전혀 하지 않고 있다.

이 사건이 여호야김이 바벨론과 맺은 봉신 조약을 대담하게 버렸을 때라는 사실은 의심의 여지가 없다(왕하 24:1b). 그러한 행동은 심각한 오산으로 판명되었지만, 그 사이에 예루살렘에서는 친이집트 파벌이 당시의 정책을 주도하고 있었던 것이 분명하다. 주전 600년에는 느부갓네살이 '병거와 넉넉한 말들을 재정비하며' 자기 땅에 머물러 있었다.

바벨론은 유다를 압박하기 위해 일부 갈대아 군인들과 함께 아람, 모압, 암몬 사람으로 구성된 부대를 파견했다(왕하 24:2). 물론 성서 기자는 이 사건을 야훼로부터 심판을 받는 것으로 해석했다(왕하 24:2; 칠십인역 대하 36:5a-5d[2]을 보라). 이 사건은 왕이 바벨론에 머물러 있을 때인 주전 600년에 일어났을까? 아마도 그는 작은 여호야김 왕국의 저항을 약화시키기 위해 지방 군대를 활용했을 가능성이 높다.

다음 해에(주전 599/598년) 바벨론 왕은 전쟁을 시작할 준비가 되어 있었지만, 이집트에 대항해 대규모 공격에 착수할 준비는 되어 있지 않았던 것 같다. 이전의 전쟁은 시내반도 북부에서 벌어졌던 것이 분명하기 때문에, 바벨론의 패배는 바벨론에서 지중해까지 이어지는 대상 무역로를 부지런히 다녔던 아라비아 부족들의 협력이 없었던 탓일 수도 있다. 그러므로 그들은 바벨론에게 분노의 표적이 되었다.

여섯 번째 해: 기슬르 월에 아카드 왕이 그의 군대를 소집해서 하투 땅으로 갔다. 하투 땅에서 그는 그의 군대를 보냈다. 그는 그들에게 사막으로 갈 것을 지시하였다. 그들은 아랍의 많은 땅과, 재산, 가축, 신들을 광범위하게 약탈했다. 아달 월에 왕은 자신의 땅으로 돌아왔다(연대기 5:9-10).

◀ **엘리야십이 받은 편지의 내용을 보여주는 도기 파편** _ 혹자는 유다와 싸우기 위해 파견된 이웃 나라 군대의 행적은 아라드 VII기 지층의 파괴와 관계가 있다고 추정한다. 이곳에서 오쉬야후의 아들 엘리야십(엘리아십)라는 이름의 한 관리가 지휘를 했다. 이 사실은 그 지층 바닥에서 발견된 그의 인장과 그가 받은 많은 편지들이 말해준다.

아랍에 대한 적대적인 행동은 예레미야 선지자가 선포한 신탁의 기초가 되었다(렘 49:28-33; 칠십인역 렘 30:23-28을 보라). 이 단락에 언급된 하술은 달리 알려진 바가 없다. 이 아라비아 사람들이 암몬과 모압의 요단 동편 왕국들을 위협했다는 암시는 어디에도 없다. 따라서 그들은 시리아 중부에 가까운 시리아 사막의 거주민들이었을 것이라고 추정한다. 그러나 게달 족케다르 족에 대한 심판이 시내반도에서 겪은 이전의 패배와 관계가 있다는 인상을 지우기는 어렵다. 게달 족은 일반적으로 바벨론에서 서부 지역으로 이어지는 대상로 양쪽에 걸쳐 있는 아라비아 북부에 거주한 것으로 알려져 있다.

이제 여호야김에게 최후의 일격을 가할 때가 되었다. 바벨론 연대기는 이 원정에 대해 다음과 같이 기록한다.

일곱 번째 해: 기슬르 월에 아카드 왕은 그의 군대를 소집해서 하투 땅으로 갔다. 그는 유다 도시를 향해 진을 쳤다. 아달 월에 그는 그 도시를 점령했고 그곳의 왕을 사로잡았다. 그는 자신이 직접 선택한 자를 그곳의 왕으로 임명하였다. 그는 그곳의 막대한 조공을 가지고 갔다. 그는 그것을 바벨론으로 가져왔다(연대기 5:11-13).

바벨론 군대 전체는 기슬르 월(주전 598년 12월 17일-597년 1월 15일)에 진군했다. 당연히 바벨론 기록은 왕의 통치 연대를 표기할 때 니산 월 계산법을 사용했다. 이 관습은 예레미야 선지자가 따른 방식이다(렘 52:28을 보라).

여호야긴 이 무렵에 여호야김은 이미 죽은 사람이었다. 그는 암살되었을 가능성이 있다. 예레미야는 그의 변사를 예언한 바 있다(렘 22:18-19; 36:30[3]). 그는 성문 밖으로 내던져질 것이고 그의 시체는 낮의 열기와 밤의 이슬을 맞을 것이라는 내용이었다. 이러한 내용은 12월의 상황과 잘 맞아떨어진다.

젊은 왕세자 여호야긴은 이 중대한 때에 아버지의 뒤를 이었다(왕하 24:8을 보라). 역대기하의 평행 본문은 그의 나이를 8세라고 잘못 기록하고 있지만, 그의 정확한 통치 기간을 고려해보면 그 기록이 더 맞을 수도 있을 것 같다(대하 36:9을 보라).

바벨론 연대기에 따르면 예루살렘의 항복은 아달 월 2일(주전 597년 3월 16일, 토요일)에 있었다. 만일 에스겔 40장 1절이 여호야긴의 사로잡힘이 첫 번째 달인 니산 월 10일에 시작된 것임을 의미한다면, 젊은 왕의 통치는 말케스반 월 21일부터 니산 월 10일(주전 598년 12월 9일-597년 4월 22일)까지라고 산정할 수 있다. 따라서 여호야김의 죽음은 바로 그때에 있었다. 신명기 역사가의 설명이나 역대기는 여호야김의 변사에 대한 암시가 없다. 어쨌든 그는 왕실 묘지에 매장되었다.

젊은 왕 여호야긴은 어쩔 수 없이 사실상 불가능한 자리에 오르게 되었다. 그의 아버지는 자기 나라에 재앙을 초래했다. 많은 유다의 지도자들이 볼 때 이제는 모든 게 끝났다는 것이 분명해졌다. 바벨론 원정대에 대한 소식은 그들이 진군하기도 전에 먼저 소문으로 떠돌았을 것이다. 이미 몇 명의 자녀를 두었던 이 젊은이는 이제 몇 가지 어려운 결정을 내리지 않을 수 없었다.

여호야긴의 어머니는 예루살렘 출신 엘나단Elnathan[4]의 딸, 느후스다였다(왕하 24:8). 이 엘나단은 고위 정부 관리인 악볼의 아들 엘나단과 동일 인물일 수 있다(렘 26:22; 36:12, 25). 여호야긴의 어머니는 남편 여호야김이 19세 때인 주전 615년에 여호야긴을 낳았다. 만일 느후스다가 엘나단의 딸이라면, 그녀의 조부는 아마 악볼일 것이다. 악볼은 미가야의 아들로 요시야 개혁에 중요한 역할을 수행했던 사람이다(왕하 22:12, 14). 그럼에도 불구하고 여호야긴은 도덕적으로나 종교적으로 높은 평가를 받는 사람은 아니다. 느후스다는 자기 아들의 짧은 통치 기간 동안 섭정 왕후로 활약했던 것이 틀림없다.

바벨론 군대가 행군하는 사이, 유다를 공격하기 위해 파견된 이웃 국가들의 군대(왕하 24:2)는 네게브 요새를 폐허로 만들었거나 포위 공격하고 있었다(렘 13:18-19을 보라).

여호야긴과 그의 가족, 왕후 어머니, 고위 정부 관리들, 예루살렘의 숙련된 노동자들 대부분은 바벨론으로 추방되었다(왕하 24:8-13을 보라). 열왕기는 외국 통치자의 연대를 계속해서 티쉬리 연도 방식으로 산정했다. 역대기에 있는 평행 본문은 중요한 단락을 소실하고 말았는데, 그것은 그의 아버지 여호야김에 관한 이야기에 잘못 삽입되었다. 그 단락은 그 다음 본문에 삽입되어 있다. 이러한 사실은 어느 자료에서도 바벨론으로 사로잡혀 가지 않은 것으로 보는 여호야김에 관하여 모순되는 점들을 확실히 해결해준다.

10a 그해에 느부갓네살 왕이 <6a 바벨론 왕이 올라와서 6b 그를 치고 5
그를 쇠사슬로 결박하여 바벨론으로 잡아가고 7 느부갓네살이 또 여
호와의 전 기구들을 바벨론으로 가져다가 바벨론에 있는 자기 신당에
두었더라.> 10b 사람을 보내어 여호야긴을 바벨론으로 잡아가고 여호
와의 전의 귀한 그릇들도 함께 가져가고 그의 숙부 시드기야를 세워
유다와 예루살렘 왕으로 삼았더라(대하 36:10; 삽입된 6b-7을 주목하라).

벼랑 끝에 처한 목숨

레반트의 지정학적인 관점에서 본 유다 왕국

시드기야 느부갓네살은 요시야의 다른 아들, 즉 맛다니야라는 이름의 여호야긴의 숙부를 왕위에 앉히고는(왕하 24:17-25:26; 대하 36:11-21), 그에게 시드기야라는 통치명을 주었다. 그의 11년 통치 기간은 작은 유다 왕국에게 매우 어려운 시기였다. 네게브 요새를 상실했고, 무거운 조공을 바벨론에게 바쳐야 했다. 시드기야는 21세 때 왕이 되었던 것으로 알려져 있는데, 그러면 그는 하무달에게서 주전 618년에 태어났으며 아버지 요시야가 전쟁터에서 사망했을 때에는 9세였다. 그는 형 여호야김의 불안정한 통치 기간 동안 성장했고, 그에게서 정치를 배웠던 것이 분명하다(왕하 24:19). 그의 직무 수행을 살펴보면, 그는 레반트 남부의 지정학적인 상황을 제대로 파악하지 못했던 것이 드러난다.

느부갓네살 연대기의 마지막 서판 맨 끝에 있는 기록은, 바벨론의 활동이 유다를 징벌한 이후에도 약화되지 않았음을 보여준다. 주전 598/597년 동안 아카드 왕은 하티 땅의 갈그미스까지 멀리 원정을 나갔다. 주전 596/595년 기록은 깨져 있기는 하지만 왕의 제9년에 티그리스 강을 따라 원정이 있었다고 읽을 정도는 된다. 그러나 원정의 정확한 대상에 대한 기록은 보존되지 않았다. 그 원정은 엘람 왕의 침공을 격퇴하기 위한 것으로 보인다. 아마 이것은 엘람에 대한 예레미야의 신탁과 관계가 있을 것이다(렘 49:34-39). 주전 595/594년 동안 왕은 본토에 머물렀고, 기슬르 월부터 데벳 월까지 아카드에서 반란이 있었다. 반란 주동자들의 정체에 대해서는 보존된 기록이 없다. 다만 반란을 일으킨 군대는 완전히 패배하였고 적들은 왕의 손에 제압당했다는 진술이 있을 뿐이다. 그 후 왕은 다시 하티 땅으로 행군했고, 지방 왕들은 그를 알현하고 엄청난 조공을 바쳐야 했다. 이 일은 느부갓네살이 일부러 원정대를 세웠다는 인상이 든다. 바벨론에서 일어난 반란으로 아무것도 변한 것이 없다는 사실을 서부의 통치자들에게 보여주기 위한 목적이었다는 것이다. 바벨론 왕은 여전히 건재했다. 그가 자신의 군대와 함께 하티 땅에 나타난 사건은 그가 약해졌거나 폐위되었다는 소문을 잠재웠을 것이다. 이때는 느고 2세가 이집트에서 죽고 프삼메티쿠스 2세가 왕위를 계승한 해이기도 했다.

그러나 프삼메티쿠스 2세는 먼저 자기 나라 남부 국경에 있는 문제들을

유다 왕국의 마지막 시기 \ 주전 599-586년

1_"유다의 시드기야 왕 제사년에 마세야의 손자 네리야의 아들 스라야가 그 왕과 함께 바벨론으로 갈 때에 선지자 예레미야가 그에게 말씀을 명령하니 스라야는 병참감이더라"(렘 51:59).

처리해야 했다. 그의 통치 제3년(주전 593년)에 그는 많은 에게 사람과 셈 족 용병들을 포함한 군대를 이용해 원정에 착수했다. 왕 자신은 시에네아스완까지만 갔다. 그의 장군들은 원정대를 이끌고 누비아까지 진군했다. 그 원정은 큰 성공을 거두었고, 이집트는 새로운 자신감으로 충만해졌다. 이 해는 참으로 운명적인 해였다. 새롭게 부활한 프삼메티쿠스 2세의 군사적 무용武勇은 레반트 남부 국가들에 영향을 미쳤다.

예레미야가 사용한 니산 월 계산법에 따르면 시드기야 제4년(주전 593/592년)에 상당한 외교적 분란이 있었다. 예레미야 27장 1절의 중요한 히브리어 사본들 대부분은 훼손되었지만 중요하지 않은 몇몇 히브리어 사본과 시리아 역본은 올바른 본문을 잘 간직하고 있다. 마소라 사본 예레미야 27장 1절은 "유다의 왕 요시야의 아들 여호야김이 다스리기 시작할 때에"로 시작한다. 그러나 이 단락의 나머지 내용은 오직 시드기야에 대해서만 언급한다(렘 27:3, 12). 이어지는 28장 1절에는 올바른 연대인 시드기야 제4년이라고 쓰여 있다(아래를 참고하라). 올바른 수정 본문을 고려할 때, 예레미야는 시드기야 제4년에 일어나고 있던 당혹스런 외교 활동을 책망하라는 지시를 받았다. 수정된 본문은 다음과 같다.

> 유다의 왕 요시야의 아들 **<시드기야가>**(!) 다스리기 시작할 때에 여호와께서 말씀으로 예레미야에게 임하시니라.
>
> 여호와께서 이와 같이 내게 말씀하시되 너는 줄과 멍에를 만들어 네 목에 걸고 유다의 왕 시드기야를 보러 예루살렘에 온 사신들의 손에도 그것을 주어 **에돔**의 왕과 **모압**의 왕과 **암몬** 자손의 왕과 **두로**의 왕과 **시돈**의 왕에게 보내며, 그들에게 명령하여 그들의 주에게 말하게 하기를 만군의 여호와 이스라엘의 하나님께서 이와 같이 말씀하시되 너희는 너희의 주에게 이같이 전하라.
>
> 나는 내 큰 능력과 나의 쳐든 팔로 땅과 지상에 있는 사람과 짐승들을 만들고 내가 보기에 옳은 사람에게 그것을 주었노라. 이제 내가 이 모든 땅을 내 종 바벨론의 왕 느부갓네살의 손에 주고 또 들짐승들을 그에게 주어서 섬기게 하였나니(렘 27:1-6).
>
> 내가 이 모든 말씀대로 유다의 왕 시드기야에게 전하여 이르되 왕과 백성은 바벨론 왕의 멍에를 목에 메고 그와 그의 백성을 섬기소서. 그리하면 사시리라(렘 27:12; 참고. 또한 렘 28:1).

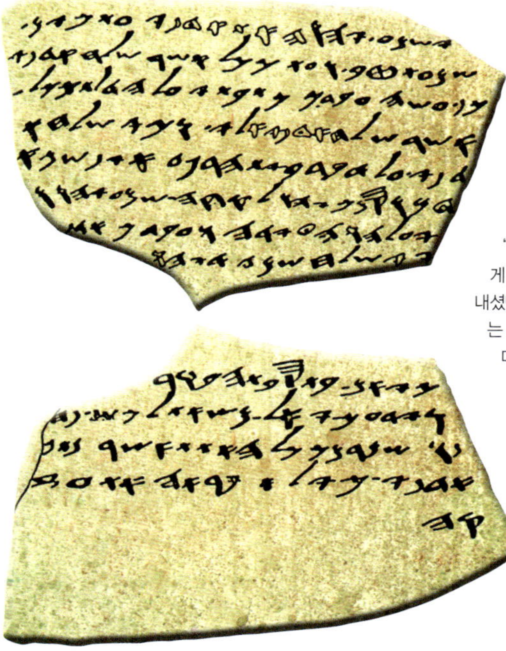

◀ II기 지층에서 발견된 라기스 서신 No. 4_ "야[훼]께서 나의 [주에게] 오늘 바로 기쁜 소식을 듣게 해주시기를 바랍니다. 그리고 지금, 나의 주께서 보내셨던 모든 것에 따라 이것을 당신의 종이 했습니다. 나는 [당신이] 내[게] 보내신 모든 것에 따라 이 판/문에 다 썼습니다. 그리고 벧 하라핌의 문제에 관해 나의 주께서 내게 보내주신 까닭에 그곳에는 아무도 없습니다. 스마크야후(세마키야)에 관해서라면, 쉬마야후(셰마이아)가 그를 데리고 그 도시(즉 예루살렘)로 올라갔습니다. 그리고 당신의 종은 그를 그곳에 더 이상 보내지 않았습니다. 비록 아침 무렵에 [나는 거기에 보낼 수도 있었지만 말입니다.] 〈나의 주께서〉 우리가 나의 주께서 주신 모든 신호를 따라 라기스의 봉화를 지켜보고 있음을 알리게 해주십시오. 왜냐하면 우리는 아세가를 볼 수 없습니다."

> 그해 곧 <유다 왕 시드기야가 다스리기 시작한 지< **사년 다섯째 달에 기브온** 앗술의 아들 선지자 하나냐가 여호와의 성전에서 제사장들과 모든 백성이 보는 앞에서 내게 말하여 이르되(렘 28:1).

만일 이 마지막 단락이 다섯째 달의 시작을 언급한 것이라면, 하나냐가 예레미야를 책망한 때는 주전 593년 7월 27일이었다. 반바벨론/친이집트 세력은 프삼메티쿠스가 누비아에서 군사적인 성공을 거두었다는 소식에 고무되었음이 분명하다.

느부갓네살 연대기의 맨 마지막 기록은 그의 통치 제11년(주전 594/593년)에 바벨론 왕이 군대를 소집해 하티 땅으로 갔다는 것이다. 이 서판의 연속물이 발견되지 않은 것은 참으로 애석한 일이다. 그는 해마다 자신의 무력을 과시할 필요가 있었던 것이 확실하다. 왜냐하면 지방 국가들이 새로운 이집트 왕의 영향을 받아 계속해서 소란을 일으키고 있었기 때문이다.

이 모든 일의 결과로, 시드기야는 직접 바벨론에 가라는 명령을 받았다. 그는 자신의 행동에 대해 설명해야 했던 것이 분명하다(렘 51:59[1]을 보라). 이렇듯 주전 593년은 중요한 사건들로 가득한 해였다. 이집트의 새로운 왕은 자신이 강력한 군대를 보유하고 있다는 것을 보여주었다. 해안가의 두로와 시돈에서부터 동부 국경 지대의 암몬, 모압, 에돔에 이르기까지, 레반트 남부의 지방 국가들은 시드기야와 협의하기 위해 예루살렘으로 오고 있었다. 여기서 이집트의 후원을 받는 새로운 조약 관계를 맺기 위한 모의가 진행되었으리라는 것은 충분히 합리적인 가정이 아닐 수 없다. 그와 같은 계획을 지지하는 자들은, 바벨론 왕의 분노를 자극하는 것이 어떠한 위험을 초래하는지 지속적으로 경고한 예레미야를 대적하는 자들이었음이 분명하다. 어찌됐든, 시드기야가 바벨론에 갔다고 해서 체포되지는 않았다. 그는 자신이 믿을 만한 인물이라는 것을 느부갓네살에게 확신시켜준 것이 분명하다. 이러한 상황 아래 그는 네게브에 있는 무너진 요새들의 일부를 재건해도 좋다는 허락을 받았을 것이다. 예를 들어 그것은 아랏에 있는 요새의 회복을 잘 설명해 줄 것이다. 이 도시가 주전 600/599년에 바벨론의 침공을 받았을 때 받은 피해는 일곱 번째 유적층에 잘 드러나 있다. 여섯 번째 유적층은 일곱 번째 유적층의 요새를 재건한 것이다. 오쉬야후의 아들로서 이전 지휘관이었던 엘리야십은 아랏 요새의 각 층들이 복구되었을 때 이전과 똑같은 방들을 차지했다. 그의 방들 중 한 방에서 발견된 오스트라카는 '깃딤'에게 제공한 식량 배급에 대해 자주 언급하고 있다. 예를 들면 이렇다.

> 엘리야십에게: 그리고 이제, 깃딤 사람들에게 포도주 세 통을 주고 그 날의 이름을 적으시오. 또한 첫 번째 밀가루에서 남은 것으로부터 한 호멜(?)의 밀가루를 담아 그들을 위한 빵을 만들게 하시오. 그들에게 '아가놋' 항아리에 있는 포도주를 주도록 하시오(아랏 서신 No. 1).

'깃딤'이라는 말은 에게 지역이나 키프로스 출신 용병들을 가리키고 있는 것이 틀림없다. 시드기야의 경제적 상황으로 보건대 그의 주도하에 그와 같은 군대를 고용해 유지했을 리가 만무하다. 가장 가능한 추정은 바벨론 왕이 남부 국경을 감시하기 위해 용병들을 사용했다는 것이다. 유다의 지방 요새들은 용병들이 정찰을 하면서 지나는 길에 그들에게 물자를 공급해야 했다. 그러한 용병 군대는 국경과 상업로들을 따라 배치되어 있던 유다 군대의 상황을 감시할 뿐만 아니라 정보를 수집하는 책임을 맡았다. 이 일은 느부갓네살이 유다 왕의 행동에 관해, 그리고 예루살렘 포위 공격을 방해하려는 이집트의 시도에 관해 어떻게 그렇게 잘 알고 있었는지를 설명하는 데 도움을 줄 것이다.

공교롭게도, 에스겔이 자신에게 신의 계시가 임하기 시작한 때로 언급한 해는 시드기야 제4년, 주전 593년이다. 그것은 주전 593년 7월 31일에 시작되었음에 틀림없다(겔 1:1–3을 보라). 에스겔은 그의 신탁 메시지들이 여호야긴의 포로 생활 가운데 주어졌다고 말한다. 그가 말하는 다섯 번째 해는 시드기야 제4년과 같다. 다음 해인 주전 592년 9월 17일에 예언자는 분명히 그들에게 징벌을 초래할 유다의 죄악에 대해 그가 본 환상을 전했다(겔 8:1을 보라). 그러나 1년 후 포로 생활을 하고 있는 유다 공동체의 지도자들이 그에게 나아오자 그는 그들에게 신탁 메시지 전하기를 거절했다(겔 20:1–3을 보라).

그들이 예언자에게 물으러 온 것(주전 591년 8월 14일)은 프삼메티쿠스 2세가 레반트를 침략했다는 소식 때문이었을 것이다. 그와 같은 파라오의 출격은 고대 이집트의 민용民用 문자 연대기에만 기록이 남아 있으며, 관련된 본문의 내용은 왕을 수행하도록 임명된 제사장들에 관해서만 언급한다.

> 파라오 프삼메티쿠스 네페리브레 4년에 그들이 이집트 상부와 하부의 대신전들로 보내면서 말했다. "파라오께서 … 하루Ḫaru 땅으로 갈 것이요."(파피루스 리랜즈 IX, xiv, 16이하).

프삼메티쿠스 2세의 그 '원정'은 누비아에서 승리를 거둔 이후인 주전 592/591년에 있었을 것이다. 원정의 자세한 내용은 어떠한 자료에도 나오지 않으며, 이 시기에 대한 바벨론 연대기의 기록도 존재하지 않는다. 그러므로 오직 성서 자료들만 이용할 수 있으며, 이 역시도 레반트 남부에서 어떤 일이 벌어지고 있었는지를 추론하는 데에만 이용될 수 있을 뿐이다.

주전 589년 2월 중순에 '레Re는 마음이 행복하다'라는 뜻의 호브라(주전 589–570년)가 프삼메티쿠스 2세를 이어 왕위에 올랐다.

주전 589년 예루살렘의 반바벨론 세력은 왕에게 느부갓네살을 향한 충성 서약을 철회하게 했다(왕하 24:20b[2]을 보라).

이 행동으로 시드기야는 왕국과 자신의 운명을 결정했다. 그와 같은 조치는 바벨론 군주에게 전혀 용납될 수 없는 일이었다(왕하 25:1–3을 보라). 바벨론 군대가 예루살렘을 포위 공격한 때는 주전 588년 1월 5일이었다(겔 24:1–2[3]을 보라).

파라오 호브라는 명목상의 동맹이었던 것이 틀림없는 시드기야를 돕기 위해 진군했지만 그의 군대보다 우세했던 바벨론 군대에게 격퇴당하고 말았다(렘 37:5–8을 보라). 이집트의 개입이 정확히 언제 있었는지는 기록되지 않았다. 바벨론 군대가 이집트 군대를 가로막기 위해 포위 공격을 하는 사이, 예레미야 선지자는 새롭게 얻은 재산을 살피기 위해 성 밖으로 나갔지만 곧 체포되고 말았다(렘 37장). 바벨론의 포위 공격은 주전 587년에 다시 시작되었다. 이 연도는 유다와 바벨론에서 채택한 니산월 계산법에 따른 것이다(렘 32:1–2을 보라).

두 나라 군대의 전투가 일어난 장소에 대해서는 알려진 바가 없다. 바벨론 연대기의 분실된 서판은 분명히 이 일에 대한 정보를 남겼을 것이다(겔 17:11–16을 보라).

유다 영토 전역에 있는 요새화된 성읍들은 포위 공격을 당하거나 위협을 받았다. 에돔은 느부갓네살과 협력하여 네게브에 있는 유다 요새를 공격했다. 아랏에서 발견된 한 서신은 에돔의 공격을 받았던 핵심적인 요새인 라맛 네겝키르벳 가라=텔 이라을 방어하기 위해 취한 조치들을 극적으로 설명한다.

유다에 대항한 느부갓네살의 마지막 원정

주전 588년 1월 15일–586년 7월 19일까지

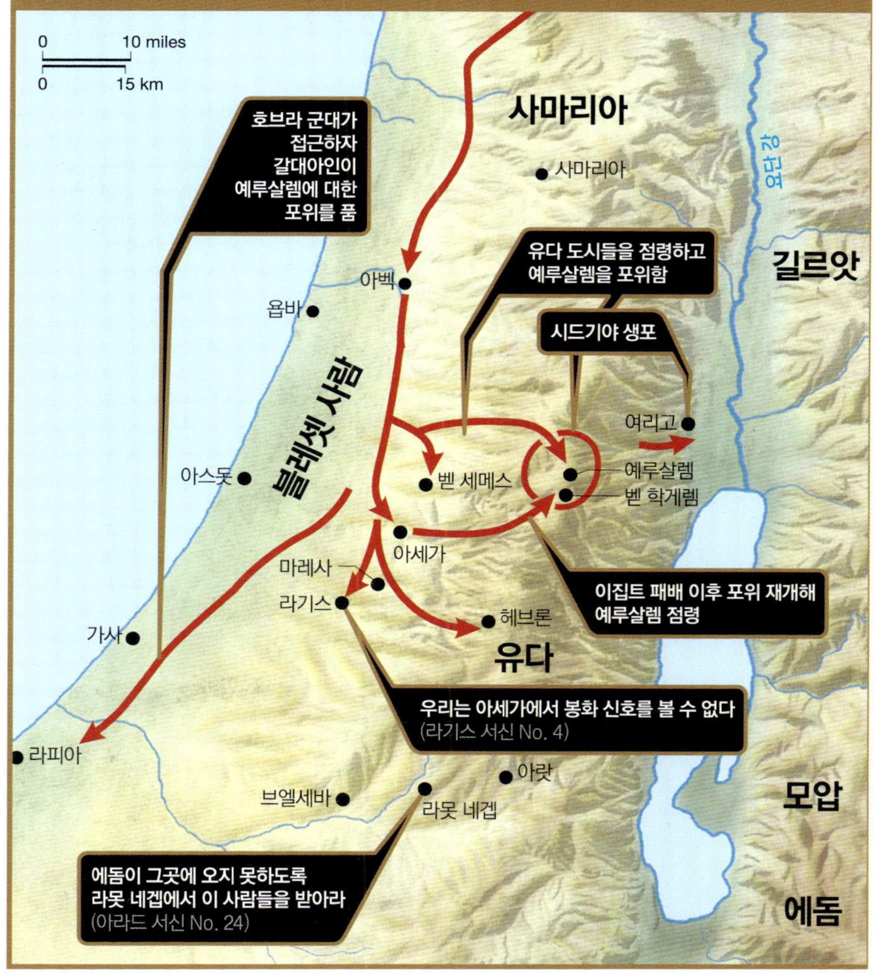

> … 아랏 50명과 키나로부터 … 그리고 당신은 그들을 케랍 우르의 아들, 말키야후의 [지휘 아래] 있는 라맛 네겝에 보내십시오. 그러면 그가 그들을 라맛 네겝에 있는 예레미야의 아들 엘리샤에게 맡길 것입니다. 그 도시에 어떤 일도 일어나지 않게 하기 위해서입니다. 그리고 왕께서 당신에게 내리는 명령은 당신의 생명을 위해 꼭 해야만 하는 일입니다. 내가 오늘 당신에게 경고하기 위해 쓴 것에 주의를 기울이십시오. [그들을] 엘리샤에게 [보내십시오]! 에돔이 그곳에 오지 못하게 하기 위해서입니다(아랏 비문 No. 24: rev. 12–20).

이 토판의 표면은 거의 지워졌지만 '엘리야십엘리아십에게'라는 수신인 이름은 알아볼 수 있게 남아 있다. 위에서 언급한 것처럼 엘리야십은 철기 시대(여섯 번째 유적층)를 끝으로 사라진 아랏 요새의 지휘관이었다.

지원군 요청을 받은 또 다른 장소는 유다 네게브 지역에 있는 정착지인 기나키나였다(수 15:22). 이곳은 와디 엘 케이니나할 키나의 협곡 위에 위치한 아랏 남쪽으로, 키르벳 가사호르밧 우사와 동일한 지역으로 여겨진다. 라맛 네게브는 시므온 지파가 차지한 기업의 범위를 나타내는 기준점으로만 언급되는데, '또 네게브의 라마 곧 바알랏 브엘까지'라고 나온다(수 19:8; 참고. 대상 4:33에 나온 불완전한 언급). 시므온 지파의 중심 성읍인 브엘세바에서 바라보면 수평선상에서 키르벳 가라가 보인다. 그것은 바알

2_"시드기야가 바벨론 왕을 배반하니라"(왕하 24:20b).

3_"아홉째 해 열째 달 열째 날에 여호와의 말씀이 내게 임하여 이르시되 인자야 너는 날짜 곧 오늘의 이름을 기록하라 바벨론 왕이 오늘 예루살렘에 가까이 왔느니라"(겔 24:1–2).

유다의 추방과 이집트 탈출 \ 유다의 추방 : 주전 597-582년, 이집트 탈출 : 주전 586년경

랏 브엘키르벳 엘 메사쉬=텔 마소스의 바로 북쪽에 있다.

유다 전승은 에돔의 배신 행위를 오랫동안 기억하였다(시 137:7[1]을 보라; 또한 옵 1:8-10). 예루살렘을 포위 공격하는 동안 바벨론 군대는 유다에 남아 있는 요새 중심지들을 항복시키기 위해 다른 집단들에게 그 일을 하도록 했다. 그 결과 이 군사 행동의 마지막 단계에서는 오직 두 요새만이 셰펠라에 남게 되었다(렘 34:7을 보라).

라기스는 셰펠라 지역의 핵심 본부였다. 이곳은 아세가를 마주 보는 곳이었으며, 봉화를 통해 통신 활동이 이루어지는 곳이기도 했다. 그 전투가 진행되는 동안, 마레사에 위치한 곳임이 거의 틀림이 없는 라기스의 지휘관에게 속한 한 장교는 라기스의 상관에게 정보를 전달했다. 그는 자신이 아세가의 운명에 관심을 갖고 있기 때문에 라기스로부터 오는 신호를 주의 깊게 보고 있는 중이라고 보고했다. 이 일은 라기스의 두 번째 유적층의 객실에서 발견된 오스트라카(라기스 서신 No. 4) 중 하나에 기록되어 있다.

1_"여호와여 예루살렘이 멸망하던 날을 기억하시고 에돔 자손을 치소서. 그들의 말이 헐어 버리라, 헐어 버리라, 그 기초까지 헐어 버리라 하였나이다"(시 137:7).

벧 하라핏의 위치는 나와 있지 않지만 그곳이 마레사와 관련이 있다는 사실은 많은 아람어 오스트라카 중 하나에 '마레사와 라핏'이란 표현이 등장한다는 점에서 짐작할 수 있다. 그 오스트라카들은 지난 십 년간 유물 시장에 모습을 드러냈는데, 유다 셰펠라 지역의 동부 가장자리 골짜기에 위치한 여물통 모양의 계곡 막게다키르벳 엘 콤에서 발견되었을 가능성이 높다.

이 편지의 발신인은 아세가를 볼 수 없었지만 라기스는 그곳을 마주보고 있었다. 마레사는 라기스 서신을 기록한 가장 유력한 장소로 볼 수 있다. 셰펠라 성읍들, 특히 라기스와 마레사 및 다른 성읍들이 파괴되었다는 사실은 고고학 발굴에 의하여 확인되었다.

이 정복에 관한 추가 기록은, 이 시기를 다루는 연대기 토판들이 사라지고 없는 까닭에 더 이상 존재하지 않는다.

마침내 예루살렘의 성벽은 파괴되었고 왕과 그의 전사들은 탈출을 시도했다(렘 39:2[2]을 보라). 니산 월에서 니산 월에 이르는 예레미야의 연도

계산법과 티쉬리 월에서 티쉬리 월에 이르는 신명기 역사가의 연도 계산법, 둘 다 예루살렘의 방어가 붕괴된 때를 주전 586년경으로 기록하고 있다(왕하 25:3-7을 보라; 참고. 렘 52:5-7).

느부갓네살은 이전에 느고가 사용했던 베카 계곡의 분수령 근처 리블라리블레에 있던 지역 본부를 차지했다. 예루살렘 성이 파괴된 날은 주전 586년 7월 18일이었다(왕하 25:8-9[3]을 보라).

앞에서 말한 두 가지 연도 계산법에 따르면 바벨론 왕 19년은 주전 586년이다. 예루살렘의 함락 연도에 대한 추가 증거 자료는 에스겔의 환상에서 찾아볼 수 있다. 그의 환상은 예루살렘 도성이 함락된 지 14년, 여호야긴이 포로로 잡힌 지 25년째 되는 해에 받은 것이다(겔 40:1을 보라). 갈대아인들이 바벨론으로 끌고 간 난민들 가운데 일부는 주전 585년 1월 8일 에스겔에게 비극적인 소식을 전해주었다(겔 33:21[4]을 보라).

그다랴/그달리야 그다랴는 아히감의 아들이며 사반의 손자로 느부갓네살에 의해 유다를 다스리도록 임명받았다(왕하 25:22-26; 렘 40:5-41:18을 보라). 그다랴는 주전 586년 바벨론에 의해 예루살렘이 멸망당한 후 감옥에서 예레미야 예언자를 석방시킨 일과 관련하여 처음 언급된다(렘 39:11-14을 보라).

그다랴는 시드기야 아래서 행정부의 최고위층 중 하나인 왕실 행정관으로 일했을 것이다. 라기스의 불확실한 유적층에서 발견된 한 점토 인장[5]에는, 왕의 최고 각료를 가리키는 '왕실을 맡은 그달리야에게 [속한]'이라는 글귀가 적혀 있었다. 아히감의 아들 그달리야는 성서 어디에서도 그렇게 불리지 않지만, 이것은 왜 그가 느부갓네살에 의해 유다의 총독으로 임명받았는지 설명하는 데 도움이 될 것이다. "그를 집에 데려가게 하여"(렘 39:14)라는 구절은 실제로 그다랴가 맡고 있는 궁전을 가리키는 것일지 모른다. 따라서 예레미야는 관대한 처분을 받은 사람들 중 한 사람으로 그다랴의 처소에 거하였다.

그다랴는 우선 황폐한 지역을 복구하기 위해 애썼고, 처음에는 어느 정도 성공을 거두었다(왕하 25:23-24 ‖ 렘 40:7-8을 보라). 느부갓네살은 자신의 수비대 지휘관 느부사라단에게 예레미야를 석방시켜 그가 가고 싶은 곳을 선택하게 하도록 지시했다(렘 40:1-5). 바벨론에 항복하기를 원했던 일부 시민들 역시 본토에 머무는 것이 허락되었다. 텔 엔 나스베에서의 발굴 작업은 이 기간에 그곳이 파괴된 흔적을 보이지 않아, 예루살렘과 유다의 다른 도시들과 큰 대조를 보인다(렘 40:6을 보라).

바벨론에서 탈출한 유다 군대의 지휘관들이 미스바에 다시 모였을 때, 그다랴는 그들에게 그곳에 정착하여 농작물을 수확하며 살도록 권유하였고, 그들은 그렇게 하였다(렘 40:9-12을 보라). 이들 가운데 느다냐의 아들 이스마엘과 가레아의 아들 요하난이 포함되어 있었고, 모압, 암몬, 에돔 등 도처로 도망갔던 유다 사람들 역시 돌아와 풍성한 농작물 수확에 참여했다(렘 40:12[6]).

그러나 저명한 유다 인사들 모두가 그다랴에 만족한 것은 아니었다. 가레아의 아들 요하난은 대표단을 이끌고 미스바에 가서, 그다랴를 해하려는 음모가 진행되고 있음을 그에게 경고했다. 암몬 왕 바알리스가 왕자인 엘리사마의 손자요 느다냐느다니야의 아들인 이스마엘에게 그다랴를 암살하도록 설득한 것이다. 요하난은 그다랴에게 이스마엘을 암살하는 대책을 제안하여 공동체 재건 과정을 지속하려고 했다. 그러나 그다랴는 이스마엘이 자기를 해하려 한다는 말을 믿지 않았다. 도리어 그는 일곱 번째 달(주전 586년 10월)에 자신을 찾아온 요단 동편 지역의 사절단을 환영했다. 그다랴와 연회를 가진 후 이스마엘과 그의 부하들은 그다랴뿐만 아니라 그곳에 주둔하고 있던 바벨론 군인들과 그의 많은 지지자들을 암살했다(렘 40:13-16; 41:1; 왕하 25:25).

다음날 80명의 순례자들이 야훼께 제사를 드리기 위해 사마리아에서 왔다. 이스마엘은 그들 중 70명을 살해했고, 자신에게 풍부한 식량 창고를 제공한 열 명만 살려두었다. 그러고 나서 그는 왕실의 딸들을 포함해 많은 인질들을 사로잡았다. 그러나 가레아의 아들 요하난과 그의 군대는 '기브온 큰 물가'까지 그들을 추격해 인질들을 구출했다. 이스마엘과 그의 가까운 추종자들은 간신히 탈출에 성공했다(렘 41:4-15).

이 이야기에 나오는 암몬 왕 바알리스는 예레미야 40장 14절에서만 언급된다. 그가 그다랴를 암살하기 위해 이스마엘을 보낸 동기는 모호하지만 좋은 의도를 가지고 있었다고 보기는 어렵다. 그는 반바벨론 외교 정책을 폈거나, 최소한 자신이 선택한 사람에게 힘을 실어주고자 했을 것이다. 왕족 출신인 이스마엘은 주전 8세기 중엽에 요담이 동쪽으로 진출하면서 요단 동쪽 지역에 정착한 가문들 중 하나에 속해 있었을 것이다.

그다랴가 암살당한 일로 바벨론의 보복이 두려워진 요하난과 그의 지휘관들 및 그들이 구출한 사람들 모두는 이집트로 도망하였다. 베들레헴 근처에서 그들은 어떻게 해야 할지에 대한 신탁을 구하기 위해 예레미야에게 물었다. 열흘 후에, 예레미야는 그들이 그 땅에 머물러야 야훼가 그들을 보호해주실 것이라고 전했다. 그러나 그들은 이 신탁을 거부하고 예레미야를 대동한 채 계속 이집트로 나아가(렘 42:1-43:7; 왕하 25:26) 누비아 신전인 다바네스로 갔다. 유다 왕국의 멸망으로 유다 난민들은 이집트의 몇몇 도시들(렘 44:1), 곧 믹돌, 다바네스, 놉멤피스, 바드로스 땅에 피난처를 찾았다.

레반트 지역의 추가 분쟁들

유다가 멸망한 지 얼마 되지 않아 느부갓네살은 두로를 향한 원정에 들어갔다. 요세푸스는 그리스 저자들이 보존한 페니키아 기록들을 인용함으로써 그 포위 공격에 대한 주요 자료를 제공했다.

> 더욱이, 베로수스가 말한 바에 상응하는 나부코도노소르 왕에 대한 진술들이 페니키아인들의 고문서 보관소에서 발견된다. 나부코도노소르 왕은 시리아와 페니키아 전역을 정복했다. 이와 마찬가지로 필로스트라투스도 자신이 편찬한 역사에서 두로의 포위 공격을 언급하였다. 메가스테네스 역시 자신이 쓴 인도 역사의 네 번째 책에서 그것을 기록했다(《아피온 반박문》 1:143-144).

나부코도노소르는 그들의 왕, 엣바알잇토바알 시대에 13년 동안 두로를 포위했다(《아피온 반박문》 1:156).

이 유대인 역사가는 자신의 《아피온 반박문 *Against Apion*》에서 두로 포위 공격에 대해 추가로 언급했다.

> 디오클레스는 또한 페르시아의 이야기 중 두 번째 책에서 이 왕을 언급한다. 필로스트라투스가 한 것처럼 인도와 페니키아, 양쪽에 대한

2_"시드기야의 제십일년 넷째 달 아홉째 날에 성이 함락되니라. 예루살렘이 함락되매"(렘 39:2).

3_"바벨론 왕 느부갓네살의 열아홉째 해 오월 칠일에 바벨론 왕의 신복 시위대장 느부사라단이 예루살렘에 이르러 여호와의 성전과 왕궁을 불사르고 예루살렘의 모든 집을 귀인의 집까지 불살랐으며"(왕하 25:8-9).

4_"우리가 사로잡힌 지 열두째 해 열째 달 다섯째 날에 예루살렘에서부터 도망하여 온 자가 내게 나아와 말하기를 그 성이 함락되었다 하였는데"(겔 33:21).

5_**점토 인장(bulla)** 점토로 만든 손톱만 한 납작한 도장으로서 편지를 인봉할 때 쓰이며, 프랑스어에서 유래된 용어

6_"그 모든 유다 사람이 쫓겨났던 각처에서 돌아와 유다 땅 미스바에 사는 그다랴에게 이르러 포도주와 여름 과일을 심히 많이 모으니라"(렘 40:12).

◀ 에스겔의 예루살렘 이상 (겔 48:30-35)

> 그의 설명에서 말하기를 그 왕이 두로를 13년 동안 포위 공격했다고 한다. 그때에 두로에서는 엣바알이 통치하고 있었다(《아피온 반박문》 10:228).

다음의 기록은 한 라틴어 이문, 《그의 통치 연도anno regni sui》에 맞게 수정되어야 한다. 따라서 그 포위 공격이 시작된 해는 엣바알 제7년이다.

> 왜냐하면 그의엣바알의 통치 제7년에, 느부갓네살이 두로의 포위 공격을 시작했기 때문이다(《아피온 반박문》 1:159).

포위 공격이 13년 동안 지속되었다는 것으로 미루어볼 때, 왕과 그의 군대가 별다른 물질적인 이득을 볼 수 없을 것이라고 본 에스겔의 언급은 그 공격 기간을 확증하는 데 도움이 된다(겔 29:17-19을 보라). '27년, 정[월] 초일에'라는 연대(겔 29:17)는 주전 571년 4월 26일에 해당한다. 이날은 바벨론의 신년 초하루를 의미하며, 에스겔의 예언은 아마도 두로의 포위 공격이 끝나는 시점, 곧 주전 572/571년의 어느 한 시점임이 분명한 시기를 염두에 두고서 선포되었을 것이다. 사실 두로의 새 왕 바알2세는 협상을 통한 해결을 원했던 것으로 보인다. 어떠한 경우이든 느부갓네살은 이집트를 공격하려면 페니키아 함대의 지원이 필요했을 것이다.

페니키아와 키프로스를 향한 해상 공격의 형태로 이루어진 이집트의 반격은 호브라아프리스의 통치 시절에 일어난 것으로 알려져 있다(디오도루스 시쿨루스 1.68.1). 그 전쟁에는 바벨론의 측면 지역을 약화시키려는 의도가 있었을 것이다. 그것은 부분적으로 성공을 거두었고, 키프로스는 그 공격을 받아 약화되었다. 이 공격은 바벨론이 이집트를 침공하는 기폭제가 되었을 것이다.

그러나 그 사이, 두로 원정 초기에도 느부갓네살은 레바논의 베카와 그 아래쪽의 요단 동편 지역까지 공격을 해야 했다.

> …느부갓네살은 예루살렘이 파괴된 지 5년째 되던 해, 즉 자신의 통치 **제23년**에 코일레-시리아[1]를 공격하였다. 그곳을 차지한 후 그는 모압과 암몬 사람들과 전쟁을 벌였다. 그 모든 나라들을 굴복시킨 후에 그는 이집트를 공격하여 멸망시키고자 했다. 그는 당시에 그곳을 통치하던 왕을 살해하고는 다른 사람을 세웠다. 다른 한편으로 그는 그곳에 포로로 잡혀 있던 유다 사람들을 취해 바벨론으로 끌고 왔다(《고대사》 10:181-182).

느부갓네살 왕 제23년은 주전 582년이었다. 그다랴의 암살을 선동한 바알리스의 행동은 바벨론의 통치에 대해 암몬 사람들이 가진 적의를 보여준다. 아마 그들과 모압 사람들은 요단 동쪽 땅이 느부갓네살의 통치 권역에서 멀리 떨어진 채로 있을 수 있다고 생각했던 것 같다. 그러나 주전 582년의 원정으로, 적어도 그 기간 동안은 자신들의 그런 생각이 어리석었음을 깨달았을 것이다.

이 기간에 유다 주민들의 3차 추방에 대한 기록이 예레미야서에 추가로 기록되어 있는 것은 분명 우연한 일이 아니다(렘 52:30[2]을 보라).

요세푸스는 바벨론 원자료의 번역본들을 이용할 수 있었던 것으로 보인다. 에스겔은 그의 신탁에서 두로의 포위 공격이 어떻게 끝을 맺었는지 암시하고 있다(겔 29:17-20을 보라). 이 신탁은 주전 571년 4월 26일, 곧 느부갓네살 제34년의 신년일에 선포된 것으로 추정된다. 요세푸스는 바벨론 왕이 이집트에 대항해 원정을 벌였다고 주장했지만 연대를 밝히지는 않았다.

후대의 콥트어와 에티오피아어 자료는 표면적으로는 캄비세스가 이집트를 침공했다고 묘사한다. 그러나 이 자료들의 문맥을 살펴보면, 실제로 공격한 사람은 느부갓네살임이 분명하다. 이 침공은 거의 50년 간격으로 있었던 두 번의 침공으로 나뉘어 요약되고 있다. 이것을 다루는 이야기 자료들에는 느부갓네살이 언급되어 있으며, 이 공격으로 고통을 당한 이집트 파라오는 아마시스가 아닌 호브라였다. 이것은 아래에서 다룰 쐐기문자 자료와 모순된다.

가장 심하게 훼손된 바벨론 서판 BM 33041과 단편 BM 33053은 이 공격을 느부갓네살과 아마시스 사이에 벌어진 전투라고 기록한다.

> 바벨론 왕 느부갓네살 제37년에[…] 그가 이집트[로] 전쟁을 하러 갔다. 이집트 왕 [아마]시스는 [자신의] 군[대를 소집했다?] 붓 도시와 그리스 사람들과 바다 한가운데 있는 먼 지역으로부터[…]? 이집트 땅에 있던 수많은 사람들[…] 무장한 자들, 말들, […] 그를 돕기 위하여 그가 소환했다. ?[…] 그리고 […]하기 위하여 그의 앞에 전열(줄?) […] 만드는 동안 그가 신뢰하는 […].

분명히 이 자료는 매우 단편적이어서 전투의 상세한 내용까지 알 수는 없다. 흩어진 단어들과 구절을 종합해보면, 이 자료는 아마시스가 외국인 용병들, 즉 붓(리비아 사람)과 그리스 사람들, 기타 다른 지역 사람들을 이용해 방어했다고 기록하고 있다. 이 모든 군대들은 전투들이 통합되면서 왕 앞에서 연합 전선을 구축하였을 것이다. 한 가지 확실하게 판독할 수 있는 '37년에'라는 말에서, 이 사건을 주전 568년에 일어난 것으로 추정할 수 있다. 그해는 아마시스가 호브라를 전복시킨 지 2년이 지난 때였다. 그러나 그 원정은 새로운 왕의 지위에 뚜렷한 손실을 준 것 같지는 않다. 아마시스는 지중해 동부 지역으로 원정을 떠나 키프로스를 정복한 것으로 알려졌다(헤로도토스 2.182.2; 디오도루스 시쿨루스 1.68.6). 레반트에 영향을 준 사건들을 더 추적하기에 앞서, 이집트에서 이루어진 일들을 간략하게 살펴볼 필요가 있다.

이집트의 발전

호브라아프리스 호브라Hophra 통치 시기는 그 어떤 인상적인 군사적 승리가 있진 않았지만, 이집트 자체를 놓고 본다면 번영과 진보의 시대였음은 분명하다. 호브라는 그의 거대한 궁전이 있는 멤피스에 거주했다. 주전 586년에 그의 누이 앙크 네스 네페리브레가 노 아몬에서 대제사장으로 임명되었다. 주전 578년에는 사카라 고유의 모든 장례 의식에서 아피스 황소가 사용되었다. 이듬해 봄에 호브라는 멤피스에 있는 프타 신전에 중앙 삼각주 지역의 거대한 땅을 하사했다. 다른 신들에게도 이와 비슷한 헌납이 이루어졌음을 뒷받침하는 증거들이 많이

1_코일레 시리아(Coele-Syria) 셀레우코스 왕조와 프톨레마이오스 왕조 사이의 분쟁 지역으로 시리아 남부를 가리키는 용어이다. 좁은 의미로는 레바논의 베카 계곡을 뜻하지만 보통은 유다를 포함한 엘류테루스 강 이남 지역 전체를 가리킨다.

2_"느부갓네살의 제이십삼년에 사령관 느부사라단이 사로잡아 간 유다 사람이 칠백사십오 명이니 그 총수가 사천육백 명이더라"(렘 52:30).

EZEKIEL'S VISION OF THE RE-STORED TRIBES

회복된 12지파에 대한 에스겔의 이상

＼ 주전 573년

0 10 20 miles
0 10 20 30 km

"모든 지파의 이름은 이와 같으니라 북쪽 끝에서부터 헤들론 길을 거쳐 하맛 어귀를 지나서 다메섹 경계선에 있는 하살에논까지 곧 북쪽으로 하맛 경계선에 미치는 땅 동쪽에서 서쪽까지는 단의 몫이요 단 경계선 다음으로 동쪽에서 서쪽까지는 아셀의 몫이요 아셀 경계선 다음으로 동쪽에서 서쪽까지는 납달리의 몫이요 납달리 경계선 다음으로 동쪽에서 서쪽까지는 므낫세의 몫이요 므낫세 경계선 다음으로 동쪽에서 서쪽까지는 에브라임의 몫이요 에브라임 경계선 다음으로 동쪽에서 서쪽까지는 르우벤의 몫이요 르우벤 경계선 다음으로 동쪽에서 서쪽까지는 유다의 몫이요" (겔 48:1–7).

* **동쪽 바다** _ 에스겔 47:18에 나오는 이 지명을 개정역은 '동쪽 바다'로, 새번역은 '사해의 다말'로 표기했다.

바벨론 왕국의 발흥과 멸망 \ 주전 626–539년

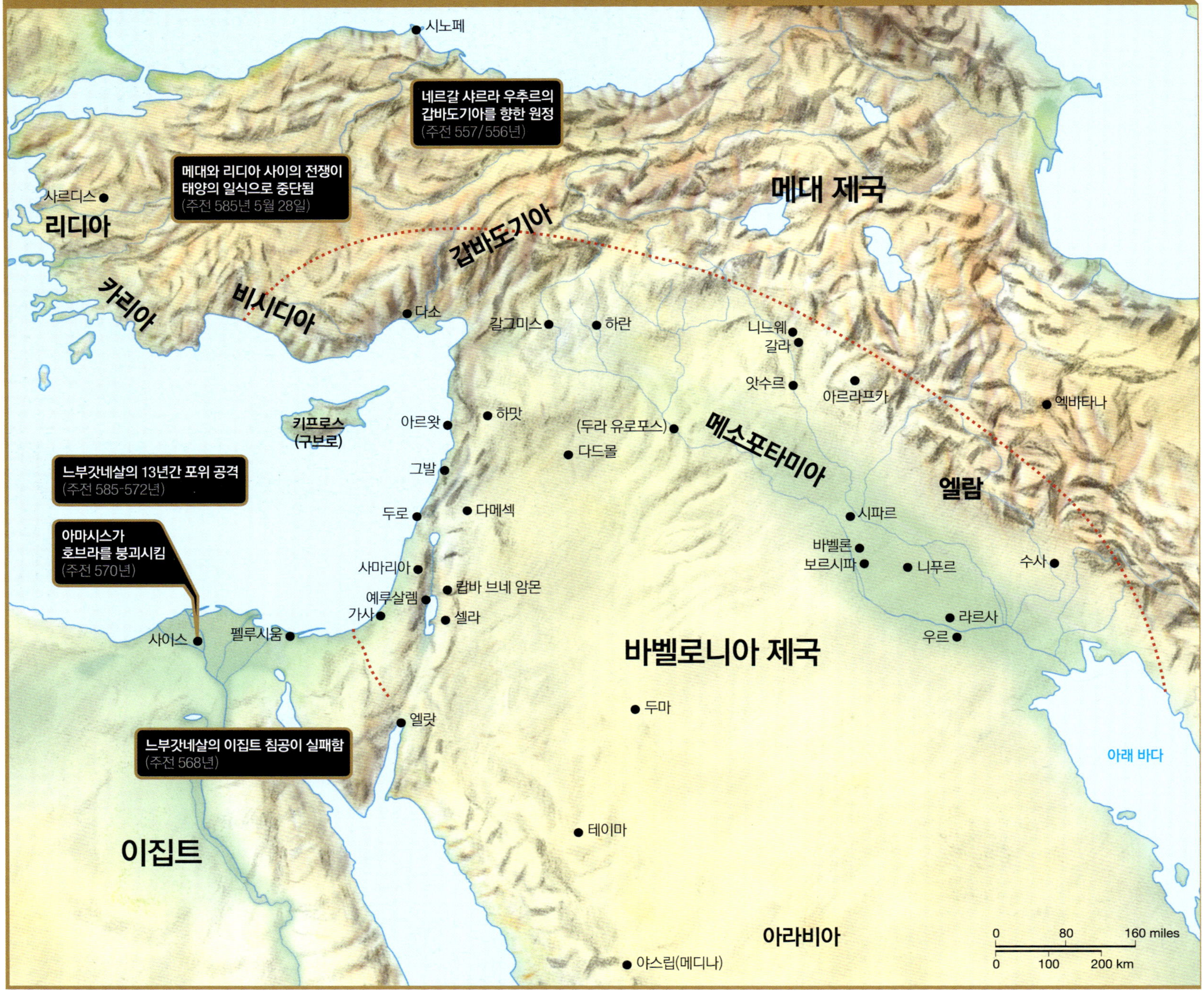

있다. 19년에 걸친 통치 동안에 그의 기념비적인 업적들은 매우 많지만 이집트 통치자로서의 중요성은 그를 폐위시킨 찬탈자의 악명에 많이 가려졌다.

호브라는 주로 외국인 용병들, 특히 카리아인들과 이오니아 그리스인들에게 크게 의존했지만, 자신의 군대와는 좋은 관계를 유지하지 못했던 것 같다. 만일 예레미야의 평가가 진실에 가깝다면, 이 파라오는 교만하고 우유부단하다는 평판을 얻었을 수 있다.

> 거기서 부르짖기를 애굽 왕 바로가 망하였도다. 그가 시기를 잃었도다(렘 46:17[1]).

유다 예언자는 그의 멸망을 예견했으며, 대부분의 인근 민족들 역시 그것을 예상하고 있었다(렘 44:30을 보라).

주전 570년 호브라는 위험한 모험에 말려들었다(헤로도토스 1.161–163). 아프리카 북부 해안 멀리까지 진출한 그리스가 키레네에 크고 번창한 식민지를 개발하자 리비아 원주민들과 큰 마찰을 빚게 된 것이다. 리비아 지도자 중 한 사람인 아디크란은 아프리스에게 도움을 청했다(헤로도토스 4.159.4). 호브라는 키레네구레네의 그리스 식민지의 세력이 점점 커지자 위협을 느껴, 카르가와 바리야 오아시스에서 자신의 확고한 기반을 세우기 위해 서쪽에 있는 주변 나라들과 함께 최종 결전을 준비했다. 이어서 그는 아프리카 북부를 향해 원정대를 파견했다. 이 원정대는 이집트 본토인으로 구성되었다. 왜냐하면 다른 그리스 사람들을 대항하는 일에 그리스 용병들을 고용하는 것이 현명해 보이지 않기 때문이다. 그러나 이집트 군대는 키레네 사람들에게 크게 패하고 말았다. 이 소식이 전해지자 이집트에서는 반란이 일어났고, 이집트 본토인 장군 아마시스아흐모세가 반란군을 회유하기 위해 파견되었지만 오히려 반란군은 그를

1_가톨릭 새성경은 "이집트 임금 파라오의 이름을 '기회를 놓친 허풍쟁이'라고 불러라"로 옮겼다.

왕으로 선택했다. 호브라는 그리스와 카리아 용병을 이용해 반란을 진압하려고 했지만 소용이 없었다(헤로도토스 2.169). 폐위된 왕의 운명에 대해서는 서로 모순되는 증거들이 있다. 사로잡힌 호브라는 새로 왕좌에 오른 아마시스의 수도가 된 사이스에 수감된 것으로 알려졌다(주전 570년). 그러니 느부갓네살이 이집트의 상황을 이용해 이집트 침공을 시도했을 때, 호브라는 바벨론 편에 섰을 것이다. 그러나 침략군은 패배했고 호브라는 사로잡혀 죽임을 당했다(헤로도토스 2.161-167; 디오도루스 시쿨루스 1.68.1). 그리스와 바벨론 자료를 맞추려는 것은 현재로서는 매우 어려운 과제이다.

아마시스아흐모세 호브라와 아마시스Amasis 사이의 내전은 몇 개월 이상 지속되지 못했고, 삼각주 지대의 북서부 지역에 제한되었다. 두 번에 걸친 호브라의 패배를 간략하게 요약하여 소개하는 것으로 보이는 헤로도토스(2.169)는 마지막 전투가 삼각주 지대 서부에 있는 모멤피스 어딘가에서 발생했다고 말한다. 그러나 아마시스 제3년에 속한 것으로 추정되는 커다란 적색 화강암 석비는 아마시스가 승리를 거두었으며, 그 전투는 나일 강 지류의 테레누티스테르라네 근처에 있는 세헷 마프크, 곧 '말라카이트 들판'에서 있었다고 말한다. 불행히도 비문은 심하게 훼손된 상태이다. 왜냐하면 카이로에 있는 한 건물의 문지방으로 사용되다가 발견되었기 때문이다.

아마시스(주전 570-526년)에 대한 헤로도토스의 이야기에는 한담이 많이 담겨 있음에도 불구하고 의미 있는 역사적 핵심이 포함되어 있다. 그는 술을 매우 좋아하고 방종한 삶을 살았음에도 불구하고 대중에게 인기를 얻은 인물로 묘사되어 있다. 그러나 그의 어머니의 무덤 비문은 그녀가 호브라의 막역한 친구였음을 암시한다. 그리고 아마시스 그 자신은 귀족 신분이었다. 이집트 본토인들은 호브라의 주장을 변호하려는 외국인 용병들에 맞서 그를 지지했다.

그 비문에 따르면 아프리스는 산 채로 사로잡혀 한때 자신의 수도였던 사이스로 압송되었다고 한다. 그곳은 이제 아마시스가 차지했고, 비문에 따르면 아마시스가 그를 위해 명예로운 장례식을 치러주었다고 한다. 또한 이 비문은 아프리스가 탈출하여 바벨론의 이집트 공격에 참여했다고도 말한다. 적군은 그리스 사람들로 묘사되었다. 공격은 실패해 그들은 격퇴당했고, 호브라는 작전 시행 중에 있던 삼각주 지대의 한 배에 피신해 있다가 결국 그곳에서 붙잡혔다. 앞에서 언급한 대영박물관에 있는 쐐기문자 단편은 아마시스를 향한 군사 원정이 느부갓네살 제37년(주전 568/567년)에 이루어졌다고 기록한다. 이집트 자료와 바벨론의 자료가 과연 서로 조화를 이룰 수 있을까? 두 자료가 매우 심하게 훼손되어 사실상 불가능하다. 그러나 만일 위에서 말한 아랏 서신들에 나온 깃딤 사람들이 실제로 바벨론을 위해 일하던 에게 출신 용병들이었다면, 느부갓네살의 주전 586년 이집트 침공은 그리스 출신의 정예 부대에 의해 이루어졌을 수 있다.

전반적으로 보면 아마시스는 평화를 추구하는 사람이었다. 그는 구브로키프로스에 있는 일부 성읍들을 분명 정복한 것으로 보이는데, 하지만 이것은 그의 정복 활동에 대한 유일한 기록이다. 서부에서 그는 키레나이카[2]와 동맹을 맺었고 라디케라는 이름을 가진 한 귀족 여자와 결혼했다. 통치와 경제 운용 면에서 그가 점점 그리스에 의존하는 정도가 커지자, 그는 '그리스 우호론자' 필헬레네[3]라는 별칭을 얻게 되었다(헤로도토스 2.178.1). 그는 델피 신전 재건에 크게 기여했고, 다른 그리스 신전들에도 상당한 기부를 했다. 그가 사모스의 독재자 폴리크라테스와 우호 관계를 맺은 것(헤로도토스 3.41-43)을 보면, 지중해 동부의 가장 중요한 중심지에 이집트 상업 활동을 확장하려는 그의 노력을 엿볼 수 있다. 다른 한편으로 그는 자신을 왕좌에 올려놓은 이집트 본토 시민들을 회유해야 했다. 당시 삼각주 지대에 있는 그리스 상인들의 영향력은 지나치게 커져 있었다. 키레나이카에서 있었던 것 같은 잠재적인 충돌을 피하기 위해 아마시스는 그리스 상인들의 활동을 사이스 남서부에 있는 나우크라티스라는 큰 도시로 제한시킴으로써 충돌의 가능성을 사전에 차단했다. 그곳 인구는 거의 그리스 사람들이었다. 다양한 이주민 공동체들은 그곳에 신전들을 건축했고, 나우크라티스는 에게와 이집트 교역 활동의 거대한 중심지가 되었다. 아마시스의 이러한 정책은 정치적인 걸작품이라 할 수 있는 것이었다. 이것은 이집트 본토인들을 만족시켜 효율적인 경로를 통해 그리스와의 교역 활동이 원활하게 진행되게 했다.

2_키레나이카
아프리카, 리비아 동부의 지역으로 고대 그리스·로마의 식민지

3_필헬레네
'헬라(그리스)를 사랑하다'라는 뜻이다.

프삼메티쿠스 3세 아마시스는 주전 526년에 죽었고 그의 아들 프삼메티쿠스 3세가 그의 뒤를 이었다. 이 군주는 왕위에 오른 지 1년도 채 안 되어 신생 제국인 페르시아의 왕 캄비세스의 침공을 받았다.

신바벨론 왕조의 마지막 시기

아멜 마르둑 느부갓네살의 후계자는 그의 아들 아멜 마르둑이었다. 이 아카드어 이름은 '마르둑 [신의] 아들'이라는 뜻이다. 이 이름은 히브리어 성서에 에윌므로닥으로 두 번 언급되는데(왕하 25:27 ‖ 렘 52:31), 이는 아마도 당대의 발음에 아주 근접한 것으로 보인다. 2년간의 그의 짧은 통치는 어떤 왕실 비문에도 기록되어 있지 않다. 유일하게 가치 있는 아카드어 증거 자료들은 연대가 기록된 상업 문헌들이다.

그의 통치가 시작된 정확한 연대를 결정하기는 어렵다. 느부갓네살의 죽음은, 그의 통치 제43년 여섯 번째 달에 기록된 것으로 추정되는 우룩의 문헌으로 보아 주전 562년 10월 초에 일어난 것으로 간주된다. 가장 늦은 연대는 느부갓네살 제43년 여섯 번째 달 12일(주전 562년 10월 8일)이며, 시파르에서 나온 것으로 보이는 서판은 똑같은 연대를 기록하고 있는데, 이 해를 아멜 마르둑의 즉위년으로 말한다. 다른 한편으로 두 개의 서판이 있는데, 이중 최소한 하나는 시파르에서 나온 것으로, 담무스타무즈 월 20일과 아빕 월 X일로서 둘 다 아멜 마르둑의 즉위년에 나온 것이다. 따라서 공동 섭정 기간이 있었다고 짐작할 수 있다. 어떠한 경우이든 아멜 마르둑의 첫 통치 연도는 니산 월 1일(주전 561년 4월 6일)이었다는 것이다. 히브리 성서에 나온 한 언급은 이 왕에게 유용한 연대이다. 그것은 에윌므로닥이 여호야긴을 수감

◀ 바벨론에서 발견된 청금석(lapis lazuli)으로 만든 마르둑 신

생활에서 석방시켰다는 내용이다(왕하 25:27-30 ‖ 렘 52:31-34을 보라).

이것은 신명기 역사가의 산정법과 마찬가지로 티쉬리 연도로 산정한 것이다. 그래서 여호야긴 제37년은 주전 561년에 해당한다. 특정한 연대, 즉 '12월 그 달 27일에'는 제37년 아달 월 27일(주전 561년 4월 2일)로, 바벨론 신년이 시작되기 바로 나흘 전으로 이때는 에윌므로닥이 바벨론 왕으로 공식적으로 취임하지 않았을 때이다. 따라서 주전 561년이 그의 첫 통치 연도이다. 여호야긴의 석방은 그의 공식적인 즉위식 이전에 새로운 왕에 의해 행해지는 특별 사면에 해당되는 것이 틀림없다. 주석가들은 종종 이 점을 놓치고 있다.

그의 아버지와 그의 후계자들인 네르갈 샤라 우수르와 나보니두스과 달리, 아멜 마르둑은 군사 원정에 대한 어떠한 비문 증거도 남겨두지 않았다. 그의 통치에 대한 정보는 단지 몇 개의 항아리 조각들과 그의 통치 시기에 속한 것으로 추정되는 100여 개의 계약 서판에 기록되어 있을 뿐이다.

네르갈 샤라 우수르 네리글리사르 느부갓네살의 딸 카시야와 결혼한 이 부유하고 지위가 높은 왕실의 인척은 4년 동안 통치했다고 베로수스는 전하지만 우룩 왕의 목록은 그가 3년 8개월 동안 통치하였다고 말한다. 그의 마지막 시기에 속한 문헌들은 주전 556년 4월에 만들어진 것으로 보아, 그것들은 왕 목록의 진술을 뒷받침하는 것으로 보인다. 즉, 그는 즉위년의 7개월에다 그 후 3년 기간과 4년째 되던 해의 한 달 등의 기간 동안 나라를 다스렸다는 말이다.

느부갓네살의 왕실 달력과 국가 달력에 있는 내용에는 네르갈 샤라 우수르라는 이름을 가진 관리를 '신 마기르의 사람통치자'이라는 뜻의 호칭과 함께 언급한다. '신 마기르'라는 이름은 메소포타미아 남부에 위치한 지역인 비트 신 마기르의 단축된 형태로 보인다. 이 네르갈 샤라 우수르는 느부갓네살의 사위이며 궁극적으로 그의 계승자로 알려져 있었다. [비트] 신 마기르 지방은 바벨론 북부 지역에 위치한 곳으로 확인되었다. 네르갈 샤라 우수르는 주전 586년의 예루살렘 정복 이후 포로 배치와 전리품을 처리하던 사람과 같은 인물인 것으로 보인다. 네르갈 사레셀은 예루살렘의 멸망과 그 후에 이루어진 예레미야 예언자의 석방과 관련된 바벨론 관리들의 명단에 포함되어 있다(렘 39:3, 13[1]). 다소 훼손된 본문으로 보이는 예레미야 39장 3절에서 네르갈 사레셀은 두 번 등장한다. 두 번째로 그가 예레미야 39장 13절에서 '라브 마그(Rab-mag, '궁중 장관')'이라는 낯선 관직명으로 등장한다. 이러한 직책과 평행을 이루는 아카드어는 없다. 이 난관을 해결하기 위해 39장 3절을 '신 마기르의 [왕자]이자 라브 마그인 네르갈 사레셀'[2]로 수정하자는 견해가 있다.

네르갈 샤라 우수르 왕은 많은 건축 비문들을 남겼지만, 레반트 역사에 관해서 그의 통치 기간에 만들어진 가장 중요한 자료는 소위 네리글릿사르Neriglissar 연대기이다.

바벨론 연대기에서 발췌한 구절이 나오는 이 작은 서판은 네르갈 샤라 우수르 제3년(주전 557/556년)에 이루어진 군사 원정에 대해 기록하고 있다. 앗수르 연대기의 문체로 기록되어 있는 이 서판의 구체적인 내용은 이 자료가 원정 직후에 기록되었다는 결정적인 인상을 남기고 있다.

> 제3년 [X달 Y일에], 피린두 왕 아푸아슈가 자신의 [거대한] 군대를 [소]집했다. 약탈과 노략을 위해 그는 자신의 얼굴을 '강 건너편'[으로] 돌렸다(연대기 6:1-3).

주전 557년 피린두의 아푸아슈가 계획한 레반트 북부 습격에 대한 반격으로 네르갈 샤라 우수르는 원정대를 소집해 후메로 행군하였다. 이곳은 앗수르 자료에 꾸에Que로 나타난 길리기아 동부에 위치한 곳으로, 앗수르 멸망 후 바벨론이 물려받은 땅이었다. 네르갈 샤라 우수르는 파국에 가까운 패배를 당한 아푸아슈를 끝까지 추격했다. 그 추격의 길은 해안을 끼고 있던 험준한 산악 지대를 지나 왕실 거주지이자 수도인 우라에 이르는 25킬로미터 이상 되는 길이었고, 우라는 결국 약탈당했다. 그 성읍은 칼리카드노스(현대의 교크수) 강가 오른쪽에 있는 헬라 시대의 셀류키아(현대의 실리프케)이거나 근처에 있는 것이 분명하다.

> 그가 우라 도시부터 그의 조상들의 왕실 수도인 키르쉬까지 갔을 때 여섯 연맹 지역6리그의 험난한 산악 지대와 힘겨운 고갯길을 행군하였다. 그 결과, 그는 강한 요새요 그의 왕실 수도인 키르쉬 도시를 점령했다. 그는 그곳의 성벽과 왕궁과 백성들을 불태웠다(연대기 6:15-19).

네르갈 샤라 우수르는 키르슈현대의 귈나르 근처에 있는 메이단시칼레와 동일한 지역를 불태우기 위해 골짜기를 따라 북쪽으로 65킬로미터를 추격했다. 메이단시칼레가 키르슈라는 사실은 이곳에서 발견된 두 개의 아람어 비문 파편을 통해 확증되었다. 그중 하나에 '키르슈 요새'가 나와 있기 때문이다.

그 후 네르갈 샤라 우수르는 앞바다에서 약 3킬로미터 떨어진 곳에 있는 한 섬, 피툿수(현대의 카르긴시크 아다시)를 모처럼 야심차게 공격하여 그곳의 대규모 수비대를 생포했다.

> 그는 배를 타고 가서 바다 한가운데 섬, 피툿수 도시와 그곳으로 올라간 6천 명의 전투 부대를 생포했다. 그들은 그 도시를 진멸하였고, 그곳의 백성들을 사로잡았다(연대기 6:20-23a).

길리기아로부터 서쪽으로 가는 도로를 장악하기 위해서는 반드시 섬을 지배해야 할 필요가 있었다.

> 같은 해에 그는 살루네 도시의 통로부터 리디아 도시(sic!) 국경까지를 불로 태웠다. 아푸아슈는 탈출했다. 그는 그를 사로잡지 못했다. 아달 월에 아카드 왕이 그의 [땅]으[로] 돌아왔다(연대기 6:23b-27).

마지막으로 그는 살루네와 리디아 국경으로 통하는 통로를 불태워 폐허로 만들었다. 살루네(현대의 셀린데)는 길리기아의 서쪽에 있는 도시이다. 그 당시 리디아는 할리스의 서쪽으로, 후대의 밤빌리아를 포함하는 곳으로 보인다. 네르갈 샤라 우수르는 길리기아에서의 바벨론의 이익을 지키려고 했음이 분명하다.

아푸아슈 자신은 탈출했음에도 불구하고, 네르갈 샤라 우수르가 취한 행동은 피린두에 대한 바벨론의 통치권을 다시 주장한 셈이고, 이로써 바벨론은 리디아와 점점 영토를 넓혀가는 메대 사이에서 제3자로서의 자신의 입지를 강화했다.

주전 556년 아달 월2월에 네르갈 샤라 우수르는 50일 정도의 여정 끝에 바벨론으로 귀환했다. 위에서 언급한 것처럼 그의 시대에 속한 가장 최근의 문헌은 바벨론에서 주전 556년 4월 12일에 쓰인 것과 우룩에서 4월 16일에 쓰인 것이다. 만일 그가 그보다 나중에 죽었다면, 그것은 그가 3년 8개월 통치했다고 보는 우룩의 왕 목록과 일치할 것이다. 나보니두스의 선임자가 메대와의 전쟁에서 죽었다는 크세노폰의 주장(크

1_"바벨론의 왕의 모든 고관이 나타나 중문에 앉으니 곧 네르갈사레셀과 삼갈네부와 내시장 살스김이니 네르갈 사레셀은 궁중 장관이며 바벨론의 왕의 나머지 고관들도 있더라. … 이에 사령관 느부사라단과 내시장 느부사스반과 궁중 장관 네르갈사레셀과 바벨론 왕의 모든 장관이"(렘 39:3, 13).

2_네르갈 사레셀(Nergal-sharezer) 가톨릭 새성경은 '랍 막인 네르갈 사르에체르'라고 옮겼다.

신바벨론의 전쟁

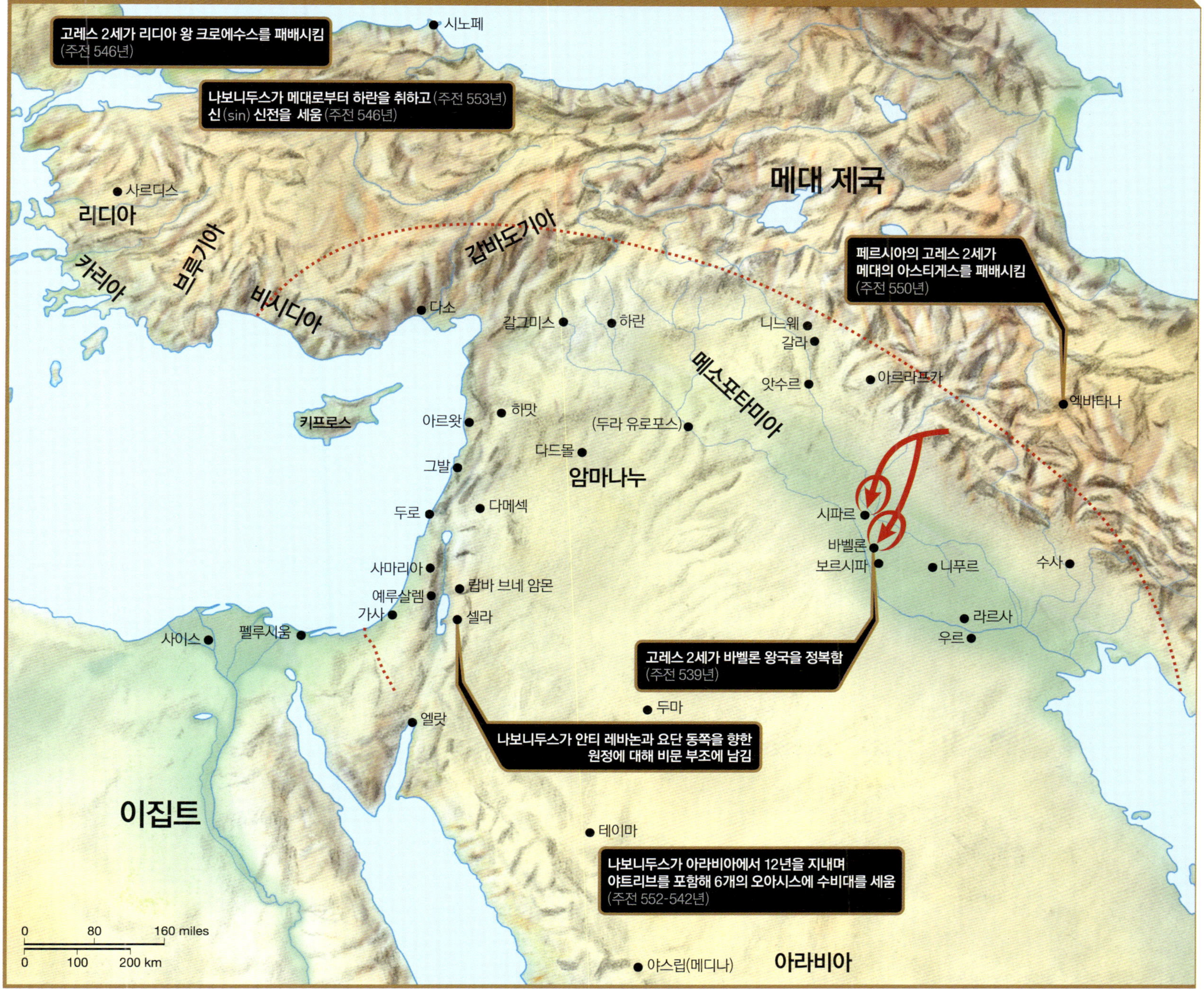

세노폰, 키로파이디아 4.1.8.)은 입증될 수 없다.

라바쉬 마르둑 네르갈 샤라 우수르의 젊은 아들은 주전 556년 5월에 왕위를 계승했고, 그의 행적을 기록한 마지막 문서는 같은 해 6월에 작성되었다. 그를 언급하는 네 개의 본문은 즉위년에 대해 언급하는데, 통치 기간은 1년이 채 되지 않았다. 우룩의 왕 목록은 그가 3개월 동안 통치했다고 본다. 그의 왕위 계승자 나부 나이드는 그에 대해 이렇게 언급한다.

> 그의 젊은 아들 라바쉬 마르[둑]은 신의 뜻을 거슬러 바르게 행동하지 못한 자인데 왕위에 올랐다(바벨론 비문: Ⅳ, 37–42).

그의 암살 이야기는 본문이 훼손되어 소실되었다.

나부 나이드 나보니두스 군사 쿠데타의 결과, 라바쉬 마르둑은 제거되었다. 모반자들은 자신들 가운데 한 사람인 고위직 군대 관리, 나부 나이드를 왕으로 택했다. 그는 왕의 비문들에 '위대한 이magnetum'와 '군대 장관military governor'이라는 직함을 가진 나부 발라수 이크비의 아들이었다. 나부 나이드는 분명히 어떤 아람 족 집단의 우두머리였다. 나부 나이드의 어머니 아다 구피는 느부갓네살과 나부 샤라 우수르의 왕실에서 특정 직책을 가지고 일하던 사람이었다. 아다 구피는 하란에서 달의 신인 신Sin을 숭배하는 사람이었다.
주전 585년 5월 28일 일식 후, 나부 나이드는 리디아와 메대 사이에 평화 협정을 중재한 라비네토스와 동일한 사람으로 여겨진다(헤로도토스 1.74.3). 왜냐하면 헤로도토스(1.77.2)는, 고레스키루스와 리디아의 크로에수스가 전쟁을 벌일 당시(주전 547년) 바벨론의 왕은 라비네토스였다고

▲ 달의 신인 신을 숭배하는 곳으로 유명했던 하란. 사진은 중세 시대의 숙박소였던 유적지

다른 곳에서 언급했기 때문이다. 만일 나부 나이드가 충분히 성숙한 데다가 주목받는 외교적 임무를 수행해낼 만큼 고위직이었다면, 왕이 된 주전 556년에는 분명히 나이가 많았을 것이다. 이는 불가능한 일은 아니지만, 나부 나이드를 주전 585년의 협상자와 동일한 인물로 보거나, 주전 597년의 상업 문헌에 증인으로 나오는 또 다른 나부 나이드와 동일한 인물로 보기에는 여전히 의심스러운 부분이 있다.

한 가지 확실한 것은, 나부 나이드가 왕좌에 올랐을 때 고대 근동과 지중해 동부 지역에서는 이집트, 바벨론, 메대 등의 세 주요 세력들이 힘의 균형을 유지하고 있었다는 점이다. 상당히 중요한 의미를 갖는 두 개의 군소 국가들도 있었는데, 아나톨리아 남동쪽에 있는 길리기아후메, 아나톨리아 북서부에 있는 리디아 왕국이 그것이다. 예지라Jezirah, 아람 나하라임 북부에 있는 거대한 대상 무역 중심지인 하란은 주전 610년에 메대의 지배 아래 놓이게 되었는데, 이 해는 신Sin의 신전인 에훌훌이 파괴된 해이자, 나부 나이드가 즉위하기 54년 전인 해였다. 나부 나이드의 대외 정책은 점점 강성해지고 있는 북쪽 주변 국가인 메대를 주목하는 일로 시작되었다.

그의 통치 후반기 문헌들은 메대 제국 및 그 전쟁들과 관련된 사건들에 관심을 기울이고 있고, 나부 나이드 역시 하란에 관심이 있었던 것으로 보아 그는 북쪽 국경 지대에 관심을 가지고 있었던 것이 분명하다. 하란은 그의 어머니가 사랑하는 신의 도시였을 뿐만 아니라 메소포타미아예지라와 레반트를 연결시켜주는 주요 교량이기도 했다.

▼ 하란에서 발견된 나부 나이드의 비문 윗부분

만일 연대기 7의 깨진 부분을 적절히 이해한다면 왕의 제2년에 다음과 같은 진술이 있다.

〔 … 〕데벳 월에 하맛의 땅이 추웠다(연대기 7:I, 9).

이 본문은 너무 많이 훼손되어 어떤 결론을 내리기가 어렵지만, 시리아 중부 원정이 제2년 겨울(주전 554/553년 겨울)에 있었을 것이라는 논리적인 추론이 가능하다.

왕의 업적에 대한 한 선전용 문헌에는 '하투 땅의 백성'을 다루는 단락이 기록되어 있다.

제3년 아달 월에 〔 … 바〕벨론〔에서〕 그는 자신의 군대를 이끌었고, 〔자신의 병사들을〕 소집했다. 13일에 〔 … 로〕 암마나누〔 … 에〕 그들이 도착했다. 〔그들〕의 〔 … 〕과 그들의 머리를 그가 베었다(Pa Ⅳ, 226-231).

암마나누 원정은 제3년에 이루어진 것으로 추정된다. 암마나누는 아마도 레바논이겠지만, 더 정확하게는 안티 레바논 산맥일 것이다. 제3년과의 관련성은 나보니두스 연대기의 기록을 해석하는 데 도움이 될 것이다.

〔통치 제3년에〕 … 아법 〔월에〕 암마나누 땅, 〔험악한〕 산지 〔…〕 과수원, 그것들 안으로부터 〔…〕 모든 종류의 과일을 〔그가 바벨론으로 보냈다. 왕은〕 병이 들었지만 회복되었다. 기슬르 월에 왕은 자신의 군대를 〔소집하여〕 나부와 벨 단으로 〔 … 〕, 〔 … 〕의 형제, 아무루 땅 〔 … 에〕돔 〔도시/땅을 … 〕 향하여 그는 진을 쳤다. 루크디니 도시 성〔문에서〕 〔 … 〕 그 거대한 군대를 그는 쳤다(연대기 7:11-17).

"〔에〕돔 〔도시/땅을 … 〕"이라고 판독하는 것은, 카알랏 에스 실라의 붉은 사암 절벽, 곧 요단 동쪽 남부에 있는 지금의 실라 마을 근처 바위 광맥에서 나부 나이드의 이름이 새겨진 신바벨론 부조가 발견됨으로써 확증할 수 있다. 이 부조는, 하란에서 출토된 나부 나이드 석비의 전형적인 신상들에게 바벨론 왕이 경의를 표하고 있는 모습을 그리고 있다. 35행의 본문 가운데 오직 시작 부분만 해독이 가능하다.

나는 바벨론 왕 나부 나이드이다.

이 모든 암시로 보건대, 나부 나이드는 테이마테마를 향해 동쪽으로 원정을 계속할 목적으로 레반트 남부의 동쪽 국경을 지키고 있었다.

나부 나이드의 생애 중 가장 주목할 만한 사건은 10년에 걸친 아라비아 원정이다. 관련된 자료들은 사막에서의 10년이라는 기간이 현실성이 있음을 분명히 보여주지만, 원정 동기에 대해서는 여전히 많은 의문이 해결되지 않은 채 남아 있고 무수한 억측들만 있을 뿐이다. 그 원정의 시작 연대는 소위 '시문 기사'라는 시 형태의 선전문에 나오는데, 이것은 고레스 대왕을 찬양하는 반면 나부 나이드를 부정적으로 묘사하고 있다.

> 제3년에 즈음하여 그는 장남에게 자신의 군대를 맡겼다. 그는 모든 땅의 군대를 그에게 위임했다. 그러고는 물러났다. 그는 왕권을 그에게 맡겼으며, 자신은 먼 길을 떠났다. 아카드 땅의 군대가 [그와] 함께 떠났다. 아무르 사람들의 길을 경유한 그는 테마 도시를 목표로 삼았다(PI Ⅱ, 17-23)

왕은 하란 백성에게 들려주기 위해 하란에 세워진 석비들에 자신의 이야기를 밝히고 있다. 바벨론의 혼란스러운 상황 때문에 그는 사막에 체류하기 위해 나라를 버리고 떠났다고 전한다.

> 그리고 나는 나의 도시, 바벨론을 떠났다. 테마 도시, 다다누 도시, 파다쿠 도시, 헤브라 도시, 야디 도시, 멀리 야트리브 도시로 가는 길을 나는 10년 동안 횡단했다(합성 본문: 3.1: Ⅰ, 22-26).

아라비아 지역에 언급된 도시들은 다음과 같다. 중요한 오아시스 테마테이마는 대상들의 도로가 지나가는 정류장이었다. 다다누는 성서의 드단(사 21:13; 겔 38:13)으로 히자즈에 있는 현대 마을 엘 울라의 정북쪽에 위치한 쿠라이바 폐허지이다. 파다쿠파닥는 이슬람 초기 시대에 알려진 마을로 오늘날에는 위치가 확인되지 않는 곳이지만, 다음 마을인 헤브라를 따라 드단과 테마 사이에 있을 것으로 추정된다. 헤브라카이바르와 파다쿠는 이슬람 달력으로 6년과 7년에 정복되었다. 야디흐야디크? =야디는 아랍 지리학자 야쿠트가 언급한 지명이다. 마지막으로 야스리브인 야트리브는 메디나의 고대 이름이다. 10년 동안 아카드바벨론 군대가 나부 나이드를 호위했고, 하티 땅, 즉 레반트 지역 군대 역시 그를 호위했다. 이 문헌에서는, 사막 체류 기간 동안 산지와 바다로부터 항상 군수 물자가 공급되었다는 것을 강조하고 있다.

아라비아에서 머무는 동안 그는 중요한 군사 행동을 한 적도 있었지만 지중해 동부와 근동 지역에 있는 주변 국가들과 외교 활동을 벌이기도 했다. '큰 세력'들은 그가 테마에 있는 것을 알고 그곳에 사절단을 보내는 것이 맞다고 생각했다. 이 모든 것은 이 시기가 상업적, 외교적인 활동들이 활발하게 이루어진 기간이었음을 시사한다.

> 신Sin과 이쉬타르의 말씀에, 전쟁의 여신 없이는 적대감도 평화도 이 땅에 이루어질 수 없고, 무기도 사용될 수 없다. 이 여신이 그들 위에 손을 뻗었으며 이집트 땅과 메대 [땅]과 아라비아 땅 등 모든 적대 국가 왕이 나에게 평화와 우호 관계를 맺기 위해 사절단을 보냈다. 약탈과 재산 탈취를 위하여 아카드 땅의 [사람들]을 향해 무기를 들었던 (?) 아라비아 사람들은 […] 일어섰으며, 신Sin의 말씀에, 네르갈은 그들의 무기를 쳤고 그들 모두는 나의 발 앞에 굴복하였다(복합 자료: 3.1: Ⅰ, 38/45-Ⅱ, 2/8).

아라비아 체류에 관한 두 가지 전설이 유대 자료에 남아 있다. 다니엘서에서 사막 망명의 주인공은 나부 나이드가 아닌 느부갓네살로 나타난다(단 4:28-37). 다니엘서는 나부 나이드란 인물을 알지 못한 채 느부갓네살에게 그 이야기를 투사한 것 같다. 다른 한편으로 쿰란에서 발견된 한 아람어 본문의 단편은 나부 나이드가 7년간의 고통과 관련해 기도한 것으로 추정되는 내용을 기록하고 있다.

베히스툰에서 발견된 다리우스 1세의 부조와 3개 국어 비문 ▲

아라비아 체류가 끝난 시점은 다음과 같이 표현되었다.

> 10년이 다 되었다. 그 기간이 완수되었다. 신들의 왕인 난나[르]가 명한 날, 곧 티쉬리 월 17일이 되었다. 그 해석은 '신Sin이 은혜로 응답한 날'이다(3.1: Ⅱ, 11/18-13/20-21).

아쉽게도 이 본문은 나부 나이드의 통치 연도를 언급하지 않았지만, 기념한 날이 하란에 있는 신Sin 신의 성일, 즉 티쉬리 월 17일이었다는 점은 중요하다. 다른 한편으로 바벨론에서는 마르둑의 성일이 니산 월 17일이었다. 이 사실은 하란이 티쉬리에서 티쉬리까지의 연도 방식이어서 니산에서 니산까지의 방식인 바벨론의 연대법과 대조를 이룬다.

아라비아의 체류는 제3년에 시작되었기 때문에 비록 언급되진 않았지만, 10년 후에는 이야기의 시점이 제13년으로 바뀐다. 나부 나이드가 제13년 초에 바벨론으로 돌아왔다는 것을 확증해주는 충분한 증거들이 다른 곳에서도 발견된다. 한 예로, 왕의 아들 벨 사라 우수르는 바벨론을 책임지고 있었을 뿐만아니라, 엘리트층으로 구성된 '아카드' 군대와 별도로 자신의 명령을 받는 군대 조직을 두었다. 왕의 아들은 자신이

▲ 유프라테스 강과 함께 메소포타미아 문명에 큰 영향을 끼친 티그리스 강

통치 직무를 수행하던 곳의 서른네 개 문서들에 언급되는데, 그 모든 문서들은 그의 아버지 나부 나이드의 통치 연도에 따라 연대가 계산되어 있다. 그 날짜들은 왕의 제4년에서 제13년에 이르는 기간에 속한 날짜들이다. 그러한 문서들에는 제13년 중반 이후 왕이 수행한 행적들이 나와 있지 않아 도움이 되지 않는다. 그것은 발굴 사고 때문에 생긴 일일 수도 있다. 하지만 나부 나이드의 통치 후반기를 담은 다른 범주의 자료들은 많이 있다. 어쨌든 당시의 서신들을 분석해보면 몇몇 중요한 세부 정보들을 얻을 수 있다. 예를 들면, 제13년에 정부 각료들과 우룩의 신전 관리들의 갑작스러운 재편성이 있었다. 사막에서 돌아온 왕은 자신의 아들이 통치하는 동안 그를 보좌했던 사람들을 물러나게 하고 새로운 사람들로 대체하기로 결정한 것이 분명해 보인다. 게다가 날짜가 기록되어 있지 않기는 하지만, 인물 연구학적 자료를 근거로 보면 우룩에서 나온 서신은, 벨 샤라 우수르가 이전에 자신을 섬기던 관리와 서신을 주고받은 반면, 그의 아버지는 제13년에 임명된 관리들과 교신했음을 보여준다.

이것은 왕이 자기 아들에게 분노하거나 아들을 의심했다는 것을 의미하지는 않는다. 오히려 그 반대이다. 그는 북쪽 국경을 방어하기 위해 벨 샤라 우수르를 시파르의 북부에 있는 두르 카라슈 군사 기지에 군대와 함께 보냈다. 말년에 노년의 왕은 북쪽에 있는 자신의 이웃인 페르시아의 고레스키루스를 경계했음이 분명하다. 그는 주전 550년, 나부 나이드 제6년에 장인 아스티게스를 패배시켰다. 3년 후, 나부 나이드 제9년(주전 547년)에 고레스는 티그리스 강을 건너 서쪽으로 이동하였다. 이것은 분명 리디아 정복을 목표로 한 원정이었다.

주전 543년 중반에서 539년 중반까지, 나부 나이드는 하란에 있는 신Sin의 신전, 에훌훌을 재건하는 일에 전력투구했다. 이 계획은 종교적인 동기에서만 비롯된 것은 아니었다. 자신의 죽은 어머니가 섬기던 신을 기리려는 목적과 아울러, 신바벨론 왕국의 주요 지역들, 곧 티그리스와 유프라테스 사이의 예지라, 그리고 하티 땅 레반트의 주요 땅들을 연결해주는 중요한 교차로인 하란에서 자신의 입지를 강화하려는 목적이 있었다. 신전 건축은 도시와 주변 환경에 대한 바벨론의 통제권을 상징하였다.

이 모든 사건들은 레반트의 사람들에게 지대한 영향을 미쳤다. 군사적 능력이 있는 많은 사람들이 나부 나이드의 아라비아 원정대에서 일했다. 그중 일부는 위에서 언급한 전진기지들, 즉 아라비아 남부와 그 중심지 야트리브로 들어가는 도로를 통제하는 수비대에 배치되었다. 다른 사람들은 한 세대, 또는 그 이상의 기간 동안 바벨론에서 살았다. 그들은 풍부한 경제적, 사회적 생활을 누렸다.

다양한 도시 중심지들의 신전에 대한 나부 나이드의 정책이 불러온 불안정은 여기서 논의할 문제가 아니다. 일부 사람들이 고레스를 주목하고 고레스의 손에 의한 '해방'을 기대했다고 믿을 만한 이유는 충분히 있다. 그러나 그 결과를 기록한 몇몇 문헌들은 실은 페르시아의 정복의 정당성을 미화하기 위한 목적으로 기술되었다. 어쨌든 페르시아의 정복자는 나부 나이드 제17년 티쉬리 월, 즉 주전 539년 10월, 원정에 착수했다.

> 티쉬리 월에 고레스가 아카드 땅의 군대를 상대로 티그리스 강변에 있는 오피스에서 전쟁을 했을 때, 아카드 땅의 사람들은 퇴각했다. 그는 전리품을 약탈하고 백성들을 죽였다.
>
> 제14일에는 시파르가 전투가 있기도 전에 점령당했고, 나부 나이드는 도망하였다.
>
> 제16일에는 구티움의 총독, 우그바루와 고레스의 군대가 전쟁 없이 바벨론에 입성했다. 그 후에 나부 나이드는 퇴각했지만, 바벨론 안에서 사로잡혔다.
>
> 그달 말까지 구티움 땅의 방패를 든 자들이 에삭길의 성문들을 둘러쌌다. 에삭길이나 [다른] 신전들에 속한 그 어떤 것도 제거할 필요가 없었으며, 정해진 절기 중에 취소된 것은 없었다.
>
> 말케스반 월 3일에 고레스가 바벨론에 입성하였다(연대기 7: Ⅲ, 12b–18).

요세푸스는 베로수스(《아피온 반박문》 1:150–151)를 인용하면서 나부 나이드의 통치 마지막해인 제17년에 바벨론이 함락되었음을 분명하게 밝히고 있다. 베로수스는 나부 나이드가 바벨론에서 사로잡히지 않고, 바벨론에서 남쪽으로 20킬로미터 떨어진 보르시파바르시프로 도망갔다고 말한다. 그는 또한 나부 나이드가 고레스에 의해 이란의 남쪽 중앙에 있는 카르마니아케르만로 이송되었다고 전한다.

벨 샤라 우수르벨사살는 어떤 그리스 자료에도 언급되지 않는다. 바벨론 문헌에도 그는 '왕'이라 불린 적이 없고 왕의 특권에 해당되는 역할을 수행한 적도 없다는 것은 강조할 만하다. 다니엘서 5장에 나오는 전설은 참으로 인상적인 설교이지만 오랜 전승 과정을 통해 걸러진 것이 분명하다. 나부 나이드는 다니엘서에서는 등장하지 않는다. 벨 샤라 우수르의 아버지는 느부갓네살로 전해진다(단 5:11, 18[1]). 바벨론 문헌 어디에도 바벨론이 함락될 때 벨 샤라 우수르가 그곳에 있었다고 말하지 않는다. 다니엘서에서 바벨론을 정복한 왕은 '메대 사람 다리오다리우스'로 나온다. 이것은 실제로 티그리스 강 동쪽에 있는 구티움의 통치자이자 고레스의 가신이 되었을 수도 있는 우그바루 총독을 어렴풋이나마 반영한 것일 수 있다. 그러나 다니엘서가 보이는 전형적인 특징처럼, 저자들는 원래 사건의 실제 인물들을 밝히지 않는다.

크세노폰은 고레스가 바벨론을 공격하기 전에 아라비아를 굴복시켰다고 주장한다.

> 바벨론으로 가는 여정에서 그는 대大브루기아에 있는 브루기아 사람들을 굴복시켰다. 그리고 그는 갑바도기아와 아라비아 사람들도 굴복시켰다(크세노폰《키로파에디아》7.4.16).

이것은 거의 믿을 수 없는 기록이다. 어떤 아카드어 자료도 이와 관련된 것을 암시하지 않는다. 캄비세스가 가사에 있는 아라비아 사람들을 만난 것(주전 525년)은 완전히 새로운 만남이었다. 그리고 그들은 특별한 협약을 체결했다.

바벨론 점령에 대한 다양한 그리스 자료들, 특히 도시를 가로질러 흐르는 강물이 물길을 바꾸었다는 이야기는 어느 정도 역사적인 핵심을 담고 있을 수 있다(헤로도토스 1:190-191; 크세노폰《키로파에디아》7.5.1-36). 그러나 그와 같은 보고들은 그리스 세계를 거쳐 전승되는 과정에서 상당히 '편집'되었을 것으로 보인다.

메대와 페르시아

바벨론의 멸망과 더불어 신바벨론 왕국 전체가 페르시아 왕 고레스 2세의 손에 넘어갔다. 이로써 근동 지역에서 존재했던 이전의 어떤 제국보다도 더 큰 제국이 등장했다. 정복자들과 새로운 정치 거인을 떠받치는 자들은 인도 아리아 사람들, 메대와 페르시아 사람들, 하마단과 파르스파르사 주변 이란 고원과 현대의 케르만샤 주변 중앙 서부 산지 지역에 살던 주민들이었다.

아직까지 남아 있는 다양한 인명과 지명으로만 알려진 메대 언어는 페르시아 사람들이 차용한 일부 메대 단어들로 보완된 것이며, 옛 북서부 이란 방언에 속한다. 이 언어를 쓴 민족은 지금의 쿠르드 족의 조상으로 여겨진다. 역사에서 메대 사람들의 역할은 앗수르 군주들의 공격군과 관계를 맺으며 시작되었다.

메대 사람들은 살만에셀 3세가 주전 835년 이란의 중앙 서부에서 벌인 군사 원정을 기록한 신앗수르 자료에 처음 등장한다. 주전 8세기와 7세기를 거쳐 자그로스 지역에서 벌어진 앗수르 원정에 대해 추가로 언급한 것은 메대가 지금의 케르만샤 지역과 지금의 하마단고대 엑바타나까지 이끄는 주요 대상로 지역에 관심을 집중하고 있었음을 보여준다. 메대가 차지한 영토의 북쪽은 만네아라고 부르는 민족의 왕국이었다. 거대한 간선도로의 남쪽에는 앗수르 기록에 종종 나타난 엘리피 왕국이 놓여 있었다.

주전 9세기와 8세기경 앗수르의 왕실 비문은 메대 사람들이 통일된 왕국으로 조직되었다기보다는 부족의 족장들에 흡사한 이른바 '왕들'이 다스리는 소규모 정치 체제 사회였음을 보여준다. 주전 7세기의 앗수르와 신바벨론 기록들은 메대 사람들이 지배한 통일 왕국이 존재했다고 말한다.

1_"왕이여 지극히 높으신 하나님이 왕의 부친 느부갓네살에게 나라와 큰 권세와 영광과 위엄을 주셨고"(단 5:18).

키악사레스 헤로도토스는 메대 왕국의 형성과 발전의 역사에 대해 상세한 내용을 전한다(헤로도토스 1.96-103). 그러나 그의 이야기는 전설과 민담의 성격이 강하다. 왕국의 창립자로 추정되는 사람은 데이오세스Deioces라는 사람이다. 그는 자신에게 배당된 송사에 바른 결정을 내리는 사람으로 유명했다. 그래서 메대 사람들은 그에게 자기들의 법적인 분쟁들을 해결하는 최고 중재자의 자리에 오를 것을 요청했다. 그 제안을 받아들인 그는 왕권을 요구하며 엑바타나에 수도를 세울 것을 요구했다고 전해진다. 비트 다유쿠를 메대 정권으로 언급한 사르곤 2세의 기록에 그의 이름이 반영된 것일 수도 있다. 다유쿠라는 인물과 그의 가족은 결국 사로잡혀 하맛으로 추방되었다. 사르곤의 증거는 그러한 이름이 주전 8세기 메대 사람들 사이에서 쓰였다는 사실을 확인시켜줄 뿐이다. 그 인물이 헤로도토스의 데이오세스와 같은 인물일 수는 없다. 데이오세스의 왕위는 그의 아들 프라오르테스가 계승하였다. 프라오르테스가 페르시아를 정복했다고 추정되지만 의심스러운 대목이 일부 있다. 그는 앗수르와 싸우다 전사한 것으로 알려져 있다. 그에 대한 앗수르 기록은 없다. 그의 아들 키악사레스는 메대 군대를 재조직한 것으로 보인다. 그는 내부적으로 약화된 앗수르 왕국에 대항해 노골적으로 적대감을 드러냈다. 그는 앗수르를 파괴하고 나보폴라사르와 동맹을 맺고 주전 612년 니느웨를 함락시켰다. 신바벨론 왕조가 유프라테스 서쪽으로 전쟁을 진행시키는 동안 키악사레스는 그 일을 그냥 지켜보고만 있지는 않았다. 갈라/칼후 같은 티그리스 강을 따라 있는 앗수르 주요 도시들이 약탈당하고 파괴되었다. 그것은 메대 사람들이 저지른 짓임에 틀림없다. 하란에 있는 신 신전도 메대 사람들이 파괴한 것으로 보인다. 그들은 바벨론을 도와, 하란을 정복하고 앗수르와 그 동맹국 이집트를 몰아내기 위해 주전 610년에 왔다. 바벨론 연대기는 아카드 왕 나보폴라사르가 "도시와 신전의 막대한 전리품을 약탈했다"고 말하지만, 나부 나이드는 실제로 에훌훌을 파괴한 메대 사람들을 비난했다.

우라르투 왕국은 이미 스키타이 족에 의해 멸망했다. 그래서 키악사레스가 아나톨리아 중부 지역으로 진출할 수 있는 길이 열리게 되었다. 메대의 서쪽 확장에 대한 다른 문헌적 증거가 부족하기는 하지만, 헤로도토스가 리디아와 메대 사이의 경계를 할리스라고 언급한 것(헤로도토스 1.72.2)과, 이후에 알리야테스와 키악사레스 사이에 5년간 전쟁이 벌어진

▶ 두 명의 페르시아 귀족이 그려진 페르세폴리스의 부조

것(헤로도토스 1.74)은 갑바도기아가 주전 590년까지 메대의 지배 아래 놓여 있었다는 사실을 입증해준다. 전쟁 6년째에 많은 심각한 분쟁들을 겪은 이후 태양의 일식 현상이 일어나면서 그들 사이에 적대감이 사라지고 그들은 화해를 위한 중재자들을 요구했다. 일식은 주전 585년 5월 28일에 일어난 것으로 확인되었다. 양 군대들이 5년 이상 전쟁을 벌였기 때문에 메대의 통치자는 최소한 주전 591년까지는 아나톨리아 중부까지 자신의 지배권을 확장시킨 것이 분명하다. 메대가 그렇게 활약하는 동안, 느부갓네살이 레반트에 대한 지배권을 공고히 하였으며, 레반트에 간섭하려는 이집트와 대치하게 되었다.

리디아와 메대 사이의 중재는 '길리기아의 시엔네시스와 바벨론의 라비네토스'가 맡았다(헤로도토스 1.74.3). 헤로도토스는 바벨론의 마지막 왕을 라비네토스라고 부르고 있지만(헤로도토스 1.188.1), 라비네토스가 나부나이드라고 말하는 것 같지는 않다. 좀 더 합리적인 생각은 헤로도토스가 이미 죽은 한 명의 바벨론 왕만 알고 있어서 그 이름을 여기에 적용했다는 추정이다. 주전 585년 길리기아의 통치자와 바벨론 왕은 메대와 리디아 사이를 중재했다. 그들은 새로운 조약이 양쪽으로부터 지켜질 수 있는 가장 확실한 방법은 경쟁국 사이의 왕실 결혼이라고 생각했다. 이렇게 해서 리디아 통치자인 알리야테스의 딸 아리에니스와 키악사레스의 아들 아스티게스가 결혼에 이르렀다(헤로도토스 1.74.3-5).

아스티게스 헤로도토스는 아스티게스의 통치 연수를 35년으로 기록한다. 바벨론 연대기에서 아스티게스의 마지막 통치 연도를 주전 550년으로 밝히고 있으므로, 그의 통치는 주전 585년에 시작된 것으로 추정할 수 있다. 이것은 키악사레스가 주전 585년에 죽었을 것이라는 점을 암시해준다. 헤로도토스는 키악사레스가 40년 동안 나라를 다스렸다고 전하고 있어, 그가 주전 625년 앗수르의 바벨론 통치가 불안정하게 종식된 시기에 왕위에 올랐을 것으로 추정할 수 있다. 아스티게스는 연약한 통치자로 여겨지고 있는데, 그가 페르시아의 고레스에게 패배당한 이후라 그렇게 말하기가 쉬웠을 것이다. 그러나 전설적인 전승에 따르면 아스티게스가 리디아인인 아내에게 만다네라는 딸을 얻었다고 한다. 만다네는 아케메니드 혈통에 속한 캄비세스 1세임이 분명한 페르시아 사람 캄비세스와 결혼한 것으로 알려져 있다.

고레스 2세 고레스 대왕 고레스 2세가 보급한 공식 족보에서 그의 왕실 조상들은 안샨말리안의 통치자들로 실려 있다. 안샨은 페르시아 제국의 유명한 수도들인 파사르가데와 페르세폴리스에서 100킬로미터가 안 되는 지역에 위치한다. 안샨은 초기 메소포타미아 시대에서 유래된 옛 이름이며, 아카드 서기관들은 고레스의 초기 비문에 그 지명을 사용하였다. 후대에 이 지역은 파르사(현대의 파르스)라고 불린다.

▶ 고레스 실린더

나 고레스는 세상의 왕이요, 위대한 왕이요, 강한 왕이요, 바벨론의 왕이요, 수메르와 아카드 땅의 왕이요, 네 지역의 왕이요, 캄비세스의 아들이요, 위대한 왕이요, 안샨 도시의 왕이요, 고레스의 손자요, 위대한 왕이요, 안샨 도시의 왕이요, 시쉬피쉬의 증손자요, 위대한 왕이요, 안샨 도시의 왕이다(고레스 실린더=K2.1:20-21).

다리우스 1세는 자신의 통치의 정통성을 뒷받침하기 위해 만든 것이 분명한 자기 나름의 각색본으로 문제를 더 복잡하게 만들었다.

그러므로 다리우스 왕이 말한다. 나의 아버지는 히스타스페스이고, 히스타스페스의 아버지는 아르사마이고, 아르사마의 아버지는 아리아람나이고, 아리아람나의 아버지는 시쉬피쉬이고, 시쉬피쉬의 아버지는 아케메네스이다(비시툰 비문 §2, Ⅱ. 1-2).

이 변칙적인 내용에 대한 다양한 설명이 있지만, 이 목록의 배경에 어떤 진실이 담겨 있는지에 상관없이 헤로도토스는 고레스라는 이름의 아들을 낳은 캄비세스의 아내 만다네Mandane에 대한 이야기를 남겼다(1.107-122). 헤로도토스의 이야기에 들어 있는 전설적인 자료는 가볍게 무시해도 상관이 없으나, 만일 이 이야기의 핵심이 진실이라면 캄비세스1세의 아들 고레스는 아스티게스의 손자이며 리디아 사람 알리야테스의 증손자가 되는 셈이다.

어찌됐든, 한 사건으로 아스티게스는 고레스 2세에게 자신의 왕국을 빼앗겼다. 이 무렵의 연대기적인 자료는 바벨론 연대기에 잘 나와 있다.

〔아스티게스는 자신의 군대를 소〕집했다. 그는 고레스를 정복하기 위해 그와 싸우러 갔다. 그런데 아스티게스의 군대가 그에 반대해서 반란을 일으켰고 그는 포로가 되었다. 그들은 〔그를〕 고레스에게 넘〔겼다.〕 고레스는 엑바타나 땅으로 〈갔다〉. 그는 엑바타나의 〔엄청난〕 은과 금과 재산과 그 땅의 소유를 약탈했다. 그는 그것을 안샨 지역으로 가져왔다. 〔아스티게스〕 군대의 재산과 소유를 〔아스티게스 자신이 취하지는 않았다(?)〕(연대기 7: Ⅱ, 1-4).

이 진술이 제7년 이전에 있었던 것이므로, 이 사건은 나부 나이드 제6년, 즉 주전 550년에 속한 것이 틀림없다. 아카드어 자료는 아스티게스가 고레스를 치러왔다고 분명히 말한다. 헤로도토스는 아스티게스의 가신이었던 고레스가 진군하는 메대 군대에 대항했다고 전한다(헤로도토스 1.127-130). 그러나 바벨론 연대기 7은 친고레스 경향의 문헌이라서 이 본문은 고레스의 행동을 자기 방어적으로 보이도록 꾸며진 것일 수도 있다. 이 본문의 통일된 주제는 메대 군대의 대부분이 고레스에게 투항했고, 그 결과 아스티게스를 사로잡았다는 것이다.

고레스는 초기 통치 기간인 주전 559년부터 554년까지 주로 부족 사회의 유목민들이었던 페르시아 민족들의 파벌과 부족들을 통일하는 데 전력했다. 헤로도토스는 그들이 메대 왕 아스티게스에게 종속된 것처럼 주장했지만(1.127), 어떤 페르시아 문헌에도 그와 같은 언급은 없다. 그러나 메대가 하란을 지배했다는 내용은 두 개의 실린더에 기록된 '꿈 자료'와 많은 단편 자료들에 분명하게 언급되어 있다. 그중 한 실린더는 시파르에 있는 샤마쉬에게 헌정된 에밥바르 신전에서 발견되었다. 바벨론에서 발견된 다른 하나는 이쉬타르 신전을 기념하는 것으로 보인다. 실린더에 새겨진 비문의 내용은 신전들의 재건을 요구하는 것으로, 나부 나이드의 통치 제13년, 또는 더 정확하게는 그의 통치 제16년의 어느 한 시점을 전제하고 있다. 그러므로 메대에 대항해 고레스가 반란을 일으켰다는 암시는 회고조로 진술된 것이다.

내 영원한 왕권의 즉위년에, 위대한 주 마르둑과 하늘과 땅의 발광체 신Sin이 내게 꿈으로 계시하셨다. 그 두 신은 모두 서 계셨다. 마르둑이 내게 말씀하시기를, "바벨론 왕 나부 나이드여, 말을 타고 벽돌을 나르라. 에훌훌을 건축하고, 위대한 주, 신Sin을 그 안에 모셔라." 나는 공손하게 신들 중의 엔릴[1], 마르둑에게 말했다. "당신이 지으라고 명하신 그 신전을 야만인들이 둘러싸고 있습니다. 그의 군대는 대단히 강합니다." 그러자 마르둑이 내게 말씀하시기를, "네가 말한 그 야만인과 그의 땅, 그리고 그를 지지하는 왕들은 더 이상 존재하지 않게 될 것이다."

제3년에 이르렀을 때 그들은 안샨 땅의 왕이자 젊은 종 고레스를 선동했다. 그는 자신의 소규모 군대로 엄청난 수의 야만인들을 흩어놓았으며, 야만인들의 왕 아스티게스를 사로잡았다. 고레스는 아스티게스를 사로잡아 그의 땅으로 끌고 갔다(2.12: Ⅰ, 15-29).

이렇게 해서 나부 나이드 제3년에 시작된 고레스의 반란은 제6년에 결말이 났다. 위의 '꿈 자료'는 이 사건들을 회상 형식으로 끼워 넣은 것뿐이다.

고레스를 마르둑의 '젊은 종'으로 칭한 것은 고레스를 하나님의 기름 부음 받은 자로 칭한 성서 본문과 평행을 이루는 것으로 이미 오래 전에 주목을 받았다.

여호와께서 그의 기름 부음을 받은 고레스에게 이같이 말씀하시되, 내가 그의 오른손을 붙들고 그 앞에 열국을 항복하게 하며 내가 왕들의 허리를 풀어 그 앞에 문들을 열고 성문들이 닫히지 못하게 하리라. 내가 너보다 앞서 가서 산들[2](칠십인역)을 평탄하게 하며 놋문을 쳐서 부수며 쇠빗장을 꺾고 네게 흑암 중의 보화와 은밀한 곳에 숨은 재물을 주어 네 이름을 부르는 자가 나 여호와 이스라엘의 하나님인 줄을 네가 알게 하리라(사 45:1-3).

나부 나이드 제9년(주전 547년)에 속한 나보니두스 연대기의 설명은 고레스의 서쪽 지역 원정 초기에 대해 기록하고 있다.

니산 월에 페르시아 땅의 왕 고레스가 자신의 군대를 소집했다. 아르벨라 도시 아래로 그는 티그리스 강을 건넜다. 이야르 월에 [그는] 리[디아] 땅으로 [갔다]. 그곳의 왕을 그가 살해했다. 그리고 그의 재산을 빼앗았다. 그는 자신의 수비대를 그곳에 주둔시켰다[…](연대기 7:15-17).

고레스가 군대를 소집해 티그리스 강을 건넌 때는 주전 547년 4월이었고, 리디아 국경에 도착한 때는 5월이었다. 헤로도토스(1.76-91)에 따르면 페르시아 군대와 리디아 군대 사이에 맹렬하지만 결말이 나지 않는 전쟁이 벌어졌다. 리디아의 왕 크로에수스가 사르디스로 퇴각하고 자신의 동맹군은 겨울용 막사로 보냈다. 고레스는 겨울에는 진을 치지 않기로 결정했다. 대신 그는 사르디스를 급습해서, 크로에수스로 하여금 체력이 바닥난 군대를 이끌고 싸우게 만들었다. 그 후 페르시아는 크로에수스가 숨어 있던 사르디스 요새를 무너뜨렸다. 크로에수스는 민담 전설의 주요 소재가 될 운명이었다. 바벨론 연대기에 나오는 연대 표시는 여름이 시작될 때까지 갑바도기아에 바벨론 군대가 주둔했음을 보여 준다. 이어지는 달들에 일어난 전투 횟수에 대한 상세한 내용은 알 수 없다. 고레스가 사용한 급습 작전을 의심할 이유는 없어 보인다. 서기관은 그 사건 이후 델피에 있는 아폴로 신전에서 신탁이 있었다는 유명한 이야기를 주목했을 것이다. 그 신탁은 크로에수스가 페르시아를 공격한다면 그가 대제국을 파괴할 것이라는 내용이었다(헤로도토스 1.53). 크로에수스는 그의 이전 동맹국인 스파르타, 이집트, 바벨론 사람들에게 도움을 청했다. 아마시스와 나부 나이드는 강자로 떠오르고 있던 세력인 페르시아와 메대를 상대로 전쟁을 벌이고 싶지 않았던 것 같다. 라케드모니아 사람들 역시 소아시아에서 전쟁하는 것을 달가워하지 않았다.

▲ 페르세폴리스의 메대 귀족들

1_엔릴(Enlil)
고대 수메르 시대 때부터 알려진 신. 바람과 땅을 관장하는 대기의 신으로서, 니푸르 도시의 수호신으로 숭배되었다.

2_산들
개역개정역은 '험한 곳'으로 옮겼다. 저자는 뜻이 분명하지 않은 히브리어 '하두림'이 원래는 '하림'(산의 복수형)이었을 것으로 보고 칠십인역에 따라 본문을 수정하였다.

몇 년인지 정확히 알 수 없는 기간 동안 고레스에게 메대 군대를 넘긴 하르파구스 지휘관의 통제 아래 페르시아 사람들은 이오니아, 아에올리아Aeolia와 같은 그리스 도시들과 카리아, 카우니아, 리키아 등을 정복하기 위해 싸웠다(헤로도토스 1.162-177). 이렇게 해서 소아시아는 페르시아의 통치 아래 들어가게 되었다. 이 일 후에 헤로도토스는 고레스가 앗수르 사람들을 공격했다고 전한다(헤로도토스 1.178). 헤로도토스는 자신이 바벨론 도시에 대해 알고 있는 것들을 계속해서 기록하고 있다.

바벨론 제국의 정복과 바벨론 도시의 점령에 대해서는 위에서 언급한 바 있다. 원정에 앞서 고레스는 이란 중부와 동부를 정복하기 위해 몇 년(주전 546년과 540년 사이)을 투자한 것으로 짐작할 수 있다. 이는 다리우스 1세가 왕좌에 올랐을 때 이미 그 지역들이 제국의 일부가 된 것으로 보이기 때문에 가능한 추정이다.

주전 539년은 근동 지역과 지중해 동부 역사에서 중요한 전환점을 이룬 해이다. 온 사방의 민족들과 나라들이 페르시아의 영향을 느꼈기 때문이다. 그것은 특히 레반트 국가들이 처한 현실이었을 것이다.

11
|CHAPTER|

PERSIAN DOMINATION

페르시아의 지배
(주전 6세기 말-4세기)

고레스 대왕이 주전 539년 바벨론을 정복함으로써 티그리스 강의 동쪽부터 시내 사막에 이르는 신바벨론 제국 전체는 페르시아 군주의 영향력 아래 들어가게 되었다. 그가 취한 첫 번째 행정 조치는 메소포타미아와 '강 건너편' 지역을 포함해 전 바벨론 영역을 한 총독 아래 두는 것이었다. 이는 새로 획득한 영토의 통일성을 유지하기 위해 필요한 일이었다. 레반트 지역은 2세기간의 페르시아 역사 동안 대륙을 연결하는 육교로서, 그리고 또 한편으로는 고대부터 지중해 동부 해상 활동의 중심지 역할을 다시 수행했다.

BYBLOS, ONE OF THE MOST IMPORTANT CITIES OF ANCIENT PHOENICIA
고대 페니키아의 중요한 성읍 가운데 하나였던 비블로스

헤로도토스와 페르시아 조공 목록의 일부에 따른 페르시아 제국 \ 주전 538-332년

고레스키루스 2세가 주전 539년에 바벨론을 정복함으로써 티그리스 강의 동쪽부터 시내 사막에 이르는 신바벨론 제국 전체는 페르시아 군주의 영향력 아래 들어가게 되었다. 주전 605년 이후 느부갓네살이 원정을 벌였던 것과는 달리, 새로운 주인이 지배권을 확립하기 위해 레반트를 원정할 필요가 있었다는 기록은 없다. 신바벨론 제국 치하에서 하티 땅 전체를 책임진 총독이 누구였는지는 알려지지 않았다. 최소한 그 일을 맡은 관리가 있었다는 기록도 없다. 바벨론 제국을 손에 넣은 고레스는 바벨론과 '강 건너편' 지역을 모두 아우르는 최고 책임자를 임명했다. 아마 동시에 '강 건너편'만 맡은 하위 책임자도 있었던 것으로 보인다. 그 결과, 레반트는 페르시아 제국 행정 체제의 일환인 사트라프가 통치했다. 사트라프 통치는 먼저 바벨론과 묶여 있었고, 나중에는(아마도 주전 482년) 독립 구역이 되었다. 레반트 지역은 2세기 간의 페르시아 역사 동안 대륙을 연결하는 육교로서, 그리고 한편으로는 지중해 동부 해상 활동의 중심지로서 수행하던 고대의 역할을 다시 수행했다.

불행하게도 페르시아 군주들은 과거 시대에 대한 기록인 앗수르 연대기에 필적하는 문서들을 담은 석판들로 궁전을 장식하지 않았다. 보통은 2개 국어, 또는 3개 국어로 이루어져 있는 페르시아 왕실 비문들은 역사적인 내러티브 방식을 그렇게 많이 제공해주지 않는다. 단지, 다리오다리우스 1세의 비시툰베히스툰 비문은 예외이다. 그 비문은 다리오가 제국을 재통일하기 위해 쏟아 부은 노력을 기록하고 있다. 일부 정보들은 다른 자료에서 비롯된 것이며, 종속된 민족들의 목록은 제국의 지리와 인종학人種學을 이해하는 데 도움을 준다.

페르시아 시대(주전 539-333년)에 대해서는 최소한 10개국의 언어와 몇 개의 문자, 특히 아카드어, 엘람어, 아람어, 그리스어로 기록된 고문헌 증거들이 있다. 그러나 실제 역사 자료의 다수는 그리스 세계에서 저술된 것으로, 특히 주전 5세기의 헤로도토스와 크세노폰, 주전 4세기의 디오도루스가 활용한 자료 등에서 찾아볼 수 있다. 아울러 다양한 성격을 가진 덜 중요한 작품들도 있다. 페르시아 왕들의 연대기는 프톨레마이오스의 캐논과 메소포타미아 남부에서 발견된 쐐기문자로 기록된 수백 개의 법률과 상업 문서들을 근거로 잘 확립되어 있다. 쐐기문자 자료는 주로 연대 표기 양식들을 사용했으며, 그 안에 포함되어 있는 사회적인 정보를 얻는 데도 유익하다. 대부분의 그리스 작가들은 에게 지역과 소아시아, 그리스, 특히 아테네에서 일어난 일에 더 관심을 가지고 있었지만 지중해 동부에서 일어난 사건들에도 활발하게 참여했다. 그러므로 헬라 역사가들은 소아시아, 이집트, 레반트에 대하여 상당히 상세한 정보를 제공하고 있다. 비록 많은 자료들이 초기 자료를 근거로 후대에 기록된 것이기는 하지만, 오늘날에도 유용한 정보를 제공해주는 그리스 비문 자료들이 풍부하다. 그럼에도 불구하고 그리스 작가들은 비판적으로 검토되어야 한다. 그들은 종종 건조한 역사적 사실보다는 멋진 이야기에 우선순위를 두고 있기 때문이다. 페니키아와 구브로키프로스 도시들에서 나온 소량의 셈어 자료들도 나름대로 도움이 되기는 하지만 역사적인 내용이 많지는 않다. 화폐 연구 또한 중요한 역할을 한다.

헤로도토스(3.89-95)는 다리오 1세가 20개의 사트라피, 즉 '왕국의 보호자'라는 뜻의 사트라프 칭호를 지닌 총독이 다스리는 지방들을 정비한 왕이라고 본다. 크세노폰은 고레스 2세가 베풀었던 이상적인 통치를 그리스인의 시각에서 사트라프의 임무라고 본다(《키로파에디아》

1_"첫째 달 십삼일에 왕의 서기관이 소집되어 하만의 명령을 따라 왕의 대신과 각 지방의 관리와 각 민족의 관원에게 아하수에로 왕의 이름으로 조서를 쓰되 곧 각 지방의 문자와 각 민족의 언어로 쓰고 왕의 반지로 인치니라"(에 3:12).

2_"이 일은 아하수에로 왕 때에 있었던 일이니 아하수에로는 인도로부터 구스까지 백이십칠 지방을 다스리는 왕이라"(에 1:1).

3_1스타디아
그리스의 거리 단위로 1스타디움은 약 200미터이다.

8.6.11-13).

유다 문헌은 행정 관리들의 계층 질서를 잘 인식하고 있다(에 3:12[1], 8:9을 보라). '각 민족의 관원'=밀레트이라는 지방 행정 장관들에게 주목해보자. 이 용어들 중 일부는 자료에 따라서 융통성 있게 사용되고 있지만, 특별히 '통치자'라는 말은 계층 질서에서 다양한 서열, 심지어는 사트라피를 통치하는 사트라프에까지 총칭으로 사용될 수 있는 용어이다.

하나의 사트라피로서 레반트는 종종 지중해 동부 지역의 분쟁과 관련해서 언급되지만, 내부 사건에 대한 직접적인 자료나 더 작은 행정 단위들과 그 지역 내에 있는 민족적 특성들에 대한 인종학적인 기록은 아주 드물다. 이 점에서 가장 상세한 정보는 히브리어와 아람어로 된 성서 일부에서 얻을 수 있지만, 그것들의 연대기적 범위는 주로 주전 5세기 중반으로 한정되어 있다.

인구와 정치 조직

각 사트라피는 여러 지방들로 나뉜다. 에스더서는 바로 이러한 지방들에 대해 언급하고 있는 것이 분명하다(에 1:1[2]). 에스더 저자가 크세르크세스아하수에로의 제국이 127개의 사트라피를 가지고 있는 것으로 생각했다고 볼 이유는 전혀 없다. 그 지방들은 총독들이 다스렸다.

다양한 인종적 요소들 중 일부가 에스라 4장 9-10절에 반영되어 있다. 이 목록은 앗수르 초기 군주들에 의해 레반트에 정착한 추방민들 모두를 포함하고 있지는 않다. 페르시아에 합병될 무렵, 주로 아람어를 말하는 셈 족들과 비非셈 족계 민족들은 그리스 사람들과 같은 국외자들에게 '시리아 사람들'로 알려진 한 민족으로 융합되기에 이르렀다. 이 점은 특히 헤로도토스가 사트라피에 대해 기술한 것에서 분명히 나타난다.

헤로도토스는 다른 사트라피들과는 대조적으로, 자신의 제5사트라피에 인종 집단 목록을 넣지 않았지만, 그 안에 포함되어 있는 몇 군데의 지역들에 대해 다음과 같이 언급한다.

> 이 지방에는 페니키아 전 지역과 팔레스타인이라 불리는 시리아의 일부와 구브로키프로스가 포함된다(헤로도토스 3.91, 1; 참고, 또한 1.105; 2.104, 109; 3.5; 4.39).

◀ 돌에서 발견된 그리스 고대 양식의 작은 도기 두상

페니키아 사람들 이 지방의 독특함을 유지했던 주요한 사회인종적 요소는 레바논 해안에 위치한 도시국가 사람들이었다. 그들은 가나안 원주민들로, 그리스인들은 그들을 페니키아 사람들이라고 불렀다. 페니키아어로 기록된 그들의 비문은 그들의 인종적 의식을 증거한다.

다음 구절들은 헤로도토스가 페니키아 영토를 시리아의 일부로 간주하고 있음을 보여준다.

> 시리아는 이집트와 접경을 이루고 있고, 시돈에 속한 페니키아 사람들은 시리아에 살고 있다(헤로도토스 2.116.6).

이 기록은 페르시아 함대에 있는 페니키아 분대에 대한 헤로도토스의 언급과 비교될 수 있다(헤로도토스 7.89; 8.67). 그러나 헤로도토스는 페니키아 사람들을 시리아 사람들이라고 말한 적이 없다.

헤로도토스에 따르면, 페니키아의 북부와 남부 경계선을 분명하게 결정하는 것은 불가능하다. 그는 포세이데이온이 페니키아 사람들이 아닌 시리아 사람들과 길리기아 사람들 사이의 경계 지역에 있다고 말했다. 따라서 그는 포세이데이온의 남쪽 해안을 페니키아가 아니라 시리아에 속한 것으로 여기고 있음이 분명하다. 아마도 페니키아 지방은 비블로스 바로 북쪽 어딘가에서 시작되었을 것이다. 헤로도토스는 또한 페니키아의 정확한 남쪽 경계선을 제시하지도 않는다. 그는 단지 독자들에게 페니키아의 부유한 도시들조차 모두 페르시아 제국 안에 포함된다는 사실만을 전해주고 싶어 했다. 페르시아 군주는 주전 5세기에 시돈 왕 에쉬무나조르에게 샤론 평야를 하사한 것으로 보인다.

페니키아 해안을 따라 유명한 도시국가들이 계속 존재했고, 지중해 지역에서 아케메네스 제국의 해군력이라는 역할이 크게 늘어나면서 부와 영향력이 계속해서 커져갔다. 아르왓과 시돈, 두로는 세 도시에서 온 시민들이 거주하는 중앙 집회지를 발전시켰다. 이 도시는 그리스 사람들에게 트리폴리스로 알려졌다.

> 페니키아에는 트리폴리스라는 이름을 가진 주목할 만한 도시가 있다. 이 도시는 이름에 어울리는 성격을 지닌다. 왜냐하면 서로 1스타디아[3]의 간격을 두고 그 안에 세 개의 도시들이 있기 때문이다. 이 세 도시들에는 아르왓 사람들, 시돈 사람들, 두로 사람들이 거주하였다. 트리폴리스는 페니키아 도시들에서 가장 큰 명성을 가진 도시이다. 페니키아 사람들은 회의에 참여하고 가장 중요한 문제들을 협의하기 위해 이곳에 모인다(디오도루스 시쿨루스 16.411).

앗수르 기록에 이 도시는 엘리수라고 나오지만, 청동기 시대에는 울라사로 불린다.

제5사트라피의 해안을 끼고 있는 페니키아 식민지들의 확장은 스킬락스 위서의 '페리폴루스' 항목에 속하는 한 구절이 잘 설명해준다. 이 자료는 항해자들을 위하여 지중해에 있는 항구들, 하구, 기타 지리적인 도움이 될 만한 정보들을 기록한 고대 일람표이다. 이 자료는 주전 5세기의 유명한 항해자가 썼다고 스스로 주장하고 있지만, 대부분의 학자들은 이것이 주전 4세기 중반에 쓰인 것이라고 추정한다. 이것이 강 건너편 지방의 정치적인 경계선에 대해 알려주는 것은 없지만, 레바논 전 해안을 따라 활동하는 해상 무역 공동체들에 대하여 두로와 시돈이 어떤 영향력을 가지고 있었는지를 확실히 보여준다. 그 자료의 제104장은 "길리기아 다음에는 시리아 사람들이 있다. 그리고 시리아에는 페니키아 사람들이 해안을 따라 거주하고 있다"라고 시작한다. 페니키아 해안 지대의 협소함에 대해 잠깐 설명한 다음에, 해안가 도시 목록과 오론테스 강이 분명한 탑사코스 강으로부터 시작해 남쪽까지 여러 지형지물을 기록했다. 불행하게도 이 부분(104장)은 보존 상태가 매우 나쁘다. 서기관의 실수로 누락된 부분이 있으며, 후대의 필사자들이 삽입한 것이 분명해 보이는 많은 해설들이 있다. 해당 페이지가 훼손되어 많은 경우에 기록의 끝부분이 소실되고 없다. 이 자료 전체에서 가장 인상적인 부

THE PROVINCE "BEYOND THE RIVER" WITH SOME DOCUMENTED DISTRICTS IN THE SOUTH

'강 건너편' 지방과 문헌에 나타난 남쪽의 행정 구역들

0 20 40 miles
0 30 60 km

하나의 사트라피로서 레반트는 종종 지중해 동부 지역의 분쟁과 관련해서 언급되지만, 내부 사건에 대한 직접적인 자료나 더 작은 행정 단위들과 그 지역 내에 있는 민족적 특성들에 대한 인종학적인 기록은 아주 드물다.

▼ 주전 7세기 경의 페니키아 상선 복원도

분은 두로 또는 시돈에 속하는 마을의 숫자이다.

그러나 해안 지역 전체는 페니키아가 아니라 시리아에 속한 것으로 여겨진다. 시리아 사람들은 길리기아 다음에 첫 번째로 나온다. 이와 동일한 상황이 다른 자료에도 나타난다(헤로도토스 3.91; 크세노폰《원정기》Ⅳ, 4:6; 스트라보《지리》XIV, 676; 플리니우스《박물지》5.79; 프톨레마이오스《지리》5.14). 스킬락스 위서는 북쪽에서나 남쪽에서나 정치적인 경계를 다루지 않았다. 그러나 북쪽에서와 마찬가지로 남쪽에도 시리아라고 불리는 해안 지역이 있었던 것이 분명하다. 이러한 사실은 다른 고전 시대 작가들에게서 발견되는 것으로 확증된다(참고. 아리아누스《원정기》2.25.4; 디오도루스 시쿨루스 19.93.7). 헤로도토스는 페니키아의 남부 경계에 대해 말하지 않았지만 블레셋의 세 개 도시 아스돗, 아스글론, 가사를 확실히 '팔레스타인이라고 불리는 시리아에 속한다'(헤로도토스 3.5, 7.89)고 말한다. 플리니우스(《박물지》5.69)와 프톨레마이오스(《지리》5.14.3, 5.15.2)는 페니키아의 남쪽 경계를 돌과 가이사랴 사이에 두었는데, 특히 프톨레마이오스는 그 경계선을 코르세아스 강이라고 구체적으로 밝혔다. 그들은 욥바, 아스돗, 아스글론을 페니키아에서 제외시켰다.

이렇듯 여러 해안 정착지들이 두로나 시돈에 속한 것으로 여겨졌다는 사실은 그런 도시들이 페니키아의 정치 경계선 안에 있지 않았다는 의미이다. 스킬락스 위서는 '페니키아의 도시 혹은 항구'라고 불리는 지중해 주변의 다른 도시들을 언급한다. 예를 들면 카르타고와 미리안드로스 같은 도시들인데, 이때 이 도시들은 독립한 상태였음이 분명하다. 엄밀한 의미의 페니키아 지방은 지중해 동부 해안선 중간에 있는 해안 지대였다. 이에 더하여 페니키아에는 두로와 시돈이 설립한 많은 식민지들이 있었다. 스킬락스 위서가 스트라톤 망대를 언급하지 않은 사실은 이 자료가 시돈 왕(주전 370-358년) 스트라톤아브다쉬타르트이 그 도시를 세우기 전에 저술되었음을 알려준다. 돌, 욥바, 샤론 평야에 대한 시돈의 지배는 에쉬무나조르의 비문(Ⅰ, 9)에 암시되어 있는 바와 같이, 주전 5세기로 추정할 수 있다. 이것은 스킬락스 위서의 배경을 제공하고 있다.

블레셋 사람들 헤로도토스가 제5사트라피를 언급하면서 사용한 팔레스타인블레셋이라는 용어는 가사까지 뻗어 있는 페니키아 남부에 있는 나라를 의미한다. 그러나 그는 이 용어를 더 넓은 의미와 좀 더 좁은 의미, 두 가지로 사용하고 있다. 어떤 곳에서(헤로도토스 3.5와 91) 그 용어는 페니키아를 제외하는 것으로 사용되고, 다른 한편으로는 다음과 같이 말하기도 한다.

> 시리아의 이 부분은 이집트까지 남쪽으로 뻗어 있는 나라와 더불어 전체가 팔레스타인으로 알려졌다(헤로도토스 7.89).

그는 여기에서 그 용어를 좀 더 포괄적으로 사용하고 있다. 아라비아 사람들이 차지하고 있는 영토에 대해 언급하고 있기 때문이다. 그러나 같은 단락에서 그는 페니키아와 '팔레스타인의 시리아 사람들'을 구별한다. 가사와 예니수스 사이에 아라비아가 차지하고 있는 중간 지대가 있기는 하지만, 그렇다고 해서 그곳이 팔레스타인의 개념에 포함되지 않는다는 것은 아니다. 시리아 사람들로 불리는 사람들이 그곳을 점령하고 있지 않다고 할지라도 페니키아를 시리아의 일부로 보기도 한다. 제5사트라피의 주민들은 크세르크세스(주전 481-479년) 치하에서 그리스를 침공하는 동안 페르시아 함대의 주요 분대를 구성하기도 했다.

> … 페니키아 사람들은 **팔레스타인의 시리아 사람들**과 함께 배 300척을 바쳤다. 선원들은 그리스 병사들처럼 투구를 썼고 아마포 코르셋을 착용하였다. 그들은 가볍고 테두리가 없는 방패와 창으로 무장했다. 이 민족은 고대에는 페르시아 만에 살았으나 시리아 해안으로 이주했다는 전승을 가지고 있고, 오늘날까지 이곳에 산다. 시리아의 이 부분은 이집트까지 남쪽으로 뻗어 있는 나라와 더불어 전체가 팔레스타인으로 알려져 있다(헤로도토스 7.89.1).

헤로도토스는 해안으로부터 떨어진 내륙에 있는 민족들과 지방에 대해서는 알지 못했다. 레반트 남부에 거주하는 자들의 일부에 대해서는 비문과 성서 자료가 있다.

유다 사람들 유다의 옛 영토와 인근 지역에 살았던 유다 사람들에 대해서는 상대적으로 더 많은 정보가 있기 때문에, 그들에 대해서는 아래의 역사적 개관에서 다룰 것이다. 에스라의 앞부분을 제외하고 포로기 이후에 대한 다른 정보의 대부분은 주전 5세기에 속해 있는데, 주로 에스라서와 느헤미야서에 나오는 것으로 주전 5세기 중반 20년 동안 일어난 일들에 대한 한 덩어리의 자료들도 그에 속한다.

사마리아 사람들 느헤미야서에는 몇 곳의 지방이 언급되어 있다. 사마리아는 사르곤 2세가 만든 가장 오래된 지방이다. 그 경계는 아마도 북쪽으로 이스르엘 골짜기, 동쪽으로 요단 강, 남쪽으로 예후드 지방이었을 것이다. 와디 달리예에서 나온 사마리아 파피루스는 사마리아 지방을 통치하던 총독들의 왕조를 재구성하는 데 도움이 된다. 이들 중 셋은 산발랏이라는 이름을 가지고 있는데, 첫 번째는 느헤미야와 동시대 사람인 산발랏이다. 예브엘레판틴 파피루스에 따르면 사마리아는 산발랏의 아들인 델라이야와 셀레미야가 연달아 통치했다고 한다. 다음 행에는 다른 산발랏이 나오는데, 그는 앞에 나온 형제들 중 한 사람의 아들이며 하나니야의 아버지로 등장한다. 하나니야는 사마리아 파피루스가 암시하고 있는 대로 주전 354년 사마리아를 통치하고 있었다. 그의 아들은 세 번째 산발랏이며, 주전 334년경 다리우스다리오 3세에 의해 임명되었다. 그 목록에는 하나니야의 형제인 예슈아 바르 산발랏이라는 또 한 사람을 삽입하는 것이 필요할 수도 있다.

암몬 사람들 느헤미야서에서 두드러진 역할을 했던 또 다른 행정 구역 통치자는 '종이었던 암몬 사람' 도비야토비야였다(느 2:19[1]). 그가 다스린 지역은 길르앗 남부에 위치하며, 도비야 가문 출신의 총독들이 다스렸다. 그들의 사령부는 요단 동편의 두로에 있었다. 느헤미야는 '종이었던

1_"호론 사람 산발랏과 종이었던 암몬 사람 도비야와 아라비아 사람 게셈이 이 말을 듣고 우리를 업신여기고 우리를 비웃어 이르되 너희가 하는 일이 무엇이냐, 너희가 왕을 배반하고자 하느냐 하기로"(느 2:19).

암몬 사람'이라고 지칭함으로써 경멸적인 경향을 보이고 있기는 하지만, 그것은 암몬 지역을 다스리는 페르시아 관리로서 도비야의 직함으로 해석된다. 도비야는 사마리아의 산발랏과 유다의 느헤미야와 대등한 지위에 있었을 것이다. 그는 유다 왕 요담이 통치하던 시기에 가문의 영지를 획득했던 유다 사람이었음이 분명하다. 그는 예루살렘의 귀족들(느 6:18[2])과 제사장 가문(느 13:7)과 관계가 있는 유명한 유다 가문의 한 사람이었다. 요하난이라는 그의 아들의 이름과 마찬가지로, 그의 이름은 '야훼는 선하시다'라는 뜻으로 야훼의 이름이 포함되어 있다. 그는 페르시아의 관료 조직 안에서 그러한 명성을 획득함으로써 이전에 암몬 자손의 왕국이었던 곳의 총독으로 임명되었을 것이다. 어쨌든 느헤미야가 이 도비야에 대해 언급하고 있다는 사실은 페르시아 시대에 뛰어난 암몬 사람들이 살아남아 있었음을 간접적으로 추정할 수 있게 해 줄 뿐이다.

에돔과 모압 사람들 유다 남부에서 발견된 주전 4세기의 오스트라카에는 에돔 민족의 기원에 관한 비문상의 증거가 있다. 자료의 주요한 부분은 소소한 명세서들로 이루어져 있는데, 세금으로 바쳐지거나(브엘세바) 말 또는 나귀의 먹이로 제공된 곡물의 양을 기록하고 있다. 최근에는 세펠라 지역 어딘가, 특별히 고대의 막게다인 키르벳 엘 콤에서 이와 비슷한 문서들이 대량으로 발견되었다.

헬레니즘 시대 초기에 유다 남부에 이두매라고 부르는 한 지역이 있었다(디오도루스 시쿨루스 19.95.2, 19.98.1). 그러한 행정 구역이 페르시아 시대에 존재했다는 증거는 전혀 없다. 예를 들면 에돔 사람들은 느헤미야서에 언급되지 않는다. 그러나 오스트라카가 입증하고 있는 바와 같이, 그 지역에 이미 에돔 사람들이 거주하고 있었기 때문에 그러한 행정 구역이 만들어졌을 가능성은 확실히 있다.

아라비아 사람들 '아라비아'는 느헤미야서에 나오는 세 번째 통치자의 영역을 가리키는 이름이다. 통치자는 수수께끼 같은 인물인 아랍 사람 게셈이다. 그의 이름은 이집트 하부에 있는 이스말리아에서 동쪽으로 20킬로미터 떨어진 텔 엘 마쉬쿠타의 신전에서 발견된 은 사발에 새겨져 있다. 따라서 그 증거는 영향력 있는 아라비아 왕국의 통치자인 성서의 게달을 가리킨다. 이 왕국은 아라비아에서 지중해까지 무역로를 통제했으며, 가사에서 예니수스에 이르는 해안 지구를 지배했다. 그들은 적어도 일찍이 다리우스다리오 1세 통치까지는 이집트 동부 삼각주 지대에 식민지를 세우는 것이 허용되었다.

이집트와 아라비아가 연합하여 페니키아의 아케메네스 왕조에 맞서 적대감을 드러냈다고 하는 후대의 암시는 게셈의 '왕국'이 언제나 페르시아에 충성했던 것은 아니라는 것을 보여준다. 주전 5세기 후반에 소아시아에 있는 페르시아 사트라프는 300척의 군용선으로 이루어진 함대를 페니키아로 보냈다. 구실일지 모르지만(디오도루스 시쿨루스 3.37.4-5), 아라비아 왕과 이집트 왕이 페니키아를 점령하기 위해 모의하고 있다는 소식을 들었기 때문이다(디오도루스 시쿨루스 3.46.6).

2_"도비야는 아라의 아들 스가냐의 사위가 되었고 도비야의 아들 여호하난도 베레갸의 아들 므술람의 딸을 아내로 맞이하였으므로 유다에서 그와 동맹한 자가 많음이라"(느 6:18).

▼ 파사르가데에 있는 고레스 대왕의 무덤

구브로 구브로키프로스가 언제 '강 건너편' 사트라피에 포함되었는지에 대한 언급은 전혀 없다. 후대 전승은 구브로가 길리기아와 파플라고니아와 더불어 바벨론을 정복하기 위한 고레스 원정을 자발적으로 지지했다고 언급한다(크세노폰, 《키로파에디아》 8.6.8). 이오니아가 반란을 일으키고 있는 동안(주전 498년), 구브로는 겉으로는 페르시아 제국의 편이었지만, 그리스 도시들 대부분은 에게 해 지역에 있는 자기 동포들 편이었다(헤로도토스 5.116). 반면에 페니키아 도시들은 페르시아를 지지했다. 구브로는 주전 5세기 중반 헤로도토스 시대에는 확실히 강 건너편으로 여겨졌다(헤로도토스 3.91). 그는 구브로 해군 부대를 세 번째로 언급했는데, 그것은 그 부대가 세 번째로 컸기 때문이다. 반면에 이집트 파견 부대는 두 번째로 언급하였다. 이로써 구브로는 페니키아와 팔레스타인으로부터 분리되었다. 구브로와 페니키아 사이의 일부 정치/행정적인 관련성은 앗수르 시대로 거슬러 올라갈 수 있지만, 신바벨론 시대 때 구브로가 강 건너편에 속한다는 증거는 없다.

인종적 관점에서 본다면 구브로는 페니키아, 그리스, 원原구브로 사람들이 거주하던 곳이었다. 에게 지역에서 그리스 도시가 왕정에서 전제정치로, 일부는 민주 정치나 과두 정치로 진화해 가는 동안 구브로의 도시들은 고대와 고전 시대까지 지방 왕정 체제를 계속 유지했다. 페니키아 도시들 역시 지방 왕정을 지지했다. 페르시아 시대의 주요 경쟁국은 동부 해안에 있는 그리스의 살라미스와 남동부 해안에 있는 페니키아의 키티온이었다.

역사적 개관

고레스 2세와 캄비세스(주전 539-521년)

바벨론과 강 건너편 _ 고레스 대왕은 주전 539년 바벨론을 점령함으로써 신新바벨론, 또는 갈대아 왕국을 종식시켰다. 그가 취한 첫 번째 행정 조치는 메소포타미아와 강 건너편 지방을 포함해 전 바벨론 영역을 한 총독의 관할 아래 두는 것이었다. 새로 얻은 영토들의 통일성을 유지하기 위해 당시에 그것은 분명 바람직한 정책으로 여겨졌다. 비록 복속된 여러 민족들이 바벨론의 멸망을 기뻐했겠지만, 강 건너편 지방에 있는 작은 국가들이 즉시 페르시아 통치에 복종했는지는 알 수가 없다(사 13장;

14:4-11; 21:1-10; 46:1-48:22; 렘 50장; 51장).

바벨론 군주로서 고레스 또한 왕국에 속한 전 민족들에 대하여 종주권을 주장했다.

> 높으신 [그 마르둑 의 명령에] 위쪽 바다로부터 아래쪽 바다까지 온 세상의 왕좌에 앉았던 왕들, [먼] [지]역에 거주하는 사람들, 아무루 땅의 모든 왕들, 장막에 거주하던 자들이 엄청난 조공을 가지고 왔다. 바벨론 한가운데에서 그들이 나의 발에 입을 맞추었다(고레스 실린더 K2.1).

강 건너편 지방에 있던 여러 민족들이 새로운 페르시아 통치자들에게 굴복했는지를 상세하게 밝혀주는 기록은 없다. 그렇지만 여러 민족들이 본국으로 돌아갈 수 있도록 한 고레스의 관대함은 그가 실시한 새로운 정책을 잘 반영하고 있다.

> [바벨]론에서부터 아슈르, 수사, 아카드, 에쉬눈나의 땅, 자반 도시, 메투르누 도시, 데르, 멀리 구티 땅의 경계까지, 오래 전부터 폐허가 되어버린 성소가 있는 티그리스 강 넘어 신전 도시들, 그들의 성소에 거주하였던 신들을 모두, 나는 그들의 땅으로 돌려보냈다. 나는 그들에게 영구한 성소를 세우도록 했다. 나는 그들의 백성들 모두를 소집하였고, 그들을 그들의 거처로 돌려보냈다(고레스 실린더 K2.1).

이것은 유다인들에게 내려진 유사한 '칙령'이 믿을 만한 것이었음을 확실히 해준다(스 1:2-4을 보라; 참고. 대하 36:23).

앗수르의 옛 정책을 정반대로 뒤집은 그의 새로운 정책은 인종적 정체성과 종속된 민족들의 종교 제도를 존중하는 것으로, 그들의 충성심을 얻는 데 큰 도움이 되었음에 틀림없다. 두로와 시돈 같은 주요 도시들 또는 도시국가들은 상당한 자치권을 확보했을 것이다. 특히 아케메네스 왕조가 지중해에서 자신들의 해군력을 확보하기 위해 의존했던 도시들의 경우가 여기에 해당한다. 구바루는 고레스 4년인 주전 535/534년부터 다리우스다리오 1세 통치 초기인 주전 520년까지 연합 지방들을 다스렸다.

자신의 제국에 속한 민족들을 향한 고레스의 새로운 정책은 예루살렘에 있는 유다의 성전 공동체가 회복되는 것을 가능하게 해주었다. 세스바살은 '유다 왕자'[1](스 1:8)이자, '유다 총독'[2](스 5:14)이었다. 고레스는 느부갓네살 이후로 바벨론에 보관하고 있던 성전 기구들을 그에게 맡겼다(스 1:7-11). 잘 알려진 한 서신에서 그는 특별히 제단의 하부구조임이 분명한 기초 공사를 하도록 위임받은 것으로 보인다(스 5:16[3]). 세스바살은 여호야긴의 아들이자 스룹바벨의 숙부인 세나살(대상 3:18)과 동일 인물임이 확실하다. 예루살렘으로 이주할 무렵 그는 분명 60세 정도였을 것이다. 그의 이름은 바벨론에 뿌리를 두고 있는 것이 분명한데, 아마도 신 아브바 우수르에서 유래했을 가능성이 높다.

스룹바벨은 스알디엘의 아들이거나 손자였으며(스 3:2, 8; 5:2; 느 12:1; 학 1:1, 12, 14; 2:2, 23; 슥 4:8; 대상 3:17-24을 보라), 아마도 다리우스 1세가 통치하기 이전에 한동안 그의 숙부 세스바살을 대신하였던 것 같다(스 2:2). 그는 '유다 총독'이라는 직함을 가지고 있었으며(학 1:1, 14; 2:2, 21) 성전 산에 있는 제단을 복구하는 일에 관여하였다(스 3:2-3).

정기적인 제사가 일곱 번째 달, 즉 티쉬리 월 1일부터 재개되었다(주전 538년 9월 17일). 두 번째 해에 성전 건축을 위한 기본 계획이 수립되었는데, 이웃 민족들이 그 사업에 동참하겠다고 요청했으나 이는 거절당했다. 그 이후로 그들은 다리우스 1세 때까지 계속해서 그 사업이 진행되는 것을 훼방했다(스 4:1-5).

이집트 페르시아의 영향력이 멀리 남서부까지 이르고, 이집트는 주전 525년 캄비세스의 정복으로 제국에 합병되었다(헤로도토스 3.1-29). 아마시스는 그 전 해에 죽었고 그의 아들 프삼메티쿠스 3세가 왕위를 계승했다. 사모스의 독재자 폴리크라테스는 한때 아마시스와 조약을 맺

1_유다 왕자
개정역과 새번역은 '유다 총독'으로 옮겼다. 히브리어로는 'נשׂיא(나시)'로, 이는 '통치자, 왕자, 지휘관' 등 폭넓은 의미로 쓰였다. 영어성경은 대부분 'prince'로 옮겼다.

2_유다 총독
히브리어로 'פחה(페하)'로 페르시아 시대의 관직명으로 '총독'으로 옮길 수 있다.

3_"이에 이 세스바살이 이르러 예루살렘 하나님의 성전 지대를 놓았고 그때로부터 지금까지 건축하여 오나 아직도 마치지 못하였다 하였사오니"(스 5:16).

시온으로 귀환

페르세폴리스에서 발견된 다리우스(다리오) 왕이 왕좌에 앉아 있는 모습. 태자 크세르크세스(아하수에로)가 그의 뒤에 서 있다. ▲

으며 협력하기도 했으나, 동맹국을 바꾸어 캄비세스를 지원하기 위해 40척의 함대를 보내기도 했다. 시나이 반도 해안을 따라 이집트로 가는 여정에서 캄비세스는 카디티스가사에서 예니수스엘 아리쉬에 이르는 지역을 지배했던 아라비아 왕에게(그는 게달의 왕이었음이 분명하다) 도움을 요청했고 실제로 그 도움을 받았다. 아라비아 사람들은 페르시아를 위해 물을 제공하고 후에 세금을 면제 받았다(헤로도토스 3.4-5). 아라비아의 지원 외에도, 용병대 장군인 할리카르나수스의 파네스는 캄비세스에게 망명한 후에 대단히 중요한 정보를 직접 제공해주었다. 정복 그 자체와 캄비세스의 행동에 대한 수많은 모순되는 증거들은 강 건너편의 운명에 대한 이야기에는 별 관심을 가지고 있지 않다. 잘 알려진 것처럼 캄비세스는 누비아로 원정을 나가 북부 아프리카에서 군사작전을 수행하고 싶어 했지만, 그의 용병대는 자기 민족과 싸우기를 망설였다. 페르시아에서 한 찬탈자가 왕권을 차지했다는 소식을 듣고 캄비세스는 귀환하려고 했지만 돌아오는 도중 뜻하지 않게 상처를 입어 죽고 말았다.

다리우스 1세(주전 521-486년) 헤로도토스뿐만 아니라 베히스툰 비문에서 다리우스 자신도 왕위 계승을 비롯해 뒤이어 반란을 진압하기 위한 투쟁과 제국을 다시 한 번 견고하게 한 이야기를 제공한다.

제국 전역의 혼란 _ 다리우스가 정권을 잡았을 때 제국의 여러 지역에서 반란이 일어났다. 느부갓네살 3세라고 주장하는 니딘투 벨은 주전 522년 10월에서 12월까지 이어진 반란에서 바벨론을 이끌었다. 다리우스는 이 반역을 진압한 후 바벨론에서 권위를 재확립하였으나, 아투라앗수르와 이집트를 포함하여 다른 속국 백성들이 연이어 반란을 일으켰다. 베히스툰 비문은 그가 아르메니아를 굴복시키기 위해 힘겹게 싸웠다고 말한다. 예지라 북부에 있는 산악지대인 '앗수르의 이잘라'에 주둔한 왕의 장군 중 한 사람이 승리를 거두어 아르메니아를 물러나게 했고, 이로써 레반트는 평화를 이룬 것으로 보인다. 그러나 강 건너편 지방에서 실제로 소요라고 할 수 있는 일들이 있었는지는 의문이다. 훗날 주전 519년에 다리우스는 이집트를 방문했을 것이다. 아르카라는 이름의 또 다른 찬탈자는 느부갓네살 4세라는 칭호를 달고 바벨론을 선동해 주전 521년 9월부터 11월까지 또 다른 반란을 일으켰다. 구바루는 쐐기문자 자료들에 더 이상 나타나지 않지만, 그는 다리우스 제3년 동안 엘람에서 일어났던 새로운 폭동을 진압하기 위해 파견된 고브리야스와 동일 인물일 가능성이 있다.

재조직 _ 다리우스 1세는 자신의 통치권을 확립한 후 제국을 재정비했다. 강 건너편 지방이 하부 사트라피로 조직된 것도 이 무렵이었을 것이다. 주전 520년까지 우쉬탄누는 문헌에 바벨론과 강 건너편 지방의 총독으로 나타난다. 그 당시 강 건너편 지방에 내적 갈등이 있었다는 것은 예루살렘 성전의 재건과 관련해 유다예후드와 그의 이웃들 사이에 발생한 긴장 관계에서 그 증거를 찾아볼 수 있다(스 4:1-5). 선지자 학개(학 1장)가 유다인들에게 성전 건축을 향한 노력을 재개하도록 촉구하였던 때가 바로 다리우스가 느부갓네살 4세 아래서 두 번째 바벨론 반란을 진압하고 통치가 안정되던 때라는 사실은 우연의 일치라고 보기 어렵다. 제국에서 그토록 많은 어려움을 겪은 후에, 최고위직에 있던 우쉬탄누 아래에 종속된 강 건너편 지방의 총독 닷드내와 이란 사람이었던 그의 비서 스달보스내를 포함한 그의 동료들은 유다인들의 동기를 의심하며 비난했다(스 5:3-17). 성전 산에 견고한 건물을 짓는 것은 요새화된 성채라는 인상을 줄 수 있었을 것이다. 이집트 또한 반란을 일으킨 바 있다(스 5:3-4[4]을 보라).

그런데 이 사건에서 우리는 아케메네스의 행정 제도에 대하여 두 가지 다른 상세 정보를 얻을 수 있다. 닷드내는 관련 자료들을 얻기 위하여 바벨론에 사람을 보냈다. 바벨론이 그 두 지방의 행정 본부가 있는 곳이었기 때문이다. 그의 상관 역시 그곳에 거주하고 있었다. 그러나 실제 기록은 엑바타나에서 발견되었다. 바벨론의 서기관들은 고레스가 공식적인 통치를 시작하기 전에 엑바타나로 돌아갔다는 사실을 기억하고 있었다. 실제로 그가 내린 칙령이 발견되지는 않았지만 서류 더미들 속에서 본래 칙령이 반포되었음을 확증해주는 간단한 메모가 나왔다(스 6:1-5). 페르시아 황제 다리우스는 유다인들이 반역죄를 지은 것이 아님을 확신하고, 닷드내에게 예루살렘 성전 건축을 허용해주도록 명령했고 심지어는 성전 세우는 것을 도와주라고 했다. 그 후 얼마 되지 않아 바벨론에서 온 유다 사절단이 예루살렘 성전 공사 지원금을 가지고 도착했다(슥 6:9-14).

혹자는 예루살렘 성전에 대한 다리우스의 관심을 그가 마그네시아에 있는 아폴로 신전 제사장들을 위해 중재한 사건과

4_"그때에 유브라데 강 건너편 총독 닷드내와 스달보스내와 그들의 동관들이 다 나아와 그들에게 이르되 누가 너희에게 명령하여 이 성전을 건축하고 이 성곽을 마치게 하였느냐 하기로 우리가 이 건축하는 자의 이름을 아뢰었으나" (스 5:3-4).

다리우스 1세와 크세르크세스 아하수에로의 서양과의 전쟁

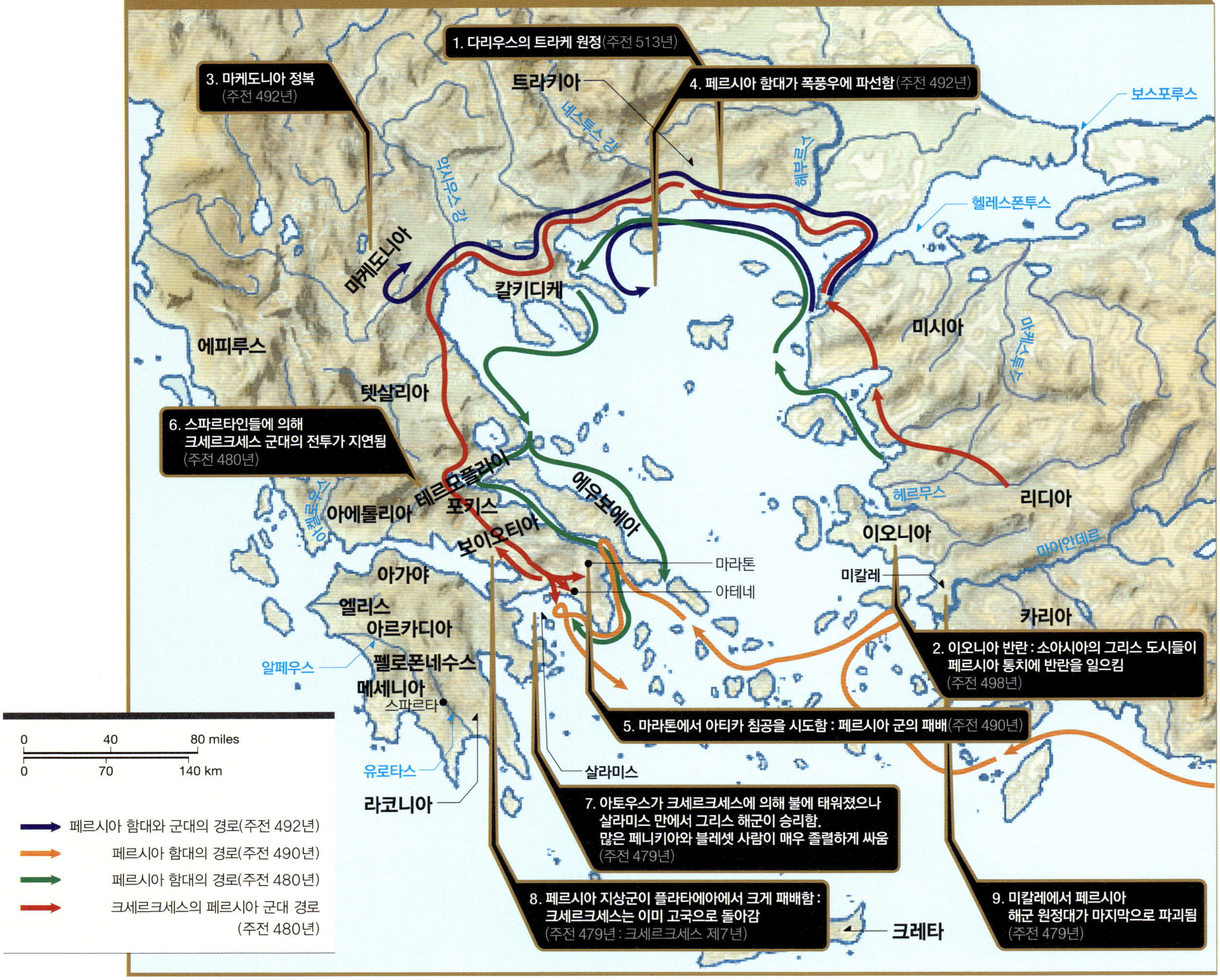

1_"하나님의 성전 공사를 막지 말고 유다 총독과 장로들이 하나님의 이 성전을 제자리에 건축하게 하라"(스 6:7).

비교한다.

왕들의 왕, 히스타스페스의 아들인 다리우스가 그의 종 가다타스에게 이렇게 말한다. 나는 네가 모든 일을 행함에 있어서 나의 명령에 복종하지 않았다는 것을 안다. 네가 유프라테스 강 너머에 있는 과수들을 가져와 아시아의 하부 지역들에 옮겨 심어 나의 땅을 경작했으니, 내가 네 의도를 칭찬한다. 그리고 이 일로 인하여 왕의 집에 너에 대한 큰 호의가 쌓이게 될 것이다. 그러나 네가 신들을 위한 나의 정책을 무시하였기 때문에, 네가 변하지 않는 한, 나는 기분이 상하였음을 분명히 해둔다. 왜냐하면 너는 페르시아에게 [온]전한 진[리]를 말씀하신 그 신을 향한 내 조상들의 마음을 알지 못한 채, 너를 위해 아폴로의 신성한 경작자들로부터 조공을 거두었고 그들에게 신성하지 않은 땅을 파라고 명령했기 때문이다.

가다타스라는 이름을 가진 한 관리는 '유프라테스 강 너머' 지방으로부터 약간의 과실수들을 수입하는 한편, 또한 "아폴로의 신성한 경작자들로부터 조공을 거두었고 그들에게 신성하지 않은 땅을 파라."고 명령했다. 다리우스다리오는 가다타스에게 그러한 행동을 중지하라고 경고했다. 로마의 철자법과 고서체 양식으로 새겨져 있는 이 본문은 아폴로 신전에 세워져 있으며, 신전의 특권을 증명해주는 자료라 할 수 있다. 다리우스는 주전 519/518년 이집트로 가는 도중 강 건너편 지방을 통과했었던 것이 분명하다. 그는 이 기회를 이용해 닷드내의 감독 아래 일어났던 문제들을 규명하려고 했을 것이다. 그러나 스룹바벨이 반역자로 처형되었다는 가정은 다리우스가 유다 총독을 지원했음을 보여주는 본문들에 의해 거짓으로 판명되었다(스 6:7[1]; 참고. 학 2:23; 슥 4:6-10). 그럼에도 불구하고 성전을 재건하기 위한 유다인의 계획과 관련해 닷드내와 그의 동료들이 가지고 있는 의문들이 캄비세스에 의해 임명된 이집트, 리비아, 구레네키레네의 사트라프인 아리안데스의 편에서 일으킨 반역적인 행동과 일치하는 것처럼 보인다는 사실은 주목할 필요가 있다. 아리안데스는 은화를 주조하기 시작했으며(헤로도토스 4.166), 한편으로 바르카에 대항한 군사적 행동을 개시하기도 했다(헤로도토스 4.200; 4.204). 이와 같은 행동들은 그의 편에서는 독립을 대내외적으로 과시하려는 것이었을 수도 있다. 한 자료는 이집트 사람들이 오리안드로스라고 부르기도 하는(폴리아이누스 《전술기》 7.11.7) 아리안데스에 대항해 반란을 일으키자 다리오가 반란을 진압하기 위해 멤피스로 진군했다고 주장한다. 어떤 경우든 많은 비문들과 석비들이 보여주는 것처럼 다리우스 1세가 이집트로 간 것은 사실이다. 그것이 예루살렘 성전 재건과 관련한 협정에 어떤 직접적인 영향을 주었는지는 입증된 바 없다. 예루살렘 성전은 마침내 주전 515년 3월 12일에 완공되었다(스 6:15-19을 보라). 이어서 주전 515년 4월 20일에 유월절을 기념하였다.

쐐기문자 문헌이 닷드내를 강 건너편 지방의 총독으로 언급하는 마지막 해는 주전 502년이다. 그의 네 아들 납산누, 치하(혹은 치하이?), 샴샤(혹은 샴사이), 나부 샤루 우수르는 바벨론의 여러 지역, 특히 보르시파 근처에 부동산을 소유하고 있었던 것으로 알려졌다. 이 점은 주전 5세기 문헌에 잘 나타나 있다.

서부 지역에서의 전투 _ 이후 수십 년간 강 건너편 지방에 대한 문헌은 없다. 주전 6세기 말부터 5세기 초까지 지중해 동부에서 일어난 사건들은 결과적으로 레반트 지역 사람들에게 지대한 영향을 끼쳤다. 주전 513년 다리우스 1세는 트라케를 정복하기 위해 첫 원정을 실시하였다. 트라케 백성들의 굴복은 일부는 항복으로, 일부는 정복에 의해 이루어졌다. 그러나 다뉴브 강 너머의 스키타이 족을 정복하려는 다리우스 1세의 시도는 실패로 끝나 퇴각하지 않을 수 없었다.

주전 498년 이오니아의 헬라 도시들 사이에 반란이 일어났다. 아테네와 에레트리아로부터 명목상의 도움을 받은 밀레도의 반란은 페르시아 수비대의 저항에도 불구하고 사르디스 도시 대부분을 불태우고 약탈했다. 얼마 지나지 않아 그리스 서부 지역 사람들은 철수했지만 이오니아 사람들은 계속해서 전쟁을 벌였다(헤로도토스 5.99-103). 그들은 헬레스폰트에 있는 비잔티움을 점령해 트라케 사트라피를 고립시켰다.

많은 카리아 사람들과 리키아 사람들이 반란에 가담했고, 반란의 분위기는 구브로의 그리스 도시들로 퍼져나갔다. 페니키아 도시들은 계속해서 페르시아에 충성을 바쳤고, 제국의 함대와 군대는 그들을 도우러 갔다. 이오니아는 해상 전투에서 페니키아를 물리쳤지만 육지에서는 페르시아 군대가 승리를 거두었다. 하지만 이때 서로 대립하여 싸우던 장군들은 양쪽 모두 죽임을 당했다. 주전 497-496년 동안 구브로 섬은 다시금 페르시아에 의해 정복되었다(헤로도토스 5.104-116). 이후 2년 동안 페르시아는 반역하는 도시들을 점차 진압했고, 주전 494년 페니키아 함대는 밀레도를 지원하고 있던 그리스 함대를 무찔러 이겼다. 오랜 포위 공격 끝에 정복된 밀레도는 이후 약탈과 방화로 얼룩졌다. 주전 493년에는 키오스와 같은 나머지 섬들이 정복되었다. 반란으로 짓밟힌 이오니아는 점차 국제 무역에서의 우위를 잃어버리게 되었고, 정치적, 군사적, 경제적인 무게 중심은 점점 본토 그리스, 주로 아테네와 스파르타로 옮겨졌다.

다리우스는 에게 해 지역을 지배하려는 목적을 이루기 위해 주전 492년 그곳에 있는 섬들에 대한 원정을 시작했다. 트라케와 마케도니아 역시 다시금 정복되었다. 그 원정은 주전 490년 그 유명한 마라톤 전투에서의 패배로 끝이 났다. 페르시아의 원래 목적은 아마도 아테네에 친페르시아 전제 정권을 세우는 데 있었을 것이다. 전쟁에서의 패배는 페르시아 제국의 힘을 전혀 약화시키지 않았으며, 도리어 페르시아로 하여금 그리스 본토를 전면적으로 침공하기 위한 대대적인 준비에 착수하게 만들었다.

이집트의 반란 _ 주전 486년에 페르시아가 헬라인들과 전쟁을 벌이기 위해 군대를 모으는 동안에 이집트에서 새로운 반란이 일어났다는 소식이 페르시아 왕실에 전해졌다(헤로도토스 7.1, 3). 얼마 지나지 않아 다리우스가 죽고 고레스 2세의 딸인 아토사 왕비(헤로도토스 7.3.4)가 낳은 장자, 즉 성서의 아하수에로인 크세르크세스가 왕위를 계승하였다. 한편 바벨론에서 발견된 한 상업 문서는 '바벨론과 강 건너편의 총독, 파가칸나의 아들 후타'라는 인물을 언급한다. 이 계약서의 날짜는 '울룰루 월, 25일, 바벨론과 그 땅들의 왕 다리우스 36년'으로 기록되어 있다. 이것은 바벨론과 강 건너편 지방이 아직 분리되지 않았으며, 그들은 여전히 하나의 사트라프 아래 있었다는 것을 입증한다.

크세르크세스(주전 485-465년)

이집트의 재정복 _ 페르시아 군대는 이집트의 반란을 진압함으로써 강 건너편 해안 지역을 통과할 수 있게 되었다. 이때 페니키아 해군의 적극적인 지원이 있었을 것이다. 다리우스는 에게 지역에서 재개한 전쟁 때문에 큰 군대를 모으고 있었고, 결국 그가 파견한 군대에는 페니키아와 블레셋이 보낸 함대가 포함되어 있었다. 그러나 다리우스가 3년 동안에 걸쳐 소집했던 이 군사력은 적어도 부분적으로는 이집트를 재정복하기 위한 목적을 가지고 있었음에 틀림없다. 크세르크세스는 그의 군대와 헬라 공격을 위한 해군을 재건하는 데 주전 484년부터 481년까지 다시 4년을 소비하였다(헤로도토스 7.20.1). 이집트 반란을 격퇴한 후 크세르크세

페르시아의 이집트 정복과 이어진 반란들 \ 주전 525-484년

스는 그의 형제 아케메네스를 이집트의 사트라프로 임명했다(헤로도토스 7.7).

주전 486년 11월과 485년 3월 사이, 즉 크세르크세스의 즉위년에 유다인들에 대한 고발이 있었다는 사실은 흥미롭다.

> 또 아하수에로크세르크세스가 즉위할 때에 그들이 글을 올려 유다와 예루살렘 주민을 고발하니라(스 4:6).

이 특별한 기록은 에스라의 저자/편집자가 연대를 혼동했다는 증거가 될 수는 없다. 그는 단지 강 건너편 지방 당국이 유다 공동체에 문제를 야기했던 여러 시기에 대한 정보를 한데 모으고자 했을 따름이다. 이것은 성전 건축을 둘러싼 초기의 갈등 배경을 이루는 것이었다. 이집트 반란과 마찬가지로 그 사건을 자세히 설명하는 문헌은 없다. 유다인들에 대한 고발이 이집트에서 일어난 반란과 동시에 있었을 것이라는 점은 호기심 이상의 의미를 가지고 있는 것으로 보인다. 성전과 관련된 이전의 문제들 역시 이집트의 사트라프 편에서 보인 의심스러운 행동들과 일치한다.

바벨론의 반란 _ 이어서 바벨론에서 두 차례의 반란이 일어났다. 첫 번째는 주전 484년, 두 번째는 482년이었다. 두 번째 반란은 난폭하게 진압되었다. 왕은 매부인 메가비주스에게 두 번째 반란을 진압하도록 명령했다. 지방 귀족들의 바벨론 영지는 몰수되어 페르시아 사람들에게 하사되었다. 바벨론 또한 이전 신바벨론 제국의 상위 도시로서의 지위를 잃어버렸다. 강 건너편 지방이 메소포타미아에서 분리된 것도 바로 이때 이루어진 일이다. 만일 그렇다면, 헤로도토스의 제5사트라피는 주전 482년에 독립적인 행정단위로 구성되었을 것이다. 이것은, 비록 헤로도토스가 다리우스 1세의 20개 사트라피 조직을 알고 있다고 주장했다 할지라도(헤로도토스 3.89-95), 그가 기록한 실제 상황은 그 자신이 레반트와 이집트를 직접 방문하기 이전의 어느 때이지만 그렇다고 해서 다리우스 통치가 시작되던 시점까지 거슬러 올라가는 것은 아님이 분명하다는 의미이다.

1_"아하수에로 왕의 제칠년 시월 곧 데벳 월에 에스더가 왕궁에 인도되어 들어가서 왕 앞에 나가니"(에 2:16).

유리메돈 강의 전투 \ 주전 466/465년

대 페르시아 전쟁 _ 살라미스 만에서 얻은 그리스 해군의 승리와 플라타이아에서 거둔 육군의 승리에 이어, 미칼레에서도 연이어 승전보가 울렸다. 이렇게 절정에 달한 원정은 강 건너편 지방에서 멀리 떨어진 곳에서 이루어졌다. 그러나 페니키아, 블레셋, 구브로의 배들은 이 전쟁에 깊이 연루되어 있었다. 그들의 전쟁 참여는 명예스럽지 못한 결과를 낳았으며, 크세르크세스는 많은 장군들에게 가혹할 형벌을 내렸다(헤로도토스 7.195; 8.11, 68, 100).

영향 _ 지중해 동부의 백성들은 크세르크세스의 악한 기질과 제1차 페르시아 전쟁의 여파로 생긴 심각한 가족 문제들에 대해 여러 흥미진진한 이야기들을 간직하고 있었다. 페르시아 왕이 당한 굴욕적인 사건은 그의 재위 제7년에 발생했다. 따라서 왕실 가족의 문제들과, 이어서 왕이 여러 문제들로부터 다른 곳으로 관심을 돌리도록 할 새로운 처녀를 구하기 위한 미인 대회에 대한 히브리 소설이 왕의 재위 7년을 배경으로 하고 있다는 점(에 2:16[1])은 우연이 아니다. 헤로도토스(9.108-113)는 왕이 자기 동생의 아내와 나중에는 자기 동생의 딸에게 빠져든 이야기를 담고 있다. 왕비 아메스트리스는 이 두 번째 사건을 전해 듣고는 그 불행한 소녀의 신체를 불구로 만들라고 요구했다.

이 전쟁은 에게 해 지역의 세력 균형이 한 번도 '그리스 나라'라고 하지 않았던 그리스 도시들, 특히 아테네로 이동하는 결과를 낳았다. 아테네 도시국가는 마침내 주전 478년 델로스 동맹(투키디데스 1.4.96-97)을 주도하게 되었고, 그 이후로 아테네는 해양 제국으로 발전했다. 한편 델로스 동맹 첫해에 플라타이아에서 승리한 스파르타인 파우사니아스가 지휘하는 그리스 연합 함대는 구브로로 항해하여 그 섬의 대부분을 정복했다(투키디데스 1.4.94; 디오도루스 시쿨루스 11.44.1-2). 주전 478년부터 466년까지 10년간 지속된 전쟁에서 가장 주목할 만한 사건 중 하나는 소아시아 남부에 있는 유리메돈 하구에서 일어난 해상 전투이다. 그 정확한 시기는 속단하기 어렵다. 페르시아는 아마도 주전 470년경 구브로에서 이전에 잃었던 것들을 되찾았으며, 주전 466/465년에는 그리스 연합 함대와 교전하기 위해 서쪽으로 항해했을 것이다. 이때 그리스의 지휘관은 키몬이었다. 페니키아 배들이 페르시아 함대를 보강하기 위해 유리메돈에 도착하기도 전에, 그리스 군대는 그들에게 엄청난 패배를 안겨주었다. 이어서 만반의 준비를 갖춘 그들은 마침내 페니키아가 도착했을 때에도 그들에게 재앙 같은 패배를 맛보게 해주었다(투키디데스 1.4.100, 1; 디오도루스 시쿨루스 11.60.3-62).

아르타크세르크세스 1세(아닥사스다, 주전 464-424년)

주전 465년 8월 크세르크세스는 자신의 침실에서 암살되었다. 그의 아들이 이 음모에 가담했던 것은 분명하지만, 대부분의 권력을 장악한 것은 핵심 지도자급인 대신들이었다. 새로운 왕 아르타크세르크세스 1세는 왕좌를 찬탈하려고 계획했던 암살자들을 제거하고 제국의 행정을 재정비했으며, 무너져버린 해군 병력을 새롭게 보완하기 시작했다(디오도루스 시쿨루스 11.62.2).

이집트의 반란 _ 주전 5세기 중반의 몇십 년 동안은 유혈이 낭자한 시대였다. 주전 460년 이집트에서는 새로운 반란이 일어났을 뿐 아니라, 델로스 동맹을 비롯한 아테네 해상 지배 세력은 이집트의 독립을 돕기 위하여 그 전쟁에 가담했다.

페르시아는 보스포루스 해협을 통과하여 흑해로 가는 무역로를 봉쇄해 곡식을 수입하는 그리스의 주요 공급선을 차단해버렸었다. 이제 그리스 사람들은 교역로를 확보하고 비옥한 삼각주 지대에서 곡물을 공급받기 위하여 독립적인 이집트와 확고한 관계를 맺고자 하였다.

반란의 지도자는 리비아의 배경을 가진 이나로스(투키디데스 1.104)였는데, 그는 프삼메티쿠스의 아들로 불렸다. 그는 사이스의 아미르테우스로부터 지원을 받았다. 제26왕조 파라오 가문의 후손으로 여겨지는 아미르테우스는 아마도 제28왕조에 속한 아미르테우스(주전 404-399년)의 조부로 추정된다. 이나로스는 무엇보다도 이집트 본토인들로 구성된 군대와 리비아 군대 양측으로부터 지지를 받았으나, 용병들은 서로 다른 지역에서 온 민족들이었다. 그들은 삼각주 지역에서 페르시아 재정 관료들을 내쫓고 자신들의 지배권을 확립했다. 그들은 아테네로 사절단을 급파해 군대 지원을 요구하였으며, 그리스의 노력이 충분한 보상을 받을 것이라고 약속했다. 그러나 강력한 페르시아 수비대가 있었던 멤피스는 상부 이집트 대부분과 함께 페르시아 제국에 계속해서 충성했다. 반란자들은 멤피스에 있는 '흰 요새'에서 꼼짝도 못하고 있던 페르시아 사람들을 포위 공격하였다(투키디데스 1.104; 디오도루스 시쿨루스 11.71).

이집트의 사트라프는 크세르크세스의 형제이자 아르타크세르크세스의 숙부인 아케메네스였다. 그는 대규모 군대를 모아 이집트로 들어가 나일 강 가까이에 진영을 차렸다. 아테네는 이집트의 군사력을 강화하기 위해 200척의 함대를 파견했다. 전쟁은 삼각주 지대의 서쪽에 있는 파프레미스라 불리는 지역에서 벌어졌다(헤로도토스 3.12). 아케메네스는 살해되었고 그의 군대는 완전히 참패했다. 이 전쟁에서 살아남은 페르시아 사람들은 멤피스에 있는 흰 요새로 도피했다. 수비대는 그곳에서 저항을 계속했다. 그곳은 상부 이집트의 핵심 지역이라 이나로스에게는 그 지역을 점령하는 일이 반드시 필요했다. 그래서 그는 기나긴 포위 공격에 돌입하지 않을 수 없었다(디오도루스 시쿨루스 11.74).

아르타크세르크세스는 정치적이고 군사적인 대응을 통해 패배를 만회하려고 했다. 그는 메가비주스라는 사람을 스파르타로 보내 뇌물을 주어 그들을 매수한 다음 아테네를 공격하도록 했다. 그렇게 되면 아테네는 이집트에 있던 헬라 군대의 소환을 요구하지 않을 수 없었을 것이다. 이러한 노력이 성공을 거두지 못하자, 아르타크세르크세스는 조피루스의 아들이자 크세르크세스의 사위인 메가비주스에게 거대한 군대와 해군을 소집해 전쟁을 계속하라고 명령했다. 페르시아 왕은 가장 풍요롭고 전략적 가치가 높은 자신의 소유를 잃고 싶지 않았던 것이다.

크테시아스의 설명(《페르시아》 §§34-38)이 암시하는 것을 그대로 믿는다면, 메가비주스는 강 건너편 지방인 시리아의 총독 자리에 있었던 것으로 보인다. 이집트 전쟁이 끝나고 메가비주스가 시리아로 퇴각했을 때, 크테시아스는 시리아를 '그 자신의 나라'라고 언급했다(《페르시아》 §36). 그러나 메가비주스가 수행한 이집트에 대한 임무를 묘사하면서 헤로도토스는 단지 이렇게 말하고 있을 뿐이다.

> 메가비주스는 이집트에 있는 장군으로서 아테네 사람들과 그 동맹국들과 맞서 싸우는 일을 맡았다(헤로도토스 3.160.2).

주전 456년 그는 대규모 군대를 소집하여 길리기아로 보냈지만, 그가 구브로 사람들의 완벽한 지지를 받았는지는 분명하지 않다. 그는 구브로 사람들과 본토에 있는 페니키아 사람들에게 3단 노를 갖춘 강력한 함대를 만들 것을 명령했다. 삼각주 지역에 있는 그리스 사람들은 여전히 멤피스의 흰 요새 수비대를 포위 공격하고 있었다. 주전 454년경에 메가비주스와 그의 동료 아르타바주스는 시리아와 페니키아를 경유하는 육로로 그들의 군대를 파견했다. 이때 앞바다에서는 함대가 그들을 수행하도록 했다. 그들은 삼각주로 들어가 멤피스로 진격했으며, 그곳에서 포위 공격을 뚫었다. 아테네와 이집트/리비아 군대는 엄청난 두려움에 사로잡혀 후퇴하고 말았다. 아테네의 군선들은 삼각주 지대 서쪽에 있는 프로소피티스 섬에 정박했다. 페르시아 함대 역시 나일 강 지류 중 하나로 들어갔다. 그들은 그리스 함대 정박지로부터 나일 강의 물길을 돌림으로써 섬에 접근할 수 있는 통로를 얻었다. 아테네 사람들은 배에 불을 지르며 끝까지 저항하려 했다. 투키디데스(1.4.110)는 그들 대부분이 멸망하고 소수만이 리비아를 거쳐 구레네 키레네 와 고향으로 갔다고 말한다. 디오도루스(디오도루스 시쿨루스 11.77.4)는 페르시아 장군들이 그

이집트 반란과 재정복

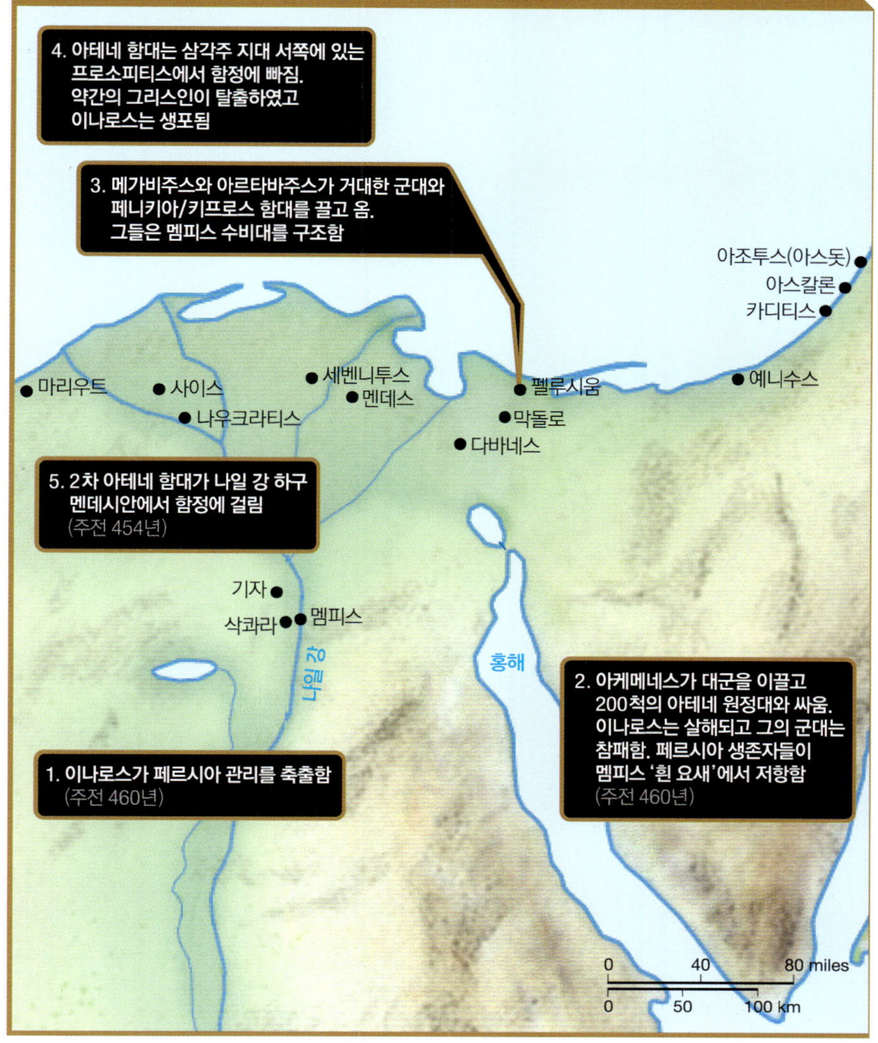

▲ **에쉬무나조르의 비문** _ 이집트에서 제작된 거대한 관 뚜껑에 새겨진 페니키아어 자료는 젊은 시돈 왕 에쉬무나조르 2세의 요절을 기록하고 있다.

리스 사람들을 정복하면서 그들의 군대가 엄청난 상실감을 경험하도록 하기보다는 그들이 명예롭게 떠나도록 내버려두기를 원했다고 분명히 말한다. 투키디데스의 설명이 확실히 더 믿을 만하다. 그 사이 다른 아테네 함대는 동포들의 패배를 알지 못한 채 이집트로 급파되었다. 이 함대는 나일 강 어귀인 멘데시안에 정박했다. 페르시아 군대는 육지에서 그들을 공격했고 페니키아 함대는 바다에서 공격했다. 단지 몇 척의 군선만이 가까스로 도망칠 수 있었다(투키디데스 1.4.110). 이렇게 해서 아테네의 이집트 원정은 굴욕적인 결말로 끝났다.

이나로스는 가까운 동료들과 함께 체포되었고, 결국 페르시아에서 처형되었다. 그의 지지자인 아미르테우스는 간신히 탈출해서 삼각주 지대의 습지에서 게릴라전을 벌이며 계속 투쟁했다.

구브로에 대한 반격 _ 3년 후, 주전 449년 아테네의 새로운 함대와 델로스 동맹의 다른 구성원들은 200척의 배를 몰고 키몬의 지휘 아래 구브로키프로스로 항해했다. 그중 60척이 이집트 습지에 있는 아미르테우스를 지원하기 위해 파견되었다. 나머지 배들은 마리온과 키티온을 포위하러 갔다. 키몬은 포위 도중에 죽었고, 그의 죽음은 아테네 군대가 후퇴를 준비하는 40일 동안 비밀에 부쳐졌다. 군수물자는 모두 바닥을 드러냈다. 메가비주스는 길리기아에서 페니키아와 충성스러운 구브로, 길리기아 배들로 구성된 엄청난 규모의 해군을 준비했다. 헬라인들은 필사적인 노력으로 바다와 육지에서 모두 승리를 거두었다. 그들은 100척이나 되는 배를 사로잡은 것으로 알려졌다(투키디데스 1.4.112; 디오도루스 시쿨루스 11.62). 그러나 디오도루스는 이 정보를 그보다 일찍이 있었던 유리메돈의 전투와 관련시키는 오류를 범하고 있다.

'칼리아스의 평화' _ 아테네와 페르시아 모두 값비싼 대가를 지불해야 하는 유혈 적대 관계를 유지할 생각은 없었다. 결과적으로, 주전 448년 소위 '칼리아스 평화'라고 부르는 협정이 체결되었다. 주전 4세기 이 조약의 모사본이라고 하는 한 문서는 페르시아가 그들의 배를 에게 지역에 들이지 않겠다고 하는 데 동의하고, 아테네는 페르시아가 지중해를 지배하는 데 동의하였음을 암시하고 있는 것으로 보인다. 소아시아의 그리스 동부 도시들이 어떤 지위에 있었는지는 분명하지 않지만 어느 정도의 타협점에 도달했음이 분명하다.

시돈 사건들 _ 이 시점에서 에쉬무나조르 비문의 연대에 관하여 몇 가지 결론을 내릴 수 있을 것이다. 주전 5세기 중반 시돈 왕들의 대략적인 연대를 고문서학, 화폐, 역사적인 자료들에 기초해서 추정해보면 다음과 같다.

에쉬무나조르 1세	주전 479-470년
타브니트	주전 470-465년
에쉬무나조르 2세	주전 465-451년
보다쉬타르트	주전 451년- ?

에쉬무나조르 1세는 살라미스 만에서 벌어진 에게 전쟁 때 엄청난 인명과 물자를 잃은 후 재건을 위해 노력한 왕이었다. 타브니트는 크세르크세스부터 아르타크세르크세스로 넘어가는 시기와 겹치는 때의 왕으로, 주전 466년 유리메돈에서 있었던 굴욕적인 패배를 겪은 통치자였을 것이다. 에쉬무나조르 2세는 메가비주스가 이집트의 반란을 진압하던 시기의 통치자였을 것이다. 비문에서 분명하게 드러나지는 않지만,

그 젊은 왕은 주전 449년 살라미스 전투에서 목숨을 잃었을 가능성이 있다.

타브니트와 에쉬무나조르 2세는 모두 이집트에서 들여온 관에 매장되었다. 그 관들은 주전 484년 이집트의 초기 반란을 진압하면서 획득한 전리품이었을 것이 분명하다. 어쨌든 에쉬무나조르 2세는 자신의 장례 문서에서 '왕들의 주'가 자신에게 하사한 토지를 언급하면서(1.18), 그것은 '내가 행한 위대한 업적들에 대한 보답'이었다(1.19)고 말했다. 그러나 그 일은 주전 479년 살라미스 만에서 벌어진 페르시아 전쟁이나 주전 466년 유리머돈 어귀에서 벌어진 전쟁 기간 동안 이루어진 일이라고 보기는 어렵다. 그것은 또한 주전 449년 구브로의 살라미스에서 벌어진 재앙 같은 전쟁에 참여한 결과도 아니다. 따라서 유일한 가능성은 페니키아가 그리스 함대에 대해 환상적인 승리를 거둔 때, 즉 메가비주스가 주전 454년 이집트 원정을 벌인 시기로 볼 수 있다.

여기서 우리는 논리적 흐름을 따라 두 가지 중요한 결론을 내릴 수 있다. 주전 460년에 일어난 이집트 반란 때까지, 그리고 그 이후로 돌과 욥바는 시돈으로부터 독립해 있었다. 그렇다면 돌과 욥바는 두로에 예속되어 있었는가? 아마 아닐 것이다. 달리 말하면, 특히 돌은 주전 5세기 중반 페니키아의 한 항구 도시로서 독립된 지위를 누리고 있었다. 두 번째 요점은 욥바의 후배지를 포함한 샤론 평야는 이후 몇 십 년 동안 시돈의 관할권 아래 있었다는 점이다. 이 시기에 대한 정보는 에스라서와 느헤미야서에 제한적으로 나와 있다.

유다 자치 공동체 _ 에스라서와 느헤미야서는 아르타크세르크세스 통치 기간 동안 강 건너편에서 일어난 내부 문제들에 대하여 몇 가지 정보를 제공해준다. 주전 458년에 '모세의 율법에 익숙한 학자'(스 7:6[1]) 에스라를 예루살렘에 파견하면서 황제 자신이 직접 발행한 신임장(스 7:11-26)을 준 것은 강 건너편 지방에서 다양한 인종 집단의 충성심을 확보하기 위해 왕실 편에서 기울인 노력의 일환으로 보인다. 에스라가 임무를 띠고 유다에 온 시점이, 아르타크세르크세스가 이집트 반란에서 아테네의 세력을 약화시키기 위해 특사 메가비주스를 스파르타에 파견한 해와 우연히 일치했다고 보기는 어렵다. 그때 페르시아 왕은 페니키아 사람들에게 미리 계획된 이집트 침략에 필요한 함대를 만들게 하려는 조치를 취했다. 다양한 인종 집단들밀레트이 제국에 충성을 다하게 하는 일 또한 왕이 마땅히 해야 할 일이었다. 그러므로 제사장 혈통의 탁월한 학자서기관로 하여금 유다 공동체에게 헌정 문서를 전하도록 위임한 일은 그들의 정체성을 강화시키는 동시에 왕에 대한 의존도를 높이는 조치로서 충분히 납득할 만한 사안이다(스 7:1-9을 보라).

그들은 주전 458년 4월 8일 바벨론을 떠나 8월 4일 예루살렘에 도착했다. 이는 페르시아가 시행한 인종 정책인 밀레트millet의 좋은 예이다. 민족 자치 체제인 밀레트에 의해 모든 지역의 인종들은 자신의 글자를 가지고 자신의 언어로 말했다(에 1:22[2] 등). 페르시아 제국은 제국 내에 있는 각 인종 집단의 종교적이고 문화적인 전통들을 육성하고 지지하기도 했다. 에스라서에 나오는 것처럼, 자연히 왕실 명령의 진정성은 도전을 받았지만 정당한 행정 문서로서의 특징은 모두 갖추고 있었다. 이로써 에스라는 토라를 유다 공동체의 법으로 확립할 수 있는 권한을 갖게 되었던 것이다(스 7:25-26을 보라).

아르타크세르크세스는 토라를 예후드 지방의 시민법으로 공식 승인해 주었지만, 에스라는 그 법을 집행하여 '강 건너편에 있는 모든 백성들'

1_"이 에스라가 바벨론에서 올라왔으니 그는 이스라엘의 하나님 여호와께서 주신 모세의 율법에 익숙한 학자로서 그의 하나님 여호와의 도우심을 입음으로 왕에게 구하는 것은 다 받는 자이더니"(스 7:6).

2_"각 지방 각 백성의 문자와 언어로 모든 지방에 조서를 내려 이르기를 남편이 자기의 집을 주관하게 하고 자기 민족의 언어로 말하게 하라 하였더라"(에 1:22).

에스라와 느헤미야 때의 시온 귀환

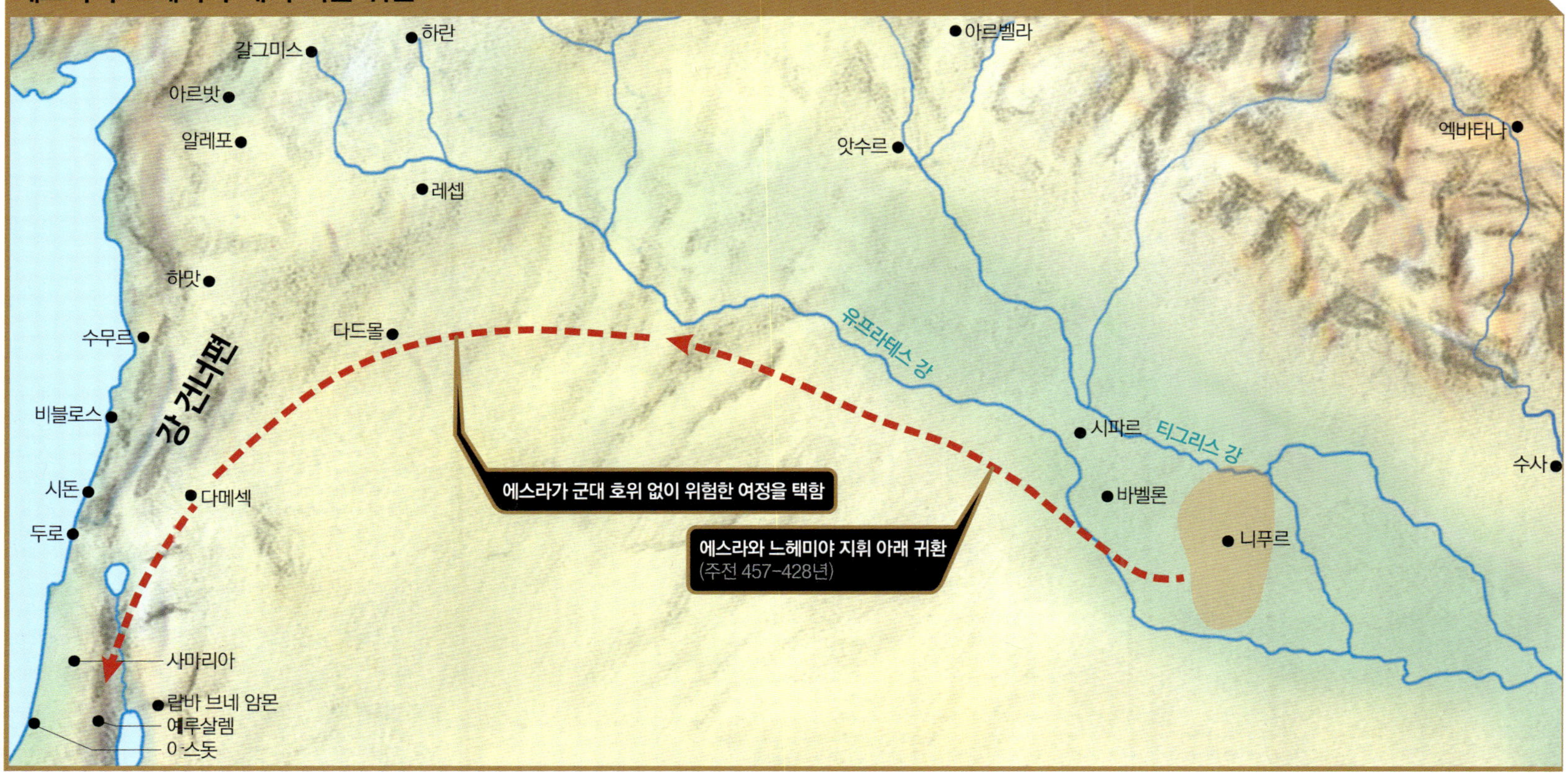

페르시아가 시돈에게 하사한 땅 \ 주전 451년경

메가비주스의 반란 \ 주전 448-447년

에게 적용해야 할 책임도 맡았다(스 7:25). 단지 예후드라 불리는 작은 영토 내에 살고 있는 사람들뿐만 아니라 강 건너편 지방에 있는 전체 유다인 자치 공동체는 이 율법 문서에 복종해야 했다. 이것은 메대와 페르시아의 바뀔 수 없는 법들처럼 토라 '교훈'이 유다 자치 공동체 안에서 똑같은 지위를 갖게 되는 초기 단계였다(에 1:19; 단 6:8[1]을 보라).

마소라 느헤미야서에 묘사되어 있는 토라의 공포(7:73b-8:12)는 에스드라 1서에 나타나며(9:37b-55), 잡혼의 위기를 다루는 에스라 10장과 비슷한 장의 바로 다음에 나온다. 느헤미야라는 이름은 에스드라 1서에는 전혀 나오지 않는다. 마소라 사본의 본문에 묘사된 바와 같이, 율법 낭독은 에스라가 도착한 지 13년이 지난해에 이루어지는데, 이는 전혀 납득할 수 없는 일이다. 불행히도 에스드라 1서의 번역본을 만들 때 사용한 히브리어 원본은 이 단락의 결론 부분을 가지고 있지 않다는 결함이 있었다. 에스드라 1서의 저자는 후대 사람이고 토라의 낭독에 대한 단락을 어디에 삽입해야 할지 정말로 알지 못했음에도 불구하고, 그가 토라의 공적인 낭독에 관한 본문에서 느헤미야를 제외시킨 것은 확실히 옳은 것이었다. 에스라의 토라 공중 낭독은 느헤미야가 예루살렘에 도착하기 몇 년 전에 있었던 일이었다.

아르타크세르크세스는 '강 건너편 모든 창고지기'들에게 에스라가 그의 임무 수행을 완수할 수 있도록 도와주라는 명령을 내렸다(스 7:21-24). 강 건너편 지방에 있는 대부분의 지역과 인종 집단들은 계속해서 페르시아에게 충성을 다하였던 것으로 보이며, 이집트의 명분에 공감하지 않았다.

에스라의 회상록에 언급되어 있는 주요 쟁점은 잡혼이었다. 그러한 결혼이 지방 전체에 상당히 퍼져 있었던 것이 분명하며, 에스라는 토라 집행자의 자격으로 조치를 취했다. 이를 논의하기 위해 아홉 번째 달 20일에 총회가 소집되었고(스 10:9), 이 문제를 해결하도록 위임받은 위원회는 아르타크세르크세스 제8년 1월 1일, 즉 주전 457년 3월 27일에 그 임무를 마무리했다(스 10:17[2]). 이렇게 해서 에스라에게 맡겨진 그 조치들은 단 1년 만에 완수되었다.

메가비주스의 반란 _ 이집트와 구브로가 페르시아의 지배에 굴복한 지 얼마 지나지 않았을 때, 왕의 친척인 메가비주스는 이집트의 정치범들에 대한 페르시아 군주의 가혹한 정책에 분노했던 것으로 전해진다. 이에 관한 전체 이야기는 크테시아스만이 보존하고 있다(《페르시아》 Epit. 68-70). 페르시아 궁전에서 지냈던 이 그리스 의사의 작품은 매우 의심스러운 부분이 있긴 하지만, 현재의 이야기는 전형적인 '멜로드라마' 성격을 띠고 있음에도 불구하고 상당히 납득할 만하다. 더 나아가 이 이야기에

1_"그런즉 왕이여 원하건대 금령을 세우시고 그 조서에 왕의 도장을 찍어 메대와 바사의 고치지 아니하는 규례를 따라 그것을 다시 고치지 못하게 하옵소서 하매"(단 6:8).

2_"첫째 달 초하루에 이르러 이방 여인을 아내로 맞이한 자의 일 조사하기를 마치니라"(스 10:17).

나오는 인물들 중 일부는 쐐기문자 문헌의 기록에 의해 실존 인물로 밝혀졌다.

메가비주스는 강 건너편 지방으로 추측되는 자신의 영토로 돌아가 거기서 페르시아 주권에 대항하는 반란을 선포했다. 이때 그의 아들 조피루스와 아르티피우스는 아버지를 지지했다. 얄궂게도 우시리스라고 하는 사람이 이끄는 이집트 군대가 메가비주스와 싸우도록 파견되었지만 성공하지는 못하였다고 한다. 이때에 아르타크세르크세스의 형제이자 바벨론 사트라프인 메노스타네스가 지휘하는 두 번째 군대가 그에게 맞서기 위해 나왔지만 성과는 더 보잘것없었다. 결국에 메가비주스는 황제와 화해했지만 강 건너편 사트라프로 남아 있지는 못했다. 이와 같은 이야기의 주요 흐름이 사실이라면, 적어도 강 건너편 지역에서 일련의 군사적 조치가 취해졌음이 분명하다. 처음에는 이집트에서 공격을 했고, 그 다음에는 바벨론에서 공격을 했다고 볼 수 있다. 그리스와 페르시아의 기록은 이 사건이 강 건너편 지방 민족들에게 어떤 영향을 미쳤는지에 관하여 아무것도 남기지 않았다. 지방 관리들은 법과 질서를 유지하라는 강한 압력을 받았을 것이 분명하다.

예루살렘과 예후드 _ 이러한 사건들과 에스라 4장 7-23절에 보존되어 있는 서신 사이에는 모종의 연관성이 있음이 틀림없다. 이 단락은 앞서 크세르크세스의 즉위년에 있었던 불만을 언급한 것과 마찬가지로 또 다른 '각주'처럼 에스라서에 삽입되어 있다(스 4:6[3]). 저자가 지적하고 싶었던 점은 다리우스 1세 통치 아래 성전 건축을 방해하는 일들이 장차 강 건너편 지방 당국과 일어날 갈등의 선례가 되었다는 것이다. 각각의 '각주'는 그 당시 왕의 통치 연도를 밝히고 있다. 저자가 연대를 혼동하고 있다고 볼 이유는 전혀 없다. 그는 자신이 하고 있는 일을 정확하게 이해하고 있었다(스 4:7을 보라).

이 관리들 중 누구도 강 건너편 지방의 총독이라는 직함을 갖지 않았다. 이 이야기에서 지방 관리들은 황제에게 충성을 다하였고, 그의 주권에 대항해 반란을 일으키지 않았던 것이 분명하다. 따라서 이 단락은 메가비주스의 반란 직후에 있었던 사건들과 관련된 것으로 보는 것이 더 타당하다. 첫 번째 고발장은 방백 르훔과 서기관 심새가 아르타크세르크세스 왕에게 보냈다(스 4:7-23). 그러나 예루살렘 성벽에 대한 관심은 느헤미야가 도착하기 직전이나 직후에 일어난 사건들을 암시한다. 강 건너편 지방의 관리들은 다음과 같이 고발했다.

> 왕에게 아뢰나이다. 당신에게서 우리에게로 올라온 유다 사람들이 예루살렘에 이르러 이 패역하고 악한 성읍을 건축하는데 이미 그 기초를 수축하고 성곽을 건축하오니(스 4:12).

그들이 예루살렘을 '패역한 성읍 … 왕들을 거역'(스 4:15, 19)하는 곳이라고 묘사한 것은 확실히 메가비주스의 반란을 배경으로 이해해야 한다. "예루살렘을 다스리는 큰 군왕들이 있어서 강 건너편 모든 땅이 그들에게 조공과 관세와 통행세를 다 바쳤"(스 4:20)다고 하는 왕의 답변은 예전에 이집트와 메소포타미아 사이의 갈등 속에서 유다 왕국이 수행하던 역할을 연상시킨다. 주전 701년 산헤립에 대항해서, 그리고 주전 587년 느부갓네살에게 대항해서 유다가 일으킨 전쟁은 이집트가 지원해주겠다는 부추김을 받아 벌어진 일이었다. 그러므로 이집트와 강 건너편 지방까지 반란을 일으킨 지 몇 년이 지나지 않아 유다인들이 자신들의 성채를 요새화하기 시작한 것은 의심을 살 수밖에 없었다.

3_"또 아하수에로가 즉위할 때에 그들이 글을 올려 유다와 예루살렘 주민을 고발하니라"(스 4:6).

4_"또한 유다 땅 총독으로 세움을 받은 때 곧 아닥사스다 왕 제이십년부터 제삼십이년까지 십이 년 동안은 나와 내 형제들이 총독의 녹을 먹지 아니하였느니라"(느 5:14).

느헤미야는 아르타크세르크세스의 제20년 기슬르 월, 즉 주전 446년 11/12월(느 1:1)에 "예루살렘 성은 허물어지고 성문들은 불탔다"(느 1:3)고 하는 새롭고 생생한 보고를 받았다. 그 보고는 예루살렘 요새를 무력화시키려는 강력한 조치들이 취해졌음을 의미한다(스 4:23). 느헤미야가 왕에게 요청하기 전에 니산 월(느 2:1), 즉 티쉬리 연도 방식으로는 여전히 제20년인 주전 445년 4월까지 3개월간을 기다렸다는 것은 무언가 이상하게 보인다. 아마도 아르타크세르크세스는 다른 관저에 머물러 있다가 봄에서야 수사로 왔을 것이다.

주전 444년에 느헤미야는 강 건너편 사트라피에 도착했다. 이때 그는 예후드 지방 총독으로 자신을 임명한 아르타크세르크세스의 신임장을 갖고 있었다. 새로운 직책 덕분에 느헤미야는 이웃 지역 총독들의 반대를 무릅쓰고 예루살렘 성벽을 수리하는 일에 착수할 수 있었다(느 2:10). 느헤미야는 아르타크세르크세스 재위 20년부터 32년까지 12년 동안 유다 영토의 총독(느 5:14[4])으로 일했다(주전 444-432년).

느헤미야와 적대적인 이웃들 사이에 갈등이 있었다(느 2:19; 4:1-8 등)는 사실은 얼결에 예후드와 경계선을 마주하는 지역들에 대한 지리 정보를 제공해주고 있다(느 2:10; 4:7; 6:1을 보라). '호론 사람' 산발랏은 사마리아의 총독이었다. 그의 직위를 계승하였던 산발랏의 후손들에 대해서는 와디 엘 달리에 파피루스에 기록되어 있다.

'종이었던 암몬 사람' 도비야는 주전 739년에 있었던 요담의 공격 이후 요단 동쪽 땅에 기반을 마련한 가문의 후손인 것이 분명하다. 이 도비야는 유다의 영향력 있는 가문의 후손으로 예루살렘과 연결되어 있었다. 그가 다스리던 지역의 수도 두로는 길르앗에서 '도비야 가문의 두로'라고 불렸던 것이 분명하다(《고대사》 12:233). 두로는 오늘날 이라크 엘 에미르이다. 그는 길르앗 지방을 합병시킨 페르시아가 임명한 암몬의 총독으로 보인다. 그의 가문은 헬레니즘 시대까지 '왕조'를 유지했다.

아라비아 사람 게셈은 아라비아 구역의 총독으로 생각된다. 헤로도토스는 그의 제5사트라피(위의 설명 참고) 남부에 이 지역을 포함시켰다. 게셈의 이름은 이집트의 동부 경계선에 위치한 텔 엘 마쉬쿠타에 세워진 신전에 봉헌되었던 은사발에 새겨져 있다. 이를 통해 그가 아라비아 여러 부족들로 이루어진 게달 연맹의 왕이기도 했다는 사실이 알려지게 되었다.

느헤미야의 동료 총독들은 그를 한 회합에 초대했지만(느 6:2을 보라), 느헤미야는 그 초대를 거

▼ 게달 왕 가쉬무(게셈)의 아들 카이누의 아람어 봉헌 비문. 이집트의 텔 엘 마쉬쿠타에서 발견된 은사발에 새겨져 있다.

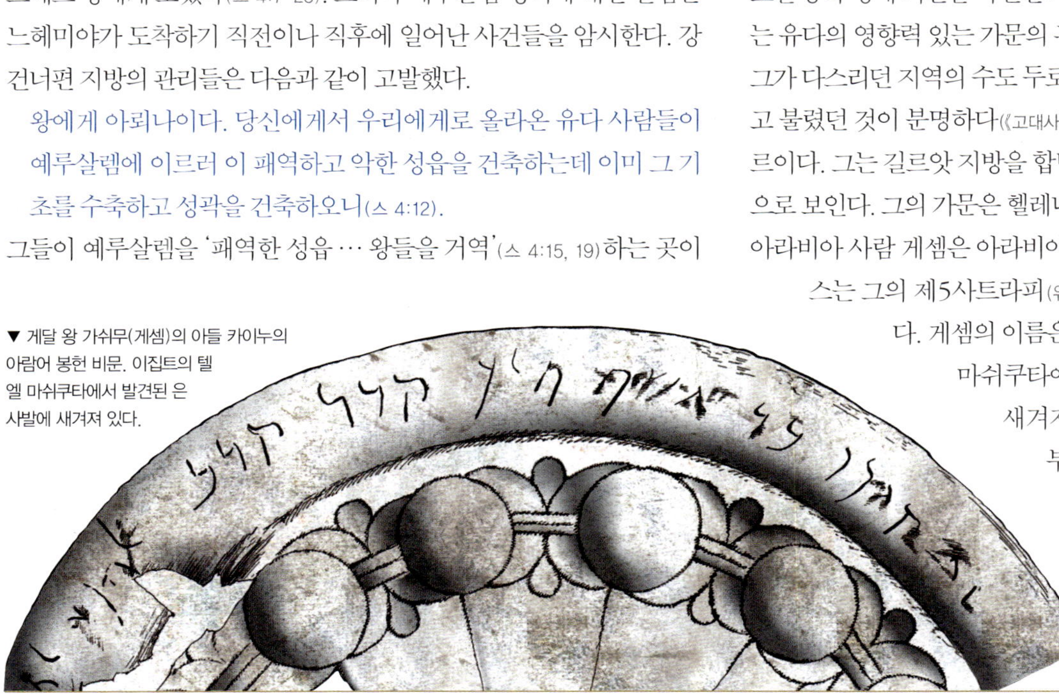

절했다. 샤론 평야의 일부인 욥바의 후배지 전체는 페니키아 사람인 시돈 왕이 지배하고 있었다. 그래서 오노와 인근 성읍들에는 상당한 유다 인구가 있었음에도 불구하고(느 11:33-35) 느헤미야는 자신이 함정에 빠질 수 있다고 의심했고, 그것은 당연한 일이었다. 오노 평야가 페르시아 시대에 예후드 지방의 일부였다고 추정할 이유는 전혀 없다.

벧술의 남쪽 산지는 유다 지방에 포함되어 있지 않았다. 헬라 문헌에서 그곳은 이두매에 속한 것으로 나타난다. 아라비아 사람 게셈이 사마리아, 암몬, 아스돗 총독들과 더불어 유다 일에 간섭하고 있었던 것으로 보아, 아마도 유다와 경계선을 마주한 이두매는 아라비아의 영향권 아래 있었을 것이다.

이렇듯 느헤미야서는 유다의 경계선을 이루는 네 곳의 지방들을 입증해준다. 북쪽에는 사마리아, 동쪽에는 암몬-길르앗, 남쪽에는 아라비아-이두매, 서쪽에는 아스돗이 둘러싸고 있었다. 암몬과 아라비아 지방은 나부 나이드 원정의 결과로 페르시아 제국에 편입되었을 것이다(위의 설명 참고).

느헤미야는 주전 433년 아르타크세르크세스 32년에(느 13:6) 페르시아로 돌아갔다. 그는 특별히 시기를 언급하지는 않았지만 1년 후쯤으로 짐작되는 어느 때에 예후드로 돌아왔다고 한다(느 13:6). 그가 서쪽 지역에 얼마나 오래 머물렀는지는 기술되어 있지 않다.

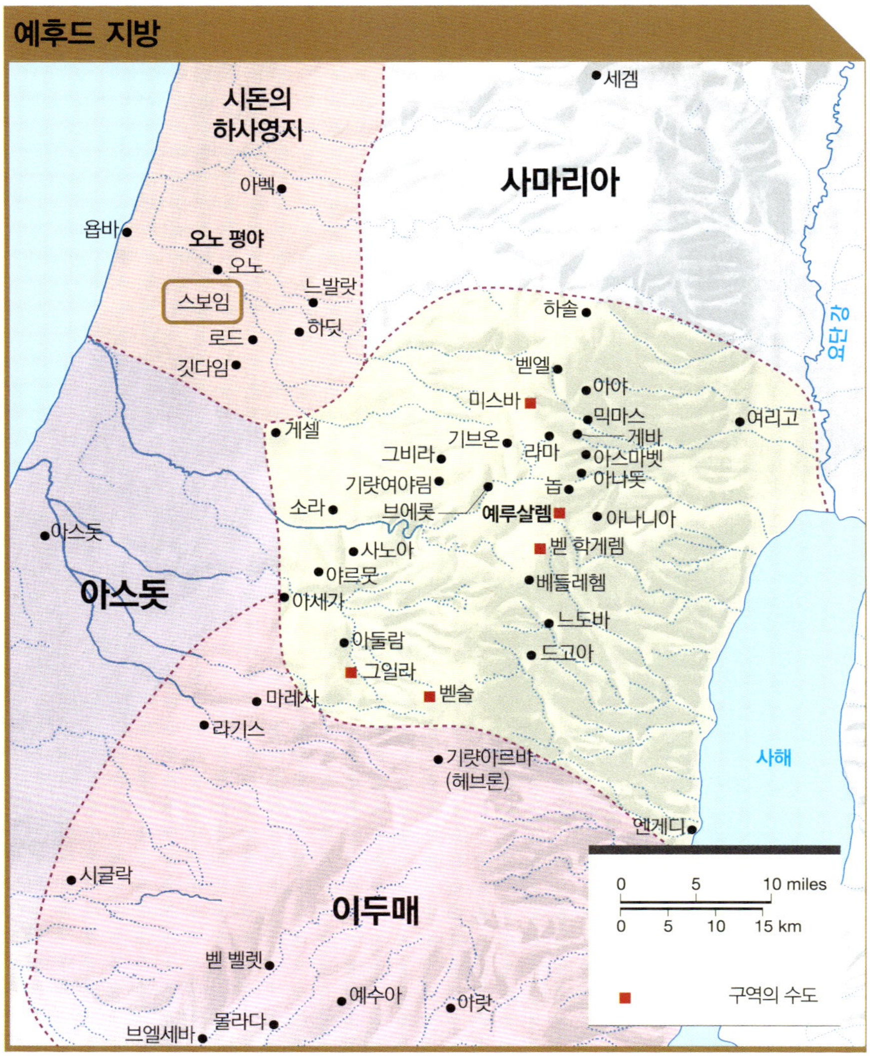

예후드 지방 느헤미야가 총독으로 임명된 유다 구역은 아람어로 '예후드 *Yehud*'라고 불렸다. 공식적인 행정 구역 내지는 지방에 포함된 실제 영토는 포로기 이전 유다 왕국의 영토로부터 상당히 축소되어 있었는데, 예를 들면 유다 산지의 남부가 떨어져나가고 없었다. 예후드의 남쪽 경계는 벧술과 헤브론 사이를 지나갔는데, 이곳은 에돔 족이 지배하는 곳이 되었다. 다른 한편으로 북쪽 경계는 미스바와 벧엘 북쪽으로 포로기 이전과 일치하는 것으로 보인다. 여리고는 그 동쪽 지역에 포함되었다. 서쪽으로 예후드는 최소한 세펠라 일부를 포함해서 멀리 그일라까지였다. 인장이 찍힌 항아리 손잡이들이 발견되었는데, 이것이 라맛 라헬에서 발견된 것과 일치하는 것으로 보아 서쪽 한계선은 해안 평야 내륙까지로 여겨진다.

로드의 세펠라 북부에서 로드, 하딧, 오노가 포로 귀환자들 명단에 나오기는 하지만(스 2:33; 느 7:37), 욥바 후배지인 오노 평야는 최소한 주전 5세기 중반 이후로는 시돈의 지배 아래 있었던 것이 분명하다. 느헤미야가 유다인으로 인정한 백성들은 여러 네게브 정착지들에 흩어져 살고 있었고, 아마도 그들 중 일부는 바벨론에 의해 추방된 적이 없었던 사람들이었다. 그러나 이 네게브 마을들은 유다 지방에 속한 것으로 여겨지지 않았다. 세펠라 남부에 있는 마을들 일부도 마찬가지였다. 게셀에서 발견된 쐐기문자 서판으로 봐서는 주전 7세기에 앗수르에서 이주해온

포로 귀환자들의 정착 성읍

베들레헴 스 2:21; 느 7:26	**라마** 스 2:26; 느 7:30	**다른 엘람** 스 2:31; 느 7:34
느도바 스 2:22; 느 7:26	**게바** 스 2:26; 느 7:30	**하림** 스 2:32; 느 7:35
아나돗 스 2:22; 느 7:26	**믹마스** 스 2:27; 느 7:31	**로드** 스 2:33; 느 7:37
(벧)**아스마웻** 스 2:24; 느 7:28	**벧엘** 스 2:28; 느 7:32	**하딧** 스 2:33; 느 7:37
(기랴다임)**기랏여아림** 스 2:25; 느 7:29	**아이** 스 2:28; 느 7:32	**오노** 스 2:33; 느 7:37
그비라 스 2:25; 느 7:29	**놉**(느보 대신 놉으로 읽어야 함) 스 2:29; 느 7:33	**여리고** 스 2:34; 느 7:36
브에롯 스 2:25; 느 7:29	**막비스** 스 2:30; 느헤미야서에는 없음	**스나아** 스 2:35; 느 7:38

▲ 페르시아 시대 때 유다 인구의 한계선은 일부 변형 서체가 있기는 하지만 '예후드'와 '예루살렘'이라고 새겨진 인장이 찍힌 저장용 항아리 손잡이들이 분포한 것에서 정보를 얻을 수 있다. 이 인장이 발견된 주요 지역은 예루살렘, 라맛 라헬, 베다니, 여리고, 엔게디, 미스바, 아세가, 게셀이다.

▲ 'YHD'(예후드) 지방이라고 새겨진 화폐

사람들이 그곳에 거주하고 있었던 것으로 보인다. 최근에는 하딧에서 더 많은 자료들이 발견되었다. 페르시아 시대에 게셀은 유다에 복귀되었을 것이다. 적어도 많은 포로 귀환자들이 로드의 세펠라 지역, 즉 오노 평야에 정착했다.

'사로잡혀 갔던 자들 중에서 놓임을 받고 … 돌아와 각기 자기들의 성읍에 이른 자들'의 명단(스 2:1-35; 느 7:6-38)을 보면 이 시기 상당수의 유다 정착지들을 알 수 있다. 거기에는 귀환자들의 명단이 보존되어 있으며(스 2:1-64; 느 7:6-38), 많은 가문과 부족 동맹, 그리고 상당한 성읍들도 포함되어 있다(옆 페이지의 〈포로 귀환자들의 정착 성읍〉 도표 참고).

대다수는 예루살렘 북쪽에 있었는데, 그곳은 이전에 베냐민 지파에 속한 지역이었다. 느보가 아닌 놉, 아나돗, 벧 아스마웻, 라마, 게바, 믹마스, 아이로 추정되는 아얏/아야키르벳 하이얀, 벧엘, 네 개의 기브온 성읍인 기브온, 그비라, 기럇여아림, 브에롯. 예루살렘 남쪽으로는 베들레헴과 느도바 두 성읍만 언급되며, 동쪽에는 여리고가 있다. 로드의 세펠라는 로드, 하딧, 오노가 대표하고 있다.

여기에 언급된 정착지들은 예루살렘 성벽 건설에 참여한 사람들의 명부에 나오는 지명들로 더 채워질 수 있다(느 3:1-32). 북쪽에는 미스바, 남쪽에는 벧 학거렘, 벧술, 드고아가 있으며 서쪽에는 사노아와 그일라가 있다. 귀환자들에 대한 기록에는 오직 두 성읍, 여리고와 기브온만이 나타난다. 예루살렘 외에 네 곳의 성읍들, 즉 미스바, 벧 학게렘, 벧술, 그일라는 충분한 작업 인력을 공급한 지역으로 언급되고 있다. 이것은 건축자들의 명단이 행정 중심지를 따라 만들어졌다는 것을 암시하기도 한다. 이 지역들 중 일부는 바벨론의 파괴에서 살아남은 성읍들을 반영하는 것으로 보인다. 그중에서 미스바는 신바벨론의 지방 총독, 예를 들면 그달랴의 본부가 있었던 곳으로 가장 중요하다.

구역	하위구역	
그일라	(1) 사노아	(2) 그일라
벧술	(3) 벧술	(4) 드고아
벧 학게렘	(5) 벧 학게렘	
예루살렘	(6) 예루살렘	(7) 기브온
미스바	(8) 미스바	(9) 여리고

예루살렘 도시의 방어벽을 재건한 사람들의 명단은 특별한 공동체들에 대해 언급하고 있다(느 3:1-32). 명부에 있는 일부 사람들은 '작업단을 주관하는 관리'라는 직함을 가지고 있었다. 이 성읍들은 공식적인 '예후드' 인장 날인이 발견된 지역의 분포와 비교할 수 있다. 이 인장은 항아리 손잡이에 찍혀 있었고 북쪽의 미스바, 동쪽의 여리고, 남쪽의 엔게디, 서쪽의 게셀에서 발견되었다. 작업단의 규모를 중심 단서로 활용하면, 예후드 안에 있는 지방 조직을 나름대로 재구성하는 것이 가능하다.

그러므로 페르시아 시대에 유다 공동체들은 지리적으로는 두 범주로 분류할 수 있다. 하나는 예후드 지방에 있는 공동체이며, 다른 하나는 예후드 밖에 살고 있는 사람들이다(느 4:12[1]). 에스라는 토라를 예후드뿐만 아니라 강 건너편 지방에 있는 모든 유대인들(스 7:25-26)을 위한 구속력 있는 법으로 실시하도록 파견되었다. 예루살렘 지도자들은 성전 건축에 참여할 수 있는 사람들에 대해 엄격했지만(스 4:1-3), 느헤미야는 기럇아르바헤브론, 네게브, 세펠라, 오노 평야에 있는 정착지들을 인정했다(느 11:25-36). 귀환자들의 명단에는(스 2:1-35; 느 7:6-38) 많은 성읍들이 언급되어 있고, 그들 중 일부는 예후드 안에 있었다고 보기 어려운 곳도 있다. 유다 사회는 세 집단으로 구성되어 있었다. 이스라엘, 제사장과 레위인(스 9:1; 대상 9:1-16), 그리고 느디님(스 2:43, 58, 70; 7:7; 8:17, 20[2번]; 느 3:26, 31; 7:46, 60, 73; 10:28, 11:3, 21[2번]; 대상 9:2)이었다.

느헤미야 이후(느 5:14; 주전 445-425년경) 주전 5세기와 4세기 동안에 예후드를 다스린 여러 총독들의 이름이 알려져 있다. 그들 모두가 히브리식 이름을 가진 것은 아니지만, 비록 다윗 가문과의 관련성은 깨어졌다 하더라도 그들이 유대인이 아니라고 의심할 이유는 없다.

엘레판틴 파피루스는 바고히Bagohi라는 이름을 가진 유다인 총독을 언급한다. 그는 그리스 문헌에는 바고아스Bagoas로 나타나는데, 전형적인 페르시아 이름을 가지고 있었기 때문에 흔히 페르시아 사람으로 여겨졌다. 그러나 포로 귀환자들 중에는 비그왜Bigvai라는 가문이 있다(스 2:2; 느 7:7 등). 바고히와 비그왜라는 이름에 동일하게 포함된 이란어 요소인 바가baga는 '신'이라는 뜻이다. 엘레판틴 서신의 바고히가 예브엘레판틴에 있는 유다 수비대의 문제들과 연루되어 있다는 사실은 그가 확실히 유다인이었음을 분명히 밝혀준다.

1_"그 원수들의 근처에 거주하는 유다 사람들도 그 각처에서 와서 열 번이나 우리에게 말하기를 너희가 우리에게로 와야 하리라 하기로"(느 4:12).

벧 학게렘과 동일 지역인 라맛 라헬 ▼

예브 엘레판틴 **에 있는 유다의 군사 식민지**

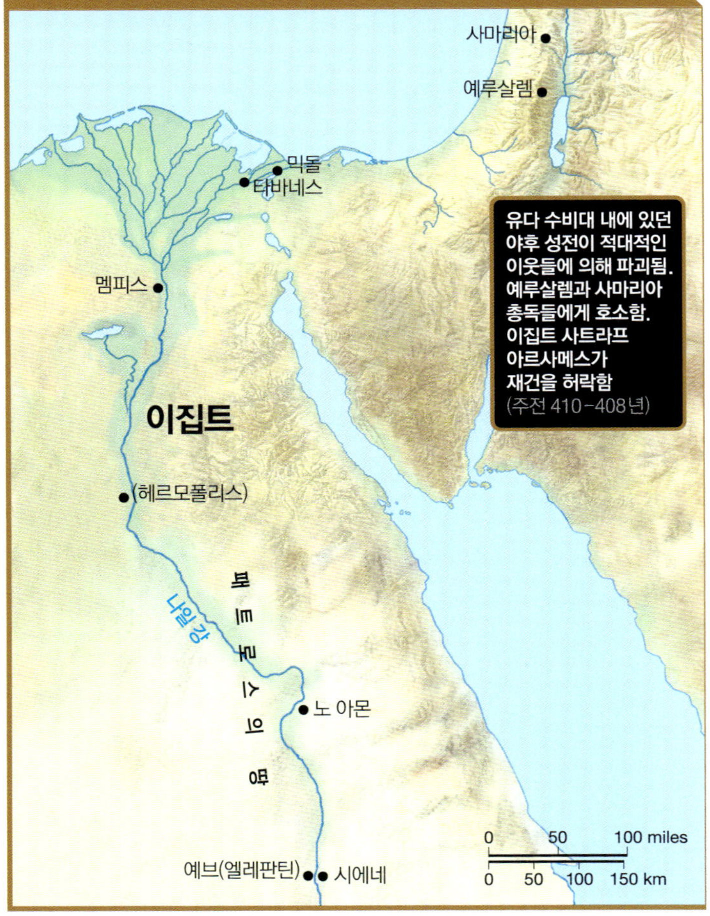

성서의 벧 학게렘과 동일한 지역인 라맛 라헬에서 발견된 인장 날인에는 예호에젤과 아흐자이라는 총독 두 명의 이름이 추가로 언급되어 있다. 그들은 총독이라는 직함을 가지고 나타난다. 예호에젤 인장은 해안 평야의 내륙에 있는 텔 하라심에서도 발견되었는데, 이 지역을 예후드 지방에서 인장이 발견되는 서쪽 경계선으로 그을 수 있다.

또 다른 사람 하나냐는 '요새의 지휘관'(개정역은 '영문의 관원'으로 옮겼다) (느 7:2)으로 불리며 엘레판틴 파피루스에도 나온다. 이 이름을 가진 사람의 인장 날인이 텔 하라심과 바벨론에서도 발견되었다는 사실은 흥미롭다! 이 두 가지 사례들 중 어떤 것도 하나냐를 '총독'이라고 부르지 않았다. 벧술과 텔 젬메텔 감마에서 발견된 동전에는 '유다 총독 예헤즈키아'라는 글씨가 새겨져 있다. 그는 요세푸스가 언급한 헬레니즘 시대 초기의 대제사장 에제키아스임이 분명하다(《아피온 반박문》 1:187-189). 요하난이라는 이름을 가진 또 다른 대제사장은 주전 4세기의 다른 동전들에 이름이 새겨져 있다. 이러한 사실로부터 대제사장은 예후드의 총독으로 직무를 수행할 수 있을 정도까지 정치적인 지위가 높아졌다고 추론할 수 있다.

이것은 페르시아 시대 전체에 걸쳐 유다가 보통은 유다인 총독들이 다스리는 자치 구역으로 남아 있었음을 암시하기도 한다. 초기에 유다 총독은 다윗 가문에서 나왔지만 후대에는 제사장 가문 출신들로 바뀌었다. 후대에 아케메네스는 잠재력 있는 지방 군주들을 사전에 차단하는 정책을 폈다.

다리우스다리오 **2세**(주전 423-405년) 아르타크세르크세스 1세의 죽음으로 권력 이동이 이루어지는 과정에서 다시금 암살과 폭력이 수반되었다. 이 권력 투쟁에서 승자는 히르카니아의 사트라프인 오쿠스였다. 그는 다리우스 2세라는 왕명을 사용하였다. 서쪽에서는 티사페르네스와 파르나바조스라는 두 강력한 사트라프가 우위를 다투었으며, 둘 다 스파르타와 아테네, 다른 각 동맹국들 사이에 벌어진 펠로폰네소스 전쟁에 개입하였다. 페르시아의 정책 목표는 그리스 도시와 소아시아 섬들에 대한 정치적이고 경제적인 지배를 회복하는 것이었다. 서부 아나톨리아 국가들에서 발생한 지역적 반역 행위들은 종종 그들이 주요 목표에 집중할 수 없게 만들었다. 페르시아의 재정은 스파르타 해군을 후원하는 데 막대한 규모로 투자되었다.

엘레판틴예브의 유다 수비대에서 발견된 파피루스는 한 사건에 대해 언급하고 있다(주전 410-408년). 예루살렘의 총독들, 바고히, 사마리아의 총독 산발랏의 아들들이 이집트 총독 아르사메스에게 영향력을 행사해 협력을 이끌어냈다는 것이다. 크눔의 지방 제사장들은 시에네에 있는 페르시아 당국자들에게 뇌물을 주어 예브에 있는 야후의 유다 성전을 파괴하도록 허가를 받았고, 심지어는 성전 파괴를 선동하기도 했다. 그러나 결과적으로 유다인들은 성전 재건의 허락을 받아냈다. 아르사메스는 한동안 자신의 사트라프를 떠나 있었다.

다리우스는 아들 아르타크세르크세스 2세에게 나라를 물려주고 죽었다. 불행히도 다리우스의 왕비가 총애하던 다른 아들이 하나 더 있었다. 키루스라는 이름을 가진 이 왕자는 서쪽 지역의 사트라프로 임명을 받아 그곳의 주요 행정 구역과 지방 국가들에 대하여 광범위한 지배권을 행사했다. 이 상황은 페르시아 역사의 향방을 바꾸어놓을 수도 있는 형제들 사이의 전쟁으로 발전할 것이었다.

아르타크세르크세스 2세(주전 404-359년) 주전 404년은 강 건너편 지방에 대하여 광범위한 영향을 미친 일련의 중대한 사건들이 발생하기 시작한 해이다.

이집트의 28왕조 _ 주전 404년 다리우스 2세가 죽고, 아미르테우스(주전 409-399년)가 이집트에서 일으킨 반란은 성공을 거두었다. 그는 아마도 이전의 반란 도중 습지에서 저항했던 아미르테우스의 후손이었을 것으로 여겨진다. 그의 수도는 사이스였으며, 그는 제28왕조(주전 404-399년)의 유일한 파라오였다. 민용문자 연대기의 일부 진술을 제외하면 그의 통치에 대해 알려진 바는 거의 없다. 그곳에서 그는 신의 법을 어겨 고발된 일로 인해 폐위되고, 그의 아들도 그의 자리를 계승하는 것이 허용되지 않았다. 이집트는 페르시아가 반복적으로 재정복을 시도했음에도 불구하고 다음 60년간 독립을 유지했다. 28왕조에서 31왕조까지 역사는 비판적으로 사용하지 않으면 안 되는 민용문자 연대기에 상당 부분 의존하고 있다.

동생 키루스의 반란 _ 아르타크세르크세스 2세 멤논의 즉위와, 잇달아 벌어진 그의 형제 '동생 키루스' 사이의 갈등은 마침내 반란군이 강 건너 지방을 가로질러 진군하게 만들었을 뿐만 아니라 거대한 페르시아 제국을 기초까지 흔들어 놓았다. 그리하여 결과적으로 잘 훈련된 군대는 쉽게 제국의 심장부로 뚫고 들어갈 수 있다는 사실을 그리스에게 가르쳐주었다(크세노폰 《원정기》).

주전 5세기 말경 시리아, 즉 강 건너편은 아브로코마스라는 사트라프가 다스리고 있었던 것으로 보인다. 크세노폰은 그를 동생 키루스가 승진시켜주었다고 언급하고 있다(크세노폰 《원정기》 1.3.20; 4.3.5, 18; 7.12). 키루스와 그의 거대한 용병 군대가 길리기아에 도착했을 때 그는 아브로코마스를 공격하는 것이 목표인 것처럼 가장했다. 아브로코마스는 시리아 입구 뒤에서 그를 기다렸던 것으로 보인다(크세노폰 《원정기》 1.3.20). 디오도루스는 그를 '시리아의 어떤 사트라프'라고만 불렀다(디오도루스 시쿨루스 14.20.5). 비록 400명의 그리스인이 아브로코마스를 떠나 키루스에게 충성을 다짐하였지만, 아브로코마스는 여전히 강력한 군대를 거느리고 있었다고 알려져 있다(크세노폰 《원정기》 1.4.3, 5). 아브로코마스는 쿠낙사에서 아르타크세르크세스 왕을 지지하는 다른 세 명의 고위 관료들과 동등한 지위를 가진 야전 사령관이었다(크세노폰 《원정기》 1.7.12). 이들 중에서 티사페르네스는 동생 키루스를 싫어했던 소아시아의 유명한 사트라프였으며, 아르바케스는 메대의 사트라프였다. 다른 한 사람은, 다리우스 통치에 대한 쐐기문자 문헌에서 '아카드의 총독' 또는 '바벨론의 총독'으로 나오는 고브리야스구바루였다. 구바루가 마지막으로 언급된 문서는 주전 417년에 속한 것이었다. 동생 키루스의 원정 기간 동안에 추가된 원정기(7.8.25)에는 달리 알려진 바가 없는 바벨론 총독 로파라스가 언급되어 있다.

원정기는 키루스와 그의 군대가 시리아 북부를 가로질러 탑사쿠스딥사에서 유프라테스 강을 건너 행진할 때 키루스가 다음 장소를 폐허로 만들었다고 말한다.

시리아 통치자였던 벨레시스의 궁전(크세노폰 《원정기》 1.4.11).

쐐기문자 기록은 벨루추르슈의 아들 벨슈누의 행적 일부를 재구성하는 데 도움이 된다. 날짜가 적힌 여러 상업 문서에 그가 언급된 상황으로 보건대, 그는 주전 421년부터 414년까지 바벨론/아카드의 사트라프가 아닌 바벨론 도시의 총독이었던 것으로 보인다. 그는 주전 407년부터 401년까지 '강 건너편의 총독'이었다고 기록되어 있다. 이 엄청난 토지와 잘 관리된 정원을 사트라프의 사령부라고 생각할 필요는 없다. 도리어 그것은 사적인 용도로 총독이 관리했던 개인 별장에 더 가깝다. 그 당시 그는 상당히 높은 지위까지 올랐다가 은퇴한 것일 수도 있다. 그의 이름은 주전 400년에 바벨론에서 희생 제사를 드린 명단에 나타난다. 벨슈누는 해임되었지만 불명예스러운 이유가 아니었으며, 그의 자리는 아브로코마스가 대신했다. 이집트의 새로운 공격에 요구되는 군대를 조직하기 위해서 그의 군사적인 능력이 필요했던 것이다.

크세노폰이 '시리아'라고 부르던 땅은 페니키아와 멀리 미리안드로스에 이르는 북부 해안까지를 포함했다. 그곳은 동쪽으로 유프라테스 강까지 확장되었다. 아브로코마스가 길리기아 입구 뒤에서 기다리고 있었다고 해서 그가 다스리는 행정 구역의 경계선이 그곳이라는 의미는 아니다. 크세노폰은 길리기아와 시리아의 경계에 대해 아무런 언급도 하지 않았다. 동쪽에서 키루스와 그의 군대가 탑사쿠스딥사로부터 카부르 강 어귀까지 행군하고 있을 때 아브로코마스는 시리아에 있었다고 한다. 그는 시리아에서 필레까지 아라비아라고 부르는 지역에 있었다.

크세노폰의 원정기

ACHORIS AND EVAGO-RAS

아코리스와 에바고라스

0 20 40 miles
0 30 60 km

이집트의 네프리테스 뒤를 이어 왕위에 오른 아코리스는 구브로의 에바고라스가 주전 391년 페르시아의 속박에서 벗어나자 신속하게 아케메네스에 대항할 준비된 동맹국을 찾았다. 페르시아 군대가 교전하는 동안 에바고라스는 두로를 점령하였고 페니키아와 길리기아의 상당 부분을 차지하였다. 하지만 새롭게 정비된 페르시아 군대에 의해 구브로는 항복할 수밖에 없었다.

아라비아가 시리아에 속하는지, 바벨론에 속하는지는 분명하지 않다. 그는 필레에서 나와 바벨론에 있었다. 권력을 얻기 위한 키루스의 노력이 실패로 끝나자 아브로코마스는 시리아로 돌아갔다.

주전 4세기의 첫 10년 동안에는 스파르타와 페르시아의 여러 사트라프들과 장군들 사이에 전쟁과 음모가 횡행하였다. 사건들의 대부분은 소아시아에서 일어났다. 아르타크세르크세스는 페르시아 금화에 새겨진 궁수들이 군대와 해군보다 더 효과적이라는 사실을 배웠다.

29왕조 _ 네프리테스는 주전 398년 이집트 왕이 되었다. 그의 수도는 멘데스였다. 그의 이름이 새겨진 풍뎅이 부적이 게셀에서 발견된 것만으로는 그가 팔레스타인 남부까지 지배권을 확장했다고 보기에 충분치 않다. 그러나 그것은 레반트에 대한 새로운 관심과 소아시아에서 페르시아가 방심하고 있는 사이에 유리한 입지를 차지하려는 시도가 있을 수 있었음을 보여준다. 네프리테스의 뒤를 이은 사람은 아코리스(주전 393-380년)이다. 그는 구브로의 에바고라스가 주전 391년 페르시아의 속박에서 벗어나자 신속하게 아케메네스에 대항할 준비된 동맹국을 찾았다(디오도루스 시쿨루스 15.2.3). 이리하여 페르시아의 왕이 그리스 도시들에게 굴욕적인 협약 조건을 요구하였을 때(주전 386년) 구브로의 에바고라스는 '안타키다스의 평화조약', 즉 '왕의 평화조약'과 함께 아테네로부터 지지를 잃었다(크세노폰《헬레니카》5.1.31). 그럼에도 불구하고, 임박한 페르시아의 공격에 대항해 이집트 군대를 준비시키는 데 도움이 되도록 그리스의 장군 한 명이 파견되었다(폴리에누스《전술기》3.11.7).

공격과 역습 _ 아브로코마스는 이집트를 재정복하기 위해 손을 잡은 파르나바조스와 티트라우스테스에 합류했다(주전 385-383년경). 페르시아 군대가 교전하는 동안 에바고라스는 두로를 점령하였고 페니키아와 길리기아의 상당부분을 차지하였다(디오도루스 시쿨루스 15.2.4; 이소크라테스《에바고루스》62; 이소크라케스《찬사》161). 이집트와 동맹을 맺은 것에서 더 나아가 에바고라스는 카리아의 통치자 헤카톰누스로부터 충분한 지원을 얻었다. 만일 '바르바론'을 '아라본'으로 바꾸어야 한다는 디오도루스의 주장(디오도루스 시쿨루스 15.2.3)을 받아들인다면, 에바고라스의 군대는 '아라비아 왕'이 파견한 군대를 포함시킨 것이 된다. 강 건너편 지역은 다시 한 번 이집트와 메소포타미아 사이의 투쟁에서 중요한 지정학적인 역할을 떠맡았다. 페르시아 군대는 공급선이 차단되어 심각한 타격을 입고 이집트에서 후퇴할 수밖에 없었다(이소크라테스《찬사》140). 파라오 아코리스는 강 건너편 지역에 몇 개의 기념물을 남겼다. 시돈 북쪽에 있는 에쉬무나조르 신전 비문과 악고에서 발견된 시에네 산産 광택 나는 회색 화강암으로 제작된 제단 받침대가 그것이다.

새롭게 정비된 페르시아 군대는 구브로를 공격해 마침내 에바고라스를 항복시켰다(주전 381-379년). 페르시아의 협약 조건은 일찍이 그가 요구했던 것보다는 훨씬 가벼운 것이었다(디오도루스 시쿨루스 15.8-9). 주전 380년 넥타네보스는 이집트에서 30왕조의 창건자가 되었다.

길리기아의 사트라프 파르나바조스는 일찍이 주전 379년 이집트를 새롭게 공격하기 위해 군대를 소집하기 시작했다. 그러나 주전 373년에 이르러서야 그는 자신의 군대를 악고에 결집시킬 수 있었다(디오도루스 시쿨루스 15.41.3; 폴리에누스《전술기》3.9.56; 이사이우스《니코스트라투스》7). 파르나바조스는 대규모 해군, 배 300척, 대규모의 육군, 1만 2천 명의 그리스 용병과 많은 동양인들로 구성된 군대를 소집하였음에도 불구하고 나일 강의 멘데스 어귀 근처에 교두보를 확보하는 것 이상의 성과를 거두지는 못했다. 그는 펠루시움을 거쳐 이집트로 들어가지 못했으며, 강력한 이집트의 반격에 후퇴하지 않을 수 없었다.

페니키아는 해군 병력을 지원함으로써 이 침략 전쟁에 개입했음에도 불구하고 그들은 페르시아에 크게 호의적이지는 않았다. 수년 내로, '사트라프들의 반란'이 일어나는 동안, 페니키아는 이집트와 동맹을 맺고 페르시아에 대항했다. 주전 368년부터 360년까지 사트라프들의 반란으로 페르시아 제국은 거의 파괴되다시피 하였다. 시리아, 즉 강 건너편 지방이 어느 정도까지 이 싸움에 능동적으로 참여했는지 알 수는 없다. 반란을 일으킨 사트라프 대부분이 소아시아 구역을 다스렸지만, 시리아와 페니키아 역시 그들과 행보를 같이했다(디오도루스 시쿨루스 15.90.3).

30왕조 _ 29왕조는 통치 가문끼리 상당한 내부 알력이 있었다. 이로 인해 29왕조는 세벤니투스에 근거지를 둔 새로운 통치 가문에 의해 대체되기에 이르렀다. 주전 362년 이집트의 왕이 된 타코스테오스는 그리스 용병 1만 명이 포함된 대군을 동원했다(디오도루스 시쿨루스 15.90.2; 15.92.3). 그의 지상군은 스파르타 장군 아게실라오스가, 해군은 아테네 제독 카브리아스가 각각 지휘했다. 타코스는 반역한 사트라프들과 협력해 강 건너편 지방을 침공했고, 팔레스타인과 페니키아의 주요 항구도시들을 장악했다. 그는 시리아에 있는 다른 사트라프 아로안다스에 합류한 것으로 추정되며, 전위 부대와 함께 유프라테스 강을 건너던 다타메스를 지원하기 위해 동쪽으로 행군하였다.

아르타크세르크세스의 작은 아들 오쿠스는 이집트의 공격에 직면하여 페르시아에 대한 지배권을 유지하기 위해 안간힘을 쓰고 있었다. 그러나 그리스 용병들은 계속해서 오쿠스에 대항해 기반을 넓혀가고 있었다. 그런데 타코스의 조카 넥타네보스가 삼촌에게 맞서 반란을 일으켰으며, 이로 인해 타코스는 시돈에 있는 오쿠스에게 굴복하지 않을 수 없었다. 결국 이집트의 불안정한 상황으로 넥타네보스는 페니키아에서 철수하게 되었다(디오도루스 시쿨루스 15.92). 페르시아 당국은 반역한 사트라프들이 차례로 변절하거나 점령되면

▲ 악고에서 발견된 29왕조(주전 393-380년) 파라오 아코리스의 이름이 새겨진 석비 조각

▼ 지중해 북동쪽에 있는 섬 구브로의 중심지 바보

파랄오 타코스의 침입 \ 주전 301년

서 서부 지역에서의 영향력을 점차 회복할 수 있었다.

아르타크세르크세스 3세(주전 358-338년) **와 아르세스**(주전 338-336년) 첫 번째로 태어난 왕자가 아니었던 오쿠스는 자신의 모든 경쟁자들을 제거하는 데 성공했다. 그의 형은 아르타크세르크세스 2세에 대항해 음모를 꾸몄다는 죄목으로 처형되었다. 주전 358년 오쿠스는 아버지의 뒤를 이어 아르타크세르크세스 3세로 즉위하였다. 다음 몇 년 동안 그는 제국 전체에서, 특별히 소아시아에서 일어난 여러 소요를 진압하는 데 힘을 기울였다. 주전 351년까지 그는 페니키아를 포함한 서쪽 지방들에 대한 지배권을 확보했으며, 새롭게 이집트를 침공하는 일에 착수할 수 있었다.

그 당시 시리아의 사트라프는 또 다른 벨레시스벨슈누였다. 그는 주전 5세기 말 그 지방을 다스리던 사람의 손자였을 가능성이 있다(디오도루스 시쿨루스 16.42.1). 강 건너편 지방은 북쪽에 길리기아까지 이르렀으며, 페니키아와 멀리 유프라테스까지 시리아 북부를 포함했다. 사트라프 체제는 지리적인 범위에 있어서 아무 변화도 없었던 것이 분명하다.

아르타크세르크세스 3세는 이집트에서 선임자들이 누렸던 것과 같은 행운이 따르지 않았다. 그 역시 1년 동안 힘겨운 전쟁을 치른 후 거기서 퇴각할 수밖에 없었다(디오도루스 시쿨루스 16.40.3, 44.1, 48.1). 이 실패(주전 약 351-350년)는 시돈 왕의 이름을 따른 소위 텐네스 반란이라는 페니키아 도시들의 광범위한 반란을 촉발시켰다. 페니키아 대표들은 트리폴리에 모여 페르시아의 속박에서 벗어날 것을 투표로 결정했다. 시돈은 거대한 경제력을 발판으로 대규모 전투 함대와 강력한 용병 군대를 재정적으로 지원했다. 아홉 명의 구브로 왕들이 페니키아를 따랐고 길리기아의 일부가 반란에 참여했다(디오도루스 시쿨루스 16.41). 강 건너편 지방의 사트라프인 벨레시스는 반란을 진압할 책임을 지고 있었다. 그가 길리기아의 사트라프 마자이오스와 손을 잡고 벌인 페니키아 공격은 성공을 거두지 못했다(디오도루스 시쿨루스 16.42.1). 이 시도의 정확한 날짜는 알 수 없다.

아르타크세르크세스는 자신의 두 사트라프들이 아무런 성과를 내지 못하자, 친히 그 일에 개입하기로 결심하였다. 주전 345년 초 그는 바벨론에서 큰 군대를 모아 시돈과 싸우기 위해 행군했다. 그곳 백성들은 장기적인 포위 공격에 대비했지만, 자신들의 왕 텐네스의 배신에 의해 페르시아에 넘겨졌다(디오도루스 시쿨루스 16.43). 그들은 점령을 피하기 위해 배와 집에 불을 질렀다. 아르타크세르크세스는 투기자들에게 폐허의 땅을 팔아넘겼고, 그들은 상당한 값을 지불하고 용해된 금과 은을 찾을 권리를 얻었다(디오도루스 시쿨루스 16.43-45). 텐네스 반란의 결과로 레반트 남부 내륙에 있는 페르시아 시대 유적지가 얼마나 파괴되었는지를 파악하는 것은 매우 어려운 문제이다. 주전 4세기에 발생한 여러 번의 침략과 반란에 기초하여 매우 다양한 가능성들이 존재한다.

벨레시스는 이후 역사의 무대에서 사라져 그에게 무슨 일이 일어났는지는 알 수 없다. 길리기아에서 여전히 사트라프직을 유지하고 있었던 마자이오스는 강 건너편 지방까지 맡게 되었다. 마자이오스의 유명한 동전들 가운데 많은 것들이 페니키아, 특히 시돈 양식으로 만들어졌으며, 16부터 21까지 숫자가 매겨진 것들은 아르타크세르크세스 3세의 통치 마지막 6년 동안(주전 345-339년)에 제작된 것이다. 마자이오스의 다른 동전들은 그가 길리기아와 시리아를 다스리고 있었음을 확증해준다. 동전들에는 '강 건너편과 길리기아를 다스리는 마즈다이'라고 새겨져 있다.

아르타크세르크세스 3세는 마침내 주전 343년 이집트를 정복해 구브로 왕들조차 뒤로 물러난 서부 지역에서 자신의 입지를 확고히 했다(디오도루스 시쿨루스 16.46-51). 이집트에 대한 징벌은 심각한 것이어서 신전들과 다른 종교 시설들까지 광범위한 파괴를 포함하고 있었던 것으로 보인다. 그러나 아르타크세르크세스 자신은 주전 338년 암살당하고 말았으며, 아르세스가 그의 뒤를 이어 왕위에 올랐다. 이 사건은 위대한 페

바벨론과 강 건너편 총독들	
구바루/고브리야스	주전 535–525년
우쉬탄누/히스타네스	주전 521–516년
파가칸나의 아들 훗타	주전 486년

강 건너편 총독들	
닷드내/탓텐누	주전 518–502년경
메가비주스	주전 456–445년경
벨슈누/벨레시스 1세	주전 407–401년
아브로코마스	주전 369–345년경
벨슈누/벨레시스 2세	주전 369–345년경
마자이오스	주전 343–332년

르시아의 부활에 대한 모든 희망을 끝장내는 결과를 가져왔다. 이집트는 그 상황을 이용해 반란을 일으켰다(주전 337년경). 이 중간 시기는 일부 비문에서 입증된 통치자 카바바쉬라는 사람의 짧은 통치 기간과 일치한다. 특별히 아피스 석관 하나에는 그의 재위 2년이라는 언급이 있다.

다리우스 3세(주전 336–330년) 주전 336년 아르세스가 살해되자 다리우스 3세가 즉위했다. 다리우스 3세는 오쿠스의 서거 이래 계속되던 손실을 벌충하기 위해 정력적으로 움직였으며, 주전 334년경에는 이집트에 대한 지배권을 회복하기까지 했다.

마자이오스는 이 마지막 시기 내내 강 건너편의 사트라프로서 지위를 유지했던 것처럼 보인다. 그는 1번부터 4번까지 번호가 붙은 시돈의 동전 모음을 가지고 있다. 이 동전들은 아르세스의 통치 3년간인 주전 338–336년 사이와 다리우스 3세의 첫 통치 4년간인 주전 336–333년 사이에 속한 것이라고 추정된다. 그러나 다른 사람들은 그가 여전히 길리기아의 통치권을 쥐고 있었는지에 의문을 제기한다.

일부 자료는(쿠르티우스 루푸스 3.4.3; 아리안《원정기》2.4.5) 주전 333년에 다소에서 페르시아 군대를 이끈 것이 분명한 아르사메스라는 사람을 언급한다. 아리아누스에 따르면 주전 334년 그라니쿠스(1.12.8)와 333년 이수스(11.11.8)에서 활동한 페르시아 지휘관들 가운데 기병대 지휘관이었던 아르사메스가 포함되었다. 그는 이수스 전투에서 전사했다. 이 사람은 다소에서 책임을 맡고 있었던 아르사메스와 동일 인물일 것이다. 디오도루스(17.19.4)는 그라니코스 전투에 있었던 아르사메네스라는 사트라프를 언급한다. 그는 자신의 기병대를 거느리고 있었다. 이것이 실제로 아르사메스라는 이름의 다른 발음에 해당되는 것이라면, 이것은 두 가지로 설명할 수 있다. 여기서 사트라프라는 말은 그 지방 전체의 통치자보다는 비중이 작은 직위를 가리키거나, 아니면 이 본문에서 그 다음에 나오는 관리인 아르시테스라는 이름과 아르사메네스라는 이름이 바뀌었을 가능성이 있다. 마자이오스는 여전히 길리기아와 시리아 양쪽의 총독이었지만 아르사메스는 북쪽 지방을 책임지고 있었을 수도 있다. 마자이오스는 마케도니아가 길리기아, 페니키아 또는 시리아 나머지를 정복하는 이야기 어디에서도 나오지 않는다. 그럼에도 불구하고 그는 주전 331년에 있었던 가우가멜라 전투에서 야전 사령관이었다. 페르시아의 패배 이후 마자이오스는 휘하의 남은 군대와 함께 바벨론으로 철수했고, 결국은 주전 330년 알렉산드로스에게 그 도시를 넘겨주고 말

텐네스의 반란

았다. 그는 그 대가로 바벨론 총독직을 받아 주전 328년 죽을 때까지 그곳을 다스렸다.

그 사이에 알렉산드로스는 이수스에서 남쪽으로 행군해 페니키아 도시들인 아르왓아라도스, 비블로스, 시돈의 항복을 받아냈다. 이 지방은 셀레우코스 왕조와 프톨레마이오스 왕조로 분할될 때까지 그 정체성을 유지했던 것이 분명하다. 그 이후로, 대륙의 가교로서의 역할을 감당했던 레반트 지역의 역사는 헬라 왕국들의 분쟁들 가운데서, 그리고 후대의 로마 제국 시대에도 여전히 계속되었다.

12
|CHAPTER|

ALEXANDER AND THE EARLY HELLENISTIC PERIOD

알렉산드로스와 초기 헬레니즘 시대

그리스 문화의 열렬한 옹호자였던 알렉산드로스 대왕의 주목할 만한 원정으로 동서에 걸친 거대한 제국의 탄생과 함께 헬레니즘 문화도 꽃피게 되었다. 하지만 그의 급작스러운 죽음으로 권력분배가 불가피할 수밖에 없었으며, 왕국을 나누어가졌던 알렉산드로스 대왕의 '후계자들' 곧 '디아도키'의 시대가 시작되었다. 후계자들 간의 갈등과 전쟁은 마침내 프톨레마이오스 왕국과 셀레우코스 왕국으로 양분되었고, 팔레스타인은 이들의 각축장이 되었다. 급변하는 국제정세와 헬레니즘의 영향은 유대 백성들에게 또 다른 긴장과 갈등을 낳았다.

ALEXANDER THE GREAT (LEFT) AND DARIUS
이수스 전투에서 알렉산드로스 대왕(왼쪽)과 다리우스 왕. 폼페이에서 발견된 주전 2-1세기경 모자이크

◀ 알렉산드로스 대왕의 흉상

페르시아가 고대 근동과 특별히 레반트 지역을 다스리던 시대는 마케도니아 왕 필리포스 2세의 아들 알렉산드로스[1]의 주목할 만한 원정과 더불어 갑작스럽게 막을 내렸다. 아나톨리아, 레반트, 이집트, 메소포타미아, 그리고 인도 접경에 이르기까지 페르시아 땅을 정복함으로써 알렉산드로스는 대왕이라는 호칭을 얻게 되었다. 주전 334년에 알렉산드로스는 "페르시아를 공격하여 그리스의 원수를 갚겠다"는 아버지의 맹세를 성취하고자, 3만 5천 명의 군대와 함께 아시아로 진격함으로써 페르시아에 도전했다. 그는 헬레스폰트 해협을 통해 유럽을 지나 아시아에 이르렀다.

[알렉산드로스는] 몸소 60척의 함선을 이끌고 트로아드로 항해했다. 트로아드에 당도해서 그는 배에서 창을 던져 땅에 꽂았다. 그리고 마케도니아 사람들 중 처음으로 그 해변에 뛰어내렸다. 이는 창던지기 시합에서 우승한 자로서 그가 신들로부터 아시아를 하사받았음을 뜻하는 것이었다(디오도루스 시쿨루스, 17.17.1).

페르시아 군대는 마케도니아군을 향해 진군하여 아나톨리아 서부에 있는 그라니쿠스 강에 진을 쳤다. 그 강은 페르시아의 일차 방어선이었다. 알렉산드로스는 재빨리 페르시아 군과 맞서기 위해 나갔는데, 강을 사이에 두고 적군과 대치하는 지점에서 멈췄다. 페르시아 군대는 유리한 자리를 차지하고서는 마케도니아 병사들이 강을 건널 때 그들을 공격하기 위해 기다렸다. 그러나 알렉산드로스는 새벽에 기습적으로 강을 건너 페르시아 군대를 놀라게 하고, 적군과 싸우기 위해 산지로 밀고 올라갔다(플루타르코스 《알렉산드로스》 16.3-4). 격렬한 싸움이 벌어졌지만, 결국 마케도니아가 승리했다.

페르시아 군대를 격파한 알렉산드로스는 남쪽으로 행진해서 당시 페르시아 수중에 있던 리디아의 수도 사르디스를 점령했다(디오도루스 시쿨루스, 17.21.7; 아리안 《원정기》 1.17.3-8; 플루타르코스 《알렉산드로스》 17.1). 그는 도망치는 페르시아 장군 멤논을 에게 해의 밀레도까지 추격하고, 포위 공격을 한 지 얼마 되지 않아 밀레도를 함락시켰다. 밀레도를 잃은 페르시아는 아나톨리아 남서부에 있는 카리아의 가장 중요한 도시, 할리카르낫수스에 군대를 집결시켰다. 마케도니아의 공격으로 요새는 무너졌고, 알렉산드로스는 지중해 남부의 해안을 따라 리키아의 해안 도시들(텔메수스, 산투스, 파타라, 파셀리스)과 밤빌리아의 도시들(시데, 아스펜두스, 버가)을 차지했다.

알렉산드로스는 내륙으로 방향을 돌려 사갈라수스에서 비시디아를 정복하고 브루기아 도시들을 점령했다. 그는 브루기아에서 고르디온의 고대 수도를 방문했다. 고대 신탁은 고르디온에 있는 풀리지 않는 매듭을 푸는 자가 세계의 통치자가 될 것이라고 예언한 바 있었다. 전설에 따르면 알렉산드로스는 칼을 뽑아 그 매듭을 잘라버렸다고 한다(플루타르코스 《알렉산드로스》18.1; 아리안 《정복기》 2.3). 고르디온에서 알렉산드로스는 사르디스에서 온 파르메니온 지휘관과 합류했다. 그리고 그 군대는 갑바도기아를 통과해 타우루스 산맥에 있는 길리기아 통로를 지나 남쪽으로 행군했다. 그들은 길리기아 평야로 내려가 길리기아의 수도 다소를 점령했다.

마케도니아 군대는 길리기아 지역에서 보복적인 약탈을 자행하고 나서 아마누스 산맥에 있는 시리아로 가는 관문을 통과해 동쪽으로 이동했다. 알렉산드로스는 다리우스가 그의 뒤쪽에 있는 이수스에 도착했다는 소식을 들었다(디오도루스 시쿨루스, 17.33.1-4). 그래서 알렉산드로스는 페르시아 왕과 교전하기 위해 돌아섰다. 주전 333년 알렉산드로스와 그의 군대는 이수스[2]평지에서 대담한 기병대 공격으로 페르시아의 상당한 수적 우세를 극복하고 그들을 패배시켰다. 다리우스는 아내와 가족까지 버린 채 도망쳤다(쿠르티우스, 3.11.21-23; 아리안 《원정기》 2.11.9-10; 디오도루스 시쿨루스, 17.33.5-35.4).

승리를 거둔 알렉산드로스는 파르메니온 지휘관을 다리우스의 보물이 옮겨가 있던 다메섹으로 보냈다(쿠르티우스, 3.13이하; 아리안 《원정기》 2.11.10; 플루타르코스 《알렉산드로스》 24). 알렉산드로스는 페르시아의 군자금을 약탈하여 자신의 군대를 보강한 후에(그랍베 1992:1:206) 남쪽으로 방향을 돌려 지중해 연안에 있는 페니키아 도시들을 정복하기 위해 레반트 지역을 통과했다. 알렉산드로스의 군사 전략은 분명했다. 계속해서 동쪽으로 다리우스를 추격하기 전에 알렉산드로스는 서쪽 해안을 따라 후방 지역을 안전하게 해둘 필요가 있었다. 그는 우선 구브로 키프로스를 복속시키고, 별다른 저항이 없었던 페니키아의 해안 도시들, 곧 아라두스, 비블로스, 시돈을 점령했다. 그러나 섬으로 된 도시 두로는 항복하기를 거부했다. 수세기 전에 두로는 비슷한 방식으로 바벨론 느부갓네살의 13년간 이어진 포위 공격을 막아낸 적이 있었다(《아피온 반박문》 1:156).

두로는 다리우스와 동맹을 맺고 그리스 군과의 전투를 위해 해군 주력 부대를 페르시아에 지원하였다. 두로는 고립된 위치에 있어 상대적으로 안전했고, 카르타고에 있는 식민지에서 원조를 받을 수 있으리라는 희망을 가지고 있었다. 그래서 알렉산드로스가 도시로 들어와 두로의 신전에서 마케도니아 신화상 조상인 헤라클레스 멜카르트에게 희생 제사를 드리겠다는 것을 허락하지 않았다(디오도루스 시쿨루스, 17.40.2). 받은 수모에 크게 분노한 알렉산드로스는 두로를 7개월 동안 포위하고 공격했다(쿠르티우스, 4.2.1-4.18; 유스티누스 《개요》 11.10.10-14; 플루타르코스 《알렉산드로스》 24.2-25.2; 아리안 《원정기》 2.16-24). 알렉산드로스의 군대는 본토에서 섬을 연결하는 방파제를 쌓아 주전 332년 7월에 두로를 정복하는 데 성공했다(디오도루스 시쿨루스, 17.46.5).

두로를 함락한 이후에 알렉산드로스는 주요 목표인 이집트를 향해 계속해서 남쪽으로 전진했다. 그는 진군 도중 페르시아의 행정 도시인 악고나 페니키아의 다른 도시들을 지나면서 아무런 저항을 받지 않았다. 팔레스타인의 해안 도시들 중 알렉산드로스에게 도전했던 곳은 독립 도시인 가사뿐이었다고 한다. 하지만 그것도 일시적인 저항이었을 뿐 가사는 포위 공격 두 달 만에 정복되었다(디오도루스 시쿨루스, 17.48.7; 아리안 《원정기》 11.25.4-27.7; 쿠르티우스, 4.6.7-20; 《고대사》 11:325; 플루타르코스 《알렉산드로스》 25.3).

알렉산드로스는 계속 이집트로 전진했고, 마찬가지로 거기서도 아무런 저항을 만나지 않았다. 디오도루스에 따르면

1_알렉산드로스 대왕(주전 356-323)
마케도니아의 필리포스 2세와 올림피아스의 아들로 태어났다. 아버지가 죽자 약관 20세의 나이에 왕위에 올라 바벨론에서 32세의 나이로 죽을 때까지 단 12년 만에 페르시아, 시리아, 레반트, 이집트, 인도 접경까지를 일통했으며, 그리스 문화와 오리엔트 문화를 융합시킨 헬레니즘 문화를 탄생시켰다.

2_이수스 전투
알렉산드로스가 치른 가장 중요한 전투 중 하나. 마케도니아 군대는 수적으로 2:1이라는 열세에도 불구하고 산맥과 바다 사이의 좁은 지형적 위치를 이용하여 결정적인 승리를 얻었다.

두로 정복을 위한 알렉산드로스의 원정 \ 주전 332년 7월

이집트는 페르시아 치하에서 페르시아 사람들의 불경건한 행위와 가혹한 통치로 고통을 받았다고 한다. 그래서 그들은 알렉산드로스를 환영했고, 이집트는 한 번의 싸움도 없이 마케도니아의 수중에 떨어졌다(디오도루스 시쿨루스, 17.49.2; 쿠르티우스, 4.7.1; 아리안《원정기》3.1.2). 알렉산드로스는 아몬 신전을 방문한 후에(디오도루스 시쿨루스, 17.51.1-4; 쿠르티우스, 4.7.25; 유스티누스《개요》11.11.2-12; 플루타르코스《알렉산드로스》27.3-6) 이집트로 진군할 때 이용했던 동일한 해안 길을 따라 되돌아왔다.

알렉산드로스의 정복에 따라 다니는 여러 이야기들에도 불구하고, 그 마케도니아인은 유다 후배지에 별 관심이 없었던 것으로 보인다. 그의 관심은 동쪽에 있었다. 그곳에서 알렉산드로스는 다리우스와 페르시아의 근동 지역 지배를 종식시키려고 했다. 그가 페니키아를 통과해 이집트로 가는 행군 도중에 유일하게 멈췄을 때는 두로와 가사의 포위 공격 때였다. 그리스 역사가 아리안도 알렉산드로스는 안티 레바논에서 그의 군대를 공격한 아라비아 사람들을 상대하느라 두로 포위를 일시 중단했다고 보고한다(아리안《원정기》2.25.4; 쿠르티우스, 4.2.24; 플루타르코스《알렉산드로스》24.6).

알렉산드로스는 그의 진군에 저항하는 사람들에게 두로를 본보기로 삼고자 했다. 그 마케도니아 정복자는 생존자들 중 3만 명을 노예 시장에 보내버렸고, 두로 남자들 2천 명을 십자가에 못 박아 처형했다. 알렉산드로스 군대의 압도적인 무력과 광포한 만행은 지방 통치자들에게 저항이 무익하다는 인식을 분명히 해주었다. 아리안이 두로의 멸망과 함께 "팔레스타인이라고 알려진 시리아의 나머지 지역들이 이미 그에게 넘어간 것이었다"라고 기록한 것은 그리 놀라운 일이 아니다(아리안《원정기》2.25.4). 알렉산드로스는 사트라프들이 그들의 새로운 군주에게 충성을 다할 것을 기대했다. 사마리아 사람 산발랏이 알렉산드로스에게 충성을 맹세하고 두로 포위 때 물자를 후원하기로 약속하였다고 요세푸스가 기록한 것도 바로 이러한 배경에서였다(《고대사》11:321-324).

우리는 또한 알렉산드로스와 예루살렘의 지도자들 사이에 만남이 있었다는 전설을 알고 있다. 그러한 접촉이 있었다는 상상을 전혀 할 수 없는 것은 아니지만, 그 모든 이야기를 이해하는 데 아무런 어려움이 없는

▲ 오늘날 그리심 산 정상

것은 아니다. 정말 어려운 일은 알렉산드로스 이야기 안에 역사적인 핵심이 있는지를 확인하는 일이다. 알렉산드로스가 예루살렘을 방문했다는 요세푸스의 전설은 이와 유사한 그리스 이야기의 유대판일 가능성이 높다. 그 이야기는 요세푸스에게서만 나오는 것이 아니라(《고대사》 11:317-345) 칼리스테네스 위서에 있는 헬라어판 알렉산드로스 이야기 개정판에도 나온다(ii.24). 알렉산드로스에 대한 이러한 전설들은 알렉산드리아의 유대인들이 헬라 도시에 사는 유대인의 시민적 지위를 고양시키고 싶어서 고안해낸 것일 수도 있다. 알렉산드로스와 관련된 다른 전설들은 랍비 문헌(바벨론 탈무드 《타미드》 31b-32b; 《창세기 랍바》 61:7)에도 나타난다. 여기에는 알렉산드로스가 예루살렘으로 여행했다는 요세푸스의 이야기와 평행을 이루는 이야기들도 있다.

> 그달 키슬레브 월 21일은 애곡이 금지된 그리심 산의 날이다. 이날에 사마리아 사람들은 마케돈의 알렉산드로스에게 신전을 달라고 간청하며 그에게 "우리에게 모리아 산 땅의 5쿠르즈를 파십시오"라고 말했다. 그는 그들에게 그것을 주었다. 그들이 왔을 때, 예루살렘 주민들이 나와 장대로 그들을 쫓아내버리고 의인 시몬에게 말했다. 그는 제사장 옷을 입었고, 그와 함께 있던 예루살렘의 지도자들과 1천 명의 의회원들은 흰 옷을 입었으며, 신임 제사장들은 신성한 그릇들을 부딪쳐 소리를 내었다. 그들이 산으로 가고 있을 때 [마케도니아 사람들이] 횃불을 보았다. 왕이 말했다. "저것이 무엇이냐?" 정보 제공자들이 그에게 "저들은 당신께 대항해 반란을 일으킨 유대인들입니다"라고 알려주었다. 그들이 안티파트리스에 왔을 때 태양이 비추었다. 그들이 첫 번째 망대로 왔다. 그들이 "당신들은 누구시오?"라고 물었다. 그들은 "우리는 예루살렘 사람들이며 왕을 환영하기 위해 왔습니다"라고 대답했다. 마케도니아의 알렉산드로스가 의인 시몬을 보고는 마차에서 내려와 그 앞에 무릎을 꿇었다. 그들이 그에게 "당신은 이 사람을 아십니까? 그는 그저 평범한 인간일 뿐입니다"라고 말했다. 그는 "내가 정복 전쟁을 벌일 때 이 사람의 형상을 보았다"라고 말했다. [알렉산드로스가] "당신은 무엇을 구하고 있습니까?"라고 묻자 [시몬은] "이방인들이 당신을 오도해서 우리가 당신의 왕국을 위해 기도하는 집을 당신이 그들에게 주고 말았습니다"라고 대답하였다. 그가 "나를 속인 사람들이 누구입니까?"라고 묻자 그는 "당신 앞에 서있는 사마리아 사람들입니다"라고 대답했다. 그는 "내가 그들을 당신에게 넘겨주겠습니다"라고 말했다. 그들은 사마리아인들의 발뒤꿈치에 구멍을 뚫어 말의 꼬리에 매달았으며, 그리심 산에 도착할 때까지 그들을 가시와 엉겅퀴 위에 끌고 갔다. [사마리아 사람들이] 그 성전에 대하여 하려고 했던 대로, 그들은 그 터를 쟁기로 일구고 말이 먹는 잠두콩 씨앗을 뿌렸다. 그리고 그들은 그 일을 행한 날을 축일로 삼았다(메길라 타아니트의 주석(*Scholion on Meg.Taan.*), 21 키슬레브; 참고. 바벨론 탈무드 《요마》 69a).

요세푸스와 랍비의 이야기 둘 다 알렉산드로스와 유대 대제사장의 만남을 산발랏과 사마리아 사람들이 그 마케도니아 사람을 만난 문학적·역사적 문맥 안에 두었다. 요세푸스에 따르면, 대제사장 얏두스의 형제인 마낫세는 산발랏의 딸과 결혼했다. 사마리아 사람과 결혼함으로써 마낫세는 예루살렘 성전에서 섬기기에 부적절한 사람이 되어 버렸다. 산발랏은 사위에게 보상을 해줄 요량으로 예루살렘 성전과 견줄 만한 성전을 지어주겠다고 약속했다(참고. 《고대사》 11:322-323). 알렉산드로스는 산발랏의 요청을 받아들여 그리심 산에 사마리아 성전을 건축하도록 재가해준 것으로 묘사되어 있다. 최근의 고고학은 그리심 산에서 초기 헬레니즘 시대의 성전 기초를 확인하였다.

이전에 학자들은 요세푸스 이야기에 나오는 산발랏이라는 이름은 느헤미야를 대적했던 동명의 또 다른 초기 사마리아 지도자(느 2:10[1]; 4:1; 6:1)와 혼동한 것으로 추정하였다. 그러나 와디 에드 달리예의 한 동굴에서 발견된 사마리아 파피루스는 주전 4세기 후반에 속한 문헌들을 포함하고 있는데, 이 자료는 알렉산드로스 정복 시기에 사마리아 총독이었던 또 다른 산발랏이 있었음을 암시한다. 그리하여 그 자료는 요세푸스의 보고가 역사적으로 어느 정도 신뢰할 만한 것임을 보여준다.

다른 유사점들이 있기는 하지만, 알렉산드로스의 예루살렘 여행에 대한 랍비들의 전승은 몇 가지 중요한 내용에서 요세푸스의 기록과 차이를 보인다. 요세푸스에 따르면, 알렉산드로스는 예루살렘의 북쪽 변두리에 있는 스코푸스 산[2]에서 대제사장 얏두스를 만났다고 한다(《고대사》 11:329). 반면에 랍비 전승은 알렉산드로스를 만나기 위해 온 제사장이 의인 시몬이라고 한다. 비록 유대 전승이 그가 100년 후, 즉 주전 약 200년경에 대제사장으로 일했던 사람이라고 기록하고 있기는 하지만 말이다(참고. 《고대사》 12:43, 157; 미슈나 《아보트》 1:2).

두 사람이 만난 장소도 다르다. 《메길라트 타아니트》의 주석에 따르면 대제사장은 알렉산드로스가 스코푸스 산에 있는 도시 변두리에 나타날 때까지 기다리지 않는다. 대신에 그는 산지에서 알렉산드로스가 진을 치고 있던 안티파트리스까지 내려간다. 가사를 향한 알렉산드로스의 남南행과 같은 여정을 따라온 귀환 행군은 아벡-페가이-안티파트리스에 있는 야르콘 강 상류의 동쪽을 지났을 것이 분명하다. 알렉산드로스가 유대 대제사장 앞에서 엎드렸다거나 무릎을 꿇었다는 기록은 순전히 허구임에도 불구하고, 유대 지도자들이 주도적으로 왕에게 접근했다는 보고는 알렉산드로스가 성전에서 제사를

▶ **파피루스 단편** _"사마리아 총독, 산발랏"이라고 아람어로 쓰인 주전 4세기경의 파피루스 단편. 이것은 와디 에드 달리예에 있는 무그하레트 아부 쉰예 사본 동굴에서 발견되었다.

1_"호론 사람 산발랏과 종이었던 암몬 사람 도비야가 이스라엘 자손을 흥왕하게 하려는 사람이 왔다 함을 듣고 심히 근심하더라" (느 2:10).

2_스코푸스 산(Mt. Scopus) 히브리어 '하르하조핌'의 그리스어 표기로, 예루살렘 북쪽에 있는 820미터의 봉우리이다. 예루살렘 전경을 한눈에 볼 수 있고, 멀리 사해까지 볼 수 있어 전략적으로 중요한 위치이다. 1925년에 이곳에 히브리대학이 설립되었다.

ALEXANDER COMPLETES THE CONQUEST OF THE SOUTHERN LEVANT

알렉산드로스가 레반트 남부 정복을 완성하다

＼ 주전 332–331년

0 5 10 miles

0 5 10 15 km

이집트 원정 (주전 332년)

2차 이동

북쪽 원정 (주전 331년)

2차 이동

계속해서 동쪽으로 다리우스를 추격하기 전에 알렉산드로스는 서쪽 해안을 따라 후방 지역을 안전하게 해둘 필요가 있었다. 그는 우선 구브로를 복속시키고, 별다른 저항이 없었던 페니키아의 해안 도시들을 점령했다. 이집트로 가는 도중에 그에게 도전했던 곳은 두로와 가사 뿐이었다.

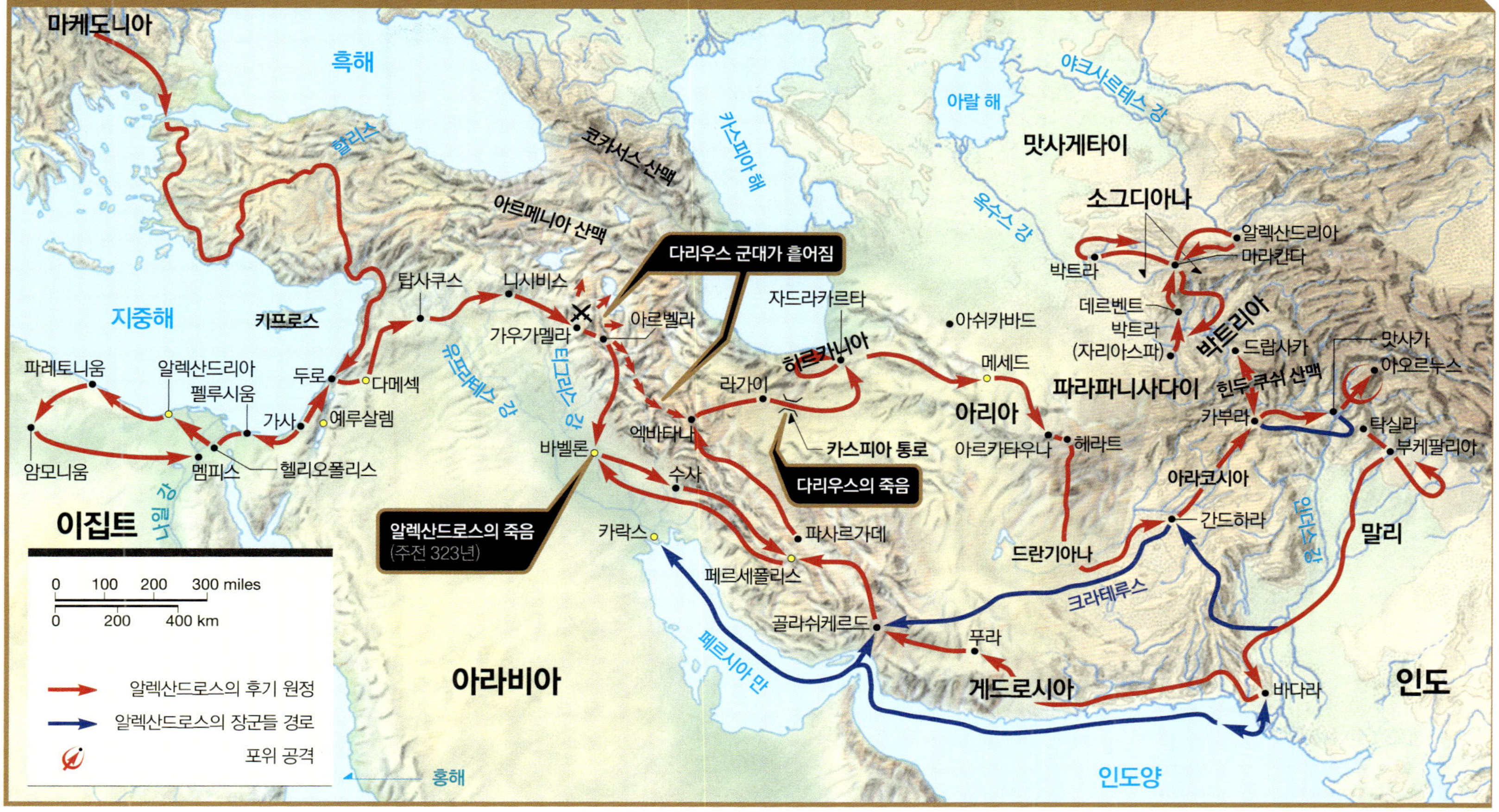

알렉산드로스의 후기 원정

드리기 위해 예루살렘으로 올라갔다는 요세푸스의 설명보다 더 그럴듯해 보인다. 그러나 랍비의 전설에 나오는 도시 이름 안티파트리스는 그 사건이 일어난 때가 아니라 저술 당시의 지명을 나타낸 것으로 시대착오적인 기술이다. 그것은 로마 시대에 헤롯 대왕이 자신의 아버지를 기리기 위해 그 도시에 붙인 이름인데(《고대사》 16:143; 《전쟁》 1:417), 이때는 이미 알렉산드로스 대왕이 이 지역을 통과하고 나서 거의 300년이나 지난 뒤였다.

마지막으로 랍비 전설은 예루살렘에서 온 유대인들이 알렉산드로스로부터 그리심 산에 있는 사마리아 사람들을 벌할 수 있는 권한을 부여받았다는 내용으로 마무리된다. 학자들은 알렉산드로스가 가사 수비대 지휘관을 벌했던 사건이(참고. 《고대사》 11:320; 쿠르티우스, 4.6; 아리안 《원정기》 2.25.4) 사마리아 사람들에게 보복이 가해졌다는 랍비의 설명에 영향을 미치고 있다는 사실을 올바로 인식하였다. 뿐만 아니라 요세푸스가 증언한 바와 같이, 그리심 산에 있던 사마리아 성전은 알렉산드로스 시대에 파괴된 것이 아니며, 주전 110년경 하스몬 왕조의 요한 히르카누스가 완전히 파괴할 때까지 남아 있었다(참고. 《고대사》 13:281; 《전쟁》 1:65).

그렇더라도 알렉산드로스가 사마리아 사람들에 대해 적대감을 갖고 있었다는 랍비 전설의 역사적 본질을 통째로 무시해버린다면 이는 부주의한 일이 아닐 수 없다. 이는 요세푸스의 《고대사》가 놓친 부분이긴 하지만 아마도 그가 헤카타이오스로부터 인용한 부분에는 암시되어 있을 것이다.

> [알렉산드로스가] 우리나라를 존중했었다는 사실은, 유대인이 그에게 보여준 경의와 충성심을 인정하여 그가 사마리아 구역까지 그들의 영토를 늘려주었고 조공을 면제해주었다는 헤카타이우스의 진술에서 설명될 수 있을 것이다(《아피온 반박문》 2:43; 참고. 마카베오상 10:30, 38; 11:34).

사마리아 사람을 향한 알렉산드로스의 태도 변화는 쿠르티우스 루푸스도 증언하고 있다. 가사로 돌아온 알렉산드로스는,

> … 그가 시리아를 다스리도록 임명했던 안드로마쿠스가 죽었다는 소식을 들었다. 사마리아 사람들이 그를 산 채로 불에 태웠던 것이다. 그는 그를 살해한 자에게 복수하기 위해 가능한 최고의 속도를 내어 급히 그곳으로 갔다. 그가 도착하자마자, 그토록 엄청난 죄를 지었던 사람들이 그에게 인도되었다(쿠르티우스, 4.8.9-10).

교회 역사가인 유세비우스는 그가 쓴 《연대기》의 아르메니아어 번역본에서 다음과 같이 기록했다.

> [알렉산드로스가] 안드로마쿠스를 임명했는데, 사마리아 사람들의 도시 거주민들이 그를 죽였다. 이집트로부터 돌아온 알렉산드로스는 그들을 벌했다. 그는 그 도시를 점령한 후에 마케도니아 사람들을 그곳에 정착시켰다(연대기 2.23).

요세푸스가 지나가는 말로 헤카타이오스를 인용한 것과 더불어, 우리는 사마리아 사람들이 봉기해서 알렉산드로스의 보복을 초래했다는 역사적인 사건을 증언하는 여러 자료들을 가지고 있다고 할 수 있다.

더 나아가서, 알렉산드로스의 보복이 있었다는 견해를 받아들인다면, 이 사건들을 밝히는 고고학적 증거를 확보할 수도 있다. 와디 에드 달리에 황무지로 도망간 귀족들에게 일어난 일이 그 사건이었던 것으로 보인다. 마케도니아 군대는 거기에서 그들을 살해했으며, 사마리아 사람

▲ 안티고누스가 조선소를 세웠던 비블로스 항구

1_디아도키(Diadochi) 시대
알렉산드로스 후계자들이 통치하던 시기를 말한다. 드넓은 왕국은 장군 후계자들에 의해 네 나라로 분열되었고, 나중에는 바벨론을 중심으로 한 셀레우코스 왕국과 이집트를 중심으로 한 프톨레마이오스 왕국의 양강 구도가 되었다. 팔레스타인은 이 두 왕국의 각축장이 되고 말았다.

들의 뼈 사이에 파묻힌 파피루스 저장고를 우리에게 남겨두었다. 수세기 후에, 이 동일한 사건들이 반사마리아적 변증을 의도한 랍비들에 의해 전설로 만들어진 것이다.

알렉산드로스가 그 지역을 정복하는 동안 언제 어디에서 유대 지도자들을 만났는지는 확실하지 않다. 그럼에도 불구하고 유대 지도자들도 그 지역의 경쟁자들과 마찬가지로 알렉산드로스를 만났고 그의 통치에 복종했다는 것을 의심할 이유는 전혀 없다. 유대 지도자들이 알렉산드로스의 원정에 참여했다는 사실은 알렉산드로스와 그의 새로운 유대 신하들 사이에 이미 공식적인 관계가 확립되어 있었음을 시사한다. 알렉산드로스는 근동 지역을 통과하는 동안 다리우스의 속주들에게 새로운 군주에 대한 충성을 맹세할 것을 요구했다. 그들이 충성의 대상을 바꾸었다는 사실은 전에 페르시아에 바쳤던 조공을 마케도니아의 국고로 보낸 것을 보면 알 수 있다(《고대사》 11:317). 그들이 순종을 거부하면 모진 보복을 당할 수도 있었다. 따라서 예루살렘에 있던 유대 지도자들이 주도적으로 알렉산드로스에게 복종한 것은 두로와 가사에 임한 재앙을 피하기 위한 당연한 일로 여겨졌을 것이다.

디아도키 치하의 유대(주전 323-301년)

주전 323년에 갑자기 알렉산드로스가 죽자, 그의 부하들 사이에서 권력 분배가 불가피해졌다. 주전 323년부터 281년까지 기간은 역사가들에 의해 디아도키 시대[1]라고 명명되었다. 디아도키는 알렉산드로스의 '후계자들Successors', 곧 그의 왕국을 나누어 가진 장군들을 말한다.

'강 건너편', 즉 시리아 지역은 라오메돈이라는 장군에게 주어졌다. 이 장군이 시리아 같이 전략적인 지역을 지배할 수 있을 정도로 부상한 이유에 대해서는 거의 아무런 정보도 없다. 그러나 그 지방에 대한 라오메돈의 통치는 짧았다. 주전 320년에 프톨레마이오스 1세 소테르는 시리아를 침공하여 라오메돈의 권력을 박탈했다. 이후 20년 동안 이 지역은 정치적 변화가 심한 불안정한 시대를 거쳤다. 이 기간에 시리아 땅의 지배권은 다섯 차례나 바뀌었다(주전 320, 315, 312, 302, 301년).

프톨레마이오스가 처음 시리아를 점령한 일은 별다른 주의를 끌지 못했던 것으로 보인다. 알렉산드로스 왕국의 공식적인 분할은 아직 가시화되지 않았고, 정치 지도권의 변화는 지역민들이 볼 때 분할되지 않은 왕국 내에서 사트라프들이 바뀐 것 정도로 비쳐졌다. 프톨레마이오스에 대한 라오메돈의 미약한 저항은 그러한 변화를 피상적으로 인식하도록 만들었다. 라오메돈은 프톨레마이오스의 진군에 저항할 수 있을 만큼 충분한 군대를 모집할 수 없었다. 결국 라오메돈은 그 지역에서 도망갔다.

좀 더 극적인 정치권력의 변동은 안티고누스 1세, 즉 '애꾸눈'이라는 뜻의 모노프탈무스가 다스리던 지역에서 일어났다. 그는 안티파테르를 계승하여 아시아에 독립 왕국을 수립하려 하였으며, 또한 디아도키를 폐하고 통일 제국을 세우려는 야망을 가지고 있었다. 알렉산드로스 제국을 지배하려는 그의 전략은 지중해 장악을 포함하는 것이었다. 그가 지중해 동부에서 해운업을 통제하기 위해서는 그 중요한 페니키아 해안을 정복할 필요가 있었다.

프톨레마이오스는 시리아에 있는 그의 요새들을 강화하고 이집트로 해군을 철수함으로써 안티고누스의 계획을 방해하려 하였다. 안티고누스는 페니키아의 트리폴리, 비블로스, 시돈에 조선소를 세우고 길리기아에도 또 하나의 조선소를 세워 반격에 나섰다. 이는 불쑥 다가온 분쟁에 대비하기 위한 것이었다(디오도루스 시쿨루스, 19.58.4). 그러고 나서 그는 시리아 요새들을 공격했다. 두로는 안티고누스가 프톨레마이오스의 군사들이 떠나는 것을 허용하는 것에 동의하면서 15개월 만에 점령되었다(디오도루스 시쿨루스, 19.61.5). 다른 도시들도 별다른 저항 없이 무너졌지만 욥바와 가사는 무력으로 점령해야만 했다(디오도루스 시쿨루스, 19.59.2).

안티고누스는 바벨론의 사트라프 셀레우코스를 쫓아내었으며, 주전 315년까지 시리아와 페니키아 대부분을 차지했다. 셀레우코스는 이집트로 도망하여 안티고누스에 대항하기 위해 프톨레마이오스와 동맹을 맺었다. 두 사람은 동쪽 영토를 분할하고 안티고누스에게 최후통첩을 보냈다. 그러나 안티고누스는 차지하고 있는 땅의 지배권을 양보하지

▲ **원형 망대** _ 헬레니즘 시대 사마리아의 원형 망대로 '헤더 양식'(직사각형 돌의 가장 작은 면이 보이게 쌓는 방식)으로 세워졌다.

않았다. 안티고누스가 소아시아에 몰두하고 있는 틈을 타서 기회를 포착한 프톨레마이오스는 안티고누스의 아들 데메트리오스와 전쟁을 벌여, 주전 312년 여름 가사 전투에서 승리를 거두었다. 또한 프톨레마이오스는 셀레우코스에게 바벨론의 권좌를 돌려주었다.

데메트리오스는 시리아 남부에서 철수할 수밖에 없었지만, 프톨레마이오스는 그 땅을 오랫동안 차지하지 못했다. 안티고누스가 소아시아의 브루기아 지역으로부터 큰 군대를 이끌고 돌아왔다. 프톨레마이오스는 팔레스타인 지역에서 퇴각하면서 안티고누스가 사용하지 못하도록 악고, 욥바, 가사 같은 요새화된 도시들을 파괴하였다(디오도루스 시쿨루스, 19.93.7). 안티고누스는 시리아 남부를 탈환하기는 했지만 셀레우코스를 바벨론에서 몰아내지는 못했다. 이것이 곧 동방의 고대 역사를 지배하게 될 셀레우코스 제국의 시작이 되었다. 주전 311년에 맺어진 조약으로 사실상 알렉산드로스의 영토가 분할되고 말았다.

왕의 칭호를 사용하게 된 마케도니아 사람들 사이에서 주전 302년에 안티고누스에 대항하는 동맹이 결성되었다. 프톨레마이오스는 시리아 남부 지역에 재진입하였지만, 그가 시돈을 포위하고 있는 동안 안티고누스가 셀레우코스와 리시마쿠스에게 승리했다는 거짓 소문이 그에게 전해졌다. 프톨레마이오스는 겁을 먹고 이집트로 철수하였고, 주전 301년 입수스 전투[2]에서 다른 마케도니아 사람들이 안티고누스에게 결정적인 패배를 안겨주었을 때 함께 참여하지 못했다(디오도루스 시쿨루스, 20.113.1-5). 그리하여 승리자들이 안티고누스의 영토를 나누어 가질 때 프톨레마이오스는 배제되었으며, 시리아 땅 전체가 셀레우코스의 몫으로 돌아갔다. 그럼에도 불구하고 셀레우코스는 자신의 새로운 영토에 대한 권리를 주장하기 위해 그곳에 도착했을 때 이미 프톨레마이오스가 시리아 남부를 차지하고 있는 것을 발견했다. 셀레우코스는 군사 분쟁을 계속하기보다는, 이전에 자신의 동맹자이자 친구였던 프톨레마이오스가 시리아 남부에 머무르는 것을 허락하였다(디오도루스 시쿨루스, 21.1.5). 그러나 논란이 된 그 지역은 이후 100년 동안 프톨레마이오스 왕국과 셀레우코스 왕국 사이에 분쟁거리로 남게 되었다.

2_입수스 전투
주전 301년 입수스 전투에서 안티고누스가 죽은 것이 중요한 전환점이 되었다.

프톨레마이오스 왕조 치하의 유대(주전 301-200년)

프톨레마이오스 군대가 시리아 남부에 주둔함으로써 그 지역은 실제적

안티고누스 1세와 알렉산드로스의 디아도키 사이의 전쟁 \ 주전 315-301년

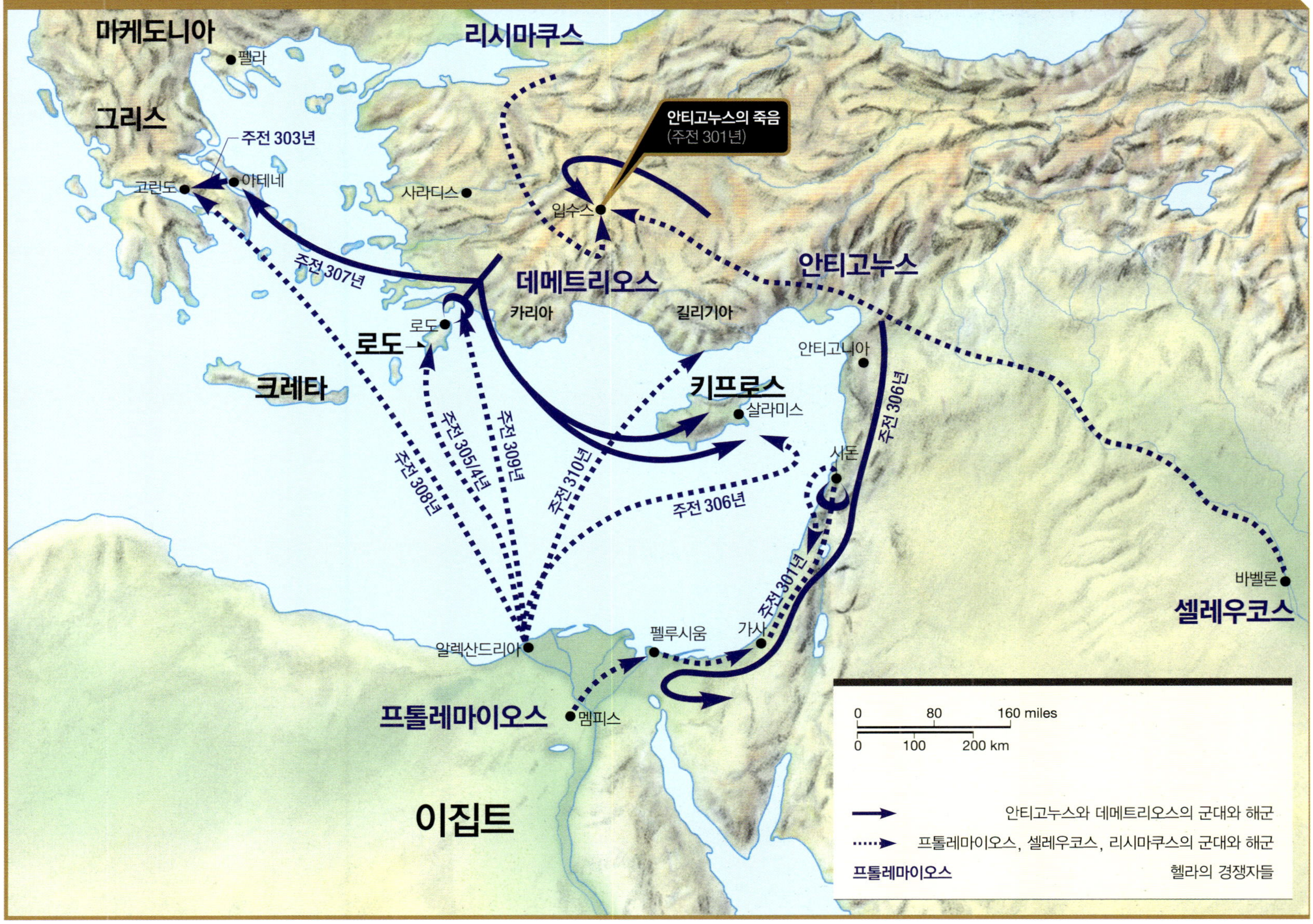

으로 분할되고 말았다. 그러나 그 경계선이 정확하지는 않았다. 제논 파피루스[1]에서 언급한 최북단 도시는 트리폴리이다. 헬레니즘 시대의 이 증언은 시리아의 셀레우키아에서 페니키아까지 해안을 따라 여행한 로마 시대 스트라보의 기록과 일치한다(스트라보 《지리》 16.2.2). 국경은 고대 오르토시아 근처와 트리폴리 바로 북쪽에 있는 엘류테루스 강이었다. 이집트 관리들이 맛시아스 계곡까지 방문한 것과 팔레스타인에 사는 한 다메섹 남자를 언급한 제논의 기록은 이 지역들 역시 프톨레마이오스의 지배하에 있었음을 시사한다(참고. 폴리비우스, 45.8-46.1). 왜냐하면 제논 파피루스에는 셀레우코스 도시들에 대한 언급이 전혀 없기 때문이다.

셀레우코스 왕국과 프톨레마이오스 왕국의 필요는 서로 달랐다. 셀레우코스는 지중해로 나아갈 진입로를 확보하기 위해 시리아 북부를 소유할 필요가 있었다. 그는 주전 300년에 셀레우키아 항구 도시와 함께 안디옥을 건설하였다. 반면에 이집트는 알렉산드리아에서 페니키아의 트리폴리에 이르는 해안 도시들에서 선적을 위한 기항지들이 필요했다. 트리폴리에서부터 구브로까지는 짧은 경로였지만, 이곳 역시 프톨레마이오스의 소유였다. 구브로키프로스 섬은 그와 마찬가지로 프톨레마이오스의 지배 아래 있는 소아시아 남부 해안과 서쪽으로는 로도 혹은 그리스까지 가는 발판 역할을 수행했다.

프톨레마이오스의 '시리아와 페니키아'(Let. Aris. 22) 지배는 두로, 악고, 욥바, 가사, 사마리아 같은 수비대들과 군인들로 구성된 국경 촌락들, 즉 '클레루키'들을 설립하는 것을 통해 이루어졌다. 이곳에서 군인들은 프톨레마이오스 왕국의 1차 방어선을 형성하고 땅을 경작했다. 우리가 요단 동편에 있는 유대인 공동체의 지역 지도자 토비아에 대해 처음으로 들을 수 있는 것은 바로 요단 동편에 있는 이 '클레루키Cleruchy'를 배경으로 하고 있다.

좀 더 멀리 떨어진 지역들에서 프톨레마이오스 왕국의 행정권은 지방 총독을 의미하는 '스트라테고스strategos'의 수중에 있었다. 폴리비우스도 시리아와 페니키아에 있는 프톨레마이오스의 '스트라테고스'에 대해 언급하고 있는 반면에(폴리비우스, 5.87.6), 제논 파피루스에는 '스트라테고스'들에 대한 언급이 전혀 없다. 이집트 영토의 단순한 연장선으로 여겨지는 지역들에서는 그러한 행정직이 필요하지 않았을 것이다. 도리어 그런 곳에서 행정 업무들은 '명령, 규정, 법, 서신'들에 의해 수행되었다. 이집트 영토 자체는 중앙에서 임명된 '오이코노모스oikonomos'가 다스리는 구역들인 '히파르키스'로 나뉘어 있었다. '오이코노모스'의 주요 업무는 그 지역의 경제와 관련된 일들을 감독하는 것이었다. 지방 마을 지도자들인 '코마르크스komarchs'는 주로 세금을 거두고 그것을 알렉산드리아로 보내는 일을 책임지고 있었다.

1_제논 파피루스(Zenon Papyri) 주전 3세기, 프톨레마이오스 2세의 재무장관이었던 아폴로니우스의 수석 행정관이었던 제논이 수집하고 기록한 2천여 개의 공문서들과 기록들을 말한다. 여기에는 헬레니즘 초기의 일상생활과 경제, 법, 물물교역 등 그 시대상을 가늠해볼 수 있는 편지와 영수증, 계약문서 들이 포함되어 있다. 1915년, 이집트에서 발견되었다.

▼ **필라델푸스의 은화** _ 프톨레마이오스 2세 필라델푸스(주전 282-246년)의 4드라크마 은화

시리아 전쟁 주전 283년 프톨레마이오스 1세 소테르가 죽은 지 얼마 되지 않아 셀레우코스 1세 니카토르가 주전 281년 트라케의 리시마키아 근처에서 암살되었다. 프톨레마이오스의 뒤를 이어 아들 프톨레마이오스 2세 필라델푸스가 왕위를 계승하였다. 그는 주전 282년부터 246년까지 긴 기간 동안 성공적으로 통치했다. 반면에 셀레우코스의 계승자, 안티오코스 1세 소테르(주전 281-261년)는 자신의 왕국을 지키는 데 큰 어려움을 겪었다. 그는 곧바로 시리아에서 일어난 내부 반란과 이집트의 지속적인 위협 그리고 통치 초기인 주전 278-277년에는 갈리아 족의 침입에 직면했다. 왕국이 안정을 확립하고 난 이후에 안티오코스는 시리아 남부에 있는 경합중인 땅들에 관심을 돌렸다.

그 다음 75년 동안에는 프톨레마이오스 왕국과 셀레우코스 왕국 사이에 다섯 차례의 시리아 전쟁이 일어났다. 제1차 시리아 전쟁(주전 274-271년)은 프톨레마이오스 2세의 이복형제이자 안티오코스 1세의 사위인, 구레네키레네의 통치자 마가스에 의해 촉발되었다. 마가스는 안티오코스의 도움을 받아 프톨레마이오스의 통치에 대항하는 반란을 일으켰다. 마가스는 일시적으로 독립을 쟁취하였지만 그의 노력은 얼마 지나지 않아 허사가 되었으며, 프톨레마이오스 왕국에 지속적인 영향을 끼치지는 않았다. 이 기간에 프톨레마이오스는 소아시아까지 자신의 영토를 확장했으며 나바테아를 정복했다. 그리하여 이제 값비싼 향료 무역이 그의 지배 아래 놓이게 되었고, 프톨레마이오스의 요새인 가사 항구를 통해 무역이 이루어졌다.

주전 260-253년경에 일어난 제2차 시리아 전쟁은 안티오코스 1세의 죽음 이후에 주로 소아시아의 에게 해 해안가에서 벌어졌다. 안티오코스 2세 테오스와 프톨레마이오스 2세 사이에 평화 조약이 체결됨으로써 프톨레마이오스에 의해 마케도니아 및 로도스의 왕과 안티오코스 양자가 영토의 손실을 입는 결과를 가져왔다. 프톨레마이오스는 딸 베르니케를 안티오코스와 혼인시킴으로써 그 평화 조약에 봉인을 찍었다. 셀레우코스 왕은 아내 라오디케와 그녀가 낳은 자식들과 의절하고 베르니케와 결혼했다. 베르니케는 안티오코스의 아들을 낳았다. 베르

셀레우코스는 지중해로 나갈 진입로를 확보하기 위해 안디옥을 건설했다. 사진은 지금의 안디옥 시내 전경 ▼

니케는 그 아들이 남편의 왕위를 계승하길 바랐다. 그러나 안티오코스는 말년에 안디옥에 있던 베르니케와 어린 아들을 버리고 소아시아에 있는 라오디케와 그들 사이에서 낳은 아들 셀레우코스 2세에게로 돌아갔다. 라오디케는 안티오코스를 독살하고 나서 셀레우코스를 아버지의 왕위를 잇는 적통자로 선언했다. 안티오코스 2세의 죽음은 왕권 쟁탈전과 때때로 라오디케아 전쟁으로 불리는 제3차 시리아 전쟁을 가져왔다(주전 246-241년).

소아시아 지방 사람들은 라오디케의 아들 셀레우코스 2세 칼리니쿠스를 안티오코스의 정당한 왕위 계승자로 인정했다. 그럼에도 불구하고 프톨레마이오스 3세 유에르게테스는 자신의 누이 베르니케와 어린 조카를 보호하기 위해 소아시아로 진격했다. 베르니케는 자신의 아들을 안티오코스의 적법한 상속자로 내세웠다. 그러나 베르니케와 그녀의 아들은 결국 살해되었고, 이집트에서 반란이 일어났다는 소식을 들은 프톨레마이오스는 소아시아로부터 퇴각하지 않을 수 없었다. 셀레우코스는 프톨레마이오스가 지엽적인 문제들에 매여 방심한 틈을 이용하려 하였다. 그러나 셀레우코스는 셀레우코스 왕국의 지배권을 코엘레 시리아를 넘어서까지 확장하지 못하였다. 그 결과로 체결된 평화 조약은 시리아 남부에서 차지하고 있던 프톨레마이오스의 우위를 그대로 인정했다.

그 다음 20년 동안에는 두 왕국 사이의 영토 관계에서 거의 아무런 변화가 없었다. 안티오코스 3세 메가스가 주전 223년 버가모페르가뭄의 앗탈루스 1세에 맞서 군사 원정을 벌이던 자신의 형 셀레우코스 3세 케라우누스를 살해한 후(폴리비우스, 4.48, 5.40; 아피안《시리아 전쟁》66) 왕위에 오름으로써 페니키아와 시리아에 대한 프톨레마이오스의 지배권은 새로운 도전에 직면하게 되었다. 젊은 안티오코스는 재주가 많고 열정적인 지도자였다. 주전 222년에 프톨레마이오스 3세가 죽고 열일곱 살인 프톨레마이오스 4세 필로파토르가 즉위하자 안티오코스는 정치적으로 약화된 이 이집트의 상황을 이용하려 하였다. 주전 221년 안티오코스가 처음으로 시도한 공격은 프톨레마이오스의 장군인 테오도투스에 의해 격퇴되었다. 2년 후에 셀레우코스 왕은 다시 공격을 시작해서 제4차 시리아 전쟁을 벌였다(주전 219-217년).

처음에 안티오코스는 이집트 국경까지 이어지는 시리아 남부의 상당 부분을 차지했다. 프톨레마이오스 4세는 군사적인 문제에 거의 아무런 관심도 없었고 능력도 보여주지 못했다. 그럼에도 불구하고 이 이집트 왕은 평화 조약을 체결함으로써 언젠가는 안티오코스의 공격을 격퇴하려는 희망을 품고서 자신의 군사적 입지를 강화할 시간을 벌 수 있었다. 전쟁을 지휘하던 그의 장군 테오도투스는 가장 훌륭한 군사들을 자기편으로 삼고서 변절해버렸다(참고. 마카베오3서 1:2; 폴리비우스, 5.61). 주전 217년 6월 22일, 프톨레마이오스는 팔레스타인과 이집트 사이 남부 국경선 근처인 라피아에서 벌어진 중요한 전투에서 안티오코스를 마주하였다. 프톨레마이오스는 온갖 악조건에도 불구하고 이집트의 지방 백성들 중에서 모집한 신병들의 도움을 받아서 안티오코스와 셀레우코스 군대를 격퇴하였다.

안티오코스는 시리아 남부에서 물러났고 두 왕국 사이의 국경은 사실상 거의 변경되지 않았다. 마카베오3서는 그 제목에도 불구하고 프톨레마이오스 시대에 일어난 사건들을 다루고 있는데, 라피아 전쟁을 간단하게 언급한다(마카베오3서 1:1-7).

> 필로파토르가 돌아온 자들로부터 자신이 지배했던 지역들이 안티오코스에게 점령당했다는 소식을 듣고는, 보병과 기병을 포함한 모든 군대에게 명령을 내렸으며, 그의 누이 아르시노에를 데리고서 라피아 부근 지역까지 진격하였다. 그곳에는 안티오코스의 군대가 진을 치고 있었다(마카베오3서 1:1).

다니엘도 그의 묵시적인 서술에서 그 전쟁을 기억하고 있다.

> 남방 왕은 크게 노하여 나와서 북방 왕과 싸울 것이라. 북방 왕이 큰 무리를 일으킬 것이나 그 무리는 그의 손에 넘겨 준 바 되리라(단 11:11; 참고. 폴리비우스, 5.79-80).

마카베오3서는 프톨레마이오스가 라피아에서 승리를 거둔 후 예루살렘과 그곳의 성전을 방문했다고 기록한다(마카베오3서 1:8-15). 그 이야기의 상세한 내용들이 상상력의 산물이며, 그 시기에 나온 다른 그리스 이야기들에 근거해 만들어졌다는 것에는 의심의 여지가 없다. 우리는 심지어 헬리오도루스의 일화에 나오는, 성전 구역에서 일어난 이방인의 오만한 행동에 관한 유사한 이야기에서도 그러한 요소들을 발견할 수 있다(마카베오하 3:7-40). 그럼에도 불구하고, 승리를 거둔 프톨레마이오스

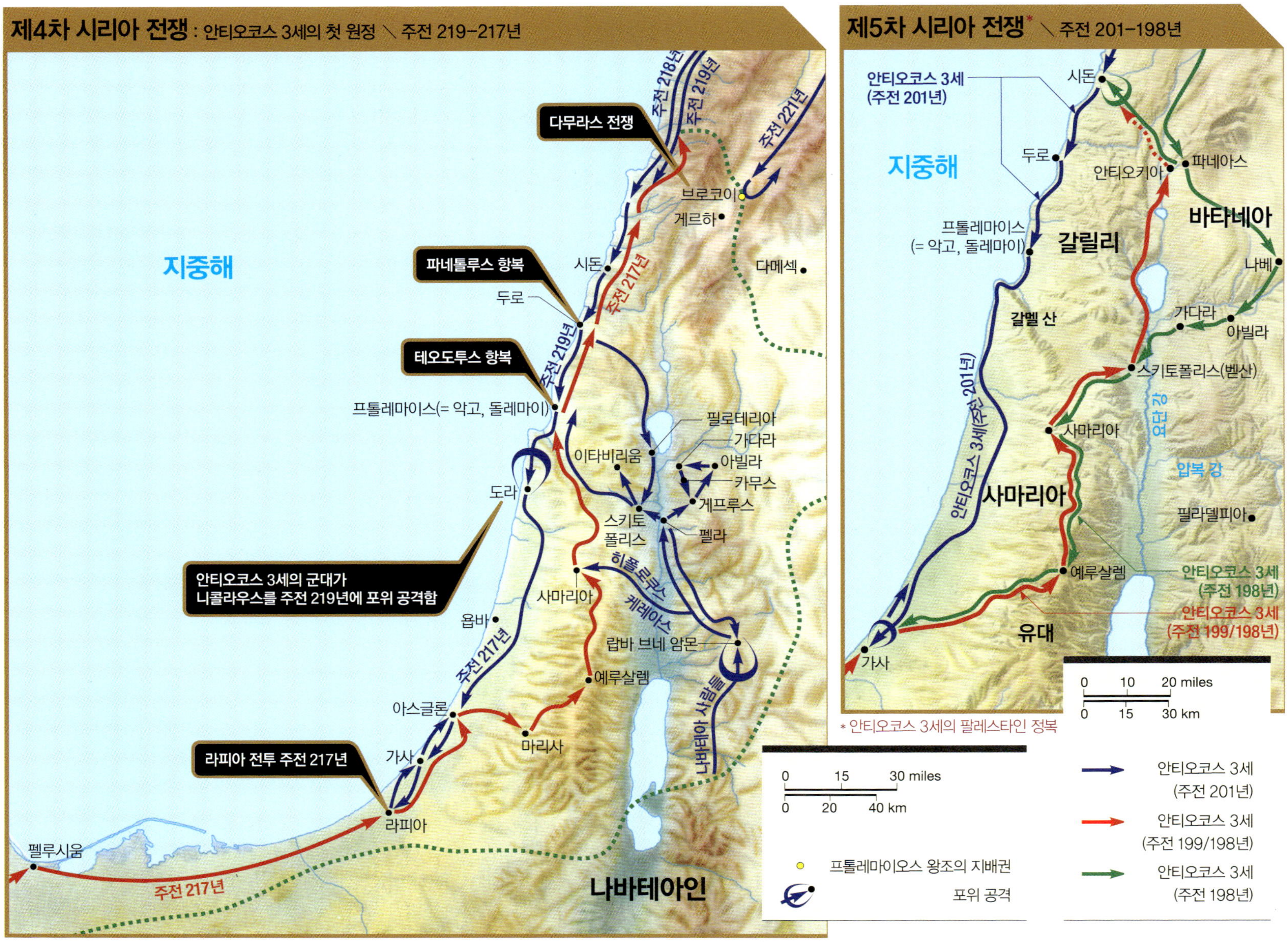

가 시리아 지방에 속한 몇몇 도시들을 방문했다는 비문 증거가 있다. 비록 꾸며낸 이야기와 사실을 구별하는 일이 어렵기는 하지만, 그러한 증거들을 보면 우리가 다루고 있는 이야기에 어느 정도 역사적인 본질이 담겨 있다는 것을 짐작할 수도 있다. 어떤 경우이든 프톨레마이오스가 그 지방을 시찰하는 여정에서 예루살렘을 생략했다는 점을 의심할 이유는 거의 없는 것으로 보인다.

라피아 전쟁 이후 몇 년간 프톨레마이오스 왕국은 쇠퇴한 반면에 안티오코스는 점점 더 강해졌다. 셀레우코스 왕은 왕국의 동쪽 지역에 자신의 힘을 쏟아부었다. 안티오코스는 아시아로부터 인도에 이르는 땅을 정복하고 대범하게도 페르시아의 '대왕'이라는 호칭을 사용했다. 그 이후부터 그는 안티오코스 대왕으로 기술되었을 것이다. 주전 205년에 프톨레마이오스 4세가 죽고, 다섯 살 된 프톨레마이오스 5세 에피파네스가 왕위를 계승하자, 안티오코스는 페니키아와 시리아에 대한 프톨레마이오스 왕국의 지배권에 도전할 수 있는 좋은 기회가 왔다고 판단했다.

안티오코스는 마케도니아의 필립 5세와 공모하여 프톨레마이오스 왕국을 나누어 갖기로 하였다. 주전 201년에 안티오코스는 제5차 시리아 전쟁을 일으켰고, 단기간에 그 지역의 지배권을 확보했다. 주전 201/200년 겨울 동안에 이집트 장군 스코파스는 프톨레마이오스의 군대를 이끌고 안티오코스의 공격에 응하였다. 스코파스는 남부 지역과 예루살렘을 탈환했고, 예루살렘에 있던 셀레우키드의 요새에 응징을 가하였다. 그는 계속해서 북쪽으로 전진하여 요단 강 상류 근처 파네아스까지 이르렀다. 거기에서 안티오코스 대왕은 스코파스의 군대를 궤멸시키고 페니키아와 시리아 땅을 탈환했다. 마침내 셀레우코스 왕국과 프톨레마이오스 왕국 사이의 국경선이 바뀌었다. 요세푸스는 유대인들이 안티오코스와 그의 군대에게 환영식을 베풀어주고, 예루살렘 성문을 열어주었을 뿐 아니라, 심지어는 스코파스가 예루살렘에 남겨둔 프톨레마이오스 수비대를 포위 공격하는 일에 시리아 사람들을 도와주었다고 전한다(《고대사》 13:133).

셀레우코스 치하의 유다

안티오코스 3세가 예루살렘에 도착했을 때 그를 지지한 의인 시몬 2세의 정치적 직관에는 보답이 뒤따랐다. 새로운 군주로서 안티오코스가 맨 먼저 취한 조치들 중 하나는 그의 총독에게 편지를 보내어 유대 통치자들과 백성들이 행한 물질적 지원을 열거하는 것이었다.

> 유대인들은 우리가 그들의 나라에 들어간 바로 그때부터 우리를 열심히 섬겨주었고, 우리가 그들의 도시로 들어가자 아주 멋진 연회를 베풀어주었으며, 그들의 의회원들과 함께 우리를 보러왔다. 그들은 우리의 병사들과 코끼리들에게 풍부한 식량을 마련해주었고 요새에 남아 있던 이집트 수비대를 몰아내는 일도 도와주기도 했다(《전쟁》 12:138).

이러한 원조를 인정한 안티오코스는 예루살렘 성전에 선물을 제공하고 훼손된 곳을 전부 복구하라는 지시를 내렸다. 주전 2세기 저술가 벤 시라집회서도 대제사장 시몬 시대에 성전 수리가 있었다고 증언한다.

> 그는 형제들의 지도자가 되고 백성의 버팀목이 되었다.[1] 오니아스의 아들 시몬은 대사제로서 생전에 주님의 집을 수리하고 자기 생애에 성전을 견고하게 만들었다. 그는 안뜰의 높은 벽의 기초를 놓았고 성전을 둘러싸는 담을 높이 쌓아올렸다(집회서 50:1-2).

안티오코스는 또한 유대 지역의 내부 정치 구조를 인정해주었고 그 지도자들과 성전 제의에 적극적으로 봉사하는 자들에 대해서는 세금을 면제해주었다.

> 그리고 그 나라의 모든 백성들은 그들 나라의 법에 상응하는 정부의 형태를 갖출 것이며, 의회 의원, 제사장, 성전 서기관, 성전 가수들은 그들이 납부하던 인두세와 왕실세, 소금세를 면제 받게 될 것이다(《고대사》 12:142).

새로운 군주의 자비를 받은 것은 귀족들만이 아니다. 왕은 전쟁으로 찢겨진 도시를 회복시키기 위해 도시 거주민과 신년이 시작되기 전에 돌아온 사람들에게 3년 동안 세금을 면제해주었다. 또한 성전의 정결법에 속하는 조상들의 관습을 재확증해주었다.

> 누구든 이방인이 성전 경내에 들어가는 것은 유대인들에게 금지된 것으로 불법이다. 단 스스로 그 나라의 율법을 따르는 자들은 예외다(《고대사》 12:145; 참고. 미슈나《켈림》 1:8).

유대 백성은 안티오코스의 조치에 충성심으로 보답하였다. 소아시아의 리디아와 브루기아 사람들 사이에서 반란이 일어나자 안티오코스는 2천 명의 유대인들과 그들의 소유물을 "메소포타미아와 바벨로니아로부터 요새들과 가장 중요한 지역"으로 이전 배치하기로 결정했다(《고대사》 12:149). 안티오코스는 식민지 이주자들을 통해 문제 지역에서 충성심을 고양시키고자 하였고, 그 보상으로 그들에게 10년간 세금을 면제해주었다. 안티오코스와 유대 백성 사이에 있었던 초기의 우호관계에 대한 요세푸스의 기록에 과장이 있을 수도 있지만, 그보다 훨씬 덜 과장된 기술조차도 그의 아들들의 임기 동안에 나타난 실패와 강한 대조를 이룬다.

주전 2세기를 여는 몇십 년 간의 정치적이고 종교적인 격변 속에서 오니아스 가문과 토비야 가문 사이의 갈등이 다시 표면화되었다. 의인 시몬 2세는 프톨레마이오스에게 바치던 조공을 취소하여 이집트 통치자의 분노를 일으켰던 오니아스 2세의 아들이다. 요세푸스는 이러한 역사적인 맥락에서 토비야 가문의 요셉을 소개하였다. 탐욕이 많은 사람으로 묘사된 오니아스와는 대조적으로 요셉은 다음과 같이 소개된다.

> [그는] 탁월하고 고상한 인품의 사람이며, 시리아, 페니키아[참고. 《고대사》 12:175 : 그리고 유대]와 사마리아의 세금을 관리하던 22년 동안에 유대 백성을 가난과 취약한 상태로부터 좀 더 윤택한 삶의 기회들로 이끌었다(《고대사》 12:224).

안티오코스 3세 대왕 ▲

그렇게 해서 요셉은 오니아스 가문 제사장들로부터 '프로스타테스prost-tes', 즉 후원자 역할을 빼앗아올 수 있었다. 셀레우코스 치하에서 오니아스 가문은 잃어버린 정치 권력을 그들의 제사장 통치와 재결합시키고자 노력했을 것이다.

요세푸스는 이 시점에서 국제 권력으로 부상한 로마에 대하여 거의 관심을 기울이지 않았다. 안티오코스가 파네아스 전쟁에서 프톨레마이오스를 격퇴한 지 얼마 되지 않아서, 로마는 주전 197년 마케도니아의 필립 5세를 물리쳤다. 주전 196년에 로마는 이스트미아 경기[2]에서 '헬라인들의 자유'를 선포했다. 이는 로마 제국주의의 발흥과 동부에서 헬라 통치자들의 쇠퇴가 시작되었다는 표시였을 것이다. 안티오코스는 로마의 해방을 인정하려 하지 않았고, 그의 왕국에 있는 그리스 도시들에 대한 지배권을 포기하려고도 하지 않았다. 서쪽에서 다가오는 위

1_카톨릭 새성경에는 이 부분이 시몬이 아닌 요셉에 대한 내용으로 49:15에 들어가 있다.

2_이스트미아 경기
바다의 신 포세이돈을 기리기 위해 고린도 지협(地峽)의 신전에서 치러진 경기로 올림픽과 유사하다.

▲ **절벽에 새겨진 아람어 비문** _ 이라크 엘 에미르 근처 절벽에 '토비야'라고 새겨진 아람어 비문. 이 글자는 주전 3세기경 요단 동편에서 살았던 유명한 유대 가문의 매장지를 표시하는 것 같다. 이 귀족 집단의 구성원은 프톨레마이오스 시대와 셀레우코스 안티오코스 4세에 대항하는 하스몬 가문의 항쟁으로 이어지는 사건에서 중요한 역할을 수행했다.

프톨레마이오스 왕국과 셀레우코스 왕국의 비교

프톨레마이오스 왕국/왕조	셀레우코스 왕국/왕조
프톨레마이오스 1세 소테르가 왕국을 세움 ▶ 프톨레마이오스 2세 필라델푸스 ▶ 프톨레마이오스 3세 유레게테스 ▶ 프톨레마이오스 4세 필로파토르 ▶ 프톨레마이오스 5세 에피파네스 ▶ 프톨레마이오스 6세 필로메토르	셀레우코스 1세 니카토르가 왕국을 세움 ▶ 안티오코스 1세 ▶ 안티오코스 2세 ▶ 셀레우코스 2세 ▶ 셀레우코스 3세(?) ▶ 안티오코스 3세 ▶ 셀레우코스 4세 필로파토르 ▶ 안티오코스 4세 에피파네스
이집트를 중심으로 페니키아와 팔레스타인 지역을 지배함. 영토 확장과 팽창주의보다 자신의 영토를 보호하고 안정시키는 데 집중함. 지리적 환경이 외부 침입을 막아주어 안정된 통치 가능	주전 301년, 입수스 전투에서 안티고누스를 이김으로 패권 잡음. 프톨레마이오스 왕국과 다섯 차례의 시리아 전쟁을 통해 팔레스타인 지역 획득. 안티오코스 3세 때 영토 최대(이란 고원, 메소포타미아, 시리아 북부, 소아시아 주요 지역 장악)
강력한 중앙집권적 통치 체제가 확립됨. 이집트에서는 중앙에서 임명된 '오이코노모스'가, 지방은 '코마르크스'가, 그리고 멀리 떨어진 지역들은 지방 총독을 의미하는 '스트라테고스'가 관할함. 이 시기에 알렉산드리아는 그리스 문화와 교역의 중심지로 부상함	주전 190년, 안티오코스 3세는 소아시아 서부에서 벌어진 마그네시아 전투에서 로마에게 패배함으로 아파메아 조약을 맺게 되고, 과도한 전쟁 배상금은 이를 충당하기 위한 강압 정책으로 정치적·경제적 위기를 초래함. 예루살렘의 대제사장 야손의 요청으로 강압적인 헬라화 시도가 안티오코스 4세 때 시행됨
팔레스타인에 많은 자치권과 자유 허용. 프톨레마이오스 2세 때 히브리어와 아람어로만 기록되었던 성경을 그리스어로 번역한 '칠십인역' 탄생	안티오코스 4세가 내린 가혹한 일련의 칙령들로 인해 셀레우코스 통치에 대한 반발이 일어나게 되었고, 마침내 유대의 해방으로 이어짐

협을 예감한 셀레우키드는 주전 194년 자신의 딸 클레오파트라를 열일곱 살의 이집트 통치자와 혼인시킴으로써 프톨레마이오스 5세 에피파네스와 평화 조약을 체결하였다.

자신의 왕국 내에서 평화를 이룩한 안티오코스는 이제 소아시아와 그리스를 향해 서쪽으로 마음껏 영토를 확장할 자유를 누리게 되었다. 이러한 그의 활동은 당연히 로마에 대한 도전으로 인식되었다. 주전 190년에 마그네시아 아드 시필룸에서 안티오코스는 스키피오 아시아티쿠스가 이끄는 로마군과 격돌했다. 셀레우코스 군은 결정적인 패배를 당했다. 이로써 맺어진 아파메아 조약(주전 188년)에 따라 안티오코스는 소아시아 지역을 빼앗기게 되었다. 게다가 그는 함대 대부분과 전투용 코끼리를 양도해야만 했다. 로마는 그에게 과도한 전쟁 배상금을 부과했다(폴리비우스, 21.42; 디오도루스 시쿨루스, 29:10; 리비, 38.38; 아피아누스 《시리아 전쟁》 38-39). 그 배상금으로 인한 재정적 압박은 안티오코스의 파멸을 초래했다. 얼마 되지 않아 돈을 마련하기 위해 혈안이 된 왕은 엘리마이스에 있는 신전 보고를 약탈하였다. 그 와중에 그는 지방 폭도들의 습격을 받아 사망하였다.

안티오코스 대왕은 그의 아들 셀레우코스 4세 필로파토르에게 약화된 제국을 남겨주었다. 변화하는 운명의 바람은 예루살렘의 지도층 내부에 갈등을 야기하였다. 구레네키레네 출신 야손은 한 성전 관리인의 행동에 대해 다음과 같이 보고한다.

> 베냐민 가문 출신으로 성전의 관리 책임자(참고. 렘 20:1; 대하 24:11, 칠십인역)였던 시몬이라는 자가 있었는데, 이 도성의 시장 운영과 관련하여 대사제[오니아스 3세]와 의견 대립을 보였다(마카베오하 3:4).

시몬은 오니아스와의 분쟁에서 이길 수가 없게 되자 당시 페니키아와 시리아의 총독이었던 다소 출신 아폴로니우스에게 호소하였다. 시몬은 오니아스가 예루살렘 금고에 엄청난 자금을 모아놓았다고 고발하였다. 당시 정치적으로나 경제적으로 위기에 몰려 있던 셀레우코스 왕국은 시몬이 기대했던 대로 반응해주었다. 셀레우코스는 그의 재무장관 헬리오도루스를 예루살렘으로 파견해서 금고를 압류해 오도록 했다. 오니아스는 헬리오도루스의 시도를 막기 위해 "금고의 돈이 일부는 과부와 고아들을 위한 기금이고, 일부는 이수스야도비야의 아들로서 높은 지위에 있는 히르카노스의 기금"(마카베오하 3:10-11)이라고 설명했다. 계속해서 그는 시몬이 아폴로니우스에게 거짓 진술을 했다고 말했다.

그럼에도 불구하고 헬리오도루스는 왕의 칙령이 포고되었으므로 금고를 조사해야 한다고 주장하였다. 헬리오도루스가 성전 금고를 몰수하려다 실패한 사건에 관한 역사적인 사실은 성전으로 들어간 셀레우코스 재무장관에게 두려움에 떨게 만든 환영이 나타났다는 전설 속에 묻혀버렸다. 제사장들과 백성들은 하나님이 간섭하셔서 헬리오도루스의 시도가 수포로 돌아가도록 해달라고 열정적인 기도를 한 것으로 묘사되었다.

> 그러자 갑자기 [헬리오도루스가] 쓰러지고 짙은 어둠이 그를 덮었다. 사람들이 그를 들것에 올려놓았다. 그들은 무기를 내려놓고, 조금 전에 그 많은 수행원과 그 모든 호위병을 거느리고 앞에서 말한 금고에 들어갔다가 이제는 자기 몸도 가눌 수 없게 된 그를 옮겨갔다. 모두 하느님의 권능을 똑똑히 깨달았던 것이다(마카베오하 3:27-28).

헬리오도루스의 실패가 어떤 이유에서였든 간에 시몬은 "헬리오도루스를 부추겨 그 불행한 일을 불러들인 장본인이 오니아스"(마카베오하 4:1)라고 모함하였다. 대제사장은 자신이 왕에게 직접 말하지 않는 한, 시몬의 모함과 선동이 사라지지 않을 것임을 알고서 그렇게 하려고 했다. 그러나 오니아스가 셀레우코스에게 개인적으로 호소하기 전에 왕이 살해되었다. 그 후 오니아스는 안디옥으로 가서 호소했으나 성공하지는 못한 것 같다. 왜냐하면 오니아스는 예루살렘으로 돌아오지 못했기 때문이다. 메넬라오스와 안드로니코스를 포함한 이야기에서 오니아스는 "안티오키아안디옥 근처에 있는 다프네라는 신성한 도피처로 들어가"(마카베오하 4:33) 있다고 전해진다.

오니아스가 히르카노스의 재물이 성전 금고 안에 보관되어 있다고 언급한 것은 예루살렘의 정치적 음모의 중심에 놓여 있는 정치적인 분란이 어떤 것이었는지 암시해주는 것일 수도 있다. 토비야의 친親프톨레마이오스 성향이 잘 알려져 있었음에도 불구하고 오니아스는 셀레우코스 재무장관 앞에서 히르카노스에게 대단한 존경을 표했다. 히르카노스의 재산이 예루살렘 성전 안에 보관되어 있었다는 바로 그 사실은 요셉과의 관계가 소원했던 그 아들이 오니아스 가문 제사장과 좋은 관계에 있었음을 보여준다. 요세푸스도 이와 마찬가지로 여론에 변화가 있었음을 증언해준다(《고대사》 12:237-241).

일찍이 백성들은 히르카노스와 그의 친 프톨레마이오스 파에 맞서 친 셀레우코스 성향의 오니아스 제사장들과 요셉의 나이 많은 아들들을 지지하였다. 안티오코스 4세 에피파네스가 즉위한 이후 어느 시점에서, 대중과 오니아스 가문은 다시 히르카노스를 지지하고, 토비야 가문이나 그들의 친 셀레우코스 지지자들, 예를 들면 시몬, 메넬라오스, 리시마코스를 더 이상 지지하지 않았다. 토비야 가문은 안티오코스에게 "그들은 그들 나라의 율법과 율법에 따르는 생활방식을 버리고 왕의 법도와 그리스 생활방식을 따르고 싶어 한다"(《고대사》12:40; 참고.《전쟁》1:31-32)고 말한 사람들로 보인다.

셀레우코스의 뒤를 이어 주전 175년 그의 형제인 안티오코스 4세 에피파네스가 왕위를 계승했다(폴리비우스, 26; 리비, 41.20; 디오도루스 시쿨루스, 29.32; 31.16). 그는 재정적으로 심각한 상태에 있는 왕국을 상속받았고, 이러한 곤경이 예루살렘에 대한 그의 정책을 형성하는 데 영향을 미쳤을 것이다. 안디옥에서 있었던 정치적 변화는 예루살렘에 여러 음모가 판을 치게 하였다.

> 오니아스의 동생 야손이 부정한 방법으로 대사제직을 차지하였다. 야손은 임금을 알현하는 자리에서, 은 삼백육십 탈렌트와 또 다른 수입에서 팔십 탈렌트를 바치겠다고 약속하였다(마카베오하 4:7b-8).

헬라 세계에서 제사장직을 매매하는 일이 드문 것은 아니었지만, 예루살렘의 대제사장이 거래의 대상이 된 것은 이것이 처음이었다(참고. 마카베오하 11:3). 더욱이 이것은 안티오코스 대왕이 "그리고 그 나라의 모든 백성은 그들 나라의 법에 상응하는 정부의 형태를 갖게 될 것이다"(《고대사》12:142)라고 했던 내부 자치 약속을 파기하는 것을 의미했다. 야손이 이끄는 파벌은 전통적인 유대 관습을 선호했던 더 보수적인 집단들의 반대를 무릅쓰고 예루살렘 사회에 헬레니즘을 도입하기로 결정했다.

새 대제사장의 의도는 단순히 대제사장직을 얻는 것에 그치지 않았다. 그는 예루살렘을 헬레니즘 도시로 변형시키고 싶어 했다.

> 그것에 덧붙여, 자기의 권한으로 체육관과 청년 학교를 설립하고 예루살렘 주민들을 안티오키아 시민으로 등록하도록 임금이 승낙해준다면, 백오십 탈렌트를 더 바치겠다고 언약하였다. 임금의 허락을 받은 야손은 그 직위에 오르자마자 동족의 생활 방식을 그리스 식으로 바꾸었다(마카베오하 4:9-10).
>
> [안티오코스는] 이 말이 마음에 들어, 백성 가운데 몇 사람이 임금에게 기꺼이 나아가자, 그는 그들에게 이민족들의 규정을 따라도 좋다는 허락을 내렸다. 그리하여 그들은 이민족들의 풍습에 따라 예루살렘에 경기장을 세우고, 할례 받은 흔적을 없애고 거룩한 계약을 저버렸다. 이렇게 그들은 이민족들과 한통속이 되어 악을 저지르는 데에 열중하였다(마카베오상 1:12b-15).

야손은 왕에게 예루살렘의 지위를 헬라의 폴리스로 바꾸어달라고 간청했다. 그 도시는 왕의 이름을 따라 새로운 이름을 갖게 될 것이며 그곳의 시민은 안티오코스의 사람들로 알려지게 될 것이다(마카베오하 4:19). 이 목표를 이루기 위해서 대제사장은 프톨레마이오스 및 셀레우코스 통치자들과 맺어 오랫동안 유지되어 오던 조약, 곧 유대인 조상들의 관습을 그 땅의 법률로 여기기로 한 합의 사항을 파기해 달라고 요구했다(마카베오하 4:10).

체육관김나시움과 청년 학교에페베임는 예루살렘 변두리가 아닌 도시 중심에 세워졌다. 이러한 여러 시설들은 그 거룩한 도시 안에서 이루어지던 생활의 본질 자체를 변화시키려는 의도를 가지고 있었다.

> 그리하여 사제들은 제단에서 봉사하는 일에 열성이 없어져, 성전을 경시하고 희생제물 바치는 일을 소홀히 하였다. 징이 울리기가 바쁘게 그들은 레슬링 경기장으로 달려가 법에 어긋나는 경기에 참여하였다. 그들은 이렇게 조상들이 명예롭게 여긴 것을 멸시하고, 그리스인들이 영광스럽게 여기는 것을 가장 훌륭하다고 생각하였다(마카베오하 4:14-15).

3년 후에는 야손 자신이 친 헬레니즘 파들에게 버림을 받았고, 음모의 희생자가 되었다. 토비야 가문 귀족층은 메넬라오스를 지지했다(《고대사》12:239-240). 그는 시몬의 형제로 대제사장직을 확보하려 하였다. 메넬라오스는 야손이 안티오코스에게 바치는 조공을 전달하기로 되어 있었다. 그러나 그는 대제사장을 배신했다. "그런데 메넬라오스는 임금에게 인도되자 자신을 권위 있는 것처럼 내세우고, 야손보다 은 삼백 탈렌트를 더 바쳐 대사제직을 확보하였다"(마카베오하 4:24). 야손은 친 셀레우코스 헬라주의자들에 의해 권력을 차지했지만, 오니아스 가문과 히르카노스 사이에 계속되었던 친밀한 관계는 그를 의심하게 만들었을 것이다. 그러한 상황 아래서 면직된 제사장은 요단 동편, 암몬 땅(마카베오하 4:26)으로 도망갈 수밖에 없었다. 그는 그곳에서 친 프톨레마이오스 파인 히르카노스에게서 피난처를 구하려고 했던 것으로 보인다.

메넬라오스의 새로운 지위는 왕에게 바치는 조공을 늘이겠다는 조건으로 획득한 것이었다. 마카베오기 하에 따르면 이 제사장은 약속한 공물을 바치지 않은 것 때문에 안디옥으로 소환되었다(마카베오하 4:27-28). 메넬라오스는 자신이 그 대제사장직을 얻었을 때와 똑같은 방식으로 배신을 당하지 않기 위해 직접 왕의 금고에 공물을 가져가려고 했을지도 모른다. 자금이 부족하자 그의 형제이자 대리인인 리시마코스는 메넬라오스의 과도한 공물을 조달하느라 성전에 있는 금 그릇들을 훔쳤다.

앞에서 말한 바와 같이 이전 대제사장 오니아스는 다프네에 있는 아폴로와 아르테미스 신전의 성소에 있었다. 오니아스는 메넬라오스의 범죄 소식을 듣고 안드로니코스 앞에서 그 제사장을 비난했다. 그때 안티오코스는 길리기아에 있었으므로 안드로니코스는 그의 대리인 직무를

▼ 스키토폴리스 유적지에 있는 원형극장

안티오코스 4세의 이집트 원정 \ 주전 170–167년

맡고 있었다. 메넬라오스는 오니아스의 고발을 되받아쳐 안드로니코스에게 뇌물을 주고 오니아스를 살해하도록 했다(마카베오하 4:24). 길리기아에서 돌아온 안티오코스는 안드로니코스의 배신에 대해 들었고, 그 책임을 물어 오니아스가 살해된 그 자리에서 자신의 대리인을 처형했다(마카베오하 4:38; 대조. 《전쟁》 1:33, 7:423; 《고대사》 12:337; 디오도루스 시쿨루스, 30.7.2). 그러나 가장 중요한 인물인 메넬라오스는 오니아스 살해와 예루살렘 성전 약탈, 두 범죄 모두의 공모자로서 받을 형벌을 피해 달아났다.

리시마코스는 그렇게 운이 좋지 못했다. 리시마코스의 불법 행위가 대중에게 알려졌을 때 예루살렘에 폭동이 일어났고, 그는 성전 금고 근처에서 폭도에 의해 살해되었다(마카베오하 4:39–42). 예루살렘에서 온 사절단이 두로에 있는 안티오코스 앞에 메넬라오스에 대한 고발장을 제출하여서, 그가 리시마코스의 도둑질에 참여하였다고 주장했다. 대제사장은 뇌물을 주고 책임을 모면했고 석방되었다. 안티오코스는 메넬라오스의 혐의를 풀어주었을 뿐만 아니라, 예루살렘에 온 그의 고발자들을 처형했다(마카베오하 4:43–50).

이때 이집트는 연약한 소년 왕 프톨레마이오스 6세 필로메토르가 통치하고 있었고, 안티오코스는 이집트를 침략할 기회를 엿보고 있었다. 그는 주전 170/169년 제6차 시리아 전쟁에 착수하여 펠루시움에서 프톨레마이오스 군대를 격퇴하였다. 안티오코스는 계속 진격해서 이집트의 고대 수도 멤피스를 정복했다. 그러나 그는 알렉산드리아에서 격퇴당해 시리아로 철수하지 않을 수 없었다. 퇴각하는 도중에 자금이 필요해진 안티오코스는 예루살렘을 방문했다. "임금은 그것으로 만족하지 않고, 법과 조국의 배반자가 된 메넬라오스의 인도를 받아 무엄하게도 온 세상에서 가장 거룩한 성전으로 들어갔다"(마카베오하 5:15).

> 안티오코스[에피파네스]가 성전을 약탈한 것은 사악한 일이었다. 그가 성전을 침범한 것은 다름 아닌 곤궁함 때문이었다. 그가 공공연한 대적이 아니었을 때, 그는 자신의 동맹이자 친구인 우리를 공격했고, 거기서 조롱거리가 될 만한 것은 아무것도 발견하지 못했다(《아피온 반박문》 2:83).

안티오코스는 이듬해인 주전 168년에 제2차 원정을 시도했고, 다시 멤피스를 점령했다. 알렉산드리아를 포위 공격하는 동안 로마 원로원에서 파견한 한 특사가 도착했다. 그는 안티오코스에게 그곳에서 철수해서 자기 나라로 돌아가라는 명령을 전했다(폴리비우스, 29.27; 디오도루스 시쿨루스, 31.2; 리비, 45.12; 아피안 《시리아 전쟁》 66; 유스티누스 《개요》 34.3). 이로써 이집트를 자신의 왕국에 병합시키려는 셀레우코스 왕의 노력은 실패로 끝나고 말았다.

왕이 이집트 정복에 실패하자 그가 이집트 원정에서 살해되었다는 잘못된 소문이 떠돌았다. 그러자 면직된 대제사장 야손은 그 지역의 세력 균형에 변화가 일어났다고 잘못 판단하고는 예루살렘을 다시 차지했다. 이에 메넬라오스는 예루살렘 요새로 피해야만 했다(마카베오하 5:5). 결국 야손은 다시 예루살렘을 포기하고 암몬 지역으로 도망가야 했다(마카베오하 5:7). 그러나 안티오코스의 보복이 예상되자 토비야 가문의 히르카누스는 자살했다. 이로 인해 야손은 무방비상태로 남겨졌고, 이집트로 도망을 갔다. 그곳에서 야손은 결국 다시 스파르타로 갔고 유랑 중에 죽었다(참고. 마카베오상 12:7).

안티오코스는 유대에서 소요가 일어났다는 소식을 듣고 노골적인 반역이 일어났다고 생각했다. 그는 이집트에서의 반전이 그의 백성들에게 그가 연약하다는 인상을 주는 것을 허용할 수 없었다.

> 이 일에 관한 보고가 임금에게 들어가자 그는 유다인들이 반란을 일으켰다고 생각하였다. 그래서 그는 야수처럼 격분한 마음으로 이집트에서 돌아와 이 도성을 무력으로 점령해 버렸다. 그러고 나서 걸리는 사람마다 사정없이 칼로 쳐 죽이고 집으로 들어간 이들도 학살하라고 군사들에게 명령하였다. 그리하여 젊은이와 늙은이를 살해하고, 여자와 아이를 도륙하고, 처녀와 젖먹이를 살육하는 일이 자행되었다. 단 사흘 만에 팔만 명이 살해되고 사만 명이 백병전으로 죽었다. 노예로 팔려 간 사람도 살육당한 사람만큼 많았다(마카베오하 5:11-14).

마카베오기 상의 저자는 "안티오코스는 강력한 군대를 이끌고 이스라엘과 예루살렘으로 올라갔다"(1:20)고만 기록한다. 마카베오기 하의 기초 자료를 남긴 구레네키레네 사람 야손은 다른 고대 역사가들과 마찬가지로 예루살렘의 살육을 과장해서 묘사하였다. 그러나 안티오코스가 예루살렘에서 일어난 항쟁에 무력으로 응답했다는 사실을 의심할 이유는 거의 없다. 두 기록 모두 안티오코스가 성전에 들어가서 행한 성전 모독을 격분에 차서 자세히 설명했다.

> 그는 거룩한 기물들에 부정한 손을 대고, 다른 임금들이 그곳의 발전과 영광과 영예를 위하여 바친 예물들을 더러운 손으로 휩쓸어 갔다. … 이렇게 하여 안티오코스는 성전에서 천팔백 탈렌트를 실어 내어 안티오키아로 급히 돌아갔다. 그는 오만하게도 뭍에다 배를 띄우고 바다를 걸어갈 수 있다고 생각하였다. 그만큼 의기양양하였던 것이다(마카베오하 5:16, 21; 마카베오상 1:21-23).

왕은 이제 다시는 유대에서 반란이 일어나지 않도록 하기 위해 몇 가지 조치를 취하였다. 그는 미시아 출신 장군인 아폴로니우스를 대규모 군대와 함께 파견했다(마카베오상 1:29-30; 마카베오하 5:24). 그는 셀레우코스 통치자에 대한 유대 백성의 충성심을 지속시키기 위한 조치도 취했다. 마카베오기 상은 그때에 "그들은 튼튼한 성벽을 높이 쌓고 견고한 탑을 세워 다윗 성을 재건하고, 자기들의 성채로 삼았다"(1:33)고 기록한다. 이에 더하여 안티오코스는 요새들 안에 외국인 병사들로 구성된 수비대를 주둔시켰다(마카베오상 1:38). 셀레우코스 왕의 명령에 따라 아폴로니우스가 행한 이상의 두 가지 조치들은 분명 앞으로 몇 십 년 동안 예루살렘 백성들을 자극하게 될 것이었다.

지역 시민들로부터의 반발은 예상한 대로였다. 마카베오기 상은 예루살렘 주민들 일부가 도망간 일을 묘사하고 있다. 그들은 거룩한 도시로 이방인의 관습이 유입되는 것을 참을 수가 없었다.

> 그들은 성소 둘레에서 무고한 피를 흘려 성소를 더럽혔다. 그들 때문에 예루살렘의 주민들이 달아나 예루살렘이 이민족들의 거처가 되고 제 고장 사람들에게 낯선 곳이 되어버렸다. 예루살렘의 자녀들이 제 땅을 버리고 떠나갔다(마카베오상 1:37-38; 참고. 마카베오하 5:27).

그러나 메넬라오스와 그의 편에 선 사람들에게 외국인과 그들의 관습을 예루살렘으로 들여오는 일은 야손이 예루살렘을 진정한 그리스 도시로 변형시키려고 처음 시작했던 헬라화 조치의 연속일 뿐이었다.

▲ 셀레우코스의 전투용 코끼리

학계는 안티오코스 4세 에피파네스가 내린 일련의 가혹한 칙령들의 기원과 의도에 대해 논쟁을 벌이고 있다. 확실히, 유대 종교에 대한 왕의 불관용은 그가 왕국 내 다른 민족을 대할 때의 태도와 비교해보면 예외적이다. 그러나 아마도 왕이 생각하기에, 유대인들의 조상 대대로의 관습이 방해받지 않은 채 계속되게 해주겠다는 왕실의 보증은, 자기 백성들의 생활양식을 그리스 식으로 바꿔달라는 야손의 요청(마카베오하 4:10)을 들어줌으로써 취소되어버린 셈이었다.

마카베오기 상의 저자는 새로운 상황 전개에 모두가 괴로워한 것은 아니었다고 본다. "이스라엘에서도 많은 이들이 임금의 종교를 좋아하여, 우상들에게 희생제물을 바치고 안식일을 더럽혔다"(1:43). 그러나 대부분의 사람들에게는, 사형의 위협으로도 그들이 경건한 언약을 더럽히고 왕의 말에 주의를 기울이도록 설득할 수 없었다.

> 임금은 사신들을 보내어 예루살렘과 유대의 성읍들에 이러한 칙서를 내렸다.
> 유대인들이 자기 고장에 낯선 관습을 따르게 할 것.
> 성소에서 번제물과 희생제물과 제주를 바치지 못하게 하고, 안식일과 축제를 더럽힐 것.
> 성소와 성직자들을 모독할 것.
> 이교 제단과 신전과 우상을 만들고, 돼지와 부정한 짐승을 희생제물로 바칠 것.
> 그들의 아들들을 할례 받지 못하게 하고, 온갖 부정한 것과 속된 것으로 그들 자신을 혐오스럽게 만들도록 할 것.
> 그리하여 율법을 잊고 모든 규정을 바꾸게 할 것.
> 임금의 말대로 하지 않는 자는 사형에 처할 것(마카베오상 1:44-50).

왕의 칙령으로 생겨난 일들은 마카베오기 상과 마카베오기 하, 그리고 요세푸스의 저작에 기록되어 있다(《고대사》 12:248-256). 마카베오기 상 1장 54절에 따르면, 주전 167년 키슬레브 월 15일에 예루살렘 성전에서 부정한 짐승들로 희생제사를 드리는 신성 모독 행위(참고. 단 12:11)가 제단 위에서 이루어졌다. 예루살렘 성전은 이제 올림푸스 산의 제우스에게 봉헌되었다. 도처에 다른 제단들이 세워졌으며 율법서들이 불태워졌다(마카베오상 1:54-55). 만일 어떤 이가 율법서를 소지하거나 율법을 실행하는 것이 발각되면 사형에 처해졌다(마카베오상 1:57). 자기 아들들에게 할례를 행한 여자들까지도 사형을 당했다(마카베오상 1:60).

안티오코스는 그의 포고령들이 의도하지 않은 결과를 가져올 것이라는 점을 알지 못했다. 강요된 이방 관습과 제도들은 유대 백성의 헬라화를 진척시키기보다는 셀레우코스 통치에 대한 반발을 강화시켰으며, 마침내 유대 민족의 해방으로 이어졌다.

13

|CHAPTER|

THE HASMONEAN STRUGGLE FOR INDEPENDENCE

독립을 위한 하스몬 가문의 항쟁

(주전 167-142년)

셀레우코스 왕조의 헬라화 정책에 대한 반발은 안티오코스 4세 때 무력 저항으로 촉발되었다. 신축된 이교 제단에 희생 제사를 드리라는 황제의 칙령은 예루살렘 북서쪽에 위치한 모데인에서 이 마을의 제사장이자 지도자인 마타티아스에 의해 첫 저항을 맞는다. 이후 그의 아들들인 유다, 요나탄, 시몬에 의한 끈질기고도 긴 무력 저항의 첫 시작이었던 것이다. 때로는 기습전과 게릴라전으로, 때로는 지형 전술로 셀레우코스 군대에 효과적으로 맞섰는데, 점차 한 가문의 투쟁에서 한 민족의 항쟁으로 발전했다.

SHECHEM, A TRANSPORTATION POINT OF SAMARIA

사마리아 지역의 교통 요지 세겜

하스몬 가문 반란의 시작 \ 주전 167년

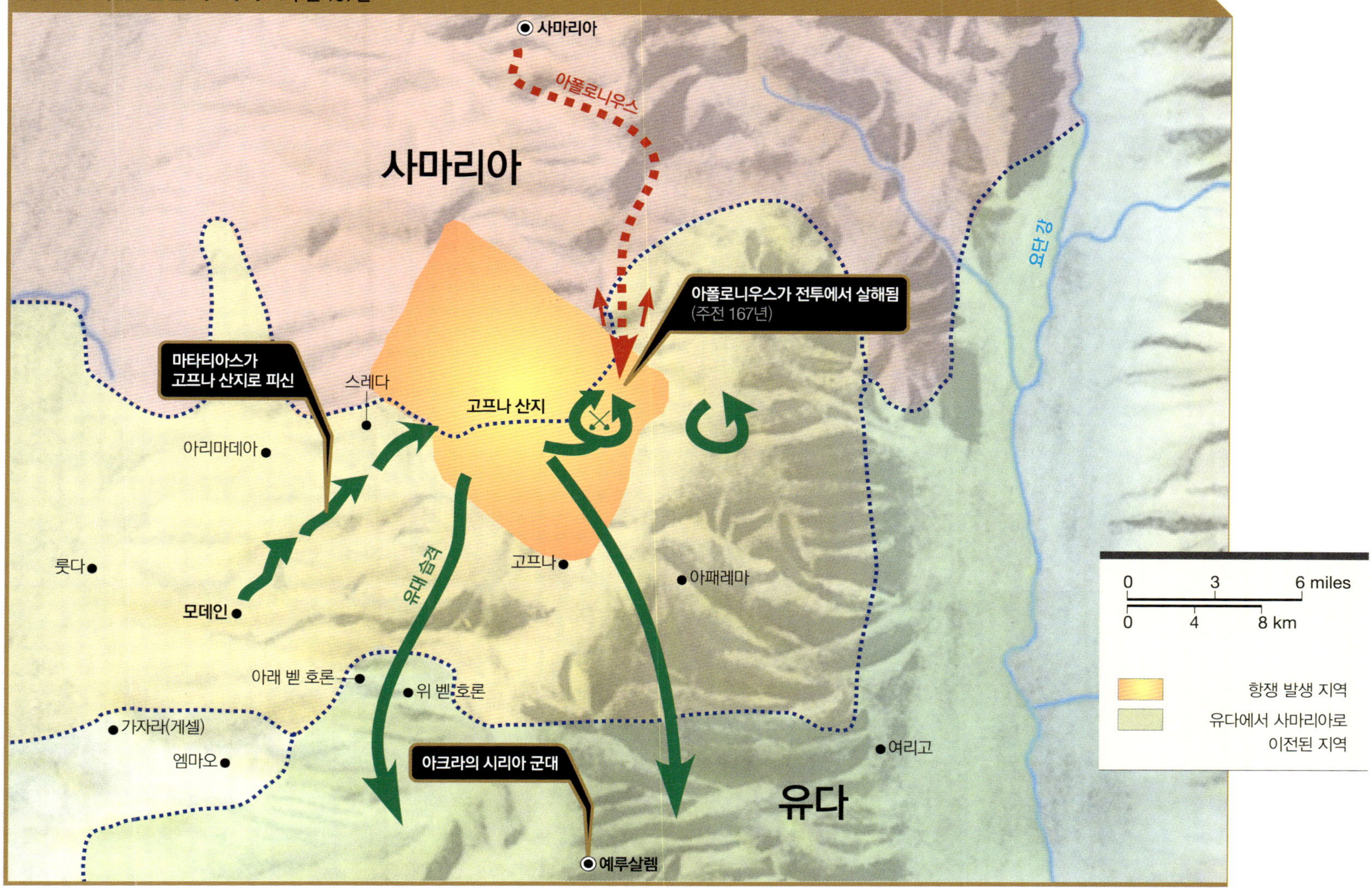

헬라화를 목적으로 한 안티오코스 4세의 원정에 대한 반응은 신속하고 강렬했다. 요세푸스의 저작들과 마카베오기 상은 룻다로드 근처에 있는 현대의 엘 미드야, 즉 모데인(유세비우스 《지명록》 132:16) 마을의 제사장이자 지도자인, 요하난의 아들 마타티아스맛다디아스[1]가 왕의 칙령에 복종하라는 강요를 당했던 첫 번째 사람들 중 하나였다고 말한다(《고대사》 12:265-271). 모데인의 위치는 일찌감치 제국의 강압 정치가 행해진 데 어느 정도 기여했을 것이다. 모데인은 지리적으로 분명하게 구별되는 세 지역의 중간 지역에 위치하고 있다. 이곳은 세펠라의 북동쪽 경계선을 이루고 있다. 모데인에서 북쪽으로 1.6킬로미터 떨어진 곳은 유다 세펠라 산지의 북쪽 경계선인 와디 엔 나투프이다. 모데인의 북쪽과 동쪽 지역은 사마리아 산지의 서쪽 경사면이다.

셀레우코스 왕조는 공동체 내에서 갖는 마타티아스의 지도자적 지위가 다른 사람들에게 영향을 주어서 그들이 복종할 수 있게 되기를 바랐다(《고대사》 12:268). 그러나 그는 거절했으며, 그의 동포 하나가 모데인에 신축된 이교 제단에서 희생제사를 드리려고 나아가자 그 자발적인 제의자와 황제의 사절 둘 다를 살해했다(마카베오상 2:23-26).

셀레우코스 왕조로부터 보복이 있을 것을 예상한 마타티아스는 아들들과 함께 근처의 사마리아 산지로 피신했다(마카베오상 2:28; 《전쟁》 1:36; 참고. 마카베오상 2:29; 마카베오하 5:27; 《고대사》 12:271). 마카베오기 상의 저자는 마타티아스가 피신한 장소를 구체적으로 언급하지는 않았다. 그러나 셀레우키드와 마카베오 군대 사이에 벌어진 초기 접전들 대부분은 예루살렘의 북쪽과 서쪽에서 발생했다. 후에 셀레우코스 장군 아폴로니우스는 자신의 군대를 사마리아 도시로부터 유다 마카베오가 활동하는 것으로 보이는 지역 근처로 남하시켰다(마카베오상 3:10; 참고. 마카베오하 15:1). 다른 기회에, 요세푸스도 유다가 사마리아 경계 안에 있는 고프나 지역으로 후퇴했다고 기록한다(《전쟁》 1:45).

셀레우키드의 첫 번째 보복은 사마리아의 광야 지역으로 물러났던 경건한 유대 가문들에게 가해졌다. 구레네키레네의 야손은 그들이 외진 동굴 안을 성소로 삼았던 이유는 부정하게 되는 것을 피하기 위해서였다고 기록한다(마카베오하 5:27). 그들의 의도는 또 다른 헬레니즘 시대의 한 제사장이 남긴 말에 반영되어 있을 수도 있다. 탁소Taxo는 그의 아들들을 다음과 같이 격려했다.

> 우리가 3일 동안 금식을 하자. 그리고 넷째 날에 그 지방에 있는 한 동굴로 나가자. 우리 조상의 하나님, 만주의 주께서 주신 계명을 범하느니 차라리 죽자(《모세의 증언》 9:6; 참고. 사 32장; 단 11:33).

그들의 분리는 순교나 금욕을 위한 것이 아니라 그 민족에게 악영향을 끼치는 영적인 오염으로부터 스스로를 멀리 하려는 바람에서였다.

1_마타티아스(Mattathias, ?-주전 166/165)
요하난의 아들로, 예루살렘 북서쪽의 작은 마을 모데인의 제사장이자 지도자였다. 셀레우코스 왕조의 안티오코스 4세가 내린 칙령에 따라 한 유대인이 이교 제단에 희생 제사를 드리려 하자 그 유대인과 함께 황제 사절까지 살해하였다. 곧바로 시몬, 요한, 유다, 엘르아살, 요나탄 등 다섯 아들을 데리고 사마리아 산지로 피신했으며, 이때부터 무장 저항이 시작되었다.

1_"마카베오가 조금씩 기반을 확보하고 더욱 자주 성공을 거두며 세력을 넓혀 가는 것을 보고, 필리포스는 코일레 시리아와 페니키아의 총독인 프톨레마이오스에게 편지를 써서 임금의 일을 도우러 와 달라고 하였다"(마카베오하 8:8).

2_프톨레마이스(Ptolemais) 구약의 악고(삿 1:31), 신약의 돌레마이(행 21:7)와 동일한 지역이다.

마카베오기 상의 저자는 이 경건주의자들을 하시드인들 Hasideans이라는 기원이 알려지지 않은 헬라어로 불렀다. 아마도 그 말은 히브리어 '하시드 *ḥasid*'를 헬라어로 만든 것 같다. 이 엄격한 유대 가문들은 유대교 안식일을 비밀리에 준수하기 위해 동굴에 숨었고(참고. 마카베오하 6:11) 안티오코스의 금지령에 따르기를 거부했다. 셀레우코스 군대는 하시드인들에게 항복하고 동굴에서 나오라고 촉구하였다. 그러나 그들이 거부하자 셀레우코스 사람들은 그들을 밖으로 나오게 하기 위해 동굴 입구에 불을 질렀다. 안식일 규정에 대한 하시드인들의 엄격한 해석은 그들이 동굴 밖으로 나가는 것을 허용하지 않았다. "너희는 안식일에 각기 처소에 있고, 일곱째 날에는 아무도 그의 처소에서 나오지 말지니라"(출 16:29; 《고대사》 12:274). 그래서 그들은 동굴에 남아 있다가 모두 죽고 말았다(마카베오상 2:38; 《고대사》 12:275).

마타티아스는 안식일에 싸우기를 거부하는 일은 유대인 군대를 약화시킬 수 있다는 점을 깨달았다. "이 형제들이 한 것처럼 한다면, 우리가 모두 목숨과 규정을 지키기 위하여 이민족들과 싸우지 않는다면, 이제 곧 그들은 이 땅에서 우리를 몰살시킬 것이다"(마카베오상 2:40). 그 유대인 유격대는 조상의 전통을 고수하다가 생명을 잃어버리지 않기 위해서, 안식일에 방어 전투를 허용한다는 결정을 내렸다(마카베오상 2:41). 마타티아스는 남아 있던 하시드인들을 규합하고 지방에서 온 사람들을 모아서 셀레우코스 군대와 싸우기 위한 민중 봉기를 일으켰다. 그들은 사마리아 산지에 진지를 구축하고 셀레우코스 군대를 공격하는 한편, 이교 제단을 부수고 할례를 받지 않은 이스라엘 사람들에게 강제로 할례를 행하였다.

초기의 전투

고프나 전투(마카베오상 3:10-12; 《고대사》 12:287) 다음 해(주전 166/165년)에 마타티아스는 병들어 죽었다. 그의 셋째 아들 유다 마카베오(마카베오상 2:49-31)가 그의 뒤를 이어 지도자가 되었다. 사마리아 지역을 통치하는 '스트라테고스'인 아폴로니우스(《고대사》 12:287; 마카베오하 5:24)는 마타티아스가 죽었다는 소식을 듣자 유다와 교전하기 위해 군대를 징집해 출정했다. 이때에 그리고 앞으로 있을 여러 전투에서도 유다는 겨루어볼 만한 대적임을 입증했다. 마카베오기 상의 저자는 그의 첫 전투에 관해 아주 불충분한 묘사를 하고 있는 반면 마카베오기 하의 저자는 아예 그 전투를 생략해버렸다. 구체적인 기록이 없는 것을 보면, 이 전투에 대해 저자가 직접 알고 있었는지, 그리고 그 내용이 목격자의 진술에 근거한 것인지에 의문을 품게 만든다.

▲ 안티오코스 4세 에피파네스의 4드라크마 동전

아마도 아폴로니우스는 사마리아로부터 중앙 산마루 길을 따라 남쪽으로 향해 세겜을 거쳐 예루살렘 쪽으로 진군했을 것이다. 그 셀레우코스 장군은 '이민족들과 일부 사마리아인들'을 용병으로 고용했다. 이 헬라어 구절은 원래 '이방[인들의 갈릴리로부터] 그리고 사마리아로부터'라는 히브리어 구절이 훼손된 본문일 수 있다. 만일 그렇다면, 그 구절은 '이방인 지역'과 사마리아 산지가 인접해 있음을 가리키는 것일 수도 있다(아래 마카베오상 5:15에 관한 부분을 보라). 다른 사람들은 이 난해한 구절을 '이방인들, 즉 사마리아에 있는 자들'이라는 동격으로 해석하고, 그 구절은 제2성전 시대 유대 문헌에서 발견되는 사마리아인에 대한 경멸적인 표현에 속한 것이라고 주장한다(예를 들면, 집회서 50:26; 마 10:5).

▲ 유다 마카베오 군대가 주둔했던 위 벧 호론

아폴로니우스와 그의 군대는 후대에 고프나 지역이 된 아패레마 근처 에브라임 지역의 북쪽 경계를 건넜다. 이곳은 유대 정착지들이 시작되는 곳 부근이다(마카베오상 10:30; 11:34). 그곳에 거주하던 유대인들은 유다 마카베오에게 아폴로니우스가 전진한다는 경고를 보냈을 것이다(마카베오상 3:11).

직접적인 목격 증언이 없었던 마카베오기 상의 저자는 성경에 나오는 다윗과 골리앗의 싸움 이야기로부터 빌려온 언어로 많은 부분을 저술했다. 무력 충돌이 벌어지고 아폴로니우스가 죽었다는 역사적 사실에는 의문의 여지가 없지만, 이야기에 나오는 세부적인 묘사들은 확실성이 조금 떨어진다.

아폴로니우스의 군대는 패배했고 그 자신은 죽임을 당했다(참고. 삼상 17:50, 칠십인역). 셀레우코스 군인들이 바로 이웃 마을들로 탈출하였고 유다와 그의 부하들이 더 이상 그들을 추격하지 않았다는 점으로 볼 때, 그 접전이 사마리아의 남부 경계선을 따라 위치한 비유대 정착촌 가까이에서 벌어졌음을 알 수 있다. 대신에 그들은 아폴로니우스의 죽은 군인들로부터 전리품을 노략하였다. 마카베오기 상 저자에 따르면 유다는 아폴로니우스의 검을 취하였고 이후의 모든 전투에서 그것을 사용했다고 한다(《고대사》 12:287; 마카베오상 3:12; 참고. 삼상 17:51, 54; 21:10-11, 칠십인역).

벧 호론 전투(마카베오상 3:13-24; 마카베오하 8:1-7; 《고대사》 12:288-292) 이제 반란을 진압할 책임은 코일레 시리아와 페니키아의 총독, 도리메네스의 아들 프톨레마이오스에게 넘어갔다(마카베오하 8:8[1]). 그는 자신의 군대를 세론 장군의 휘하로 보냈다(마카베오상 3:13). 아마도 세론은 프톨레마이스[2] 혹은 도라에 주둔하고 있었던 것으로 보인다(참고. 스트라보, 《지리》 16.2.25; 디오도루스 시쿨루스, 16:41.3). 그 전투에 대한 유일한 기록은 마카베오기 상 3장 13-24절에 나온다. 또한 그것은 엠마오 전투에 대한 기록 앞에 유다의 업적을 간략하게 요약한 부분(마카베오하 8:1-7)에 암시되어 있다고 볼 수도 있다. 마찬가지로 요세푸스도 그 전투를 요약했다. 그러나 그는 마카베오기 상 3장 23절(참고. 3:17)을 잘못 읽어서 유다가 아래 벧 호론 아래에 있는 세론의 진영을 공격했다고 말하고 있다(《고대사》 12:288-292).

세론은 아폴로니우스를 배반한 것으로 입증된 산악 지역을 피했다. 대신에 그는 모래와 늪으로 이뤄진 샤론 평야와 사마리아 산지 사이를 따라 나 있는 더 널리 알려진 해안 도로로 접근했다. 룻다로드에서 세론은 유다의 고향인 모데인을 통과하거나 우회해서 동쪽으로 방향을 돌려 벧 호론 산등성이 길로 올라가기 시작했다. 역사적으로 이 도로는 예루살렘과 산지를 해안 평야 지대와 연결해주었다(《고대사》12:228).

마카베오기 상의 저자는 이 전투에 참가하지 않은 것으로 보인다. 왜냐하면 그는 다른 곳에서처럼 양쪽 군대의 규모나 군사 전략에 대한 상세한 정보를 제공하지 않고 있기 때문이다. '요시프폰'(17:24)은 하시드인들이 그 전쟁에 참여하지 않았다고만 전한다. 유다의 추종자들 사이에 있었던 두려움과 그가 군사들에게 자신감을 북돋우기 위해 했던 말을 보면 적군이 수적으로 매우 우세했다는 사실을 알려준다(마카베오상 3:17). 그럼에도 불구하고 유다의 군대는 높은 곳에서 공격할 수 있었고 기습을 할 수 있다는 점에서 결정적으로 유리했다.

유다는 셀레우코스 군대가 아래에서 전진하는 모습을 관찰할 수 있는 상부 벧 호론 근처에 자신의 군대를 주둔하였다(마카베오상 3:17). 유다는 산등성이까지 멀리 후퇴했다가 세론의 군대가 아래 벧 호론과 위 벧 호론 사이 어느 지점에 이르렀을 때 기습을 가했다. 이곳은 해발 700미터에 이르며 중앙 베냐민 고원 지대(712미터)로 이어진다. 세론은 성에 있는 헬라 군대가 포위당하지 않도록 이 도로를 지키고 싶었던 것이 분명하다.

유다와 그의 군대는 셀레우코스 군대를 급습했다(마카베오상 3:23; 참고. 수 10:9). 요세푸스는 세론이 전투 중에 죽었다고 전한다(《고대사》12:292). 이것은 "세론과 그의 군대가 [유다] 앞에서 무너졌다"(마카베오상 3:23)라는 보고에 대한 그 나름의 해석이다. 마카베오기 상 3장 23-26절에는 세론의 죽음에 대한 상세한 기록이 없지만 이어진 마카베오기 상/하에서나 요세푸스의 기록에서 그 셀레우코스 사람에 대한 언급이 없다는 사실은 요세푸스의 이해가 옳았음을 지지해준다. 장군이 죽자 시리아 군사들은 신속하게 벧 호론 산등성이 아래로 물러났다. 추격하는 유대 군대가 위쪽에서부터 가한 공격은 결과적으로 시리아 군대에 많은 사상자들을 내게 했다(마카베오상 3:24). 시리아 사람들은 유다와 그의 군대의 추격을 받아 해안 평야까지 도망갔다. 셀레우코스 사람들은 블레셋 땅에서 피난처를 구하기 위해 남쪽으로 방향을 돌렸다(마카베오상 3:41; 집회서 50:26; 헤로도토스《역사》3.5.1). 블레셋의 해안 도시들과 함께 이두매이두매아 서쪽 지역은 여전히 안티오코스와 셀레우코스 왕국과 동맹 관계에 있었다.

엠마오 전투(마카베오상 3:38-4:25; 마카베오하 8:8-29;《고대사》12:293-312) 세론이 패배했다는 소식이 안티오코스에게 전달되자 그는 "예루살렘을 멸망시키고 유대 종족을 말살하기로" 결심했다(《고대사》12:296; 마카베오상 3:35). 그러나 그는 재정적, 군사적 자원이 충분하지 않았다. 그는 반역한 동부 지역들에서 조공을 모으는 데 실패했다. 그의 재정적 궁핍은 널리 알려진 그의 사치스러운 생활로 더욱 악화되었다(폴리비우스, 26.1.8-11; 30.25.1-26.3). 게다가 안티오코스는 동부 지역에서 일어난 반란 때문에 유대 지역에 대하여 충분한 군사적 대응을 할 수가 없었다. 마카베오기 상의 저자는 안티오코스의 페르시아 원정이 단순히 제국의 국고를 채우기 위한 것이었다고 말하고 있지만, 왕이 동부 지역의 반란에 맞서기 위해 군대를 몸소 관리한 것 역시 반드시 필요한 조치 중 하나였다. 어쨌든 당분간 그는 이집트 경계까지 유프라테스 서쪽 지역과 자신의 아들 안티오코스 5세의 안녕을 친족 리시아스의 수중에 맡겼다(마카베오상 3:32;《고대사》12:295).

다시 한 번 리시아스는 프톨레마이오스에게 유대 항쟁을 진압할 책임을 맡겼다. 프톨레마이오스는 파트로클로스의 아들 니카노르(참고. 마카베오하 8:9)를 지휘관으로 하고 고르기아스를 부관으로 붙여 주었다. 그들은 세론이 택했던 샤론 평야를 통과해 해안 도로를 따라 엠마오키르벳 임와스에 도착했다.

구레네키레네의 야손은 셀레우코스 군대를 2만 명으로 추산하였다(마카베

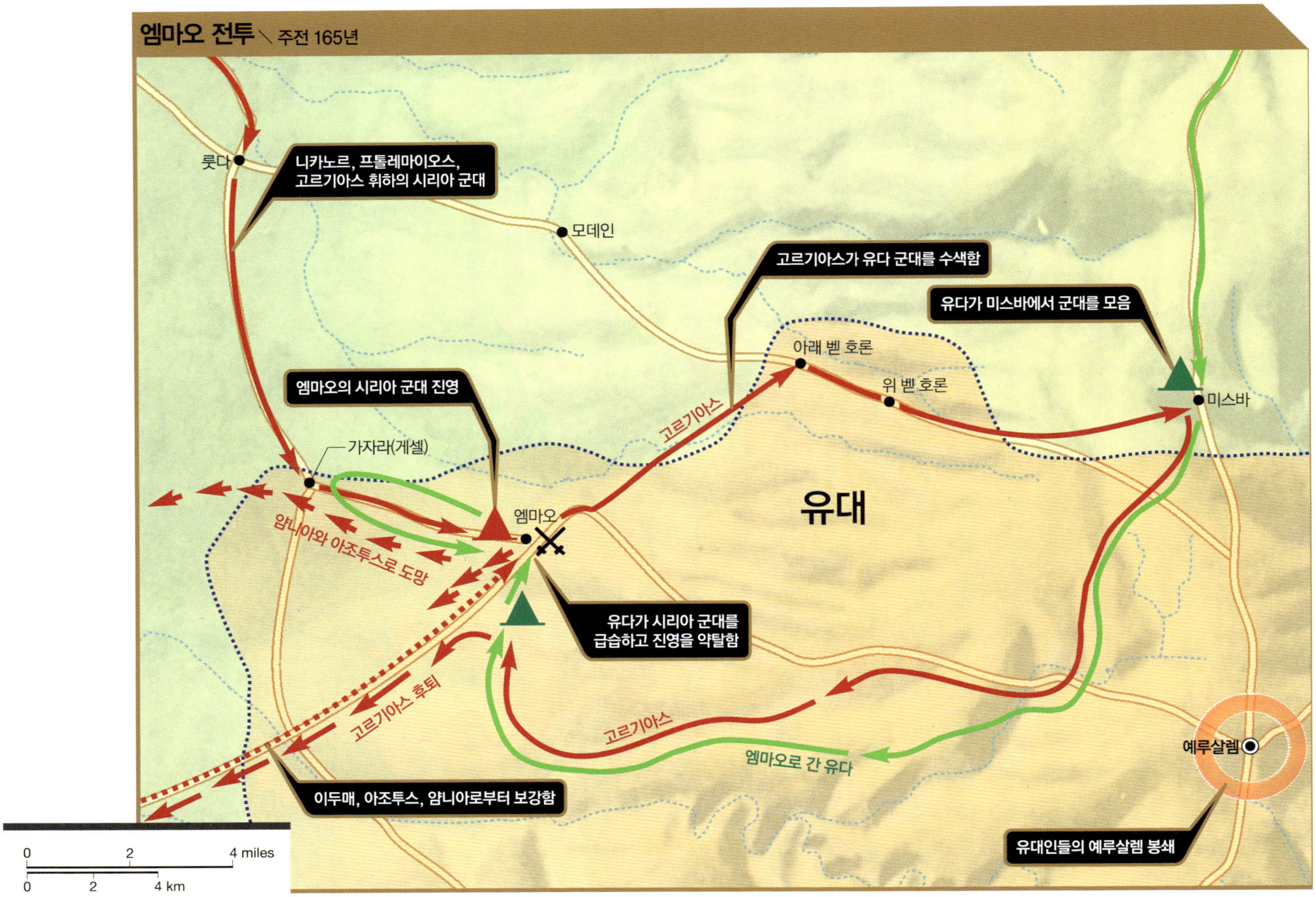

유다 군대
시리아 군대

오하 8:9). 마카베오기 상이 4만 7천 명(마카베오상 3:39)이라고 기술한 것은 다윗이 아람인들을 패배시킨 것에 대한 역대상 19장 18절의 영향으로 부풀려졌을 것이다. 니카노르는 그의 선임자들이 범했던 실수로부터 배웠다. 아폴로니우스는 북쪽의 분수령 길을 따라 접근하는 동안 복병의 공격을 당했다. 세론도 똑같이 서쪽 접근로인 벧 호론 산마루 길로 올라가는 동안 기습을 당했다. 두 경우 모두 산지라는 지형적 특성과 기습 공격은 시리아의 수적 우세를 경감시켰다.

니카노르는 '평야 지대에 있는 엠마오 부근'(마카베오상 3:40)에 진영을 차렸다. 이 지점에서 그는 군사 전략에 가장 적합한 시간과 오르막길을 선택할 수 있었다. 또한 그가 차지한 자리는 해안 평야를 지나 북쪽으로 이어지는 통신망과 보급선을 확보할 수 있게 해주었다. 이것은 베스파시아누스의 로마 군대가 예루살렘의 공격을 준비할 때 사용했던 바로 그 장소였을 것이다(《전쟁》 4:444-445; 5:67). 그럼에도 불구하고 마카베오기 상의 저자는 진영의 위치가 엠마오가 아니라 그 부근이었다고 분명히 밝힌다. "그들이 멀리 엠마오 도시까지 갔을 때 그들은 평야에 진을 쳤다"(참고. 《고대사》 12:298). 학자들은 니카노르가 평야에 그의 군대를 주둔시켰던 정확한 장소가 어디인지에 대해 서로 다른 견해를 보인다. 혹자는 셀레우코스 진영이 아얄론 골짜기에 있었다고 한다. 거기서 셀레우코스 군대는 이두매와 블레셋 해안 평야에 온 동조자들과 합류하였는데, 그들은 사로잡힌 유대 전사들을 거래하는 노예무역에 편승할 희망을 갖고 온 지방 무역상들이었다.

유다는 미스바, 즉 텔 엔 나츠베에 자신의 군대를 모았다(마카베오상 3:46). 미스바는 예루살렘 맞은편에 있는 중앙 베냐민 고원 지대의 북쪽 가장자리에 위치하고 있다. 저자는 "전에 미스바에 이스라엘의 기도소가 있었다"고 추억함으로써, 사무엘이 언약궤를 찾은 후 미스바에서 기도할 것을 요구했던 일을 회상했다(삼상 7:5-11).

유대인의 군대가 미스바에 모였다는 말이 성채에서 온 사람들을 통해 셀레우코스 군대에 전해졌다(마카베오상 4:1-2). 시리아는 군대를 둘로 나누었고, 고르기아스는 야간에 보병과 기병을 이끌고 미스바에 있는 유다를 습격하여 선수를 치고자 했다. 고르기아스 군대가 접근해 오고 있다는 소식을 들은 유다는 어둠을 의지하여 기럇여아림 산등성이 아래로 내려간 다음 새벽이 오기 전에 '엠마오 남쪽'에 진을 쳤다(마카베오상 3:57). 요세푸스는 고르기아스가 밤에 행군하기 이전에 유다가 이미 엠마오에 도착했었다는 인상을 주는 마카베오기 상의 혼란스러운 연대기를 수정했다.

> 그러나 적군은 고르기아스에게 5천 명의 보병과 1천 명의 기병을 주어 밤에 유다를 덮치도록 보냈다. … 그리고 이러한 사실을 알게 된

> 마타티아스의 아들은 적군의 진영을 덮치기로 결정하였는데, 그들의 군대가 둘로 나누어져 있을 때 이 일을 하기로 했다. 그리하여 제때에 저녁식사를 하고 자기 진영 곳곳에 많은 불을 켜둔 후에, 그는 밤새도록 엠마오에 있는 적군을 향해 행군했다(《고대사》 12:305-306).

유다는 군대가 여전히 미스바에 머물고 있는 것처럼 적을 속이기 위해 모닥불을 피워놓고 떠났다. 미스바의 버려진 진영에 도착한 고르기아스는 유다가 부하들을 이끌고 산지 안전한 곳으로 도망을 갔다고 생각했다. 그러나 유다는 전진하는 고르기아스의 군대를 교묘하게 우회했으며, 엠마오에 있는 니카노르의 군대 남쪽에 도착했다. 그의 공격은 고르기아스가 선제공격을 위해 셀레우코스 군대를 나눈 점을 이용한 것이었다.

마카베오기 상의 저자는 유대 군대가 충분한 무장을 하지 못했음에도 불구하고 승리했다는 사실을 강조한다(마카베오상 4:6; 《고대사》 12:307). 요세푸스는 니카노르의 군대가 유다의 새벽 급습을 알아채지 못했다고 기록한다(《고대사》 12:308). 그래서 더 잘 무장하고 있었음에도 불구하고 시리아 군대는 패배했고, 니카노르는 겨우 탈출할 수 있었다. 나중에 그는 유다와 싸우기 위해 다시 돌아온다(마카베오상 7:26[1]). 다시 한 번 시리아는 셀레우코스 왕국과 동맹 관계에 있던 지역으로 도망치기로 한다. 그들은 가자라(텔 예제르, 구약의 게셀과 동일한 지역으로 보인다)를 통해 세펠라의 산마루 아래에서 탈출해서(마카베오상 9:52), 남쪽으로 블레셋 평야 지대로 방향을 돌려 얌니아와 아스돗 같은 해안 도시로 옮겨갔다(마카베오상 4:15). 유다는 이 적대적인 지역들까지 그들을 추격하지는 않았다. 대신 그는 남아 있는 고르기아스의 군대에 관심을 돌렸다. 엠마오 위쪽 산지에서 온 시리아 군대는 자신들의 주력 부대가 괴멸된 것을 보고서는, 싸워보지도 않고서 해안 평야 지대로 퇴각해버렸다.

벧술 전투(마카베오상 4:28-61; 마카베오하 11:1-4; 《고대사》 12:313-315) 셀레우코스 군대가 엠마오에서 패했다는 소식이 리시아스에게 전해지자, 그는 자기 휘하의 군대를 소집해서 이두매로 진군했다(마카베오상 4:29). 아얄론 골짜기의 가파른 지형과 깊은 협곡들은 산지 요새들에 있던 유다의 군대와 성공적인 교전을 시도하던 시리아 군대를 번번이 좌절시켰다. 유대 유격병들은 셀레우키드의 군사적 우위와 대등하게 맞서기 위해 지형적 이점을 활용했다. 이번에 리시아스는 다른 공격로를 선택하였다. 이전의 전투들에서 도망한 시리아 군사들은 이두매의 남서부 지역으로 가곤 했다. 그곳에서 그들은 마리사텔 찬다한나를 식민지로 삼은 헬라화된 시돈 사람들과 이두매 사람들 중에서 동맹자들을 발견했다(마카베오상 5:66; 마카베오하 12:35). 리시아스는 이 지역으로 진군해서 이두매 산지에 있는 분수령 길의 남쪽 연장선까지 접근할 지점으로 사용했다. 성서의 헤브론 가까이에 있는 산지의 높이는 예루살렘보다 높았다. 이점은 예루살렘으로 가는 셀레우코스 군대에게 또 하나의 이점을 제공해주었다. 유다의 파수꾼은 리시아스의 군대가 세펠라 지역을 거쳐 남쪽으로 이동하다가 남부 산지로 올라가는 과정을 주의 깊게 지켜보고 있었던 것이 분명하다(마카베오상 4:30).

일단 자신의 군대가 분수령 길의 고원 지대에 자리를 잡자, 리시아스는 예루살렘과 포위 상태에 있는 성채를 향해 접근할 수 있었다. 예루살렘을 향한 진격의 첫 단계는 벧술을 차지하는 것이었다. 마카베오기 하 11장 5절[2]은 벧술이 이미 요새화되어 있었고 리시아스의 진격에 저항했었다는 인상을 남긴다. 마카베오기 상에 있는 좀 더 신뢰할 만한 증언은 "그들이 이두매아이두매로 들어가서 벳 추르벧술에 진"(4:29)을 쳤다고만 하여 중요한 전투에 대한 어떤 암시도 주지 않는다. 더욱이 마카베오기 상은 유다가 벧술을 요새화했다는 내용을 리시아스의 패배 이후로 기록하고 있다. "유다는 그곳을 지킬 군대도 배치하였다. 그리고 나서 벳 추르벧술의 수비를 강화하여 백성에게 이두매아 쪽 요새를 마련해주었다"(4:61). 유다는 리시아스가 예루살렘에 가한 위협을 인식하여 전진하는 셀레우코스 군대를 상대할 군대를 소집했다. 불행히도 우리가 가진 자료에는 역사적인 세부 사항들이 아주 조금밖에 남아 있지 않다. 마카베

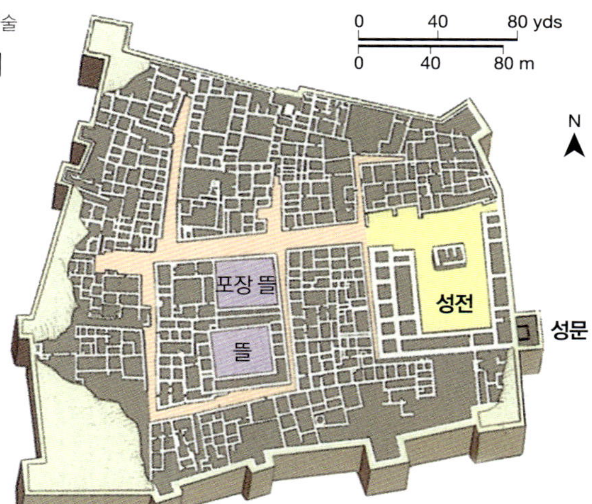

헬레니즘 시대 마리사(마레사) 설계도 ▲

1_"임금은 자기의 훌륭한 장수들 가운데 하나인 니카노르를 보내며, 이스라엘 백성을 멸망시켜 버리라고 명령하였다. 니카노르는 이스라엘을 미워하고 싫어하는 자였다"(마카베오상 7:26).

2_"이렇게 그는 유다에 진입하여, 예루살렘에서 다섯 스코이노스쯤 떨어진 곳에 튼튼하게 방비되어 있는 벳 추르로 다가가 그곳을 압박해 들어갔다"(마카베오하 11:5).

유다 마카베오의 초기 원정들 \ 주전 163년

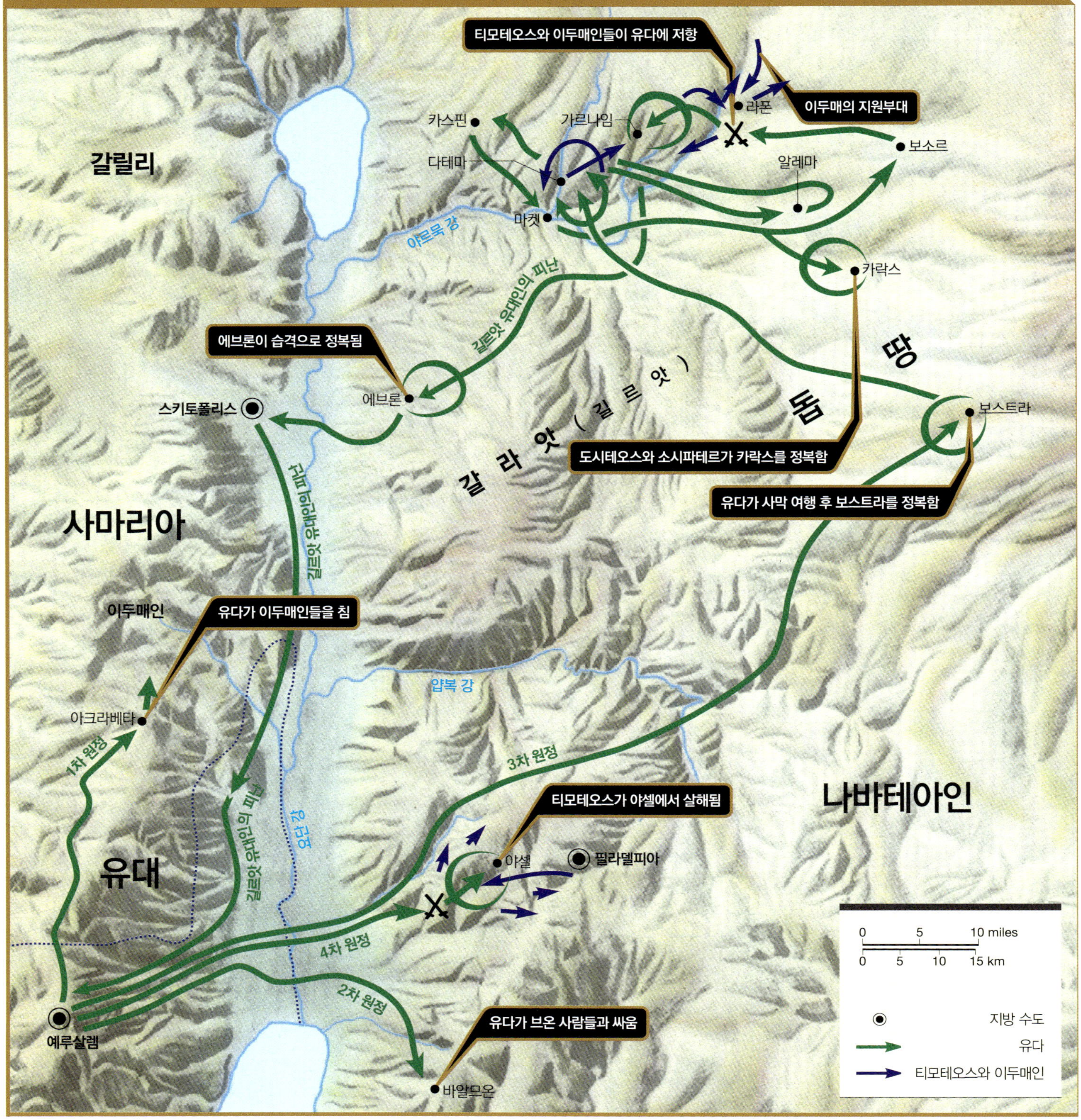

오기 상에서 그 전투를 묘사하는 데 사용한 표현들은 성경에 기록된 사울의 아들 요나단의 이야기를 상당 부분 채용하고 있다(참고. 삼상 14:1-5). 그러나 요세푸스는 유다의 군사 전략에 대해 무언가를 암시하는 것으로 보이는 독립적이고 믿을 만한 내용을 구체적으로 제공해준다. 벧술에서 그 마카베오 사람은 리시아스의 군대 일부를 보았으며, '적군의 전진 부대'(《고대사》 12:315)로 묘사된 그들과 교전하였다. 요세푸스에 따르면, 그들의 패배는 리시아스로 하여금 철수해서 안디옥으로 돌아가야 한다는 확신을 갖게 했다.

그는 그곳에 남아서 용병들을 모집했고 더 큰 군대를 거느리고 유다를 공격하기 위해 준비했다(《고대사》 12:315).

1세기의 유대 역사가가 리시아스가 안디옥으로 퇴각한 이유로 마카베오기 상 저자의 견해를 그대로 따르고 있다는 사실은 그리 놀라운 일이 아니다(마카베오상 4:35). 그럼에도 불구하고 리시아스의 안디옥 귀환은 일차적으로 안티오코스 4세의 죽음 때문이었지 전쟁터에서 일어난 결과 때문은 아니었다는 암시가 있다. 리시아스는 유프라테스 서쪽 지역의 총독이자 안티오코스 5세 에우파토르, 즉 안티오코스 에피파네스의 아들의 후견인으로 임명되었다. 왕의 죽음으로 이제 리시아스는 왕세자를 보호하고 정권 교체를 매끄럽게 이루기 위해서라도 안디옥에 머물러 있어야만 했다. 그러므로 구레네의 야손이 사건들의 연대를 기록하면서 벧숲 전투를 성전 정화 뒤에 배치한 것은 잘못이었지만, 그의 독립적인 자료들이 안티오코스의 죽음(마카베오하 9:1–29)을 엠마오 전투(마카베오하 8:8–29)와 벧숲 전투(마카베오하 11:1–14) 사이에 배치한 것은 올바른 일이었다.

하스몬 가문의 유대 밖 원정

유대 안팎에서 일어난 정치적 사건들은 이웃한 지역들을 불안하게 했고, 그곳에 거주하던 유대 공동체들을 향한 적대감을 야기했다. 마카베오기 상의 저자는 이방인들이 소동을 일으킨 이유가 예루살렘에서의 제단 재건과 성소 정화 때문이었다고 본다(5:1). 안티오코스 에피파네스의 갑작스런 죽음으로 야기된 정치적 불확실성은 그 지역의 불안정한 상황에도 기여하였을 것이다. 어쨌든 모든 기록은 마카베오 군대가 주변 지역들을 침공하였다는 데 동의한다.

유다가 이두매에 있는 아크라바테네로 군사 원정을 갔다는 언급은 이해하기가 쉽지 않다(마카베오상 5:3). 아크라바테네는 이두매가 아니라 사마리아에 있다(참고. 《전쟁》 2:235; 4:504; 4:511; 4:551). 어떤 이들은 아크라바테네가 아그랍빔 언덕을 가리키는 헬라어 지명이라고 주장한다(민 34:4; 수 15:3; 삿 1:36, 칠십인역). 이 견해는 두 가지 점에서 잘못되었다. 첫째, 박해를 받아서 유다의 구출을 필요로 하는 유대 공동체가 아그랍빔 지역에 살고 있었다는 물질적인 증거가 전혀 없다. 둘째 아그랍빔 언덕 그 자체는 이두매 지역 바깥에 있다.

다른 한편으로 사마리아 산지에 있는 아크라바테네는 헬레니즘-로마 시대의 문헌에 잘 나타나 있다(참고. 유딧 7:18; 희년서 29:14; 미슈나 《마아세르 셰니》 5:2). 아크라바테네를 이두매와 연결시켜서 언급한 것은 이두매 사람들이 아크라바테네 지역을 점령하고 있었기 때문이거나 지명 자료들에서 지명 이두매를 아크라바테네 도시국가 안에 있는 세겜 근처의 유사한 이름을 가진 마을과 혼동했기 때문이었을 것이다. 유세비우스는 비잔틴 시대 이전에 쓴 《지명록》에서, 아크라바테네 도시국가(참고. 유세비우스 《지명록》 14:10; 108:20; 156:30; 160:14)와 아두마라고 불리는 마을을 둘 다 언급한다(유세비우스 《지명록》 86:24). 혼동의 원인이 무엇이든 간에 유대 밖에서 벌인 유다의 첫 번째 군사 원정은 후에 유대 정착지로 알려진 북쪽의 아크라바테네였을 가능성이 높아 보인다(《전쟁》 3:53–56).

유다는 요단 강 건너편에 거주하고 있던 유대 공동체를 돕기 위해 요단 동쪽으로 원정을 감행했다. 첫 상대는 '브온 자손들'(마카베오상 5:4)이었다. 학계는 이 민족의 정체와 거주지에 대하여 견해가 갈라진다. 유다는 그들의 요새화된 망대들을 파괴하고 난 후에, 북쪽으로 돌이켜 암몬으로 가서 그곳의 거주민들과 지도자 티모테오스를 패배시켰다(마카베오상 5:6–8). 문헌 자료는 이 티모테오스가 뒤에 언급되고 있는 그 사람과 동일 인물인지, 아니면 요단 동쪽에 대한 유다의 첫 원정에서 죽었는지에 대해 기록이 일치하지 않는다(마카베오상 5:34, 37, 40; 마카베오하 8:30; 10:24; 《고대사》 12:329–330; 12:341). 유다는 현대의 키르벳 에츠 차르인 야셀(참고. 유세비우스 《지명록》 12:3; 104:13)과 주변 마을들(참고. 민 21:32)을 정복하고 유대로 돌아갔다(마카베오상 5:8).

시몬의 갈릴리 서부 지역 원정(마카베오상 5:14–15, 20–23) 이때에 길르앗갈라아디티스과 갈릴리에서 살고 있는 유대인들을 향한 적대감이 터져 나왔다. 유다와 요나탄은 요단 동쪽에 있는 다테마로 도망쳤던 유대인들을 구출하기 위해 행군했다. 반면에 그들의 형제 시몬은 갈릴리에 있는 유대인들을 돕기 위해 갔다.

갈릴리에 살고 있던 유대인들에게 적대적인 이웃들에 대한 묘사는 갈릴리 서부의 도시들, "프톨레마이스와 티로두로와 시돈, '이민족들의 갈릴래아갈릴리'"(마카베오상 5:15)의 유대인 마을들이 헬라 정착지와 인접해 있었음을 시사한다. 세 도시들은 갈릴리 서부와 경계를 이루는 페니키아 해안에 위치한다. 위 구절의 마지막 지명에는 문제가 있다. 저자가 북쪽에 살고 있는 비유대인 거주민들을 칭하여서 '이방인'이민족이라는 용어를 사용한 것은 이례적이다. 그는 그 말을 평소에는 블레셋 해안에

시몬의 갈릴리 서부 원정

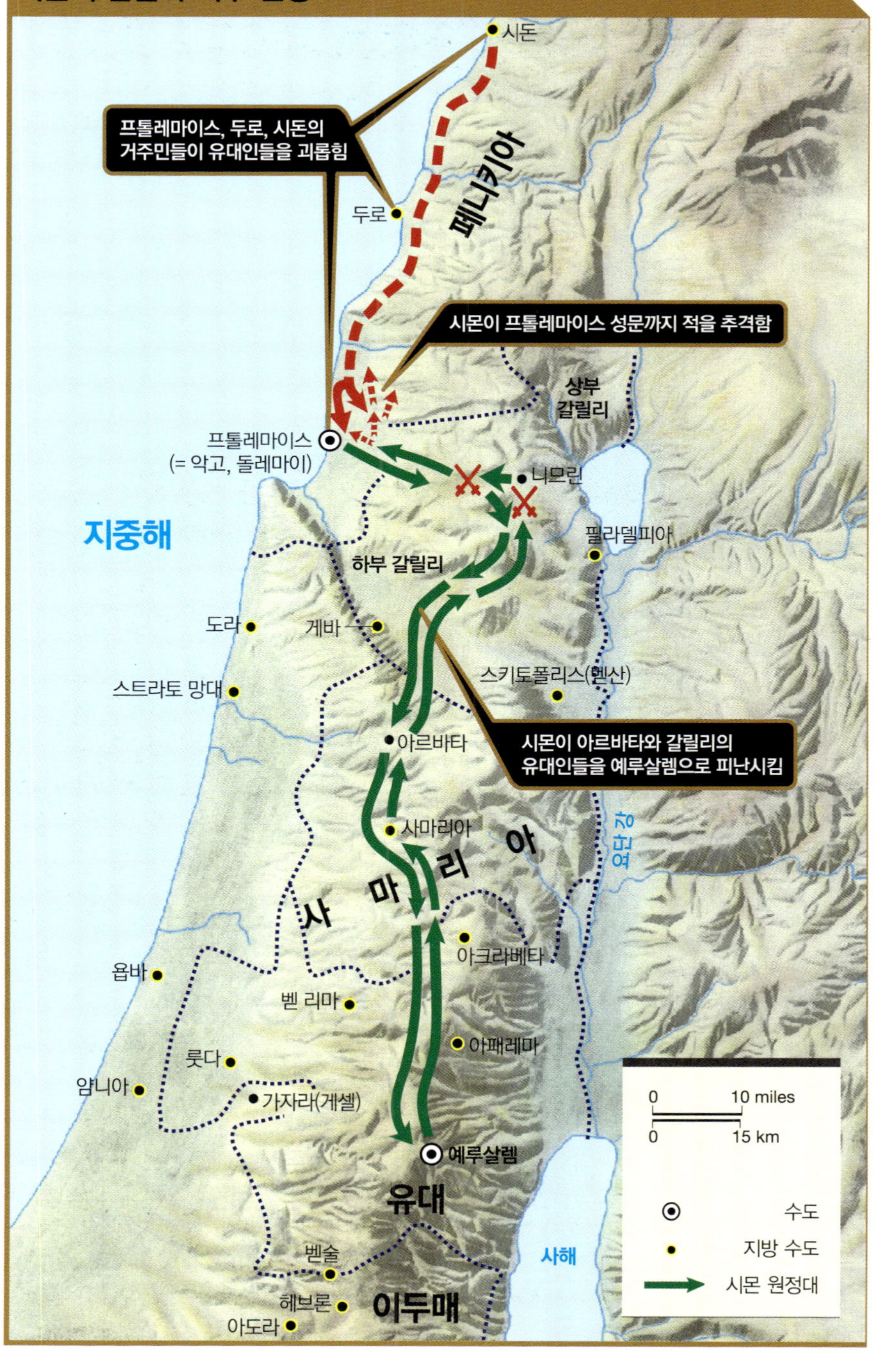

살고 있는 거주민들(예. 마카베오상 3:41; 5:66 등)과 구약의 블레셋 사람들을 가리킬 때 사용했다(마카베오상 4:30).

시몬은 적대적인 이방 군대를 '프톨레마이스의 성문'까지 추격했고 갈릴리와 아르바타의 유대인들을 유다로 이주시켰다. 이 이야기의 헬라어 본문은 어색하다. 혹자는 아르바타에도 '~으로부터'라는 전치사가 반복 사용되어야 한다고 생각한다. 게다가 아르바타라는 지명은 다른 곳에서는 나오지 않는다. 아르바타Arbatta는 나르바타의 잘못된 발음인 것 같다. 나르바타는 요세푸스의 저작에도 언급되는데(《전쟁》 2:291) 가이사랴 근처의 작은 도시국가로 나타난다(《전쟁》 2:509).

만일 마카베오기 상의 저자가 나르바타를 의미한 것이었다면, 마카베오기 상에서 히브리어 '갈릴*galil*'은 보통명사인 '지역, 구역'이라는 뜻으로 사용한 것이지 '갈릴리'라는 고유명사가 아니다. 저자는 아마도 칠십인역의 요엘 4장 4절(요엘 3:4, 마소라)에서 거의 똑같은 구절을 발견하고 빌려왔을 것이다. 이 구절은 칠십인역에서 유일하게 '이방인의 갈릴리'라고 말하고 있을 뿐만 아니라, '두로와 시돈'과 병치되어 있다.

따라서 마카베오기 상 5장 15절[1]에서 '이방인의 갈릴리'라고 읽어야 할 설득력 있는 이유는 전혀 없다. 대신에 특정한 곳을 가리키는 것이 아니라 '이방인들의 지역'이라는 일반적인 표현으로 보는 것이 더 낫다. 다음에 나오는 아르바타, 즉 나르바타는 샤론 평야 근처에 있는 이스르엘 골짜기의 남쪽 해안 지역을 가리키는 것일 수 있다. 갈릴리의 서쪽과 남쪽으로 경계를 맞대고 있는 헬라 사람들로부터의 위협(참고. 마카베오상 5:55)은 시몬이 위험에 처해 있던 갈릴리 서부의 유대인들을 이주시킨 반면 갈릴리 동부에 살고 있던 유대인들은 그곳에 그대로 남아 있었다는 학자들의 견해와 일치한다.

1_"프톨레마이스와 티로와 시돈에서 온 자들과, '이민족들의 갈릴래아' 전 주민이 우리를 몰살하려고 집결하였습니다"(마카베오상 5:15).

2_"보십시오. 오늘도 그들은 예루살렘에 있는 성채를 점령하려고 진을 쳤습니다. 또한 성소와 벳추르도 요새로 만들었습니다"(마카베오상 6:26).

유다의 길르앗 원정(마카베오상 5:3-13, 24-55; 마카베오하 10:24-37; 12:10-11; 《고대사》 12:335-349) 같은 기간에 유다 마카베오와 그의 형제 요나탄은 "요르단요단을 건넌 다음 광야에서 사흘 길을 진군하였다"(마카베오상 5:24). 여기서 그들은 나바테아인들을 만났는데, 그들은 평화 조약을 맺고 있었고, 나바테아인들은 길르앗 여러 도시, 즉 갈라앗의 '보스라, 보소르, 알레마, 카스포, 마케드, 카르나임가르나임'에 유대인들이 많이 갇혀 있다고 알려주었다(마카베오상 5:26).

유다는 현대의 바추라 에쉬 샴(참고. 유세비우스 《지명록》 12:14; 13:14; 84:9; 85:8-9)인 헬라 소도시 보스라를 첫 번째로 공격했다. 보스라는 전략적으로 하우란을 경유해 다메섹에서 나오는 광야 길의 교차점에 위치해 있으며, 지중해부터 메소포타미아 도시까지 요단 강을 가로지르는 동서 교통을 지배하고 있었다. 마카베오기 상의 저자는 유다가 보스라를 점령해서 모든 남자들을 죽였고(참고. 창 34:25) 그곳을 불태웠다고 보고한다. 다음에 유다와 그의 부하들은 밤새 다테마 요새로 행군해서(마카베오상 5:29; 참고. 마카베오상 5:9) 그곳의 군대를 기습 공격했다. 그는 바산 도시들 가운데 다테마를 첫 공격 대상으로 선택했고, 그곳을 주변 이방 도시들을 공격하기 위한 전진 기지로 삼았다. 다테마가 어디인지에 대해서는 여전히 논란이 있다.

유다의 군대가 보스라에서 다테마까지 50킬로미터의 야간 행군을 완료하고 새벽녘에 그 지역 군대를 기습할 수 있었다는 설명은 유대 군대의 기동성과 우수성을 암시해준다. 유다는 자신의 군대를 세 집단으로 나누고 그 지역 군대의 후방을 기습하여 티모테오스의 군대를 완전히 패배시켰다(참고. 마카베오상 5:34; 5:6).

유다는 다테마를 떠나 알레마를 공격했다. 알레마는 이미 마카베오기 상 5장 26절에서 나바테아인들이 언급한 도시들 중 하나로 나온다. 알레마의 위치는 그 지명에 대한 근거로 어떤 사본을 읽느냐에 달려 있어서 여전히 불확실한 채로 남아 있다.

유다는 이어서 주변에 있는 카스포, 마케드, 보소르 도시로 방향을 돌렸다(마카베오상 5:36). 요세푸스의 《고대사》 12장 340절은 첫 두 도시의 이름을 합쳐서 카스포마케라고 부르며, 현존하는 모든 사본들은 단 두 개의 이방 도시들만 구체적으로 언급하고 있다. 카스포의 위치에 대해서 두 개의 후보지가 제시되고 있는데, 야르묵 강가에 있는 엘 메제립과 키스핀이다. 키스핀은 마카베오기 상 5장 26, 36절의 카스포와 같은 지역이며, 마카베오기 하 12장 13절의 카스핀과 같은 지역이다. 만일 이 지역을 정복한 유다의 활동에 대한 두 개의 설명이 동일한 사건을 말하는 것이라면, 세부적인 내용에 나타나는 중요한 차이들은 요약 혹은 불완전한 전승의 결과일 수 있다. 구레네키레네의 야손에 따르면 카스핀은 폭이 약 400미터에 달하는 호수에 인접한 도시이며, 카락스로부터 약 152킬로미터 가량 떨어져 있다(마카베오하 12:16-17).

마케드는 텔 엘 예미드와 동일한 지역으로 보이며 카스포와 보소르 사

유다의 해안 평야와 이두매 원정 \ 주전 163년

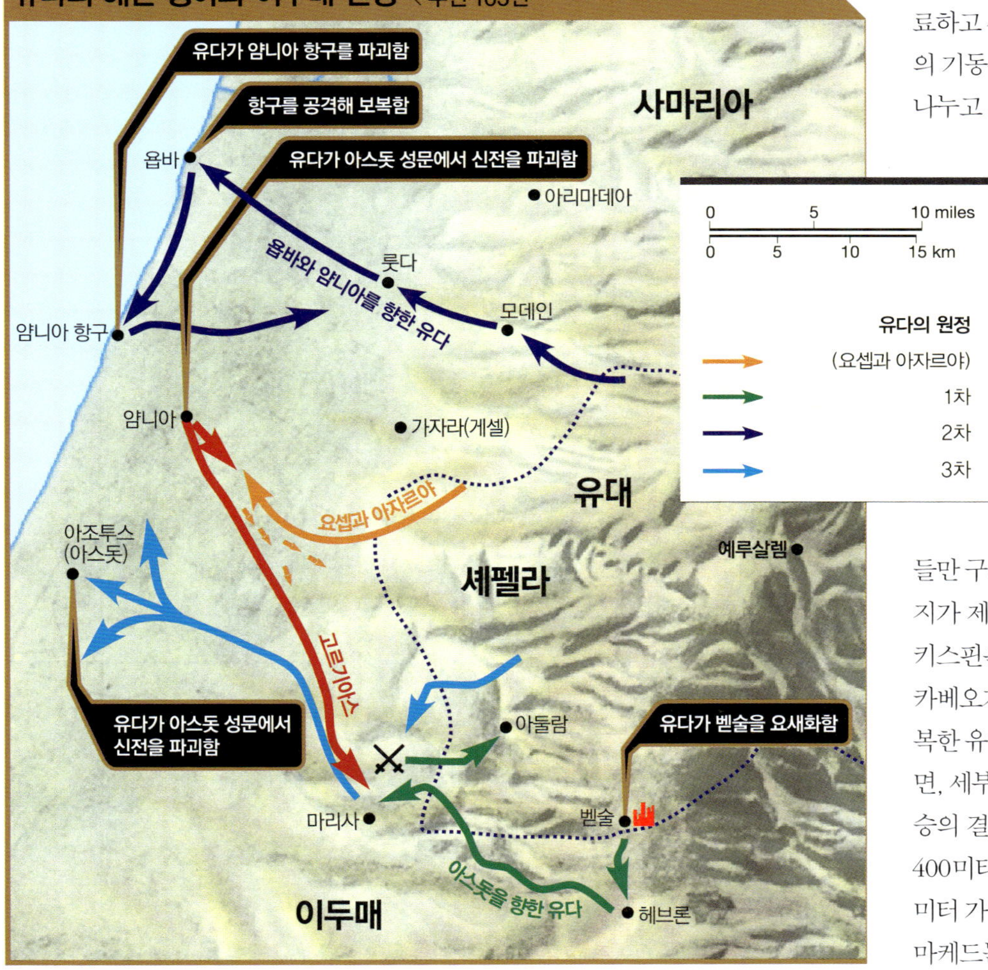

▶ 마리사에서 예루살렘으로 가는 길목의 전략적 요충지 벧술

▼ 뒷면에 아폴로(Apollo)를 새긴 셀레우코스 시대의 동전

이에 위치한다. 보소르보스라는 드라고닛의 변방이며 '유대인들이 정착한 지역의 동쪽 변두리'이다. 티모테오스는 첫 패배로부터 회복했고, 다메섹에서 온 시리아 군대와 아랍 용병들로 병력을 강화했다. 그들은 현대의 세이크 사아드(유세비우스 《지명록》 112:3)인 요새 도시 가르나임에 도착했고 동쪽으로 야르묵 강의 지류인 라폰 시내나하르 엘 이흐레이르 기슭으로 진군했다. 티모테오스는 유다가 시내를 건너리라 예상하지 못하고 그곳에 진을 쳤다. 마카베오 군대의 예상치 못한 진군은 셀레우코스 군대를 참패시켰으며, 유다는 후퇴하는 그들을 가르나임까지 추격하였다. 유다는 도시를 점령하고 "신전과 그 안에 있던 모든 것을 불태워 버렸다"(마카베오상 5:44).

유다는 갈라앗 지방에 살고 있는 유대인들을 모아 유대로 피난시켰다. 그는 에프론(마카베오하 12:27)에 접근할 때까지 거의 아무런 저항도 받지 않았다. 에프론이트 타이이바은 갈릴리 호수 남동쪽으로 19킬로미터 떨어진 견고한 요새 도시로 요단 강 여울목들로 이어지는 대로를 지켜주었다. 유다는 그 도시를 파괴하고 스키토폴리스로 건너갔다. 그는 계속해서 유대 지역으로 행군했고 도중에 군사들을 모집했다. 예루살렘으로 돌아온 그는 시온 산에 올라가 다시 봉헌된 성전에서 번제를 드렸다(마카베오상 5:54).

유다는 유대 사람들을 지키기 위하여 스가랴즈가리야의 아들 요셉과 아사랴아자리야를 남겨두었다. 그는 그들에게 그 지역의 이방 군대와 싸우지 말라고 분명한 지침을 주었다(마카베오상 5:18–19). 마카베오기 상의 저자는 그들이 자만심으로 인해 "우리도 나가 주위의 이민족들과 싸워서 우리 이름을 떨칩시다"(마카베오상 5:57)라고 하면서 유다의 명령에 순종하지 않았다고 전한다. 그러나 그들이 주도한 군사 행동은 얌니아에 사는 유대인들을 향해 쏟아진 적대감에 대한 반응으로 야기된 것이었을지도 모른다(참고. 마카베오하 12:3–9). 요셉과 아사랴의 행동을 어떻게 정당화하든지 간에 마카베오기 상 저자는 그들의 패배를 종교적인 맥락에서 해석했다. 그들은 '하나님을 대신하여 이스라엘을 구원한 사람들이스라엘을 구원하도록 맡겨진 사람들의 자손'(마카베오상 5:62; 《고대사》 12:332–335, 353; 대조. 마카베오하 8:22; 12:36–40), 즉 하스몬 가문이 아니었기 때문에 패배했다고 본다.

군사적 측면에서 보면, 그 교전은 유대의 주력 군대가 다른 데에 빠져있을 때여서 시기가 좋지 않았다. 더욱이 군사적 능력과 개인적인 카리스마를 지닌 유다 마카베오조차도 아직은 블레셋 해안 평야를 따라 있는 요새화된 도시들은 직접 공격해야만 했었다. 구레네의 야손은 유다가 욥바와 얌니아에 대해 보복을 했다고 전하지만, 이 지역에서 그가 공격한 것은 도시의 부두와 함대였지 요새화된 도시들 자체는 아니었다(마카베오하 12:6, 9). 여기서 공격을 했다는 언급은 요새 도시들을 군사적으로 공격했다기보다는 게릴라 작전에 더 가깝다. 아무튼 그 두 사람이 얌니아에 진군했을 때, 고르기아스는 유대 군대를 궤멸시켰고, 그들은 유대 지역으로 후퇴하면서 수많은 사상자들을 냈다.

유다가 요단 동쪽에서 이룬 업적이 전해지자 새로운 군사들이 모집되었다. 이전에 리시아스가 이두매와 분수령 길을 통하여 공격했던 일은 예루살렘 방어에서 전략적 취약점이 어디인지를 분명히 드러내 주었다. 유다는 기회를 얻어서 이 약점을 개선하고자 하였다. 그는 먼저, "헤브론과 거기에 딸린 마을들을 쳐부수고 요새들을 허물며 둘레에 있는 탑들을 불태워 버렸다"(마카베오상 5:65). 헤브론 지역에 사는 이두매 거주민들은 리시아스의 원정을 지원했던 것이 분명하다. 유다는 리시아스가 사용했던 산마루 길을 따라 내려왔다.

그는 유대 세펠라와 해안 지대에 접근하기 위해 "마레사마리사를 지나"갔다. 유다가 마리사를 '지나갔다'라는 표현은 그 지명이 한 도시가 아닌 한 구역을 의미한다는 표시이다. 따라서 그것은 유다가 아스돗을 공격한 것에 대한 보고와도 관련이 있는 것으로 보인다. 여기서 아스돗이라는 지명은 '블레셋/이방인의 땅'이라는 표현과 병치되고 있다. 마카베오 군대는 아스돗 지방을 공격했지 요새화된 도시 자체를 공격한 것은 아니었다. 유다의 주된 관심은 산지로 가기 위해 통과해야 하는 산마루 길과 유대 세펠라의 방어를 강화하기 위한 것으로 보인다. 그는 벧술을 요새화했고(마카베오상 4:61; 6:26[2]) 저지대에 있는 도시 아둘람(마카베오하 12:38)에 진을 쳤다. 아둘람은 현재 키르벳 이드 엘 미느야와 동일한 지역으로(유세비우스 《지명록》 24:21), 이곳에서 유다가 지역민들에게 환영을 받았다는 것은 그의 항쟁을 지지하는 사람들이 늘어가고 있었음을 시사한다.

유다의 마지막 전투들

벧 스가랴벳 즈카르야 **전투**(마카베오상 6:28–63; 마카베오하 13:1–23; 《고대사》 12:362–381; 《전쟁》 1:41–46) 안티오코스 4세는 주전 164년 유프라테스 강 동쪽 지방으로 원정을 가던 중에 타바에이스파한로 추정되는 곳에서 죽었다(아

벧 스가랴 전투 \ 주전 162년

피아노스 《시리아 전쟁》 66; 참고. 《전쟁》 12:354-361; 마카베오상 6:1-4, 8-13; 마카베오하 9:1-29). 뒤이은 권력 투쟁에는 필리포스도 포함되어 있었다. 요세푸스는 그가 '왕국의 섭정관으로 임명되어 왕관과 왕복과 인장 반지'를 받아 죽은 왕의 상속자인 안티오코스 5세 에우파토르에게 넘겨주라는 명령을 받았다고 기록한다(《고대사》 12:360). 죽어가는 왕의 이러한 행동은 그 동기가 무엇이든지 간에 본질적으로 리시아스의 권력을 빼앗는 일이었다.

일찍이 리시아스는 왕의 아들의 후견인으로, 그리고 이집트까지 이르는 유프라테스 서쪽 지방의 섭정으로 임명을 받았었다. 안티오코스 4세의 예기치 않은 죽음과 필리포스에게 '온 왕국을 맡겼'던(마카베오상 6:14) 일은 리시아스의 정통성을 위협했다. 리시아스는 어린 왕의 후견인으로서 자신의 지위를 확보하기 위해 재빨리 안티오코스 5세 에우파토르를 왕으로 옹위하였다. 그러나 안티오코스 4세의 아들은 이후 겨우 2년밖에 살지 못했다. 그의 사촌이며 셀레우코스 4세의 아들인 데메트리오스에게 살해되었기 때문이다.

셀레우코스 왕국이 권력 계승을 둘러싸고 투쟁하는 동안에, 유다는 안티오코스 4세가 세워서 성전 '위에 위치해 있던' 예루살렘 성채에 대한 성가신 문제를 해결하려고 했다(《고대사》 12:362). 성채 안에 있던 시리아 수비대와 유대인 동조자들(마카베오상 6:21; 《고대사》 12:362)은 계속해서 성소

▶ 10드라크마 은화 _ 말을 탄 알렉산드로스가 코끼리에 타고 있는 한 인도 왕과 싸우고 있는 모습이 새겨져 있다.

예배를 방해했다(마카베오상 6:18). 따라서 유다는 성채 안에 있는 헬라인 거주지를 제거하기 위한 조치를 취하기로 결심했다. 이 위협에 직면한 수비대는 젊은 왕 안티오코스 에우파토르에게 도움을 요청했고, 그는 군대를 모아 이끌고서 리시아스와 함께 유대로 갔다(《고대사》 12:367). 그가 인솔한 군대의 규모가 모든 자료에서 과장되어 있기는 하지만, 그 군대가 보병, 기병, 코끼리 부대로 구성된 셀레우코스 군대의 핵심 부분을 포함하고 있었던 것은 분명하다.

안티오코스 에우파토르와 함께 리시아스는 그가 이전에 사용했던 전략을 그대로 사용해서, 분수령 길의 남쪽에서부터 이두매와 마리사마레사 근처에서 시작하는 오르막길을 거쳐 예루살렘으로 접근하였다. 구레네의 야손은 유다의 군대가 유대로 접근해 오는 셀레우코스 군대에 대비해 매복하고 있다가 공격하였다고 기록한다(마카베오하 13:14-17).

유다의 매복 기습은 셀레우코스 군대의 공격을 거의 막아내지 못했다. 그들은 이때에 셀레우코스 왕에게 맞서 끝까지 저항하던 벧술을 공격하였는데, 그곳은 최근에 요새화하여 방어 시설을 갖추고 있었다(마카베오상 4:61). 적군의 공격 소식을 들은 유다는 성채 포위를 중단하고, 벧술의 유대 군대를 돕기 위해 분수령 길을 따라 남쪽으로 이동했다. 유다 마카베오는 오늘날 키르벳 베이트 자카리예(《고대사》 12:369; 《전쟁》 1:41)인 벧 스가랴에 진을 쳤다. 벧 스가랴는 '임금의 진영 맞은쪽'이며 벧술 북쪽으로 10킬로미터, 예루살렘에서는 남쪽으로 18킬로미터 떨어진 곳에 있다(마카베오상 6:32).

이튿날 아침 일찍, 두 군대가 전투를 벌였다. 마카베오기 상 저자가 제공하는 생생한 묘사는 그가 목격자였음을 시사한다. 이어진 전투에서 유다의 형제, 엘르아살엘아자르은 왕이 타고 있다고 오인한 어떤 코끼리를 찌르다 전사했다. 그 코끼리가 엘르아살 위로 쓰러져 그 자리에서 죽고 만 것이다. 하스몬 가문에 속한 그가 쓰러진 것을 보고 유대 군대는 당황했고, 북쪽으로 돌이켜 고프나 산지로 도망갔다(《전쟁》 1:45; 대조. 《고대사》 12:374).

예루살렘까지 북쪽으로 난 분수령 길은 이제 무방비 상태가 되었고 셀레우코스 군대는 성전을 포위 공격하기 위해 전진했다. 마카베오기 상 저자는 성소를 위한 전투에 대해 묘사한다(마카베오상 6:51-54). 구레네키레네의 야손은 예루살렘 포위를 언급하지 않고 벧술에 대한 공격만을 증언한다.

> [안티오코스 에우파토르는] 유다인들의 튼튼한 요새 벳 추르벧술로 진격하였으나 격퇴되고, 다시 공격하였지만 패배하였다. … 임금은 다시 벳 추르 주민들과 교섭을 벌여 화친을 맺은 다음 거기에서 물러갔다. 그리고 나서 또 유다와 그의 군사들을 공격하였으나 상황이 악화되었다(마카베오하 13:19, 22-23).

야손이 왕의 '패배'를 묘사한 것은 벧술의 방어를 무너뜨리지 못한 셀레우키드의 무능함을 과장한 것임이 분명하다.

역사적 증언의 차이점은 요세푸스의 기록에서도 나타난다. 그의 초기 저술인《유대 전쟁》은 "작은 성읍 벧 수론벧술을 점령한 이후 …" 벧술의 방어에 대해 거의 아무 말도 하지 않는다(《전쟁》 1:41). 마찬가지로 이 유대 역사가는《전쟁》1장 46절에서 왕이 예루살렘에 잠깐 체류한 것을 기록하지만 전투에 대해서는 전혀 언급하지 않는다. 요세푸스의 후대 저술인《고대사》12장 367-378절은 벧술(《고대사》 12:367-368)과 예루살렘 공격에 대해 상세하게 묘사한다. "예루살렘 성전의 포위로 그는 오랫동안 그곳에 머물러야만 했다. 왜냐하면 그 안에 있는 자들이 완강하게 저항했기 때문이다"(《고대사》 12:377). 동일한 저자에게서 나타나는 그와 같은 차이점은 요세푸스가 후에《고대사》에서 그 전투에 대해 다시 기록하면서 마카베오기 상의 영향을 받았다는 것을 보여준다.

모든 증언들이 안티오코스와 리시아스가 예루살렘으로부터 퇴각한 것은 필리포스가 안디옥에 도착했다는 말을 들었을 때라는 데 동의한다(마카베오상 6:55-56[1]; 마카베오하 13:23). 새로운 섭정은 젊은 왕과 그의 후견인에게 실제적인 위협을 가했다. 그래서 그들은 즉시 예루살렘으로부터 퇴각하여 안디옥으로 되돌아갔다.

왕은 여전히 전쟁이 휘몰아치고 있던 유대 지역을 포기할 수 없었다. 리시아스는 "그들이 전처럼 자기들의 관습대로 살아가도록 해줍시다. 우리가 저들의 율법을 폐기하였기 때문에, 저들이 화가 나서 이 모든 일을 한 것입니다"(마카베오상 6:59)라고 말하며 유대인들에게 자유를 주는 평화 협정을 맺으라고 왕에게 간청하였다. 마카베오기 상 저자에 따르면 왕 역시 유대 성소에서 그의 아버지가 행한 신성 모독과 같은 무례를 반복하지 않을 것이라고 약속했다고 한다. 그러나 그는 견고한 요새들을 눈으로 확인하고서는, "자기가 맹세한 약속을 저버리고 그 둘레의 성벽을 헐어 버리라고 명령하였다"(마카베오상 6:62). 달리 말하면, 성소와 예배는 방해받지 않고 유지되었지만 항쟁에 사용되었던 성벽들은 파괴되었다.

카파르살라마 전투(마카베오상 7:19-31; 마카베오하 14:15-18; 《고대사》 12:405) 2년 후에 데메트리오스 1세[2]가 셀레우키드의 왕좌를 주장했다. 그는 셀레우코스 4세 필로파토르의 아들이며 안티오코스 3세의 손자였지만 주전 188년 아파메아 조약으로 인해 어린 시절부터 로마에 인질로 잡혀 있었다(폴리비우스, 18.39.5). 그는 안티오코스 4세의 왕위 계승을 둘러싸고 정치적인 혼란이 발생했다는 소식을 듣고 시리아로 돌아가게 허락해달라고 로마 원로원에 간청했다. 그의 요청은 거부되었다. 그럼에도 불구하고 그는 그리스 역사가 폴리비우스의 도움으로 탈출하여 시리아로 도망을 갔다(폴리비우스, 31.19-21).

트리폴리에 도착한(마카베오상 7:1; 마카베오하 14:1; 《고대사》 12:389) 데메트리오스는 안티오코스 에우파토르의 왕권에 도전하였다(《고대사》 12:389; 마카베오하 14:1-2). 데메트리오스는 시리아 군대와 그 지역에 사는 시리아인들로부터 폭넓은 지지를 받았지만 로마는 여전히 그를 의심했다. 왜냐하면 그가 로마 원로원의 뜻을 무시했기 때문이었다. 그럼에도 불구하고 데메트리오스는 곧 안티오코스 5세 에우파토르와 리시아스를 처형하고 주전 162년에 데메트리오스 1세 소테르라는 호칭으로 왕좌를 차지했다(마카베오상 7:1).

데메트리오스가 권력 잡으면서 우선적으로 한 일들 가운데 하나는 유대 지역에서 지속되고 있던 불안정한 상황을 제거한 것이었다. 마카베오기 상 저자는 제사장 알키모스와 그의 친 헬라파 지지자 집단이 한 호소를 다음과 같이 전한다.

> 유다와 그의 형제들은 임금님의 벗들을 모두 죽이고, 저희를 고향 땅에서 쫓아내어 흩어버렸습니다. 그러니 이제 임금님께서 신임하시는 사람을 하나 보내시어, 그가 가서 유다가 저희와 임금님의 영토에 끼친 모든 파괴의 참상을 보고, 그들과 그 동조자들을 모두 벌하게 해주십시오(마카베오상 7:6-7).

새로운 왕은 '유프라테스의 서쪽 지방'(마카베오상 7:8)의 섭정, 바키데스를 알키모스 일당과 함께 유대로 파견했다. 처음에 하시드인들은 그 사절단을 환영했다. 왜냐하면 그들은 "아론의 후손인 사제 한 사람이 군대와 함께 왔으니, 그가 우리를 해칠 리 없다고 생각하였던 것이다"(마카베오상 7:13-14). 그러나 유다는 여전히 바키데스의 무력 시위에 대한 경계를 늦추지 않았다. 그의 두려움은 그의 동족 60명이 한날에 살해당함으로써 현실로 드러났다.

바키데스는 군대를 이끌고서 예루살렘을 떠나 북쪽으로 이동하였으며, 고프나 지역의 변두리(참고. 마카베오상 7:19)에 위치한 현재의 키르벳 비르 자이트인 브에르자잇(《고대사》 12:397)에 진을 차렸다. 그는 유다와 그

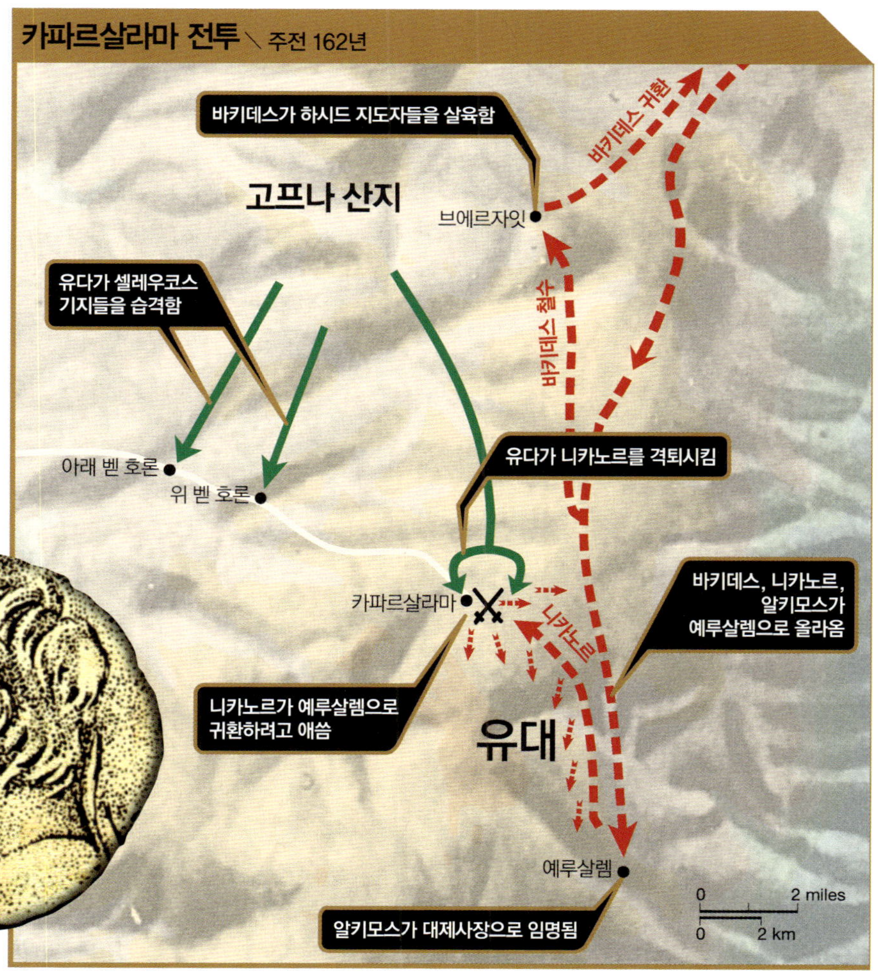

데메트리오스 1세의 동전 ▲

1_"한편 리시아스는 이러한 보고를 들었다. 안티오코스 임금이 죽기 전에 필리포스에게 자기 아들 안티오코스를 키워 임금으로 세우라고 분부하였는데, 이 필리포스가 임금과 함께 출정하였던 군대를 이끌고 페르시아와 메디아에서 돌아와 정권을 잡으려고 한다는 것이었다"(마카베오상 6:55-56).

2_데메트리오스 1세(Demetrius I, ?~주전 150) 셀레우코스 4세 필로파토르의 아들로, 안티오코스 4세의 대리 인질로 로마에서 자랐다. 주전 163년, 안티오코스 4세가 죽자 몰래 시리아로 도망갔다. 사촌동생인 안티오코스 5세 에우파토르와 리시아스를 죽이고 왕위에 올랐으나 주전 150년, 안티오코스 4세의 아들 발라스에게 패하여 전사하였다.

1_"니카노르가 예루살렘에서 나와 벳 호론에 진을 치자, 시리아 군대가 그와 합류하였다"(마카베오상 7:39).

2_**유다 마카베오(Judas Maccabeus, ?-주전 160)**
마타티아스의 셋째 아들로, 주전 166-160까지 혁명을 주도했다. 벧 호론, 엠마오, 벧술 지역에서 셀레우코스 군대와 맞서 승리했으며, 하사다 전투에서는 니카노르를 전사시키고 그의 군대를 무찔렀다. 하지만 바키데스가 이끄는 군대에 의해 주전 160년, 엘라사 전투에서 전사했다. 이후 그의 동생 요나탄이 항전을 이끌었다.

반란군에 협조했다고 여겨진 지역민들에게 응징을 가했다. 그 후 얼마 지나지 않아 바키데스는 안디옥으로 돌아갔다. 바키데스가 더 이상 자기가 주둔할 필요는 없다고 생각했거나, 티마르쿠스가 주동한 동부 지역 반란군을 진압을 돕게 하기 위해 데메트리오스가 바키데스와 그의 군대를 소환했을 수도 있다.

그가 예루살렘을 떠난 이유가 무엇이든지 간에 바키데스는 "이 고장을 알키모스에게 맡긴 다음, 그를 도울 군대를 남겨두고 임금에게 돌아갔다"(마카베오상 7:20). 알키모스는 바키데스의 억압 정책을 유지하였기 때문에 대제사장으로서 알키모스의 통치에 대한 일반 대중들의 반발은 견고해졌다. 유다는 산지에서부터 반군 원정을 새롭게 일으켰고, 알키모스는 자기 혼자 힘으로는 유다를 이길 수 없다는 사실을 곧 깨달았다. 그래서 그는 안디옥으로 가서 데메트리오스의 지원을 요청했다. 이에 왕은 왕실에 속한 니카노르(마카베오상 3:38; 마카베오하 14:12)를 파견하여 유다와 그의 추종자들을 제거하도록 했다. 니카노르는 평화 협정을 가장하여 유다를 체포하려고 시도했다. 그의 음모가 성공을 거두지 못하자 군대를 움직여 "카파르살라마 부근으로 나가 유다에게 맞서 싸웠다"(마카베오상 7:31). 니카노르와 유다 사이의 전투는 마카베오기 하에는 언급되어 있지 않다. 그래서 어떤 이들은 그 전투를 데사우에서 벌어진 전투와 동일한 것으로 여겨야 한다고 본다(마카베오하 14:16). 그러나 두 지명 사이를 혼동했다는 견해는 의심스럽다. 그보다, 데사우는 나중에 니카노르와 유다 사이에 전투가 벌어진 장소인 하다사에서 유래한 지명이라는 견해가 더 타당할 것 같다(마카베오상 7:39-50). 만일 그렇다면, 구레네의 야손은 하다사 지역에서 있었던 니카노르와 유다 사이에 벌어진 추가 접전에 대한 요약 진술을 보존하였을지도 모른다.

카파르살라마의 위치도 마찬가지로 논란의 대상이 되고 있다. 초기의 성지 탐험자들은 주로 유사한 지명에 근거해 데이르 살라암에 있는 비잔틴 시대 수도원 근처 유적지를 그 후보지로 보았다(예루살렘 탈무드 《아보다 자라》 5:4). 그러나 그곳에는 헬레니즘과 로마 시대 유물이 없다는 점과 마카베오기 상에 나오는 이야기의 상세한 지형 정보를 모아보면, 니카노르의 의도가 예루살렘에서 벧 호론을 경유해 해안 평야로 가는 길을 통과하는 것이었음을 시사한다(마카베오상 7:39[1]). 그래서 학자들은 성서의 기브온 맞은편에 있는 한 산지인 키르벳 이드를 그 후보지로 제시한다. 그곳은 그 지역에서는 키르벳 셀마로 알려진 곳이다. 카파르살라마는 또한 '예루살렘의 서쪽' 살렘일 수 있으며, 이곳은 유세비우스가 《지명록》에서 언급한 곳이다(152:4).

마카베오기 상 저자는 니카노르의 패배를 기록한 반면(참고. 예루살렘 탈무드 《타아니트》 2:13, 66a; 예루살렘 탈무드 《메길라》 1:6, 70c; 바벨로니아 탈무드 《타아니트》 18b; 《메길라 타아니트》 13 아다르), 요세푸스의 보도는 훼손된 채로, "[니카노르]는 [유다]를 패배시켜 그를 예루살렘에 있는 성채로 도망가지 않을 수 없게 했다"(《고대사》 12:405)고 전한다. 요세푸스의 기록에 문제가 있다고 보는 것은 올바른 지적이다. 마카베오기 상은 비록 손실이 크지는 않았지만 패배한 자는 분명 니카노르임을 확실히 밝히고 있다. 더욱이 그 성채는 당시에 시리아의 수중에 있었다(《고대사》 12:406). 따라서 유다는 그곳에서 피난처를 거의 구할 수가 없었다.

하다사 전투(마카베오상 7:39-50; 마카베오하 15:25-36; 《고대사》 12:406-412) 니카노르는 군사적 패배에 화가 나서 예루살렘 제사장들에게 공개적으로 모욕을 주고, 만일 유다를 붙잡아 오지 않으면 성전을 불태우겠다고 위협했다(마카베오상 7:33-35; 《고대사》 12:406). 그는 아마도 반란군을 지지하는 대중의 정서를 간파했을 것이며, 그래서 대중들로 하여금 그들의 잘못된 충성심이 성소의 파괴를 초래할 수도 있다는 사실을 깨닫게 하려고 했다. 동시에 안디옥에서 증원 부대가 파견되어 그 셀레우코스 장군이 작전을 수행할 때 군대를 호위할 수 있게 해주었다. 그들은 벧 호론으로부터 유대 산지로 올라갈 때 군사들의 안전을 확보해 줄 것이었다. 니카노르가 벧 호론 오르막길을 경유하는 도로를 선택한 것은 또한 그가 예루살렘으로부터 해안 평야에 이르는 이 중요한 통로를 열려고 하는 의도를 가지고 있었음을 보여준다.

그는 벧 호론으로 가는 길에 아무런 저항을 받지 않았다. 벧 호론에서

▼ 예루살렘 성채의 고고학 유적지는 제1차 성벽의 북서쪽 모서리와 하스몬 시대의 중앙 탑을 보여준다.

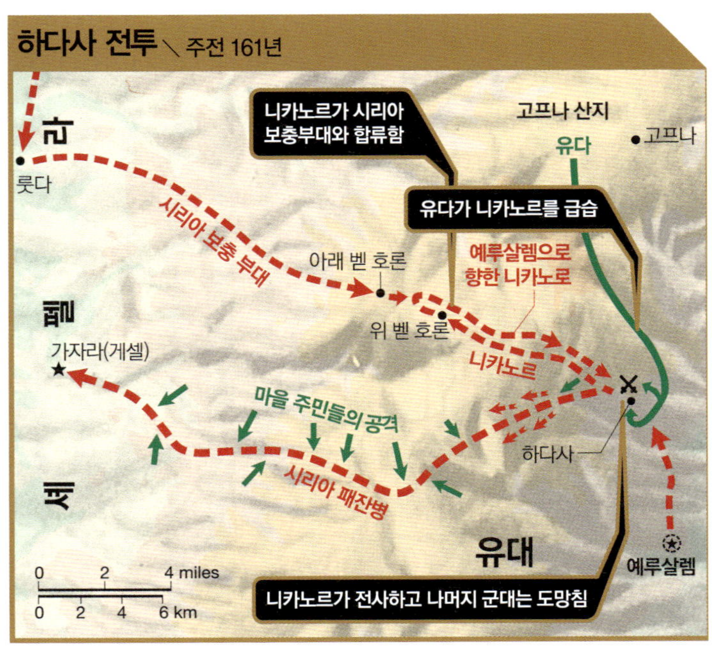

그는 시리아에서 파견한 군대를 만났다. 그러고 나서 그들은 예루살렘으로 가는 위험한 오르막길에 들어섰다. 그들은 유다가 과거에 별다른 어려움 없이 작전을 수행한 바 있었던 고프나 산지가 있는 북쪽에서 공격해올 것을 우려했다. 그러나 뻔뻔스러울 정도의 자신감을 가진 유다는 그의 군대를 기브온 근처에 있는 하다사 평지에 주둔시켰다. 그곳은 중앙 고원 지대와 벧 호론 오르막길이 교차하는 지점에 있었다. 유다는 최근에 사용했던 기습 전략 대신에 전통적인 전투 방식으로 셀레우코스 군대를 상대할 수 있다고 생각했다(마카베오상 7:43; 참고. 마카베오상 10:78). 하다사의 위치로 세 군데의 후보지가 거론된다. 에르 람의 남서쪽에 있는 키르벳 아다사의 비잔틴 시대 유적지, 히스마로 가는 도로상에 있는 텔 엘 풀의 북동쪽에 있는 키르벳 아다사, 마지막으로 헬레니즘 시대 도기들이 발견된 라스 에쉬 샤르키 근처의 키르벳 아다사가 그곳이다.

요세푸스는 하다사가 위 벧 호론엘 포카으로부터 '30스타디움'(《고대사》 12:408), 곧 약 5.7킬로미터 떨어진 거리에 있다고 말한다. 유세비우스도 후기 로마 시대의 정착지인 하다사를 후보지로 보았는데, 그는 성서의 하다사(수 15:37)와 혼동하여 예루살렘 북쪽에 위치한 '고프나 근처에 있는 한 마을'이라고 말했다(《지명록》 26:1). 확신하기는 어렵지만 하다사는 미슈나 자료에서 '유대에 있는 하다샤Hadashah'와 동일한 지역으로 볼 수도 있다(미슈나 《에루빈》 5:6).

마카베오기 상 저자에 따르면 니카노르는 전투 중에 가장 먼저 죽은 사람이었다(마카베오상 7:43). 요세푸스는 니카노르의 용맹에 대해 특별히 강조해서 증언하고 있으며, 그가 전쟁이 끝날 무렵에 죽었다고 말한다. "니카노르는 영예롭게 싸우다 마침내 쓰러졌다"(《고대사》 12:409). 이 두 보고는 둘 다, 니카노르의 죽음으로 그의 군대는 당황하여 도망치지 않을 수 없었다고 기록한다(마카베오상 7:44; 《고대사》 12:409). 그 무렵 유다가 거둔 승리들로 그는 다시금 지역민들의 대중적인 지지를 획득하게 되었다. 그들은 집에서 나와, 가자라에 있는 셀레우코스 요새들로 도망가던 니카노르의 군대를 공격했다.

비록 마카베오기 상의 저자가 "아무도 살아남지 못하였다"(마카베오상 7:46)고 평가한 것이 과장이기는 하지만, 승리는 결정적이었다. 그 승리는 셀레우키드의 위신에 큰 타격을 주었으며, '니카노르의 날'이라는 국가적인 기념일이 정해지는 정당한 이유를 부여해 주었다. 이날은 유대력에서 아다르 월 13일에 고정적으로 지켜졌다(《메길라 타아니트》 13 아다르). 니카노르의 머리와 손은 장대에 꽂혀서 예루살렘 성벽 바깥에 전시되었다. 특이한 일이기는 하지만, 이런 일이 이방 세계에서 드문 일은 아니었다. 이 경우는 여호와와 그의 성전에 맞섰던 니카노르의 신성모독을 벌한다는 표시를 하려는 의도였을 수도 있다(참고. 《세데르 올람》 3 끝; 마카베오하 7:34).

엘라사 전투와 유다의 죽음(마카베오상 9:1-22; 《고대사》 12:420-434) 유다는 니카노르의 남은 부대와 친 헬라 성향 동조자들이 요새를 쌓고 지키고 있는 성채를 제외하고 예루살렘 지배권을 탈환하였다. 그는 전쟁에서의 승리를 기회로 로마와의 동맹을 강화하였다(마카베오상 8:1-32). 유다 마카베오[2]는 로마 제국과 평화 조약을 맺어 데메트리오스 1세로부터 예상되는 반격에 대처하고자 하였다. 그러나 시리아 왕은 바벨론 지배권을 장악하고 있었고, 동부 지방에서는 그의 통치에 대한 노골적인 저항이 누그러져 있었다. 적어도 유대 지역의 불안정한 상황을 해결하기 위해 그의 군대를 움직일 수 있을 정도는 되었다.

유다와 로마 사이의 조약은 데메트리오스에게 난처한 상황 전개였다. 로마는 공식적으로 그의 왕권을 인정한 적이 없었다. 그 제국이 유다와 협약을 맺은 것은 로마가 직접 그 지역에 개입하고 그 저항 운동을 지원할 것이라는 신호였다. 로마는 바벨론에서 반역을 일으킨 사트라프 티마르쿠스에게도 비슷한 전략을 시도한 적이 있었다. 데메트리오스는 반란을 진압하고, 알키모스와 그의 동맹자들을 옹호하기 위해 유대에 대한 정치적 지배권을 다시 주장하기 위해 재빨리 움직여야만 했다. 일단 왕은 그가 신임하는 장군 바키데스를 다시 소환해서 군대를 이끌고

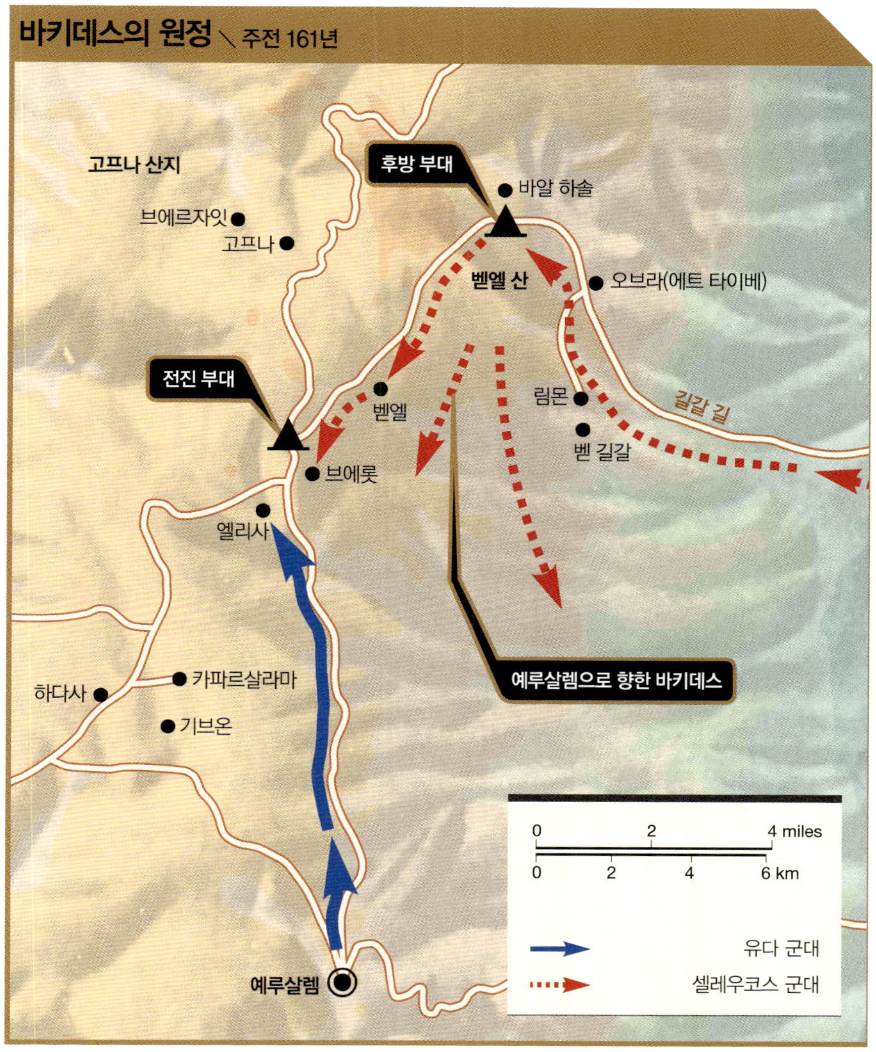

▲ 벧엘 산에서 브에롯으로 올라가는 길목의 벧엘

엘라사 전투와 유다의 죽음 \ 주전 161년

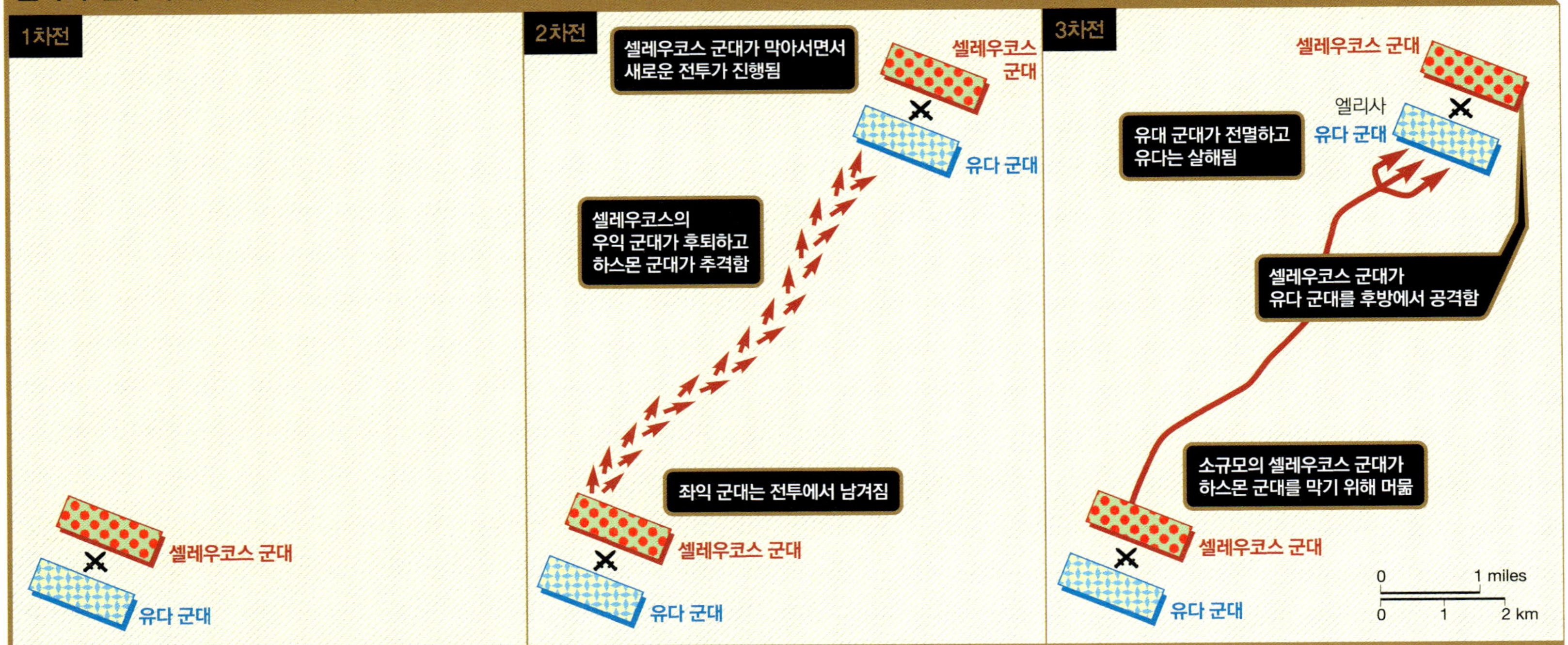

1_"데메트리오스는 니카노르와 그의 군사들이 전장에서 쓰러졌다는 보고를 받고, 우익군과 더불어 바키데스와 알키모스를 다시 유다 땅으로 보냈다"(마카베오상 9:1).

2_"그때에 유다는 이미 정병 삼천을 이끌고 엘라사에 진을 치고 있었다"(마카베오상 9:5).

유대로 진군하라고 지시했다(마카베오상 9:1[1]). 왕이 '보병 이만과 기병 이천'을 주어 지방 총독을 파견한 것은 유대인들의 항쟁이 안디옥에서 얼마나 큰 관심거리였는지를 분명하게 보여준다.

바키데스의 지휘 아래 셀레우코스 군대는 유다를 찾기 위해 남쪽으로 진격했고 유대 지역에서 유대인의 군대를 만났다. "그들은 길갈로 가는 길로 행군하여 아르벨라의 메살롯을 향하여 진을"(마카베오상 9:2) 쳤다는 행군에 대한 지리적인 묘사는 광범위한 논쟁의 대상이 되고 있다. 이미 1세기 경의 기록들에서, 여기에 언급된 지명들이 문제가 되었던 것으로 보인다. 요세푸스는 그의 자료에서 "[바키데스가] 유대에 와서 갈릴리의 도시 아르벨라에 진을 쳤다"라고 수정했다(《고대사》 12:421).

셀레우키드의 관심은 갈릴리가 아니라 예루살렘 북쪽 산지에 주둔한 반란군에 있었다. 마카베오기 상의 기록은 적절하게도 바키데스가 이 지역으로 올라온 그 지점에서부터 이 원정을 상세하게 묘사하기 시작한다.

바키데스 군대는 요단 계곡을 통과해 유대에 접근했다. 유다는 북, 서, 남쪽으로 오는 원정대에 맞서 방어한 적이 있었다. 하지만 그때까지 어떤 대적도 동쪽에서 산지로 올라온 적은 없었다. 따라서 바키데스가 여리고 근처에서 그토록 신속하게 진군한 것은 힘겹게 오르막을 오르는 동안 만날 수 있는 공격을 방지하기 위한 기습이었을 것이다. 문제의 경로는 헬라-로마 시대에는 사람들의 정착이 이루어지지 않았던 성서의 길갈 근처 요단 강 여울목에서 시작된다. 여기서 오르막은 람문 북쪽으로 이어진다. 람문은 키르벳 일알의 유적지 근처에 있는데, 그 이름은 길갈이라는 이름을 지닌 근처 고대 정착촌의 기억을 보존하고 있는지도 모른다. 성서는 벧엘 근처에 있는 길갈이라는 도시를 언급한다. "[사무엘이] 해마다 벧엘과 길갈과 미스바를 순회하여"(삼상 7:16). 느헤미야도 마찬가지로 근처의 벧 길갈에 대해 증언한다. "벧 길갈과 게바와 아스마웻 들에서 모여 들었으니"(느 12:29). 로마 후기 시대에 유세비우스는 벧엘 근처에 있는 길갈을 언급하여 이와 유사한 이해를 보여주었다. 그는 여리고 동쪽에 길갈이 있다고 말하면서 "벧엘 주변에 또 다른 길갈이 있는 것 같다"고 말한다(유세비우스 《지명록》 66:6-7). 그의 설명은 유세비우스가 실제로 자신의 시대에 그러한 이름을 가진 정착지를 알고 있었는지, 아니면 단순히 성서를 그대로 되풀이하기만 한 것인지를 분명히 알 수 있게 해주지 않는다.

시리아 사람들은 벧엘에서부터 그 지역 일대를 볼 수 있었으며, 전략적으로 중요한 북남로와 동서로를 장악하고 있었다. "[바키데스가] 많은 사람을 죽였다"(마카베오상 9:2)라고 한 것처럼 그들의 첫 목표는 모든 저항을 누르거나 제거함으로써 그 전략적 지역에 대한 지배권을 공고히 하는 일이었다. 그 이후에 이어진 예루살렘에 대한 언급은 바키데스가 유다와 싸우기 전에 그 도시로 갔다는 것을 암시하려는 의도는 아니었다. 대신에, 저자는 그가 벧엘 산지를 전진 기지로 삼았다고 묘사한다. "그들은 예루살렘을 향하여 진을 쳤다가"(마카베오상 9:3b). 그곳에서 시리아 사람들은 거룩한 도시보다 유리한 위치를 차지하게 되었다. 장군은 곧 유다 군대의 주둔지에 대한 보고를 받았고(《고대사》 12:422), 그래서 자신의 군대를 이동 배치하였다. "그곳을 떠나 베렛베레아으로 행군하였다"(마카베오상 9:4b).

셀레우코스 군대는 베레아에 위치한 분수령 길의 동쪽으로 이동했다. 마카베오기 상 9장 5절[2]에서 저자는 유다가 이때에 엘라사Eleasa에 있었다고 보고한다. 일부 학자들은 엘라사를 엘 비라에서 1킬로미터 떨어진 일라사와 동일한 지역으로 본다.

다른 한편으로 요세푸스의 이야기는 혼란을 야기한다. 그는 유다가 베르제토에 진을 쳤다고 기록한다(《고대사》 12:422). 이는 요세푸스가 마카베오기 상의 루키아 역, 혹은 루키아 이전 번역 자료에 의존한 결과이다. 이 번역의 히브리어 원본은 이른 시대 히브리어 본문의 'ז 자인'을 'ב 바브'로 혼동했고, 브에롯을 브에르자잇으로 읽었기 때문이다. 일부 학자들은 그 유적지의 옛 이름이 브에롯이었다고 보기도 한다. 요세푸스가 유다의 위치를 브에르자잇으로 기록한 것은 바키데스가 첫 번째 유대 원정에서 진영을 세운 곳을 언급한 결과였을 수도 있다(참고. 《고대사》 12:397). 요세푸스는 유다의 진영 위치를 브에르자잇으로 잘못 추정했기 때문에, 그 지명을 반복할 필요를 느끼지 못했거나 바키데스의 군대 재배치와 관련해서 어떠한 지리적 설명도 할 필요가 없다고 생각했을 것이다. 그는 또한 엘라사도 전혀 언급하지 않았는데, 아마도 이 지역이 두 군대가 주둔한 브에르자잇에 속한 곳이라는 인상 때문이었을 것이다. 그러나 베레아엘 비라와 엘라사일라사에 대한 마카베오기 상 9장 5절의 본문이 더 선호되는 지리적 정보이다. 두 지역은 서로 가까이에 있으며, 결정적인 전투가 일어날 만한 작은 고원과 계곡으로 분리되어 있다.

엘라사에서 유다와 그의 부하들은 자기들과 적군 사이에 수적 불균형을 볼 수 있었다. 유다 마카베오의 연설에도 불구하고 병사들 가운데 많은 수가 그를 떠나서 '팔백 명만' 남았다(마카베오상 9:6). 셀레우코스 군대는 기병대를 '밀집 대형의 측면에서 양쪽 날개'를 배치하고 전쟁터로 전진했다(참고. 마카베오상 9:12). 이에 따라 유다 군대도 둘로 나누어짐으로써 군사적 불균형은 더욱 심화되고 말았다. 이전 전투에서 아폴로니우스와 니카노르와 싸울 때, 유다는 지휘 부대를 공격함으로써 수적인 불이익을 극복한 적이 있었다. 바키데스가 기병대의 우익에 있는 것이 확인되자 유다의 군대는 이전에 사용했던 전략을 그대로 따랐다.

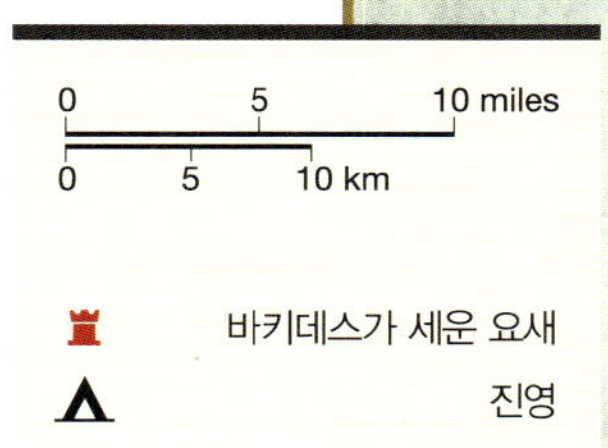

시리아 군대는 유다와 그의 사람들을 유인하여 기병대의 양 날개로 포위하기 위하여 후퇴하는 척했다. 바키데스는 유다와 그의 병사들을 확실하게 체포하거나 죽이고 싶었다. 유다와 그의 사람들은 우익군을 '아스돗 산까지'(마카베오상 9:15) 추격했다. 해안 평야에서 아스돗에 이르기까지 전투가 벌어졌을 법하지는 않다. 또한 마찬가지로 이 기사 속에서 아스돗을 이해하는 데는 문제가 있는데, 헬라의 해안 도시인 아스돗은 고대 문헌에서 '산'으로 묘사된 적이 없다.

산지 근처의 경사면으로 퇴각한 바키데스 군대는 갑자기 유다와 그의 부하들에게 방향을 돌렸고 기병대는 그들을 에워쌌다. 양 진영에서 많은 사람들이 쓰러졌지만 끝에 가서는 셀레우키드가 승리했고, 결국 유다는 전사했다. 마카베오기 상과 《고대사》 두 자료는 요나탄요나단[2]과 시몬이 유다의 시신을 거두어 모데인에 장사를 지냈다고 기록한다. 그러나 그들이 시신을 어떻게 확보했는지에 대해서는 자료마다 다르게 설명하고 있다. 마카베오기 상 저자는 전투가 여전히 격렬히 벌어지고 있는 중 혹은 그 직후에 실제로 이루어졌을 시신 회수에 대해 어떤 상세한 설명도 제공해 주지 않는다. 요세푸스는 유다의 형제들이 그의 시신을 거둘 수 있도록 하기 위해 시리아 사람들과 휴전을 했다고 말한다. 유대인들의 항쟁이 여전히 활발했고 유다와 그의 부하들이 니카노르의 시신을 모독한 지 얼마 되지 않은 상황에서, 바키데스가 마카베오 사람들을 위해 영웅의 장례를 허용해준 것은 상상하기 어려운 일이다. 유다의 시신이 고향으로 돌아오게 된 경위가 어떠하든 간에, 요세푸스와 마카베오기 상은 모데인에 유다의 무덤이 있다고 말한다. 무덤의 위치에 대해서는 알려진 바가 없다.

3_요나탄(Jonathan, ?-주전 142)
유다의 뒤를 이어 세 번째 저항 지도자가 되었다. 유대 광야에서 게릴라 전술을 펴다 바키데스와 휴전을 맺고 믹마스에 주둔하였다. 한때 대제사장으로 임명되기도 했으나 주전 143년, 톨레마이스에서 셀레우코스의 트리폰 장군의 계략에 말려 암살되었다.

요나탄과 시몬의 원정

요나탄과 바키데스의 전투(마카베오상 9:28-53; 《고대사》 13:1-22) 유다 마카베오가 죽은 이후 그의 추종자들은 요나탄[3]에게 억지로 저항 세력의 지도권을 떠맡겼다. 요나탄과 시몬이 그 형제의 투쟁을 계속하고 있다는 소식을 들은 바키데스는 그들도 체포하려고 시도했다. 고프나 산지에 있던 이전 피난처는 더 이상 안전하지 않았다. 그래서 요나탄과 시몬은 유

유대 광야에 있는 요나탄과 바키데스의 요새화 \ 주전 160-155년

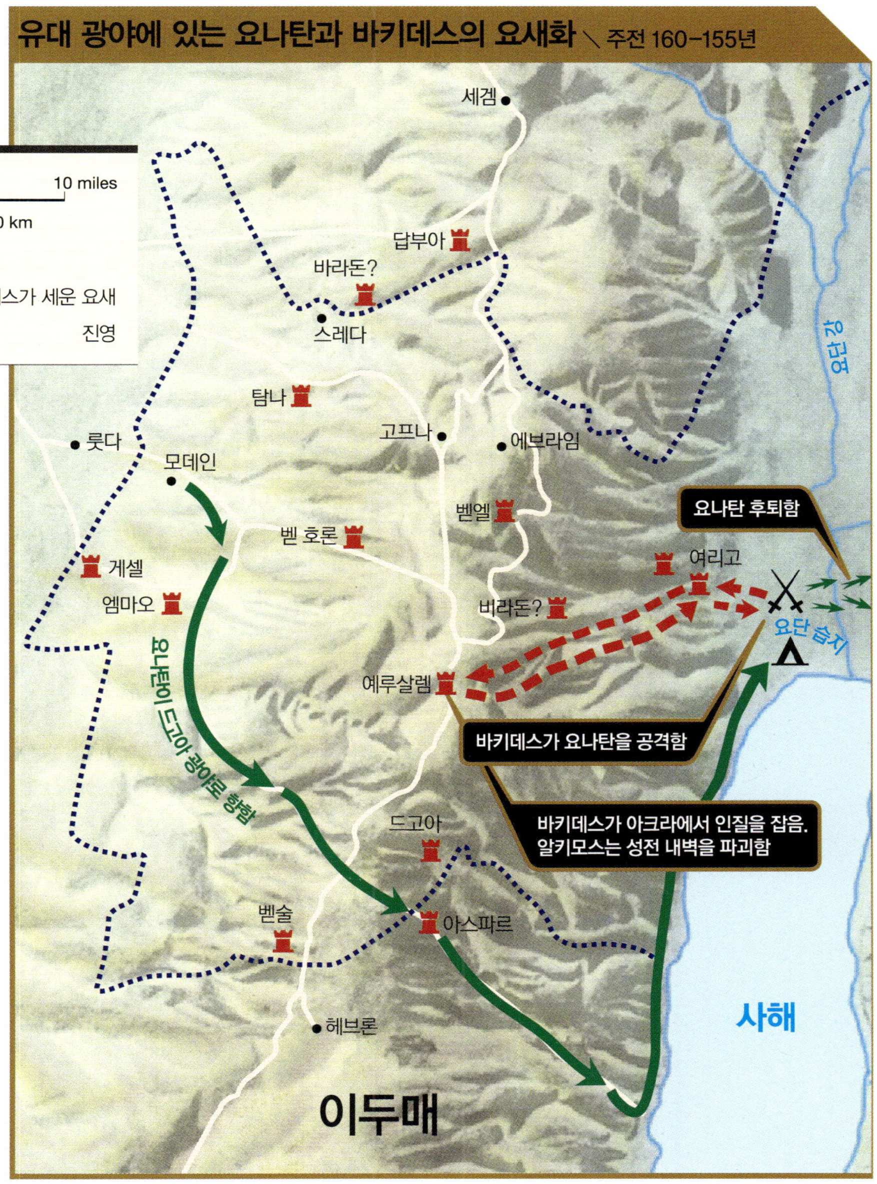

대 광야로 도망을 갔다. 유대 광야는 다윗 왕 시대 이후로 정치적이거나 종교적인 피난자들에게 안전한 장소임이 입증되었던 곳이다. 반란군은 이제 드고아 근처에 있는 메마르고 건조한 광야에 모여들었다. "그들은 아스파르 못가에 진을 쳤다"(마카베오상 9:33). 아스파르 못가는 키르벳 비르 에즈 자파란의 못과 저수조를 가리키는 것으로 확인된다. 이곳은 이두매와 접한 유대의 남쪽 국경에 위치하고 있다.

시리아 군대와의 전투는 불가피했다. 요나탄은 많은 양의 짐과 비축품을 가지고 게릴라 전을 벌이기에는 취약점이 많다는 것을 깨달았다. 그래서 그는 자기 형제 요한을 시켜 오랜 동맹국인 나바테아 족속에게 그들의 보급품을 보냈다. 아마도 페트라에 있던 그들의 요새로 보냈을 것이다. 그러나 지역 부족인 메드바(대조. 《고대사》 13:11; 참고. 민 21:30-31) 출신의 얌브리 아들들이 그 대상을 습격했다. 보급품들은 약탈당했고 요한은 살해되었다. 후에 요나탄과 시몬은 자기 형제의 피에 대한 복수를 위해 결혼식을 하고 있는 그 종족을 습격했다. 그러고 나서 그들은 되돌아가는 길에 요단 강 서쪽에 있는 수풀 강가를 건넜다. 그렇게 함으로써 그들은 강을 사이에 두고 추격해올지도 모르는 아랍 종족을 따돌리려고 했다. 그들이 요단 강을 건넌 지점은 사해 북쪽의 여울목이었다.

바키데스는 유대 진영에 대한 소식을 접하고는 "안식일에 큰 군대를 거느리고 요르단요단 강가로 나갔다"(마카베오상 9:43). 유대의 안식일 규정을 알고 있는 시리아는 요나탄의 군대가 싸우지 않을 것이라고 기대했던 것 같다. 그러나 요나탄은 자신들의 위치에 대해 말하면서, 다가오는 위협에 저항하여 스스로를 지키자고 부하들을 격려했다.

> 지금 우리는 앞뒤로 싸워야 한다. 이쪽은 요르단 강물이, 저쪽은 습지와 덤불이 가로막아 비켜 나갈 곳이 없다(마카베오상 9:45).

요나탄은 군대 지휘관이 포함된 부대를 공격함으로써 죽은 그의 형제가 사용했던 군사 전략을 시도하였다. 그러나 "바키데스는 그를 피하여 뒤로 물러났다"(마카베오상 9:47). 그들의 숫자가 자기들보다 많다는 것을 알고 있는 요나탄은 군대를 이끌고 요단 강을 건너 후퇴하였다. 바키데스는 그들을 추격하지 않는 것이 더 현명한 일이라고 생각했다.

반란이 다시 일어날 것을 예상한 바키데스는 예루살렘과 유대 방어를 한층 더 강화하는 데 집중했다. 가자라 텔 예제르 가 도망치던 셀레우코스 군대의 목적지였다고 언급하고 있는 것은 그곳이 요새화된 도시로서 이전부터 헬라 왕국과 연결된 피난처 역할을 수행해 왔다는 사실을 암시해준다(마카베오상 4:15; 7:45). 마카베오기 상의 저자는 이 도시를 예루살렘 성채와 벧술과 함께 "군대를 배치하고 양식을 쌓아두"(마카베오상 9:52)는 곳으로 언급하였다. 그는 이 세 도시와 관련하여 바키데스가 "높은 성벽과 성문과 빗장으로 튼튼하게 했다"(마카베오상 9:50)는 언급을 다시 반복하지 않는다. 이 세 도시는 이미 왕실의 요새들이었다. 예를 들면 성채(마카베오상 1:33)와 벧술(마카베오상 4:61; 6:26)은 이미 언급된 바 있다. 그 도시들은 광범위한 요새화 작업이 필요하지는 않았고, 다만 군량을 더 비축하고 그곳에 주둔한 병력을 늘리기만 하면 되었다.

벧 바시와 믹마스에 있는 요나탄(마카베오상 9:54-73; 《고대사》 13:26-34) 알키모스는 주전 161년부터 159년까지 대제사장직을 맡았고 죽을 때까지 데메트리오스 소테르와 셀레우코스 왕국과의 동맹 관계를 지속하였다(마카베오상 7:5; 9:1; 마카베오하 14:3-13; 《고대사》 12:385; 《창세기 랍바》 65:26). 마카베오기 상의 저자는 알키모스가 이방인의 뜰과 성소 안뜰을 분리하는 난간을 제거하려 했다고 기록했다(마카베오상 9:54-56; 《고대사》 12:413; 참고. 미슈나 《밋도트》 2:3; 《창세기 랍바》 55:22). 이 행동은 성전 구내에서 유대인과 이방인들 사이의 구분을 철폐하려는 시도를 의미했다. 저자에 따르면 그 행동으로 알키모스는 중병에 걸렸고 자신의 의도를 완수하기도 전에 죽었다. 그의 죽음은 친 헬라 성향의 귀족들과 반란군 사이에 있는 긴장을 잠시나마 잠재울 수 있었던 것으로 보인다. 바키데스는 안디옥에 있는 데메트리오스에게 돌아갔고 2년 동안 그곳에 머물렀다.

셀레우코스 장군 바키데스는 친 헬라 성향 귀족들의 간청에 따라 요나탄과 시몬을 체포하기 위해 다시 유대로 돌아왔다. 그들의 반역 음모는 실패하였고 요나탄은 주동자 50명을 색출해 죽였다(마카베오상 9:61; 대조. 《고대사》 13:25, 31). 그는 곧 유대 광야에 있는 벧 바시(키르벳 베이트 밧사. 대조. 《고대사》 13:26)로 다시 물러나서, 무너져버린 요새들을 재건하였다.

바키데스는 요나탄의 진영지가 어디에 있는지를 알고서 "여러 날 그곳을 치면서 공격 기구들을 만들"어서(마카베오상 9:64) 하스몬 사람들을 포

요나탄 마카베오의 근거지였던 믹마스 ▼

위하였다. 요나탄은 남아 있는 군대를 지휘하도록 시몬을 남겨두고 도시 밖으로 몰래 빠져나올 수 있었다. 바로 이 부분에서 마카베오기 상은 훼손되어 있다. 마카베오기 상의 사본들 대부분은 요나탄이 지역의 베두인으로 보이는 '오도메라와 그의 형제들, 그리고 숙영지에 있는 파시론의 자손들'을 공격했다고 기록한다(마카베오상 9:66). 하지만 시몬과 그의 군대가 포위되어 있는 상태에서 요나탄이 먼저 그러한 적대감을 드러내었을 것 같지는 않다. 대신에 요세푸스는 요나탄이 그 도시에서 빠져나온 후 "그에게 동조하는 사람들로 큰 군대를 소집했다"(《고대사》 13:28)고 기록한다.

요나탄은 바키데스의 군대를 기습했다. 그와 동시에 '시몬과 그의 군사들이 성읍에서 나와 공격 기구들을 불살라'(마카베오상 9:67) 버렸다. 시리아의 장군이 유대로부터 퇴각하기로 결정했다는 소식을 듣자 요나탄은 평화 협상을 맺었다. 모든 포로들이 풀려났고 전쟁은 끝났다. 셀레우키드의 지배에서 벗어난 요나탄과 시몬은 그들이 전에 살았던 예루살렘 북쪽 지역으로 돌아올 수 있었다. 믹마스(묵마스, 유세비우스 《지명록》 132:3; 참고. 삼상 13:2; 14:5-31)에 자리를 잡고 "백성을 다스리기 시작한 요나탄요나단은 이스라엘에서 사악한 자들을 없애버렸다"(마카베오상 9:73; 《고대사》 13:34).

요나탄 치하의 유대(주전 152-142년)와 얌니아 전투

(마카베오상 10:1-89; 《고대사》 13:35-61; 80-102)

유대는 주전 152년에 알렉산드로스 발라스가 프톨레마이스에 상륙하여 그곳을 정복할 때까지 상대적으로 정치적인 안정을 누렸다. 마카베오기 상(10:1)과 요세푸스(고대사 13:35)에 따르면, 그는 알렉산드로스 4세 에피파네스의 아들이다(참고. 스트라보 《지리》 13.4.2). 그러나 그리스 역사가들은 그를 데메트리오스의 왕권 주장을 전혀 인정하지 않던 이집트의 프톨레마이오스 6세와

▲ 시돈의 무덤 벽화에 있는 헬라 기병

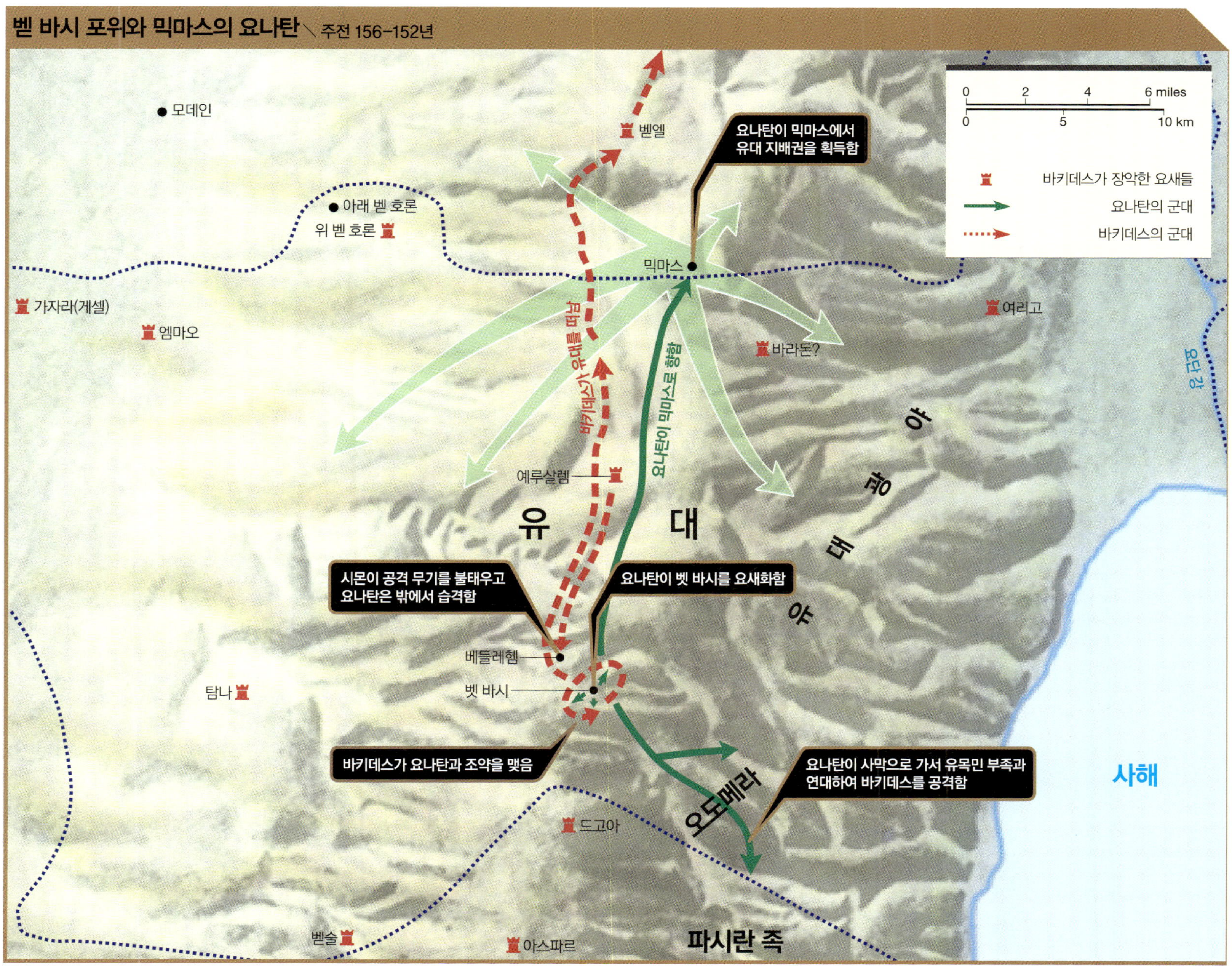

요나탄 시절의 유대 영토 확장 \ 주전 152-142년

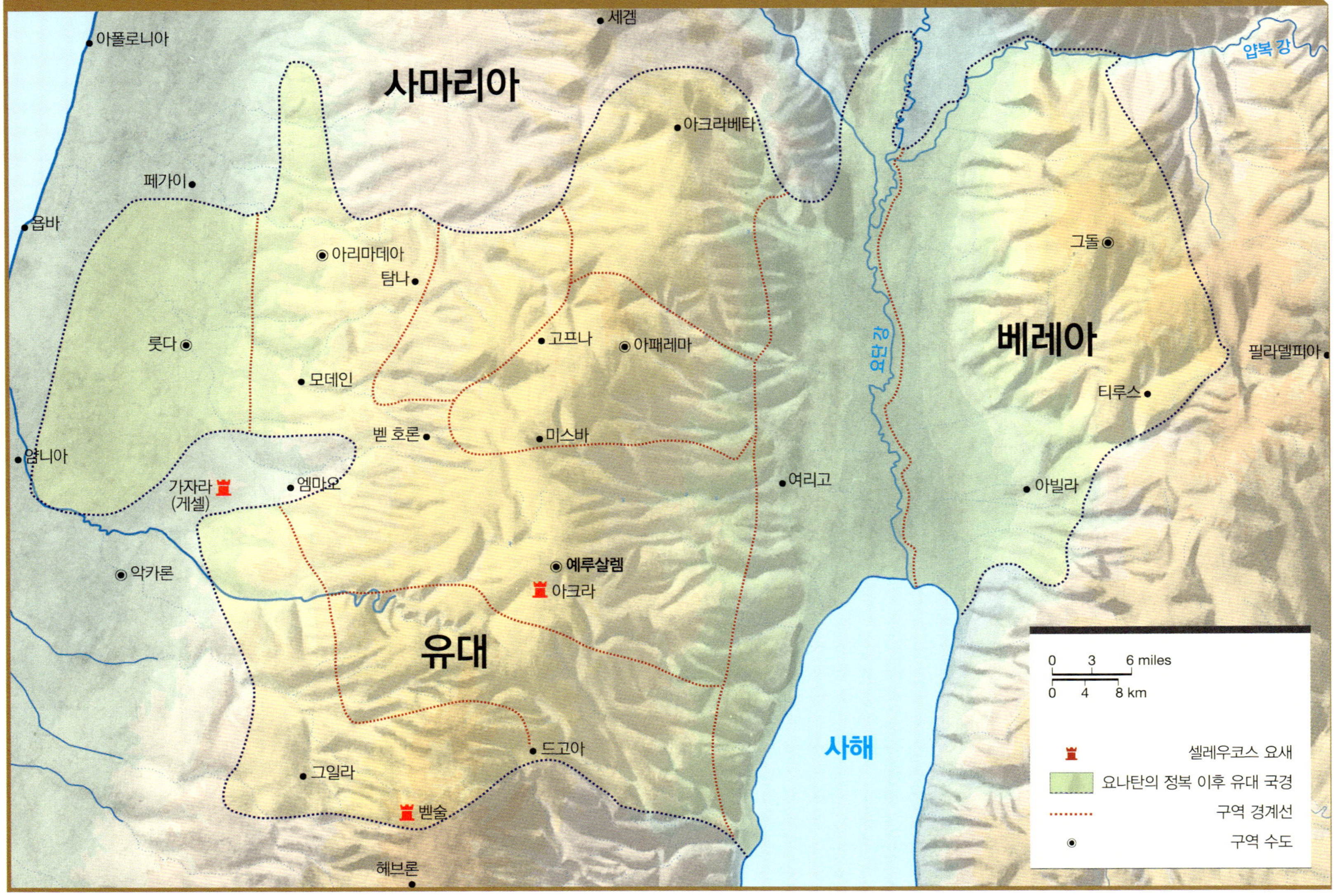

소아시아의 왕들(유스티누스 《개략》 35.1.6; 폴리비우스 3.5.3)이 로마 원로원에 추천했던 사기꾼으로 묘사했다(디오도루스 시쿨루스, 31.32a; 리비 《요약서》 52; 아피아노스 《시리아 전쟁》 67). 알렉산드로스는 셀레우코스 왕권에 대한 권리주장자로서 로마 원로원 안에서 준비된 협력자들을 찾았다. 그의 첫 번째 움직임은 불만을 품은 거주민들의 환영을 받으며 프톨레마이스를 점령하는 일이었다(마카베오상 10:1).

데메트리오스와 알렉산드로스 두 사람 모두 유대 지역을 다스리는 데 있어 요나탄의 충성이 전략적으로 중요하다는 사실을 이해했다. 그들은 각각 요나탄의 지지를 얻기 위해 하스몬 가문에 속한 그에게 후한 제의를 하였다. 데메트리오스는 먼저 무장 군대를 징집할 수 있는 권한을 약속하였고, 예루살렘 성채에 갇혀 있던 유대 인질들을 석방해주겠다고 맹세했다(마카베오상 10:6[1]). 요나탄은 왕의 허락을 받아 안티오코스 유파토르(《고대사》 12:383; 마카베오상 6:62)가 파괴한 성전 산의 성벽을 복구하기 시작했다(마카베오상 10:10-11; 대조. 《고대사》 13:41). 제국이 요나탄에게 허용한 일들은 유대 지역의 요새 도시들을 차지하고 있던 왕의 이방인 동맹국들에게 불안감을 유발했다. 그리하여 그들 가운데 많은 이들이 생명의 위협을 느낀 나머지 그 나라를 버리고 도망갔다. 벧술과 예루살렘 성채는 예외였다(마카베오상 10:14; 《고대사》 13:42).

알렉산드로스는 데메트리오스의 행동에 맞서 요나탄에게 개인적인 제안을 하였다. 요나탄이 데메트리오스의 공적인 선물보다는 개인적인 지위 상승을 받아들였다는 것은 이 보고를 하는 역사적 자료가 반 하스몬 집단에서 비롯된 것임을 암시하는 것일 수도 있다. 알렉산드로스는 요나탄에게 대제사장직-당시에는 대제사장이 없었다-을 수여하고(《고대사》 13:46), 왕의 친구라는 정치적인 호칭을 수여하였다.

요나탄은 알렉산드로스의 제안을 받아들였고 주전 152년 장막절에 대제사장 직무를 시작하였다. 이러한 상황 반전은 데메트리오스를 불안하게 만들었고, 그 결과 그는 훨씬 더 관대한 제안들을 내놓았다. 그는 일반 대중들에게 부과하던 왕실 세금을 포기하고, 유대 절기와 안식일을 인정하며, 왕국 내 유대 주민들을 왕의 군대에 포함시켜주겠다고 제안했다. 그는 또한 프톨레마이스와 사마리아의 지배 아래 있는 아패레마, 룻다로드, 하라마타라마탐, 세 구역을 유대에 추가로 편입시켜주겠다고 제안했다(마카베오상 10:38-39; 대조. 《고대사》 13:50; 참고. 마카베오상 11:34[2]; 《고대사》 13:127).

데메트리오스의 영토 제공(그리고 그의 아들의 제안, 참고. 마카베오상 11:34)은, 데

1_"그래서 데메트리오스는 요나탄에게, 자기의 동맹자가 되어 군대를 모으고 무장시키는 권한을 주었다. 그리고 성채에 가둔 인질들을 요나탄에게 넘겨주라고 명령하였다"(마카베오상 10:6).

2_"우리는 유다의 영토와 아패레마, 로드, 라마탐 세 지역을 그들의 땅으로 인정합니다. 이 세 지역은 그 주변 모든 지방과 더불어 사마리아에서 유다에 편입된 곳으로, 전에는 임금이 해마다 그 땅의 소출과 과일에 대하여 세를 거두어들였습니다. 그러나 이제는 임금에게 바치는 이 세금을 예루살렘에서 희생 제사를 지내는 모든 이에게 면제합니다"(마카베오상 11:34).

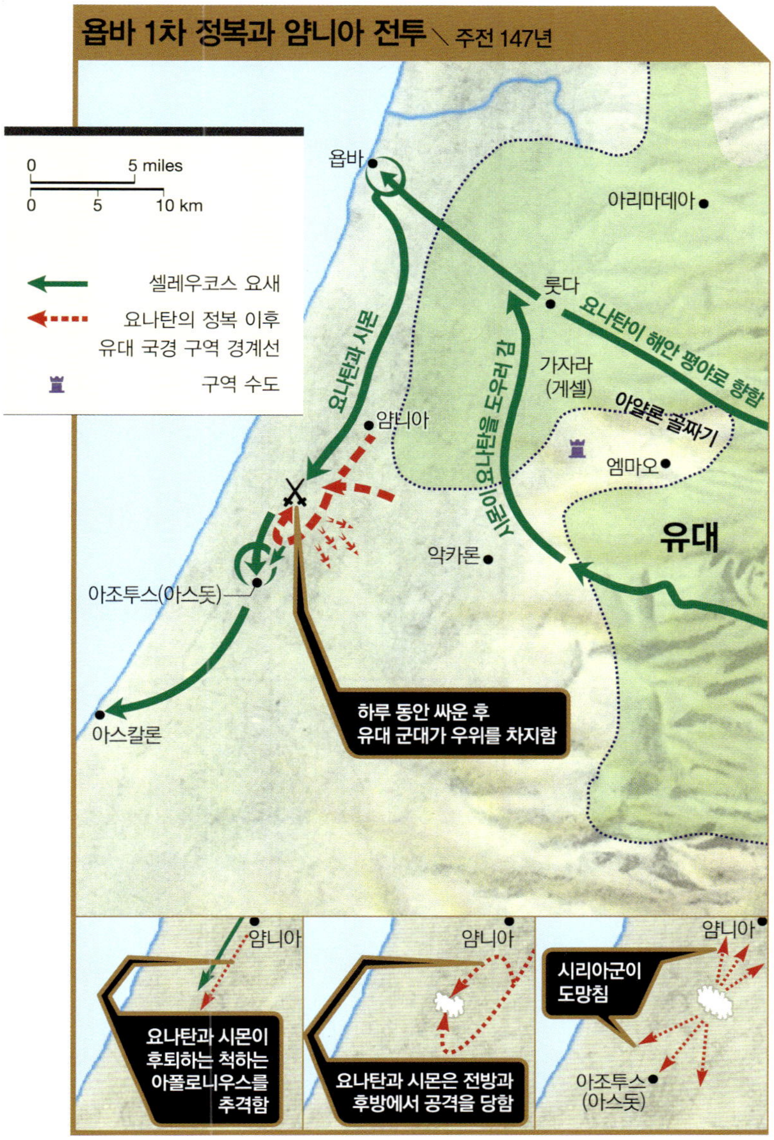

메트리오스 1세 시대 이전에도 이 지역에 살고 있었던 유대인들을 요나탄이 사실상 다스리고 있었다는 것을 왕실이 인정한 것에 지나지 않는다는 주장도 있다. 아무튼 왕은 예루살렘 재건을 위한 재정을 자발적으로 왕실의 금고에서 지원하려 하였다. 그러나 요나탄은 왕의 서약의 진실성을 믿지 않았고, 자신의 왕권을 주장하던 알렉산드로스와의 동맹을 유지하였다.

데메트리오스와 알렉산드로스는 주전 150년 여름 전쟁터에서 만났다. 고대 자료들에 따르면(《고대사》 13:58-61; 유스티누스 《개략》 35.1.10-11; 아피아노스 《시리아 전쟁》 67), 데메트리오스 왕은 말을 탄 채 늪지대로 깊숙이 들어갔다가 거기 빠지고 말았다. 알렉산드로스의 군사들이 부상당한 왕을 에워싸고 죽였다. 왕위는 알렉산드로스에게 넘겨졌고, 그는 즉시 이집트 왕 프톨레마이오스 6세 필로메토르의 딸과 결혼함으로써 정치적 동맹을 다졌다.

요나탄은 프톨레마이스에서의 왕실 결혼식에 초대를 받아 두 왕을 만났다. 하스몬 가문의 요나탄은 자신을 초대한 두 주인에게 수많은 예물을 주었고 "[알렉산드로스는] 그를 영광스럽게 하여 첫째가는 벗들 가운데 하나로 등록시키고, 그를 총독으로 또 지방 장관으로 세웠다"(마카베오상 10:65; 《고대사》 13:85). 마타티아스의 아들 요나탄은 이제 유대 지역의 제사장이자 정치 지도자로서의 지위를 왕으로부터 인정받게 되었다.

3년 후인 주전 147년에 데메트리오스 1세의 아들인 데메트리오스 2세 니카토르는 알렉산드로스에게 도전하여 자신의 왕위 계승권을 주장하기 위해, 크레타에서 떠나 시리아 국경에 있는 길리기아로 여행하였다(《고대사》 13:86; 참고. 《고대사》 13:145). 왕은 "데메트리오스가 도착하기 전에 그곳에서 자기의 지위를 안전하게 확보하기 위해" 페니키아에서 안디옥으로 물러났다(《고대사》 13:87; 유스티누스 《개략》 35.2.3). 마카베오기 상의 저자는 데메트리오스가 셀레우코스의 아폴로니우스를 코일레 시리아의 총독으로 임명했다고 전한다(10:69). 아폴로니우스가 총독으로서 여전히 알렉산드로스에게 충성을 바치고 있었다고 하는 요세푸스의 설명은 이해하기 어렵다. 그러나 알렉산드로스의 후퇴에 대해 한 줄의 문장으로 설명한 것이 혼동으로 인해 데메트리오스의 주도권에 대한 묘사 가운데 들어오게 된 것이라면, 이는 아폴로니우스를 그 자리에 유임시킨 사람이 바로 데메트리오스였음을 암시하는 것일 수도 있다(마카베오상 10:69). 아폴로니우스는 알렉산드로스 발라스 치하에서(즉 반역 행위) 그리고 과거에 데메트리오스의 아버지 밑에서 그 자리를 차지하고 있었다(참고. 폴리비우스, 31.19.6; 31.21.2). 그렇다면 아폴로니우스가 왕의 동맹자인 유대 대제사장 요나탄에 대항해 원정을 벌인 사실은 이해할 만하다.

총독은 요나탄과 싸우기 위해 재빨리 움직였다. 그는 얌니아예브나에 진을 치고 '돌도 자갈도 없고 달아날 데도 없는'(마카베오상 10:73) 넓은 평야에서 항복하든지 싸우든지 하라고 요나탄에게 도전했다. 총독이 도전하는 내용은 유대 산지에서 기습 작전을 구사하던 요나탄의 방식에 대해 잘 알고 있었음을 보여준다.

요나탄과 시몬은 군대를 모아 먼저 욥바로 진군했다. 이 항구 도시의 주민들은 아폴로니우스가 도시에 주둔시켜 놓았던 수비대 때문에 처음에는 저항했다. 그러나 그들은 요나탄이 그 도시로 돌격해오려는 것이 분명하자 성문을 열어주었다. 요나탄은 남쪽 평야 지대에 있는 아폴로니우스와 북쪽에 있는 증원 군대 혹은 보급품 사이에 자리 잡게 되었다. 아폴로니우스의 곤경은 자기 사위 알렉산드로스의 동맹자들을 돕기 위해 이집트에서 준비하고 있었던 프톨레마이오스 6세의 출현으로 커졌다.

요나탄의 군대가 남쪽으로 서서히 움직이자 아폴로니우스는 얌니아에서 아스돗으로 후퇴하는 척했다(마카베오상 10:77; 대조. 《고대사》 13:92). 그는 계속해서 더 멀리 가려는 듯 하더니, 곧 추격하는 요나탄의 군대와 해안 평야에서 싸우기 위해 돌아섰다. 아폴로니우스는 퇴각하는 동안, 요나탄 군대를 매복하여 습격하기 위해 기병 1천 명을 배치하는 전술을 구사하였다(《고대사》 13:94). 앞에 있는 아폴로니우스를 발견한 요나탄이 싸움을 시작하려 할 때 적군의 기병대가 후방에서 그를 공격했다(《고대사》 13:94). 요나탄은 두 방면에서 공격해 오는 시리아 군대에 맞서기 위해 군대를 양면 대형으로 바꾸었다(《고대사》 13:94). 전투는 이른 아침부터 저녁까지 이어졌고 시리아 기병대는 점차 약화되었다. 이로써 요나탄이 기병대를 참패시키는 동안, 여유가 생긴 시몬은 시리아 보병대와의 싸움에서 승리할 수 있었다.

아폴로니우스의 군대는 무질서와 혼란에 빠져 도망쳤고 자기들과 마찬가지로 평야에서 흩어졌던 기병대와 합류했다. 그들은 함께 아스돗이스둣에서 피난처를 마련하였고, 보호받기를 기대하면서 다곤 신전으로 들어갔다(참고. 삼상 5:2-5). 그러나 요나탄은 아스돗과 이웃 마을들을 파괴했고, 그 이방 신전을 불태웠다(《고대사》 13:99-101; 마카베오상 10:82-85).

요나탄의 시리아 개입 \ 주전 150년

결정적인 승리로 기운을 얻은 요나탄은 해안 도시 아스칼론아스글론으로 전진했다. 이 해안 도시의 거주민은 하스몬 가문과 평화로운 관계를 유지하고 있었다. 그래서 원로들은 싸우지 않고 항복했다. 알렉산드로스는 요나탄의 승전 소식을 듣고서 그에게 영예로운 선물과 해안 도시 악카론에그론, 텔 미크네과 '정착을 위한 땅'(《고대사》 13:102; 참고. 마카베오상 10:89)을 하사했다. 요나탄이 받은 보상을 설명하는 표현은 알렉산드로스의 선물이 정치적인 몸짓이기보다는 사적인 것임을 보여준다.

요나탄의 시리아 개입과 하솔 전투(마카베오상 10:57–65; 《고대사》 13:103–105, 133–142, 146, 148–153, 158–162; 마카베오상 11:63–74) 요나탄이 대제사장직을 수행했던 이후 3년 동안(주전 147–144년)은 셀레우코스 왕국 내 가족들 안에서 운명을 바꾸어놓는 배신과 정치적 음모라는 복잡한 상황들 가운데서 미묘한 균형을 이루었다. 요나탄이 주전 147년에 아스돗을 파괴하고 얼마 지나지 않아 프톨레마이오스 6세 필로메토르가 배를 타고 실루기아로 가는 여정에서 그 해안 도시의 폐허를 방문했다(마카베오상 11:4–5[1]). 문헌 자료들에서 그가 시리아를 방문했던 이유는 서로 상당히 다르게 나타난다.

지속적으로 친 알렉산드로스 경향을 보여주는 마카베오기 상 저자에 따르면 프톨레마이오스에게 배신의 책임이 있었다. 프톨레마이오스는 그의 사위로부터 전쟁 없이 조용히 해안 도시들을 차지하려고 각 기항지에 군대 수비대를 주둔시켰다. 요나탄은 욥바에서 그 이집트 왕을 만나 거기서 함께 밤을 보냈다. 그리고 페니키아와 셀레우코스 시리아 사이 국경인 트리폴리(플리니우스 《박물지》 5:17) 북쪽에 있는 엘류테로스 강나하르 엘 케비르까지 그를 수행했다(스트라보 《지리》 16.2.12). 따라서 "프톨레마이오스 왕은 바닷가의 셀레우키아실루기아에 이르기까지 해안 성읍들을 차지한 뒤, 알렉산드로스를 치려고 사악한 음모를 꾸며 나아갔다"(마카베오상 11:8). 저자는 프톨레마이오스가 계속 음모를 진행시키면서 사위의 경쟁자인 데메트리오스에게 한 가지 제안을 했다고 전한다.

> 우리 서로 계약을 맺읍시다. 알렉산드로스가 데리고 있는 내 딸을 임금님에게 주겠습니다. 임금님의 부왕이 차지하였던 왕국을 다스리십시오(마카베오상 11:9).

요세푸스는 완전히 다른 그림을 그리고 있다. 이 유대 역사가에 따르면 프톨레마이오스가 안디옥을 방문한 것은 알렉산드로스의 왕권을 빼앗기 위한 것이 아니라 길리기아에 있는 데메트리오스의 위협에 맞서 그의 사위를 돕기 위해서였다고 한다. 설명되지 않은 이유들로 인해, 알렉산드로스는 그의 친한 친구인 암모니우스의 손을 빌어 프톨레마이스에 머물고 있던 프톨레마이오스를 암살하려는 음모를 꾸미고 있었다(《고대사》 13:106–108). 프톨레마이오스는 암모니우스를 처벌해달라고 요청했지만 알렉산드로스는 거절하였다. 그리하여 그 이집트 왕은 이 배신이 누구로부터 시작되었는지를 깨닫고 알렉산드로스와의 관계를 끊었다. 요세푸스에 따르면 프톨레마이오스가 동맹 관계를 바꾼 것은 그러한 음모가 실패한 다음이었다.

> 그는 [알렉산드로스]로부터 딸을 데려와 신속하게 데메트리오스에게 보내 친선 협정을 제안하고, 자기 딸을 그의 아내로 주고 데메트리오스 아버지의 왕권을 회복시키겠다는 약속을 했다(《고대사》 13:110).

이 유대 역사가의 사건 기록은 다른 그리스–로마 작가들과 일치한다(예. 폴리비우스, 28:21.4–5; 디오도루스 시쿨루스, 33.1.3, 12.1; 유스티누스, 35.2.2).

셀레우코스 제국 내에서 일어난 정치적 위기의 근원이 무엇이었든 간에, 역사적 증언들은 프톨레마이오스가 안디옥에 도착했을 때 알렉산드로스가 그곳에 있지 않았다는 데 동의한다(디오도루스 시쿨루스, 32.9d, 10.1; 마카베오상 11:16[2]; 《고대사》 13:113). 프톨레마이오스는 왕이 없는 안디옥에 아무런 제지도 받지 않고 입성했다. 이어서 그는 왕권을 주장하며 자신을 이집트와 아시아의 왕으로 선포했다(참고. 마카베오상 11:13; 폴리비우스, 39.7; 대조. 《고대사》 13:114-115). 이집트 왕의 이러한 행동은 수년 전에 안티오코스 4세가 멤피스에서 자신을 이집트 왕으로 선포하고 어린 프톨레마이오스를 신하로 만들었을 때(주전 169년)와 유사한 상황이 반전된 것이었다(참고. 마카베오상 1:16).

프톨레마이오스는 얼마 되지 않아 전쟁터에서 알렉산드로스를 만났다. 이집트 왕은 부상을 입었지만, 그의 군대는 승리했고 알렉산드로스는 아라비아로 도망갔다. 그 셀레우코스 왕은 곧바로 아랍 족장 잡디엘에게 체포되어 살해되었다(마카베오상 11:17; 《고대사》 13:118; 디오도루스 시쿨루스, 32.9d, 10.1). 잡디엘은 왕의 목을 베어 프톨레마이오스에게 보냈다. 불행히도 부상당한 프톨레마이오스는 그의 전 사위보다 불과 며칠을 더 살았을 뿐이다. 따라서 "데메트리오스가 167년(즉 주전 145년)에 왕이 되었다"(마카베오상 11:19).

요나탄의 정치적 입지는 형편없이 약화되었다. 그의 동맹자들은 죽었고, 그가 전에 반대했던 자가 안디옥에서 왕좌에 앉아 있었다. 대제사장은 시리아에서 일어나고 있는 정치적인 변화를 기회로 이용하기 위해 움직였고, 예루살렘 성채를 공격했다. 아마도 요나탄은 데메트리오스 2세가 셀레우코스 수비대의 거점지를 비우고 그것을 대제사장에게 넘겨주겠다는 자기 아버지의 서약을 지킬 것이라고 생각했던 것 같다(마카베오상 10:32). 그러한 제안은 그의 후원자 알렉산드로스는 하지 못했던 것이다. 데메트리오스의 아들도 예루살렘 성채에 군대를 주둔시키는 것이 더 좋다고 보고 요나탄에게 전쟁 중단을 요청했던 것으로 보인다.

새로운 왕은 요나탄을 프톨레마이스에 초대했고, 요나탄은 데메트리오스에게 값비싼 선물들을 주어 깊은 인상을 남겼다. "은과 금과 옷, 그 밖에도 많은 선물을 가지고 … 그는 임금의 호감을 샀다"(마카베오상 11:24). 데메트리오스는 대제사장과 '첫째가는 벗'으로서 요나탄의 위치를 재확인했다(마카베오상 11:27). 유대 장군이자 총독으로서의 대제사장의 정치적인 지위는 비록 분명하게 언급되지 않았지만 '이전의 명예로운 직책을 모두 그대로 인정'함으로써 재확인되었던 것처럼 보인다. 데메트리오스가 유대 지방에 다른 정치 지도자들을 임명했다는 언급은 없다.

유대 지방에 대해서 요나탄은 데메트리오스 1세 소테르가 애초에 제안했던 영토 추가와 세금 면제를 요청해서 다시 확인받았다(참고. 마카베오상 10:25-45).

> 우리는 유다의 영토와 아패레마, 로드롯다, 라마탬하라마타 세 지역을 그들의 땅으로 인정합니다. 이 세 지역은 그 주변 모든 지방과 더불어 사마리아에서 유다에 편입된 곳으로, 전에는 임금이 해마다 그 땅의 소출과 과일에 대하여 세를 거두어들였습니다. 그러나 이제는 임금에게 바치는 이 세금을 예루살렘에서 희생 제사를 지내는 모든 이에게 면제합니다. 또 그들이 십일조에서 우리에게 바치는 다른 조세들과 그 밖의 세금들, 그리고 염전 세와 왕관 세 등 이 모든 것도 이제부터 그들에게 면제합니다(마카베오상 11:34-35).

마카베오기 상 저자는 데메트리오스가 권력을 남용한 일에 대해서는 아무런 언급도 하지 않는다. 이방 역사가들은 데메트리오스가 방종에 빠지고 그의 권력을 부패한 신하들에게 위임하였을 때 왕국이 곧 무질서에 빠졌다고 기록한다(유스티누스 《개략》 36.1.1; 디오도루스 시쿨루스, 33:9). 요세푸스는 안디옥 거주민들이 '왕으로부터 학대를 받았기 때문에' 그를 미워하게 되었다고만 전한다(《고대사》 13:135).

왕의 요구에 따라 요나탄은 그가 반란을 일으킨 지역 사람들을 진압하는 데 도움을 주기 위해 안디옥으로 3천 명을 보냈다. 요나탄은 이러한 지원군에 대한 대가로 왕이 예루살렘 성채에 있는 군대와 그 후원자들을 철수시키기를 바랐다(《고대사》 13:133; 마카베오상 11:41). 안디옥에서 폭동이 일어나자, 데메트리오스에 반대하는 군중들이 거리를 메우고 있는 동안 유대 군사들은 지붕으로 올라갔다. 수적으로 압도적 열세에 있었던 군사들은 폭동을 일으킨 안디옥 주민들을 그 공격 지점으로부터 몰아내기 위해 일부 목조 가옥에 불을 질렀다. 불은 걷잡을 수 없이 번졌고 수많은 인명 피해를 냈다. 이 비극이 있은 후, 안디옥 시민과 데메트리오스 사이에 마침내 평화가 이루어졌다. 유대 군대는 그들의 지원에 대해 왕의 치하를 받고 예루살렘으로 귀환했지만, 예루살렘 성채에 대한 무장 해제 약속에 대해서는 전혀 언급이 없었다.

> [데메트리오스가] 자기가 한 모든 약속을 어겨 요나탄과 사이가 나빠졌다. 데메트리오스는 요나탄이 자기에게 베푼 호의에 보답하지 않고 오히려 그를 몹시 괴롭혔다(마카베오상 11:53).

그러는 동안에 또 다른 곳에서 사회적 불안이 터져 나왔다. 트리폰Tryphon이라는 별명으로 불리던 아파메아 출신의 디오도투스라는 이름의 선동가(디오도루스 시쿨루스, 33.4a; 스트라보 《지리》 16.2.10; 리비 《요약서》 52)가 데메트리오스의 군대에 속했던 전직 군사들과 현직 군사들, 그리고 그 지역민들 가운데 불만이 있는 사람들을 이용하려 한 것이다. 노련한 군인들이 해고되고 외국 용병들로 대체되고 있었다. 어떤 군사들은 임금을 받지 못하고 있었다. 디오도투스는 알렉산드로스의 아들이 아라비아의 말쿠스의 손에 있다는 것을 알고 그를 시리아로 데려왔다. 아이는 불과 2살밖에 되지 않았지만 트리폰을 후견인으로 삼아 그를 왕으로 선언하였다. 그가 안티오코스 6세 에피파네스 디오니수스이다.

불만을 품고 있던 군인들이 어린 왕을 지지하기 위해 몰려왔다. 그들은 데메트리오스에게 전쟁을 선언하고 "그와 싸워 이겨서 안디옥 도시와

1_"그가 아스돗에 가까이 이르자, 사람들은 불에 타 버린 다곤 신전, 폐허가 된 아스돗과 그 주변, 내던져진 주검들과 요나탄이 전쟁에서 불태워 죽인 주검들을 그에게 보여 주었다. 그가 가는 길에 그 주검들을 쌓아 놓았던 것이다. 그들은 임금에게 요나탄이 한 일들을 낱낱이 일러바치며 그를 비난하였다. 그러나 임금은 잠자코 있었다"(마카베오상 11:4-5).

2_"알렉산드로스는 피신처를 찾아 아라비아로 달아났다. 이렇게 하여 프톨레마이오스 임금이 완전한 승리를 이루어내었다"(마카베오상 11:16).

헬레니즘 시대의 안디옥 도시 ▼

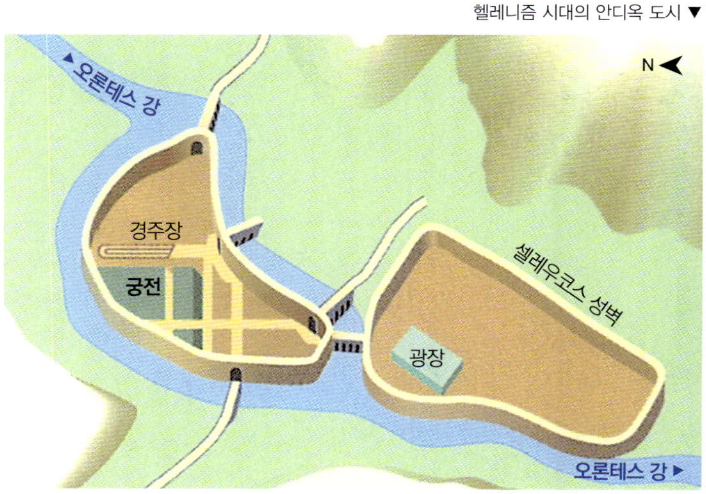

1_"거기에서 다시 가자로 갔는데 그곳 주민들은 성문을 닫아 버렸다. 그래서 요나탄은 그곳을 포위한 다음, 그 주변 마을들을 불태우고 약탈하였다. 가자의 주민들이 요나탄에게 탄원하였으므로, 요나탄은 그들과 화해하고 그곳 우두머리들의 아들들을 인질로 잡아 예루살렘으로 보냈다. 그러고 나서 그 지방을 지나 다마스쿠스까지 갔다. 그때에 요나탄은 데메트리오스의 장수들이 자기의 직위를 박탈하려고 큰 군대를 이끌고 갈릴래아의 카데스에 왔다는 소식을 들었다"(마카베오상 11:61-63).

2_"이에 그들이 올라가서 땅을 정탐하되 신 광야에서부터 하맛 어귀 르홉에 이르렀고"(민 13:21).

그 코끼리 부대 모두를 차지했다"(《고대사》 13:144). 어린 왕은 요나탄에게 사절을 보내서 그의 대제사장의 지위를 재확인해주고, '네 지역의 통치자'로 임명하며 '임금의 벗들 가운데 하나'가 되게 했다(마카베오상 11:57).

안티오코스가 요나탄에게 하사한 네 번째 지역은 마카베오기 상(11:57)과 《고대사》(13:145)에 이름이 나오지 않는다. 세 지역에 대한 이전의 일치된 언급은 그 세 지역들이 모두 사마리아에서 취하여졌고, 항상 한꺼번에 언급되고 있다는 사실에서 유래한다(참고. 마카베오상 10:30, 38; 11:28, 34; 《고대사》 13:127). 그러나 그 지역들이 반드시 왕이 하사한 영토 전체를 나타낸다고 볼 필요는 없다. 데메트리오스 1세 소테르의 첫 약속에 네 번째 지역의 이름이 나온다는 점에 대해서는 사람들이 거의 주의를 기울이지 않는다. "프톨레마이스와 그 인접 지역을 예루살렘 성소에 선물로 주어, 성소의 경비를 충당하도록 하겠습니다"(마카베오상 10:39). 요나탄은 왕의 이러한 제안을 거절했었고 안티오코스 6세 때까지는 그 해안 도시가 유대의 행정구역이었다는 암시가 전혀 없다. 데메트리오스 2세의 재확인에서 프톨레마이스가 생략된 것은 그가 아버지의 관대한 정책을 그대로 따르지 않았음을 의미할 수도 있다(참고. 마카베오상 11:34). 이미 지적한 바와 같이, 마찬가지로 그는 아버지가 요나탄에게 예루살렘 성채의 지배권을 넘기겠다고 한 약속을 되풀이하지 않았다(참고. 마카베오상 10:32).

네 지역과 관련한 안티오코스 6세의 재확인은 데메트리오스 1세 소테르가 했던 첫 번째 약속을 떠올리게 하지만, 사마리아에 대한 언급은 생략되고 프톨레마이스는 이제 그 수에 포함된다. 하스몬 가문의 통치를

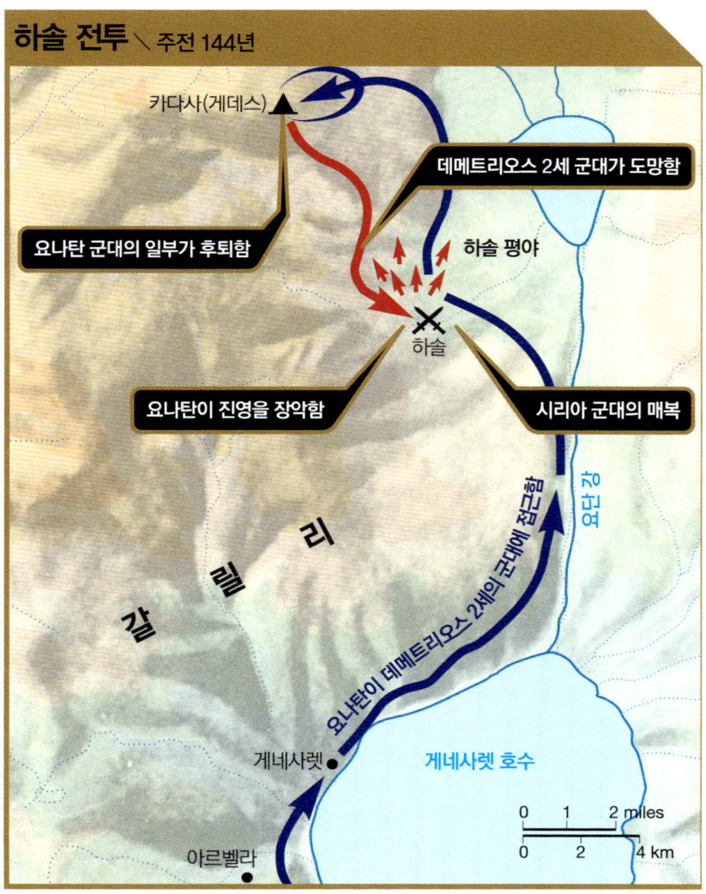

해안 평야 지대까지 확장시키겠다는 안티오코스의 제안 또한 프톨레마이스가 그 네 번째 지역이라는 견해를 강화한다. "[안티오코스는] 그 [요나탄]의 형 시몬을 '티로 두로의 사닥다리 길'에서 이집트 국경(즉 이집트 시내)까지 이르는 지역의 총독으로 임명하였다"(마카베오상 11:59).

요나탄은 새로운 왕을 위한 군사적 지원을 끌어내기 위해 페니키아와 코일레 시리아 전역을 거쳐 요단 동쪽으로 여행하는 임무를 부여받았다. 요세푸스는 요나탄이 기울인 노력을 묘사하면서, 페니키아와 시리아의 도시들은 "그를 환영하였지만 군대를 주지는 않았다"고 기록한다(《고대사》 13:148). 요나탄이 이미 동맹 관계에 있던 해안 지역으로 돌아갔을 때, 아스칼론에서 "그 성읍 주민들이 그를 성대하게 맞이하였다"(마카베오상 11:60). 그러나 가사는 독립을 유지하기로 결정했다(《고대사》 13:150). 따라서 가사는 성문을 닫고 요나탄을 받아들이지 않았다. 요나탄은 그 도시를 포위하였으며, 주변 마을들을 불태우고 약탈했다. 그러자 가자의 주민들은 자세를 낮추고 그와 동맹을 맺었다(마카베오상 11:61-63[1]).

요나탄이 안티오코스 6세 편에서 일한다는 소식이 데메트리오스에게 전해지자, 그는 하스몬 가문의 통치를 종식시키기로 마음을 굳혔다. 그의 장군들은 큰 군대를 이끌고서 상부 갈릴리에 있는 카다사(텔 케데쉬, 유세비우스 《지명록》 116:8)로 진격했다. 요세푸스에 따르면, 시리아의 전략은 요나탄을 전쟁터로 끌어내는 것이었다. 왜냐하면 "그는 그의 동족 갈릴리 사람들이 적의 공격을 받는 고통을 당하도록 내버려두지 않을 것이기 때문이다"(《고대사》 13:154).

요나탄은 시몬을 남겨 두어 유대 산지를 지키도록 했다. 데메트리오스에게 충성하는 군대가 벧술과 예루살렘 성채에 주둔하고 있었기 때문이다(참고. 《고대사》 13:155; 13:42). 시몬은 벧술 요새를 공격했고 오랜 포위 끝에 항복을 받아냈다. 하스몬 가문은 그들의 형 유다가 요새화했던 그 요새를 다시 차지하게 되었다(마카베오상 4:61).

동시에 '요나탄과 그의 군대는 게네사렛 호숫가에 진을'(마카베오상 11:67; 《고대사》 13:158) 쳤다. 다음 날 아침 그들은 게네사렛 평야에서부터 올라가 상부 갈릴리의 산지 근처에 도착했다.

후일 로마 시대에 요단 계곡 상부를 통과하는 경로는 갈릴리 호수의 북쪽 연안을 따라 지나다가, 벳새다 근처에서 요단 강을 건너, 골란 고원의 구릉 지대를 따라 요단 계곡의 동쪽 끝을 향해 북쪽으로 계속 가는 것이었다. 요나탄은 갈릴리 호수의 북서쪽 모퉁이에 있는 게네사렛 평야에서 시작하는 옛 오르막을 따라갔다. 그는 로쉬 핀나 실로 올라가 성서의 하솔 근처에 있는 평야의 서쪽 끝까지 계속 나아갔다.

데메트리오스의 군대는 요나탄의 행로를 예상하고 훌레 분지가 내려다보이는 산지에 매복했다(참고. 《고대사》 5:199). 시리아 군대의 주력 부대는 요나탄의 군대와 싸우기 위해 '아소르 평야'로 이동했다. '아소르 평야'라는 언급은 성서의 하솔 유적지를 찾는 데 도움이 되었다. 요나탄이 데메트리오스의 군대와 싸우기 위해 전진하자 산지에 숨어 있던 적군이 그의 군대를 공격했다. 요나탄의 군사들은 자신들이 두 군데 전선에서 싸우고 있다는 것을 깨달았다. 많은 사람들이 두려움에 사로잡혀 도망쳤지만, 일부는 굳게 자리를 지켰다. 도망가던 사람들이 전세가 바뀌는 것을 보고는 되돌아와서 데메트리오스의 본진이 있는 카다사까지 함께 추격했다. 싸움이 끝나고 승리가 확실해지자 요나탄은 예루살렘으로 돌아왔다.

요나탄의 마지막 원정

데메트리오스는 그의 군대가 하솔에서 처음부터 패배를 당하자, 왕좌를 놓고 자신과 경합을 벌이는 안티오코스 6세의 중요한 동맹자인 요나탄과 싸우기 위해 더 큰 군대를 보낼 수밖에 없었다. 데메트리오스의 계획을 전해들은 하스몬 가문의 요나탄은 하맛 지역을 공격하기로 결정했다. "이렇게 요나탄은 그들에게 자기 나라를 쳐들어올 기회를 주지 않았다"(마카베오상 12:25). 그 본문의 이야기는 시리아 사람들이 하맛 지역의 남쪽 가장자리에 있었지 사실상 오론테스 강변에 있는 그 도시에 있었던 것이 아님을 분명히 밝혀준다. 그럼에도 불구하고 왜 요나탄이 페니키아의 북쪽 지역으로 진군하는 모험을 감행하였는지는 여전히 학자들 사이에 논쟁거리로 남아 있다.

요나탄이나 마카베오기 상 저자가 스가랴의 예언을 염두에 두고 있었다는 암시는 어디에도 없다.

> 아람의 성읍과 이스라엘의 모든 지파가 주님께 속하기 때문이다. 또한 접경한 하맛도, 지혜롭다는 두로와 시돈도 그분께 속한다(슥 9:1b-2, 저자 사역).

또한 우리의 이야기에는 요나탄이 그의 방어선을 북쪽으로 옮겼다는 암시도 없다. 왜냐하면 "그는 약속된 땅 전체를 그의 정당한 기업으로 간주하기 시작했기 때문이다. 외부에서 침투해오는 적들이 정당하게 그 경계선을 밟도록 허용해서는 안 된다." 마카베오기 상의 저자는 르보 하맛이 가나안의 경계였다고 인정하는 어떤 암시도 주지 않는다(민 13:21[2]; 34:8; 겔 47:15-17; 대하 7:8).

참으로 요나탄의 선제 조치들은 영토 문제와 관련이 있는 것처럼 보이지 않는다. 본문에 사용된 헬라어는 '기회의 때'라는 뜻이다. 다른 말로 하면, 요나탄은 다가오는 적군이 공식적인 군사 원정을 실시할 시간을 허용하지 않고 도중에 그들을 치고 싶어 했던 것이다. "왜냐하면 그는 그들이 유다를 침입할 만한 시간을 주지 않기로 결심했기 때문이다"(《고대사》 13:174)라고 말한 요세푸스 역시 이렇게 이해했던 것 같다. 요나탄이 데메트리오스 군대를 공격한 방식이 매복했다가 새벽에 진영을 기습하는 것이었다는 점은 요나탄의 북쪽 지역 전략이 전쟁터에서의 영토권 주장이나 종교적인 진술을 표명하기 위한 것이기보다는 기습의 요소를 활용하기 위한 것이었음을 시사한다.

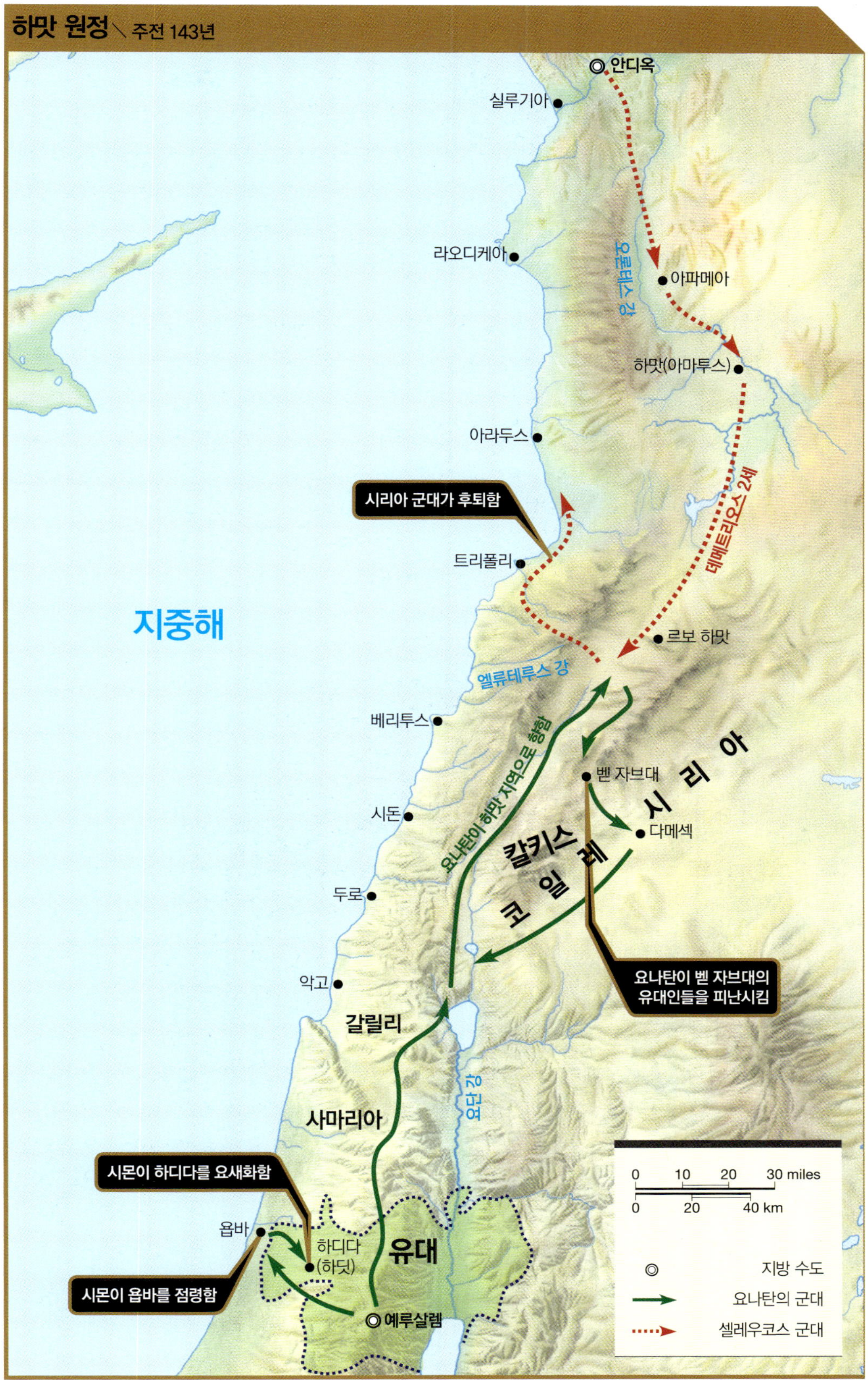

그럼에도 불구하고 요나탄이 페니키아와 시리아 국경 지대에 있는 하맛 지역까지 진군한 일은 확실히 트리폰의 신중한 동의를 얻어 이루어진 일임이 분명하다. 요나탄이 일찍이 안티오코스 편에 서서 '멀리 다메섹까지' 원정을 갔었고, 나중에도 그의 군대가 '다메섹까지 … 그 지역 전체를' 행군한 일은 그가 최소한 코일레 시리아와 페니키아 전체를 제재 없이 돌아다닐 자유를 갖고 있었음을 의미한다(마카베오상 10:69; 쿠르티우스 루푸스, 4.8.9; 디오도루스 시쿨루스, 19.93.1; 에스드라 1서 2:13; 4:48; 8:64; 마카베오하 3:5; 10:11; 《고대사》 11:25; 13:65; 디오도루스 시쿨루스, 18.6.3). 이는 분명 요나탄이 최근에 거둔 승리의 결과이며, 안티오코스 6세가 데메트리오스의 유대 침공을 훼방하기 위해서는 전략상 요나탄의 지지가 중요하다는 트리폰의

인식 때문에 가능한 일이었다.

데메트리오스의 장군들은 요나탄의 매복을 알고는 엘류테루스 강을 건너 북쪽의 '안전한 지역'으로 철수했다(《고대사》 13:179; 참고. 투키디데스, 8.39.4). 실루기아의 해안 지역은 계속해서 데메트리오스 가문에 충성을 다하였다(마카베오상 11:44-51; 《고대사》 13:111, 135-141; 유스티누스 《개략》 35.1.3, 2.3; 디오도루스 시쿨루스, 32.9c, 33.4; 리비 《요약서》 52). 만일 이것이 그들의 후퇴 방향이었다면, 왜 요나탄이 엘류테루스 강을 넘어 추격하지 않았는지 이해할 만하다. 마카베오기 상과 요세푸스는 요나탄이 대신에 군대를 돌려 지역 거주민들을 공격하였다고 기록한다(마카베오상 12:31; 대조. 《고대사》 13:179). 그 두 자료 중 어느 것도 요나탄의 그 행동에 대해 이유를 설명하지 않지만, 아마도 그들이 데메트리오스에게 협력했기 때문이었을 것이다.

그러고 나서 요나탄은 군대를 이끌고서 코일레 시리아를 넘어서 "다마스쿠스다메섹로 가서 그 부근 온 지방을 두루 두루 다녔다"(마카베오상 12:32; 참고. 《고대사》 13:179). 저자는 여기서 해안 지역에 대한 시몬의 원정을 간략하게 설명한다. 요나탄이 그 나라를 성공적으로 방어한 이야기 사이에 그의 동생 시몬의 노력을 언급한 것은 아마도 시몬이 곧 요나탄을 계승하게 된 일을 예고하려는 의도였을 것이다. 데메트리오스는 해안 도시들 중에는 그의 동조자들을 가지고 있었지만, 아스칼론에서 시몬에 대한 어떤 반대가 있었다는 언급은 어디에도 없다. 아스칼론 도시가 하스몬 가문과 좋은 관계를 맺고 있었다는 것에 대해서는 이미 언급한 바 있다(참고. 마카베오상 10:86). 그러나 시몬이 그 도시에 주의를 기울일 필요를 느꼈다는 사실은 실질적으로 염려할 만한 이유가 있었다는 신호일지도 모른다(참고. 필로 《가이우스에게 보낸 사절단》 205).

다른 한편으로 욥바는 일찌감치 무력으로 정복되었었다(마카베오상 10:75-76). 다시 한 번 시몬은 '사람들이 그 요새를 데메트리오스의 군사들에게 넘기려 한다는 소식을 들었기 때문에'(마카베오상 12:34; 《고대사》 13:180) 사전 경고 없이 그곳을 확보할 필요가 있음을 알았다. 그곳의 계속적인 충성을 확인하기 위해, 시몬은 그곳에 그의 병사들로 이루어진 수비대를 주둔시켰다.

요나탄은 예루살렘과 유대를 요새화하는 데 관심을 돌렸다. 요나탄과 '백성의 장로들'은 세 가지 사업을 주도한 것으로 보고된다(미슈나 《산헤드린》 1:5; 미슈나 《셰빗》 2:2). 첫째, 그들은 예루살렘 성벽을 보수하기로(마카베오상 12:36, 문자적으로는 '일으키다': 참고. 《전쟁》 3:284) 결정했다(참고. 대하 32:5). 특별히 마카베오기 상 저자는 '동쪽 계곡의 성벽 일부도 무너졌기 때문에'(마카베오상 12:37) 기드론 골짜기를 마주한 성벽을 보수했다고 묘사한다. 그는 예루살렘 성벽의 이 부분이 카페나타라고 불리고 있었다고 설명하는데, 이 명칭은 다른 고대 자료에는 전혀 나오지 않아서 어원이 설명되지 않는다.

다음으로 예루살렘의 주민들은 "성채와 도성 사이에 높은 벽을 세워 성채를 도성에서 갈라놓기로 결정하였다. 성채를 고립시켜서, 주둔군이 사고파는 일을 못하게 하려는 것이었다"(마카베오상 12:36). 헬라인 집단 거주지가 계속해서 존재했다는 것은 분명 성가신 일이었다. 특별히 성채를 점령하고 있는 자들의 동맹군과 갈등이 일어난 이때에, 헬라인 집단 거주지의 존재는 예루살렘 도시의 안보를 심각하게 위협하는 것이었다. 요나탄과 예루살렘 지도자들은 예루살렘에서 그 근거지를 제거하기로 결정했다.

우리는 세워진 장벽의 성격을 알 수 없고 어떻게 그 장벽이 성채 안에 있는 사람들에게 물자 공급을 차단시켰는지도 알지 못한다. 이러한 의문들은 주로 성채가 어디에 위치해 있었느냐에 달려 있으므로, 학자들 사이에 그 성채의 위치가 상당한 논쟁을 일으켰다. 우리가 알고 있는 것은, 이번에는 요나탄이 그 성채를 공격하지 않고 그 안의 거주자들을 굶주리게 해 항복을 받아내려 했다는 것이다. 그는 성공을 거두게 되지만, 자기의 전략이 성공을 거두는 것을 볼 만큼 오래 살지는 못하였다. 요나탄이 죽은 지 얼마 안 되서 시몬이 수비대의 항복을 받아내고 성대한 축제와 잔치를 벌였다. 그는 가증스러운 안티오코스 4세 에피파네스에 의해 처음 세워졌던 적군의 집단 거주지를 단번에 완전히 그 도시로부터 제거했다(마카베오상 13:49-51[1]; 참고. 1:33).

마지막으로 시몬은 "세펠라에 있는 하디다를 재건하고 그곳을 튼튼히 한 다음 성문과 빗장을 달았다"(마카베오상 12:38). 하디다라는 지명은 포로기 이후의 성서에서 로드롯다, 오노와 함께 제사장 계열 명단에 나타나는 하딧을 대표한다(참고. 스 2:33[2]; 느 7:37; 11:34).

요세푸스는 하디다에서 행한 시몬의 업적에 대해 자세하게 말하지 않고 다만 "[요나탄이] 시몬을 보내 나라의 요새들을 튼튼하게 했다"(《고대사》 13:183)고 기록한다. 얼마 되지 않아서 우리는 시몬이 하디다에서 트리폰과 전쟁을 하게 되었다는 소식을 듣는다. 이때 시리아 군대는 결박한 요나탄을 데리고 프톨레마이스로부터 진군했다. 요세푸스에 따르면, 그들은 '아래로 유대 평야가 내려다보이는 산지에 위치한 도시'(《고대사》 13:203)인 하디다에서 만났다.

요세푸스는 하디다가 '유대 평야'와 인접해 있다는 실수를 범했다. 하디다는 유대 세펠라의 바깥쪽에 위치하며, 미슈나에서 '로드롯다의 세펠라'라고 지칭한 지역에 속한다(미슈나 《셰빗》 9:2).

하디다는 세펠라의 지질학적 성격을 규정하는 팔레오세 석회암 산지의 최북단 가장자리에 자리 잡고 있다. 마카베오기 상 저자가 하디다의 주변 지역을 묘사하면서 그 지형학적인 용어를 사용한 것은 성서의 증언에서 이끌어낸 것은 아니며, 도리어 세펠라를 구성하고 있는 것에 대한 지역적 이해를 분명하게 보여준다.

특별히 주목할 만한 사실은 하스몬 사람들이 하디다를 요새화하기로 결정했다는 점이다. 시몬의 업적에 대한 언급은 성서 후기 문헌post-biblical literature에서 그 정착지에 대해 처음으로 언급하고 있는 것이다. 하디다는 규모 면에 있어서도 분명 보잘것없었고 위치도 특별히 주의를 끌 만한 곳은 아니었다. 하디다 요새는 점점 다가오는 군사적 위협에 대한 반응의 성격이 더 컸던 것으로 보이며, 하스몬 가문의 고향인 모데인 근처를 방어하려는 의도에서 마련되었던 것으로 보인다. 가자라는 여전히 셀레우코스 지배 아래 있었을 것이기 때문에(마카베오상 9:52; 13:43; 《고대사》 13:15[3], 215) 하디다는 시몬이 벧 호론 오르막길과 예루살렘을 방어하는 데 기여했다.

하디다는 여전히 군사적으로 중요한 곳이었다. 후에 나바테아 왕 아레타스는 하디다에서 알렉산드로스 얀네우스를 격퇴하였으며(《고대사》 13:392), 베스파시아누스는 예루살렘 포위를 위해 준비하면서 그곳에 군대를 주둔시킬 만큼 중요한 곳으로 보았다. "베스파시아누스는 사방에서 예루살렘을 포위하려는 생각을 가지고 여리고와 하디다에 진영을

1 "트리폰은 요나탄의 군사들을 전멸시키려고, 보병대와 기병대를 갈릴래아의 큰 평야로 보냈다. 그러나 요나탄의 군대는 요나탄이 잡혀 군사들과 함께 살해된 줄 알고는, 서로 격려하면서 한데 뭉쳐 전투 태세를 갖추고 앞으로 나아갔다. 뒤쫓아 간 자들은 요나탄의 군대가 목숨을 걸고 싸우려는 것을 보고 되돌아갔다"(마카베오상 13:49-51).

2 "로드와 하딧과 오노 자손이 칠백이십오 명이요"(스 2:33).

3 "그 무렵 시몬은 가자라를 향하여 진을 치고 그곳 둘레에 부대들을 배치하였다. 그는 공격 기구를 만들어 성읍 가까이에 끌어다 놓고, 탑 하나를 공격하여 점령하였다"(마카베오상 13:43).

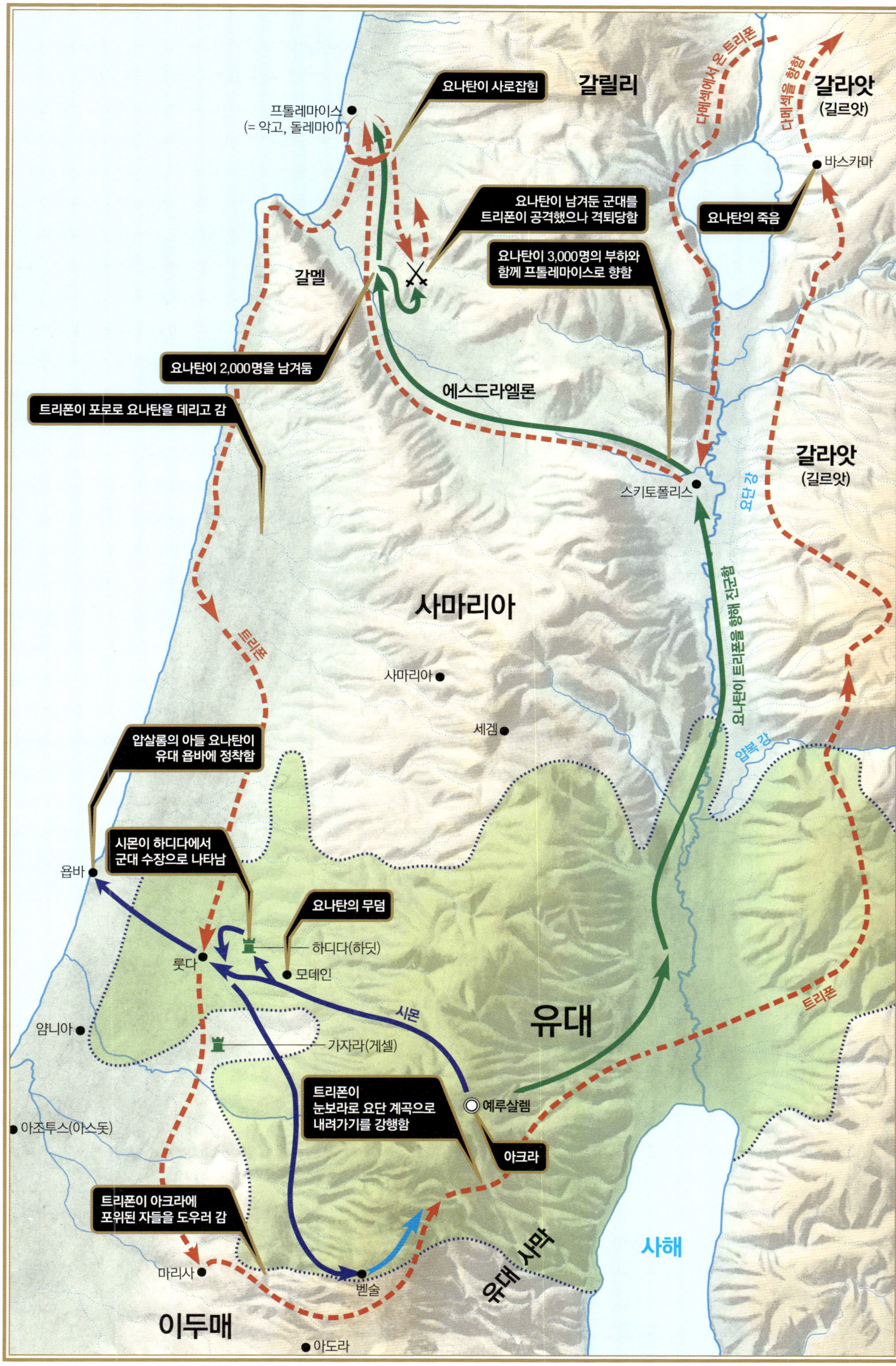

TRYPHON'S CAMPAIGN AGAINST JONATHAN

요나탄을 겨냥한 트리폰의 원정

/ 주전 143-142년

0 5 10 miles
0 5 10 15 km

- 트리폰
- 요나탄
- 시몬
- 요새

"트리폰은 아시아의 임금이 되어 왕관을 쓰려고 하였을 뿐만 아니라, 안티오코스 임금까지 없애려고 시도하였다. 그러나 그는 요나탄이 그것을 용납하지 않고 자기를 공격하리라는 두려운 생각이 들어, 그를 잡아 죽일 방도를 찾으며 벳 스안(스키토폴리스)으로 떠나갔다. 요나탄은 정병 사만으로 전열을 갖추고 트리폰에게 맞서 싸우려고 벳 스안으로 진군하였다"(마카베오상 12:39-41).

▲ 요나탄과 시몬이 한때 정복했던 항구도시 욥바

세웠다. 그는 각 지역에 로마 사람들과 지원 부대가 결합된 수비대를 두었다"(《전쟁》 4:486). 이 수비대들은 예루살렘의 북쪽 산지로 이어지는 동쪽과 서쪽 진입로를 지키는 역할을 수행하였다.

하디다는 비잔틴 시대까지 살아남았다. 유세비우스의 《지명록》은 아디타임에 대한 항목에서 '디오스폴리스[로드]의 동쪽에 있는 아디타라고 불린 또 다른 마을'이라고 언급한다(24:23). 가이사랴의 주교 유세비우스가 아디타임과 하디다 사이에 어원적 관계가 있다고 본 것은 주전 6세기 메드바 지도가 '아디타임, 지금의 아디타'라고 표기하여 혼동의 원인을 제공했을 가능성이 있다.

트리폰이 주도적으로 한 행동은 항상 이기적 동기에서 비롯된 것이었다. 단지 기회의 문제만 남아 있었을 뿐이다. 마카베오기 상 저자는 섭정 트리폰이 데메트리오스가 원정을 떠나 파르티아에서 감금되기 이전에 왕권을 차지하려는 조치를 취하였다고 암시한다(참고. 마카베오상 14:1-3). 반면에 요세푸스의 《고대사》(13:184-186)는 그리스와 라틴 역사가들의 연대기를 따른다(예. 아피아노스 《시리아 전쟁》 67-68; 오로시우스 《역사》 v. 4.16-17). 그 자료는 트리폰의 왕권 장악과 안티오코스 6세의 죽음은 데메트리오스가 동쪽으로 진군해서 더 이상 왕권 경쟁자가 없었을 때에야 비로소 일어난 일이라고 말한다.

트리폰은 왕위를 찬탈하려고 움직이면서, 요나탄이 자기를 지지하지 않을 것이라는 점을 염려했다. 그래서 그는 하스몬 가문의 이 지도자를 제거하려고 했다. 그는 군대를 스키토폴리스벧산로 행군시켰고, 그곳에서 막강한 군대와 함께 온 요나탄과 만났다. 현명한 것인지 비겁한 것인지 모르겠지만, 트리폰은 전쟁보다는 음모를 통해 요나탄을 제거하는 것이 더 낫다고 생각했다. 그는 요나탄에게 군대 대부분을 해산시키고 자기와 함께 프톨레마이스까지 가자고 제안했다.

> 나는 귀하에게 그 성읍과 나머지 요새들, 또 나머지 군사들과 모든 관리들을 넘겨주고 돌아가겠습니다. 그리하려고 내가 온 것입니다(마카베오상 12:45).

언뜻 보아 트리폰의 이 말은 앞서 안티오코스가 하사한 네 번째 지역이 프톨레마이스라는 우리의 견해를 훼손하는 것으로 보인다. 만일 프톨레마이스가 이미 요나탄에게 하사된 것이라면 그 섭정의 의도는 쓸데없는 것이라 할 수 있다. 그러나 그의 말을 좀 더 자세히 검토해 보면, 그의 목적은 요나탄에게 프톨레마이스를 양도하는 일을 실행하겠다는 뜻임을 알 수 있다. 사용된 동사는 이전에 영토를 하사하는 어떤 경우에도 사용된 적이 없으며, 여기서 그러한 내용을 전달해야 할 필요도 없다. 실제로 프톨레마이스를 주겠다는 안티오코스의 이전 약속은 트리폰의 책략과 모순되고 그것이 거짓임을 보여준다. 요나탄이 여전히 안티오코스 6세의 신실한 섭정으로 비추어졌던 트리폰과 기꺼이 동행한 것은 하스몬 가문의 요나탄이 이전부터 프톨레마이스가 유대 영토가 되기를 기대하고 있었다는 것을 알려준다.

트리폰이 말한 목적은 안티오코스 6세의 약속을 이행하겠다는 것이었다. 만일 그렇다면 제국의 칙령과 그 실행 사이에는 시간적인 간격이 있었다고 볼 수 있다. 멀리 갈 필요도 없이, 예루살렘 성전을 재건하라는 유명한 키루스고레스 칙령이, 지역의 반대 때문에 시간이 지체되어 결국 다리우스 1세 때에나 완수된 것을 볼 수 있다. 이는 왕의 칙령이 그 지방에 이르렀을 때 반드시 지체 없이 실행에 옮겨진 것은 아님을 알려준다. 같은 맥락에서, 우리는 안티오코스가 시몬을 "'티로두로의 사닥다리 길'에서 이집트 국경까지 이르는 지역의 총독"(마카베오상 11:59), 즉 '스트라테고스'로 임명했다는 것 이상은 아무것도 알지 못한다. 증거 자료가 없어서 증명된 것은 아니지만, 나중에 시몬이 해안 지역으로 군사 원정을 떠났던 것을 보면 적어도 이들 지역 중 일부는 그의 권위를 인정하지 않았음을 시사한다.

요나탄이 프톨레마이스에 입성했을 때 시민들은 그를 체포하고 성문을 닫아버렸다. 성 안으로 들어온 요나탄의 부하들은 즉시 살해되었고 나머지 사람들은 성으로 들어갈 수 없었다. 트리폰은 자신의 군대를 보내어 '큰 평야'[1](마카베오상 12:49; 참고. 마카베오상 5:52)에 남아 있던 요나탄의 부하들과 요나탄이 갈릴리에 남겨두었던 2천 명의 사람들을 공격하게 했다(《고대사》 13:193). 요나탄의 군대는 그가 잡혔다는 소식을 듣고 이미 그가 죽은 것으로 믿었다. 그들은 '밀집 대형'을 갖추어 퇴각함으로써, 트리폰의 군대가 공격을 포기하게 만들었다. "그래서 요나탄의 군대는 모두 평화로이 유대 땅으로 가, 요나탄과 그 군사들의 죽음을 애도하며 몹시 두려워하였다. 온 이스라엘도 그들의 죽음을 크게 애도하였다"(마카베오상 12:52).

요나탄이 이미 죽었다고 잘못 생각했던 시몬은 백성들의 지지를 요청하고 수락을 받아서 요나탄의 지도권을 맡게 되었다. 사람들은 "유다와 당신의 아우 요나탄 대신에 이제 당신이 우리의 지도자입니다"(마카베오상 13:8)라고 반응하였다. 시몬은 요나탄이 시작했던 예루살렘 방어를 서둘러 마무리 지었다. "서둘러 예루살렘의 성벽을 수축하는 일을 끝내고 그 둘레를 튼튼히 하였다"(마카베오상 13:10). 그는 또한 욥바를 점령하기 위해 군대를 보냈다.

그 뒤에 이어진 트리폰의 행동은 그가 시몬과 충돌을 즐겼다는 기미를 전혀 보이지 않는다. 그는 프톨레마이스로부터 남쪽으로 진군해 예루살렘으로 올라가는 길목인 유대 산지로 들어서려는 의도를 가지고 샤론 평야로 갔다. 그러나 룻다로드 근처에서 그는 하디디에 진을 치고 있던 시몬의 군대와 마주쳤다. 이 싸움을 싸우지 않고는 벧 호론 오르막길로 접근하는 것이 불가능했다. 요나탄을 인질로 잡고 있던 트리폰은 다시 한 번 속임수를 써서 시몬을 조종하려고 시도했다.

시몬이 그 진로를 막고자 하는 것이 분명해지자 트리폰은 "아도라로 가는 길을 돌아 진군하였다"(마카베오상 13:20). 요세푸스는 다소 부풀린 설명에서 "〔트리폰이〕 온 나라를 행군했다. 그리고 이두매를 통과해 예루살렘으로 올라가기로 결정한 후 마침내 그는 이두매의 한 도시인 아도라에 도착했다"(《고대사》 13:207). 트리폰의 남쪽 행군은 룻다로드와 가자라를 통과하여 마리사에 이르는 해안 평야의 동쪽 가장자리에 머물렀다. 마리사는 유대 셰펠라 지역에 있는 이두매의 주요 도시였다. 트리폰의 행로를 따라 나란히 진군한 시몬은 유대 셰펠라의 도로를 통과해 석회암 지역에서 남쪽으로 이동하는 동안 셀레우코스 군대를 그림자같이 따라다녔다. "시몬과 그의 군대는 트리폰이 가는 곳마다 따라가 그에게 맞서 싸웠다"(마카베오상 13:20).

시몬은 이두매인들의 적대적인 영토 경계에 도착하자 진군을 멈추었다. 트리폰은 헬라 도시 마리사에서 아무런 방해도 받지 않고 유대 산지로 올라가기 시작했다. 그러나 그는 일찍이 유다(마카베오상 5:66[2]), 혹은 리시아스(마카베오상 6:31[3])가 사용했던 마리사에서 분수령 길에 이르는 오르막길을 따라 움직이지 않았다. 대신에 트리폰은 해안 평야에서부터 아도라두라에 이르는 오르막을 선택했는데, 이 도로는 나중에 엘류테로폴리스에서 텔 에톤을 통과해 헤브론까지 가는 후기 로마 시대의 도로가 된 것 같다. 아도라는 이두매의 중요한 도시로 나중에 가비니우스가 주전 58년에 5개의 행정 구역를 나누었을 때 이두매 도시국가의 수도가 되었다(《전쟁》 1:170; 《고대사》 14:91).

예루살렘 성채에 있는 부하들이 트리폰에게 "광야를 거쳐 우리에게 와서 양식을 달라"고 간청하는 소식을 전했다. 시몬이 이때 어디에 있었는지에 대해서는 아무런 암시가 없다. 일찍이 그는 몸소 벧술을 요새화했다. 시몬이 벧술에 머물고 있었다는 것은 트리폰이 벧술에서 더 멀고 훨씬 남쪽에 있었던 오르막길을 선택해야 했던 이유를 설명하는 데 이보다 앞선 다른 이들의 기록보다 도움이 될 것이다. 이렇게 해서 벧술 요새는 다시금 예루살렘의 남쪽 접근로를 방어하는 데 기여하였다.

이 모든 시점에서, 마카베오기 상의 저자와 요세푸스는 트리폰이 항상 하스몬 가문의 사람들, 즉 벧산에 있는 요나탄이든지 하디디에 있는 시몬이든지, 혹은 그가 이두매에서 아무런 방해를 받지 않고 산지로 올라갈 수 있을 때까지 해안 평야에 거쳐 있는 시몬 부대의 연장선이든지, 그들과 직접 교전하기를 피했다고 묘사한다. 아마도 이것이 성채 안에 있는 사람들이 트리폰에게 긴급하게 요청한 배경이었을 것이다. 트리폰이 예루살렘으로 갈 수 있는 길은 막혀버렸다. 그래서 그들은 그에게 광야를 통과하는 길을 사용하라고 요청했다. 그 말은 헤브론과 벧술과 베들레헴을 경유하는 아도라-예루살렘 주요 도로를 묘사하는 말로 적절하지 않다. 그러나 헤브론에서 출발하는 2차 도로는 유대 광야를 거쳐 드고아에 이르는 길이며 베들레헴의 분수령 길로 되돌아간다. 이 행로는 벧술을 우회했을 것이다. 만일 시몬의 군대가 정말로 그곳에 있었다면 말이다.

어쨌든 트리폰의 예루살렘 도착은 강한 눈보라로 인하여 저지되었다. 이러한 일은 유대의 고지대에서는 들어보지 못했던 일이다. 강수량이 더 적기는 했지만 헤브론은 해발 930미터로 예루살렘보다 200미터나 더 높다. 예루살렘은 매년 평균 두 차례 눈이 내린다. 트리폰은 예루살렘에 있는 성채에 도착하려는 모든 시도를 포기하고, 요단 동편으로 돌아왔다. 그가 돌아간 여정에 대해서는 자세한 정보가 전혀 없다. 그가 왔던 길인 해안 평야와 이스르엘 골짜기를 통과해 벧산까지 이르렀을 것이라고 추측하는 것은 무리가 아니다. 벧산 여울목에서 그는 길르앗 산지로 올라갔다.

요세푸스는 "코일레 시리아에 도착한 〔트리폰은〕 급히 갈라앗을 침략했다"(《고대사》 13:209)라는 이상한 보고를 한다. 그 유대 역사가는 왜 '서둘렀는지' 혹은 누가 '침략'을 당한 것인지에 대해 설명하지 않았다. 마카베오기 상의 저자는 이 사건에 대해 침묵했지만 "바스카마에 가까이 이르렀을 때에 요나탄을 죽였다. 요나탄은 그곳에 묻혔다"(마카베오상 13:23)라고 말하며 요세푸스와 같은 설명을 한다. 길르앗에 있는 요나탄의 매장지가 어디인지는 구체적으로 언급되어 있지 않으며, 그 위치도 확인되지 않는다.

시몬이 "요나탄의 유골을 거두어다가 조상들의 성읍 모데인에 묻었다"(마카베오상 13:25). 애곡의 기간이 지난 후 시몬은 가족묘에 인상적인 기념비를 세웠다.

> 시몬은 또한 그의 아버지와 형제들을 위하여 윤을 낸 하얀 대리석으로 매우 큰 기념비를 만들어 눈에 띄게 높이 세우고 그 주변에 주랑과 돌기둥들을 세웠다. … 이것들에 더하여 그는 부모와 형제들을 위해 7개의 피라미드를 만들었다. 그 각각의 피라미드는 크기와 아름다움으로 감탄을 자아냈다(《고대사》 13:211).

마카베오기 상의 저자는 "기둥마다 영원한 기념물로서 무장 일체를 얹고 그 옆에 배들을 조각해 놓았다. 그리하여 바다를 항해하는 모든 이가 그것을 볼 수 있게 하였다"(마카베오상 13:29)고 추가한다. 두 저자 모두 그 기념비가 자기들의 시대까지 남아있었다고 증언한다. 유세비우스도 마찬가지로 장식을 한 묘가 자기 시대에도 여전히 남아 있었다고 말한다(유세비우스 《지명록》 132:16).

1_큰 평야
이스르엘 골짜기를 말한다.

2_"유다는 필리스티아인들 땅으로 더 나아가 마레사를 지나갔다"(마카베오상 5:66).

3_"이들은 이두매아를 지나 벳 추르를 향하여 진을 치고 여러 날 동안 싸우며 공격 기구들을 만들었다. 그러나 유다인들도 나가서 그 기구들을 불태우며 용감하게 싸웠다"(마카베오상 6:31).

디오도투스 트리폰의 동전 ▲

14

|CHAPTER|

THE HASMONEAN KINGDOM

하스몬 왕국

(주전 142-76년)

마타티아스 아들들에 의해 지속되었던 항쟁은 요나탄의 형이자 마지막 생존자인 시몬에게서 다시 요한 히르카누스로 이어졌다. 시몬의 통치 아래서 영토는 확장되었고 자치권은 더 많아져 하스몬 독립 국가가 출현할 수 있는 토대가 마련되었다. 시몬과 그의 후손들이 팔레스타인 지역을 주전 63년 로마가 침략해올 때까지 약 80년간 독자적으로 다스렸는데, 이를 보통 '하스몬 왕국'이라고 부른다. 하지만 그 와중에도 내부적인 갈등이 심화되어 마침내 알렉산드로스 얀네우스 때 무력 충돌로 분출되고 말았다.

BILINGUAL INSCRIPTION : "BOUNDARY OF GEZER"

두 언어(히브리어와 그리스어)로 새겨진 "게셀 경계"

요나탄의 죽음은 유대 백성의 유익을 위해 셀레우코스 왕국의 내분을 이용할 줄 알았던 유능한 지도자의 상실을 의미했다. 요나탄이 살아 있는 동안에 진정한 독립은 실현되지 못했지만, 그의 통치 아래서 영토가 확장되었고 그가 유대에 실행했던 자치권의 확장은 마타티아스의 아들들 가운데 마지막 생존자이자 그의 형인 시몬의 통치 아래서 한층 더 커진 하스몬 독립 국가가 출현할 수 있도록 하는 토대를 마련해놓았다.

고대 역사가들은 트리폰이 요나탄을 살해한 후 얼마 되지 않아 젊은 왕 안티오코스 6세가 요절한 책임도 트리폰에게 돌린다(마카베오상 13:31; 《고대사》 13:218–219; 리비 《요약서》 55; 참고. 유스티누스 《개략》 36.1.7; 아피아노스 《시리아 전쟁》 67–68; 디오도루스 시쿨루스, 33.28). 그러나 사건의 전개는 각기 다르다. 마카베오기 상 저자에 따르면 안티오코스 6세의 죽음은(마카베오상 13:31) 트리폰이 유대로 겨울 원정을 갔다가 '자기 땅'으로 돌아온 다음에 일어났다(마카베오상 12:39–13:24). 안티오코스 6세가 살해된 이후에야 데메트리오스 2세[1] 니카토르는 메대메디아로 진군했다. 그는 그곳에서 패배했고 파르티아 왕 미트리다테스 1세, 즉 아르사케스 6세에게 사로잡혔다(마카베오상 14:1–3; 《고대사》 13:184–186; 스트라보 《지리》 15.1.36; 유스티누스 《개략》 36.1.1–6; 38.9.2).

다른 한편으로, 요세푸스는 그리스-로마 시대 저자들을 따라 데메트리오스 2세가 유프라테스 강을 건너 원정을 한 것은 안티오코스 6세가 죽기 전이었다고 본다. 그에 따르면 트리폰은 데메트리오스의 패배와 생포 소식을 들은 후에 "안티오코스 지지를 중단하고 그를 죽여 스스로 왕권을 차지하려는 음모를 꾸몄다"(《고대사》 13:187)고 한다. 화폐 유물이 보여주는 증거는 요세푸스의 사건 기록보다는 마카베오기 상 저자의 기록을 지지해준다. 데메트리오스의 이름을 새긴 동전은 주전 140년까지 주조된 반면, 안티오코스 6세 디오니수스의 이름으로 된 동전은 주전 142년까지만 주조되었다. 데메트리오스가 전쟁에 패하고 생포된 이후에 계속해서 그의 이름으로 동전이 주조되었을 가능성은 거의 없다. 이처럼 서로 크게 다른 연대기를 조화시키기 위해서는 추가 연구가 필요하다. 그러나 요세푸스 자신의 진술 안에도 트리폰이 데메트리오스 2세의 유프라테스 강 너머에 대한 원정 이전에 왕위를 차지했다고 하는 보고를 그가 알고 있었다는 암시가 들어 있다는 것을 언급할 필요가 있다. 그는 데메트리오스의 원정 동기를 "그가 파르티아를 복속시켜 자기 군대로 삼아야지만 트리폰과 전쟁을 해서 그를 시리아에서 몰아낼 수 있었기 때문"(《고대사》 13:16)이라고 설명한다. 요세푸스가 안티오코스 6세를 더 이상 데메트리오스의 왕권 경쟁자로 말하지 않는다는 사실은 그의 정보원에 따르면 그 젊은 왕이 이미 죽었다는 것을 시사한다.

시몬은 셀레우코스 왕국의 내부적인 약점을 감지하고 '마케도니아 사람들의 노예' 상태로부터 유대 민족을 해방시키기 위해 그것을 이용하려 했다. 트리폰이 자기의 형제를 몰지각하게 살해한 일에 격앙된 시몬은 데메트리오스 2세에게 충성하기로 하고 트리폰이 억압하고 있는 유대 지역을 구원해달라고 그에게 간청했다(마카베오상 13:36–40; 참고. 《고대사》 13:213). 데메트리오스는 '대사제이며 임금의 벗'인 시몬에게 응답해주었다.

하스몬 가문이 데메트리오스의 합법적인 통치에 저항했던 것은 용서를 받았다. '그때까지 저지른 실수와 잘못'이라는 표현의 의미가 아마도 그러할 것이다. 그리고 하스몬 가문이 데메트리오스와 싸우기 위해 세웠던 시설의 일부인 요새들은 시몬과 유대 민족의 소유로 남게 되었다. 유대 백성들에게 이에 못지않게 중요한 의미를 가졌던 것으로, 데메트리오스는 "예루살렘에서 거두었던 다른 어떤 세금이든지 더 이상 징수하지 않을 것이다"라고 은혜를 베풀었다.

동시에 시몬은 그의 대제사장직과 지도권에 대한 국제적 인정을 받기 위해 로마와 스파르타(마카베오상 14:16–24)에 사절단을 보냈다. 두 왕국 모두 "시몬의 동생 유다와 요나탄요나단과 맺었던 우호 동맹을 갱신"했다(마카베오상 14:18). 요세푸스와 마카베오기 상은 시몬 치하에서 어느 정도 새로운 독립이 이루어졌다는 사실에 동의한다.

> 백칠십년에 이스라엘은 이민족들의 멍에에서 벗어났다. 백성은 모든 문서와 계약서에 '유대인들의 총독이며 지도자인 시몬 대사제 제일년'이라고 쓰기 시작하였다(마카베오상 13:41–42).

법적 계약서의 연대는 보통 왕의 통치연도의 시작에서부터 기산한다. 마타티아스의 아들들은 다윗의 혈통이 아니었기 때문에 왕이라는 칭호를 삼갔다. 대신에 시몬은 대제사장(마카베오상 13:42; 14:27)과 총독(마카베오상 11:59; 13:42; 14:42, 47)으로 다양하게 불렸다. 백성은 그를 지도자로 인정했다(마카베오상 13:8[2], 42).

유대의 새로운 시대는 시몬의 대제사장직 취임뿐만 아니라 유대 민족에 대한 조세 철폐로 확실하게 입증된 해방을 그 특징으로 하였다. "이러한 해방과 조세 면제는 시리아 왕국 170년에 유대 민족에게 주어졌다"(《고대사》 13:213). 두로와 시돈도 마찬가지로 셀레우코스 통치로부터 자유를 얻게 된 때로부터 자기들의 시대를 기산했다.

자신의 지도권을 확인함으로써 힘을 얻은 시몬은 여세를 몰아 트리폰의 군사적 대응을 예상하고 방어 체계를 완성하기 위해 움직였다.

> 그는 유다의 성읍들과 유다 국경의 벳 추르벧술를 튼튼히 하였다. 벳 추르는 전에 적들의 무기가 있던 곳인데, 시몬이 그곳에 유다의 주둔군을 배치하였다. 그는 바닷가의

1_데메트리오스 2세(Demetrius Ⅱ, ?~주전 125년)
데메트리오스 1세의 아들로, 트리폰과 왕권을 두고 경쟁하였다. 주전 145년 알렉산드로스 발라스의 군대를 무찌르고 즉위하였으나, 주전 139년 파르티아 군의 포로가 되어 10년간 유폐되었다. 주전 129년에 석방되어 시리아로 돌아가 다시 왕위에 올랐으나 지배권은 약화되었다. 주전 125년 알렉산드로스 제비나스에게 쫓겨나 튀로스로 도망갔다가 그곳에서 살해되었다.

2_그래서 그들은 큰 소리로 대답하였다. "유다와 당신의 아우 요나탄 대신에 이제 당신이 우리의 지도자입니다"(마카베오상 13:8).

시몬의 정복 \ 주전 142–135년

▲ 예루살렘의 셀레우코스 성채 성벽의 잔해로 여겨지는, 성전 산의 동쪽 벽에 있는 '접합부'라 부르는 곳이다. 헤롯 대왕은 남부로 성전을 확장하기 위해 이곳에서부터 벽을 이어붙였다. 이것은 성채가 완전히 무너졌으며 원래 높이도 낮아졌다고 한 요세푸스의 기록과 배치된다. 그러나 주후 1세기 헤롯의 성전 산 확장은 이전의 셀레우코스 혹은 하스몬 가문의 건축물을 둘러싸고 완전히 합쳐졌을 것이다. 따라서 그 유대 역사가가 헤롯 건물로 통합된 성채의 잔여 부분을 알지 못했을 수 있다. 그는 정확한 사실을 알지 못하면서도, 안티오코스 4세 에피파네스의 성채를 완전히 제거하려고 시몬이 시도했다고 과장했다.

> 야포 욥바 와, 전에 적들이 살던 아스돗과 경계를 이루는 가자라도 튼튼히 하였다. 그러고 나서 그곳에 유다인을 살게 하고, 그 성읍들을 재건하는 데에 필요한 것을 모두 마련해주었다(마카베오상 14:33-34).

하스몬 가문의 시몬은 그의 동생이 죽기 전에 직접 벧술 정복을 감독한 적이 있었다(마카베오상 11:65-66). 이제 그는 예루살렘의 남쪽 방어에 전략지인 벧술을 요새화하였다. 시몬은 또한 군대를 이끌고 욥바를 공격한 적이 있었다(마카베오상 10:74-75; 12:33). 그러나 욥바 거주민의 충성심은 여전히 의혹의 대상으로 남아 있었다. 따라서 그는 욥바로 군대를 보내 그 중요한 항구 도시의 방어 체계를 더 강화하였다(마카베오상 13:11; 《고대사》 13:202). 그는 또한 주민들을 몰아내고 자기의 동조자들을 그곳에 이주시켰다.

가자라[1]는 여전히 적대적인 세력 아래(마카베오상 9:52) 놓여 있었고 아스돗 영토에 속했다(마카베오상 14:34). 가자라는 지중해로 이어지는 예루살렘의 바다 쪽 출구인 욥바와 예루살렘 사이에 놓여 있었다. 역사적으로 구약의 게셀인 가자라는 아얄론 골짜기를 통제했고 벧 호론과 예루살렘으로 가는 오르막길의 진입로도 장악하고 있었다. 따라서 예루살렘의 안전과 경제적인 상황은 취약했다. 반면에 가자라는 셀레우코스 요새로 남아 있었다.

> 시몬은 가자라를 향하여 진을 치고(참고. 《고대사》 13:215; 《전쟁》 1:50; 대조. 마카베오상 13:43; 참고. 13:53) 그곳 둘레에 부대들을 배치하였다. … 시몬은 그들과 합의한 다음에 싸움을 멈추었다. 그러고 나서 그들을 성읍에서 쫓아내고, 우상들이 있던 집들을 정화한 다음, 찬미와 감사 노래를 부르며 그 안으로 들어갔다. 또한 그는 성읍에서 온갖 부정한 것을 몰아내고, 율법을 지키는 이들을 거기에 살게 하였으며, 그곳을 더욱 튼튼하게 만들고 자기가 살 집을 그 안에 지었다(마카베오상 13:43-48).

시몬이 가자라의 우상에 대해 취한 행동은 의심의 여지없이 이제 그곳에 있게 될 그의 개인 거처와 더불어 제의적 부정함에 대한 고조된 관심과 관련이 있었다. 대제사장인 그는 더 높은 수준의 제의적 정결을 유지해야만 했다(참고. 미슈나 《아보다 자라》 3:6-7; 미슈나 《샤브밧》 9:1). 또한 그는 그 도시의 요새들을 강화하였다. 가자라는 이제 그 나라 안에서 수도 예루살렘에 다음가는 전략적 중요성을 새로이 얻게 되었다. 왜냐하면 그곳은 나라의 지도자가 거주하는 곳이며, 거룩한 도시를 지키는 곳이 되었기 때문이다.

안티오코스 4세 에피파네스가 시도한 헬라화 정책의 마지막 흔적은 예루살렘 성채였다. 하스몬 가문의 어떤 지도자도 그 요새를 성공적으로 몰아내지 못하였다. 요새 안에 있는 거주자들을 봉쇄하는 전략은 요나탄이 시작하였던 것인데 이제 성공을 거두게 되었다. 마카베오기 상에 따르면 그곳 거주민들 중 일부는 굶주림으로 죽었다. "그들이 시몬에게 화해해달라고 부르짖자, 시몬은 그 청을 들어주었다. 그러고 나서 시몬은 그들을 그곳에서 쫓아낸 다음, 부정한 것을 치우고 성채를 정화하였다"(마카베오상 13:50; 참고. 《메길라 타아니트》 23 이야르).

마카베오기 상과 요세푸스 둘 다 성채의 항복에 관해 묘사한다. 요세푸스는 또한 예루살렘에 있던 친헬라파의 상징물인 성채에 대하여 시몬이 행한 일련의 행동들을 상세히 설명해주고 있다.

> [시몬은] 또한 예루살렘을 포위하여 성채를 차지하고, 그곳을 철저하게 파괴함으로써 대적들이 그때까지 행했던 것처럼 그곳을 점령하고 악을 행하기 위한 점령기지 역할을 하지 못하게 하였다. 이 같은 조치를 한 뒤에 시몬은 그 성채가 서 있던 산지를 평평하게 하여 성전이 그곳보다 더 높아지게 하면 그곳은 아주 멋진 곳이 될 것이고 자기에게도 유익이 될 것이라고 생각했다. … 따라서 그들 모두는 준비에 착수하였고, 산지를 평평하게 하기 위해 밤낮을 멈추지 않고 일해 3년 후에는 평지와 지표면이 같아지게 만들었다(《고대사》 13:215-217; 참고. 《전쟁》 5:319).

앞에서 말한 바와 같이 성채의 위치는 여전히 논쟁거리로 남아 있다. 따라서 성전 산 지역에 대한 오늘날의 발굴에서 성채를 제거하거나 성채가 서 있던 자리를 평평하게 만들었다는 물리적인 증거를 확인할 수는 없다. 시몬이 성채를 완전히 파괴했다는 요세푸스의 주장은 마카베오기 상의 기록과 일치하지 않는다. "시몬은 유다인들을 그곳[성채]에 살게 하고, 이 지방과 이 도성의 안전을 위하여 그곳을 튼튼히 하였으며, 예루살렘의 성벽을 높이 쌓아 올렸다"(마카베오상 14:37).

데메트리오스 2세의 부재는 셀레우코스 왕권을 주장하는 새로운 후보자가 출현하는 것을 가능하게 했다. 그의 형제 안티오코스 7세는 데메트리오스가 사로잡혔다는 소식을 들었을 때 로도 섬에 있었다(아피아노스 《시리아 전쟁》 68). 유스티누스에 따르면 그는 아직 어린 소년이었다(《개략》

1_가자라(Gazara)
구약 성서에 '게셀'로 나오는 지명의 헬라식 표기다. 예루살렘과 욥바 사이에 놓여 있어 이곳의 전략적 중요성을 안 시몬은 도시의 요새들을 강화하여 예루살렘 다음으로 중요한 곳으로 보았다.

36.1.8). 그러나 요세푸스에 따르면 데메트리오스 1세의 아내이자 알렉산드로스 발라스의 전처였던 클레오파트라 테아는 시숙인 안티오코스 7세를 실루기아로 초대해 자기와 결혼하게 함으로써 트리폰으로부터 왕좌를 빼앗으려고 했다(《고대사》13:222). 그녀의 이런 주도적인 행동은 자기와 자녀들의 생명에 대한 두려움 때문이었던 것 같다. 트리폰은 여전히 시리아 영토의 상당 부분을 차지하고 있었지만 그의 배신 때문에 군대의 지지가 클레오파트라에게 옮겨가고 말았다(《고대사》13:222; 디오도루스 시쿨루스, 33.28; 스트라보《지리》16.2.10).

안티오코스 7세가 아직 로도 섬에 머물고 있을 때, 시몬이 데메트리오스 2세에게 수여받은 특권을 재확인해달라는 편지를 그에게 보냈다. 사실 안티오코스가 인정한 특권들은 단순히 그 당시의 정치적 현실을 그대로 인정한 것일 뿐이었다. 그리고 그는 아직 정치적 권력을 가지고 있지 않았다. 그래서 관대하게 제공할 수 있었을 것이다. 그러나 언젠가 그의 왕권이 확실해지면, 그는 자신의 관용적 정책을 철회하려고 할 것이었다.

> 나는 선왕들이 귀하에게 허락한 모든 면세 조치를 인정하며, 그 밖에 허락한 모든 특전도 인정합니다. 나는 귀하가 화폐를 주조하여 귀하의 지방에서 사용하는 것을 허용합니다. 예루살렘과 그 성소는 자유 구역입니다. 귀하가 마련한 모든 무기와 귀하가 세워 지금 차지하고 있는 요새들은 그대로 귀하의 것입니다. 귀하가 임금에게 갚을 현재와 미래의 모든 빚을 이제부터 영원히 면제합니다(마카베오상 15:5-8).

시몬은 정치적인 독립을 의미하는 특별한 행동이라 할 수 있는 화폐 주조권을 부여받았다고 알려진다(마카베오상 15:6). 그러나 이 기간에 나온 화폐가 발견되지 않아서 그 기록의 신뢰성에 대한 논쟁이 일어나기도 했다.

주전 139년에 안티오코스 7세 시데테스는 안디옥 근처에서 벌어진 전투에서 트리폰의 군대를 패배시켰다. 트리폰은 페니키아를 경유해 돌부르즈 에트 탄투라로 도망쳤다. 돌의 왕실 요새는 두로의 사닥다리Ladder[2]로부터 이집트 시내에 이르기까지 펼쳐져 있는 해안 평야 지대인 파랄리아라는 셀레우코스 행정 지역에 위치해 있었다. 여기서 트리폰은 왕실 요새 안에 포위되었다. "[안티오코스는] 성읍을 포위하고 바다에서는 군함들이 그곳을 에워쌌다. 이렇게 땅과 바다에서 그곳을 봉쇄하고 아무도 드나들지 못하게 하였다"(마카베오상 15:14; 《고대사》13:223).

마카베오기 상은 바로 이 부분에서 시몬에게 보낸 로마 원로원의 결정이 예루살렘에 당도했다고 전한다. 유대 민족은 유대 영토의 소유를 보장받았다(마카베오상 15:15-24[3]). 로마와 유대 사이에는 우호적인 동맹 관계가 수립되고 상호 불가침 조약이 맺어졌다. 저자가 이 이야기를 이 부분에 배치한 것은 시몬을 향한 안티오코스 7세의 갑작스러운 태도 변화를 설명하려는 시도일 수 있다. 그의 앞선 관용 정책은 순전히 정치적인 순응이었던 반면에, 이제 그는 유대 땅에 대한 시몬과 유대인들의 영토권을 인정하는 것이 간단한 일이 아님을 깨달았다. 유대에 대한 하스몬 가문의 권리를 지지하는 로마는 셀레우키드의 야심 찬 계획에 걸림돌이 되었다.

안티오코스의 동기가 무엇이었든지 간에 마카베오기 상은 안티오코스가 시몬의 군사적·재정적 지원을 거절했다고 묘사한다.

> 시몬은 안티오코스를 도와 싸울 정병 이천 명과 은과 금과 많은 무기를 보냈다. 그러나 그는 이를 받으려고 하지 않았다. 그뿐 아니라 전에 자기가 시몬과 맺은 모든 협약을 깨뜨려 그와 사이가 나빠졌다(마카베오상 15:25-26).

요세푸스는 이처럼 군사적 지원을 거절했다는 어떠한 암시도 주지 않으며, 대신에 그는 돌의 포위 공격 기간 동안에 안티오코스 7세와 시몬 사이에 우호적인 서신 교환이 이루어졌다고 보고한다. 이것은 마카베오기 상 15장 1-9절에 기록된 전형적인 서신에서 잘 나와 있다.

> [안티오코스는] 또한 유대 대제사장 시몬에게 사절을 보내어 친선 동맹을 제안하였다. 그러자 시몬은 그의 제안을 기쁘게 받아들여 돌을 포위하고 있는 군사들에게 상당한 돈과 식량을 아낌없이 제공했다. 시몬이 안티오코스에게 보낸 것으로 인해 잠깐 동안 시몬은 그의 가장 가까운 친구 중 하나로 여겨졌다(《고대사》13:223-224).

마카베오기 상과 요세푸스 둘 다 결국에는 안티오코스 7세가 시몬과 유대를 향한 태도를 뒤집었다고 보고한다. 안티오코스는 아테노비오스를 사절로 보내 시몬에게 예루살렘 성채뿐 아니라, 유대 영역 바깥에 있는 해안 도시 욥바와 가자라의 지배권을 포기하라고 요구했다. 그의 요구는 하스몬 왕국의 정치적·경제적 삶을 위협하는 것이었다. 셀레우키드는 시몬의 정치적 영토의 범위를 축소하여, 최근에 시몬이 새로이 얻은 자유권에 재갈을 물리고 국제 무역에 예루살렘이 접근하는 것을 통제하려는 속셈이었

2_두로의 사닥다리
악고와 두로 사이에 있는 높은 산지를 가리키는 지명이다. 악고 평야 쪽에서 보면 세 산봉우리가 두로 땅으로 올라가는 거대한 계단처럼 보인다 하여 이름 붙여졌다. 마카베오상 11:59에는 '티로의 사닥다리'라고 번역되었다.

3_"로마인들의 집정관 루키우스가 프톨레마이오스 임금에게 인사합니다. 유다인들의 사절들이 우리의 벗이며 동맹자로서 옛 우호 동맹을 갱신하려고 우리에게 왔습니다. 그들은 시몬 대사제와 유다 백성이 보낸 이들로서, 천 미나 되는 금 방패를 가져왔습니다. 그러므로 우리는 여러 임금과 여러 나라로 편지를 써서, 유다인들에게 해를 입히지 말고 그들이나 그들의 성읍들이나 지방과 싸우지 말며, 그들을 공격하는 적들을 도와 함께 싸우지도 말라고 당부하기로 결정하였습니다"(마카베오상 15:16-19).

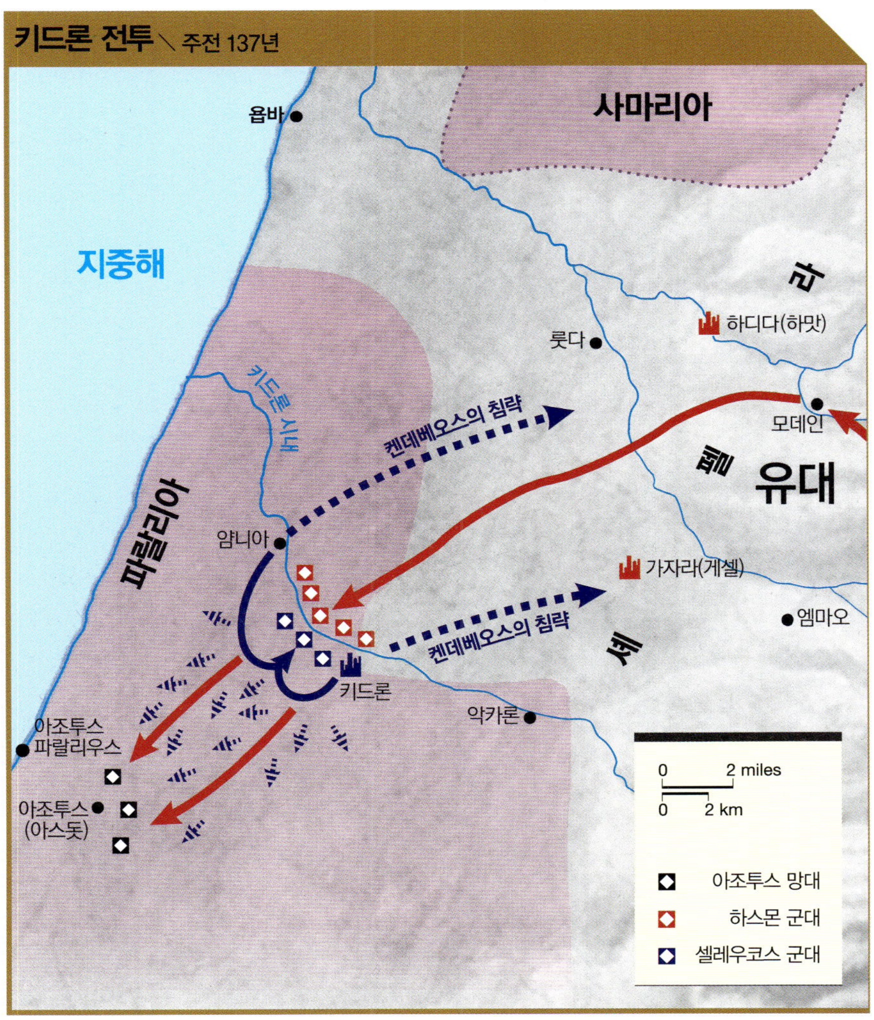

다. 유대는 다시 한 번 셀레우코스 왕들의 뜻에 종속될 처지에 놓이게 되었다.

> 그러니 이제 당신들이 점령한 성읍들을 돌려주시오. 또 유다 영토를 빼고, 당신들이 차지한 지역에서 거둔 세금을 내놓으시오. 아니면 그 대신에 당신들이 저지른 파괴의 대가로 은 오백 탈렌트달란트를 바치고, 성읍들의 세금으로 오백 탈렌트를 더 내시오. 그렇게 하지 않으면 우리가 가서 당신들과 싸우겠소(마카베오상 15:30-31).

안티오코스가 요구한 배상금은 이들 도시에 대한 안디옥의 주권을 의미하는 것이었다. 시몬은 더 낮은 금액을 지불하겠다고 대응했다(마카베오상 15:35; 참고. 《고대사》 17:320).

그 시기에 트리폰은 배를 타고 트리폴리의 북쪽에 있는 오르토시아로 탈출했다(플리니우스 《박물지》 5.17; 프톨레마이오스 《지리》 5.14). 그는 계속해서 아파메아로 달아났지만(《고대사》 13:224), 결국 그곳에서 사로잡혀 살해되었다(참고. 아피아노스 《시리아 전쟁》 68; 스트라보 《지리》 14.5.2). 당분간은 해안 지대에 감돌던 전운이 그쳐 안티오코스 7세는 그의 요구를 거절한 시몬에게 잠시나마 다시 관심을 돌릴 수 있게 되었다. 새 왕은 켄데배오스를 파랄리아의 총독으로 임명하였다(마카베오상 15:38). 파랄리아는 분쟁이 있는 욥바 도시의 북쪽과 가사에서부터 이집트 시내까지 뻗어 있는 해안 지역이었다. 안티오코스가 트리폰을 추격하는 동안, 그가 새로 임명한 총독에게는 하스몬 가문의 지배로부터 분쟁이 된 도시들을 빼앗아야 할 임무가 떨어졌다.

셀레우코스 장군은 보병대와 기병대를 거느리고 파랄리아 지방을 둘로 나누는 욥바-얌니아-아스돗의 삼각 지대로 진군했다. 그는 안티오코스의 지시를 받아 유대 영토 맞은편에 기지를 세운 적이 있었다(마카베오상 15:39; 참고. 4:61; 5:37). 유대 바깥쪽에 기지를 둔 켄데배오스는 주변의 지역민들을 습격했다. 요세푸스는 켄데배오스의 원정에 대해 《고대사》나 그 이전의 저서인 《전쟁》에서 지리적인 언급을 거의 하지 않았다. 마카베오기 상 저자는 켄데배오스가 키드론(카트라; 참고. 유세비우스 《지명록》 68:22)에 진영을 차렸다고 전한다.

키드론은 전략적으로 얌니아의 남동부에 위치해 있어서 얌니아와 유대 세펠라 성읍들을 군사적으로 침략하기에 좋은 위치였다(마카베오상 15:40; 참고. 단 11:10, 25, 칠십인역). 그곳은 또한 셀레우코스 왕국과 여전히 동맹 관계에 있었던 잘 요새화된 헬라 도시 아스돗 근처여서 후퇴가 필요한 경우에도 유리했다(참고. 마카베오상 16:10). 마카베오기 상(15:39)은 또 다른 작전 기지인 사아라임을 암시하고 있을 수도 있다는 주장이 있어왔다. 요세푸스의 그리스어 자료는 그것을 문자적으로 '성문들'[1]로 번역했다. 성서의 도시 사아라임은 여호수아 15장 36절에서 그데라/키드론 근처에 있는 것으로 나온다. 게다가 칠십인역의 다른 곳에서도 번역자들이 사무엘상 17장 52절의 고유명사 사아라임을 '성문들'로 잘못 읽은 경우가 나타난다. 만일 키드론과 사아라임이 근처에 있는 것이 맞다면, 켄데배오스에게 이 두 지역은 소렉 골짜기 하부로부터의 기습을 가능하게 해주는 군대 집결지를 제공해주었다.

유대 마을들에 대한 셀레우코스 군대의 공격은 하스몬 가문의 군사적 대응을 불러일으켰다. 요한 히르카누스는 가자라에서 예루살렘까지 돌아본 후에 그의 아버지에게 켄데배오스가 행한 일들을 보고했다. 마카베오기 상 저자는 시몬이 노쇠하였기 때문에 그의 아들들인 유다와 요한을 보내 나라를 지키는 자신의 임무를 대신 하도록 했다고 전한다(마카베오상 16:1-3; 대조. 《고대사》 13:226; 《전쟁》 1:52). 요한과 그의 형제는 키드론에 있는 셀레우코스 군대를 기습하기 위해 신속하게 군사를 모집했다. 보병과 기병으로 구성된 유대 군대는 켄데배오스로 진군할 준비를 하며 모데인에서 야영하였다(마카베오상 16:4). 이것은 유대 기병대에 대한 최초의 언급이다.

유대 군대는 모데인을 둘러싸고 있는 낮은 산지를 출발하여 25킬로미터를 행군해서 가자라를 지나 소렉 골짜기의 기슭으로 진입했다. 아침 일찍 그들은 계속해서 키드론 맞은편 평야로 이동하였고, 반면에 셀레우코스 군대는 키드론 옆으로 흐르는 소렉 시내의 반대편에서 그들을 마주했다. 히르카누스의 군사들은 그 시내를 건너서 셀레우코스 군대에게 진격하기를 두려워했다. 이에 히르카누스는 그들을 이끌고 시내를 건너 전투에 돌입했다.

셀레우코스 군대는 기병대 두 분대가 양 측면을 지원하는 전형적인 밀집 대형을 취하고 있었다. 적군이 수적으로 크게 우세했으므로, 요한은 그들을 흩어놓기 위해 자신의 보병들을 나누어 그 사이에 기병들을 두

▼ 마케도니아의 밀집 대형

었다(마카베오상 16:7). 이 작전은 아마도 로마의 전투 대형을 모방한 것인 듯하다. 전투 중에 유다가 부상을 당했지만, 요한은 자기 군사를 이끌고서 셀레우코스 군대를 참패시켰다. 켄데배오스는 키드론으로 물러났고, 다른 군사들은 '아스돗 들녘의 여러 탑으로' 도망쳤다(마카베오상 16:10). 요한 히르카누스의 보복 행위에 대해서는 본문에 '요한이 그곳을 불태워'라고만 나와 있어 설명이 확실하지 않다. 단수 대명사는 키드론을 암시하고 있지만 아스돗을 의미하는 것일 수도 있다(참고. 마카베오상 10:84). 아무튼 '아스돗 들녘의 여러 탑'에 대한 묘사는 비잔틴 시대 메드바 지도에서 아스돗 부근의 영토에 그려진 몇 개의 탑과 관련이 있을지도 모른다는 것은 흥미로운 일이다.

외부의 위험은 이제 줄어들었지만, 시몬과 그의 가족은 결국 자기 가족의 손에 쓰러졌다. 시몬의 사위, 아부보스의 아들 프톨레마이오스는 여리고의 총독으로 임명되었다. 그는 나라 전체의 지배권을 차지하기 위해 시몬과 그의 아들들을 제거하는 음모를 꾸미기로 작정하였다. 주전 134년 2월에 시몬과 그의 두 아들 유다와 마타티아스는 작은 요새인 독예벨 카란탈을 방문하였다(마카베오상 16:15[2]). 독은 프톨레마이오스가 세운 요새로 여리고를 내려다보고 있었다. 총독은 가족을 위해 연회를 열었고, 시몬과 그의 두 아들이 취해 있을 때 프톨레마이오스와 그의 부하들이 그들을 죽였다. 그러고 나서 프톨레마이오스는 안티오코스 시데테스에게 도움과 지원을 받으려고 했다. 또한 그는 사람들을 보내 가자라에 있는 요한 히르카누스를 생포하고 예루살렘 성전을 확보하려 하였다.

마카베오기 상에 따르면 히르카누스는 그를 잡으러 온 사람들을 죽였다. 이와는 달리 요세푸스는 히르카누스가 예루살렘으로 도망을 가서 그곳에서 백성들로부터 지원을 얻어 프톨레마이오스가 성전을 차지하거나 시몬의 남은 아들을 사로잡으려는 시도를 좌절시켰다. 요한은 아버지의 뒤를 이어 대제사장직을 물려받고 독에 있는 프톨레마이오스를 향해 행군했다. 요세푸스는 프톨레마이오스가 독에서 시몬의 아내와 딸들을 살해한 일과 안식년을 맞아 필라델피아의 독재 군주 제논에게 피신한 사건을 극적으로 묘사했다(《고대사》 13:230-235).

요한 히르카누스 (주전 135~104년)

요한 히르카누스의 통치는 30년 동안 계속되었는데, 이는 하스몬 왕조의 어느 누구보다도 오랜 기간이었다. 유대에서 하스몬 가문의 첫 세대 지도자들이었던 마타티아스의 아들들은 주로 미숙한 국가를 방어하는 일에 몰두하였다. 이제 셀레우코스 왕국의 권력 투쟁 과정에서 일어난 극심하고 빠른 변화로 인해 안디옥의 관심을 상당 부분 유대로부터 멀리 옮겨가게 했다. 그 결과 히르카누스의 재위 기간은 상대적으로 평안한 시대가 되었다. 마카베오기 상의 이야기는 아버지 시몬이 죽은 일과 자기 아버지를 살해한 자에게 원수를 갚으려는 히르카누스의 시도가 성공하지 못하였다는 것으로 끝을 맺는다. 마지막 몇 줄은 히르카누스의 업적을 간단히 기록하고 있다(마카베오상 16:23-24). 그의 통치에 대한 다른 역사적 증언들은 요세푸스의 저술들과 랍비 문헌에 등장하는 간헐적인 언급들에서 찾아볼 수 있다. 요세푸스는 대부분의 자료를 다메섹의 니콜라스 연대기에 의존하였다(예. 미슈나 《마아세르 셰니》 5:15; 미슈나 《소타》 9:10; 미슈나 《파라》 3:5; 미슈나 《야다임》 4:6).

안티오코스 시데테스는 욥바와 가자라를 셀레우코스 지배 아래로 되돌

▲ **다윗 성의 남쪽에 있는 기혼 샘** _ 히스기야 왕은 앗수르에 포위되더라도 예루살렘 성 안의 물을 안전하게 확보하기 위해 기혼 샘과 실로암 못을 잇는 히스기야 지하 터널을 만들었다(대하 32:39). 당시 기혼 샘은 성벽 안에 있었기 때문에 예루살렘을 공격하는 군대는 물에 접근할 수 없었다.

리려던 켄데배오스의 미완의 과제를 완수하려고 유대로 돌아갔다(《전쟁》 1:61). 그는 히르카누스 제1년에 유대를 침략해 그 나라를 유린하였다(《고대사》 13:236). 그러고 나서 그는 예루살렘을 포위했지만 성벽이 견고하여 쉽게 성공을 거둘 수 없었다. 요세푸스는 포위 기간 동안에 셀레우코스 군대에게 물이 부족했다고 간략하게 언급한다. 이는 히스기야 터널을 통과해 실로암 못으로 흘러들어가던 기혼 샘물이 당시에는 성벽 안에 있었으므로, 예루살렘을 공격하는 자들은 물에 접근할 수가 없었다는 것을 암시해준다(《고대사》 13:237).

셀레우코스 군대의 주된 공격은 역사적으로 볼 때 취약했던 지점인 도시의 북쪽 지역에서 시작되었다. 그 도시에는 '군대의 여러 중대들이 올라가 있는' 탑들이 있었다(《고대사》 13:238). 자기 도시를 방어하려는 필사적인 노력으로 인하여 포위 기간이 길어졌다. 요세푸스에 따르면 그들 간의 싸움은 이상한 방식으로 종식되었다. 유대의 장막절을 맞이하여 히르카누스는 시데테스에게 7일간의 휴전을 제안했다. "안티오코스는 하나님을 향한 그의 경건심에 경의를 표하여, 그들의 요청을 받아주었을 뿐만 아니라 엄청난 희생 제물을 보내주기까지 했다"(《고대사》 13:234; 참고. 플루타르코스 《모랄리아》 184 E-F). 《고대사》에 실린 이 전설의 의도는 요세푸스가 앞서 반복한(《고대사》 7:393) '경건한 자'라는 안티오코스의 별명을 설명하기 위한 것으로 보인다. 《유대 전쟁》 1장 61절에 실린 예루살렘 포위에 대한 요약 진술에는 이 전설이나 별명이 전혀 언급되어 있지 않다. 안티오코스가 관대했던 것은 히르카누스가 왕의 파르티아 원정에 참여해줄 것을 기대했기 때문일지도 모른다(《고대사》 13:249-253). 이 원정에 대한 내용도 《유대 전쟁》에는 빠져 있다.

그러나 요세푸스의 두 역사책은 대제사장이 '욥바와 유대 국경에 접한 다른 도시들'을 위해 조공을 바치는 것에 동의하는 조건으로 셀레우키드의 예루살렘 봉쇄가 해제되었다고 기록한다(《고대사》 13:246). 이러한 양보는 그 도시들이 셀레우코스 왕국에 속해 있음을 인정한다는 뜻이다. 요세푸스는 그의 이전 저서에서 히르카누스가 조공을 바치기로 한 것은 '봉쇄를 풀도록 안티오코스에게' 뇌물을 바친 것이라고 말한다(《전쟁》 1:61). 그러나 대제사장의 전략은 더 지혜로운 의

▲ 요한 히르카누스의 동전

1_ 가톨릭 새성경에는 '성문'으로 되어 있다.

2_ "아부보스의 아들은 흉계를 써서, 자기가 세운 독이라는 작은 요새로 그들을 맞아들여 성대한 잔치를 베풀었다. 그는 그곳에 병사들을 숨겨 두었다. 시몬과 그의 아들들이 술에 취하자, 프톨레마이오스와 그의 군사들이 일어나 무기를 들고, 연회장에 있는 시몬을 덮쳐 그와 그의 아들들과 종 몇 사람을 죽였다. 그는 이렇게 큰 반역을 저질러 선을 악으로 갚았다"(마카베오상 16:15-17).

▲ 그리심 산 꼭대기에 남아 있는 사마리아 성전 유적. 헬레니즘 시대에 사마리아 사람들은 예루살렘에 있는 것과 겨루기 위해 신전을 세웠다(요 4:20 참고). 요세푸스는 유대 성전을 모델로 삼아 그리심 산 성전이 세워졌다고 언급한다. 그리고 "알렉산드로스는 그곳의 통치자 산발랏이 대제사장 얏두아의 형제인 마낫세, 즉 자신의 사위를 위해 [그것을] 세우도록 허용했다"고 전한다(《고대사》 13:256; 참고. 《고대사》 11:322-324).

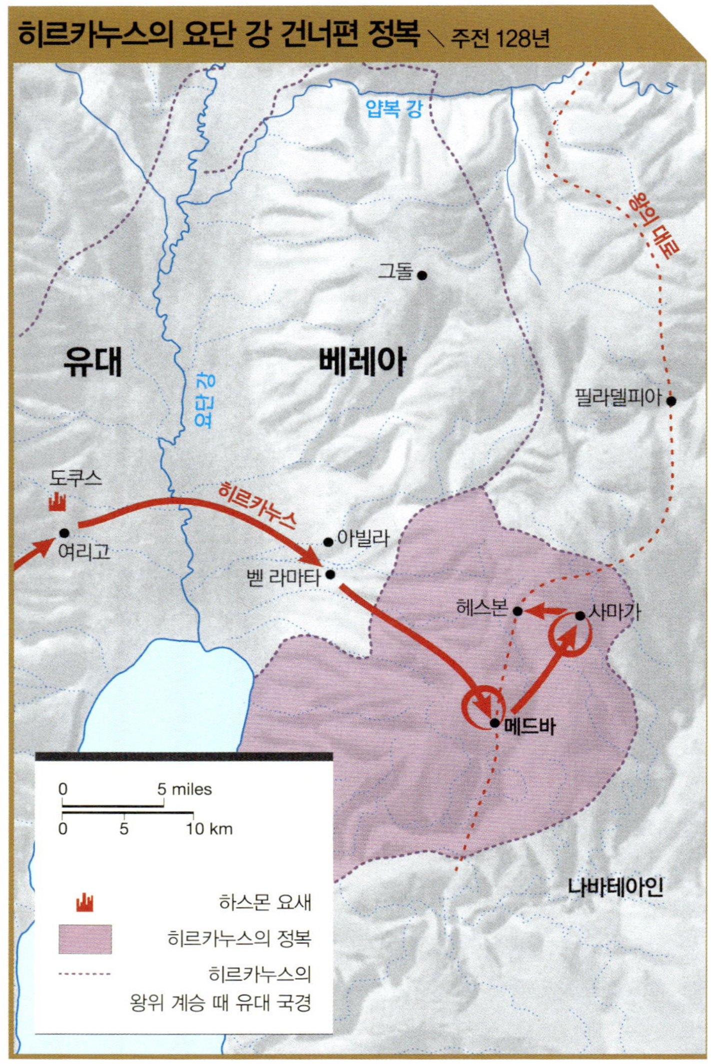

도를 가진 것이었음이 입증되었다. 하스몬 가문의 히르카누스는 군사적으로 우세한 왕에게 맞서기보다는 유대에게 더 유리한 시간과 조건들이 왔을 때 그의 권리를 주장하기 위해, 불가피한 권력의 변화를 기다렸을 것이다.

안티오코스는 또한 셀레우코스 수비대를 예루살렘으로 복귀시킬 것도 요구했지만 히르카누스는 이를 거절했다. 욥바와 유대 국경 지역의 도시들과는 다르게 예루살렘에 대한 유대의 권리는 문제가 된 적이 없었다. 예루살렘은 유대의 본질적인 일부이며 대제사장이 관할하는 곳으로 인식되었다. 대제사장은 앞으로 예루살렘이나 유대 지역에서 더 이상의 항쟁이 일어나지 않을 것이라는 점을 보장하기 위해 왕에게 볼모를 보내겠다는 제안으로 대응했다. 셀레우코스 군대는 예루살렘을 떠나기 전에 성벽이나 축성들을 무너뜨렸다(《고대사》 13:247; 디오도루스 시쿨루스, 34.1; 《메길라 타아니트》 21 키슬레브). 이는 왜 히르카누스가 안티오코스 시데테스의 죽음 이후 예루살렘 성벽을 재건할 필요가 있다고 보았는지를 설명해줄 것이다(참고. 마카베오상 16:23).

요세푸스는 히르카누스가 시데테스와 함께 파르티아 원정에 나섰다고 진술한다. 이것은 안디옥과 예루살렘 사이의 관계가 개선되었음을 암시한다. 요세푸스가 보존하고 있는 다메섹 사람 니콜라스의 증언에 따르면, 안티오코스는 히르카누스의 요구로 리쿠스대(大) 자브 강변에 진을 치고 이틀을 더 머물렀다. 이렇게 해서 유대 병사들은 그 다음 날인 안식일과 오순절을 범하지 않을 수 있었다(《고대사》 13:251-252). 그 이야기는 어쩌면 지어낸 이야기일지도 모른다. 그러나 그 전설을 뒷받침하는 상세한 달력 정보는 요한 히르카누스의 친 사두개파[1]적 성향을 시사하는 것일 수도 있다. 그러한 그의 성향은 결국 바리새파와 갈등을 일으키게 되었다(참고. 레 23:11; 바벨론 탈무드 《메나호트》 65a). 히르카누스가 유대로 돌아온 이후 안티오코스 7세 시데테스는 전쟁 중에 사망하였다. 파르티아 포로에서 풀려나서 제국의 왕권 경쟁자로 표면에 부상한 데메트리오스 2세는 안티오코스를 계승하고, 그가 이전에 가지고 있었던 안디옥의 왕좌를 다시금 차지했다.

주전 129년 안티오코스가 죽었다는 소식을 전해들은 히르카누스는 시리아 왕국의 관심이 이제는 파르티아 전쟁과 안디옥의 권력 승계 문제에 맞추어질 것이라고 생각했다. 시리아는 요단 동편에 있는 시리아 도시들 가운데 벌어지는 자잘한 지역 분쟁들에는 거의 관심을 기울이지 않았다. 히르카누스의 군대가 요단 동편으로 침투한 것에 대한 상세한 지리적 정보는 거의 없다. 그는 오랜 기간의 힘겨운 포위 공격 끝에 먼저 메드바를 탈취하고(수 13:9; 마카베오상 9:36; 유세비우스 《지명록》 128:19) 북동쪽으로 1.2킬로미터를 진군하여 사마가를 점령하였다(《고대사》 13:255; 키르벳 사미크). 이 두 도시들은 베레아의 유대 정착촌 너머에 위치해 있었는데, 이전에 토비아드 가문이 다스리던 영토였다(《고대사》 12:160; 12:239-240).

요세푸스는 그 지역의 주요 도시인 헤스본 원정에 대해 전혀 언급하지 않았다. 헤스본은 후대에 알렉산드로스 얀네우스(《고대사》 13:397)의 도시들 중 하나로 나타나지만, 히르카누스의 아들이 그곳을 정복했다는 기록이 없는 것으로 보아 요한 히르카누스가 그때에 직접 헤스본을 차지했다고 보는 것이 타당하다. 이 도시들에 대한 히르카누스의 직접적인 관심은 다메섹에서 엘랏 만으로 이어지는 역사적인 왕의 대로에 접근하려는 것이었다. 하스몬 가문이 나바테아 도시들인 메드바와 헤스본

1_사두개파(Sadducees) 제사장과 부유한 귀족 지배 계층으로, 주전 2세기 하스몬 왕조 때부터 주후 70년 예루살렘 성전이 파괴될 때까지 예루살렘의 주요 세력을 형성했다. 영혼의 불멸이나 육체의 부활 그리고 천사와 영적 존재를 믿지 않았으며, 특히 기록된 율법만을 인정하여 바리새파와 대립각을 세웠다. 보통 시몬의 아들 요한 히르카누스 때 처음 등장했다고 본다.

헬레니즘 시대 마리사(마레사)에 있는 무덤 동굴의 입구 홀 ▲

을 점령한 일은 요단 동편 땅과 그 곳을 통과하는 중요한 교역로에 대한 나바테아 왕국의 지배권에 도전한다는 의미였다.

그 다음 히르카누스는 유대와 갈릴리 사이에 있는 인접한 유대 정착지를 가로막고 있던 유대 북쪽 지역 사마리아로 관심을 돌렸다. 헬레니즘 시대에 사마리아 남부에 유대 공동체가 있었다는 것은 셀레우코스 왕들이 룻다로드, 하라마타라마탐, 아패레마라는 이름을 지닌 세 군데의 사마리아 지역들을 유대 땅에 귀속시켰다는 사실에 의해 증명되었다. 사마리아의 고프나 산지도 항쟁 초기 하스몬 전사들에게 안전한 피난처였다. 그러나 페르시아 시대 이후로 사마리아와 유대의 관계는 불안의 원인이었다(참고. 스 4장).

요세푸스가 전하는 이야기의 표현은 유대인들이 사마리아 사람들을 경멸할 때 사용하는 특유한 어법들을 사용한다. 구약 전통은 사마리아 거주민들을 살만에셀이 '바벨론과 구다'로부터 데려온 이방인들과 통혼한 혼혈 유대인으로 묘사한다(왕하 17:24-41[2]; 《고대사》 9:288). 그래서 랍비 문헌에서는 사마리아 사람들을 자주 '구다 사람들'(예. 미슈나 《베라코트》 7:1; 8:8)로, 그들의 지역은 '구다인들의 땅'이라고 조소하듯이 칭하였다(《랍바 애가》 3:7).

히르카누스는 세겜과 사마리아 사람들의 성전이 있는 그리심 산을 공격했다(마카베오하 6:2; 참고. 《메길라 타아니트》 21 키슬레브). 그는 또한 아도라(참고. 《고대사》 13:396)와 마리사(참고. 《고대사》 12:533)를 취함으로써 이두매를 진압하였다. 그는 유례가 없는 조치를 내려, 만일 그들이 할례를 행하는 데 동의하고 '기꺼이 유대인의 율법을 따르겠다고 한다면' 그들의 나라에 머물러 있는 것을 허락했다(《고대사》 13:257). 그러한 규모의 개종 정책은 고대 세계에서는 유례가 없는 것이었다. 그럼에도 불구하고, "그때부터 그들은 계속 유대인으로 남아 있었다"(《고대사》 13:258).

일단 지역의 문제들이 정리되자, 히르카누스는 전임자들의 예를 따라 로마와의 동맹 관계를 갱신하였다. 그는 데메트리오스와 안티오코스 치하 때 빼앗긴 도시들을 다시 탈환하려는 안디옥으로부터의 압박을 상쇄하기 위해서는 그 일이 필요하다는 것을 올바로 이해했다. 로마는 "욥바와 그곳의 항구들, 가자라와 페가이, 그리고 안티오코스 시데테스가 전쟁에서 취한 영토와 다른 도시들을(참고. 《고대사》 13:246) 그것이 무엇이든 간에 원로원의 칙령과는 정반대로 그들에게 회복"(《고대사》 13:262)시켜줄 것을 재확인하였다. 안티오코스에 의해 유대에 부과된 법들도 무효가 되었다. 실제로 안티오코스 시데테스와 싸우기보다는 타협하기를 선택한 히르카누스의 전략은 성공했다. 이제 안티오코스가 죽자, 상황은 그가 유대에서 벌인 원정 이전의 모습으로 되돌아갔다.

로마는 성서에서 아벡[3]으로 나오는 페가이의 통치권까지 유대에 넘겨주었다. 성서 시대 이래로 아벡의 전략적 중요성은 인식되고 있었다. 해안 평야에서 북쪽과 남쪽으로 가는 교통은 이 연결 지점에서 좁아졌다. 로쉬 하 아인 샘들의 서쪽에 있는 나하르 엘 아유자는 그 상류에서 흘러나와 해안 평야를 통과하는 교통을 방해한다. 동쪽으로 가는 좁은 통로는 샘들과 사마리아 산지의 하부 기슭에 있는 것으로, 이 지역에서 가장 중요한 국제 교역로를 통제하였다.

더 이전 시대에 이 지역은 해안 지역에 사는 블레셋 사람들과 산지에 사는 이스라엘 사람들 사이에 분쟁이 있었던 곳이다(삼상 4-6장). 나중에 헤롯 대왕은 근처에 도시를 세우고 자기 아버지의 이름을 따라 안티파트리스Antipatris라고 부르고, 그 중요한 통로를 지키게 했다. 헬레니즘 시대의 헬라어 이름 페가이Pegae, 샘들는 셈어 지명인 아벡라쉬 엘 아인의 의미를 번역한 것이었다. 제논은 그의 여행기에서 그곳에 국경 수비대가 있었다고 언급했다.

안디옥에서는 현기증이 날 정도의 일련의 변화들이 발생하여, 제국은 권력 승계 문제에 몰두할 수밖에 없었다. "그들 사이의 전쟁 덕분에 히르카누스는 아무런 방해도 받지 않고

2_"앗수르 왕이 바벨론과 구다와 아와와 하맛과 스발와임에서 사람을 옮겨다가 이스라엘 자손을 대신하여 사마리아 여러 성읍에 두매 그들이 사마리아를 차지하고 그 여러 성읍에 거주하니라"(왕하 17:24).

3_아벡(Aphek)
여호수아가 정복한 도시로(수 12:18), 나중에 아셀 지파가 분배받았다. 사사기에서는 '아빅'으로 표기되었다(삿 1:31). 아합 왕 때 시리아가 이스라엘을 두 번째 공격했을 때의 격전지이기도 했다(왕상 20:26).

히르카누스의 사마리아와 해안 평야 정복 \ 주전 126–104년

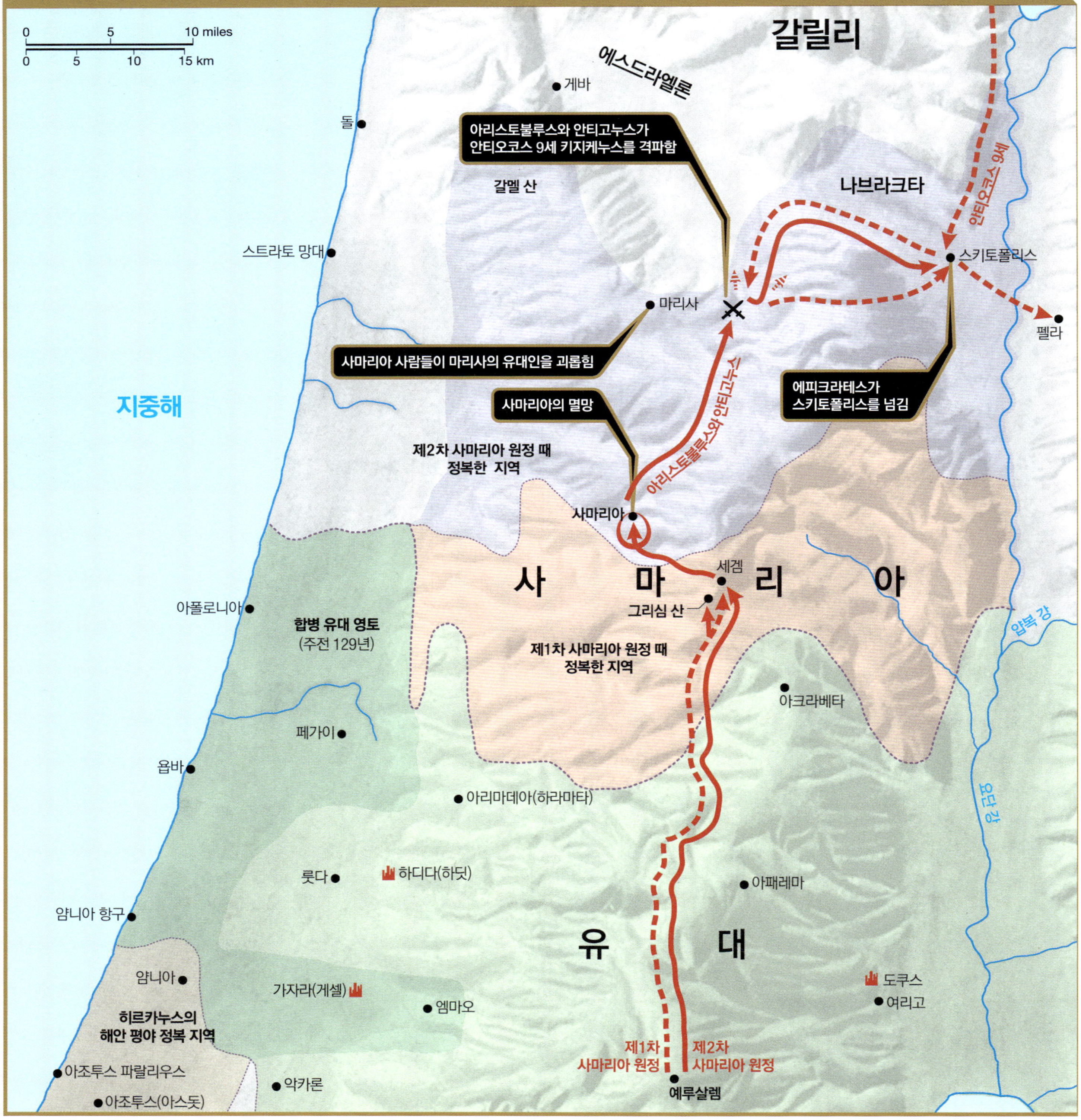

여유를 가지고 유대를 개발하는 일에 몰두했다. 그 결과 그는 한없이 많은 부를 축적했다"(《고대사》 13:273). 시리아의 관심이 분산되자 히르카누스는 사마리아 도시로 진군해서 그곳에 대한 지배권을 확장시켰다.

> [히르카누스는] 헤롯 대왕에 의해 재건되어 이제는 세바스테라고 불리는 사마리아로 진군해서 그곳에 장벽을 둘러쳐서 봉쇄한 다음, 그의 아들들인 아리스토불루스와 안티고누스에게 포위 공격을 하도록 위임하였다. 그들은 사마리아를 매우 강하게 압박해서 그곳의 거주민들은 여태 들어본 적이 없는 음식을 먹을 정도로 극한의 기근을 겪으며 줄어들었다(《전쟁》 1:64).

사마리아 거주민들은 안티오코스 9세 키지케누스(대조, 《전쟁》 1:65, 아스펜디우스)에게 도움을 호소했다. 그는 사마리아 사람들을 도우러 왔지만 스키토폴리스에서 히르카누스의 아들들에게 밀려 자기 나라로 되돌아갔다(《고대사》 13:277). 그들은 다시 시리아 왕에게 호소했고, 그는 이집트의 프톨레마이오스 라티루스의 도움을 얻고자 하였다. 그는 자기 어머니의 반대를 무릅쓰고 6천 명의 군사를 보내 키지케누스와 함께 진군하게 했고, 그들은 "도적 떼처럼 히르카누스의 영토를 유린했다"(《고대사》

13:278). 그 셀레우코스 사람은 히르카누스와 직접 마주해서 싸우지는 않았지만, 유대 군대를 사마리아 포위로부터 멀리 끌어내기 위해 두 번째 공격에 착수했다.

안티오코스 키지케누스는 트리폴리를 향해 출발하였으며, 그의 군대 지휘권을 칼리만드루스와 에피크라테스에게 맡겼다. 칼리만드루스는 전쟁터에서 죽었고, 에피크라테스는 뇌물을 받고 스키토폴리스의 지배권을 포기했다. 자신의 초기 저술인 《유대 전쟁》 1장 66절에서 요세푸스는 유대 군대가 무력으로 스키토폴리스를 차지했다고 이야기한다. 아무튼 그 결과로 유대가 스키토폴리스 지역, 이스르엘 골짜기, 샤론의 해안 평야, 혹은 요세푸스의 말대로라면 '갈멜 산 남쪽 온 나라'를 차지했다(《전쟁》 1:66). 사마리아 도시도 하스몬 사람들의 포위 공격에 무너졌다(《메길라 타아니트》 21 키슬레브). 히르카누스는 "사마리아를 완전히 말살해서 그곳이 산골짜기의 급류에 휩쓸려가게 내버려두었다"(《고대사》 13:281).

히르카누스 치하에서의 영토 확장에 대해 더 이상의 기록은 없다. 요세푸스의 마지막 문단은 대제사장과 바리새파의 관계가 악화된 일과 그의 예언 은사에 관심을 갖는다. 요세푸스가 보존하고 있고 랍비 문헌에도 언급된 한 전설에 따르면, 히르카누스는 성전에 혼자 있었고 그의 아들들은 키지케누스와 전쟁을 하고 있었을 때 "[그는] 그의 아들들이 안티오코스를 지금 막 패배시켰다고 말하는 소리를 들었다. 그는 성전에서 나와 회중 전체에게 그것을 알렸고, 실제로 그런 일이 일어났다"(《고대사》 13:282-283; 참고. 바벨론 탈무드 《소타》 9:33a; 예루살렘 탈무드 《소타》 9:13; 《아가서 랍바》 8:9; 탈무드 《소타》 13:5). 요세푸스는 히르카누스만이 그러한 은사를 받았다고 자진하여 설명한다.

> 최고의 특권 세 가지, 즉 나라의 최고 통수권, 대제사장직, 그리고 예언의 은사가 그 인물에게서 하나로 통합되었다. 그는 너무도 친밀하게 하나님과 관계를 맺고 있었기에 미래에 대해 결코 무지하지 않았다(《전쟁》 1:68-69).

초기 기독교 기독론의 중심 교의에 포함된 '세 왕관' 결합은 요한 히르카누스에게 제일 먼저 귀속되었다. 그럼에도 불구하고 요세푸스는 '통치 체제를 왕정으로 바꾸고 [하스몬 가문에서] 최초로 왕권을 획득한 사람'은 히르카누스가 아니라 그의 아들 아리스토불루스였다는 결론을 맺는다(《전쟁》 1:70; 대조. 스트라보 《지리》 16.2.40). 다른 말로 하자면, 요한 히르카누스는 그의 아들들과는 달리 왕이라는 호칭을 취한 적이 한 번도 없다.

아리스토불루스 1세 (주전 104~103년)

아리스토불루스의 통치는 그의 아버지와 대조적으로 하스몬 왕조 중 가장 짧다. 요세푸스가 말한 바와 같이 그의 일생은 여러 측면에서 그리스의 비극과 닮았다. 히르카누스는 대제사장직을 장자에게 맡겼지만 왕국은 자신의 아내에게 넘겨주었다. 아버지의 바람을 무시하고, 아리스토불루스가 처음으로 한 행동은 형제들을 사슬에 묶고 어머니를 감옥에 가둔 것이었다. 그의 어머니는 감옥에서 굶어 죽었고, 이렇게 해서 그는 왕권 경쟁자들을 모두 제거했다. 전쟁터에서 그와 나란히 함께 싸웠던 동생 안티고누스(《고대사》 13:276; 《전쟁》 1:64-65)는 왕의 호의를 받아 감옥에 갇히지 않았다.

요세푸스의 이야기에서 아리스토불루스는 안티오코스 키지케누스에

대한 원정에서 첫 번째로 나타난다. 이 원정에서 그는 자신이 유능한 군사라는 사실을 입증했다(《고대사》 13:276-277). 아리스토불루스의 짧은 재위 기간 중에 벌어진 군사 원정에서 그가 개인적으로 참여했다는 언급은 아무것도 없다. 그의 질병에 대한 언급이 반복되어 나타나는데(《고대사》 13:304, 307; 《전쟁》 1:73, 81-84) 어쩌면 그는 군대를 이끌 만큼 건강하지 못했을지도 모른다. 안티고누스는 그를 대신해서 군대를 지휘했던 것으로 보인다. 한번은 안티고누스가 원정에서 승리를 거두고 예루살렘으로 돌아왔을 때, 장막절을 위해 그의 형 아리스토불루스를 대신해 대제사장으로 일할 필요가 있음을 알게 되기도 했다(《고대사》 13:304).

아리스토불루스의 아내 살로메(《고대사》 13:320)는 안티고누스에게 야심이 있다고 의심하고 음모를 꾸며 그를 죽이려 했다. 왕은 자기 동생에게 무장을 한 채 왕실 처소에 들어오지 말라고 명령했다. 그러나 왕이 그의 동생에게 사자를 보냈을 때 살로메는 그를 설득해서 안티고누스에게 최근의 갈릴리 원정에서 획득한 "빛나는 갑옷과 군 장식들을 착용하고 오라"고 전하게 했다(《전쟁》 1:76). 살로메는 만일 안티고누스가 무장을 한 채 왕실 요새로 들어오려고 하면 그를 죽이라는 명령이 경호원들에게 내려져 있는 것을 알고서 이렇게 한 것이었다.

사건은 살로메가 계획한 대로 진행되어 안티고누스는 성전 경내로부터 '스트라토의 망대'라 불리는 바리스로 들어가는 통로에서 살해되었다. 그 통로의 이름과 후에 헤롯이 가이사랴를 세웠던 똑같은 이름의 헬라 마을 사이를 혼동함으로 인해서, 유다라는 이름의 지방 선지자에 관한 부차적인 이야기가 생겨나게 되었다(《고대사》 13:311-313; 《전쟁》 1:78-80). 그 유다 선지자는 요세푸스가 에세네파에 속한 것으로 묘사한 첫 번째 역

사적 인물이다. 슬픔에 빠진 왕은 동생의 비극적인 죽음을 애통해했고, 점점 더 병이 깊어져 결국 죽고 말았다(《고대사》 3:316-318).

왕비는 즉시 죽은 왕의 형제들을 석방하였다. 아리스토불루스에게서 낳은 자식에 대한 언급이 전혀 없고, 그래서 어떤 학자들은 '알렉산드로스로 알려진 얀네우스를 왕으로' 임명한 살로매의 행동이(《고대사》 13:320) 형사취수혼을 의도한 것이라는 견해를 제시한다. 그러나 요세푸스는 그러한 결혼에 대해 아무런 암시도 주지 않는다. 최근에는 아리스토불루스와 얀네우스의 아내들이 유사한 이름을 가지고 있긴 하지만 동일 인물은 아닌 것으로 밝혀졌다.

아리스토불루스의 짧은 통치 기간에 남긴 중요한 유산 중 하나는 이두래를 패배시킨 것이었다. 이두래 민족Itureans은 주전 2세기에 레바논 남부에 정착했던 아랍 부족이다. 그 싸움이 어디에서 있었는지를 알려주는 지리적인 상세 정보는 어디에도 없다. 혹자는 이 전투를 요세푸스가 일찌감치 언급했던 안티고누스의 '갈릴리' 원정으로 읽어, 이것이 시몬 시대 이후로 갈릴리 지역에 흩어져 살고 있었던 것으로 추정되는 이두래인들과 싸운 것이라고 본다.

갈릴리에서 약간의 전투가 발생했을 가능성이 있음에도 불구하고, 갈릴리에 거주한 이두래 민족에 대한 역사적인 언급이 없으며, 더욱이 아리스토불루스가 그곳에서 그들과 갈등을 일으켰다는 증거는 더욱 없다. 실제로 매우 짧은 기간 통치했으며, 질병과 국내 문제로 시달린 아리스토불루스가 영토 확장을 위한 원정을 주도했다는 것은 상상하기 어려운 일이다(《고대사》 13:318). 그보다는 히르카누스가 죽고 그의 후계자의 건강 악화로 하스몬 왕조가 약해진 것을 감지한 이두래 민족이 갈릴리로 침입해 들어왔기 때문에 벌인 방어 전쟁이었을 가능성이 더 높아 보인다. 이두래 사람들은 전쟁에 패하여 영토를 양도해야 했지만, 아리스토불루스는 그들에게 "만일 자기 나라에 그대로 머물러 있기를 원한다면 할례를 행하고 유대 율법을 따라 살 것을" 제안하였다(《고대사》 13:318).

이전 세기에 학자들 사이에서 반복되던 공통된 견해는 시몬이 갈릴리의 유대 공동체를 철수시킴으로써 그 지역에는 아리스토불루스 통치 때까지는 사실상 혹은 전혀 유대인이 살지 않았다는 것이었다.

간단히 말해서, 아리스토불루스가 갈릴리 지역에 있는 이두래 정착지들을 정복했다고 주장하는 것은 전혀 고고학적 자료에 근거하고 있지 않다. 반대로 이스라엘 문화재 관리국이 이두래와 접경 지대인 갈릴리 상부 지역에서 행한 최근의 발굴에서는 이두래 정착지에 대한 증거가 전혀 없다는 것이 발견되었다.

갈릴리가 '유대적이라기보다는 이방적'이라는 설명은 상부 갈릴리와 하부 갈릴리를 구분지었던 복잡한 지역적 역학들을 고려하지 않은 일반화이다. 고대의 말엽에는 상부 갈릴리보다는 하부 갈릴리에 유대 정착지의 성격이 더 두드러지게 나타났고, 하부 갈릴리에서 유대인들을 철수시켰다거나 이방 정착민들의 수가 압도적으로 더 많았다고 주장할 만한 물적 증거도 전혀 없다. 역사적인 증언들도 똑같은 결론에 이르게 한다.

요나탄은 일찍이 가데스에 진을 치고 있던 데메트리오스 2세의 장군들과 싸우기 위해 하솔로 진군했다(《고대사》 13:158-162). 요세푸스는 요나탄이 북쪽에 있는 셀레우키드의 외적인 위협에 대응했다고 전한다. 왜냐하면 "그는 자신의 동족 갈릴리 사람들이 적군의 공격을 받는 고통을 당하도록 내버려두지 않을 것이기 때문이다"(《고대사》 13:154). 그 역사가의 설명은 시몬이 갈릴리 서부에 있는 유대 공동체를 이주시킨 이후에도 갈릴리에 유대인이 있었다는 것을 전제하고 있다.

게다가 요세푸스는 알렉산드로스 얀네우스 제1년에 키프로스의 왕 프톨레마이오스 라티루스가 안식일을 이용해 아소키스(텔 한나톤, 《고대사》 13:337; 《전쟁》 1:86)를 공격했다고 전한다. 그 마을은 서쪽 갈릴리 하부의 벳 느토파 골짜기에 위치해 있었으며, 율법을 잘 준수하던 유대인들의 마을이었다. 만일 그 전까지 갈릴리에 유대인들이 없었다면 그렇게 짧은 기간에 율법을 준수하는 마을들이 갑자기 출현한다는 것은 설명하기가 어려운 일이다.

마지막으로 요세푸스는 알렉산드로스 얀네우스가 "날 때부터 갈릴리에서 양육되었다"(《고대사》 13:322)고 보고한다. 대제사장이 자기 아들을 이교적 환경에서 길렀을 가능성은 거의 없다. 따라서 그 역사가는 아리스토불루스의 원정 이전에 갈릴리에 유대 인구가 있었다는 다른 증언을 제공하는 셈이다.

겐노사르Gennosar라는 지명에 관한 어원 연구의 결과는 어느 정도의 중요한 추론을 하게 한다. 하스몬 가문이 사용한 정치적 호칭들을 추적해 보면, '군주'라는 뜻의 '사르sar'라는 말은 시몬 때나 그의 아들, 요한 히르카누스 때에 그들의 직함으로 유대에서 사용되기 시작했다는 결론을 얻을 수 있다. 겐노사르라는 이름은 하스몬의 대제사장 가문이 갈릴리

▼ 해변길과 남북 도로의 교차점에 위치한 하솔

호수의 북서쪽 연안에 소유한 농지로부터 유래한 것이다. 이 땅은 '군주의 정원'으로 알려졌고, 후대에는 부근에 있는 호수에 적용되어 겐노사르 호수가 되기도 했다(《전쟁》 3:515; 《고대사》 13:158).

지명에 '사르'라는 명칭을 사용한 것은 헬레니즘 시대 말기에 갈릴리 지역의 다중언어적인 환경을 입증하는 의미도 있다. 히브리어 '사르'에 해당하는 아람어는 '라브rav'이다. 또한 마카베오기 상 5장 21-23절에 기록된 사건 이후로 하부 갈릴리 동쪽에 유대인들이 살았다는 것도 증언한다. 만일 그렇다면, 얀네우스가 어린 시절을 보낸 곳은 갈릴리 호수 부근의 하스몬 가문 영지였을 것이다.

이 단락들을 서로 연관시키지 않은 채 개별적으로 고려한다면 별다른 의의를 지니지 못할 것이다. 그러나 그 증언에 반대되는 물질적 증거가 없는 상황 속에서, 각각의 증거가 합하여지면 시몬이 적대적인 이방 도시들 근처인 갈릴리 서쪽에 살고 있었던 유대 공동체들을 구출한 이후에 아리스토불루스가 이두래와 전쟁을 벌이기 전까지 유대인이 계속 갈릴리 지역에 거주하고 있었음을 시사한다. 더욱이 그 단락들은 아리스토불루스가 이두래 사람들에게 '그들의 땅에 남을 것을' 제안했다고 전할 때 요세푸스가 의미한 지역이 갈릴리가 아니라 이두래였음을 시사한다.

알렉산드로스 얀네우스 (주전 103~76년)

아리스토불루스 통치 때 두드러졌던 골육상잔의 폭력은 그의 동생의 통치가 시작될 때에도 계속되었다. 얀네우스는 왕권 경쟁자라고 생각한 한 형제는 처형하고 야망이 덜한 형제는 살려두었다(《고대사》 13:323; 《전쟁》 1:85). 그러고 나서 왕은 지중해 해안에 있는 도시들, 프톨레마이스, 돌, 스트라토 망대, 가사로 행군하기로 결정했다(《고대사》 13:324). 모데인에 있는 하스몬 가족의 무덤은 항해라는 주제와 관련이 있는 것들로 장식되었으며(마카베오상 13:29-30[1]), 얀네우스의 동전 뒷면에는 뒤집어진 닻이 새겨져 있다. 아마도 해안 도시들에 대한 왕의 군사 원정은 해양 세력을 구축하려는 하스몬 왕조의 야심을 실현하기 위한 첫 시도였을 것이다. 왕의 이름이 알렉산드로스라는 사실은 동일한 이름을 가진 걸출한 인물 알렉산드로스 대왕과 관련된 마케도니아의 별을 채택하게 만들었다.

시리아에서는 안티오코스 8세 그리푸스와 안티오코스 9세 키지케누스가 셀레우코스 왕권을 놓고 9년간(주전 105-96년) 서로의 군대를 무너뜨리고 있는 중이었다. 그들은 프톨레마이스로부터 도움을 구하는 탄원을 받았지만, 어느 쪽도 그 도시를 방어하기 위해 군대를 내어줄 수는 없었다. 돌과 스트라토 망대의 통치자, 조일루스는 시리아의 내분이 자기의 영향력을 확장시킬 기회라고 보았다. 그는 프톨레마이스로 군대를 파견했지만 별다른 성과를 거두지는 못했다. 포위된 도시는 곧 키프로스의 통치자, 프톨레마이오스 라티루스에게 호소했다. 그는 자신의 어머니 클레오파트라 3세에 의해 이집트로부터 추방된 자였다(《고대사》 13:328). 그러나 그 도시 지도자들은 다시 생각한 뒤에 마음을 바꾸었다. 그들은 자신의 어머니와 갈등을 일으키고 있는 프톨레마이오스와의 동맹이 결국 그들을 그 분쟁에 휘말리게 할 것이라는 점을 깨달았기 때문이다. 클레오파트라는 자기와 사이가 벌어진 아들이 이집트를 공격하기 위해 그 도시를 이용할 것이 두려워 아들이 그 지역에 발판을 만들 기회를 결코 허용하지 않았을 것이다.

▲ 헬레니즘 시대 돌에서 발견된 티케의 석회암 두상

프톨레마이오스는 프톨레마이스 시민들의 마음이 변한 것을 알지 못한 채 시카미나(텔 에스 사마크, 스트라보 16.2.27; 플리니우스《박물지》 5.75; 유세비우스《지명록》 108:30)에 도착했다. 그런데 프톨레마이스 시민들 대신에 마찬가지로 알렉산드로스 얀네우스의 공격을 받고 있던 조일루스와 가사 거주민들이 그를 만나 자기들의 도시들을 방어하기 위한 도움을 요청했다. 하스몬 가문의 얀네우스는 비밀리에 클레오파트라와 협정을 맺는 동안에 프톨레마이오스와 우호적인 동맹을 구하는 척하면서 그들의 조약을 연기시킬 수 있었다. 얀네우스의 책략을 알아차린 프톨레마이오스는 하부 갈릴리에 있는 아소키스(즉 쉬힌)와 세포리스를 공격했다. 그는 아소키스를 유린하였지만(《전쟁》 1:86) 세포리스를 점령하지는 못했던 것으로 보인다(《고대사》 13:338).

프톨레마이오스는 '요단 강에서 멀지 않은 곳'인 아소폰 텔 에스 사이디예에서 얀네우스와 싸우기 위해 진군했다(《고대사》 13:338). 얀네우스는 우호적인 관계에 있던 유대 베레아 영토를 통과해 북쪽으로 군대를 이동시켰다. 그는 '만일 그들이 뒤로 강을 두고 있다면 적을 더 쉽게 공략할 수 있을 것이라고 생각했기 때문에'(《고대사》 13:340) 요단 강 동쪽 편에 진영을 치고 프톨레마이오스를 기다렸다. 약간 망설인 후에 프톨레마이오스의 군대가 얀네우스와 교전하기 위해 강을 건넜다. 전투는 맹렬했고 양편 모두 큰 손실을 입었지만 결국 프톨레마이오스의 군대가 승리를 거두었다.

1_"또 그 곁에 구조물을 공들여 만들고 큰 기둥들로 둘러싼 다음, 기둥마다 영원한 기념물로서 무장 일체를 얹고 그 옆에 배들을 조각해 놓았다. 그리하여 바다를 항해하는 모든 이가 그것을 볼 수 있게 하였다. 이것이 바로 시몬이 모데인에 만들어 놓은 무덤인데, 오늘날까지도 그대로 남아 있다"(마카베오상 13:29-30).

프톨레마이오스는 이제 유대를 침략하여 별 제재 없이 잔학한 일을 저질렀다. 그는 예루살렘으로 행군하려고 했지만 클레오파트라가 개입했다. 클레오파트라는 다른 아들을 시켜 해군을 페니키아로 파견했다. 그녀는 헬리오폴리스의 대제사장 오니아스의 아들들인 두 유대 장군 켈키아스와 아나니아스에게 군대의 지휘권을 주어(참고. 《고대사》 13:285-287) 유대에 있는 프톨레마이오스를 공격하게 했다(《고대사》 13:349). 그동안에 그녀 자신은 직접 프톨레마이스에 상륙해 도시를 포위하였다. 프톨레마이오스는 어머니가 이집트에 없는 것을 이용해 자신의 본국을 차지하려고 남쪽으로 이동했다. 요세푸스는 상세하게 언급하고 있지 않지만 클레오파트라의 군대는 자신의 아들과 교전을 했던 것이 분명하다. 왜냐하면 그 역사가는 켈키아스가 프톨레마이오스를 추격하다 죽었다고 기록하고 있기 때문이다(《고대사》 13:351). 클레오파트라는 또한 이집트로 해군의 일부를 귀환시켜 그의 아들이 펠루시움에서 돌아가게 했다. 다시금 이집트로부터 쫓겨난 프톨레마이오스는 가사의 해안 도시에서 겨울을 보내고 키프로스로 돌아갔다. 클레오파트라는 결국 프톨레마

▲ 알렉산드로스 얀네우스의 동전

▲ 쿰란에서 발견된 페셰르 나훔 두루마리

이스를 점령했고 별 방해 없이 유대를 차지했다. 그러나 아나니아스는 클레오파트라에게 얀네우스의 유대 통치를 유지하고 그와 조약을 맺을 것을 권유하였다. 클레오파트라는 '코일레 시리아에 있는 스키토폴리스에서' 조약을 맺었다. 이집트와 새로운 동맹을 맺음으로써 힘을 얻은 얀네우스는 왕국의 국경 지대로 관심을 돌렸다. 먼저 그는 요단 동편으로 진격하는 모험을 감행했다. 오랜 포위 후에 그는 가다라움 케이스와 '요단 강 너머를 점령하고 있는 가장 강력한 요새'(《고대사》 13:356; 《전쟁》 1:86)인 아마투스(텔 암타; 참고. 《고대사》 14:91; 유세비우스, 《지명록》 22:23)를 점령하였다.

왕은 그 다음에 해안으로 원정을 가서 가사를 고립시키려고 했다. 그는 리노코루라(엘 아리쉬; 유세비우스 《지명록》 148:3; 참고. 《고대사》 13:395), 라피아(유세비우스 《지명록》 50:18), 안테돈, 즉 아그리피아스(테다; 플리니우스 《박물지》 5.14)를 공격했다. 이 해안 도시 안테돈은 후대에 아우구스투스가 헤롯에게 하사하였고, 헤롯은 카이사르의 장군이자 사위인 마르쿠스 비프사니우스 아그리파를 기념해 재건하였다(참고. 《전쟁》 1:87, 118). 가사는 더 이상 이집트나 바다로부터 도움을 구할 수 없었다.

얀네우스는 가사 사람들에게 복수를 했다. 그들이 프톨레마이오스의 개입을 불러들여 유대를 유린하게 했기 때문이다. 포위된 가사 사람들은 나바테아의 아레타스 2세에게 도움을 청해보려고 했지만 이 희망은 결코 이루어지지 않았다. 가사 총독 아폴로도투스는 자신의 도시를 방어하기 위해 맹렬하게 싸웠지만 그의 형제 리시마쿠스가 그를 배신하고 얀네우스에게 성문을 열어주었다. 처음에 얀네우스는 더 이상 무력을 사용하지 않고 도시를 차지하는 듯했다. 그러나 고통스러운 포위 공격으로부터 비롯된 분노에 사로잡힌 군사들은 도시를 파괴하고 많은 시민들을 죽였다.

가사에서 1년이 걸린 포위 공격을 끝내고 예루살렘으로 돌아온 얀네우스는 백성들 사이에서 불온한 기운을 발견했다. 요세푸스는 그들의 불만 원인이 무엇인지 설명하지 않고 있지만, 아마도 그것은 왕이 귀족적인 사두개파와는 계속해서 친밀한 관계를 유지하면서도 대중적인 정서를 잘 표현하고 있는 바리새파와는 소원하게 지낸 것과 관련이 있었을 것이다. 이 점에서 얀네우스는 아버지의 뒤를 따라간 것이었다(참고. 《고대사》 13:296).

요세푸스는 장막절에 일어난 한 사건을 이야기한다. 백성들이 제사장 왕에게 시트론 열매를 던지면서 그가 제사장으로 적합하지 않다고 외침으로써 불만을 표출했다(참고. 《고대사》 13:292; 미슈나 《수카》 4:9; 바벨론 탈무드 《키두쉰》 66a; 참고. 탈무드 《수카》 3:16; 바벨론 탈무드 《수카》 22b). 분노한 얀네우스는 6천 명을 죽이고 성전에서 제사장들이 직무를 행할 때 백성들과 거리를 두기 위해 목재 분리 벽을 설치했다(참고. 《고대사》 8:95; 《전쟁》 5:226, 6:125).

내부의 불안은 왕국을 확장하려는 얀네우스의 욕구를 단념시키지 못했다. 그의 다음 행동은 사해를 둘러쌈으로써 나바테아 사람들로부터 풍부한 역청 무역을 획득하는 것이었다. 이는 안티고노스 모노프탈무스가 시도했지만 실패한 업적이었다(디오도루스 시쿨루스, 19:95–97). 히르카누스는 이미 그의 아들을 위해 이 지역에 발판을 마련했었다. 그는 유대 광야뿐 아니라 모압 땅인 사해 동부를 아르논 골짜기까지 정복했다(《고대사》 13:255; 《전쟁》 1:63). 얀네우스는 이제 모압과 길르앗 지역에 있는 나바테아를 복속시켰고 그들에게 조공을 바치도록 했다.

그러고 나서 왕은 길르앗에서 아마투스로 가서 그곳의 왕 테오도루스가 포기한 도시를 파괴했다. 얀네우스는 나바테아 사람들을 쫓아서 북쪽으로 가울라니티스까지 진군하였고, 이곳에서 가라다 마을 근처에 있는 나바테아의 왕 오베다스와 싸웠다(《고대사》 13:375; 《전쟁》 1:90). 하스몬 가문 얀네우스는 매복 공격을 당해 생명을 잃을 뻔했지만 간신히 예루살렘으로 도망할 수 있었다.

왕이 취약해진 것을 감지한 백성들은 공공연한 반역을 일으켰다(《전쟁》 1:91–92; 《고대사》 13:376). 6년간 내전이 발생하였고, 많은 사람이 죽었다. 사망자가 5만 명이나 되었다는 요세푸스의 추산은 과장된 것일 수 있지만, 전투가 그만큼 치열했음을 강조해준다. 절망 상태에 빠진 백성들은 심지어는 셀레우코스 왕 데메트리오스 3세 아카이로스의 중재를 구했다. 쿰란 공동체는 이 사건들과 관련하여 나훔 2장 11절 후반절을 다음과 같이 해석했다.

> [해석하자면, 이것은] 그리스 왕 [데메]트리우스[에 관한 것이다.] 그는 평온한 상황을 추구하는 사람들의 권고에 따라 예루살렘에 들어가려고 한 자이다. [그러나 하나님께서는] 안티오코스 때부터 깃딤의 통치자들이 올 때까지 그 도시가 그리스 왕의 손에 [넘어가는 것을 허락하지 않으셨다](4Q469 f3-4i:2-3).

아마도 바리새파와 그들을 지지하는 자들은 종교적 문제에 대해서는

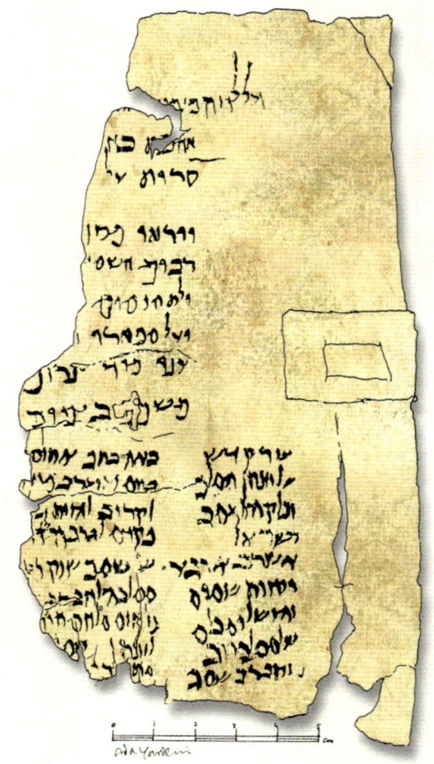

▲ 쿰란의 예전적 시에 쓰여진 하스몬 시대 반 초서체의 글씨(4Q448). 이 글은 요나탄 왕(알렉산드로스 얀네우스)을 언급한다.

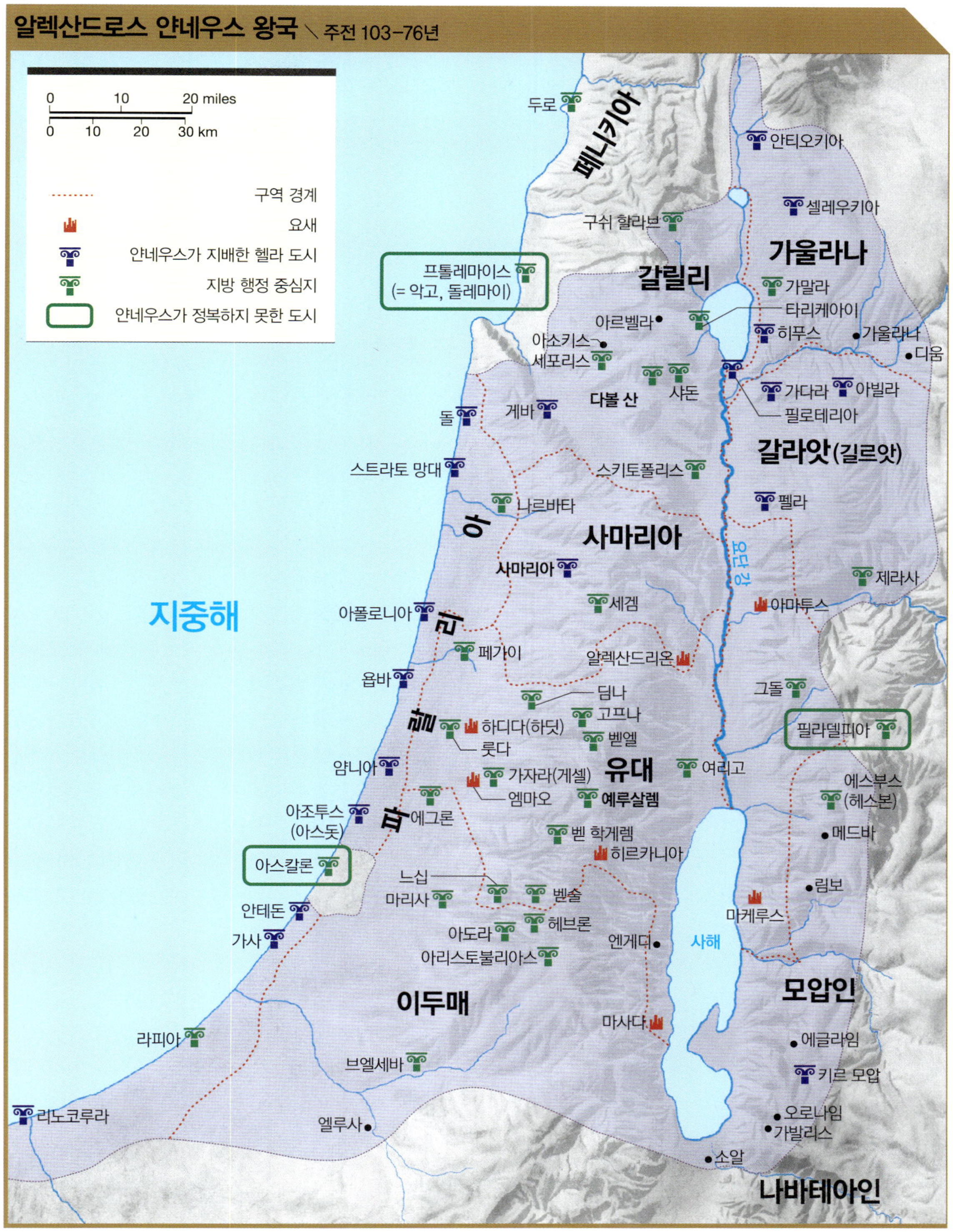

유대가 자치권을 가지고 정치적인 일들은 시리아에 맡겼던 하스몬 가문 통치 이전으로 돌아가는 것을 더 좋게 생각했던 것 같다. 이와 유사한 분위기가 폼페이우스(《고대사》 14:58-60)와 아우구스투스 황제 때(《고대사》 17:342-343; 《전쟁》 2:111-113; 스트라보 《지리》 16.2.46)에도 있었을 것이다. 어쨌든 셀레우코스 왕은 그들의 제안을 기꺼이 들어주려고 했다. 데메트리오스는 얀네우스가 있는 예루살렘으로 행군하기 위해 세겜에 진영을 차렸다(《고대사》 13:377-378; 《전쟁》 1:92-95). 이로써 유대는 둘로 분열되었고, 요세푸스는 대치하고 있는 군대를 묘사하면서 나라가 진퇴양난에 빠졌음을 알려준다. 얀네우스에 반대하는 사람들은 데메트리오스의 진영에 가담하였고, 하스몬 가문의 지지자들은 그 진영에 있는 동료 유대인들에게 소리쳐 데메트리오스를 버리고 얀네우스를 지지하라고 호소했다. 동시에 얀네우스의 군대에 속한 비시디아와 길리기아의 용병들은 데메트리오스 진영에 있는 동료 그리스 병사들에게 데메트리오스로부터 이탈하라고 호소했다. 어느 편도 다른 편의 사기를 꺾는 데 성공하지 못했고 결과적으로 전쟁이 일어났다.

데메트리오스는 전쟁에서 승리했지만 그의 성공은 하스몬 가문에 반대했던 유대인들 사이에 얀네우스에 대한 동정을 일으켰다. 그들은 왕이 산지로 후퇴하는 것을 보고서 동맹 관계를 뒤집어서 데메트리오스를 놀라게 했다. 요세푸스는 이 일이 데메트리오스가 시리아로 철수하게 된 이유라고 보았다. 그는 또한 왕권의 경쟁자인 시리아에 있는 그의 형제 필립의 위협 때문에 돌아가지 않을 수 없었다(참고. 《고대사》 13:384).

얀네우스는 이제 하스몬 가문에 대항한 투쟁을 지속하던 반란자들이 머물러 있는 곳인 베메셀리스를 포위했다(《전쟁》 1:96; 《고대사》 13:380). 왕은 도시를 공격해 포로들을 예루살렘으로 끌고 왔다. 요세푸스는 예루살렘에서 끔찍한 일이 일어났었다는 것을 자세히 보고했다. 십자가형을 실행한 한 유대인 통치자에 대한 유일한 기록에 따르면 얀네우스는 800명의 남자를 매달았고, 죽어가는 그들의 목전에서 그들의 아내와 자녀들을 살해했다. 왕은 그 동안 첩들과 연회를 벌이며 그 살육을 지

하스몬 왕조 가계도

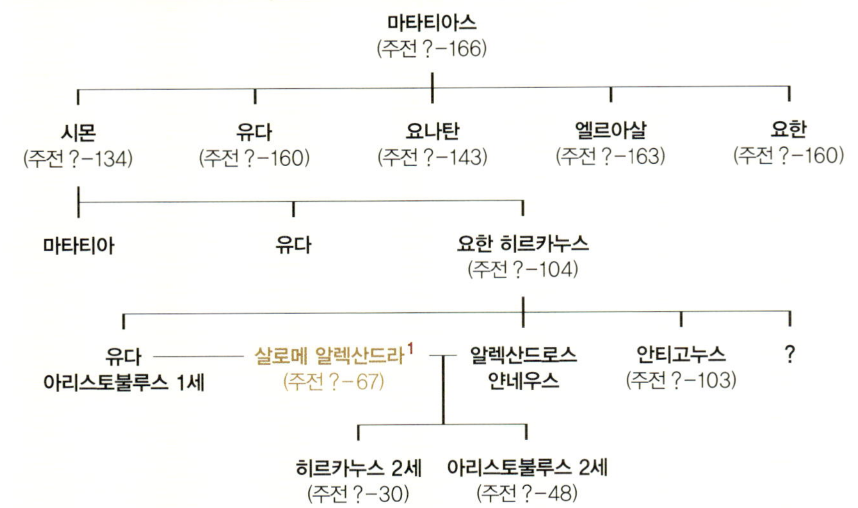

*F. F. Bruce, *Israel And The Nations*(IVP Academic. 1998)

1_살로메 알렉산드라(Alexsandra Salome)
하스몬 가문에서 처음으로 '왕'이라는 호칭을 사용한 아리스토불루스 1세와 결혼했으나 남편이 단명하자 그의 동생 얀네우스와 다시 결혼했다. 음모를 꾸며 아리스토불루스의 동생 안티고누스를 살해하는가 하면 장남 히르카누스를 자신의 후계자로 지명하기도 했다. 둘째 아들 아리스토불루스 2세는 사두개파 귀족들과 동맹을 맺은 반면 그녀는 바리새파에 대해 유화 정책을 폈다.

켜보았다. 초기에 학자들은 요세푸스가 남긴 기록의 신빙성에 의문을 던졌지만, 이 사건은 나훔 2장 12절에 관한 《페쉐르 나훔》에도 마찬가지로 기억되고 있다.

> 해석하자면, 이것은 평온한 것들을 추구하는 [바리새인들]에게 복수를 한 맹렬한 젊은 사자에 관한 일이다. 그는 전에 이스라엘에서 … 사람들을 산 채로 매달았다. [그] 나무에 산 채로 매달린 한 사람으로 인해, 그분은 "보라, 나는 너를 미워하노라. [만군의 주께서 말씀하신다]"라고 선언했다(4Q169 f3-4i:6-8).

쿰란 종파의 이 본문은 요세푸스 기록의 역사성과 일찍이 왕을 찬양했던 사람들의 갑작스런 변화에 대해 증언한다(4Q448).

요세푸스는 예루살렘 시민들이 왕을 타도하기 위해 '외국인들을 데려와' 도움을 구했다는 것을 비판함으로써 얀네우스의 잔악한 행동을 완화시키려는 시도를 했던 것 같다(참고. 《고대사》 13:381-382. 11Q19 64:6-9). 게다가 요세푸스는 얀네우스의 통치력이 약화된 원인을 그들의 폭동 탓으로 돌린다. 왕은 "전쟁에서 자기에게 맞선 유대인들을 원조하지 못하도록 하기 위해 그가 정복했던 모압과 갈라앗길르앗 땅과 그곳에 있는 요새들을 아랍 부족들의 왕에게" 넘겨줄 수밖에 없었다(《고대사》 13:382).

내전으로 8천 명이 도망을 가서 망명 생활을 했지만, 얀네우스는 계속 예루살렘에서 다스렸다(참고. 《메길라 타아니트》 17 아다르). 그는 너무나 잔인하였기에, 잔인하기로 유명했던 트라케의 통치자들을 따라서 '트라케 사람'이라는 별명을 얻게 되었다. 만일 《페쉐르 나훔》에서 나타난 암시들이 얀네우스에 대한 것이라면, 우그에 상응하는 히브리어 별명인 '진노의 사자'는 그의 잔인한 성격을 강조하는 것이라 할 수 있다(4Q169 f3 4i:5-6; 참고. 4Q167 f2:2).

얼마 후에(주전 84년경) 안티오코스 12세 디오니수스가 그의 형제들인 필립과 데메트리오스를 계승해서 다메섹에서 왕으로 즉위한 뒤, 나바테아와 싸우기 위해 유대 땅을 경유해 진군했다. 알렉산드로스는 안티파트리스 근처에 있는 카파르 사바에서부터(대조. 《고대사》 13:390-391) 욥바까지 참호를 팠다. "그리고 그는 약 28킬로미터150스타디움 거리에 이르는 성벽을 세우고 나무로 망대를 세우고 발포대를 세워놓았다"(《고대사》 13:391). 이 방어 시설들은 안티오코스의 아라비아 행군을 거의 막지 못했다. 그러나 후에 셀레우코스 왕은 아레타스 3세와 싸우다가 죽었고, 그의 군사들은 사해 남부 끝에 있는 카나로 도망하였다.

이제 나바테아의 아레타스 왕은 다메섹을 포함한 코일레 시리아를 통치하게 되었다. 그는 유대로 진군하여 하디다에서 알렉산드로스를 패

▼ 하스몬 가문의 얀네우스 영향권 아래 있었던 얌니아

배시켰다(참고. 《고대사》 13:203). 나바테아 왕은 평화 협정을 맺고 곧 다메섹으로 철수했다. 요세푸스는 얀네우스가 벌인 수많은 전쟁의 역사를 그의 요단 동편 원정에 대한 설명으로 마무리했다. 그는 데메트리오스와 싸우는 동안 나바테아에게 강제로 양도해야 했던 모압과 길르앗, 그리고 하우란 일부를 다시 탈환했다. 얀네우스가 하디다 전투 이후에 코일레 시리아까지 쫓아갔다는 사실은 아레타스의 승리가 결정적이지 않았음을 보여준다.

얀네우스는 디움, 펠라 타바카트 파힐, 거라사(제라쉬; 《전쟁》 1:104; 대조. 《고대사》 13:393)를 점령했다. "제라사에는 제논[테오도루스의 아들; 《전쟁》 1:104]의 가장 소중한 재산이 있었으며 세 개의 성벽으로 둘러싸여 있었다"(《고대사》 13:393). 싸움 없이 제라사를 점령한(참고. 《전쟁》 1:89) 얀네우스는 가울라나(참고. 《고대사》 4:173; 《전쟁》 1:90, 105) 와 셀레우키아 셀루키예; (참고. 《전쟁》4:1-2; 《자서전》 187)로 이동했다. 마지막으로 그는 요새화된 도시 가말라(참고. 《전쟁》 4:1-2)와 안티오코스 골짜기를 차지했다. 3년(주전 83-80년) 후에 얀네우스는 목표를 달성하고 의기양양하게 예루살렘으로 귀환하였다.

얀네우스의 통치는 이제 하스몬 왕조가 이룬 것 중 가장 큰 영토로 확장되었다. 요세푸스는 그가 죽을 때(주전 76년) 왕국을 구성하고 있던 지역들과 도시들을 나열했다. 해안 지역으로는 스트라토 망대, 아폴로니아(아르수프; 플리니우스 《박물지》 5.14), 욥바, 얌니아, 아스돗, 가자, 안테돈, 라피아, 리노코루라가 있다. 달리 말하면, 하스몬 가문의 얀네우스는 아스칼론과 프톨레마이스를 제외하고 두로의 사닥다리에서부터 이집트 시내까지 지중해 해안 지역을 지배한 셈이다.

내륙 산지에서 얀네우스는 마리사와 아도라, 유대, 사마리아, 갈멜 산을 포함하여 이두매를 통치하였다. 이와 관련된 본문에서 대평원에 대한 언급은 없지만, 스키토폴리스와 다볼 산이 갈멜 산과 함께 언급되고 있는 것을 보면 얀네우스는 전략적으로 중요한 의미를 갖는 이스르엘 골짜기로 접근하는 도로 전체를 다스렸다.

요단 동편의 거대한 지역도 얀네우스의 왕국에 포함되었다. 가울라니티스는 셀레우키아의 도시들과 가말라를 포함하고 있었으며, 갈라앗 길르앗에는 가다라와 펠라가 구체적으로 언급되었다. 베레아 지역은 유대 공동체가 수세기 동안 존재했던 곳으로, 목록에는 없지만 분명히 그 안에 포함되었을 것이다. 히르카누스가 정복한 헤스본과 메드바는 모압의 다른 도시들과 함께 명시되어 하스몬 왕국에 포함되었다. 모압의 다른 도시들이란 예를 들면 립바(키르벳 립, 참고. 《고대사》 14:18), 소알(고르 에스 사피; 유세비우스 《지명록》 42:1) 등이다. 요단 동편에 있는 도시들을 나열하고 있는 《고대사》 13장 397절은 사본 상의 문제가 있어서 얀네우스 왕국의 남쪽 한계선에 대해서는 지난 세기 동안 논쟁이 계속되었다.

특히 주목할 것은, 갈릴리와 앞서 얀네우스의 정복 때 언급했던 몇몇 도시들이 생략되어 있다는 점이다. 추가되어야 할 도시들은 이때에는 언급되지 않지만 나중에 얀네우스의 원정 지역에 포함된다. 이 도시들은 얀네우스의 아들 히르카누스 2세가 아레타스 3세에게 양도한 도시들 중에 포함되어 있다(《고대사》 14:18). 얀네우스의 왕국에 속한 지역들과 도시들에 대한 요세푸스의 목록은 그 전부를 망라하려는 의도를 가지고 있었던 것 같지는 않다. 대신에 그 역사가의 목적은 얀네우스 왕국의 영토 확장을 강조하는 것이었다.

알렉산드로스 얀네우스가 사망할 무렵, 그는 아스칼론을 제외하고 기손에서부터 이집트 시내까지의 해안 평야, 단에서 브엘세바까지의 요단 서쪽 산지 전체, 파네아스 아래부터 소알과 세렛 시내까지 요단 동편 거의 전부를 다스렸다. 따라서 그는 사실상 다윗과 솔로몬 왕국을 회복한 것이나 다름이 없었다.

마리사(텔)의 전경 ▼

15

|CHAPTER|

HASMONEAN DECLINE AND THE RISE OF HEROD

하스몬 가문의 쇠퇴와 헤롯의 발흥

(주전 67-37년)

점차 권력을 획득해가는 헤롯의 부상은 하스몬 왕조의 쇠퇴와 서로 얽혀 있는 두 경쟁 세력들, 즉 국내 세력과 국제 세력의 출현을 배경으로 일어났다. 알렉산드라 살로메가 죽은 후 요한 히르카누스 2세와 유다 아리스토불루스 2세의 권력 싸움으로 하스몬 가문은 점차 쇠락하는 한편, 국제 정세에 밝았던 이두매의 지방 장관 안티파테르는 주전 63/64년 로마의 폼페이우스가 팔레스타인을 침공했을 때 그를 지원함으로 가장 든든한 로마의 지지와 후원을 얻는다. 이것은 헤롯이 정치 무대에 나서는 배경이 된다.

HERODIUM, BUILT IN MEMORY OF VICTORY AGAINST ANTIGONUS AND PARTHIANS
헤롯이 안티고누스와 파르티아인들과의 싸움에서 승리한 것을 기념해 세운 헤로디움

권력을 획득해가는 헤롯의 부상은 하스몬 왕조의 쇠퇴와 서로 얽혀 있는 두 경쟁 세력들, 즉 국내 세력과 국제 세력의 출현을 배경으로 일어났다. 하스몬 가문의 유대 통치에서 마지막 몇 십 년간은 알렉산드로스 얀네우스(주전 103-76년)의 후손들과 알렉산드라 살로메(주전 76-67년) 사이에 벌어진 극렬한 경쟁으로 점철되었다. 알렉산드라는 이미 얀네우스와 사이에서 낳은 아들 요한 히르카누스 2세를 자신의 후계자로 지명하였지만, 그녀가 유대를 괴롭히는 와중에 유다 아리스토불루스 2세가 반란을 일으켜 형의 왕좌를 찬탈했다. 히르카누스는 장자 상속권을 토대로 왕좌에 오를 수 있었지만, 요세푸스가 증언한 대로, 히르카누스의 동생이 더 강력한 지도자였음이 드러났다(《전쟁》 1:120).

아리스토불루스는 사두개파 귀족들과 동맹을 맺었다. 사두개파는 알렉산드라가 자신들의 경쟁자인 바리새파를 향해 유화 정책을 펴는 가운데 고통을 당하였다. "왜냐하면 바리새인들은 여왕의 기분에 맞추어 일하면서 알렉산드로스 얀네우스에게 8백 명을 죽이라고 촉구한 사람들을 처형하라고 여왕을 설득했기 때문이다"(《고대사》 13:410; 참고. 13:380). 그러나 아리스토불루스의 요구에 따라 알렉산드라는 사두개파 귀족들에게 '그녀의 가장 소중한 재산들이 있던 히르카니아, 알렉산드리온, 마케루스를 제외한 나머지' 왕실 요새들 안에 수비대를 두어 그들 스스로를 지킬 수 있도록 허용해주었다(《고대사》 13:417).

여왕의 건강이 악화되자 아리스토불루스는 권력을 장악할 때가 왔다고 보았다. 그는 예루살렘에 아내와 자녀들을 남겨둔 채 밤에 몰래 가바(《고대사》 13:424, 5:157; 예바; 라틴어로는 가바타; 참고. 타르굼 사사기 20:33)로 떠났다. 하스몬 요새들은 빠르게 아리스토불루스에게 함락되었다. 왜냐하면 이미 사두개파 협력자들이 그 요새들을 점령하고 있었기 때문이다.

> 거의 15일 동안에 22개의 요새들을 점령했고 이 성들로부터 물자를 확보한 그는 레바논, 트라코니티스와 지역 군주들로부터 군대를 소집했다(《고대사》 13:427).

하스몬 가문의 내부 분열

알렉산드라 살로메가 주전 67년에 죽자 히르카누스 2세와 아리스토불루스 2세 사이에 노골적인 분쟁이 일어났다. 히르카누스와 그의 부하들은 여리고 근처에서 공격을 받아 패배하여 아리스토불루스의 아내와 자녀들이 인질로 있는 예루살렘의 바리스(느 3:1; 《전쟁》 1:118; 참고. 《고대사》 15:403)로 도망하였다. 히르카누스가 대제사장직과 왕위에 대한 주장을 포기한다는 조건으로 그 형제들은 서로 적대 관계를 중지하기로 합의했다(《고대사》 14:4-6; 《전쟁》 1:121; 참고. 《고대사》 14:41, 97; 20:243-244).

요세푸스는 이 골육상잔의 투쟁 이야기에 미래의 왕 헤롯의 아버지 안티파테르를 소개했다. 그 역사가에 따르면, 안티파테르는 이두매 사람의 후손이었다(《전쟁》 1:123; 《고대사》 14:8-9; 대조. 유스티누스 《트리포와의 대화》 52; 유세비우스 《교회사》 1.7.11; 코키노스, 1988:100-112). 알렉산드로스 얀네우스는 안티파테르를 이두매 전체의 스트라테고스로 임명했었는데(《고대사》 14:10), 그의 아들이 똑같은 지위를 물려받았다.

젊었을 때 안티파테르는 자기의 영향력을 넓히려고 히르카누스와 동맹을 맺었었다. 결과적으로 그 이두매 사람은 별다른 반대도 하지 못한 채로 최근에 일어난 사건 변화들을 받아들일 수밖에 없었다. 그는 폐위된 히르카누스의 마음속에 동생을 향한 의심을 품게 했으며, 나바테아의 아레타스 왕을 설득해서 히르카누스가 왕권을 탈환하려고 할 때 군대를 보내주어 돕게 했다. 그 대가로 아레타스는 히르카누스의 아버지 알렉산드로스 얀네우스가 점령한 나바테아 도시들을 되돌려주겠다는 약속을 받았다. 그 도시들은 메드바(《고대사》 13:255), 립바 키르벳 립, 다발롯 벧 디블라타임; 키르벳 델레이랏, 아라바타 랍바, 아갈라 루즘 엘 길리메, 아토네 에트 테니에, 소알 고르 에스 사피, 오로나임 엘 아라크, 고발리스 엘 게발린, 아릿다, 알루사, 오루바(《고대사》 14:18; 참고. 《고대사》 13:397)이다.

동전에 나타난 폼페이우스 ▲

주전 65년 유월절 동안에 나바테아 군대는 예루살렘을 포위했다. 아리스토불루스는 그곳 성전 산으로 철수해 있

폼페이우스의 팔레스타인 원정 \ 주전 63년

1_폼페이우스(Pompeius, 주전 106-48) 고대 로마 공화정 말기의 장군이자 정치가. 스페인에서 일어난 반란을 진압하고 지중해에서 해적들을 몰아내며 노예 반란을 진압함으로 두각을 나타냈다. 특히 아나톨리아 북부 본도를 다스렸던 미트라다테스를 패배시킴으로 급부상했다. 주전 64년에 시리아를 정복했으며, 주전 63년에는 팔레스타인을 시리아에 편입시켰다. 주전 60년에 크라수스, 카이사르와 함께 로마의 첫 삼두정치가 시작되었으나 주전 53년 크라수스가 파르티아인들과의 전투에서 전사하자 카이사르와 권력 투쟁이 시작되었다. 주전 48년에 카이사르에 밀려 이집트로 도망했고, 거기서 암살되었다.

었다. 히르카누스가 자기 어머니의 반 사두개파 정책을 부활시킬까 봐 두려워했던 사두개파 제사장들은 아리스토불루스를 보호했다(《고대사》 14:14-20; 《전쟁》 1:123-126). 바로 그 무렵 폼페이우스는 아르메니아에 있는 티그라네스에 대한 원정을 마무리 짓고 있었고, 로마 군단과 함께 마르쿠스 아이밀리우스 스카우루스 Marcus Aemilius Scaurus를 시리아로 파견했다. 유대에서 내전이 일어났다는 소식을 들은 스카우루스는 시리아에 계속 머물러 있었고(《전쟁》 1:127), 두 형제는 로마로부터 지원을 받아내기 위해 뇌물을 약속하면서 간청하였다(《고대사》 14:30-31).

스카우루스는 아리스토불루스가 좀 더 유능하다고 보고 그의 편을 들어주기로 작정했다. 그는 아레타스에게 로마가 곧 개입할 것이라고 위협하면서 예루살렘의 포위를 멈추고 철수할 것을 종용했다. 나바테아 왕은 이에 동의했지만, 그의 군대가 철수할 때 아리스토불루스는 여리고 근처에 있는 파피론(즉, 아인 하즐라 근처 칼라몬, 《고대사》 14:33; 《전쟁》 1:130)에서 그들을 공격하였다. 마치 로마가 아리스토불루스와 그의 일당에게 지지를 보내는 것처럼 보였지만, 안티파테르는 폼페이우스[1]의 지역에서 그가 도착하기를 기다렸다. 안티파테르는 실권을 가진 자는 폼페이우스라는 것을 올바로 인식하고 있었다.

폼페이우스는 주전 64/63년 겨울을 시리아에서 보냈다(플루타르코스 《폼페이》 39.2-3; 디오도루스 시쿨루스, 40.2). 그는 거기서 히르카누스와 아리스토불루스가 보낸 사절단을 맞아들였다. 로마 장군은 성급하게 결정하는 것을 지양하고, 양 사절단을 봄에 다시 다메섹으로 돌아오라고 초대했다. 두 세력의 우두머리들이 다시 돌아와 자기 권리를 주장하고 상대방을 고발했다. 백성의 다른 지도자들은 폼페이우스에게 두 형제 중에 누구도 왕이 되어서는 안 된다고 촉구하였다.

> [그들은] 자기들이 경외하는 하나님의 제사장들에게 복종하는 것이 그들 나라의 관습이지만 제사장 가문의 이들 두 사람은 정부 형태를 바꾸어 노예들의 나라를 만들려 한다고 말했다(《고대사》 14:41; 참고. 솔로몬 시편 17:21).

다시 한 번 폼페이우스는 경쟁하는 주장들에 대해 공개적으로 한편을 지지하는 것을 거절했다. 폼페이우스는 실제로는 히르카누스를 택했지만, 자신이 계획한 아라비아 원정을 아리스토불루스가 고의로 방해할 것을 염려했다. 그는 나바테아 사람들과의 문제를 해결하고 난 다음에 유대 땅을 방문하여 불화하고 있는 형제들 사이에서 어느 쪽을 선택할지 결정하겠다고 알렸다. 폼페이우스는 아리스토불루스의 성급한 성격을 염려해서 그에게 디움 근처에 있는 로마 진영에 머물러 있으라고 명령을 내렸다.

그 하스몬 사람은 무모하게도 폼페이우스의 명령을 무시하고 허가도 받지 않고 그곳을 떠났다(《고대사》 14:47; 《전쟁》 1:132). 로마 장군 폼페이우스는 펠라와 스키토폴리스를 지나 그를 추격했다. 그는 아리스토불루스가 피신해 있는 알렉산드리온의 요새 도시 코레아이(《고대사》 14:49; 텔 자마디; 텔 마자르) 근처에 진영을 차렸다. 로마 사람들을 자극하지 말라는 부하들에게 설복당한 아리스토불루스는 폼페이우스와 협상을 통해 해결책을 찾기로 했다. 폼페이우스는 아리스토불루스가 그의 요새들을 양도하겠다는 것을 서면으로 약속하라고 요구했다. 아리스토불루스는 마지못해 그 요구들을 받아들였지만, 예루살렘으로 물러나 그가 불가피하다고 보았던 전투를 대비했다. 그 동안에 폼페이우스는 알렉산드리온의 방비를 해체하였다(스트라보 《지리》 16.2.40).

아리스토불루스는 또 한 번 폼페이우스를 진정시키려고 했다. 이제 여리고 근처에 진을 치고 있었던 폼페이우스는 로마의 뜻에 완전히 복종할 것, 예루살렘에 있는 로마 수비대를 인정해 줄 것, 사면을 위한 배상금을 지불할 것을 요구했다(《고대사》 14:55). 폼페이우스는 아리스토불루스를 사면했지만, 폼페이우스의 특사 가비니우스가 배상금을 거두고 수비대를 주둔시키러 예루살렘에 갔을 때 하스몬 가문의 사람들은 성문을 닫고 그를 받아들이기를 거부했다. 폼페이우스는 신속하게 아리스토불루스를 체포하고, 북쪽에서부터 예루살렘으로 진군했다. "그곳이 취약한 지역이었다. 그곳은 성전을 포함하는 넓고 깊은 골짜기로 둘러싸여 있었고, 성전은 돌 성벽으로 둘러싸여 견고하게 보호를 받고 있었다"(《고대사》 14:57; 참고. 《전쟁》 5:136-141; 디오 카시우스, 37.15.2-3).

예루살렘은 히르카누스와 아리스토불루스의 지지자들로 양분되었다. 바리새파와 예루살렘의 대다수 사람들은 히르카누스를 지지했고 로마에 대적하는 것을 좋아하지 않았다. 결국 그들이 우위를 차지했고 폼페이우스에게 성문을 열어주어서 그의 군대는 싸우지 않고 예루살렘으로 입성했다(솔로몬의 시편 8:16). 사두개파 대표단과 아리스토불루스 지지 세력의 잔당들은 성전 경내로부터 서쪽 산지와 하스몬 왕궁을 이어주는 다리를 파괴하고 성전 산으로 후퇴했다(참고. 《전쟁》 2:344).

> 폼페이우스는 공격에 노출되어 있는 성전의 북쪽에 진영을 정하였다. 그러나 여기에서조차 [바리스의] 거대한 망대들과 참호가 있었고 성전은 깊은 골짜기로 둘러싸여 있었다. 왜냐하면 다리가 파괴된 이후라 도시의 서쪽 측면은 가파른 경사지밖에 없었다. 폼페이우스는 이 지점에 날마다 엄청난 노력을 들여 토루를 쌓아 올렸다(《고대사》 14:60-61).

로마인들은 사실상 아무런 저항도 받지 않고 포위 구조물들을 세웠다. 왜냐하면 그들은 유대인들이 안식일에는 방어 행동에 제약을 받는다는 것을 이용했기 때문이다. "율법은 전쟁을 벌여 우리를 치려는 적들과 [안식일에] 싸워 스스로 방어하는 것을 허용한다. 그러나 율법은 [안식일에] 그 외에 다른 일을 하는 적과 싸우는 것을 허용하지 않는다"(《고대사》 14:63; 《전쟁》 1:145-147; 디오 카시우스, 37.16.2). 폼페이우스는 포위한 지 석 달째(《고대사》 14:66; 참고. 《전쟁》 1:149) 되는 '금식의 날'(참고. 스트라보 《지리》 16.2.40; 디오 카시우스, 37.16.4)에 성전 산을 정복하고 성소로 들어갔다.

요세푸스는 폼페이우스와 그의 군사들이 지성소로 들어갔지만 아무것도 건드리지 않았다고 전한다(참고. 키케로 《프로 플라코》 67; 솔로몬의 시편 2:1-2, 8:16-26; 대조. 디오 카시우스, 37.16.4). 후에 유대인들은 폼페이우스가 이집트에서 모욕적인 죽음을 당한 것은 속죄일에 오직 대제사장만이 들어갈 수 있는 지성소에 그가 오만하게 들어간 데 대한 하나님의 심판이라고 해석했다(솔로몬의 시편 2:25-31). 폼페이우스가 다음날 성전을 정결케 하는 의식을 실행하도록 명령했다고 하는 요세푸스의 보고가 증언하듯이, 성전에 물리적인 피해는 거의 없었다(《고대사》 14:73). 그러고 나서 로마는 히르카누스를 대제사장으로 재임명했다(《고대사》 14:73; 《전쟁》 1:153; 참고. 디오 카시우스 37.16).

유대의 정치적인 영토 지배의 경계선은 "유대의 소유지 안으로 제한되었다"(《고대사》 14:74). 히르카누스는 왕이라기보다는 유대 민족을 다스리

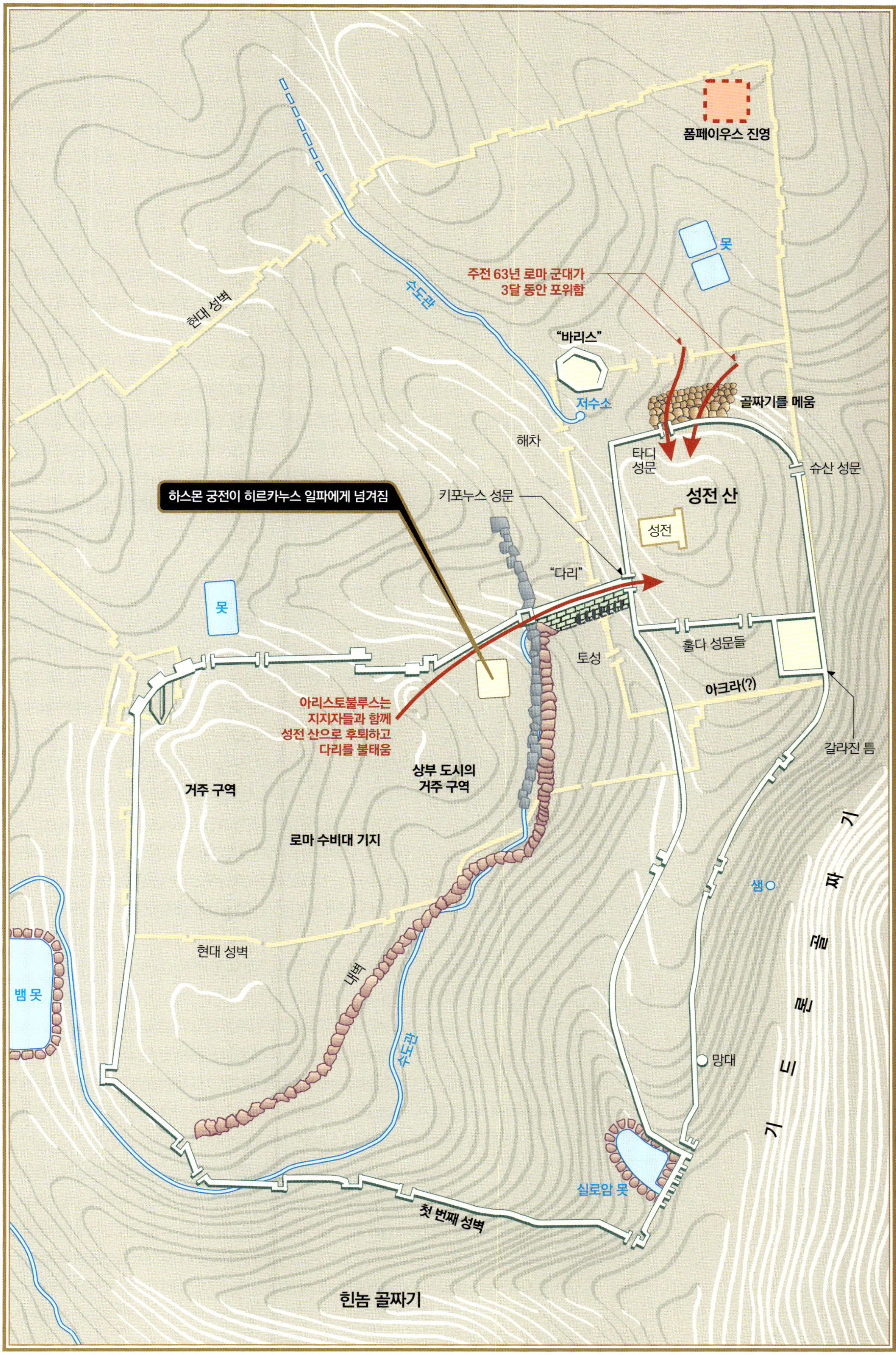

POMPEY'S SIEGE OF JERU-SALEM

폼페이우스의 예루살렘 포위
주전 63년

0 50 100 m
0 50 100 yds

예루살렘은 히르카누스와 아리스토불루스의 지지자들로 양분되었다. 바리새파와 예루살렘의 대다수 사람들은 히르카누스를 지지했고 로마에 대적하는 것을 좋아하지 않았다. 결국 그들이 우위를 차지했고 폼페이우스에게 성문을 열어주어서 그의 군대는 싸우지 않고 예루살렘으로 입성했다. 사두개파 대표단과 아리스토불루스 지지 세력의 잔당들은 성전 경내로부터 서쪽 산지와 하스몬 왕궁을 이어주는 다리를 파괴하고 성전 산으로 후퇴했다. 폼페이우스는 포위한 지 석 달째 되는 '금식의 날'에 성전 산을 정복했다.

폼페이우스의 영토 배분 \ 주전 63-55년

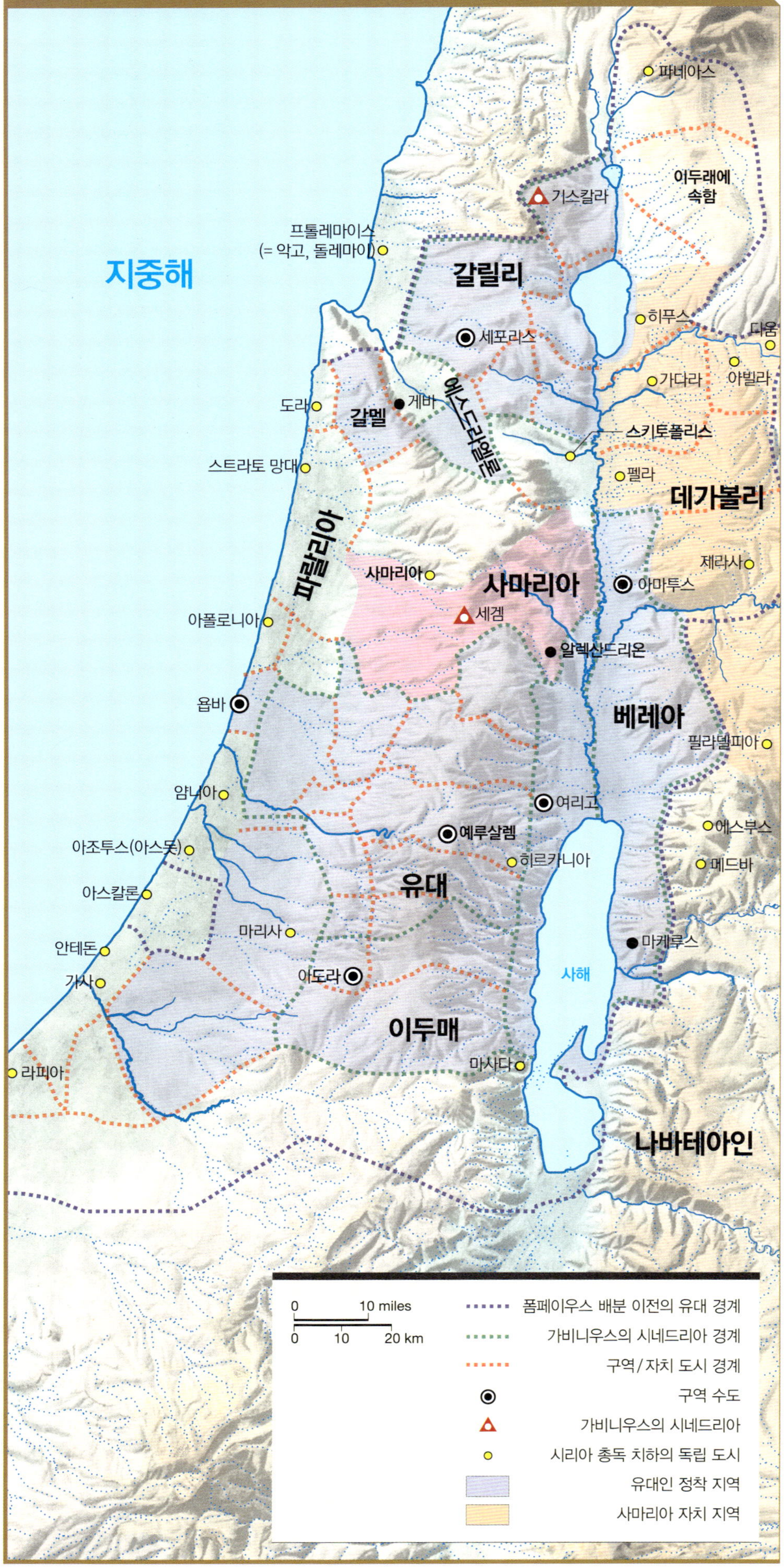

는 지방 행정 장관으로 규정되었다(《고대사》 14:148; 참고. 20:244). 하스몬 왕조 때 정복된 수많은 도시들이 유대 지배에서 해방되어 시리아의 영토에 합병되었다. 그 도시는 가다라, 히푸스, 스키토폴리스, 펠라, 디움, 사마리아, 마리사, 아스돗, 얌니아, 아레투사, 가자, 욥바, 도라, 스트라토 망대였다(《고대사》 14:75-76; 참고. 《전쟁》 1:156-157). 폼페이우스는 하스몬 일가가 해적 행위로 고발당한 일에 반응하여 하스몬 가문의 바다 진출을 차단하는 조치를 취했던 것으로 보인다(《고대사》 14:43; 디오 카시우스, 40.18).

유대인 정착 지역은 이두매와 베레아를 포함한 남부의 유대와 북부의 갈릴리로 양분되었다. 이 지역들은 그들에게 적대적인 사마리아와 헬라 도시들과 마을들에 의해 분리되었으며, 하스몬 가문의 세습 영지가 포함된 에스드라엘론 이스르엘 골짜기는 그들의 지배권에서 벗어났다(참고. 《고대사》 14:202-210). 또한 한때 히르카누스가 유대의 내정 업무를 보는 장소였던 예루살렘은 로마에 조공을 바치는 도시로 격하되었다(《고대사》 14:74).

요세푸스는 하스몬 가문의 내분이야말로 그들의 조상들이 이루어놓은 땅과 자유를 상실하게 한 주요 원인이라고 강하게 비난하였다.

> 우리는 자유를 잃어버리고 로마의 신하가 되었으며, 우리가 무력으로 시리아로부터 빼앗았던 영토를 그들에게 도로 바쳐야 했다. 게다가 로마인들은 짧은 기간 내에 1만 달란트 이상의 무거운 세금을 거두어갔다. 그리고 이전에는 날 때부터 대제사장 직분을 가지고 있던 사람들에게 허락된 왕권이 보통 사람들즉 헤롯의 특권이 되었다(《고대사》 14:77-78).

아리스토불루스와 그의 가족은 사슬에 묶여 로마로 압송되었지만 요세푸스는 그의 아들 알렉산드로스가 탈출해서 장기간에 걸친 반란 원정을 시작했다고 보고한다(《고대사》 14:82). 주전 57년에 알렉산드로스는 무장 군대 1만 명과 1천 5백 마리의 말을 이끌고 예루살렘과 알렉산드리온, 히르카니아, 마케루스 같은 요새 도시들을 탈환하려고 했다(《고대사》 14:82-90; 《전쟁》 1:160-168). 그가 그렇게 빠른 속도로 그런 규모의 군대를 모을 수 있었던 것은 아리스토불루스에 대한 대중적 지지가 계속되고 있었으며, 유대의 내부 문제들에 로마가 개입하는 것에 대중이 그리 열광적이지 않았음을 보여준다.

그럼에도 불구하고 하스몬 왕가의 독립에 대한 희망은 폼페이우스의 이전 사절이었던 가비니우스에 의해 철저히 부서지고 말았다. 가비니우스는 자신의 군대와 함께 "안티파테르에 속한 정예 부대와 말리쿠스와 피톨라우스의 지휘 아래 있는 유대의 또 다른 본대를 거느리고 진군하였다"(《전쟁》 1:162; 《고대사》 14:84). 가비니우스는 알렉산드리온을 포위하고 알렉산드로스에게 그를 용서해주는 대가로 그의 지배 아래 있던 요새들을 포기하라고 강요했다(《고대사》 14:82-90; 《전쟁》 1:160-168).

폼페이우스는 시리아에서 이집트까지 이어지는 지역에 일련의 지휘관들을 임명하였지만 아무도 가비니우스처럼 유대의 내부 문제와 관련해 그렇게 적극적으로 개입한 사람은 없었다《고대사》14:82). 학자들은 그가 로마 통치에 저항하는 지방 세력을 약화시키기 위해 마케도니아에서 루키우스 아이밀리우스 파울루스가 보여주었던 '분할하여 통치하라'는 정책을 따른 것이라고 본다.

다른 한편으로 가비니우스의 행정 조직은 단순히 예루살렘의 권위를 약화시키려는 것이 아니라 반란의 위협에 대응하여 지방의 통치를 강화시키려는 데 있었다. 폼페이우스의 조치들로 인하여 히르카누스는 예루살렘에서 효과적으로 통치할 수 없었다. 대제사장은 기존의 정치 구조를 가지고서는 대중의 반란 위협을 견뎌내지 못할 것이었다. 가비니우스는 지방의 유력 인사들 지휘 아래 구역의 행정권을 응집하고 강화하는 정책을 택했다. 예를 들면 예루살렘의 피톨라우스, 갈릴리의 말리쿠스, 이두매의 안티파테르가 그들이다. 이들은 모두 예루살렘에 있는 약화된 대제사장에게 종속되어 있었다.

가비니우스는 그 지역을 다섯 구역으로 나누고《고대사》14:91;《전쟁》1:170), 유대에는 예루살렘, 베레아에는 아마투스, 요단 골짜기에는 여리고, 갈릴리에는 세포리스 같은 중심 도시를 두었다. 학자들은 다섯 번째 도시의 정체에 대해서 논쟁한다. 이 부분에서 다섯 번째 도시를 가다라Gadara로 읽는 것에는 문제가 있다. 왜냐하면 요단 동편에 있는 유명한 그 도시는 베레아의 수도 아마투스로부터 고작 20킬로미터밖에 떨어지지 않은 곳에 있어서 다른 구역을 위한 수도로 기능하기에는 거리가 너무 가까웠기 때문이다.

가자라Gazara로 읽는 것 역시 문제가 있다. 유대 국경에 위치하고 있는 가자라가 행정 구역의 중심지로 선택되었을 가능성은 거의 없기 때문이다. 대신에 요세푸스가 의도한 도시는 아도라Adora였다는 견해가 있다. 이두매 서부와 마리사를 유대 지배권에서 빼앗은 아도라는 로마 시대 동안에도 여전히 유대에 속해 있던 이두매 동부 지역의 가장 중요한 도시가 되었다. 가비니우스의 시네드리아synedria, 구역는 헤롯의 '부분part'과 유사하다. 사마리아를 포함한 유대, 갈릴리, 베레아, 이두매(참고.《고대사》15:216), 그리고 주후 66년 항쟁 이전까지의 유대인 비상 방어 조직이 그러하다《전쟁》2:566-568). 새로운 행정 구조는 예루살렘에 있는 대제사장의 중앙 권력을 제한할 뿐만 아니라 자신의 행정 지배하에 있는 구역들에게 대적의 도발을 막기에 충분한 권력을 제공하려는 의도도 가지고 있었다. 그러나 가비니우스의 계획은 유대에서 일어난 떠들썩한 권력 투쟁을 견뎌내지 못했다. 주전 56년에 아리스토불루스는 히르카누스를 타도하기 위해 로마로부터 돌아왔던 그리 길지 않은 기간 동안에, 표면적으로는 예루살렘의 행정에 대해 대제사장에게 책임을 지고 있던 피톨라우스의 합류를 얻었다《고대사》14:93;《전쟁》1:172). 다음 해 알렉산드로스가 로마에 맞선 살벌한 반란을 이끌기 위해 돌아왔고, 그것은 안티파테르의 개입을 필요로 했다. "가비니우스는 안티파테르의 바람들에 맞추어 예루살렘에서 일어난 문제들을 해결하였다"《고대사》14:103;《전쟁》1:178). 안티파테르가 유대의 지방 행정 장관에 오르는 것은 시간 문제였다《고대사》14:143).

그 동안에 가비니우스는 폼페이우스의 정책을 확장하였다. 요세푸스는 가비니우스의 행정 지도 아래 재건된 헬라 도시들의 목록을 두 개 더 제공해준다. "사마리아, 아스돗, 스키토폴리스, 안테돈, 라피아, 아도라, 마리사, 가사와 적지 않은 다른 도시들"이 이에 해당한다. 여기에 아폴로니아, 얌니아, 가말라(혹은 가발라, 가다라, 가사)가 추가되기도 한다《고대사》14:88;《전쟁》1:166). 요세푸스의 자료에는 가비니우스가 재건한 도시들과 이미 폼페이우스가 세웠던 도시들 사이를 혼동하고 있는 것이 분명하다(참고.《고대사》14:75-76;《전쟁》1:156과《고대사》14:88;《전쟁》1:166).

둘째 아들 안티고누스와 함께 로마의 포로생활에서 탈출한 아리스토불

알렉산드리온에 있는 하스몬 요새 성벽 ▼

율리우스 카이사르와 유대 \ 주전 47년

▲ 마타티아스 안티고누스의 동전

루스는 로마의 유대통치에 저항하려고 했다. 그들은 패배를 겪은 후에 마케루스엘 미쉬네케로 후퇴했다(스트라보 《지리》 16.2.40; 플리니우스 《박물지》 5.72; 미슈나 《타미드》 3:8; 예루살렘 탈무드 《세비트》 9:2:38d). 마케루스[1]는 사해 동쪽에 있는 하스몬 요새였다. 그들은 겨우 이틀 동안을 버텨냈고, 그 후 아리스토불루스는 생포되어 로마로 끌려갔다.

알렉산드로스는 다음 해에 다시 등장하여 반란을 주도해서 유대뿐만 아니라 갈릴리와 사마리아를 휩쓸었다. 가비니우스의 부탁을 받은 안티파테르는 반란을 일으킨 알렉산드로스의 군사들에게 무모하게 로마에 도전하지 말라고 호소했다. 그의 노력은 어느 정도 성공을 거두었던 것으로 보인다. 왜냐하면 가비니우스가 나중에 다볼 산에 있는 알렉산드로스를 향해 진군했을 때 하스몬 군대를 쉽게 물리칠 수 있었기 때문이다(《고대사》 14:102). 이렇게 해서 가비니우스와 그의 유대 동맹 세력들인 히르카누스와 안티파테르는 유대에 대한 로마의 패권을 유지했다. 율리우스 카이사르와 폼페이우스 사이의 내전과 동쪽으로부터 파르티아 군대가 침입한 것 때문에(《고대사》 14:119-126) 유대에 대한 로마의 지배가 느슨해졌을 뿐이다.

히르카누스와 안티파테르는 일찍부터 카이사르와 싸우는 폼페이우스를 지지했다. 폼페이우스가 이집트에서 패배하고 사망하자(주전 48년) 히르카누스와 안티파테르의 동맹 관계는 재조정해야 할 필요가 생겼다. 안티파테르는 카이사르를 보호하기 위해 펠루시움으로 가는 통로를 확보하려는 버가모페르가뭄의 미트라다테스Mithradates를 도우려고 신속하게 유대 군대를 재정렬하였다(《고대사》 14:127). 그는 또한 이집트에서 반 카이사르 동맹군에 맞서 싸우면서 미트라다테스와 함께 전쟁터에서 보기 드물게 용감한 모습을 드러냈다(《고대사》 14:133-136). 자신의 행정부를 세우기 위해 시리아를 방문한 카이사르는 아리스토불루스의 둘째 아들 안티고누스가 자기 아버지의 왕위를 정당하게 계승할 자라고 하는 주장을 부정했다(《고대사》 14:137). 대신에 카이사르는 히르카누스를 대제사장이자 유대 민족의 행정 장관으로 재신임하였다(《고대사》 14:191).

더욱이 카이사르는 디아스포라로 살고 있는 유대인들에게 조상들의 관습을 유지할 수 있도록 허용하는 특권을 부여했다(《고대사》 14:213-216; 수에토니우스 《신성한 율리우스》 42:3). 히르카누스는 폼페이우스에 의해 파괴되었

1_ 마케루스(Machaerus)
하스몬 왕조가 사해 동쪽에 건설한 요새. 헤롯은 동부 국경 지대에 있던 알렉산드리온, 키프로스, 독, 히르카니아, 마사다 등과 함께 이 곳 요새들을 정비했으며, 나중에는 여름 궁전으로 재건되었다.

▲ 마르쿠스 안토니우스(왼쪽)와 옥타비아누스의 동전

던 예루살렘 성벽의 재건을 허락받았다(《고대사》 14:144, 200; 《전쟁》 1:199; 참고. 《고대사》 14:156). 안티파테르는 로마 시민권을 보상으로 받았으며(《고대사》 14:137-138) 행정관에서 유대 지역 행정 장관으로 승진했다(《고대사》 14:143).

떠오르는 헤롯

안티파테르는 자신의 지위를 이용해 두 아들을 총독으로 삼았다. 즉 예루살렘에는 파사엘Phasael을, 갈릴리에는 헤롯Herod을 총독으로 세웠다. 예루살렘 귀족 사회는 이들 이두매 가문이 새롭게 영향력을 미치는 것에 대해 분개했다. 특별히 갈릴리에서 헤롯이 행한 행동들은 동요를 일으키기에 충분했다. 갈릴리는 종종 불안정하고 도적이 빈번하게 출몰하는 지역이었다. 요세푸스는 헤롯이 취한 첫 번째 조치 중 하나가 로마 통치에 항거하는 에제키아스가 이끄는 갈릴리 반군을 체포해 처형한 일이라고 전한다(《고대사》 14:159-167; 《전쟁》 1:204-209). 헤롯은 산헤드린 앞에 그들을 세워 재판하지 않은 채로 즉석에서 처형해버렸다. 산헤드린은 유대 율법에 의해 사형을 부과하는 독점적 권리를 보유하고 있었다(《고대사》 14:167; 미슈나 《산헤드린》 7:1). 헤롯이 산헤드린의 권위를 무시한 일은 이두매인들에 의해 행사되는 독재 권력에 관한 유대 귀족들의 염려를 전형적으로 잘 드러내주었다. 이 일로 인해 헤롯은 예루살렘 법정에 소환되었다. 하지만 시리아 총독 섹스투스 카이사르는 하스몬 가문의 통치자에게 편지를 보내, 헤롯이 로마 시민이므로 건드려서는 안 된다고 경고했다(《고대사》 14:171-179; 바벨론 탈무드 《산헤드린》 19a/b를 보라). 히르카누스는 산헤드린이 헤롯을 처벌하려는 의도를 가지고 있다는 것을 알고 그에게 도망갈 것을 충고했다. 헤롯은 산헤드린의 처벌을 피할 수 있었지만, 뒤이어 일어난 음모로 인해 안티파테르는 예루살렘의 귀족 말리쿠스에게 독살되었다(《고대사》 14:277-281; 《전쟁》 1:226).

이 내부 격전의 싸움터로 아리스토불루스 2세의 아들 안티고누스가 돌아왔다. 그는 아버지가 죽은 이후로 자기 처남이자 칼키스의 통치자인 멘나이우스의 아들 프톨레마이오스에게 가서 머물고 있었다(《고대사》 14:297; 참고. 14:126). 그는 정치 지도력이 불화하는 것을 보고 자신의 목적을 위해 그 상황을 이용하려고 했다. 그가 갈릴리로 진격하자, 갈릴리는 아리스토불루스의 하스몬 계보를 재건하는 것을 기쁘게 지지하였다. 안티고누스와 동맹을 맺은 두로 군대는 갈릴리에 있는 세 군데의 요새들을 점령했다(《고대사》 14:297-299; 《전쟁》 1:238-240). 그 동안에 하스몬 가문의 안티고누스는 멀리 유대로 진격했다. 헤롯은 안티고누스에 맞서 진

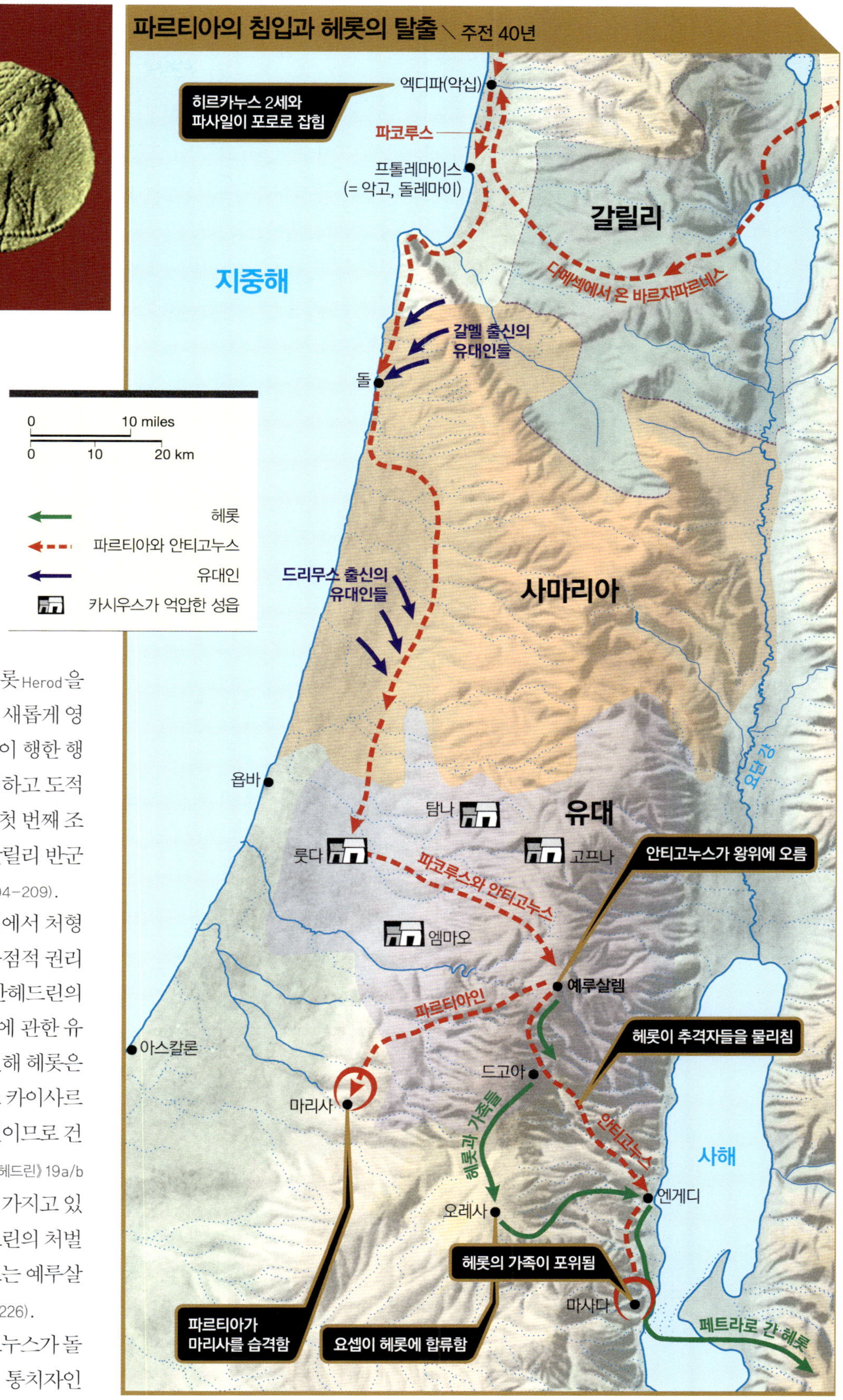

군함으로 그를 나라 밖으로 몰아냈다. 비록 갈릴리의 요새들이 당분간 두로의 수중에 여전히 놓여 있긴 했지만 말이다(참고. 《고대사》 14:306-322). 헤롯은 예루살렘에서 환영을 받았고 "히르카누스와 백성들은 그의 머리에 왕관을 씌어주었다"(《고대사》 14:299; 《전쟁》 1:240). 히르카누스와 안티파테르의 아들들 사이에 있었던 이전의 갈등은 재빨리 잊혀졌다. 그들

THE RISE OF HEROD

헤롯의 발흥
＼주전 40~37년

프톨레마이스 항구에 상륙한 헤롯은 갈릴리를 경유하여 행군했다. 유대인과 이국 용병들로 구성된 그의 군대는 해안 지역을 통과해 이두매 서부 지역을 향해 남쪽으로 진군했다. 그들은 예루살렘을 위한 항구 도시 욥바를 제외하고는 어느 곳에서도 거의 저항을 받지 않았다. 욥바를 무력으로 점령한 헤롯의 관심은 이제 내륙의 산지로 향했다.

은 모두 안티고누스로부터의 위협을 똑같이 느끼고 있었다. 히르카누스는 그의 손녀 마리암메를 헤롯과 약혼시켜 개인적인 유대를 강화하고자 했다(《고대사》 14:300, 351-353).

주전 40년에 파르티아 군대가 시리아를 침공하여 로마의 동쪽 국경을 위협했다. 파르티아의 오로데스 2세의 아들 파코루스가 주도하고, 율리우스 카이사르의 이전 사절이었던 라비에누스가 돕는 가운데 파르티아는 동부 지역에 있는 백성들이 품고 있던 로마에 대한 증오심을 이용하였다. 레반트 지역을 휩쓸고 난 파코루스는 지중해 동부의 해안 지역들을 확보하기 위해 과감하게 남쪽으로 진군하였다. 상당한 정치적 위험이 있었지만 안티고누스는 파코루스에게 접근하여 로마에 대항하는 정치적이고 군사적인 동맹을 제안했다(《고대사》 14:331-333; 《전쟁》 1:257).

바르자파르네스가 지휘하는 분대가 안티고누스와 함께 예루살렘을 점령하기 위해 파견되었다. 갈멜과 샤론 평야(참고. 스트라보 《지리》 16.2.27)의 유대인들은 그들을 환영했고, 이두매 사람들을 타도하는 데 힘을 합하였다(《전쟁》 1:250; 《고대사》 14:334). 히르카누스, 파사엘, 헤롯은 탈출할 가망이 거의 없는 예루살렘의 하스몬 궁전에 포위되었다. 그들은 갈릴리에 있는 파르티아 진영으로 가서 평화 협정을 맺을 수 있도록 자유 통행을 허락받았다.

히르카누스와 파사엘은 탈출할 가능성이 거의 없었으므로 이 제안을 받아들이려고 했다. 헤롯은 파르티아인들을 신뢰하지 않았기 때문에 그의 형제를 설득하려고 했지만 성공하지 못했다. 히르카누스와 파사엘은 갈릴리에 있는 바르자파르네스에게 갔다. 두 사람은 그 파르티아인의 환영을 받았으며, 그러고 나서 엑디파악십로 인도되었다(플리니우스 《박물지》 5.75; 프톨레마이오스 《지리》 5.15.5; 유세비우스 《지명록》 30:12). "프톨레마이스로부터 약 14킬로미터 거리에 있는 엑디파는 두로로 가는 길목에 위치하며" "바다가 내려다보였다"(《고대사》 14:343). 파르티아는 헤롯을 사로잡았다는 확신이 들 때까지 히르카누스와 파사엘을 치기를 보류했다. 그 사이에 파사엘은 그들의 음모를 알게 되었다. 그는 도망칠 기회가 있었지만 히르카누스를 포기하고 싶지도 않았고 그의 형제를 위험에 빠뜨리고 싶지도 않았다. 대신에 그는 바르자파르네스에게 호소했지만 성공하지 못했다. 그는 히르카누스와 파사엘을 감옥에 가두었다.

헤롯은 파르티아인들이 파사엘을 사로잡았다는 소식을 접하자 부인들과 자녀, 종들을 하스몬 요새 마사다에 안전하게 데려다 놓기 위해 남쪽으로 도망갔다(《고대사》 14:358). 탈출하는 동안 헤롯은 추격하는 파르티아 군대를 물리쳤다.

> 그러나 그는 도망치는 와중에서 파르티아인들보다는 유대인들이 훨씬 더 골칫거리임을 깨달았다. 왜냐하면 그들은 쉴 새 없이 그를 공격했기 때문이다. 그 도시에서 60펄롱약 11킬로미터 떨어진 곳에서는 상당한 시간을 끈 정규 전쟁이 있었다. 여기서 헤롯은 결국 그들을 크게 살육하여 패배시키고, 이어서 자신의 승리를 기념하기 위해 한 도시를 건설하고 거기에 가장 호화로운 궁전을 짓고 성채를 세우고 자신의 이름을 따서 헤로디온Herodion이라고 불렀다(《전쟁》 1:265; 《고대사》 14:359-360).

헤롯은 계속해서 오레사키르벳 쿠레이사로 가서 그의 형제 요셉을 만났다(《전쟁》 1:266; 《고대사》 14:361). 그들의 수가 너무 많아서 전체가 마사다에 주둔할 수 없었다. 대부분은 이두매로 안전하게 도망갈 수 있도록 방면되었다. 이두매는 여전히 안티파테르의 아들들과 동맹 관계에 있었다. 그러나 그의 어머니 키프로스, 약혼녀 마리암메 등 그의 가장 가까운 친척들은 마사다로 데리고 갔다.

안티고누스는 유혈 사태가 벌어지고 있는 유대로 되돌아왔다. 예루살렘에 있는 유대인들의 재산은 약탈되었으며, 파르티아인들은 이두매 도시 마리사를 파괴하였다(《고대사》 14:364-365). 갈릴리에 있는 파사엘과 히르카누스는 파르티아의 배신을 오산하였다. 파르티아인들은 평화 협정을 맺는 대신에 그들을 안티고누스에게 넘겨주었다. 파사엘이 죽게 된 정황에 대한 자료들은 다양하다(《고대사》 14:365-369; 《전쟁》 1:269-272). 히르카누스가 대제사장직을 놓고 더 이상 자신의 경쟁자가 될 수 없다는 것을 확신한 안티고누스는 히르카누스의 귀를 잘라 그를 영구적으로 대제사장직에 부적격한 자로 만들었다(《고대사》 14:366, 참고. 3:278-279; 레 21:17-23[1]; 탈무드《파라》 3:8).

안티고누스는 이제 대제사장직을 요구할 수 있는 유일한 후보자가 되었다. 그를 지지하는 파르티아인들은 그에게 왕의 칭호를 부여했다. 그의 짧은 통치 기간에 주조한 화폐를 보면 그의 히브리어 이름이 맛다디아스마타티아스라는 것을 알 수 있고, 알렉산드로스 얀네우스 시대 때 화폐처럼 두 언어가 나타나는 것을 알 수 있다.

헤롯은 마사다를 떠나 아랍 사람들의 수도 페트라로 가서 나바테아 왕 말쿠스의 지원을 청했다. 그는 별 소득 없이 빈손으로 페트라를 떠났지만, 로마로 가서 원로원에 호소하기로 결심했다. 그는 이집트 시내에 있는 리노코루라로 갔고(폴리비우스 5.80.3; 디오도루스 시쿨루스, 1.60.5; 스트라보 《지리》 16.1.12, 31; 16.4.24; 플리니우스 《박물지》 5.68), 그곳에서 파사엘이 죽었다는 소식을 들었다(《고대사》 14:374; 《전쟁》 1:277). 그는 계속해서 펠루시움과 알렉산드리아로 가서 로마행 배를 수소문했다. 마침내 헤롯은 밤빌리아와 로도로 가는 배편을 확보했다. 로도에서 헤롯은 카시우스와 전쟁을 벌이느라 폐허가 된 도시를 보고 "자신도 지금이 필요한 사람이었지만 주저 없이 그 도시를 도왔다. 실제로 그는 로도를 재건하는 데 자신의 재정을 초과하여 지출하였다"(《고대사》 14:377-378; 《전쟁》 1:280). 그는 다시 이태리의 남동부 해안에 있는 항구 브룬디시움브린디시을 향해 승선했다.

로마에서 헤롯은 그의 아버지에게서 도움을 받았던 옥타비아누스와 마르쿠스 안토니우스가 자신을 위해 준비된 동맹 세력임을 발견했다(《고대사》 14:127-136, 326). 원로원은 유대에서 일어난 사건들을 의논하기 위해 회의를 소집하였다.

> [안티고누스는] … 적으로 선언되었다. 그가 그들을 대항하여 범했던 첫 번째 잘못(즉 그의 아버지의 반란을 도와주었던 잘못)뿐만 아니라 그가 파르티아로부터 왕의 칭호를 받음으로써 로마를 존중하지 않음을 보여주었기 때문이다(《고대사》 14:384).

안티고누스와 파르티아 사이의 동맹으로 인해 그는 로마의 적이 되고 말았다. 마르쿠스 안토니우스는 로마 원로원에게 파르티아의 위협이 동쪽에서 가해지는 것에 비추어볼 때 헤롯이 왕좌에 있는 것이 유리할 것이라고 촉구했다. 로마에 대한 헤롯의 충성심은 잘 알려져 있었다. 그러므로 원로원은 주전 40년 여름에 헤롯을 유대 왕으로 선포했으며, 그에게 히르카누스 1세의 소유인 유대, 욥바, 이두매 동부, 베레아, 갈릴리와 이스르엘 골짜기를 하사했다(《고대사》 14:91; 《전쟁》 1:170).

1_"아론에게 말하여 이르라 누구든지 너의 자손 중 대대로 육체에 흠이 있는 자는 그 하나님의 음식을 드리려고 가까이 오지 못할 것이니라. 누구든지 흠이 있는 자는 가까이 하지 못할지니 곧 맹인이나 다리 저는 자나 코가 불완전한 자나 지체가 더한 자나 발 부러진 자나 손 부러진 자나 등 굽은 자나 키 못 자란 자나 눈에 백막이 있는 자나 습진이나 버짐이 있는 자나 고환 상한 자나 제사장 아론의 자손 중에 흠이 있는 자는 나와 여호와께 화제를 드리지 못할지니 그는 흠이 있은즉 나와서 그의 하나님께 음식을 드리지 못하느니라. 그는 그의 하나님의 음식이 지성물이든지 성물이든지 먹을 것이나 휘장 안에 들어가지 못할 것이요 제단에 가까이 하지 못할지니 이는 그가 흠이 있음이니라. 이와 같이 그가 내 성소를 더럽히지 못할 것은 나는 그들을 거룩하게 하는 여호와임이니라"(레 21:17-23).

1_"이듬해에 그는 유다인들을 제압하려고 정예 보병 육만과 기병 오천을 소집하였다. 그들이 이두매아로 들어가서 벳 추르에 진을 치자, 유다는 보병 일만으로 그들에게 맞섰다. … 그러고 나서 양쪽이 맞서 싸우니, 리시아스의 군대에서 오천 명이 쓰러졌다. 유다인들의 반대편이 그렇게 쓰러진 것이다. 리시아스는, 자기 부대가 패주한 반면 유다의 부대는 사기가 올라, 죽든 살든 용감히 싸울 준비가 된 것을 보고, 안티오키아로 퇴각하였다. 그리고 유다 땅에 다시 쳐들어오려고 더 많은 용병을 모집하였다"(마카베오상 4:28-29, 34-35).

프톨레마이스 항구에 상륙한 헤롯은 갈릴리를 경유하여 행군했다. 그는 그 지역을 재빠르게 통과해 이동하되 안티고누스를 지지하는 세력이 참호를 구축하고 있는 요새는 피해 가기로 결정했다. 그는 남부 지역, 그리고 더 중요하게는 그의 가족이 안전해지고 나서야 비로소 그들을 처리할 작정이었다. 유대인과 외국 용병들로 구성된 그의 군대(《고대사》 14:394)는 해안 지역을 통과해 이두매 서부 지역을 향해 남쪽으로 진군했다. 그들은 예루살렘을 위한 항구 도시 욥바를 제외하고는 어느 곳에서도 거의 저항을 받지 않았다. 헤롯은 욥바를 포위해 무력으로 점령했다. 그의 관심은 이제 내륙의 산지로 향했다. 그는 마사다에 있는 가족들을 구출하고 이두매 지방에서 군사들을 모집했다. 그들은 '그의 아버지와의 친선 관계 때문에' 그의 군대에 합류했다(《고대사》 14:398; 참고. 14:8-10).

해안 지역과 이두매는 이제 헤롯의 수중에 들어갔다. 그의 원정 전략은 이전의 정복자들이 행한 경로를 따라갔다(예. 마카베오상 4:28-61[1]; 《고대사》 12:313-315). 그것은 유대 산지에 주둔한 적군들 때문에 이두매를 통해 산지로 올라가는 길을 택하는 전략이었다.

안티고누스는 함정과 매복을 하기에 가장 적합한 위치를 점거하고 있었지만 그것으로는 적에게 아무런 해를 가하지 못했고, 기껏해야 아주 약간의 피해를 주었을 뿐이다(《고대사》 14:399).

헤브론의 남동쪽에 있는 이두매 요새 오레사에 수비대를 두고 헤롯은 예루살렘으로 접근하기 시작했다. 헤롯이 분수령 길을 따라 북쪽으로 행군해 예루살렘 변두리에 도달할 때까지는 어떠한 저항도 없었다고 전해진다. 그는 도시 서쪽에 진영을 차렸고, 그곳에서 벤티디우스 장군의 장교인 실로와 그의 로마 군대가 헤롯에 합류하였다. 새로운 왕 헤롯은 도시를 방어하고 있는 자들에게 항복할 것을 종용하였고, 자신에게 반대했던 사람들을 벌하지 않을 것을 약속했다. 안티고누스는 로마 사람들을 설득하여 헤롯 지지를 단념시키려고 노력했다.

> 만일 그들이 평민이며 이두매 출신인 사람, 즉 절반만 유대인인 헤롯에게 왕권을 수여할 경우, 그들 자신의 권리 개념에 반하는 일이니 그들의 관습대로 왕실에 속한 사람들에게 왕권을 주어야 한다(《고대사》 14:403).

어떠한 호소도 갈등을 해소하는 데에 도움이 되지 않았다.

겨울철 동안에 로마 군대는 해산되어 [헤롯의] 영토(아피아노스 《내전》 5.75)에 합병된 곳, 즉 이두매, 갈릴리, 사마리아 등지에 배속되었다(《고대사》 14:411). 요세푸스는 그 동안에 헤롯이 주변 구역에 있는 안티고누스의 지지자들을 제거하기 위해 돌아갔다고 전한다. 그는 2천 명의 보병과 4백 명의 기병대와 함께 요셉을 이두매에 보내고, 자신은 갈릴리 지역의 저항 세력을 처리하기 위해 진군했다. 헤롯은 눈보라 속에서 세포리스를 점령했고, 이때 그곳에 있던 안티고누스의 수비대는 싸우지도 않고 철수해버렸다(《고대사》 14:414; 《전쟁》 1:304). 그러나 아르벨라의 유대 마을 근처에 있는 동굴에서 헤롯은 끈질기게 그의 통치에 반대하는 무리들과 싸웠다(《고대사》 14:415-417). 그는 갈릴리에서 지배를 강화하고 이제 예루살렘으로 움직일 준비를 했다(《고대사》 14:421-430). 그러나 그는 혼자 그 일을 해낼 수 없었다. 그 견고한 요새 도시를 점령하기 위해서는 로마의 도움이 필요했을 것이다.

실로는 파르티아인들과 싸우고 있던 벤티디우스를 돕기 위해 시리아로 철군했었다. 파코루스가 살해되고 파르티아인들이 참패하자, 주전 38년 여름에 마카이라스가 헤롯을 돕기 위해 두 군단을 거느리고 파견되었다. 그러나 그 로마인은 뇌물과 음모에 뒤얽히고 말았고, 헤롯은 유프라테스 강 근처 사모사타에 있는 마르쿠스 안토니우스에게 직접 원조 요청을 해야 했다. 헤롯은 안토니우스로부터 새로운 시리아 총독 소시우스가 지휘하는 군대의 추가적인 도움을 확보하고 되돌아왔다.

헤롯의 동생 요셉은 헤롯이 없는 사이에 여리고 근처에서 전사했다. 왕의 동생이 죽은 일은 안티고누스 무리에게 희망의 불꽃을 일으켰다. 갈릴리에서는 반란이 일어나서 헤롯의 지지자들을 게네사렛 호수에서 익사시켰다. 유대 전체로 반란이 확산되었다. 헤롯은 레바논 산지에 도착해서야 동생이 죽었다는 소식을 들었다. 그는 갈릴리 전역을 공격해 모든 저항 세력을 파괴했다. 그는 여리고에서 그의 동생과 싸웠던 안티고누스의 군대에게 복수했다.

안티고누스는 헤롯 동생의 목을 베었던 파푸스 휘하의 군대를 사마리아로 파견했다. 파푸스는 예루살렘에서 북쪽으로 32킬로미터 떨어져 있으며 분수령 길에 있는 이사나키르벳 엘 부르즈 엘 이사네 근처에 진영을 세웠다(《고대사》 14:458; 《전쟁》 1:334). 헤롯은 파푸스 군대를 참패시켰고 그들은 근처 마을로 도망갔다. 그곳에서 헤롯 군대는 그들을 살육하였다. 다음 날에 헤롯은 파푸스의 목을 베어 그가 동생 요셉에게 행한 대로 원수를 갚았다(《고대사》 14:464; 참고. 14:450).

로마 원로원이 헤롯을 왕으로 선언한 지 거의 3년(주전 37년)이 되었다(참고. 《고대사》 14:388). 그는 다시 한 번 예루살렘의 서쪽 산지에 진영을 치고 폼페이우스가 사용했던 지점에서 성전 산을 공격하기로 결정하였다(《고대사》 14:60). 그는 공격을 위해 망대를 세우고 토루를 쌓아 준비를 했다. 그 무렵 헤롯은 마리암메와 결혼하기 위해 사마리아로 물러났다. 그 여자는 "아리스토불루스의 아들 알렉산드로스의 딸[이자 히르카누스 2세의 증손녀]로 그와 약혼한 자였다"(《고대사》 14:467). 예루살렘으로 돌아온 헤롯에게 그의 로마 동맹자 소시우스가 합류했다. 그들은 도시의 북쪽 성벽 바깥에 진을 쳤다. 주전 37년 여름에 예루살렘 포위 공격이 시작되었다.

> 첫 번째 성벽은 40일 만에 차지했고 두 번째 성벽은 15일이 더 걸렸다. 성전 주변에 있었던 주랑들 일부는 불에 탔다. 헤롯은 이 화재의 책임을 안티고누스에게 돌리면서 이를 통해 유대인들의 미움이 안티고누스에게 향하도록 유도했다. 성전의 외부 경내와 하부 도시가 점령되자 유대인들은 성전 내부 경내와 상부 도시로 도망을 갔다(《고대사》 14:476-477).

예루살렘 도시 안에서 곧 살육이 시작되었다. 로마 군인들은 포위 기간이 길었던 것에 대해 분노하여 사납게 몰아쳤고, 헤롯이 중지할 것을 호소했지만 무시했다. 그때에 안티고누스는 바리스를 포기하고 소시우스의 발아래 엎드려 그의 자비를 구했다. 소시우스는 그의 이름을 여성형인 안티고네로 부르며 그를 조롱한 뒤(《고대사》 14:481) 감옥에 가두었다.

헤롯은 로마인들이 행한 약탈과 성전 모독이 앞으로 다스려야 할 백성들과 새로운 왕인 자신의 사이를 소원하게 할 것을 염려했다. 그는 진정할 것을 호소했고, 심지어는 포로들을 약탈하도록 하는 대신에 자신의 재산을 군사들에게 전리품으로 나눠주기까지 했다. 요세푸스는 예루살렘에서 헤롯이 승리를 거둔 날이 폼페이우스가 승리한 날과 같았다고 말한다. 그날은 "제3월 금식의 날로 마치 폼페이우스 시대에 유대인들에게 닥쳤던 불행이 재현되는 것 같았다"라고 기록했다(《고대사》 4:487-488). 예루살렘이 함락된 해는 주전 37년으로 확인할 수 있지만 달과 날짜는 확실하지 않다.

안티고누스는 사슬에 묶여 안디옥으로 압송되었다. 기록상으로는 로마가 정복한 왕을 처음으로 참수한 경우이다. 소시우스는 헤롯의 요청에 따라 안티고누스를 처형함으로써 하스몬 왕조를 종식시켰다(《고대사》 14:490; 《전쟁》 1:357; 디오 카시우스, 49.22).

하스몬 왕조는 126년이 지난 후에야 끝이 났다(주전 163-37년). 그들의 가문은 훌륭했고 명성을 떨쳤다. 그 창시자들이 그 민족을 위해 성취해낸 일들뿐만 아니라 그들의 계보와 제사장 직분 때문이기도 했다. 그러나 그들은 내부 분쟁으로 왕권을 상실하여 안티파테르의 아들 헤롯에게 왕권을 넘겨주었다. 그는 평민 집안 출신으로 왕들의 신하였던 일가 출신이었다(《고대사》 14:490-491; 참고. 《고대사》 14:78).

QUMRAN
쿰란

1947년에 베두인 목자들이 유대 광야의 황무지에 있는 한 동굴(동굴 1Q)에서 양피지 두루마리 보관 항아리 7개를 발견했다. 1949년 겨울에 하딩(G. L. Harding)과 신부 롤랑 드보(R. De Vaux)가 발굴을 하고, 요르단 문화재청, 팔레스타인(록펠러) 고고학 박물관, 예루살렘에 소재한 프랑스 연구소 에콜 비블리크가 후원했다. 제1동굴을 발굴했을 때 양피지 파편들이 나왔다. 이러한 놀라운 유물은 사해 서쪽 연안을 따라 난 이회암과 석회암 절벽 지역에 있는 수백 개의 동굴에서 양피지를 더 찾으려는 베두인과 학자들의 광적인 탐색을 야기했다. 두 번째 동굴부터 열한 번째 동굴까지가(2Q-11Q) 1952년과 1956년 사이에 발견되었고 동굴들 대다수는 처음에 베두인들에 의해 발견되었다. 에콜 비블리크 소속의 드보가 이끄는 탐사단은 1951년에 시작해서 1953년을 거쳐 1956년까지 키르벳 쿰란 유적지를 발굴했다. 1951년 발굴은 요르단 문화재청을 대표한 하딩과 함께 공동으로 발굴했다. 키르벳 쿰란은 동굴 인근에 있었다. 키르벳 쿰란과 주변 동굴에 대한 계속된 발굴 탐사는 더 이상의 두루마리를 찾지 못했지만 헬레니즘 시대 말엽과 로마 시대 초엽에 쿰란에 거주했던 공동체의 생활에 대한 정보를 주었다.

쿰란 주변의 11개 동굴에서 발견된 두루마리 장서는 히브리어 성서 연구와 제2성전 시대 후기의 유대교를 연구하기 위한 귀중한 작품들을 보존하였다. 두루마리 장서는 에스더와 느헤미야를 제외하고 성서의 모든 책들을 포함하고 있었다. 유대 작품들 중에는 이전에도 잘 알려진 희년서, 토빗, 에녹1서 일부 등이 있었고 이전에는 알려지지 않았던 유대 작품들로 쿰란 공동체에서 유래한 일부와 쿰란 집단이 저술한 것으로 보이지 않는 다른 작품들도 있었다.

학계는 사해 두루마리의 의미와 중요성에 대해 논쟁을 계속하고 있으며, 가장 논란이 많은 주제 중의 하나는 동굴 안에서 발견된 작품들 일부에서 언급되고 있는 회중의 정체성 문제이다. "모든 이스라엘 사람들은 하나님의 회중, 곧 한 영원한 사회 안에 있는 그의 지위를 알 수 있다"(1QS 2:22). 회중의 기원에 대해 온갖 상상력이 동원되었지만 대부분의 학자들의 견해는 그들이 에센파에 속하는 집단으로 보는 것이다.

쿰란 장서는 20세기의 가장 중요한 고고학 발견 중 하나로 남아 있다. 쿰란 장서는 고대사에서 유대 사상의 발전에 관심 있는 성서학자들과 다른 사람들에게 보물 창고였다. 쿰란 회중 분파의 사상을 반영하고 있는 작품들은 헤아릴 수 없을 정도의 가치를 지닌다. 그들의 성서 해석 문헌과 종말론 사상은 회중의 영적 생활과 사상에 빛을 던져준다. 더욱이 동시대 다른 집단들이나 개인들이 지닌 사상과의 유사점과 차이점들은 초기 기독교를 포함하여 헬레니즘 시대 말엽과 로마 시대 초기에 있었던 종교 사상의 다양성과 유대 사상의 경향들을 더 잘 이해하도록 돕는다. 더욱이 쿰란 분파의 두루마리에 나타난 이데올로기와 어휘는 종종 간과되기도 하는데, 이것들은 헬라 기독교 공동체의 사상과 표현이 발전되어간 것을 이해하기 위한 중요한 신학적 저장소를 제공한다.

▲ 키르벳 쿰란 도면
◀ 쿰란 동굴
▼ 쿰란 공동체 집터

16

CHAPTER

HEROD AND HIS SONS

헤롯과 그의 아들들

(주전 37년-주후6년)

주전 47년 25세의 나이로 갈릴리 지역의 총독으로 임명되어 정치 무대에 등장한 헤롯은 주전 40년에 로마 원로원으로부터 왕권을 수여받아 누구보다 오랫동안 통치했다. 헤롯의 통치 기간은 크게 세 시기로 나뉜다. 권력을 공고히 다지던 주전 37-25년까지와 방대한 건축 사업의 대부분을 완성했던 주전 25-13년까지, 그리고 내부의 분쟁이 일어나고 그의 건강이 악화된 주전 13-4년까지로 나눈다. 말년에 헤롯은 자신의 아들들에게 자기 왕국을 분할해줄 것을 로마에 요청했고 로마는 이를 수용했다.

SCALE MODEL OF HEROD'S TEMPLE

예루살렘의 홀리랜드 호텔에 있는 헤롯 성전 모형(현재는 이스라엘 박물관으로 이전)

헤롯이 로마 원로원으로부터 수여받은 왕권을 실제로 실현하는 데는 거의 3년이 걸렸다. 주전 37년에 예루살렘이 정복된 이후로 그의 통치는 또다시 34년이나 지속되었는데, 그의 통치 기간은 유대의 제2성전 시대의 다른 어떤 통치자들보다도 더 길었다(《고대사》 17:191; 《전쟁》 1:665; 참고. 《모세 승천기》 6:6).

역사가들은 보통 헤롯의 통치 기간을 세 시기로 나눈다. 처음 12년 동안(주전 37-25년) 헤롯은 자신의 권력을 공고히 했다. 헤롯 왕국 안팎에는 여전히 그의 통치에 저항하는 자들이 있었다. 두 번째 기간(주전 25-13년)은 엄청난 번영의 시기였다. 헤롯과 로마의 관계는 아우구스투스 황제와의 친분을 통해 얻은 힘을 토대로 해서 더 깊어졌다. 이 기간에 헤롯은 방대한 건축 사업의 대부분을 완성하였다. 그의 왕국은 알렉산드로스 안네우스도 통치하지 못한 땅을 포함하는 넓은 영토로 확장되었다. 헤롯의 마지막 통치 기간은(주전 13-4년), 내부의 분쟁이 일어나고 그의 건강이 악화된 시기였다.

헤롯의 초기 통치 (주전 37~25년)

헤롯이 통치를 시작한 처음 몇 년은 로마 제국의 변화하는 정치적 흥망성쇠의 틈바구니에서 능란하게 균형을 잡아가던 시기였다. 이 시기는 로마 제국 내전의 마지막 단계로, 악티움 전투에서 마르쿠스 안토니우스가 옥타비아누스에게 패배한 때였다(주전 31년). 이러한 시대적 배경 속에서 헤롯은 자기 주변의 도전자들과 싸웠다. 이집트 여왕 클레오파트라 7세는 안토니우스에게 상당한 영향력을 행사하여 헤롯 왕국의 일부를 얻어내려 했다. 여왕의 목표는 이전에 프톨레마이오스 왕가의 소유였던 유대 지역과 나바테아 땅에 대한 이집트의 지배권을 재확립하는 것이었다.

주전 40년에 로마 원로원은 헤롯에게 왕권을 수여하면서 행정 장관 히르카누스의 땅, 즉 이두매[1] 동부를 포함한 유대, 베레아, 갈릴리, 이스르엘 골짜기까지 그에게 넘겨주었다. 주전 39년에 안토니우스는 헤롯이 이두매 서부와 사마리아에서 제국의 세금을 거두어주기를 기대했다는(아피아노스 《내전》 5.8.75) 아피아노스의 이 기록은 새로운 왕이 이 지역에 대해서도 책임을 맡고 있었음을 암시한다. 헤롯에게 이 지역들이 주어졌다는 다른 기록이 없는 것으로 보아, 그 지역들은 주전 40년에 로마 원로원이 수여한 땅에 포함되어 있었을 것이다.

헤롯은 이두매 서부와 사마리아를 지배함으로써 중요한 해안 도시들에 접근할 수 있었다. 파르티아 사람들이 마리사를 파괴했음에도 불구하고(《고대사》 14:364; 《전쟁》 1:269), 암니아와 아스돗은 이두매 평야 지대에 있는 중요한 영지로 남아 있었다(마카베오상 4:15[2]; 참고. 《고대사》 12:308). 사마리아 지배권에는 욥바와 아폴로니아 같은 중요한 항구들도 포함되어 있었다. 이와 마찬가지로 전략적 중요성을 가진 아레투사 페가이 지역은 해안 평야를 경유하는 무역로를 지배하였다(《전쟁》 1:156; 《고대사》 13:261; 미쉬나 《파라》 8:10; 탈무드 《테루모트》 1:15). 나중에 헤롯은 자기 아버지를 기념하여 이곳에 안티파트리스를 세웠다(《전쟁》 1:417).

헤롯 치하에서 유대 영토가 늘어났음에도 불구하고 하스몬 귀족들은 언젠가는 그 제사장 가문에 속한 누군가가 왕위에 오를 것이라는 희망을 버리지 않았다. 실제로 헤롯이 도리스와 이혼하고 히르카누스의 손녀, 마리암메와 결혼한 것은 그의 후손이 제사장 가문의 왕권을 주장하게 하려는 의도를 품은 것이었다(《전쟁》 1:241). 그동안에 하스몬 가문에서는 왕좌와 대제사장 자리 어느 쪽도 차지하지 못하고 있었다.

헤롯이 권력을 잡았을 때, 노년의 히르카누스는 과거 안티고누스가 유대를 통치할 때 인질로 잡혀갔던 파르티아에서 아직 포로 생활을 하고 있었다(《고대사》 15:11-20; 참고. 《고대사》 14:366; 《전쟁》 1:273). 이제 헤롯은 하스몬 사람들의 호의를 얻기 위해 히르카누스의 석방을 위한 협상 절차를 밟아갔다. 그 파르티아인은 히르카누스가 안티고누스의 왕위 계승 후보자가 되는 것을 막고자 그의 귀를 절단해버렸다. 히르카누스가 돌아온다 해도 신체적 결함으로 대제사장직을 맡을 수 없었기 때문에 그는 헤롯에게 거의 위협이 되지 못했다.

왕은 안티고누스의 후임으로 하스몬 가문의 다른 사람을 임명할 수 있었지만, 의심이 많은 성격 때문에 바벨론 출신의 '아나넬이라는 무명의 제사장'을 그 자리에 임명했다(《고대사》 15:22; 참고. 미쉬나 《파라》 3:5). 헤롯의 장모이자 히르카누스의 딸인 알렉산드라는 그 임명을 하스몬 가문에 치욕적인 일로 여겨 반대했고, 대신에 클레오파트라와의 친분을 이용해 자기의 젊은 아들 요나단 아리스토불루스 3세를 그 자리에 임명하도록 강요했다(《고대사》 15:23-24; 《전쟁》 1:437). 알렉산드라와 마리암메의 압력으로 헤롯은 마음이 약해져서 아나넬 대신 열일곱 살에 불과했던 아리스토불루스를 대제사장으로 임명했다(《고대사》 15:39-41).

그해(주전 35년) 장막절 기간에 아리스토불루스는 성전 직무를 시작했다. 예루살렘에 모인 군중들은 엄청난 애정으로 젊은 제사장을 받아들였다. 그런데 이는 헤롯의 의심을 더 굳게 할 뿐이었다(《고대사》 15:51-52). 왕은 아내의 가족들과 새로운 대제사장을 좋아하는 백성들의 반감을 사지 않기 위해서는 자신이 직접 아리스토불루스를 제거할 수는 없다는 점을 깨달았다. 대신에 헤롯은 젊은 대제사장이 여리고에 있는 알렉산드라의 궁전에서 환대를 받고 있는 동안에 그의 살해를 사주하였다. 아리스토불루스가 이전에 알렉산드로스 안네우스가 만든 수영장에서 물놀이를 하고 있었을 때, 다른 젊은이들이 아리스토불루스를 물에 빠뜨려 익사시켰다(《고대사》 15:55; 《전쟁》 1:437).

알렉산드라는 자기 아들의 살해 배후에 누가 있는지를 알아차리고는 클레오파트라를 통해 안토니우스에게 고발하였다. 안토니우스는 결국 헤롯의 혐의를 벗겨주었지만, 그 일은 헤롯과 마리암메, 또는 그녀의 가족들과의 관계를 개선시키는 데 거의 아무런 도움도 주지 못했다. 헤롯이 폭동의 여지가 있다고 의심한 모든 자들을 끔찍한 방식으로 제거할 때까지, 분노와 의혹은 계속 자라갔다.

앞서 언급한 바와 같이 클레오파트라는 주위의 다른 통치자들을 희생시킴으로써 자기 왕국을 확장시키려고 했다. "그녀는 안토니우스에게 유대와 아라비아를 달라고 청했고 왕실 통치자들, 즉 헤롯과 아라비아 왕 말쿠스 2세로부터 그들의 땅을 빼앗아달라고 간청했다"(《고대사》 15:92; 《전쟁》 1:360). 안토니우스는 클레오파트라의 소원을 다 들어주지는 않았지만, 두로와 시돈만을 제외하고 베이루트 북쪽 엘류테루스 강까지의 헤롯의 영토를 포함하는 해안 지역을 그녀에게 내어주었다(《고대사》 15:95; 《전쟁》 1:361; 플루타르크 《안토니우스》 36.2-3).

영토 확장을 꾀하던 여왕의 야심으로 헤롯은 항구들과 해안 도시들을 상실해 바다로 진출할 길이 막혀버릴 위험에 빠지게 되었다. 안토니우스는 또한 여리고 주변의 땅과 요단 동

1_이두매(Idumea)
구약의 에돔 지역을 일컫는 헬라어 명칭. 주전 2세기 하스몬 왕조의 요한 히르카누스가 이두매를 유대교로 개정시켰으며, 주전 63년 로마의 폼페이우스에 의해 유대로부터 독립했으나 주후 70년 로마의 티투스 장군에 의해 멸망했다. 헤롯이 이곳 출신이다.

2_"뒤에 있던 자들은 모두 칼에 맞아 쓰러졌다. 유다의 군사들은 가자라까지, 그리고 이두매아 평야와 아스돗과 얌니아까지 추격하여 그들 가운데 삼천 명을 쓰러뜨렸다"(마카베오상 4:15).

헤롯 왕국의 확장 \ 주전 40–주후 4년

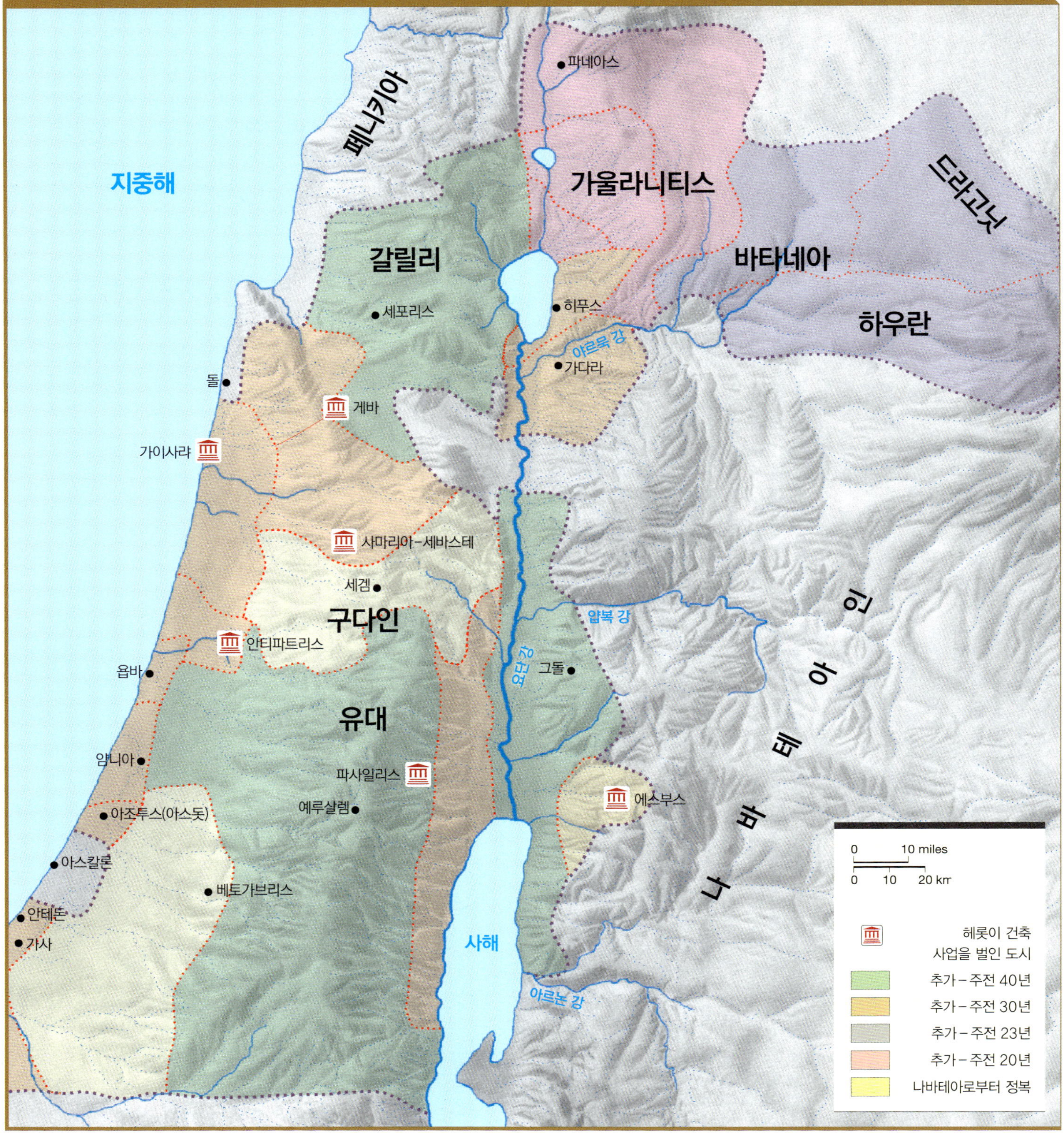

편 땅을 그녀에게 수여했다(《고대사》15:96; 《전쟁》1:361; 디오 카시우스 49.32). 헤롯은 클레오파트라에게서 "그녀에게 주었던 아라비아 땅 일부와 여리고 주변 지역에서 나는 세수입"을 임대함으로써 이러한 영토 상실의 문제를 완화할 수 있었다(《고대사》15:96). 요세푸스에 따르면 헤롯은 자기의 땅을 빌리는 데 2백 달란트를 지불했고, 또한 아라비아로부터 오는 조공에 대해 보증을 서야 했다(《전쟁》1:362; 《고대사》15:132). 헤롯은 말쿠스로부터 마땅히 받아야 할 지불금을 거두려고 애썼으며, 옥타비아누스와 안토니우스 사이에 전쟁이 임박했다는 소식을 들었을 때는 말쿠스와 싸우기 위해 행군을 준비하고 있었다.

헤롯은 안토니우스 편에 서서 함께 싸우겠다고 제안했지만 그의 후원자였던 안토니우스는 도리어 말쿠스 문제를 해결하라고 지시했다. 헤롯이 나바테아인들과 처음으로 전투를 벌인 곳은 디오스폴리스였다(《고대사》15:111; 《전쟁》1:366). 이곳은 요단 동편에 있는 디움과 동일한 곳으로 제시되어왔다. 만일 그렇다면, 그렇게 수정한 본문 읽기는 다른 원정에서 언급되는 유사한 지명과 비슷하다. "아리스토불루스 2세의 아들 알렉산드로스는 도시 디움텔 아쉬아리 을 향해 행군했다"(《고대사》 13:393; 참고. 《고대사》 14:75).

헤롯의 군대가 디움에서 나바테아인들에게 참패를 안겨주었지만 코일레 시리아의 카나타에서 벌어진 다음 전쟁에서는 재앙과도 같은 피해를 입었다(《전쟁》 1:367-368; 참고. 《고대사》 15:112). 헤롯의 패배가 너무도 심해서 그는 전쟁을 재개할 만큼 충분한 군대를 모집할 수가 없었다. 그는 게릴라전에 의지할 수밖에 없었다.

> 그는 산악 지대에 진을 치고 언제나 정규전을 피했지만 끊임없이 활발하게 움직이면서 여전히 상대방에게 상당한 피해를 입혔다. 그는 또한 자기의 군대를 매우 세심하게 돌보았고 손실을 보충하기 위해 모든 수단을 강구하였다(《고대사》 15:120; 참고. 《전쟁》 1:369).

헤롯이 아랍에 열중해 있었던 것은 뜻밖의 결과를 가져왔다. 헤롯의 후원자 안토니우스는 악티움 전투에서 패배했다. 안토니우스는 이집트로 돌아와 스스로 목숨을 끊었다. 얄궂게도 안토니우스의 죽음은 헤롯 왕국에 대해 가장 큰 외부적 위협 중 하나인 클레오파트라를 제거해주었다. 헤롯은 악티움에서 안토니우스와 함께 싸우지는 않았지만 돈과 곡식을 보내는 충실한 맹방으로 남아 있었다(《고대사》 15:190). 이제 로마 제국의 변화하는 정치적 흥망성쇠에 맞춰 헤롯은 신속하고도 중요한 결정을 내려야 했다(플루타르크 《안토니우스》 72).

헤롯은 군대를 재편성하고 필라델피아라밧 암몬 근처에 있는 나바테아 군대를 공격하기 위해 요단 강을 건넜다(《전쟁》 1:380-385; 《고대사》 15:147-155). 양쪽 다 사상자가 많았지만 헤롯이 우세했다. 나바테아는 화친을 간청하려 했지만 헤롯은 계속해서 압박을 가하여 결국 그들이 항복하고 자기를 그들의 통치자로 선언하게 하였다(《고대사》 15:160). 다음으로 그는 본국 가까이에서 벌어지고 있던 음모들을 처리했다. 그는 히르카누스가 알렉산드라와 함께 말쿠스로 도망갈 음모를 꾸몄다는 사실을 알아냈다(《고대사》 15:167). 히르카누스는 산헤드린 앞에 소환되었고, 반역죄로 고발당해 처형되었다(《고대사》 15:173).

헤롯은 그의 왕좌를 노리는 하스몬 가문의 위협을 효과적으로 제거했다. 그는 이제 옥타비아누스를 상대해야 했다. 그는 어머니와 누이와 모든 자녀들을 마사다에 피신시키고(《고대사》 15:184) 로도를 향해 여정을 떠났다. 마리암메와 알렉산드라는 알렉산드리온에서 감시를 받도록 했다(《고대사》 15:185-186). 헤롯은 로마 황제가 그를 맞이하자 왕관을 벗었지만, 왕권을 상징하는 표식들을 그대로 지니고 있었다(《고대사》 15:187; 《전쟁》 1:387). 그는 안토니우스와의 친분이나 그에게 바친 충성에 대해 사과하지 않았다. 오히려 그는 자신이 요단 동편에서 아랍과 교전하지 않았더라면 안토니우스 편에 서서 싸웠을 것이라고 말했다. 그랬다면 결과는 다르게 나타났을지도 몰랐다. 그럼에도 불구하고 이제 그는 안토니우스에게 보여주었던 것과 똑같은 충성심을 카이사르에게 바쳤다.

로마에 대한 헤롯의 충성심은 평생 반복해서 증명되었다. 그가 새로운 황제를 똑같이 섬기지 않을 것이라고 추정할 이유는 없었다. "이에 [황제는] 그에게 왕권을 회복시켜주었고, 동시에 헤롯에게 이전에 안토니우스와 친구였던 때보다 못하지 않은 우정을 보여주기를 촉구했다"(《고대사》 15:195). 헤롯은 새 황제에게 충성을 맹세했으며 이집트까지 그를 수행했고, 황제와 그의 친구들에게 값비싼 선물을 쏟아 부었다. 유대 왕은 떠났을 때보다 더 강력해진 권력을 가지고 고향에 돌아와, 그의 적대자

▲ 헤롯이 클레오파트라에게 돌려받은 도시 가다라

들을 경악하게 했다.

아우구스투스는 헤롯을 유대 왕으로 존속시켰을 뿐 아니라 클레오파트라가 차지했던 땅들을 보상으로 돌려주었다. 헤롯은 또한 추가로 가다라, 히푸스(참고. 《고대사》 14:75), 사마리아, 해변의 가사, 안테돈, 욥바(《고대사》 15:294), 스트라토 망대(《고대사》 15:217; 《전쟁》 1:396)와 같은 헬라 도시들을 하사받았다. 이러한 헬라 도시들이 추가됨으로써 헤롯이 다스려야 할 책임을 맡은 비유대인 인구가 늘어났다.

헤롯은 로마에게 자신이 능력 있고 충성스러운 봉신 왕임을 입증하였다. 주전 23년에 황제는 다시 한 번 헤롯 왕국을 넓혀주었고 그에게 드라고닛의 북동부 지역, 바타네아와 하우란을 맡겼다(《고대사》 15:343-344; 《전쟁》 1:398). 안토니우스가 주전 35년에 이두래의 마지막 왕 프톨레마이오스의 아들 리사니아스를 처형한 후에(《고대사》 15:92; 《전쟁》 1:440; 디오 카시우스 49.32.5; 참고. 플루타르크 《안토니우스》 36.3) 제노도루스가 이 땅들을 임대했었다(《고대사》 15:344; 《전쟁》 1:398). 이 지역은 산적들로 유명했다. 요세푸스에 따르면, 제노도루스는 산적을 막으려고 하지 않았을 뿐만 아니라 심지어는 약탈품의 일부를 취하기까지 했다(《고대사》 15:345).

아우구스투스는 이 지역의 질서를 회복하기 위해 헤롯에게 그에 대한 행정권을 맡겼고, 유대 왕 헤롯은 "그들의 범죄 행위를 종결시키고 주변 사람들에게 안전과 평화를 가져다주었다"(《고대사》 15:348). 3년 후에 제노도루스가 죽었을 때 황제는 헤롯을 시리아 전 지역의 행정 장관으로 임명하고 제노도루스의 속령으로부터 남은 땅들을 그에게 하사함으로써 보상해주었다. 여기에는 가울라니티스, 파네아스, 울라타 지역이 포함되었다(《고대사》 15:359-360; 《전쟁》 1:400).

헤롯은 지배권을 확대시키기 위해 바벨론에서 온 유대인과 이두매인들을 이 지역에 정착시켰다. 헤롯 왕국에 포함된 이 새로운 땅들은 이전 역사에서는 없었던 새로운 정착지들을 생겨나게 했다. 여기서 헤롯은 유대에서 당했던 것처럼 폐위된 귀족층이나 종교적인 불안감과 대면할 필요가 없었다. 그 지역의 거주민들은 그들의 이익을 위해 일한 헤롯의 수고에 빚을 지고 있었다. 그들이 느꼈던 감사의 마음은 그들이 헤롯과 그의 후계자들에게 보여준 지속된 충성심에서 엿볼 수 있다. 헤롯 왕조의 후대 자손들인 아그립바 1세(《고대사》 18:237; 《전쟁》 2:181)와 그의 아들 아

로마 시대의 여리고 : 툴룰 아부 엘 알라이크

▲ 여리고의 헤롯 궁전 유적

1_횡와 식탁
3면에 눕는 안락의자가 붙은 식탁

2_오푸스 레티쿨라툼(Opus reticulatum)과 오푸스 카드라툼(Opus quadratum)
'그물 눈'이라는 뜻으로, 일정한 다이아몬드 모양의 돌들을 벽이나 바닥에 붙이는 로마 건축 양식을 가리킨다. 오푸스 카드라툼은 '네모 눈'이라는 뜻으로, 똑같은 높이의 네모난 돌을 모르타르를 사용하지 않고 나란한 줄에 맞추어 끼는 로마 건축 양식을 가리킨다.

그립바 2세(《고대사》 20:138; 《전쟁》 2:247)에게 이 지역은 그들의 행정 능력을 시험하는 무대였다. 일단 이곳에서 그들의 능력이 입증되면, 로마는 헤롯의 이전 왕국 중 더 큰 부분을 다스릴 수 있도록 해주었다.

헤롯의 건축사업

건축 사업에 있어서는 헤롯에 견줄 만한 기념비적 업적을 이룬 자가 거의 없다고 할 수 있다. 그의 건축 사업 대부분은 헤롯 통치의 황금기인 주전 25년에서 13년 사이에 수행되었다. 이 시기는 정치가 상대적으로 안정된 때여서 헤롯은 로마의 신뢰를 받을 만한 가치가 있음을 증명하기 위해 자신의 역량을 발휘하는 데 초점을 맞출 수 있었다. 실제로 그가 기울인 노력의 규모는 로마의 후원자들에게 감명을 주려는 의도를 가지고 있었던 것으로 보인다. 따라서 헤롯이 그의 왕국 전역에 건설한 건물과 도시들에 마르쿠스 안토니우스, 아우구스투스 황제, 마르쿠스 아그립바의 이름을 붙인 것은 그리 이상한 일이 아니다.

건축에 기울인 헤롯의 노력은 이두매에서 그리스 서부에 있는 에피루스에 이르기까지 확장되었다. 그럼에도 불구하고 그는 자신의 노력 대부분을 예루살렘, 유대, 사마리아, 지중해 연안 도시들에 쏟아부었다. 요세푸스의 저술은 그러한 헤롯의 노력들을 기록하고 있는 주요한 역사적 증언이다. 20세기에 발견된 비문상의 증거들과 고고학적 발굴도 헤롯의 건축 사업에 대한 상세한 정보들을 제공해주었다.

헤롯의 공헌은 파사엘리스, 안티파트리스 같은 새로운 정착지들을 건설하고 이전의 헬라 마을들을 완벽하게 구비된 도시들로(예를 들면, 가이사랴, 세바스테) 변형시킨 것을 포함하였다. 그는 또한 그의 왕국의 동부 국경지대에 줄지어 서 있던, 유대 광야의 알렉산드리온, 키프로스, 독, 히르카니아, 마사다, 마케루스 요새들을 정비하여 강화시켰다. 이상하게도 헤롯이 그러한 노력을 기울이지 않은 곳은 갈릴리로, 그곳에서는 그의 건축 사업이 상대적으로 빈약했다. 그는 자신의 정치 경력을 갈릴리의 총독으로 시작했었다. 그러나 헤롯 왕은 자신의 시작을 기념할 만한 건물을 거의 남겨놓지 않았다. 마찬가지로 갈릴리에서는 헤롯의 요새화 작업이 없었다는 것도 놀랄 만한 일이다. 이는 갈릴리가 헤롯의 통치 기간에 정치적인 반대자들의 온상이었다는 흔한 인식에 이의를 제기하는 것처럼 보인다.

여리고 헤롯은 그의 왕국 도처에 정교한 궁전들을 짓는 데 비용을 아끼지 않았다. 여리고에서 그는 하스몬 가문의 전례를 따라 와디 켈트를 따라 정교한 겨울 궁전들을 건축하였다. 헤롯의 건축은 세 단계로 구분할 수 있다. 주전 35년에 헤롯은 와디 켈트의 남쪽이자 툴룰 아부 엘 알라이크 서쪽에 한 채의 궁전을 세웠다. 하스몬 가문의 궁전들도 여전히 계속 사용되었다. 헤롯의 궁전은 목욕탕 시설과 기둥으로 둘러싸인 안뜰을 포함하고 있었다. 최근에 여리고에 있는 헤롯 왕궁을 발굴한 고고학자들은 계단이 없는 작은 못과 계단을 갖춘 작은 못을 발견하였다. 이 시설의 건축 양식은 여리고에 있는 하스몬 궁전에서 발견된 정결

례 욕조미크바오트의 양식과 일치한다. 헤롯의 아내가 하스몬 가문 출신이었기에 이것은 별로 놀라운 일이 아니다. 그러나 여리고의 헤롯 궁전에 있는 정결례 욕조*mikveh*가 이례적인 점은 오트자르저수조가 딸린 궁전에서 이것이 발견된 것은 유일하기 때문이다.

왕이 첫 번째로 여리고에 지은 소박한 궁전은 주전 31년 파괴적인 지진에도 살아남았지만, 선임자들이 지은 주변의 궁전들은 그렇지 못했다. 헤롯의 겨울 궁전의 두 번째 단계는 하스몬 왕조 건물들의 폐허 위에 세워졌다. 그때까지 모든 것이 파괴된 것은 아니었다. 헤롯만이 완전하게 알 수 있었던 역설이 있는데, 그가 음모를 꾸며 젊은 아리스토불루스를 익사시켰던 하스몬 왕가의 큰 수영장은 지진에도 살아남아 헤롯의 보수 작업에 포함되었다는 점이다. 이 궁전은 기둥으로 둘러싸인 안뜰과 헤롯 거주지의 전형적인 특징인 로마 양식의 목욕탕을 갖추었다. 이 궁전에는 또한 횡와橫臥 식탁[1]이 놓여 있는 헤롯의 식당에 가져갈 만찬을 위해 포도즙 짜는 기구와 비둘기장이 있었다.

여리고 헤롯 궁전의 마지막 단계는 가장 크고 가장 화려했다. 응고 벽은 로마 양식의 회반죽으로 칠해졌으며, 오푸스 레티쿨라툼과 오푸스 카드라툼[2] 방식으로 벽돌을 장식했다. 이는 아마도 왕궁 건설에 로마의 건축자들과 기사들이 직접 참여했음을 시사해준다.

여리고에서 헤롯 건축의 마지막 단계는 가장 크고 가장 대담한 역작이기도 했다. 궁전은 와디 켈트 양쪽에 걸쳐 있었고, 수영장을 제외한 모든 구조물들이 겨울철 강바닥에 맞추어 배치되었다. 골짜기의 남쪽으로부터 다리가 하나 걸쳐져 있었는데, 그곳에 헤롯은 높은 텔 아래로 침상원沈床原과 못을 만들었다. 궁전의 북쪽 건물은 대접견실과 방들을 갖추고 있으며, 헤롯 궁전에 전형적으로 포함된 로마 양식의 목욕탕 단지가 있다.

앞에서 언급한 바와 같이, 와디 켈트의 남쪽에 있는 헤롯의 새 궁전에는 세 개의 부속 건물이 딸려 있었다. 침상원은 직사각형 건물 안에 들어가 있었으며 와디와 나란히 배치되었다. 정원의 동쪽에

남동쪽에서 바라본 마사다 전경 ▲

는 90미터×42미터 크기의 커다란 수영장이 있었다. 발굴자들은 수영장의 규모를 보고 이것이 수영과 뱃놀이에 사용되었고, 그러한 운동들과 관련된 시합도 열렸을 것이라는 의견을 제시했다.

남쪽에 있는 텔, 툴룰 아부 엘 알라이크도 발굴되었다. 그 발굴 작업은 정상에 있는 건물이 여리고에 있는 헤롯의 세 번째 궁전에 속한다는 확증을 갖게 했다. 와디 켈트에 걸쳐 있는 다리를 건너 계단을 올라가면 인공 언덕의 꼭대기에 이르게 된다. 그 위에는 지하실에 저수조와 목욕탕을 갖춘 인상적인 건물이 세워져 있었다. 그 건물 자체는 네 모퉁이에 반원형 구조물을 갖춘 톨로스tholos, 원형 형태로 세워진 하나의 둥근 방으로 이루어져 있었다. 주랑이 있는 현관은 북쪽으로 정원과 와디 및 왕궁 하부를 내려다볼 수 있다. 발굴자들을 놀라게 한 것은 이 인공 언덕을 쌓고, 단독 건물로 올라가는 계단을 건설하기 위해 엄청난 노력을 쏟았을 것이라는 점이었다. 발굴자들은 인공 언덕 위에 자리를 잡은 둥근 건물을 제2접견실로 사용하려 한 것 같다고 추측하였다. 건물은 여리고 주변의 평야 지대를 향해 자라고 있는 종려나무들을 감상할 수 있을 만한 높이로 세워져 있었다. 여기서 헤롯은 마사다의 저택과 마찬가지 방식으로, 멋진 경관과 목욕으로 손님들을 대접하였다.

가이사랴 도면

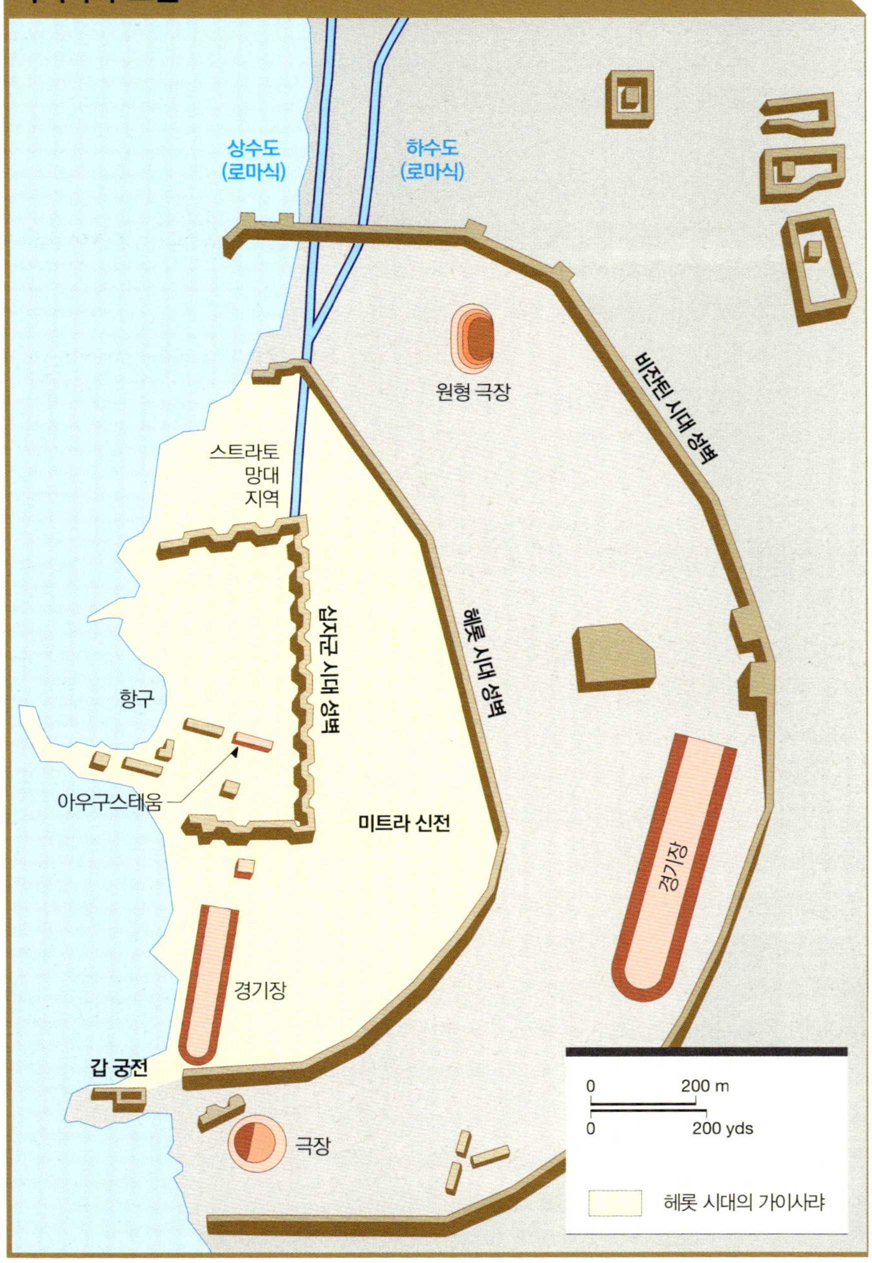

마사다 헤롯은 마사다에서도 이전 하스몬 왕가의 건축물을 발전시켰다. 요세푸스에 따르면 마사다에는 이미 하스몬 왕조 시대에 요새들이 존재하고 있었다(《전쟁》 7:285). 히르카누스는 헤롯을 파견하여, 마사다와 그 지역의 다른 요새들을 빼앗은 반역자들을 몰아내게 했다(《전쟁》 1:237-238; 《고대사》 14:296-298). 후에, 주전 40년 헤롯은 페트라를 거쳐 로마로 도망갈 때, 다시 이곳을 방문하여 가족들을 마사다 정상 지대에 남겨두고 보호를 받게 했다. 요세푸스의 증언에도 불구하고 마사다에서 헤롯 이전 시기의 건물을 확인하기는 매우 어렵다. 한때는 마사다의 초기 건축물은 서쪽 궁전이라고 생각하였다. 그러나 1989년의 조사는 그 견해를 확증할 수 없었다. 헤롯 이전 시대에 해당되는 건축물은 아직까지 확인된 바 없다.

대신에 마사다에서 헤롯의 건축 활동은 세 단계에 걸쳐 이뤄졌다는 견해가 제시되었다. 가장 초기 단계의 건물은 주전 35년 헤롯 왕이 자신의 권력과 요새들을 견고히 하던 시기와 일치하는 것으로 보인다. 두 번째 단계는 산의 북쪽 끝에 건축된 널찍한 궁전 단지로 이루어져 있다. 마사다의 마지막 건축 단계는 주로 포대 성벽과 몇몇 저장 시설들을 포함하였다.

3층으로 된 북쪽 궁전은 엔게디를 향해 북쪽으로 장엄한 광경을 볼 수 있게 해주었다. 테라스 사이의 이동은 산의 서쪽에 나 있는 계단을 통해서 이루어졌다. 상층 테라스 아래로 약 20미터 지점 가운데 테라스에서 볼 수 있는 유일하게 남아 있는 유적은 동심원 안에 놓여 있는 토대이다. 이곳은 접견실로, 주랑 현관으로 둘러싸인 톨로스와 유사하다. 접견실 곁에는 계단이 있는 못을 갖춘 두 개의 방이 붙어 있는데, 이는 분명 정결례 욕조였던 것으로 보인다. 계단은 가장 아래 테라스로 이어져 있는데, 이 테라스는 세 개의 테라스 중 가장 잘 보존되어 있다. 하층 테라스는 정방형의 뜰이 있으며 주랑들로 둘러싸여 있었다.

하층 테라스의 동쪽 가장자리에 있는 계단은 작은 목욕탕으로 이어진다. 그 목욕탕은 예상대로 몇 가지 시설들을 갖추고 있었다. 열탕인 칼리다리움은 가열실인 히포카우스트 위에 건설되었다. 그리고 온탕인 테피다리움과 냉탕인 프리기다리움이 있었다. 마사다에 있는 이 시설

▼ 전형적인 그리스-로마 양식으로 지어진 가이사랴의 원형 극장

과 다른 목욕 시설들은 정상 지역의 건조한 환경과 대조를 이루었다. 마사다에 있는 거주지의 명백한 문제점은 물이 부족하다는 것이었다. 정교한 저수 체계(《전쟁》7:291)는 근처의 와디들로부터 겨울비의 유로를 바꾸어 아래쪽 저수조로 흐르게 했다. 그러고 나서 이 물들은 정상에 있는 저수조로 옮겨졌다. 마사다 저수조들의 저수 용량은 주목할 만한데, 아래쪽 저수조들의 용량만 해도 4만 입방미터로 추정된다.

가이사랴 헤롯의 여리고와 마사다 건설이 이전 하스몬 왕조의 건축 양식을 따르는 것이었다면, 가이사랴와 세바스테의 경우는 그렇지 않았다. 두 도시는 그 기초를 세울 때부터 헤롯이 기여했다. 아우구스투스는 주전 31년에 스트라토 망대를 헤롯에게 하사했다. 거의 10년 정도의 세월이 흐른 후에 헤롯 왕은 그 헬라 마을을 주요한 항구 도시로 변형시켰다. 그는 주전 22-10년 사이에 이 도시와 그가 세바스토스라고 이름 붙인 주변 항구에서 광범위한 건설 공사를 벌였다.

가이사랴는 히포다모스 식의 격자 거리를 가진 잘 계획된 도시였으며, 극장, 원형 경기장, 광장 등을 포함하여 전형적인 그리스-로마 폴리스의 시설들을 갖추고 있었다. 요세푸스는 헤롯이 가이사랴에 기울인 노력에 대해 자세하게 묘사했다(《고대사》15:331-341; 16:136-141; 《전쟁》1:408-414). 그 역사가는 헤롯이 아테네에 있는 전설적인 피레우스 항구를 능가하는 크기의 항구를 건설했다고 칭찬을 아끼지 않았다. 항구를 내려다보며 아치 형 연단에 앉아 있곤 하던 헤롯은 로마 여신과 아우구스투스 황제를 기념하는 신전을 세웠다.

헤롯은 극장 서쪽과 경주장인 히포드롬의 남단에 바다 쪽으로 돌출한 벼랑 궁전을 세웠다. 헤롯의 다른 궁전들과 마찬가지로 이 궁전도 로마 양식의 목욕탕들을 갖추고 있었다. 이 궁전에서 특이한 것은 냉탕이 궁전 건축의 중심점으로 기능했다는 점이다. 기둥들이 가로수처럼 둘러쳐진 안뜰이 지중해 가장자리에 있는 쿠르카르 사암을 파서 만든 민물 수영장을 둘러싸고 있었다. 그 궁전은 넓은 모자이크 바닥으로 아름답게 장식되었으며, 그중 일부는 손상되지 않은 완전한 모습으로 발견되었다. 이 궁전은 지중해 지역에서 유일한 해변 빌라가 아님에도 불구하고 돌출된 벼랑 위에 아슬아슬하게 자리 잡고 있고 바다로 삼면이 둘러싸여 있어서 가장 인상적인 건물 중 하나로 알려졌다. 예루살렘에 있는 헤롯의 왕궁과 마찬가지로 가이사랴에 있는 이 벼랑 궁전도 후에 유대 지방에 파견된 로마 총독들의 거주지가 되었다(행 23:35; 참고. 막 15:16).

세바스테 사마리아 가이사랴는 헤롯이 성서에 나오는 사마리아 고대 유적지(왕상 16:23-24[1]) 위에 세운 도시 세바스테의 바다 쪽 출구 역할을 수행하였다. 요세푸스는 헤롯이 그의 로마 후원자들에게 어떻게 경의를 표하였는지를 기록하면서 그가 세바스테 건설에 기여한 공을 다음과 같이 설명한다.

> 그러나 그는 궁전들에 자기 후원자들의 이름을 붙여 기념하는 것으로만 만족하지 않았다. 그는 모든 도시들을 새롭게 만드는 일까지 아낌없이 지원하였다. 사마리아 지역에서 그는 길이 20펄롱(약 4킬로미터)에 달하는 장대한 성벽으로 둘러싸인 한 성읍을 건설했다. 그리고 사마리아에 6천 명의 이주자들을 정착시키고 그들에게 매우 비옥한 땅을 분배해주었다. 이 정착 도시의 중심에 그는 길이 1.5펄롱(약 300미터)의 거대한 신전을 세우고 황제에게 봉헌했다. 그리고 그는 성읍의 이름을 세바스테(Sebaste, 헬라어로 아우구스투스)라고 불렀다(《전쟁》1:403).

고고학 발굴을 통해 헤롯 건물의 유적지가 드러났다. 헤롯 시대에 속하는 두 개의 망대는 서쪽으로 도시의 성문을 지켰다. 헬레니즘 시대의 기초 위에 세워진 이 망대들은 요세푸스가 언급한 성벽으로 된 요새들의 일부였을 것으로 보인다. 더욱이 헤롯 도시를 가로질러 8백 미터를 뻗어 있는 열주 거리에서는 지금도 여전히 쭉 서 있는 기둥들을 볼 수 있다.

아크로폴리스의 서쪽 가장자리에는 로마 황제를 기리는 세 개의 신전가이사랴, 세바스테, 파네아스 중 두 번째인 아우구스테움이 세워져 있다. 이 신전은 산 정상에 자리 잡고 있어서 아무것도 걸리는 것이 없이 지중해 전경을 바라볼 수 있다. 세바스테의 경기장과 광장 유적지도 마찬가지로 로마 초기에 개발된 곳임을 보여준다.

1_“유다의 아사 왕 제삼십일년에 오므리가 이스라엘의 왕이 되어 십이 년 동안 왕위에 있으며 디르사에서 육 년 동안 다스리니라. 그가 은 두 달란트로 세멜에게서 사마리아 산을 사고 그 산 위에 성읍을 건축하고 그 건축한 성읍 이름을 그 산 주인이었던 세멜의 이름을 따라 사마리아라 일컬었더라”(왕상 16:23-24).

세바스테 : 아우구스투스 신전

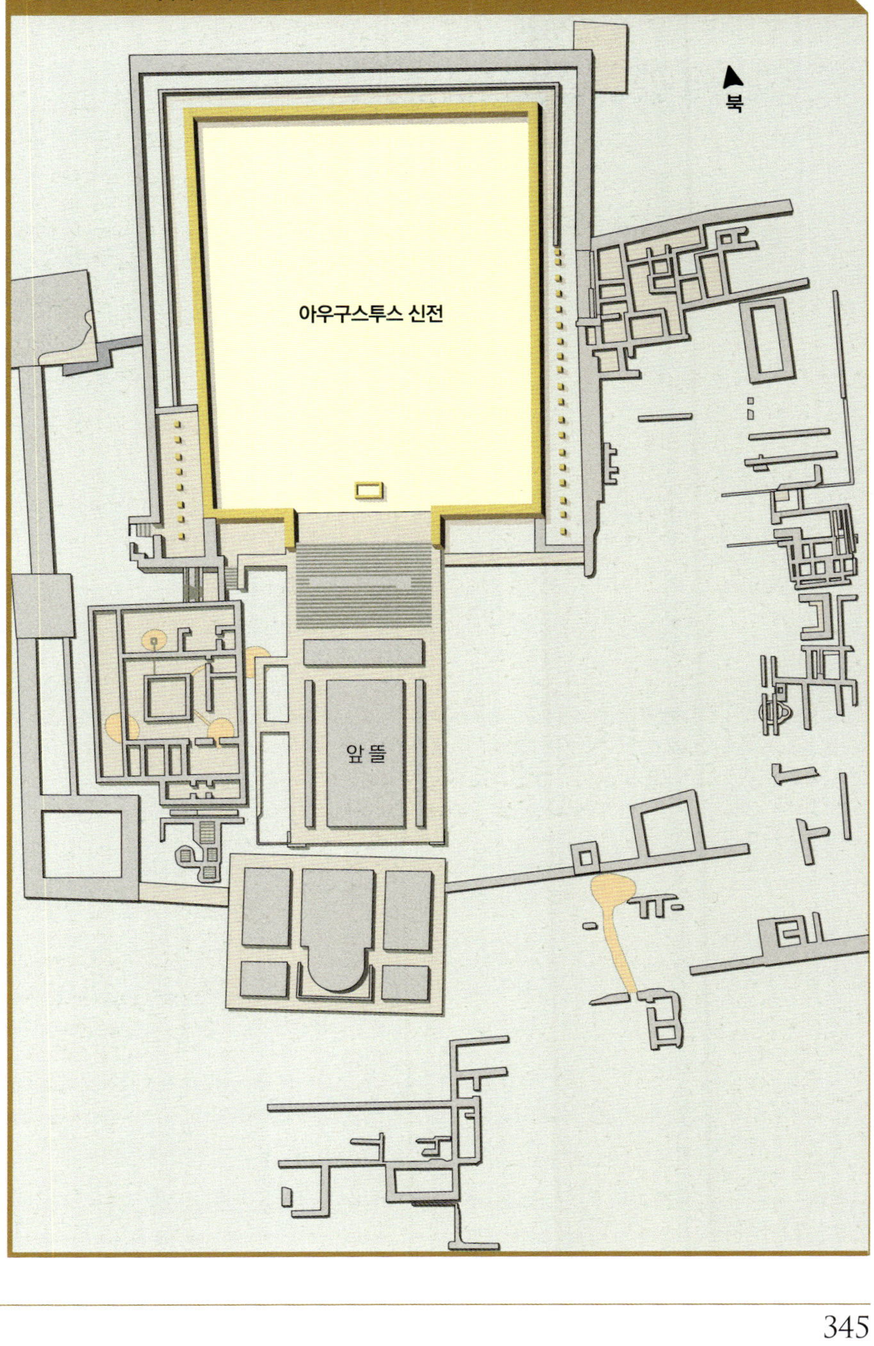

헤로디움 : 궁전-요새

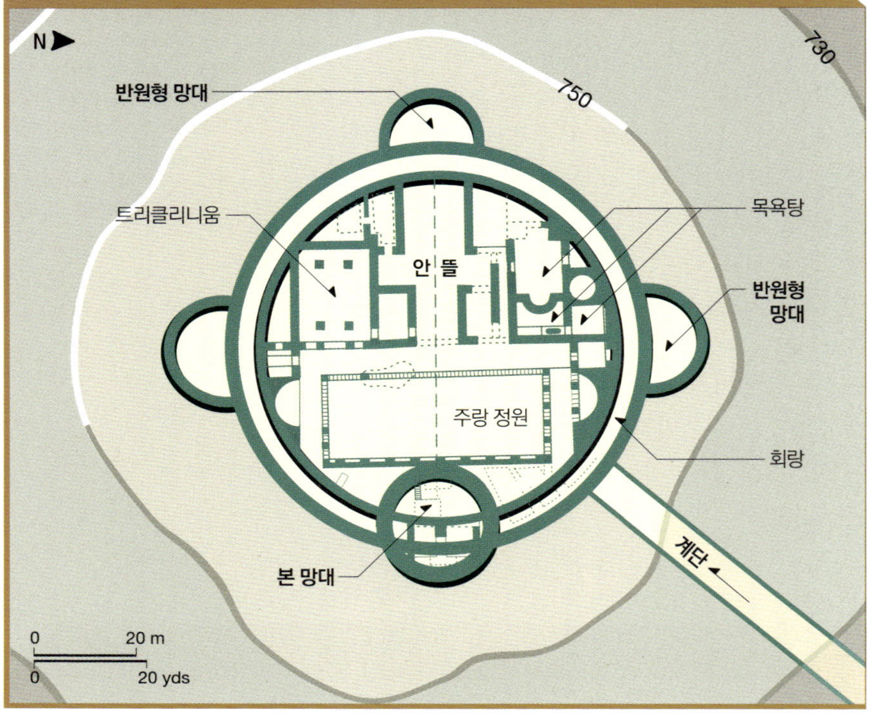

▲ 헤로디움. 하부 헤로디움에서 바라 본 산지에 있는 궁전(요새 전경)

헤로디움 헤롯의 궁전들 중 가장 크고 인상적인 것은 헤로디움예벨 푸레이디스 궁전이다. 요세푸스는 헤롯이 주전 40년에 안티고누스와 파르티아인들을 피해 도망칠 때, 그를 추격한 세력과 싸워 이긴 승리를 기념해 이곳을 건설했다고 보고한다(《고대사》 14:359-360; 15:323-325; 《전쟁》 1:265). 헤로디움은 또한 몇 개 도시로 이루어진 소국가의 수도(《전쟁》 3:55; 플리니우스《박물지》 5.70)이자 헤롯의 무덤 장소를 제공해주었다.

헤롯의 헤로디움 건축은 기존의 산지 위에다 동심원 형태의 벽들이 지탱하고 네 개의 망대들을 갖춘 건물을 세운 것이었다. 산지의 고도를 더 높인 것은 예루살렘 주변 지역에서 이곳을 볼 수 있게 하려는 의도였던 것이 분명하다. 산의 정상에 헤롯은 상부 궁전을 지었다.

헤롯은 산 밑에 기둥으로 둘러싸인 못과 질서정연한 정원들을 중심으로 하는 건물 단지를 세웠다. 헤로디움에 있는 헤롯의 호화로운 거주지는 로마 세계에서 가장 큰 것들 중 하나이며, 여기서 왕은 주전 15년에 유대를 방문한 마르쿠스 아그립바를 영접하였다(《고대사》 16:12-13). 헤로디움은 건조한 지역에 자리 잡고 있기는 하지만, 다른 사막의 궁전들처럼, 충분한 물의 공급이 부족하지는 않았다. 도수관導水管을 통하여 솔로몬의 못에 인접한 샘에서 물을 끌어올 수 있었다(참고. 《전쟁》 1:420).

요세푸스는 헤롯이 헤로디움에 묻혔다고 전하지만 그의 무덤은 아직까지 발견되지 않았다(《고대사》 17:199; 《전쟁》 1:673). 헤롯의 매장지가 정확히 어디인지는 조사가 더 필요하다.

예루살렘 헤롯이 예루살렘 도시에 미친 건축학적 기여는 그 도시의 형태에 아주 오랜 흔적을 남겼다. 일찍이 하스몬 가문은 예루살렘 성벽을 복구했고 다시금 서쪽 산지를 성벽 도시에 편입되게 했다. 하스몬 왕조 때의 성벽은 일찍이 히스기야가 세운 방어선에 근접했다(대하 32:5[1]). 하스몬 왕가가 우연히 성벽을 이전의 경계와 근접한 곳에 회복한 까닭에, 1세기 사람들 사이에 다윗 시대의 예루살렘 크기에 대해 혼란이 있었던 것 같다. 요세푸스는 다윗의 여부스 족 정복이 서쪽 산지를 포함했던 것으로 잘못 생각한 것으로 보인다(참고. 《고대사》 7:64-65; 《전쟁》 5:137). 예루살렘의 크기와 발전에 대한 이러한 혼란으로 로마 후대와 비잔틴 시대 사람들은 성서에 나오는 지명, '시온 산'을 서쪽 산지에 적용하는 실수를 범하게 되었을 것이다(예. 유세비우스 《지명록》 74:19).

요세푸스가 두 번째 성벽이라고 부르는 구조물을 누가 건설했는지를 두고 고고학자들 간에 의견이 갈라진다. 헤롯 혹은 하스몬 왕가 선임자들(참고. 《고대사》 14:476)이 북쪽의 시장 지역을 둘러싸고 있는 성벽을 추가했다. 두 번째 성벽의 정확한 선은 아직 확실하지 않지만 성벽의 시작과 끝 지점에 대해서 요세푸스는 다음과 같이 전한다.

> 두 번째 성벽은 첫 번째 성벽에 속한 '게나트'라고 부르는 문에서 시작한다. 성벽은 도시의 북쪽 구역만을 둘러싸며 안토니아 망대까지 이어진다(《전쟁》 5:146).

헤롯의 예루살렘은 두 지역으로 구성되었다. 헤롯은 동쪽과 서쪽 산지 양쪽에 북쪽의 노출된 지역을 요새화하는 기념비적인 담을 건설하였다. 오늘날의 성채와 예루살렘 구 도시에 있는 아르메니아 신학교 부근 서쪽 산지에 세워진 헤롯 왕궁 유적은 거의 남아 있지 않다. 요세푸스가 주목할 만한 구조물이라고 묘사한 건물의 토대만이 확인될 뿐이다.

> 상부 도시에 세운 [헤롯의] 궁전은 매우 넓고 아름다운 두 개의 건축물들로 구성되었다. 그 규모와 아름다움으로는 성전 그 자체와 비교도 되지 않는다. 그는 이 건물에 자기 친구들의 이름을 붙여 하나는 카이사레움이라 하고 다른 것은 아그리페움이라고 불렀다(《전쟁》 1:402; 참고. 《고대사》 15:318).

헤롯의 후원자들 이름을 붙인 두 개의 건물은 식당과 침실을 갖추고 있었다. 건물에서는 정원과 못이 딸린 옥외 뜰을 내다볼 수 있었다.

> 그 주변 사방에는 원형의 회랑들이 많이 있어서 한 곳에서 다른 곳을 연결해주었으며, 각각 다른 모양의 기둥들이 서 있고, 야외 뜰에는 모두 잔디가 깔려 있었다. 다양한 수목으로 이루어진 숲에는 깊은 수로를 따라 난 긴 산책로가 교차하고 있으며, 사방에 있는 못들에는 물을

1_"히스기야가 힘을 내어 무너진 모든 성벽을 보수하되 망대까지 높이 쌓고 또 외성을 쌓고 다윗 성의 밀로를 견고하게 하고 무기와 방패를 많이 만들고"(대하 32:5).

예루살렘의 북서쪽 성벽 오른쪽은 예루살렘의 구 도시이다. ▲

내뿜는 청동 입상이 곳곳에 흩어져 있었다. 개울 주변에는 길들여진 비둘기들의 둥지들이 무수히 많이 있었다(《전쟁》5:180–181).

히피쿠스, 파사엘, 마리암메라는 이름을 가진 세 개의 기념비적 망대들은 헤롯의 왕궁으로 들어오는 북쪽 입구를 지켰다. 야파Jaffa 성문 근처에 있는 성채에서는 오늘날에도 여전히 헤롯 망대들 중 하나의 아래쪽 부분을 볼 수 있다.

헤롯이 남긴 가장 위대한 건축 업적은 예루살렘 성전의 수리와 확장이다. 헤롯이 아우구스투스 황제에게 경의를 표하기 위해 가이사랴, 세바스테, 파네아스가이사랴 빌립보에 세운 세 신전들은 그가 로마와 유대 사이에서 미묘한 균형을 유지하려 했다는 것을 어느 정도는 상징적으로 보여주었을 수 있다. 그 세 신전들은 유대 전승에서 민족의 조상인 아브라함의 삶과 관련해서 중요한 의미를 지닌 세 지역, 마므레, 헤브론, 예루살렘에 헤롯이 건축한 대단한 성소들과 조화를 이룬다. 세 성소들은 특별히 신성한 자리에 지어진 성소를 벽으로 둘러싼 경내 및 옥외 구역과 연결하는 로마 양식의 테메노스 설계를 따라 건설되었다.

성전 산의 북쪽 성벽 밖으로 헤롯은 이전에 바리스라고 알려진 요새 시설을 강화하고 초기의 후원자 마르쿠스 안토니우스(《고대사》15:409)의 이름을 따라 안토니아Antonia라고 재명명하였다(《전쟁》1:118). 동쪽 산지의 지형은 성전 구역을 확장하려는 헤롯의 계획을 제한했다. 기드론 골짜기로 내려가는 동쪽 산지의 비탈은 경사가 심해 확장이 어려웠다. 결과적으로, 동쪽 성벽의 선은 헤롯 시대 이전에 정해진 것이다. 동쪽 벽이 오래전부터 계속 서 있었기 때문에, 사람들은 성전 경내의 동쪽 측면에 있는 기둥을 받쳐 만든 현관 지붕에 솔로몬의 행각이라는 대중적인 이름을 붙여주었을 것이다(행 5:12). 헤롯이 동쪽 벽을 남쪽으로 확장했다는 증거는 성전 산의 남동쪽 모퉁이 약 32미터 북쪽에 있는 '접합부'에서 찾아볼 수 있다.

헤롯은 확장된 구역을 지탱하기 위하여 인위적으로 높은 단을 건설해야만 했다. 이러한 개량 작업을 통하여 헤롯은 성전 산의 경내를 크게 늘릴 수 있었다(참고. 《전쟁》1:401). 그럼에도 불구하고 헤롯이 확장한 지역은 제의적 목적상 유대 율법에 따른 것으로는 결코 여겨지지 않았다(참고. 미쉬나《밋도트》2:1).

요세푸스에 따르면 헤롯은 남쪽 끝을 끼고 있는 단 넓이로 왕실 주랑을 세웠다. 최근의 발굴 작업은, 19세기 발굴자의 이름을 따라 '로빈슨 아치'라고 불리는, 고전 세계에서 가장 큰 아치 중의 하나가 받치고 있는 계단을 통해 이 왕실 주랑으로 접근하게 되어 있음을 발견하였다. 다른 세 개의 성문은 상부 도시의 방향에서 그 단으로 접근할 수 있게 했다. 그러나 순례자들이 그곳으로 접근하는 일차적인 방법은 대규모 계단으로 올라와 성전 산 남쪽 정면에 있는 훌다 문으로 들어서는 것이었다. 성전에 오르는 순례자들의 제의적 정결을 위해 훌다 문 근처에 수많은 정결례 욕조 시설들이 세워졌다.

물론 헤롯의 예루살렘 건축의 백미는 성전 그 자체였다. 요세푸스는 헤롯의 노력에 찬사를 보냈다(《고대사》15:391–420). 헤롯의 지지자들이라고 하기 어려운 사람들의 작품인 탈무드에서조차 "헤롯 성전을 보지 못한 사람은 결코 아름다운 건물을 본 적이 없는 자이다"라고 인정했다(바벨

▲ **헤브론의 하람 엘 칼릴**(막벨라 굴, 왼쪽)**과 마므레(오른쪽)에 있는 헤롯 시대 경내의 북쪽 기둥 벽** _ 마므레(라멧 엘 칼릴)에서 헤롯의 노작을 구별해내기 어렵다. 아직까지 고고학자들은 마므레 자리에서 발견된 헤롯 시대 양식의 석공술과, 거의 손대지 않은 구조물인 헤브론에 있는 헤롯 시대 막벨라에서 볼 수 있는 양식 사이에 유사성이 있다고 본다. 헤브론의 막벨라와 마므레의 성벽 상층 부분을 장식한 기둥들은 성전 산을 둘러싼 상층 벽들의 건축 양식 이해를 위해 중요하다. 성전은 주후 70년에 로마가 예루살렘을 멸망시킬 때 파괴되었다.

론 탈무드《바바 바트라》4a). 오늘날 학자들은 헤롯 성전의 세부적인 내용들에 대해 의견이 갈린다. 이는 이해할 만한 일인데, 고대 문헌의 증언들이 서로 다르기 때문이다. 성전 산에 대한 과학적인 고고학 탐사가 수행된 적이 없기 때문에 그러한 의견 차이는 해결되지 않은 채 남아 있다.

헤롯의 쇠퇴

헤롯의 집안 문제는 그의 통치에 그늘을 드리웠다. 그의 쇠퇴기에 그러한 문제들은 일련의 비극적인 사건들에서 극에 이르렀다. 왕은 사랑하는 아내 마리암메를 주전 29년에 부정不貞을 이유로 처형하였다(《고대사》15:232-236;《전쟁》1:438-443). 몇 년 후에 그는 장모 알렉산드라도 처형했다(《고대사》15:247-252). 마리암메를 죽였다는 죄책감은 계속해서 그를 따라다녔다. 그 일은 마리암메에게서 낳은 두 아들, 알렉산드로스와 아리스토불루스와의 관계도 악화시켰다. 그들은 6년 동안 로마에서 지내며 교육을 받았다. 대중은 하스몬 혈통인 두 아들이 헤롯의 왕위를 계승할 것이라고 기대했다. 주전 17년에 헤롯은 로마로 가서 두 아들을 다시 유대로 데려왔다.

▲ 헤롯 대왕의 동전

모든 사람이 그들의 귀환을 환영한 것은 아니었다. 헤롯의 누이 살로메는 마리암메에게 혐의를 씌운 사람들 중 핵심 인물이었다(《고대사》15:213, 231). 만일 죽은 왕비의 아들들이 왕위를 차지한다면 그녀는 아마도 자신의 안위를 염려해야 할 것이었다. 헤롯의 형제 페로라스와 왕의 장남인 안티파테르도 소년들의 귀환을 의심스러운 눈초리로 바라보았다. 몇 년 동안 두 파벌들 사이에 음모, 고발, 책동이 계속되었다. 헤롯 왕가의 집안 갈등이 너무 악화되자 아우구스투스조차도 화해시키기 위해 개입할 정도였다. 헤롯이 죽기 3년 전에 알렉산드로스와 아리스토불루스는 시리아의 법정에 소환되었고, 그곳에서 사형을 언도받았다. 그들은 세바스테로 호송되어 교살되었으며, 시신은 알렉산드리온 요새에 매장되었다(《고대사》16:356-394;《전쟁》2:101-110). 하스몬 왕조가 회복되리라는 희망은 두 아들들과 함께 사라졌다. 이제 왕위 계승의 초점은 헤롯의 장남 안티파테르에게 맞추어졌다. 그러나 헤롯에게는 다른 아들들이 있었고 안티파테르의 위치는 확고하지 않았다. 안티파테르가 숙부 페로라스와 연대한 것은 후에 정치적 선동으로 인식되어, 페로라스가 죽고 나자 안티파테르는 비난의 중심에 서게 되었다.

헤롯의 죽음과 왕국의 분할

그러는 동안에 헤롯의 건강이 악화되었다. 그는 칼리르호의 온천에서 건강을 회복해보려 했다(《전쟁》1:657;《고대사》17:171; 플리니우스《박물지》5.16). 그러나 그 광천수는 별 도움이 되지 못했다. 헤롯이 죽었다는 때 이른 소문이 왕국 전체에 퍼졌다. 요세푸스는 헤롯이 죽었다는 소식을 듣고 두 현자가 성전 문 위에 헤롯이 세워두었던 독수리를 끌어내리는 사건이 있었다고 전한다. 형상을 새기는 것은 유대 율법에 금지되었기 때문이었다(《고대사》17:151;《전쟁》1:651). 왕은 쇠약했지만 그들의 사형을 감독할 만큼의 힘은 가지고 있었다.

말년에 헤롯은 황제로부터 안티파테르를 처형해도 좋다는 허가를 받았다. 그리고 죽기 불과 5일 전에 자신의 장남을 처형했다(《고대사》17:191). 또한 요세푸스는 헤롯이 자기가 죽으면 애곡하는 사람이 거의 없을 것을 알고 있었다고 보고한다. 그래서 그는 자기 나라의 지도자들을 체포하고는 자신이 죽을 때에 그들을 처형하여 나라에 애곡이 울려 퍼지게 하라고 살로메에게 명령을 내렸다(《고대사》17:174-175). 그녀는 나중에 그

헤롯 왕국의 분할 \ 주전 4년-주후 6년

명령을 무시해버렸다(《고대사》 17:193).

헤롯은 주전 4년에 죽었다. 요세푸스는 여리고에서 헤롯의 시신이 안장될 헤로디움까지 장엄한 장례 행렬이 있었다고 기록했다(《고대사》 17:196-199). 마지막 며칠 동안에 헤롯은 마지막으로 자신의 유언을 바꾸었다(《고대사》 17:188-189). 그는 자기 왕국을 남아 있는 세 아들들에게 분할해줄 것을 황제에게 요청했다. 왕은 아켈라오를 지방 행정 장관으로 지명 천거하여 유대, 이두매, 사마리아의 영토를 받도록 요청했다. 장남 아켈라오는 또한 헤롯이 세운 큰 도시 가이사랴와 세바스테도 받았다. 헤롯 안티파스안디바는 분봉왕으로 지명되어 갈릴리와 베레아를 다스리게 되었다. 헤롯 빌립도 분봉왕이 되었고 아버지가 다스리던 왕국의 북동부 가장자리 땅들, 즉 바타네아, 드라고닛, 하우란, 가울라니티스, 파네아스, 울라타 지역을 분배받았다. 살로메는 아켈라오의 돌봄을 받았다. 평생 동안 헤롯에게 충성을 다한 그녀는 해안 도시인 얌니아, 아스돗과 요단 계곡의 파사엘리스를 하사받았다.

17

|CHAPTER|

HISTORICAL GEOGRAPHY OF THE GOSPELS

복음서의 역사 지리

예수의 생애와 사역 이야기는 사복음서에 기록되어 있다. 마가와 요한은 세례 요한의 사역으로 자신의 복음서를 시작하는 반면, 마태와 누가는 예수의 탄생 이야기로 시작한다. 여기서는 예수의 탄생과 이집트 피신, 세례 요한의 사역과 예수의 세례, 갈릴리 호수의 북쪽과 북서쪽을 중심으로 한 예수의 사역, 그리고 마지막 일주일간의 행적과 부활 후 엠마오 도상에 이르는 과정을 역사적으로, 지리적으로 고고학적 증거들을 따라 추적한다. 성서에 기록된 역사적 사건이 우리에게 무엇을 알려주는지 확인해야 하기 때문이다.

THE CHURCH OF THE BEATITUDES LOCATED ON THE NORTH BEACH OF SEE OF GALILEE
갈릴리 호수 북쪽 해변에 자리한 팔복 교회

신약 이야기는 처음부터 끝까지 독자들이 그들의 눈앞에서 펼쳐지는 드라마의 무대가 되는 물리적인 배경을 잘 알고 있다고 전제하고 있다. 그러나 시간이 흘러가면서 기록된 여러 장소들의 위치와 특징들이 잊혔다. 고대의 증언들을 주의 깊게 읽는 것과 더불어, 현대 고고학은 신약에 기록된 사람, 장소, 사건을 이해하는 데 도움을 줄 수 있다. 앞으로 우리는 본문을 역사적·지리적으로 읽음으로써 도움을 얻을 수 있는 중요한 사건들을 세심히 살펴보고자 한다.

예수의 탄생과 이집트 피신

마가와 요한은 세례 요한의 사역으로 자신의 복음서를 시작하는 반면, 마태와 누가는 예수의 탄생에 대하여 상세하게 설명한다. 두 탄생 내러티브는 역사적인 관점이 다르기는 하지만, 두 이야기 모두 예수가 탄생한 장소를 다윗 왕의 고향(삼상 17:12[1])인 베들레헴으로 규정하고 있다(마 2:1[2]; 눅 2:15). 마태는 예수와 다윗의 관계를 특별히 강조한다. "아브라함과 다윗의 자손 예수의 계보라"(마 1:1; 12:23 등).

이와 대조적으로 요한복음은 '다윗의 자손' 호칭을 사용하지 않으며 베들레헴 탄생에 대해서도 아무런 언급을 하지 않는다. 예수의 출생지에 대한 문제가 제기될 때 그 복음서 기자는 일부 사람들의 반대에 대하여 답하지 않는다.

> 어떤 사람은 그리스도라 하며 어떤 이들은 그리스도가 어찌 갈릴리에서 나오겠느냐. 성경에 이르기를 그리스도는 다윗의 씨로 또 다윗이 살던 마을 베들레헴에서 나오리라 하지 아니하였느냐 하며(요 7:41-42).

누가는 요셉과 마리아가 갈릴리 나사렛에 거주하였으며(눅 1:26; 2:4), 구레뇨가 시리아(수리아)의 총독일 때 아우구스투스 황제의 인구조사 명령에 따라 호적을 하러 베들레헴으로 여행했다고 전한다(눅 2:2[3]). 요셉이 베들레헴에서 호적 등록을 했다는 것은 그가 예루살렘 남쪽 유다 지역 출신임을 시사한다. 누가는 예수가 탄생하기 전 요셉이 나사렛에 와서 수년간 머물렀던 이유를 설명해주지 않는다.

이 갈릴리 마을 나사렛에 대해서는 신약 이외에는 거의 정보가 없다(유세비우스《지명록》138:14; 에피파니우스《이단 반박문》30.11.10을 보라). 요세푸스는 나사렛에 대해서 전혀 언급하지 않고, 랍비 전승은 나사렛이 제사장들의 마을이었다는 것만을 알려준다(《미쉬마로트》18; 《전도서 랍바》2:8). 나사렛에 대한 언급이 희소한 것은 이상한 일이 아니다. 나사렛에 대한 현대 고고학의 발굴 작업은 이곳이 외떨어진 중요하지 않은 마을이라 별 관심을 끌지 못했을 것임을 보여준다.

마태와 누가는 모두 주전 4년에 죽은 헤롯 대왕의 말년에 예수가 탄생한 것으로 제시한다(마 2:1; 눅 1:5). 신약학자들은 구레뇨가 총독일 때 행해진 로마 인구조사 시기에 예수가 탄생했다는 누가의 기록과, 탄생 내러티브에 나오는 헤롯의 생존 사실을 조화시킬 방법을 모색해왔다(눅 2:2). 누가와 요세푸스는 주후 6년에 있었던 또 다른 인구조사에 대해 잘 알고 있었다(행 5:37[4]; 《전쟁》7:353). 그러나 헤롯 대왕의 통치 기간에 구레뇨 치하에서 이루어진 초기의 인구조사에 대해서는 유대 자료나 로마 자료에 전혀 아무런 언급이 없다.

헤롯이 베들레헴에서 남자 아기들을 죽였다는 마태의 기록도 그것을 입증할 만한 외적인 증거가 없다. 마태복음이 그 사건을 보고한 유일한

이집트로부터의 귀환과 성전에 있는 소년 예수

기록이다. 그럼에도 불구하고 마태가 묘사한 헤롯의 행동들은 요세푸스가 간략하게 그린 헤롯의 편집증적인 성격에 잘 들어맞는다. 헤롯은 왕좌를 빼앗길지도 모른다는 두려움 때문에 자기 가족들을 처형했다. 한번은 어떤 바리새인이 헤롯의 형제 페로라스의 아내에게 "하나님의 명으로 헤롯의 왕좌는 그 자신과 그의 후손들로부터 빼앗길 것이며 왕권은 그녀와 페로라스, 그리고 그들의 자녀들에게 갈 것이다…"라고 예언했다고 한다(《고대사》17:41-45). 헤롯은 그 예언에 연루된 바리새인들과 그 예언에 호의를 보였던 자기 가족들을 죽임으로써 그에 답하였다.

마태복음 2장 13-15절은 천사들이 요셉에게 헤롯의 살해 계획을 알려주어 가족을 데리고 피신하도록 했다고 전한다. 그들은 왕이 죽은 다음에야 비로소 안전하게 이스라엘 땅으로 돌아올 수 있었다. 그동안 로마는 유대와 사마리아 지역에 헤롯의 아들 아켈라오를 통치자로 임명했다(《전쟁》2:93; 《고대사》17:317). 아켈라오는 아버지의 뒤를 따라 잔인한 행적을 이어갔다. 마태에 따르면, 요셉은 꿈에서 예루살렘 주변으로 가지 말라는 경고를 받았다.

> [요셉이] 나사렛이란 동네에 가서 사니 이는 선지자로 하신 말씀에 "[예수를] 나사렛 사람이라" 칭하리라 하심을 이루려 함이러라(마 2:23).

예수의 탄생과 어린 시절에 대한 마태복음 기록의 이 마지막 구절은 수세기 동안 기독교인 독자들에게 의문을 일으켰다. 이 해석의 난점은 흔히 나사렛 사람으로 번역되는 '나조라이오스 *nazoraios*'의 의미와 요셉 가족이 나사렛에 정착한 일이 예언의 성취라는 마태의 주장에 나오는 그 예언의 정체에 있다.

위에서 제기된 문제들에 대한 다양한 의견들을 검토하지는 않을 것이다. 여기서 우리는 마태의 정확한 의도를 알아보기 위해 그 구절에 사용된 언어에 대해서 두 가지 사실만을 다루려고 한다. 첫째, 헬라어 나조

1_"다윗은 유다 베들레헴 에브랏 사람 이새라 하는 사람의 아들이었는데…" (삼상 17:12).

2_"헤롯 왕 때에 예수께서 유대 베들레헴에서 나시매 동방으로부터 박사들이 예루살렘에 이르러 말하되"(마 2:1).

3_"이 호적은 구레뇨가 수리아 총독이 되었을 때에 처음 한 것이라"(눅 2:2).

4_"그 후 호적할 때에 갈릴리의 유다가 일어나 백성을 꾀어 따르게 하다가 그도 망한즉 따르던 모든 사람들이 흩어졌느니라"(행 5:37).

예수 당시의 레반트 남부

라이오스의 두 번째 음절에 있는 '오'는 그 단어가 원래 히브리어로 네체르(*netzer*, 나뭇가지) 혹은 나지르(*nazir*, 나실인)에서 유래한 것이 아니라 나초르 *natzor*, 즉 '지킴 받는 자, 보호받는 자'라는 단어였을 가능성을 제시한다. 둘째, 이 구절을 번역한 사람들은 수동태 헬라어 동사가 하나님의 능동적 행위를 전제하는 신적 수동태를 전하려는 의도일 수도 있다는 점을 거의 주목하지 못했다. 이 구절은 '내가 지켜온(즉 나조리, *natzori*) 그 사람이 하나님에 의해 부름을 받을 것이다'라는 뜻일지도 모른다. 그러므로 마태의 함축적 표현이 암시하는 것은, 지킴을 받고 보호를 받은 자이며 하나님이 부른 자인 어떤 한 사람을 묘사하는 예언적 메시지일 것이다.

이 구절에 대해 학자들은 나조라이오스와 나사렛의 병치가 의미하는 바를 설명하는 데 대부분의 관심을 기울여왔다. 그러나 신약의 다른 어디에서도 이 단어들은 서로 나란히 등장하지 않는다. 마태가 함축적인 구약 예언을 가져다놓은 것은 갈릴리 마을의 이름 때문이 아니라 천사의 경고와 요셉의 보호 행위가 고대의 한 예언을 생각나게 했기 때문일 수 있지 않을까?

헤롯의 잔인한 아들이 예루살렘에서 권력을 쥐고 있었으므로 그곳으로 돌아가는 것은 아직 안전하지 않았다. 천사의 경고를 받은 후 요셉은 계속해서 안전을 기하기 위해 별 주목을 끌지 못하는 나사렛으로 마리아와 예수를 데리고 갔다. 이들이 안전한 외딴 갈릴리 마을로 이주하고 이곳에서 예수가 성인 시절까지 자랄 수 있었던 것은 마태로 하여금 이사야에 언급된 주의 종과 관련된 한 구절을 연상하게 했다.

> **나 여호와가** 의로 **너를 불렀은즉** 내가 네 손을 잡아 **너를 보호하며** 너를 세워 백성의 언약과 이방의 빛이 되게 하리니(사 42:6).

그래서 마태는 예수가 하나님에 의해 갈릴리에 있는 외딴 마을로 가서 그의 예언자적 사역을 시작하기 위해 정해진 때까지 그곳에서 보호를 받았다고 보고하면서 예수의 어린 시절에 대한 간략한 서술을 마무리한다. 누가도 이와 유사한 문학적 기법을 사용한 예를 볼 수 있다. 누가는 세례 요한의 어린 시절에 대한 보고를 요약하면서 "아이가 자라며 심령이 강하여지며 이스라엘에게 나타나는 날까지 빈 들에 있으니라"(눅 1:80) 고 결론을 맺는다.

그러나 마태가 추가로 특별한 의미를 갖는 것은 그 복음서 기자가 이사야 42장 6절[1]을 사용하여 예수 생애에 관한 그의 기록에서 다음 단계, 즉 세례를 받을 때 하늘의 부름을 들은 사건(마 3:16–17)을 예견하고 있다는 점이다. 복음서 기자들에 따르면 이사야 42장의 동일 단락으로부터 이끌어온 하늘의 목소리는 예수의 세례가 갖는 예언적 중요성을 선포하기 위한 것이라고 학자들은 이미 잘 설명해주었다. "내가 붙드는 나의 종, 내 마음에 기뻐하는 자 곧 내가 택한 사람을 보라. 내가 나의 영을 그에게 주었은즉 그가 이방에 정의를 베풀리라"(사 42:1).

세례 요한의 사역과 예수의 세례

지리적 배경 모든 복음서에서 예수의 사역은 예수가 요한의 세례를 받는 것으로 시작한다. 요한 사역의 지리적 배경은 사복음서의 서술에서 각기 다르게 나타난다. 기독교 전통과 현대 학자들은 모두, 이러한 차이는 세례 요한의 거처가 불확실하다는 결론으로 이어졌다. 사복음서에서 세례 요한의 기사들은 모두, "외치는 자의 소리여 이르되 너희는 광야에서 여호와의 길을 예비하라"는 이사야 40장 3절을 인용하며 세례 자가 광야에 있었던 이유를 소개한다. 쿰란 회중서(1QS 8:13-14)와 마찬가지로, 요한은 주를 위한 준비가 광야에서 일어나야 한다고 믿었다.

마가는 광야의 위치에 대해서는 어떠한 구체적 언급도 없이 세례 요한이 '광야에' 있었다고 보고한다(막 1:4). 이 헬라어는 그에 상응하는 히브리어와 유사하게, 반드시 건조하고 사람이 살 수 없는 장소, 즉 사막을 뜻하는 것은 아니다. 광야는 주변 도시의 거주민들이 소유하고 있지만 사람이 살지 않는 목초지를 가리킬 수도 있다(참고. 눅 8:29). 우리는 벳새다 근처의 '광야'(눅 9:10-12)에 대해 듣게 되는데, 마가는 그곳에 푸른 잔디가 있었다고 묘사했다(막 6:39). 구약에서 광야를 뜻하는 히브리어도 이와 유사하게 광범위한 용례를 보여준다(창 21:14; 욜 2:22; 사 42:11).

마가는 '온 유대 지방과 예루살렘'(막 1:5; 참고. 마 3:5; 요 1:19)에서 많은 무리가 세례 요한에게 나아왔다고 기록한다. 이곳은 요단 계곡의 하부에 있는 건조 지대에 인접한 지역을 의미할 수도 있고 아닐 수도 있다. 마가가 무리에 관한 상세한 지리 정보를 알려주는 일에 얼마나 비중을 두려 했는지를 알기는 어려운 일이다. 도리어 이 묘사들은 이사야 40장 3절의 목소리로 요한의 역할을 강조하려는 복음서 기자들의 완곡한 표현 방식이 아니었을까? 이사야의 본문에서 그 목소리는 예루살렘과 유대의 도시들을 향해 말하고 있다(사 40:9[2]).

만일 여기서 마가가 언어적 암시의 기법을 사용하고 있다면, 그것은 드문 일은 아니다. 예를 들면 마가는 세례 요한이 되살아난 엘리야였다는 일반 대중들의 생각에 대해 명백한 증언을 생략한다(참고. 말 4:5; 마 11:14; 눅 1:17). 그러나 마가는 이 견해를 알고 있었던 것이 분명하다. 마가는 세례 요한이 엘리야의 복장을 하고 있었음을 보여주려는 분명한 의도로 그의 옷차림을 설명하고 있기 때문이다(막 1:6; 마 3:4; 왕하 1:8). 이 경우 마가의 상세한 묘사는 단순히 세례 요한의 옷차림을 묘사하기 위한 것이 아니라 독자들에게 요한의 예언적 역할이 갖는 종말론적 중요성을 알게 하려는 것이다. 현대의 독자들에게는 이러한 마가의 상세한 묘사를 어떻게 읽어야 할 것인가 하는 도전이 남아 있다. 마태도 이 두 경우에서 마가의 특징을 공유하고 있지만, 공관복음서 중 오직 마태만이 세례 요한이 '유대 광야에' 있었다고 구체적으로 밝히고 있다(마 3:1). 이것은 예루살렘과 유대 군중에 대한 언급을 예견하거나, 유대 광야에 대한 더 이른 언급인 이사야 40장 3절의 배경을 반영하는 것이다.

누가는 세례 요한이 광야에 있었다는 마가의 설명에 동의하면서도, 유대와 예루살렘 무리에 대한 마가와 마태의 지리적인 언급은 빠트렸다. 대신에 누가는 '요한이 요단 강 부근 각처에 와서'(눅 3:3)라고만 기록한다. 네 번째 복음서는 독특하게 예수가 요한에게 세례를 받는 이야기 앞뒤에서 요한의 사역이 이루어지던 장소에 대한 상세한 지리적 정보를 제공해준다.

여러 지점에서 요한복음은 공관복음서와 평행을 이루고 있지만, 독립적 전승을 드러내는 곳들도 많이 있다. 요한복음은 예수가 세례를 받기 전 상황의 배경과 관련하여 세례 요한이 '요단 강 건너편 베다니에'(요 1:28) 있었다고 기록한다. 그 얼마 후에 세례 요한은 '살렘 가까운 애논'(요 3:23)에 있었던 것으로 전해진다. 따라서 요한과 누가는 세례 요한이 어느 한 지역에 제한되지 않고 여러 지역을 움직이며 사역하였다는 데 일치된 견해를 가지고 있었다.

'요단 동쪽 베다니' 지역은 요한이 유일하게 언급하였으며, 그 이외에는 초기 문헌에서 전혀 나타나지 않는다. 주후 200년경에 오리게네스는 그러한 장소가 존재하지 않는다고 기록했다(오리게네스《요한복음 주석》VI.24). 그는 "[베다니가 요한복음의] 거의 모든 사본에서 발견된다"는 점을 인정하고 있음에도 불구하고 그 구절을 베타바라 Bethabara로 수정해서 읽을 것을 제안했다. 한 세기 후의 유세비우스의《지명록》(58:18)은 베타바라를 "요한이 세례를 주던 곳으로 요단 강 건너편에 있다. 이 장소는 오늘날도 많은 형제들이 여전히 세례를 받으려고 하는 곳이다"라고 묘사한다. 유세비우스는 오리게네스로부터 처음 들은 본문상의 해결책을 받아들인 것으로 보인다. 그가 요한의 세례와 관련하여 베다니를 전혀 언급하지 않고 있기 때문이다. 기독교 초기에는 이렇게 잘 모르는 지역을 유명한 지역으로 어림짐작하여 바꾸었던 한편, 오리게네스 이전에 베타바라를 지지하는 사본은 존재하지 않는다. 반면에 베다니는 가장 초기의 가장 신뢰할 만한 요한복음 사본에 나타난다. 후대 비잔틴 시대의 혼동은 메드바 지도 때문에 생겨났다. 이 지도는 '성 세례 요한의 성소인 베타바라'라고 하면서 신약에서 베다니가 '요단 강 건너편(즉 동편)'에 있다고 전하는 것과 다르게 요단 강 서쪽 제방에 위치한 것으로 그리고 있기 때문이다.

애논에 대한 요한복음의 언급[3]은 초기 자료에서 베다니가 빠져 있다는 것과 연결되어 있다. 메드바 지도는 요단 동쪽에 애논을 그리고, 삽사파스라는 지역과 동일한 곳으로 표시한다. 다른 한편 '살림 가까운 애논'[4]은 요단 강 서편에 있으며 스키토폴리스, 즉 벧산에서 그리 멀지 않은

1_"나 여호와가 의로 너를 불렀은즉 내가 네 손을 잡아 너를 보호하며 너를 세워 백성의 언약과 이방의 빛이 되게 하리니"(사 42:6).

2_"아름다운 소식을 시온에 전하는 자여 너는 높은 산에 오르라. 아름다운 소식을 예루살렘에 전하는 자여 너는 힘써 소리를 높이라. 두려워하지 말고 소리를 높여 유다의 성읍들에게 이르기를 너희의 하나님을 보라 하라"(사 40:9).

3_"요한도 살림 가까운 애논에서 세례를 베푸니 거기 물이 많음이라. 그러므로 사람들이 와서 세례를 받더라"(요 3:23).

4_살림 가까운 애논
우리나라 성서 번역본 중 개정개역은 '살렘', 가톨릭 새성경은 '살림'으로 되어 있다.

이스탄불의 하기아 소피아에 그려진 세례 요한 ▼

예수의 세례와 광야 여정

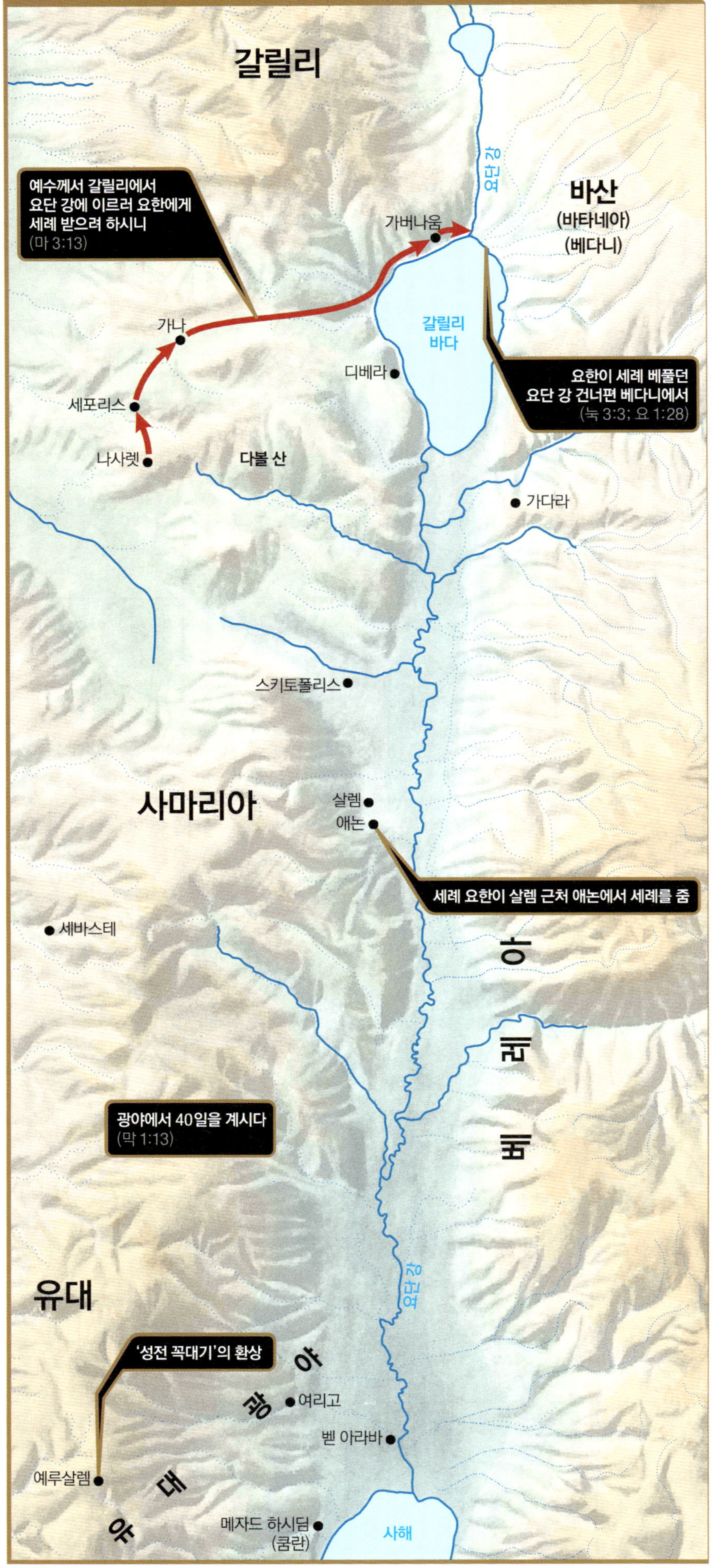

곳으로 묘사된다. 스키토폴리스는 유세비우스의 《지명록》 40장 1-4절과 에게리아의 《여행》 15장 1-4절에서도 증언된다. 애논에 대한 세 번째 견해는, 사마리아에 있는 예수에 대한 요한복음의 내러티브에서 애논이 언급된다는 사실 때문에 세례 요한이 사마리아 산지 내부에 있었던 것으로 본다. 애논의 위치는 오늘날의 아랍 마을 살림 근처로 기억된다(유딧 4:4). 이 경우 살림 근처에 있는 샘들=애논이라는 지명상의 문제는 해결할 수도 있겠지만, 유대인들에게 회개하고 세례를 받도록 촉구했던 요한의 사역지로서 어떻게 사마리아 내지가 사용될 수 있는지를 이해하는 것은 쉽지 않다. 초기 로마 시대의 애논 샘들의 위치가 어디였는지는 여전히 불확실하다.

다시 베다니로 돌아가보면, 요한복음 1장 28절에 나타난 언급이 어떤 마을이 아니라 요단 동편에 있는 바산 지역을 가리킨다는 견해가 있다. 성서의 바산 지역은 북쪽의 헤르몬 산에서부터 골란 하부의 남쪽 경계선까지 뻗어 있다. 그 지역을 바타네아라고 칭하는 경우는 요세푸스(《자서전》 54; 《고대사》 9:159 부터 유세비우스(《지명록》 44:9-11)에 이르기까지 헬라어 저술가들로부터 들을 수 있다. 추가로 칠십인역에 따르면 바산 지역은 베다니처럼 '요단 강 건너편'으로 한정된다(신 4:47[1]; 수 9:10).

만일 '요단 강 건너편 베다니'가 옛날의 바산바타네아 지역을 가리키는 것이라면, 그것은 세례 요한의 사역이 갈릴리 호수의 북동부 지역까지 미쳤음을 암시한다. 세례 요한의 활동을 북쪽에 배치하는 것은, 예수가 세례를 받은 다음날 그의 제자였던 안드레와 베드로가 빌립과 함께 그를 따르기 위해 벳새다를 떠나 예수를 따라갔다는 설명과 더 잘 들어맞는다(요 1:44[2]). 세례 요한의 제자들이 갈릴리 호수의 북쪽 연안 벳새다에 있었다는 것은 예수가 세례를 받은 장소가 여리고 근처에 있는 요단 계곡 하부 지역이라는 전통적인 견해와 쉽게 조화를 이루지 못한다.

갈릴리 호수 위쪽의 요단 강이 세례 의식을 행하기에 더 적합하다는 랍

전통적인 예수의 세례 장소인 요단 강 ▼

비들의 견해는 중요할 수 있다. 야르묵 강물과 요단 강 하부의 물은 '혼합된 물'이기 때문에 세례를 베풀기에 적합하지 않은 물로 간주되었다(미쉬나《파라》8:10). 다른 말로 하면 갈릴리 호수 남쪽에 있는 이 강들은 순수하지 않은 지류들을 받아들였다는 것이다. 랍비들의 평가는 제2성전 시대에 유대인들이 요단 강 하부 지역에서 세례 의식을 행했다고 하는 어떠한 암시도 없다는 사실과 일치한다.

세례 요한이 북쪽 지역에서 사역했다는 것은 그가 갈릴리와 북쪽 지역에 거주하던 헤롯 가문을 비판했다는 사실의 배경으로 더 잘 들어맞는 것 같다. 세례 요한의 대중적 인기와 거리낌 없는 비판은 갈릴리의 분봉왕 헤롯 안디바가 그를 투옥하게 되는 결과를 가져왔다. 요세푸스가 마케루스 요새에 대해 부가적으로 설명한 것을 보면 그 역사가가 세례 요한이 어디에서 처형되었는지 몰랐다는 것을 알려준다. 세례 요한이 유죄 판결을 받을 때 '갈릴리의 귀인들이'(막 6:21) 연회에 참석하였다는 마가의 설명은 세례 요한이 디베랴에 있는 안디바의 갈릴리 궁전에 투옥되었다가 처형당했다는 주장을 강화시켜준다.

세례 요한이 갈릴리 위쪽 요단 지역에서 군중들에게 회개하고 세례를 받으라고 촉구한 것은 예수가 세례 요한이 죽었다는 소식을 듣고 벳새다 근처 들판으로 물러났다가(마 14:13) 그곳에서 큰 무리를 만난 것(《고대사》18:118)도 설명할 수 있다. 마가에 따르면, 예수는 무리를 보시고는 '그 목자 없는 양 같음으로 인하여'(막 6:34) 불쌍히 여겼다고 한다. 이 구절을 통하여 그 복음서 기자는 최근에 죽은 세례 요한과 무리의 관계를 암시하였고, 또한 일부 군중들은 세례 요한을 고대하던 모세와 같은 선지자로 보았다는 것을 암시해준다(신 18:18; 요 1:25; 참고. 4Q175 1:5-8). 마가가 '목자 없는 양'이라는 구절을 창조적으로 사용한 것은 민수기 27장 17절에서 모세 사후에 새로운 지도자를 세워야 할 필요성을 강조하기 위해 하나님이 모세에게 주었던 똑같은 말을 되울리게 하려는 의도였다.

공관복음에서 많은 무리들을 먹이신 일의 지리적 배경은 예수가 요단 건너편으로 돌아가신 일(평행 기사, 눅 9:10-17)에 대한 요한복음의 단편적 설명과 다르지 않다.

> 다시 요단 강 저편 요한이 처음으로 세례 베풀던 곳(즉 바타네아/바산; 요 1:28)에 가사 거기 거하시니 많은 사람이 왔다가 말하되 요한은 아무 표적도 행하지 아니하였으나 요한이 이 사람을 가리켜 말한 것은 다 참이라 하더라. 그리하여 거기서 많은 사람이 예수를 믿으니라(요 10:40-42).

예수의 여행

나사렛에서 가버나움까지 하부 갈릴리 지역을 가로지르며 벧 학게렘, 한나돈, 벳 느토파, 투란을 잇는 유명한 동서 골짜기는 하부 갈릴리 지역을 상부 지역으로부터 구별 짓는 지리적 특징 중 하나이다(《전쟁》3:35). 하부 갈릴리의 골짜기는 선사 시대 지질 활동의 결과로 생겨난 것이다. 이러한 지질학적 찰흔 지형(빙하의 이동으로 암석 표면에 가느다란 홈 모양의 자국)은 갈멜 산 북쪽 지중해 해안부터 갈릴리 호수와 요단 계곡의 상부 내륙까지 이어진다.

이와 대조적으로 상부 갈릴리 지역은 하부 갈릴리를 특징짓는 개방된 골짜기가 없어서 횡단하기가 쉽지 않다. 더욱이 상부 갈릴리의 산악 지형은 하부 산지보다 두 배나 더 높다. 두 지역의 전혀 다른 접근성은 각 지역의 정착과 이동에 영향을 끼쳤다. 하부 갈릴리 지역에 대한 고고학 탐사는 그곳에 살았던 사람들의 물질문화에서 분명하게 드러나는 증거를 보건대 외부 접촉 정도가 상당했다는 것을 알려준다. 게다가 요세푸스는 헬레니즘 시대와 로마 시대 초기에 하부 갈릴리에 세포리스, 디베랴, 가바라(《자서전》188) 같은 새로운 도시 중심지들이 세워졌음을 증언한다. 반면 상부 갈릴리에는 그와 유사한 도시 중심지 증거가 전혀 없다.

상부 갈릴리와 하부 지역 사이의 지형 윤곽은, 하부 갈릴리를 가로지르는 골짜기들의 최북단에 있는 벧 학게렘 골짜기를 특징으로 하는 에쉬 샤그후르 단층으로 나타난다. 이 골짜기들로 인해 하부 갈릴리 지역에 대한 접근성이 용이해짐으로써 사회 발전에 영향을 미쳤다. 상부 갈릴리의 내륙에는 정착지가 드물었다. 그러나 벳 느토파 골짜기살 엘바토프에 자리 잡은 세포리스는 갈릴리의 초기 수도였다. 세포리스의 중요성은 프톨레마이스-타리케아이막달라 간선 도로와, 시모니아스를 경유해 이스르엘 골짜기와 국제 해안 고속도로로 이어지는 제2의 북-남 도로가 만나는 교차지에 그 도시가 자리 잡고 있다는 사실로 인해 강조되었다.

마태복음 4장 13절에서 복음서 기자는 예수가 나사렛을 떠나 가버나움으로 여행했다고 기록한다. 나사렛에서부터 북쪽과 동쪽으로 여행하려면 벳 느토파 골짜기나 투란 분지를 통과해야 했을 것이다. 이스르엘 골짜기를 내려다보는 나사렛의 백악질 산마루에서 갈릴리 호수를 따라 있는 마을들로 내려가기 위해서는 보통 그리로 지나간다. 그러나 벳 느토파 골짜기에 예수가 출현했다는 암시는 그가 소년 시절을 보낸 고향과 갈릴리 호수 사이를 이동할 때 프톨레마이스-타리케아이 간선 도로를 사용했다는 것을 의미한다.

요한복음의 첫머리는 예수가 가나에서 첫 번째 기적을 행했다고 기록한다(요 2:1-11). 그 기적을 행한 직후 예수는 가버나움으로 내려온 것으로 이야기된다(요 2:12). 요한에 따르면, 예수의 활동과 관련된 또 다른 구절에서 가나와 가버나움이 나란히 나온다(요 4:46). 또한 가나는 예수의 열두 제자 중 한 사람인 나다나엘의 고향임을 기억해야 한다(요 1:45-49; 21:2[3]). 이 구절들은 예수가 가나에서 한 번 이상 머물렀으며, 그 마을이 나사렛에서 갈릴리 호수로 가는 여정 중간에 정기적으로 머무는 지점이었을 가능성을 제시한다.

신약의 갈릴리 가나에 해당하는 장소는 벳 느토파 골짜기에 있는 키르벳 카나일지도 모른다. 이곳은 요세푸스의 도시, 요타파타로 올라가는 길을 지키는 장소였다. 요세푸스는 자기가 가나에 머물렀다고 기록한다(《자서전》86). 요새화된 그 성읍은 프톨레마이스에서 타리케아이막달라로 가는 도로상에 있었다. 헬레니즘-로마 시대의 이 유적지는 발굴 중에 있고, 카프르 카나라는 중세 기독교의 순례지와는 구별되어야 한다. 카프르 카나는 1620년 쿠아레스미우스 때에 신약의 가나와 동일한 지역으로 알려졌다.

유세비우스(《지명록》116:4)는 여호수아 19장 28절에 나오는 구약의 가나를 신약 시대의 이 마을과 동일한 곳으로 여겼다. 그러나 이는 분명한 확인에 근거한 견해라기보다는 단순히 그 구약 마을의 히브리어 지명이 칠십인역의 헬라어와 유사해서 생긴 결과이다. 유세비우스가 성서

1_"그 땅을 기업으로 얻었고 또 바산 왕 옥의 땅을 얻었으니 그 두 사람은 아모리 족속의 왕으로서 요단 이쪽 해 돋는 쪽에 살았으며"(신 4:47).

2_"빌립은 안드레와 베드로와 한 동네 벳새다 사람이라"(요 1:44).

3_"시몬 베드로와 디두모라 하는 도마와 갈릴리 가나 사람 나다나엘과 세베대의 아들들과 또 다른 제자 둘이 함께 있더니"(요 21:2).

본문을 인용하는 것 외에는 어떠한 지리적 정보도 주지 않았다는 것은 그가 그 장소들을 몰랐다는 표시이다. 갈릴리에 대한 그의 지식은 어쨌든 제한적이었다. 그러나 구약의 가나나 신약의 가나는 로마 시대 후기까지도 여전히 그 정체가 밝혀지지 않았던 것 같다.

나사렛에서 가버나움까지 여정은 거의 48킬로미터로, 하룻길 여정으로 삼기에는 너무 먼 거리였다. 대신에 가나는 프톨레마이스-타리케아이막달라 도로상에 위치해서, 여정 중에 편하게 머물 만한 휴식처를 제공해주었다. 가나에서 갈릴리 호수로 가는 여정이 어떠했을지는 2백 명의 사람들이 가나에서 디베랴까지 밤새 행진했다고 전하는 요세푸스의 기록에서 암시된다(《자서전》 86-90). 그의 보고는 가나에서 갈릴리 호수까지의 여정이 당시 사람들에게 잘 알려져 있었고 흔히 사용되던 길이었음을 잘 보여준다. 요한복음에서 한 귀족이 예수에게 자기 아들을 고쳐 달라고 간청한 이야기는(요 4:46-54), 그 귀족이 가버나움에서부터 예수가 머무르고 있었던 가나까지 이동한 것을 전제하고 있다. 특별히 공관복음서의 평행 본문들과 관련해서 살펴볼 때 그 사건의 상세한 지리적 정보 가운데 어떤 내용에 대해서는 의문이 있을 수도 있지만, 네 번째

나사렛에서 가나와 가버나움까지

복음서의 저자는 가나에서 가버나움까지 여정을 묘사하는 데 아무런 문제도 느끼지 않았음이 분명하다.

키르벳 카나는 나사렛 북쪽으로 11킬로미터 조금 더 떨어진 곳에 있다. 몇몇 산마루 길들은 나사렛 산마루의 북사면으로 내려가 벳 느토파 골짜기로 이어진다. 가나까지의 여행은 골짜기의 중간에 위치한 세포리스 가까이로 이어진다. 가나에서 가버나움까지의 길은 벳 느토파 골짜기의 북쪽 가장자리를 따라 북쪽과 동쪽의 경로를 잡아 나아가다가 와디 아르벨로 내려가게 된다. 구불구불한 이 내리막길은 아르벨 통로를 경유하여 카르네 북쪽으로 굽어진다. 아르벨 절벽 기슭을 지나면 길은 북쪽으로 방향을 바꾸어 게네사렛의 비옥한 평야 지대를 가로지르고, 해안선을 따라가며 막달라와 게네사르를 지나 가버나움에 이른다.

갈릴리 호수의 일몰 ▲

| 갈릴리 호수의 1세기 환경 |

예수의 예루살렘 바깥 사역들 가운데서 기록된 사건들은 주로 갈릴리 호수 주변 지역, 특별히 호수의 북쪽과 북서쪽 지역에서 일어났다. 복음서들은 이 지역의 유대인 정착지에 대한 중요한 역사적 증언이다. 학자들은 이러한 정착지들 중 많은 지역들과 관련해서 문헌상 최초로 언급되는 곳이 바로 신약이라는 사실에 거의 주목하지 않는다. 예수는 소년 시절의 고향인 나사렛 회당에서 논쟁을 한 후 갈릴리 호숫가에 있는 가버나움으로 이동하였다(마 4:13[1]; 막 1:21[2]; 눅 4:31). 이 마을은 이 지역에서 예수의 사역이 이루어지는 중심지가 될 것이다. 이제 신약에 언급되어 있는 갈릴리 호수 주변 지역들에 관심을 돌려보자.

디베랴 신약이 예수의 디베랴 방문을 기록하지 않은 것은 우연한 일이 아니다. 사실상 디베랴는 네 번째 복음서에서 호수를 가리키기 위해서, 그리고 디베랴의 항구에서 출발해서 사람들을 예수에게 데려다준 배를 묘사할 때만 언급되었다(요 6:1, 23; 21:1[3]). 요세푸스가 기록한 것처럼 헤롯 안디바는 갈릴리에 새 수도를 세웠지만 도시의 배치에는 충분한 관심을 기울이지 않았다. 그는 옛 공동묘지 위에 그 도시를 세움으로써 그곳에 거주하는 자들을 모두 제의적으로 부정하게 만들어버렸다(《고대사》 18:36-38). 디베랴에 사는 사람들에 대한 요세푸스의 기록은 결코 우호적이지 않다. 그는 안디바가 일부 사람들을 강요하여 새로운 수도에 살게 했다고 서술한다.

> 새로운 정착민들은 난잡한 오합지졸들이었다. 그들은 원래 갈릴리 사람들이 아니라 [안디바에게] 속한 영토에서 징집되어 새 근거지로 강제로 이주된 자들이었다. 그들 중 일부는 행정 관리들이었다. 헤롯은 어디든 다양한 지역에서 온 다른 사람들에게 합류하도록 이주시킨 가난한 사람들까지도 참여자들로 받아들였다(《고대사》 18:37).

디베랴에서 출토된 안디바의 동전이 주후 20년에야 비로소 주조되기 시작한 것임에도 불구하고, 그 도시는 주후 18년에 세워졌다는 주장이 있다. 여하튼 디베랴는 2세기가 되어서야 비로소 시므온 바르 요하이의 지도 아래 종교적으로 엄격한 사람들이 살기에도 적합한 곳으로 정화되었다(《창세기 랍바》 79h; 예루살렘 탈무드 《샤밧》 9, 1-38d). 로마 시대 후기와 비잔틴 시대에 디베랴는 유대교 교육의 중심지이자 예루살렘 탈무드가 집대성된 장소가 되었다.

안디바가 디베랴를 선택한 이유는 그곳이 갈릴리 호숫가에 위치해 있었기 때문이었다. 디베랴는 호수의 경제로부터 이익을 얻을 수 있었을 뿐 아니라 근처의 무역로들에 쉽게 접근할 수 있다는 이점을 가지고 있었다. 근처에는 디베랴 이전에 이미 정착이 이루어진 함맛의 온천이 있었다(《고대사》 18:36; 《자서전》 85; 《전쟁》 2:614; 참고. 플리니우스 《박물지》 5, 71; 《모에드 카탄》 18a; 예루살렘 탈무드 《메길라》 2:1-2). 디베랴의 고대 도시 유적지 대부분은 현대 도시 아래에 묻혀 있기 때문에, 1세기의 디베랴 유물은 아주 조금

1_"나사렛을 떠나 스불론과 납달리 지경 해변에 있는 가버나움에 가서 사시니"(마 4:13).

2_"그들이 가버나움에 들어가니라 예수께서 곧 안식일에 회당에 들어가 가르치시매"(막 1:21).

3_"그 후에 예수께서 디베랴 바다에서 또 제자들에게 자기를 나타내셨으니 나타내신 일이 이러하니라"(요 21:1).

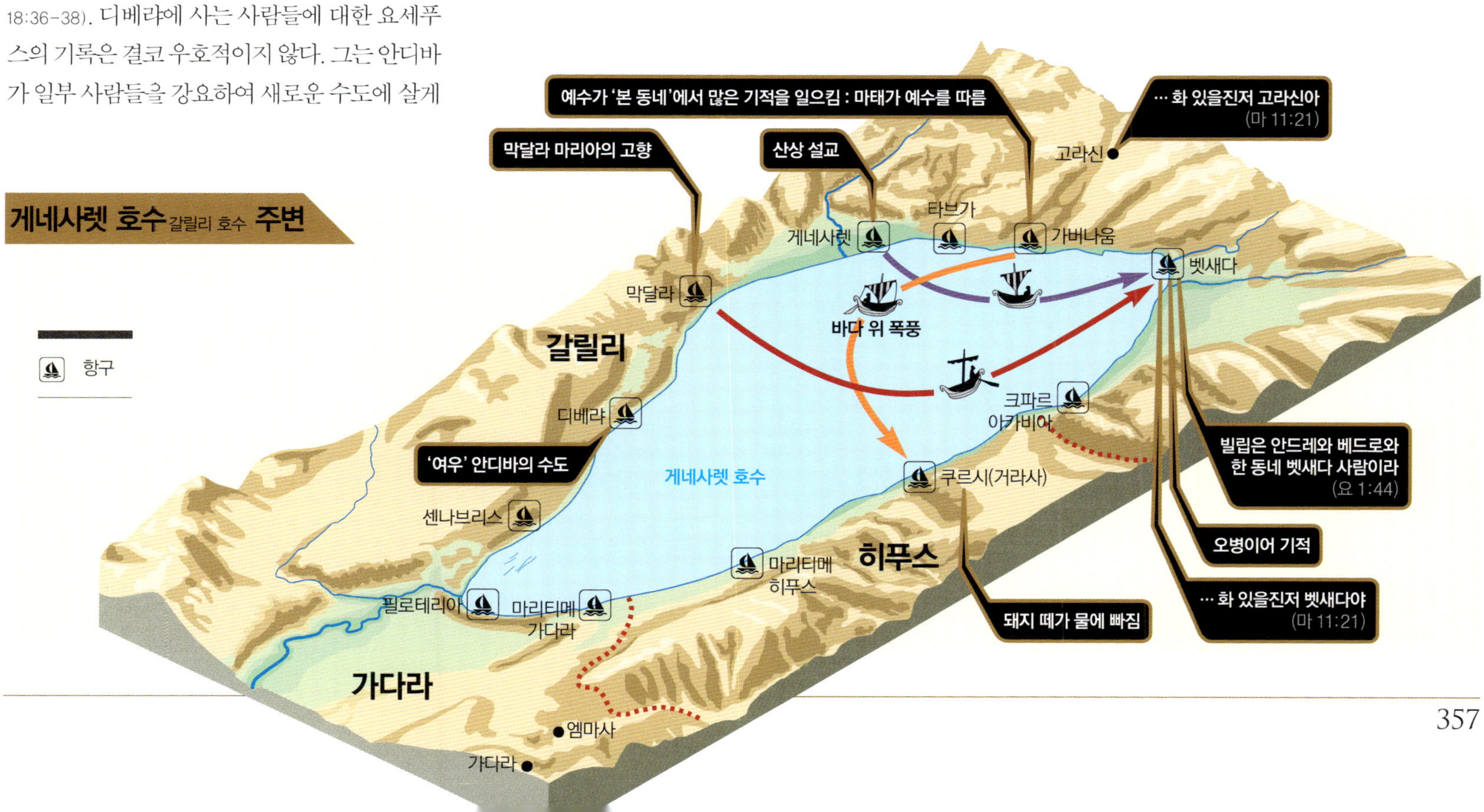

▲ 가버나움의 북쪽에서 남쪽으로 바라본 갈릴리 호수

밖에 발굴되지 않았다. 고고학자들이 확인한 안디바 시대의 유일한 디베랴 구조물은 디베랴로 들어가는 남쪽 입구에 자리한 성문 건축물이다.

요세푸스는 디베랴에 있는 경기장(《전쟁》 2:618)과 기도처인 프로슈케(《자서전》 277, 280, 293)에 대해 묘사하고 있지만, 그 가운데 아직 아무것도 발견되지 않았다. 특히 요세푸스가 사용한 단어 프로슈케의 정확한 의미는 분명하지 않다. 그 역사가는 디베랴에서 대중들이 모였던 프로슈케의 위치로 큰 건물을 언급하였지만, 다른 경우에는 그것이 반드시 고정된 구조물을 가리킨다는 식으로 그 용어를 사용하지는 않았다(《전쟁》 5:388; 《고대사》 14:258). 그는 《아피온 반박문》에서, 헬리오폴리스의 노천에서 드려진 기도들을 묘사하면서 그 용어를 사용했다(2:10). 그 헬라어 단어[1]는 신약에서 거의 같은 범위의 의미로 사용된다(참고. 행 16:13, 16).

1_그 헬라어 단어: 프로슈케(*proseuche*) 그 의미가 정확하게 정의되지는 않았지만, 회당이 없는 곳에 기도처를 만들어 기도했던 곳을 일컫는 것으로 알려져 있다. 사도행전 16장의 '기도할 곳'이라는 말이 바로 이 단어를 옮긴 것이다. "안식일에 우리가 기도할 곳이 있을까 하여 문 밖 강가에 나가 거기 앉아서 모인 여자들에게 말하는데"(13절). "우리가 기도하는 곳에 가다가 점치는 귀신 들린 여종 하나를 만나니 점으로 그 주인들에게 큰 이익을 주는 자라"(16절).

요세푸스는 또한 안디바가 건축한 궁전에 대해서도 묘사한다. 그 궁전은 금이 입혀져 있었고 '살아 있는 생물의 형상들'로 장식되었다(《자서전》 65-66). 그 분봉왕이 그렇게 율법을 거스른 것 때문에 나중에 그 건물은 파괴되었다. 안디바가 자기 생일에 '대신들과 천부장들과 갈릴리의 귀인들'(막 6:21)을 위해 잔치를 벌인 곳이 디베랴의 그 궁전일 수 있다. 그 잔치에서 벌어진 사건들로 인해 세례 요한은 비극적인 결말을 맞이하고 말았다.

막달라-타리케아이 아르벨 산 절벽의 기슭에 호숫가를 따라 디베랴에서 나오는 도로 상에 막달라가 위치한다. 막달라의 히브리어와 헬라어 지명은 각각 '생선 망대'라는 뜻의 믹달 누니아(참고. 바벨론 탈무드 《페사힘》 46b)와 '절인 생선'이라는 뜻의 타리케아이로 이 이름들은 1세기 당시 이 지방의 주요 산업을 반영하고 있다. 스트라보에 따르면 "타리케아이라고 부르는 지역의 호수는 절임용으로 좋은 물고기를 공급해주며 강둑에는 사과나무와 유사한 과실수들이 자라고 있다"(스트라보 《지리》 16.2.45).

마태복음 15장 39절에 대한 충분히 입증되지 못한 해석을 제외하면, 막달라에 예수가 나타났다는 언급은 없다(참고. 막 8:10). 마찬가지로 우리는 제자들 중에 이곳 출신이 있다는 말을 들어본 적도 없다. 예수가 게네사렛 근처에서 어선에 오르셨다면(눅 5:1), 그 배는 막달라 망대 주변에 그를 데려다 놓았을 것이다. 막달라라는 마을의 이름은 막달라 망대로부터 생긴 것으로, 이곳에서 그 지역의 생선을 말리고 절였다. 신약에서 막달라에 대해 분명하게 언급하고 있는 것은 마리아가 막달라 출신이라는 것이 유일하다. 그녀는 갈릴리에서부터 예수를 따라온 여인들 중 한 명이었다(마 27:56; 요 19:25). 또한 예수의 빈 무덤을 발견한 사람들과 함께 있기도 했다(눅 24:10).

디베랴와 막달라 사이의 여행에 대해서는 랍비 문헌과 요세푸스의 작품 둘 다에 묘사되었다. 요세푸스는 '디베랴에서 타리케아이까지는 30펄롱-약 5킬로미터 거리'라고 말했다(《자서전》 157). 요세푸스의 설명은 타리케아이의 위치를 갈릴리 호수 남쪽이라고 말한 플리니우스의 견해보다 더 선호된다. 플리니우스는 "서쪽 해안 디베랴의 남쪽에는 타리케아이(많은 사람들이 호수 자체에 이 이름을 붙인다)가 있다"고 말했다(플리니우스 《박물지》 5:15). 요세푸스는 네로가 아그립바 2세에게 타리케아이를 하사했을 때인 주후 54년에 타리케리아이가 그 지역의 중심지였다고 본다. 디베랴 지역과 더불어 타리케아이는 갈릴리 동부를 구성하였다(《전쟁》 2:252). 갈릴리 방어에 책임을 지고 있던 그 역사가는 로마와의 전쟁에 대비하기 위해

▲ 가버나움 회당의 복구도

요새화한 하부 갈릴리의 도시 목록에 타리케아이를 포함시킨다(《자서전》 188, 156). 현재까지 성벽은 전혀 발견되지 않았다. 프로슈케(《자서전》 280)나 경기장(《전쟁》 2:599)의 위치도 확인되지 않았다. 그는 타리케아이에서 벌어진 해전에 대해 묘사하는데, 그 전쟁은 유대인들에게 치명적인 손실을 초래하였다. 주민들은 다시 돌아올 수 없으리라고 생각하고 디베랴로 도망하였다. 타리케아이는 유대 반란 이후에 디베랴에 흡수되었을 것이다.

가버나움 가버나움에 대해 가장 많이 증언하는 문헌은 신약성서이다. 예수는 나사렛에서 배척당한 후에 가버나움으로 옮겨갔다(마 4:13[2]). 그곳은 '본 동네그 자신의 동네'로 알려졌다(마 9:1). 예수의 제자들 중 상당수가 이곳에서 부름을 받았다(마 4:13-22; 8:5-22; 9:1-34; 막 1:21-34; 2:1-17; 눅 7:1-10). 예수는 가버나움의 회당에서 한 번 이상 설교한 것으로 보고된다(눅 4:31[3]; 요 6:59). 예수는 또한 가버나움에 있는 것으로 묘사된 베드로의 집에도 머물렀다(눅 4:38).

가버나움에 대한 1세기의 다른 기록은 요세푸스가 유일하다. 그는 자신이 벳새다 근처의 전투에서 부상당했을 때 이 마을로 이송되었다고 기록한다(《자서전》 403). 그 외에 가버나움에 대한 언급은 그가 게네사렛 호수의 서쪽 지역을 묘사할 때 나오는 것뿐이다. 복음서에 나오는 이 중요한 도시를 재발견하고 싶었던 19세기 탐험자들에게 도전을 주었던 것이 바로 1세기의 그의 증언이었다. 게네사르 평야의 비옥함을 묘사한 후에 요세푸스는 계속해서 다음과 같이 적었다.

> … 이곳은 쾌적한 공기가 좋다는 점 외에도 그곳 주민들이 가버나움이라고 부르는 수량이 풍부한 샘을 통하여 물을 공급받고 있다. 어떤 이들은 이 샘이 나일 강의 한 지류라고 생각한다. 이 지역에서 나는 물고기가 알렉산드리아 호수에서 발견되는 코라킨을 닮았기 때문이다. 이 지역[즉 게네사르]은 같은 이름을 지닌 호수의 경계를 따라 펼쳐져 있다. 호수의 길이는 30펄롱이며 내륙으로 깊이는 20펄롱이다. 이 지역의 자연적 특징은 이러하다(《전쟁》 3:519-521).

요세푸스의 설명에 따르면, 호수의 북서쪽 가장자리를 따라 펼쳐져 있는 지역은 게네사르로 알려졌다. 그리고 게네사르 경계 내에 가버나움이라는 이름으로 알려져 있는 샘 지역이 있었다. 요세푸스는 그의 설명에서 그 마을을 언급하지 않는데, 아마도 그의 관심이 주변 자연 환경에 있었기 때문에 자기도 모르게 이를 생략한 듯하다.

그럼에도 불구하고 초기 탐험자들이 가장 당혹스러워 했던 것은 가버나움 샘들에 대한 언급이었다. 오늘날 가버나움의 환경에 익숙한 사람들은 이 주변에는 샘이 없다는 것을 알고 있다. 대신 서쪽으로 5킬로미터 떨어진 곳에 그 지역에서 타브가라고 알려진 샘이 있기는 하다. 타브가라는 이름은 그것의 헬라어 이름인 헵타페곤의 오기이다. 헵타페곤은 '일곱 개의 샘'이라는 뜻이다.

현대적인 탐험 이전에 이곳을 방문하여 기록을 남긴 첫 번째 기독교 순례자는 5세기경의 에게리아 Egeria였다. 그녀의 여정은 12세기 삐에르 집사 Pierre le Diacre의 저술에 보존되어 있다. 에게리아 다음으로는 3세기 후에 아르컬프 주교가 700년경에 뒤를 이었다. 그는 '빵을 축사한 곳', 즉 타브가에서 멀지 않은 가버나움을 방문했다.

그로부터 몇 년 지나지 않아 724년경에 빌리발트가 에게리아와 아르컬프와 똑같은 여정으로 순례했다. 그는 호숫가를 따라 디베랴에서 북쪽으로 이동하였다. 빌리발트의 기록으로부터 두 가지 중요한 정보를 얻는다. 첫째, 그는 가버나움을 큰 성벽이 있는 곳으로 묘사했다. 반면에 아르컬프는 그 마을에 전혀 성벽이 없다고 분명히 밝힌다. 더욱이 빌리발트는 가버나움에서 '세베대가 그의 아들 요한과 야곱과 함께 살던' 집을 보았다고 말한 반면, 벳새다에서는 베드로와 안드레의 집터 위에 세워진 교회를 보았다고 한다. 빌리발트가 가버나움과 벳새다를 혼동했을지도 모르지만, 그 당시 가버나움에 있는 교회에 대해서는 언급하지 않고 있다는 점에서 아르컬프와 동일한 견해를 보인다.

가버나움에 대한 현대의 고고학 발굴은 격자형 도로망을 가진 히포다모스식 도시를 발굴하였다. 로마식의 고층 밀집 주택인 인술라이 방식으로 지은 몇 채의 가옥이 발굴되었으며, 일부는 복원되었다. 발굴자들은 이 도시의 재정착이 페르시아 시대에 시작되었으며, 헬레니즘 시대와 로마 시대에 계속 발전한 것으로 결론을 내렸다. 7세기에 이슬람의 침공으로 가버나움은 황폐해졌고 버려졌다. 이러한 상황은 8세기 가버나움 방문자들의 기록과 잘 들어맞는다.

두 구조물이 상당한 관심을 끌었다. 이미 언급한 바와 같이 비잔틴 시대 기독교 순례자들은 베드로의 집터에 세워진 교회를 보았다. 발굴 작업은 이 증언들과 일치하는 것으로 보이는 일련의 성소들을 발굴하였다. 고고학자들은 이 지역에 대한 숭상이 초기 기독교 공동체가 모인 장소

비행기에서 바라본 가버나움 ▼

2_"나사렛을 떠나 스불론과 납달리 지경 해변에 있는 가버나움에 가서 사시니"(마 4:13).

3_"갈릴리의 가버나움 동네에 내려오사 안식일에 가르치시매 … 예수께서 일어나 회당에서 나가사 시몬의 집에 들어가시니 시몬의 장모가 중한 열병을 앓고 있는지라 사람들이 그를 위하여 예수께 구하니"(눅 4:31-38).

▲ 현무암 구릉지대에 위치한 고라신

1_"화 있을진저 고라신아, 화 있을진저 벳새다야, 너희에게 행한 모든 권능을 두로와 시돈에서 행하였더라면 그들이 벌써 베옷을 입고 재에 앉아 회개하였으리라"(눅 10:13).

였던 도무스 에클레시아domus ecclesia에서 시작했다는 견해를 내놓았다. 에피파니우스는 디베랴의 요셉이 콘스탄티누스 황제로부터 가버나움에 교회를 건축할 수 있는 권한을 위임받았다고 기록한다(에피파니우스《이단 반박문》30.4.1). 고고학적인 증거는 더 이전 시대의 가옥이 교회로 바뀌었음을 암시하며, 에게리아가 5세기 초에 방문한 곳이 아마도 다름 아닌 이 건물이었을 것이다. 팔각형 교회는 5세기 중엽 이후에 세워졌다. 위에서 말한 바와 같이 8세기의 가버나움 순례자의 증언은 교회가 그 당시에는 더 이상 존재하지 않았음을 암시한다.

가버나움 회당은 4세기 혹은 5세기에 속한 것으로 추정되는데, 초기 갈릴리 양식으로 건설되었으며 이스라엘에서 발견된 가장 큰 회당이다. 이 회당은 처음에 콜Kohl과 밧칭어Watzinger에 의해 부분적으로 발굴되었다. 프란체스코 수도회의 성지 관리 작업이 그들의 노력을 이어갔다. 한 지역에서 두 개의 회당이 발굴되었다. 에게리아가 방문했을 때 보았던 회당은 후대에 지어진 석회암 회당이었다. 그녀는 회당에 있던 여러 개의 계단과 잘라낸 돌들에 대해 묘사했다. 비잔틴 시대 회당의 토대를 형성한 것은 1세기경에 속한 더 이른 시대의 회당으로 여겨지는 벽의 잔해였다. 이 건물이 복음서에서 예수가 가르쳤던 곳이라고 말한 회당일 것이다.

◀ 1927년에 고라신 회당의 남쪽에서 돌 의자가 하나 발견되었다. 이 돌 의자와 유사한 것들이 함맛 디베랴와 그리스의 델로스 섬 회당에서 발견되어 종종 '모세의 의자'로 언급된 것과 동일하다는 견해가 제시되어 왔다. 아마도 회당의 그러한 의자에서 설교가 전해졌는지 모른다. 만일 그렇다면 예수가 당시 사람들에게 "모세의 자리에 앉았던 서기관들과 바리새인들"(마 23:2)에 관해 말하려고 했을 때 그의 마음속에 이 의자가 떠올랐을 수 있다. 이와 유사하게 누가도 나사렛 회당에서 예수가 한 행동에 대해 묘사하였는데, 이 설명과 일치한다(눅 4:16–30 참고). 예수는 토라와 하프타라(Haftara, 예언서 발췌 본문)를 읽기 위해 섰다. 그리고 그는 그 본문을 해설하기 위해 앉았다[즉 모세의 의자에].

마지막으로 3세기 랍비 이시가 가버나움 이단들을 향하여 발한 저주는 로마 시대 후기에 가버나움의 유대 공동체 가운데 유대-기독교인들이 살고 있었음을 보여준다. 실제로 에피파니우스는 4세기에 여전히 그곳에 유대 공동체가 있었다고 증언한다. "디베랴, 세포리스라고도 불리는 디오카이사레아, 나사렛, 가버나움 도시의 [유대 공동체들은] 그들 가운데 외국인이 살지 않도록 조심하였다"(에피파니우스《이단 반박문》30.11.10). 비잔틴 시대 가버나움에 엄격한 유대 공동체가 계속 거주하였다는 사실은, 하맛 가데르에 있는 회당 마루에 새겨진 6세기 아람어 비문의 발굴을 통해서도 암시된다. 그 비문은 가버나움의 요세 바르 도스티라는 기증자를 언급하였다.

가버나움 공동체에 대한 역사적이고 구체적인 자료들은 학자들이 유대교와 기독교가 이른 시기에 '갈라섰다'는 섣부른 결론을 내리지 못하도록 경고를 발하는 역할을 한다. 로마-비잔틴 시대 팔레스타인의 가버나움과 또한 다른 곳에서 발견된 고고학적 증거들은 두 공동체가 공존했음을 보여준다. 최소한 이러한 고고학적인 증거는 가장 이른 형태의 '비르캇 하 민님'(이단자들을 저주하는 기도문)이 초기 기독교에 대한 유대의 반감을 표현한다는 잘못된 주장을 반박하는 추가적인 자료가 된다.

고라신 가버나움, 고라신, 벳새다, 이 세 갈릴리 도시들은 예수가 기적을 일으킨 장소들로 언급된다(마 11:21; 눅 10:13[1]). 이중 오직 고라신만이 갈릴리 호숫가에 자리 잡고 있지 않다. 고라신은 가버나움에서 북쪽으로 약 3킬로미터 떨어진 곳에 위치하며 로쉬 피나 지질층의 현무암 경사면에 있다. 또한 고라신은 요단 강을 가로지르는 프톨레마이스-벳새다 길 근처에 자리 잡고 있다. 유대교 자료들에 따르면 이 마을에서 나는 밀은(탈무드《막쉬린》3:8) 품질이 매우 좋았다(바벨론 탈무드《메나호트》85a). 고라신은 바르 코크바 항쟁 이후(132–135년) 갈릴리로 유입된 유대인 인구 증가 때문이었던 듯, 2세기에 번영하였다.

고고학적인 증거는 이 마을이 4세기 초에 대단히 파괴적인 지진으로 황폐화되었지만 재건되어 비잔틴 시대까지 존속했음을 보여준다. 이는 4세기 초에 고라신이 이미 버려진 마을이었다는 유세비우스의 기록과 어긋난다. "고라신. 갈릴리의 한 마을. 복음서에 따르면 그리스도가 그곳을 저주하였다. 가버나움에서 약 3킬로미터 떨어진 그곳은 이제 황무지가 되었다"(유세비우스《지명록》174:23).

19세기 중반에 중동을 여행했던 네덜란드 관리, 반 데 벨데가 처음으로 키르벳 카라제를 고라신과 동일한 지역으로 확인하였다. 콜과 밧칭어는 후에 갈릴리 회당 탐사에서 고라신의 회당을 찾아냈다. 최근의 발굴 작업은 가옥들과 정결례 욕조 시설을 발견했다. 그럼에도 불구하고 고라신의 일부만이 발굴되었을 뿐이며 1세기의 고라신은 아직 확인되지 않고 있다.

고라신의 로마 후기 시대 회당은 초기 갈릴리 양식으로 가버나움과 바르암에 있는 회당과 유사하다. 발굴자들은 또한 회중이 사용하는 두루마리를 보관하는 회당 율법궤에 속한 장식 파편들을 찾아냈다. 그리고 안식일과 다른 절기 때 읽는 토라를 놓아두는 단베마도 발견했다.

게르게사 거라사 복음서를 읽는 독자는 예수가 귀신 들린 사람을 만난 '갈릴리 맞은편'에 있는 그곳의 위치를 확인하려고 할 때, 복잡한 본문상의 문제와 지형적인 문제에 직면하게 된다(마 8:28[2]-34; 막 5:1-17; 눅 8:26-37).

가다라 혹은 거라사에 대해 강력한 본문상의 증거가 있음에도 불구하고, 지리학자들은 거기서 드러나는 지형학적인 문제점들 때문에 이러한 배경을 연구하기가 쉽지 않다. 이 사건을 기록한 모든 본문에 따르면, 예수가 귀신 들린 사람을 만난 것은 그가 가버나움을 떠나 배를 타고 가면서 갑작스런 폭풍을 만난 일이 있은 후에 일어난 일이다(마 8:23-27; 막 4:35-41; 눅 8:22-25). 그 후에 예수와 제자들은 목적지에 도착했는데 마가와 마태는 '〔바다의〕 건너편'이라는 설명을 추가하였다(마 8:28; 막 5:1). 신약에서 '건너편'이라는 말은 전형적으로 가버나움과 게네사렛 맞은편에 있는 호수의 북동쪽을 가리킨다. 사실 마가의 경우 이 똑같은 말을 사용하면서 한번은, '건너편 벳새다'라고 좀 더 구체적으로 설명한다(막 6:45[3]). 그 지역에 대한 마태와 마가의 언급은 누가의 '갈릴리 맞은편'이라는 묘사와 일치한다.

아주 간단히 말하자면, 가다라나 제라사 중 어느 곳도 예수의 여행 목적지에 대해 복음서가 제공하는 설명과 맞지 않는다. 가다라움 케이스는 작은 도시 국가의 수도로 갈릴리 호수에서 남동쪽으로 약 9.6킬로미터 지점에 있으며, 베레아의 도시 제라쉬, 즉 제라사는 호수에서 약 51킬로미터 지점에 있다. 호수로부터 이렇게 외떨어진 거리에 있는 이 도시들은 가버나움에서 갈릴리 호수를 건너가 도달하게 되는 목적지의 후보지로서 적합하다고 할 수 없다.

가다라 지역은 호수의 남쪽 호안까지 이를 수도 있다는 사실을 재빨리 덧붙여야만 한다. 로마 시대의 가다라 동전은 해전들을 묘사하고 있는데, 이는 가다라가 호안까지 뻗어 있었다는 것을 암시한다. 이곳에서 '나우마키아Naumachia'라고 불리는 극적인 해전들이 벌어졌다(예. 디오 카시우스 43.23; 수에토니우스《신성한 율리우스》39; 수에토니우스《아우구스투스》43; 타키투스《연대기》12.56; 14.15). 1980년대에 있었던 가뭄 기간에 갈릴리 호수의 수면이 낮아져 그곳의 호안을 조사할 수 있었다. 현대에 와서 그 호안은 그곳에 건설된 댐 때문에 침수되어 있었다. 조사 결과 1세기의 것으로 보이는 16개의 항구가 확인되었다. 그 중에는 갈릴리 호수 남동쪽 해안에 있는 텔 사마라 근처의 가다라 항구도 포함되어 있었다.

가다라 항구의 발견은 가다라 지역이 갈릴리 호수의 남동 연안을 따라 가다가 호수의 남서쪽 끝에서 요단 강이 빠져나가는 지점까지 뻗어 있었다는 요세푸스의 기록을 뒷받침해준다. 갈릴리 호수의 북쪽 요단 강과 호수에서부터 요단 강이 빠져 나가는 남쪽 출구는 갈릴리 지역의 동쪽 경계 지점들이다. "〔유스투스가〕 밖으로 나가 가다라와 히푸스에 속한 마을들에 불을 질렀다. 그 마을들은 디베랴와 스키토폴리스 지역의 경계선에 자리 잡고 있었다"(《자서전》42).

여기서 디베랴는 '디베랴 호수'(예. 《전쟁》3:57)로 읽어서는 안 되며 이어지는 요세푸스의 다음 설명에 등장하는 갈릴리의 수도로 읽어야 한다(《자서전》43). 스키토폴리스에 대한 언급과 유사하게, 이 도시의 등장은 그 도시의 주변 지역, 즉 이 경우에는 갈릴리 지역을 드러내기 위한 목적을 가지고 있었다. 그 역사가가 갈릴리의 경계 지점들을 표시하기 위해 가다라 지역을 사용한 것은 갈릴리의 경계선을 묘사하면서 이와 비슷하게 가다라를 사용한 것과 평행을 이룬다.

> 남쪽에서 그 지역은 요단 강에 이르기까지 사마리아와 스키토폴리스 영토에 의해 경계를 이루고 있다. 동쪽에서는 히푸스, 가다라, 가울라니티스, 그리고 아그립바 왕국의 국경선에 접하고 있다(《전쟁》3:37).

그럼에도 불구하고, 가다라 소국가는 갈릴리 호수의 연안까지 뻗어 있었던 반면, 복음서에 묘사된 사건과 관련해서는 그 위치가 너무 남쪽에 있었다.

가다라 항구를 탐사하는 중에 호수 연안에서 한 개의 큰 망대가 발견되었다. 이 망대는 그 도시 영토의 북쪽 경계선을 표시하는 것이었을 수도 있다. 가다라 호안 경계선은 중요한 의미를 갖는다. 왜냐하면 "그 돼지 떼가 비탈로 내리달아 호수에 들어가 몰사하거늘"이라는 복음서의 지형적인 묘사(눅 8:33[4]; 참고. 마 8:32; 막 5:13)와 일치하는, 호수에 이르는 가까운 경사면이 가다라 지역에는 없기 때문이다.

이미 3세기 초에 오리게네스는 거라사와 가다라를 복음서의 이야기에 나오는 장소로 보기에는 지형적인 문제가 있다는 것을 인식하고 있었다. 그는 지형적 배경과 지역 전승에 기초해서 다른 제안을 했다. 게르게사. "옛 도시…는 오늘날 디베랴라고 부르는 호숫가에 있다. 이곳에는 호수 위로 쑥 내밀어진 절벽이 있어서 그들은 거기서 돼지 떼가 귀신들에 의해 떨어져 물에 빠지는 것을 보았다"(오리게네스《요한복음 주석》6:41). 이 옛 마을의 유적지는 와디 사메크 삼각주에 자리 잡고 있다. 이 삼각주는 높이 솟은 가울라니티스 산지가 호수로 이어지는 유일한 지점의 바로 북쪽에 있다. '게르게사'는 우리가 다루고 있는 본문의 헬라어 사본 일부에 나타난다. 그러나 문제의 사본들은 오리게네스보다 이전 시대의 것이며, 초기의 본문 전승에 대한 증거라기보다는 그 교부의 창의

▼ 가다라(움 케이스)의 로마 시대 유적지

2_"또 예수께서 건너편 가다라 지방에 가시매 귀신 들린 자 둘이 무덤 사이에서 나와 예수를 만나니 그들은 몹시 사나워 아무도 그 길로 지나갈 수 없을 지경이더라"(마 8:28).

3_"예수께서 즉시 제자들을 재촉하사 자기가 무리를 보내는 동안에 배 타고 앞서 건너편 벳새다로 가게 하시고"(막 6:45).

4_"귀신들이 그 사람에게서 나와 돼지에게로 들어가니 그 떼가 비탈로 내리달아 호수에 들어가 몰사하거늘"(눅 8:33).

1_"갈릴리 해변으로 지나가시다가 시몬과 그 형제 안드레가 바다에 그물 던지는 것을 보시니 그들은 어부라"(막 1:16).

적인 견해를 반영한 것일 수도 있다.

게르게사에 대한 본문상의 증언들이 오리게네스보다 앞서기는 하지만, 그 전승 자체는 의심의 여지없이 오리게네스 이전의 것이다. 복음서의 이야기를 필사한 사람들은 아마도 오리게네스의 저술을 잘 알고 있었을지 모르지만, 그렇다고 신약 시대에 게르게사가 존재했을 가능성이 배제되는 것은 아니다. 또한 그 마을 주변 지역이 예수와 제자들이 가고자 했던 목적지였을 가능성이 배제되는 것도 아니다.

오리게네스가 게르게사를 '옛 도시'라고 말한 것은 그 당시에는 마을이 폐허 상태였음을 암시하는 것일 수도 있다. 그것은 또한 유대와 기독교 자료에 포함된 지역 전승들을 가리키기도 한다. 오리게네스 이후 1세기가 지나서 유세비우스는 갈릴리 호수의 북쪽과 동쪽에 있는 '그술 경계 지역'(수 13:11; 신 3:14)의 위치를 요단 강 너머의 기르가쉬와 동일시했다. 이는 칠십인역의 읽기에 따른 것이다(신 3:14, 칠십인역). 그는 또한 가다라와 거라사를 언급한다.

> 기르가쉬. 요단 강 너머에 있는 도시로 길르앗 근처에 위치한다(수 13:11). 이 지역은 길르앗 지파가 차지한 곳이다(신 3:14). 이 도시는 아라비아의 유명한 폴리스인 거라사로 전해진다. 혹자는 그곳을 가다라라고 부른다. 복음서 또한 거라사 사람들의 땅을 언급한다(유세비우스 《지명록》 64:1).

그러나 유세비우스는 다음에 이어지는 목록에서 다시 한 번 게르게사 마을과 그곳과 관련된 지역 전승을 익히 알고 있는 듯이 설명한다.

> 게르게사. 그곳에서 주님이 귀신 들린 자를 치료하셨다. 돼지 떼가 떨어져 내린 디베랴 호수 부근의 언덕 위에 마을이 하나 있다(유세비우스 《지명록》 74:13).

갈릴리 호수의 동쪽 연안에 마을이 있었다는 비잔틴 시대 이전 교부의 증언은 기독교에서 만들어낸 것이 아니다. 초기의 유대 미드라쉬 역시 기르가쉬[혹은 게르게쉬타]가 호수의 동쪽 연안에 있었다고 유사하게 밝히고 있다.

> 랍비 느헤미야가 말하기를 "송축 받으실 거룩하신 분이 이스라엘에게 곡과 마곡의 무덤들을 보여주실 때, 주의 영광이 감람 산 위에 있을 것이며, 곡과 마곡의 무덤들이 기드론 골짜기에서 디베랴 호수의 동쪽 편에 있는 게르게쉬타까지 열릴 것이다"[쉬르 하 쉬림 주타 1.4(11쪽)].

우리의 연구 목적들에 있어서 중요한 것은, 유세비우스와 유대 미드라쉬 둘 다 호수 동편에 있는 기르가쉬/게르게쉬타/게르게사의 위치를 잘 알고 있다는 점이다. 오리게네스가 게르게사를 '옛 도시'라고 표현한 것은 그 당시 이미 도시가 폐허가 되었음을 암시하기 때문에 이 지역 전승들은 중요하다. 그럼에도 불구하고 후대의 기독교 전승은 게르게사엘 쿠르시의 위치 확인 결과를 강화하였으며, 복음서 사건을 기념하는 교회를 그곳에 세웠다.

지형적 배경에 기초해 볼 때 게르게사엘 쿠르시 옛 마을을 둘러싼 주변 지역이 복음서 기자들이 말한 설명과 더 잘 맞는다는 사실에는 의문의 여지가 없다. 그곳은 예수의 목적지가 '건너편'이라는 마태와 마가의 설명과, '갈릴리 맞은편'이라는 누가의 설명에 잘 들어맞는다. 가다라의 위치, 혹은 더 정확하게는 거라사의 위치 확인 작업에 있어서 내재하고 있는 문제인 갈릴리 호수 북쪽 지역과의 거리 문제가 게르게사에는 없다. 뿐만 아니라 게르게사의 주변에만 갈릴리 호수 연안 쪽으로 가파르게 내려가 있는 산비탈이 있다. 고대에 그 마을이 존재했다는 증거는 랍비 문헌 및 오리게네스와 유세비우스 같은 비잔틴 시대 이전의 기독교 저술에서 찾아볼 수 있다. 이 두 기독교 저술가는 또한 게르게사를 복음서 사건이 일어난 장소와 동일시하는 비잔틴 시대 이전의 기독교 지역 전승들에 대해서도 증명한다.

게르게사가 안고 있는 유일한 걸림돌은 복음서 사건을 다루는 오리게네스 이전의 사본들에는 그곳이 전혀 나타나지 않는다는 점이다. 게르게사의 딜레마는 잘 알려진 유형에 속한다. 즉 고대 본문을 필사할 때 잘 모르는 이름은 거의 항상 잘 알려진 이름으로 '교정'되었다는 것이다. 따라서 그곳이 예수가 귀신 들린 자를 만난 장소였음에도 불구하고, 매우 초기 단계에서 덜 알려진 게르게사라는 이름의 마을은 데가볼리의 유명한 도시였던 가다라와 거라사 둘 중의 하나로 지명이 바뀌었을 것이다.

▼ 게르게사(엘 쿠르시)의 고대 유적지 전경. 북서쪽으로 갈릴리 호수가 보인다.

데가볼리 갈릴리 호수라는 지명은 "후에는 해변 길과 요단 저쪽 이방의 갈릴리를 영화롭게 하셨느니라"(사 9:1b)라는 이사야 본문을 창의적으로 해석한 기독교의 산물이다. 마가가 갈릴리 호수를 기독교식으로 부른 것(막 1:16[1]; 7:31)은 그가 동시대의 설교 양식을 수용했다는 표시이다. 그 이사야 본문은 예수의 북부 지역 여정을 설명하는 마가에게 적절한 내러티브 구조를 제공해주었던 것 같다. "예수께서 다시 두로 지방에서 나와 시돈을 지나고 데가볼리 지방을 통과하여 갈릴리 호수에 이르시매"(막 7:31).

마가에 따르면 예수는 이사야에 언급된 해변 길을 따라 페니키아에서 돌아왔다. 여기서 해변 길은 두로에서부터 가이사랴 빌립보 지역까지의 간선 도로를 말한다. 그리고 나서 예수는 마가가 데가볼리라고 말한 지역인 요단 동편 하우란[2] 고원 지대로 계속 나아갔다. 예수의 순회 여정은 갈릴리 호숫가에서 끝이 났다. 페니키아에서 하우란을 경유해 갈릴리 호수로 이어진 여정은 지리적인 측면에서 볼 때는 그리 논리적이지 않다. 그러나 마가의 설명은 이사야 본문에 나오는 지역들의 순서를 엄격하게 따르고 있다. 먼저 해변 길, 다음은 요단 건너편 땅, 그리고 이방인들의 갈릴리 순이다. 따라서 다시 한 번 마가는 이사야의 옛 예언이 예수에게서 성취된 사실을 묘사하기 위한 그 자신의 독특한 방식을 보여주는 것 같다.

데가볼리라는 지명에 대한 역사적 첫 증언은 마가복음과 마태복음이다(막 5:20[3]; 7:31; 마 4:25). 그 지명의 역사는 새롭게 논의되는 주제이다. 요세푸스는 이 도시들이 유대인의 폭동에 대하여 베스파시아누스에게 불평하던 것과 관련하여 '시리아의 데가볼리'를 언급한다(《자서전》 341, 410). 그는 스키토폴리스를 데가볼리 도시 중에서 가장 큰 도시라고 말한다(《전쟁》 3:446). 그러나 그 역사가는 데가볼리의 지리적이거나 정치적인 명칭의 성격, 기원, 그리고 거기에 어떤 도시들이 포함되는지에 대한 부가 정보를 제공해주지 않는다.

플리니우스는 79년에 데가볼리에 대해 1세기 무렵의 가장 자세한 설명을 제공한다.

> 시리아 쪽에 인접한 유대 지방은 데가볼리 지역으로, 비록 모든 저술가들이 그 안에 포함된 도시의 목록을 동일하게 말하고 있는 것은 아니지만, 그 이름은 거기 포함된 도시의 수에서 유래되었다. 그러나 대부분의 저술가들은 다음과 같은 도시들을 포함시킨다. 크리소르로에 강이 흘러 비옥해진 목초지가 있는 다메섹, 필라델피아(지금의 암만을 가리킨다), 라파나(이 세 도시는 모두 아라비아를 향해 깊숙이 들어가 있다), 스키토폴리스(이전에는 리베르 신부가 그의 유모 니사를 이곳에 매장했다 하여 니사라 부르기도 했다), 야르묵 강이 흘러가는 가다라, 이미 언급한 바 있는 히푸스, 디온, 물이 풍부한 도시 펠라, 그밖에 갈라사[즉 거라사], 카나타가 있다(플리니우스《박물지》5.16).

2_하우란(Hauran)
'깊은 땅'이라는 의미로, 요단 강의 동쪽과 길르앗 땅의 북쪽 방향으로 위치해 있다. 해발 609미터, 면적 271제곱킬로미터의 비옥한 분지이다.

3_"그가 가서 예수께서 자기에게 어떻게 큰 일 행하셨는지를 데가볼리에 전파하니 모든 사람이 놀랍게 여기더라"(막 5:20).

두로와 가이사랴 빌립보 지역에서 추정되는 여행

1_"그들이 브엘세바에서 언약을 세우매 아비멜렉과 그 군대 장관 비골은 떠나 블레셋 사람의 땅으로 돌아갔고"(창 21:32).

플리니우스는 데가볼리에 포함된 열 개의 도시를 나열한 유일한 저술가이다. 그러나 그가 말한 바와 같이 이 목록은 확실한 것이 아니며, 그는 저술가들 사이에서 견해가 일치하지 않는다는 점을 인정한다. 그의 진술은 그가 데가볼리에 대한 개인적인 지식에 기초해서 쓴 것이 아님을 보여준다. 대신에 그는 다른 사람들이 작성한 상충되는 자료들에 의존하고 있다.

역사적 증언들 사이의 불일치는 다시 프톨레마이오스의 《지리》에서 들을 수 있다. 2세기의 저술(약 150년)에서 프톨레마이오스는 데가볼리 도시 18개를 소개하였다. 그의 목록은 플리니우스의 목록 중 라파나를 제외한 아홉 개를 포함하며 다른 아홉 개 도시, 헬리오폴리스, 아빌라, 사아나, 히나, 아빌라 리사니아스, 카피톨리아스, 에드레이, 가도라, 사물리스를 추가하였다(참고. 스트라보 《지리》 5:14-22). 그러나 가장 주목할 만한 사실은 1세기의 지리학자 스트라보가 데가볼리를 언급하지 않았다는 것이다.

스트라보는 시리아와 팔레스타인 두 지역을 상당히 자세하게 설명하고 있으며, 데가볼리의 도시들, 다메섹, 가다라, 필라델피아, 스키토폴리스 같은 이름들도 거론한다. 로마가 소아시아 서부에서 조직하고 통제하던 23개 도시 연맹인 리키아 연맹에 대한 스트라보의 관심을 생각해 볼 때 그의 침묵은 한층 더 이상하다.

데가볼리에 대해 그 다음으로 중요한 문헌상의 증인으로는 4세기 초에 기록을 남긴 유세비우스가 있다. "데가볼리. 복음서에 나옴. 이곳은 히푸스, 펠라, 가다라를 둘러싸고 있는 베레아 지역이다"(유세비우스 《지명록》 80:16). 유세비우스는 데가볼리의 성격에 대해 규명하지 않았다. 그러나 유세비우스가 데가볼리는 세 도시를 '둘러싸고' 있다고 기술한 것은 그가 데가볼리를 단순한 정치적 연맹이 아니라 지리적 지역을 가리키는 것으로 이해했음을 보여준다. 히에로니무스가 유세비우스의 《지명록》을 라틴어로 번역하면서 유세비우스가 그저 '데가볼리'라고 말한 것을 '데가볼리'라는 헬라어가 의미할 수 있는 '레기오 데켐 우르비움(*regio decim urbium*, 열 개 도시의 지역)'이라고 풀어서 번역했다. 히에로니무스가 '데가볼리'를 정의하기 위해 '레기오'라는 단어를 사용한 것은 일찍이 플리니우스가 데가볼리를 묘사할 때 사용한 용어를 떠올리게 한다.

역사적인 자료들은 데가볼리와 관련하여 정치적 연맹에 대해서는 아무런 언급도 하지 않는다. 유대인들의 항쟁이 있을 때에 유일하게 정치적 연합이 이루어진 것은 그들이 베스파시아누스에게 불평을 토로할 때였다. 이 도시들은 유대 항쟁을 진압하는 로마인들을 돕기 위해 군사들을 파견한 것으로도 전혀 언급되지 않는다. 그러나 현대의 학자들은 폼페이우스가 주전 63년 하스몬 왕가의 통치로부터 이 지역을 해방시킬 때 도시 연맹의 기초를 놓았다고 보는 것이 일반적이다. 폼페이우스 통치를 받아들인 도시들도 있었고 그렇지 않은 도시들도 있었다. 예를 들면 다메섹은 알렉산더 시대에 데가볼리에 포함되었다.

이보다 더 중요한 의미를 갖는 사실은, 지금까지 이 도시들에서 발견된 동전들이나 1세기 비문에서 데가볼리에 대한 언급을 찾아볼 수 없다는 점이다. 혹자는 1세기 동안 이 지역에서 일어난 정치적 격변을 겪으면서, 이 도시들이 로마의 대장군 폼페이우스에 의해 설립된 정치 연맹의 일원이 된 것을 언급하면서 로마 제국에 대한 충성을 자랑스럽게 공표했을 것이라고 추측한다. 주전 30년에 아우구스투스가 헤롯에게 히푸스와 가다라를 준 사실로부터, 일찍이 이 도시들의 로마 연맹이 초기에 존재했다는 것에 대해 추가적인 의문이 제기된다(《고대사》 15:217; 《전쟁》 1:396). 만일 이 도시들이 로마 연맹에 속했다면 로마 황제가 유대 왕에게 이 도시들을 넘겨주었을 것 같지는 않다.

마가복음과 마태복음에 나타난 구절들을 제외하고 데가볼리에 대한 다른 모든 역사적 언급들은 66-70년에 일어난 유대 항쟁 이후의 문헌들에서 볼 수 있다는 사실은 어느 정도 중요한 의미가 있을 수 있다. 그와 반대되는 어떤 역사적이거나 금석학적인 증거도 전혀 없다는 것은 마가복음과 마태복음의 데가볼리가 시대착오적인 지명임을 보여주는 것 같다. 이는 요한복음에 나타난 '갈릴리의 벳새다'(요 12:21)도 마찬가지이다. 유대 항쟁을 둘러싼 떠들썩한 사건들은 지정학적으로 이 지역에 중요한 변화를 가져왔다. 이것은 변화하고 발전하는 그 지역 지명들에 잘 반영되어 있다.

데가볼리의 기원에 대해서는 알려진 것이 전혀 없다. 아마도 그것은 이 도시들이 당시 로마에 항거했던 유대인이 많이 살았던 이웃 지역과 대비해서 자신들을 규정하고자 했던 것에서 비롯되었을지 모른다. 복음서에서 이 용어를 사용한 것은 개별 복음서들이 저작된 시기(즉, 70년 이후)를 반영할 수도 있다. 왜냐하면 데가볼리가 예수의 시대에 알려져 있었다는 것을 시사하는 확실한 증거가 없기 때문이다. 초기 이스라엘 땅의 역사를 잘 알고 있는 사람들은 히브리어 성서에서도 똑같은 시대착오적 현상을 찾을 수 있을 것이다. 아브라함 시대에 해안 평야 지대를 '블레셋 사람의 땅'(창 21:32[1])으로 표현한 것은 시대착오적인 지명 사용의 한 예이다. 그 당시는 블레셋 사람들이 실제로 도착하기 수세기 전이기 때문이다. 두 경우 모두 사건이 일어난 시대의 지명보다는 저술 당시의 지명과 관련하여 더 많은 것을 전해주고 있다.

예수의 마지막 날들

사복음서 모두 로마인들이 예수를 예루살렘 밖에서 십자가에 못 박았다고 전한다. 예수의 죽음에 대한 로마의 책임은 가장 초기의 기독교 세례 신조 중 하나에도 표현되어 있다. "[그는 로마 총독] 본디오 빌라도에게 고난을 받으셨다." 그러나 예수의 처형을 둘러싼 지리적이고 역사적인 세부 사항들은 신약성서에서 각기 다르게 나타난다. 여기서 수난 내러티브의 역사적 자료로서 사복음서의 문헌적 관계에 대한 복잡한 논쟁들을 다룰 수는 없다. 그 주제에 대해서는 다른 곳에서 이미 많이 다루어졌다. 여기서는 예루살렘의 물리적 배경에 대해 우리가 알 수 있는 것이 무엇인지, 그리고 예루살렘에서 일어난 역사적 사건들에 관하여 그 배경들이 우리에게 무엇을 알려주는지를 확인하는 데 초점을 맞출 것이다.

19세기 말에 시작되어 지난 100년간 행해진 예루살렘에 대한 고고학적 조사는 신약 시대 예루살렘의 물리적 배경을 조명하는 데 도움을 주었다. 여전히 의문들이 남아 있기는 하지만, 새롭게 발견된 최신 자료들은 신선한 통찰을 제공해왔다. 그 결과 때때로, 거룩한 장소들에 대한 오랜 전승들이 도전을 받기도 했다. 그럼에도 불구하고 그 운명적인 날들에 대한 좀 더 분명한 그림이 그려지게 되었다. 우리는 지형적인 배경에 특별한 관심을 기울이며 예수의 생애 마지막 주에 일어난 사건들의 역사적 뼈대를 개략적으로 기술해볼 것이다.

JESUS' LAST JOURNEY TO JERU-SALEM

예수의 마지막 예루살렘 여정

0 10 miles
0 15 km

- 헤롯 빌립의 영토
- 헤롯 안디바의 영토
- 시리아 총독령 도시
- 유대 행정 장관의 영토
- 헤롯 왕국의 최대 범위

"유월절 엿새 전에 예수께서 베다니에 이르시니 이 곳은 예수께서 죽은 자 가운데서 살리신 나사로가 있는 곳이라"(요 12:1).

1_"유대인의 유월절이 가까우매 많은 사람이 자기를 성결하게 하기 위하여 유월절 전에 시골에서 예루살렘으로 올라갔더니"(요 11:55).

2_"또 아골 골짜기에서부터 드빌을 지나 북쪽으로 올라가서 그 강 남쪽에 있는 아둠밈 비탈 맞은편 길갈을 향하고 나아가 엔 세메스 물들을 지나 엔로겔에 이르며"(수 15:7).

예수는 유월절을 며칠 앞두고 예루살렘으로 올라갔다(요 11:55[1]). 그의 순례는 집안의 관습을 따른 것이었다. 제2성전 시대에는 시내 산 율법에 따라 1년에 세 번 예루살렘 순례를 해야 한다는 규정을 지킬 필요가 없었다. "네 모든 남자는 매년 세 번씩 주 여호와께 보일지니라"(출 23:17; 참고. 출 34:23). 1년에 세 번씩 긴 거리를 여행해야 하는 규정은 비현실적이었고, 멀리 떨어진 곳에 흩어져 살고 있던 유대인들에게는 특히 그러했다. 그래서 "주 여호와께 보일지니라"라는 명령을 비유적으로 해석할 필요가 생겼다(토빗 1:6-10; 《미드라쉬 탄쿠마, 테자웨》(51b); 《고대사》 4:203-204).

그럼에도 불구하고 누가는 예수 가족들의 경건함을 기록하고 있다. "그의 부모가 해마다 유월절이 되면 예루살렘으로 가더니"(눅 2:41). 예수가 예루살렘 지리에 친숙했다는 사실은 그가 유월절 때의 그 도시에 익숙했고 아마도 그 도시에서 유명한 인물이었으리라는 것을 알려준다. "어디든지 그가 들어가는 그 집 주인에게 이르되 선생님의 말씀이 내가 내 제자들과 함께 유월절 음식을 먹을 나의 객실이 어디 있느냐 하시더라 하라"(막 14:14; 눅 22:7-13).

요단 강을 건너는 북쪽의 여울목은 요단 동편을 경유해 예루살렘으로 여행하려는 순례자들이 이용했던 곳으로 스키토폴리스 영토에 속해 있었다(참고. 《고대사》 12:348). 이 독립적인 헬라 도시는 지정학적으로 중요한 갈릴리와 사마리아 사이에 자리 잡고 있었다. 그 도시와 주변 영토는 시리아 지역에 속했으며, 헤롯 대왕이 죽은 뒤에 그의 아들들에게 하사된 땅들에 속하지 않았다. 누가가 17장 11절에서 "사마리아와 갈릴리 사이로 지나가시다가"라고 적은 것은 예수 당시의 지리적이고 정치적인 현실을 반영한 것이었다. 따라서 이 구절은 누가의 '지정학적 기량 미달'을 보여주는 증거라고 볼 수 없다.

여리고 지역 : 현대 도시, 고대 텔과 초기 로마 시대 건물 유적

복음서들에 따르면 예수는 예루살렘 순례 때에 늘 같은 경로를 사용한 것이 아니었다. 더 이전에 예수가 사마리아 내지에 있었다고 하는 증언(요 4:4-6)은 그가 때때로 당시 중앙 산지를 경유하는 분수령 길을 따라 여행했다는 것을 암시한다. 이 길은 갈릴리에서 예루살렘까지 3일밖에 걸리지 않는 가장 빠른 직행로였다(《자서전》 268-270). 그러나 유대인과 사마리아인들 사이의 반목 때문에 그 길은 종종 매우 위험한 길로 여겨졌다(《전쟁》 2:232-233; 《고대사》 20:118; 눅 10:30-37). 고대 자료에 언급되어 있는 것으로서 갈릴리에서 나오는 세 번째 길은 에브라임 산의 구릉 지대를 따라 안티파트리스로 와서 벧 호론 산마루 길을 올라가 예루살렘에 이르는 여정이다(《전쟁》 2:228). 그러나 이 길은 거룩한 도시를 향한 예수의 순례와 관련하여 어디에서도 언급되지 않는다.

여리고를 경유한 예수의 여정(마 20:29; 막 10:46; 눅 19:1)은 갈릴리에서 출발해 요단 동편에 있는 베레아 지역을 통과하여, 여리고에서 나오는 로마 도로(참고. 눅 10:30)를 따라 성서의 아둠밈 비탈(수 15:7[2]) 근처로 올라갔음을 보여준다. 이 길을 따라가다보면 예수는 여리고에 있는 하스몬 궁전과 헤롯 궁전들을 볼 수 있었을 것이다. 실제로 헤롯의 아들 아르켈라우스의 이전 궁전의 모습은 예수가 '왕이 될 헤롯의 아들'에 관한 유명한 이야기를 채용할 단서가 되었던 것 같다. 그는 거기서 영감을 받아 "어떤 귀인이 왕위를 받아가지고 오려고 먼 나라로 갈 때에"라는 비유를 만들었을 것이다(눅 19:12).

오직 누가만이 그들이 여리고를 지나갈 때 예수가 이 비유를 말한 것으로 이야기한다. 마찬가지로 오직 누가복음에서만 예수는 헤롯의 아들 이야기를 그의 비유를 만들기 위한 내러티브 구조로 활용한다. 헤롯의 아들에 대한 강한 역사적 암시를 담고 있는 이 비유가, 그가 추구했으나 결코 얻지 못한 왕권을 상징하는 웅장하게 복원된 왕궁과 나란히 배열되었다는 것은 주목할 만한 일이다. 최근의 발굴 작업은 48년에 지진이 발생하여 궁전들이 파괴되었으며, 학자들이 누가가 복음서를 썼을 것이라고 추정하는 때보다 훨씬 이전에 왕궁들이 버려졌다고 결론지었다. 누가가 독특한 방식으로 비유와 여리고 주변의 물리적 배경을 결합시키는 데 사용한 자료는 왕궁이 여전히 존재하고 있거나 최소한 그것에 대한 기억이 생생하게 남아있을 때에 생겨났던 것으로 보인다.

예수는 예루살렘을 향해 나아가던 중에 감람 산 동쪽 비탈에 이르렀다. 베다니(요 11:18; 유세비우스 《지명록》 58:15)와 벳바게(눅 19:29) 마을은 예루살렘 변두리에 자리 잡고 있었다. 벳바게는 베다니와 예루살렘 사이에 있으며, 거룩한 도시의 외곽 경계선에 해당했다(미쉬나 《메나호트》 11:2; 바벨론 탈무드 《페사힘》 63b). 그 지명은 덜 익은 무화과나무라는 뜻의 셈어에서 유래했으며(유세비우스 《지명록》 58:13을 보라), 그 주변 지역에서 농업 활동이 이루어졌음을 알려주는 것일 수도 있다(막 11:20). 같은 맥락에서 '감람 산'이라는 지명(슥 14:4)도 지역 농산물과 관련이 있었다.

신약은 예수가 베다니에서 머물렀다(마 21:17; 막 11:11)고 전하는데 아마도 나사로, 마리아와 마르다의 집에 유하셨을 것이다. 순례 절기 동안 방문자들이 매우 많았다는 것은 많은 순례자들이 거룩한 도시 바깥에 머물러야 했음을 의미한다(《고대사》 17:213-214). 베다니는 예루살렘에서 3킬로미터도 채 안 되는 거리라서 예루살렘과 성전을 매일 다녀올 수 있는 편

리한 곳이었다. 복음서는 베다니와 예루살렘을 왕복한 예수의 여정을 그리고 있다(막 11:11-12). 그러나 도시 바깥에 머문 순례자들조차 유월절 전날, 즉 니산 월 14/15일에는 도시의 성벽 안에서 희생 제물을 먹어야 했다(미쉬나《페사힘》7:9, 12; 10:3). 제자들이 예루살렘의 성벽 안에서 유월절 식사를 준비하려고 노력했던 일(눅 22:7-13)은 예수의 마지막 만찬이 랍비들의 규정을 따른 것임을 가장 분명하게 보여주는 예이다.

유월절이 다가오는 그 주에 예수는 날마다 성전에서 가르쳤다(눅 19:47). 성전 안에서 성서를 공부하는 일은 유대 전통에 기록되어 있다(미쉬나《타미드》5:1; 미쉬나《요마》1:7). 이곳은 또한 어린 시절부터 예수가 친숙하게 알았던 연구 장소였다(눅 2:48-49). 성전을 둘러싼 주랑 현관에는 이러한 연구 장소들도 포함되었을 것 같다(참고. 행 5:12). 뿐만 아니라 남쪽에서부터 성전 산의 훌다 문으로 올라가는 계단 꼭대기의 연단은 가르침이 전해지는 장소였다(탈무드《산헤드린》2:2; 미쉬나《산헤드린》11:2). 미쉬나는 세 군데 법정에 대해 묘사하는데, "성전 산 입구에 앉아서, 혹은 성전 뜰 입구에 앉아서, 마지막으로 채석실[3]에 앉아서 재판을 하였다"고 묘사했다(《산헤드린》11:2). 이 장소들 중 첫 번째가 훌다 문으로 가는 계단 꼭대기의 넓은 연단 근처와 동일한 장소로 여겨진다.

예수가 사두개인 제사장들의 감독 하에 이루어지던 금융 거래에 문제를 제기했던 장소는 다름 아닌 성전 주변이었다(눅 19:45-46[4]). 학자들은 예수의 행동이 성전 뜰에서 일어난 일이었음을 확인하기 위해 노력을 기울였다. 마가복음의 확대된 내러티브는 예수의 행동이 성전 경내에서 이루어졌으며, 심지어는 직접 성전 자체를 겨냥하기까지 했다고 말한다. "아무나 물건을 가지고 성전 안으로 지나다님을 허락하지 아니하시고"(막 11:16; 참고. 요 2:15). 다른 한편으로 마태와 누가는 예수의 행동이 성전 제도를 겨냥한 것이었다는 마가의 설명을 생략하고 대신 성전 관리를 맡고 있는 제사장들을 겨냥하고 있었다고 본다. 더욱이 누가가 사용하고 있는 동사 표현을 보면 반드시 예수가 이미 성전 경내에 있었다고 생각할 필요는 없다.

누가의 설명은 유대 문헌들에 의해 뒷받침된다. 미쉬나 소책자《베라코트》9장 5절은 그곳이 시장터였다고 말하기는커녕, 지갑을 소지한 채 성전 산에 올라가는 것조차 허용되지 않았다고 말한다. "지팡이, 신발, 지갑을 가지고 성전 산에 들어가서는 안 된다." 예수의 행동들은 최근의 발굴 작업이 가게들이 밀집해 있던 곳으로 확인한 성전 산의 남쪽과 남서쪽 성벽에 인접한 곳이나 헤롯 대왕이 지은 왕실 주랑 현관 주변(《고대사》15:411-416)이었을 것으로 보인다. 예수의 생애를 다루는 위경의 한 이야기에서, 예수는 성전 산 남쪽 가게들 근처 정결례 욕조들이 있는 곳에 나타났던 것으로 언급된다. "그러고 나서 [예수는] 그들을 데리고 정결례 장소로 가셨으며 성전 내부를 거니셨다"(파피리 옥시린쿠스 840; 참고. 요 11:55; 행 21:24, 26).

예수가 항의한 이유는 분명하게 설명되어 있지 않다. 이 이야기를 당시의 유대교 자료들에 비추어 고찰한 최근의 한 연구는 예수가 다른 동시대 사람들과 마찬가지로 안나스 가문이 주께 바쳐야 할 개인적인 십일조를 탈세한 일과 압제적인 조치를 취한 것에 반대한 것이라는 견해를 제시한다. 분명, 당시의 이 제사장 일족(눅 3:2; 요 18:13; 행 4:6)이 성전 재정을 담당하는 청지기로서 자신들의 직무를 남용하였다고 평가한 것은 예수만이 아니었다.

현자들이 말하기를 하닌[=안나스] 자손들을 위한 [농산물] 창고들은

유월절 식사 후 예수가 제자들과 함께 기도했던 겟세마네 동산 ▲

이스라엘 땅이 안식을 얻기 3년 전에 파괴되었다. 그들이 자신들의 산물로부터 십일조를 따로 떼어내지 않았기 때문이다. 그것은 그들이 "너는 마땅히 십일조를 바치고 … 먹을 것이며"라는 구절에서는 파는 사람을 제외시키고, "너희 모든 씨앗의 소산에서 늘어난 부분"이라는 구절에서는 사는 사람을 제외시키고 해석한 결과였다(《시프레》; 참고. 예루살렘 탈무드《페아》1:6).

《시프레》에서 안나스 가문이 '파는 사람들'과 '사는 사람들' 둘 다로 묘사되고 있다는 점은 예수의 책망이 겨냥하고 있는 자들에 대한 마태와 마가의 확대된 설명을 이해하는 데 도움이 될 수 있다. 그 복음서 기자들이 파는 사람들과 사는 사람들을 함께 언급한 것은 초기의 중언법重言法에서 유래한 것이다. 누가는 예수가 '파는 사람들'만 내쫓았다(참고. 요 2:14[5])고 말하는 반면에 다른 두 복음서 기자는 '파는 사람들과 사는 사람들'을 언급했다. 랍비 문헌은 복음서 전체에서 예수는 오직 성전 성직자들의 권력 남용에만 관심이 있었다고 본다(또한《타르굼 이사야》5:7-10; 바벨론 탈무드《바바 바트라》3b-4a;《고대사》15:260-262; 20:181; 20: 205-207을 보라).

유월절을 며칠 앞둔 기간 동안 예수가 한 말과 행동들은 성전의 사두개파 기성체제에 대한 도전으로 해석되었다. 그러나 그의 메시지가 대중들에게 폭넓은 호소력을 지니고 있었기 때문에 그들은 그를 공개적으로 체포할 수 없었다(눅 19:48). 예수는 대중들이 품고 있던 불만을 표출시켰고(눅 20:19), 성전 기성체제는 이에 대응하기 위해 좀 더 적절한 기회가 올 때까지 기다려야만 했다.

유월절 전날에 절기 식사를 위한 준비가 이루어졌다. 제사장들은 다른 희생 제물들을 드렸지만, 성서는 백성들 스스로 성전 안에서 유월절 제물을 바쳐야 한다고 규정했다(신 16:2[6]; 미쉬나《페사힘》5:6; 필로《특별법》2:145). 희생 제사는 니산 월 14일에만 드릴 수 있었고 그날 밤에 먹어야 했다(신 16:4). 복음서들은 식사 준비에 관한 상세한 사

▼ "바르 카트로스에게 속한"이라는 문구가 새겨진 무게 돌 추, 유대 구역의 "불탄 집"에서 발견되었다.

3_채석실(the Chamber of Hewn Stone)
미쉬나《밋도트》5.4에 따르면 성전 안에 있던 세 개의 재판 법정 중 하나를 말한다. 그 세 법정실은 목(木)실, 골라(Golah)실, 채석(採石)실이라 불렀다고 전한다.

4_"성전에 들어가사 장사하는 자들을 내쫓으시며 그들에게 이르시되 기록된 바 내 집은 기도하는 집이 되리라 하였거늘 너희는 강도의 소굴을 만들었도다 하시니라"(눅 19:45-46).

5_"성전 안에서 소와 양과 비둘기 파는 사람들과 돈 바꾸는 사람들이 앉아 있는 것을 보시고"(요 2:14).

6_"여호와께서 자기의 이름을 두시려고 택하신 곳에서 소와 양으로 네 하나님 여호와께 유월절 제사를 드리되"(신 16:2).

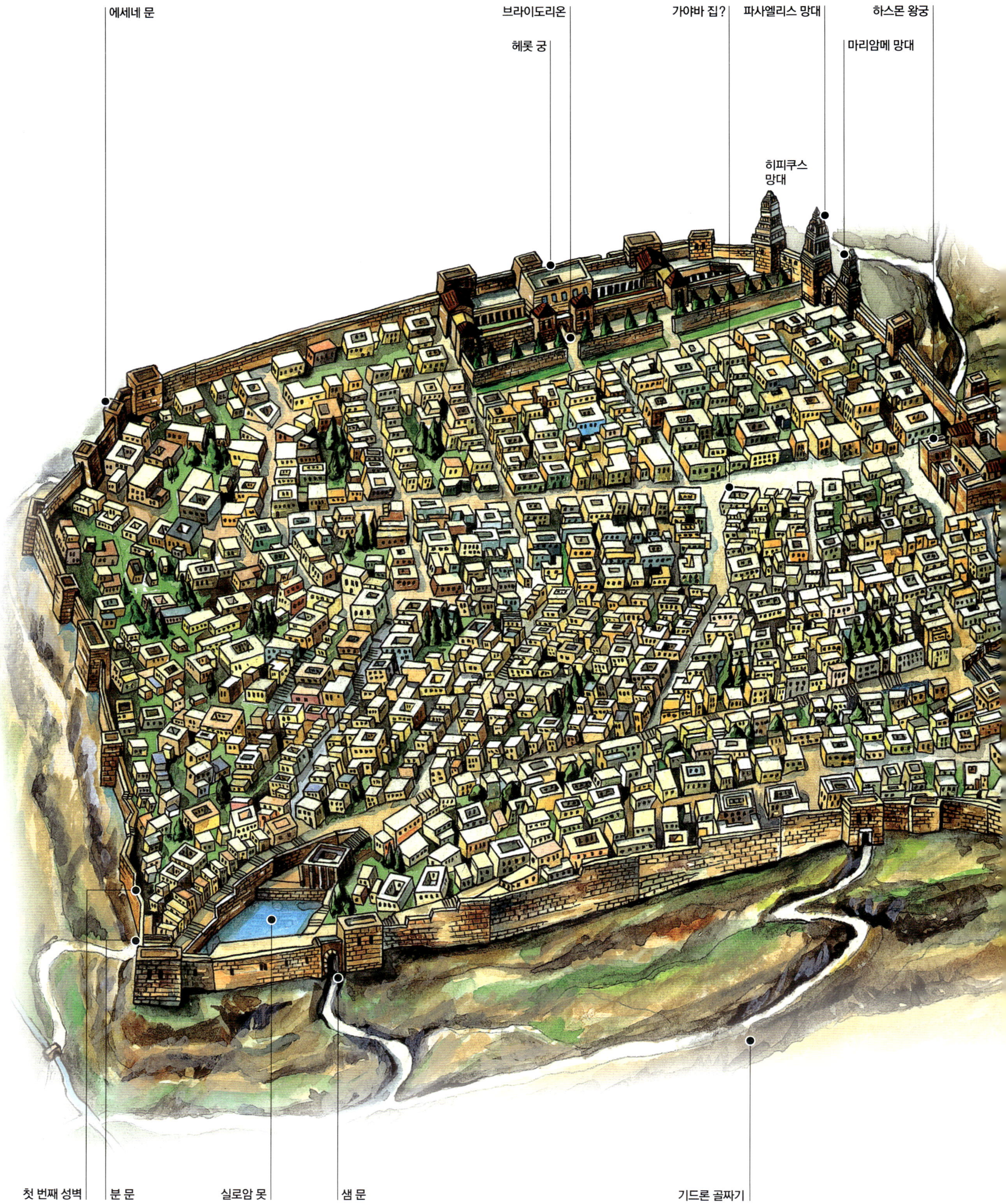
에세네 문
브라이도리온
헤롯 궁
가야바 집?
파사엘리스 망대
하스몬 왕궁
마리암메 망대
히피쿠스
망대
첫 번째 성벽
분 문
실로암 못
샘 문
기드론 골짜기

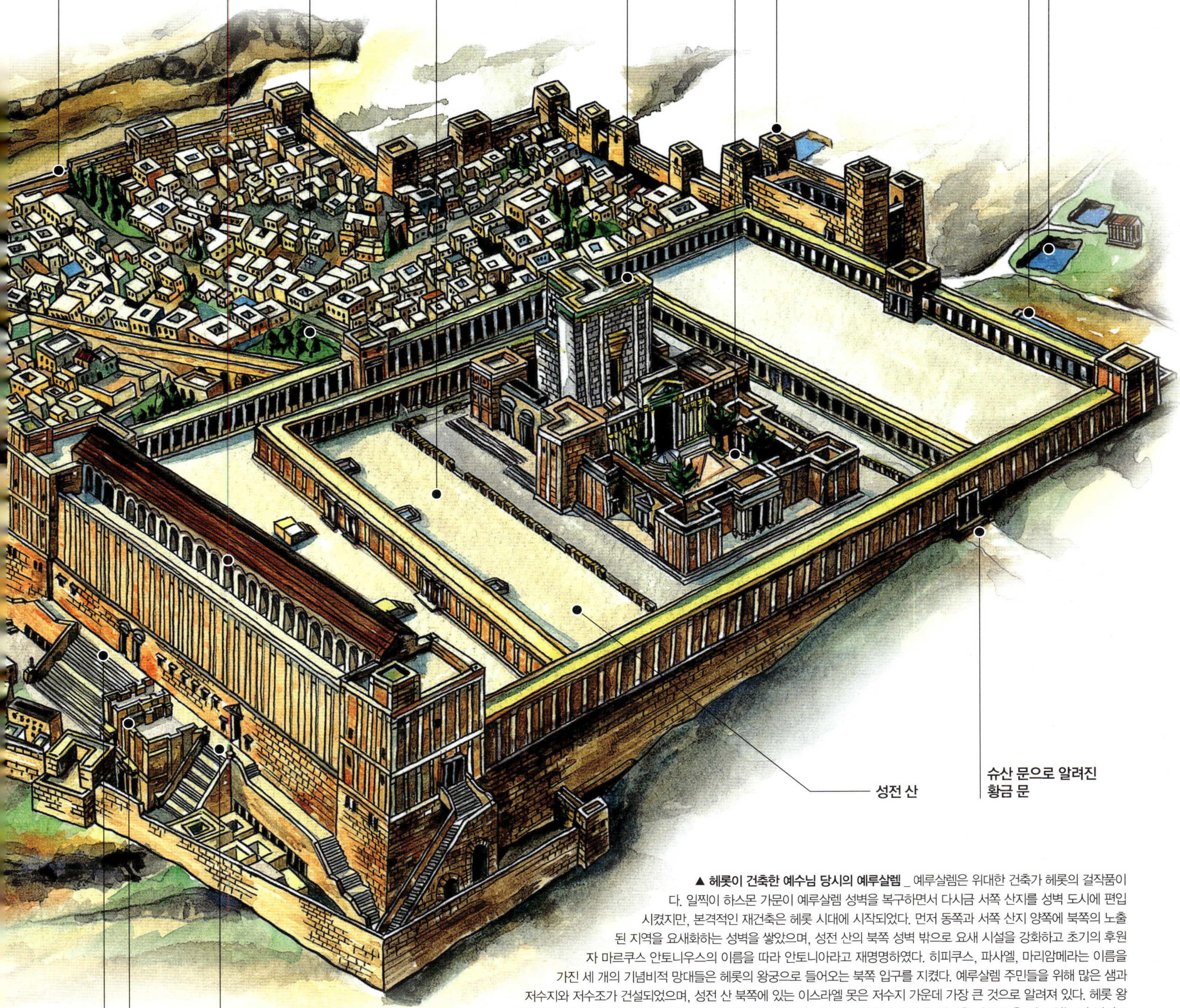

▲ 헤롯이 건축한 예수님 당시의 예루살렘 _ 예루살렘은 위대한 건축가 헤롯의 걸작품이다. 일찍이 하스몬 가문이 예루살렘 성벽을 복구하면서 다시금 서쪽 산지를 성벽 도시에 편입시켰지만, 본격적인 재건축은 헤롯 시대에 시작되었다. 먼저 동쪽과 서쪽 산지 양쪽에 북쪽의 노출된 지역을 요새화하는 성벽을 쌓았으며, 성전 산의 북쪽 성벽 밖으로 요새 시설을 강화하고 초기의 후원자 마르쿠스 안토니우스의 이름을 따라 안토니아라고 재명명하였다. 히피쿠스, 파사엘, 마리암메라는 이름을 가진 세 개의 기념비적 망대들은 헤롯의 왕궁으로 들어오는 북쪽 입구를 지켰다. 예루살렘 주민들을 위해 많은 샘과 저수지와 저수조가 건설되었으며, 성전 산 북쪽에 있는 이스라엘 못은 저수지 가운데 가장 큰 것으로 알려져 있다. 헤롯 왕궁은 상부 도시의 맨 위쪽에 자리했으며, 그 왕궁의 북쪽에는 세 개의 망대가 있었다. 헤롯은 남쪽 끝을 끼고 있는 단 넓이로 왕실 주랑을 세웠는데, '로빈슨 아치'라고 불리는 계단을 통해 이 왕실 주랑으로 접근할 수 있었다.

헤롯의 예루살렘 건축의 백미는 성전 그 자체였다. 헤롯의 지지자들이라고 하기 어려운 사람들의 작품인 탈무드에서조차 "헤롯 성전을 보지 못한 사람은 결코 아름다운 건물을 본 적이 없는 자이다"라고 할 정도였다. 성전 경내 남쪽에 위치한 왕실 주랑은 가장 화려한 경관을 자랑했는데, 예수 시대에는 환전상들과 장사꾼들이 이곳에서 북적였다. 이방인의 뜰은 '소렉'(격자 모양의 낮은 칸막이 또는 돌로 만든 울타리)에 의해 안쪽의 더 거룩한 영역과 구분되었으며, 여인의 뜰은 동쪽에서 들어가는 성전의 출입문 앞쪽에 있었다. 니카노르 문은 여인의 뜰과 이스라엘의 뜰을 구분해주는 경계였다. 성전은 대리석과 금으로 장식되었으며, 제의 물품을 보관해두는 여러 개의 작은 방들로 둘러싸여 있었다.

예수의 주요 활동지 가운데 하나였고, 십자가의 죽음과 부활의 배경이 된 곳이며, 성령 강림과 초대교회의 탄생이 있었던 곳, 바로 예루살렘이다.

THE ARRERT, INTERROGATION AND EXECUTION OF JESUS

예수의 체포와 심문, 처형

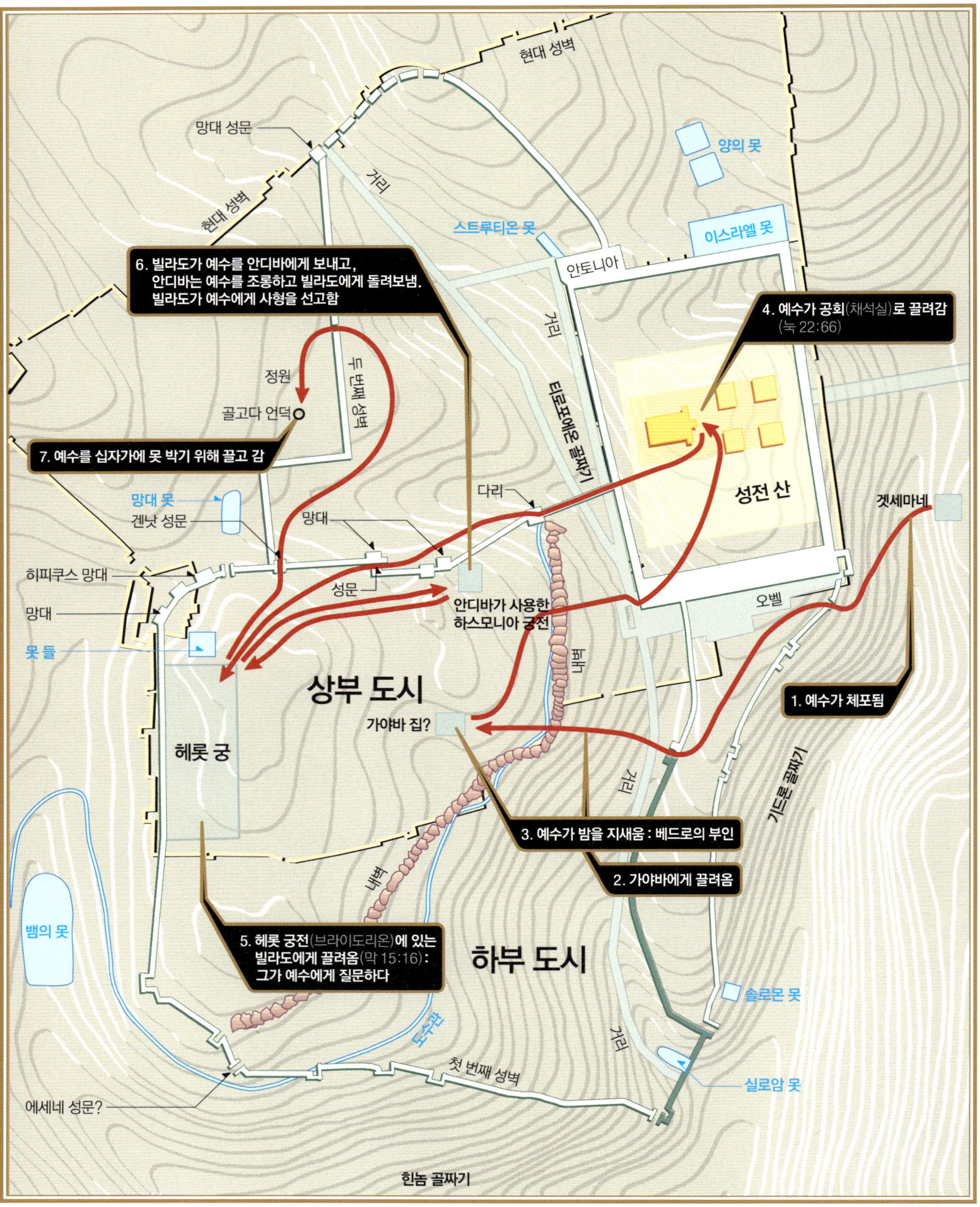

"새벽에 대제사장들이 즉시 장로들과 서기관들 곧 온 공회와 더불어 의논하고 예수를 결박하여 끌고 가서 빌라도에게 넘겨주니"(막 15:1).

항들을 말해주지 않는데, 아마도 그것이 매우 흔한 일이어서 기록할 필요가 없었던 것 같다.

예루살렘 순례자들은 성전으로 올라가서 유월절 희생양을 제물로 바쳤다. '페사흐'(막 14:12; 눅 22:15; 고전 5:7)라는 그 희생 제물은 거룩한 도시에서 유월절을 지키는 자들의 주요한 식사였다(신 16:2-4). 예수가 이 식사를 어디에서 했는지에 대해서는 분명한 기록이 없다. 마가(14:15)와 누가(22:12)는 단지 그곳이 '다락방'이었다고 말한다. 초기 기독교 전승은 이 방이 예루살렘 서부 산지의 남쪽 비탈에 있다고 말하지만 아직까지 이를 확증하는 문헌이나 고고학적인 증거는 없다.

더 분명한 것은 유월절 식사를 마무리하는 찬양, 즉 시편 113-118편 '할렐'을 부른 후에(마 26:30; 막 14:26), 예수와 그의 제자들은 감람 산 비탈로 물러갔다는 점이다(눅 22:39; 마 26:30; 막 14:26). 마태와 마가는 그 장소가 겟세마네라고 부르는 곳이었다고 구체적으로 말한다(마 26:36; 막 14:32). 그러나 이 지명은 다른 1세기 문헌에서는 나타나지 않는다(참고.

유세비우스《지명록》74:16).

거룩한 날안식일에 다닐 수 있는 거리가 제한되어 있었으므로 예수는 그 날 저녁 베다니로 돌아갈 수 없었을 것이다. 절기 참여자들은 예루살렘 도시 경계 안에서 밤을 지내야만 했다. 율법을 준수하는 유대인들에게는 거룩한 날에 여행할 수 있는 거리에 제한이 있었는데, 감람 산은 '안식일에 가기 알맞은 길'(행 1:12[1]) 내에 있었다. 예수는 습관을 따라(눅 22:39) 감람 산의 특정한 지점, 즉 다윗 왕의 기도 장소라는 전승이 간직된 기도처로 갔다(삼하 15:32[2]에 토대를 둔 예루살렘 탈무드《베라코트》4:8b).

복음서는 예수가 기도한 후에 그를 따르던 자들 중 한 사람인 가룟 유다가 대제사장들과 그들의 병사들을 데리고 와서 그를 체포하게 했다고 기록한다. 유다가 맡은 역할은 성전의 지배층에게 이미 잘 알려져 있는 예수의 정체를 확인시켜주는 일이 아니라 예수의 측근들이 있는 위치를 확인하고 언덕 한편에서 야영하고 있는 다른 사람들로부터 그들을 떼어놓는 일이었다. 그들은 어둠을 틈타 예수를 체포했고 대제사장 요셉 바르 가야바가야바스의 집으로 끌고 갔다.

기독교 전승은 그 대제사장의 집이 서쪽 산지의 남쪽 구역에 있었다고 보았다. 그럼에도 불구하고 오늘날 예루살렘의 유대인 구역에 대해 최근에 이루어진 발굴 작업은 글씨가 새겨진 무게 추 하나를 발견했는데, 그것은 또 다른 대제사장 가문인 바르 카트로스의 집에서 나왔다. 이 가문은 바벨론 탈무드에 로마 시대의 대제사장 가문들을 비판하는 문맥에서 기억되고 있다. 이 제사장들은 억압, 비밀 및 재정적인 부정으로 비판을 받았다. 2세대 '탄나'[3]인 아바 사울 바트닛은 다음과 같은 말을 남겼다.

> 화로다 나여, 보에투스의 가문 때문에
> 화로다 나여, 그들의 막대기 때문에
> 화로다 나여, 하닌=안나스의 가문 때문에
> 화로다 나여, 그들의 귀엣말 때문에
> 화로다 나여, 카트로스의 가문 때문에
> 화로다 나여, 그들의 붓 때문에
> 화로다 나여, 파비의 아들 이스마엘의 가문 때문에
> 화로다 나여, 그들의 주먹 때문에
> 왜냐하면 그들은 대제사장들이며 그들의 자손들은 [성전] 회계원들이고 그들의 사위들은 수탁자들이며 그들의 종들은 백성을 막대기로 때렸기 때문이다
>
> (바벨론 탈무드《페사힘》57a=탈무드《메나호트》13:21).

이 탈무드 증언에서 세 가지 특징이 우리에게 중요한 의미를 갖는다. 첫째 이 일족들의 배신에 대한 불평은 그들이 성전 재정을 장악하고 있다는 설명과 짝을 이룬다. 이것은 안나스 가문에 대한 예수와 현자들의 항의와 일치한다(막 11:17). 둘째 하닌안나스 가문에 대한 구체적인 비난은 복음서에 따르면 그들이 비밀리에 예수를 로마에 넘겨준 일이다. 그들의 '귀엣말'은 '압제 조치들을 고안하기 위한 비밀회의'를 가리킨다(바벨론 탈무드《페사힘》57a n.b2; 참고.《고대사》20:199, 13:294). 마지막으로 탈무드와 비문에 나타난 바르 카트로스 가문에 대한 언급은 제사장들의 한 가문이 살았던 주변 지역을 확인하는 데 도움을 준다(《고대사》20:16을 보라). 예루살렘에 있던 그들의 집은 70년 여름 로마 포위 때 파괴되었다.

바르 카트로스 집 근처에서 기념비적인 대저택들이 발견되어 이 지역이 다른 대제사장 가문들이 이웃해 사는 지역일 가능성을 높여주었다. 고고학자들의 표현을 빌리자면 이 '호화 대저택'은 그 규모와 우아함이 주목할 만하다. 그 집은 다층 주택이며 600평방미터 크기였다. 그곳에서 수입 도기들이 발견되었고, 회칠한 벽들은 집이 파괴되기 바로 전 유행하던 로마 양식을 모방한 최신 기법의 프레스코로 장식되었다. 그곳의 폐허에서 발견된 서명이 새겨진 유리 물주전자는 유명한 유리 제조업자 시돈 사람 엔니온Ennion의 작품이었다. 이 집에 거주하던 사람들은 매우 유명하고 부유한 사람들이었던 것이 분명하며, 정결례 욕조들이 이례적으로 많은 것은 그 가족이 대제사장 가문에 속한 자들이었음을 보여준다.

이 집이 안나스 가문에 속한 집인지 아니면 가야바의 가문에 속한 집인지 알 길은 없다. 그러나 '호화 대저택'이 보여주는 화려함과 축적된 부는 1세기에 가장 오래된 성직자 가문의 경제적 지위를 특징지어준다. 예수와 아바 사울 바르 바트닛이 비판한 것처럼, 그들은 그 시대에 호된 비판의 대상이었다.

날이 밝자 예수는 '산헤드린공회'으로 끌려갔다(눅 22:66[4]; 참고. 마 26:59; 막 14:55). 누가는 이 용어를 그의 복음서에서만 사용한다. 사도행전(4:15; 5:27, 34; 6:12, 15)에서 누가는 그 용어를 '공의회'라는 뜻으로 사용하지 않고 회의실, 즉 유대 문헌에 언급된 채석실의 의미로 사용하였다(미쉬나《페아》2:6; 미쉬나《산헤드린》11:2; 미쉬나《밋도트》5:4; 예루살렘 탈무드《산헤드린》19c). 누가가 그 단어를 산헤드린 의원 전체가 예수에게 유죄 판결을 하고 로마인에게 넘겨준 일에 참여한 것을 가리키는 것이 아니라 회의실로 해석한 것은, 산헤드린이 인간의 생명을 보존하고 사형 집행을 매우 꺼려했다는 증언과 일치한다.

> 한 주간 안에[즉, 7년 동안에] 누군가를 사형에 처한 산헤드린은 '파괴적'이라고 일컬어졌다. 랍비 엘리아자르 벤 아자리아는 "7년 동안에 한 사람뿐이었는데도 말이다"라고 말한다. 랍비 타르폰과 랍비 아키바는 "만일 우리가 산헤드린의 의원이었더라면 아무도 사형에 처해지지 않았을 것이다"라고 말한다(미쉬나《막쉬림》1:10).

더 나아가 오직 안나스 가문(즉 안나스, 가야바, 요한과 알렉산더; 참고. 행 4:6)과 그들과 가까운 사람들만이 채석실에서 예수를 심문했다는 설명은 예수를 고소한 자들이 그 후에 취한 조치들과 더 잘 들어맞는다. 그들의 행동은 그에 필요한 산헤드린 전원의 찬성을 얻는 것이 거의 불가능했을 것이다(눅 23:50-51).

처형당할 가능성이 있는데도 로마인에게 동족 유대인을 송치한 일은 유대적 관점에서는 영원히 용서할 수 없을 정도로 중대한 죄악으로 여겨졌다(세데르《올람 랍바》3장 끝). 한 사람의 생명에 대한 이와 똑같이 커다란 관심(미쉬나《산헤드린》4:5)은 예루살렘 탈무드에서도 발견된다. 그것은 심지어 로마인이 도시를 포위했을 때에도 마찬가지이다.

> 그들이 "너희 가운데 한 사람을 우리에게 넘겨주면 우리가 그를 죽일 것이다. 만일 너희가 그렇게 하지 않는다면 우리는 너희 모두를 죽일 것이다"라고 말했다 하자. 만일 너희 모두가 죽임을 당한다 할지라도 너희는 이스라엘에서 한 사람이라도 넘겨주어서는 안 된다(예루살렘 탈무드《테루모트》8:10).

우리는 나중에 이 동일한 사두개파 제사장들이 그들의 비밀스러운 행동이 공개적으로 드러날까 염려했다는 소식을 듣게 된다(행 5:28[5]).

1_"제자들이 감람원이라 하는 산으로부터 예루살렘에 돌아오니 이 산은 예루살렘에서 가까워 안식일에 가기 알맞은 길이라"(행 1:12).

2_"다윗이 하나님을 경배하는 마루턱에 이를 때에 아렉 사람 후새가 옷을 찢고 흙을 머리에 덮어쓰고 다윗을 맞으러 온지라"(삼하 15:32).

3_탄나(tanna)
미쉬나 시대(20-200년)에 활약하던 율법사를 가리킨다.

4_산헤드린
한글 성경은 각각 '법정'(공동번역), '공의회'(새번역), '의회'(현대인의성경), '최고의회'(메시지) 등으로 옮겼다.

5_"이르되 우리가 이 이름으로 사람을 가르치지 말라고 엄금하였으되 너희가 너희 가르침을 예루살렘에 가득하게 하니 이 사람의 피를 우리에게로 돌리고자 함이로다"(행 5:28).

1 "빌라도가 이 말을 듣고 예수를 끌고 나가서 돌을 깐 뜰(히브리 말로 가바다)에 있는 재판석에 앉아 있더라"(요 19:13).

2 뜰 안
우리말 성경은 '관정'(개역개정), '총독 관저'(새번역, 공동번역)로 옮겼다.

마지막으로, 또 다른 증거 역시 예수는 산헤드린에 의해 사형을 언도받을 수 없었다는 것을 보여준다. 미쉬나 소책자 《산헤드린》에 따르면 최고 회의의 명령에 따라 사형을 받은 자들에게 마련된 두 개의 무덤이 있었다.

> 사형수들은 그들의 조상 묘지에 매장하지 않았다. 재판 법정이 준비해둔 두 곳의 매장지에 묻어야 한다. 하나는 참수형이나 교살형을 위한 것이고 다른 하나는 돌에 맞거나 화형에 처한 사형수들을 위한 것이다(미쉬나《산헤드린》9:6).

복음서의 기록들은 예수가 이러한 무덤들 중 하나에 묻히지 않았다는 사실에 이견이 없다(마 27:60; 막 15:46; 눅 23:53; 요 19:41).

1차 심문을 거친 후 예수는 로마 총독 본디오 빌라도에게 넘겨졌고 정치적인 선동죄로 고소당하였다(눅 23:2). 평소 빌라도는 로마가 다스리는 유대 지방의 수도인 가이사랴에 거주했다. 그러나 복음서들은 빌라도가 유월절을 지키기 위해 모인 군중들 앞에서 제국의 힘을 과시하기 위해 예루살렘에 와서 브라이도리온에 머물렀다고 기록한다(마 27:27; 막 15:16; 요 18:28).

기독교 전승은 브라이도리온을, 헤롯 대왕이 건설하여 그의 초기 후원자인 마르쿠스 안토니우스의 이름을 붙인 안토니아 요새와 동일한 지역으로 생각한다(《전쟁》5:238-245). 그러나 최근의 발굴을 통해서 지금의 엑케 호모 교회 지하에 있는 '리토스트로토스 *Lithostrotos*', 즉 빌라도가 예수에게 유죄를 선고했다는 장소인 포장한 바닥(요 19:13[1])은 신약 시대의 것이 아니라 135년경 하드리아누스 황제 때의 것으로 추정된다는 것을 밝혀냈다.

대신, 빌라도는 아마도 서쪽 산지에 있는 헤롯 대왕의 궁전에 머물고 있었던 것으로 보인다. 필로(《가이우스 황제의 대리》38:299)와 요세푸스(《전쟁》2:31) 둘 다 예루살렘에 있는 헤롯 궁전이 로마 총독의 거주지였다고 전한다. 마가에 따르면 헤롯 궁전은 브라이도리온이라고도 불렸다. "군인들이 예수를 끌고 브라이도리온이라는 뜰 안[2]궁전으로 들어가서"(막 15:16a). 후에 로마 총독이 가이사랴에 있는 헤롯의 해변 궁전에 거주했을 때 그곳도 유사하게 헤롯의 브라이도리온이라고 불렸다(행 23:35).

누가는 예수가 갈릴리에서 예루살렘까지 사람들을 선동했다는 죄로 고소당했다고 전한다. 예수가 백성들에게 세금을 바치지 말도록 충동하고 자신을 메시아 왕이라고 주장했다는 죄목이었다(눅 23:2). 예수를 고소한 자들이 빌라도에게 예수가 갈릴리 출신이라고 알려주자 빌라도는 갈릴리와 베레아의 분봉왕인 헤롯 안디바에게 예수를 넘겨주려고 하였다. 안디바는 이전에는 하스몬 가문에 속했던 왕궁에 머물고 있었다(《고대사》20:190). 그 왕궁의 위치는 확인되지 않았지만 앞에서 언급한 제사장 저택들 부근 북쪽이었을 가능성이 있다. 어쨌든 이들 지역 모두가 가깝게 모여 있었다. 요세푸스와 복음서 기자들은 안디바가 예수의 사촌인 세례 요한을 처형했다고 전한다(《고대사》18:119; 마 14:3-12; 막 6:17-29). 세례 요한은 안디바와 그의 두 번째 부인 헤로디아스의 결혼을 공개적으로 비난했다. 요세푸스에 따르면 헤롯 부부는 결혼 전부터 저지른 간통을 합법화하기 위해 자기의 배우자와 이혼했는데, 이러한 행위는 유대 율법이 금하는 일이었다(미쉬나《소타》5:1;《고대사》18:109-110; 마 14:4; 막 6:18). 세례 요한의 공개적인 비난과 그의 사역으로 대중들에게 얻은 인기는 비극적인 죽음이라는 결과를 가져왔다. 예수는 그 뒤를 이어 자기 사촌이 했던 질책을 화제로 채택할 수도 있었다(눅 16:18). 안디바는 예수를 직접 만나 심문하기를 원했지만(눅 13:31-33, 23:8), 정작 둘이 만났을 때 예수는 침묵했다. 분봉왕 안디바는 예수를 그의 사촌만큼 크게 위협적인 존재로 여기지 않아서, 갈릴리 사람인 그를 조롱하는 옷을 입혀 빌라도에게 되돌려 보냈다(눅 23:11-12).

◀ 예수의 죽음 당시, 로마 황제 티베리우스

헤롯 궁전으로 돌아온 빌라도는 예수를 벌하고 풀어주려 했지만, 예수로부터 공개적인 비난을 받았던 제사장 가문은 그를 처형하라고 압력을 가했다. 로마 총독 빌라도는 요세푸스와 필로에 의해 잔인한 사람으로 평가를 받았다. 그는 '융통성이 없는 고집쟁이이며 잔인한 성격을 가진 사람'이고 '돈으로 매수하기 쉽고, 폭력적이고, 강도, 강간, 권력 남용, 학대, 재판도 없이 행한 잦은 처형, 그 외 끝없는 만행'을 저지른 사람으로 묘사되었다(필로《가이우스 황제의 대리》301-302; 참고. 303-305;《고대사》18:55-59, 60-62;《전쟁》2:175-177). 빌라도의 성격이 갖는 다른 일면을 볼 수 있는 이야기가 있다. 그가 티베리우스디베료에게 경의를 표하기 위해 가이사랴에 세운 작은 신전은 살아 있는 황제를 위해 로마 관리가 세운 유일하게 알려져 있는 신전이다. 수에토니우스에 따르면(수에토니우스《티베리우스》26), 티베리우스는 자신에게 신전이 헌정되는 것을 금했다고 한다. 빌라도가 그러한 황제의 환심을 사기 위해 기울인 노력은 그의 복잡한 성격의 또 다른 면을 잘 보여준다. 예수를 고소한 자들이 "이 사람[예수]을 놓으면 가이사의 충신이 아니니이다"(요 19:12)라고 말하자 빌라도는 그들의 주장에 물러나는 약한 모습을 보여준다. 빌라도는 예수에게 십자가에 못 박아 죽이는 형벌을 언도했고, 즉시 그를 도시 바깥 근거리에 데려가 처형하라고 지시했다.

중세 시대 이래로 사람들은 예루살렘 거리를 지나다니면서 '비아 돌로로사 *Via Dolorosa*, 수난의 길'를 찾으려 하였다. 그 길은 안토니아 요새 자리에서 시작하는데, 오늘날의 거룩한 무덤 교회 동쪽에 있다. 그러나 비잔틴 시대 초기의 전승들은 예수가 시온 산에서 채찍을 맞은 장소에 대한 기억을 가지고 있다(보르도 순례자 592). 이 기독교 전승들은 예수가 가야바의 집에 잠시 감금되었던 사건과 예수가 채찍질 당한 사건을 혼란스럽게 결합시키고 있다. 그러나 복음서 기자들은 예수가 브라이도리온에 있을 때 빌라도의 군병들이 그를 채찍질하였다고 기록한다(마 27:26; 막 15:15). 로마 총독 빌라도가 서쪽 산지에 위치한 헤롯의 이전 궁전에 거주했다는 최근의 인식에 비추어 보자면, 비잔틴 시대 전승은 예수가 로마에 의해 투옥되고 채찍질 당하고 사형 당한 장소에 대한 이전의 기억이 어렴풋이 남아 있는 흔적일 수 있다.

만일 현대 학자들의 견해가 맞는다면 예수의 수난의 길은 오늘날의 시온 산이 있는 서쪽 산지에서 시작되어야 한다. 그는 헤롯 궁전에서 끌려나와 도시의 성문 밖에서 십자가 처형을 당했다. 예루살렘 구 도시에 있는 무리스탄 남쪽 지역에 대한 발굴 작업은 요세푸스가 묘사한 첫 번째 성벽의 일부분을 발견했다. 현재 우리의 관심사와 관련하여 더 중요한

▲ 가이사랴에 있는 본디오 빌라도 비문

의미를 갖는 것은 1세기 성문 유적의 발견이다. 그 성문 유적은 바로 요세푸스가 묘사한 그 성문으로 여겨진다. 그는 첫 번째 성벽의 북쪽 면과 관련해서는 오직 한 성문, 겐나드Gennath 성문만을 언급하였다. "두 번째 성벽은 첫 번째 벽의 겐나드(즉 정원 성문)이라고 부르는 성문에서 시작하며 〔두 번째 성벽은〕 도시의 북쪽 구역만을 둘러싸고 안토니아까지 이어진다"(《전쟁》 5:146).

만일 기독교 전승이 기억하는 것처럼, 예수가 헤롯 궁전에서 성벽의 북쪽 지역으로 끌려갔다면 그는 겐나드 성문을 통과해 예루살렘 밖으로 끌려갔을 것이다. 요세푸스는 이 성문 이름의 어원에 대해 말하지 않지만 요한복음은 그것의 의미를 밝히는 데 도움을 줄 수 있다. 요한은 예수가 처형당한 곳 주변에 대해 "예수께서 십자가에 못 박히신 곳에 동산이 있고"(요 19:41) 라는 독특한 지형 정보를 제공한다. 요한이 도시의 북쪽 농경지를 묘사한 것은 겐나드 성문의 어원과 일치한다. 이 성문은 예루살렘의 첫 번째 성벽을 넘어서 북쪽으로 동산 지역을 향해 열려 있었다. 기독교 전승은 바로 이곳이 예수의 죽음과 매장과 부활이 이루어진 곳이라고 밝힌다. 거룩한 무덤 교회 내부 복구 작업의 일환으로 20년 동안 진행된 발굴은 이곳의 초기 역사를 드러내는 데 도움을 주었다. 이곳은 구약 시대에 석회암 채석장이었다.

불행히도 전통적으로 예수의 무덤으로 알려진 곳은 수세기 동안 심하게 훼손되었고, 이제 방문자들은 깎아 만든 원래의 돌무덤 모습을 거의 볼 수가 없다. 그럼에도 불구하고 소위 니고데모의 무덤과 바로 옆의 아리마대 요셉의 무덤은 1세기 '코크 *kokh*' 무덤 양식의 전형을 보여준다. 거룩한 무덤 교회에 대한 주장들의 중심에 있는 지형적 문제는 이 무덤의 위치가 1세기 예루살렘의 성벽 안에 있었느냐 아니면 바깥에 있었느냐 하는 것이다. 요세푸스의 두 번째 성벽(이것은 오늘날의 교회가 주후 30년의 도시 성벽과 마주보고 있는 것으로 위치를 결정지어 줄 것이다)으로부터는 아직까지 아무런 결정적인 증거가 없기 때문에, 도시 경계 밖에 있어야 하는 유대 무덤이 거룩한 무덤 교회 안에 있다는 점이야말로 전통적인 골고다 유적지가 1세기 예루살렘 성벽의 바깥에 있었다는 가장 좋은 증거일 수 있다. 그 지역은 예수의 죽음과 매장과 부활이 이루어진 가장 유력한 후보지로 남아 있다.

빈 무덤에서 엠마오 도상까지

복음서들은 동일하게 예수가 안식일 직전 금요일 오후에 죽었다는 데 의견의 일치를 보인다(마 27:45; 막 15:33; 눅 23:44; 요 19:31, 42[3]). 누가복음 23장 46절에 따르면, 예수는 전통적으로 경건한 유대인들이 임종 기도문으로 사용하였던 시편 31편 5절을 마지막 말로 사용했다. "내가 나의 영을 주의 손에 부탁하나이다." 예수를 수행하던 사람들은 그의 시체가 밤새 방치될 것을 염려했다. 요세푸스는 티투스가 예루살렘 포위 공격을 하면서 그동안에 셀 수 없이 많은 무고한 희생자들을 십자가형에 처했을 때 유대인들이 비슷한 염려를 했던 일을 증언한다.

> 〔로마인들은〕 실제로 매우 불경하게도 시체들을 매장하지도 않은 채 버려두기까지 했다. 그러나 유대인들은 장례 의식에 매우 세심하게 주의를 기울여서 십자가형에 처해진 범죄자들일지라도 끌어내려 해지기 전에 매장하곤 했음에도 불구하고 말이다(《전쟁》 4:317).

예수의 시신을 제대로 매장하는 일은 예루살렘의 지도층 인물인 니고데모와 아리마대 출신 요셉이 주도하였다(마 27:57; 막 15:43; 눅 23:50; 요 19:38-42). 니고데모는 랍비 문헌에서 잘 알려진 사람이며 예루살렘의 부유한 귀족이었다(요 7:50-52; 바벨론 탈무드 《깃틴》 56a; 탈무드 《에루빈》 3(4):17). 자기 소유의 매장지가 없는 사람을 위해 매장지를 제공하는 일은 자선을 베푸는 귀족들에게 기대되는 역할의 일부였을 것이다.

해지기 전에 예수를 제대로 매장해야 한다는 급박함이 있었지만, 예수의 사체를 수습하기에는 시간이 충분하지 않았다. "이날은 준비일〔안식일을 위한 준비일, 즉 금요일〕이요 안식일이 거의 되었더라"(눅 23:54). 갈릴리에서부터 예수를 따라온 여인들은 시신을 수습할 책임을 맡았다. 그래서 그들은 시신 운반자들을 따라가서 무덤의 위치를 확인했으며, 안식일이 지난 후에 맡은 일을 완수하기 위해 돌아오기로 결정했다.

3_"이 날은 유대인의 준비일이요 또 무덤이 가까운 고로 예수를 거기 두니라"(요 19:42).

부활 이야기의 다양한 측면들 가운데 두 가지 지리적인 설명을 간과해서는 안 된다. 하나는 예수가 부활하여 갈릴리에서 나타난 것이고, 다른 하나는 엠마오의 위치를 확인하는 문제이다.

다소의 바울은 죽음에서 부활한 예수에 대해 다음과 같이 기록하고 있는데, 이는 기독교의 부활 신앙을 증언하는 가장 오래된 문헌 증거이다.

예루살렘에서 발견된 헤롯 가족의 무덤에 있는 구르는 돌 ▲

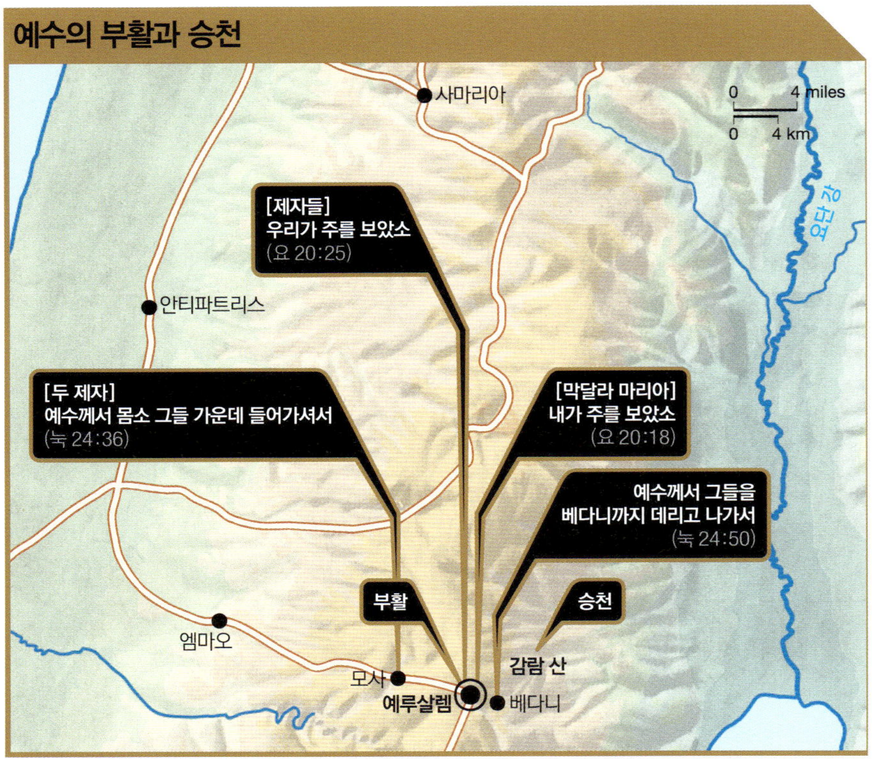

예수가 안장되었던 무덤 위에 세워진 성묘교회 입구 ▲

> 내가 받은 것을 먼저 너희에게 전하였노니 이는 성경대로 그리스도께서 우리 죄를 위하여 죽으시고 장사 지낸 바 되셨다가 성경대로 사흘 만에 다시 살아나사 게바에게 보이시고 후에 열두 제자에게와 그 후에 오백여 형제에게 일시에 보이셨나니 그중에 지금까지 대다수는 살아 있고 어떤 사람은 잠들었으며(고전 15:3-6).

사도 바울은 부활한 예수가 여러 차례 나타났다고 전하고 있는데, 그중 어떤 것은 신약의 다른 어디에서도 다시 언급되지 않는다. 그러나 그는 예수가 게바, 즉 시몬 베드로에게는 개인적으로 나타났다(요 1:42; 고전 1:12; 3:22; 9:5; 갈 1:18; 2:9)고 전하는데, 이것은 예수가 엠마오 도상에서 예루살렘에서 떠나온 두 제자를 만났다고 전하는 누가의 이야기 안에도 포함되었다. 두 사람이 그날 저녁에 예루살렘으로 돌아와 모인 사람들에게 그때 있었던 일을 말하자, 그들은 "주께서 과연 살아나시고 시몬에게 보이셨다"(눅 24:34)고 전했다.

예수가 다른 제자들과 구별되게 시몬 베드로에게 개인적으로 나타난 기록은 마가복음과 마태복음에는 없다. 그러나 어쩌면 그것은 빈 무덤에서 여인들에게 주어진 지시에 대해 기록하면서 마가가 특별히 베드로를 언급하는 것의 기원일 수도 있다. "가서 그의 제자들과 베드로에게 이르기를 예수께서 너희보다 먼저 갈릴리로 가시나니 전에 너희에게 말씀하신 대로 너희가 거기서 뵈오리라 하라"(막 16:7; 참고. 마 28:7).

마가복음 사본들의 각기 다른 결말은 본문 비평가들에게 중요한 도전 과제를 제시한다. 그러나 마가복음의 다양한 결말들은 예수가 베드로에게 개인적으로 나타났다는 것도, 그가 갈릴리에서 나타났다는 언급도 빠져 있다.

마가복음에 나오는 예수의 말씀에서 베드로가 특별히 언급되는 것은 제자가 스승을 부인한 데서 비롯된 둘 사이에 화해하기 어려운 간격을 말하려는 것 같다(마 26:69-75). 요한복음은 마가의 예수 어록과 예상되는 그들의 만남을 보존하고 있지는 않지만, 베드로와 예수 사이의 화해는 요한복음 21장 15-19절에 기록된 이야기의 중심을 이루고 있음이 분명하다. 다른 말로 하면, 갈릴리 호숫가에 있는 베드로와 예수에 대한 요한의 이야기는 빈 무덤 앞에서 예수가 한 말에 대한 마가의 어록에서 제기하는 성취되지 않는 기대에 대한 문학적인 보충으로 볼 수 있다.

베드로에 대한 복음서 기자들의 관심이 여러 동기에서 비롯된 것임에도 불구하고, 바울의 진술이 갈릴리에서 예수가 베드로에게 나타났음을 증언한 것으로 볼 아무런 이유가 없다는 점에 주목해야 한다. 게다가 기독교의 가장 원시적인 부활 전승을 이야기하고 있는 바울의 설명에서 가장 놀라운 것은 예수가 갈릴리에서 나타났다는 것에 대한 언급이 빠져 있다는 점이다. 바울은 마태복음 28장 16절이나 요한복음 21장 15-19절에 보존된, 예수가 갈릴리에서 열한 명의 제자들에게 보였다는 전승을 모르고 있는 것 같다. 더욱이 만일 요한복음 20장 30-31절[1]이 요한복음의 저술 초기 단계에서 결론을 내기 위한 역할을 했다는 최근 학계의 주장이 옳다면, 21장의 후기 부분이 없는 요한의 최초 증언은 예수가 부활 이후 갈릴리에서 그의 제자들에게 나타났다고 하는 보고가 없는 바울, 누가 및 현존하는 마가의 결말과 동일하다.

이 증언들은 예수의 제자들이 오순절 성령 강림 때까지 예루살렘에 머물러 있었다는 누가의 설명과 일치한다. 그런데 신약학자들은 누가의 설명을 그의 후편(참고. 행 1:8[2])의 문학적 구조를 미리 예상하게 하려는 복음서 기자의 시도로 보기 때문에 종종 너무 쉽게 그것을 포기해버렸다. 누가복음에 따르면 예수는 그들에게 "볼지어다, 내가 내 아버지께서 약속하신 것을 너희에게 보내리니 너희는 위로부터 능력으로 입혀질 때까지 이 성에 머물라"(눅 24:49)고 가르쳤다.

잠시 곁길로 빠진 이러한 확대된 내러티브 유형은 부활 이후 예수가 갈

1_"예수께서 제자들 앞에서 이 책에 기록되지 아니한 다른 표적도 많이 행하셨으나 오직 이것을 기록함은 너희로 예수께서 하나님의 아들 그리스도이심을 믿게 하려 함이요 또 너희로 믿고 그 이름을 힘입어 생명을 얻게 하려 함이니라"(요 20:30-31).

2_"오직 성령이 너희에게 임하시면 너희가 권능을 받고 예루살렘과 온 유대와 사마리아와 땅 끝까지 이르러 내 증인이 되리라 하시니라"(행 1:8).

3_"날이 새매 백성의 장로들 곧 대제사장들과 서기관들이 모여서 예수를 그 공회로 끌어들여"(눅 22:66).

4_"대제사장들과 온 공회가 예수를 죽이려고 그를 칠 증거를 찾되 얻지 못하니"(막 14:55).

릴리에 나타났다고 보는 마태와 요한의 증언에서 언급되고 마가의 예수 어록에서 추정될 뿐만 아니라 공관복음 전승의 다른 곳에서도 찾아볼 수 있다. 한 복음에서 부수적으로 언급되는 어떤 용어나 지명은 평행 본문에서 볼 수 있는 한층 발전된 내러티브 전승의 씨앗이 된다. 이처럼 점차 확장되는 이야기 전개 방식은 당대의 유대 미드라쉬, 타르굼, 그리고 성경의 내용을 창조적으로 재구성해서 제시하는 신구약 중간기 문헌과 유사점을 공유한다(예. 희년서, 창세기 위경 등).

예수가 체포된 사건 이야기에서 누가가 채석실을 표시하기 위해 산헤드린(눅 22:66[3])을 단독으로 언급한 것이 마가와 마태에서는 산헤드린 전원이 밤에 불법적으로 만나(마 26:59; 막 14:55[4]) 예수에게 유죄 판결을 내린 일을 다루는 역사적인 핵심 자료가 되었다. 이는 문학적인 의존을 의미하는 것이 아니라 공통의 자료들에 대한 접근이 가능했음을 시사한다. 크게 중요한 것은 아니지만, 요한복음이 산헤드린의 어떠한 참여도 언급하지 않는다거나 예루살렘의 통치 회의에서 밤새 재판이 있었다는 사실을 결여한 점에서 누가복음과 동일하다는 것은 그리 놀랍지 않다.

지금 우리가 살펴보고 있는 내러티브에서 누가는 빈 무덤에 있었던 두 천사가 한 말을 보존하고 있다.

> 어찌하여 살아 있는 자를 죽은 자 가운데서 찾느냐. 여기 계시지 않고 살아나셨느니라. 갈릴리에 계실 때에 너희에게 어떻게 말씀하셨는지를 기억하라. 이르시기를 인자가 죄인의 손에 넘겨져 십자가에 못 박히고 제삼일에 다시 살아나야 하리라 하셨느니라(눅 24:5b-7).

똑같은 진술이 마가복음에서도 나타난다. "가서 그의 제자들과 베드로에게 이르기를 예수께서 너희보다 먼저 갈릴리로 가시나니 전에 너희에게 말씀하신 대로 너희가 거기서 뵈오리라 하라"(막 16:7). 마태복음 28장 7절은 제자들이 갈릴리로 가라고 지시를 받은 내용에 있어서는 마가와 동일하지만 예수 자신이 그들에게 일찍이 명령했다는 말은 빠져 있고 대신에 "보라. 내 천사가 너희에게 일렀느니라"는 말로 마무리하였다. 갈릴리에 대한 언급과 더불어 빈 무덤에서의 만남과 관련한 1세기 기록들이 널리 유포되고 있었으며, 이것들은 '예수의 갈릴리 출현' 전승이 생겨나게 된 내러티브 토대를 제공해주었던 것으로 보인다. 바울이 기록한 신약의 최초 증언은 부활한 예수가 갈릴리에 나타난 일에 대해 침묵한다.

앞에서 살펴본 대로, 예수가 시몬 베드로에게 나타났다고 하는 바울의 언급은 이미 부활 주간의 첫째 날 전날 밤에 엠마오에서 돌아온 두 제자들에 대한 보고에 반영되어 있다. 두 사람의 행선지에 대한 확인 작업은 여러 추측의 대상이 되어왔다. 비잔틴 시대 이래로 기독교 전승은 신약의 엠마오가 니코폴리스 임와스라는 통일된 견해를 보이고 있다. 그러나 이렇게 보는 데 아무런 문제가 없는 것은 아니다. 누가는 엠마오의 위치를 '예루살렘에서 60스타디아약 11킬로미터 거리'라고 묘사했다. 니코폴리스 임와스의 전통적인 유적지는 그보다 더 멀리, 예루살렘에서 35킬로미터 정도 떨어진 곳에 있다.

누가의 묘사와 비잔틴 시대 이 도시 사이에 있는 거리 차이는 일부 사본들에서 누가복음 24장 13절을 '160스타디아'로 읽는 본문 변화를 가져왔던 듯 보인다. 이렇게 거리를 수정하면 신약의 엠마오 위치를 니코폴리스 임와스와 동일한 지역으로 볼 수 있다. 따라서 유세비우스의 《지명록》은 "엠마오. 누가복음에 기록된 글로바의 고향. 이곳은 지금 팔레스타인의 유명한 도시, 니코폴리스이다"라고 전한다(《지명록》 90:15). 그러나 세계성서공회의 헬라어 신약 성서 편집위원회는 장소 확인이 어려움에도 불구하고 최선의 읽기는 더 믿을 만한 사본들이 기록하고 있는 더 짧은 거리, 즉 '60스타디아'로 읽는 것이라는 결론을 내렸다. 신약의 엠마오에 대한 위치 확인 작업은 최고의 사본들이 주장하는 공간 범위 내에서 이루어져야 한다. 따라서 니코폴리스 임와스는 제외될 수밖에 없다.

초기 기독교 전승은 덜 알려진 마을의 정체를 동일한 이름을 가진 비잔틴 시대 주요 도시로 바꾼 것 같다. 요세푸스는 두 곳의 위치를 다 잘 알고 있었다. 니코폴리스 임와스에 있는 엠마오는 하스몬 가문의 항쟁(《고대사》 12:98, 306, 13:15)과 1차 유대 전쟁(《전쟁》 5:42) 때 이방 군대를 공격하기 위해 야영을 하던 장소로 언급되었다. 그러나 요세푸스는 예루살렘 가까운 곳에 있는 또 다른 엠마오도 알고 있었다. 유대 전쟁 후 베스파시아누스 황제가 '800명의 군인들을 제대시켜 예루살렘에서 30스타디아약 4.8킬로미터 떨어진 엠마오라고 불리는 거주지'에 정착시켰다고 한다(《전쟁》 7:217; 미쉬나 《수카》 4:5; 예루살렘 탈무드 《수카》 54b; 바벨론 탈무드 《수카》 45a). 그 거리는 정확히 누가복음에 묘사된 거리의 절반에 해당한다. 아마도 누가가 제시한 거리는 예루살렘까지의 왕복 거리를 뜻하는 것일 수 있다. 아무튼 두 제자가 그날 밤에 예루살렘으로 돌아왔다는 언급은 엠마오 마을이 예루살렘 가까이에 있었고 더 정확하게는 요세푸스가 언급한 그 장소일 가능성이 높다는 것을 암시한다.

예루살렘에서 엠마오로 이어지는 로마 도로의 잔해 ▼

18

| CHAPTER |

THE EARLY DAYS OF THE CHURCH

교회의 초기 역사

(주후 1세기)

초대교회의 처음 몇 십 년 동안에 이루어진 지리적 확장은 사도행전 1장 8절에 기록된 예수의 말에 예견되어 있다. 또한 기독교 신앙이 이스라엘 땅 경계 안에 있던 유대적 배경의 제한된 범위를 넘어서 그리스-로마 세계의 이방인 청중에게 나아가는 역사적인 움직임을 묘사하고 있다. 처음에는 예루살렘 교회가 교회의 발전에 중심적인 역할을 수행했지만, 점차 무게중심은 안디옥 교회로 넘어갔다. 바나바와 바울에 의해 시작된 선교 여행으로 복음은 밤빌리아와 아시아, 마케도니아, 아가야, 로마를 거쳐 전세계로 전파되었다.

GREEK INSCRIPTION
성전 산에 이방인 출입을 금지하는 그리스어 비문

오순절 사건의 목격–디아스포라 공동체의 순례

예루살렘과 유대와 사마리아

초대교회의 처음 몇 십 년 동안에 이루어진 지리적 확장은 사도행전 1장 8절에 기록된 예수의 말에 예견되어 있다. "예루살렘과 온 유대와 사마리아와 땅 끝까지 이르러 내 증인이 되리라." 학자들은 이 구절이 누가복음 저술의 문학적 틀에 해당한다고 올바르게 인식하였다. 그러나 이 구절은 또한 기독교 신앙이 이스라엘 땅 경계 안에 있던 유대적 배경의 제한된 범위를 넘어서 그리스-로마 세계의 이방인 청중에게 나아가는 역사적인 움직임을 묘사하고 있다. 예루살렘 성전이 유대인 디아스포라의 삶에서 중심적인 역할을 하였던 것과 마찬가지로 예루살렘 교회는 교회의 발전에 중심적인 역할을 계속해서 수행하였다.

성전의 그늘 아래서 사도행전의 처음 몇 장은 예수의 제자들이 여전히 예루살렘에 모여 있었다고 전한다. '오순절'(구약의 '칠칠절', 출 34:22; 민 28:26)에, 누가는 구체적인 장소를 밝히지 않은 채 제자들이 함께 모여 있었다고 보고한다(행 2:1). 기독교 전승은 일반적으로 그들의 모임 장소를 최후의 만찬이 있었던 상부 도시의 그 장소와 동일한 곳으로 간주한다. 이 전승은 비잔틴 시대 이전의 것이 아니다. 아마도 그것은 마지막 만찬 장소에 대한 묘사(막 14:15; 눅 22:12[1])와 사도행전 1장 13절에 나오는 모임 장소에 대한 배경 묘사 사이의 유사성으로부터 비롯되었을 것이다. 그러나 마지막 만찬과 사도행전 첫 장의 모임 장소를 똑같은 곳으로 추정한다 할지라도 기독교인들이 다음에 일어날 사건들을 위해 그 방에 남아 있었다는 암시는 없다. 사도행전 2장의 언어는 '오순절 날이 이미 이르매'라는 히브리어 문체상의 내러티브적 단절로부터 시작하여, 앞에 일어난 일들과 다음에 일어날 사건들을 분리한다.

그 내러티브 자체의 상세한 내용은 그곳의 위치를 암시할 수도 있다. 그 사건이 일어난 때가 중요하다. 신명기는 다음과 같이 규정했다.

> 너의 가운데 모든 남자는 일 년에 세 번 곧 무교절과 칠칠절과 초막절에 네 하나님 여호와께서 택하신 곳에서 여호와를 뵈옵되 …(신 16:16).

요세푸스는 오순절 때에는 예루살렘 인구가 크게 늘곤 했다고 전한다.

> 이제 오순절이라고 부르는 절기가 가까워오자 성전 주변의 모든 장소들과 도시 전체가 지방에서 올라온 사람들로 꽉 찼으며 …(《전쟁》 1:253).

예루살렘에 방문자들이 유입되었다는 요세푸스의 설명은 그날에 예루살렘에 머물면서 성령의 강림을 목격했던 유대인 순례자들에 대한 누가의 증언과 일치한다.

> 바대인과 메대인과 엘람인과 또 메소보다미아, 유대와 갑바도기아, 본도와 아시아, 브루기아와 밤빌리아, 애굽과 및 구레네에 가까운 리비야 여러 지방에 사는 사람들과 로마로부터 온 나그네 곧 유대인과 유대교에 들어온 사람들과 그레데

1_"그리하면 그가 자리를 마련한 큰 다락방을 보이리니 거기서 준비하라 하시니"(눅 22:12).

1_"그들을 데리고 함께 결례를 행하고 그들을 위하여 비용을 내어 머리를 깎게 하라. 그러면 모든 사람이 그대에 대하여 들은 것이 사실이 아니고 그대도 율법을 지켜 행하는 줄로 알 것이라"(행 21:24).

2_"빌립이 사마리아 성에 내려가 그리스도를 백성에게 전파하니"(행 8:5).

3_"두 사도가 주의 말씀을 증언하여 말한 후 예루살렘으로 돌아갈새 사마리아인의 여러 마을에서 복음을 전하니라"(행 8:25).

인과 아라비아인들이라(행 2:9-11).

누가는 이 순례자들이 보고 들은 것에 놀라서 그것을 설명하고자 했다고 보고한다. 베드로는 서서 예수의 죽음과 부활에 관련하여 최근에 일어난 사건들을 자세히 이야기해주었다. 베드로는 창조적인 주해 방식을 통해서 성령의 강림을 히브리어 성서에 비추어 해석하고, "회개하여 각각 예수 그리스도의 이름으로 세례를"(행 2:38) 받으라고 사람들을 초대했다.

현재 우리의 연구를 위해 중요한 의미를 갖는 것은 그날에 베드로에게 응답한 사람들이 3천 명이었다는 결론적인 보고이다. 이야기의 모든 측면들은 그 사건이 공공장소를 배경으로 일어났음을 암시한다. 로마 세계를 가로질러 온 순례자들이 그 사건을 목격할 수 있었던 것을 보면, 그 일이 예루살렘 서쪽 산지의 상부 비탈에 있는 개인 집이라는 한정된 장소에서 일어났을 것 같지는 않다.

더 나아가, 학자들은 예루살렘에서 3천 명에게 침례를 베풀어야 하는 실제적인 문제에 대하여 거의 관심을 기울이지 않았다. 성전 산의 남쪽 입구 근처에 대한 최근의 발굴 작업은 수많은 '미크바오트 *miqvaot*', 즉 정결례 욕조들을 발견했다. 더 많은 수의 이러한 시설들이 비잔틴 시대와 그 이후 시대 동안에 이루어진 건축 활동으로 파괴되었을 것이다. 성전 방문객들에게 요구되는 정결 규정을 지키기 위해서는, 성전에 들어오기 전에 제의적 정결례를 해야 하는 수천 명의 사람들을 수용할 만큼 충분한 욕조 시설들이 필요했다(눅 2:22; 행 21:24[1]). 이러한 모든 요소들은 오순절 사건이 성전 주변의 어느 한 곳에서 벌어졌음을 가리킨다. 이것은 전혀 놀라운 일이 아니다. 누가는 그들이 "늘 성전에서 하나님을 찬송하니라"(눅 24:53)라는 관찰로 그의 복음서를 마무리했다.

사마리아와 해안 평야 지대로 간 빌립, 베드로, 요한

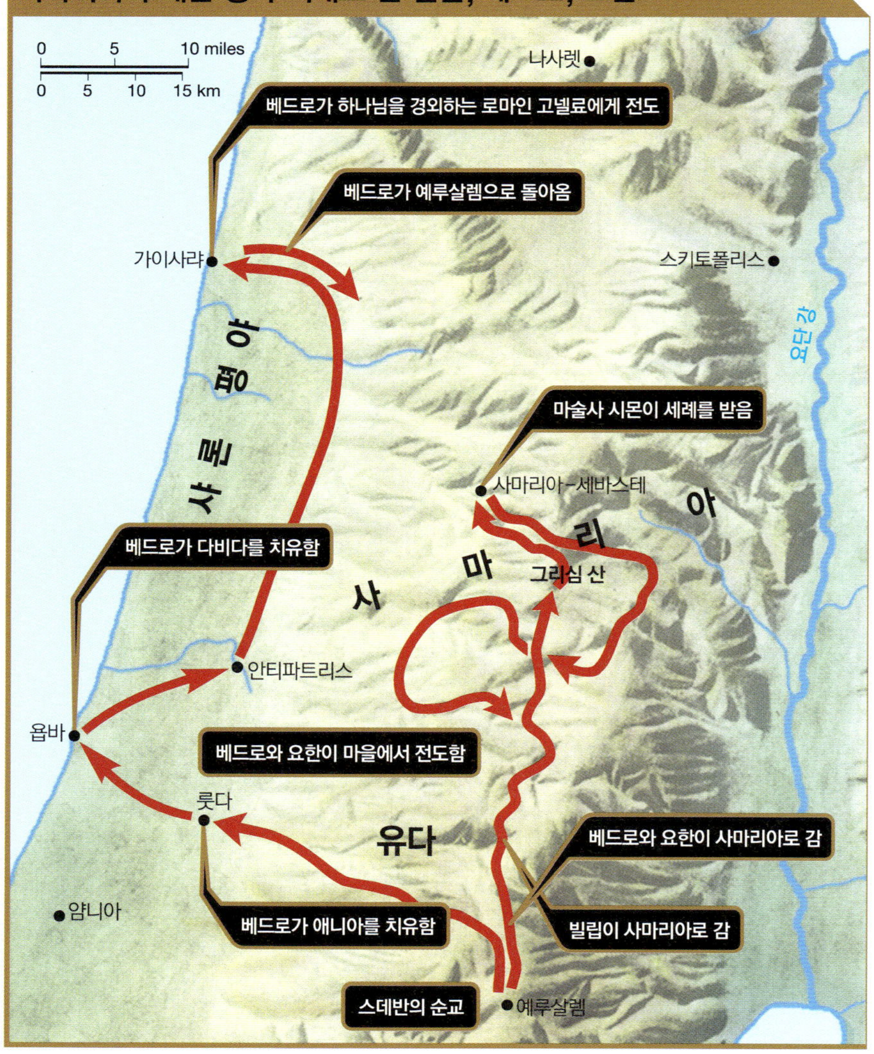

유대와 사마리아로 스데반이 죽은 결과로(행 7-9장) 예루살렘에 있는 기독교 공동체가 뿔뿔이 흩어졌다. 몇몇 이야기들이 사마리아와 유대에 있는 개개인들과 집단들이 새로운 신앙을 갖게 된 일을 설명한다. 빌립은(행 6:5) 사마리아에서 복음을 선포했다. "무리가 빌립의 말도 듣고 행하는 표적도 보고 한마음으로 그가 하는 말을 따르더라"(행 8:6). 그 본문에 나오는 지명은 사마리아 지역이나 그와 동일한 이름으로 불린 그곳의 주요 도시로 해석되었다. 신약 시대에 이르러 헤롯 대왕은 옛 도시 사마리아(왕상 16:24)를 재건하였고, 아우구스투스 황제를 기념하기 위해 세바스테라는 이름을 붙였다(《고대사》 15:296; 《전쟁》 1:403; 스트라보 《지리》 16.2.34). 그러나 헤롯이 그 도시의 이름을 바꾸었다고 보고한 요세푸스조차도 성서의 지명을 계속 사용했다(예. 《전쟁》 1:156 등).

사도행전 8장 5절[2]에 나오는 사마리아가 도시를 가리키는 것인지 아니면 그 일대 지방을 뜻하는 것인지의 문제는 관사를 포함하거나 생략하는 여러 사본들의 본문 읽기에 의존한다. 다시 말하면 사마리아의 그 [주요] 도시=세바스테라고 읽거나 혹은 사마리아의 한 도시라고 해석하는 경우이다. 좀 더 신뢰도가 높은 사본의 읽기는 관사를 포함하는 것을 지지한다. 사도행전 1장 8절에 있는 누가의 지형적 지시문에 비추어 이 구절을 해석하는 것 외에는, 본문에 언급된 사건이 일어난 장소를 그 헬라 도시 이외의 다른 곳으로 해석할 이유가 없는 것 같다(참고. 유스티누스 《변증》 26).

예루살렘에서부터 사마리아까지 이르는 빌립, 베드로, 요한의 전도 여행에서는 지리적인 정보가 나타나지 않는다. 가장 빠른 북쪽 길은 족장들이 걸었던 분수령 길이었다. 사마리아에서 베드로와 요한은 사마리아 산지 내륙에 흩어져 있는 '사마리아인의 여러 마을'(행 8:25[3])로 전도를 하러 들어가는 모험을 감행했다.

빌립과 에디오피아 내시 빌립은 그 다음에 남쪽을 향하여 "예루살렘에서 가사"(행 8:26)로 내려가는 길로 이동했다. 예루살렘에서 가사로 가는 길은 예루살렘에서 출발해 베들레헴 근처의 분수령 길에서 헤브론까지 이어지는 경로였을 것이다. 유세비우스는 빌립이 이 고대의 남쪽 경로에서 에티오피아 내시를 만났다는 기독교 전승을 보존하고 있다. 유세비우스의 거리 측정 방식은 로마 시대 후기에 도로 체제가 존재하고 있었음을 보여주는 것으로, 그는 행정 중심지에서 출발하여 거리를 측정했다. 따라서 이 경우는 예루살렘과 엘류테로폴리스로부터의 거리를 측정한 것이다.

벧 소로는 오늘날 에티오피아 여왕 간다게에 속한 내시가 빌립에게 세례를 받은 곳으로 알려진 장소로부터 약 32킬로미터 떨어져 있는 마을이다. 또 다른 벧술(이라는 마을)은 유다 지파의 경계 내에 있으며 엘류테로폴리스로부터 1.6킬로미터 정도 떨어져 있다(유세비우스 《지명록》 52:1).

빌립과 에디오피아 내시

그 역사가는 또한 그 당시에 대상들이 벧술 근처 샘이 있는 분수령 길을 사용했으며, 바로 이 샘에서 내시가 세례를 받았다고 보았던 자기 시대의 기독교 전승을 알려준다. 이는 4세기 보르도 순례단599과 히에로니무스(유세비우스《지명록》53:1)의 견해와도 일치한다. 6세기의 메드바 지도에 나타난 벧술의 한 교회와 샘들도 그 일을 반영하고 있을 것이다.

빌립과 대상의 무리들이 유대 산지 남쪽으로 벧술키르벳 에트 투베이카까지 여행을 계속했을 것 같지는 않다. 옛 길은 베들레헴 남서쪽에서 갈라졌다. 분수령 길은 벧술과 헤브론으로 이어지는 반면, 서쪽의 지선 도로는 후샤 산마루를 따라 엘라 골짜기와디 에스 산트로 내려간다. 로마 사람들이 이 내리막길을 포장했는데, 이러한 건설의 흔적은 유대 산지로 들어가는 계단에서 지금도 확인할 수 있다.

엘라 골짜기의 서쪽 끝에서 백악기 후기 험준한 석회암 산지들은 얕은 골을 특징으로 하는 단층선에 의해 세펠라의 완만한 백악기 석회암 산지로부터 분리된다. 이 얕은 골은 저지대의 동쪽 가장자리를 가로지른다. 이 백악질 골에서 발견된 로마 시대의 이정표는 이 도로의 중요성을 입증해준다. 이 도로는 로마 후기와 비잔틴 시대에도 여전히 사용되었고 엘류테로폴리스에서 룻다로드, 디오스폴리스를 경유해 북쪽으로 갈 수 있는 도로였다(마카베오상 11:34; 행 9:32).

그 골과 엘라 골짜기의 교차 지점 주변과 동쪽에는 소고키르벳 에쉬 슈웨이케 마을이 있다. 소고는 구약에도 언급되었으며(수 15:35; 삼상 17:1[4]), 헬레니즘 시대에는 유명한 현자 안티고누스의 고향이었다(미쉬나《아보트》1:3). 빌립과 내시가 헤어져 각기 제 길로 간 지점이 바로 소고 근처였을 것이다. 그 대상의 무리는 벧 구브린엘류테로폴리스 길로 남쪽으로 계속 가서 해안 평야를 지나 가사로 간 다음 남쪽 길을 따라 광야를 통과하여 이집트까지 내려갔을 것이다.

누가는 그 대상로에 대하여 추가적인 설명을 제공해준다. "그 길은 광야라"(행 8:26b). 복음서 기자의 이 언급은 일반적으로 누가가 유대의 지형적 현실에 무지했다는 증거로 여겨진다.

누가가 그 길을 '광야'라는 용어와 연관시켜서 설명한 것에 대해 또 다른 해석이 가능하다는 점은 주목할 만한 가치가 있다. 그것은 히브리어에서 흔하게 발견되는 '광야 길'이라는 말과 유사한 표현의 흔적일 수 있다(예. 신 2:8; 수 8:15[5]; 삼하 2:24). 이 용례들에서 그 용어를 사용한 것은 지역의 토질을 설명하려는 것이 아니라 목적지, 즉 '광야로' 가는 길임을 알려주려는 것이다. 이러한 표현은 또한 대상들이 여행하는 길을 적절하게 묘사하는 것이기도 하다. 그 길은 남쪽으로 내려가 성서의 광야로 이어진다(예. 창 14:6; 21:14; 출 3:1[6] 등).

내시가 세례를 받은 장소를 알려주는 내러티브에는 세부적인 설명이 충분하지 않다. 누가는 단지 그곳이 길 옆에 있다고 언급했다. 학자들은 그 일이 와디 엘 헤시의 샘에서 일어났다고 제안했다. 벧 구브린과 가사 사이에 위치한 와디 엘 헤시에 샘들이 있기는 하지만 아스돗으로 가는 빌립의 여정에 비추어볼 때 그곳은 남쪽으로 너무 멀리 떨어져 있다. 그 장소는 유대 산지에서 내려오는 길 근처, 엘라 골짜기에 있는 수많은 샘들 중 하나일 가능성이 높다. 바로 이곳에서 내시가 세례를 받았고 빌립과 헤어져 자신의 길을 떠났다.

빌립은 해안 평야 지대를 지나 아스돗으로 가기 위해 서쪽으로 여행을 계속했다(마카베오상 4:15, 10:70-84; 《고대사》13:92). 아스돗은 고대 블레셋 도시 아스돗(수 13:3) 유적지 위에 세워진 헬레니즘-로마 시대의 도시이다. 엘라 골짜기와 아스돗을 연결하는 로마 시대 도로가 있었다는 증거는 없지만 지방 도로인 가드(《고대사》5:87; 유세비우스《지명록》68:4-7)와 사피르(유세비우스《지명록》156:23) 길은 문헌에 언급되어 있다. 그 길은 아스돗으로 가는 국제 해안 도로와 곧장 연결되었을 것이다.

해안 평야지대의 베드로 누가는 복음의 확산에 대한 이야기의 일부로서 해안 평야 지대에서 했던 베드로의 사역을 기록한다(행 9:32-10:48). 베드로는 룻다에서 처음으로 언급되었는데, 이곳에서 그는 '중풍병으로 침상 위에 누운 지 여덟 해'가 된 애니아를 치유하였다(행 9:33). 그리고 나서 그는 급히 욥바로 와 달라는 요청을 받았다. '선행과 구제하는 일이 심히 많'았던 여인, 다비다가 죽었기 때문이었다(행 9:36). 사도 베드로는 다비다를 위해 기도했고, 그녀는 다시 살아났다. "온 욥바 사람이 알고 많은 사람이 주를 믿더라. 베드로가 욥바에 여러 날 있어 시몬이라 하는 무두장이의 집에서 머무니라"(행 9:42-43). 베드로가 하늘에서 정한 짐승과 부정한 짐승이 보자기에 싸여 내려오는

4_"블레셋 사람들이 그들의 군대를 모으고 싸우고자 하여 유다에 속한 소고에 모여 소고와 아세가 사이의 에베스담밈에 진 치매"(삼상 17:1).

5_"여호수아와 온 이스라엘이 그들 앞에서 거짓으로 패한 척하여 광야 길로 도망하매"(수 8:15).

6_"모세가 그의 장인 미디안 제사장 이드로의 양 떼를 치더니 그 떼를 광야 서쪽으로 인도하여 하나님의 산 호렙에 이르매"(출 3:1).

1_ "성 밖으로 내치고 돌로 칠새 증인들이 옷을 벗어 사울이라 하는 청년의 발 앞에 두니라"(행 7:58).

2_ "형제들이 알고 가이사랴로 데리고 내려가서 다소로 보내니라"(행 9:30).

환상을 본 것도 욥바에 있는 시몬의 집이었다. 그의 이 경험은 가이사랴에 있는 이방인 고넬료를 만나기 위해 그를 준비시키고 "하나님께서 깨끗하게 하신 것을 네가 속되다 하지 말라"(행 10:15)는 깨달음을 주기 위한 것이었다.

이 무렵 로마 백부장 고넬료는 베드로에게 사람을 보내어 그를 청하라고 지시하는 환상을 보았다. 그 이방인은 "경건하여 온 집안과 더불어 하나님을 경외하며 백성을 많이 구제하고 하나님께 항상 기도"(행 10:2) 하던 사람이라고 묘사되었다. 누가의 설명은 그 로마인이 준개종자, 하나님을 경외하는 자로서 우상숭배나 성적 부도덕과 같은 이방인의 삶을 삼가고 유대 백성의 신앙을 받아들인 사람이었음을 암시한다. 베드로는 고넬료의 집에 도착하여 그가 경험한 것을 듣고 "내가 참으로 하나님은 사람의 외모를 보지 아니하시고 각 나라 중 하나님을 경외하며 의를 행하는 사람은 다 받으시는 줄 깨달았도다"(행 10:34-35)라고 말하였다. 베드로가 욥바와 가이사랴에서 경험한 일은 이방인들이 이제 신앙으로 인도함을 받을 것이라는 사실을 초대교회가 점점 더 분명하게 인식하게 되었다는 예증이다.

다메섹 도상의 다소 출신 사울 바울

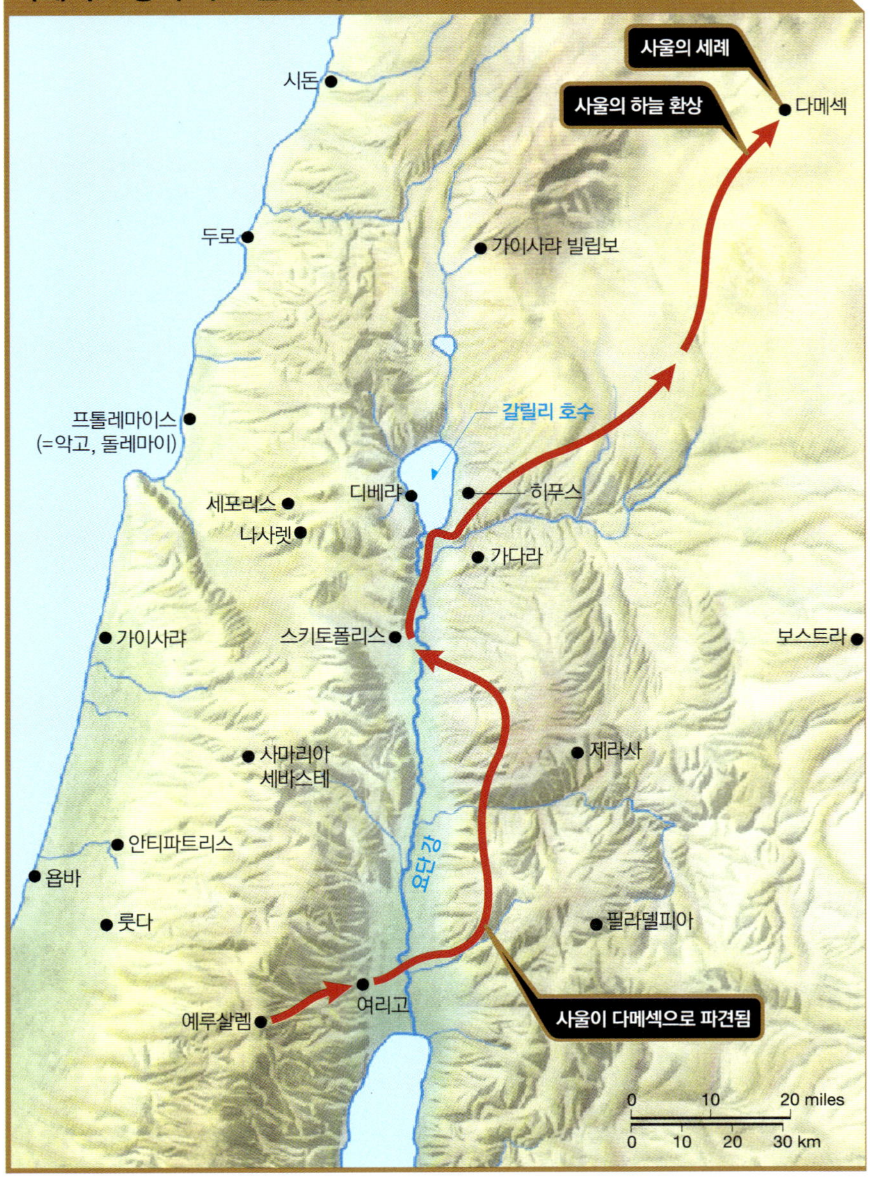

사도 바울

다메섹 도상에서 바울의 회심 사도 바울이 신약에서 처음으로 소개된 곳은 스데반을 돌로 치는 사건에서였다(행 7:58[1]). 최초의 기독교 순교자가 처형될 때 바울이 어떤 역할을 했는지는 분명하지 않다(참고. 행 22:20). 단지 스데반을 대적하던 사람들이 "옷을 벗어 사울이라 하는 청년의 발 앞에 두니라"는 말이 전부이다. 사도의 이름에 대해 살펴보자면, 바울은 그의 서신들에서 사울이라는 히브리어 이름을 사용한 적이 없다. 대신에 그는 늘 그리스-로마식으로 바울이라는 이름을 사용했다(롬 1:1; 고전 1:1 등).

바울이 기독교 신앙을 받아들이고 이어 선교 활동에 매진한 일들을 순서대로 다룬 누가는 이방인들에 대한 그의 선교가 시작될 때까지는 그 사도를 사울이라고 부른다(행 13:9). 그 이후에 바울이 사울로 언급된 유일한 경우는 그가 다메섹 도상에서 "사울아, 사울아, 왜 네가 나를 핍박하느냐"(행 22:7, 13; 26:14)라는 소리를 들은 경험을 반복해서 이야기할 때뿐이다.

바울이 예루살렘에서 다메섹까지 가기 위해 어떤 여정을 선택했는지 알기에는 지리적인 정보가 충분하지 않다. 그는 아마도 갈릴리 길로 가서 갈릴리 호수의 동쪽 어딘가에서 요단 동편의 고원지대로 올라갔을 것이다. 우리는 또한 그가 예수를 만나는 환상을 경험한 장소가 정확하게 어디인지를 알 길이 없다. 사도행전에서 바울의 경험을 설명하는 세 개의 이야기들(행 9:1-19; 22:4-11; 26:12-18) 중 둘은 바울이 다메섹 근처에 있을 때 그 일이 일어났다고 전한다(행 9:3; 22:6).

환상 때문에 눈이 먼 바울은 다메섹의 "직가라고 하는 거리"(행 9:11)에 있는 한 개인의 집에 가서 아나니아라는 제자가 도착해 그에게 안수하여 "다시 보게"(행 9:12) 할 때까지 며칠을 머물렀다. 하나님은 바로 이 아나니아에게 바울을 부른 목적을 처음으로 밝히셨다.

> 가라. 이 사람은 내 이름을 이방인과 임금들과 이스라엘 자손들에게 전하기 위하여 택한 나의 그릇이라(행 9:15).

바울은 시력을 회복했고, 세례를 받고 난 후 함께 식사했다. 곧 바울은 그에 대한 평판을 듣고 회의적인 시선을 가지고 있던 동료 신자들과 당혹해하는 유대 당국자들에게 공개적으로 예수에 대한 자신의 새로운 믿음을 선언했다.

자신을 죽이려는 음모를 알게 된 바울은 밤에 탈출해 예루살렘으로 돌아왔지만 이번에는 다시 헬라파 유대인들과의 논쟁에 가담하였다. 새로운 위협을 받게 된 바울은 가이사랴로 이동하여 거기서 배를 타고 고향인 다소로 갔다(행 9:30[2]; 21:39; 22:3).

이어서 우리는 바나바가 다소에 있는 바울을 찾아가서 안디옥에 있는 교회로 데려왔다는 이야기를 듣는다. 두 사람은 거기서 1년 동안 사역했다(행 11:25-26). 글라우디오클라우디우스 황제의 통치 때 큰 기근이 일어나자 안디옥 교회는 바울과 바나바를 보내 예루살렘에 있는 신자들에게 구제 헌금을 전달하도록 했다(행 11:27-30). 그들은 안디옥으로 돌아오면서 요한 마가를 데리고 왔다. 이 세 사람은 바울의 1차 선교 여행 때 다시 합류하게 된다.

바울의 1차 선교 여행

누가는 사도행전 13장 1-3절에서 안디옥의 성도들이 바나바와 바울을

▲ **왼쪽** | 버가의 성문 **오른쪽** | **비시디아 안디옥의 고대 잔해** _ 비시디아 안디옥은 현대 도시 얄바츠 정동쪽에 있는 유적지인 것으로 여겨져 왔다. 도시는 아우구스투스가 지역을 합병하여 로마 식민지로 재건한 후에 로마 제5군단과 제7군단의 군인들을 거주하게 한 이후로 번창하였다. 사진에서 보이는 유적지는 아우구스테움이다.

따로 세워 특별한 임무를 맡겼다고 보고한다. 그들은 실루기아에서 그들의 선교를 시작했다. 실루기아는 지중해 항구로 안디옥에서 남서쪽으로 약 27킬로미터 가량 떨어진 곳이다. 이곳에서 그들은 구브로키프로스의 동쪽 항구 도시인 살라미스살라미까지 200킬로미터 정도를 항해했다(《전쟁》 2:358; 바나바 행전 22-23). 살라미스는 로마 시대에는 점점 쇠퇴했는데 섬의 수도가 바보로 옮겨졌기 때문이다. 그럼에도 불구하고 이곳에는 구브로에서 중요한 의미를 갖는 유대 공동체가 여전히 남아 있었다(마카베오상 15:16-23; 필로 《가이우스 황제의 대리》 282; 《고대사》 13:284-287; 18:131; 20:142). 살라미스에서 바울과 바나바는 '하나님의 말씀을 유대인의 여러 회당에서 전'(행 13:5) 하였다.

그들은 구브로를 가로질러 육로로 여행한 끝에 섬의 남서쪽 해변에 있는 바보에 도착했다(플리니우스 《박물지》 5.130). 그 고대 도시는 호메로스가 언급한 아프로디테 신전(《오딧세이》 8.363)으로 명성을 얻었으며, 프톨레마이오스 시대와 로마 시대에 크게 발전했다. 그곳에 거주하고 있던 로마 총독 서기오 바울은 바울과 바나바를 초대하여 그들의 말을 듣고자 했다. 그는 마술사 엘루마의 방해에도 불구하고 바울이 행한 기적을 목격한 후 새로운 신앙을 받아들였다(행 13:6-12).

바울 일행은 바보에서 밤빌리아 지방에 있는 버가까지 항해했다. 버가에서 남서쪽으로 16킬로미터 떨어진 지중해 항구인 앗달리아는 바보에서 출발하여 항해할 경우 자연스럽게 닿게 되는 곳인데, 이곳에서 일어난 일에 대해서는 아무런 언급이 없다. 누가는 자신의 이야기에서 앗달리아가 일행의 상륙 지점이었다는 것을 당연한 일로 가정했는지도 모른다. 앗달리아는 밤빌리아의 수도 버가로 가는 길목에 있는 자연스런 통과 지점이었다(스트라보 《지리》 14.42). 고고학 유물들은 앗달리아와 버가 사이의 한 도로가 티베리우스디베료 통치 때 건설된 것임을 알려준다.

바울이 버가를 처음 방문한 일에 대해서는 별다른 기록이 없다. 어떤 설명할 수 없는 이유로 요한 마가가 일행에서 떨어져 나와 예루살렘으로 돌아갔다는 이야기를 들을 수 있을 뿐이다. 마가의 이탈은 후에 바울과 바나바 사이에 불화가 일어나는 요인이 된다(행 15:37, 39; 골 4:10[3]; 몬 1:24; 딤후 4:11). 밤빌리아 지방 유대인들에 대한 언급이 존재하기는 하지만, 버가의 유대인 정착지에 대해서는 아무런 증거가 없다(마카베오상 15:23; 필로 《가이우스 황제의 대리》 281).

버가에서 출발한 여정은 체스트루스 강을 따라 내륙으로 들어가 '세바스테 길'로 이어진다. 그 길은 아우구스투스 황제가 주전 6년에 건설한 것으로 콜로니아 코마마를 경유해 콜로니아 안티오키아까지 이어졌다. 비시디아 안디옥이라는 지명은 부정확하다. 그 로마 식민지는 비시디아 국경 근처 브루기아 지방에 위치하고 있었다(참고. 스트라보 《지리》 12.6.4, 12.8.14; 플리니우스 《박물지》 5.24.94).

그곳의 유대 공동체는 안티오쿠스 3세가 브루기아와 리디아를 식민지로 삼는 과정에서 생겨난 것일 수 있다(《고대사》 12:147-153). 바울과 바나바는 안식일에 회당으로 들어가 앉았다. 누가는 이곳에서 회중들이 '율법과 선지자의 글'을 경청했다고 전한다(행 13:15). 누가의 기록은 유대인들이 안식일에 회당에서 매주 토라를 낭독한 다음 히브리어 선지서 하프타라를 읽는 관습을 기록한 최초의 문헌이다(참고. 눅 4:16-30; 미쉬나 《메길라》 4:2).

그들이 바울과 다른 방문객들에게 발언을 권유하자, 사도는 '아브라함의 자손들과 너희 가운데 하나님을 경외하는 자들'에게 연설하였다(참고. 행 16:14; 17:17; 18:7). 바울의 청중을 표시하는 이 이중적인 호칭은 그의 선교 여행 내내 반복되었다. 이 말은 회당 청중들이 다양한 구성원들로 이루어져 있음을 알려준다. 이방인 출신의 하나님을 경외하는 자들, 준 개종자들, 혹은 이방 관습을 버린 동조자들 상당수가 디아스포라 유대 공동체와 어울리고 있었으며, 이들은 바울의 이방인 선교의 초점이 되었다(참고.

3_"나와 함께 갇힌 아리스다고와 바나바의 생질 마가와 (이 마가에 대하여 너희가 명을 받았으매 그가 이르거든 영접하라)"(골 4:10)

바울의 1차 선교 여행

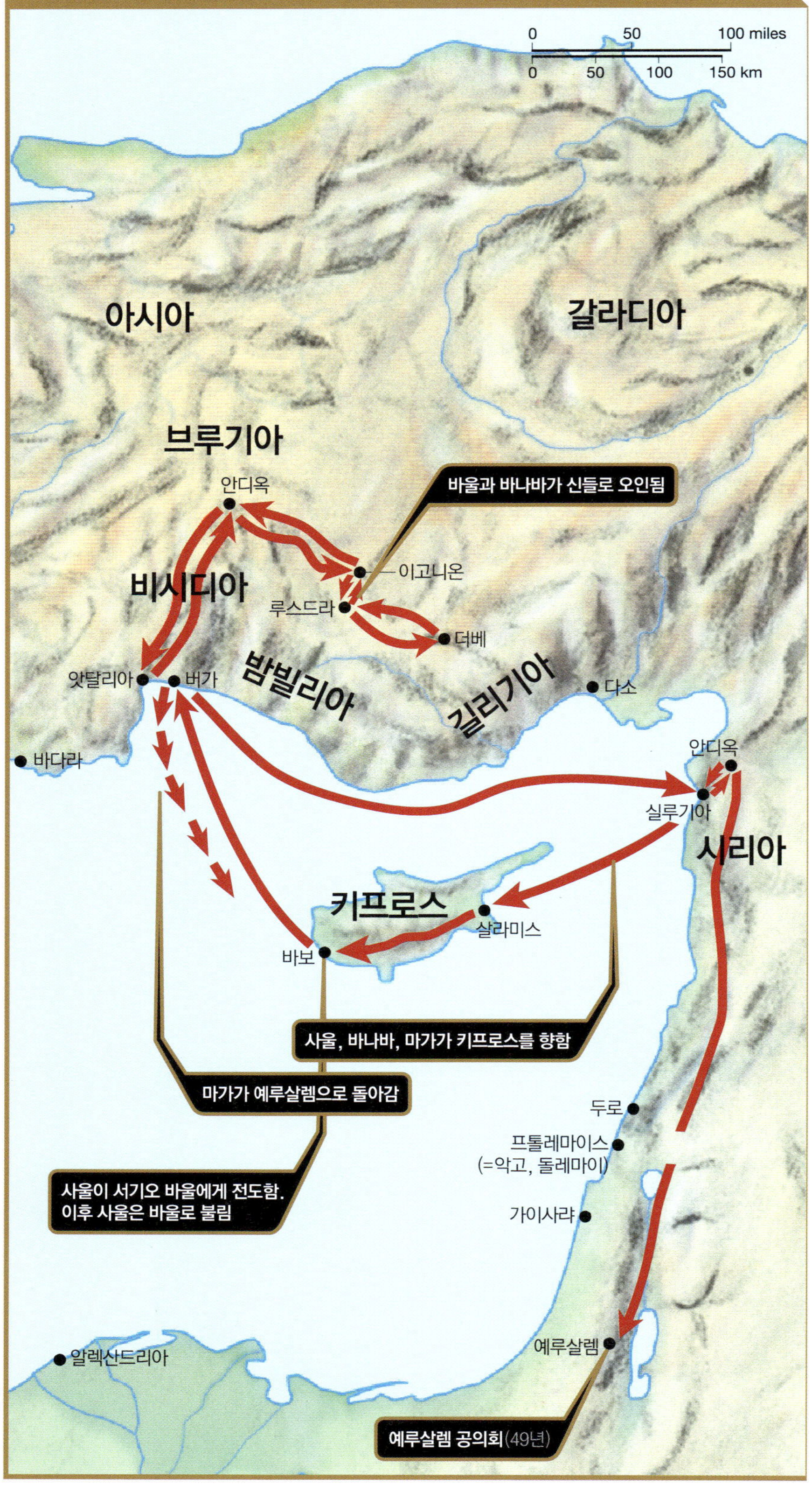

1_"두 사도가 오래 있어 주를 힘입어 담대히 말하니 주께서 그들의 손으로 표적과 기사를 행하게 하여 주사 자기 은혜의 말씀을 증언하시니"(행 14:3).

2_"내가 할례를 받는 각 사람에게 다시 증언하노니 그는 율법 전체를 행할 의무를 가진 자라"(갈 5:3).

《고대사》20:34-38).

바울과 바나바의 메시지는 비시디아 안디옥에서 다양한 반응을 일으켰다. 이로 인하여 그들은 그 도시를 포기하고 '세바스테 길'을 통하여 약 150킬로미터를 계속 가다가 이고니온현대의 코니아에 이르렀다(크세노폰《아나바시스》1.2.19; 플리니우스《박물지》5:41). 다시 한 번 사도들은 지방 회당에 들어가 은혜의 말씀을 선포했다(행 14:3[1]; 참고. 눅 4:22). 이 새로운 메시지에 대해 사람들 사이에 의견이 갈라져 폭력이 일어날 지경까지 이르자 바울 일행은 "루가오니아의 두 성 루스드라와 더베와 그 근방으로"(행 14:6) 도망가야 했다. 옛 루스드라는 코니아에서 남쪽으로 약 38킬로미터 정도 떨어진 하툰사라이 근처 촐데라에 있는 것으로 확인되었다. '세바스테 길'은 콜로니아 루스드라에 이르지만, 더베와 인근 지역에 이르는 길은 그 당시 포장된 도로가 아니었던 것으로 보인다.

사도들의 메시지에 대한 반대가 점점 심해졌고 그것이 그들의 여정을 따라다녔다. 실제 바울을 대적하던 유대인들이 비시디아 안디옥과 이고니온에서 루스드라까지 추격해온 것을 보면, 이들 도시들이 '세바스테 길'을 통해 서로 쉽게 접근할 수 있었다는 것을 알 수 있다. 루스드라에서 그들은 바울을 돌로 쳐서 죽은 줄 알고 내버려 두었지만, 그는 다시 소생하여 바나바와 함께 더베로 떠났다(행 14:19-20; 참고. 딤후 3:11).

누가는 바울 일행이 더베로 갈 때 사용했던 것과 같은 길로 "루스드라와 이고니온과 안디옥으로 돌아갔다"(행 14:21)고 전한다. 그들은 이 도시들에서 설교를 계속했을 뿐만 아니라 어린 신자들을 섬길 지도자들을 임명했다. 그들은 남쪽으로 돌이켜 갈라디아 지방의 남서 지역을 횡단해 비시디아로 갔으며, 마지막으로 버가와 앗달리아안탈리아가 있는 밤빌리아 지방으로 갔다. 그들은 이 항구 도시에서 배를 타고 시리아의 안디옥으로 돌아왔다. 그들은 거기서 "하나님이 함께 행하신 모든 일과 이방인들에게 믿음의 문을 여신 것을 보고"(행 14:27) 했다.

예루살렘 공의회 교회 내에 이방인들의 수가 점점 늘어나자 이방인들과 율법 및 이스라엘 사람들과의 관계 문제가 전면에 드러났다. 어떤 사람들은 "너희가 모세의 법대로 할례를 받지 아니하면 능히 구원을 받지 못하리라"(서방의 사본에 있는 행 15:1; 참고. 《고대사》20:34-48)고 주장했다. 안디옥 교회는 바울과 바나바, 그리고 안디옥의 몇몇 사람들을 지명하여, 예루살렘으로 가서 사도들을 만나 이 문제를 전하라고 지시했다. 예루살렘의 지도자들은 회의를 하고 한 가지 결론에 이르렀다. 할례를 행하고 율법을 철저히 준수하라고 요구(참고. 갈 5:3[2])하기보다는 노아 시대의 기본적인 율법에 가까운 최소한의 규정들을 이방 기독교인들에게 요구하기로 하였다(행 15:28-29; 참고. 창 9:4-6; 희년서 7:20-21; 디다케 3:1-6; 탈무드《아보다 차라》8:4; 레 18:4의 '시프라').

| 바울의 2차 선교 여행 |

예루살렘에서 안디옥으로 돌아온 후에 바울은 바나바에게 "주의 말씀을 전한 각 성으로 다시 가서 형제들이 어떠한가 방문하자"(행 15:36)고 말했다. 그러나 둘은 요한 마가를 다시 데리고 가야 할지의 여부를 놓고 의견이 갈렸다. 바울은 마가가 밤빌리아에서 그들을 버리고 갔다는 것 때문에 반대했다(행 13:13). 결국 바울과 바나바는 헤어져 각자의 길을 갔다. 바나바는 마가를 데리고 구브로키프로스로 갔고, 바울은 실라에게 동행을 요청했다.

바울과 실라는 바울이 이전에 택했던 그 길로 돌아가지 않았다. 이번에 그들은 안디옥에서 출발해 육로로 아마누스 산맥을 통과해 길리기아 지방으로 여행했다. 누가는 단지 그들이 더베와 루스드라에 도착했다고만 보고한다. 이 여정에 대해서는 상세한 기록이 없고, 길리기아의 포장도로에 대해서도 알려진 바가 거의 없다. 가장 이른 시기의 로마 이정표는 75타우루스 산맥의 기슭에서 발견된 것으로 75/76년에 속한 것으로 추정된다. 누가는 바울의 여정에 대해 아무런 설명도 하지 않지만, 바울 사도는 시리아의 안디옥에서 출발해서 북쪽으로 28킬로미터 떨어진 시리아 관문 통로까지는 아마누스 산맥을 경유하여 갔고, 그 후 길리기아 지방으로 들어가서 그의 고향 다소로 갔을 것이다(행 22:3[3]).

동쪽에서 서쪽으로 가는 도로는 축축하고 비옥한 평야 위로 솟아 있는 작은 언덕 기슭을 따라 이어지고 있다. 그 언덕은 타우루스 산맥 암석 지대를 올려다보고 서 있다. 강과 도로가 만나는 합류 지점에 지금의 수도인 아다나, 미시스(몹수에스티아), 다소 같은 주요한 도시들이 있다. 다소는 동서 도로와 북쪽으로 길리기아 관문을 통과해 아나톨리아 고원으로 가는 길이 만나는 곳에 있다.

북쪽으로 방향을 돌린 그들은 타우루스 산맥에 있는 길리기아 관문의 좁은 통로까지 42킬로미터를 여행했다. 그 다음에는 북서쪽으로 여행을 계속해서 루가오니아(리카오니아) 지방의 넓은 평야 지대에 들어섰고 더베와 루스드라에 도착했다(행 16:1). 그들은 루스드라에서 그 지역의 유명 인사였던 헬라인 아버지를 둔 청년 디모데를 만났다. 그러나 그의 어머니는 유대인이었으므로(딤후 1:5) 바울은 그에게 할례를 행하였다(행 16:1-4; 참고. 갈 2:3의 디도). 바울의 행동은 유대인의 정체성은 어머니에 의해 결정된다는 랍비들의 견해를 입증하는 가장 이른 시기의 역사적 증거 자료 중 하나일 것이다. 바울 일행은 바울의 이전 선교지인 내륙 도시들로 돌아가 '예루살렘에 있는 사도들과 장로들이' 내린 결정을 전해 주었다(행 16:4-5).

이 지점에서 그들은 서쪽으로 계속 이동하여 아시아로 가려 하였으나 '성령이 아시아에서 말씀을 전하지 못하게' 하였다. 대신에 그들은 북쪽으로 가서 브루기아와 갈라디아 지방에서 선교했다(행 16:6[4]). 바울이 브루기아를 통과해 북쪽으로 여행해서 비두니아 주변에 이르기까지 로마 시대의 어느 길을 사용했는지는 불확실하다. 더욱이 '비두니아로 가고자 애'(행 16:7)를 썼으나 허락되지 않은 이유도 설명되어 있지 않다.

대신에 그들은 '맞은편'인 서쪽으로 돌이켜 무시아 지역의 북쪽 지방으로 가서 '드로아로 내려갔'다. 드로아는 에게 해안에 있는 그리스-로마 도시이다. 에둘러 간 바울의 이 여정은 아드라뭇데노를 거쳐서 가는 길의 연장선상에 있는 티포장도로를 따라간 듯 보인다.

바울은 고대의 트로이에서 남쪽으로 16킬로미터 떨어진 알렉산드리아 드로아에서 마케도니아에서 온 사람에 대한 환상을 보았다. 그 사람은 '건너와서 우리를 도우라'고 호소했다. 사도는 그 환상을 '하나님이 저 사람들에게 복음을 전하라고 우리를 부르신' 것으로 해석했다(행 16:9-10). 바울은 드로아에서 배를 타고서 사모드라게로 갔다.

바울과 실라는 마케도니아로 가는 가장 빠른 여정을 택했다. 그들은 북쪽에 있는 동일한 이름의 옛 항구에 배를 정박해두고 사모드라게 섬에서 하룻밤을 머물렀다. 다음 날 그들은 약 107킬로미터 정도를 계속 항해해서 빌립보의 항구 도시, 네압볼리(네아폴리스)에 도착했다. 옛 증언들은 네압볼리의 위치가 트라키아(스트라보 《지리》 7:330; 프톨레마이오스 3:13)에 속하는지 혹은 마케도니아(플리니우스 《박물지》 4:18)에 속하는지를 놓고 의견이 갈린다. 에게 해안의 갑과 전략적으로 '에그나티아 길'에 위치한 네압볼리는 로마 시대에 유럽과 아시아를 잇는 중요한 교차로였다. 마케도니아 왕 필립은 이곳을 주전 350년에 정복해서 크레니데스 강의 항구로 사용하고 자신의 이름을 따라 빌립보라 하였다. 율리우스 카이사르를 암살한 브루투스와 카시우스도 옥타비아누스와 마르쿠스 안토니우스를 상대로 빌립보 전투를 벌일 때 네압볼리의 서쪽 만(灣)을 사용하였다(아피아노스 《내전》 4:106; 참고. 《고대사》 14:301).

바울은 '에그나티아 길'을 따라 빌립보까지 9.5킬로미터를 여행했다. 이 로마 도로는 실제로 도시의 동서 횡단로인 '데쿠마누스 막시무스'로도 기능하였다. 안식일에 그들은 도시 밖으로 나가 이곳에 기도처가 있을까 하여 빌립보 옆으로 흐르는 강 근처로 갔다. 바울은 '두아디라 시에 있는 자색 옷감 장사로서 하나님을 섬기는 루디아라 하는 한 여자'를 만났다(행 16:14). 그녀는 바울이 전한 새 메시지를 받아들였지만, 그 지방의 다른 이들은 잘 받아들이지 않았다.

바울과 실라는 빌립보 광장으로 끌려가 "로마 사람인 우리가 받지도 못하고 행하지도 못할 풍속을 전한다"(행 16:21)는 죄목으로 매를 맞고 옥에 갇혔다. 한밤중에 큰 지진이 일어나 바울과 실라의 족쇄를 풀어주었지만 그들은 감옥 안에 그대로 머물렀다. 그 결과 감옥의 간수와 그의 온 집안이 '하나님을 믿'었다(행 16:34). 그 후 바울과 실라가 로마 시민임이 밝혀지자 상관들이 관심을 보였고 자기들이 가혹한 행위를 한 것을

3_"나는 유대인으로 길리기아 다소에서 났고…"(행 22:3).

4_"성령이 아시아에서 말씀을 전하지 못하게 하시거늘 그들이 브루기아와 갈라디아 땅으로 다녀가"(행 16:6).

▼ 아나톨리아 고원. 바울은 다소에서 이고니온까지와 이고니온, 루스드라, 더베 사이를 여행할 때 이곳을 지나갔다.

▼ 로마 이정표

후회했다. 그들은 사과하고 죄수 신분인 그들을 석방하였지만, 그 도시를 떠나달라고 요청했다.

바울 일행은 '에그나티아 길'로 계속 서쪽으로 가서 암비볼리를 경유해 67킬로미터를 갔고, 아볼로니아까지는 40킬로미터를, 데살로니가까지는 60킬로미터를 더 여행했다(행 17:1[1]). 데살로니가는 테르마이코스만의 북쪽 가장자리에 자리 잡고 있었다. 이 도시는 마케도니아 왕 카산데르가 주전 315년에 알렉산드로스 대왕의 이복누이이자 자기 아내인 데살로니키를 기념하여 세웠다. 고대 시인 안티파테르는 이 도시를 '마케도니아의 어머니'라고 칭송하였다. 데살로니가는 국제 여행의 교차로로 사용되었다.

데살로니가에 살던 유대인들에 대해 언급하는 역사적 자료가 드물기는 하지만, 마케도니아의 다른 지역과 그 도시에 유대인과 사마리아인이 살았음을 알려주는 비문 증거가 있다. 누가는 데살로니가에 유대 공동체가 있었고, 바울이 '자기의 관례대로' 그들과 함께 안식일 예배를 드렸다고 보고한다. 그는 참석한 사람들에게 '그리스도가 해를 받고 죽은 자 가운데서 다시 살아나야 할 것'(행 17:3)을 증언하였다. 바울의 메시지를 받아들인 유대인들과 하나님을 경외하는 헬라인들에 대한 언급에서 다시 한 번 그곳의 청중들이 다양한 부류의 사람들로 구성되어 있었음을 확인하게 된다. 그럼에도 불구하고 반대자들은 바울과 실라, 그리고 그들에게 동조한 지역 주민들을 정치적 선동을 죄목으로 로마 당국자들에게 고발했다. "이 사람들이 다 가이사의 명을 거역하여 말하되 다른 임금 곧 예수라 하는 이가 있다 하더이다"(행 17:7).

위협이 커지자 두 사람은 그 밤에 재빨리 피해 80킬로미터 떨어진 이웃 도시, 현대의 베리아인 베뢰아로 갔다. 이 도시는 '에그나티아 길 *Via Egnatia*'에서 남쪽으로 수 킬로미터 떨어져 있는 다소 고립된 성이다. 키케로는 그 도시를 '사람들이 별로 가지 않는'(키케로 《피소 반박문》 36.89) 곳이라고 묘사했다. 다시 한 번 바울과 실라는 지역 회당에서 그들의 메시지를 선포했다. 몇몇 사람들이 그들의 메시지를 믿었음에도 불구하고, 근처 데살로니가에서 온 사람들이 그 지역민들을 선동하기 위해 방문했다. 바울은 배를 타고 아테네 아덴 로 갔고, 실라와 디모데는 그대로 베뢰아에 머물렀다(행 17:14-15). 최근의 조사는 베뢰아에서 주변의 항구 도시인 메토네와 피드나로 가는 지방 도로들을 발견하였다. 바울은 이 두 도시 중 한 곳에서 아테네로 가기 위해 배를 탔을 것이다.

아테네로 가는 여객선들은 아테네 남쪽으로 6킬로미터 떨어진 피레우스 항구의 서쪽 선착장 칸테로스에 정박했다(필로스트라투스 《아폴로니우스 자서전》 4:17; 파우사니아스 《그리스 설명서》 1.2.2). 고대 도시 아테네의 심각한 우상 숭배로 마음이 심란해진 바울은 아테네 회당에서 '유대인들과 경건한 사람들'을 상대로 논쟁을 벌였다. 후대의 회당에 대한 증거가 나타나기는 하지만 1세기 회당에 대한 고고학적 증거는 아직 발견되지 않았다.

다른 도시들에서 사용했던 전략과는 다르게, 바울은 아테네의 시민 광장에서 논쟁을 벌였는데, 거기서 에피쿠로스 학파와 스토아 학파 철학자들을 만났다. 스토아 학파의 이름이 유래된 채색 스토아[2]가 1981년에 광장의 북서쪽에서 발견되었다. 그들은 곧 '이 새로운 가르침'을 좀 더 자세히 듣기 위해 바울을 아레오바고로 데리고 갔다. 바울이 사도행전 17장 22-31절에 기록된 연설을 어디에서 전했는지에 대해서는 학자들 사이에 의견이 분분하다. 그는 연설을 하면서 주전 3세기의 스토아 학자인 아라투스의 말, "우리가 그의 소생이라"(아라투스 《현상론》 5)는 구절을 인용하고 아테네의 제단에 쓰인 '알지 못하는 신에게'라는 말을 언급하였다(행 17:23[3]). 아레오바고는 문자적으로 아테네에 있는 '아레스[마르스]의 언덕'이라는 뜻이지만, 이 용어는 지명과는 상관없이 법정을 가리키는 데 사용되기도 했다. 주전 4세기 무렵 그 법정은 정기적으로 왕실 스토아에서 열렸지만, 1세기의 회의 장소가 어디인지는 분명하지 않다.

어쨌든 바울은 아레오바고 한가운데서 아테네 사람들에게 연설하였다. 그러나 그의 메시지는 크게 성공적이지 못했다. 누가는 죽은 자의 부활에 대한 바울의 확고한 신앙이 아테네 사람들에게 걸림돌이 되었다고 전한다. 그럼에도 불구하고 바울의 전도로 아레오바고의 한 관원인 디오누시오가 기독교인이 되었다. 유세비우스는 디오누시오가 아테

▶ 알렉산드리아 드로아의 체육관. 바울은 알렉산드리아 드로아에서 마케도니아로 복음을 전해야 한다는 환상을 받았다.

▼ 로마 도로와 하드리아누스 성문. 바울은 내륙 여행 동안에 이 도로로 여행했을 것이다.

1_"그들이 암비볼리와 아볼로니아로 다녀가 데살로니가에 이르니 거기 유대인의 회당이 있는지라"(행 17:1).

2_스토아(Stoa) '주랑, 전당, 강당'이라는 뜻으로, 스토아 학파의 가르침이 채색 주랑에서 주로 행해져 이 학파의 이름이 되었다고 한다.

3_"내가 두루 다니며 너희가 위하는 것들을 보다가 알지 못하는 신에게라고 새긴 단도 보았으니 그런즉 너희가 알지 못하고 위하는 그것을 내가 너희에게 알게 하리라"(행 17:23).

바울의 2차 선교 여행

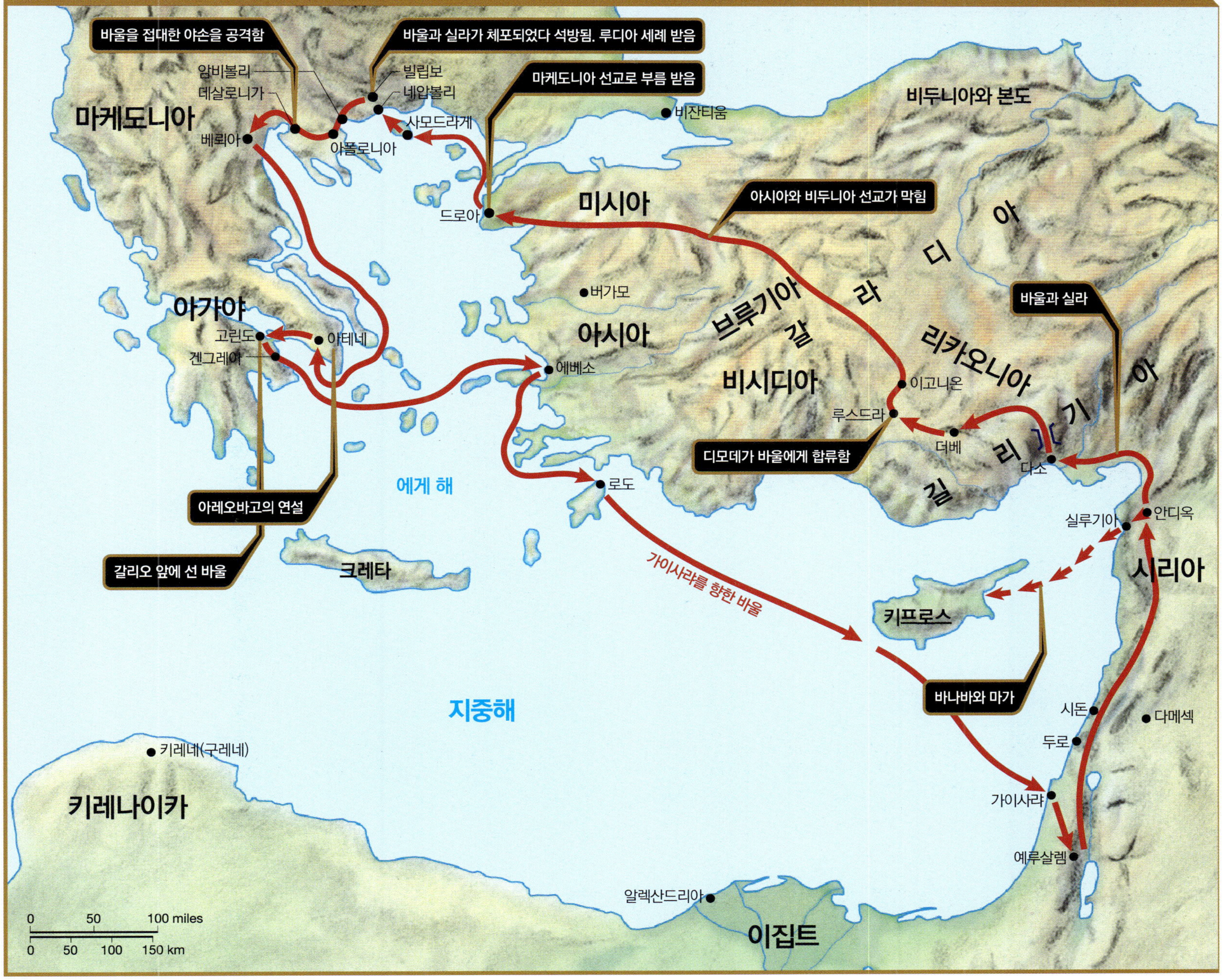

네의 주교가 되었다고 전한다(유세비우스《교회사》4.23).

아테네에서 바울은 배를 타고서 고린도 해안을 따라 서쪽으로 83킬로미터 정도를 여행했을 것이다. 고린도에서 실라와 디모데가 합류했다. 율리우스 카이사르는 주전 44년에 이 중요한 상업 도시를 재건하였다. 1세기 전에 이 도시는 로마 통치에 저항하기 위하여 여러 도시들의 모임인 아가야 연맹을 주도했다. 그러나 그 연맹은 전쟁에서 패배했고, 루키우스 뭄미우스는 주전 146년에 고린도를 폐허로 만들었다. 율리우스 카이사르가 소생시킨 이 식민지는 점점 성장하여 아가야 지방의 총독이 머무는 도시가 되었다.

고린도는 펠로폰네소스와 그리스 중부 사이의 지협에 자리 잡고 있다는 전략적 위치로 말미암아 그 국제적 중요성이 더 높아졌다. 스트라보는 도시의 입지로 말미암은 상업적 유익을 이렇게 증언하였다.

고린도는 이곳의 상업 때문에 "부유"하다고 일컬어진다. 고린도는 지협에 위치하며 두 항구를 주관하고 있다. 하나는 아시아로 곧장 이어지며, 다른 하나는 이탈리아로 이어진다. 고린도는 서로 멀리 떨어져 있는 두 나라에서 오는 상인들의 교역을 용이하게 해준다(스트라보《지리》8.6.20).

스트라보는 도시의 두 항구를 묘사하는데, 하나는 도시 동쪽으로 11킬로미터 정도 떨어진 사로니코스 만사론 만에 위치한 겐그레아 항구이고, 다른 하나는 고린도 만에 있는 레카이온 항구이다. 좁은 돌길인 '디올코스'는 주전 6세기 페리안더의 통치기에 한 항구에서 다른 항구로 상품을 운송하기 위해 건설되었다. 고린도의 가장 두드러지는 지형은 망대형 성채와 같은 산 아크로고린도로, 이것은 해발 575미터의 고도로 높이 솟아 있다. 산 정상에는 스트라보가 고린도의 부에 기여했다고 말한, 유명한 아프로디테 신전이 있었다.

아프로디테 신전은 매우 부요해서 천 명 이상의 신전 노예, 여신에게

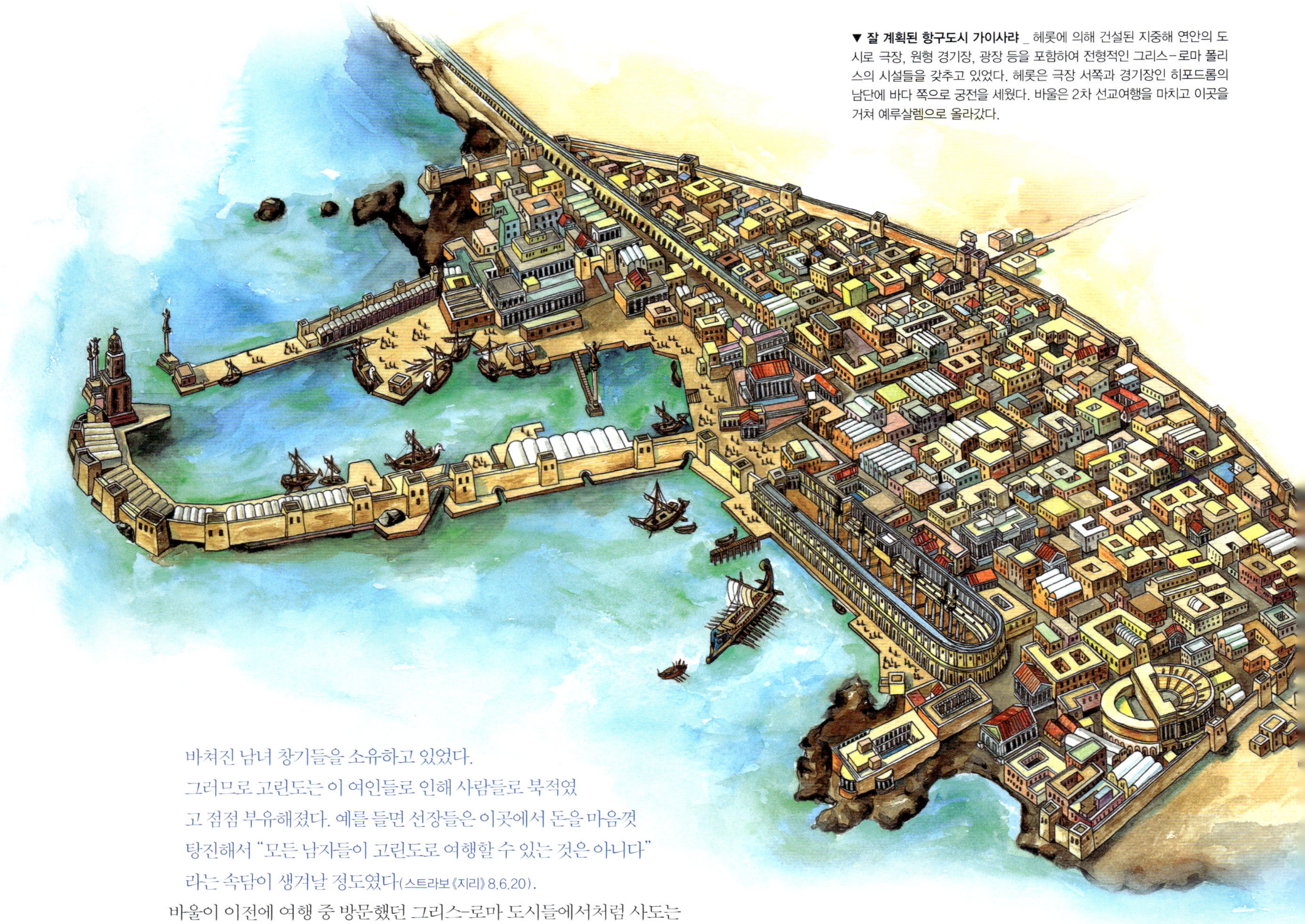

▼ **잘 계획된 항구도시 가이사랴** _ 헤롯에 의해 건설된 지중해 연안의 도시로 극장, 원형 경기장, 광장 등을 포함하여 전형적인 그리스-로마 폴리스의 시설들을 갖추고 있었다. 헤롯은 극장 서쪽과 경기장인 히포드롬의 남단에 바다 쪽으로 궁전을 세웠다. 바울은 2차 선교여행을 마치고 이곳을 거쳐 예루살렘으로 올라갔다.

바쳐진 남녀 창기들을 소유하고 있었다. 그러므로 고린도는 이 여인들로 인해 사람들로 북적였고 점점 부유해졌다. 예를 들면 선장들은 이곳에서 돈을 마음껏 탕진해서 "모든 남자들이 고린도로 여행할 수 있는 것은 아니다"라는 속담이 생겨날 정도였다(스트라보《지리》8.6.20).

바울이 이전에 여행 중 방문했던 그리스-로마 도시들에서처럼 사도는 고린도의 유대 공동체로 이끌림을 받았다. 언제부터 고린도에 유대인들이 살게 되었는지에 대해서는 아무런 증거가 없다. 필로는 이미 가이우스 칼리굴라(37-41년) 시대에 한 유대인 공동체가 있었다고 언급했다(필로《가이우스 황제의 대리》281). 사도행전에서 누가는 고린도 회당에 대해 언급했고, 브리스길라와 아굴라를 '글라우디오가 모든 유대인을 명하여 로마에서 떠나라'(행 18:2) 한 것 때문에 최근 이곳에 새로 온 부부라고 소개했다.

수에토니우스도 글라우디오가 유대인들을 로마에서 추방했다고 전한다. "유대인들이 크레스투스의 선동으로 혼란을 야기하자 [글라우디오는] 그들을 로마에서 추방했다"(수에토니우스《클라우디우스》25:4). 이 로마 역사가의 증언은 글라우디오의 추방령뿐만 아니라 로마에서 일어나기 시작한 기독교 운동의 초기 활동을 증거해주고 있어 흥미롭다. 유대인들을 로마에서 몰아내어 그 수를 감소시키려는 글라우디오 칙령은 그 황제가 유대 백성의 권리를 회복시키고(《고대사》19:280-296), 아그립바 1세와 친교를 나누었다는 요세푸스의 기록과 대조적이다(《고대사》19:274; 《전쟁》2:215).

고린도에서의 바울의 활동은 또 다시 논쟁을 불러일으켰다. '그리스도가 예수'라는 그의 선포는 유대인들의 심한 반대를 불러일으켰다. 그래서 그는 회당을 포기하고 '회당 옆'에 사는 디도 유스도라는 이름을 가진 하나님을 경외하는 사람의 집으로 갔다(행 18:7[1]). 1세기 회당으로 밝혀진 고고학적 구조물은 아직 발견된 바 없지만, 1898년에 벤자민 파웰이 '히브리인의 회당'이라고 적힌 헬라어 비문 조각을 발견했다. 처음에 이 비문은 1세기 회당에 속한 것이라는 주장이 제기되었다. 그러나 이후의 고문서학적 연구는 이 비문이 그보다 후대에 속한 것이라고 결론을 내렸다.

바울이 18개월 동안이나 고린도에 머물렀던 것을 보면 그의 활동은 어느 정도 성공을 거두었던 것으로 보인다. 고린도 교회는 후에 바울 서신의 수신자가 되었다. 바울을 반대하는 사람들은 그를 아가야 총독 갈리오 앞에 세웠지만 그는 개입하기를 거부했다(행 18:12-17).

이 논쟁이 있은 후 얼마 되지 않아 바울은 브리스길라와 아굴라를 데리고 시리아로 떠나기로 결정했다(행 18:18). 배를 타고 고린도의 동쪽에 있는 겐그레아 항구에서 출발하기 전에 바울은 명백히 개인적인 서원과 관련된 이유로 머리를 깍은 것 같다. 누가는 그 서원의 이유를 구체적으로 밝히고 있지는 않았지만(행 18:18[2]; 21:23), 사도가 머리를 깎았다

1_"거기서 옮겨 하나님을 경외하는 디도 유스도라 하는 사람의 집에 들어가니 그 집은 회당 옆이라"(행 18:7).

2_"바울은 더 여러 날 머물다가 형제들과 작별하고 배 타고 수리아로 떠나갈새 브리스길라와 아굴라도 함께 하더라 바울이 일찍이 서원이 있었으므로 겐그레아에서 머리를 깎았더라"(행 18:18).

는 언급은 그것이 나실인 서원과 연관이 있는 것이었다는 암시를 준다(민 6:1-21).

신약학자들은 바울이 겐그레아에서 한 행동의 의미를 이해하기 위해 노력을 기울여왔다. 일반적으로 나실인은 서원 기간이 끝나는 날에 머리를 자른다. 바울의 행동도 그렇게 이해할 만하다. 현재 이야기가 안고 있는 문제점은 나실인이 예루살렘에서만 머리를 깎아서 서원을 마무리하고(미쉬나《나실》 6:7) 성전에서 필요한 제물을 드려야 한다는 규정이다. 1세기에 아디아베네의 헬레나 여왕은 국외에서 나실인 서원을 시작했고 이스라엘 땅에 온 후에야 서원을 완성했다는 기록이 있다(미쉬나《나실》 3:6). 미쉬나는 또한 나실인들이 예루살렘 파괴 직후에 그들의 서원을 마치기 위해 그곳으로 왔지만 성전은 폐허가 되었음을 발견하게 되었다고 전한다(미쉬나《나실》 5:4). 나실인의 서원을 예루살렘에서 마쳐야 한다는 규정 때문에 어떤 사람들은 바울이 겐그레아에서 머리를 깎은 것을 서원을 시작했다는 표시로 여겼다. 그러나 그러한 관습을 뒷받침할 만한 증거가 없으며, 심지어 이것이 정말로 나실인 서약인지 아닌지도 의문시된다.

종종 간과되는 점은 예루살렘에서 머리를 깎는 규정은 나실인 서원의 완성과 관계가 있다는 사실이다. 만일 나실인들이 서원 기간 동안에 제의적으로 부정하게 되면 그들은 서원을 갱신한다는 표시로 머리를 깎아야만 했다(민 6:9[3]). 이러한 갱신 행동은 예루살렘에만 제한될 필요가 없었다. 누가는 바울이 어떠한 이유로 그런 행동을 취했는지에 대해 설명하고 있지 않지만, 그가 나실인 서원을 갱신하기 위해 겐그레아에서 머리를 깎았다고 보는 것이 가장 타당한 설명일 것이다.

바울은 사로니코스 만에 있는 겐그레아 항구를 출발해서 에게 해를 건너 에베소로 갔다. 에베소는 소아시아의 에게 해안에서 가장 중요한 로마 항구였다. 바울은 이 아시아 도시에 잠깐 머물렀고 더 오래 머물라는 요청을 거절했다. 바울이 이처럼 서두른 것은 그의 나실인 서원과 관련하여 의무 조항들을 완성하지 못한 것과 관련이 있었을 것이다. 서원 규정은 오직 예루살렘 성전에서 제물을 드림으로써만 성취될 수 있다(민 6:13-20; 《고대사》 4:72). 현재 연구에서 중요한 것은, 바울이 예루살렘에서 나실인 서원을 완성할 필요가 있었다는 것이 평소와 다른 그의 여정을 설명하는 데 도움이 된다고 하는 인식이다.

바울이 밝힌 목적지는 시리아의 안디옥이었다. 그러나 그는 에베소에서 배를 타고 직접 안디옥 항구인 실루기아로 가지 않고 남쪽으로 483킬로미터 정도 떨어진 가이사랴 부근으로 갔다. 그가 자주 들르는 기항지를 벗어나 여행한 것은 우연한 것도, 불리한 바람을 만났기 때문도 아니다. 누가는 바울의 예루살렘 방문을 말하지 않았지만, 그것이 그가 가이사랴에 도착한 이유라는 점에는 별 문제가 없는 것 같다(행 18:22[4]). 만일 그렇지 않다면 에베소에서 시리아 안디옥까지 가는 여정에서 가이사랴에 들르는 것은 납득하기 어려운 일이다. 가이사랴에 도착한 후 그는 예루살렘으로 올라갔고 교회와 인사했다(행 14:27; 15:3, 5). 나중에 그는 예루살렘에서 안디옥으로 내려갔다(행 11:27; 15:30).

| 바울의 3차 선교 여행 |

사도의 마지막 선교 여행은 특별한 임명이나 안수와 같은 요란한 행사가 거의 없이 시작되었다. "[안디옥에서] 얼마 있다가 떠나 갈라디아와 브루기아 땅을 차례로 다니며 모든 제자를 굳건하게 하니라"(행 18:23).

▲ **실루기아 항구** _ 바울은 여행 중에 이 항구를 드나들었을 것이다.

누가가 여기서 지리적인 상세 정보를 빠트리고 있는 점은, 바울의 이번 선교 여행이 사도행전의 저자가 직접 증인으로서 참여한 여정 기록인 '우리 단락we section'에 속하지 않는다는 사실에 상응하는 것일 수 있다(행 16:6-17; 20:5-15; 21:1-18; 27:1-28:16; 베자 사본의 11:28). 따라서 우리는 바울이 안디옥에서 육로로 여행했는지 배로 여행했는지 알 수가 없다. 또한 바울이 제자들을 굳건하게 했다는 곳이 갈라디아와 브루기아의 어느 도시들인지도 언급되지 않았다(갈 4:13[5]).

다음으로 바울은 '윗지방으로 다녀' 에베소로 내려갔다(행 19:1). 이 '윗지방', 혹은 '내륙 지역'의 정확한 위치가 어디인지는 알려지지 않았다. 바울은 북쪽으로 돌이켜 이전에 여행 했던 경로의 일부분을 다시 밟았을 수도 있다. 다른 한편으로, 그는 헤로도토스가 처음 언급한(《역사》 15.54.1) 왕실 도로를 따라 에베소에서 출발해 더 빠른 길로 이동하였을 수도 있다. 왕실 도로는 길리기아 관문을 통과해 소아시아를 페르시아의 옛 수도인 수사까지 연결하였다.

주전 4세기에 이미 소아시아에 유대인들이 살고 있었다는 증언이 있다. 아리스토텔레스의 제자인 솔리 출신의 클레아르쿠스는 그의 스승이 주전 348-345년 사이에 여행을 하면서 '헬라어를 사용할 뿐만 아니라 헬라인의 영혼을 가진' 한 유대인을 만났다고 기록하고 있다(참고. 《아피온》 1:176-182). 필로에 따르면 1세기 무렵 유대인들은 소아시아 전역에 흩어져 살고 있었다(필로 《가이우스 황제의 대리》 245). "… 그 모든 도시들에 상당수의 유대인들이 살고 있던 나라들, 즉 아시아와 시리아." 에베소에 살았던 유대인들에 대한 물질적인 증거는 없다. 그러나 요세푸스는 에베소의 유대인 주민들이 디아도키의 초기 헬레니즘 시대에 시민권을 받았다고 진술하였다(《고대사》 12:125; 《아피온 반박문》 2:4). 로마의 지배 아래에 있던 에베소의 유대인들은 그들의 조상 관습을 지키고 군역을 면제 받는 특권을 얻었다(필로 《가이우스 황제의 대리》 40; 《고대사》 16:167-168, 172-173). 에베소에서 한 세기에 걸쳐 진행된 고고학적 탐사는 회당 장소를 발굴하지는 못했지만, 역사적인 증언은 실제로 그 곳에 회당들이 존재했음을 시사한다.

3_"누가 갑자기 그 곁에서 죽어서 스스로 구별한 자의 머리를 더럽히면 그의 몸을 정결하게 하는 날에 머리를 밀 것이니 곧 일곱째 날에 밀 것이며"(민 6:9).

4_"가이사랴에 상륙하여 올라가 교회의 안부를 물은 후에 안디옥으로 내려가서"(행 18:22).

5_"내가 처음에 육체의 약함으로 말미암아 너희에게 복음을 전한 것을 너희가 아는 바라"(갈 4:13).

바울은 이전에 에베소를 방문했을 때 그곳의 성도들에게 나중에 상황이 허락하면 다시 돌아와 그들과 함께 더 많은 시간을 보내겠다고 약속했었다. 이번에 바울은 에베소에서 2년 동안 가르쳤고 사역을 했다. 거기서 바울은 "우리는 성령이 계심도 듣지 못하였노라"고 말하는 세례 요한의 추종자들을 만났다(베자 사본의 행 19:2). 이 사람들은 단지 구세주의 오심을 기대하며 회개하고 세례를 받으라는 요한의 가르침만 알고 있었다. 구세주의 오심은 성령의 강림과 동시에 일어날 것이었다(참고. 1QS 4:19-26). 바울은 요한의 제자들에게 요한의 선포가 예수라는 인물 안에서 성취되었다고 알려주었다. 그들이 바울의 메시지를 받아들이고 세례를 받으니 "성령이 그들에게 임"(행 19:6)했다.

누가는 바울이 회당과 두란노 서원에서 날마다 복음을 전했다고 기록한다. "두 해 동안 이같이 하니 아시아에 사는 자는 유대인이나 헬라인이나 다 주의 말씀을 듣더라"(행 19:10). 얼마 후에 바울은 "마게도냐와 아가야를 거쳐 예루살렘에 가기로 작정하여 이르되 내가 거기 갔다가 후에 로마도 보아야 하리라"(행 19:21)고 말했다. 아데미의 신상 모형을 만들던 은장색 데메드리오가 선동하여 에베소 극장에서 바울과 지역 교회에 반대하는 폭동이 일어났다. 이 일이 있은 후에 바울은 마케도니아로 떠났다. 저자는 바울이 에베소를 떠나면서 육로를 이용하였는지 해로를 이용하였는지 말하지 않았지만, 그는 마케도니아 지역을 거쳐 계속 여행하여 그리스에 도착하였다(행 20:1).

그를 반대하는 음모가 다시 표면으로 떠오르자, 바울은 마케도니아를 경유해 시리아로 돌아가기로 결정했다. 바울의 일행 가운데 상당수가 그보다 먼저 가서 알렉산드리아 드로아에서 그를 기다렸다(행 20:4-5). 아마도 바울은 '에그나티아 길'을 따라 마케도니아를 경유해 빌립보 항구 네압볼리까지 되밟아갔을 것이며, 그곳에서 드로아로 향했다(행 20:3-6).

시리아로 가는 여정에서 기항지들은 그가 드로아에서 안디옥까지 주로 배로 여행했음을 알려준다. 바울이 중간에 들렀다고 알려진 곳들은 섬에 있는 정착지들이거나 소아시아 에게 해변에 있는 항구 도시들이었다. 유일한 예외는 바울이 드로아에서 앗소까지 공화정 길을 따라간 것이었다(스트라보《지리》13.1.51, 57-58; 플리니우스《박물지》2.211; 5.32; 36.131-133). 앗소는 드로아의 남부 해안에 있는 도시로서, 아드라뭇데노 만을 건너 레스보스 섬을 바라보고 있는 도시이다.

> 우리는 앞서 배를 타고 앗소에서 바울을 태우려고 그리로 가니 이는 바울이 걸어서 드로아로부터 가고자 하여 그렇게 정하여 준 것이라. 바울이 앗소에서 우리를 만나니 우리가 배에 태우고 미둘레네로 가서(행 20:13-14).

미둘레네 항구 도시는 레스보스 섬의 동쪽에 있는 주요 도시이다. 배는 밤에 그곳에 정박하였다가 다음날 47킬로미터를 계속 항해하여 기오 섬에 도착하였다(스트라보《지리》14.1.35; 헤로도토스《역사》6:8; 투키디데스 8:15;《고대사》16:18-19). 다음날 그들은 소아시아의 해안에서 1.6킬로미터 떨어진 '사모에 들렀다'(《고대사》16:23-24). 사모에 있는 유대 공동체는 하스몬 시대에 이미 언급되었다(마카베오상 15:23).

서방과 비잔틴의 헬라어 본문 전승들은 바울이 사모에 머물지 않고 본토를 향해 조금 더 가서 '트로길리움에서 체류했다'고 읽는다. 트로길리움은 사모에서 2킬로미터 정도 떨어진 좁은 해협 바로 건너에 있는 본토 갑에 위치한 작은 마을이다. 바울의 배가 밤새 정박한 곳이 사모이든지 트로길리움이든지 간에 밀레도로 가는 길에 이 해협을 통과했음이

◀ **왼쪽 위 | 이오니아의 고대 도시 프리에네** _ 매우 이른 시기의 회당 잔해는 소아시아에 유대인이 살고 있었음을 강조한다.

◀ **왼쪽 아래** | 바울이 방문한 지역인 바다라의 등대

◀ 밀레도에 있는 유대 공동체는 극장에 있는 좌석의 5번째 줄에 새겨진 비문에 의해 입증되었다. 그 구절은 문법적으로 서투른 문장으로 "하나님을 경외하는 자들(이라고도 불리는)인 유대인들의 자리"라고 번역되었다. 다른 말로 하면 "하나님을 경외하는 자들"이라는 용어는 유대 공동체에 소속된 자를 표시하는 것이다. 한 로마 극장의 좌석에 나타난 유대인 공동체의 종교적 경건에 대한 이방인의 언급은 다소 이상하다. 따라서 비문의 서투른 문장을 고쳐 읽는다면 "유대인과 하나님을 경외하는 자들의 자리"라는 뜻이다. 이러한 읽기에 따르면, 그것은 유대 공동체와 가까운 정체성을 지니게 된 이방인 출신의 하나님을 경외하는 자들과 유대인 둘 다를 위한 좌석을 가리켰을 것이다.

분명하다.

이틀날 그 배는 밀레도까지 47킬로미터를 갔다(스트라보《지리》14.1.6; 헤로도토스《역사》1.17–20, 141; 6:6; 아리아누스《원정기》1.18). 밀레도는 메안더 강 입구 가까이에 있는 이오니아 사람들의 섬이다. 이 유명한 항구는 에베소에서 남쪽으로 50킬로미터 정도 떨어진 곳에 위치하고 있다. 밀레도의 거리는 격자형 도시망인 히포다모스 양식으로 건설되었다. 일부 학자들은 로마 시대의 회당이 도시의 중심가 근처에 있었다고 주장한다.

바울은 오순절 안에 서둘러서 예루살렘으로 가고자 했기 때문에 근처의 에베소보다는 밀레도에 머물렀다. 그럼에도 불구하고 그는 에베소 교회에 속한 장로들을 불러 밀레도에서 만났다. 그들과 함께 시간을 보낸 후에 바울은 예루살렘을 향하여 가면서 그리스 섬들인 고스와 로도 로도스의 기항지들로 계속 여행했다. 바울은 고스에서 하룻밤을 정박했을 뿐 다른 일은 거의 하지 않은 것으로 보인다(참고. 마카베오상 15:23;《고대사》14:112, 233; 스트라보《지리》14.2.19;《전쟁》1:424). 에게 해의 작은 섬 고스는 의학의 아버지 히포크라테스의 출생지이며 아스클레피우스 신전으로 유명했다.

바울이 로도에서 어떤 활동을 했는지에 대해서도 별다른 언급이 없다. 역사적인 자료들은 로도에 유대 공동체가 있었다고 증언한다(수에토니우

1_"길리기아와 밤빌리아 바다를 건너 루기아의 무라 시에 이르러"(행 27:5).

2_"가이사랴의 몇 제자가 함께 가며 한 오랜 제자 구브로 사람 나손을 데리고 가니 이는 우리가 그의 집에 머물려 함이라"(행 21:16).

3_"너는 재판장을 모독하지 말며 백성의 지도자를 저주하지 말지니라"(출 22:28).

스《티베리우스》32:2; 마카베오상 15:23). 그곳은 바로 악티움 해전과 마르쿠스 안토니우스의 죽음 이후에 헤롯 대왕이 황제에게 충성을 맹세했던 곳이기도 하다(《고대사》15:187; 《전쟁》1:387). 헤롯은 로도에 있는 아폴로 신전 재건에도 기여했다(《고대사》16:147; 《전쟁》1:424).

바울은 로도에서 동쪽으로 바다라까지 갔다. 바다라는 리키아루기아의 남서 해안에 있는 항구 도시로 산투스 강 동쪽으로 12킬로미터 떨어져 있다. 어떤 사본은 바울이 여행 중에 방문한 항구들을 나열하고 있는 사도행전 21장 1절에 '무라까지'를 덧붙였다(참고. 행 27:5[1]). 지리적으로 볼 때, 바울 일행이 유명한 무라 항구에서 체류한 것은 동쪽으로 페니키아를 향해 가는 여정에서 자연스러운 일이다(참고. 행 27:5-6).

소아시아를 떠난 바울은 페니키아로 가는 배 한 척을 발견했다. 그들은 '구브로키프로스를 바라보고' 항해해 섬의 남쪽 해안선을 따라 계속 가서 페니키아의 전설적인 항구 도시 두로에 도착했다(행 21:3). 페니키아 해안 지역에 유대 정착지가 있었다는 비문 증거가 아주 조금 있다. 그럼에도 불구하고, 로마 시대에는 두로에서 주조된 동전이 예루살렘에서 성전 십일조를 내는 데 사용되었다(미쉬나《베코로트》8:7; 탈무드《케투브》[12]13:4).

바울은 두로에서 기독교인 공동체를 찾아 거기서 7일간 머물렀다. 두로의 신자들은 바울이 예루살렘으로 가는 것을 막으려고 했다. 그러나 그는 배를 타고 해안선을 따라 거룩한 도시를 향해 남쪽으로 계속 항해했다.

그 배는 성서의 항구 도시 악고에 멈추었다. 악고는 헬라 도시로 변화되어 디아도키였던 프톨레마이오스 2세의 통치 기간 동안에 프톨레마이스돌레마이라는 지명으로 바뀌었다(마카베오상 5:15; 유세비우스《지명록》30:10).

바울은 프톨레마이스에 있는 동료 신자들과 하루를 지내고 마지막 기항지인 가이사랴로 갔다. 바울은 빌립과 그의 가족들과 함께 가이사랴에 머물렀다. 이곳에서 그는 다시 한 번 예루살렘으로 올라가지 말라는 주의를 받았다. 그러나 바울은 예루살렘으로 가기로 결심하고, 그곳에 도착한 후에는 '오랜 제자' 구브로 사람 나손과 함께 지냈다(행 21:16[2]).

| 바울의 체포와 투옥 |

바울은 얼마 후에 예루살렘으로 올라가 야고보(참고. 유세비우스《교회사》2.1.2)와 교회 장로들을 만났다. 그는 그들에게 여행 중에 일어난 사건들과 하나님이 이방인들 가운데 행한 일들을 보고했다. 야고보는 이렇게 답하였다.

> 유대인 중에 믿는 자 수만 명이 있으니 다 율법에 열성을 가진 자라(참고. 행 22:3; 갈 1:14; 딛 2:14). 네가 이방에 있는 모든 유대인을 가르치되 모세를 배반하고 아들들에게 할례를 행하지 말고 또 관습을 지키지 말라 한다 함을 그들이 들었도다(행 21:20-21).

바울의 메시지를 둘러싼 잘못된 소문들을 일소하기 위하여 그들은 바울에게 나실인 서원을 마무리해야 하는 네 명을 위해 비용을 지불하라고 권했다(미쉬나《나실》1:3).

그들은 또한 바울에게 그 사람들을 데리고 가서 바울 '자신을 정결하게'(참고. 요 11:55) 하라고 제안했다. 다른 말로 하면 성전 경내로 올라가기 전에 사람들이 제의적 정결례를 할 때 그들에게 합류하라는 뜻이었다(참고. 행 21:26, 24:18; 파피리 옥시린쿠스 840). "그러면 모든 사람이 그대에

▲ 바울의 고향, 다소의 클레오파트라 성문

대하여 들은 것이 사실이 아니고 그대도 율법을 지켜 행하는 줄로 알 것이라"(행 21:24b). 사도행전 18장 18절에 묘사된 바울 자신의 서원과 관련하여 앞에서 언급한 것처럼 나실인 서원의 이행은 순전히 자발적인 것이며, 때때로 토라 준수에 대한 개인의 헌신을 드러내 보여주려는 의도가 있었다.

나실인 서원 의식을 완성하는 데 드는 비용을 낼 수 없는 헌신자들을 위해 그 비용을 지불해 주는 일은 종교적인 경건 행위로 여겨졌다. 요세푸스는 아그립바 1세가 예루살렘으로 돌아왔을 때 바로 그와 같은 자선 행동을 했다고 보고한다(참고. 《고대사》19:293-294). 그의 행동은 그의 종교적 성품을 나타내주는 것이었다.

> 그는 즐거이 예루살렘에 머물렀으며 거듭 그렇게 하곤 했다. 그리고 그는 자기 백성의 전통을 빈틈없이 준수했다. 그는 정결례도 전혀 무시하지 않았으며 규정된 희생제사를 드리지 않은 채 보낸 날이 없었다(《고대사》19:331).

율법에 규정된 7일, 곧 정결 기간(행 21:27; 참고. 베자 사본의 '7일이 끝났을 때'; 민 6:9, 18-19) 마지막 날에 바울과 그 남자들은 성전으로 갔다. 그러나 아시아에서 온 유대인들이 그를 알아보고서는 군중들을 충동하여 중한 죄목으로 그를 고소하였다. "이 사람은 각처에서 우리 백성과 율법과 이곳을 비방하여 모든 사람을 가르치는 그 자인데 또 헬라인을 데리고 성전에 들어가서 이 거룩한 곳을 더럽혔다"(행 21:28). 그들은 바울이 정해진 구역을 넘어서 이방인들을 성전 안뜰까지 데리고 들어온 죄로 그를 고발했다. 그러한 행위는 유대 율법으로 금지된 것이었다.

> 성전의 두 번째 뜰을 향해서 이곳바깥 뜰을 가로질러 가면 그곳이 매우 정교한 솜씨로 다듬어진 3규빗1.4미터 높이의 돌난간으로 둘러싸여 있음을 볼 수 있었다. 일정한 간격으로 일부는 헬라어로, 다른 일부는 라틴어로 쓴 경고판이 서 있었다. 경고판에 기록된 정결 규례에 의하면 이방인들은 거룩한 장소에 들어가는 것이 허용되지 않았다(《전쟁》5:193-194; 《고대사》15:417; 필로《가이사 황제의 대리》212; 참고. 엡 2:14).

때때로 '타나토스[즉 죽음] 비문'이라고 부르는 두 개의 경고판 유물이 발견되었다.

폭력 사태가 일어나자 예루살렘의 치안을 맡고 있던 로마 보병대의 천

바울의 체포와 투옥 \ 주후 59-62년

부장이 바울을 체포해 병영, 즉 안토니아 요새로 데리고 갔다(참고. 행 21:34; 23:10). 천부장이 바울을 채찍질하고 심문하려고 하자 사도는 자기가 로마 시민권을 가지고 있다는 사실을 밝혔다. 바울이 어떻게 시민권을 얻었는지 자세한 설명은 없고, 단지 그가 날 때부터 로마 시민이었다고 한다. 이는 그의 가족이 상당히 오랫동안 다소에 정착해서 살았음을 추측하게 한다.

다음 날에 그 사령관은 바울이 고발당한 이유를 더 상세히 알아보고자 하여 그를 산헤드린 공회 앞에 데리고 갔다. 대제사장 아나니아와 열띤 논쟁을 주고받은 끝에, 대제사장은 바울의 입을 치라고 명하였다. 바울이 사두개파 지도자를 욕하자 곁에 있던 사람들이 대제사장을 모욕한 사도를 비난했다. 바울은 독창적이고 풍자가 가득한 말로 "형제들아 나는 그가 대제사장인 줄 알지 못하였노라. 기록하였으되 너의 백성의 관리를 비방하지 말라 하였느니라"(행 23:5)고 답변했다. 이 문맥에서 바울이 출애굽기 22장 28절[3]을 인용한 것은 대제사장을 신랄하게 비난하는 뜻이 담겨 있으며, 이스라엘의 현자들에게서 들을 수 있는 말을 돌려서 반영한 것이었다.

> 왜 성서는 '너희 백성의'라고 구체적인 표현을 사용하는가? 〔이 구절은 불필요한 말이 아닌가?〕 그들〔통치자들〕이 '너희 백성의'라는 말에 걸맞게 행동했을 때에〔만을 의미하는 것으로 이 덧붙인 말을 이해해야 한다〕(출애굽기 22:28에 대한 《메킬타》 "미쉬파팀" 19).

바울의 변명은 그가 대제사장을 몰라봤던 것이 아니라, 아나니아가 '너희 백성에게 걸맞은' 방식으로 행동하지 않은 점을 꼬집은 것이다. 바울 사도가 성서를 랍비 양식으로 사용한 것은 바리새파라는 그의 자기 정체성을 짐작케 한다. 바리새파는 산헤드린에 포함되어 있었다. 바울은 바리새파와 사두개파가 다 그 자리에 있다는 사실을 알고는 변증을 시작했다. "여러분 형제들아. 나는 바리새인이요 또 바리새인의 아들이라. 죽은 자의 소망 곧 부활로 말미암아 내가 심문을 받노라"(행 23:6; 《고대사》 18:14, 16; 《전쟁》 2:163, 165; 참고. 단 12:2-3; 마카베오하 7:14; 12:43).

바울이 충분히 예견하였던 대로, 종교적인 회의 중에 분쟁이 일어났다. 격론이 일자 로마 천부장은 바울을 옮겨 요새로 돌려보내는 것이 최선이라 생각했다. 바울의 목숨을 노리는 음모가 발각되자, 로마군은 밤중에 바울을 가이사랴로 호송했다(행 23:23-30). 그들은 안디바드리 안티파트리스에 도착했고(행 23:31; 《고대사》 16:142-143; 《전쟁》 1:417) 다음 날 아침에 계속해서 가이사랴로 갔다. 가이사랴에서 그들은 바울을 유대 총독 벨릭스에게 넘겼다. 타키투스는 벨릭스가 유대 지방의 총독으로 임명된 사실을 언급한다.

그〔헤롯 가문〕 왕자들이 이제 죽거나 비천한 신분으로 전락하자 글라우디오는 유대를 한 지방으로 편입하고 로마 기사단이나 자유인들에게 위임했다. 자유인인 안토니우스 벨릭스는 온갖 잔인하고 탐욕스러운 행동을 일삼았고, 노예 본능을 가지고 왕의 권력을 휘둘렀다. 그는 클레

▲ 무라에 있는 항구와 하드리아누스 곡식 창고. 바울은 가이사랴에서 "곡물 운반선"을 타고 이곳에 도착해 이탈리아로 가는 배로 갈아탔다.

오파트라와 안토니우스의 손녀인 드루실라와 결혼했으므로 안토니우스의 손녀 사위였고 글라우디오는 안토니우스의 손자였다(타키투스《역사》5:9; 참고. 타키투스《연대기》12:45;《고대사》20:137).

타키투스가 언급한 벨릭스의 아내, 드루실라는 헤롯 아그립바 1세의 딸이었으며, 벨릭스가 결혼한 왕실 출신 세 아내 중 한 명이었다(수에토니우스《클라우디우스》28). 요세푸스는 벨릭스가 어떻게 드루실라를 유혹해서 첫 남편인 에메사 왕 아지주스와 헤어지게 하였는지자세하게 설명한다(《고대사》19:354-355; 20:138-144;《전쟁》2:220). 벨릭스가 유대 공주와 결혼한 것은 어떻게 해서 그가 '그 도에 관한 것을 더 자세히' 알고 있었는지 잘 설명해준다(행 24:22). '그 도'라는 용어는 사도행전에서 초기 기독교 운동을 칭하는 데 종종 사용된다(행 19:9, 23; 24:14[1], 22; 참고. 디다케 1:1-2).

로마인들은 바울을 가이사랴에 있는 로마 총독의 거주지, 즉 헤롯의 브라이도리온에 가두었다(행 23:35; 참고. 막 15:16). 바울을 대적하는 자들이 그를 고소하였고, 누가는 바울이 첫 번째로는 벨릭스 앞에서(행 24:1-26), 그리고 2년 후에는 그의 후임자 앞에서(행 24:27) 했었던 변명을 보고한다. 보르기오 베스도는 "벨릭스 후임 총독으로서 나라를 혼란에 빠뜨린 골칫거리들을 공격하는 일에 착수했다. 그는 많은 수의 산적들을 사로잡아 적지 않은 수를 죽였다"(《전쟁》2:271).

《고대사》에서 요세푸스는 베스도가 2년 재임 동안(60-62년) 지방의 도적들을 단속하기 위해 취했던 조치들을 상세히 설명하고 있다.

> 베스도가 유대에 도착했을 때 유대 지역은 강도떼들로 인해 황폐해져 있었다. 모든 마을들은 불에 타고 약탈을 당한 상황이었다. 소위 '시카리이sicarii'라고 하는 산적들이 그 당시에 상당히 많았다. … 그들은 무기를 지니고 그들에게 적대적인 마을에 자주 나타났으며 방화와 약탈을 자행했다. 만일 자기를 따라 광야로 가기로 선택한다면 곤경으로부터의 구원과 평안을 약속한다던 어떤 사기꾼의 협잡을 막기 위해 베스도는 기병대와 보병대를 파견했다. 베스도가 보낸 군대는 그 사기꾼과 추종자들 모두를 전멸시켰다(《고대사》20:185-188).

누가는 신임 총독이 직접 예루살렘으로 가서 대제사장과 다른 유대 지도자들을 만났다고 보고한다(행 25:1[2]). 베스도는 바울에 대한 고발을 듣고 고발자들에게 자기와 함께 가이사랴로 돌아가자고 권했다. 베스도 앞에서 심문을 받을 때에 바울은 예루살렘에서 온 사람들을 반박하며 자신의 입장을 새롭게 변증하였다. "유대인의 율법이나 성전이나 가이사에게나 내가 도무지 죄를 범하지 아니하였노라"(행 25:8). 베스도는 최근에 만난 유대의 유력자들에게 잘 보이고 싶어서, 바울에게 예루살렘으로 가서 산헤드린 앞에서 다시 심문을 받으라는 그들의 요청을 받아들이라고 제안했다. 대신에 바울은 로마 황제에게 호소할 수 있는 자신의 권리를 주장하였고, 베스도는 이에 동의했다(행 25:11-12).

출발에 앞서 바울은 아그립바 2세와 그의 누이 버니게 앞에서 말할 수 있는 기회를 얻었다. 아그립바는 벨릭스의 아내, 드루실라의 형제였다. 바울은 다시 다메섹 도상에서의 만남과 그 후에 이어진 이방인들을 향한 사역에 대해 자세히 설명했다 그는 자신의 무죄를 주장했다.

> 내가 처음부터 내 민족과 더불어 예루살렘에서 젊었을 때 생활한 상황을 유대인이 다 아는 바라. 일찍부터 나를 알았으니 그들이 증언하려 하면 내가 우리 종교의 가장 엄한 파를 따라 바리새인의 생활을 하였다고 할 것이라(행 26:4-5).

바울이 자신을 바리새파라고 강조한 것은 이번이 두 번째였다(참고. 행 23:6; 빌 3:5). 바울이 변호를 마쳤을 때 아그립바는 베스도와 같은 의견을 보였다. "이 사람이 만일 가이사에게 상소하지 아니하였더라면 석방될 수 있을 뻔하였다 하니라"(행 26:32).

처음 기회가 주어지자, 가이사랴에 투옥되었던 바울과 다른 죄수들은 아드라뭇데노에서 온 배를 타게 되었는데, 이 배는 '아시아 해변 각처로 가려 하는' 배였다(행 27:2[3]). 이 배는 이집트에서 곡식이나 화물을 싣고 아드라뭇데노로 귀항하는 배였던 것으로 보인다. 아드라뭇데노는 버가모와 알렉산드리아 드로아 사이에 있는 소아시아 북서쪽의 무시아 지역에 자리 잡고 있었다. 배의 귀항 목적지는 이 배가 그들을 이탈리아까지 데리고 갈 예정이 아니었음을 분명히 보여준다. 누가가 "아시아 해변 각처로 가려 하는"이라고 묘사한 항로는 다가오는 겨울을 고려한다면 타당해 보인다.

첫 기항지는 시돈이었다. 시돈은 페니키아 해안에 위치한 항구로, 여기서 "맞바람을 피하여 구브로 해안을 의지하고 항해"(행 27:4)하기 위한 것이었다. 북서쪽에서 불어오는 강한 맞바람은 배가 시리아와 아시아 해안을 따라 북쪽으로 가는 것을 방해하였다. 대신에 선원들은 북풍으로부터 배를 보호하기 위해 구브로키프로스 섬을 이용하여 길리기아와 밤빌리아 해변을 지나갔다(행 27:5). 구브로 서쪽에서 배는 북쪽으로 방향을 돌이켜 대해로 나아가 리키아루기아의 중요한 항구 무라에 도착했다. 무라 항구는 식량 저장과 아시아에서 그것을 분배하는 책임을 맡은 로마의 곡물 선단으로 유명한 곳이었다. 하드리아누스는 그곳에 큰 곡물 창고를 세웠는데, 지금도 그것을 볼 수 있다. 바울의 호송을 맡은 백부장은 알렉산드리아에서 왔다가 이탈리아로 갈 예정이었던 배편을 마련하였다. 그러나 강한 맞바람이 배의 항해를 방해했다. 소아시아의 남서쪽 끝에 있는 도시인 니도에서 배는 남-남서쪽으로 돌이켜 크레타그레데의 동쪽 끝에 있는 살모네로 향했다(플리니우스《박물지》4.12.58; 4.12.71; 스트라보《지리》10.3.20; 10.4.3). 선원들은 다시 한 번 강한 북풍으로부터 배를 보호하기 위해 섬의 땅덩어리를 활용했다. "간신히 그 연안을 지나 미항이

1_"그러나 이것을 당신께 고백하리이다. 나는 그들이 이단이라 하는 도를 따라 조상의 하나님을 섬기고 율법과 선지자들의 글에 기록된 것을 다 믿으며"(행 24:14).

2_"베스도가 부임한 지 삼 일 후에 가이사랴에서 예루살렘으로 올라가니"(행 25:1).

3_"아시아 해변 각처로 가려 하는 아드라뭇데노 배에 우리가 올라 항해할새 마게도냐의 데살로니가 사람 아리스다고도 함께 하니라"(행 27:2).

4_트레이스 타베르네
그리스어로 '세 여관'이라는 뜻이다.

라는 곳에 이르니 라새아 시에서 가깝더라"(행 27:8).

누가가 언급했듯이, 날씨로 인해 그들의 항해가 지체되었으며, 때는 이미 '금식 절기', 즉 속죄일이 지난 다음이었다. 저자는 이러한 언급으로, 지중해를 항해하기 어려운 초겨울에 항해가 이루어졌음을 알려주고 있다. 크레타그레데 남쪽에 있는 미항은 겨울철에 정박하기에는 적합하지 않았다. 따라서 선장은 크레타 남서쪽 끝에 있는 뵈닉스로 가기 위해 항해를 계속했다. 그러나 강한 바람이 불어 항로를 이탈해 '가우다라는 작은 섬 아래로' 갔다(행 27:16).

배를 가볍게 하기 위해 선원들이 폭풍이 부는 바다에 짐을 던지기 시작했다. 그러나 며칠이 지나서 나중에 멜리데임을 알게 된 섬 해안에 도달했다(행 28:1; 스트라보《지리》6.2.11; 17.3.16; 디오도루스 시쿨루스 5.12.2-3). 바울은 바로 이곳에서 뱀에게 물리고도 살아남아 동행자들을 크게 놀라게 했다(행 28:2-6). 마침내 세 달 후 일행은 알렉산드리아에서 출발했던 배에 승선해 이탈리아로 여행을 계속했다. 그들은 맨 먼저 수라구사에 도착했다. "거기서 둘러가서 레기온에 이르러 하루를 지낸 후 남풍이 일어나므로 이튿날 보디올에 이르렀다"(행 28:13). 그들은 육로로 보디올에서 로마까지 여행했다(참고. 스트라보《지리》17.17;《자서전》16). 바울은 압비오 광장과 트레이스 타베르네[4]까지 그를 맞으러 온 동료 신자들을 만났다. 이 두 도시 모두 로마로 가는 '아피아 가도'에 위치하고 있다.

바울은 로마에 도착한 후에 가택 연금을 당했다. 그러나 그는 방문자들을 맞이할 수 있었다. 우선 유대 공동체의 지역 지도자들이 바울을 만나기 위해 왔다.

> 그들이 날짜를 정하고 그가 유숙하는 집에 많이 오니 바울이 아침부터 저녁까지 강론하여 하나님의 나라를 증언하고 모세의 율법과 선지자의 말을 가지고 예수에 대하여 권하더라. 그 말을 믿는 사람도 있고 믿지 아니하는 사람도 있어(행 28:23-24).

누가는 사도 바울이 여전히 가택 연금 상태에 있는 것으로 그의 이야기를 마무리한다. 기독교 전승에 따르면, 바울은 64년 로마 화재 이후에 네로가 기독교인을 박해할 때 순교 당한 것으로 알려져 있다(참고. 타키투스《연대기》15:44; 수에토니우스《네로》16:2; 유세비우스《교회사》2.25). 그러나 누가는 그의 저술에서 바울의 죽음에 대한 정보를 전혀 남기지 않았다. 대신에 누가는 바울이 여전히 활발하게 사역하고 있는 모습으로 사도행전의 마지막 부분을 채우며 책을 마쳤다.

> 바울이 온 이태를 자기 셋집에 머물면서 자기에게 오는 사람을 다 영접하고 하나님의 나라를 전파하며 주 예수 그리스도에 관한 모든 것을 담대하게 거침없이 가르치더라(행 28:30-31).

THE SEVEN CHURCHES THE APOCALYPSE(REV 1:4-3:21)

요한계시록의 일곱 교회(계 1:4-3:21)

▲ 요한계시록의 교회 중 하나인 에베소의 대 도서관

요한계시록의 저자는 요한계시록 속에 소아시아 교회들에 보낸 7개의 서신을 포함시켰다. 왜 이 교회들이 저자의 관심을 받을 만한지, 혹은 왜 다른 교회들은 빠졌는지에 대한 설명이 주어지지 않았다. 이 편지들은 아마도 우편 도로를 반영하는 순회 순서를 따라 제시된 것으로 주장된다. 이렇게 볼 때 편지들은 사적인 것이 아니라 회람용이었을 가능성이 높다. 편지는 소아시아 교회들의 영적 상태를 우려한다. 이러한 견해를 위한 물리적인 증거는 없다. 그러나 서신들이 중복되거나 반복적인 성격을 지닌다는 점은 소아시아 교회가 직면하고 있는 영적인 도전들을 반영하고 있다. 이때는 로마의 도미티아누스 황제의 통치시기로 1세기의 마지막 10년에 해당한다.

19

|CHAPTER|

THE FIRST JEWISH REVOLT AGAINST ROME

로마에 항거한 1차 유대 전쟁

(주후 66-77년)

부도덕하고 부패한 로마 총독들이 계속 임명되자 수년 동안 유대 민족과 로마 제국 사이의 관계가 악화되어 가다가 마침내 공개적인 항쟁이 시작되었다. 유대 지방의 마지막이자 최악의 로마 총독은 루케이우스 알비누스의 뒤를 이은 게시우스 플로루스였는데, 그의 권력 남용은 견딜 수 없는 수준에 도달했다. 마침내 폭발한 유대 전쟁은 여러 지역으로 확산되었고, 로마의 대응은 유대와 팔레스타인에 치명적인 손실을 입혔다. 나중에 헤롯 가문이 재난을 피하기 위해 나름의 최선을 다했지만 소용이 없었다.

RELIEF ON ARCH OF TITUS,ROME

로마 군인이 성전 기구를 나르며 개선 행진을 하는 모습. 로마의 티투스 아치 부조 요세푸스는 연달아 부도덕하고 부패한 로마 총독들이 임명되자 수년 동안 유대 민족과 로마 제국 사이의 관계가 악화되어 가다가 마침내 공개적인 항쟁이 시작되었다고 이야기한다. 총독으로 임명된 각 사람들은 전임자들의 악행에서 한 발 더 나아갔다. 유대 지방의 마지막이자 최악의 로마 총독은 루케이우스 알비누스(62-64년, 타키투스《역사》2.58-59)의 뒤를 이은 게시우스 플로루스(64-66년,《고대사》20:252-253; 타키투스《역사》5:10)였다. 유대인들은 안디옥에 있는 로마 총독에게 불평을 터뜨렸지만 실제로 성과를 거두지는 못했다(《전쟁》2:280). 나중에 헤롯 가문이 재난을 피하기 위해 나름의 최선을 다했지만 소용이 없었다.

헤롯 왕조의 종말

아그립바 1세 조부인 헤롯 대왕이 죽기 전에 여섯 살이었던 아그립바 1세는 어머니와 함께 로마로 보내졌다. 그의 아버지 아리스토불루스는 3년 전(주전 7년)에 처형을 당했는데, 헤롯의 폭력적인 과대망상증의 희생자가 된 사람 중 하나였다(《고대사》16:392-394). 아그립바는 로마 왕실에서 자랐으며 무제한적인 부를 누렸다. 그러나 성년기에 접어든 무렵 아그립바는 자기의 사치스러운 생활 때문에 큰 빚을 지게 되었음을 깨달았다. 그는 결국 유대로 돌아올 수밖에 없었다(《고대사》18:143-147). 그는 고민을 하다 자살을 고려하는 지경에 이르렀는데, 그러나 그의 아내 키프루스가 아그립바의 누이인 헤로디아헤로디아스와 형제 안디바안티파스에게 도움을 청해 아그립바에게 디베랴에 있는 시장 감독직을 얻어주었다(《고대사》18:149; 참고. 14:261). 그러나 안디바가 제공한 기회와 이어진 기회들도 그 모험적인 헤롯 가문 사람을 만족시키지 못했다. 그는 결국 로마로 돌아갔다. 그는 거기에서 티베리우스디베료 황제의 아들 가이우스 칼리굴라와 친구가 되었다(《고대사》18:168).

아그립바의 재정적 고충은 티베리우스가 죽고 칼리굴라가 37년 3월에 아버지의 뒤를 이어 왕위를 계승할 때까지 계속해서 그를 괴롭혔다. 그의 운명에 변화를 가져올 만한 사건들이 일어날 가능성은 없어 보였다. 티베리우스는 아그립바가 다음과 같이 자신의 희망을 피력하는 말을 했다는 보고를 받고는 그를 감옥에 던져 넣었다. "모든 방면에 더 유능한 가이우스를 위하여, 티베리우스디베료는 최대한 빨리 그의 직위를 내어줄 것이다"(《고대사》18:168). 아버지의 왕위를 계승하게 되자마자, 칼리굴라는 아그립바를 석방시키고는 그가 감옥에서 차고 있었던 쇠사슬과 동일한 무게의 금사슬을 주었다(《고대사》18:224-237;《전쟁》2:181; 필로《플라쿠스 반박문》25; 디오 카시우스 69.8).

그는 또한 이 헤롯 가문의 자손에게 왕관을 하사했고(《고대사》18:237), 이전의 봉분왕 빌립(참고.《고대사》18:27-28)과 리사니아스(참고.《고대사》15:344; 19:275; 20:138; 디오 카시우스 59.8.2)에게 속한 땅을 그에게 하사했다. 새로 왕위에 오른 아그립바는 잠시 로마에 머물렀지만 곧 38년 가을에 알렉산드리아를 경유하여 자신의 새로운 왕국으로 돌아갔다(《고대사》18:238-239).

아그립바의 운명이 뒤집어지자 헤로디아는 질투가 끓어올랐다(《고대사》18:240). 그녀는 이전에 자기 재산 모두를 탕진해버리고 헤로디아와 안디바의 관대함을 포함해 그에게 찾아온 모든 기회를 낭비했던 오빠의 예상치 못한 갑작스런 성공을 목격하였다. 왕비가 되는 것 말고는 아무런 소원이 없었던 한 여자에게 이 사건은 쓰디쓴 약이었다. 그녀는 새 황제로

아그립바 1세의 왕국

부터 똑같이 왕의 칭호를 얻어내라고 안디바에게 압력을 가했다. 결국 그는 마지못해 그렇게 하는 데 동의하였지만 칼리굴라를 알현한 일은 전혀 다른 결과를 가져왔다.

그와 동시에 아그립바가 자유를 허락한 포르투나투스는 황제에게 가서 선동죄를 포함한 몇 가지 죄목으로 안디바를 고소했다. 그가 고발한 죄목들은 아마도 거의가 사실 무근이었겠지만, 정황적 증거로 인해 의심이 양산되었다. 칼리굴라는 안디바를 폐위시키고 39년에 그와 그 아내

▲ 아그립바 1세의 동전

를 곧 지방으로 보내버렸다(《고대사》 18:252; 《전쟁》 2:183). 안디바의 불행은 아그립바에게 큰 행운을 가져다주었다. 황제는 안디바에게 속했던 영토 갈릴리와 베레아를 아그립바에게 주어 그의 왕국을 확장시켜 주었다.

아그립바에게 주어진 새로운 책임은 최소한 그가 자신의 왕국에 거주하는 동안이라도 그의 행동의 변화를 가져왔다. 왕이 자기 왕국에 도착하여 첫 번째로 한 행동 중 하나는 예루살렘 방문이었다.

> 예루살렘에 들어선 그는 우리 율법이 요구한 제의 규정을 어느 것 하나도 빠뜨리지 않고 감사제를 드렸다. 또한 그는 나실인들 상당수를 위해 머리를 깎을 수 있도록 조치해 주었다(미쉬나 《나실》 2:5-6). 뿐만 아니라 그는 성전 경내의 보물창고에 이전에 그의 손을 묶었던 쇠사슬과 똑같은 무게로 만들어 가이우스가 선물한 금사슬을 걸어놓았다. 그 금사슬은 과거의 고통스러운 운명을 상기시켜주는 것으로, 또한 반대로 그가 재기한 사건의 증거이기도 했다. 위대한 자가 종종 짓밟힐 수도 있는가 하면 하나님은 파멸에 빠진 운명을 들어올리기도 한다는 사실의 증거로 사용되게 하기 위한 것이었다(《고대사》 19:293-294).

1_"수일 후에 아그립바 왕과 버니게가 베스도에게 문안하러 가이사랴에 와서 … 이튿날 아그립바와 버니게가 크게 위엄을 갖추고 와서 천부장들과 시중의 높은 사람들과 함께 접견 장소에 들어오고 베스도의 명으로 바울을 데려오니" (행 25:13, 23).

이렇게 새롭게 확립된 경건은 그의 통치 3년을 특징짓는 것이었다. 요세푸스와 랍비 문헌 모두 그가 제의적인 문제에 관심을 가지고 있었다고 증언한다(참고. 《고대사》 19:331; 미쉬나 《비쿠림》 3:4). 이들의 증언은 신약이 보여주는 모습과 뚜렷이 대조된다. "그때에 헤롯 왕[아그립바 1세]이 손을 들어 교회 중에서 몇 사람을 해하려 하여 요한의 형제 야고보를 칼로 죽이니"(행 12:1-2). 이때에 베드로도 체포되었지만 탈출할 수 있었다.

유대인 통치자로서 아그립바는 예루살렘 성전에 특별한 관심을 가지고 있었다. 그의 관심은 칼리굴라 황제가 성전 안에 자신의 조상을 세우기로 결정했을 때(《고대사》 18:261-262; 《전쟁》 2:185-187; 필로 《가이우스 황제의 대리》 188, 207-208; 타키투스 《역사》 5.9), 그가 이를 막으려고 한 일에서도 엿볼 수 있다(《고대사》 18:298-301). 아그립바는 칼리굴라가 죽기 얼마 전에 그를 설득해서 그 칙령을 거두게 하는 데 성공했다. 칼리굴라가 41년 1월 24일 근위대 소속 호민관인 카이레아에게 암살당할 때에, 아그립바는 여전히 로마에 있었다(《고대사》 19:105; 참고. 수에토니우스 《칼리굴라》 56-58).

새로운 황제 글라우디오 클라우디우스 는 아그립바의 왕국을 승인해주었을 뿐만 아니라 유대와 사마리아 영토를 그의 왕국에 더해주기까지 하였다(《고대사》 19:274-275; 《전쟁》 215-216). 이제 이 헤롯 가문의 왕은 조부의 왕국과 맞먹을 정도로 확장된 영토를 통치하게 되었다. 글라우디오는 또한 아그립바에게 로마 집정관의 지위를 하사했다(디오 카시우스 60.8.2-3). 아그립바가 예루살렘에 공헌한 점은 도시의 새로운 성벽을 건설하기 시작했다는 것이다. 요세푸스는 예루살렘의 북쪽 교외를 둘러싼 이 성벽을 '세 번째 성벽'이라고 묘사한다(《전쟁》 5:147, 158, 260).

> 아그립바가 예루살렘 신도시(예. 베제타; 참고. 《전쟁》 5:151)라고 하는 구역의 성벽을 공공 자금을 들여 요새화하였다. 성벽은 더 넓어지고 높아졌다. 만일 시리아 총독 마르수스가 글라우디오 황제에게 편지를 보내어 그곳에서 일어나고 있는 일을 보고하지 않았더라면 그는 어떤 군대도 들어올 수 없을 정도로 성벽을 강하게 만들었을 것이다. 글라우디오는 반란이 곧 일어날지도 모른다고 의심하여 아그립바에게 편지를 보내어 성벽 건설을 중단하라고 진지하게 명령했다. 아그립바는 그 명령에 따르는 것이 최선이라고 생각했다(《고대사》 19:326-327).

아그립바가 글라우디오에게 미리 알리지 않고 그러한 사업을 시작했을 것 같지는 않다. 타키투스는 그 사업이 처음에 뇌물을 통해 허락되었을 가능성을 시사한다. "글라우디오 통치 동안에 드러난 탐욕을 이용하여 그들은 도시를 요새화할 수 있는 권한을 샀다. 그리고 평화 때에 마치 전쟁을 대비하는 듯이 성벽을 건설하였다"(타키투스 《역사》 5.12). 시리아 총독의 서신 때문에 비로소 황제는 아그립바가 진행하는 사업의 규모에 대해 관심을 가지게 되었고, 그 공사의 목적과 관련된 염려 때문에 건설을 중지시킨 것이다.

새 성벽의 기념비적인 규모는 요세푸스로 하여금 만일 아그립바가 성벽을 완성하는 것이 허락되었더라면 후대에 티투스의 예루살렘 포위 결과가 다르게 나타났을 것이라는 견해를 갖게 했다.

> [아그립바는] 만일 그 성벽이 완성되었더라면 나중에 있었던 로마의 모든 포위 공격을 무력하게 만들 정도의 엄청난 규모로 예루살렘 주변을 둘러싸기 시작했다. 그러나 그 사업이 궤도에 도달하기 전에 그는 3년간의 통치를 마무리한 채로 가이사랴에서 죽었다(44년). 그의 통치 기간에는 분봉왕으로 재임했던 이전 3년의 임기를 더해야 한다(《전쟁》 2:218-219).

아그립바가 가이사랴에서 갑작스럽게 죽었다고 말한 역사가의 증언은 신약성서의 진술과 일치한다.

> 헤롯[아그립바]이 유대를 떠나 가이사랴로 내려가서 머무니라. … 헤롯이 날을 택하여 왕복을 입고 단상에 앉아 백성에게 연설하니 백성들이 크게 부르되 이것은 신의 소리요 사람의 소리가 아니라 하거늘 헤롯이 영광을 하나님께로 돌리지 아니하므로 주의 사자가 곧 치니 벌레에게 먹혀 죽으니라(행 12:19-23).

요세푸스의 설명 역시 아그립바가 가이사랴에서 대중 집회를 열었다고 말한다. 그는 은으로 짠 옷을 입고 있었다. 아침 일찍 사람들이 모였고, "은이 태양의 첫 광선을 받아 놀랍도록 광채를 발했다. 그 번쩍임은 그를 응시하고 있는 사람들에게 경외감과 두려움을 불러일으켰다"(《고대사》 19:344).

그곳에 모여 있던 사람들은 아그립바를 신이라고 말했다(《고대사》 19:345). 이 지점에서 신약의 저자는 하나님이 즉시 왕을 쳤고, 왕이 죽었다고 말한다. 대신에 요세푸스는, 그 순간 왕이 눈을 들어 그의 머리 위 밧줄에 앉아 있는 올빼미 한 마리를 보았다고 전한다.

> 한때 좋은 소식을 의미했던 것이 재앙을 예고하는 것임을 단번에 깨달은(참고. 《고대사》 18:195, 200) 그는 심장에 찌르는 듯한 고통을 느꼈다. 그는 즉시 몸 전체에서 통증이 점점 강도가 세어짐을 느끼며 고통으로 배를 움켜잡았다(《고대사》 19:346).

왕은 침실로 물러났고 5일 후에 죽었다. 두 증언은 세부적인 내용이 약간 다르지만 본질에 있어서는 같은 사건을 묘사하고 있다.

요세푸스는 《고대사》 19장 351절에서 아그립바 1세의 통치 역사를 《전쟁》 2장 218-219절과는 약간 다르게 조망하면서 결론을 내렸다. 아마도 이것이 그의 통치에 대한 좀 더 정확한 설명일 것이다.

그는 가이우스 황제 아래서 4년을 통치했다(37-41년). 재임 중 3년 동안은 빌립의 영토를 다스렸고, 제4년에는 헤롯〔안디바〕의 영토를 더해 다스렸다. 그는 글라우디오 황제 아래서 3년(41-44년)을 더 통치했다. 이때에 그는 위에서 언급한 영토를 다스렸으며 추가로 유대, 사마리아, 가이사랴를 하사받았다(《고대사》19:351).

아그립바 2세 아그립바는 네 명의 자녀를 두었다. 아그립바라는 이름의 아들 하나와 버니게 마리암메, 드루실라라는 이름의 세 딸이 있었다(《고대사》18:132; 《전쟁》2:220). 글라우디오는 아그립바 2세를 아버지의 왕위에 앉게 하고 싶었지만 그가 열일곱 살밖에 되지 않아서 그의 조언자들이 이에 반대했다. 그리하여 왕국 전체가 다시 시리아 총독의 감독을 받게 되었으며, 유대는 가이사랴에서 온 로마 총독의 통치를 받았다(《고대사》19:363-365; 《전쟁》2:220).

아그립바 1세의 유일한 아들은 헤롯 가문의 다른 후예들의 관례대로 로마에서 교육을 받았다. 그는 로마에서 아버지의 부고를 받았다(《고대사》19:360-363). 앞에서 언급한 바와 같이 그는 나이가 어려 아버지의 왕위를 즉시 물려받지 못했다. 그러나 약 5년 후에 그는 숙부인 칼키스의 헤롯이 다스리던 왕국을 하사받았다(《고대사》20:104). 그는 또한 숙부가 맡고 있던 성전 기물에 대한 감독권과 제사장 선발권까지도 상속받았던 것으로 보인다.

> 죽은 아그립바의 형제인 헤롯은 그 당시에 칼키스의 행정을 맡고 있었다. 그는 또한 글라우디오 황제에게 성전과 거룩한 기구들에 대한 권한과 제사장 선발권을 넘겨달라고 요청했다. … 그는 자신이 요청한 모든 것을 받았다. 그에게서 비롯된 권한들은 전쟁이 끝날 때까지 그의 자식들에게만 전수되었다. 따라서 헤롯은 칸테라스라는 성을 가진 대제사장(참고. 바벨론 탈무드《페사힘》57a=탈무드《메나호트》13:21)을 제거하고 카르메이의 아들 요셉에게 그 직무를 계승하도록 했다(《고대사》20:15-16).

아그립바 2세는 로마를 떠나 그의 새 왕국으로 가는 길을 2년 동안 미루었던 것으로 보인다. 그가 로마에 머문 지 얼마 되지 않은 53년에, 그는 글라우디오 황제로부터 그의 영토를 양도하고(《고대사》20:138), 대신에 이전 헤롯 빌립의 영지(참고. 《고대사》18:27-28, 106), 즉 바타네아, 드라고닛, 가울라니티스 등지의 땅을 받으라는 제안을 받았다. 그는 추가로 리사니아스의 이전 영토인 아빌라(《고대사》19:275)와 소아이무스의 아들 바루스의 영토를 하사받기도 했다(《전쟁》2:247; 참고. 디오 카시우스 69.12.2; 타키투스《연대기》12:23). 글라우디오가 죽자 아그립바의 영토는 곧 다시 늘어나게 되었다. 54년에 네로가 그에게 갈릴리의 디베랴와 타리케아이막달라, 그리고 페레아Perea에 있는 율리아스 리비아스와 아벨라를 하사했다(《고대사》20:159; 《전쟁》2:252; 참고. 《고대사》18:27).

아그립바 2세는 로마의 정책을 충실하게 따랐으며, 연이어 황위를 계승한 로마 황제들에 대한 그의 충성심은 그들의 형상과 이름을 새긴 동전들에서 찾아볼 수 있다. 그는 또한 로마 황제를 기념하기 위해 가이사랴 빌립보의 이름을 네로니아스로 바꾸었다(《고대사》20:211). 타키투스는 아그립바 2세가 파르티아와 싸우는 로마 원정대를 위해 지원 부대를 보냈다고 전한다(타키투스《연대기》13.7). 신약성서는 아그립바가 그 지역의 로마식 행정 체제를 발전시키는 일에 주의를 기울였다는 증거를 남겼다. 아그립바와 버니게는 새로운 로마 총독 보르기오 베스도를 맞이하기 위해 가이사랴를 방문했다(행 25:13, 23[1]; 참고. 《고대사》20:182; 《전쟁》2:271). 이 방문에서 아그립바와 버니게는 사도 바울의 해명을 직접 들을 수 있었다(행 26:1-32).

왕의 누이, 버니게는 남편 칼키스의 헤롯이 죽은 이후 수년 동안 형제인 왕과 함께 지냈다. 로마에서는 남매 사이에 부적절한 관계가 있다는 소문이 지속적으로 나돌았다(《고대사》20:145; 유브날《풍자》6.156-160). 그럼에도 불구하고 버니게는 오히려 75년에 자기를 이탈리아로 데리고 간 티투스와 공공연하게 연애를 하였다(참고. 타키투스《역사》2.2). 그녀는 팔라틴에서 한동안 티

아그립바 2세의 동전 ▲

투스와 동거했다. 베스파시아누스의 아들인 티투스는 79년에 왕위에 오르자 그러한 관계가 새로운 지위에 적합하지 않다고 여기고 버니게를 버렸다(디오 카시우스 66.15.3-4; 수에토니우스《티투스》7).

66년에 예루살렘에서 유대 전쟁이 일어났을 때 버니게는 그곳에 있었지만 아그립바는 알렉산드리아에 있었다. 예루살렘으로 돌아온 아그립바는 항쟁을 선동한 사람들을 설득하려고 했다. 항쟁 기간 동안 아그립바 2세에 대한 요세푸스의 기록은 로마에 대한 유대 왕의 지지가 약해졌다는 암시가 전혀 없다. 그는 유대 저항자들과의 전쟁 기간에 로마를 위해 지원군을 파견했다. 예루살렘 멸망 이후 티투스는 아그립바의 수도였던 가이사랴 빌립보로 그의 군대를 이동시켰다.

> 수많은 포로들이 이곳에서 죽었다. 일부는 들짐승에게 던져졌고 다른 이들은 전투에서 서로 적이 되어 싸우도록 내몰렸다. … 가이사랴[빌립보]에 체류하는 동안 티투스는 자기 동생의 생일잔치를 매우 호사스럽게 벌였고, 이 축제를 기념하기 위하여 유대인 포로들의 처벌을 유보해 두었다. 왜냐하면 들짐승과 싸우다가, 혹은 서로 싸우다가, 혹은 화형을 당해 죽은 수가 2천 5백 명이 넘었기 때문이었다(《전쟁》7:23-24, 37-38).

이렇게 아그립바는 동족의 패배를 축하하기 위한 자리의 주인으로서 티투스를 접대하였다. 분명 그는 충성심에 대한 보답으로 더 넓은 영토를 하사받았다. 그러나 이 시기에 이루어진 그의 통치에 대한 정보는 거의 없다. 요세푸스는 아그립바의 영토가 아르케아까지 확장되었다고 언급한다(《전쟁》7:96-99). 아르케아는 레바논 산맥의 북쪽 끝과 트리폴리스의 북동쪽에 위치한 마을이다. 그러나 이 북부 영토는 아그립바 2세의 왕국에 대한 요세푸스의 초기 기록에는 언급되지 않는다.

> … 마지막으로 가말라, 가울라니티스, 바타네아, 드라고닛 지역까지 아그립바의 왕국에 속했다. 그 왕국은 리바누스 산과 요단 강의 수원에서 시작해서 너비로는 디베랴 호수까지, 길이로는 아르파라 부르는 마을에서 율리아스까지 확장되었다. 이 지역의 인구는 유대인과 시리아인이 뒤섞여 있었다(《전쟁》3:56-57).

초기 저술인《전쟁》에서 아르케아나 북쪽 지역이 빠진 것은 저술 당시(77년경)에는 그 영토가 아직 아그립바에게 하사되지 않았기 때문일 것이다. 이는 요세푸스가《고대사》에서 아르케아를 언급하고 있는 것을 설명할 수 있다.《고대사》는 몇 년 후(90년경)에 쓰였으며, 그때는 이미 북쪽 왕국이 아그립바에게 귀속된 이후였다. 다른 한편으로《전쟁》에서 아르케아와 북쪽 지역에 대해 침묵한 것은 단순히《전쟁》3장 56-57절에 묘사되어 있는 이 책의 저술 목적에 적합하지 않았기 때문일 수 있다.

포티아스는 아그립바가 트라야누스 3년(100년)에 죽었다고 전하지만 다른 증거는 그가 더 이른 시기에, 아마도 92/93년에 죽었을 것임을 암시하고 있는 것으로 보인다. 정확한 연도보다 더 중요한 것은 아그립바 2세의 죽음이 유대에서 거의 140년간 지속되었던 헤롯 왕조의 통치가 끝났다는 것을 뜻한다는 점이다. 로마는 이전의 헤롯 왕들, 곧 헤롯 대왕, 아그립바 1세의 죽음에 반응했던 것과 똑같은 방식으로 아그립바의 죽음에 대처했다. 헤롯 가의 마지막 왕이 죽자 그의 왕국은 시리아 지방의 감독 아래로 되돌아갔다.

항쟁의 발발

플로루스 총독의 권력 남용이 견딜 수 없는 수준에 도달했다. 요세푸스에 따르면 플로루스는 "온 나라 위에 잔학 행위를 자행하였고, 마치 자기가 사형수의 교수형 집행자로 파견되었다는 듯이 강도나 폭력 행위를 서슴지 않았다"(《전쟁》2:278). 플로루스는 전해진 바에 의하면 소요를 진압하기보다는 긴장을 악화시켜서 그것을 이용하려고 했다. 유대 역사가 요세푸스는 플로루스가 반란에 불을 붙여 그로부터 생겨난 혼란을 틈타 자신의 실제 목적, 즉 예루살렘에 있는 성전의 재물을 약탈하려는 목적을 달성하려 하였다고 비난했다.

65년에 가이사랴에서 유대인과 헬라인 사이에 일어난 분쟁은 플로루스

▼ 아그립바 2세가 글라디오 황제로부터 양도받은 가울라니티스

에게 기회를 주었다(《전쟁》 2:284-292). 그곳의 회당은 헬라인이 소유하고 있던 땅에 인접해 있었다. 회당의 유대 신자들은 그 땅을 사려고 했지만 실패했다. 헬라인 소유주가 땅에 건축을 시작하여 회당에 들어오는 길이 방해를 받게 되자 유대 공동체와 그 사이에 갈등이 깊어졌다. 어느 안식일에 한 말썽꾼이 다투기 좋아하는 헬라 사람들의 부추김을 받고서는, 회당 바깥에서 엎어진 도기 위에 새를 제물로 바치며 유대인들을 비꼬는 일이 벌어지는 지경까지 사건이 확대되었다. 그 재현은 레위기 14장 4-9절에 기록되어 있는 나환자들의 정결례 희생을 반영하는 것이었다. 이 사건은 출애굽에 대한 이교도들의 반유대주의적인 설명을 다시금 제시하는 것으로서, 유대인들을 조롱하려는 의도가 담겨 있었다. 요세푸스가 《아피온 반박문》에서 설명하듯이, 이스라엘 사람들은 이집트에서 자유롭게 떠난 것이 아니라 그들이 나환자들이었기 때문에 추방되었다는 허황된 비난을 받아야 했다(《아피온 반박문》 1:229, 279, 304; 참고. 유스티누스 《개략》 36.2.12-15; 타키투스 《역사》 4.2; 5.3.1). 회당 구성원들은 분노에 찬 반응을 보였고, 로마 군대는 계속해서 일어나는 폭동을 통제할 수 없었다.

회당 구성원들은 플로루스의 응징을 예견하고 토라 두루마리를 가지고 나르바타로 도망갔다(《전쟁》 2:291, 509). 한편 유대 지도자들은 세바스테 사마리아에 있는 플로루스에게로 갔다. 총독은 헬라인들의 도발에 대한 유대인들의 불만의 본질적인 문제를 다루기보다는 가이사랴의 제자리에 있어야 하는 토라 두루마리를 옮겼다는 죄목을 들어 유대인 대표들을 투옥했다. 이 소식은 빠르게 예루살렘으로 전달되었다. 유대인의 반응은 절제된 편이었지만, 그것도 플로루스가 세바스테에서 황제를 위한 지불금 명목으로 성전의 재물에서 17달란트를 징수하라는 명령을 내릴 때까지였다(《전쟁》 2:293, 403; 참고. 2:331). 군중들은 플로루스의 파면을 외치면서 성전으로 몰려갔다. 총독은 그 소동의 근본 원인을 해결하기 위해 가이사랴로 군대를 보내는 대신에, 추가로 발생한 소요로부터 더 큰 이익을 얻을 것이라고 생각했다. 따라서 그는 적대감을 부채질하기 위해 예루살렘에 군대를 보냈다.

다음날 플로루스는 상부 도시를 약탈하라는 명령을 내렸다. 헤롯 궁전에서 총독과 만난 제사장들과 귀족 지도자들이 총독의 해임을 부르짖은 사람들을 넘겨주기를 거절했기 때문이다. 총독의 군대는 집집마다 다니면서 도시를 약탈했고, 거주자들을 살해했다. 죽임을 당한 사람들 중에는 소동에 가담하지 않은 사람들도 있었다. 그럼에도 불구하고 그들은 플로루스 앞에 끌려가 유죄 판결을 받고 채찍질을 당한 후에 십자가에 못 박혔다(《전쟁》 2:305-308).

▲ '포로된 유다'라는 뜻의 유다이아 캅타(Judaea Capta) 동전으로 로마가 유대의 항쟁을 진압한 뒤 기념으로 만든 주화이다.

아그립바 왕은 알렉산드리아에 있었지만 그의 누이 버니게는 예루살렘에 머물러 있으면서 그 학살의 현장을 목격했다. 그녀는 플로루스에게 학살을 중단하라고 간청하였다. 폭력이 난무하는 가운데 한 순간 그녀의 목숨도 위험에 처하게 되자 버니게는 왕궁을 탈출했다. 총독은 백성들을 도시의 성문 보호망 바깥으로 끌어내기 위한 책략으로 만일 군중들이 가이사랴에서 도착한 새로운 군대를 기꺼이 맞아들인다면, 이전의 위법 행위들을 용서해주겠다는 제안을 했다. 그의 실제 의도는 또 다른 폭동을 유발함으로써 안토니아 요새와 보물이 있는 성전으로 나아가는 것이었다.

> 군대는 도망자들을 밀어내어 그들의 손아귀에 떨어진 자들을 무자비하게 공격했다. 그리고 군중들을 뒤에서 밀어 베제타라는 구역을 지나게 하고 성전과 안토니아를 점령하기 위해 길을 열고 나아갔다. 똑같은 목적을 염두에 두고 플로루스는 궁전의 뜰에서 군인들을 데리고 나와 안토니아 요새에 도달하기 위해 싸웠다(《전쟁》 2:328).

결국 로마 군대는 철수할 수밖에 없었으며, 유대인 유격대가 안토니아에서 성전 경내에 이르는 길을 차단했다(《전쟁》 2:329). 플로루스는 가이사랴로 돌아와 유대인들이 항쟁을 선동했다고 케스티우스에게 보고했다. 유대 지도자들도 버니게와 함께 케스티우스에게 서신을 보냈다. 그들은 잔혹 행위들에 대해 정면으로 플로루스를 비난했다(《전쟁》 2:333).

아그립바 왕은 곧 알렉산드리아에서 돌아와 그의 백성들에게 닥친 파멸을 직접 살펴보았다. 백성들은 네로에게 직접 호소하고, 폭동에 대한 플로루스의 고발이 아무런 문제도 되지 않고 처리되는 일이 없게 하라고 아그립바를 압박하였다. 왕은 사람들을 불러 모아 소동이 일어난 도시에 평온을 되찾으려고 시도하였다. 그는 군중들이 보는 앞에서 버니게를 하스몬 궁전에 앉혔다. "그 궁전은 상부 도시 맞은편의 키스투스(주랑식 실내 경기장) 위에 세워졌다. 키스투스는 다리를 통해 성전과 연결되어 있었다"(《전쟁》 2:344). 요세푸스는 아그립바가 백성들에게 소동을 중지하라고 호소한 감동적인 연설을 기록하고 있다(《전쟁》 2:345-401).

사람들은 자기들의 행동이 로마나 황제를 반대하는 것이 아니라 플로루스의 잔악함에 항거하는 것이라고 대답했다. 아그립바는 다음과 같이 답변했다.

> 그러나 너희의 행동은 이미 로마와 싸우는 전쟁 행위가 되었다. 너희는 황제에게 공물을 바치지 않았다. 너희는 안토니아로 연결되는 주랑 현관을 무너뜨렸다. 만일 너희가 소동의 책임에서 벗어나고 싶다

면 주랑 현관을 다시 재건하고 세금을 바쳐라. 왜냐하면 분명코 요새는 플로루스에게 속한 것이 아니며, 너희의 돈도 플로루스에게 가는 것이 아니기 때문이다(《전쟁》2:404-405).

백성들은 로마와 황제에게 충성하라는 왕의 요청에 호의적으로 반응했다. 그러나 그 유대인 통치자가 로마의 합법적인 대표는 여전히 플로루스이니 그 부패한 총독이 교체될 때까지는 그에게도 복종하라는 요청을 하였을 때 갑자기 분위기가 돌변했다. "이 요구는 그 왕을 욕하고 있었던 유대인들을 격앙시켰고, 그들은 그를 그 도시에서 추방하기로 공식적으로 선포했다. 저항자들 가운데 일부는 대담하게 왕에게 돌을 던지기까지 했다"(《전쟁》2:406).

66년 여름 동안, 저항하던 사람들이 마사다에 있는 로마 수비대를 공격해 요새를 점령했다(《전쟁》2:408). 그러나 로마의 통치를 피하자는 분명한 요청은 아나니아의 아들 엘리아살의 선동에서 나왔다. 그는 성전 당국자들에게,

외국인으로부터 어떤 선물이나 희생 제물도 받아서는 안 된다고 설득했다. … 그 행동은 로마와의 전쟁을 위한 기초를 놓았다. 로마와 황제를 위해 드려진 희생 제물이 결과적으로 거절되었기 때문이다(《전쟁》2:409; 참고. 2:197; 《아피온 반박문》2:77).

이 동일한 희생 제의는 필로의 초기 저술인 《가이우스 황제의 대리》(40년경)에서 언급되었다. 아우구스투스 황제가 유대 신앙을 인정한 것에 대해 증언하는 가운데 그것을 언급한다.

그는 가장 높으신 하나님께 자기 비용으로 매일 정기적인 번제의 희생을 드리라는 명령을 내렸다. 이 희생은 지금까지도 계속되고 있다. 두 마리의 양과 황소 한 마리가 제물로 바쳐졌는데, 황제는 그로써 제단에 영광을 돌리고자 했다. 왜냐하면 그는 제단에 눈에 보이거나 감추어진 형상이 전혀 없다는 것을 매우 잘 알았기 때문이다(필로 《가이우스 황제의 대리》317; 참고. 157).

이 희생 제사의 중지는 공개적인 반란을 요구하고 그 나라에 대한 로마의 지배를 거부한 사람들이 지배적 영향력을 끼치고 있었던 것을 보여준다.

제사장들은 "모든 조상들이 이방인의 희생 제사를 용납해왔다"(《전쟁》2:417)고 설득하였다. 그러나 지도자들은 점점 커져가는 항쟁을 막는 데 실패했다. 항쟁이 점점 격화될 것을 깨달은 그들은 항쟁하는 사람들과 거리를 두기 위해 플로루스와 아그립바에게 대표단을 보냈다. 아그립바는 그들을 돕기 위해 '하우란, 바타네아 및 드라고닛'으로부터 온 2천 명의 기병대를 거느리고 개입했다. 이제 예루살렘은 평화를 원하는 상부 도시의 거주자들과 '폭동을 일으킨 자들의 수중에 있는 성전과 하부 도시 사람들'(《전쟁》2:422)로 양분되었다.

[아그립바의] 왕실 군대의 목적은 성전을 탈환하고 성소를 더럽힌 자들을 몰아내는 것이었다. 엘리아살과 반란자들은 그들이 이미 점령하고 있는 지역에 더하여 상부 도시를 차지하기 위해 싸웠다(《전쟁》2:424).

저항군의 숫자가 우세하여 상부 도시를 차지한 자들은 곧 무너졌다. 대제사장 아나니아의 집과 아그립바와 버니게가 하스몬 궁전에다 증축했던 건물들이 방화로 타버렸다(참고. 《고대사》20:189-190). 저항군은 '고리 대금업자들의 채권을 소멸시키고 채무 회수를 막기 위해' 공문서 보관소들을 불에 태웠다(《전쟁》2:427; 참고. 6:354). 그들의 행동은 반란을 종식시키려는 귀족층과 저항군들 사이에 있던 사회적이고 경제적인 불화를 강조해준다.

▲ **예루살렘에 있는 소위 '다윗 망대'** _ 헤롯 왕조 시대에 세워진 것으로 일부 학자들은 이것을 히피쿠스 망대로 본다.

저항군들이 안토니아 요새를 점령한 이후 며칠 동안 잇따라 싸움이 일어나, 그들은 요새를 불에 태우고 로마 군인들을 죽였다(《전쟁》2:430). 아그립바의 동맹자들은 살아남은 로마 군대가 주둔하고 있던 헤롯 궁전으로 도피했다. 갈릴리 사람 유다의 아들 므나헴(《고대사》17:271)이 마사다에서 헤롯의 병기고를 깨고 들어가 폭도들을 위해 무기를 가지고 돌아올 때까지 맹렬한 포위 공격이 계속되었다(《전쟁》2:433-440). 협정이 맺어져 왕과 동맹한 자들은 떠나는 것이 허락되었지만, 로마 군대는 궁전에서 훨씬 안쪽에 있는 '히피쿠스, 파사엘리스, 마리암메로 알려진 왕실 망대들'로 후퇴해야만 했다(《전쟁》2:439; 참고. 5:161-175; 7:1).

상황은 저항군에게 유리하게 돌아가고 있는 것처럼 보였다. 아나니아는 사로잡혀 처형되었다(《전쟁》2:441). 성급한 성공은 므나헴의 오만과 무자비한 폭정을 굳어지게 하는 결과를 가져왔다. 곧 열심당원들 사이에서 분열이 일어났다. 어떤 이들은 왜 한 폭군을 다른 폭군으로 바꿔야 하느냐고 따져 물었다. 그리하여 그들은 므나헴에 반대하는 음모를 꾸몄고, 그가 왕의 기장으로 치장하고 성전에 오를 때 엘르아살과 그의 추종자들이 그 독재자를 습격했다. 므나헴은 사로잡혀 고문을 당하고 살해되었다. 그의 추종자들 다수가 같은 운명에 처해졌다(《전쟁》2:442-448). 다른 사람들은 마사다로 도망을 갔는데, 그들 가운데에는 후에 마사다의 방어를 이끈 야이루스의 아들 엘리아살도 포함되어 있었다(《전쟁》2:447; 참고. 7:275).

이제 관심은 왕실 망대로 물러난 로마 수비대로 다시 돌려졌다. 휴전 협

상이 진행되면서 로마 군대는 만일 무장을 해제하고 망대를 포기한다면 안전한 통과를 보장한다는 약속을 받았다. 로마 군대는 이에 동의하였지만 그들이 망대의 보호로부터 벗어나자마자 살육되었다. 그 수비대의 유일한 생존자는 지휘관 메틸리우스로, 그는 할례를 행하고 유대교로 개종하겠다고 말했다(《전쟁》2:454). 비록 로마인들에 의한 인명 손실은 최소한에 그쳤지만, 다음날 아침 예루살렘은 로마의 대대적인 반격이 곧 있을 것이라는 현실을 절감하며 눈을 떴다. "가증스럽게도 안식일에 살육이 자행되었다. 안식일은 유대인들이 종교적인 양심의 거리낌 때문에 지극히 단순한 행동조차도 삼가는 날이다"(《전쟁》2:456; 참고. 메길라《타아니트》엘룰 월 17일).

그와 동시에 유대 전역에서 유대인과 이방인들 사이에 싸움이 일어났다. 가이사랴에서 수천 명이 목숨을 잃었고, 플로루스는 그 헬라 도시로부터 유대인들을 제거하기 위해 남아 있는 유대인들을 모두 체포하라는 명령을 내렸다(《전쟁》2:457). 가이사랴에서 일어난 일에 대해 소식이 퍼지자 유대 공동체는 이웃들을 공격함으로써 자기들의 분노를 토해냈다. 요세푸스는 집단적 폭력 사태를 묘사하면서 여러 도시들에서 일어난 소동들을 기록했다. 요단 동편의 남쪽에서 북쪽까지 죽 이어지는 도시들과, 다음에는 갈릴리 도시들, 그리고 마지막으로 북쪽에서 남쪽까지의 해안 도시들에서 일어난 소동들을 나열하였다.

> …유대인 무리들은 시리아 마을들과 이웃 도시들, 필라델피아, 헤스본과 주변 지역, 제라사, 펠라, 스키토폴리스를 약탈했다. 다음으로 그들은 가다라, 히푸스, 가울라니티스로 쳐들어가 길 위에서 마주친 모든 것을 파괴하고 불을 질렀다. 그리고 두로의 성읍인 카다사, 프톨레마이스, 가바, 가이사랴 등지로 나아갔다. 세바스테와 아스칼론도 그들의 맹렬한 분노를 견뎌내지 못했다. 그들은 이 도시들을 불태우고 안테돈과 가사를 완전히 파괴해버렸다(《전쟁》2:458-460).

이 도시들에 살고 있는 유대인들이 이웃들과 싸워 몰아낼 자신감을 느꼈다는 요세푸스의 기록은 유대 전역에 크고 잘 안정된 유대 공동체가 있었다는 것을 알려준다.

시리아와 알렉산드리아의 이방인들 역시 비슷한 분노를 표출하였고, 그 공동체에 살고 있는 유대인들을 살해했다. 그러나 요세푸스는 유대교로 개종한 사람들로 인해 그들이 진퇴양난에 빠졌다는 것을 지적한다. 그 개종자들은 모든 실제적인 면에서 스스로의 정체성을 유대인들과 동일하다고 생각했지만, 로마 제국 내에서 그들의 법적인 신분은 의문의 대상이었다.

> 그들은 유대인들을 제거했다고 믿었지만 여전히 각 도시에는 유대교로 개종한 이들이 있었다. 그 개종자들은 의심을 불러일으켰다. 그들은 자신들 한 가운데 있는 애매모호한 구성원들을 즉석에서 살해하는 일을 피했다. 그들은 명백한 외국인들 못지않게 이 중립적인 사람들을 두려워했다(《전쟁》2:463).

그럼에도 불구하고 모든 헬라 도시들이 유대인 거주자들과 분쟁을 일으킨 것은 아니다. 안디옥, 시돈, 아파메아, 제라사는 유대 주민들을 살해하지도, 투옥하지도 않은 곳으로 언급되었다(《전쟁》2:479-480).

그 일대에 있는 유대 공동체에 대한 폭력 사태가 발생한 가운데, 로마의 지방 총독 케스티우스 갈루스가 항쟁의 중심지인 예루살렘을 향해 진군했다(《전쟁》2:499). 그는 안디옥에서 상당한 수의 군대를 이끌고 행군했다. 그 군대는 풀미나타 제12군단과 다른 시리아 군대, 곧 갈리카 제3군단, 페르라타 제4군단, 프레텐시스 제10군단에서 온 2천 명의 군인을 포함하고 있었다(타키투스《연대기》4:5). 그의 군대는 콤마게네의 안티오쿠스 4세(《전쟁》2:500; 7:219)와 에메사 왕 소아이무스, 아그립바 2세가 지원해준 보병과 기병대로 병력이 증가했다.

아그립바는 케스티우스를 수행해서 해안을 따라 남쪽으로 프톨레마이스까지 그와 그의 군대를 안내했다. 케스티우스의 진군으로 처음 멸망한 유대 도시는 요새화된 카불론 커불이었다(《전쟁》3:38; 《고대사》8:142; 《자서전》213, 227, 234). 카불론은 갈릴리 도시로 프톨레마이스와 유대의 마을들 사이 접경지대에 있었다(《전쟁》2:503-506). 케스티우스가 주력 부대를 이끌고 가이사랴로 행군하는 동안에 선발대는 육로와 해로로 진군을 계속해 욥바를 점령하는 데 성공했다. 그와 동시에 케스티우스는 북부 해변 지역을 확보하여 나갔다. "그는 가이사랴와 접경지대에 있는 나바테아인의 영지, 나르바타(참고. 《전쟁》2:291; 마카베오상 5:23; 키르벳 엘 하맘)로 강력한 기병대를 파견하기도 했다. 군대는 그 나라를 유린하고, 거주민 상당수를 죽였으며 재산을 약탈하고 마을들을 불태웠다"(《전쟁》2:509).

풀미나타 제12군단의 분대는 갈릴리로 돌아왔다. 그곳에서는 세포리스가 베스파시아누스 앞에서 항복할 것을 예감하고서, 케스티우스의 사령관 카이센니우스 갈루스에게 성문을 열어주었다(《전쟁》2:510-511). 남아 있는 갈릴리 마을들은 세포리스의 선례를 따라 저항하지 않았다. 요세푸스는 갈릴리의 폭동을 묘사하면서 저항군이 세포리스의 반대편인 현대의 예벨 야르막으로 추정되는 아사몬이라 부르는 산지로 피신했다고 전한다. 여기서 저항군은 이방인 군대와 싸우기 위해 돌격할 때 자기들이 주둔하고 있던 유리한 위치를 이용할 수 있었다(《전쟁》2:511).

자신의 군대가 갈릴리를 정복하자, 케스티우스는 가이사랴에서부터 안티파트리스까지 행군했다. 안티파트리스는 헤롯이 헬라 도시 페가이 위에 세운 로마 도시이다. 여기서 케스티우스는 유대 군대가 '아벡의 한 망

▼ 케스티우스가 예루살렘으로 올라가기 전 진을 쳤던 기브온

THE OUT-BREAK OF THE FIRST REVOLT AGAINST ROME

로마에 항거한 1차 전쟁의 발발 / 주후 66년

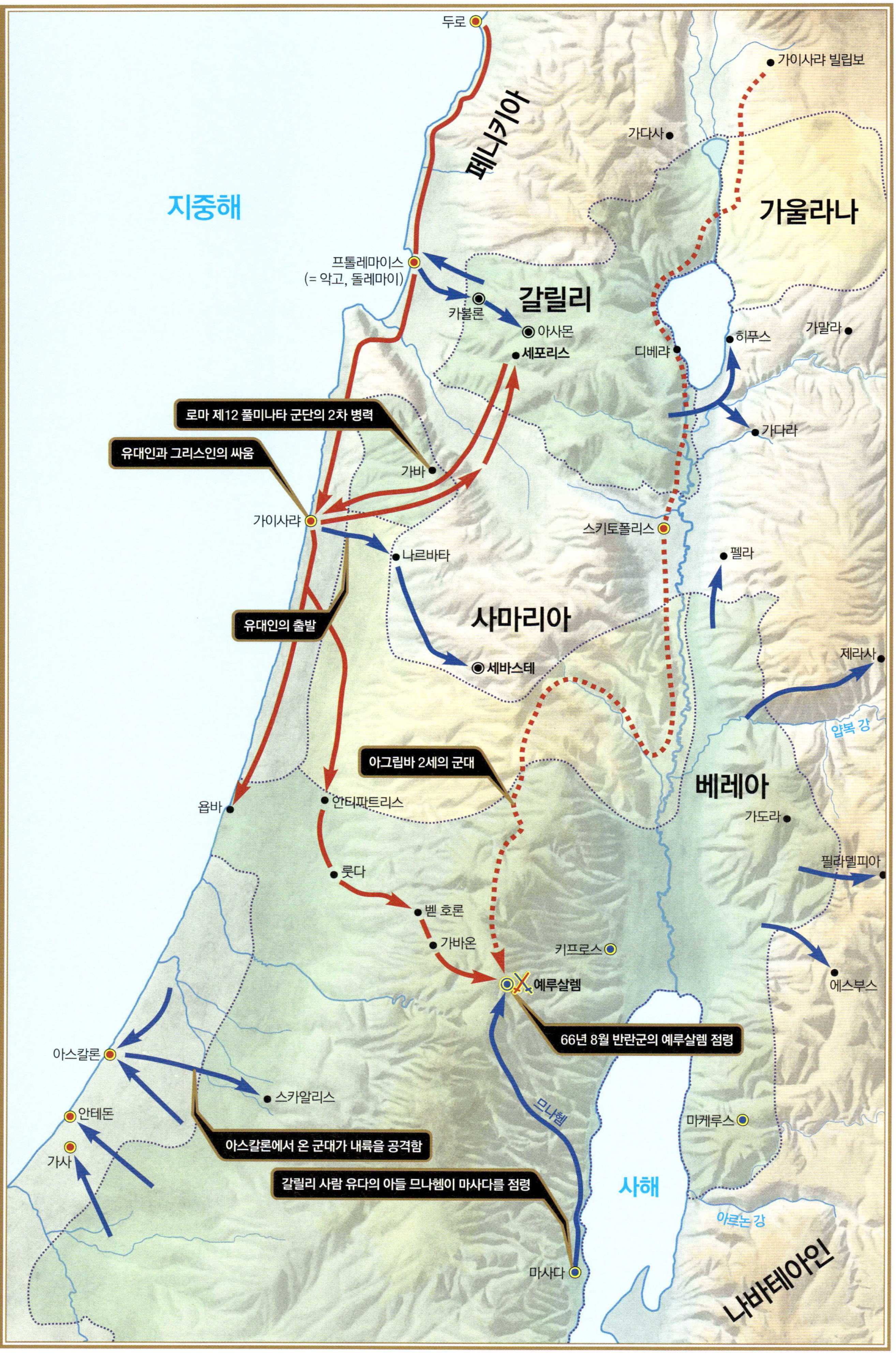

0 5 10 miles
0 5 10 15 km

- 유대 저항군의 정복지
- 유대인들이 공격을 당한 도시
- 유대 군대
- 아그립바 군대
- 갈루스 군대
- 항쟁 지역
- 부분적인 항쟁 지역

로마의 지방 총독 케스티우스 갈루스가 항쟁의 중심지인 예루살렘을 향해 진군했다. 그는 안디옥에서 상당한 수의 군대를 이끌고 해안을 따라 남쪽으로 프톨레마이스까지 행군했다. 그의 진군으로 처음 멸망한 유대 도시는 요새화된 카불론이었다. 케스티우스가 주력부대를 이끌고 가이사랴로 행군하는 동안에 선발대는 육로와 해로로 진군을 계속해 욥바를 점령하는 데 성공했다.

대' 믹달 아페크 에 모여 있다는 것을 알아냈다(《전쟁》2:513). 그러나 그들은 로마 군단에 도전하기보다는 도망치는 쪽을 선택했다. 마찬가지로, 로마의 지방 총독 케스티우스는 해안 평야의 동쪽 가장자리를 따라 남진하면서 룻다가 비어 있는 것을 발견했다. 그러나 요세푸스는 거주민들이 예루살렘에서 장막절을 지키기 위해 떠나 있었던 것이었다고 말한다. 유대 절기에 대한 이러한 언급은 케스티우스의 행군 시기가 66년 10월이었음을 알려준다.

케스티우스는 벧 호론 오르막길을 따라 유대 산지로 올라가기 시작하였다(《전쟁》2:516; 참고. 수 10:10; 마카베오상 3:16; 7:39; 9:50). 그는 성서의 기브온 엘 지브 인 가바온에 진영을 차렸다(《전쟁》2:544;《고대사》5:49-62; 7:283; 유세비우스《지명록》66:13-14). 예루살렘은 순례자들로 가득 차 있었는데, 그들은 신속히 무장을 갖추고, 전투가 안식일에 벌여졌음에도 불구하고, 로마 군대와의 싸움에 가담하였다. 유대 군대의 전면 공격이 저지되자, 그들은 예루살렘으로 물러났다. 기오라의 아들 시몬은 로마 원병대가 벧 호론으로부터 올라올 때 그들의 후방을 공격했다(《전쟁》2:517-522).

아그립바는 저항군이 그들이 주둔하고 있던 산지의 유리한 지형을 이용하여 가바온의 주력 부대를 포위할 수 있으며, 끊임없는 유격전을 벌일 수도 있다는 것을 깨달았다. 그는 사면을 조건으로 유대 저항군과 휴전 협상을 시도했지만, 그의 제안은 거절을 당했고 그가 보낸 사절단은 살해되었다. 케스티우스는 그의 나머지 군대를 데려와 전투에 합류시키고 예루살렘 외곽 지역으로 전진했다. 그는 스코푸스라고 부르는 곳에 진영을 차렸다(《전쟁》2:528, 542). 스코푸스는 예루살렘을 내려다볼 수 있는 높은 산지로, 티투스도 몇 년 후에 예루살렘을 포위 공격하면서 바로 이곳에 진을 쳤다(《전쟁》5:67, 106-108).

11월 초가 되었고 케스티우스는 유대 저항군 사이에 내분이 일어났다는 소식을 들었다. 그는 아그립바 1세가 세우기 시작했던 세 번째 성벽을 무너뜨리고(《전쟁》2:218-219;《고대사》19:326-327), 세 번째 성벽과 두 번째 성벽 사이의 '베제타'(《전쟁》2:328, 530; 5:149, 151, 246), 혹은 '신 도시'(《고대사》19:326) 라고 알려진 북부 인근으로 이동했다. 저항군은 '도심지(즉 첫 번째 성벽 안쪽) 와 성전'으로 후퇴하였다(《전쟁》2:529). 케스티우스는 서쪽의 언덕으로 옮겨갔고, 왕궁을 마주보는 지점에 진을 쳤다.

로마는 성전산을 포위 공격하기 시작했고 전투는 며칠 동안이나 계속되었다(《전쟁》2:532-539). 요세푸스에 따르면, 케스티우스는 저항군이 절망적인 상태에 있다는 것을 완전히 알지 못하였다. 이해할 수 없는 일이지만, 그는 패배하지 않았는데도 군대를 철수했다. 적군의 철수로 용기를 얻은 유대 군대는 처음에는 스코푸스 진영까지 그들을 추격하고, 나중에는 가바온까지 좇아갔다(《전쟁》2:542-545). 로마가 패주했다는 기이한 소문이 돌자 신병들이 저항군으로 몰려들었다. 가바온에서 케스티우스는 이틀 동안 하산을 지체하였는데, 이는 유대 군대가 조직될 수 있는 시간을 벌어주었다. 유대군은 훤히 트인 장소에서는 공격을 최소한으로 줄였지만 벧 호론을 향한 하산이 시작되자 무자비해졌다.

> 여기서는 보병대조차 스스로를 방어하기 어려운 곳이다. 기병대는 더 큰 위험에 처해 있었다. 화살이 빗발치는 가운데 말들이 아래 도로로 내려가기란 불가능한 일이었고, 비탈에서 힘차게 달리는 것도 기대하기 어려운 일이었다. 어느 한쪽에는 절벽과 골짜기가 있어서 아래로 미끄러져 파멸로 내던져졌다. 그곳에는 도주할 공간도, 가능한 방어 수단도 없었다(《전쟁》2:548-549).

▲ 요세푸스 플라비우스로 여겨지는 로마 시대의 흉상

벧 호론에 땅거미가 질 무렵에야 케스티우스와 그의 장군들은 거우 사로잡힘을 면할 수 있었다. 그들은 야음을 틈타 살짝 빠져나갈 수 있었다. 날이 밝자 유대군은 제대로 상급이 될 만한 자들이 탈출했다는 것을 알게 되었다. 그리하여 그들은 케스티우스와 그의 부하들을 안티파트리스까지 추격했다(《전쟁》2:554). 여기서 그들은 추격을 멈추고 산지로 돌아갔다. 항쟁 지원을 거부했던 예루살렘의 귀족들은 로마의 반격이 멀지 않았음을 깨달았다. 일부는 도망을 쳤으나(《전쟁》2:556) 다른 이들은 항쟁에 가담하였다. 케스티우스는 아가야에 있는 네로에게 사건 보고서를 보냈고, 플로루스에게 항쟁의 책임을 돌림으로써 자기의 책임을 최소화하려고 했다(《전쟁》2:558).

네로는 유대의 반역자들에 대한 소식을 듣고 이 작은 지방의 안정을 확보하기 위해 조바심을 내었을 뿐만 아니라, "이미 어떤 영향을 받은 것처럼 보이는 이웃 국가들이 항쟁을 일으킬 것을 미연에 방지하고자 했다"(《전쟁》3:3). 소요는 빠른 속도로 퍼져갈 수 있었다. 그는 로마가 허약하다는 생각을 말끔히 몰아내줄 누군가가 필요했다. 네로는 항쟁을 결정적으로 처리해줄 노련한 고참병, 즉 베스파시아누스를 발견했다.

> 그는 이미 젊은 시절에 일찌감치 게르만족이 일으켰던 반란을 진압하고 서방에서 로마 지배권을 회복시킨 경력이 있었다. 그는 자신의 군사적인 재능으로 그때까지 알려져 있지 않던 영국을 제국에 추가함으로써, 네로의 양아버지(참고.《전쟁》2:249) 글라우디오에게 그 자신은 전혀 힘을 쓰지 않은 승리의 영예를 선사해주었다(《전쟁》3:4-5; 참고. 타키투스《아그리콜라》13; 수에토니우스《베스파시아누스》4).

베스파시아누스는 그의 아들 티투스를 알렉산드리아로 급파하여 아폴리나리스의 제15군단을 소환했다. 그 동안에 그는 시리아로 가기 위해, 아가야를 출발해 육지로 여행해서 헬레스폰트 해협을 건넜다(《전쟁》3:8). 이곳에서 그는 로마 군대와 이웃 국가들의 왕들이 지원해준 원병을 모았다.

유대인들의 전쟁을 위한 준비도 본격적으로 시작되었다. 예루살렘 최고 의회의 지도부는 고리온의 아들 요셉과 이전 대제사장 아나니아의 아들 아나누스에게 권력을 위임했다. 그러나 지도력은 곧 요셉으로부터 부유한 도적인 시몬의 아들 엘르아살에게 넘어가긴 했다. 아나누스는 야고보의 죽음에 연루된 일로 아그립바에 의해 폐위된 바로 그 대제사장이었던 것으로 보인다(《고대사》20:197-203).

그들이 가장 먼저 해야 할 준비의 첫 단계는 수도의 성벽을 강화하는 일이었다(《전쟁》2:648). 의회는 또한 나라를 여섯 구역으로 나누고 각 구역의 방어 시설 준비를 책임질 장군들을 임명했다.

> 이두매를 위해 다른 장군들, 즉 주요 제사장 중 한 사람인 사파스의 아들 예수스, 대제사장 네우스의 아들 엘르아살(참고.《전쟁》2:409) 이 선정되었다. … 시몬의 아들 요셉은 여리고로, 므낫세는 페레아로, 에세네파의 요한은 룻다, 욥바, 엠마오를 포함하여 탐나 지방으로 파견되었

다. 아나니아스의 아들 요한은 고프나와 아크라베타 지방의 지휘관으로 임명되었다. 맛디아스의 아들 요세푸스에게는 갈릴리의 두 지역과 추가로 그 지역에서 가장 강한 도시인 가말라가 맡겨졌다(《전쟁》 2:566-568).

요세푸스가 유대의 전쟁 준비에 관한 기록에서 갈릴리와 가울라니티스의 북부 지역을 가장 상세하게 기록하고 있는 것은 이상한 일이 아니다. 그 역사가 자신이 이 도시들을 요새화하는 책임을 맡았던 것이다.

갈릴리가 로마의 초기 공격의 예봉을 맞게 될 것에 대비해 [요세푸스는] 가장 적절한 지역들, 즉 요타파타, 베르사베, 셀라메, 카파래코, 야비아, 시고프, 이타비리온이라 부르는 산, 타리케아이, 디베랴 등지를 요새화하였다. 그는 더 나아가 게네사렛 호수 부근의 하부 갈릴리와, 상부 갈릴리에 아카바론, 세프, 얌니스, 메론으로 알려진 암벽에 있는 동굴들에 벽을 설치하였다. 그는 가울라니티스에는 셀레우키아, 소가네, 가말라를 요새화하였다(《전쟁》 2:573-574).

두 개의 도시가 요세푸스의 관할에 포함되지 않았다. 세포리스는 그 나름의 성벽을 세울 수 있는 재정 능력을 가지고 있었다(《전쟁》 2:574). 상부 갈릴리의 기스칼라 마을도 레위의 아들 요한 같은 지방 후원자가 있어서 자체의 비용으로 성을 요새화할 수 있었다(《전쟁》 2:575).

기스칼라의 요한은 요세푸스가 갈릴리를 조직하고 이끌기 시작할 때 그를 비방한 주된 사람들 중 하나로 소개된다. 요한은 한 무리의 사람들을 끌어모아 그들과 함께 그 지역의 마을들을 약탈했다(《전쟁》 2:588-589). 요세푸스를 더욱 곤란하게 한 일은 요한이 "요세푸스는 로마인에게 나라를 팔아먹으려 하고 여러 차례 같은 방식으로 자기의 상관을 파멸시키려고 책동했다"(《전쟁》 2:594)는 소문을 퍼트린 일이었다. 사실, 나중에 요세푸스가 요타파타에서 한 행동과 베스파시아누스를 위해 일한 사실은, 전쟁 준비 책임을 맡은 요세푸스에 대한 요한의 의심이 완전히 근거 없는 소리는 아니었을 수도 있음을 암시한다.

유대의 남서쪽 전선에서 유대 군대는 오랜 기간 악감정을 지니고 있었던 헬라 도시 아스칼론을 향해 선제공격을 감행했다. "이곳의 주민들은 그들과 국경을 맞대고 있으면서 성지에 살고 있던 유대인들을 마음속 깊이, 도저히 화해할 수 없을 정도로 증오하였다"(《전쟁》 3:10; 참고. 2:460; 필로 《가이우스 황제의 대리》 205). 유대 군대의 공격이 가져온 비참한 결과는 요세푸스가 '최상의 용맹함과 능력을 갖춘 사람들'이라고 극찬했던 지휘관들 탓이 아니라 전사들의 무경험 때문이었다. 그것은 '신참병 대 노련한 군사들, 보병 대 기병, 들쑥날쑥한 정렬 대 밀집 대형, 약식으로 무장한 군사 대 완벽한 장비를 갖춘 상비군'의 싸움이었다(《전쟁》 3:15). 그러한 무경험은 베스파시아누스와 로마 군단 앞에서 벌어진 전쟁터에서도 명백하게 드러났을 것이다.

티투스는 지체하지 않고 알렉산드리아로 가서 아폴리나리스 제15군단을 데리고 해안 도시 프톨레마이스까지 강행군하였다. 여기서 그는 마케도니카 제5군단, 프레텐시스 제10군단과 함께 기다리고 있는 베스파시아누스를 만났다. 심지어 티투스가 아버지와 합류하기도 전에 세포리스에서 전령들이 도착해 있었다(《전쟁》 3:30-34). 그 도시가 케스티우스에게 항복을 하던 때에는 이미 그곳에 한 수비대가 주둔해 있었다(《전쟁》 3:30-31; 참고. 2:510; 《자서전》 394). 세포리스의 지도자들이 제공한 지원에 대한 응답으로, 베스파시아누스는 1천 명의 기병과 6천 명의 보병을 호민관 플라키두스의 지휘 아래 두어 전략적으로 중요한 의미를 갖는 이 갈릴리 도시에서 로마의 입지를 강화하였다(《전쟁》 3:59). 그는 이제 하부 갈

▲ **천연 요새 마케루스** _ 유대 저항군은 유대 광야에 있는 요새들을 추가로 점령함으로써 동쪽의 경계선을 확보하려고 진군했다. 첫째로 여리고를 지키는 키프로스 요새를 차지했다(텔 엘 아콰베, 《전쟁》 1:407; 417; 《고대사》 16:143). 이 사진은 마케루스이다. 이웃에 사는 유대 주민들은 로마 수비대와 협정을 맺어, 만일 그들이 헤롯이 재건했으며 사해를 내려다 볼 수 있어 전략적인 그 요새를 포기한다면 안전한 통과를 보장하겠다고 약속했다(《전쟁》 2:485-486).

릴리에 발판을 마련하였다. "그곳은 갈릴리에서 가장 큰 도시이며 적군의 영토에서도 특별히 뛰어난 입지에 위치한 요새였다. 그 도시는 지방 전체를 지키기 위한 호위대 역할을 했다"(《전쟁》 3:34). 요세푸스는 세포리스를 공격함으로써 그 도시의 양도를 좌절시키려 시도하였지만 모든 시도는 격퇴를 당했다(《전쟁》 3:61; 《자서전》 395). 로마인들은 주변 지역으로 출격하기 시작했다. "갈릴리 끝에서 끝까지 불과 피로 얼룩졌다. 갈릴리는 재난도 불행도 면제받지 못했다. 추격당한 주민들을 위한 유일한 피난처는 요세푸스가 요새화한 도시들 중에 있었다"(《전쟁》 3:63).

베스파시아누스는 티투스의 군대와 프톨레마이스에서 합류한 지원 부대들을 그의 군대에 통합하고 병력을 강화하고 유대를 향한 원정에 나섰다. 그는 프톨레마이스에서 갈릴리 변방까지 행군하였다. 이때 요세푸스는 가리스에 진을 치고 있었다(《전쟁》 3:129; 5:474; 《자서전》 395, 412). 유대 군대는 두려움 때문에 도망갔으며, 요세푸스에 따르면 심지어는 로마 군대가 접근해오는 것을 보기도 전에 도망갔다. 그리하여 그들의 지휘관은 후퇴하여 디베랴로 피난할 수밖에 없었다.

베스파시아누스의 첫 번째 공격은 갈릴리의 서부 도시 가라바(아르라바, 《전쟁》 3:132-134)에서 일어났다. 가라바는 프톨레마이스에서 정동 방향에 있다(《자서전》 123). 여기서 로마 군대는 무기를 들 만한 나이에 이른 모든 남자들을 죽였고 인근 마을들을 약탈했다. 요세푸스는 자기의 군대와 다가오는 로마 군단 사이의 군사력에 차이가 있다는 것을 재빨리 인식했다. 그는 예루살렘에 원병을 요청하고(《전쟁》 3:139-140), 자신은 요타파타로 이동해서 로마에 대항하는 그 도시의 방어를 직접 이끌었다. 그 역사가는 요타파타의 포위 공격에 대해 긴 설명을 제공해준다(《전쟁》 3:145-339). 아마도 그것이 로마군의 진격에 맞서 용감하게 방어하였던 몇 안 되는 갈릴리 도시들 중 하나였기 때문일 것이다.

결국 요타파타 도시는 로마의 포위 공격에 굴복하고 말았다. 요세푸스는 산꼭대기에 파놓은 저수조 중 하나에 몸을 숨겼고, 죽기까지 싸우거나 자살하기보다는 로마에 항복하는 편을 택했다(《전쟁》 3:392). 베스파시아누스는 요세푸스를 네로에게 보내기 위해 살려두라고 명령했다. 그러나 그 유대 장군은 베스파시아누스에게 개인 면담을 요청해서 그가 곧 황제가 될 것이라고 예언하였다.

> 당신은 황제가 될 것입니다. 베스파시아누스, 여기 있는 당신과 당신의 아들은 황제가 될 것입니다. 나를 더 확실하게 사슬로 묶어서 당신을 위해 나를 지키십시오. 황제여, 당신은 나뿐만 아니라 땅과 바다, 전 인류의 주인입니다. 만일 내가 감히 하나님의 말씀으로 실없이 말하는 것이라면, 더 엄하게 구금하여 벌을 내리시기를 청합니다(《전쟁》 3:401-402; 참고. 수에토니우스 《베스파시아누스》 5; 디오 카시우스 66.1).

로마 장군에 관해 예언하면서 요세푸스는 자신을 '꿈 해설가이며 신이 하신 모호한 말의 의미를 알아내는 데 능한 사람'이라고 묘사했다(《전쟁》 3:352; 참고. 2:112-116; 《자서전》 208-212). 베스파시아누스는 요세푸스를 구금에서 풀어주지 않았지만 '그에게 친절과 배려를 아끼지 않았고 티투스를 시켜 특별대우를 하게 했다'(《전쟁》 3:408).

로마는 이제 아그립바 왕국 바깥에 있었던 갈릴리 서부 지역을 정복했다. 베스파시아누스는 곧 호수 주변의 정착지들을 향하여 아그립바 영토로 행군해 가려 하였으나 유대의 왕인 아그립바를 방문한 후에야 그렇게 할 수 있었다. 그는 당분간 두 개의 군단, 즉 마케도니카 제5군단과 프레텐시스 제10군단을 가이사랴로 이동시켰으며, 세 번째 군단인 아폴리나리스 제15군단은 스키토폴리스로 보냈다(《전쟁》 3:409-412). 그의 군

베스파시아누스의 갈릴리 원정＼ 주후 67년경

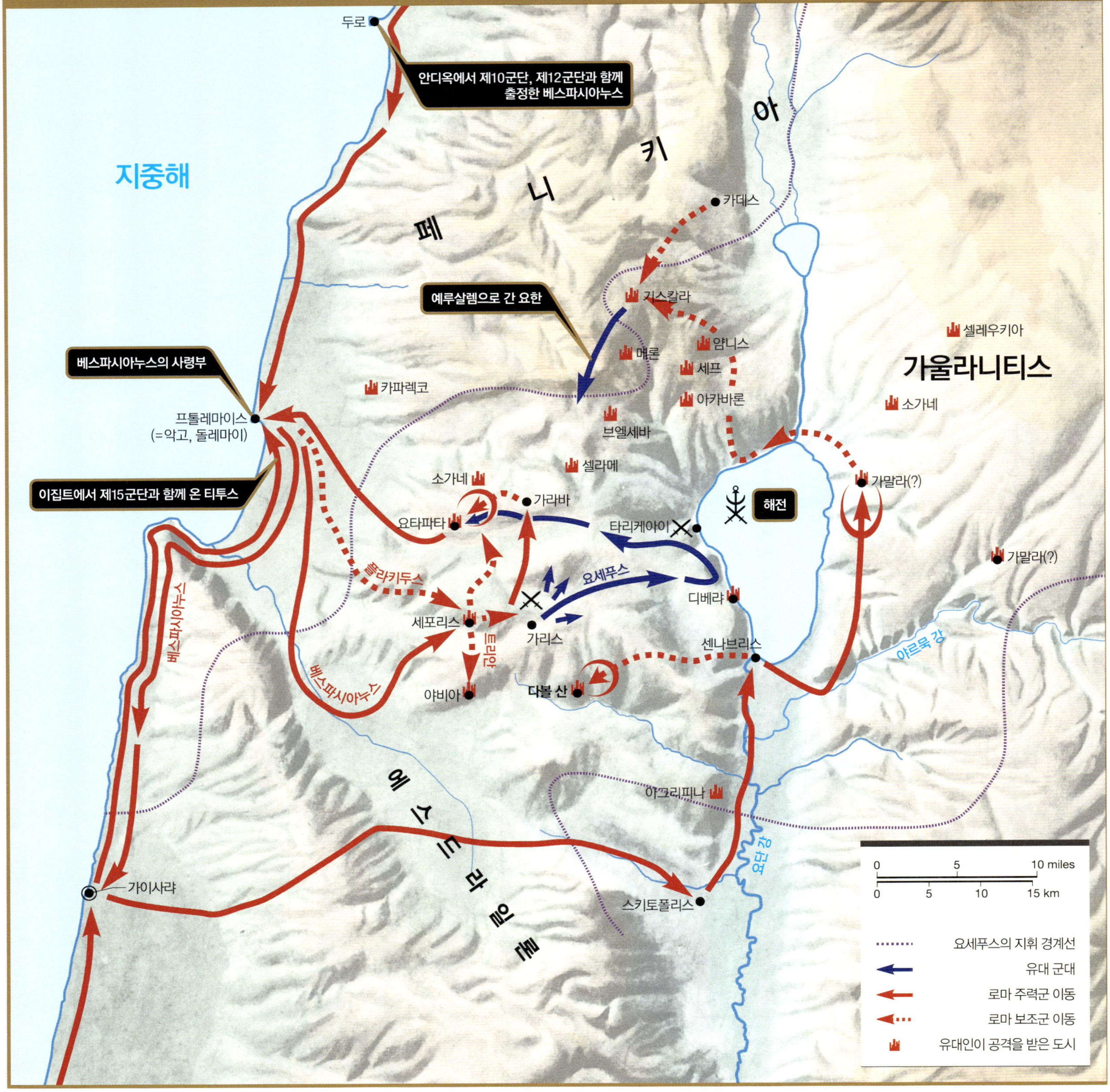

대가 휴식을 취하고 있는 동안, 베스파시아누스는 가이사랴 빌립보에서 아그립바와 합류했다.

그는 친히 잔치를 벌여 축하하였으며, 그가 이룬 성공에 대해 하나님께 감사를 드렸다. 그러나 그는 디베랴 도시가 불만을 품고 있고 타리케아이는 이미 반란을 일으켰다는 것을 알게 되었다. 두 도시는 아그립바의 통치 영역에 속한 곳이었다. 그때에 그는 유대인이 반란을 일으킨 곳은 어디든지 파멸시키겠다는 그의 확고한 목적에 따라 이 반란을 진압하러 행군할 때가 바로 지금이라고 생각했다. 또한 아그립바를 강요하여, 이 도시들에게 그들의 충성을 다시 불러일으킴으로써 그의 호의에 보답하게 해야 할 때라고 생각했다(《전쟁》3:444-445).

베스파시아누스는 아들을 가이사랴로 급파해 그곳에 머물던 군대를 복구시켜서 스키토폴리스에서 그를 만나게 했다. 로마 군대는 세 개의 군단과 지원 부대와 함께 센나브리스(센 엔 나브라, 《전쟁》 3:447; 참고. 4:455)로 진군했다. 센나브리스는 갈릴리 호수의 남서쪽 연안에서 요단 강이 빠져나가는 지점에 있는 마을이다. 디베랴가 보이는 지역 안에 주둔한 베스파시아누스는 그곳 백성에게 평화를 제안했다. 베스파시아누스가 보낸 사절단이 그 제안을 가지고서 디베랴에 접근했을 때 '강도떼의 우두머리, 사파스의 아들 예수스'(《전쟁》 3:450; 참고. 2:566, 599)에게 공격을 당했다. 요세푸스는 이 무리들과 기스칼라의 요한을 디베랴에서 골칫거리의 중심에 있는 존재들로 거명했다. 이제 디베랴 백성들 사이에서 싸울 것인지 철수할 것인지의 문제를 놓고 논쟁이 벌어졌다(《전쟁》 3:443-461). 디베랴와 인근 지역의 저항군은 타리케아이로 피신했다(《전쟁》 3:457).

> 베스파시아누스는 남쪽 성벽의 일부를 무너뜨리라고 명령했고, 그에 따라 그의 군사들이 지나갈 수 있는 넓은 통로가 열렸다. 그러나 그는 왕에 대한 감사의 표시로 어떠한 약탈이나 폭력도 엄격하게 금지시켰다. 똑같은 이유로 성벽도 허물지 않고 남겨두었다. 이때는 그가 아그립바로부터 앞으로 주민들의 충성을 약속받은 후였다. 그는 이렇게 해서 반란의 영향으로 심한 고통을 받은 한 도시에 새로운 삶을 가져다주었다(《전쟁》 3:461).

베스파시아누스는 저항군이 디베랴에서 타리케아이로 도망쳤다는 소식을 듣자, 티투스를 보내 그들을 추격하도록 했다. 타리케아이는 요세푸스가 요새화했다고 주장했던 또 다른 도시였다. 그러나 그는 디베랴의 방어와 비교하면 타리케아이의 방어는 더 취약했다고 말했다. "[디베랴의] 요새화는 충분한 자원과 권력을 가지고 있었던 항쟁 초기에 이루어졌었다. 반면에 트라케아이는 쓰고 남은 자금만을 얻었을 뿐이었다"(《전쟁》 3:465). 그러나 그의 변명은 그가 후에 자서전에서 증언한 것과 모순된다(《자서전》 156). 그는 거기서 타리케아이의 요새가 디베랴보다 앞서 건설되었다고 설명했다. 그는 또한 타리케아이를 둘러싼 성벽은 반드시 필요한 것은 아니었다고 말한다. 도시가 호수에 면해 있었고 그곳 시민들은 상당한 수의 함대를 갖고 있었기 때문이었다. 어쨌든 그곳의 요새들은 티투스의 전광석화 같은 공격과 도시 정복을 막아내지는 못했다.

> 그가 명령하자 [티투스는] 훌쩍 말에 뛰어 올라 군대를 호수로 이끌었다. 그가 말을 탄 채 물길을 가로질러 가장 먼저 마을에 들어갔고 부하들이 그의 뒤를 따랐다. 그의 용맹스러움을 보고 두려움에 사로잡힌 성벽 방어자들은 감히 누구도 그와 싸우거나 저항하지 못했다. 모든 군사들이 기지를 포기하고 도망갔다. [사파스의 아들] 예수스의 잔당은 마을을 가로질러서 도망했고, 다른 사람들은 호수 쪽으로 내려갔다(《전쟁》 3:497-499).

베스파시안과 그의 군대는 배로 도망간 피신자들을 뗏목으로 만든 소함대를 이끌고 추격하였다(《전쟁》 3:522). 요세푸스는 그 해전의 결과로 일어난 대학살을 생생하게 묘사하였다(《전쟁》 3:530-531). 타리케아이의 함락(《전쟁》 3:462-502; 참고. 수에토니우스 《신성한 티투스》 4)으로 유대인의 저항에 참여하는 지역은 갈릴리에서는 기스칼라와 다볼 산밖에 남지 않았다. 베스파시아누스는 이들을 처리하기 전에 가울라니티스의 하부 도시로서 매우 강한 요새였던 가말라에 관심을 기울였다.

요세푸스는 가말라를 알렉산드로스 얀네우스의 원정과 관련해서 처음 언급하고 있으며(《고대사》 13:394; 《전쟁》 1:105), 그곳을 에제키아스의 아들 유다스의 고향이라고 한다. 이어서 요세푸스는 그를 네 번째 철학 학파인 열심당의 창시자로 묘사한다(《고대사》 18:23; 《전쟁》 2:118; 행 5:37). 그는 가말라에 대한 포위 공격 이야기를 그 정착지에 대한 설명 및 요단 동편에 있는 다른 두 도시들과의 관계를 설명하면서 시작한다.

▲ 제10 프레텐시스 군단의 동전

> 가말라도 이 반란군들[즉 기스칼라와 다볼 산에 있는]과 동맹 관계에 있었다. 가말라는 호수의 건너편 타리케아이 맞은편에 자리 잡고 있었다. 가말라는 소가네(엘 예후디예), 셀레우키아(셀레우키예)와 마찬가지로 아그립바에게 할당된 영토에 속해 있었다. 가말라와 소가네는 둘 다 가울라니티스에 있었고, 소가네는 가울란 상부 지역에, 가말라는 가울란 하부 지역에 속해 있었다. 셀레우키아는 세메코니티스 호수 근처에 있었다(《전쟁》 4:2).

요세푸스가 가말라를 묘사한 부분은 그곳의 위치에 관한 논쟁의 중심에 있다. 초기의 학문적인 견해는 가말라를 갈릴리 호수 동쪽으로 18킬로미터 떨어진 나하르 엘 루카드에 있는 야믈레 근처, 텔 엘 아흐다브와 동일시하였다.

가말라의 가능한 후보지로 데이르 케루흐 마을 근처에 있는 키르벳 에스 살람을 들기도 한다. 이후의 연구와 발굴 작업은 나할 달리요트와 나할 가물라 사이의 바위로 이루어진 돌출부에 위치한 헬레니즘-로마 시대의 요새 유적지를 더 유력한 후보지로 꼽는다. 그 도시는 회당과 정결례 욕조를 포함하고 있으며, 유대인들의 항쟁 시대에 있었던 포위 공격과 파괴에 대한 증거를 풍부하게 가지고 있었다. 이러한 결론은 1세기 가말라를 키르벳 에스 살람으로 보는 견해를 수용하는 쪽으로 학자들을 이끌었다.

그럼에도 불구하고 키르벳 에스 살람을 가말라와 동일한 지역으로 보는 것은 요세푸스의 기록과 조화를 이루는 데 몇 가지 어려움이 있다. 헬라어 본문을 창조적으로 읽는다면, 키르벳 에스 살람의 지형과 가말라 정상에 대한 요세푸스의 묘사를 조화시키는 것은 가능하다. 그러나 독자는 가말라와 가말라의 한 구역인 가말리티케의 위치에 대한 그 역사가의 기록에서 극복할 수 없는 장애물을 만나게 된다(《전쟁》 3:56).

▼ 골란 남부에 있는 키르벳 엣 살람(가말라?)

이보다 한층 더 어려운 문제는 요세푸스가 가말라 도시를 가울라니티스 하부 지역에 속한 것으로 묘사하고 있다는 점이다(《전쟁》4:2). 그 역사가는 가울라니티스 상부와 하부의 경계선을 설정하지 않았지만, 두 지역 사이의 묘사는 갈릴리 상부와 하부 지역의 예처럼 직접 눈으로 보는 지형의 인상(《전쟁》3:35)에서 비롯되었을 것이다.

요세푸스가 가울라니티스 하부에 있는 가말라와 상부에 있는 소가네를 병치해 놓은 기록은 키르벳 에스 살람을 가말라의 유력한 후보지로 보는 견해에 지형적인 문제가 있음을 분명히 해준다. 19세기 이래로 소가네는 엘 예후디예와 동일한 지역으로 여겨지고 있다. 엘 예후디예는 키르벳 에스 살람 북서쪽으로 불과 5킬로미터 가량 떨어져 있으며, 가울라니티스 상부와 하부를 구분해주는 두 마을 사이의 지형적 특징도 전혀 없다. 따라서 키르벳 에스 살람의 위치는 가울라니티스 상부에 속했을 것이다. 그리고 그 결과로 키르벳 에스 살람은, 요세푸스의 기록에 따르면 가울라니티스 하부에 속한 1세기의 가말라 후보지에서 제외되어야 할 것이다.

키르벳 에스 살람의 유적지는 항쟁에 참여했었고 유사한 이름을 가진 또 다른 유대 마을 솔리마와 동일한 지역일 수 있다. "가울라니티스 지역은 멀리 솔리마까지 왕에게 반란을 일으켰다"(《자서전》187). 가울라니티스에 있는 솔리마에 대해 언급하는 유일한 본문에서 요세푸스는 아그립바 왕국에 속한 두 도시 셀레우키아와 소가네를 자신이 요새화한 것으로 묘사한다. 이 두 도시는 세 군데 본문에서 나란히 나타나고, 가말라와 연관하여 언급된다(《전쟁》2:574; 4:2, 4:4). 이 점은 이상의 네 거주지들이 먼 거리에 있지 않음을 알려준다. 그러나 요세푸스의 묘사는 그곳들 중에 가말라만 가울라니티스 하부에 속한 지역으로 똑같이 분명하게 밝히고 있다. 전쟁 초기에 아그립바는 셀레우키아와 소가네는 항쟁을 포기했다고 확신했다. 요세푸스가 이 도시들을 요새화했다는 언급(《전쟁》2:574)에도 불구하고, 이 도시들은 가말라를 지나친 자신감에 빠뜨리게 할 만한 천연 방어 체계를 가지고 있지 않았다.

> 가말라는 항복을 거부했다. 그 도시는 요타파타보다 훨씬 더 자신 있게 그곳이 위치하고 있는 유리한 지형에 의지하고 있었다. 높이 솟은 산에서 내려가다 보면 산 중간에는 울퉁불퉁한 돌출부가 솟아 있으며, 정상부터 내려오는 내리막길은 뒤쪽으로 같은 길이만큼 등이 있어서 산등성이가 마치 낙타의 모양을 하고 있다. 바로 이 모습으로부터 그 지명이 유래했다.… 가말라의 양 측면과 앞면은 접근할 수 없는 골짜기들로 둘러싸여 사방이 둥글게 단절되었다. 그러나 꼬리 쪽은 산으로 올라갈 수 있어 다소 접근하기가 쉬운 편이다.… 가말라의 남쪽을 마주하고 있고, 남부 고지는 엄청난 높이로 솟아 있어 성채를 형성하였다. 그 아래는 성벽이 없는 절벽으로, 여기서 가장 깊은 골짜기로 내려갔다. 도시를 둘러치는 성벽 안에는 샘이 하나 있었다(《전쟁》4:5-8).

가말라의 방어 체계는 그 도시가 아그립바의 포위 공격에 7개월 동안이나 저항할 수 있게 해주었다. 그러나 그 헤롯 가문 사람이 베스파시아누스 및 로마 군단과 합류하자 저항할 수 없는 위협으로 다가왔다. 도시를 둘러싼 험준한 지형으로 베스파시아누스는 포위된 성에 일반적으로 행하는 공격을 할 수가 없었다. 대신에 베스파시아누스는 그들이 도망하지 못하게 파수병들을 세워두고는 가말라를 인근 산과 연결해주었던 안장 모양의 산등성이 참호를 메우기 시작하였다(《전쟁》4:13).

아그립바는 계속해서 시민들에게 희망이 없는 저항을 그만두라고 종용하였다. 그러다 그가 도시를 방어하던 자가 투석기로 던진 돌에 맞자, 그 일은 로마군의 경계심을 자극하여 포위 공격을 서두르게 했다. 곧 로마군은 성벽으로 둘러싸인 다른 세 구역에서 공성퇴를 동원하여 성벽을 부수고 도시 안으로 쳐들어갔다. 로마군이 도시의 상부지역까지 방어자들을 추격하자 그들은 공황 상태에 빠지고 말았다. "그들은 도시의 상부로 도망하여 그곳에 추격하는 적군들을 모이게 했다. 유대군은 비탈 아래로 로마군을 밀어붙여 협소한 지형적 장애물에 막힌 그들을 살육했다"(《전쟁》4:22-23).

로마군은 가파른 비탈 때문에 적군을 밀어낼 수가 없었다. 동시에 그들은 뒤에 따라오던 전우들이 밀어닥쳐 후퇴할 수도 없었다. 군인들 일부는 집들의 지붕 위로 몸을 피하려 하였다. 건물은 몇 사람 이상을 감당하지 못했고, 도망치는 많은 로마 군인들의 무게를 견디지 못하고 곧 무너져버리고 말았다. 붕괴로부터 살아남은 사람들도 스스로를 방어할 수 없는 상태였다. 성을 지키던 유대인들은 이러한 상황 전환을 하나님의 개입으로 이해했다. 베스파시아누스는 군대의 본대로부터 고립되어 비탈의 고지대에서 위험에 빠져 있었다. 그와 그의 부하들은 용감하게, 그러나 천천히 도시에서 빠져나왔다. 베스파시아누스의 군대는 그들이 입은 손실로 인해 낙심했다. 장군은 그들이 군사적 우위를 차지하지 못해서

▼ **로마의 공성퇴** _ 성벽이나 성문을 부수기 위해 특별히 제작한 공격용 도구로, 그 형태나 모양은 다양하다.

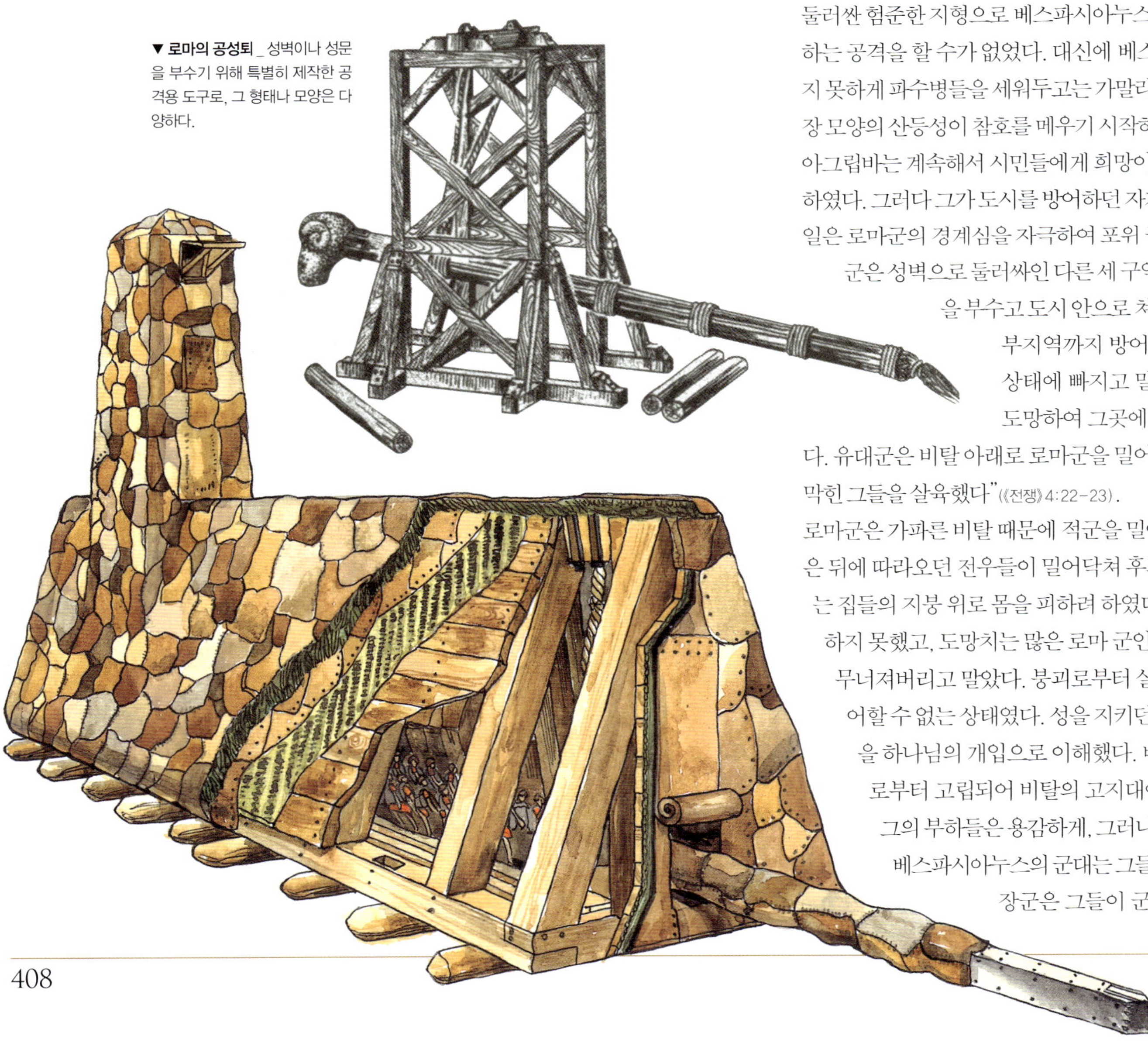

베스파시아누스의 유대 원정과 유대인들의 내부 갈등 \ 주후 67년

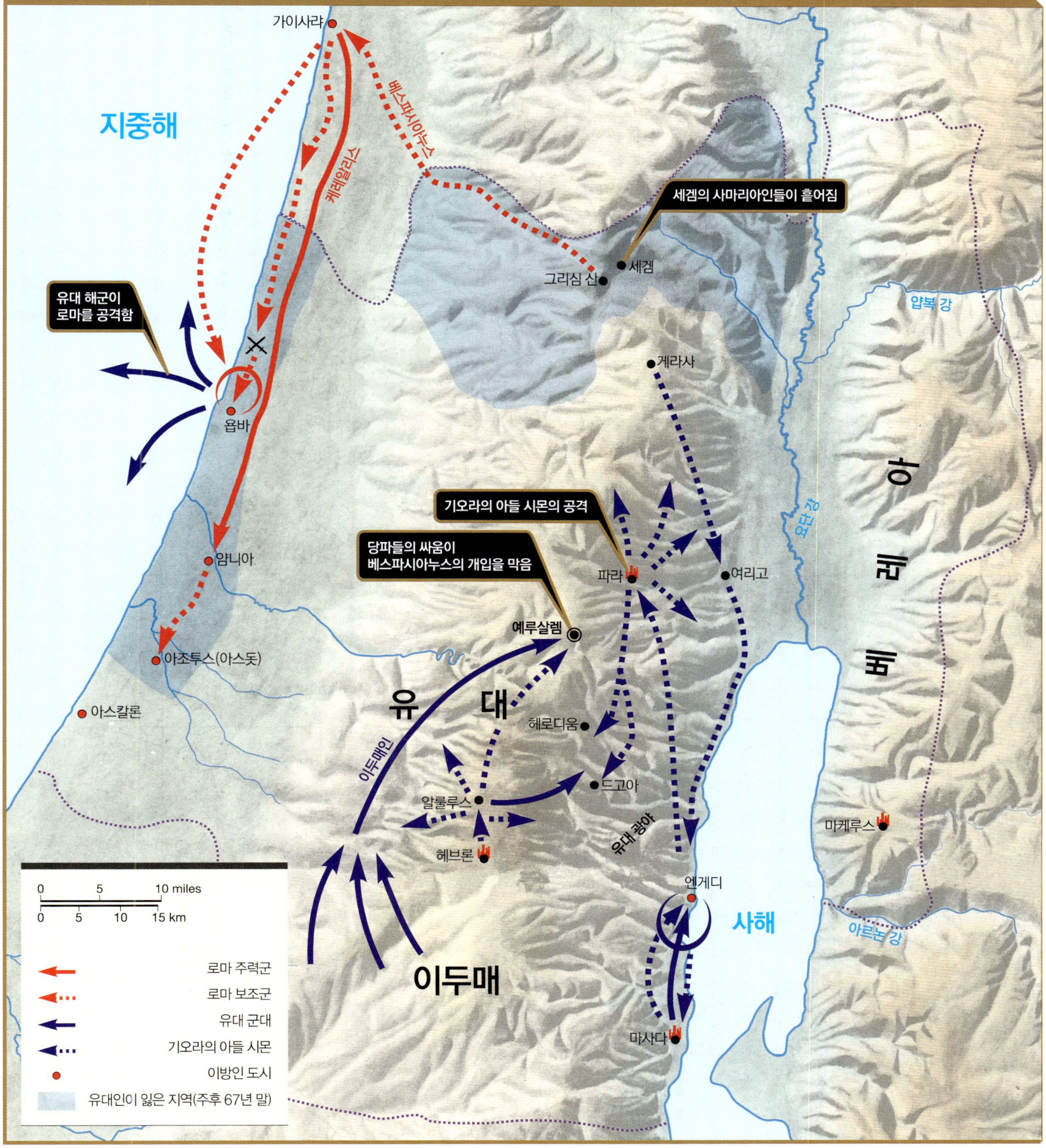

가 아니라 순간적으로 기강이 무너졌기 때문에 패배한 것이라고 사기를 올려주려 하였다.

…너희의 무절제한 열정에 과실이 있을 수 있다. 적군이 고지대로 도망했을 때 너희는 자제했어야 했다. 머리 위에 다가오는 위험에 자신을 노출하는 추격을 해서는 안 되었다. … 전쟁에서 부주의함과 성급함은 우리 로마인들에게는 어울리지 않는 일이다. 우리가 거둔 모든 성공은 전술과 기강에 있다(《전쟁》 4:44-46).

가말라를 포위한 이 시점에서, 요세푸스는 베스파시아누스가 딴 데로 관심을 돌려 호민관 플라키두스(참고. 《자서전》 213, 411; 《전쟁》 3:59; 3:110; 4:419)의 지휘 아래 있는 분대를 파견해 다볼 산을 확보하도록 했다고 보고한다. 요세푸스 자신이 다볼 산 정상을 요새화했었다(《전쟁》 4:56). 그로마 호민관은 오르막으로 공격하는 것이 비현실적임을 알고 방어자들

THE ROMAN CAMPAIGN OF 68 CE

주후 68년 로마 원정

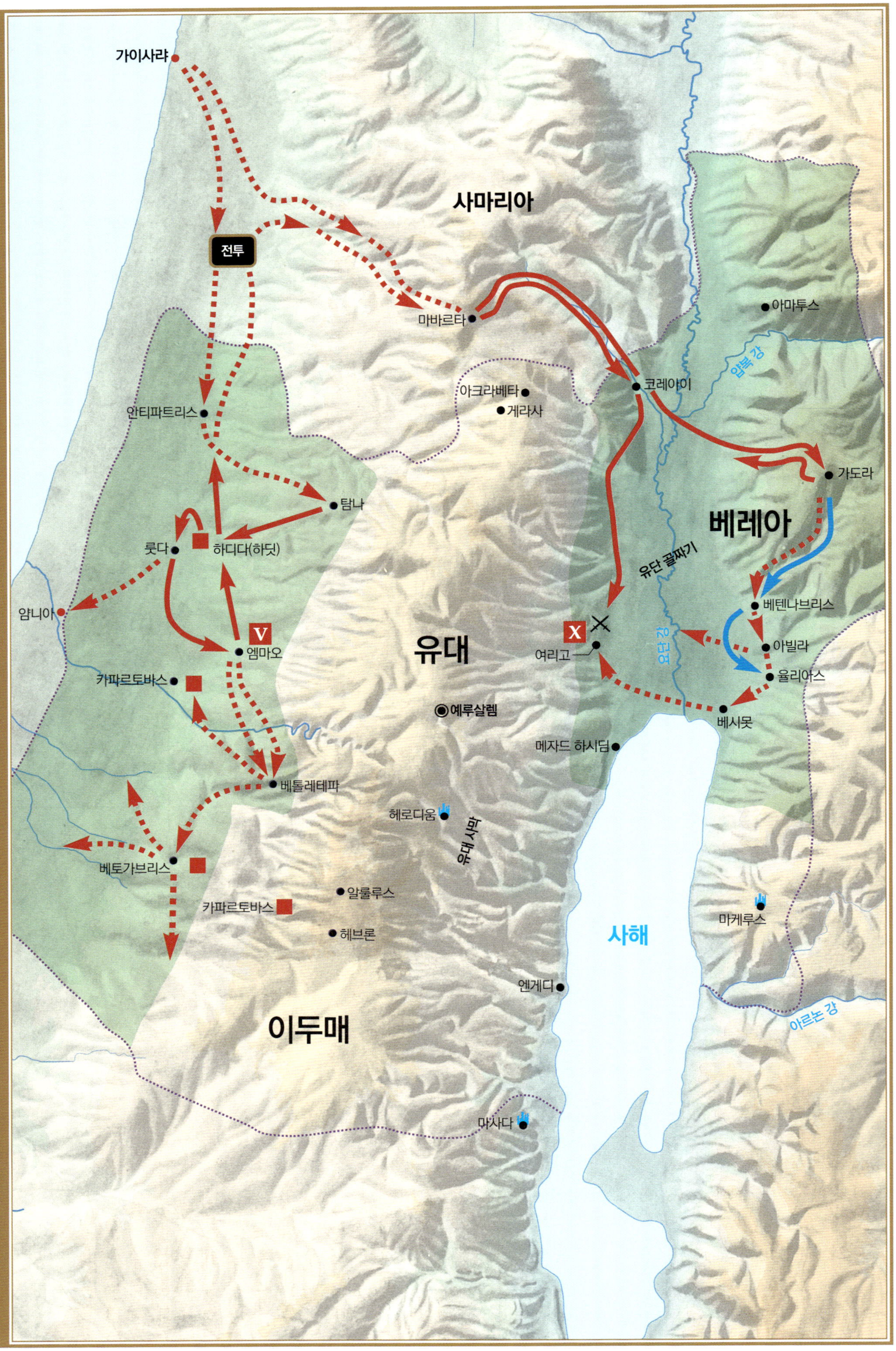

0 5 10 m
0 5 10 15 km

- 이방인 도시
- 유대 요새
- 로마 주력군
- 로마 보조군의 이동
- 유대 군대
- V 주둔 군단과 규모
- 로마 주둔지
- 항쟁 지역의 경계 (주후 68년 초)
- 항쟁 지역의 경계 (주후 68년 말)
- 유대인이 잃은 지역 (주후 68년 말)

68년 봄기운이 처음 돌기 시작하자 베스파시아누스는 가이사랴에서 안티파트리스로 주력 부대를 이동했다. 그는 탐나의 도시 국가를 공격하고 룻다와 얌니아까지 계속 진군했으며, 베툴레테파 지방까지 내려갔다. 그는 이 정착지와 '이두매의 외곽에 있는' 인근 지역을 유린하고, 요새들을 건축하였으며, 이두매의 중심에 있는 두 마을, 즉 베토가브리스와 카파르토바스를 정복했다.

에게 평화를 제의했다. 유대군은 로마의 제안을 표면적으로는 동의하였지만, 실제로는 동의하는 체하다가 로마를 기습하려는 의도를 가지고 있었다.

> 그러나 그날에는 플라키두스의 계략이 이겼다. 유대인들이 적대감을 드러내자 그는 도망가는 척해서 추격자들을 평야 깊숙이 끌어내렸다. 그러다가 갑자기 기병대가 방향을 바꾸어 그들을 공격하였다. 유대군 다수가 살육을 당했다. 플라키두스는 살아남은 자들의 앞길을 차단하여 산으로 다시 올라가는 것을 막았다. 다볼 산을 버리고 도망친 사람들은 예루살렘으로 갔다(《전쟁》4:60-61).

가말라에서 능력이 있는 사람들은 적이 방어하고 있지 않은 협곡들을 통과해 도망을 갔다. 나머지는 식량과 물이 부족하여 죽고 말았다. 67년 11월까지 포위 공격이 이어지자, 세 명의 군사가 아침 일찍 포복하여 동쪽 망대를 지지하고 있는 돌들을 도시 쪽으로 옮겨놓았다. 성벽이 무너지는 요란한 소음은 잠에서 깬 주민들을 공황 상태에 빠뜨렸다. 그들은 로마인들이 도시 안으로 쳐들어왔다고 생각했다. 그러나 이번에 로마군은 천천히 진군했다. 티투스는 공격을 이끌면서 성채까지 주민들을 추적하였다. 곧 로마 병력 전체가 뒤를 따랐다. 앞서 불운했던 공격에서 잃은 전우들의 복수를 하기 위해 로마군은 닥치는 대로 모든 방어자들을 살해했다.

> 생존을 보장할 수 없는 절망적인 상황에서 사방이 적으로 둘러싸인 많은 사람들이 아내와 자녀들을 데리고 성채 아래 엄청나게 깊은 골짜기로 몸을 던졌다. 실로, 이리하여 로마의 분노는 정복당한 자들의 광적인 자기희생보다는 더 온건하게 보이게 되었다. 로마에 의해 살육당한 사람은 4천 명에 불과했으나 절벽 위에서 스스로 몸을 던진 사람들의 수는 5천 명이 넘었다(《전쟁》4:79-80).

가말라의 함락으로 인하여 기스칼라지쉬는 로마에 맞선 북부의 유일한 항쟁 거점으로 홀로 남게 되었다. 기스칼라의 요한은 이 작은 도시의 주민들을 선동해 반란을 일으켰다. 기스칼라에 도착한 티투스는 주민들에게 항복하라고 호소했다. 요한은 항복하는 척하면서, 티투스에게 "유대율법을 존중하여, 그날, 즉 무장을 하고 다니고 평화 협정을 마치는 일 등이 율법으로 금지되어 있는 일곱째 날을 허락해달라"고 요청했다(《전쟁》4:100). 티투스는 평화 협정을 연기하는 것뿐만 아니라 군대를 카다사텔케데슈 근처로 물러나게 하는 일에 동의했다. 요한의 지연 전략은 부하들과 함께 그 밤에 예루살렘으로 탈출하기 위한 계획이었을 뿐임이 드러났다. 예루살렘에서 그는 그곳을 방어하던 저항군의 지도자가 되고자 했을 것이다. 새벽에 기스칼라의 주민은 티투스에게 성문을 열어주었고, 그리하여 67년 말에 북부의 마지막 유대인 거주지가 로마 군대에게 함락되었다(《전쟁》4:113).

로마에 대항하여 싸우던 첫 계절은 유대인들의 저항에 그리 좋은 상황이 아니었다. 겨울 동안에 예루살렘에서는 저항군 사이에 권력을 쟁취하기 위한 이전투구와 갈등이 폭발했다(참고. 《전쟁》4:128-134). 예루살렘 인구는 피난민들과 산적 무리들의 유입으로 팽창했다. 그 산적들은 친 로마파로 의심되는 자들을 공격하던 자들이었다(《전쟁》4:135-136). 그들이 첫 번째로 추구하던 변화들 중 하나는 대제사장을 선출하는 방식이었다. 이전에 대제사장은 기존에 정해진 가문과 일반적으로 무장 투쟁에 반대한 집단으로부터 선발되었다. 이제 대제사장은 제비뽑기로 선출되었다. 하지만, 이렇게 해서 뽑힌 후보자는 사무엘의 아들 파니아스였는데, 요세푸스는 그가 직무에 대해 아무것도 모르는 자라고 묘사한다. "그는 대제사장 가문 출신이 아닐 뿐만 아니라 대제사장직이 무엇을 의미하는지도 거의 알지 못하는 어릿광대 같은 사람이었다"(《전쟁》4:156).

이러한 변화에 대한 반발이 고리온의 아들 요셉, 가말리엘의 아들 시몬(《자서전》190, 309)과, 두 명의 전임 대제사장 아나누스와 가말리엘의 아들 예수스와 같은 기존의 지도자들에게서 일어났다. 그들은 예루살렘 백성들에게 열심당에게 저항해야 한다고 호소했다. 싸움이 일어났고, 열심당들은 성전 내부 경내에 비상 경계선을 그었다(《전쟁》4:196-207).

겉으로 귀족 지도층과 동맹을 맺고 있었던 기스칼라의 요한은 그들을 대신해 포위당해 있는 산적들과 협상을 하기 위해 파견되었다. 대제사장 아나누스를 배신한 그는 열심당원들에게 지도층의 계획을 누설하고 이두매인들로부터 지원을 받는 길을 찾아보라고 권유했다. 그들은 예루살렘의 지도층이 그 도시를 로마에 넘겨줄 생각을 가지고 있다고 단언하는 메시지를 보냈다. 이두매인들은 거짓된 정보에 반응하여 예루살렘 성문으로 몰려갔다. 그곳에서 그들은 반역자들과 관계가 있는 것으로 의심을 받아 접근이 거부되었다(《전쟁》4:224-283).

강력한 태풍이 몰아치는 틈을 타 열심당원들은 성전 경내에서 몰래 빠져나와 이두매인들에게 성문을 열어주었다(《전쟁》4:300). 이두매인들은 성으로 들어오면서 예루살렘 주민을 살해하고 약탈하기 시작했다(《전쟁》4:305-313). 그들은 열심당원들과 함께 그 도시를 확보했다. 열심당원들은 아나누스와 예수스를 처형함으로써 대제사장들에게 보복했다(《전쟁》4:314-333). 요세푸스는 열심당원들이 자행한 불의의 생생한 예로서 바리스의 아들 자카리아스를 처형한 일을 들었다(《전쟁》4:335-344). 자카리아스는 재판정에서 무죄를 선고받았음에도 불구하고 열심당원들에 의해 살해되었다.

> 그들 중 가장 대담한 두 사람이 자카리아스를 공격해 성전 한가운데에서 그를 살해했다. 그리고 그의 사체를 엎어놓고 조롱하게 하며 '이제 너는 우리의 판결을 받았고 더 확실한 해방을[문자적으로는 무죄 선고 혹은 죽음] 얻었다'라고 외쳤다. 그리고 즉시 그를 성전에서 끌어내어 골짜기 아래로 던졌다(《전쟁》4:343; 참고. 마 23:35[1]; 막 12:8[2])

요세푸스는 이 시기에 대해 평화를 추구하는 파당들 중 많은 이들이 도시를 떠났다고 말한다. 그들은 열심당원들이 나라를 재앙으로 곤두박질치게 하고 있음을 깨달았기 때문이다(《전쟁》4:377-378; 참고. 바벨론 탈무드《기틴》56a-b; 《미드라쉬 애가 랍바》1, 5 § 31; 《랍비 나단의 아보트》4). 유세비우스가 기록하는 대로, 기독교인들이 도시를 떠나 펠라로 간 것도 이 무렵이었을 것이다(유세비우스《교회사》3.5.2-3; 에피파니우스《이단 반박문》29.7).

베스파시아누스의 참모진 중 일부는 그에게 저항군 사이의 다툼을 잘 이용하도록 조언하였다(《전쟁》4:366-376). 그러나 그는 유대인 사이의 반목을 신이 내린 선물로 여기고, 저항군들이 살인과 선동을 통해 수가 감소되면서 자기들의 잘못으로 계속해서 대의가 약화되도록 내버려두기로 선택했다. 그 동안에 그는 베레아의 수도 가도라로 행군했다(《전쟁》4:413). 그 도시의 지도부는 항복을 제안했고, 그들 중에 있었던 저항군은 도망치고 말았다(《전쟁》4:415-417). 베스파시아누스는 가이사랴로 돌아가서 플라키두스(참고. 《자서전》411; 《전쟁》3:59, 110)에게 3천 명의 보병과 5백 명의 기병을 주어 베레아의 남은 저항군을 진압하도록 파견했다. 로마군은

1_"그러므로 의인 아벨의 피로부터 성전과 제단 사이에서 너희가 죽인 바라갸의 아들 사가랴의 피까지 땅 위에서 흘린 의로운 피가 다 너희에게 돌아가리라"(마 23:35).

2_"이에 잡아 죽여 포도원 밖에 내던졌느니라"(막 12:8).

▲ 예루살렘을 한눈에 내려다볼 수 있는 감람 산

◀ 제10 프레텐시스 군단의 문장이 새겨진 인장

1_시카리이(sicarii)
주전 1세기경 로마에 저항한 유대의 극단적인 민족주의자들을 말한다.

벧 니므라텔 니므린에서 도망치는 저항군을 따라잡았다. 다른 도망자들은 여리고로 갔지만, 플라키두스는 요단강을 건너려는 그들을 사로잡았다.

> 플라키두스는 행운을 이어나가면서, 작은 도시들과 인근 마을들을 서둘러 공격해서 아빌라, 율리아스, 베시못, 그리고 멀리 아스팔티티스 호수(사해를 가리키는 것으로 보인다)까지 전부 점령하였고, 그는 적당하다고 생각한 대로 그 각각에 그런 이탈자들로 구성된 수비대를 두었다. 그리고 나서 그는 군사들을 배에 태우고 가 호수 주변에 숨어 있던 자들을 생포했다. 이렇게 해서 마케루스까지 베레아 전체가 항복하거나 정복되었다(《전쟁》 4:438-439).

베스파시아누스는 로마 제국에서 분열이 계속되고 갈리아 켈티카의 사령관, 율리우스 빈덱스가 네로에 대항해 저항을 일으켰다는 소식을 들었다(《전쟁》 4:440; 디오 카시우스 63.22이하; 플루타르코스, 《갈바》 4이하). 그는 제국 도처에서 발생한 불안정으로 인해 자기가 기울인 노력이 축소되지 않도록 하기 위해 유대 원정을 더욱 맹렬하게 진행하기로 결정했다. 68년 봄기운이 처음 돌기 시작하자 그는 가이사랴에서 안티파트리스로 주력 부대를 이동했다. 그는 탐나의 도시 국가를 공격하고 룻다와 얌니아까지 계속 진군했다. 이 두 구역은 이미 그가 정복했던 곳이었다(《전쟁》 4:130). 이어서 그는 엠마오 지역으로 진격하였다. 그는 이곳에 마케도니카 제5군단을 남겨두어 수비하도록 했다. 나머지 군대는 베톨레테파베이트 나티프 지방으로 이동했다[《전쟁》 4:445; 참고. 플리니우스 《박물지》 5.70(참고. 《전쟁》 3:55)]. 그는 이 정착지와 '이두매의 외곽에 있는' 인근 지역을 유린하고, 요새들을 건축하였으며, 이두매의 중심에 있는 두 마을, 즉 베토가브리스와 카파르토바스키르벳 아트라바를 정복했다(《전쟁》 4:447).

유대의 남부 지역과 이두매의 서부와 중부 지역을 정복한 베스파시아누스는 남아 있는 부대를 이끌고 엠마오로 돌아왔다. 이곳에서 그는 사마리아로 들어갔다.

> … 네압볼리네아폴리스, 혹은 원주민이 마바르타[나블루스, 플리니우스 《박물지》 5.69 마모르타]라고 부르는 곳을 지나, 그는 코레아이로 내려갔다. … 그는 여리고에 도착해서 그의 휘하 장군 가운데 하나인 트라야누스[장차 황제가 될 자의 아버지]와 그가 베레아, 곧 지금은 이미 정복한 요단 강 너머의 모든 지역에서 이끌고 온 군대와 합류했다(《전쟁》 4:449-450).

베스파시아누스는 여리고와 아디다에 진영을 세운 후 각각 '로마와 [외국] 지원병으로 구성된 수비대를 두었다'(《전쟁》 4:486). 이제 그는 예루살렘을 완전히 에워싸는 전략을 취한 것이다. 그 로마인은 가이사랴로 돌아와서 예루살렘 공격을 위한 마지막 준비를 했다. 그 무렵 그는 네로가 죽었다는 소식을 들었다(68년 6월 9일). 황제의 죽음으로 베스파시아누스는 전쟁을 수행할 권한을 상실했다. 그는 네로의 계승자가 유대의 항쟁을 진압하도록 명령을 갱신해줄 때까지 기다려야만 했을 것이다(《전쟁》 4:491).

로마에서 황제들의 계승 문제는 지속적으로 불안정을 초래했고, 베스파시아누스의 유대 원정을 거의 1년 동안 무력하게 만들었다(《전쟁》 4:491-502). 그러나 유대 측은 답보 상태에 머물러 있지 않았다. 로마의 진군이 소강상태에 빠지자, 게라사 출신 기오라의 아들 시몬이 이끈 다른 항쟁 운동이 생겨났다(《전쟁》 4:503; 참고. 2:521). 그는 일찍이 대제사장 아나누스에 의해 지휘권을 상실하였고 아크라바테네에서 축출되었던 인물이었다. 그는 마사다에 있는 '시카리이[1]'와 합류하였다(《전쟁》 2:652-654). 그는 대제사장 아나누스가 죽었다는 소식을 듣자 산지로 돌아와 저항과 테러를 지속했다. 노예에게는 자유를 주고 이미 자유인인 사람에게는 포상금을 주어 순식간에 그는 불미스러운 요소를 내포한 자들로 구성된 큰 군대를 꾸렸다.

> 그는 이제 아크라바테네 지방뿐만 아니라 거대한 이두매까지 전 지역을 차지했다. … 그의 목적은 분명했다. 그는 군대를 훈련시켜서 예루살렘을 공격하기 위한 만반의 준비를 했다(《전쟁》 4:511-513).

예루살렘의 지도부는 어렴풋이 다가오는 위협을 느끼며 그와 전쟁에 나섰다. "시몬은 그들을 대면해, 이어진 전쟁에서 대부분을 죽이고 잔당들을 도시 안으로 밀어붙였다"(《전쟁》 4:514). 그러나 그의 군대의 불안정으로 즉시 예루살렘으로 진군하지 못하고 이두매로 관심을 돌렸다.

주후 69-70년의 원정들

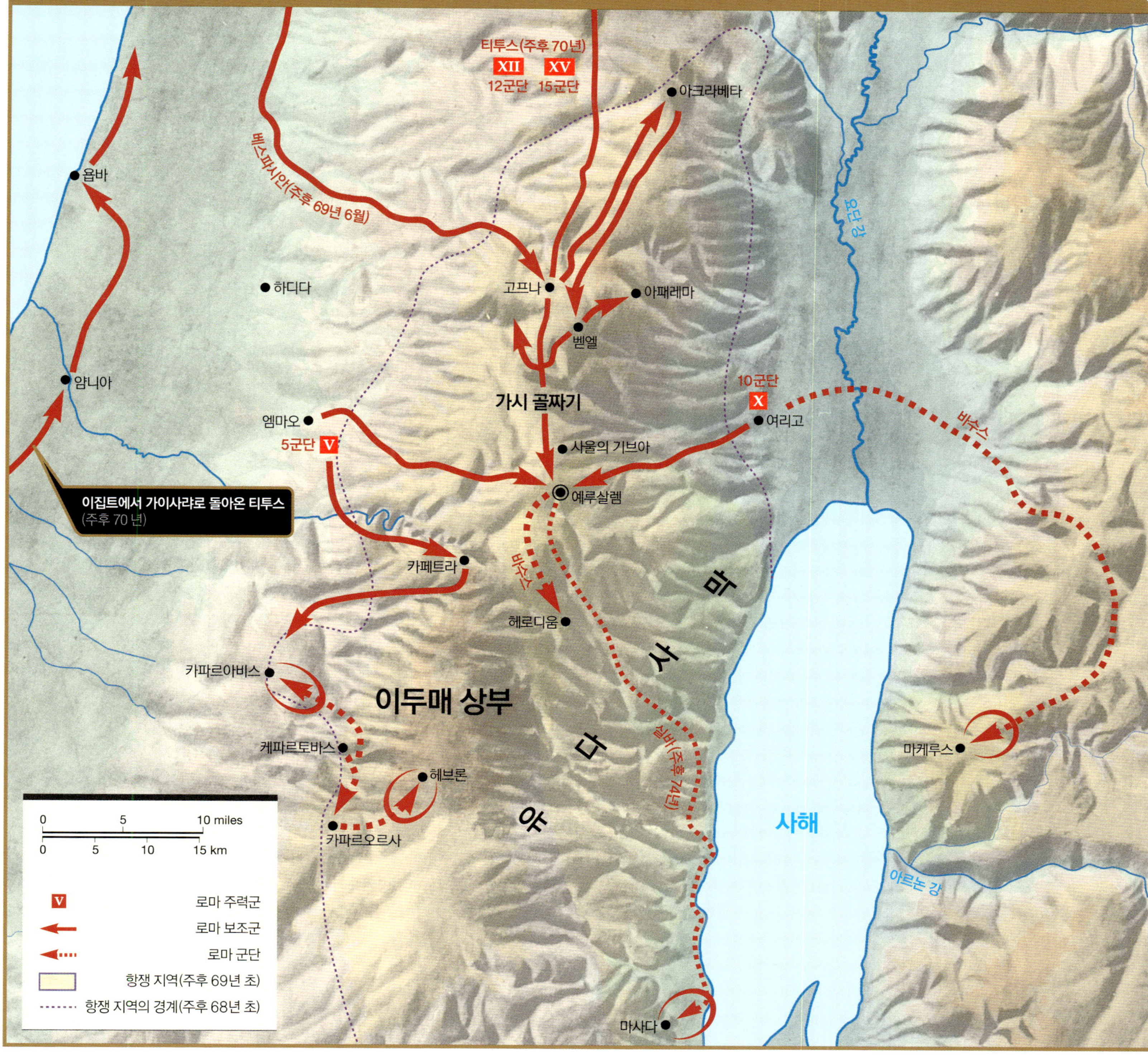

이두매의 지도자들은 신속히 온 나라 전역에서 가장 유능한 군사들을 모집하여 그 숫자가 2만 5천 명에 이르렀다. 그들은 대부분의 사람들을 마사다 '시카리이'의 습격에 대비해 재산을 지키기 위해 남겨두고, 국경선에서 시몬과 마주했다. 거기서 그는 그들과 맞서 싸웠으며, 하루 종일 싸운 결과 전쟁터는 승자도 패자도 없는 상태가 되었다. 그리하여 시몬은 나인으로 철수했고, 이두매인들은 군대를 해산하고 고향으로 돌려보냈다(《전쟁》 4:516-517).

시몬은 무력과 계략을 통해서 결국 이두매를 얻을 수 있었다. "메뚜기 떼가 지나간 숲이 완전히 발가벗겨지듯이 시몬 군대가 지나간 자리에는 아무것도 없이 사막만 남게 되었다"(《전쟁》 4:536). 예루살렘에 있는 열심당원들은 다시 시몬과 싸우는 것이 두려워, 대신에 그의 아내를 납치하고 인질로 삼아 그의 공격을 막으려고 했다. 예루살렘의 열심당원들은 시몬의 위협을 받고 머지않아 그의 아내를 풀어주었지만, 시몬은 성벽 밖에 진을 치고 남아 예루살렘으로 들어가기로 결심을 굳혔다.

도시 안에서는 폭정과 배신으로 인하여 저항군의 분열이 더욱 조장되었다. 시몬의 아들 엘르아살(《전쟁》 2:564; 4:225)의 추종자들은 그들 중에 있는 이두매인과 함께 폭동을 일으켜 요한과 그의 분대를 성전 안뜰로부터 몰아냈다(《전쟁》 4:567). 요한이 반격을 준비하는 중에, 대제사장 맛디아(참고.《전쟁》5:527) 가 이끄는 백성들은 요한의 폭정을 종식시키고자 시몬을 예루살렘으로 불러들였다. 요세푸스는 예루살렘을 절망에 빠지게 한 혼란과 학살의 장면을 묘사했다(《전쟁》4:577-584). 당파들은 불가피한 로마의 공격에 대비하기보다는 서로 싸우고 죽여서 예루살렘의 방어는 항상 약화될 뿐이었다(《전쟁》5:5-26).

비텔리우스가 황제 계승에 성공한 이후 베스파시아누스는 자신이 황제로서 더 자격을 갖추고 있는 사람이라는 생각을 굳혔다. 신속하게 진행된 일련의 사건들 속에서, 동부에 있는 로마 군대가 베스파시아누스에게 지지를 서약했다. 69년 12월에 "알렉산드리아에 도착한 베스파시아누스는 로마로부터 온 좋은 소식을 전해 들었으며, 이제는 자신의 것이

THE SIEGE OF JERUSALEM IN 70CE

예루살렘의 포위 \ 주후 70년

0 75 150 yds
0 50 100 m

로마 군단

로마는 공성퇴를 사용해 외곽 성벽, 곧 세 번째 성벽을 뚫었다. 15일이 지난 후 성벽은 무너졌고, 로마는 두 번째 성벽의 바깥쪽을 점령했다. 두 군단은 상부 도시를 향하고 나머지 두 군단은 안토니아 요새를 향해 토성을 쌓았다. 7월 초에 로마군은 안토니아를 점령했고 요한과 열심당원의 군대를 성전 경내로 몰아냈다.

된 세계 각처에서 온 축하 사절단들을 맞이하였다"(《전쟁》4:656). 그는 로마로 돌아가고 싶었지만, 떠나기 전에 유대와 관련된 미완성의 사업을 처리하려고 했다. 그는 아들 티투스에게 예루살렘을 공격할 로마 군단의 지휘권을 위임하였다(《전쟁》4:658). 새로운 사령관은 정예 부대를 이끌고 펠루시움, 리노코루라, 그리고 '시리아 도시가 시작되는' 라피아로 정예 부대를 데리고 떠났다(《전쟁》4:662). 그는 블레셋 해안을 따라 가사, 아스칼론, 얌니아, 욥바를 경유해 진군했다. 여기에서 그는 가이사랴로 돌아가 예루살렘 공격을 위해 군대를 다시 조직하였다.

이제 티투스는 여전히 유대 지역에 주둔하고 있던 아버지의 세 군단과 풀미나타 제1군단을 지휘하게 되었다. 풀미나타 군단은 전쟁 초기에 케스티우스의 지휘 아래서 수치를 당한 후 유대로 돌아왔다(《전쟁》5:41). 티투스는 북쪽에서 사마리아 남부 산지로 올라가 고프나 도시 국가로 해서 예루살렘에 접근하였다(《전쟁》5:50). 베스파시아누스는 이전에 이 지역을 정복했었고, 군대가 이미 이곳에 주둔하고 있었다. 분수령 길을 따라 남쪽으로 돌이킨 그들은 새벽에 출발해서 하루 종일 행군한 끝에 사울의 고향 기브아텔 엘 풀 근처인 '가시 골짜기'에 진을 차렸다(《전쟁》5:51; 유세비우스《지명록》70:11-12).

티투스가 소수의 부대원들을 이끌고 정찰을 하다가 곤경에 빠졌을 때, 로마군의 공격은 거의 재앙에 가까운 타격을 받았다(《전쟁》5:50-66). 그와 부하들은 자신들이 프세피누스 망대 근처의 군대 본대로부터 단절되었고(《전쟁》5:55, 133, 147, 159), 한 유대군 분대의 공격을 받게 되었다는 것을 깨달았다. 로마군은 가까스로 길을 뚫고 전우들에게 돌아올 수 있었다. 저녁에 티투스는 엠마오로부터 막 도착한 마케도니카 제5군단과 합류하였다. 티투스는 예루살렘 외곽 성벽으로 조금씩 더 전진하여 스코푸스 산에 기지를 세웠다. "그곳에서 그는 예루살렘 도시와 멀리서 반짝이는 성전 건물의 위용을 한눈에 볼 수 있었다"(《전쟁》5:67). 티투스는 풀미나타 제12군단과 아폴리나리스 제15군단을 자기와 함께 스코푸스 산에 두고 마케도니카 제5군단은 후방을 지키게 했다. 프레텐시스 제10군단은 이제 막 여리고에서 도착하여 동쪽에서 예루살렘을 내려다볼 수 있는 감람 산에 진영을 차렸다.

프레텐시스 제10군단이 감람 산에서 진지를 구축하고 요새화 작업을 하고 있을 때 광적으로 돌격해온 유대 유격대들에게 습격을 당하고 말았다(《전쟁》5:75-76). 전쟁은 맹렬하였고 로마 군단의 참패를 막은 것은 순전히 티투스 개인의 용맹이었다. 이 전쟁과 다른 사소한 접전들은 로마가 예루살렘을 공격하려고 올라갔을 때 일어날 진짜 전쟁에 대한 전조였다.

유대 저항군들 사이에는 내분이 계속되어 세 개의 파당으로 나뉘어 있었다. 상부와 하부 도시는 시몬이, 성전의 바깥뜰과 오벨[1]은 요한이, 성전 경내는 엘르아살이 이끌었다(《전쟁》5:5-12). 유월절에 요한의 부하들은 순례자로 변장하고 성전 경내로 제물을 가지고 들어갔다. 그들의 진정한 의도는 성전 경내로 몰래 무기를 운반하는 것이었다. 그들은 엘르아살의 부하들을 습격했고 성전 전체를 장악했다. "이렇게 해서 그때까지 세 파로 나눠져 있던 저항군은 두 당파로 줄어들었다"(《전쟁》5:105).

티투스는 로마군의 공격을 위한 마지막 준비에 몰두했다. 예루살렘은 세 면이 깊은 골짜기로 둘러싸여 있어 역사적으로 볼 때 북쪽이 가장 취약했다. 티투스는 성벽의 상황을 점검한 후 "대제사장 요한[즉 히르카누스]의 무덤 맞은편에서 공격을 시작하기로" 결정했다(《전쟁》5:259, 304, 356; 6:169).

… 왜냐하면 여기 예루살렘의 첫 번째 성벽은 낮은 곳에 위치했고 두 번재 성벽은 첫 번째 성벽과 연결되어 있지 않았기 때문이다. 성벽 건축가들은 이곳이 신시가지라서 인구가 많지 않자 요새화하는 데 소홀했다. 또한 이곳은 세 번째 성벽으로 가는 접근이 용이했다. 티투스의 의도는 이곳에서부터 시작해 상부 도시를 점령하고, 그 다음은 안토니아 요새, 성전 순서로 점령하는 것이었다(《전쟁》5:260).

유대인들은 토성을 건설하는 일꾼들을 방해하려고 했지만 로마는 투석기로 그들을 보호하였다. 예루살렘 성벽의 파수꾼들은 위험한 상황에 처한 백성들에게 큰 소리로 경고했다. 거의 주목을 받지 못하기는 하지만, 1세기 예루살렘의 거리에서 모국어 히브리어를 사용했다고 하는 증거 자료에서, 요세푸스는 그들의 외침을 "그 아들이 오고 있다 the son is coming"라는 다소 혼란스러운 헬라어로 기록하였다(《전쟁》5:272). 그의 보고는 의심의 여지없이 '돌이 오고 있다! Stone's coming!'이라는 경고의 외침에 대해 증언하고 있는 것이다. 히브리어로 '에벤'(*eben*, 돌)과 '하벤'(*haben*, 그 아들) 사이의 언어유희는 유명하여 복음서에서까지 등장한다(예. 눅 3:8[2]; 20:9-18). 더 중요한 것은 위험에 처했을 때에 히브리어를 사용해 일반 백성에게 경고했다는 것은 파수꾼의 히브리어를 모든 사람이 이해했다는 것을 의미한다. 이 히브리어 언어유희가 아람어로는 불가능하다는 것은 상당한 의미를 가지고 있다. 결과적으로 이는 1세기 유대 거리에서는 오직 아람어만 사용되었다는 학자들의 끈질긴 견해를 논박하는 또 다른 증거이다.

로마는 공성퇴를 사용해 외곽 성벽을 뚫었다. 공격자들의 관점에서 이것은 '첫 번째 성벽'으로 여겨졌지만 연대적으로, 그리고 유대 방어자들의 관점에서는 아그립바 1세가 건축을 시작했던 '세 번째 성벽'이었다. 15일이 지난 후 성벽은 무너졌고, 로마는 두 번째 성벽의 바깥쪽을 점령했다(《전쟁》5:302). 5일 후에는 이 성벽도 돌파되었다(《전쟁》5:331). 처음에는 로마군의 입성이 격퇴를 당했지만, 4일이 지난 후에 그들은 두 번째 성벽을 확보했다(《전쟁》5:334-342). 요세푸스는 이제 자기 동포들에게 반란을 포기하라고 호소하였다(《전쟁》5:362-419).

다음에 로마 사령관은 네 군단 모두에게 각각 토성을 세우라는 임무를 주었다(《전쟁》5:356). 두 군단은 상부 도시를 향하고 나머지 두 군단은 안토니아 요새를 향해 토성을 쌓았다. 그러나 이 토성들은 각각 상부 도시와 안토니아 요새를 지키고 있던 기오라의 아들 시몬과 기스칼라의 요한에게 속한 부하들에 의해 붕괴되었다(《전쟁》5:467-472). 그들은 나무 기둥으로 지탱하고 있던 로마군의 토성 아래로 굴을 파고 불을 질러 토성을 붕괴시켰다. 티투스의 대응은 예루살렘을 돌 벽으로 에워싸서 모든 보급로를 차단하는 것이었다. 굶주림이 시작되었다. 자포자기 상태로 탈출하려던 사람들을 십자가에 못 박거나, 사지를 절단하여 예루살렘으로 다시 돌려보냈다(《전쟁》5:512-518). "군인들은 분노와 증오심에 사로잡혀 포로들을 여러 다양한 자세로 못 박으며 즐거워했다. 그들의 수가 매우 많아 십자가를 둘 곳도, 몸을 매달 십자가도 없었다"(《전쟁》5:451).

네 개의 새로운 토성이 21일 만에 안토니아 요새를 향해 세워졌다. 7월 초에 로마군은 안토니아를 점령했고 요한과 열심당원의 군대를 성전 경내로 몰아냈다. 이때에 성전에서는 전쟁과 기근의 고통에 휩싸여 있음에도 불구하고 매일 희생 제사가 드려졌다. 요세푸스(《전쟁》6:94)와 랍비 문헌(미쉬나《타

1_오벨(Ophel)
예루살렘의 다윗 성(동쪽 구릉 지대)과 솔로몬 성전(북쪽 구릉 지대)를 이어주는 구릉 지대를 일컫는다고 알려져 있으나 아직도 의견이 분분하다.

2_"그러므로 회개에 합당한 열매를 맺고 속으로 아브라함이 우리 조상이라 말하지 말라. 내가 너희에게 이르노니 하나님이 능히 이 돌들로도 아브라함의 자손이 되게 하시리라"(눅 3:8).

아니트》4:6)에 따르면, 희생제사는 히브리 월력으로 탐무즈월 17일에 중단되었다.

티투스는 이제 성전 산에 대한 압박을 강화하면서, 성소를 둘러싼 거대한 성벽을 파괴하기 위해 다시 한 번 토성을 건축하였다. 그러나 이번에는 공성퇴가 별 효력을 발휘하지 못하자 로마군은 성전 문을 부수기로 작정했다(《전쟁》6:220-235). 요세푸스에 따르면, 로마군은 성전을 보존하라는 명령을 받았다(《전쟁》6:237-243). 그러나 이는 전설적인 건물을 파괴했다는 비난으로부터 티투스를 구해주려는 그 역사가의 의도일 수도 있다. 전투의 열기 가운데 성전에 불이 붙었고 곧 화염에 잠기고 말았다. 로마군은 닥치는 대로 모든 사람을 죽였으나, 기스칼라의 요한과 그의 부하들은 상부 도시로 도망을 가서 기오라의 아들 시몬과 합류했다. 요세푸스는 성전이 아브월 10일에 파괴되었다고 전한다(《전쟁》6:250). 이는 성전이 아브월 9일에 파괴되었다고 하는 랍비 전승과 일치하지 않는다(미쉬나《타아니트》4:6; 참고. 바벨론 탈무드《타아니트》29a; 디오 카시우스 66.7.2).

티투스는 시몬과 요한에게 항복을 요구했지만 그들은 거절했다(《전쟁》6:323-353). 따라서 로마군은 토성을 건설하기 시작해 하나는 상부 도시에 있는 헤롯 궁전을 향해, 다른 하나는 주랑식 실내 경기장을 향해 세웠다. 혼신을 다했던 성전 방어와 비교할 때 상부 도시는 별다른 저항도 없이 멸망했다. 5개월간의 긴 포위 공격 끝에 로마 군사들은 도시를 약탈했고, 가는 곳마다 살해와 강탈을 일삼았다. 요한과 시몬은 생포되었다. 요한은 목숨을 구걸해서 남은 생애를 감옥에서 보냈다. 기오라의 아들 시몬은 쇠사슬에 묶여 개선 행사를 위해 로마로 끌려갔다(《전쟁》6:433). 도시의 대부분은 이제 폐허가 되었다. 첫 번째 성벽의 일부와 세 망대만이 도시의 이전 위세와 유대인의 저항을 무릎 꿇린 로마의 힘을 보여주는 증거로 남아 있었다.

항쟁 이후

예루살렘이 멸망했음에도 로마에 대한 유대인들의 저항은 외진 지역에서 계속되었다. 티투스는 예루살렘에 프레텐시스 제10군단을 남겨두고, '아르메니아와 갑바도기아의 경계 근처에 있는 유프라테스 강 옆'에는 풀미나타 제12군단을 주둔시켰으며, 마케도니카 제5군단과 아폴리

▼ **예루살렘의 함락** _ 티투스의 예루살렘 공격은 북쪽으로부터 시작되었다. 세 번째 성벽을 뚫고 안토니아 요새를 통해 성전 산으로 진군했다. 전투 중에 성전에 불이 붙었고 곧 화염에 잠기고 말았다. 요세푸스는 성전이 아브월 10일에 파괴되었다고 전하지만 랍비 전승은 아브월 9일에 파괴되었다고 한다.

나리스 제15군단은 이집트의 알렉산드리아에 머물게 했다(《전쟁》 7:17-19). 요세푸스는 헤로디움, 마케루스, 마사다 세 요새만이 저항군의 수중에 있었다고 전한다. 이 문제를 해결할 책임은 이제 유대의 새로운 총독 루킬리우스 바수스Lucilius Bassus에게 떨어졌다.

마케루스의 포위 헤로디움은 그렇게 대단한 저항을 하지 못했던 것으로 보인다. 로마군의 포위 공격에 대한 기록이 거의 없고 그곳의 수비대가 항복했다는 기록이 있을 뿐이다(《전쟁》 7:163). 루킬루스는 이제 마케루스와 마사다에 있는 좀 더 강한 요새들에 관심을 돌렸다. 이전에도 플리니우스는 마케루스가 예루살렘과 어깨를 나란히 할 만큼 천연적 방어 지형이 좋은 곳이라고 말했다(플리니우스 《박물지》 5.17). 마케루스칼라트 엘 미슈네케는 와디 제르카 마인과 와디 무집아르논 사이에 위치하고 있다. 요세푸스는 이곳의 가공할 만한 환경에 대해 생생하게 그리고 있다.

> 요새화된 그곳은 그 자체가 돌기한 암석으로 매우 높이 솟아 있어서 이 점만으로도 그곳을 함락시키는 것은 어려운 일이 될 것이다. 한편 자연 환경은 마케루스에 접근하는 것을 더 어렵게 만드는 데 일조한다. 이곳은 사방이 눈으로 헤아릴 수 없을 정도로 깊은 골짜기로 에워싸여 있어서 쉽게 건너갈 수 없었고 둑을 쌓기도 불가능하다. 서쪽으로 이곳을 둘러싼 골짜기는 60펄롱5킬로미터까지 뻗어가다가 아스팔티티스 호수에서 끝난다. 이 방향으로는 어디에서든지 마케루스가 가장 높은 봉우리이다. 북쪽과 남쪽에 있는 골짜기는 서쪽보다는 덜 광대하지만 공격을 하기에는 마찬가지로 불가능하다. 동쪽은 깊이 100규빗 정도 되며 마케루스와 면한 산으로 이어진다(《전쟁》 7:165-170).

마케루스의 천연 방어 환경은 일찍이 알렉산드로스 얀네우스의 관심을 끌었다. 요세푸스는 바로 그가 이 산을 처음으로 요새화한 사람이라고 전한다(《전쟁》 7:171). 이곳은 아리스토불루스 2세와 그의 아들 알렉산드로스가 로마에 전쟁을 일으켰을 때 사용한 곳이다(《고대사》 14:83). 따라서 그들의 항쟁이 진압된 이후 가비니우스는 그 요새가 다시는 로마에 저항을 일으키는 데 활용되지 못하도록 요새를 파괴했다(《전쟁》 7:171).

헤롯 대왕은 그 요새의 전략적 가치를 알아채고 동부 전선 요새들 중 하나로 재건하였다(《전쟁》 7:172). 헤롯이 죽은 후에는 그의 아들 안디바에게 주어졌다. 그 요새는 페레아 행정 구역의 경계를 표시하는 역할을 하였다(《전쟁》 3:46). 앞에서 언급한 바와 같이 요세푸스는 안디바가 세례 요한을 마케루스에서 참수했다고 잘못 전하고 있다(《고대사》 18:119). 안디바가 사이가 멀어진 아내에게 수치를 주었다는 것에 대해 비판했다는 이유로 세례 요한을 나바테아 왕국의 국경선인 이곳에서 처형했다는 것은 납득이 되지 않는다. 그 아내는 나바테아 왕 아레타스 4세의 딸로, 나바테아 왕은 그 사건으로 안디바와 전쟁을 벌였다.

최근의 발굴은 마케루스의 점령에 대한 요세푸스의 역사적 기록이 옳았음을 확증해 준다. 고고학적 증거는 이 장소가 하스몬 시대 이전과 72년 로마의 정복 이후에는 사람들이 거주하지 않았다는 것을 보여준다. 요세푸스는 로마군이 이 사막 요새 주변에 둑을 세웠다고 말한다.

> …반면에 유대인 파당들은 안에서 문을 걸어 잠그고 자신들을 이방인 동료들로부터 분리시켰다. 그들은 이방인들을 단지 오합지졸로 간주하고 그들을 아래쪽 마을에 남아 있게 해서 유대인 파당이 위에서 요새를 탈취해 점령하는 동안 그 이방인들이 맨 앞에서 적군의 공격에 정면으로 맞서게 했다(《전쟁》 7:191-192).

로마의 마케루스 포위 시설

로마는 요새 안으로 돌파하여 그곳의 하부 지역을 불태웠지만 상부 요새는 단지 책략으로 정복할 수 있었다. 그들은 엘르아살이라는 한 젊은 유대 방어군을 사로잡아서 저항군이 항복하지 않으면 그를 십자가에 처형하겠다고 위협했다. 방어군들은 만일 요새를 포기하는 대신 엘르아살과 다른 방어군들이 처벌을 받지 않는 것이 보장된다면 요새를 포기하는 데 동의했다. 그들이 출발한 후 로마군은 체계적으로 헤롯 요새의 시설들을 파괴하였다.

마사다의 멸망 항쟁의 마지막 근거지는 마사다 요새 산 위에 서 있었다. 이 위압적인 요새는 하스몬 시대에 그 기초를 놓았고, 헤롯 자신은 이곳을 가족의 피신처로 사용하였다(《고대사》 14:361-362; 《전쟁》 1:264, 266). 헤롯은 마사다의 지위를 격상시켰는데, 아마도 과대망상적인 그의 성격 때문이었을 것이다.

> 마사다는 헤롯이 두 가지 위험을 염려하여 자신의 피난처로 정비를 했던 요새라고 한다. 한 가지 위험은 유대인들로부터 비롯되는 것으로, 그들이 자신을 폐위시켜 이전 왕조[즉 하스몬]에게 권력을 회복시켜 줄지도 모른다고 염려하였다. 다른 하나는 더 중요하고 심각한 것으로 이집트 여왕, 클레오파트라에게서 오는 위험이었다. 그녀는 자기

마사다의 멸망 \ 주후 73년

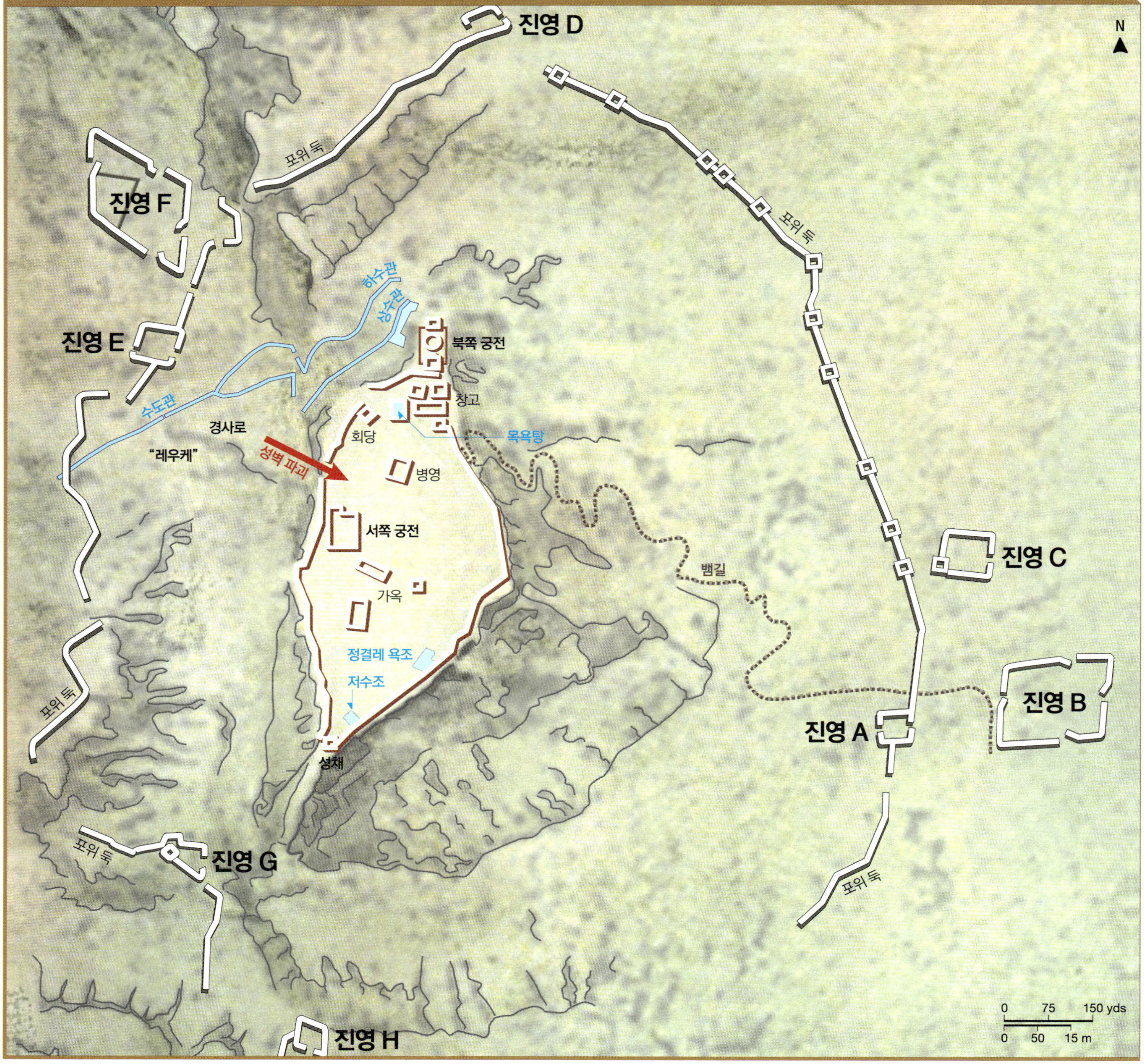

의 의도를 전혀 숨기지도 않고 끊임없이 안토니우스를 성가시게 해서 헤롯을 죽이고 유대의 왕위를 자기에게 달라고 간청했기 때문이었다(《전쟁》 7:300-301).

특별히 주목할 만한 것은 그 산의 북쪽 절벽에 건설된 헤롯의 3층 계단식 궁전과 정교한 집수 시설(《전쟁》 7:291)이다. 그런데 이 집수 시설은 후에 항쟁 기간 동안 요새를 점령했던 저항군이 사용했다.

전쟁이 시작되자 '시카리이'는 마사다에 주둔하고 있었던 로마 수비대를 습격했다(《전쟁》 2:408). 그들은 이제 로마와 싸우는 유대 전쟁의 마지막 저항 거점이 되었다. 마케루스가 함락된 이후 몇 년 동안에 루킬리우스 바수스가 죽고 플라비우스 실바가 총독의 자리를 계승하였다.

… 여전히 반란 중에 있는 단 하나의 요새를 제외하고 이제 온 나라가 로마 군대에게 복종했다고 본 [그들은] 그 구역에 있는 모든 군대를 집결시켜 그들을 향해 행군했다. 이 요새는 마사다라고 부른다. 이곳을 점령한 '시카리이'의 수장은 엘르아살이라는 이름을 가진 영향력 있는 사람이었다. 이 사람은 앞에서 말했던 대로 유다스의 후손인데, 유다스는 퀴리니우스가 유대 감찰관으로 파견되었을 때 유대 대중들에

게 호적을 거부하라고 설득한 사람이다(《전쟁》7:252–253; 참고. 눅 2:1–3[1]; 행 5:37).

로마군이 가장 먼저 한 일은 오늘날에도 여전히 남아 있는 성벽으로 산 전체를 둘러싸는 것이었다. "〔실바는〕 가장 적합한 지점에 수비대들을 주둔시켰다. 그는 요새 주변으로 전부 벽을 쌓게 하여 어느 누구도 포위에서 빠져나가지 못하게 하고 보초병을 세워 그곳을 지키게 했다"(《전쟁》7:275).

이제 실바에게 남은 도전은 어떻게 심한 경사면에서 병사들을 위험에 처하지 않고 정상까지 올라가게 하는가 하는 것이었다. 그 산의 북쪽, 서쪽, 남쪽 측면은 경사가 거의 수직에 가까웠고 사해 곁의 평야에서 3백 미터나 솟아 있었다. 요세푸스가 기록한 대로 접근로는 산의 동쪽과 서쪽에 나 있는 길게 뻗은 좁은 길뿐이었다.

> 이 길들 중 하나는 동쪽에 있는 아스팔티티스 호수에서 시작되며, 다른 한 길은 더 쉬운 접근로로 서쪽에서 시작되었다. 동쪽 길은 뱀길이라고 불렸는데, 좁고 계속 구불거리는 모양 때문에 뱀과 닮았다 하여 붙여진 이름이다. … 이 길로 가는 사람은 걸음을 옮길 때마다 양발을 단단히 디뎌야 한다. 파멸이 바로 앞에 있다. 한쪽 면에 깊게 갈라진 틈이 입을 벌리고 있어서 강심장을 가진 사람이라도 주춤하게 만들기 때문이다(《전쟁》7:282–283).

로마 장군은 마사다 요새에 한 가지 약점이 있다는 것을 간파하였다. 산의 서쪽 비탈은 경사가 덜해(하얀 갑, 《전쟁》7:305) 포위 공격용 토성을 건설하는 것이 가능했다. 로마군은 이곳에서 마사다의 성벽을 부술 공성퇴를 사용할 수 있었다.

> 단호한 의지와 많은 사람들의 작업으로 그들은 200규빗 높이의 견고한 둑을 쌓아올렸다. … 둑의 가장 꼭대기에는 커다란 돌들을 서로 짜 맞춘 단을 건설했다. … 실바는 대형 공성퇴를 추가로 구비하고서, 쉬지 않고 그것을 성벽을 향해 올려치라고 명령하였다. 많은 어려움이 있었지만 그들은 벽을 깨뜨리는 데 성공했고 마침내 성벽을 완전히 무너뜨렸다(《전쟁》7:306–310).

엘르아살은 일찍이 공성퇴가 돌 성벽을 깨뜨릴 것을 예견하고 있었으므로, 그에 대응하기 위해 나무 기둥과 흙으로 만든 내벽으로 방어 시설을 준비했다.

> 내벽은 충돌의 충격을 흡수할 수 있도록 하고 유연하게 만들기 위해서 다음과 같은 방식으로 세워졌다. 커다란 들보들을 세로로 나란히 늘어놓아 끝에서 합쳐지게 한다. 이 들보들은 성벽의 너비만큼 떨어뜨려 두 줄로 나란히 놓았고 가운데 공간은 흙으로 메웠다(《전쟁》7:311–312).

'시카리이'가 대응 수단을 취한 것을 알게 된 실바는 지지 기둥들을 불에 태움으로써 나무와 흙으로 만든 벽을 더 쉽게 공격할 수 있을 것이라고 보았다. 그리하여 그는 군사들에게 나무 벽을 향해 횃불을 던지라고 지시했다.

바람의 방향이 바뀌어 주변의 포위 시설들에 불이 붙었다. 열심당원들은 이것을 신의 개입이라고 해석했다. 그러나 그들의 새로운 희망은 다시 바람의 방향이 바뀌자 산산이 부서지고 말았다. "그때 벽 쪽으로 불꽃이 옮겨 붙어 성벽은 완전히 타버리고 말았다"(《전쟁》7:318).

요세푸스에 따르면, 엘르아살은 로마가 요새의 정상을 정복하는 일이 시간문제라는 점을 깨닫고 동료들에게 길고도 매우 감동적인 연설을 했다. 그는 로마에 의해 그들에게 닥칠 것이 분명한 치욕을 감수하기보다는 자살하는 편을 택하자고 호소했다. 엘르아살 연설이 역사적으로 정확한 것인지에 대한 논란이 있기는 하지만, 요세푸스가 이 연설을 기록한 목적은 마사다를 차지하고 있던 사람들의 사고방식을 알려주는 데 있었다. 그 점에 비추어 보면, 그는 항쟁의 추동력이 무엇이었는지 분명히 보여준 것이다. "우리는 로마를 섬기지도 않을 것이며, 하나님을 제외한 어떤 다른 신도 섬기지 않을 것이다. 오직 그분만이 인간의 진실하며 의로운 주님이시기 때문이다"(《전쟁》7:323). 요세푸스가 항쟁의 원인을 종교적인 열정이라고 보았던 것은 저항군이 기존 건물을 마사다 회당으로 변형시킨 것에서도 드러난다.

1_"그 때에 가이사 아구스도가 영을 내려 천하로 다 호적하라 하였으니 이 호적은 구레뇨가 수리아 총독이 되었을 때에 처음 한 것이라. 모든 사람이 호적하러 각각 고향으로 돌아가매"(눅 2:1–3).

고고학적인 증거를 제외하고는 유일한 증언인 요세푸스의 설명에 따르면, 각 가족의 가장이 사랑하는 가족들의 목숨을 취했다. 이어서 그들은 제비뽑기로 그 남자들을 죽일 열 명을 선발하였다. 마지막으로 한 명이 다른 아홉 명의 목숨을 끊고 최후에 자신의 목숨을 끊었다. 마사다의 방어자들은 궁전에 불을 질러 로마군이 승리의 물질적인 대가를 얻지 못하게 했고, 오직 창고에 식량만을 남겨두었다. 이는 그들이 자발적으로 죽은 것이지 식량 부족이 그 이유가 아님을 표시하려는 것이었다. 정상에 올라온 로마군은 희생자들과 항쟁의 마지막을 장식한 파괴의 흔적들을 발견했다.

> 이렇게 해서 요새가 점령되었고 〔플라비우스 실바는〕 그 지점에 수비대를 남겼다. 그는 군대와 함께 가이사랴로 돌아갔다. 왜냐하면 그 나라를 통틀어 이제는 한 명의 적도 남아 있지 않았고, 온 나라가 이 오랜 전쟁을 통해 진압되었기 때문이었다. 그 전쟁으로 많은 사람들이, 심지어는 아주 외진 지역의 사람들조차 무질서의 위험에 노출된 것을 느끼게 되었다(《전쟁》7:407–408).

◀ "벤 야이르(*ben Yair*)"라고 새겨진 도자기 파편. 이것은 마사다의 마지막 방어자들이 '제비뽑기'한 것 중의 하나이다. 이 특별한 조각은 시카리이의 지휘관, 야이르의 아들 엘르아살에 속한 것일 수 있다.

20

|CHAPTER|

THE BAR KOCHBA REVOLT

바르 코크바 항쟁

(주후 132-135년)

예루살렘이 함락되고 성전이 파괴된 후 60년이 지나자, 유대인들 사이에서는 로마의 지배를 떨쳐버릴 수 있겠다는 희망이 다시 꿈틀거렸다. 문헌이나 유물 자료는 바르 코크바 항쟁에 대한 설명이 단편적이지만, 1차 유대 전쟁 때보다 훨씬 많은 수가 참여했고 더 큰 영향을 미쳤다. 이로 인해 2세기 이후 이스라엘 땅의 인구 통계학적인 변화뿐 아니라 이스라엘 땅 내에서의 언어적인 변화에도 중요한 영향을 주었다. 무엇보다 예루살렘에 있던 기독교 운동의 성격과 본질에 큰 영향을 미쳤다.

BAR KOCHBA LETTER FOUND IN WÂDĪ MURABBAʿAT

와디 무라바아트에서 발견된 바르 코크바 서신

예루살렘이 함락되고 성전이 파괴된 후 60년이 지나자, 유대인들 사이에서는 로마의 지배를 떨쳐버릴 수 있겠다는 희망이 다시 꿈틀거렸다. 1차 유대 전쟁에 대한 요세푸스의 상세한 기록과는 대조적으로 바르 코크바에 대한 문헌 증거는 충분하지 않으며, 그 항쟁에 대한 직접적인 보고는 하나도 없다. 바르 코크바 항쟁의 사건들을 재구성하기 위해 우리가 사용하는 문헌 자료들은 주로 3세기의 디오 카시우스가 쓴《로마 역사》, 교부 유세비우스, 그리고 그 당시에 관해 말하고 있는 산재한 랍비 문헌들에 의존하고 있다. 1952년에 바르 코크바 항쟁 시기에 해당하는 문서와 유물들이 사해 근처에 있는 와디 무라바아트에서 발견되었다. 1961-1962년에 유대 광야에서 추가로 발견된 자료들이 그 반란 시기에 대한 추가 정보를 제공해주었다. 특히 바르 코크바의 고향인 나할 헤베르의 절벽에 있는 한 동굴에서 발견된 편지 한 꾸러미가 그러했다. 문헌이나 유물 자료 둘 다 그 항쟁에 대한 설명과 그것이 끼친 영향에 대한 상세한 설명을 제공함에 있어서는 단편적이지만, 바르 코크바 항쟁은 요세푸스가 연대순으로 기록한 1차 유대 전쟁 때보다 훨씬 많은 수가 참여했고 더 큰 영향을 미쳤다(참고. 디오 카시우스 69, 14:1-3; 유세비우스《교회사》 4, 6:1; 히에로니무스《다니엘 주석》 11:24; 예루살렘 탈무드《타아니트》 4:69a-b). 더욱이 항쟁에 그것을 지도했던 사람의 이름이 붙여졌다는 사실은 그 항쟁의 고유한 성격을 드러낸다. 그것은 쉬므온 바르 코시바바르 코크바의 지도력 아래 모인 '혁명가들의 동맹'이라는 것을 암시한다.

바르 코크바 항쟁의 핵심에서 파악하기 어려운 문제 가운데 하나는 항쟁의 원인이다. 바로 여기서 역사적인 자료들은 서로 차이를 드러낸다. 《황제들의 역사》는 항쟁의 원인이 하드리아누스의 할례 금지 명령 때문이었다고 말한다. 하드리아누스는 거세를 금지했지만 금지한 연대는 확실하지 않다. 나중에 안토니누스 피우스가 거세 금지는 유지하면서도 유대인의 할례와 관련해서는 금지를 완화시킨 일은, 그의 선왕이 금지 대상에 유대 할례를 포함시켰었다는 언급이 믿을 만한 것임을 보여준다.

하드리아누스의 금지는 거세에 대한 로마인의 일반적인 혐오감을 표현한 것이지 유대 관습을 직접적으로 겨냥한 것은 아니었다. 그럼에도 불구하고 곧 이어진 수난에 비추어볼 때, 그 금지령이 유대인의 할례를 겨냥한 것으로 기억되었다는 점은 이해할 만하다. 항쟁 당시에 살았던 사람들이 기록한 랍비 문헌의 진술은 '위험한 때에' 할례 문제에 있어서 비밀을 지켜야 할 필요가 있었다고 제시한다. 이는 항쟁보다 금지령이 먼저 있었으며, 또한 금지령은 항쟁을 일으킨 유대 백성을 처벌하기 위한 수단으로 내려진 것이 아니었음을 알려준다(참고. 미쉬나《샵바트》 19:1; 바벨론 탈무드 130a; 바벨론 탈무드《예바모트》 46a-b; 게림 1.6; 미쉬나《아보트》 3:12).

하드리아누스는 130년에 아라비아에서 이집트까지 가는 길에 팔레스타인을 방문했다. 황제가 베푸는 전형적인 자비 행위로 그는 그 지방에 몇 가지 기부를 하였다. 다메섹에서 페트라까지 가는 트라야누스 간선 도로와 여리고를 경유해 예루살렘을 연결하는 도로와 예루살렘에서 가자에 이르는 또 하나의 도로를 건설해주었다. 가이사랴에서 황제는 하드리아네움을 건축하도록 지시했다. 에피파니우스에 따르면, 그는 디베랴에도 하드리아네움을 건축했다(참고. 에피파니우스《이단 반박문》 30.12.2). 그러나 디오 카시우스에 따르면 하드리아누스의 가장 대규모 기부는 예루살렘에 주어진 것이었는데, 그 로마 작가는 바로 이러한 노력들을 항쟁의 원인으로 꼽는다.

▲ 고대 세계 최강의 조직력을 자랑했던 로마군

예루살렘에서 그는 완전히 폐허가 되다시피 한 곳에 도시를 세우고 그곳에 아엘리아 카피톨리나라는 이름을 붙였다. 그리고 신전 자리에 주피터에게 바치는 새 신전을 지었다. 이로 인해 중요하고도 오랜 기간 이어진 전쟁이 초래되었는데, 왜냐하면 유대인들은 이방인들이 자기들의 도시에 정착하고, 그곳에 외래 종교의 제의를 이식하는 것을 도무지 참을 수 없는 것으로 여겼기 때문이다(디오 카시우스 69.12.1-2).

하드리아누스가 아엘리아 카피톨리나와 주피터를 위한 새 신전을 건축했다는 역사적 사건에 의문을 제기할 이유는 전혀 없다. 하지만 디오가 유대 항쟁의 이유를 "유대인들은 이방인들이 자기들의 도시에 정착하고, 그곳에 외래 종교의 제의를 이식하는 것을 도무지 참을 수 없는 것으로 여겼다"고 설명한 점은 납득하기 어렵다. 티투스가 70년에 예루살렘을 정복한 이래 프레텐시스 제10군단이 예루살렘 안에 주둔하게 되었다. 그런데 60년 후에 거룩한 도시에 나타난 한 로마인이 갑자기 반란의 원인이 될 가능성은 거의 없어 보인다. 더욱이 외래 종교의 제의는 이방인들이 예루살렘에 거주하면서 자연스럽게 수반되었을 것이 거의 확실하다. 예루살렘에 그토록 오랜 기간 거주한 이방인들과 그와 함께 행해진 종교 제의들이 항쟁의 원인이 되었을 가능성은 아주 희박하다. 오히려 하드리아누스의 새로운 시도가 유대인들을 자극한 것은 성전이 어느 날 다시 회복될 것이라는 유대인들의 희망이었다. 유대인들이 가

바르 코크바 항쟁의 시작

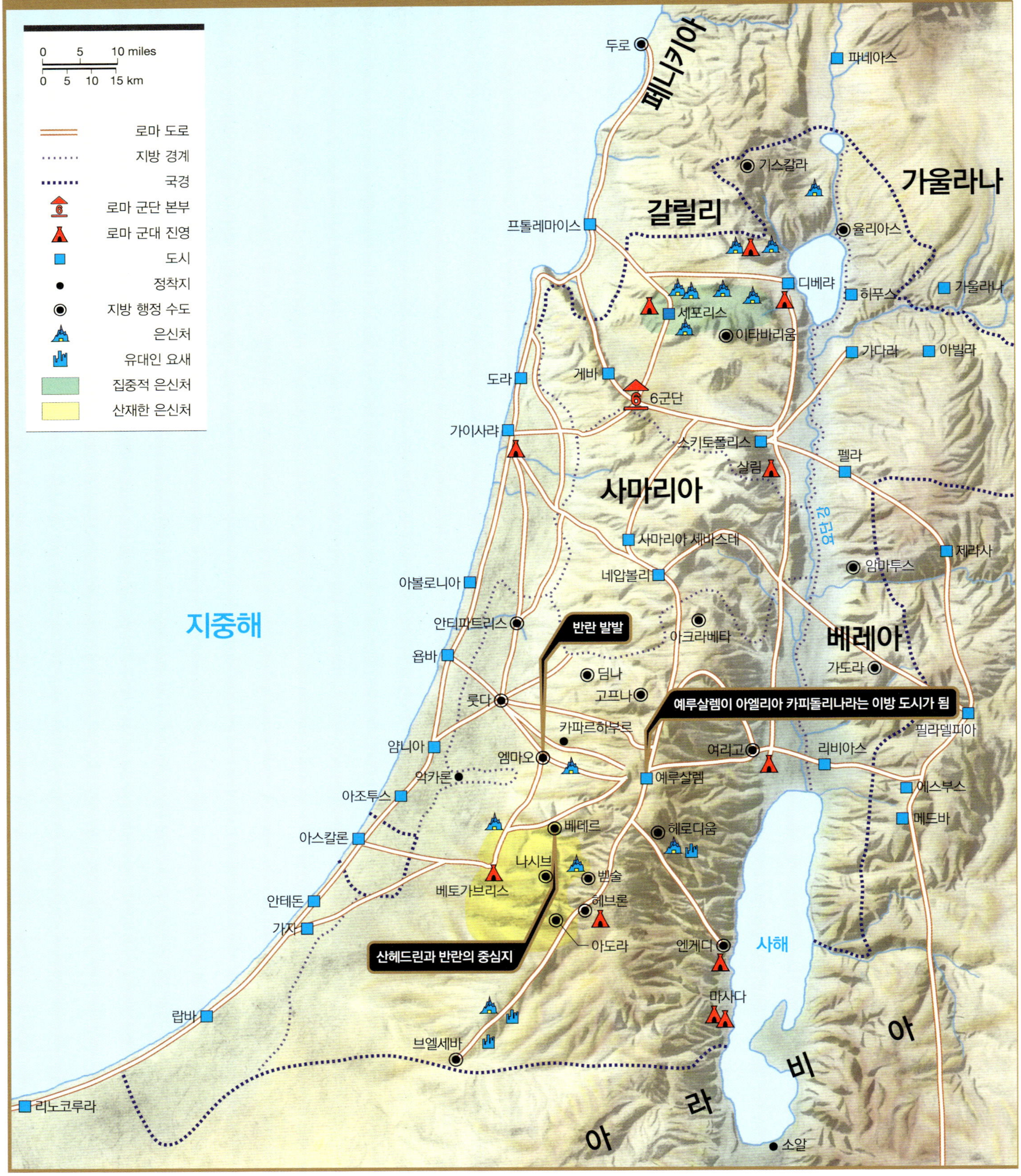

장 신성한 장소라고 믿는 곳에 이방 신전이 있는 로마 도시를 세운 일은, 바나바 서신(흔히 132-135년으로 추정)과 이사야 49장 17절에 대한 칠십인역의 해석인 "보라! 이 성전을 파괴한 자들이 스스로 그것을 지을 것이다"(참고. 1QIsaa[1])에 나타나는 유대인들의 희망을 메아리치게 했고, 그에 따라 강한 반향을 불러일으켰을 것이다. 바나바 서신은 이어서, "그 일이 지금 일어나고 있다. 전쟁으로 인하여 성전이 적에게 파괴되었기 때문이다. 이제는 적의 종들조차 성전을 다시 일으켜 세울 것이다"라고 말한다(바나바 서신 16:3-4).

이러한 글들은 아마도 예루살렘 도시를 재건하려는 하드리아누스의 시도 때문에 촉발된 유대인들의 희망과, 그로 인해 생겨난 성전 회복의 염원을 반영하였을 것이다. 하지만 예루살렘과 성전 재건에 대한 꿈은 하드리아누스의 예루살렘 건설 계획으로 인하여 위태롭게 되었다. 유대 성전과 바르 코크바 반란 사이의 강한 연관성은 저항군이 주조한 동전에 잘 드러나 있다. 성전 산이 폐허가 되었던 당시에 통용되던 커다란 4드라크마 은화에는 성전의 정면 모습이 새겨져 있는데, 이는 저항군이 거룩한 산에서 다시금 유대 성전을 볼 수 있기를 바라고 있었다는 것을 시사한다. 더욱이 이 특별한 동전들에는 '예루살렘'이라는 글자가 새겨져 있는데, 이는 거룩한 도시를 향한 그들의 열망과 유대인 반란의 원인 사이에 강한 관련성이 있음을 암시한다. 실제로 예루살렘은 항쟁 기간 동안 잠시 유대 저항군의 수중에 들어갔던 것 같다(참고. 아피아노스 《시리아 전쟁》 50). 그러나 로마군은 예루살렘을 다시 유대 지도자들로부터 탈환했으며, 그 후로는 유대인들이 도시 주변으로 들어오는 것마저 금지시켰다(유세비우스 《교회사》 4, 6:4에서 펠라의 아리스톤을 인용함).

유세비우스는 예루살렘에 이방 도시와 신전을 세우고 그 이름을 아엘리아 카피톨리나로 개명하려 했던 하드리아누스의 시도가 유대인 항쟁 후의 일로, 이를 일으킨 유대 백성을 징계하기 위한 것이라고 단정했다(유세비우스 《교회사》 4.6.4). 미쉬나 소책자 타아니트(4:6)는 유세비우스가 제시하는 사건들의 순서를 지지한다. 그 책에는 아브월 9일에 이스라엘 백성에게 닥친 다섯 가지 재앙 목록이 나오는데, 여기에 첫 번째 성전과 두 번째 성전의 파괴가 포함되어 있다. 마지막 두 가지 재앙은 "베데르가 약탈당하고 그 도시(즉 예루살렘)가 전복된 것"이었다.

그럼에도 불구하고 하드리아누스가 예루살렘에 대해 가졌던 의도는, 반란 이전에 그 지역 전체에 베풀었던 그의 선행과 잘 들어맞는다. 디오와 유세비우스의 관점이 반드시 서로 충돌하는 것은 아니다. 디오는 적대감이 발생하기 이전의 하드리아누스의 의도를 설명한 것이라면, 유세비우스는 항쟁이 진압된 후에 그 의도가 마침내 성취되었음을 설명한 것이다. 디오의 설명과 《황제들의 역사》 또한 마찬가지로 서로를 보충하고 있다. 이 지역의 헬라화를 촉진시키려던 하드리아누스의 노력은 유대 백성을 겨냥한 것이 아니었기 때문이다. 하드리아누스의 거세(그리고 할례) 금지령과 시혜 행위는 유대인들에게만 국한되지 않았다. 그러나 역사적인 자료가 증명하는 것처럼, 하드리아누스의 행위는 전혀 의도하지 않은 결과를 초래했을 수도 있다.

디오는 하드리아누스가 그 지역을 방문하는 동안 항쟁의 충동이 억제되었다고 말한다. 로마 황제와의 긍정적인 만남을 언급하는 랍비 이야기에서도 그와 비슷한 인상을 받을 수 있다(예. 《미드라쉬 창세기 라바》 10,3; 28,3; 78,1; 《미드라쉬 레위기 라바》 18,1; 바벨론 탈무드 《훌린》 59b-60a; 바벨론 탈무드 《샤바트》 119a, 152a). 하지만 그가 떠나자 곧바로 항쟁이 일어났다.

> 하드리아누스가 가까운 이집트나 시리아에 머물고 있을 때 그들은 한동안 평온하게 지냈다. 그들이 공급하도록 요구받은 무기들을 의도적으로 허술하게 만든 것을 제외하곤 말이다. 이는 로마인들이 그 무기들을 사용하지 않게 하여 결국 자기들이 그것을 사용하기 위한 것이었다. 그러나 황제가 멀리 떠나가자 그들은 노골적으로 반란을 일으켰다(디오 카시우스 69.12.2).

항쟁 지도자의 이름은 고대 증언들에 따라 다소 차이가 있다. 사실 디오는 유대 지도자의 이름을 언급한 적이 없다. 그러나 유세비우스는 그 지도자의 별명을 이렇게 소개한다.

바르 코크바 항쟁의 제3년과 제4년 \ 주후 133–135년

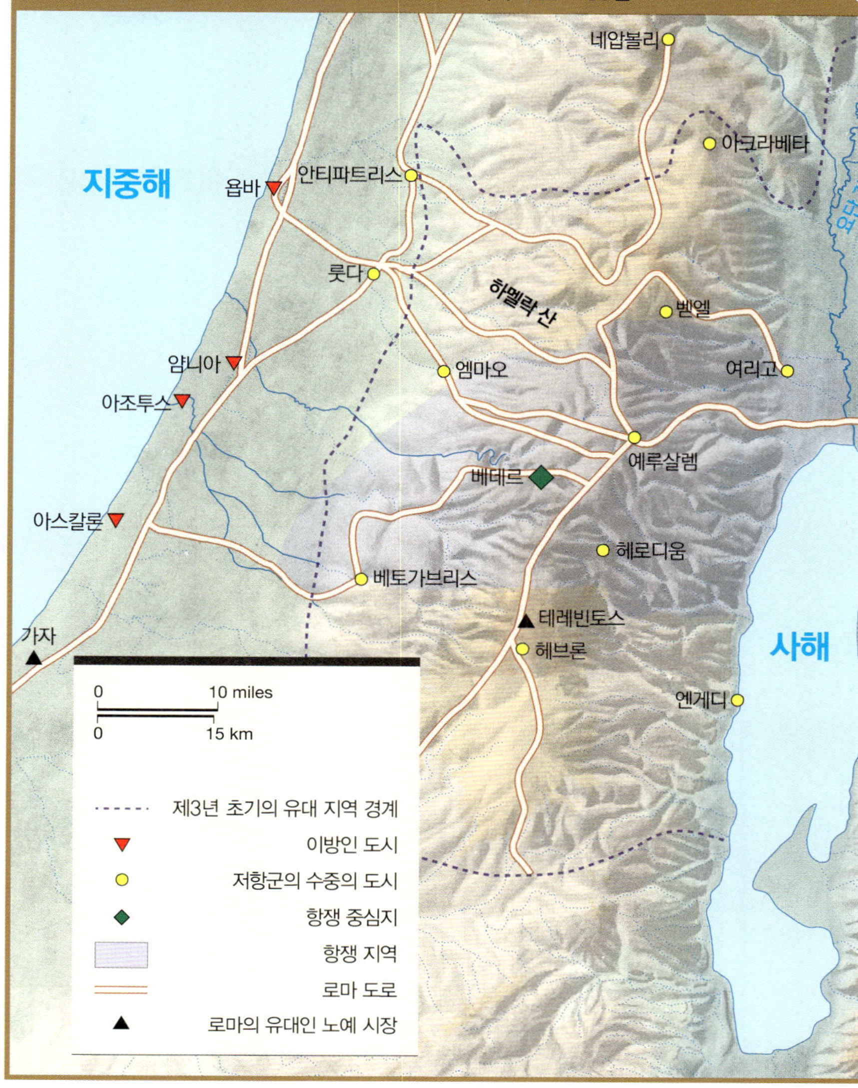

> 그 당시에 유대인들을 이끌었던 사람은 '별'이라는 뜻을 가진 바르 코크바 Bar Chochebas라는 사람이었다. 그는 살인자이며 도적이었지만, 자신의 이름을 의지하였으며, 마치 노예를 다루듯이 그들을 다뤘다. 그는 자신이 기적을 행하여 압제받고 있는 자들에게 빛을 주기 위해 하늘에서 내려 온 발광체라고 주장했다(유세비우스 《교회사》 4, 6:2).

유세비우스는 유대 지도자의 대중적인 호칭, 곧 '빛의 아들'을 뜻하는 바르 코크바라는 호칭을 잘 알고 있었다는 것을 보여준다. 랍비 문헌에 따르면, 바르 코크바는 2세기의 탄나[2] 랍비 아키바가 그에게 지어준 별명이었다. 랍비 쉬므온 바르 요하이가 전한 어떤 전승에 따르면, 랍비 아키바는 "한 별이 야곱에게서 나오며"(민 24:17)라는 구절을 "코시바코크바가 야곱에게서 나오며"라고 해석했으며, 바르 코시바를 직접 보고서는 "이 사람이 메시아 왕이다"라고 말했다. 요하난 벤 토르타는 아키바의 위와 같은 선언에 대하여 이렇게 응수했다고 한다. "아키바여, 당신의 두 뺨에 풀이 자랄 것입니다. 다윗의 아들은 아직 오지 않았습니다"(예루살렘 탈무드 《타아니트》 68:4).

아키바가 그 인물에 대해 바르 코크바라는 인명을 쓴 것은 민수기 24장 17절에 언급된 고대 예언에 대한 랍비 전승을

1_1QIsaa
쿰란 제1 동굴의 이사야 사본a

2_탄나(tanna)
탄나는 미쉬나 시대(20-200년)에 활약하던 율법사를 가리킨다.

▲ 메시아에 대한 기대를 가지고 있었던 쿰란 공동체의 터

1_다메섹 언약
쿰란 공동체의 여러 규정들을 집대성한 문서로, 주전 100년경의 작품으로 추정된다.

2_"그날에 내가 다윗의 무너진 장막을 일으키고 그것들의 틈을 막으며 그 허물어진 것을 일으켜서 옛적과 같이 세우고"(암 9:11).

3_미쉬나 히브리어(mishnaic Hebrew)
히브리어는 크게 성서 시대의 히브리어와 그 이후인 랍비 시대의 히브리어로 나뉜다. 미쉬나 히브리어는 랍비 시대의 히브리어로 미쉬나를 기록한 언어를 가리킨다. 미쉬나는 유대교에서 나온 최초의 율법모음집으로, 구전으로 내려오다가 대략 2세기 말경에 문서화되었다.

4_탄나임 히브리어(tannaitic Hebrew)
주후 약 70년에서 250년 사이에 기록된 랍비 문학을 탄나임 문학이라고 하며, 여기에는 미쉬나, 토셉타 등이 포함된다. 탄나임 히브리어는 이 기간에 사용된 히브리어를 가리킨다.

5_우샤(Usha)
갈릴리에 있는 유대교 중심지 중 하나로, 여기서 미쉬나가 약 200년경에 편찬되었다.

따른 것으로 보인다. "내가 그를 보아도 이 때의 일이 아니며 내가 그를 바라보아도 가까운 일이 아니로다. 한 별이 야곱에게서 나오며 한 규가 이스라엘에게서 일어나서 모압을 이쪽에서 저쪽까지 쳐서 무찌르고 또 셋의 자식들을 다 멸하리로다."개정역. 아키바는 그 인물과 관련한 대중의 정서를 말로 표현한 것이 분명하다. 왜냐하면 바르 코크바가 주조한 일부 4드라크마 은화에서 성전 정면 위에 있는 별을 찾아볼 수 있기 때문이다. 나할 헤베르에서 발견된 서신에서는 그의 실제 이름이 쉬므온 바르 코시바였음을 우리에게 알려준다. 바르 코크바 항쟁 및 이스라엘 땅의 황폐와 관련된 비극적인 사건들 이후에 랍비 문헌은 그 이름을 가지고 유희를 하여 그를 '거짓말의 아들'이라고 바꿔 불렀다.

사해 두루마리에서는 스스로 메시아를 칭하는 사람에게 '별'이라는 호칭을 사용함에 있어서, 구속자에 대한 그들의 희망을 드러내기 위해 민수기 24장 17절을 다시 인용한다. 《다메섹 언약》[1]의 저자는 아모스 9장 11절[2]을 독창적으로 해석하면서, 구속적 인물들을 소개하는 중에 민수기 24장 17절을 가져온다.

> 별은 다메섹으로 올 율법의 해석자이다. 기록되었으되 한 별이 야곱에게서 나오며 한 홀이 이스라엘에서 일어날 것이다(민 24:17). 홀은 온 회중의 왕나시을 가리키며, 그가 오면 셋의 모든 자손을 칠 것이다(《다메섹 언약》 7:19-21).

이러한 칭호는 쿰란 회중과 바르 코크바 시대에 살았던 모든 사람들을 위한 구속적인 희망을 표현하고 있다. '별'이나 '왕' 같은 별칭은 메시아에 대한 기대감을 성취시켜줄 인물들에게 적용되었다. 랍비 아키바와 같은 사람은 쉬므온이 메시아라는 자신의 믿음을 공공연하게 드러낼 수 있었다. 하지만 고귀한 신분의 사람들이라고 해서 항상 그러한 일이 일어났던 것은 아니다.

그럼에도 불구하고 쉬므온의 예리한 자기 인식에 대해서는 의문의 여지가 거의 없다. 우리가 다메섹 언약에서 본 것처럼, 나시(*nasi*, 왕자)라는 칭호는 구속자에게도 적용되는 말이다. 바르 코시바는 자신의 동전에다 습관적으로 자신을 이스라엘의 왕 쉬므온으로 소개했다. 나시라는 칭호는 에스겔 12장 10-13절에 나타난 구속적 인물의 묘사에서 기원한다.

더욱이 바르 코크바 시대의 문헌들은 항쟁의 목적과 쉬므온의 역할이 새로운 시대를 선포하는 것이었음을 분명히 한다. "이스라엘의 왕 쉬므온 바르 코시바에 의한 이스라엘의 구속을 위하여." 당시에는 예루살렘에 성전이 존재하지 않았음에도 성전의 정면 모습이 항쟁 때 주조된 동전들에 새겨졌다는 것은, 한 걸음 더 나아가 쉬므온이 새 성전의 기초를 놓을 것이라는 기대감이 반영되었다는 것을 암시한다. 이는 스가랴가 말한 다윗의 가지가 행할 미래 역할이 성취될 것이라고 본 것이다.

> 말하여 이르기를 만군의 여호와께서 이같이 말씀하시되 보라, 싹이라 이름 하는 사람이 자기 곳에서 돋아나서 여호와의 전을 건축하리라. 그가 여호와의 전을 건축하고 영광도 얻고 그 자리에 앉아서 다스

> 릴 것이요 또 제사장이 자기 자리에 있으리니 이 둘 사이에 평화의 의논이 있으리라 하셨다 하고"(슥 6:12-13, 개정역).

와디 무라바아트와 나할 헤베르에서 발견된 문헌들은 바르 코크바와 그의 군대 조직, 그리고 항쟁 당시 이스라엘 땅에서의 일상생활을 조명해주었을 뿐 아니라, 2세기 초 이스라엘 땅에서 말하고 기록하기 위해 널리 쓰이던 언어(일상 언어와 기록 언어)에 대한 중요한 언어학적 증거들도 제공하고 있다. 와디 무라바아트와 나할 헤베르에서 발견된 문헌들은 그 당시 사람들이 주로 히브리어, 아람어, 그리스어로 의사소통을 하던 다국어 사용자들이었음을 보여준다. 그중에서도 특별히 중요한 점은 미쉬나 히브리어[3]에 가까운 일상 회화체의 방언을 반영하고 있는 히브리어로 작성된 문헌들이 보존되어 있다는 것이다.

바르 코크바 항쟁은 2세기 이후 이스라엘 땅의 인구 통계학적인 변화뿐 아니라 이스라엘 땅 내에서의 언어적인 변화에도 중요한 영향을 주었다. 바르 코크바 항쟁과 관계있는 유대 광야 주변의 유물들은 일상 언어 가운데 하나로 미쉬나 히브리어 방언이 지속적으로 사용되었음을 보여준다. 바르 코크바 항쟁의 여파로 이스라엘 땅의 유대인 인구는 격감하였다. 이전에 그 땅에 거주했던 많은 유대인들이 디아스포라가 되어 다른 나라로 이주했다(참고. 유스티누스 《개략》 1). 그와 동시에, 더 많은 비유대인들의 유입과 함께 주로 바벨론에서 살던 유대인들이 이스라엘 땅으로 이주해왔다. 이러한 인구 변화는 의미심장하게도 이스라엘 땅에서 사용하는 언어가 늘어나는 결과를 가져왔다.

미쉬나 학자들은 200년 무렵을 이스라엘 땅에서 언어학적 지형의 분수령으로 본다. 200년 이전에는 탄나임 히브리어[4]가 그 당시 이스라엘 땅에 살고 있던 유대인들이 신앙 교육과 일상적인 활동, 그리고 의사소통에 사용하던 일상 언어의 자리를 차지하고 있었다. 200년 이후에는 히브리어가 주로 회당과 랍비 학교에서 사용되었고, 아람어는 주로 신앙 교육과 일상적인 의사소통에 사용되었다. 이러한 언어적 변화는 우샤[5] 시대(약 140년경)에 시작된 바르 코크바의 항쟁 이후에야 이스라엘 땅에 있는 회당들에서 사용된 아람어 탈굼[6]에 추가로 반영되어 있다. 확실히 항쟁이 일어나기 전 이스라엘 땅의 주민들은 히브리어로 된 성서를 아람어로 번역하지 않고서도 이해했다(참고. 눅 4:16-21[7]; 탈무드 《수카》 2:11). 회당에서 아람어 탈굼이 나타나기 시작한 때는 유대인들이 아람어 성서, 즉 탈굼을 가지고 바벨론으로부터 이주한 시기와 일치하며, 바르 코크바 항쟁의 여파로 인구 변화가 일어나면서 일상어로서의 히브리어가 쇠퇴한 시기와도 일치한다.

바르 코크바 항쟁은 또한 예루살렘에 있던 기독교 운동의 성격과 본질에도 영향을 미쳤다. 유세비우스는 바르 코크바 항쟁 이전에 예루살렘에 있던 기독교 공동체는 구성원들과 감독 모두가 유대인이었다고 전한다.

> … 하드리아누스가 유대를 포위할 때까지 감독직을 계승한 사람은 모두 15명이었다. 그들은 모두 히브리인이었다고 전해진다. … 왜냐하면 그 당시 모든 교회는 사도 시대부터 예루살렘이 포위될 때까지 계속해서 기독교인으로 남아 있던 히브리인들로 구성되어 있었기 때문이다. 예루살렘 포위는 바로 유대인이 다시금 로마에 대항해 반란을 일으키다 큰 전쟁[즉 바르 코크바 반란]에서 패한 때였다(유세비우스 《교회사》 4, 5:2).

항쟁의 결과로 하드리아누스는 유대인들이 예루살렘 주변으로 들어오

▶ **바르 코크바 동전** _ 앞면에 "쉬므온"이, 반대편에 "예루살렘의 자유의"가 새겨짐

6_탈굼(Targum)
히브리 원문을 아람어로 번역한 것으로, 문자적인 번역이 아니라 해석이나 주석에 가깝다. 이는 바벨론 포로 이후 유대 사회에서 아람어가 통용되고 있었으므로 히브리어 성서를 아람어로 번역할 필요성 때문에 만들어졌다.

7_"예수께서 그 자라나신 곳 나사렛에 이르사 안식일에 늘 하시던 대로 회당에 들어가사 성경을 읽으려고 서시매 선지자 이사야의 글을 드리거늘 책을 펴서 이렇게 기록된 데를 찾으시니 … 책을 덮어 그 맡은 자에게 주시고 앉으시니 회당에 있는 자들이 다 주목하여 보더라. 이에 예수께서 그들에게 말씀하시되 이 글이 오늘 너희 귀에 응하였느니라 하시니"(눅 4:16-21).

유대 광야 동굴에 숨은 바르 코크바 전사들

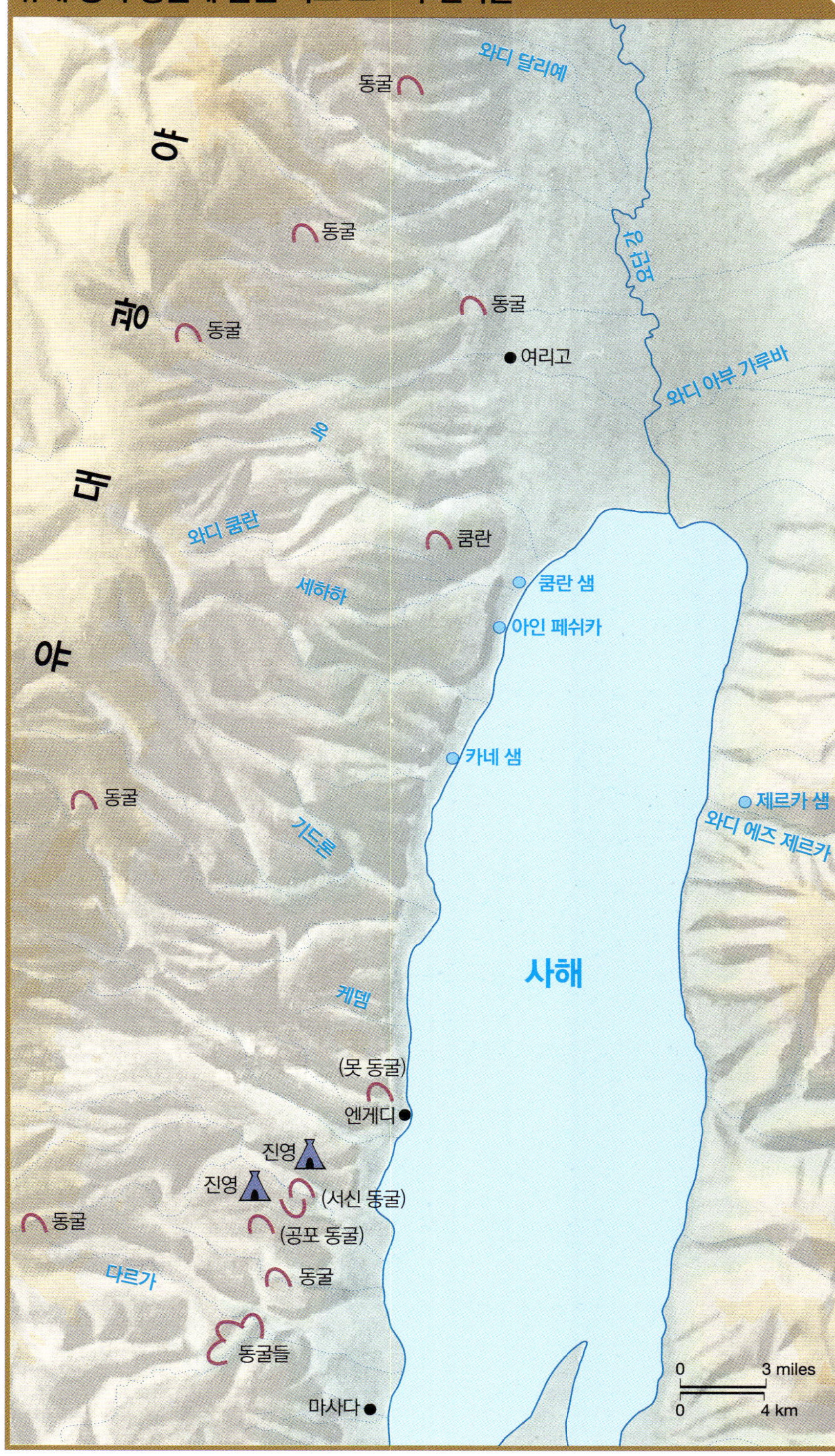

베데르의 포위

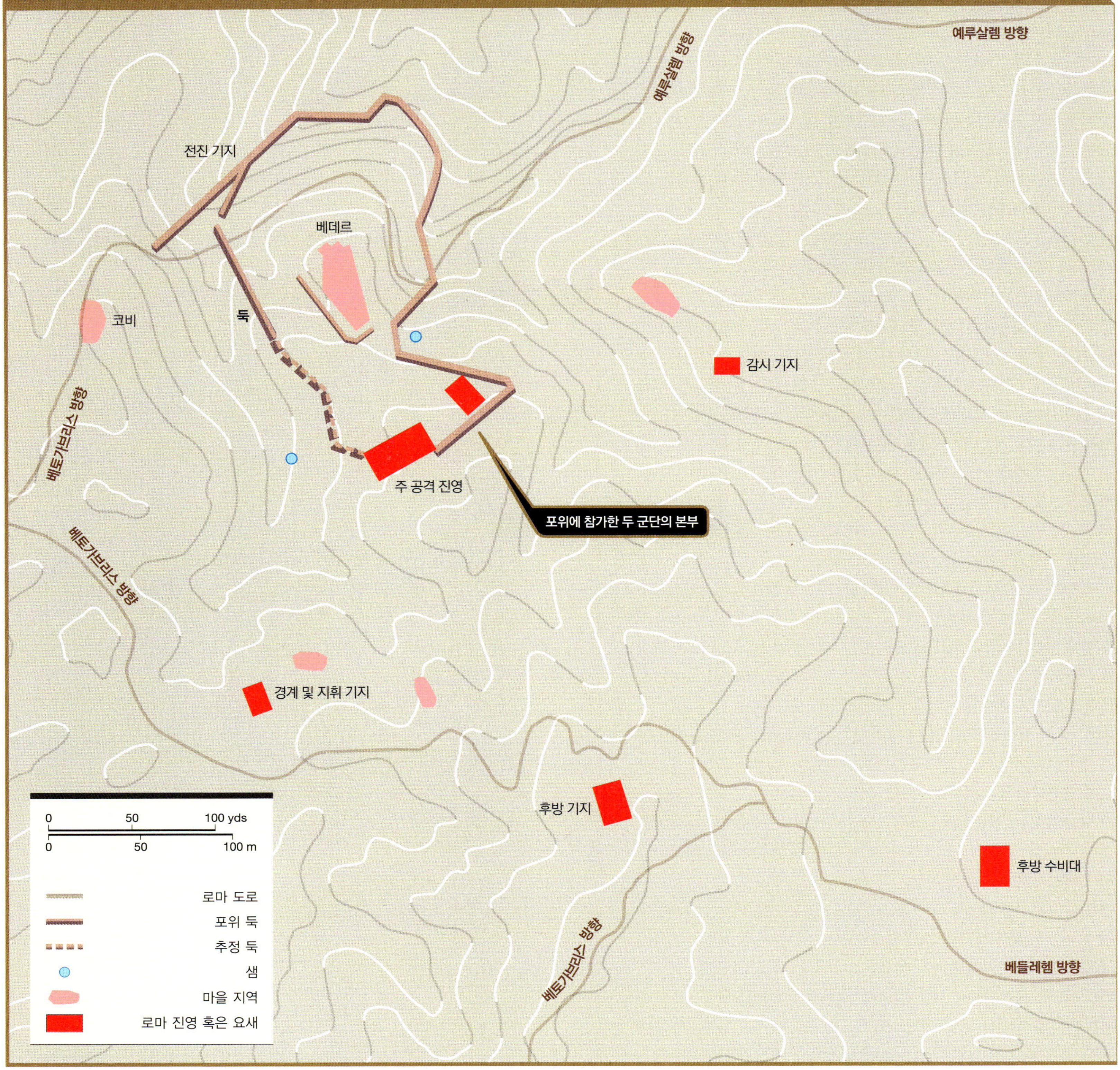

는 것을 금지했다. 그의 명령은 예수를 따르는 자들을 포함해 모든 유대인들에게 영향을 미쳤다.

이렇게 해서 그 도시가 유대인의 나라에서 제하여지고 그곳의 옛 거주민들이 완전히 죽어 사라져버렸을 때, 예루살렘은 외국인들의 식민지가 되었고 그 이후에 세워진 로마 도시는 이름조차 바뀌어버렸다. … 그곳에 세워진 교회 역시 이방인들로 구성되어 있었고 유대인 감독들 이후 첫 번째로 그곳에 있는 사람들을 사역하도록 임명된 자는 마르쿠스였다(유세비우스《교회사》4, 6:4).

이때부터 예루살렘의 기독교 공동체는 비유대적인 성격을 갖게 되었다. 그러나 항쟁 이전까지 예루살렘에서 있었던 초기 기독교 운동은 유대적 특징을 가지고 있었음을 지적하는 것이 중요하다.

바르 코크바 군대는 기습 작전을 활용했고, 곧 로마 군대를 압도했다. "처음에 로마인은 그들을 완전히 무시하였다. 그러나 곧 온 유대가 꿈틀거렸고 유대인은 도처에서 반란의 조짐을 보였다"(디오 카시우스 69.13.1).

디오는 유대인들의 진군에 대해 완전한 정보를 주고 있지는 않지만, 후에 율리우스 세베루스가 '가장 중요한 기지 50개'를 차지했다고 증언한 것을 통해 바르 코크바 항쟁이 거둔 첫 승리의 범위가 어느 정도인지를 알 수 있다(참고. 디오 카시우스 69.14.3-4; 《미드라쉬 애가 라바》 ii,2,§ 4[끝]).

역사적인 자료들에는 저항군이 예루살렘을 점령했다는 언급이 없지만, 항쟁의 주요 목적이 이스라엘의 구속, 그리고 성전을 포함한 예루살렘의 회복인 것은 처음부터 분명했다. 알렉산드리아 출신 아피아노스는 이 사건들과 동시대를 산 인물로, 예루살렘이 "후에 재건되었지만 베스파시아누스가 이를 다시 파괴하였다. 그리고 하드리아누스는 우리 시대에 이와 똑같이 헝했다"고 전한다(아피아노스 《시리아 전쟁》 50). 다른 고대 증언들도 유사한 암시를 준다(예. 유스티누스 《트리포와의 대화》 108.3). 만일 예루살렘이 로마의 수중에 남아 있었다면, 하드리아누스의 예루살렘 파괴는 꼭 필요하지 않았을 수도 있다.

문헌상 증거는 그 땅에서 2년 동안 저항군의 행정이 이루어졌음을 보여준다. 저항군이 초기에 거둔 성공이 어느 정도였는지는 로마군의 대응 규모와 저항군과 싸우기 위해 투입된 군단 수로 추정할 수 있다. 당시 선도적인 로마 장군들 중 한 명인 율리우스 세베루스가 영국에서 급파되어 반격을 이끌었고, 하드리아누스는 전쟁 중에 개인적으로 전선을 방문하였다. 원정의 지도부에 대해 디오는 다음과 같이 설명한다.

> 그때, 정말로 하드리아누스는 최고의 장군들을 보내어 그들과 싸우게 했다. 이들 중 최고는 영국 총독인 율리우스 세베루스로, 그는 유대인들과 싸우도록 영국으로부터 파견되었다. 세베루스는 적의 숫자와 그들의 결의를 파악하고서는 한 순간에 공개적으로 그들을 공격하는 모험을 감행하지 않았다. 대신에 그는 자기 군사와 하급 장교들의 수를 활용하여 소규모 집단들을 차단하고, 그들의 식량을 빼앗고 봉쇄함으로써, 오히려 느리지만 확실하게, 그러나 상대적으로 거의 위험을 감수하지 않고서 적군을 짓밟고 소진시키고 박멸할 수 있었다. 실제로 그들 가운데 생존자는 거의 없었다(디오 카시우스 69.13.2-3).

디오가 증명한 것처럼 로마의 대응은 느렸지만 단호했다. 약탈전에 대한 그의 묘사는 '공포의 동굴'에서 발견된 상황을 무섭도록 잘 반영하고 있다. 저항군의 출정은 얼마 가지 않아 산지와 유대 광야 동굴을 무대로 하는 게릴라전으로 약화되었다.

동굴에서 발견된 문서들에서 우리는 쉬므온과 그의 부관들 사이에 오간 서신을 읽을 수 있다. 또한 항쟁의 중심에 자리 잡고 있던 종교적인 열정도 읽을 수 있다. 식량을 공급하는 대상들에게도 안식일 여행은 허용되지 않았다. 저항군은 싸움이 한창 진행 중일 때에도 장막절 축제에 관심을 쏟고 있었다. 이러한 정서는 로마 군사들의 분노와 뚜렷한 대조를 이룬다. 와디 무라바아트에 있는 한 동굴에서는 로마인들에 의해 갈가리 찢긴 히브리어 성경이 발견되었다. 많은 피난민들이 굶주림으로 죽었다.

유세비우스는 이전에는 잘 알려지지 않았던 요새에서 항쟁이 끝났다고 기록한다. "전쟁은 하드리아누스 제18년(134-135년)에 베데르에서 절정에 달했다. 이곳은 예루살렘에서 멀리 떨어져 있지 않은 곳으로, 아주 강한 요새였다. 포위는 오랫동안 이어졌으며 저항군은 결국 굶주림과 목마름으로 파멸했다"(유세비우스 《교회사》 4.6.3).

바르 코크바에 대해서 유세비우스는 "유대인의 광기를 선동한 이 사람은 받아 마땅한 벌을 받았다"고 평가했다. 비록 바르 코크바가 전쟁 중에 죽었다는 전설적인 전승이 있기는 하지만, 그의 이 말은 항쟁의 지도자가 생포되어 처형당했음을 의미하는 것이 분명하다.

항쟁은 유대 전역을 철저하게 황폐화시키고 끝이 났다. 디오는 그 전투에서 수천 명이 죽었다고 보고한다. "기근과 질병과 불로 죽은 사람의 수는 실제로 발견된 수보다 더 많았다. 이렇게 해서 온 유대는 거의 사막이 되었다"(디오 카시우스 69.14.1). 셀 수 없이 많은 유대인들이 매년 헤브론의 상수리나무 시장에서 노예로 팔려갔다. 그곳에서 팔리지 않은 자들은 가사로 끌려가 팔리거나 배편으로 이집트로 보내졌다.

로마군의 커다란 인명 손실은 그들의 승리를 달콤하면서도 씁쓸한 것으로 만들었다. 60년 전 베스파시아누스와 티투스의 승리와는 달리 이번에는 승리를 뽐내는 개선식도, 유다이아 카프타 Judaea capta 동전도 없었다. 항쟁이 끝났음에도 로마군의 이처럼 차분한 분위기는 이전에 디오가 전쟁 중의 어려운 사태에 대해 증언했던 것에 반영되어 있을 수 있다. 그는 하드리아누스가 팔레스타인을 방문하던 중 원로원에게 편지를 썼다고 기록하고 있다. 편지의 서두에서 황제는 아주 침울한 어조로 말하고 있는데, 이러한 분위기가 전쟁이 끝날 때까지 지속되었던 것은 의심의 여지가 없다.

> 게다가 많은 로마인들이 이 전쟁에서 사망했다. 그러므로 하드리아누스는 원로원에 보낸 편지에서 흔히 황제들이 즐겨 사용하던 서두문, 즉 "당신들과 당신들의 자녀들이 잘 지내고 있다면 다행이오. 나와 군단도 잘 있소"라는 글귀를 쓰지 않았다(디오 카시우스 69.14.3).

가이사랴의 주교이자 '교회 역사의 아버지'로 불린 유세비우스 초상 ▼

색인

ㄴ

ㄷ

ㄹ

ㅇ

지도 리스트

EVROPA
ASIA
AFRICA

앤손 F. 레이니

Anson F. Rainey

1930년 텍사스 주 댈러스에서 출생한 레이니는 존 브라운 대학교를 마치고 캘리포니아 침례신학교에서 석사학위, 브랜다이스 대학교에서 박사학위를 받았고, 예루살렘의 히브리 대학교에서 그의 관심사를 계속 공부한 후 텔아비브 대학교의 교수를 역임했다(1965~2001). 탁월한 역사 지리학자이자 히브리어와 아람어는 말할 것도 없고 아카드어, 우가릿어, 고대 이집트어 같은 고대근동언어의 대가인 앤손 F. 레이니 교수는 지난 2011년 2월 19일 81세의 나이로 그가 그토록 관심을 가졌던 '거룩한 땅'을 떠났다. 12권의 책과 112개의 학술 논문, 그리고 여러 책들에 들어간 48장의 글과 백과사전에 실린 24개의 아티클 등 그가 이 땅에 남긴 학문적인 결과물들은 엄청난 것이었다. 그는 카이로, 런던, 베를린, 파리, 브뤼셀, 뉴욕, 시카고, 이스탄불에 흩어져 있는 아마르나 문서를 개인적으로 모두 대조해 본 유일한 학자였다. 가나안에서 이집트로 보낸 아마르나 서신들을 연구한 네 권의 저술은 이 분야의 독보적인 저서이며, 쐐기문자와 북서셈어를 가르치고 연구하는 학자들에게 표준적인 참고문헌이다. 성서의 역사와 지리 분야를 일생 동안 연구해 마침내 구약 부분을 집필한 이 책은 그의 마지막 유작이다.

R. 스티븐 나틀리

R. Steven Notley

나약 대학 뉴욕 캠퍼스의 성서학 교수이며, 예루살렘 대학의 신약학과 학과장을 역임했다. 나틀리 교수는 자신의 언어학적 지식을 성서 지리에 대한 직접적인 상세 정보와 결합시키며 신약학 분야에서 활발한 연구 활동을 펴고 있다. 비교종교학 분야에서 저명한 학자이자 스승인 고(故) 데이비드 플루서 교수와 함께 《예수의 역사적인 전기》를 공동으로 집필했으며, 체에브 사프라이와 함께 유세비우스의 《오노마스티콘*Onomasticon*》의 주석과 편집을 맡아 3개국어로 출판하였다. 그는 또한 《공관복음서에 나타난 예루살렘 연구》의 편집자이기도 하다. 이 책에서는 헬라-로마 시대를 맡아 집필했다.

옮긴이_ 이미숙

이화여자대학교 사회생활과(지리 전공)를 졸업하고 이스라엘의 예루살렘 대학에서 성서 역사(Biblical History)로 문학석사 학위를 받았으며, 장로회신학대학교에서 교역학 석사, 구약학 석사와 박사학위를 취득하였다. 지금은 장로회신학대학교 강의연구교수로 있다. 저서로는 《신명기의 땅 표현양식 연구》와 공저 《이스라엘 문화와 성서읽기》가 있으며, 공역으로 《두란노 성서지도*Holman Bible Atlas*》가 있다.